15.32

THÉÂTRE
RÉCITS, NOUVELLES
D'ALBERT CAMUS

CE VOLUME, LE CENT SOIXANTE ET
UNIÈME DE LA « BIBLIOTHÈQUE DE LA
PLÉIADE », PUBLIÉE AUX ÉDITIONS
GALLIMARD, A ÉTÉ ACHEVÉ
D'IMPRIMER SUR BIBLE BOLLORÉ LE
VINGT-SEPT JUIN MIL NEUF CENT
SOIXANTE-SEPT SUR LES PRESSES DE
L'IMPRIMERIE SAINTE-CATHERINE,
À BRUGES.

ALBERT CAMUS

THÉÂTRE
RÉCITS
NOUVELLES

PRÉFACE PAR JEAN GRENIER
TEXTES ÉTABLIS ET ANNOTÉS PAR
ROGER QUILLIOT

CE VOLUME CONTIENT :

PRÉFACE
par Jean Grenier.
INTRODUCTION CRITIQUE
BIOGRAPHIE
par Roger Quilliot.

THÉÂTRE

CALIGULA
LE MALENTENDU
L'ÉTAT DE SIÈGE
LES JUSTES
RÉVOLTE DANS LES ASTURIES
(essai de création collective).

ADAPTATIONS

LES ESPRITS
de Pierre de Larivey.
LA DÉVOTION À LA CROIX
de Calderon de la Barca.
UN CAS INTÉRESSANT
de Dino Buzzati.
LE CHEVALIER D'OLMEDO
de Lope de Vega.
REQUIEM POUR UNE NONNE
de William Faulkner.
LES POSSÉDÉS
de Dostoïevski.

RÉCITS ET NOUVELLES

L'ÉTRANGER
LA PESTE
LA CHUTE
L'EXIL ET LE ROYAUME

SOMMAIRE

TEXTES COMPLÉMENTAIRES
D'ALBERT CAMUS

COMMENTAIRES,
NOTES ET VARIANTES
par Roger *Quilliot*.

PRÉFACE

La Rigueur et la Force.

Les milliers de pages qui ont été, sont et seront écrites sur Albert Camus prouvent la profondeur de l'action qu'il a exercée. Elles constituent le témoignage d'une génération et font pressentir l'accord des générations suivantes.

S'il y a une œuvre pour laquelle tout commentaire est superflu, c'est bien celle-là. Mais cette œuvre est aussi un appel et l'on ne peut s'empêcher d'y répondre. Elle force à prendre parti, elle embarrasse et peut même entraîner à une disculpation. Elle a donc atteint son but, en interdisant toute dérobade.

L'importance d'une œuvre ne vient pas de l'intelligence de son auteur — l'intelligence d'Albert Camus était une des plus amples qui fussent et d'un accueil universel — mais de la force de son caractère, de la capacité qu'il a de dire non et de dire oui.

Très jeune, Albert Camus a su ce qu'il pouvait faire. C'est ce qu'il devait faire. Ses obligations étaient d'exploiter ses possibilités.

L'homme en général ne connaît pas ses obligations parce qu'elles sont trop étendues : il doit être à la fois ceci et cela, et un peu de tout. Il faut qu'il soit sur tous les postes du rempart, tour à tour bon citoyen, bon fils, bon fonctionnaire, bon employé, bon camarade. Cet homme se doit d'être universel en puissance, de ne laisser aucune réalité de côté. Sans quoi il risque d'abuser les autres et de se tromper lui-même par une vue partielle. Bref il doit avoir, sinon des connaissances sur tout, du moins des lumières. Et c'est ce qui fait l'esprit critique et l'homme cultivé.

Bien plus limité est le terrain sur lequel se trouve le créateur, l'artiste. D'un côté, il n'a pas le droit de se soustraire aux puissances qu'il contient en lui, et cela peut le faire entrer en conflit avec une société qui lui assigne des tâches déterminées. De l'autre, il doit se résigner à son seul univers et reconnaître que tous ses critiques ont vu ce que lui ne voyait pas.

Or un artiste ne sait que ce qu'il fait. L'obscurité dans laquelle baigne son œuvre est aussi ce qui la nourrit.

Malheureusement nous cherchons à éclairer cette part d'ombre, ne nous apercevant pas que nous détruisons l'œuvre en effaçant ses limites.

Que l'œuvre pour grandir et se développer ait besoin du secret, nous le savons déjà — pareille qu'elle est à l'embryon. Mais rendons-nous compte qu'une fois mise au jour, il lui faut les mêmes conditions de vie pour qu'elle apparaisse dans son intégrité et qu'elle nous touche. Sinon c'est un squelette que se disputent les anatomistes. L'œuvre ne peut continuer à vivre qu'au sein de cette obscurité — qui n'est autre que l'ombre portée par la lumière. Cette obscurité ne vient pas d'une incertitude due à un manque de mise au point, elle est l'effet d'une certitude dont la nature est de ne pouvoir se révéler que peu à peu.

C'est dans l'acceptation des faiblesses — une limite en est une — que réside la force de l'écrivain; pour user d'une force, il faut pouvoir déterminer son point d'application.

C'est une simple et claire insistance qui fait la force de ceux qui n'ont qu'une chose à dire et qui leur assure une audience universelle.

À cette naturelle limitation exigée par les nécessités de l'œuvre, s'ajoute celle qu'imposent les obstacles venus de l'extérieur — la maladie et la pauvreté par exemple. La contrainte exercée par les circonstances adverses, malheur pour l'artiste, peut donner à son art une résonance qu'il n'aurait pas eue.

Toute sa vie, Albert Camus a été pris entre l'éthique de l'œuvre — limites naturelles, limitations volontaires — et l'aspiration de la vie à une expansion sans fin; entre la volonté de définir et le refus de supporter. Son miracle a été de faire aboutir l'impatience à la définition, l'ardeur à l'exactitude.

Entre l'éthique et l'esthétique, il y a ceci de commun qu'elles impliquent des relations de dépendance mutuelle entre les éléments qu'elles régissent. Mais cette dépendance est plus commandée par la nature des choses dans la première que dans la seconde : le jeu, le sport, le combat, la résistance à l'envahisseur, la grève, la lutte contre les fléaux, la mise en scène mettent en action des ressorts qui préexistent chez les individus.

Quand il s'agit de créer et non plus d'agir, la discipline — en apparence superflue aux yeux des autres — doit être volontaire. Elle supposait chez Albert Camus des conditions de travail semblables à celles de la vie monastique : solitude et frugalité. Le travail, disait-il, était une violence qu'il se faisait. C'était

une violence commandée par la nature et aussi impossible à
refréner qu'un instinct, aussi salutaire qu'une satisfaction animale. Dire, avec un Ancien, qu'il se mettait au travail avec
désespoir et qu'il le quittait avec regret, serait exagéré dans les
deux cas. Une force le soutenait, qui le faisait passer d'une
activité à une autre, sans qu'il éprouvât cette détresse momentanée
qui brise la durée créatrice. Il était quand même soumis, comme
tous les grands artistes, à cet empire de la nécessité qui, en enser-
rant sa vie dans un étau, a fait jaillir son œuvre bien au-delà
des limites originelles. C'est de ce repliement forcé et volontaire qu'est venu cet épanouissement dont notre époque a été
témoin.

En pleine guerre, il écrivait : « J'ai décidé de maintenir au
milieu de cette montée de folie tout ce que je croyais vrai.
En premier lieu, travailler. Il me semble qu'assez de valeurs
qui ne dépendent pas de nous sont en train de mourir pour que
nous ne délaissions pas du moins ce dont nous sommes
responsables.

» Je ne me fais pas d'illusions sur cette attitude. Mais du moins
elle est dans ma nature et je m'y tiens. »

On ne peut pas mieux dire ce que l'adversité ajoute à l'énergie.
Une œuvre, c'est avant tout un caractère.

Le « non » au Surnaturel.

Je suis étonné que la force des négations et des affirmations
d'Albert Camus n'ait pas été soulignée autant qu'il le faudrait
par ceux qui l'ont lu et ont parlé de lui.

Lorsqu'il avait fondé le théâtre de l'Équipe, il lui avait
assigné pour motifs d'inspiration, en même temps que la
vérité et la simplicité, « la violence dans les sentiments et la
cruauté dans l'action ». Il parle de « facultés concentrées jusqu'à
l'extrême tension ». Tout est ainsi porté au paroxysme.

Et l'on voit affadir ses paroles et leur donner un sens accep-
table pour tous — alors que sa pensée avait une force explosive
et qu'elle n'a agi d'abord que par là.

Par exemple il est impossible de nier qu'il fut un incroyant
décidé. Quand il disait : « Je ne crois pas en Dieu, mais je ne suis
pas athée pour autant — et d'accord avec Benjamin Constant je
trouve à l'irréligion quelque chose de vulgaire et d'usé », il visait

l'anticléricalisme. Et c'est vrai qu'il n'était pas athée : il était plutôt antithéiste. Un Dieu tout-puissant, s'il avait existé, eût été impardonnable de permettre ce mal sans mesure qui submerge le monde créé par lui et qui sans lui ne durerait pas.

Du moment où il avait accédé à la vie, l'être devait posséder la vie dans sa plénitude. Sinon c'était la révolte sans compromis possible. Ce sentiment, il l'exprime bien dans le Vent à Djémila : *c'est un cri sauvage qui surprend, et qui effraie d'abord ; et puis qui vous subjugue ; l'homme le plus révolté se dit : « J'étais timide, je n'osais pas aller jusqu'au bout de ma pensée, il y a de l'inadmissible dans le monde, je n'ai pas tiré les conséquences de cet état de fait, comme j'aurais dû. »*

Cette conception de l'être tout-puissant devait lui faire horreur puisqu'elle reparaît dans presque toute son œuvre et qu'elle est présentée comme aussi repoussante à chaque fois. Si Caligula est emporté par une folie sanguinaire, c'est à l'imitation du Maître de la Nature qui tue indistinctement tout le monde. Sous les apparences d'un domestique, c'est lui qui dit un non *impitoyable à la femme qui l'implore à la fin du* Malentendu. *Dans la* Peste *le Père Paneloux est obligé d'avouer ce qu'a d'odieux l'accusation qu'il porte contre les malheureux hommes et de reconnaître implicitement la responsabilité divine dans l'extension du fléau. Dans la* Pierre qui pousse *le caractère inhumain de la religion est souligné.*

On ne gagne pas, si l'on « croit », à masquer cette position, on devrait au contraire la mettre en plein jour, ne serait-ce que par fidélité à la pensée d'Albert Camus et pour marquer sa propre position en face de celle-là.

D'ailleurs l'acte d'accusation, s'il est formulé nettement, ne désigne pas l'accusé en termes exprès : seule son ombre se profile, gigantesque, sur le monde habité par l'homme (ce qui est à la fois d'un grand art et d'une grande signification).

Dieu (au sens traditionnel) n'est pas seulement à récuser comme auteur premier du mal. Il est, de plus, un être inimaginable et c'est par « manque d'imagination » qu'Albert Camus dit ne pouvoir accepter la notion d'un tel Dieu dont l'existence n'aurait aucune assise dans la réalité sensible. C'est à cette réalité qu'il veut toujours revenir, c'est cette réalité que jamais il ne veut perdre de vue. Lorsque Meursault voit apparaître sur le mur de sa prison un visage, c'est celui de la femme qu'il aime et qu'il connaît bien, non celui d'un être qui n'appartient pas à son univers quotidien et n'a pas d'analogie avec les êtres qu'il connaît.

La force de cette position ne vient pas tant de ce qu'elle peut avoir de convaincant en elle-même que de l'adhésion naturelle qu'elle rencontre chez tous les hommes. L'évidence sensible (qui peut être trompeuse, à mon avis) les entraîne. Ils jugent au fond d'eux-mêmes la mort une chose définitive tout en vivant comme si elle ne l'était pas. Ils se réfugient dans le compromis. Et cela même s'ils ont reçu une éducation religieuse (ce qui n'était pas le cas en l'occurrence).

Or Albert Camus a affirmé avec violence le caractère définitif de la mort, il a dénoncé avec violence l'absurdité radicale de la vie humaine, il a repoussé avec violence les solutions moyennes proposées comme remède à la terreur inspirée par la mort. Son action est venue de ce qu'il n'a pas transigé sur les principes qui étaient les siens, de ce qu'il s'est refusé aux compromis.

Si son opposition à la foi était radicale, il ne faut pas oublier qu'elle constituait un hommage à la foi elle-même, et qu'elle prenait au sérieux, ou plutôt au tragique comme il se doit, ce problème que posent la souffrance et la mort. Il faut se rappeler pour ajouter des nuances à ce que je disais en premier lieu (et qui n'en demeure pas moins vrai) l'accent singulier de la Chute et l'importance croissante donnée à la pensée de Simone Weil. Il faut se dire surtout que si le sentiment religieux proprement dit n'avait pas sa place dans son œuvre, le sentiment du sacré en revanche était intense. Rien n'est plus émouvant que cette « consécration » de l'homme dans ce qu'il a de fragile et de périssable, de son élan vers l'amour et la vie condamné à l'échec, de sa communion avec les grandes forces de la nature comme la mer. Ce sentiment cosmique joint à ce sentiment de déchirement donne un autre éclairage à une révolte qui ne demandait qu'à se transformer en espoir et en amour.

Le « non » à l'Histoire.

Il ne voulait pas que l'homme fût sacrifié à l'Histoire, l'homme, cette chose vivante et souffrante.

Ce qu'il reprochait à la Religion établie, d'être « une doctrine de l'injustice », il le reprochait à la Révolution établie. Un *mouvement révolutionnaire ne peut être approuvé que s'il est une révolte contre l'injustice et une volonté de justice.*

Il a réconcilié l'humanisme et l'humanitarisme, qui en soi ne sont certes pas inconciliables, mais qui peuvent s'écarter l'un de l'autre au point de se situer aux antipodes. Sa pensée aurait pu rassembler les intellectuels et les manuels si, parmi ces derniers, il n'avait été desservi par certains des premiers. Par ses origines, Albert Camus était du côté des travailleurs, sans parler de son goût pour les exercices physiques, de son allure sportive, de son visage et de son regard qui frappaient par leur caractère direct.

À chaque époque il existe des dogmes impérieux, qui s'imposent à la pensée, qui commandent aux paroles et parfois aux actions. C'est le cas d'une conception de l'Histoire qui, en divinisant le Devenir, lui assigne une direction non seulement fatale mais providentielle. Les actions humaines ne sont pas d'un effet nul mais leur portée n'est que limitée : leur validité doit être attestée par le courant qui entraîne le monde vers une fin idéale.

Contre une pareille doctrine qui, d'une manière diffuse, a conquis la plupart des esprits, l'affirmation que l'on peut et que l'on doit, dans certaines circonstances, agir à contre-courant apparaît comme scandaleuse.

Sans doute les intellectuels auxquels Albert Camus fait allusion (dans la Chute *et le* Renégat) *croient-ils combattre pour la liberté et pour la justice, mais ils ne le font que dans la mesure où leur intervention ne fait que seconder le mouvement de l'Histoire. Le principal pour eux n'est pas un idéal : c'est une réalité agissante et efficace. Ils veulent avant tout être dans la* bonne *direction, avec tout ce que ce mot comporte d'ambigu.*

C'est pourquoi ils sont prêts à accepter n'importe quel outrage fait à leur idéal, s'ils estiment que l'époque le veut ainsi, s'ils supposent que le détour fait par l'Histoire aura sa justification par la suite. Ils sont donc amenés à expliquer, puis à excuser, enfin à justifier ce qui devrait être à leurs yeux inexplicable, inexcusable, injustifiable.

Ils sentent ce qu'a de fragile l'intelligence et combien elle compte peu dans l'édification des sociétés. Aussi acceptent-ils, au nom des « réalités » et des « nécessités », ce qui devrait leur faire horreur. N'en sont-ils pas inconsciemment heureux ? Ils se déchargent de leur responsabilité en faveur d'un Principe qui les dépasse et qu'ils reconnaissent pour juge. « Quelque chose en eux aspire à la servitude », disait Albert Camus.

L'homme qui prétend passer au crible les mots d'ordre de l'État ou du Parti, acceptant les uns, rejetant les autres au nom

de la justice ou de la liberté, risque d'être dénoncé par eux comme
un réactionnaire ou un conservateur.

Albert Camus voyait bien l'importance de l'Histoire. Mais
il en savait les limites. Une formule de lui, qu'il répétait, le montre
et n'a pas besoin de commentaire : « *S'il est vrai que nous naissons*
dans l'Histoire, nous mourrons en dehors d'elle. »

Et il écrivait : « *Il y a l'Histoire et il y a autre chose, le*
simple bonheur, la passion des êtres, la beauté naturelle... »
Cet « *autre chose* », *ce* « *simple bonheur* » *ne devrait pas être*
incompatible, parce qu'il est présent, avec le bonheur futur.

La Modération dans l'Extrême.

Nous possédons et nous acquérons. On peut dire d'Albert
Camus : il possédait la violence, il a acquis la mesure. Et je
ne sais ce qu'il faut admirer le plus, de la force avec laquelle
s'était exercée la négation et exprimée la révolte, ou de la
maîtrise avec laquelle l'autre point de vue a été envisagé et les
deux positions extrêmes tenues en balance. Quand on vise une
cible ne faut-il pas viser au milieu ? On confond trop souvent
l'extrême avec l'excessif. Cette extrême retenue est plus rare et
plus précieuse que l'extrême violence. À partir de celle-ci, il était
facile de passer à l'opposé qui est l'abandon. Or il n'y a pas
trace de quiétisme dans cette œuvre où toujours règne une extrême
tension.

C'est cette tension intérieure qui imprime (à la Peste par
exemple) cette force de conviction et lui donne cette intensité qui
peut déterminer des actes. Il peut paraître surprenant que tant
de pages soient nécessaires, et qu'il faille la description détaillée
d'une épidémie et de ses ravages pour en arriver à cette conclusion
donnée sous forme de conseil, ou plutôt de suggestion, qu'il est
préférable de ne pas abandonner son prochain à un sort funeste,
qu'il faut combattre le mal et tout au moins se déclarer le frère
de ceux qui souffrent. Mais c'est précisément cette préparation
qui rend le conseil si pressant et si persuasif. Si dès la première
page était lancé comme une bombe un appel à la solidarité qui
serait une sommation, si était dénoncé avec véhémence le destin
fait à l'homme, le lecteur serait peut-être pris d'admiration pour
le style de l'auteur, il n'en serait pas pour autant entraîné. Et
même la quantité d'énergie dont il dispose serait déjà utilisée
dans cette admiration. Il ne lui resterait plus rien à dépenser,

tout aurait été fait en dehors de lui — et il n'en résulterait rien d'efficace.

Comment faire comprendre ce principe pourtant universel et éternel de l'art ?

Il y a des règles communes à l'art et à la vie. Dans les deux cas, il ne convient pas tant de frapper fort que de toucher juste. Ou bien il est permis de frapper fort à condition de toucher juste. Cette règle n'est donc pas un appel à la retenue inconditionnée.

Un changement de vie peut avoir l'ampleur d'une révolution. Il ne sera efficace que dans la mesure où cette révolution sera susceptible de passer dans les faits. La force n'est pas exclusive de l'adresse (au sens original du mot). Plus Albert Camus allait, plus il découvrait les conditions de l'action sans désavouer le but qu'il avait assigné à cette action.

Albert Camus a vécu au milieu d'une génération qui est passée de la négation totale à l'acceptation totale, qui a cultivé successivement une littérature frivole puis une littérature servile. Il faut admirer qu'il ait su garder son sang-froid dans cette occurrence et qu'il ne se soit jamais laissé aller à la facilité.

Il a été mal vu par ceux qui tendaient à faire de la littérature, en tant que telle, le but unique de l'activité humaine ou qui la plaçaient bien au-dessus de toute considération morale ou politique. Et, en compensation, il a été attaqué par ceux qui voulaient mettre la littérature au service d'une cause étrangère ou d'un parti monolithique.

De même, il tenait une position d'extrême milieu entre les réalistes et les idéalistes, n'admettant ni la peinture exacte du réel, qui est du reste impossible, ni sa transcription dans un idéal inaccessible, les deux démarches étant pareillement utopiques.

C'est dans le même souci qu'il se prétendait partisan de la séparation des genres, d'accord en cela avec Dostoïevski : à chaque ordre de pensées correspond un ordre d'expression, qu'on le veuille ou non.

Il en revenait, là encore, à un principe classique et il a prouvé par l'exemple que la force de la pensée ne pouvait que bénéficier de la discipline imposée par la séparation des genres ou, pour être plus exact, par leur distinction. Celle-ci n'exclut pas l'unité, chaque mode d'expression, chaque mode de vie correspondant à un lieu et à un temps déterminés, à une aptitude particulière, et l'on dirait aujourd'hui, à une visée.

Toutes ces exigences ont pour point de départ une idée de la nature humaine qui correspond à l'idée que s'en sont toujours fait les Classiques et qui rejoint leurs préoccupations quant au style.

Elles impliquent un extrême discernement dans le choix des moyens, la seule chose qui compte étant l'effet produit et celui-ci résultant d'un calcul qui ajuste le langage à la pensée. Le pouvoir de l'homme est indirect et c'est encore plus vrai quand il s'agit de l'esprit que lorsqu'il s'agit de la nature.

Nous sommes aux antipodes d'une certaine conception de la littérature, d'après laquelle tout ce qui est « bien écrit » est conventionnel, faux, malhonnête parce qu'un soin excessif, apporté à la langue et au style, avait fait perdre de vue l'action à accomplir.

Emporté parfois et tranchant dans la discussion, Albert Camus se reprenait, non pour atténuer sa pensée mais pour y mesurer sa parole. Son but n'était pas une perfection glaciale de la forme, loin de là, mais la maîtrise dans l'expression.

On comprend alors qu'il ait pu se réclamer d'une grande tradition qui unit la discrétion avec la patience. « L'art, disait-il, c'est de ne pas insister. » Et il disait aussi : « Être classique, c'est se répéter. » C'est ainsi qu'il a créé cette œuvre dont il a fallu dire la force mais dont l'action lointaine est devenue comparable à celle de ces plantes qui poussent dans les rochers et qui finissent dans leur travail secret par les percer de leurs racines.

Le « oui » à la Vie.

Pour bien comprendre Albert Camus, il faut voir ce qu'il y a de simple et de direct dans son adhésion à la vie — et aussi d'absolu.

Un jour de crise (il a 20 ans), il écrit : « Je ne regrette rien... j'ai agi selon mon cœur et mes sentiments. Et c'est cette petite raison, ridiculement sentimentale, qui fait ma seule force du moment. J'ai compris qu'il ne faut rien demander à la vie, mais accepter avant de discuter. Cela vaut mieux que de vouloir à toute force être fidèle à soi-même surtout lorsque, comme moi, on se connaît si peu. »

Ce n'est pas seulement l'acceptation mais la volonté de dire oui et un oui définitif à la vie : « Je veux bien dire oui, et de tout mon être, mais il faut que ce oui soit définitif. Ne pas être disponible. Se nourrir de l'intensité du moment. »

Rien donc qui ressemble à la volonté d'un esthète, ou même d'un mystique, de s'abîmer dans l'instant.

Un peu plus tard, au moment où son correspondant craint pour lui un découragement dû à la maladie :

« *Ce qui importe, c'est que je me suis donné un but, une œuvre...* *Convenez qu'il n'apparaît pas beaucoup de découragement dans ces décisions. Un être jeune ne saurait d'ailleurs renoncer totalement. Toutes les lassitudes réunies ne viennent pas à bout des forces de recommencement qu'il porte en lui. J'ai trop longtemps méconnu les forces de vitalité que je porte en moi... Je m'aperçois sans complaisance aucune que je suis capable de résistance — d'énergie — de volonté... Mon état physique laisse, il est vrai, à désirer. Mais j'ai le désir de guérir.* »

C'est Nietzsche écrivant : « *Ce qui ne me fait pas mourir me rend plus fort.* » *Le nom de Nietzsche revient toujours à l'esprit lorsqu'on pense à Albert Camus (que tant de choses éloignaient de celui-ci) ne fût-ce qu'à cause d'un titre :* Aurore!

Dans son goût du bonheur, Albert Camus est un homme entier. L'on retrouve, dans ce qu'il écrit, un parfait accord avec ce qui a fait sa vie : la mer et le soleil. Dans Noces *il le dit sur un mode lyrique, dans le* Malentendu *sur un mode tragique, et jamais il ne se démentira.*

C'est une surprise d'entendre célébrer la nature en même temps que le corps, à une époque où celui-ci paraissait avoir seulement une vie nocturne et clandestine et où celle-là cédait le pas à l'industrie. Tout au long de son adolescence les plages accompagnent ses journées. Voilà une des raisons les plus sûres de l'écho qu'il a trouvé chez tous : de même que les idées ne convainquent que lorsqu'elles sont exprimées par celui qui les a découvertes, et non par celui qui les transmet, de même les sensations ne nous sont redonnées que par l'homme qui en a éprouvé la fraîcheur virginale. Un jour, après avoir passé une semaine sous une tente le long d'une plage aux dunes désertes, il dit : « *Les matins sur la plage avaient l'air d'être les premiers du monde.* » *Et c'est bien l'impression que donne tout ce qu'il écrit. Il vit ce qu'il écrit, il écrit ce qu'il vit. Ses voyages en Italie et en Grèce sont des enchantements vécus. Il n'a pas peur du plein ciel, il dit oui à la vie.*

Mais comment? La manière de dire oui est si diverse et si diverses les conceptions du bonheur! La sienne a un caractère qui n'est pas commun : au lieu d'être une perte de conscience et une complaisance dans cet état passif, le bonheur ne doit pas, ne peut pas exister pour lui sans lucidité. Il faut avant d'être heureux, et afin de l'être, prendre conscience de ce qu'il sera. Cette lucidité rend-elle impossible l'acquisition de l'état souhaité? Peut-être, mais elle doit être mise au-dessus de tout. Telle est cette idée du bonheur qui a un côté stendhalien, côté encore plus accentué dans ce premier roman, la Mort heureuse, *où c'est par un acte* héroïque que s'acquiert le bonheur : le bonheur n'est pas une libération des passions, c'est plutôt la passion suprême.

On se demande, à lire les philosophes grecs, comment ils pouvaient être. On voit bien ce qui nous les rend étrangers : ils vivaient en plein air et leurs idées tiraient à conséquence. Il me semble qu'un homme tel qu'Albert Camus a des affinités avec eux. Il serait vain d'essayer de le ranger parmi les sectateurs d'Épicure ou ceux de Zénon. Ces deux écoles l'attiraient, la première par sa physique, la seconde par sa morale. Mais son épicurisme était social, son stoïcisme souriant. Il subissait comme tous les hommes bien nés le prestige des grands Stoïciens, il n'en partageait pas le puritanisme (non plus que la piété).

Il possédait naturellement une chaleur humaine qui n'avait pas besoin de raisons.

Le bonheur ne pouvait exister pour lui que s'il le partageait avec d'autres. Je loue surtout l'absence, dans cette volonté de bonheur pour tous, de « l'esprit de sacrifice » qui empoisonne toutes nos « bonnes actions ». Un mot de lui est significatif et dit tout à ce sujet, parce qu'il montre le lien étroit qui unit la force avec la bonté, le bonheur de celui qui donne avec le bonheur de celui qui reçoit : « Il faut être fort et heureux pour aider des gens dans le malheur. »

L'optimisme qu'il avait désiré faire partager aux autres, cet optimisme qui lui faisait écrire aux environs de sa vingtième année : « La vie est toujours favorable à ceux qui l'aiment et ne trahissent point devant elle », qui lui fit donner au titre de la collection qu'il dirigeait : l'Espoir, était à base de pessimisme. C'est ce qui fait sa grandeur et lui donne son accent.

La Nature, oui, il y a la Nature, mais l'on ne peut pas toujours vivre dans les pays consacrés au bonheur, et alors c'est le froid et la nuit, la vie forcenée des grandes villes industrielles, le cauchemar des usines. Il y a les grandes catastrophes qui jalonnent l'histoire de l'humanité et peuvent vous engloutir d'une année à l'autre. Il y a la maladie, il y a la mort...

Un recours est alors possible : c'est de re-présenter, de présenter à nouveau, comme une re-création due entièrement à l'homme, le grand jeu cosmique dont on était jusqu'ici acteur recruté plus ou moins par force et dont on allait devenir acteur volontaire, metteur en scène, et même auteur. C'est encore dire oui à la vie, et cette fois à une vie dont on est responsable, une vie pleine — où le corps

*a la principale part —, une vie naturelle (car, ne pensant pas
à être naturel, on l'est). Enfin l'homme qui fait partie d'une
troupe (comme d'une équipe de sportifs ou d'ouvriers) a un
sentiment très vif de la communauté humaine : un but prochain
est assigné à celle-ci, chacun doit jouer son rôle et jamais une
cohésion nécessaire ne peut prendre à ce point l'aspect de la
fraternité.*

L'Honneur et la Compassion.

*Un des mots qui reviennent le plus souvent dans cette œuvre est
celui de « logique » ou celui de « cohérence ». Rien ne tenait plus
à cœur à Albert Camus que le souci de ne pas se contredire. C'est
dire qu'il était enclin à rejeter le mot « dialectique » qui, malgré
le glorieux usage qui en a été fait, lui paraissait susceptible de
couvrir toutes les équivoques. Cependant l'esprit de système auquel
aurait pu l'entraîner ce souci de logique lui était étranger. Il
s'avançait avec prudence, pas à pas, n'hésitant pas à porter un
coup droit et mortel à ce qui était ennemi des valeurs qu'il avait
vérifiées. Au-dessus de tout, il mettait la rigueur et nul moins
que lui n'aurait adhéré à ces demi-clartés dans lesquelles se com-
plaisait Montaigne. S'il croyait à l'existence de mystères, c'était
à ceux de la Nature et il aurait plus volontiers traité les mystères
comme des problèmes à résoudre, que les problèmes comme des
mystères à reconnaître. Cette attitude de confiance en la raison
l'éloignait des philosophies existentielles et l'opposait à elles.*

*D'autant plus qu'il avait pris pour première vérité l'incompa-
tibilité de l'ordre voulu par l'homme avec l'ordre imposé par
l'univers.*

*Cette intuition semblait être inféconde, car quelle pratique
fonder sur la constatation que l'homme est inadapté au monde
dans lequel il est condamné à vivre ? Ou bien l'on pouvait conclure
à l'inutilité de l'action et à l'indifférence des sceptiques, ou bien
l'on pouvait décider de vivre avec frénésie. Tout semblait porter
Albert Camus de ce dernier côté. Non, pourtant : une vérité n'est
destructrice de valeurs que par une décision qui ne vient pas d'elle,
et l'attitude que prend l'homme en face de la vie ne découle pas
toujours logiquement de ce qu'il croit ou non. Albert Camus
fait preuve cependant de son constant souci de cohérence lorsqu'il
écrit : « Je me révolte, donc nous sommes. » Cet hommage rendu
à la justice comme conséquence de la vérité correspond à un senti-*

ment profond chez celui qui en est l'auteur et distinct de son raisonnement. Quand même tout serait permis aux autres, il y a des choses dont il ne peut pas ne pas s'abstenir.

L'honneur et la fidélité sont des vertus d'autant plus sacrées qu'elles sont des vertus de l'homme livré à un monde ennemi — qu'elles sont le fait de l'homme seul, sans appui ni dans la Nature, ni dans l'Histoire, ni en Dieu. « Le Don Juan de Tirse de Molina répond au Commandeur qui lui demande s'il tiendra sa parole : « J'ai de l'honneur parce que je suis chevalier. » C'est l'ordre humain qui provoque ici l'ordre divin. » Honneur d'aristocrates et d'athées qui fait penser à l'attitude de Vigny mais dont l'expression a une résonance castillane.

Il me semble qu'il y a un double mouvement dans la pensée d'Albert Camus : l'un d'expansion et l'autre de réflexion, l'un qui le porte vers la vie la plus intense sans considération d'aucun obstacle, l'autre qui le ramène vers le sentiment de ce qu'il se doit et par suite de ce qu'il doit aux autres, double mouvement pareil à la diastole et à la systole du cœur. Il voit bien ce que la vision d'un monde absurde peut donner de facilités à son amour de la vie. Il se garde de les accepter. Il admet même qu'on puisse pratiquer un certain renoncement; il cite à ce propos le mot de Newman : « Admirer les choses de ce monde au moment où nous y renonçons », le renoncement pouvant consister seulement, de peur d'outrance, dans l'acceptation de la pauvreté.

Voilà ce que dit quelqu'un qui n'est obligé à rien et dont la violence intérieure, le tempérament africain se situent à une grande distance de ce qu'on est convenu d'appeler la Morale.

Aussi l'on comprend que chez Albert Camus la valeur ait été éclipsée par le porteur de valeurs, je veux dire la morale par le moraliste. Cela est préférable. La justice abstraite et imperson-nelle couvre trop d'injustices réelles et les juges ont trop d'occasions de se repentir.

L'homme est-il innocent ? Est-il coupable ? Albert Camus penchait d'abord pour l'innocence, ensuite vers la culpabilité. Là n'était pas, à ses yeux, la principale question. Le fait de la souffrance était pour lui aveuglant et insupportable.

« C'est ce qui rend révoltante toute condamnation absolue. On ne pense pas assez à la douleur.

» ... L'homme n'est pas innocent et il n'est pas coupable. Comment sortir de là ? Ce que Rieux (je) veut dire, c'est qu'il faut guérir tout ce qu'on peut guérir — en attendant de savoir ou de voir. C'est une position d'attente, et Rieux dit : « Je ne » sais pas. »

Il aborde donc le problème avec ce mélange d'audace et de circonspection qui caractérise les grands esprits et leur assure, au-delà de leur succès du moment, une audience indéfiniment prolongée. Comme il le dit, sa solution est une solution d'attente. C'est celle de la tâche quotidienne.

« Il y a de grandes chances pour que l'ambition réelle de nos écrivains, écrivait-il, soit, après avoir assimilé les Possédés, *d'écrire un jour* la Guerre et la Paix... *Ils gardent l'espoir de retrouver les secrets d'un art universel qui, à force d'humilité et de maîtrise, ressusciterait enfin les personnages dans leur chair et leur durée. »*

L'œuvre d'Albert Camus, qui grandissait et s'amplifiait à la manière d'un arbre, avait déjà satisfait à cette exigence. Mais sa voix s'est tue. Et l'on ne peut s'empêcher d'oublier un moment tout ce qu'il a dit, pour penser à tout ce qu'il aurait pu dire à propos de ce pari qu'il avait engagé sur « l'homme sans autre avenir que lui-même ».

JEAN GRENIER

INTRODUCTION CRITIQUE

Il appartenait à Jean Grenier d'évoquer à la fois l'écrivain et l'homme que fut Albert Camus. Ma part est plus modeste : confronter les différentes éditions et, si possible, les œuvres et les manuscrits, choisir entre les variantes, établir enfin la continuité des ouvrages successifs et la parenté des textes contemporains. C'est à quoi, dans les délais relativement brefs qui m'ont été impartis, je me suis efforcé, avec le désir de ne pas trop alourdir une édition qui doit atteindre un large public et de préparer pourtant la tâche des universitaires, étudiants ou érudits qui, quelque jour, concevront de véritables éditions critiques.

Je dois à Mme Albert Camus d'avoir pu consulter très librement les différents manuscrits ou états dactylographiés actuellement en sa possession. Mme Maria Casarès a bien voulu me confier également le manuscrit du *Malentendu* et René Char celui de *l'Hôte*. M. le professeur Millot enfin a mis à ma disposition le manuscrit de *Caligula* et un état manuscrit de *l'Étranger*. Malheureusement, je n'ai pu retrouver les manuscrits des *Justes*, de *l'État de siège*, du *Renégat*, et de *Jonas*. En effet, Albert Camus avait coutume d'offrir à des amis, en témoignage d'affection, ou à des solliciteurs, tout ou partie de tel de ses manuscrits. D'autres manuscrits ont probablement été vendus; et il ne m'a pas toujours été possible d'identifier ou d'approcher les actuels propriétaires.

Comment dès lors aborder l'étude des différents états? Il m'a fallu procéder différemment selon les cas. *L'Étranger* semble, jusqu'à preuve du contraire, avoir été écrit quasiment d'un trait : du manuscrit à l'édition définitive, il n'existe que des retouches de détail ou des ajouts de faible importance. Il m'était donc facile de relever la totalité des variantes et d'en présenter l'essentiel au lecteur. Par contre, le manuscrit de *la Peste* est si différent de l'édition définitive qu'il eût fallu le publier dans son intégralité. Je me suis résigné à en donner une analyse, quitte à reproduire en notes d'importants fragments susceptibles d'éclairer le travail de l'auteur. En revanche, comme je disposais du second état dactylographié, j'y ai relevé de très nombreuses variantes qui permettent d'analyser de plus près les retouches de style. Il va de soi que je ne pouvais les donner dans leur totalité (plus de 1500 pour *la Peste*); c'est pourquoi j'ai choisi de procéder comme suit : pour le premier chapitre, par exemple, je les ai livrées toutes, jusqu'à la moindre conjonction; après quoi, j'ai procédé à un tri, en fonction de l'importance que je leur attribuais.

Puis-je tirer des conclusions précises de l'analyse de *l'Étranger* et de *la Peste* ? Comme en témoignent les *Carnets*, il semble que le premier texte ait beaucoup moins coûté à Camus que le second. Le style en est plus aisé, dès le manuscrit. Certes, les retouches de détail sont du même ordre : suppression de conjonctions trop nombreuses, recherche de l'exactitude des termes, effort constant pour donner à l'œuvre une unité de langage. Mais les problèmes de structure étaient si différents qu'on ne saurait pousser la comparaison plus avant sans de mûres réflexions.

À l'inverse de *la Peste*, *l'Exil et le Royaume* n'a pas exigé de Camus un long et pénible travail de refonte : les nouvelles nous ont été livrées corrigées certes, mais nullement rebâties ou réorchestrées. Sans doute Camus était-il parvenu à plus de maturité stylistique. Peut-être aussi attachait-il moins d'importance à ces récits. En effet, si le manuscrit de *la Chute* témoigne d'une grande aisance d'écriture, Camus ne l'en a pas moins fait suivre de six ou sept autres états (il ne m'a pas été possible d'en préciser exactement le nombre) qu'il enrichit sans cesse. Il s'agit moins cette fois de corrections que d'apports successifs qui ajoutent à la causticité et au brillant amer du livre.

Autant d'œuvres, autant de méthodes de création et de correction.

Si, d'une édition romanesque à l'autre, Camus n'a fait que des retouches de détail, il en va autrement du théâtre. Non seulement les manuscrits et les états se succèdent, mais les différentes éditions peuvent varier profondément, tout l'effort de Camus visant à rendre l'œuvre toujours plus scénique et directement accessible au public. Je me suis efforcé, pour *le Malentendu* comme pour *Caligula*, de relever la quasi-totalité des variantes : dans *Caligula*, elles témoigneront de l'évolution du sens de la pièce; dans *le Malentendu*, elles prouveront à quel point Camus était attentif aux critiques qu'on lui adressait.

En revanche, s'agissant des *Justes*, la moisson est assez pauvre : il est vrai qu'au dire des familiers de Camus, cette pièce fut écrite assez rapidement et qu'il n'en existe qu'une édition, que Camus n'a pas jugé utile de retoucher. Sans doute cette pièce, la plus classique qu'il ait écrite, est-elle d'une certaine façon la plus parfaite, si l'on excepte les dernières scènes, pour lesquelles j'ai disposé de plusieurs textes manuscrits.

Enfin, les circonstances dans lesquelles fut écrit *l'État de siège* m'ont laissé complètement démuni : ni M. Jean-Louis Barrault, qui a bien voulu me dire son sentiment sur cette pièce à la rédaction de laquelle il collabora, ni Mme Camus ne disposaient d'un état manuscrit ou dactylographié du texte.

Une fois fait le choix des variantes, il me restait à dégager, pour chaque œuvre, mes conclusions, tant en ce qui concerne sa conception que son évolution. Aussi ai-je tenté dans une brève présentation, généralement appuyée sur l'étude des *Carnets,* d'analyser la genèse du livre, et son développement. Chacune de ces présentations s'efforce de replacer l'œuvre dans son contexte humain ou littéraire : j'ai utilisé à cette fin divers écrits de Camus ou encore les interviews qu'il m'a été possible de retrouver. Comme l'auteur rédigeait lui-même ses prières d'insérer, je les ai consignées en annexe, avec d'autres documents : articles touchant de près aux différentes œuvres, textes dont Camus s'était incontestablement inspiré, etc.

Il a paru légitime de publier les adaptations qui l'avaient été déjà par ailleurs. Il n'était pas question d'en faire l'étude critique puisque aussi bien il est possible au lecteur de se reporter au texte de Calderon ou de Faulkner par exemple. Toutefois, j'ai cru bon d'ajouter une brève notice biographique sur l'auteur et un exposé des circonstances dans lesquelles la pièce fut adaptée. Pour *les Possédés,* adapté d'un roman, j'ai donné une analyse succincte du premier état. Pour le *Requiem pour une nonne,* j'ai reproduit la dernière scène de Faulkner afin d'en faciliter la comparaison avec le texte de Camus, assez différent. Enfin, pour les adaptations espagnoles, j'ai consulté un spécialiste, M. Jean Costes dont j'ai résumé les conclusions. Il eût été injuste, en effet, de tenir ces adaptations pour de simples hors-d'œuvre, alors qu'elles prenaient place dans un plan ambitieux de rénovation du théâtre.

Des considérations analogues ont poussé les éditeurs à publier pour la première fois cette œuvre collective que fut la *Révolte dans les Asturies.* Ce ne sera pas faire tort, je pense, aux trois coauteurs que de placer dans une édition complète de Camus ce travail auquel il gardait une profonde tendresse, à la fois parce qu'il s'agissait d'un travail d'équipe et d'une tentative de « théâtre total ».

Enfin, outre la nécessaire biographie, j'ai tenté une esquisse des rapports de Camus et du théâtre que j'ai fait suivre de quelques textes de Camus consacrés au théâtre* (« Gros Plan », Conférence

---

* Fallait-il préserver l'ordre chronologique, ce qui en un sens eût été conforme à la logique créatrice de Camus qui travaillait par triptyques (récits, théâtre, essai) ? Les éditeurs ayant préféré regrouper dans un tome théâtre et romans, et dans un autre les essais, le problème ne se posait plus. Il était dès lors normal de distinguer récits et théâtre et d'ébaucher une étude critique de chaque ensemble.

Pourquoi placer le théâtre avant les récits ? Tout simplement parce que, dans les préoccupations de Camus, le théâtre a précédé l'œuvre romanesque (cf. *Révolte dans les Asturies*) et que *Caligula* fut rédigé avant *l'Étranger.*

faite en Grèce, etc.). Pour le roman, le choix était moins simple on trouvera pourtant en annexe quelques articles contemporains de *la Peste* qui nous proposent une conception du roman conforme aux objectifs de Camus; on y verra ainsi définie cette conception de l'objectivité romanesque que vérifie l'étude des manuscrits. « La grande règle de l'artiste... est de s'oublier à moitié au profit d'une expression communicable », écrivait-il de Mme de La Fayette. Il ajoutait : « On n'a pas de peine à deviner les souvenirs brûlants qui se pressent sous ces phrases désintéressées... » Qui ne voit que telle était l'une des préoccupations constantes de Camus : en un premier temps, nourrir son œuvre de ses propres passions, puis s'élever de l'individuel au général, dépersonnaliser son propos. Sans doute, depuis la préface de *l'Envers et l'Endroit*, s'était-il donné pour objectif de parler en son propre nom; mais on sait ce qu'il en est advenu : *la Chute* relève tout autant du mythe que *l'Étranger* ou *la Peste*, et Camus n'y est ni plus ni moins présent.

Au terme de cette étude, je suis pleinement conscient de ses lacunes que le temps permettra de combler. Je me suis seulement efforcé de rendre à Camus, pour les années à venir, l'hommage vivant qui lui était dû et que d'autres, sans nul doute, voudront parfaire.

Qu'il me soit du moins permis, avant de terminer, de remercier tous ceux qui ont bien voulu m'aider dans ma tâche et d'ajouter entre autres, aux noms déjà évoqués, ceux de Mmes Catherine Sellers et Suzanne Agnely, et de dire tout particulièrement ma gratitude à Mme Trougnac qui a pris une large part à mes recherches.

R. Q.

On trouvera en fin de volume, dans les *Notes et Variantes*, une présentation de chaque œuvre.

Une bibliographie complète est publiée dans le tome II.

BIOGRAPHIE

Il a paru indispensable, pour la compréhension des œuvres, que soient rappelées dans un tableau d'ensemble les dates marquantes de la vie d'Albert Camus, ainsi que les événements politiques et les œuvres littéraires, face auxquels il lui a fallu se définir. Un tel tableau, dans sa sécheresse même, interdit toute affabulation et toute sollicitation des faits.

1913. — *7 novembre :* Naissance d'Albert Camus à Mondovi.

Son père, Lucien Camus, ouvrier caviste dans une exploitation vinicole, appartenait à une famille alsacienne installée en Algérie en 1871 (cf. *Actuelles III,* Avant-propos).

Sa mère, Catherine Sintès (Catherine sera le nom de la fille de Camus et Sintès le nom d'un ami de Meursault), d'origine majorquine, était la seconde d'une famille de neuf enfants. Albert Camus avait un frère aîné, Lucien.

1914. — *2 août :* Première guerre mondiale.

« J'ai grandi, avec tous les hommes de mon âge, aux tambours de la première guerre, et notre histoire, depuis, n'a pas cessé d'être meurtre, injustice ou violence. » *(L'Été.)*

Son père, mobilisé dans les zouaves, blessé à la bataille de la Marne, est mort à l'hôpital de Saint-Brieuc et fut enterré à Saint-Brieuc.

Sa mère rejoint Alger et s'installe dans le quartier populaire de Belcourt. Albert Camus grandit pauvrement dans un appartement de deux pièces, entre sa mère qui travaille d'abord à la cartoucherie, puis fait des ménages — presque sourde, elle parlait fort peu (*Entre oui et non* dans *l'Envers et l'Endroit*) — une grand-mère, volontiers autoritaire et comédienne (cf. *l'Ironie,* dans *l'Envers et l'Endroit*), un oncle infirme, artisan tonnelier, et son frère Lucien.

« ... Je n'ai pas appris la liberté dans Marx. Il est vrai : je l'ai apprise dans la misère. » *(Actuelles I.)*

1918-1923. — À l'école communale de la rue Aumerat, un instituteur, Louis Germain, s'intéresse à l'enfant, le fait travailler en dehors des heures de classe et le présente au concours des bourses pour les lycées et collèges. Camus lui dédiera les *Discours de Suède,* au lendemain du Nobel.

1923-1930. — Camus est élève boursier au lycée d'Alger.

1926. — *Les Faux-monnayeurs*, de Gide.
  Les Bestiaires, de Montherlant.
  La Tentation de l'Occident, de Malraux.

1928. — *Les Conquérants*, de Malraux.

1928-1930. — Camus garde les buts de l'équipe de football du Racing-Universitaire d'Alger.
  « Après tout, c'est pour cela que j'ai tant aimé mon équipe, pour la joie des victoires, si merveilleuse lorsqu'elle s'allie à la fatigue qui suit l'effort, mais aussi pour cette stupide envie de pleurer des soirs de défaite. » (Hebdomadaire du R.U.A.)

1929-1930. — « J'avais seize ans, lorsque je rencontrai Gide pour la première fois. Un oncle qui avait pris en charge une partie de mon éducation me donnait parfois des livres. Boucher de son état, et bien achalandé, il n'avait de vraie passion que pour la lecture et les idées. Il consacrait ses matinées au commerce de la viande, le reste de sa journée à sa bibliothèque, aux gazettes et à des discussions interminables dans les cafés de son quartier.
  » Un jour il me tendit un petit livre à couverture parcheminée, en m'assurant que « ça m'intéresserait ». Je lisais tout, confusément, en ce temps-là ; j'ai dû ouvrir *les Nourritures terrestres* après avoir terminé *Lettres de femmes* ou un volume des *Pardaillan*.
  « Ces invocations me parurent obscures. Je bronchai devant l'hymne aux biens naturels. À Alger, à seize ans, j'étais saturé de ces richesses ; j'en souhaitais d'autres, sans doute. Et puis, « Blida, petite rose... », je connaissais, hélas ! Blida. Je rendis le livre à mon oncle et je lui dis qu'il m'avait en effet intéressé. Puis je retournai aux plages, à des études distraites et des lectures oisives, à la vie difficile aussi qui était la mienne. Le rendez-vous était manqué. » (*Hommage à Gide*.)

1930. — *La Voie royale*, de Malraux.
  Premières atteintes de la tuberculose ; Camus quitte la maison familiale, impropre aux soins qu'exige son état de santé, pour s'installer d'abord chez son oncle boucher, de tradition voltairienne et anarchiste, M. Acault. Par la suite, il mènera une vie fort indépendante, habitant successivement aux quatre coins d'Alger, tantôt seul, tantôt en communauté.

1932. — Camus poursuit ses études en Lettres supérieures. Il a pour condisciples André Belamich à qui il devait confier plus tard la traduction de Lorca, et Claude de Fréminville, et pour professeur Paul Mathieu et Jean Grenier, le philosophe et essayiste, qu'il retrouvera en Faculté et auquel le liera une amitié fidèle.
  Il lui dédiera, plus tard, *la Mort dans l'âme*, *l'Envers et l'Endroit*, *l'Homme révolté* et préfacera la réédition des *Îles*.

« ... Je rencontrai Jean Grenier. Lui aussi me tendit, entre autres choses, un livre. Ce fut un roman d'André de Richaud qui s'appelait *la Douleur*. Je ne connais pas André de Richaud. Mais je n'ai jamais oublié son beau livre, qui fut le premier à me parler de ce que je connaissais : une mère, la pauvreté, de beaux soirs dans le ciel... Je lus en une nuit, selon la règle, et, au réveil, nanti d'une étrange et neuve liberté, j'avançais, hésitant, sur une terre inconnue. Je venais d'apprendre que les livres ne versaient pas seulement l'oubli et la distraction. Mes silences têtus, ces souffrances vagues et souveraines, le monde singulier, la noblesse des miens, leur misère, mes secrets enfin, tout cela pouvait donc se dire... *La Douleur* me fit entrevoir le monde de la création, où Gide devait me faire pénétrer. » *(Hommage à Gide.)*

1931-1932. — Camus fréquente entre autres Miquel, Bénisti, de Maisonseul, Max-Pol Fouchet.

1932. — Camus publie quatre articles dans la revue *Sud*.

1933. — *30 janvier :* Hitler accède au pouvoir.
  Camus militera bientôt au Mouvement antifasciste Amsterdam-Pleyel fondé par Henri Barbusse et Romain Rolland.
  La Condition humaine, de Malraux. — Lecture de Proust (cf. *Roman et Révolte* dans *l'Homme révolté*).
  Les Îles, de Jean Grenier : cette série de courts essais, qui abordent les problèmes de l'existence sur un mode à la fois ironique et poétique et sur un ton de scepticisme grave, fait de Grenier un des maîtres à penser de Camus, qui n'a jamais manqué de reconnaître sa dette. *Les Îles* ont influencé *l'Envers et l'Endroit* et *Noces*.

1934. — *Juin :* Premier mariage de Camus, rompu deux ans plus tard.

1934 *(fin)*. — Camus adhère au parti communiste : on lui confie des fonctions de propagande dans les milieux musulmans. Camus, dans une lettre du 8 juin 1955, m'affirmait avoir quitté le P.C. en 1935 quand le voyage de Laval à Moscou (mai 1935) eut déterminé un ralentissement de l'action promusulmane du P.C. Qu'il y ait eu crise intérieure, la chose est évidente et la lecture des *Carnets* en apporte la preuve. Toutefois, les amis de Camus estiment qu'il a vraisemblablement gardé sa carte du P.C. jusqu'en 1937 inclus : en effet, sa présence à la tête de la Maison de la Culture, que contrôlait le parti communiste, ne saurait s'expliquer autrement. Pour eux, la rupture — et l'exclusion de Camus — serait survenue à la suite d'incidents entre le P.C. et le Parti du Peuple algérien de Messali Hadj qui tenait les communistes pour les instigateurs de la répression qui les frappait.
  On a parlé, dans plusieurs articles, d'une adhésion de Camus à la franc-maçonnerie. Cette affirmation est jusqu'à présent demeurée sans preuve aucune.

1935. — *Le Temps du mépris,* de Malraux.

 Service inutile, de Montherlant.

 Mise en chantier de *l'Envers et l'Endroit.*

 « Pour moi, je sais que ma source est dans *l'Envers et l'Endroit,* dans ce monde de pauvreté et de lumière où j'ai longtemps vécu et dont le souvenir me préserve encore de deux dangers contraires qui menacent tout artiste, le ressentiment et la satisfaction... Mais sur la vie elle-même, je n'en sais pas plus que ce qui est dit, avec gaucherie, dans *l'Envers et l'Endroit.* »

 Pendant toute cette période, Camus a poursuivi ses études de philosophie à la Faculté d'Alger, grâce aux prêts d'honneur qui lui sont consentis. Toutefois, il lui faut encore effectuer un certain nombre de travaux pour vivre. Cette année-là, il travaille régulièrement au service météorologique de la Faculté et fournit un rapport sur les pressions dans les territoires du Sud. Il sera également vendeur d'accessoires pour automobiles, employé chez un courtier maritime (comme Meursault), employé de préfecture (Grand, lui, sera employé de mairie).

1936. — Rédaction d'un diplôme d'études supérieures de philosophie, qui traite des rapports de l'hellénisme et du christianisme à travers Plotin et saint Augustin. Titre : *Métaphysique chrétienne et Néoplatonisme.*

 Lecture d'Épictète, Pascal, Kierkegaard; Malraux et Gide.

 7 mars : Réoccupation de la Rhénanie par l'Allemagne.

 Mai : Succès du Front populaire en France.

 Juin : Voyage en Europe centrale (cf. *Carnets I*).

 17 juillet : Guerre civile en Espagne.

 C'est au cours des années 1935-1936 que Camus prend en charge, avec quelques amis, la Maison de la Culture et fonde le *Théâtre du Travail.* (On trouvera, traités dans le détail, les rapports de Camus et du théâtre, dans une note de présentation.)

 C'est pour ce théâtre qu'il rédigera, avec trois de ses camarades, *Révolte dans les Asturies,* qui fut interdite, mais que publiera l'éditeur Charlot. Autour de Gabriel Audisio et de Charlot, à l'enseigne des « Vraies Richesses », se développe un mouvement littéraire méditerranéen.

1936-1937. — Camus est engagé comme acteur par la troupe théâtrale de Radio-Alger, avec laquelle il parcourt quinze jours par mois villes et villages.

1937. — Camus devient journaliste à *Alger républicain* que dirige Pascal Pia (Camus lui dédiera *le Mythe de Sisyphe*). Il occupera successivement toutes les fonctions, depuis la rédaction des faits divers jusqu'à l'éditorial, en passant par la rubrique des assemblées et la chronique littéraire. Il s'attache particulièrement à faire la lumière sur les grands procès politiques algériens.

Février : Camus prononce à la Maison de la Culture une conférence sur la nouvelle culture méditerranéenne.

Mai : Avec un groupe d'intellectuels algériens, il signe un manifeste en faveur du projet Blum-Viollette, considéré comme « un minimum ».

Pour raison de santé, il est interdit à Camus de se présenter à l'agrégation de philosophie.

10 mai : Publication de *l'Envers et l'Endroit.*

Août-septembre : Projet d'essai sur Malraux. Séjour à Embrun où il lui faut se reposer. Puis visite de Florence, via Marseille, Gênes et Pise.

Période d'exaltation lucide et amère dont *Noces* sera le fruit. Rédaction de *la Mort heureuse,* roman inédit.

Camus refuse un poste au collège de Sidi-Bel-Abbès par crainte de la routine et de l'enlisement.

Octobre-décembre : Lecture de Sorel, Nietzsche, Spengler *(le Déclin de l'Occident).*

Le *Théâtre du Travail* disparaît au profit du *Théâtre de l'Équipe.*

Camus envisage de quitter Alger pour la métropole (lettre à Audisio).

1938. — *L'Espoir,* de Malraux.

La Nausée, de Sartre. Dès ce moment, Camus, qui apprécie fort le livre, s'oppose à l'esthétique de Sartre et lui reproche d'insister sur la laideur humaine pour fonder le tragique de l'existence : « Et le héros de M. Sartre n'a peut-être pas fourni le vrai sens de son angoisse lorsqu'il insiste sur ce qui lui répugne dans l'homme, au lieu de fonder sur certaines de ses grandeurs des raisons de désespérer. » *(Alger républicain,* 20 octobre 1938.)

Camus écrit *Caligula,* songe à un essai sur l'absurde et rassemble des notes qu'il utilisera dans *l'Étranger.* Il lit Nietzsche : *Humain, trop humain, le Crépuscule des idoles* et Kierkegaard : *le Traité du désespoir.*

30 septembre : Accords de Munich.

1939. — *Mars :* La Tchécoslovaquie est totalement annexée par le IIIe Reich.

Lecture d'Épicure et des stoïciens.

Fondation de la revue *Rivages* avec Audisio, Roblès, etc.

Rencontre d'André Malraux.

Le Mur, de Sartre. « Un grand écrivain apporte toujours avec lui son monde et sa prédication. Celle de M. Sartre converti au néant mais aussi à la lucidité. » *(Alger républicain,* 12 mars 1939.)

Mai : Publication de *Noces,* chez Charlot.

Juin : Enquête en Kabylie : « Il n'est pas de spectacle plus désespérant que cette misère au milieu du plus beau pays du monde. »

La tension internationale l'oblige à renoncer à son projet de voyage en Grèce : « L'année de la guerre, je devais m'embarquer pour refaire le périple d'Ulysse. À cette époque, même un jeune homme pauvre pouvait former le projet somptueux de traverser la mer à la rencontre de la lumière. » *(L'Été.)*

3 septembre : Seconde guerre mondiale.

« La première chose est de ne pas désespérer. N'écoutons pas trop ceux qui crient à la fin du monde. » *(Les Amandiers.)*

« Jurer de n'accomplir dans la moins noble des tâches que les plus nobles des gestes. » *(Carnets.)*

Camus tentera, par solidarité, de s'engager. Il est ajourné pour raison de santé.

Voyage à Oran. *(Le Minotaure.)*

1940. — Albert Camus épouse Francine Faure, une Oranaise.

Après que les difficultés de diffusion eurent amené la conversion d'*Alger républicain* en *Soir républicain* (au terme de quelques semaines de coexistence, le premier disparaît le 28 octobre, alors que le second est paru le 15 septembre), le refus de se plier aux exigences de la censure entraîne sa disparition le 10 janvier. Sous la pression des milieux officiels, Camus se voit écarté d'un emploi promis. C'est alors qu'il quitte l'Algérie. Résolu à ne plus rien écrire dans une presse contrôlée, sur la recommandation de Pascal Pia, il entre à *Paris-Soir* comme secrétaire de rédaction, chargé de tâches purement matérielles : « Sentir à *Paris-Soir* tout le cœur de Paris et son abject esprit de midinette. » *(Carnets.)*

Mai : L'Étranger est terminé.

10 mai : Invasion allemande. Camus se replie sur Clermont, avec la rédaction de *Paris-Soir,* qu'il abandonnera en décembre.

Septembre : Il rédige la première partie du *Mythe de Sisyphe.*

Octobre : Il s'installe provisoirement à Lyon.

1941. — *Janvier :* Retour à Oran, où il enseigne quelque temps dans un établissement privé que fréquentent nombre d'enfants juifs.

Février : Il termine *le Mythe de Sisyphe.*

Il prépare *la Peste* sous l'influence de *Moby Dick,* « l'un des mythes les plus bouleversants qu'on ait jamais imaginés sur le combat de l'homme contre le mal et sur l'irrésistible logique qui finit par dresser l'homme juste contre la création et le créateur d'abord, puis contre ses semblables et contre lui-même ». *(Présentation d'Hermann Melville.)*

Lecture de Tolstoï, Marc Aurèle, *Grandeur et servitude militaires,* Sade, *les Esprits* de Pierre de Larivey, qu'il adaptera.

19 décembre : Exécution de Gabriel Péri.

« ... Vous me demandez pour quelles raisons je me suis placé du côté de la Résistance. C'est une question qui n'a pas de sens pour un certain nombre d'hommes, dont je suis. Il me semblait, et il me semble toujours qu'on ne peut pas être du côté des camps de concentration. J'ai compris alors que je détestais moins la violence que les institutions de la violence. Et pour être tout à fait précis, je me souviens très bien du jour où la vague de révolte qui m'habitait a atteint son sommet. C'était un matin, à Lyon, et je lisais dans le journal l'exécution de Gabriel Péri. » *(Actuelles I.)*

Camus n'était guère bavard sur sa vie de résistant : il n'aimait pas le genre « ancien combattant », sans doute par pudeur et par nostalgie. Il semble qu'il soit entré dans le réseau Combat, du Mouvement de Libération-Nord, par l'intermédiaire de Pascal Pia et René Leynaud (Camus lui a dédié les *Lettres à un ami allemand* et a préfacé ses *Poésies posthumes,* 1947). Son action y fut de renseignement et de journalisme clandestin. Il fera bientôt la connaissance de Claude Bourdet.

1942. — *Été :* Camus, repris d'hémoptysie au printemps 1942, est obligé de se reposer au Chambon-sur-Lignon.

8 novembre : Le débarquement le surprend au moment où il allait regagner l'Afrique du Nord. Camus sera séparé de sa femme jusqu'à la Libération. Il reviendra donc s'installer au Panelier, près du Chambon, chez Mme Œttly. Comme les communications étaient difficiles et qu'il détestait le train, il lui arrivait, en dépit de ses deux poumons malades, de faire à bicyclette les 60 km de côte qui séparaient Saint-Étienne du Panelier.

C'est à cette époque qu'il entre en relation avec Francis Ponge (cf. lettre sur *le Parti pris*).

1942. — Lectures : Melville, Defoe, Cervantes (cf. *la Peste.*) Balzac et Mme de La Fayette (cf. *l'Intelligence et l'Échafaud*). Kierkegaard et Spinoza.

Juillet : L'Étranger est publié.

1943. — *Le Mythe de Sisyphe :* une partie de la critique accréditera la légende d'un Camus philosophe et désespéré.

La première rédaction du *Malentendu* est terminée.

Première *Lettre à un ami allemand.*

Depuis des mois, Camus a partagé son temps entre la région lyonnaise et la région stéphanoise : « À mon avis, si l'enfer existait, il devait ressembler à ces rues interminables et grises où tout le monde était habillé de noir. » (Préface aux *Poésies* de René Leynaud.)

« Ouvriers français — les seuls auprès desquels je me sente bien, que j'aie envie de connaître et de « vivre ». Ils sont comme moi. » *(Carnets.)*

Lors de la fusion des mouvements de résistance, *Franc-Tireur, Combat* et *Libération,* les dirigeants de *Combat* s'installent à Paris. Camus devient alors lecteur chez Gallimard. Il habite l'appartement d'André Gide. C'est à cette époque qu'il rencontrera Aragon pour la seconde fois.

1944. — Rencontre avec Sartre.

« Non, je ne suis pas existentialiste. Sartre et moi nous étonnons toujours de voir nos deux noms associés. Nous pensons même publier un jour une petite annonce où les soussignés affirmeront n'avoir rien en commun et se refuseront à répondre des dettes qu'ils pourraient contracter respectivement. Car, enfin, c'est une plaisanterie. Sartre et moi avons publié tous nos livres, sans exception, avant de nous connaître. Quand nous nous sommes connus, ce fut pour constater nos différences. Sartre est existentialiste, et le seul livre d'idées que j'ai publié, *le Mythe de Sisyphe,* était dirigé contre les philosophes dits existentialistes. » (15 novembre 1945.)

Seconde *Lettre à un ami allemand.*

24 août : « Paris fait feu de toutes ses balles dans la nuit d'août. » (Premier numéro de *Combat,* ouvertement diffusé.)

Camus prend la direction de *Combat* avec Pascal Pia.

Il a pour collaborateurs G. Altschuler, M. Gimond, Albert Ollivier, Roger Grenier, J.-P. Vivet, J. Lemarchand.

Le Malentendu est créé aux Mathurins par Maria Casarès et Marcel Herrand. Accueil mitigé.

1945. — *8 mai :* Camus apprend aux côtés d'André Gide la nouvelle de l'armistice.

16 mai : Massacres puis répression à Sétif. Camus se rend en Algérie pour enquêter.

« Une grande politique pour une nation appauvrie ne peut être qu'une politique exemplaire. Je n'ai qu'une chose à dire à cet égard : que la France implante réellement la démocratie en pays arabe... La démocratie est une idée neuve en pays arabe. Pour nous, elle vaudra cent armées et mille puits de pétrole. » (Interview à *Servir,* 20 décembre 1945.)

6 et 9 août : Bombardements atomiques d'Hiroshima et Nagasaki.

« La civilisation mécanique vient de parvenir à son dernier degré de sauvagerie. Il va falloir choisir dans un avenir plus ou moins proche entre le suicide collectif et l'utilisation intelligente des conquêtes scientifiques. » (*Combat,* 8 août.)

5 septembre : Naissance de Jean et Catherine Camus.

Représentation au Théâtre Hébertot de *Caligula* qui révèle Gérard Philipe. R. Kemp voit dans la pièce « un manuel des désespérés ». Le succès est grand.

Remarque sur la révolte, point de départ de *l'Homme révolté.*

1946. — En début d'année, Camus se rend aux États-Unis. Mal accueilli par les services de sécurité, il est chaleureusement reçu par la jeunesse universitaire. Il termine difficilement *la Peste.*

Découverte de l'œuvre de Simone Weil dont il dirigera la publication des inédits.

Pendant plusieurs mois, Camus abandonne la direction de *Combat.* Une controverse avec Mauriac (1944-1945) l'amène à s'interroger systématiquement sur le problème de la violence : « Nous étions dans l'Enfer et nous n'en sommes jamais sortis ! Depuis six longues années nous essayons de nous en arranger. » (*L'Été.*)

Feuillets d'Hypnos de René Char, avec lequel Camus se lie d'une profonde amitié.

Octobre : Entretiens politiques avec Sartre, Malraux, Kœstler, Sperber.

1947. — Révolte à Madagascar. Camus proteste énergiquement contre la répression collective : « ... Le fait est là, clair et hideux à la vérité : nous faisons dans ces cas-là ce que nous avons reproché aux Allemands de faire. » *(Combat.)*

Le parti communiste quitte le gouvernement. Naissance du Rassemblement du Peuple français. Les difficultés financières et politiques amènent la rupture de l'équipe de *Combat.* Ollivier, Pia et R. Aron vont au R.P.F. Jean Texier rejoint la presse socialiste. Camus se retire et cède la direction à Claude Bourdet. Henri Smadja prend pied au journal.

Création du Rassemblement démocratique et révolutionnaire, auquel, il faut le noter, Camus n'a jamais appartenu.

Juin : La Peste. Succès immédiat. Nombre de critiques élaborent la légende de la « sainteté laïque » d'un Camus vertueux.

1947-1948. — *Étés :* Séjours dans les environs de Lourmarin où Camus avait déjà passé quelques jours en 1946.

C'est, semble-t-il, en 1947, au cours d'une discussion politique, que Camus rompit avec Merleau-Ponty.

1948. — *Février :* Coup d'État de Prague.

Voyage en Algérie (cf. *l'Été*).

Juin : Tito est expulsé du Kominform.

Lecture d'Agrippa d'Aubigné sur qui Camus écrira une manière de préface.

27 octobre : L'État de siège, écrit en collaboration avec Jean-Louis Barrault — échec.

Octobre : Une polémique, suscitée par la reprise dans *Caliban* de *Ni victimes ni bourreaux,* oppose Camus à d'Astier de la Vigerie.

1949. — *Mars :* Appel en faveur des communistes grecs condamnés à mort; appel renouvelé, pour d'autres condamnés, en décembre 1950.

Juin à août : Voyage en Amérique du Sud (cf. *la Mer au plus près* et *la Pierre qui pousse*).

Ce voyage aggrave l'état de santé déjà précaire de Camus. Pendant deux ans, il ne pourra guère que poursuivre la rédaction de *l'Homme révolté,* et consacrera cette période de semi-oisiveté forcée à une réflexion sur son œuvre.

Septembre : Procès Rajk et Kostov.

15 décembre : Camus se lèvera pour assister à la première des *Justes,* créés par Serge Reggiani et Maria Casarès.

1950. — Parution d'*Actuelles I*.
Camus va prendre quelque repos, à Cabris, près de Grasse.
Il passera ensuite l'été dans les Vosges.
Il s'installera bientôt dans l'appartement de la rue Madame.

1951. — Guerre de Corée.
Octobre : L'*Homme révolté*. La polémique qui s'ensuit dure plus d'un an.
Décembre : Camus dépose par écrit au procès du M.T.L.D. à Blida.

1952. — Voyage en Algérie (cf. *Retour à Tipasa*).
Août : Rupture avec J.-P. Sartre.
Novembre : Camus pose sa candidature à la direction du théâtre Récamier. Démission de l'UNESCO à la suite de l'admission de l'Espagne franquiste.
Projets : Roman : *le Premier Homme*.
Nouvelles de *l'Exil et le Royaume*.
Théâtre : un *Don Juan*.
Adaptation des *Possédés*.

1953. — *7 juin :* Émeutes à Berlin-Est : « Quand un travailleur, quelque part au monde, dresse ses poings nus devant un tank et crie qu'il n'est pas un esclave, que sommes-nous donc si nous restons indifférents ? » (Allocution à la Mutualité.)
Parution d'*Actuelles II*.
Juin : Festival d'Angers où il remplace Marcel Herrand malade et assure la mise en scène de *la Dévotion à la croix* et des *Esprits*, dans sa propre adaptation.

1954. — Camus semble retiré de toute activité politique (exception faite pour une intervention en faveur de sept Tunisiens condamnés à mort) et littéraire : il n'écrit rien de toute l'année. « Mes *Possédés* sont en panne, avec tout le reste d'ailleurs et je ne sais quand je me remettrai à écrire. » (Lettre à Gillibert.)
Parution de *l'Été*, recueil de textes écrits de 1939 à 1953.
Novembre : Voyage en Italie.

1955. — *Mars :* Adaptation d'*Un cas intéressant* de Dino Buzzati.
Mai : Voyage en Grèce où il projetait de reprendre *l'État de siège*, en plein air. Conférence sur le théâtre.
Juin : Camus revient au journalisme : il collabore à *l'Express*.

1956. — Voyage à Alger.
Le 23 janvier, Camus lance un appel à la trêve. Il est fort désagréablement accueilli par une partie de ses compatriotes. « Je suis rentré d'Algérie assez désespéré. Ce qui se passe confirme ma

conviction. C'est pour moi un malheur personnel. Mais il faut tenir, tout ne peut pas être compromis. » (Lettre à Gillibert.)

Février : Camus cesse sa collaboration à *l'Express.*

Il interviendra en faveur de M. de Maisonseul (28 mai) et d'un certain nombre de libéraux ou nationalistes algériens arrêtés.

20 septembre : Succès de *Requiem pour une nonne* avec Catherine Sellers.

Révolte à Budapest : Camus participe à un meeting de protestation.

Opération militaire franco-anglaise à Suez.

Publication de *la Chute.*

Camus envisage de donner une suite à *l'Été : la Fête.*

1957. — *Mars :* L'Exil et le Royaume.

Juin : Festival d'Angers. Adaptation du *Chevalier d'Olmedo* de Lope de Vega. Reprise de *Caligula. Réflexions sur la guillotine,* dans les *Réflexions sur la peine capitale,* en collaboration avec Kœstler et J. Bloch-Michel.

17 octobre : Le Prix Nobel de littérature lui est décerné. Il est le neuvième Français à le recevoir, et le plus jeune.

1958. — *Février : Discours de Suède.*

Mars : Réédition de *l'Envers et l'Endroit,* avec une préface nouvelle.

Juin : Actuelles III, chroniques algériennes, où Camus propose une analyse du conflit et des solutions. La grande presse passera cet essai sous silence.

Pendant cette année et celle qui suivra, la santé de Camus sera mauvaise.

9 juin : Voyage en Grèce.

Novembre : Camus achète une maison à Lourmarin.

1959. — *30 janvier :* Représentation des *Possédés,* adaptés de Dostoïevski, dont il assume la mise en scène.

Camus envisage de prendre la direction d'un théâtre.

Durant la plus grande partie de l'année, Camus travaille beaucoup mais avec peine. Toutefois en *novembre,* à Lourmarin, il semble avoir retrouvé tous ses moyens et rédige avec aisance une partie du *Premier Homme.*

1960. — *4 janvier :* Albert Camus est tué sur le coup dans un accident d'automobile, à Villeblevin près de Montereau, au lieu-dit « le Grand Frossard », dans la voiture de Michel Gallimard.

THÉÂTRE

CALIGULA[1]

PIÈCE EN QUATRE ACTES

CALIGULA*

a été représenté pour la première fois en 1945 sur la scène du
Théâtre Hébertot *(direction Jacques Hébertot), dans la mise*
en scène de Paul Œtly : le décor étant de Louis Miquel et les
costumes de Marie Viton.

DISTRIBUTION

CALIGULA	*Gérard Philipe.*
CÆSONIA	*Margo Lion.*
HÉLICON	*Georges Vitaly.*
SCIPION	*Michel Bouquet,* puis *Georges Carmier.*
CHEREA	*Jean Barrère.*
SENECTUS, le vieux patricien	*Georges Saillard.*
METELLUS ⎫	*François Darbon,* puis *René Desormes.*
LEPIDUS ⎬ patriciens	*Henry Duval.*
OCTAVIUS ⎭	*Norbert Pierlot.*
PATRICIUS, l'intendant	*Fernand Liesse.*
MEREIA	*Guy Favières.*
MUCIUS	*Jacques Leduc.*
PREMIER GARDE	*Jean Œtly.*
DEUXIÈME GARDE	*Jean Fonteneau.*
PREMIER SERVITEUR	*Georges Carmier,* puis *Daniel Crouet.*
DEUXIÈME SERVITEUR.....	*Jean-Claude Orlay.*
TROISIÈME SERVITEUR.....	*Roger Saltel.*
FEMME DE MUCIUS	*Jacqueline Hébel.*
PREMIER POÈTE	*Georges Carmier,* puis *Daniel Crouet.*
DEUXIÈME POÈTE..........	*Jean-Claude Orlay.*
TROISIÈME POÈTE	*Jacques Leduc.*
QUATRIÈME POÈTE........	*François Darbon,* puis *René Desormes.*
CINQUIÈME POÈTE	*Fernand Liesse.*
SIXIÈME POÈTE...........	*Roger Saltel.*

La scène se passe dans le palais de Caligula.

Il y a un intervalle de trois années entre le premier acte et les actes
suivants.

———————

* Édition de 1958, d'après le texte joué au *Petit Théâtre de Paris.*

ACTE PREMIER[1]

SCÈNE PREMIÈRE (a)

*Des patriciens, dont un très
âgé, sont groupés dans une salle
du palais et donnent des signes
de nervosité.*

PREMIER PATRICIEN

Toujours rien.

LE VIEUX PATRICIEN

Rien le matin, rien le soir.

DEUXIÈME PATRICIEN (b)

Rien depuis trois jours.

LE VIEUX PATRICIEN

Les courriers partent, les courriers reviennent. Ils
secouent la tête et disent : « Rien. »

DEUXIÈME PATRICIEN

Toute la campagne est battue, il n'y a rien à faire.

PREMIER PATRICIEN

Pourquoi s'inquiéter à l'avance? Attendons. Il
reviendra peut-être comme il est parti.

LE VIEUX PATRICIEN

Je l'ai vu sortir du palais. Il avait un regard étrange.

PREMIER PATRICIEN

J'étais là aussi et je lui ai demandé ce qu'il avait.

DEUXIÈME PATRICIEN

A-t-il répondu?

PREMIER PATRICIEN

Un seul mot : « Rien. »

Un temps. Entre Hélicon,
mangeant des oignons (a).

DEUXIÈME PATRICIEN *(toujours nerveux).*

C'est inquiétant.

PREMIER PATRICIEN

Allons, tous les jeunes gens sont ainsi.

LE VIEUX PATRICIEN

Bien entendu, l'âge efface tout.

DEUXIÈME PATRICIEN

Vous croyez[1]?

PREMIER PATRICIEN

Souhaitons qu'il oublie.

LE VIEUX PATRICIEN

Bien sûr! Une de perdue, dix de retrouvées.

HÉLICON *(b)*

Où prenez-vous qu'il s'agisse d'amour?

PREMIER PATRICIEN *(c)*

Et de quoi d'autre?

HÉLICON[2]

Le foie peut-être. Ou le simple dégoût de vous voir tous les jours. On supporterait tellement mieux nos contemporains s'ils pouvaient de temps en temps changer de museau. Mais non, le menu ne change pas. Toujours la même fricassée.

LE VIEUX PATRICIEN

Je préfère penser qu'il s'agit d'amour. C'est plus attendrissant.

HÉLICON

Et rassurant, surtout, tellement plus rassurant. C'est le genre de maladies qui n'épargnent ni les intelligents ni les imbéciles.

PREMIER PATRICIEN

De toute façon, heureusement, les chagrins ne sont pas éternels. Êtes-vous capable de souffrir plus d'un an ?

DEUXIÈME PATRICIEN

Moi, non.

PREMIER PATRICIEN

Personne n'a ce pouvoir.

LE VIEUX PATRICIEN

La vie serait impossible.

PREMIER PATRICIEN

Vous voyez bien. Tenez, j'ai perdu ma femme, l'an passé. J'ai beaucoup pleuré et puis j'ai oublié. De temps en temps, j'ai de la peine. Mais, en somme, ce n'est rien.

LE VIEUX PATRICIEN

La nature fait bien les choses *(a)*.

HÉLICON[1]

Quand je vous regarde, pourtant, j'ai l'impression qu'il lui arrive de manquer son coup.

Entre Cherea.

PREMIER PATRICIEN *(b)*

Eh bien ?

CHEREA *(c)*

Toujours rien.

HÉLICON

Du calme, messieurs, du calme[2]. Sauvons les apparences. L'Empire romain, c'est nous. Si nous perdons la figure, l'Empire perd la tête. Ce n'est pas le moment, oh non! Et pour commencer, allons déjeuner, l'Empire se portera mieux.

LE VIEUX PATRICIEN

C'est juste, il ne faut pas lâcher la proie pour l'ombre.

CHEREA *(a)*

Je n'aime pas cela. Mais tout allait trop bien. Cet empereur était parfait.

DEUXIÈME PATRICIEN

Oui, il était comme il faut : scrupuleux et sans expérience.

PREMIER PATRICIEN *(b)*

Mais, enfin, qu'avez-vous et pourquoi ces lamentations? Rien ne l'empêche de continuer. Il aimait Drusilla, c'est entendu. Mais elle était sa sœur, en somme. Coucher avec elle, c'était déjà beaucoup. Mais bouleverser Rome parce qu'elle est morte, cela dépasse les bornes.

CHEREA

Il n'empêche. Je n'aime pas cela, et cette fuite ne me dit rien *(c)*.

LE VIEUX PATRICIEN

Oui, il n'y a pas de fumée sans feu.

PREMIER PATRICIEN

En tout cas, la raison d'État ne peut admettre un inceste qui prend l'allure des tragédies. L'inceste, soit, mais discret.

HÉLICON

Vous savez, l'inceste, forcément, ça fait toujours un peu de bruit. Le lit craque, si j'ose m'exprimer ainsi[1]. Qui vous dit, d'ailleurs, qu'il s'agisse de Drusilla?

DEUXIÈME PATRICIEN

Et de quoi donc alors[2]?

HÉLICON *(a)*

Devinez. Notez bien, le malheur c'est comme le
mariage. On croit qu'on choisit et puis on est choisi[1].
C'est comme ça, on n'y peut rien. Notre Caligula est
malheureux, mais il ne sait peut-être même pas pourquoi!
Il a dû se sentir coincé, alors il a fui. Nous en aurions
tous fait autant. Tenez, moi qui vous parle, si j'avais pu
choisir mon père, je ne serais pas né.

Entre Scipion.

SCÈNE II

CHEREA

Alors?

SCIPION

Encore rien. Des paysans ont cru le voir, dans la nuit
d'hier, près d'ici, courant à travers l'orage.

*Cherea revient vers les séna-
teurs. Scipion le suit.*

CHEREA

Cela fait bien trois jours, Scipion?

SCIPION

Oui. J'étais présent, le suivant comme de coutume[2].
Il s'est avancé vers le corps de Drusilla. Il l'a touché avec
deux doigts. Puis il a semblé réfléchir, tournant sur lui-
même, et il est sorti d'un pas égal. Depuis, on court
après lui.

CHEREA *(secouant la tête) (b).*

Ce garçon aimait trop la littérature.

DEUXIÈME PATRICIEN

C'est de son âge.

CHEREA

Mais ce n'est pas de son rang. Un empereur artiste,

cela n'est pas concevable. Nous en avons eu un ou deux, bien entendu. Il y a des brebis galeuses partout. Mais les autres ont eu le bon goût de rester des fonctionnaires[1].

PREMIER PATRICIEN

C'était plus reposant.

LE VIEUX PATRICIEN

À chacun son métier.

SCIPION *(a)*

Que peut-on faire, Cherea ?

CHEREA

Rien.

DEUXIÈME PATRICIEN *(b)*

Attendons. S'il ne revient pas, il faudra le remplacer. Entre nous, les empereurs ne manquent pas.

PREMIER PATRICIEN

Non, nous manquons seulement de caractères.

CHEREA *(c)*

Et s'il revient mal disposé ?

PREMIER PATRICIEN

Ma foi, c'est encore un enfant, nous lui ferons entendre raison.

CHEREA

Et s'il est sourd au raisonnement ?

PREMIER PATRICIEN *(Il rit.)*

Eh bien! n'ai-je pas écrit, dans le temps, un traité du Coup d'État ?

CHEREA

Bien sûr, s'il le fallait! Mais j'aimerais mieux qu'on me laisse à mes livres *(d)*.

SCIPION

Je vous demande pardon.

Il sort.

CHEREA

Il est offusqué.

LE VIEUX PATRICIEN

C'est un enfant. Les jeunes gens sont solidaires *(a)*.

HÉLICON

Solidaires ou non, il vieilliront de toute façon[1].

> *Un garde*[2] *apparaît :* « On a vu Caligula dans le jardin du palais. » *Tous sortent (b).*

SCÈNE III

> *La scène reste vide quelques secondes. Caligula entre furtivement par la gauche. Il a l'air égaré, il est sale, il a les cheveux pleins d'eau et les jambes souillées. Il porte plusieurs fois la main à sa bouche. Il avance vers le miroir et s'arrête dès qu'il aperçoit sa propre image. Il grommelle des paroles indistinctes, puis va s'asseoir, à droite, les bras pendants entre les genoux écartés. Hélicon entre à gauche. Apercevant Caligula, il s'arrête à l'extrémité de la scène et l'observe en silence. Caligula se retourne et le voit. Un temps.*

SCÈNE IV

HÉLICON   *(d'un bout de la scène à l'autre).*

Bonjour, Caïus.

CALIGULA *(avec naturel)*.

Bonjour, Hélicon.

Silence.

HÉLICON

Tu sembles fatigué?

CALIGULA

J'ai beaucoup marché.

HÉLICON

Oui, ton absence a duré longtemps.

Silence.

CALIGULA

C'était difficile à trouver.

HÉLICON *(a)*

Quoi donc?

CALIGULA

Ce que je voulais.

HÉLICON

Et que voulais-tu?

CALIGULA *(toujours naturel)*.

La lune.

HÉLICON

Quoi?

CALIGULA

Oui, je voulais la lune.

HÉLICON

Ah! *(Silence. Hélicon se rapproche.)* *(b)* Pour quoi faire?

CALIGULA

Eh bien!... C'est une des choses que je n'ai pas.

HÉLICON

Bien sûr. Et maintenant, tout est arrangé[1]?

CALIGULA

Non, je n'ai pas pu l'avoir.

HÉLICON

C'est ennuyeux.

CALIGULA

Oui, c'est pour cela que je suis fatigué. *(Un temps.)* Hélicon!

HÉLICON

Oui, Caïus.

CALIGULA

Tu penses que je suis fou.

HÉLICON

Tu sais bien que je ne pense jamais. Je suis bien trop intelligent pour ça[2].

CALIGULA

Oui. Enfin! Mais je ne suis pas fou et même je n'ai jamais été aussi raisonnable. Simplement, je me suis senti tout d'un coup un besoin d'impossible. *(Un temps.)* Les choses, telles qu'elles sont, ne me semblent pas satisfaisantes.

HÉLICON

C'est une opinion assez répandue *(a)*.

CALIGULA

Il est vrai. Mais je ne le savais pas auparavant. Maintenant, je sais. *(Toujours naturel.)* Ce monde, tel qu'il est fait, n'est pas supportable. J'ai donc besoin de la lune, ou du bonheur, ou de l'immortalité, de quelque chose qui soit dément peut-être, mais qui ne soit pas de ce monde.

HÉLICON

C'est un raisonnement qui se tient. Mais, en général, on ne peut pas le tenir jusqu'au bout[1].

CALIGULA (*se levant, mais avec la même simplicité*).

Tu n'en sais rien. C'est parce qu'on ne le tient jamais jusqu'au bout que rien n'est obtenu. Mais il suffit peut-être de rester logique jusqu'à la fin *(a)*. *(Il regarde Hélicon)*.[2] Je sais aussi ce que tu penses. Que d'histoires pour la mort d'une femme! Non, ce n'est pas cela[3]. Je crois me souvenir, il est vrai, qu'il y a quelques jours, une femme que j'aimais est morte. Mais qu'est-ce que l'amour? Peu de chose. Cette mort n'est rien, je te le jure; elle est seulement le signe d'une vérité qui me rend la lune nécessaire. C'est une vérité toute simple et toute claire, un peu bête, mais difficile à découvrir et lourde à porter.

HÉLICON

Et qu'est-ce donc que cette vérité[4], Caïus?

CALIGULA (*détourné, sur un ton neutre[5]*).

Les hommes meurent et ils ne sont pas heureux.

HÉLICON (*après un temps*).

Allons, Caïus, c'est une vérité dont on s'arrange très bien. Regarde autour de toi. Ce n'est pas cela qui les empêche de déjeuner.

CALIGULA (*avec un éclat soudain*).

Alors, c'est que tout, autour de moi, est mensonge, et moi, je veux qu'on vive dans la vérité! Et justement, j'ai les moyens de les faire vivre dans la vérité. Car je sais ce qui leur manque, Hélicon. Ils sont privés de la connaissance et il leur manque un professeur qui sache ce dont il parle.

HÉLICON

Ne t'offense pas, Caïus, de ce que je vais te dire. Mais tu devrais d'abord te reposer.

CALIGULA (*s'asseyant et avec douceur*).

Cela n'est pas possible, Hélicon, cela ne sera plus jamais possible.

HÉLICON

Et pourquoi donc?

CALIGULA

Si je dors, qui me donnera la lune?

HÉLICON (*après un silence*).

Cela est vrai.

> *Caligula se lève avec un effort visible (a).*

CALIGULA

Écoute, Hélicon. J'entends des pas et des bruits de voix. Garde le silence et oublie que tu viens de me voir.

HÉLICON

J'ai compris.

> *Caligula se dirige vers la sortie. Il se retourne.*

CALIGULA

Et, s'il te plaît, aide-moi désormais.

HÉLICON

Je n'ai pas de raisons de ne pas le faire, Caïus. Mais je sais beaucoup de choses et peu de choses m'intéressent. À quoi donc puis-je t'aider?

CALIGULA

À l'impossible.

HÉLICON

Je ferai pour le mieux.

> *Caligula sort. Entrent rapidement Scipion et Cæsonia.*

SCÈNE V

SCIPION *(a)*

Il n'y a personne. Ne l'as-tu pas vu, Hélicon?

HÉLICON

Non.

CÆSONIA

Hélicon, ne t'a-t-il vraiment rien dit avant de s'é-chapper?

HÉLICON

Je ne suis pas son confident, je suis son spectateur. C'est plus sage.

CÆSONIA

Je t'en prie.

HÉLICON

Chère Cæsonia, Caïus est un idéaliste, tout le monde le sait. Autant dire qu'il n'a pas encore compris. Moi oui, c'est pourquoi je ne m'occupe de rien. Mais si Caïus se met à comprendre, il est capable au contraire, avec son bon petit cœur, de s'occuper de tout. Et Dieu sait ce que ça nous coûtera[1]. Mais, vous permettez, le déjeuner!

Il sort.

SCÈNE VI

Cæsonia s'assied avec lassi-tude.

CÆSONIA

Un garde l'a vu passer. Mais Rome tout entière voit Caligula partout. Et Caligula, en effet, ne voit que son idée.

SCIPION

Quelle idée?

CÆSONIA

Comment le saurais-je, Scipion?

SCIPION

Drusilla?

CÆSONIA

Qui peut le dire? Mais il est vrai qu'il l'aimait. Il est vrai que cela est dur de voir mourir aujourd'hui ce que, hier, on serrait dans ses bras.

SCIPION *(timidement) (a)*.

Et toi?

CÆSONIA

Oh! moi, je suis la vieille maîtresse.

SCIPION

Cæsonia, il faut le sauver.

CÆSONIA

Tu l'aimes donc?

SCIPION

Je l'aime. Il était bon pour moi. Il m'encourageait et je sais par cœur certaines de ses paroles. Il me disait que la vie n'est[1] pas facile, mais qu'il y avait la religion, l'art, l'amour qu'on nous porte. Il répétait souvent que faire souffrir était la seule façon de se tromper. Il voulait être un homme juste.

CÆSONIA *(se levant)*.

C'était un enfant. *(Elle va vers le miroir et s'y contemple.)* Je n'ai jamais eu d'autre dieu que mon corps, et c'est ce dieu que je voudrais prier aujourd'hui pour que Caïus me soit rendu.

*Entre Caligula. Apercevant
Cæsonia et Scipion, il hésite et
recule. Au même instant entrent
à l'opposé les patriciens (a) et
l'intendant du palais. Ils s'arrêtent, interdits. Cæsonia se retourne. Elle et Scipion courent
vers Caligula. Il les arrête d'un
geste.*

SCÈNE VII

L'INTENDANT *(d'une voix mal assurée)*.

Nous... nous te cherchions, César.

CALIGULA *(d'une voix brève et changée)*.

Je vois.

L'INTENDANT

Nous... c'est-à-dire...

CALIGULA *(brutalement)*.

Qu'est-ce que vous voulez?

L'INTENDANT

Nous étions inquiets, César.

CALIGULA, *(s'avançant vers lui)*.

De quel droit?

L'INTENDANT

Eh! heu... *(Soudain inspiré et très vite.)* Enfin, de toute
façon, tu sais que tu as à régler quelques questions
concernant le Trésor public.

CALIGULA *(pris d'un rire inextinguible) (b)*.

Le Trésor? Mais c'est vrai, voyons, le Trésor, c'est
capital.

L'INTENDANT

Certes, César.

CALIGULA *(toujours riant, à Cæsonia)*.

N'est-ce pas, ma chère, c'est très important, le Trésor?

CÆSONIA *(a)*

Non, Caligula, c'est une question secondaire.

CALIGULA

Mais c'est que tu n'y connais rien. Le Trésor est d'un intérêt puissant. Tout est important : les finances, la moralité publique, la politique extérieure, l'approvisionnement de l'armée et les lois agraires! Tout est capital, te dis-je. Tout est sur le même pied : la grandeur de Rome et tes crises d'arthritisme. Ah! je vais m'occuper de tout cela. Écoute-moi un peu, intendant.

L'INTENDANT

Nous t'écoutons.

Les patriciens s'avancent.

CALIGULA

Tu m'es fidèle, n'est-ce pas?

L'INTENDANT *(d'un ton de reproche) (b)*.

César!

CALIGULA

Eh bien, j'ai un plan à te soumettre. Nous allons bouleverser l'économie politique en deux temps. Je te l'expliquerai, intendant... quand les patriciens seront sortis.

Les patriciens sortent.

SCÈNE VIII

Caligula s'assied près de Cæsonia[1].

CALIGULA

Écoute bien. Premier temps : tous les patriciens, toutes

les personnes de l'Empire qui disposent de quelque fortune — petite ou grande, c'est exactement la même chose — doivent obligatoirement déshériter leurs enfants et tester sur l'heure en faveur de l'État.

L'INTENDANT

Mais, César...

CALIGULA

Je ne t'ai pas encore donné la parole. À raison de nos besoins, nous ferons mourir ces personnages dans l'ordre d'une liste établie arbitrairement. À l'occasion, nous pourrons modifier cet ordre, toujours arbitrairement. Et nous hériterons.

CÆSONIA *(se dégageant)*.

Qu'est-ce qui te prend ?

CALIGULA *(imperturbable)*.

L'ordre des exécutions n'a, en effet, aucune importance. Ou plutôt ces exécutions ont une importance égale, ce qui entraîne qu'elles n'en ont point. D'ailleurs, ils sont aussi coupables les uns que les autres. Notez d'ailleurs qu'il n'est pas plus immoral de voler directement les citoyens que de glisser des taxes indirectes dans le prix de denrées dont ils ne peuvent se passer. Gouverner, c'est voler, tout le monde sait ça. Mais il y a la manière. Pour moi, je volerai franchement. Ça vous changera des gagne-petit[1]. *(Rudement, à l'intendant.)* Tu exécuteras ces ordres sans délai. Les testaments seront signés dans la soirée par tous les habitants de Rome, dans un mois au plus tard par tous les provinciaux. Envoie des courriers.

L'INTENDANT

César, tu ne te rends pas compte...

CALIGULA *(a)*

Écoute-moi bien, imbécile[2]. Si le Trésor a de l'importance, alors la vie humaine n'en a pas. Cela est clair. Tous ceux qui pensent comme toi doivent admettre ce raisonnement et compter leur vie pour rien puisqu'ils tiennent l'argent pour tout. Au demeurant, moi, j'ai décidé d'être logique et puisque j'ai le pouvoir, vous allez voir ce que la logique va vous coûter. J'exterminerai les contradicteurs et les contradictions. S'il le faut, je commencerai par toi.

L'INTENDANT

César, ma bonne volonté n'est pas en question, je te le jure.

CALIGULA

Ni la mienne, tu peux m'en croire. La preuve, c'est que je consens à épouser ton point de vue et à tenir le Trésor public pour un objet de méditations. En somme, remercie-moi, puisque je rentre dans ton jeu et que je joue avec tes cartes. *(Un temps et avec calme.)* D'ailleurs, mon plan, par sa simplicité, est génial, ce qui clôt le débat. Tu as trois secondes pour disparaître. Je compte : un...

L'intendant disparaît (a).

SCÈNE IX

CÆSONIA

Je te reconnais mal! C'est une plaisanterie, n'est-ce pas ?

CALIGULA *(b)*

Pas exactement, Cæsonia. C'est de la pédagogie.

SCIPION

Ce n'est pas possible, Caïus!

CALIGULA *(c)*

Justement!

SCIPION

Je ne te comprends pas.

CALIGULA *(d)*

Justement! il s'agit de ce qui n'est pas possible, ou plutôt il s'agit de rendre possible ce qui ne l'est pas.

SCIPION

Mais c'est un jeu qui n'a pas de limites. C'est la récréation d'un fou.

Caligula

Non, Scipion, c'est la vertu d'un empereur. *(Il se renverse avec une expression de fatigue.)* Je[1] viens de comprendre enfin l'utilité du pouvoir. Il donne ses chances à l'impossible. Aujourd'hui, et pour tout le temps qui va venir, ma liberté n'a plus de frontières.

Cæsonia *(tristement)*.

Je ne sais pas s'il faut s'en réjouir, Caïus.

Caligula

Je ne le sais pas non plus. Mais je suppose qu'il faut en vivre.

Entre Cherea.

SCÈNE X

Cherea

J'ai appris ton retour. Je fais des vœux pour ta santé.

Caligula

Ma santé te remercie. *(Un temps et soudain.)* Va-t'en, Cherea, je ne veux pas te voir.

Cherea

Je suis surpris, Caïus.

Caligula

Ne sois pas surpris. Je n'aime pas les littérateurs et je ne peux supporter leurs mensonges[2]. Ils parlent pour ne pas s'écouter. S'ils s'écoutaient, ils sauraient qu'ils ne sont rien et ne pourraient plus parler. Allez, rompez, j'ai horreur des faux témoins[3].

Cherea

Si nous mentons, c'est souvent sans le savoir. Je plaide non coupable.

CALIGULA

Le mensonge n'est jamais innocent. Et le vôtre donne de l'importance aux êtres et aux choses. Voilà ce que je ne puis vous pardonner.

CHEREA

Et pourtant, il faut bien plaider pour ce monde, si nous voulons y vivre.

CALIGULA

Ne plaide pas, la cause est entendue. Ce monde est sans importance et qui le reconnaît conquiert sa liberté. *(Il s'est levé.)* Et justement, je vous hais parce que vous n'êtes pas libres. Dans tout l'Empire romain, me voici seul libre[1]. Réjouissez-vous, il vous est enfin venu un empereur pour vous enseigner la liberté. Va-t'en, Cherea, et toi aussi, Scipion, l'amitié me fait rire[2]. Allez annoncer à Rome que sa liberté lui est enfin rendue et qu'avec elle commence une grande épreuve.

Ils sortent. Caligula s'est détourné (a).

SCÈNE XI

CÆSONIA *(b)*

Tu pleures?

CALIGULA

Oui, Cæsonia.

CÆSONIA

Mais enfin, qu'y a-t-il de changé? S'il est vrai que tu aimais Drusilla, tu l'aimais en même temps que moi et que beaucoup d'autres. Cela ne suffisait pas pour que sa mort te chasse trois jours et trois nuits dans la campagne et te ramène avec ce visage ennemi.

CALIGULA *(Il s'est retourné.)*

Qui te parle de Drusilla, folle? Et ne peux-tu imaginer qu'un homme pleure pour autre chose que l'amour?

Cæsonia

Pardon, Caïus. Mais je cherche à comprendre.

Caligula

Les hommes pleurent parce que les choses ne sont pas ce qu'elles devraient être. *(Elle va vers lui.)* Laisse, Cæsonia. *(Elle recule.)* Mais reste près de moi.

Cæsonia

Je ferai ce que tu voudras. *(Elle s'assied.) (a)* À mon âge, on sait que la vie n'est pas bonne. Mais si le mal est sur la terre, pourquoi vouloir y ajouter?

Caligula

Tu ne peux pas comprendre. Qu'importe? Je sortirai peut-être de là. Mais je sens monter en moi des êtres sans nom. Que ferais-je contre eux? *(Il se retourne vers elle.)* Oh! Cæsonia, je savais *(b)* qu'on pouvait être désespéré, mais j'ignorais ce que ce mot voulait dire. Je croyais comme tout le monde que c'était une maladie de l'âme. Mais non, c'est le corps qui souffre. Ma peau me fait mal, ma poitrine, mes membres. J'ai la tête creuse et le cœur soulevé. Et le plus affreux, c'est ce goût dans la bouche. Ni sang, ni mort, ni fièvre, mais tout cela à la fois. Il suffit que je remue la langue pour que tout redevienne noir et que les êtres me répugnent. Qu'il est dur, qu'il est amer de devenir un homme!

Cæsonia

Il faut dormir, dormir longtemps, se laisser aller et ne plus réfléchir. Je veillerai sur ton sommeil. À ton réveil, le monde pour toi recouvrera son goût. Fais servir alors ton pouvoir à mieux aimer ce qui peut l'être encore. Ce qui est possible mérite aussi d'avoir sa chance.

Caligula

Mais il y faut le sommeil, il y faut l'abandon. Cela n'est pas possible.

Cæsonia

C'est ce qu'on croit au bout de la fatigue. Un temps vient où l'on retrouve une main ferme.

CALIGULA

Mais il faut savoir où la poser. Et que me fait une main ferme, de quoi me sert ce pouvoir si étonnant si je ne puis changer l'ordre des choses, si je ne puis faire que le soleil se couche à l'est, que la souffrance décroisse et que les êtres ne meurent plus? Non, Cæsonia, il est indifférent de dormir ou de rester éveillé, si je n'ai pas d'action sur l'ordre de ce monde.

CÆSONIA

Mais c'est vouloir s'égaler aux dieux. Je ne connais pas de pire folie.

CALIGULA

Toi aussi, tu me crois fou. Et pourtant, qu'est-ce qu'un dieu pour que je désire m'égaler à lui? Ce que je désire de toutes mes forces, aujourd'hui, est au-dessus des dieux. Je prends en charge un royaume où l'impossible est roi.

CÆSONIA

Tu ne pourrais pas faire que le ciel ne soit pas le ciel, qu'un beau visage devienne laid, un cœur d'homme insensible.

CALIGULA *(avec une exaltation croissante)*.

Je veux mêler le ciel à la mer, confondre laideur et beauté, faire jaillir le rire de la souffrance.

CÆSONIA *(dressée devant lui et suppliante)*.

Il y a le bon et le mauvais, ce qui est grand et ce qui est bas, le juste et l'injuste. Je te jure que tout cela ne changera pas[1].

CALIGULA *(de même)*.

Ma volonté est de le changer. Je ferai à ce siècle le don de l'égalité. Et lorsque tout sera aplani, l'impossible enfin sur terre, la lune dans mes mains, alors, peut-être, moi-même je serai transformé et le monde avec moi, alors enfin les hommes ne mourront pas et ils seront heureux.

CÆSONIA *(dans un cri)*.

Tu ne pourras pas nier l'amour.

CALIGULA *(éclatant et avec une voix pleine de rage).*

L'amour, Cæsonia! *(Il l'a prise aux épaules et la secoue.)*
J'ai appris que ce n'était rien. C'est l'autre qui a raison :
le Trésor public! Tu l'as bien entendu, n'est-ce pas?
Tout commence avec cela. Ah! c'est maintenant que je
vais vivre enfin! Vivre, Cæsonia, vivre, c'est le contraire
d'aimer. C'est moi qui te le dis et c'est moi qui t'invite
à une fête sans mesure, à un procès général, au plus beau
des spectacles. Et il me faut du monde, des spectateurs,
des victimes et des coupables.

> *Il saute sur le gong et
> commence à frapper, sans arrêt,
> à coups redoublés.*

CALIGULA *(toujours frappant).*

Faites entrer les coupables. Il me faut des coupables.
Et ils le sont tous. *(Frappant toujours.)* Je veux qu'on
fasse entrer les condamnés à mort. Du public, je veux
avoir mon public! Juges, témoins, accusés, tous condamnés d'avance! Ah! Cæsonia, je leur montrerai ce qu'ils
n'ont jamais vu, le seul homme libre de cet empire *(a)* !

> *Au son du gong, le palais
> peu à peu s'est rempli de
> rumeurs qui grossissent et appro-
> chent. Des voix, des bruits
> d'armes, des pas et des piétine-
> ments. Caligula rit et frappe
> toujours. Des gardes entrent,
> puis sortent.*

CALIGULA *(frappant).*

Et toi, Cæsonia, tu m'obéiras. Tu m'aideras toujours.
Ce sera merveilleux. Jure de m'aider, Cæsonia.

CÆSONIA *(égarée, entre deux coups de gong).*

Je n'ai pas besoin de jurer, puisque je t'aime.

CALIGULA *(même jeu).*

Tu feras tout ce que je te dirai.

CÆSONIA *(même jeu).*

Tout, Caligula, mais arrête.

CALIGULA *(toujours frappant).*

Tu seras cruelle.

CÆSONIA *(pleurant).*

Cruelle.

CALIGULA *(même jeu).*

Froide et implacable.

CÆSONIA

Implacable.

CALIGULA *(même jeu).*

Tu souffriras aussi.

CÆSONIA

Oui, Caligula, mais je deviens folle.

> *Des patriciens sont entrés,
> ahuris, et avec eux les gens du
> palais. Caligula frappe un der-
> nier coup, lève son maillet, se
> retourne vers eux et les appelle.*

CALIGULA *(insensé).*

Venez tous. Approchez. Je vous ordonne d'approcher. *(Il trépigne.)* C'est un empereur qui exige que vous approchiez. *(Tout avancent, pleins d'effroi.)* Venez vite. Et maintenant, approche, Cæsonia.

> *Il la prend par la main,
> la mène près du miroir et, du
> maillet, efface frénétiquement une
> image sur la surface polie.*

CALIGULA *(Il rit.)*

Plus rien, tu vois. Plus de souvenirs, tous les visages enfuis! Rien, plus rien. Et sais-tu ce qui reste? Approche encore. Regarde. Approchez. Regardez.

> *Il se campe devant la glace
> dans une attitude démente (a).*

CÆSONIA *(regardant le miroir, avec effroi).*

Caligula!

> *Caligula change de ton, pose son doigt sur la glace et, le regard soudain fixe, dit d'une voix triomphante :*

CALIGULA *(a)*

Caligula.

RIDEAU

ACTE II[1]

SCÈNE PREMIÈRE

Des patriciens sont réunis chez Cherea.

PREMIER PATRICIEN

Il insulte notre dignité.

MUCIUS

Depuis trois ans[2]!

LE VIEUX PATRICIEN[3] *(a)*

Il m'appelle petite femme! Il me ridiculise! À mort!

MUCIUS

Depuis trois ans!

PREMIER PATRICIEN *(b)*

Il nous fait courir tous les soirs autour de sa litière quand il va se promener dans la campagne!

DEUXIÈME PATRICIEN

Et il nous dit que la course est bonne pour la santé.

MUCIUS

Depuis trois ans!

LE VIEUX PATRICIEN

Il n'y a pas d'excuse à cela[4].

TROISIÈME PATRICIEN *(a)*

Non, on ne peut pardonner cela.

PREMIER PATRICIEN

Patricius, il a confisqué tes biens; Scipion, il a tué ton père; Octavius, il a enlevé ta femme et la fait travailler maintenant dans sa maison publique; Lepidus, il a tué ton fils. Allez-vous supporter cela? Pour moi, mon choix est fait. Entre le risque à courir et cette vie insupportable dans la peur et l'impuissance, je ne peux pas hésiter[1].

SCIPION

En tuant mon père, il a choisi pour moi.

PREMIER PATRICIEN

Hésiterez-vous encore?

TROISIÈME PATRICIEN[2]

Nous sommes avec toi. Il a donné au peuple nos places de cirque et nous a poussés à nous battre avec la plèbe pour mieux nous punir ensuite.

LE VIEUX PATRICIEN

C'est un lâche.

DEUXIÈME PATRICIEN

Un cynique.

TROISIÈME PATRICIEN

Un comédien.

LE VIEUX PATRICIEN

C'est un impuissant.

QUATRIÈME PATRICIEN *(b)*

Depuis trois ans!

> *Tumulte désordonné. Des armes sont brandies. Un flambeau tombe. Une table est renversée. Tout le monde se précipite vers la sortie. Mais entre Cherea, impassible, qui arrête cet élan.*

SCÈNE II

CHEREA

Où courez-vous ainsi?

TROISIÈME PATRICIEN[1]

Au palais.

CHEREA

J'ai bien compris. Mais croyez-vous qu'on vous laissera entrer?

PREMIER PATRICIEN[2]

Il ne s'agit pas de demander la permission.

CHEREA

Vous voilà bien vigoureux tout d'un coup! Puis-je au moins avoir l'autorisation de m'asseoir chez moi[3]?

> *On ferme la porte. Cherea marche vers la table renversée et s'assied sur un des coins, tandis que tous se retournent vers lui (a).*

CHEREA

Ce n'est pas aussi facile que vous le croyez, mes amis. La peur que vous éprouvez ne peut pas vous tenir lieu de courage et de sang-froid. Tout cela est prématuré.

TROISIÈME PATRICIEN[4]

Si tu n'es pas avec nous, va-t'en, mais tiens ta langue.

CHEREA

Je crois pourtant que je suis avec vous. Mais ce n'est pas pour les mêmes raisons.

TROISIÈME PATRICIEN[5]

Assez de bavardages!

CHEREA *(se redressant)*.

Oui, assez de bavardages. Je veux que les choses soient claires. Car si je suis avec vous, je ne suis pas pour vous. C'est pourquoi votre méthode ne me paraît pas bonne. Vous n'avez pas reconnu votre véritable ennemi, vous lui prêtez de petits motifs. Il n'en a que de grands et vous courez à votre perte. Sachez d'abord le voir comme il est, vous pourrez mieux le combattre.

TROISIÈME PATRICIEN

Nous le voyons comme il est, le plus insensé des tyrans !

CHEREA

Ce n'est pas sûr[1]. Les empereurs fous, nous connaissons cela. Mais celui-ci n'est pas assez fou. Et ce que je déteste en lui, c'est qu'il sait ce qu'il veut.

PREMIER PATRICIEN

Il veut notre mort à tous.

CHEREA

Non, car cela est secondaire[2]. Mais il met son pouvoir au service d'une passion plus haute et plus mortelle, il nous menace dans ce que nous avons de plus profond. Sans[3] doute, ce n'est pas la première fois que, chez nous, un homme dispose d'un pouvoir sans limites, mais c'est la première fois qu'il s'en sert sans limites, jusqu'à nier l'homme et le monde. Voilà ce qui m'effraye en lui et que je veux combattre. Perdre la vie est peu de chose et j'aurai ce courage quand il le faudra. Mais voir se dissiper le sens de cette vie, disparaître notre raison d'exister, voilà ce qui est insupportable. On ne peut vivre sans raison.

PREMIER PATRICIEN

La vengeance est une raison.

CHEREA

Oui, et je vais la partager avec vous. Mais comprenez que ce n'est pas pour prendre le parti de vos petites humiliations. C'est pour lutter contre une grande idée dont la victoire signifierait la fin du monde. Je puis admettre que vous soyez tournés en dérision, je ne puis accepter que Caligula fasse ce qu'il rêve de faire et tout ce qu'il rêve de faire. Il transforme sa philosophie en cadavres et, pour notre malheur, c'est une philosophie sans objections. Il faut bien frapper quand on ne peut réfuter[1].

TROISIÈME PATRICIEN

Alors, il faut agir.

CHEREA *(a)*

Il faut agir. Mais vous ne détruirez pas cette puissance injuste[2] en l'abordant de front, alors qu'elle est en pleine vigueur. On peut combattre la tyrannie, il faut[3] ruser avec la méchanceté désintéressée. Il faut la pousser dans son sens, attendre que cette logique soit devenue démence. Mais encore une fois, et je n'ai parlé ici que par honnêteté, comprenez *(b)* que je ne suis avec vous que pour un temps. Je ne servirai ensuite aucun de vos intérêts, désireux seulement de retrouver la paix dans un monde à nouveau cohérent *(c)*. Ce n'est pas l'ambition qui me fait agir, mais une peur raisonnable, la peur de ce lyrisme inhumain auprès de quoi ma vie n'est rien.

PREMIER PATRICIEN *(s'avançant) (d)*.

Je crois que j'ai compris, ou à peu près. Mais l'essentiel est que tu juges comme nous que les bases de notre société sont ébranlées *(e)*. Pour nous, n'est-ce pas, vous autres, la question est avant tout morale. La famille tremble, le respect du travail se perd, la patrie tout entière est livrée au blasphème. La vertu nous appelle à son secours, allons-nous refuser de l'entendre? Conjurés, accepterez-vous enfin que les patriciens soient contraints chaque soir de courir autour de la litière de César?

LE VIEUX PATRICIEN[4]

Permettrez-vous qu'on les appelle « ma chérie »?

TROISIÈME PATRICIEN[5]

Qu'on leur enlève leur femme.

DEUXIÈME PATRICIEN

Et leurs enfants.

MUCIUS

Et leur argent?

CINQUIÈME PATRICIEN

Non!

PREMIER PATRICIEN

Cherea, tu as bien parlé. Tu as bien fait aussi de nous calmer. Il est trop tôt pour agir : le peuple, aujourd'hui encore, serait contre nous. Veux-tu guetter avec nous le moment de conclure?

CHEREA

Oui, laissons continuer Caligula. Poussons-le dans cette voie, au contraire. Organisons sa folie. Un jour viendra où il sera seul devant un empire plein de morts et de parents de morts.

Clameur générale. Trompettes au-dehors. Silence. Puis, de bouche en bouche, un nom : « Caligula. »

SCÈNE III

Entrent Caligula et Cæsonia, suivis d'Hélicon et de soldats. Scène muette. Caligula s'arrête et regarde les conjurés. Il va de l'un à l'autre en silence, arrange une boucle à l'un, recule pour contempler un second, les regarde encore (a), passe la main sur ses yeux et sort, sans dire un mot.

SCÈNE IV

CÆSONIA *(ironique, montrant le désordre).*

Vous vous battiez?

CHEREA

Nous nous battions.

CÆSONIA *(même jeu)*.

Et pourquoi vous battiez-vous ?

CHEREA

Nous nous battions pour rien.

CÆSONIA

Alors, ce n'est pas vrai.

CHEREA

Qu'est-ce qui n'est pas vrai *(a)* ?

CÆSONIA

Vous ne vous battiez pas.

CHEREA

Alors, nous ne nous battions pas.

CÆSONIA *(souriante)*.

Peut-être vaudrait-il mieux mettre la pièce en ordre. Caligula a horreur du désordre[1] *(b)*.

HÉLICON *(au vieux patricien)*.

Vous finirez par le faire sortir de son caractère, cet homme !

LE VIEUX PATRICIEN

Mais enfin, que lui avons-nous fait ?

HÉLICON

Rien, justement, C'est inouï d'être insignifiant à ce point. Cela finit par devenir insupportable. Mettez-vous à la place de Caligula. *(Un temps.)* Naturellement, vous complotiez bien un peu, n'est-ce pas ?

LE VIEUX PATRICIEN

Mais c'est faux, voyons. Que croit-il donc ?

Hélicon

Il ne croit pas, il le sait. Mais je suppose qu'au fond, il le désire un peu. Allons *(a)*, aidons à réparer le désordre.

> *On s'affaire. Caligula entre et observe*[1].

SCÈNE V

Caligula *(au vieux patricien)*.

Bonjour, ma chérie. *(Aux autres.)* Cherea[2], j'ai décidé de me restaurer chez toi. Mucius, je me suis permis d'inviter ta femme.

> *L'intendant frappe dans ses mains. Un esclave entre, mais Caligula l'arrête.*

Caligula

Un instant! Messieurs, vous savez que les finances de l'État ne tenaient debout que parce qu'elles en avaient pris l'habitude. Depuis hier, l'habitude elle-même n'y suffit plus. Je suis donc dans la désolante nécessité de procéder à des compressions de personnel. Dans un esprit de sacrifice que vous apprécierez, j'en suis sûr, j'ai décidé de réduire mon train de maison, de libérer quelques esclaves, et de vous affecter à mon service. Vous voudrez bien préparer la table et la servir.

> *Les sénateurs se regardent et hésitent.*

Hélicon

Allons, messieurs, un peu de bonne volonté. Vous verrez, d'ailleurs, qu'il est plus facile de descendre l'échelle sociale que de la remonter.

> *Les sénateurs se déplacent avec hésitation.*

Caligula *(à Cæsonia)*.

Quel est le châtiment réservé aux esclaves paresseux?

Cæsonia

Le fouet, je crois.

> *Les sénateurs se précipitent et commencent d'installer la table maladroitement.*

Caligula

Allons, un peu d'application! De la méthode, surtout, de la méthode! *(À Hélicon.)* Ils ont perdu la main, il me semble?

Hélicon

À vrai dire, il ne l'ont jamais eue, sinon pour frapper ou commander. Il faudra patienter, voilà tout. Il faut un jour pour faire un sénateur et dix ans pour faire un travailleur.

Caligula

Mais j'ai bien peur qu'il n'en faille vingt pour faire un travailleur d'un sénateur.

Hélicon

Tout de même, ils y arrivent. À mon avis, ils ont la vocation! La servitude leur conviendra. *(Un sénateur s'éponge.)* Regarde, ils commencent même à transpirer. C'est une étape.

Caligula

Bon. N'en demandons pas trop. Ce n'est pas si mal. Et puis, un instant de justice, c'est toujours bon à prendre. À propos de justice, il faut nous dépêcher : une exécution m'attend. Ah! Rufius a de la chance que je sois si prompt à avoir faim. *(Confidentiel.)* Rufius, c'est le chevalier qui doit mourir. *(Un temps.)* Vous ne me demandez pas pourquoi il doit mourir?

> *Silence général. Pendant ce temps, des esclaves ont apporté des vivres.*

Caligula *(de bonne humeur)*.

Allons, je vois que vous devenez intelligents. *(Il grignote une olive.)* Vous avez fini par comprendre qu'il n'est pas nécessaire d'avoir fait quelque chose pour mourir. Soldats, je suis content de vous. N'est-ce pas, Hélicon?

> *Il s'arrête de grignoter et regarde les convives d'un air farceur.*

HÉLICON

Sûr! Quelle armée! Mais si tu veux mon avis, ils sont maintenant trop intelligents, et ils ne voudront plus se battre. S'ils progressent encore, l'empire s'écroule!

CALIGULA

Parfait. Nous nous reposerons. Voyons, plaçons-nous au hasard. Pas de protocole *(a)*. Tout de même, ce Rufius a de la chance. Et je suis sûr qu'il n'apprécie pas ce petit répit. Pourtant, quelques heures gagnées sur la mort, c'est inestimable.

> *Il mange, les autres aussi. Il devient évident que Caligula se tient mal à table. Rien ne le force à jeter ses noyaux d'olives dans l'assiette de ses voisins immédiats, à cracher ses déchets de viande sur le plat, comme à se curer les dents avec les ongles et à se gratter la tête frénétiquement. C'est pourtant autant d'exploits que, pendant le repas, il exécutera avec simplicité. Mais il s'arrête brusquement de manger et fixe l'un des convives, Lepidus, avec insistance.*

CALIGULA *(brutalement)*.

Tu as l'air de mauvaise humeur. Serait-ce parce que j'ai fait mourir ton fils?

LEPIDUS *(la gorge serrée) (b)*.

Mais non, Caïus, au contraire.

CALIGULA *(épanoui)*.

Au contraire! Ah! que j'aime que le visage démente

les soucis du cœur. Ton visage est triste. Mais ton cœur ?
Au contraire, n'est-ce pas, Lepidus ?

LEPIDUS *(résolument)*.

Au contraire, César.

CALIGULA *(de plus en plus heureux)*.

Ah! Lepidus, personne ne m'est plus cher que toi.
Rions ensemble, veux-tu ? Et dis-moi quelque bonne
histoire.

LEPIDUS *(qui a présumé de ses forces)*.

Caïus!

CALIGULA

Bon, bon. Je raconterai, alors. Mais tu riras, n'est-ce
pas, Lepidus ? *(L'œil mauvais.)* Ne serait-ce que pour ton
second fils. *(De nouveau rieur.)* D'ailleurs, tu n'es pas de
mauvaise humeur. *(Il boit, puis dictant.)* Au..., au...
Allons, Lepidus.

LEPIDUS *(avec lassitude)*.

Au contraire, Caïus.

CALIGULA

À la bonne heure. *(Il boit.)* Écoute, maintenant.
(Rêveur.) Il était une fois un pauvre empereur que
personne n'aimait. Lui, qui aimait Lepidus, fit tuer son
plus jeune fils pour s'enlever cet amour du cœur. *(Changeant de ton.)* Naturellement, ce n'est pas vrai. Drôle,
n'est-ce pas ? Tu ne ris pas. Personne ne rit ? Écoutez
alors. *(Avec une violente colère.)* Je veux que tout le monde
rie. Toi, Lepidus, et tous les autres. Levez-vous, riez.
(Il frappe sur la table.) Je veux, vous entendez, je veux
vous voir rire.

> *Tout le monde se lève. Pendant
> toute cette scène, les acteurs, sauf
> Caligula et Cæsonia, pourront
> jouer comme des marionnettes.*

CALIGULA *(se renversant sur son lit, épanoui,
pris d'un rire irrésistible)*.

Non, mais regarde-les, Cæsonia. Rien ne va plus.

Honnêteté, respectabilité, qu'en dira-t-on, sagesse des nations, rien ne veut plus rien dire. Tout disparaît devant la peur. La peur, hein, Cæsonia, ce beau sentiment, sans alliage, pur et désintéressé, un des rares qui tire sa noblesse du ventre. *(Il passe la main sur son front et boit. Sur un ton amical.)* Parlons d'autre chose, maintenant. Voyons, Cherea, tu es bien silencieux.

CHEREA

Je suis prêt à parler, Caïus. Dès que tu le permettras.

CALIGULA

Parfait. Alors, tais-toi. J'aimerais bien entendre notre ami Mucius.

MUCIUS *(à contrecœur)*.

À tes ordres, Caïus.

CALIGULA

Eh bien, parle-nous de ta femme. Et commence par l'envoyer à ma gauche[1].

> *La femme de Mucius vient près de Caligula (a).*

MUCIUS *(un peu perdu)*.

Ma femme, mais je l'aime.

> *Rire général.*

CALIGULA

Bien sûr, mon ami, bien sûr. Mais comme c'est commun! *(Il a déjà[2] la femme près de lui et lèche distraitement son épaule gauche. De plus en plus à l'aise.)* Au fait, quand je suis entré, vous complotiez, n'est-ce pas? On y allait de sa petite conspiration, hein?

LE VIEUX PATRICIEN

Caïus, comment peux-tu?...

CALIGULA

Aucune importance, ma jolie. Il faut bien que vieillesse
se passe. Aucune importance, vraiment. Vous êtes incapables d'un acte courageux. Il me vient seulement à
l'esprit que j'ai quelques questions d'État à régler. Mais
auparavant, sachons faire leur part aux désirs impérieux
que nous crée la nature[1].

Il se lève et entraîne la femme
de Mucius dans une pièce voisine.

SCÈNE VI

Mucius fait mine de se lever.

CÆSONIA *(aimablement)*.

Oh! Mucius, je reprendrais bien de cet excellent vin.

Mucius, dompté, la sert en
silence. Moment de gêne. Les
sièges craquent. Le dialogue qui
suit est un peu compassé[2].

CÆSONIA

Eh bien! Cherea. Si tu me disais maintenant pourquoi
vous vous battiez tout à l'heure?

CHEREA *(froidement)*.

Tout est venu, chère Cæsonia, de ce que nous discutions
sur le point de savoir si la poésie doit être meurtrière ou
non.

CÆSONIA

C'est fort intéressant. Cependant, cela dépasse mon
entendement de femme. Mais j'admire que votre passion
pour l'art vous conduise à échanger des coups.

CHEREA *(même jeu)*.

Certes. Mais Caligula me disait qu'il n'est pas de
passion profonde sans quelque cruauté.

Hélicon

Ni d'amour sans un brin de viol[1].

Cæsonia *(mangeant)*.

Il y a du vrai dans cette opinion. N'est-ce pas, vous autres ?

Le vieux patricien

Caligula est un vigoureux[2] psychologue.

Premier patricien

Il nous a parlé avec éloquence du courage.

Deuxième patricien

Il devrait résumer toutes ses idées. Cela serait inestimable.

Cherea

Sans compter que cela l'occuperait. Car il est visible qu'il a besoin de distractions.

Cæsonia *(toujours mangeant)*.

Vous serez ravis de savoir qu'il y a pensé et qu'il écrit en ce moment un grand traité.

SCÈNE VII

Entrent Caligula et la femme de Mucius.

Caligula[3]

Mucius, je te rends ta femme. Elle te rejoindra. Mais, pardonnez-moi, quelques instructions à donner.

Il sort rapidement. Mucius, pâle, s'est levé (a).

SCÈNE VIII

Cæsonia *(à Mucius, resté debout).*

Ce grand traité égalera les plus célèbres, Mucius, nous n'en doutons pas.

Mucius *(regardant toujours la porte par laquelle Caligula a disparu).*

Et de quoi parle-t-il, Cæsonia ?

Cæsonia *(indifférente).*

Oh! cela me dépasse.

Cherea

Il faut donc comprendre[1] que cela traite du pouvoir meurtrier de la poésie.

Cæsonia

Tout juste, je crois.

Le vieux patricien *(avec enjouement).*

Eh bien! cela l'occupera, comme disait Cherea.

Cæsonia

Oui, ma jolie. Mais ce qui vous gênera, sans doute c'est le titre de cet ouvrage.

Cherea

Quel est-il ?

Cæsonia

« Le Glaive ».

SCÈNE IX

Entre rapidement Caligula[2].

Caligula

Pardonnez-moi, mais les affaires de l'État, elles aussi,

sont pressantes. Intendant *(a)*, tu feras fermer les greniers publics. Je viens de signer le décret. Tu le trouveras dans la chambre.

L'INTENDANT

Mais...

CALIGULA

Demain, il y aura famine.

L'INTENDANT

Mais le peuple va gronder.

CALIGULA *(avec force et précision)*.

Je dis qu'il y aura famine demain. Tout le monde connaît la famine, c'est un fléau. Demain, il y aura fléau... et j'arrêterai le fléau quand il me plaira *(b)*. *(Il explique aux autres.)* Après tout, je n'ai pas tellement de façons de prouver que je suis libre. On est toujours libre aux dépens de quelqu'un. C'est ennuyeux[1], mais c'est normal. *(Avec un coup d'œil vers Mucius.)* Appliquez cette pensée à la jalousie et vous verrez. *(Songeur.)* Tout de même, comme c'est laid d'être jaloux! Souffrir par vanité et par imagination! Voir sa femme[2]...

> *Mucius serre les poings et ouvre la bouche.*

CALIGULA *(très vite) (c)*.

Mangeons, messieurs. Savez-vous que nous travaillons ferme avec Hélicon? Nous mettons au point un petit traité de l'exécution dont vous nous donnerez des nouvelles.

HÉLICON

À supposer qu'on vous demande votre avis.

CALIGULA

Soyons généreux, Hélicon! Découvrons-leur nos petits secrets. Allez, section III, paragraphe premier.

HÉLICON *(se lève et récite mécaniquement)*.

« L'exécution soulage et délivre. Elle est universelle, fortifiante et juste dans ses applications comme dans ses intentions. On meurt parce qu'on est coupable. On est coupable parce qu'on est sujet de Caligula. Or, tout le monde est sujet de Caligula. Donc, tout le monde est coupable. D'où il ressort que tout le monde meurt. C'est une question de temps et de patience. »

CALIGULA *(riant)*.

Qu'en pensez-vous? La patience, hein, voilà une trouvaille! Voulez-vous que je vous dise : c'est ce que j'admire le plus en vous.

Maintenant, messieurs, vous pouvez disposer. Cherea n'a plus besoin de vous. Cependant, que Cæsonia reste! Et Lepidus et Octavius[1]! Mereia aussi. Je voudrais discuter avec vous de l'organisation de ma maison publique. Elle me donne de gros soucis.

> *Les autres sortent lentement.*
> *Caligula suit Mucius des yeux*
> *(a).*

SCÈNE X

CHEREA

À tes ordres, Caïus. Qu'est-ce qui ne va pas? Le personnel est-il mauvais?

CALIGULA

Non, mais les recettes ne sont pas bonnes.

MEREIA *(b)*

Il faut augmenter les tarifs.

CALIGULA

Mereia, tu viens de perdre une occasion de te taire. Étant donné ton âge, ces questions ne t'intéressent pas et je ne te demande pas ton avis[2].

MEREIA

Alors, pourquoi m'as-tu fait rester?

CALIGULA

Parce que, tout à l'heure, j'aurai besoin d'un avis sans passion.

Mereia s'écarte (a).

CHEREA

Si je puis, Caïus, en parler avec passion, je dirai qu'il ne faut pas toucher aux tarifs.

CALIGULA

Naturellement, voyons *(b)*. Mais il faut nous rattraper sur le chiffre d'affaires. Et j'ai déjà expliqué mon plan à Cæsonia qui va vous l'exposer. Moi, j'ai trop bu de vin et je commence à avoir sommeil.

Il s'étend et ferme les yeux.

CÆSONIA

C'est fort simple. Caligula crée une nouvelle décoration.

CHEREA

Je ne vois pas le rapport.

CÆSONIA

Il y est, pourtant. Cette distinction constituera l'ordre du Héros civique. Elle récompensera ceux des citoyens qui auront le plus fréquenté la maison publique de Caligula.

CHEREA

C'est lumineux.

CÆSONIA

Je le crois. J'oubliais de dire que la récompense est décernée chaque mois, après vérification des bons d'entrée; le citoyen qui n'a pas obtenu de décoration au bout de douze mois est exilé ou exécuté.

TROISIÈME PATRICIEN[1]

Pourquoi « ou exécuté »?

Cæsonia

Parce que Caligula dit que cela n'a aucune importance. L'essentiel est qu'il puisse choisir.

Cherea

Bravo. Le Trésor public est aujourd'hui renfloué.

Hélicon[1]

Et toujours de façon très morale, remarquez-le bien. Il vaut mieux, après tout, taxer le vice que rançonner la vertu comme on le fait dans les sociétés républicaines.

Caligula ouvre les yeux à demi et regarde le vieux Mereia qui, à l'écart, sort un petit flacon et en boit une gorgée.

Caligula (*toujours couché*).

Que bois-tu, Mereia ?

Mereia

C'est pour mon asthme, Caïus (*a*).

Caligula (*allant vers lui en écartant les autres et lui flairant la bouche*).

Non, c'est un contrepoison.

Mereia

Mais non, Caïus. Tu veux rire. J'étouffe dans la nuit et je me soigne depuis fort longtemps déjà.

Caligula

Ainsi, tu as peur d'être empoisonné ?

Mereia

Mon asthme...

Caligula

Non. Appelons les choses par leur nom : tu crains que je ne t'empoisonne. Tu me soupçonnes (*b*). Tu m'épies.

Mereia

Mais non, par tous les dieux !

CALIGULA

Tu me suspectes. En quelque sorte, tu te défies de moi.

MEREIA

Caïus !

CALIGULA *(rudement)*.

Réponds-moi. *(Mathématique.)* Si tu prends un contre-poison, tu me prêtes par conséquent l'intention de t'empoisonner.

MEREIA

Oui..., je veux dire... non.

CALIGULA

Et dès l'instant où tu crois que j'ai pris la décision de t'empoisonner, tu fais ce qu'il faut pour t'opposer à cette volonté.

> *Silence. Dès le début de la scène, Cæsonia et Cherea ont gagné le fond. Seul, Lepidus suit le dialogue d'un air angoissé.*

CALIGULA *(de plus en plus précis).*

Cela fait deux crimes, et une alternative dont tu ne sortiras pas : ou bien je ne voulais pas te faire mourir et tu me suspectes injustement, moi, ton empereur. Ou bien je le voulais, et toi, insecte, tu t'opposes à mes projets. *(Un temps. Caligula contemple le vieillard avec satisfaction.)* Hein, Mereia, que dis-tu de cette logique ?

MEREIA

Elle est..., elle est rigoureuse, Caïus. Mais elle ne s'applique pas au cas.

CALIGULA

Et, troisième crime, tu me prends pour un imbécile. Écoute-moi bien[1]. De ces trois crimes, un seul est honorable pour toi, le second — parce que dès l'instant où tu me prêtes une décision et la contrecarres, cela implique une révolte chez toi. Tu es un meneur d'hommes, un révolutionnaire. Cela est bien. *(Tristement.)* Je t'aime

CÆSONIA

Tu le hais?

LE JEUNE SCIPION

Oui.

CÆSONIA

Tu veux le tuer?

LE JEUNE SCIPION

Oui.

CÆSONIA *(le lâchant)*.

Alors, pourquoi me le dis-tu?

LE JEUNE SCIPION *(a)*

Parce que je ne crains personne. Le tuer ou être tué, c'est deux façons d'en finir. D'ailleurs, tu ne me trahiras pas.

CÆSONIA

Tu as raison, je ne te trahirai pas. Mais je veux te dire quelque chose — ou plutôt, je voudrais parler à ce qu'il y a de meilleur en toi[1].

LE JEUNE SCIPION

Ce que j'ai de meilleur en moi, c'est ma haine.

CÆSONIA

Écoute-moi seulement. C'est une parole à la fois difficile et évidente que je veux te dire. Mais c'est une parole qui, si elle était vraiment écoutée, accomplirait la seule révolution définitive de ce monde.

LE JEUNE SCIPION

Alors, dis-la.

CÆSONIA

Pas encore. Pense d'abord au visage révulsé de ton

père à qui on arrachait la langue. Pense à cette bouche pleine de sang et à ce cri de bête torturée.

LE JEUNE SCIPION

Oui.

CÆSONIA

Pense maintenant à Caligula.

LE JEUNE SCIPION *(avec tout l'accent de la haine)*.
Oui.

CÆSONIA

Écoute maintenant : essaie de le comprendre.

> *Elle sort, laissant le jeune Scipion désemparé. Entre Hélicon.*

SCÈNE XIII

HÉLICON *(a)*

Caligula revient[1] : si vous alliez manger, poète ?

LE JEUNE SCIPION

Hélicon! Aide-moi.

HÉLICON

C'est dangereux, ma colombe. Et je n'entends rien à la poésie.

LE JEUNE SCIPION

Tu pourrais m'aider. Tu sais beaucoup de choses.

HÉLICON

Je sais que les jours passent et qu'il faut se hâter de manger. Je sais aussi que tu pourrais tuer Caligula... et qu'il ne le verrait pas d'un mauvais œil.

> *Entre Caligula. Sort Hélicon.*

SCÈNE XIV

CALIGULA

Ah! c'est toi. *(Il s'arrête, un peu comme s'il cherchait une contenance.)* Il y a longtemps que je ne t'ai vu. *(Avançant lentement vers lui.)* Qu'est-ce que tu fais? Tu écris toujours? Est-ce que tu peux me montrer tes dernières pièces?

Le jeune Scipion *(mal à l'aise, lui aussi, partagé entre sa haine et il ne sait pas quoi).*

J'ai écrit des poèmes, César.

CALIGULA

Sur quoi?

LE JEUNE SCIPION

Je ne sais pas, César. Sur la nature, je crois.

CALIGULA *(plus à l'aise) (a).*

Beau sujet. Et vaste. Qu'est-ce qu'elle t'a fait, la nature?

Le jeune Scipion *(se reprenant, d'un air ironique et mauvais).*

Elle me console de n'être pas César.

CALIGULA

Ah! et crois-tu qu'elle pourrait me consoler de l'être?

LE JEUNE SCIPION *(même jeu) (b).*

Ma foi, elle a guéri des blessures plus graves.

CALIGULA *(étrangement simple).*

Blessure? Tu dis cela avec méchanceté. Est-ce parce que j'ai tué ton père? Si tu savais pourtant comme le mot est juste. Blessure! *(Changeant de ton.)* Il n'y a que la haine pour rendre les gens intelligents.

LE JEUNE SCIPION *(raidi).*

J'ai répondu à ta question sur la nature.

> *Caligula s'assied, regarde Scipion, puis lui prend brusquement les mains et l'attire de force à ses pieds. Il lui prend le visage dans ses mains (a).*

CALIGULA

Récite-moi ton poème.

LE JEUNE SCIPION

Je t'en prie, César, non.

CALIGULA

Pourquoi ?

LE JEUNE SCIPION

Je ne l'ai pas sur moi.

CALIGULA

Ne t'en souviens-tu pas ?

LE JEUNE SCIPION

Non[1].

CALIGULA

Dis-moi du moins ce qu'il contient.

LE JEUNE SCIPION *(toujours raidi et comme à regret).*

J'y parlais...

CALIGULA

Eh bien ?

LE JEUNE SCIPION

Non, je ne sais pas...

CALIGULA

Essaye...

LE JEUNE SCIPION

J'y parlais d'un certain accord[1] de la terre...

CALIGULA *(l'interrompant, d'un ton absorbé)*.

... de la terre et du pied.

LE JEUNE SCIPION *(surpris, hésite et continue)*.

Oui, c'est à peu près cela...

CALIGULA

Continue.

LE JEUNE SCIPION

... et aussi de la ligne des collines romaines et de cet apaisement fugitif et bouleversant qu'y ramène le soir...

CALIGULA

... Du cri des martinets dans le ciel vert.

LE JEUNE SCIPION *(s'abandonnant un peu plus)*.

Oui, encore[2].

CALIGULA

Eh bien?

LE JEUNE SCIPION

Et de cette minute subtile où le ciel encore plein d'or brusquement bascule et nous montre en un instant son autre face, gorgée d'étoiles luisantes.

CALIGULA

De cette odeur de fumée, d'arbres et d'eaux qui monte alors de la terre vers la nuit.

LE JEUNE SCIPION *(tout entier)*.

... Le cri des cigales et la retombée des chaleurs, les chiens, les roulements des derniers chars, les voix[3] des fermiers...

CALIGULA

... Et les chemins noyés d'ombre dans les lentisques et les oliviers...

LE JEUNE SCIPION *(a)*

Oui, oui. C'est tout cela! Mais comment l'as-tu appris?

CALIGULA *(pressant le jeune Scipion contre lui).*

Je ne sais pas. Peut-être parce que nous aimons les mêmes vérités[1].

LE JEUNE SCIPION *(frémissant, cache sa tête contre la poitrine de Caligula).*

Oh! qu'importe, puisque tout prend en moi le visage de l'amour[2]!

CALIGULA *(toujours caressant).*

C'est la vertu des grands cœurs, Scipion. Si, du moins, je pouvais connaître ta transparence! Mais je sais trop la force de ma passion pour la vie, elle ne se satisfera pas de la nature. Tu ne peux pas comprendre cela. Tu es d'un autre monde. Tu es pur dans le bien, comme je suis pur dans le mal.

LE JEUNE SCIPION

Je peux comprendre.

CALIGULA

Non. Ce quelque chose en moi, ce lac de silence, ces herbes pourries. *(Changeant brusquement de ton.)* Ton poème doit être beau. Mais si tu veux mon avis...

LE JEUNE SCIPION *(même jeu).*

Oui.

CALIGULA

Tout cela manque de sang.

> *Scipion[3] se rejette brusquement en arrière et regarde Caligula avec horreur. Toujours reculant, il parle d'une voix sourde, devant Caligula qu'il regarde avec intensité.*

LE JEUNE SCIPION

Oh! le monstre, l'infect monstre. Tu as encore joué. Tu viens de jouer, hein? Et tu es content de toi?

Caligula (*avec un peu de tristesse*).

Il y a du vrai dans ce que tu dis. J'ai joué.

Le jeune Scipion (*même jeu*).

Quel cœur ignoble[1] et ensanglanté tu dois avoir. Oh! comme tant de mal et de haine doivent te torturer!

Caligula (*doucement*).

Tais-toi, maintenant.

Le jeune Scipion

Comme je te plains et comme je te hais!

Caligula (*avec colère*).

Tais-toi.

Le jeune Scipion

Et quelle immonde solitude doit être la tienne!

Caligula (*éclatant, se jette sur lui et le prend au collet; il le secoue*).

La solitude! Tu la connais, toi, la solitude? Celle des poètes et des impuissants. La solitude? Mais laquelle? Ah! tu ne sais pas que seul, on ne l'est jamais! Et que partout le même poids d'avenir et de passé nous accompagne! Les êtres qu'on a tués sont avec nous. Et pour ceux-là, ce serait encore facile. Mais ceux qu'on a aimés, ceux qu'on n'a pas aimés et qui vous ont aimé, les regrets, le désir, l'amertume et la douceur, les putains et la clique des dieux. (*Il le lâche et recule vers sa place.*) Seul! ah! si du moins, au lieu de cette solitude empoisonnée de présences qui est la mienne, je pouvais goûter la vraie, le silence et le tremblement d'un arbre[2]! (*Assis, avec une soudaine lassitude.*) La solitude! Mais non, Scipion. Elle est peuplée de grincements de dents et tout entière retentissante de bruits et de clameurs perdues. Et près des femmes que je caresse, quand la nuit se referme sur nous et que je crois, éloigné de ma chair enfin contentée, saisir un peu de moi entre la vie et la mort, ma solitude entière s'emplit de l'aigre odeur du plaisir aux aisselles de la femme qui sombre encore à mes côtés.

> *Il a l'air exténué. Long silence.*
>
> *Le jeune Scipion passe derrière Caligula et s'approche, hésitant. Il tend une main vers Caligula et la pose sur son épaule. Caligula, sans se retourner, la couvre d'une des siennes.*

LE JEUNE SCIPION

Tous les hommes ont une douceur dans la vie. Cela les aide à continuer. C'est vers elle qu'ils se retournent quand ils se sentent trop usés.

CALIGULA

C'est vrai, Scipion[1].

LE JEUNE SCIPION

N'y a-t-il donc rien dans la tienne qui soit semblable[2], l'approche des larmes, un refuge silencieux ?

CALIGULA

Si, pourtant.

LE JEUNE SCIPION

Et quoi donc ?

CALIGULA *(lentement) (a)*.

Le mépris.

RIDEAU

ACTE III[1]

SCÈNE PREMIÈRE

> *Avant le lever du rideau,
> bruit de cymbales et de caisse.
> Le rideau s'ouvre sur une sorte
> de parade foraine. Au centre,
> une tenture devant laquelle, sur
> une petite estrade, se trouvent
> Hélicon et Cæsonia. Les cym-
> balistes de chaque côté. Assis sur
> des sièges, tournant le dos aux
> spectateurs, quelques patriciens
> et le jeune Scipion.*

HÉLICON *(récitant sur le ton de la parade)*.

APPROCHEZ! Approchez! *(Cymbales.)* Une fois de plus, les dieux sont descendus sur terre. Caïus, César et dieu, surnommé Caligula, leur a prêté sa forme tout humaine. Approchez, grossiers mortels, le miracle sacré s'opère devant vos yeux. Par une faveur particulière[2] au règne béni de Caligula, les secrets divins sont offerts à tous les yeux.

Cymbales.

CÆSONIA

Approchez, messieurs! Adorez et donnez votre obole. Le mystère céleste est mis aujourd'hui à la portée de toutes les bourses.

Cymbales.

Hélicon

L'Olympe et ses coulisses, ses intrigues, ses pantoufles et ses larmes. Approchez! Approchez! Toute la vérité sur vos dieux!

> *Cymbales.*

Cæsonia

Adorez et donnez votre obole. Approchez, messieurs. La représentation va commencer.

> *Cymbales. Mouvements d'es-*
> *claves qui apportent divers objets*
> *sur l'estrade.*

Hélicon

Une reconstitution impressionnante de vérité, une réalisation sans précédent. Les décors majestueux de la puissance divine ramenés sur terre, une attraction sensationnelle et démesurée, la foudre *(les esclaves allument des feux grégeois) (a)*, le tonnerre *(on roule un tonneau plein de cailloux)*, le destin lui-même dans sa marche triomphale. Approchez et contemplez!

> *Il tire la tenture et Caligula,*
> *costumé en Vénus grotesque,*
> *apparaît sur un piédestal.*

Caligula *(aimable)*.

Aujourd'hui, je suis Vénus.

Cæsonia

L'adoration commence. Prosternez-vous *(tous, sauf Scipion, se prosternent) (b)* et répétez après moi la prière sacrée à Caligula-Vénus :
« Déesse des douleurs et de la danse...[1] »

Les patriciens

« *Déesse des douleurs et de la danse...* »

Cæsonia

« Née des vagues, toute visqueuse et amère dans le sel et l'écume... »

LES PATRICIENS

« Née des vagues, toute visqueuse et amère dans le sel et l'écume... »

CÆSONIA

« Toi qui es comme un rire et un regret... »

LES PATRICIENS

« Toi qui es comme un rire et un regret... »

CÆSONIA

« ... une rancœur et un élan...[1] »

LES PATRICIENS

« ... une rancœur et un élan... »

CÆSONIA

« Enseigne-nous l'indifférence qui fait renaître les amours... »

LES PATRICIENS

« Enseigne-nous l'indifférence qui fait renaître les amours... »

CÆSONIA

« Instruis-nous de la vérité de ce monde qui est de n'en point avoir... »

LES PATRICIENS

« Instruis-nous de la vérité de ce monde qui est de n'en point avoir... »

CÆSONIA

« Et accorde-nous la force de vivre à la hauteur de cette vérité sans égale... »

LES PATRICIENS

« Et accorde-nous la force de vivre à la hauteur de cette vérité sans égale... »

CÆSONIA

Pause !

LES PATRICIENS

Pause !

CÆSONIA *(reprenant)*.

« Comble-nous de tes dons, répands sur nos visages ton impartiale cruauté, ta haine tout objective ; ouvre au-dessus de nos yeux tes mains pleines de fleurs et de meurtres. »

LES PATRICIENS

« ... tes mains pleines de fleurs et de meurtres. »

CÆSONIA

« Accueille tes enfants égarés. Reçois-les dans l'asile dénudé de ton amour indifférent et douloureux. Donne-nous tes passions sans objet, tes douleurs privées de raison et tes joies sans avenir... »

LES PATRICIENS

« ... et tes joies sans avenir... »

CÆSONIA *(très haut)*.

« Toi, si vide et si brûlante, inhumaine, mais si terrestre, enivre-nous du vin de ton équivalence et rassasie-nous pour toujours dans ton cœur noir et salé. »

LES PATRICIENS

« Enivre-nous du vin de ton équivalence et rassasie-nous pour toujours dans ton cœur noir et salé. »

> *Quand la dernière phrase a été prononcée par les patriciens, Caligula, jusque-là immobile, s'ébroue et d'une voix de stentor :*

CALIGULA

Accordé, mes enfants, vos vœux seront exaucés.

> *Il s'assied en tailleur sur le piédestal. Un à un, les patriciens se prosternent, versent leur obole et se rangent à droite avant de disparaître. Le dernier, troublé,*

*oublie son obole et se retire. Mais
Caligula, d'un bond, se remet
debout (a).*

CALIGULA

Hep! Hep! Viens ici, mon garçon. Adorer, c'est bien,
mais enrichir, c'est mieux. Merci. Cela va bien. Si les
dieux n'avaient pas d'autres richesses que l'amour des
mortels, ils seraient aussi pauvres que le pauvre Caligula.
Et maintenant, messieurs, vous allez pouvoir partir et
répandre dans la ville l'étonnant[1] miracle auquel il vous a
été donné d'assister : vous avez vu Vénus, ce qui s'appelle
voir, avec vos yeux de chair, et Vénus vous a parlé.
Allez, messieurs. *(Mouvement des patriciens.)* Une seconde!
En sortant, prenez le couloir de gauche. Dans celui de
droite, j'ai posté des gardes pour vous assassiner.

*Les patriciens sortent avec
beaucoup d'empressement et un
peu de désordre (b). Les esclaves
et les musiciens disparaissent[2].*

SCÈNE II

*Hélicon menace Scipion du
doigt.*

HÉLICON[3]

Scipion, on a encore fait l'anarchiste!

SCIPION *(à Caligula) (c).*

Tu as blasphémé, Caïus.

HÉLICON

Qu'est-ce que cela peut bien vouloir dire?

SCIPION

Tu souilles le ciel après avoir ensanglanté la terre.

HÉLICON

Ce jeune homme adore les grands mots.

Il va se coucher sur un divan[1].

CÆSONIA *(très calme)*.

Comme tu y vas, mon garçon; il y a en ce moment, dans Rome, des gens qui meurent pour des discours beaucoup moins éloquents..

SCIPION

J'ai décidé de dire la vérité à Caïus.

CÆSONIA

Eh bien, Caligula, cela manquait à ton règne, une belle figure morale!

CALIGULA *(intéressé)*.

Tu crois donc aux dieux, Scipion?

SCIPION

Non.

CALIGULA *(a)*

Alors, je ne comprends pas : pourquoi es-tu si prompt à dépister les blasphèmes?

SCIPION

Je puis nier une chose sans me croire obligé de la salir ou de retirer aux autres le droit d'y croire.

CALIGULA[2]

Mais c'est de la modestie, cela, de la vraie modestie! Oh! cher Scipion, que je suis content pour toi. Et envieux, tu sais. Car c'est le seul sentiment que je n'éprouverai peut-être jamais.

SCIPION

Ce n'est pas moi que tu jalouses, ce sont les dieux eux-mêmes[3].

CALIGULA

Si tu le veux bien, cela restera comme le grand secret de mon règne. Tout ce qu'on peut me reprocher aujour-

d'hui, c'est d'avoir fait encore un petit progrès sur la voie
de la puissance et de la liberté. Pour un homme qui aime
le pouvoir, la rivalité des dieux a quelque chose d'agaçant.
J'ai supprimé cela. J'ai prouvé à ces dieux illusoires qu'un
homme, s'il en a la volonté, peut exercer, sans apprentissage, leur métier ridicule *(a)*.

SCIPION

C'est cela le blasphème, Caïus.

CALIGULA

Non, Scipion, c'est de la clairvoyance *(b)*. J'ai simplement compris qu'il n'y a qu'une façon de s'égaler aux
dieux : il suffit d'être aussi cruel qu'eux[1].

SCIPION

Il suffit de se faire tyran.

CALIGULA

Qu'est-ce qu'un tyran?

SCIPION

Une âme aveugle[2].

CALIGULA

Cela n'est pas sûr, Scipion. Mais un tyran est un
homme qui sacrifie des peuples à ses idées ou à son
ambition. Moi, je n'ai pas d'idées et je n'ai plus rien à
briguer en fait d'honneurs et de pouvoir. Si j'exerce ce
pouvoir, c'est par compensation.

SCIPION

À quoi?

CALIGULA

À la bêtise et à la haine des dieux *(c)*.

SCIPION

La haine ne compense pas la haine. Le pouvoir n'est
pas une solution. Et je ne connais qu'une façon de
balancer l'hostilité du monde.

CALIGULA

Quelle est-elle?

SCIPION

La pauvreté.

CALIGULA *(soignant ses pieds)*.

Il faudra que j'essaie de celle-là aussi.

SCIPION

En attendant, beaucoup d'hommes meurent autour de toi.

CALIGULA *(a)*

Si peu, Scipion, vraiment. Sais-tu combien de guerres j'ai refusées?

SCIPION

Non.

CALIGULA

Trois. Et sais-tu pourquoi je les ai refusées?

SCIPION

Parce que tu fais fi de la grandeur de Rome.

CALIGULA

Non, parce que je respecte la vie humaine.

SCIPION

Tu te moques de moi, Caïus.

CALIGULA

Ou, du moins, je la respecte plus que je ne respecte un idéal de conquête. Mais il est vrai que je ne la respecte pas plus que je ne respecte ma propre vie. Et s'il m'est facile[1] de tuer, c'est qu'il ne m'est pas difficile de mourir. Non, plus j'y réfléchis et plus je me persuade que je ne *suis* pas un tyran *(b)*.

SCIPION

Qu'importe si cela nous coûte aussi cher que si tu l'étais.

CALIGULA *(avec un peu d'impatience)*.

Si tu savais compter, tu saurais que la moindre guerre entreprise par un tyran raisonnable vous coûterait mille fois plus cher que les caprices de ma fantaisie.

SCIPION

Mais, du moins, ce serait raisonnable et l'essentiel est de comprendre.

CALIGULA

On ne comprend pas le destin et c'est pourquoi je me suis fait destin. J'ai pris le visage bête et incompréhensible des dieux. C'est cela que tes compagnons de tout à l'heure ont appris à adorer.

SCIPION

Et c'est cela le blasphème, Caïus.

CALIGULA

Non, Scipion, c'est de l'art dramatique! L'erreur de tous ces hommes, c'est de ne pas croire assez au théâtre. Ils sauraient sans cela qu'il est permis à tout homme de jouer les tragédies célestes et de devenir dieu. Il suffit de se durcir le cœur.

SCIPION

Peut-être, en effet, Caïus. Mais si cela est vrai, je crois qu'alors tu as fait le nécessaire pour qu'un jour, autour de toi, des légions de dieux humains se lèvent, implacables à leur tour, et noient dans le sang ta divinité d'un moment.

CÆSONIA

Scipion!

CALIGULA *(d'une voix précise et dure) (a)*.

Laisse, Cæsonia. Tu ne crois pas si bien dire, Scipion : j'ai fait le nécessaire. J'imagine difficilement le jour dont tu parles. Mais j'en rêve quelquefois. Et sur tous les visages qui s'avancent alors du fond de la nuit amère, dans leurs traits tordus par la haine et l'angoisse, je reconnais, en effet, avec ravissement, le seul dieu que j'aie adoré en ce monde : misérable et lâche comme le cœur

humain. *(Irrité.)* Et maintenant, va-t'en. Tu en as beaucoup trop dit. *(Changeant de ton.)* J'ai encore les doigts
de mes pieds à rougir. Cela presse.

> *Tous sortent, sauf Hélicon,*
> *qui tourne en rond autour de*
> *Caligula, absorbé par les soins*
> *de ses pieds (a).*

SCÈNE III

CALIGULA

Hélicon!

HÉLICON

Qu'y a-t-il?

CALIGULA[1]

Ton travail avance?

HÉLICON

Quel travail?

CALIGULA

Eh bien!... la lune!

HÉLICON

Ça[2] progresse. C'est une question de patience. Mais je
voudrais te parler.

CALIGULA

J'aurais peut-être de la patience, mais je n'ai pas
beaucoup de temps. Il faut faire vite, Hélicon.

HÉLICON

Je te l'ai dit, je ferai pour le mieux. Mais auparavant,
j'ai des choses graves à t'apprendre.

CALIGULA *(comme s'il n'avait pas entendu).*

Remarque que je l'ai déjà eue *(b).*

HÉLICON

Qui?

CALIGULA

La lune.

HÉLICON

Oui, naturellement. Mais sais-tu que l'on complote contre ta vie[1] ?

CALIGULA

Je l'ai eue tout à fait même. Deux ou trois fois seulement, il est vrai. Mais tout de même, je l'ai eue.

HÉLICON

Voilà bien longtemps que j'essaie de te parler.

CALIGULA

C'était l'été dernier. Depuis le temps que je la regardais et que je la caressais sur les colonnes du jardin, elle avait fini par comprendre.

HÉLICON

Cessons ce jeu, Caïus. Si tu ne veux pas m'écouter, mon rôle est[2] de parler quand même. Tant pis si tu n'entends pas.

CALIGULA *(toujours occupé à rougir ses ongles du pied).*

Ce vernis ne vaut rien[3]. Mais pour en revenir à la lune, c'était pendant une belle nuit d'août. *(Hélicon se détourne avec dépit et se tait, immobile.)* Elle a fait quelques façons. J'étais déjà couché. Elle était d'abord toute sanglante au-dessus de l'horizon[4]. Puis elle a commencé à monter, de plus en plus légère, avec une rapidité croissante. Plus elle montait, plus elle devenait claire. Elle est devenue comme un lac d'eau laiteuse au milieu de cette nuit pleine de froissements d'étoiles. Elle est arrivée alors dans la chaleur, douce, légère et nue. Elle a franchi le seuil de la chambre et, avec sa lenteur sûre[5], est arrivée jusqu'à mon lit, s'y est coulée et m'a inondé de ses sourires et de son éclat. — Décidément, ce vernis ne vaut rien *(a).* Mais tu vois, Hélicon, je puis dire sans me vanter que je l'ai eue.

HÉLICON

Veux-tu m'écouter et connaître ce qui te menace?

CALIGULA *(s'arrête et le regarde fixement[1]).*

Je veux seulement la lune, Hélicon *(a)*. Je sais d'avance ce qui me tuera. Je n'ai pas encore épuisé tout ce qui peut me faire vivre. C'est pourquoi je veux la lune. Et tu ne reparaîtras pas ici avant de me l'avoir procurée.

HÉLICON

Alors, je ferai mon devoir et je dirai ce que j'ai à dire. Un complot s'est formé contre toi. Cherea en est le chef. J'ai surpris cette tablette qui peut t'apprendre l'essentiel. Je la dépose ici[2].

> *Hélicon dépose la tablette sur
> un des sièges et se retire.*

CALIGULA

Où vas-tu, Hélicon?

HÉLICON *(sur le seuil).*

Te chercher la lune.

SCÈNE IV[3]

> *On gratte à la porte opposée.
> Caligula se retourne brusquement
> et aperçoit le vieux patricien.*

LE VIEUX PATRICIEN *(hésitant).*

Tu permets, Caïus?

CALIGULA *(impatient).*

Eh bien! entre. *(Le regardant.)* Alors, ma jolie, on vient revoir Vénus!

LE VIEUX PATRICIEN

Non, ce n'est pas cela. Chut! Oh! pardon, Caïus... je veux dire... Tu sais que je t'aime beaucoup... et puis je ne demande qu'à finir mes vieux jours dans la tranquillité...

CALIGULA

Pressons ! Pressons !

LE VIEUX PATRICIEN

Oui, bon. Enfin...[1] *(Très vite.)* C'est très grave, voilà tout.

CALIGULA

Non, ce n'est pas grave.

LE VIEUX PATRICIEN

Mais quoi donc, Caïus ?

CALIGULA

Mais de quoi parlons-nous, mon amour ?

LE VIEUX PATRICIEN *(Il regarde autour de lui.)*

C'est-à-dire... *(Il se tortille et finit par exploser.)* Un complot contre toi...

CALIGULA

Tu vois bien, c'est ce que je disais, ce n'est pas grave du tout.

LE VIEUX PATRICIEN *(a)*

Caïus, ils veulent te tuer.

CALIGULA *(va vers lui et le prend aux épaules).*

Sais-tu pourquoi je ne puis pas te croire ?

LE VIEUX PATRICIEN *(faisant le geste de jurer).*

Par tous les dieux, Caïus...

CALIGULA *(doucement et le poussant peu à peu vers la porte).*

Ne jure pas, surtout, ne jure pas. Écoute plutôt. Si ce que tu dis était vrai, il me faudrait supposer que tu trahis tes amis, n'est-ce pas ?

LE VIEUX PATRICIEN *(un peu perdu)*.

C'est-à-dire, Caïus, que mon amour pour toi...

CALIGULA *(du même ton)*.

Et je ne puis pas supposer cela. J'ai tant détesté la
lâcheté que je ne pourrais jamais me retenir de faire
mourir un traître. Je sais bien ce que tu vaux, moi. Et,
assurément, tu ne voudras ni trahir ni mourir.

LE VIEUX PATRICIEN

Assurément, Caïus, assurément!

CALIGULA

Tu vois donc que j'avais raison de ne pas te croire *(a)*.
Tu n'es pas un lâche, n'est-ce pas?

LE VIEUX PATRICIEN

Oh! non...

CALIGULA

Ni un traître?

LE VIEUX PATRICIEN

Cela va sans dire, Caïus.

CALIGULA *(b)*

Et par conséquent, il n'y a pas de complot, dis-moi,
ce n'était qu'une plaisanterie?

LE VIEUX PATRICIEN *(décomposé)*.

Une plaisanterie, une simple plaisanterie...

CALIGULA

Personne ne veut me tuer, cela est évident?

LE VIEUX PATRICIEN

Personne, bien sûr, personne.

CALIGULA *(respirant fortement, puis lentement)*.

Alors, disparais, ma jolie. Un homme d'honneur est
un animal si rare en ce monde que je ne pourrais pas en

supporter la vue trop longtemps. Il faut que je reste seul
pour savourer ce grand moment.

SCÈNE V

> *Caligula contemple un mo-*
> *ment la tablette de sa place[1].*
> *Il la saisit et la lit. Il respire*
> *fortement et appelle un garde.*

CALIGULA *(a)*

Amène Cherea. *(Le garde sort.)* Un moment. *(Le garde
s'arrête.)* Avec des égards.

> *Le garde sort.*
> *Caligula marche un peu de*
> *long en large. Puis il se dirige*
> *vers le miroir.*

CALIGULA

Tu avais décidé d'être logique, idiot. Il s'agit seulement
de savoir jusqu'où cela ira. *(Ironique.)* Si l'on t'apportait
la lune, tout serait changé, n'est-ce pas? Ce qui est
impossible deviendrait possible et du même coup, en
une fois, tout serait transfiguré[2]. Pourquoi pas, Caligula?
Qui peut le savoir? *(Il regarde autour de lui.)* Il y a de
moins en moins de monde autour de moi[3], c'est curieux.
(Au miroir, d'une voix sourde.) Trop de morts, trop de
morts, trop de morts, cela dégarnit. Même si l'on m'apportait la lune, je ne pourrais pas revenir en arrière.
Même si les morts frémissaient à nouveau sous la caresse
du soleil, les meurtres ne rentreraient pas sous terre pour
autant. *(Avec un accent furieux.)* La logique, Caligula, il
faut poursuivre la logique. Le pouvoir jusqu'au bout,
l'abandon jusqu'au bout[4]. Non, on ne revient pas en
arrière et il faut aller jusqu'à la consommation!

Entre Cherea.

SCÈNE VI

> *Caligula, renversé un peu dans*
> *son siège, est engoncé dans son*
> *manteau. Il a l'air exténué.*

CHEREA

Tu m'as demandé, Caïus?

CALIGULA *(d'une voix faible)*.

Oui, Cherea[1]. Gardes! Des flambeaux!

> *Silence.*

CHEREA

Tu as quelque chose de particulier à me dire?

CALIGULA

Non, Cherea.

> *Silence.*

CHEREA *(un peu agacé)*.

Tu es sûr que ma présence est nécessaire?

CALIGULA

Absolument sûr, Cherea. *(Encore un temps de silence.*
Soudain empressé.) Mais, excuse-moi. Je suis distrait et te
reçois bien mal. Prends ce siège et devisons en amis. J'ai
besoin de parler un peu à quelqu'un d'intelligent.

> *Cherea s'assied.*
> *Naturel, il semble, pour la*
> *première fois depuis le début de*
> *la pièce.*

CALIGULA

Cherea *(a)*, crois-tu que deux hommes dont l'âme et
la fierté sont égales peuvent, au moins une fois dans leur
vie, se parler de tout leur cœur — comme s'ils étaient

nus l'un devant l'autre, dépouillés des préjugés, des intérêts particuliers et des mensonges dont ils vivent?

CHEREA

Je pense que cela est possible, Caïus. Mais je crois que tu en es incapable.

CALIGULA

Tu as raison. Je voulais seulement savoir si tu pensais comme moi. Couvrons-nous donc de masques[1]. Utilisons nos mensonges. Parlons comme on se bat, couverts jusqu'à la garde *(a)*. Cherea, pourquoi ne m'aimes-tu pas?

CHEREA

Parce qu'il n'y a rien d'aimable en toi, Caïus. Parce que ces choses ne se commandent pas. Et aussi, parce que je te comprends trop bien et qu'on ne peut aimer celui de ses visages qu'on essaie de masquer en soi.

CALIGULA

Pourquoi me haïr?

CHEREA

Ici, tu te trompes, Caïus. Je ne te hais pas. Je te juge nuisible et cruel, égoïste et vaniteux. Mais je ne puis pas te haïr puisque je ne te crois pas heureux. Et je ne puis pas te mépriser puisque je sais que tu n'es pas lâche.

CALIGULA[2]

Alors, pourquoi veux-tu me tuer?

CHEREA

Je te l'ai dit : je te juge nuisible. J'ai le goût et le besoin de la sécurité. La plupart des hommes sont comme moi. Ils sont incapables de vivre dans un univers où la pensée la plus bizarre peut en une seconde entrer dans la réalité — où, la plupart du temps, elle y entre, comme un couteau dans un cœur. Moi non plus, je ne veux pas vivre dans un tel univers. Je préfère me tenir bien en main.

CALIGULA

La sécurité et la logique ne vont pas ensemble.

CHEREA

Il est vrai. Cela n'est pas logique, mais cela est sain.

CALIGULA *(a)*

Continue.

CHEREA

Je n'ai rien de plus à dire. Je ne veux pas entrer dans ta logique. J'ai une autre idée de mes devoirs d'homme. Je sais que la plupart de tes sujets pensent comme moi. Tu es gênant pour tous. Il est naturel que tu disparaisses.

CALIGULA

Tout cela est très clair et très légitime. Pour la plupart des hommes, ce serait même évident[1]. Pas pour toi, cependant. Tu es intelligent et l'intelligence se paye cher ou se nie. Moi, je paye. Mais toi, pourquoi ne pas la nier et ne pas vouloir payer?

CHEREA

Parce que j'ai envie de vivre et d'être heureux. Je crois qu'on ne peut être ni l'un ni l'autre en poussant l'absurde dans toutes ses conséquences. Je suis comme tout le monde. Pour m'en sentir libéré, je souhaite parfois la mort de ceux que j'aime, je convoite des femmes que les lois de la famille ou de l'amitié m'interdisent de convoiter. Pour être logique, je devrais alors tuer ou posséder. Mais je juge que ces idées vagues n'ont pas d'importance. Si tout le monde se mêlait de les réaliser, nous ne pourrions ni vivre ni être heureux. Encore une fois, c'est cela qui m'importe.

CALIGULA

Il faut *donc que tu* croies à quelque idée supérieure.

CHEREA

Je crois qu'il y a des actions qui sont plus belles que d'autres.

CALIGULA

Je crois que toutes sont équivalentes.

CHEREA

Je le sais, Caïus, et c'est pourquoi je ne te hais pas[1]. Mais tu es gênant et il faut que tu disparaisses.

CALIGULA

C'est très juste. Mais pourquoi me l'annoncer et risquer ta vie?

CHEREA

Parce que d'autres me remplaceront et parce que je n'aime pas mentir.

Silence (a).

CALIGULA

Cherea!

CHEREA

Oui, Caïus.

CALIGULA

Crois-tu que deux hommes dont l'âme et la fierté sont égales peuvent, au moins une fois dans leur vie, se parler de tout leur cœur?

CHEREA

Je crois que c'est ce que nous venons de faire.

CALIGULA

Oui, Cherea. Tu m'en croyais incapable, pourtant.

CHEREA

J'avais tort, Caïus, je le reconnais et je te remercie. J'attends maintenant ta sentence.

CALIGULA *(distrait).*

Ma sentence? Ah! tu veux dire... *(Tirant la tablette de son manteau.)* Connais-tu cela, Cherea?

CHEREA

Je savais qu'elle était en ta possession.

CALIGULA *(de façon passionnée)*.

Oui, Cherea, et ta franchise elle-même était simulée[1].
Les deux hommes ne se sont pas parlé de tout leur cœur.
Cela ne fait rien pourtant. Maintenant, nous allons cesser
le jeu de la sincérité et recommencer à vivre comme par
le passé. Il faut encore que tu essaies de comprendre ce
que je vais te dire, que tu subisses mes offenses et mon
humeur *(a)*. Écoute, Cherea. Cette tablette est la seule
preuve.

CHEREA

Je m'en vais, Caïus. Je suis lassé de tout ce jeu grimaçant. Je le connais trop et ne veux plus le voir.

CALIGULA *(de la même voix passionnée et attentive)*.

Reste encore. C'est la seule preuve, n'est-ce pas ?

CHEREA

Je ne crois pas que tu aies besoin de preuves pour
faire mourir un homme.

CALIGULA

Il est vrai. Mais, pour une fois, je veux me contredire.
Cela ne gêne personne. Et c'est si bon de se contredire
de temps en temps. Cela repose. J'ai besoin de repos,
Cherea.

CHEREA

Je ne comprends pas et je n'ai pas de goût pour ces
complications.

CALIGULA

Bien sûr, Cherea. Tu es un homme sain, toi. Tu ne
désires rien d'extraordinaire ! *(Éclatant de rire.)* Tu veux
vivre et être heureux. Seulement cela !

CHEREA

Je crois qu'il vaut mieux que nous en restions là.

CALIGULA

Pas encore. Un peu de patience, veux-tu ? J'ai là cette
preuve, regarde. Je veux considérer que je ne peux vous
faire mourir sans elle. C'est mon idée et c'est mon repos.

Eh bien! vois ce que deviennent les preuves dans la main d'un empereur *(a)*.

> *Il approche la tablette d'un flambeau. Cherea le rejoint. Le flambeau les sépare. La tablette fond.*

CALIGULA

Tu vois, conspirateur[1]! Elle fond, et à mesure que cette preuve disparaît, c'est un matin d'innocence qui se lève sur ton visage. L'admirable front pur que tu as, Cherea. Que c'est beau, un innocent, que c'est beau! Admire ma puissance[2]. Les dieux eux-mêmes ne peuvent pas rendre l'innocence sans auparavant punir. Et ton empereur n'a besoin que d'une flamme pour t'absoudre et t'encourager. Continue, Cherea, poursuis jusqu'au bout le magnifique raisonnement que tu m'as tenu. Ton empereur attend son repos. C'est sa manière à lui de vivre et d'être heureux.

> *Cherea regarde Caligula avec stupeur. Il a un geste à peine esquissé, semble comprendre, ouvre la bouche et part brusquement. Caligula continue de tenir la tablette dans la flamme et, souriant, suit Cherea du regard[3].*

RIDEAU

ACTE IV

SCÈNE PREMIÈRE[1]

> *La scène est dans une demi-obscurité. Entrent Cherea et Scipion. Cherea va à droite, puis à gauche, et revient vers Scipion.*

SCIPION *(l'air fermé)*.

QUE me veux-tu?

CHEREA

Le temps presse. Nous devons être fermes sur ce que nous allons faire.

SCIPION

Qui te dit que je ne suis pas ferme?

CHEREA

Tu n'es pas venu à notre réunion d'hier.

SCIPION *(se détournant)*.

C'est vrai, Cherea.

CHEREA

Scipion, je suis plus âgé que toi et je n'ai pas coutume de demander du secours. Mais il est vrai que j'ai besoin de toi. Ce meurtre demande des répondants qui soient respectables. Au milieu de ces vanités blessées et de ces ignobles peurs, il n'y a que toi et moi dont les raisons soient pures. Je sais que si tu nous abandonnes, tu ne trahiras rien. Mais cela est indifférent. Ce que je désire c'est que tu restes avec nous.

SCIPION

Je te comprends *(a)*. Mais je te jure que je ne le puis pas.

CHEREA

Es-tu donc avec lui?

SCIPION

Non. Mais je ne puis être contre lui. *(Un temps, puis sourdement.)* Si je le tuais, mon cœur du moins serait avec lui.

CHEREA

Il a pourtant tué ton père!

SCIPION

Oui, c'est là que tout commence. Mais c'est là aussi que tout finit.

CHEREA

Il nie ce que tu avoues. Il bafoue ce que tu vénères.

SCIPION

C'est vrai, Cherea. Mais quelque chose en moi lui ressemble pourtant. La même flamme nous brûle le cœur.

CHEREA

Il est des heures où il faut choisir. Moi, j'ai fait taire en moi ce qui pouvait lui ressembler.

SCIPION

Je ne puis pas choisir puisqu'en plus de ce que je souffre, je souffre aussi de ce qu'il souffre. Mon malheur est de tout comprendre.

CHEREA

Alors tu choisis de lui donner raison.

SCIPION *(dans un cri) (a)*.

Oh! je t'en prie, Cherea, personne, plus personne pour moi n'aura jamais raison!

Un temps, ils se regardent.

CHEREA *(avec émotion, s'avançant vers Scipion)*.

Sais-tu que je le hais plus encore pour ce qu'il a fait de toi.

SCIPION

Oui, il m'a appris à tout exiger.

CHEREA

Non, Scipion, il t'a désespéré. Et désespérer une jeune âme est un crime qui passe tous ceux qu'il a commis jusqu'ici. Je te jure que cela suffirait pour que je le tue avec emportement.

Il se dirige vers la sortie.
Entre Hélicon (b).

SCÈNE II

HÉLICON

Je te cherchais, Cherea. Caligula organise ici une petite réunion amicale. Il faut que tu l'attendes. *(Il se tourne vers Scipion.) (c)* Mais on n'a pas besoin de toi, mon pigeon. Tu peux partir.

SCIPION *(au moment de sortir, se tourne vers Cherea)*.

Cherea!

CHEREA *(très doucement)*.

Oui, Scipion.

SCIPION

Essaie de comprendre.

CHEREA *(très doucement)*.

Non, Scipion.

Scipion et Hélicon sortent.

SCÈNE III[1]

*Bruits d'armes en coulisse.
Deux gardes paraissent, à droite,
conduisant le vieux patricien et
le premier patricien, qui donnent toutes les marques de la
frayeur.*

PREMIER PATRICIEN *(au garde, d'une voix qu'il essaie de
rendre ferme).*

Mais enfin, que nous veut-on à cette heure de la nuit?

LE GARDE *(Il désigne les sièges à droite.)*

Assieds-toi là.

PREMIER PATRICIEN

S'il s'agit de nous faire mourir, comme les autres[2], il
n'y a pas besoin de tant d'histoires.

LE GARDE

Assieds-toi là, vieux mulet.

LE VIEUX PATRICIEN

Asseyons-nous. Cet homme ne sait rien. C'est visible.

LE GARDE

Oui, ma jolie, c'est visible.

Il sort.

PREMIER PATRICIEN

Il fallait agir vite, je le savais. Maintenant, c'est la
torture qui nous attend[3].

SCÈNE IV

CHEREA *(calme et s'asseyant) (a).*

De quoi s'agit-il?

PREMIER PATRICIEN *et* LE VIEUX PATRICIEN *(ensemble)*.

La conjuration est découverte.

CHEREA

Ensuite ?

LE VIEUX PATRICIEN *(tremblant)*.

C'est la torture.

CHEREA *(impassible) (a)*.

Je me souviens que Caligula a donné quatre-vingt-un mille sesterces à un esclave voleur que la torture n'avait pas fait avouer.

PREMIER PATRICIEN[1]

Nous voilà bien avancés.

CHEREA

Non, mais c'est une preuve qu'il aime le courage[2]. Et vous devriez en tenir compte. *(Au vieux patricien.)* Cela ne te ferait rien de ne pas claquer des dents ainsi ? J'ai ce bruit en horreur.

LE VIEUX PATRICIEN

C'est que...

PREMIER PATRICIEN[3]

Assez d'histoires. C'est notre vie que nous jouons.

CHEREA *(sans broncher)*.

Connaissez-vous le mot favori de Caligula ?

LE VIEUX PATRICIEN *(prêt aux larmes) (b)*.

Oui. Il le dit au bourreau : « Tue-le lentement pour qu'il se sente mourir. »

CHEREA

Non, c'est mieux. Après une exécution, il bâille et dit avec sérieux : « Ce que j'admire le plus, c'est mon insensibilité. »

PREMIER PATRICIEN

Vous entendez?

Bruits d'armes.

CHEREA

Ce mot-là révèle un faible.

LE VIEUX PATRICIEN

Cela ne te ferait rien de ne pas faire de philosophie?
Je l'ai en horreur.

Entre, dans le fond, un
esclave qui apporte des armes
et les range sur un siège (a).

CHEREA *(qui ne l'a pas vu).*

Reconnaissons[1] au moins que cet homme exerce une
indéniable influence. Il force à penser. Il force tout le
monde à penser. L'insécurité, voilà ce qui fait penser.
Et c'est pourquoi tant de haines le poursuivent.

LE VIEUX PATRICIEN *(tremblant).*

Regarde.

CHEREA *(apercevant les armes; sa voix change un peu).*

Tu avais peut-être raison.

PREMIER PATRICIEN

Il fallait faire vite. Nous avons trop attendu.

CHEREA

Oui. C'est une leçon qui vient un peu tard.

LE VIEUX PATRICIEN[2]

Mais c'est insensé. Je ne veux pas mourir.

Il se lève et veut s'échapper.
Deux gardes surgissent et le
maintiennent de force après
l'avoir giflé. Le premier patri-
cien s'écrase sur son siège.
Cherea dit quelques mots qu'on
n'entend pas. Soudain, une étran-

*ge musique aigre, sautillante, de
sistres et de cymbales, éclate au
fond. Les patriciens font silence
et regardent. Caligula, en robe
courte de danseuse, des fleurs sur
la tête, paraît en ombre chinoise,
derrière le rideau du fond, mime
quelques gestes ridicules de danse
et s'éclipse. Aussitôt après, un
garde dit (a), d'une voix
solennelle : « Le spectacle est
terminé. » Pendant ce temps,
Cæsonia est entrée silencieusement derrière les spectateurs.
Elle parle d'une voix neutre
qui les fait cependant sursauter.*

SCÈNE V

CÆSONIA

Caligula m'a chargée de vous dire *(b)* qu'il vous
faisait appeler jusqu'ici pour les affaires de l'État, mais
qu'aujourd'hui, il vous avait invités à communier avec
lui dans une émotion artistique. *(Un temps; puis de la même
voix.)* Il a ajouté d'ailleurs que celui qui n'aurait pas
communié aurait la tête tranchée. *(Ils se taisent.)* Je
m'excuse d'insister. Mais je dois vous demander si vous
avez trouvé que cette danse était belle.

PREMIER PATRICIEN *(après une hésitation) (c)*.

Elle était belle, Cæsonia.

LE VIEUX PATRICIEN *(débordant de gratitude)*.

Oh! oui, Cæsonia.

CÆSONIA

Et toi, Cherea?

CHEREA *(froidement)*.

C'était du grand art.

CÆSONIA

Parfait, je vais donc pouvoir en informer Caligula.

SCÈNE VI[1]

Entre Hélicon.

HÉLICON

Dis-moi, Cherea, était-ce vraiment du grand art?

CHEREA

Dans un sens, oui.

HÉLICON

Je comprends. Tu es très fort, Cherea. Faux comme un honnête homme. Mais fort, vraiment. Moi, je ne suis pas fort. Et pourtant, je ne vous laisserai pas toucher à Caïus, même si c'est là ce que lui-même désire.

CHEREA

Je n'entends rien à ce discours. Mais je te félicite pour ton dévouement. J'aime les bons domestiques.

HÉLICON

Te voilà bien fier, hein? Oui, je sers un fou. Mais toi, qui sers-tu? La vertu? Je vais te dire ce que j'en pense. Je suis né esclave. Alors, l'air de la vertu, honnête homme, je l'ai d'abord dansé sous le fouet[2]. Caïus, lui, ne m'a pas fait de discours. Il m'a affranchi et pris dans son palais. C'est ainsi que j'ai pu vous regarder, vous les vertueux. Et j'ai vu que vous aviez sale mine et pauvre odeur, l'odeur fade de ceux qui n'ont jamais rien souffert ni risqué. J'ai vu les drapés nobles, mais l'usure au cœur, le visage avare, la main fuyante. Vous, des juges? Vous qui tenez boutique de vertu, qui rêvez de sécurité comme la jeune fille rêve d'amour, qui allez pourtant mourir

dans l'effroi sans même savoir que vous avez menti toute
votre vie, vous vous mêleriez de juger celui qui a souffert
sans compter, et qui saigne tous les jours de mille
nouvelles blessures ? Vous me frapperez avant, sois-en
sûr ! Méprise l'esclave, Cherea ! Il est au-dessus de ta vertu
puisqu'il peut encore aimer ce maître misérable qu'il
défendra contre vos nobles mensonges, vos bouches
parjures...

CHEREA

Cher Hélicon, tu te laisses aller à l'éloquence. Franchement, tu avais le goût meilleur, autrefois.

HÉLICON

Désolé, vraiment. Voilà ce que c'est que de trop vous
fréquenter. Les vieux époux ont le même nombre de poils
dans les oreilles tant ils finissent par se ressembler. Mais
je me reprends, ne crains rien, je me reprends. Simplement
ceci... Regarde, tu vois ce visage ? Bon. Regarde-le bien.
Parfait. Maintenant, tu as vu ton ennemi.

Il sort.

SCÈNE VII

CHEREA

Et maintenant, il faut faire vite. Restez là tous les deux.
Nous serons ce soir une centaine.

Il sort.

LE VIEUX PATRICIEN

Restez là, restez là ! Je voudrais bien partir, moi.
(Il renifle.) Ça sent le mort, ici.

PREMIER PATRICIEN *(a)*

Ou le mensonge. *(Tristement.)* J'ai dit que cette danse
était belle.

LE VIEUX PATRICIEN *(conciliant)*.

Elle l'était dans un sens. Elle l'était.

*Entrent en coup de vent
plusieurs patriciens et chevaliers.*

SCÈNE VIII

DEUXIÈME PATRICIEN

Qu'y a-t-il? Le savez-vous? L'empereur nous fait appeler.

LE VIEUX PATRICIEN *(distrait)*.

C'est peut-être pour la danse.

DEUXIÈME PATRICIEN

Quelle danse?

LE VIEUX PATRICIEN[1]

Oui, enfin, l'émotion artistique.

TROISIÈME PATRICIEN

On m'a dit que Caligula était très malade.

PREMIER PATRICIEN

Il l'est.

TROISIÈME PATRICIEN

Qu'a-t-il donc? *(Avec ravissement.)* Par tous les dieux, va-t-il mourir?

PREMIER PATRICIEN[2]

Je ne crois pas. Sa maladie n'est mortelle que pour les autres.

LE VIEUX PATRICIEN

Si nous osons dire.

DEUXIÈME PATRICIEN[1]

Je te comprends. Mais n'a-t-il pas quelque maladie moins grave et plus avantageuse pour nous?

PREMIER PATRICIEN

Non, cette maladie-là ne souffre pas la concurrence. Vous permettez, je dois voir Cherea.

> *Il sort. Entre Cæsonia. Petit silence (a).*

SCÈNE IX

CÆSONIA *(d'un air indifférent) (b).*

Caligula souffre de l'estomac. Il a vomi du sang.

> *Les patriciens accourent autour d'elle.*

DEUXIÈME PATRICIEN *(c)*

Oh! dieux tout-puissants, je fais vœu, s'il se rétablit de verser deux cent mille sesterces au trésor de l'État.

TROISIÈME PATRICIEN *(exagéré).*

Jupiter, prends ma vie en échange de la sienne.

> *Caligula est entré depuis un moment. Il écoute.*

CALIGULA *(s'avançant vers le deuxième patricien) (d).*

J'accepte ton offrande, Lucius. Je te remercie. Mon trésorier se présentera demain chez toi. *(Il va vers le troisième patricien (e) et l'embrasse.)* Tu ne peux savoir comme je suis ému. *(Un silence et tendrement).* Tu m'aimes donc?

TROISIÈME PATRICIEN *(pénétré).*

Ah! César, il n'est rien que, pour toi, je ne donnerais sur l'heure.

CALIGULA *(l'embrassant encore).*

Ah! ceci est trop, Cassius, et je n'ai pas mérité tant d'amour. *(Cassius fait un geste de protestation.)* Non, non, te dis-je. J'en suis indigne. *(Il appelle deux gardes.) (a)* Emmenez-le *(À Cassius, doucement.)* Va, ami. Et souviens-toi que Caligula t'a donné son cœur.

TROISIÈME PATRICIEN *(vaguement inquiet).*

Mais où m'emmènent-ils ?

CALIGULA

À la mort, voyons. Tu as donné ta vie pour la mienne. Moi, je me sens mieux maintenant. Je n'ai même plus cet affreux goût de sang dans la bouche. Tu m'as guéri. Es-tu heureux, Cassius, de pouvoir donner ta vie pour un autre, quand cet autre s'appelle Caligula ? Me voilà prêt de nouveau pour toutes les fêtes.

> *On entraîne le troisième patricien qui résiste et hurle.*

TROISIÈME PATRICIEN

Je ne veux pas. Mais c'est une plaisanterie.

CALIGULA *(rêveur, entre les hurlements).*

Bientôt, les routes sur la mer seront couvertes de mimosas. Les femmes auront des robes d'étoffe légère[1]. Un grand ciel frais et battant, Cassius ! Les sourires de la vie !

> *Cassius est prêt à sortir.*
> *Cæsonia le pousse doucement (b).*

CALIGULA *(se retournant, soudain sérieux).*

La vie, mon ami, si tu l'avais assez aimée, tu ne l'aurais pas jouée avec tant d'imprudence.

> *On entraîne Cassius.*

CALIGULA *(revenant vers la table) (c).*

Et quand on a perdu, il faut toujours payer. *(Un temps.)* Viens, Cæsonia. *(Il se tourne vers les autres.)* À propos, il m'est venu une belle pensée que je veux partager avec vous. Mon règne jusqu'ici a été trop heureux. Ni peste universelle ni religion cruelle, pas même un coup d'État, bref, rien qui puisse vous faire passer à la postérité. C'est un peu pour cela, voyez-vous, que j'essaie de compenser la prudence du destin. Je veux dire... je ne sais pas si vous m'avez compris. *(Avec un petit rire.)* Enfin, c'est moi qui remplace la peste. *(Changeant de ton.)* Mais, taisez-vous. Voici Cherea. C'est à toi, Cæsonia.

> *Il sort (a). Entrent Cherea et le premier patricien.*

SCÈNE X

> *Cæsonia va vivement au-devant de Cherea.*

CÆSONIA

Caligula est mort.

> *Elle se détourne, comme si elle pleurait, et fixe les autres qui se taisent. Tout le monde a l'air consterné, mais pour des raisons différentes.*

PREMIER PATRICIEN

Tu... tu es sûre de ce malheur ? Ce n'est pas possible, il a dansé tout à l'heure.

CÆSONIA

Justement. Cet effort l'a achevé.

> *Cherea va rapidement de l'un à l'autre, et se retourne vers Cæsonia. Tout le monde garde le silence.*

CÆSONIA *(lentement)*.

Tu ne dis rien, Cherea.

CHEREA *(aussi lentement)*.

C'est un grand malheur, Cæsonia.

> *Caligula entre brutalement et va vers Cherea.*

CALIGULA

Bien joué, Cherea. *(Il fait un tour sur lui-même et regarde*

les autres. Avec humeur.) Eh bien! c'est raté. *(À Cæsonia.)*
N'oublie pas ce que je t'ai dit.

Il sort.

SCÈNE XI

> *Cæsonia le regarde partir en
> silence[1].*

LE VIEUX PATRICIEN *(soutenu par un espoir infatigable).*

Serait-il malade, Cæsonia?

CÆSONIA *(le regardant avec haine).*

Non, ma jolie, mais ce que tu ignores, c'est que cet
homme dort deux heures toutes les nuits et le reste du
temps, incapable de reposer, erre dans les galeries de
son palais. Ce que tu ignores, ce que tu ne t'es jamais demandé,
c'est à quoi pense cet être pendant les heures mortelles
qui vont du milieu de la nuit au retour du soleil. Malade?
Non, il ne l'est pas. À moins que tu n'inventes un nom
et des médicaments pour les ulcères[2] dont son âme est
couverte.

CHEREA *(qu'on dirait touché).*

Tu as raison, Cæsonia. Nous n'ignorons pas que
Caïus...

CÆSONIA *(plus vite).*

Non, vous ne l'ignorez pas. Mais comme tous ceux
qui n'ont point d'âme, vous ne pouvez supporter ceux
qui en ont trop[3]. Trop d'âme! Voilà qui est gênant,
n'est-ce pas? Alors, on appelle cela maladie : les cuistres
sont justifiés et contents. *(D'un autre ton.)* Est-ce que tu
as jamais su aimer, Cherea?

CHEREA *(de nouveau lui-même).*

Nous sommes maintenant trop vieux pour apprendre[4]
à le faire, Cæsonia. Et d'ailleurs, il n'est pas sûr que
Caligula nous en laissera le temps.

CÆSONIA *(qui s'est reprise).*

Il est vrai. *(Elle s'assied.)* Et j'allais oublier les recommandations de Caligula. Vous savez qu'aujourd'hui est un jour consacré à l'art.

LE VIEUX PATRICIEN

D'après le calendrier?

CÆSONIA

Non, d'après Caligula. Il a convoqué quelques poètes. Il leur proposera une composition improvisée sur un sujet donné. Il désire que ceux d'entre vous qui sont poètes y concourent expressément. Il a désigné en particulier le jeune Scipion et Metellus[1].

METELLUS

Mais nous ne sommes pas prêts.

CÆSONIA *(comme si elle n'avait pas entendu, d'une voix neutre).*

Naturellement, il y aura des récompenses. Il y a aussi des punitions. *(Petit recul des autres.)* Je puis vous dire, en confidence, qu'elles ne sont pas très graves.

> *Entre Caligula. Il est plus sombre que jamais.*

SCÈNE XII

CALIGULA *(a)*

Tout est prêt?

CÆSONIA

Tout. *(À un garde.)* Faites entrer les poètes.

> *Entrent, deux par deux, une douzaine de poètes qui descendent à droite au pas cadencé.*

CALIGULA

Et les autres?

CÆSONIA

Scipion et Metellus!

> *Tous deux se joignent aux poètes (a). Caligula s'assied dans le fond, à gauche, avec Cæsonia et le reste des patriciens. Petit silence.*

CALIGULA

Sujet : la mort. Délai : une minute.

> *Les poètes écrivent précipitamment sur leurs tablettes.*

LE VIEUX PATRICIEN

Qui sera[1] le jury?

CALIGULA

Moi, cela n'est pas suffisant?

LE VIEUX PATRICIEN

Oh! oui. Tout à fait suffisant.

CHEREA

Est-ce que tu participeras au concours, Caïus?

CALIGULA

C'est inutile. Il y a longtemps que j'ai fait ma composition sur ce sujet.

LE VIEUX PATRICIEN *(empressé).*

Où peut-on se la procurer?

CALIGULA

À ma façon, je la récite tous les jours.

> *Cæsonia le regarde, angoissée.*

CALIGULA *(brutalement).*

Ma figure te déplaît[2]?

CÆSONIA *(doucement).*

Je te demande pardon.

Caligula

Ah! je t'en prie, pas d'humilité. Surtout pas d'humilité. Toi, tu es déjà difficile à supporter, mais ton humilité!

Cæsonia remonte lentement...

Caligula *(à Cherea).*

Je continue[1]. C'est l'unique composition que j'aie faite. Mais aussi, elle donne la preuve que je suis le seul artiste que Rome ait connu, le seul, tu entends, Cherea, qui mette en accord sa pensée et ses actes.

Cherea[2]

C'est seulement une question de pouvoir.

Caligula

En effet. Les autres créent par défaut de pouvoir. Moi, je n'ai pas besoin d'une œuvre : je vis[3]. *(Brutalement.)* Alors, vous autres, vous y êtes?

Metellus

Nous y sommes, je crois.

Tous

Oui.

Caligula *(a)*

Bon, écoutez-moi bien. Vous allez quitter vos rangs. Je sifflerai. Le premier commencera sa lecture. À mon coup de sifflet, il doit s'arrêter et le second commencer. Et ainsi de suite. Le vainqueur, naturellement, sera celui dont la composition n'aura pas été interrompue par le sifflet. Préparez-vous. *(Il se tourne vers Cherea et confidentiel.)* Il faut de l'organisation en tout, même en art.

Coup de sifflet.

Premier poète

Mort, quand par-delà les rives noires...

> *Sifflet. Le poète descend à gauche. Les autres feront de même. Scène mécanique (b).*

Deuxième poète

Les Trois Parques en leur antre...

> *Sifflet.*

Troisième poète

Je t'appelle, ô mort...

> *Sifflet rageur.*
> *Le quatrième poète s'avance et prend une pose déclamatoire. Le sifflet retentit avant qu'il ait parlé.*

Cinquième poète

Lorsque j'étais petit enfant...

Caligula *(hurlant).*

Non! mais quel rapport l'enfance d'un imbécile peut-elle avoir avec le sujet? Veux-tu me dire où est le rapport?

Cinquième poète

Mais, Caïus, je n'ai pas fini...

> *Sifflet strident.*

Sixième poète *(Il avance, s'éclaircissant la voix.)*

Inexorable, elle chemine...

> *Sifflet.*

Septième poète *(mystérieux).*

Absconse et diffuse oraison...

> *Sifflet entrecoupé.*
> *Scipion s'avance sans tablettes.*

Caligula

À toi, Scipion. Tu n'as pas de tablettes[1]?

Scipion

Je n'en ai pas besoin.

Caligula

Voyons.

> *Il mâchonne son sifflet (a).*

Scipion[1] *(très près de Caligula, sans le regarder et avec une sorte de lassitude).*

« Chasse au bonheur qui fait les êtres purs,
Ciel où le soleil ruisselle,
Fêtes uniques et sauvages, mon délire sans espoir!... »

CALIGULA *(doucement).*

Arrête, veux-tu[2]? *(À Scipion.)* Tu es bien jeune pour connaître les vraies leçons de la mort.

SCIPION *(fixant Caligula).*

J'étais bien jeune pour perdre mon père.

CALIGULA *(se détournant brusquement).*

Allons, vous autres, formez vos rangs. Un faux[3] poète est une punition trop dure pour mon goût. Je méditais jusqu'ici de vous garder comme alliés et j'imaginais parfois que vous formeriez le dernier carré de mes défenseurs. Mais cela est vain, et je vais vous rejeter parmi mes ennemis. Les poètes sont contre moi, je puis dire que c'est la fin. Sortez en bon ordre! Vous allez défiler devant moi en léchant vos tablettes pour y effacer les traces de vos infamies. Attention! En avant!

> *Coups de sifflet rythmés. Les poètes, marchant au pas, sortent, par la droite, en léchant leurs immortelles tablettes.*

CALIGULA *(très bas).*

Et sortez tous.

> *À la porte, Cherea retient le premier patricien par l'épaule (a).*

CHEREA

Le moment est venu.

> *Le jeune Scipion, qui a entendu, hésite sur le pas de la porte et va vers Caligula.*

CALIGULA[4] *(méchamment).*

Ne peux-tu me laisser en paix, comme le fait maintenant ton père (b)?

SCÈNE XIII

Scipion

Allons[1], Caïus, tout cela est inutile. Je sais déjà que tu as choisi.

Caligula

Laisse-moi.

Scipion

Je vais te laisser, en effet, car je crois que je t'ai compris. Ni pour toi ni pour moi, qui te ressemble tant, il n'y a plus d'issue. Je vais partir très loin chercher les raisons de tout cela. *(Un temps, il regarde Caligula. Avec un grand accent.)* Adieu, cher Caïus. Quand tout sera fini, n'oublie pas que je t'ai aimé.

> *Il sort. Caligula le regarde. Il a un geste. Mais il se secoue brutalement et revient sur Cæsonia (a).*

Cæsonia

Qu'a-t-il dit?

Caligula

Cela dépasse ton entendement[2].

Cæsonia

À quoi penses-tu?

Caligula *(b)*

À celui-ci. Et puis à toi aussi. Mais c'est la même chose.

Cæsonia

Qu'y a-t-il?

Caligula *(la regardant).*

Scipion est parti. J'en ai fini avec l'amitié. Mais toi, je me demande pourquoi tu es encore là...

CÆSONIA

Parce que je te plais.

CALIGULA

Non. Si je te faisais tuer, je crois que je comprendrais.

CÆSONIA *(a)*

Ce serait une solution. Fais-le donc. Mais ne peux-tu, au moins pour une minute, te laisser aller à vivre librement ?

CALIGULA

Cela fait déjà quelques années que je m'exerce à vivre librement.

CÆSONIA

Ce n'est pas ainsi que je l'entends. Comprends-moi bien. Cela peut être si bon de vivre et d'aimer dans la pureté de son cœur.

CALIGULA

Chacun gagne sa pureté comme il peut. Moi, c'est en poursuivant l'essentiel. Tout cela n'empêche pas d'ailleurs que je pourrais te faire tuer. *(Il rit.)* Ce serait le couronnement de ma carrière.

> *Caligula[1] se lève et fait tourner le miroir sur lui-même. Il marche en rond, en laissant pendre ses bras, presque sans gestes, comme une bête.*

CALIGULA

C'est drôle. Quand je ne tue pas, je me sens seul. Les vivants ne suffisent pas à peupler l'univers et à chasser l'ennui. Quand vous êtes tous là, vous me faites sentir un vide sans mesure où je ne peux regarder. Je ne suis bien que parmi mes morts. *(Il se campe face au public, un peu penché en avant, il a oublié Cæsonia.)* Eux sont vrais. Ils sont comme moi. Ils m'attendent et me pressent. *(Il hoche la tête.)* J'ai de longs dialogues avec tel ou tel qui cria vers moi pour être gracié et à qui je fis couper la langue.

Cæsonia

Viens. Étends-toi près de moi. Mets ta tête sur mes genoux. *(Caligula obéit.)* Tu es bien. Tout[1] se tait.

Caligula

Tout se tait! Tu exagères. N'entends-tu pas ces cliquetis de fers? *(On les entend.)* Ne perçois-tu pas ces mille petites rumeurs qui révèlent la haine aux aguets *(a)*?

Rumeurs.

Cæsonia

Personne[2] n'oserait...

Caligula

Si, la bêtise.

Cæsonia

Elle ne tue pas. Elle rend sage.

Caligula

Elle est meurtrière, Cæsonia. Elle est meurtrière lorsqu'elle se juge offensée. Oh! ce ne sont pas ceux dont j'ai tué les fils ou le père qui m'assassineront. Ceux-là ont compris. Ils sont avec moi, ils ont le même goût dans la bouche. Mais les autres, ceux que j'ai moqués et ridiculisés, je suis sans défense contre leur vanité[3].

Cæsonia *(avec véhémence).*

Nous te défendrons, nous sommes encore nombreux à t'aimer.

Caligula

Vous êtes de moins en moins nombreux. J'ai fait ce qu'il fallait pour cela. Et puis, soyons justes, je n'ai pas seulement la bêtise contre moi, j'ai aussi la loyauté et le courage de ceux qui veulent être heureux.

Cæsonia *(même jeu).*

Non, ils ne te tueront pas. Ou alors quelque chose, venu du ciel, les consumerait avant qu'ils t'aient touché.

Caligula

Du ciel! Il n'y a pas de ciel, pauvre femme. *(Il s'assied.)* Mais pourquoi tant d'amour, tout d'un coup, ce n'est pas dans nos conventions?

Cæsonia *(qui s'est levée et marche).*

Ce n'est donc pas assez de te voir tuer les autres qu'il faille encore savoir que tu seras tué? Ce n'est pas assez de te recevoir cruel et déchiré, de sentir ton odeur de meurtre quand tu te places sur mon ventre! Tous les jours, je vois mourir un peu plus en toi ce qui a figure d'homme. *(Elle se tourne vers lui[1].)* Je suis vieille et près d'être laide, je le sais. Mais le souci que j'ai de toi m'a fait maintenant une telle âme, qu'il n'importe plus que tu ne m'aimes pas. Je voudrais seulement te voir guérir, toi qui es encore un enfant. Toute une vie devant toi! Et que demandes-tu donc qui soit plus grand que toute une vie?

Caligula *(se lève et il la regarde).*

Voici déjà bien longtemps que tu es là.

Cæsonia

C'est vrai. Mais tu vas me garder, n'est-ce pas?

Caligula

Je ne sais pas. Je sais seulement pourquoi tu es là : pour toutes ces nuits où le plaisir était aigu et sans joie, et pour tout ce que tu connais de moi. *(Il la prend dans ses bras et, de la main, lui renverse un peu la tête.)* J'ai vingt-neuf ans. C'est peu. Mais à cette heure où ma vie m'apparaît cependant si longue, si chargée de dépouilles, si accomplie enfin, tu restes le dernier témoin. Et je ne peux me défendre d'une sorte de tendresse honteuse pour la vieille femme que tu vas[2] être.

Cæsonia

Dis-moi que tu veux[3] me garder!

CALIGULA

Je ne sais pas. J'ai conscience seulement, et c'est le plus terrible, que cette tendresse honteuse est le seul sentiment pur que ma vie m'ait jusqu'ici donné.

> *Cæsonia se retire de ses bras (a), Caligula la suit. Elle colle son dos contre lui, il l'enlace.*

CALIGULA

Ne vaudrait-il pas mieux que le dernier témoin disparaisse?

CÆSONIA

Cela n'a pas d'importance. Je suis heureuse de ce que tu m'as dit. Mais pourquoi ne puis-je pas partager ce bonheur avec toi?

CALIGULA

Qui[1] te dit que je ne suis pas heureux?

CÆSONIA

Le bonheur est généreux. Il[2] ne vit pas de destructions.

CALIGULA

Alors, c'est qu'il est deux sortes de bonheur et j'ai choisi celui des meurtriers. Car je suis heureux. Il y a eu un temps où je croyais avoir atteint l'extrémité de la douleur. Eh bien! non, on peut encore aller plus loin. Au bout de cette contrée, c'est un bonheur stérile et magnifique. Regarde-moi. *(Elle se tourne vers lui.)* Je ris, Cæsonia, quand je pense que, pendant des années, Rome tout entière a évité de prononcer le nom de Drusilla. Car Rome s'est trompée pendant des années. L'amour[3] ne m'est pas suffisant, c'est cela que j'ai compris alors. C'est cela que je comprends aujourd'hui encore, en te regardant. Aimer un être, c'est accepter de vieillir avec lui. Je ne suis pas capable de cet amour. Drusilla vieille, c'était bien pis que Drusilla morte. On croit qu'un homme souffre parce que l'être qu'il aime meurt en un jour. Mais sa vraie souffrance est moins futile : c'est de s'apercevoir que le chagrin non plus ne dure pas. Même la douleur est privée de sens.

Tu vois, je n'avais pas d'excuses, pas même l'ombre d'un amour, ni l'amertume de la mélancolie. Je suis sans alibi. Mais aujourd'hui, me voilà encore plus libre qu'il y a des années, libéré que je suis du souvenir et de l'illusion. *(Il rit d'une façon passionnée.)* Je sais que rien ne dure! Savoir cela! *(a)* Nous sommes deux ou trois dans l'histoire à en avoir fait vraiment l'expérience, accompli ce bonheur dément. Cæsonia, tu as suivi jusqu'au bout une bien curieuse tragédie. Il est temps que pour toi le rideau se baisse.

> *Il passe à nouveau derrière elle et passe son avant-bras autour du cou de Cæsonia.*

CÆSONIA *(avec effroi)*.

Est-ce donc du bonheur, cette liberté épouvantable?

CALIGULA *(écrasant peu à peu de son bras la gorge de Cæsonia)*.

Sois-en sûre, Cæsonia. Sans elle, j'eusse été un homme satisfait. Grâce à elle, j'ai conquis la divine clairvoyance du solitaire. *(Il s'exalte de plus en plus, étranglant peu à peu Cæsonia qui se laisse aller sans résistance, les mains un peu offertes en avant. Il lui parle, penché sur son oreille.)* Je vis, je tue, j'exerce le pouvoir délirant du destructeur, auprès de quoi celui du créateur paraît une singerie. C'est cela, être heureux. C'est cela le bonheur, cette insupportable délivrance, cet universel mépris, le sang, la haine autour de moi, cet isolement nonpareil de l'homme qui tient toute sa vie sous son regard, la joie démesurée de l'assassin impuni, cette logique implacable qui broie des vies humaines *(il rit[1])*, qui te broie, Cæsonia, pour parfaire enfin la solitude éternelle que je désire.

CÆSONIA *(se débattant faiblement)*.

Caïus[2]!

CALIGULA *(de plus en plus exalté)*.

Non, pas de tendresse. Il faut en finir, car le temps presse. Le temps presse, chère Cæsonia!

> *Cæsonia râle. Caligula la traîne sur le lit où il la laisse tomber (b).*

Caligula *(la regardant d'un air égaré; d'une voix rauque).*

Et toi aussi, tu étais coupable. Mais tuer n'est pas la solution *(a).*

SCÈNE XIV

> *Il tourne sur lui-même, hagard, va vers le miroir[1].*

Caligula

Caligula! Toi aussi, toi aussi, tu es coupable. Alors, n'est-ce pas, un peu plus, un peu moins! Mais qui oserait me condamner[2] dans ce monde sans juge, où personne n'est innocent! *(Avec tout l'accent de la détresse, se pressant contre le miroir.)* Tu le vois bien, Hélicon n'est pas venu. Je n'aurai pas la lune. Mais[3] qu'il est amer d'avoir raison et de devoir aller jusqu'à la consommation. Car j'ai peur de la consommation *(b).* Des bruits d'armes! C'est l'innocence qui prépare son triomphe. Que ne suis-je à leur place! J'ai peur. Quel dégoût, après avoir méprisé les autres, de se sentir la même lâcheté dans l'âme[4]. Mais cela ne fait rien. La peur non plus ne dure pas. Je vais retrouver ce grand vide où le cœur s'apaise.

> *Il recule un peu, revient vers le miroir. Il semble plus calme. Il recommence à parler, mais d'une voix plus basse et plus concentrée.*

Caligula

Tout a l'air si compliqué. Tout est si simple pourtant. Si j'avais eu la lune, si l'amour suffisait, tout serait changé. Mais où étancher cette soif? Quel cœur, quel dieu auraient pour moi la profondeur d'un lac? *(S'agenouillant et pleurant.)* Rien dans ce monde, ni dans l'autre, qui soit à ma mesure. Je sais pourtant, et tu le sais aussi *(il tend les mains vers le miroir en pleurant),* qu'il suffirait que l'impossible soit. L'impossible! Je l'ai cherché aux limites du monde, aux confins de moi-même. J'ai tendu mes mains *(criant)* je tends mes mains et c'est toi que je rencontre, toujours toi en face de moi, et je suis pour

toi plein de haine. Je[1] n'ai pas pris la voie qu'il fallait,
je n'aboutis à rien. Ma liberté n'est pas la bonne. Hélicon!
Hélicon! Rien! rien encore. Oh! cette nuit est lourde!
Hélicon ne viendra pas : nous serons coupables à jamais!
Cette nuit est lourde comme la douleur humaine.

> *Des bruits d'armes et des*
> *chuchotements s'entendent en cou-*
> *lisse[2].*

HÉLICON *(surgissant au fond) (a).*

Garde-toi, Caïus! Garde-toi!

> *Une main invisible poignarde*
> *Hélicon.*
> *Caligula se relève, prend un*
> *siège bas dans la main et approche*
> *du miroir en soufflant. Il s'ob-*
> *serve, simule un bond en avant et,*
> *devant le mouvement symétrique*
> *de son double dans la glace, lance*
> *son siège à toute volée en hurlant.*

CALIGULA

À l'histoire, Caligula, à l'histoire.

> *Le miroir se brise et, dans*
> *le même moment, par toutes les*
> *issues, entrent les conjurés en*
> *armes. Caligula leur fait face[3],*
> *avec un rire fou. Le vieux*
> *patricien le frappe dans le dos,*
> *Cherea en pleine figure. Le rire*
> *de Caligula se transforme en*
> *hoquets. Tous frappent. Dans*
> *un dernier hoquet, Caligula (b),*
> *riant et râlant, hurle :*

Je suis encore vivant!

RIDEAU

LE MALENTENDU

PIÈCE EN TROIS ACTES

À MES AMIS DU « THÉÂTRE DE L'ÉQUIPE »

LE MALENTENDU[1]*

a été représenté pour la première fois en juin 1944, au Théâtre des Mathurins, *dans une mise en scène de Marcel Herrand, et avec la distribution suivante :*

MARTHA	*Maria Casarès.*
MARIA	*Hélène Vercors.*
LA MÈRE	*Marie Kalff.*
JAN	*Marcel Herrand.*
LE VIEUX DOMESTIQUE	*Paul Œttly.*

---

* Dans le texte de 1958.

ACTE PREMIER[1]

Midi. La salle commune de l'auberge. Elle est propre et claire. Tout y est net.

SCÈNE PREMIÈRE

LA MÈRE

Il reviendra.

MARTHA

Il te l'a dit?

LA MÈRE

Oui. Quand tu es sortie.

MARTHA

Il reviendra seul?

LA MÈRE

Je ne sais pas.

MARTHA

Est-il riche[2]?

LA MÈRE

Il ne s'est pas inquiété du prix.

MARTHA

S'il est riche, tant mieux. Mais il faut aussi qu'il soit seul.

LA MÈRE *(avec lassitude)*.

Seul et riche, oui. Et alors nous devrons recommencer.

MARTHA

Nous recommencerons, en effet. Mais nous serons payées de notre peine. (*Un silence. Martha regarde sa mère.*) Mère, vous êtes singulière. Je vous reconnais mal depuis quelque temps.

LA MÈRE

Je suis fatiguée, ma fille, rien de plus. Je[1] voudrais me reposer.

MARTHA

Je puis prendre sur moi ce qui vous reste encore à faire dans la maison. Vous aurez ainsi toutes vos journées.

LA MÈRE

Ce n'est pas exactement de ce repos que je parle. Non, c'est un rêve de vieille femme. J'aspire[2] seulement à la paix, à un peu d'abandon. (*Elle rit faiblement.*) Cela est stupide à dire, Martha, mais il y a des soirs où je me sentirais presque des goûts de religion.

MARTHA

Vous n'êtes pas si vieille, ma mère, qu'il faille en venir là. Vous[3] avez mieux à faire.

LA MÈRE

Tu[4] sais bien que je plaisante. Mais quoi! À la fin d'une vie, on peut bien se laisser aller. On ne peut pas toujours se raidir et se durcir comme tu le fais, Martha. Ce n'est pas de ton âge non plus. Et je connais bien des filles, nées la même année que toi, qui ne songent qu'à des folies.

MARTHA

Leurs folies ne sont rien auprès de nôtres, vous le savez.

LA MÈRE

Laissons cela.

MARTHA *(lentement)*.

On dirait qu'il est maintenant des mots qui vous brûlent la bouche.

LA MÈRE

Qu'est-ce que cela peut te faire, si je ne recule pas devant les actes? Mais qu'importe! Je voulais seulement dire que j'aimerais quelquefois te voir sourire.

MARTHA

Cela m'arrive, je vous le jure.

LA MÈRE

Je ne t'ai jamais vue ainsi.

MARTHA

C'est que je souris dans ma chambre, aux heures où je suis seule.

LA MÈRE *(la regardant attentivement)*.

Quel dur visage est le tien, Martha!

MARTHA *(s'approchant et avec calme)*.

Ne l'aimez-vous donc pas?

LA MÈRE *(la regardant toujours, après un silence)*.

Je crois que oui, pourtant.

MARTHA *(avec agitation)*.

Ah! mère! Quand nous aurons amassé beaucoup d'argent et que nous pourrons quitter ces terres sans horizon, quand nous laisserons derrière nous cette auberge et cette ville pluvieuse, et que nous oublierons ce pays d'ombre, le jour où nous serons enfin devant la mer dont j'ai tant rêvé, ce jour-là, vous me verrez sourire[1]. Mais il faut beaucoup d'argent pour vivre libre devant la mer. C'est[2] pour cela qu'il ne faut pas avoir peur des mots. C'est pour cela qu'il faut s'occuper de celui qui doit venir. S'il[3] est suffisamment riche, ma liberté commencera peut-être avec lui. Vous a-t-il parlé longuement, mère?

LA MÈRE

Non. Deux phrases en tout.

MARTHA

De quel air vous a-t-il demandé sa chambre?

LA MÈRE

Je ne sais pas. Je vois mal et je l'ai mal regardé. Je sais, par expérience, qu'il vaut mieux ne pas les regarder. Il est plus facile de tuer ce qu'on ne connaît pas[1]. *(Un temps.)* Réjouis-toi, je n'ai pas peur des mots maintenant.

MARTHA

C'est mieux ainsi. Je n'aime pas les allusions. Le crime est le crime, il faut savoir ce que l'on veut[2]. Et il me semble que vous le saviez, tout à l'heure, puisque vous y avez pensé, en répondant au voyageur.

LA MÈRE

Je[3] n'y ai pas pensé. J'ai répondu par habitude.

MARTHA

L'habitude? Vous le savez, pourtant, les occasions ont été rares!

LA MÈRE

Sans doute. Mais l'habitude commence au second crime. Au premier, rien ne commence, c'est quelque chose qui finit. Et puis, si les occasions ont été rares, elles se sont étendues sur beaucoup d'années, et l'habitude s'est fortifiée du souvenir. Oui, c'est bien l'habitude qui m'a poussée à répondre, qui m'a avertie de ne pas regarder cet homme, et assurée qu'il avait le visage d'une victime[4].

MARTHA

Mère, il faudra le tuer.

LA MÈRE *(plus bas)*.

Sans doute, il faudra le tuer.

MARTHA

Vous dites cela d'une singulière façon.

LA MÈRE

Je suis lasse, en effet, et j'aimerais qu'au moins celui-là
soit le dernier. Tuer est terriblement fatigant. Je[1] me
soucie peu de mourir devant la mer ou au centre de nos
plaines, mais je voudrais bien qu'ensuite nous partions
ensemble.

MARTHA

Nous partirons et ce sera une grande heure! Redressez-
vous, mère, il y a peu à faire. Vous savez bien qu'il ne
s'agit même pas de tuer. Il boira son thé, il dormira, et
tout vivant encore, nous le porterons à la rivière. On le
retrouvera dans longtemps, collé contre un barrage, avec
d'autres qui n'auront pas eu sa chance et qui se seront
jetés dans l'eau, les yeux ouverts. Le jour où nous avons
assisté au nettoyage du barrage, vous me le disiez, mère,
ce sont les nôtres qui souffrent le moins, la vie est plus
cruelle que nous. Redressez-vous, vous trouverez votre
repos et nous[2] fuirons enfin d'ici.

LA MÈRE

Oui, je vais me redresser. Quelquefois, en effet, je suis
contente à l'idée que les nôtres n'ont jamais souffert.
C'est à peine un crime, tout juste une intervention, un
léger coup de pouce donné à des vies inconnues. Et il est
vrai qu'apparemment la vie est plus cruelle que nous.
C'est peut-être pour cela que j'ai du mal à me sentir
coupable[3].

> *Entre le vieux domestique. Il
> va s'asseoir derrière le comptoir,
> sans un mot. Il ne bougera pas
> jusqu'à la fin de la scène.*

MARTHA

Dans quelle chambre le mettrons-nous?

LA MÈRE

N'importe laquelle, pourvu que ce soit au premier[4].

MARTHA

Oui, nous avons trop peiné, la dernière fois, dans les
deux étages. *(Elle s'assied pour la première fois[5].)* Mère,

est-il vrai que, là-bas, le sable des plages fasse des brûlures
aux pieds ?

LA MÈRE

Je n'y suis pas allée, tu le sais. Mais on m'a dit que
le soleil dévorait tout.

MARTHA

J'ai lu dans un livre qu'il mangeait jusqu'aux âmes et
qu'il faisait des corps resplendissants, mais vidés par
l'intérieur.

LA MÈRE

Est-ce[1] cela, Martha, qui te fait rêver ?

MARTHA

Oui, j'en ai assez de porter toujours mon âme, j'ai hâte
de trouver ce pays où le soleil tue les questions. Ma
demeure n'est pas ici.

LA MÈRE

Auparavant, hélas! nous avons beaucoup à faire. Si
tout va bien, j'irai, bien sûr, avec toi. Mais moi, je n'aurai
pas le sentiment d'aller vers ma demeure. À[2] un certain
âge, il n'est pas de demeure où le repos soit possible, et
c'est déjà beaucoup si l'on a pu faire soi-même cette
dérisoire maison de briques, meublée de souvenirs, où il
arrive parfois que l'on s'endorme. Mais naturellement,
ce serait quelque chose aussi, si je trouvais à la fois le
sommeil et l'oubli. *(Elle se lève et se dirige vers la porte.)*
Prépare tout, Martha. *(Un temps.)* Si vraiment cela en
vaut la peine.

> *Martha la regarde sortir.*
> *Elle-même sort par une autre*
> *porte.*

SCÈNE II[1]

*Le vieux domestique va à la
fenêtre, aperçoit Jan et Maria,
puis se dissimule. Le vieux reste
en scène, seul, pendant quelques
secondes. Entre Jan. Il s'arrête,
regarde dans la salle, aperçoit le
vieux, derrière la fenêtre.*

JAN

Il n'y a personne?

*Le vieux le regarde, traverse
la scène et s'en va.*

SCÈNE III

*Entre Maria. Jan se retourne
brusquement vers elle.*

JAN

Tu m'as suivi.

MARIA

Pardonne-moi, je ne pouvais pas. Je partirai peut-être
tout à l'heure. Mais laisse-moi voir l'endroit où je te
laisse.

JAN

On peut venir et ce que je veux faire ne sera plus
possible.

MARIA

Donnons-nous au moins cette chance que quelqu'un
vienne et que je te fasse reconnaître malgré toi.

Il se détourne. Un temps.

MARIA *(regardant autour d'elle)*.

C'est ici ?

JAN

Oui, c'est ici. J'ai pris cette porte, il y a vingt ans. Ma sœur était une petite fille. Elle jouait dans ce coin. Ma mère n'est pas venue m'embrasser. Je croyais alors que cela m'était égal.

MARIA

Jan, je ne puis croire qu'elles ne t'aient pas reconnu tout à l'heure. Une mère reconnaît toujours son fils[1].

JAN

Il y a vingt ans qu'elle ne m'a vu. J'étais un adolescent, presque un jeune garçon. Ma mère a vieilli, sa vue a baissé. C'est à peine si moi-même je l'ai reconnue.

MARIA *(avec impatience)*.

Je sais, tu es entré, tu as dit : « Bonjour », tu t'es assis. Tu ne reconnaissais rien.

JAN

Ma mémoire n'était pas juste. Elles m'ont accueilli sans un mot. Elles m'ont servi la bière que je demandais. Elles me regardaient, elles ne me voyaient pas. Tout était plus difficile que je ne l'avais cru.

MARIA

Tu sais bien que ce n'était pas difficile et qu'il suffisait de parler. Dans ces cas-là, on dit : « C'est moi », et tout rentre dans l'ordre.

JAN

Oui, mais j'étais[2] plein d'imaginations. Et moi qui attendais un peu le repas du prodigue, on m'a donné *de la bière contre mon* argent. J'étais ému, je n'ai pas pu parler.

MARIA

Il aurait suffi d'un mot.

JAN

Je ne l'ai pas trouvé. Mais quoi, je ne suis pas si pressé. Je suis venu ici apporter ma fortune et, si je le puis, du bonheur. Quand j'ai appris la mort de mon père, j'ai compris que j'avais des responsabilités envers elles deux et, l'ayant compris, je fais ce qu'il faut. Mais je suppose que ce n'est pas si facile qu'on le dit de rentrer chez soi et qu'il faut un peu de temps pour faire un fils d'un étranger.

MARIA

Mais pourquoi n'avoir pas annoncé ton arrivée ? Il y a des cas où l'on est bien obligé de faire comme tout le monde. Quand on veut être reconnu, on se nomme, c'est l'évidence même. On finit par tout brouiller en prenant l'air de ce qu'on n'est pas[1]. Comment ne serais-tu pas traité en étranger dans une maison où tu te présentes comme un étranger ? Non, non, tout cela n'est pas sain.

JAN

Allons, Maria, ce n'est pas si grave[2]. Et puis quoi, cela sert mes projets. Je vais profiter de l'occasion, les voir un peu de l'extérieur. J'apercevrai mieux ce qui les rendra heureuses. Ensuite, j'inventerai les moyens de me faire reconnaître. Il suffit en somme de trouver ses mots.

MARIA

Il n'y a qu'un moyen. C'est de faire ce que ferait le premier venu, de dire : « Me voilà », c'est de laisser parler son cœur.

JAN

Le cœur n'est pas si simple.

MARIA

Mais il n'use que de mots simples. Et ce n'était pas bien difficile de dire : « Je suis votre fils, voici ma femme. J'ai vécu avec elle dans un pays que nous aimions, devant la mer et le soleil. Mais je n'étais pas assez heureux et aujourd'hui j'ai besoin de vous. »

JAN

Ne sois pas injuste, Maria. Je n'ai pas besoin d'elles,

mais j'ai compris qu'elles devaient avoir besoin de moi et qu'un homme n'était jamais seul.

Un temps. Maria se détourne.

MARIA

Peut-être as-tu raison, je te demande pardon. Mais je me méfie de tout depuis que je suis entrée dans ce pays où je cherche en vain un visage heureux. Cette Europe est si triste. Depuis que nous sommes arrivés, je ne t'ai plus entendu rire, et moi, je deviens soupçonneuse. Oh! pourquoi m'avoir fait quitter mon pays? Partons, Jan, nous ne trouverons pas le bonheur ici.

JAN

Ce n'est pas le bonheur que nous sommes venus chercher. Le bonheur, nous l'avons.

MARIA *(avec véhémence)*.

Pourquoi ne pas s'en contenter?

JAN

Le bonheur n'est pas tout et les hommes ont leur devoir. Le mien est de retrouver ma mère, une patrie...

Maria a un geste. Jan l'arrête.
On entend des pas. Le vieux
passe devant la fenêtre[1].

JAN

On vient. Va-t'en, Maria, je t'en prie.

MARIA

Pas comme cela, ce n'est pas possible[2]

JAN *(pendant que les pas se rapprochent)*.

Mets-toi là.

Il la pousse derrière la porte
du fond.

SCÈNE IV

*La porte du fond s'ouvre. Le
vieux traverse la pièce sans voir
Maria et sort par la porte du
dehors.*

JAN

Et maintenant, pars vite. Tu vois, la chance est avec
moi.

MARIA

Je veux rester. Je me tairai et j'attendrai près de toi
que tu sois reconnu.

JAN

Non, tu me trahirais.

*Elle se détourne, puis revient
vers lui et le regarde en face.*

MARIA

Jan, il y a cinq ans que nous sommes mariés.

JAN

Il y aura bientôt cinq ans.

MARIA *(baissant la tête)*.

Cette[1] nuit est la première où nous serons séparés.
(Il se tait, elle le regarde de nouveau.) J'ai toujours tout
aimé en toi, même ce que je ne comprenais pas et je
vois bien qu'au fond, je ne te voudrais pas différent.
Je ne suis pas une épouse bien contrariante. Mais ici,
j'ai peur de ce lit désert où tu me renvoies et j'ai peur
aussi que tu m'abandonnes.

JAN

Tu ne dois pas douter de mon amour.

MARIA

Oh! je n'en doute pas. Mais il y a ton amour et il y a
tes rêves, ou tes devoirs, c'est la même chose. Tu
m'échappes si souvent. C'est alors comme si tu te reposais
de moi. Mais moi, je ne peux pas me reposer de toi et
c'est ce soir *(elle se jette contre lui en pleurant)*, c'est ce soir
que je ne pourrai pas supporter.

JAN *(la serrant contre lui)*.

Cela est puéril.

MARIA

Bien sûr, cela est puéril. Mais nous étions si heureux
là-bas et ce n'est pas de ma faute si les soirs de ce pays
me font peur. Je ne veux pas que tu m'y laisses seule.

JAN

Je ne te laisserai pas longtemps. Comprends donc,
Maria, que j'ai une parole à tenir[1].

MARIA

Quelle parole?

JAN

Celle que je me suis donnée le jour où j'ai compris
que ma mère avait besoin de moi.

MARIA

Tu as une autre parole à tenir.

JAN

Laquelle?

MARIA

Celle que tu m'as donnée le jour où tu as promis de
vivre avec moi.

JAN

Je crois bien que je pourrai tout concilier. Ce que je
te demande est peu de chose[2]. Ce n'est pas un caprice.
Une soirée et une nuit où je vais essayer de m'orienter, de
mieux connaître celles que j'aime et d'apprendre à les
rendre heureuses.

MARIA *(secouant la tête)*.

La séparation est toujours quelque chose pour ceux qui s'aiment comme il faut.

JAN

Sauvage, tu sais bien que je t'aime comme il faut.

MARIA

Non, les hommes ne savent jamais comment il faut aimer. Rien ne les contente. Tout ce qu'ils savent, c'est rêver, imaginer de nouveaux devoirs, chercher de nouveaux pays et de nouvelles demeures. Tandis que nous, nous savons qu'il faut se dépêcher d'aimer, partager le même lit, se donner la main, craindre l'absence. Quand on aime, on ne rêve à rien.

JAN

Que vas-tu chercher là ? Il s'agit seulement de retrouver ma mère, de l'aider et la rendre heureuse. Quant à mes rêves ou mes devoirs, il faut les prendre comme ils sont. Je ne serais rien en dehors d'eux et tu[1] m'aimerais moins si je ne les avais pas.

MARIA *(lui tournant brusquement le dos)*.

Je sais que tes raisons sont toujours bonnes et que tu peux me convaincre. Mais je ne t'écoute plus[2], je me bouche les oreilles quand tu prends la voix que je connais bien. C'est la voix de ta solitude, ce n'est pas celle de l'amour.

JAN *(se plaçant derrière elle[3])*.

Laissons cela, Maria. Je désire que tu me laisses seul ici afin d'y voir plus clair. Cela n'est pas si terrible et ce n'est pas une grande affaire que de coucher sous le même toit que sa mère. Dieu fera le reste. Mais Dieu sait aussi que je ne t'oublie pas dans tout cela. Seulement, on ne peut pas être heureux dans l'exil ou dans l'oubli. On ne peut pas toujours rester un étranger[4]. Je veux retrouver mon pays, rendre heureux tous ceux que j'aime. Je ne vois pas plus loin.

MARIA

Tu pourrais faire tout cela en prenant un langage simple[1]. Mais ta méthode n'est pas la bonne.

JAN

Elle est la bonne puisque, par elle, je saurai si, oui ou non, j'ai raison d'avoir ces rêves.

MARIA

Je souhaite que ce soit oui et que tu aies raison. Mais moi, je n'ai pas d'autre rêve que ce pays où nous étions heureux, pas d'autre devoir que toi.

JAN *(la prenant contre lui)*.

Laisse-moi aller. Je finirai par trouver les mots qui arrangeront tout.

MARIA *(s'abandonnant)*.

Oh! continue de rêver. Qu'importe, si je garde ton amour! D'habitude, je ne peux pas être malheureuse quand je suis contre toi. Je patiente, j'attends que tu te lasses de tes nuées : alors commence mon temps. Si[2] je suis malheureuse aujourd'hui, c'est que je suis bien sûre de ton amour et certaine pourtant que tu vas me renvoyer. C'est pour cela que l'amour des hommes est un déchirement. Ils ne peuvent se retenir de quitter ce qu'ils préfèrent.

JAN *(la prend au visage et sourit)*.

Cela est vrai, Maria. Mais quoi, regarde-moi, je ne suis pas si menacé. Je fais ce que je veux et j'ai le cœur en paix. Tu me confies pour une nuit à ma mère et à ma sœur, ce n'est pas si redoutable.

MARIA *(se détachant de lui)*.

Alors, adieu, et[3] que mon amour te protège. *(Elle marche vers la porte où elle s'arrête et, lui montrant ses mains vides.)* Mais vois comme je suis démunie. Tu pars à la découverte et tu me laisses dans l'attente.

Elle hésite. Elle s'en va.

SCÈNE V

> *Jan s'assied. Entre le vieux domestique qui tient la porte ouverte pour laisser passer Martha, et sort ensuite.*

JAN

Bonjour. Je viens pour la chambre.

MARTHA

Je sais. On la prépare. Il faut que je vous inscrive sur notre livre.

> *Elle va chercher son livre et revient.*

JAN

Vous avez un domestique bizarre.

MARTHA

C'est la première fois qu'on nous reproche quelque chose à son sujet. Il fait toujours très exactement ce qu'il doit faire.

JAN

Oh! ce n'est pas un reproche. Il ne ressemble pas à tout le monde, voilà tout. Est-il muet?

MARTHA

Ce n'est pas cela.

JAN

Il parle donc?

MARTHA

Le moins possible et seulement pour l'essentiel.

JAN

En tout cas, il n'a pas l'air d'entendre ce qu'on lui dit.

MARTHA

On ne peut pas dire qu'il n'entende pas. C'est seulement qu'il entend mal. Mais je dois vous demander votre nom et vos prénoms.

JAN

Hasek, Karl.

MARTHA

Karl, c'est tout?

JAN

C'est tout.

MARTHA

Date et lieu de naissance?

JAN

J'ai trente-huit ans[1].

MARTHA

Où êtes-vous né?

JAN *(Il hésite.)*

En Bohême.

MARTHA

Profession?

JAN

Sans profession.

MARTHA

Il faut être très riche ou très pauvre pour vivre sans un métier.

JAN *(Il sourit.)*

Je ne suis pas très pauvre et, pour bien des raisons, j'en suis content.

MARTHA *(sur un autre ton)*.

Vous êtes tchèque, naturellement?

JAN

Naturellement.

MARTHA

Domicile habituel?

JAN

La Bohême.

MARTHA

Vous en venez?

JAN

Non, je viens d'Afrique[1]. *(Elle a l'air de ne pas comprendre.)* De l'autre côté de la mer.

MARTHA

Je sais. *(Un temps.)* Vous y allez souvent?

JAN

Assez souvent.

MARTHA *(Elle rêve un moment, mais reprend.)* Quelle est votre destination?

JAN

Je ne sais pas. Cela dépendra de beaucoup de choses.

MARTHA

Vous voulez vous fixer ici?

JAN

Je ne sais pas. C'est selon ce que j'y trouverai.

MARTHA

Cela ne fait rien. Mais personne ne vous attend?

JAN

Non, personne, en principe.

MARTHA

Je suppose que vous avez une pièce d'identité?

JAN

Oui, je puis vous la montrer.

MARTHA

Ce n'est pas la peine. Il suffit que j'indique si c'est un passeport ou une carte d'identité.

JAN *(hésitant[1])*.

Un passeport. Le voilà. Voulez-vous le voir ?

> *Elle l'a pris dans ses mains, et va le lire, mais le vieux domestique paraît dans l'encadrement de la porte.*

MARTHA

Non, je ne t'ai pas appelé. *(Il sort. Martha rend à Jan le passeport, sans le lire, avec une sorte de distraction.)* Quand vous allez là-bas, vous habitez près de la mer ?

JAN

Oui.

> *Elle se lève, fait mine de ranger son cahier, puis se ravise et le tient ouvert devant elle.*

MARTHA *(avec une dureté soudaine)*.

Ah, j'oubliais ! Vous avez de la famille ?

JAN

J'en[2] avais. Mais il y a longtemps que je l'ai quittée.

MARTHA

Non, je veux dire : Êtes-vous marié ?

JAN

Pourquoi me demandez-vous cela ? On ne m'a posé cette question dans aucun autre hôtel.

MARTHA

Elle figure dans le questionnaire que nous donne l'administration du canton.

JAN

C'est bizarre. Oui, je suis marié. D'ailleurs, vous avez dû voir mon alliance.

MARTHA

Je ne l'ai pas vue[1]. Pouvez-vous me donner l'adresse de votre femme ?

JAN

Elle est restée dans son pays.

MARTHA

Ah ! parfait. *(Elle ferme son livre.)* Dois-je vous servir à boire, en attendant que votre chambre soit prête ?

JAN

Non, j'attendrai ici. J'espère que je ne vous gênerai pas.

MARTHA

Pourquoi me gêneriez-vous ? Cette salle est faite pour recevoir des clients.

JAN

Oui, mais un client tout seul est quelquefois plus gênant qu'une grande affluence.

MARTHA *(qui range la pièce)*.

Pourquoi ? Je suppose que vous n'aurez pas l'idée de me faire des contes. Je[2] ne puis rien donner à ceux qui viennent ici chercher des plaisanteries. Il y a longtemps qu'on l'a compris dans le pays. Et vous verrez bientôt que vous avez choisi une auberge tranquille. Il n'y vient presque personne.

JAN

Cela ne doit pas arranger vos affaires.

MARTHA

Nous y avons perdu quelques recettes, mais gagné notre tranquillité. Et la tranquillité ne se paye jamais assez cher. Au reste, un bon client vaut mieux qu'une pratique bruyante. Ce que nous recherchons, c'est justement le bon client.

JAN

Mais... *(il hésite)*, quelquefois, la vie ne doit pas être gaie pour vous ? Ne vous sentez-vous pas très seules ?

MARTHA *(lui faisant face brusquement)*.

Écoutez[1], je vois qu'il me faut vous donner un avertissement. Le voici. En entrant ici, vous n'avez que les droits d'un client. En revanche, vous les recevez tous. Vous serez bien servi et je ne pense pas que vous aurez un jour à vous plaindre de notre accueil. Mais vous n'avez pas à vous soucier de notre solitude, comme vous ne devez pas vous inquiéter de nous gêner, d'être importun ou de ne l'être pas. Prenez toute la place d'un client, elle est à vous de droit. Mais n'en prenez pas plus.

JAN

Je vous demande pardon. Je voulais vous marquer ma sympathie, et mon intention n'était pas de vous fâcher. Il m'a semblé simplement que nous n'étions pas si étrangers que cela l'un à l'autre.

MARTHA

Je vois qu'il me faut vous répéter qu'il ne peut être question de me fâcher ou de ne pas me fâcher. Il[2] me semble que vous vous obstinez à prendre un ton qui ne devrait pas être le vôtre, et j'essaie de vous le montrer. Je vous assure bien que je le fais sans me fâcher. N'est-ce pas notre avantage, à tous les deux, de garder nos distances ? Si vous continuiez à ne pas tenir le langage d'un client, cela est fort simple, nous refuserions de vous recevoir. Mais si, comme je le pense, vous voulez bien comprendre que deux femmes qui vous louent une chambre ne sont pas forcées de vous admettre, par surcroît, dans leur intimité, alors, tout ira bien.

JAN

Cela est évident. Je suis impardonnable de vous avoir laissé croire que je pouvais m'y tromper.

MARTHA

Il n'y a aucun mal à cela. Vous n'êtes pas le premier qui ait essayé de prendre ce ton. Mais j'ai toujours parlé assez clairement pour que la confusion devînt impossible.

JAN

Vous parlez clairement, en effet, et je reconnais[1] que je n'ai plus rien à dire... pour le moment.

MARTHA

Pourquoi? Rien ne vous empêche de prendre le langage des clients.

JAN

Quel est ce langage?

MARTHA

La plupart nous parlaient de tout, de leurs voyages ou de politique, sauf de nous-mêmes. C'est ce que nous demandons. Il est même arrivé que certains nous aient parlé de leur propre vie et de ce qu'ils étaient. Cela était dans l'ordre. Après tout, parmi les devoirs pour lesquels nous sommes payées, entre celui d'écouter. Mais, bien entendu, le prix de pension ne peut pas comprendre l'obligation pour l'hôtelier de répondre aux questions. Ma mère le fait quelquefois par indifférence, moi, je m'y refuse par principe. Si vous avez bien compris cela, non seulement nous serons d'accord, mais vous vous apercevrez que vous avez encore beaucoup de choses à nous dire et vous découvrirez qu'il y a du plaisir, quelquefois, à être écouté quand on parle de soi-même.

JAN

Malheureusement, je ne saurai pas très bien parler de moi-même. Mais, après tout[2], cela n'est pas utile. Si je ne fais qu'un court séjour, vous n'aurez pas à me connaître. Et si je reste longtemps, vous aurez tout le loisir, sans que je parle, de savoir qui je suis.

MARTHA

J'espère seulement que vous ne me garderez pas une

rancune inutile de ce que je viens de dire. J'ai toujours
trouvé de l'avantage à montrer les choses telles qu'elles
sont, et je ne pouvais vous laisser continuer sur un ton
qui, pour finir, aurait gâté nos rapports. Ce que je dis est
raisonnable. Puisque, avant ce jour, il n'y avait rien de
commun entre nous, il[1] n'y a vraiment aucune raison pour
que, tout d'un coup, nous nous trouvions une intimité.

JAN

Je vous ai déjà pardonné. Je sais, en effet, que l'intimité ne s'improvise pas. Il faut y mettre du temps. Si,
maintenant, tout vous semble clair entre nous, il faut
bien que je m'en réjouisse.

Entre la mère.

SCÈNE VI

LA MÈRE

Bonjour, monsieur. Votre chambre est prête.

JAN

Je vous remercie beaucoup, madame.

La mère s'assied.

LA MÈRE *(à Martha).*

Tu as rempli la fiche ?

MARTHA

Oui[2].

LA MÈRE

Est-ce que je puis voir ? Vous m'excuserez, monsieur,
mais la police est stricte. Ainsi, tenez, ma fille a omis de
noter si vous êtes venu ici pour des raisons de santé,
pour votre travail ou en voyage touristique.

JAN

Je[3] suppose qu'il s'agit de tourisme.

LA MÈRE

À cause du cloître sans doute? On dit beaucoup de
bien de notre cloître.

JAN

On m'en a parlé, en effet. J'ai voulu[1] aussi revoir cette
région que j'ai connue autrefois, et dont j'avais gardé le
meilleur souvenir.

MARTHA

Vous y avez habité?

JAN

Non, mais, il y a très longtemps, j'ai eu l'occasion de
passer par ici. Je ne l'ai pas oublié.

LA MÈRE

C'est pourtant un[2] bien petit village que le nôtre.

JAN

C'est vrai. Mais je m'y plais beaucoup. Et, depuis que
j'y suis, je me sens un peu chez moi.

LA MÈRE

Vous allez y rester longtemps?

JAN

Je ne sais pas. Cela vous paraît bizarre, sans doute.
Mais, vraiment, je ne sais pas. Pour rester dans un endroit,
il faut avoir ses raisons — des amitiés, l'affection de
quelques êtres. Sinon, il n'y a pas de motif de rester là
plutôt qu'ailleurs. Et, comme il est difficile de savoir si
l'on sera bien reçu, il est naturel que j'ignore encore ce
que je ferai.

MARTHA[3]

Cela ne veut pas dire grand-chose.

JAN

Oui, mais je ne sais pas mieux m'exprimer.

LA MÈRE

Allons, vous serez vite fatigué.

JAN

Non, j'ai un cœur fidèle, et je me fais vite des souvenirs, quand on m'en donne l'occasion.

MARTHA *(avec impatience)*.

Le cœur n'a rien[1] à faire ici.

JAN *(sans paraître avoir entendu, à la mère)*.

Vous paraissez bien désabusée. Il y a donc si longtemps que vous habitez cet hôtel?

LA MÈRE

Il y a des années et des années de cela. Tellement d'années que je n'en sais plus le commencement et que j'ai oublié ce que j'étais alors. Celle-ci est ma fille[2].

MARTHA

Mère, vous n'avez pas de raison de raconter ces choses.

LA MÈRE

C'est vrai, Martha.

JAN *(très vite)*.

Laissez donc. Je comprends si bien votre sentiment, madame. C'est celui qu'on trouve au bout d'une vie de travail. Mais peut-être tout serait-il changé si vous aviez été aidée comme doit l'être toute femme et si vous aviez reçu l'appui d'un bras d'homme.

LA MÈRE

Oh! je l'ai reçu dans le temps, mais il y avait trop à faire. Mon mari et moi y suffisions à peine. Nous n'avions même pas le temps de penser l'un à l'autre et, avant même qu'il fût mort, je crois que je l'avais oublié.

JAN

Oui, je comprends cela. Mais... *(avec un temps d'hésitation)* un fils qui vous aurait prêté son bras, vous ne l'auriez peut-être pas oublié?

MARTHA

Mère, vous savez que nous avons beaucoup à faire.

JAN *(hésitant)*.

Non, madame. Mais... je vous remercie de votre accueil.

SCÈNE VII

> *La mère eſt seule. Elle se rassied, pose ses mains sur la table, et les contemple.*

LA MÈRE

Pourquoi[1] lui avoir parlé de mes mains? Si, pourtant, il les avait regardées, peut-être aurait-il compris ce que lui disait Martha.

Il aurait compris, il serait parti. Mais il ne comprend pas. Mais il veut mourir. Et moi je voudrais seulement qu'il s'en aille pour que je puisse, encore ce soir, me coucher et dormir. Trop vieille! Je suis trop vieille pour refermer à nouveau mes mains autour de ses chevilles et contenir le balancement de son corps, tout le long du chemin qui mène à la rivière. Je suis trop vieille pour ce dernier effort qui le jettera dans l'eau et qui me laissera les bras ballants, la respiration coupée et les muscles noués, sans force pour essuyer sur ma figure l'eau qui aura rejailli sous le poids du dormeur. Je suis trop vieille! Allons, allons! la victime eſt parfaite. Je dois lui donner le sommeil que je souhaitais pour ma propre nuit. Et c'eſt...

Entre brusquement Martha.

SCÈNE VIII

MARTHA

À[2] quoi rêvez-vous encore? Vous savez pourtant que nous avons beaucoup à faire.

LA MÈRE

Je pensais à cet homme. Ou plutôt, je pensais à moi.

MARTHA

Il vaut mieux penser à demain. Soyez positive.

LA MÈRE

C'est le mot de ton père, Martha, je le reconnais. Mais[1] je voudrais être sûre que c'est la dernière fois que nous serons obligées d'être positives. Bizarre! Lui disait cela pour chasser la peur du gendarme et toi, tu en uses seulement pour dissiper la petite envie d'honnêteté qui vient de me venir.

MARTHA

Ce que vous appelez une envie d'honnêteté, c'est seulement une envie de dormir. Suspendez votre fatigue jusqu'à demain et, ensuite, vous pourrez vous laisser aller.

LA MÈRE

Je sais que tu as raison. Mais avoue que ce voyageur ne ressemble pas aux autres.

MARTHA

Oui, il est trop distrait, il exagère l'allure de l'innocence. Que deviendrait le monde si les condamnés se mettaient à confier au bourreau leurs peines de cœur? C'est un principe qui n'est pas bon. Et puis son indiscrétion m'irrite. Je veux en finir.

LA MÈRE

C'est cela qui n'est pas bon. Auparavant, nous n'apportions ni colère ni compassion à notre travail; nous[2] avions l'indifférence qu'il fallait. Aujourd'hui, moi, je suis fatiguée, et te voilà irritée. Faut-il donc s'entêter quand les choses se présentent mal et passer par-dessus tout pour un peu plus d'argent?

MARTHA

Non, pas pour l'argent[3], mais pour l'oubli de ce pays et pour une maison devant la mer. Si vous êtes fatiguée de votre vie, moi, je suis lasse à mourir de cet horizon fermé, et je sens que je ne pourrai pas y vivre un mois de plus. Nous sommes toutes deux excédées[1] de cette auberge, et vous, qui êtes vieille, voulez seulement fermer les yeux et oublier. Mais moi, qui me sens encore dans le cœur un peu des désirs de mes vingt ans, je veux faire en sorte de les quitter pour toujours, même[2] si, pour cela, il faut entrer un peu plus avant dans la vie que nous voulons déserter. Et il faut bien que vous m'y aidiez, vous qui m'avez mise au monde dans un pays de nuages et non sur une terre de soleil!

La mère

Je ne sais pas, Martha, si, dans un sens, il ne vaudrait pas mieux, pour moi, être oubliée comme je l'ai été par ton frère, plutôt que de m'entendre parler sur ce[3] ton.

Martha

Vous savez bien que je ne voulais pas vous peiner. (*Un temps, et farouche.*) Que ferais-je sans vous à mes côtés, que deviendrais-je loin de vous? Moi, du moins, je ne saurais pas vous oublier et, si le poids de cette vie me fait quelquefois manquer au respect que je vous dois, je vous en demande pardon.

La mère

Tu es une bonne fille et j'imagine aussi qu'une vieille femme est parfois difficile à comprendre. Mais je veux profiter de ce moment pour te dire cela que, depuis tout à l'heure, j'essaie de te dire : pas ce soir...

Martha

Eh quoi! nous attendrons demain? Vous savez bien que nous[4] n'avons jamais procédé ainsi, qu'il ne faut pas lui laisser le temps de voir du monde et qu'il faut agir pendant que nous l'avons sous la main.

La mère

Je ne sais pas. Mais pas ce soir. Laissons-lui cette nuit. Donnons-nous ce sursis[5]. C'est par lui peut-être que nous nous sauverons.

MARTHA

Nous n'avons que faire d'être sauvées, ce langage est ridicule. Tout ce que vous pouvez espérer, c'est d'obtenir, en travaillant ce soir, le droit de vous endormir ensuite.

LA MÈRE

C'était cela que j'appelais être sauvée : dormir[1].

MARTHA

Alors, je vous le jure, ce salut est entre nos mains. Mère, nous devons nous décider. Ce sera ce soir ou ce ne sera pas.

RIDEAU

ACTE II

SCÈNE PREMIÈRE

La chambre. Le soir commence à entrer dans la pièce. Jan regarde[1] par la fenêtre.

JAN

MARIA a raison, cette heure est difficile. *(Un temps.)* Que fait-elle, que pense-t-elle dans sa chambre d'hôtel, le cœur fermé, les yeux secs, toute nouée au creux d'une chaise ? Les soirs de là-bas sont des promesses de bonheur. Mais ici, au contraire... *(Il regarde la chambre.)* Allons, cette inquiétude est sans raisons. Il faut savoir ce que l'on veut. C'est dans cette chambre que tout sera réglé.

> *On frappe brusquement.*
> *Entre Martha.*

MARTHA

J'espère, monsieur, que je ne vous dérange pas. Je voudrais changer vos serviettes et votre eau.

JAN

Je croyais que cela était fait.

MARTHA

Non, le vieux domestique a quelquefois des distractions.

JAN

Cela n'a pas d'importance. Mais j'ose à peine vous dire que vous ne me dérangez pas.

MARTHA

Pourquoi?

JAN

Je ne suis pas sûr que cela soit dans nos conventions.

MARTHA

Vous voyez bien que vous ne pouvez pas répondre comme tout le monde.

JAN *(Il sourit.)*

Il faut bien que je m'y habitue. Laissez-moi un peu de temps.

MARTHA *(qui travaille)*.

Vous partez bientôt. Vous[1] n'aurez le temps de rien. *(Il se détourne et regarde par la fenêtre. Elle l'examine. Il a toujours le dos tourné. Elle parle en travaillant.)* Je regrette, monsieur, que cette chambre ne soit pas aussi confortable que vous pourriez le désirer.

JAN

Elle est particulièrement propre, c'est[2] le plus important. Vous l'avez d'ailleurs récemment transformée, n'est-ce pas?

MARTHA

Oui. Comment le voyez-vous?

JAN

À des détails.

MARTHA

En tout cas, bien des clients regrettent l'absence d'eau *courante* et l'on ne peut pas vraiment leur donner tort. Il y a longtemps aussi que nous voulions faire placer une ampoule électrique au-dessus du lit. Il[3] est désagréable, pour ceux qui lisent au lit, d'être obligés de se lever pour tourner le commutateur.

JAN *(Il se retourne.)*

En effet, je ne l'avais pas remarqué. Mais ce n'est pas un gros ennui[1].

MARTHA

Vous êtes très indulgent[2]. Je me félicite que les nombreuses imperfections de notre auberge vous soient indifférentes. J'en connais d'autres qu'elles auraient suffi à chasser.

JAN

Malgré nos conventions, laissez-moi vous dire que vous êtes singulière. Il me semble, en effet, que ce n'est pas le rôle de l'hôtelier de mettre en valeur les défectuosités de son installation. On dirait, vraiment, que vous cherchez à me persuader de partir.

MARTHA

Ce n'est pas tout à fait ma pensée. *(Prenant une décision.)* Mais il est vrai que ma mère et moi hésitions[3] beaucoup à vous recevoir.

JAN

J'ai pu remarquer au moins que vous ne faisiez pas beaucoup pour me retenir. Mais je ne comprends pas pourquoi. Vous ne devez pas douter que je suis solvable et je ne donne pas l'impression, j'imagine, d'un homme qui a quelque méfait à se reprocher.

MARTHA

Non, ce n'est pas cela. Vous[4] n'avez rien du malfaiteur. Notre raison est ailleurs. Nous devons quitter cet hôtel, et[5] depuis quelque temps, nous projetions chaque jour de fermer l'établissement pour commencer nos préparatifs. Cela nous était facile, il nous vient rarement des clients. Mais c'est avec vous que nous comprenons à quel point nous avions abandonné l'idée de reprendre notre ancien métier.

JAN

Avez-vous donc[6] envie de me voir partir?

MARTHA

Je vous l'ai dit, nous hésitons et[7], surtout, j'hésite.

En fait, tout dépend de moi et je ne sais encore à quoi me décider.

JAN

Je ne veux pas vous être à charge, ne l'oubliez pas, et je ferai[1] ce que vous voudrez. Je dois dire cependant que cela m'arrangerait de rester encore un ou deux jours. J'ai des affaires à mettre en ordre, avant de reprendre mes voyages, et j'espérais trouver ici la tranquillité et la paix qu'il me fallait.

MARTHA

Je comprends votre désir, croyez-le bien, et, si vous le voulez, j'y penserai encore. *(Un temps. Elle fait un pas indécis vers la porte.)* Allez-vous donc retourner au pays d'où vous venez ?

JAN

Peut-être[2].

MARTHA

C'est un beau pays, n'est-ce pas ?

JAN *(Il regarde par la fenêtre.)*

Oui, c'est un beau pays.

MARTHA

On dit que, dans ces régions, il y a des plages tout à fait désertes ?

JAN

C'est vrai. Rien n'y rappelle l'homme. Au petit matin, on trouve sur le sable les traces laissées par les pattes des oiseaux de mer. Ce sont les seuls signes de vie. Quant aux soirs...

Il s'arrête.

MARTHA *(doucement)*.

Quant aux soirs, monsieur ?

JAN

Ils sont bouleversants. Oui, c'est un beau pays.

MARTHA *(avec un nouvel accent)*.

J'y ai souvent pensé. Des voyageurs m'en ont parlé,
j'ai lu ce que j'ai pu. Souvent[1], comme aujourd'hui, au
milieu de l'aigre printemps de ce pays, je pense à la mer
et aux fleurs de là-bas. *(Un temps, puis, sourdement.)* Et ce
que j'imagine me rend aveugle à tout ce qui m'entoure.

Il la regarde avec attention,
s'assied doucement devant elle.

JAN

Je comprends cela. Le printemps de là-bas vous prend
à la gorge, les fleurs éclosent par milliers au-dessus des
murs blancs. Si vous vous promeniez une heure sur les
collines qui entourent ma ville, vous rapporteriez dans
vos vêtements l'odeur de miel des roses jaunes.

Elle s'assied aussi.

MARTHA

Cela est merveilleux[2]. Ce que nous appelons le printemps, ici, c'est une rose et deux bourgeons qui viennent
de pousser dans le jardin du cloître. *(Avec mépris.)* Cela
suffit à remuer les hommes de mon pays. Mais leur cœur[3]
ressemble à cette rose avare. Un souffle plus puissant les
fanerait, ils ont le printemps qu'ils méritent.

JAN

Vous n'êtes pas tout à fait juste. Car vous avez aussi
l'automne[4].

MARTHA

Qu'est-ce que l'automne ?

JAN

Un deuxième printemps, où toutes les feuilles sont
comme des fleurs. *(Il la regarde avec insistance.)* Peut-être
en est-il ainsi des êtres[5] que vous verriez fleurir, si
seulement vous les aidiez de votre patience.

MARTHA

Je n'ai plus de patience en réserve pour cette Europe où l'automne a le[1] visage de printemps et le printemps odeur de misère. Mais j'imagine avec délices cet autre pays où l'été écrase tout, où les pluies d'hiver noient les villes et où, enfin, les choses sont ce qu'elles sont.

> *Un silence. Il la regarde avec de plus en plus de curiosité. Elle s'en aperçoit et se lève brusquement.*

MARTHA

Pourquoi me regardez-vous ainsi ?

JAN

Pardonnez-moi, mais puisque, en somme, nous venons de laisser nos conventions, je puis bien vous le dire : il me semble que, pour la première fois, vous venez de me tenir un langage humain.

MARTHA *(avec violence)*.

Vous vous trompez sans doute. Si[2] même cela était, vous n'auriez pas de raison de vous en réjouir. Ce que j'ai d'humain n'est pas ce que j'ai de meilleur. Ce que j'ai d'humain, c'est ce que je désire, et pour obtenir ce que je désire, je crois que j'écraserais tout sur mon passage.

JAN *(Il sourit.)*

Ce sont des violences que je peux comprendre. Je[3] n'ai pas besoin de m'en effrayer puisque je ne suis pas un obstacle sur votre chemin. Rien ne me pousse à m'opposer à vos désirs.

MARTHA

Vous n'avez pas de raisons de vous y opposer, cela est sûr. Mais vous n'en avez pas non plus de vous y prêter et, dans certains cas, cela peut tout précipiter.

JAN

Qui vous dit que je n'ai pas de raisons de m'y prêter ?

MARTHA

Le bon sens, et le désir où je suis de vous tenir en dehors[1] de mes projets.

JAN

Si je comprends bien, nous voilà revenus à nos conventions.

MARTHA

Oui, et nous avons eu tort de nous en écarter, vous le voyez bien. Je vous remercie seulement de m'avoir parlé des pays que vous connaissez et je m'excuse de vous avoir peut-être fait perdre votre temps. *(Elle est déjà près de la porte[2].)* Je dois dire cependant que, pour ma part, ce temps n'a pas été tout à fait perdu. Il a réveillé en moi des désirs qui, peut-être, s'endormaient. S'il est vrai que vous teniez à rester ici, vous avez, sans le savoir, gagné votre cause. J'étais venue presque décidée à vous demander de partir, mais, vous le voyez, vous en avez appelé à ce que j'ai d'humain, et je souhaite maintenant que vous restiez. Mon goût pour la mer et les pays du soleil finira par y gagner.

> *Il la regarde un moment en silence.*

JAN *(lentement).*

Votre langage est bien étrange. Mais je resterai, si je le puis, et si votre mère non plus n'y voit pas d'inconvénient.

MARTHA

Ma mère a des désirs moins forts que les miens, cela est naturel. Elle n'a donc pas les mêmes raisons que moi de souhaiter votre présence. Elle ne pense pas assez à la[3] mer et aux plages sauvages pour admettre qu'il faille que vous restiez. C'est une raison qui ne vaut que pour moi. Mais, en même temps, elle n'a pas de motifs assez forts à m'opposer, et cela suffit à régler la question.

JAN

Si je comprends bien, l'une de vous m'admettra par intérêt et l'autre par indifférence ?

MARTHA

Que peut demander de plus un voyageur[1]?

Elle ouvre la porte.

JAN

Il faut donc m'en réjouir. Mais sans doute comprendrez-vous que tout ici me paraisse singulier, le langage et les êtres. Cette maison est étrange.

MARTHA

Peut-être est-ce seulement que vous vous y conduisez de façon étrange.

Elle sort[2].

SCÈNE II

JAN *(regardant vers la porte).*

Peut-être[3], en effet... *(Il va vers le lit et s'y assied.)* Mais cette fille me donne seulement le désir de partir, de retrouver Maria et d'être encore heureux. Tout cela est stupide. Qu'est-ce que je fais ici? Mais non, j'ai la charge de ma mère et de ma sœur. Je les ai oubliées trop long-temps[4]. *(Il se lève.)* Oui, c'est dans cette chambre que tout sera réglé.

Qu'elle est froide, cependant! Je n'en reconnais rien, tout a été mis à neuf. Elle ressemble maintenant à toutes les chambres d'hôtel de ces villes étrangères où des hommes seuls arrivent chaque nuit. J'ai connu cela aussi. Il me semblait alors qu'il y avait une réponse à trouver. Peut-être la recevrai-je ici. *(Il regarde au-dehors.)* Le ciel se couvre. Et[5] voici maintenant ma vieille angoisse, là, au creux de mon corps, comme une mauvaise blessure que chaque mouvement irrite. Je connais son nom. Elle est peur de la solitude éternelle, crainte qu'il n'y ait pas de réponse. Et qui répondrait dans une chambre d'hôtel?

Il s'est avancé vers la sonnette.
Il hésite, puis il sonne. On
n'entend rien. Un moment de
silence, des pas, on frappe un

*coup. La porte s'ouvre. Dans
l'encadrement, se tient le vieux
domestique. Il reste immobile et
silencieux.*

JAN

Ce n'est rien. Excusez-moi. Je voulais savoir seulement
si quelqu'un répondait, si la sonnerie fonctionnait.

*Le vieux le regarde, puis
ferme la porte. Les pas s'éloignent.*

SCÈNE III

JAN

La sonnerie[1] fonctionne, mais lui ne parle pas. Ce n'est
pas une réponse. *(Il regarde le ciel.)* Que faire?

*On frappe deux coups. La
sœur entre avec un plateau.*

SCÈNE IV

JAN

Qu'est-ce que c'est?

MARTHA

Le thé que vous avez demandé.

JAN

Je[2] n'ai rien demandé.

MARTHA

Ah? Le vieux aura mal entendu. Il comprend souvent
à moitié. *(Elle met le plateau sur la table. Jan fait un geste.)*
Dois-je le remporter?

JAN

Non, non, je vous remercie au contraire.

Elle le regarde. Elle sort.

SCÈNE V

JAN *(Il prend la tasse, la regarde,
la pose à nouveau.)*

Un[1] verre de bière, mais contre mon argent; une tasse de thé, et par mégarde. *(Il prend la tasse et la tient un moment en silence. Puis sourdement :)* Ô mon Dieu! donnez-moi de trouver mes mots ou faites que j'abandonne cette vaine entreprise pour retrouver l'amour de Maria. Donnez-moi alors la force de choisir ce que je préfère et de m'y tenir. *(Il rit.)* Allons, faisons honneur au festin du prodigue!

*Il boit. On frappe fortement
à la porte.*

JAN

Eh bien?

*La porte s'ouvre. Entre la
mère.*

SCÈNE VI

LA MÈRE

Pardonnez-moi, monsieur, ma fille me dit qu'elle vous a donné du thé.

JAN

Vous voyez.

LA MÈRE

Vous l'avez bu?

JAN

Oui, pourquoi ?

LA MÈRE

Excusez-moi, je[1] vais enlever le plateau.

JAN *(Il sourit.)*

Je regrette de vous avoir dérangée.

LA MÈRE

Ce n'est rien. En réalité, ce thé ne vous était pas destiné.

JAN

Ah ! c'est donc cela. Votre fille me l'a apporté sans que je l'aie commandé.

LA MÈRE *(avec une sorte de lassitude)*.

Oui, c'est cela. Il eût mieux valu...

JAN *(surpris)*.

Je le regrette, croyez-le, mais votre fille a voulu me le laisser quand même et je n'ai pas cru...

LA MÈRE

Je le regrette aussi. Mais ne vous excusez pas. Il s'agit seulement d'une erreur.

> *Elle range le plateau et va sortir.*

JAN

Madame !

LA MÈRE

Oui.

JAN

Je viens de prendre une décision : je crois que je partirai ce soir, après le dîner. Naturellement, je vous paierai la chambre. *(Elle le regarde en silence.)* Je comprends que vous paraissiez surprise. Mais ne croyez pas surtout que vous soyez responsable de quelque chose. Je ne me sens pour vous que des sentiments de sympathie, et même de grande sympathie. Mais pour être sincère, je ne suis pas à mon aise ici, je préfère ne pas prolonger mon séjour.

LA MÈRE *(lentement)*.

Cela ne fait rien, monsieur. En principe, vous êtes tout à fait libre. Mais, d'ici le dîner, vous changerez peut-être d'avis. Quelquefois, on obéit à l'impression du moment et puis les choses s'arrangent et l'on finit par s'habituer.

JAN

Je ne crois pas, madame. Je ne voudrais cependant pas que vous vous imaginiez que je pars mécontent[1]. Au contraire, je vous suis très reconnaissant de m'avoir accueilli comme vous l'avez fait. *(Il hésite.)* Il m'a semblé sentir chez vous une sorte de bienveillance à mon égard.

LA MÈRE

C'était tout à fait naturel, monsieur. Je n'avais pas de raisons personnelles de vous marquer de l'hostilité.

JAN *(avec une émotion contenue)*.

Peut-être, en effet. Mais si je vous dis cela, c'est que je désire vous quitter en bons termes. Plus tard, peut-être, je reviendrai. J'en suis même sûr. Mais[2] pour l'instant, j'ai le sentiment de m'être trompé et de n'avoir rien à faire ici. Pour tout vous dire, j'ai l'impression pénible que cette maison n'est pas la mienne.

Elle le regarde toujours.

LA MÈRE

Oui, bien sûr. Mais d'ordinaire, ce sont des choses qu'on sent tout de suite.

JAN

Vous avez raison. Voyez-vous, je suis un peu distrait. Et puis ce n'est jamais facile de revenir dans un pays que l'on a quitté depuis longtemps. Vous devez comprendre cela.

La mère

Je vous comprends, monsieur, et j'aurais voulu que les choses s'arrangent pour vous. Mais je crois que, pour notre part, nous ne pouvons rien faire.

Jan

Oh! cela est sûr et je ne vous reproche rien. Vous êtes seulement les premières personnes que je rencontre depuis mon retour et il est naturel que je sente d'abord avec vous les difficultés qui m'attendent. Bien entendu, tout vient de moi, je suis encore dépaysé.

La mère

Quand[1] les choses s'arrangent mal, on ne peut rien y faire. Dans un certain sens, cela m'ennuie aussi que vous ayez décidé de partir. Mais je me dis qu'après tout, je n'ai pas de raisons d'y attacher de l'importance.

Jan

C'est beaucoup déjà que vous partagiez mon ennui et que vous fassiez l'effort de me comprendre. Je ne sais pas si je saurais bien vous exprimer[2] à quel point ce que vous venez de dire me touche et me fait plaisir. (*Il a un geste vers elle.*) Voyez-vous...

La mère

C'est notre métier de nous rendre agréables à tous nos clients.

Jan (*découragé*).

Vous avez raison. (*Un temps.*) En somme, je vous dois seulement des excuses et, si vous le jugez bon, un dédommagement. (*Il passe sa main sur son front. Il semble plus fatigué. Il parle moins facilement.*) Vous avez pu faire des préparatifs, engager des frais, et il est tout à fait naturel...

La mère

Nous[3] n'avons certes pas de dédommagement à vous

demander. Ce n'est pas pour nous que je regrettais votre
incertitude, c'est pour vous.

JAN *(Il s'appuie à la table.)*

Oh! cela ne fait rien. L'essentiel est que nous soyons
d'accord et que vous ne gardiez pas de moi un trop
mauvais souvenir. Je[1] n'oublierai pas votre maison,
croyez-le bien, et j'espère que, le jour où j'y reviendrai,
je serai dans de meilleures dispositions.

> *Elle marche sans un mot vers
> la porte.*

JAN

Madame!

> *Elle se retourne. Il parle
> avec difficulté, mais finit plus
> aisément qu'il n'a commencé.*

JAN

Je voudrais... *(Il s'arrête.)* Pardonnez-moi, mais mon
voyage m'a fatigué. *(Il s'assied sur le lit.)* Je voudrais,
du moins, vous remercier...[2]. Je tiens aussi à ce que vous
le sachiez, ce n'est pas comme un hôte indifférent que
je quitterai cette maison.

LA MÈRE

Je vous en prie, monsieur.

> *Elle sort.*

SCÈNE VII

> *Il la regarde sortir. Il fait un
> geste, mais donne, en même
> temps, des signes de fatigue. Il
> semble céder à la lassitude et
> s'accoude à l'oreiller.*

JAN

Je[3] reviendrai demain avec Maria, et je dirai : « C'est
moi. » Je les rendrai heureuses. Tout cela est évident.

Maria avait raison. *(Il soupire, s'étend à moitié.)* Oh! je n'aime pas ce soir où tout est si lointain. *(Il est tout à fait couché, il dit des mots qu'on n'entend pas, d'une voix à peine perceptible.)* Oui ou non[1]?

> *Il remue. Il dort. La scène est presque dans la nuit. Long silence. La porte s'ouvre. Entrent les deux femmes avec une lumière. Le vieux domestique les suit[2].*

SCÈNE VIII

MARTHA *(après avoir éclairé le corps, d'une voix étouffée).*

Il dort[3].

LA MÈRE *(de la même voix, mais qu'elle élève peu à peu).*

Non, Martha! Je n'aime pas cette façon de me forcer la main. Tu me traînes à cet acte. Tu commences, pour m'obliger à finir. Je n'aime pas cette façon de passer par-dessus mon hésitation.

MARTHA

C'est une façon de tout simplifier. Dans le trouble où vous étiez, c'était à moi de vous aider en agissant.

LA MÈRE

Je sais bien qu'il fallait que cela finisse. Il n'empêche. Je n'aime pas cela.

MARTHA

Allons, pensez plutôt à demain et faisons vite.

> *Elle fouille le veston et en tire un portefeuille dont elle compte les billets. Elle vide toutes les poches du dormeur. Pendant cette opération, le passeport tombe et glisse derrière le lit. Le vieux domestique va le ramasser sans*

*que les femmes le voient et se
retire.*

MARTHA

Voilà. Tout est prêt. Dans un instant, les eaux de la
rivière seront pleines. Descendons. Nous viendrons le
chercher quand nous entendrons l'eau couler par-dessus
le barrage. Venez!

LA MÈRE *(avec calme)*.

Non, nous sommes bien ici.

Elle s'assied.

MARTHA

Mais... *(Elle regarde sa mère puis, avec défi.)* Ne croyez
pas que cela m'effraie. Attendons ici.

LA MÈRE

Mais oui, attendons. Attendre est bon, attendre est
reposant. Tout à l'heure, il faudra le porter tout le long
du chemin, jusqu'à la rivière. Et d'avance j'en suis
fatiguée, d'une fatigue tellement vieille que mon sang
ne peut plus la digérer. *(Elle oscille sur elle-même comme
si elle dormait à moitié.)* Pendant ce temps, lui ne se doute
de rien. Il dort. Il en a terminé avec ce monde. Tout
lui sera facile, désormais. Il passera seulement d'un
sommeil peuplé d'images à un sommeil sans rêves. Et
ce qui, pour tout le monde, est un affreux arrachement
ne sera pour lui qu'un long dormir.

MARTHA *(avec défi)*.

Réjouissons-nous donc! Je n'avais pas de raisons de
le haïr, et je suis heureuse que la souffrance au moins
lui soit épargnée. Mais... il me semble que les eaux
montent. *(Elle écoute, puis sourit.)* Mère, mère, tout sera
fini, bientôt.

LA MÈRE *(même jeu)*.

Oui, tout sera fini. Les eaux montent. Pendant ce
temps, lui ne se doute de rien. Il dort. Il ne connaît plus
la fatigue du travail à décider, du travail à terminer. Il
dort, il n'a plus à se raidir, à se forcer, à exiger de

lui-même ce qu'il ne peut pas faire. Il ne porte plus la croix de cette vie intérieure qui proscrit le repos, la distraction, la faiblesse... Il dort et ne pense plus, il n'a plus de devoirs ni de tâches, non, non, et moi, vieille et fatiguée, oh! je l'envie de dormir maintenant et de devoir mourir bientôt. *(Silence.)* Tu ne dis rien, Martha?

MARTHA

Non. J'écoute. J'attends le bruit des eaux.

LA MÈRE

Dans un moment. Dans un moment seulement. Oui, encore un moment. Pendant ce temps, au moins, le bonheur est encore possible.

MARTHA

Le bonheur sera possible ensuite. Pas avant.

LA MÈRE

Savais-tu, Martha, qu'il voulait partir ce soir?

MARTHA

Non, je ne le savais pas. Mais, le sachant, j'aurais agi de même. Je l'avais décidé.

LA MÈRE

Il me l'a dit tout à l'heure, et je ne savais que lui répondre.

MARTHA

Vous l'avez donc vu?

LA MÈRE

Je suis montée ici, pour l'empêcher de boire. Mais il était[1] trop tard.

MARTHA

Oui, il était trop tard! Et puisqu'il faut vous le dire, c'est lui qui m'y a décidée. J'hésitais. Mais il m'a parlé des pays que j'attends et, pour avoir su me toucher, il m'a donné des armes contre lui. C'est ainsi que l'innocence est récompensée.

LA MÈRE

Pourtant, Martha, il avait fini par comprendre. Il m'a dit qu'il sentait que cette maison n'était pas la sienne.

MARTHA (*avec force et impatience*).

Et cette maison, en effet, n'est pas la sienne, mais c'est qu'elle n'est celle de personne. Et personne n'y trouvera jamais l'abandon ni la chaleur. S'il avait compris cela plus vite, il se serait épargné et nous aurait évité d'avoir à lui apprendre que cette chambre est faite pour qu'on y dorme et ce monde pour qu'on y meure. Assez maintenant, nous... (*On entend au loin le bruit des eaux.*) Écoutez, l'eau coule par-dessus le barrage. Venez, mère, et pour l'amour de ce Dieu que vous invoquez quelquefois, finissons-en.

La mère fait un pas vers le lit.

LA MÈRE

Allons! Mais il me semble que cette aube n'arrivera jamais.

RIDEAU

ACTE III

SCÈNE PREMIÈRE

La mère, Martha et le domestique sont en scène. Le vieux balaie et range. La sœur est derrière le comptoir, tirant ses cheveux en arrière. La mère traverse le plateau, se dirigeant vers la porte.

MARTHA

Vous voyez bien que cette aube est arrivée[1].

LA MÈRE

Oui. Demain, je trouverai que c'est une bonne chose que d'en avoir fini. Maintenant, je ne sens que ma fatigue.

MARTHA

Ce matin est, depuis des années, le premier où je respire. Il me semble que j'entends déjà la mer. Il y a en moi une joie qui va me faire crier.

LA MÈRE

Tant mieux, Martha, tant mieux. Mais je me sens maintenant si vieille que je ne peux rien partager avec toi. Demain, tout ira mieux.

MARTHA

Oui, tout ira mieux, je l'espère. Mais ne vous plaignez

pas encore et laissez-moi être heureuse à loisir. Je redeviens la jeune fille que j'étais. De nouveau, mon corps brûle, j'ai envie de courir. Oh! dites-moi seulement...

Elle s'arrête.

LA MÈRE

Qu'y a-t-il, Martha? Je ne te reconnais plus.

MARTHA

Mère... *(Elle hésite, puis avec feu.)* Suis-je encore belle?

LA MÈRE

Tu l'es, ce matin. Le crime est beau.

MARTHA

Qu'importe maintenant le crime! Je nais pour la seconde fois, je vais rejoindre la terre où je serai heureuse.

LA MÈRE

Bien[1]. Je vais aller me reposer. Mais je suis contente de savoir que la vie va enfin commencer pour toi.

> *Le vieux domestique apparaît en haut de l'escalier, descend vers Martha, lui tend le passeport, puis sort sans rien dire. Martha ouvre le passeport et le lit[2], sans réaction.*

LA MÈRE

Qu'est-ce que c'est?

MARTHA *(d'une voix calme).*

Son passeport. Lisez.

LA MÈRE

Tu sais bien que mes yeux sont fatigués.

MARTHA

Lisez! Vous saurez son nom.

> *La mère prend le passeport, vient s'asseoir devant une table,*

étale le carnet et lit. Elle regarde
longtemps les pages devant elle.

LA MÈRE *(d'une voix neutre).*

Allons, je savais bien qu'un jour cela tournerait de
cette façon et qu'alors il faudrait en finir.

MARTHA *(Elle vient se placer devant le comptoir.)*

Mère!

LA MÈRE *(de même).*

Laisse, Martha, j'ai bien assez vécu. J'ai vécu beaucoup
plus longtemps que mon fils[1]. Je ne l'ai pas reconnu et
je l'ai tué. Je peux maintenant aller le rejoindre au fond
de cette rivière où les herbes couvrent déjà son visage.

MARTHA

Mère! vous n'allez pas me laisser seule?

LA MÈRE

Tu m'as bien aidée, Martha, et je regrette de te quitter.
Si[2] cela peut encore avoir du sens, je dois témoigner qu'à
ta manière tu as été une bonne fille. Tu m'as toujours
rendu le respect que tu me devais. Mais maintenant, je
suis lasse et mon vieux cœur, qui se croyait détourné
de tout, vient de réapprendre la douleur. Je ne suis plus
assez jeune pour m'en arranger. Et de toute façon,
quand une mère n'est plus capable de reconnaître son
fils, c'est que son rôle sur la terre est fini.

MARTHA

Non, si le bonheur de sa fille est encore à construire.
Je[3] ne comprends pas ce que vous me dites. Je ne reconnais pas vos mots. Ne m'avez-vous pas appris à ne rien
respecter?

LA MÈRE *(de la même voix indifférente).*

Oui, mais, moi, je viens d'apprendre que j'avais tort
et que sur cette terre où rien n'est assuré, nous avons
nos certitudes. *(Avec amertume.)* L'amour d'une mère
pour son fils est aujourd'hui ma certitude.

MARTHA

N'êtes-vous donc pas certaine qu'une mère puisse aimer sa fille?

LA MÈRE

Je ne voudrais pas te blesser maintenant, Martha, mais il est vrai que ce n'est pas la même chose. C'est moins fort. Comment pourrais-je me passer de l'amour de mon fils?

MARTHA *(avec éclat).*

Bel amour qui vous oublia vingt ans!

LA MÈRE

Oui, bel amour qui survit à vingt ans de silence. Mais qu'importe! cet amour est assez beau pour moi, puisque je ne peux vivre en dehors de lui.

Elle se lève.

MARTHA

Il n'est pas possible que vous disiez cela sans l'ombre d'une révolte et sans une pensée pour votre fille.

LA MÈRE

Non[1], je n'ai de pensée pour rien et moins encore de révolte. C'est la punition, Martha, et je suppose qu'il est une heure où tous les meurtriers sont comme moi, vidés par l'intérieur, stériles, sans avenir possible. C'est pour cela qu'on les supprime, ils ne sont bons à rien.

MARTHA

Vous tenez un langage que je méprise et je ne puis vous entendre parler de crime et de punition.

LA MÈRE

Je dis ce qui me vient à la bouche, rien de plus. Ah! j'ai perdu ma liberté, c'est l'enfer qui a commencé!

MARTHA *(Elle vient vers elle, et avec violence.)*

Vous ne disiez pas cela auparavant. Et pendant toutes ces années, vous avez continué à vous tenir près de moi et à prendre d'une main ferme les jambes de ceux qui devaient mourir. Vous ne pensiez pas alors à la liberté et à l'enfer. Vous avez continué. Que peut changer votre fils à cela ?

LA MÈRE

J'ai continué, il est vrai. Mais par habitude, comme une morte. Il suffisait de la douleur pour tout transformer. C'est cela que mon fils est venu changer. *(Martha fait un geste pour parler.)* Je sais, Martha, cela n'est pas raisonnable. Que signifie la douleur pour une criminelle ? Mais aussi, tu le vois, ce n'est pas une vraie douleur de mère : je n'ai pas encore crié. Ce n'est rien d'autre que la souffrance de renaître à l'amour, et cependant elle me dépasse. Je sais aussi que cette souffrance non plus n'a pas de raison. *(Avec un accent nouveau.)* Mais ce monde lui-même n'est pas raisonnable et je puis bien le dire, moi qui en ai tout goûté, depuis la création jusqu'à la destruction.

> *Elle se dirige avec décision vers la porte, mais Martha la devance et se place devant l'entrée.*

MARTHA

Non, mère, vous ne me quitterez pas. N'oubliez pas que je suis celle qui est restée et que lui était parti, que vous m'avez eue près de vous toute une vie et que lui vous a laissée dans le silence. Cela doit se payer. Cela doit entrer dans le compte. Et c'est vers moi que vous devez revenir.

LA MÈRE *(doucement)*.

Il est vrai, Martha, mais lui, je l'ai tué !

> *Martha s'est détournée un peu, la tête en arrière, semblant regarder la porte.*

MARTHA *(après un silence, avec une passion croissante)*.

Tout ce que la vie peut donner à un homme lui a été donné. Il a quitté ce pays. Il a connu d'autres espaces, la mer, des êtres libres. Moi, je suis restée ici. Je suis restée, petite et sombre, dans l'ennui, enfoncée au cœur du continent et j'ai grandi dans l'épaisseur des terres. Personne n'a embrassé ma bouche et même vous, n'avez vu mon corps sans vêtements. Mère, je vous le jure, cela doit se payer. Et[1] sous le vain prétexte qu'un homme est mort, vous ne pouvez vous dérober au moment où j'allais recevoir ce qui m'est dû. Comprenez donc que, pour un homme qui a vécu, la mort est une petite affaire. Nous pouvons oublier mon frère et votre fils. Ce qui lui est arrivé est sans importance : il n'avait plus rien à connaître. Mais moi, vous me frustrez de tout et vous m'ôtez ce dont il a joui. Faut-il donc qu'il m'enlève encore l'amour de ma mère et qu'il vous emmène pour toujours dans sa rivière glacée ?

Elles se regardent en silence.
La sœur baisse les yeux.

MARTHA *(très bas).*

Je me contenterais de si peu. Mère, il y a des mots que je n'ai jamais su prononcer, mais il me semble qu'il y aurait de la douceur à recommencer notre vie de tous les jours.

La mère s'est avancée vers elle.

LA MÈRE

Tu l'avais reconnu ?

MARTHA *(relevant brusquement la tête).*

Non! je ne l'avais pas reconnu. Je n'avais gardé de lui aucune image, cela[2] est arrivé comme ce devait arriver. Vous l'avez dit vous-même, ce monde n'est pas raisonnable. Mais vous n'avez pas tout à fait tort de me poser cette question. Car si je l'avais reconnu, je sais maintenant que cela n'aurait rien changé.

LA MÈRE

Je veux croire que cela n'est pas vrai. Les[3] pires meurtriers connaissent les heures où l'on désarme.

MARTHA

Je les connais aussi. Mais ce n'est pas devant un frère inconnu et indifférent que j'aurais baissé le front.

LA MÈRE

Devant qui donc alors ?

Martha baisse le front.

MARTHA

Devant vous.

Silence.

LA MÈRE *(lentement)*.

Trop tard, Martha. Je ne peux plus rien pour toi[1]. *(Elle se retourne vers sa fille.)* Est-ce que tu pleures, Martha ? Non, tu ne saurais pas. Te souviens-tu du temps où je t'embrassais ?

MARTHA

Non, mère.

LA MÈRE

Tu as raison. Il y a longtemps de cela et j'ai très vite oublié de te tendre les bras. Mais je n'ai pas cessé de t'aimer. *(Elle écarte doucement Martha qui lui cède peu à peu le passage.)* Je le sais maintenant, puisque mon[2] cœur parle ; je vis à nouveau, au moment où je ne puis plus supporter de vivre.

Le passage est libre.

MARTHA *(mettant son visage dans ses mains)*.

Mais qu'est-ce donc qui peut être plus fort que la détresse de votre fille ?

LA MÈRE

La fatigue peut-être, et la soif du repos.

Elle sort sans que sa fille s'y oppose.

SCÈNE II

> *Martha court vers la porte,
> la ferme brutalement, se colle
> contre elle. Elle éclate en cris
> sauvages.*

MARTHA

Non! je n'avais pas à veiller sur mon frère, et pourtant me voilà exilée dans mon propre pays; ma[1] mère elle-même m'a rejetée. Mais je n'avais pas à veiller sur mon frère, ceci est l'injustice qu'on fait à l'innocence. Le voilà qui a obtenu maintenant ce qu'il voulait, tandis que je reste solitaire, loin de la mer dont j'avais soif. Oh! je le hais! Toute ma vie s'est passée dans l'attente de cette vague qui m'emporterait et je sais qu'elle ne viendra plus! Il me faut demeurer avec, à ma droite et à ma gauche, devant et derrière moi, une foule de peuples et de nations, de plaines et de montagnes, qui arrêtent le vent de la mer et dont les jacassements et les murmures étouffent son appel répété. *(Plus bas.)* D'autres ont plus de chance! Il est des lieux pourtant éloignés de la mer où le vent du soir, parfois, apporte une odeur d'algue. Il y parle de plages humides, toutes sonores du cri des mouettes, ou de grèves dorées dans des soirs sans limites. Mais le vent s'épuise bien avant d'arriver ici; plus jamais je n'aurai ce qui m'est dû. Quand même je collerais mon oreille contre terre, je n'entendrai pas le choc des vagues glacées ou la respiration mesurée de la mer heureuse. Je suis trop loin de ce que j'aime et ma distance est sans remède[2]. Je le hais, je le hais pour avoir obtenu ce qu'il voulait! Moi, j'ai pour patrie ce lieu clos et épais où le ciel est sans horizon, pour ma faim l'aigre prunier de[3] ce pays et rien pour ma soif, sinon le sang que j'ai répandu. Voilà le prix qu'il faut payer pour la tendresse d'une mère!

Qu'elle meure donc, puisque je ne suis pas aimée! Que les portes se referment autour de moi! Qu'elle me laisse à ma juste colère[4]! Car, avant de mourir, je ne lèverai pas les yeux pour implorer le ciel. Là-bas, où l'on peut fuir, se délivrer, presser son corps contre un autre, rouler dans la vague, dans ce pays défendu par la mer, les dieux n'abordent pas. Mais ici, où le regard s'arrête de tous côtés, toute la terre est dessinée pour que le visage se lève et que le regard supplie[1]. Oh! je hais ce monde où nous en sommes réduits à Dieu. Mais moi, qui souffre d'injustice, on ne m'a pas fait droit, je ne m'agenouillerai pas. Et privée de ma place sur cette terre, rejetée par ma mère, seule au milieu de mes crimes, je quitterai ce monde sans être réconciliée.

On frappe à la porte.

SCÈNE III

MARTHA

Qui est là?

MARIA

Une voyageuse.

MARTHA

On ne reçoit plus de clients.

MARIA

Je[2] viens rejoindre mon mari.

Elle entre.

MARTHA *(la regardant[3])*.

Qui est votre mari?

MARIA

Il est arrivé ici hier et devait me rejoindre ce matin. Je suis étonnée qu'il ne l'ait pas fait.

MARTHA

Il avait dit que sa femme était à l'étranger.

MARIA

Il[4] a ses raisons pour cela. Mais nous devions nous retrouver maintenant.

MARTHA *(qui n'a pas cessé de la regarder)*.

Cela vous sera difficile. Votre mari n'est plus ici.

MARIA

Que dites-vous là? N'a-t-il pas pris une chambre chez vous?

MARTHA

Il[1] avait pris une chambre, mais il l'a quittée dans la nuit.

MARIA

Je ne puis le croire, je sais toutes les raisons qu'il a de rester dans cette maison. Mais votre ton m'inquiète. Dites-moi ce que vous avez à me dire.

MARTHA

Je n'ai rien à vous dire, sinon que votre mari n'est plus là.

MARIA

Il n'a pu partir sans moi, je[2] ne vous comprends pas. Vous a-t-il quittées définitivement ou a-t-il dit qu'il reviendrait?

MARTHA

Il nous a quittées définitivement.

MARIA

Écoutez. Depuis hier, je supporte, dans ce pays étranger, une attente qui a épuisé toute ma patience. Je suis venue, poussée par l'inquiétude, et je ne suis pas décidée à repartir sans avoir vu mon mari ou sans savoir où le retrouver.

MARTHA

Ce[3] n'est pas mon affaire.

MARIA

Vous[4] vous trompez. C'est aussi votre affaire. Je ne sais pas si mon mari approuvera ce que je vais vous dire, mais je suis lasse de ces complications. L'homme qui est arrivé chez vous, hier matin, est le frère dont vous n'entendiez plus parler depuis des années.

MARTHA

Vous ne m'apprenez rien.

MARIA *(avec éclat)*.

Mais alors, qu'est-il donc arrivé? Pourquoi[1] votre frère n'est-il pas dans cette maison? Ne l'avez-vous pas reconnu et, votre mère et vous, n'avez-vous pas été heureuses de ce retour?

MARTHA

Votre[2] mari n'est plus là parce qu'il est mort.

> *Maria a un sursaut et reste un moment silencieuse, regardant fixement Martha. Puis elle fait mine de s'approcher d'elle et sourit.*

MARIA

Vous plaisantez, n'est-ce pas? Jan m'a souvent dit que petite fille, déjà, vous vous plaisiez à déconcerter[3]. Nous sommes presque sœurs et...

MARTHA

Ne me touchez pas. Restez à votre place. Il n'y a rien de commun entre nous. *(Un temps.)* Votre mari est mort cette nuit, je[4] vous assure que cela n'est pas une plaisanterie. Vous n'avez plus rien à faire ici.

MARIA

Mais vous êtes folle, folle à lier. C'est[5] trop soudain et je ne peux pas vous croire. Où est-il? Faites que je le voie mort et alors seulement je croirai ce que je ne puis même pas imaginer.

MARTHA

C'est impossible. Là où il est, personne ne peut le voir. *(Maria a un geste vers elle.)* Ne me touchez pas et restez où vous êtes... Il est au fond de la rivière où ma mère et moi l'avons porté, cette nuit, après l'avoir endormi. Il n'a pas souffert, mais il n'empêche qu'il est mort, et c'est nous, sa mère et moi, qui l'avons tué.

MARIA *(Elle recule.)*

Non[1], non... c'est moi qui suis folle et qui entends des mots qui n'ont encore jamais retenti sur cette terre. Je savais que rien de bon ne m'attendait ici, mais je ne suis pas prête à entrer dans cette démence. Je ne comprends pas, je ne vous comprends pas...[2].

MARTHA

Mon rôle n'est pas de vous persuader, mais seulement de vous informer. Vous viendrez de vous-même à l'évidence.

MARIA *(avec une sorte de distraction)*.

Pourquoi, pourquoi avez-vous fait cela ?

MARTHA

Au nom de quoi me questionnez-vous ?

MARIA *(dans un cri)*.

Au nom de mon amour !

MARTHA

Qu'est-ce que ce mot veut dire ?

MARIA

Il veut dire tout ce qui, à présent, me déchire et me mord, ce délire qui ouvre mes[3] mains pour le meurtre. N'était cette incroyance entêtée qui me reste dans le cœur, vous apprendriez, folle, ce que ce mot veut dire, en sentant votre visage se déchirer sous mes ongles.

MARTHA

Vous parlez décidément un langage que je ne comprends pas. J'entends mal les mots d'amour, de joie ou de douleur.

MARIA *(avec un grand effort)*.

Écoutez, cessons[4] ce jeu, si c'en est un. Ne nous égarons pas en paroles vaines. Dites-moi, bien clairement, ce que je veux savoir bien clairement, avant de m'abandonner.

MARTHA

Il est difficile d'être plus claire que je l'ai été. Nous avons tué votre mari cette nuit, pour lui prendre son argent, comme nous l'avions fait déjà pour quelques voyageurs avant lui.

MARIA

Sa mère et sa sœur étaient donc des criminelles ?

MARTHA

Oui[1].

MARIA *(toujours avec le même effort).*

Aviez-vous appris déjà qu'il était votre frère ?

MARTHA

Si vous voulez le savoir, il y a eu malentendu. Et pour peu que vous connaissiez le monde, vous ne vous en étonnerez pas.

MARIA *(retournant vers la table, les poings contre la poitrine, d'une voix sourde).*

Oh! mon Dieu, je savais que cette comédie ne pouvait être que sanglante, et que lui et moi serions punis de nous y prêter[2]. Le malheur était dans le ciel. *(Elle s'arrête devant la table et parle sans regarder Martha.)* Il voulait se faire reconnaître de vous, retrouver sa maison, vous apporter le bonheur, mais il ne savait pas trouver la parole qu'il fallait. Et pendant qu'il cherchait ses mots, on le tuait. *(Elle se met à pleurer.)* Et vous, comme deux insensées, aveugles devant le fils merveilleux qui vous revenait... car il était merveilleux, et vous ne savez pas quel cœur fier, quelle âme exigeante vous venez de tuer! Il pouvait être votre orgueil, comme il a été le mien. Mais, hélas! vous étiez son ennemie, vous[3] êtes son ennemie, vous qui pouvez parler froidement de ce qui devrait vous jeter dans la rue et vous tirer des cris de bête!

MARTHA

Ne jugez de rien, car vous ne savez pas tout. À l'heure
qu'il est, ma mère a rejoint son fils. Le flot commence à
les ronger. On les découvrira bientôt et ils se retrouveront
dans la même terre. Mais je ne vois pas qu'il y ait encore
là de quoi me tirer des cris. Je me fais une autre idée
du cœur humain et, pour tout dire, vos larmes me
répugnent.

MARIA *(se retournant contre elle avec haine)*.

Ce sont les larmes des joies perdues à jamais. Cela vaut
mieux pour vous que cette douleur sèche qui va bientôt
me venir et qui pourrait vous tuer sans un tremblement.

MARTHA

Il n'y a pas là de quoi m'émouvoir. Vraiment[1], ce
serait peu de chose. Moi aussi, j'en ai assez vu et entendu,
j'ai décidé de mourir à mon tour. Mais je ne veux pas
me mêler à eux. Qu'ai-je à faire dans leur compagnie ?
Je les laisse à leur tendresse retrouvée, à leurs caresses
obscures. Ni vous ni moi n'y avons plus de part, ils nous
sont infidèles à jamais. Heureusement, il me reste ma
chambre, il[2] sera bon d'y mourir seule.

MARIA

Ah ! vous pouvez mourir, le monde peut crouler, j'ai
perdu celui que j'aime. Il me faut maintenant vivre dans
cette terrible[3] solitude où la mémoire est un supplice.

> *Martha vient derrière elle et
> parle par-dessus sa tête.*

MARTHA

N'exagérons rien. Vous avez perdu votre mari et j'ai
perdu ma mère. Après tout, nous sommes quittes. Mais
vous ne l'avez perdu qu'une fois, après en avoir joui
pendant des années et sans qu'il vous ait rejetée. Moi,
ma mère m'a rejetée. Maintenant elle est morte et je l'ai
perdue deux fois.

MARIA

Il voulait vous apporter sa fortune, vous rendre
heureuses toutes les deux. Et c'est à cela qu'il pensait,

seul, dans sa chambre, au moment où vous prépariez sa mort.

MARTHA *(avec un accent soudain désespéré)*.

Je suis quitte avec votre mari, car j'ai connu sa détresse. Je croyais comme lui avoir ma maison. J'imaginais que le crime était notre foyer et qu'il nous avait unies, ma mère et moi, pour toujours. Vers qui donc, dans le monde, aurais-je pu me tourner, sinon vers celle qui avait tué en même temps que moi ? Mais je me trompais. Le crime aussi est une solitude, même si on se met à mille pour l'accomplir. Et il est juste que je[1] meure seule, après avoir vécu et tué seule.

> *Maria se tourne vers elle dans les larmes.*

MARTHA *(reculant et reprenant sa voix dure)*.

Ne me touchez pas, je vous l'ai déjà dit. À la pensée qu'une main humaine puisse m'imposer sa chaleur avant de mourir, à la pensée que n'importe quoi qui ressemble à la hideuse tendresse des hommes puisse me poursuivre encore, je sens toutes les fureurs du sang remonter à mes tempes.

> *Elles[2] se font face, très près l'une de l'autre.*

MARIA

Ne craignez rien. Je vous laisserai mourir comme vous le désirez. Je[3] suis aveugle, je ne vous vois plus ! Et ni votre mère, ni vous, ne serez jamais que des visages fugitifs, rencontrés et perdus au cours d'une tragédie qui n'en finira pas. Je ne sens pour vous ni haine ni compassion. Je ne peux plus aimer ni détester personne. *(Elle cache soudain son visage dans ses mains.)* En[4] vérité, j'ai à peine eu le temps de souffrir ou de me révolter. Le malheur était plus grand que moi.

> *Martha, qui s'est détournée et a fait quelques pas vers la porte, revient vers Maria.*

MARTHA

Mais pas encore assez grand puisqu'il vous a laissé

des larmes. Et avant de vous quitter pour toujours, je
vois qu'il me reste quelque chose à faire. Il me reste à
vous désespérer.

MARIA *(la regardant avec effroi)*.

Oh! laissez-moi, allez-vous-en et laissez-moi!

MARTHA

Je vais vous laisser, en effet, et pour moi aussi ce sera
un soulagement, je supporte mal votre amour et vos
pleurs. Mais je ne puis mourir en vous laissant l'idée
que vous avez raison, que l'amour n'est pas vain, et que
ceci est un accident. Car c'est maintenant que nous
sommes dans l'ordre. Il faut vous en persuader.

MARIA

Quel ordre?

MARTHA

Celui où personne n'est jamais reconnu.

MARIA *(égarée)*.

Que m'importe, je vous entends à peine. Mon cœur
est déchiré. Il n'a de curiosité[1] que pour celui que vous
avez tué.

MARTHA *(avec violence)*.

Taisez-vous! Je ne veux plus entendre parler de lui,
je le déteste. Il[2] ne vous est plus rien. Il est entré dans
la maison amère où l'on est exilé pour toujours. L'imbécile! il a ce qu'il voulait, il a retrouvé celle qu'il
cherchait. Nous voilà tous dans l'ordre. Comprenez que
ni pour lui ni pour nous, ni dans la vie ni dans la mort,
il n'est de patrie ni de paix. *(Avec un rire méprisant.)* Car
on ne peut appeler patrie, n'est-ce pas, cette terre épaisse,
privée de lumière, où l'on s'en va nourrir des animaux
aveugles.

MARIA *(dans les larmes)*.

Oh! mon Dieu, je ne peux pas, je ne peux pas

supporter ce langage. Lui non plus ne l'aurait pas supporté. C'est pour une autre patrie qu'il s'était mis en marche.

MARTHA (*qui a atteint la porte, se retournant brusquement*).

Cette folie a reçu son salaire. Vous recevrez bientôt le vôtre. (*Avec le même rire.*) Nous sommes volés, je vous le dis. À quoi bon ce grand appel de l'être, cette alerte des âmes ? Pourquoi crier vers la mer ou vers l'amour ? Cela est dérisoire. Votre mari connaît maintenant la réponse, cette maison épouvantable où nous serons enfin serrés les uns contre les autres. (*Avec haine.*) Vous la connaîtrez aussi, et si vous le pouviez alors, vous vous souviendriez avec délices de ce jour où pourtant vous vous croyiez entrée dans le plus déchirant des exils. Comprenez que votre douleur ne s'égalera jamais à l'injustice qu'on fait à l'homme et, pour finir, écoutez mon conseil. Je[1] vous dois bien un conseil, n'est-ce pas, puisque je vous ai tué votre mari !

Priez votre Dieu qu'il vous fasse semblable à la pierre. C'est le bonheur qu'il prend pour lui, c'est le seul vrai bonheur. Faites comme lui, rendez-vous sourde à tous les cris, rejoignez la pierre pendant qu'il en est temps. Mais si vous vous sentez trop lâche pour entrer dans cette paix muette, alors venez nous rejoindre dans notre maison commune. Adieu, ma sœur[2] ! Tout est facile, vous le voyez. Vous avez à choisir entre le bonheur stupide[3] des cailloux et le lit gluant où nous vous attendons.

> *Elle sort et Maria, qui a écouté avec égarement, oscille sur elle-même, les mains en avant.*

MARIA (*dans un cri*).

Oh ! mon Dieu ! je ne puis vivre dans ce désert ! C'est à vous que je parlerai et je saurai trouver mes mots. (*Elle tombe à genoux.*) Oui[4], c'est à vous que je m'en remets. Ayez pitié de moi, tournez-vous vers moi ! Entendez-moi, donnez-moi votre main ! Ayez pitié, Seigneur, de ceux qui s'aiment et qui sont séparés !

> *La porte s'ouvre et le vieux domestique paraît.*

SCÈNE IV

LE VIEUX *(d'une voix nette et ferme)*.

Vous m'avez appelé?

MARIA *(se tournant vers lui)*.

Oh! je ne sais pas! Mais aidez-moi, car j'ai besoin qu'on m'aide. Ayez pitié et consentez à m'aider!

LE VIEUX *(de la même voix)*.

Non[1]!

RIDEAU

L'ÉTAT DE SIÈGE

SPECTACLE EN TROIS PARTIES

À JEAN-LOUIS BARRAULT

L'ÉTAT DE SIÈGE

a été représenté pour la première fois, le 27 octobre 1948, par la « Compagnie Madeleine Renaud-Jean-Louis Barrault », au Théâtre Marigny *(direction Simone Volterra).*

Musique de scène d'Arthur Honegger.
Décor et costumes de Balthus.
Mise en scène de Jean-Louis Barrault.

DISTRIBUTION

LA PESTE	*Pierre Bertin.*
LA SECRÉTAIRE	*Madeleine Renaud.*
NADA	*Pierre Brasseur.*
VICTORIA..........................	*Maria Casarès.*
LE JUGE	*Albert Medina.*
LA FEMME DU JUGE.................	*Marie-Hélène Dasté.*
DIEGO	*Jean-Louis Barrault.*
LE GOUVERNEUR	*Charles Mahieu.*
L'ALCADE..........................	*Régis Outin.*
LES FEMMES DE LA CITÉ	*Éléonore Hirt.* *Simone Valère.* *Ginette Desailly.* *Christiane Clouzet.* *Janine Wansar.*
LES HOMMES DE LA CITÉ	*Jean Desailly.* *Jacques Berthier.* *Beauchamp.* *Gabriel Cattand.* *Jean-Pierre Granval.* *Bernard Dheran.* *Jean Juillard.*
LES GARDES	*Roland Malcome.* *William Sabatier.* *Pierre Sonnier.* *Jacques Galland.*
LE CONVOYEUR DES MORTS.............	*Marcel Marceau.*

AVERTISSEMENT

Eɴ 1941, Barrault eut l'idée de monter un spectacle autour du mythe de la peste, qui avait tenté aussi Antonin Artaud. Dans les années qui suivirent, il lui parut plus simple d'adapter à cet effet le grand livre de Daniel Defoe, le Journal de l'année de la peste. Il fit alors le canevas d'une mise en scène.

Lorsqu'il apprit que, de mon côté, j'allais publier un roman sur le même thème, il m'offrit d'écrire des dialogues autour de ce canevas. J'avais d'autres idées et, en particulier, il me paraissait préférable d'oublier Daniel Defoe et de revenir à la première conception de Barrault.

Il s'agissait, en somme, d'imaginer un mythe qui puisse être intelligible pour tous les spectateurs de 1948. L'État de siège est l'illustration de cette tentative, dont j'ai la faiblesse de croire qu'elle mérite qu'on s'y intéresse.

Mais :

1º Il doit être clair que l'État de siège, quoi qu'on en ait dit, n'est à aucun degré une adaptation de mon roman ;

2º Il ne s'agit pas d'une pièce de structure traditionnelle, mais d'un spectacle dont l'ambition avouée est de mêler toutes les formes d'expression dramatique depuis le monologue lyrique jusqu'au théâtre collectif, en passant par le jeu muet, le simple dialogue, la farce et le chœur ;

3º S'il est vrai que j'ai écrit tout le texte, il reste que le nom de Barrault devrait, en toute justice, être réuni au mien. Cela n'a pu se faire, pour des raisons qui m'ont paru respectables. Mais il me revient de dire clairement que je reste le débiteur de Jean-Louis Barrault.

20 novembre 1948.

PREMIÈRE PARTIE

PROLOGUE

> *Ouverture musicale autour d'un thème sonore rappelant la sirène d'alerte.*
>
> *Le rideau se lève. La scène est complètement obscure.*
>
> *L'ouverture s'achève, mais le thème de l'alerte demeure, comme un bourdonnement lointain.*
>
> *Soudain, au fond, surgissant du côté cour, une comète se déplace lentement vers le côté jardin.*
>
> *Elle éclaire, en ombres chinoises, les murs d'une ville fortifiée espagnole et la silhouette de plusieurs personnages qui tournent le dos au public, immobiles, la tête tendue vers la comète. Quatre heures sonnent. Le dialogue est à peu près incompréhensible, comme un marmonnement.*

— La fin du monde !
— Non, homme !
— Si le monde meurt...
— Non, homme. Le monde, mais pas l'Espagne !
— Même l'Espagne peut mourir.
— À genoux !
— C'est la comète du mal !
— Pas l'Espagne, homme, pas l'Espagne !

Deux ou trois têtes se tour-
nent. Un ou deux personnages
se déplacent avec précaution,
puis tout redevient immobile.
Le bourdonnement se fait alors
plus intense, devient strident
et se développe musicalement
comme une parole intelligible et
menaçante. En même temps, la
comète grandit démesurément.
Brusquement, un cri terrible de
femme qui, d'un coup, fait taire
la musique et réduit la comète
à sa taille normale. La femme
s'enfuit en haletant. Remue-
ménage sur la place. Le dialogue,
plus sifflant et qu'on perçoit
mieux, n'est cependant pas encore
compréhensible.

— C'est signe de guerre!
— C'est sûr!
— C'est signe de rien.
— C'est selon.
— Assez. C'est la chaleur.
— La chaleur de Cadix.
— Suffit.
— Elle siffle trop fort.
— Elle assourdit surtout.
— C'est un sort sur la cité!
— Aïe! Cadix! Un sort sur toi!
— Silence! Silence!

Ils fixent de nouveau la co-
mète, lorsqu'on entend, distinc-
tement cette fois, la voix d'un
officier des gardes civils.

L'OFFICIER DES GARDES CIVILS

Rentrez chez vous! Vous avez vu ce que vous avez vu,
c'est suffisant. Du bruit pour rien, voilà tout. Beaucoup
de bruit et rien au bout. À la fin, Cadix est toujours
Cadix.

Une voix

C'est un signe pourtant. Il n'y a pas de signes pour rien.

Une voix

Oh! le grand et terrible Dieu!

Une voix

Bientôt la guerre, voilà le signe!

Une voix

À notre époque, on ne croit plus aux signes, galeux! On est trop intelligent, heureusement.

Une voix

Oui, et c'est ainsi qu'on se fait casser la tête. Bête comme cochon, voilà ce qu'on est. Et les cochons, on les saigne!

L'officier

Rentrez chez vous! La guerre est notre affaire, non la vôtre.

Nada

Aïe! Si tu disais vrai! Mais non, les officiers meurent dans leur lit et l'estocade, elle est pour nous!

Une voix

Nada, voilà Nada. Voilà l'idiot!

Une voix

Nada, tu dois savoir. Qu'est-ce que cela signifie?

Nada. *(Il est infirme.)*

Ce que j'ai à dire, vous n'aimez pas l'entendre. Vous en riez. Demandez à l'étudiant, il sera bientôt docteur. Moi, je parle à ma bouteille.

> *Il porte une bouteille à sa bouche.*

Une voix

Diego, qu'est-ce qu'il veut dire?

DIEGO

Que vous importe? Gardez votre cœur ferme et ce sera assez.

UNE VOIX

Demandez à l'officier des gardes civils.

L'OFFICIER

La garde civile pense que vous troublez l'ordre public.

NADA

La garde civile a de la chance. Elle a des idées simples.

DIEGO

Regardez, ça recommence...

UNE VOIX

Ah! le grand et terrible Dieu.

> *Le bourdonnement recommence. Deuxième passage de la comète.*

— Assez!
— Suffit!
— Cadix!
— Elle siffle!
— C'est un sort...
— Sur la cité...
— Silence! Silence!

> *Cinq heures sonnent. La comète disparaît. Le jour se lève.*

NADA (*perché sur une borne et ricanant*).

Et voilà! Moi, Nada, lumière de cette ville par l'instruction et les connaissances, ivrogne par dédain de toutes choses et par dégoût des honneurs, raillé des hommes parce que j'ai gardé la liberté du mépris, je tiens à vous donner, après ce feu d'artifice, un avertissement gratuit. Je vous informe donc que nous y sommes et que, de plus en plus, nous allons y être.

Remarquez bien que nous y étions déjà. Mais il fallait un ivrogne pour s'en rendre compte. Où sommes-nous donc? C'est à vous, hommes de raison, de le deviner. Moi, mon opinion est faite depuis toujours et je suis ferme sur mes principes : la vie vaut la mort; l'homme est du bois dont on fait les bûchers. Croyez-moi, vous allez avoir des ennuis. Cette comète-là est mauvais signe. Elle vous alerte!

Cela vous paraît invraisemblable? Je m'y attendais. Du moment que vous avez fait vos trois repas, travaillé vos huit heures et entretenu vos deux femmes, vous imaginez que tout est dans l'ordre. Non, vous n'êtes pas dans l'ordre, vous êtes dans le rang. Bien alignés, la mine placide, vous voilà mûrs pour la calamité. Allons, braves gens, l'avertissement est donné, je suis en règle avec ma conscience. Pour le reste, ne vous en faites pas, on s'occupe de vous là-haut. Et vous savez ce que ça donne : ils ne sont pas commodes!

Le juge Casado

Ne blasphème pas, Nada. Voilà déjà longtemps que tu prends des libertés coupables avec le ciel.

Nada

Ai-je parlé du ciel, juge? J'approuve ce qu'il fait de toute façon. Je suis juge à ma manière. J'ai lu dans les livres qu'il vaut mieux être le complice du ciel que sa victime. J'ai l'impression d'ailleurs que le ciel n'est pas en cause. Pour peu que les hommes se mêlent de casser les vitres et les têtes, vous vous apercevrez que le bon Dieu, qui connaît pourtant la musique, n'est qu'un enfant de chœur.

Le juge Casado

Ce sont les libertins de ta sorte qui nous attirent les alertes célestes. Car c'est une alerte en effet. Mais elle est donnée à tous ceux dont le cœur est corrompu. Craignez tous que des effets plus terribles ne s'ensuivent et priez Dieu qu'il pardonne vos péchés. À genoux donc! À genoux, vous dis-je!

> *Tous se mettent à genoux sauf Nada.*

Le juge Casado

Crains, Nada, crains et agenouille-toi.

NADA

Je ne le puis, ayant le genou raide. Quant à craindre, j'ai tout prévu, même le pire, je veux dire ta morale.

LE JUGE CASADO

Tu ne crois donc à rien, malheureux?

NADA

À rien de ce monde, sinon au vin. Et à rien du ciel.

LE JUGE CASADO

Pardonnez-lui, mon Dieu, puisqu'il ne sait ce qu'il dit et épargnez cette cité de vos enfants.

NADA

Ite missa est. Diego, offre-moi une bouteille à l'enseigne de la Comète. Et tu me diras où en sont tes amours.

DIEGO

Je vais épouser la fille du juge, Nada. Et je voudrais que désormais tu n'offenses plus son père. C'est m'offenser aussi.

Trompettes. Un héraut entouré de gardes.

LE HÉRAUT

Ordre du gouverneur. Que chacun se retire et reprenne ses tâches. Les bons gouvernements sont les gouvernements où rien ne se passe. Or telle est la volonté du gouverneur qu'il ne se passe rien en son gouvernement, afin qu'il demeure aussi bon qu'il l'a toujours été. Il est donc affirmé aux habitants de Cadix que rien ne s'est passé en ce jour qui vaille la peine qu'on s'alarme ou se dérange. C'est pourquoi chacun, à partir de cette sixième heure, devra tenir pour faux qu'aucune comète se soit jamais montrée à l'horizon de la cité. Tout contrevenant à cette décision, tout habitant qui parlera de comètes autrement que comme de phénomènes sidéraux passés ou à venir sera donc puni avec la rigueur de la loi.

Trompettes. Il se retire.

NADA

Eh bien! Diego, qu'en dis-tu? C'est une trouvaille!

DIEGO

C'est une sottise! Mentir est toujours une sottise.

NADA

Non, c'est une politique. Et que j'approuve puisqu'elle vise à tout supprimer. Ah! le bon gouverneur que nous avons là! Si son budget est en déficit, si son ménage est adultère, il annule le déficit et il nie l'accouplement. Cocus, votre femme est fidèle, paralytiques, vous pouvez marcher, et vous, aveugles, regardez : c'est l'heure de la vérité!

DIEGO

N'annonce pas de malheur, vieille chouette! L'heure de la vérité, c'est l'heure de la mise à mort!

NADA

Justement. À mort le monde! Ah, si je pouvais l'avoir tout entier devant moi, comme un taureau qui tremble de toutes ses pattes, avec ses petits yeux brûlants de haine et son mufle rose où la bave met une dentelle sale! Aïe! Quelle minute. Cette vieille main n'hésiterait pas et le cordon de la moelle serait tranché d'un coup et la lourde bête foudroyée tomberait jusqu'à la fin des temps à travers d'interminables espaces!

DIEGO

Tu méprises trop de choses, Nada. Économise ton mépris, tu en auras besoin.

NADA

Je n'ai besoin de rien. J'ai du mépris jusqu'à la mort. Et rien de cette terre, ni roi, ni comète, ni morale, ne seront jamais au-dessus de moi!

DIEGO

Du calme! Ne monte pas si haut. On t'en aimerait moins.

NADA

Je suis au-dessus de toutes choses, ne désirant plus rien.

DIEGO

Personne n'est au-dessus de l'honneur.

NADA

Qu'est-ce que l'honneur, fils ?

DIEGO

Ce qui me tient debout.

NADA

L'honneur est un phénomène sidéral passé ou à venir. Supprimons.

DIEGO

Bien, Nada, mais il faut que je parte. Elle m'attend. C'est pourquoi je ne crois pas à la calamité que tu annonces. Je dois m'occuper d'être heureux. C'est un long travail, qui demande la paix des villes et des campagnes.

NADA

Je te l'ai déjà dit, fils, nous y sommes déjà. N'espère rien. La comédie va commencer. Et c'est à peine s'il me reste le temps de courir au marché pour boire enfin à la mise à mort universelle.

Tout s'éteint.

FIN DU PROLOGUE

Lumière. Animation générale. Les gestes sont plus vifs, le mouvement se précipite. Musique. Les boutiquiers tirent leurs volets, écartant les premiers plans du décor. La place

*du marché apparaît. Le chœur
du peuple, conduit par les
pêcheurs, la remplit peu à peu,
exultant.*

LE CHŒUR

Il ne se passe rien, il ne se passera rien. À la fraîche, à la fraîche! Ce n'est pas une calamité, c'est l'abondance de l'été! *(Cri d'allégresse.)* À peine si le printemps s'achève et déjà l'orange dorée de l'été lancée à toute vitesse à travers le ciel se hisse au sommet de la saison et crève au-dessus de l'Espagne dans un ruissellement de miel, pendant que tous les fruits de tous les étés du monde, raisins gluants, melons couleur de beurre, figues pleines de sang, abricots en flammes, viennent dans le même moment rouler aux étals de nos marchés. *(Cri d'allégresse.)* Ô fruits! C'est ici qu'ils achèvent dans l'osier la longue course précipitée qui les amène des campagnes où ils ont commencé à s'alourdir d'eau et de sucre au-dessus des prés bleus de chaleur et parmi le jaillissement frais de mille sources ensoleillées peu à peu réunies en une seule eau de jeunesse aspirée par les racines et les troncs, conduite jusqu'au cœur des fruits où elle finit par couler lentement comme une inépuisable fontaine mielleuse qui les engraisse et les rend de plus en plus pesants.

Lourds, de plus en plus lourds! Et si lourds qu'à la fin les fruits coulent au fond de l'eau du ciel, commencent de rouler à travers l'herbe opulente, s'embarquent aux rivières, cheminent le long de toutes les routes et, des quatre coins de l'horizon, salués par les rumeurs joyeuses du peuple et les clairons de l'été *(brèves trompettes)* viennent en foule aux cités humaines, témoigner que la terre est douce et que le ciel nourricier reste fidèle au rendez-vous de l'abondance. *(Cri général d'allégresse.)* Non, il ne se passe rien. Voici l'été, offrande et non calamité. Plus tard l'hiver, le pain dur est pour demain! Aujourd'hui, dorades, sardines, langoustines, poisson, poisson frais venu des mers calmes, fromage, fromage au romarin! Le lait des chèvres mousse comme une lessive et, sur les plateaux de marbre, la viande congestionnée sous sa couronne de papier blanc, la viande à odeur de luzerne, offre en même temps le sang, la sève et le soleil à la rumination de l'homme. À la coupe! À la coupe!

Buvons à la coupe des saisons. Buvons jusqu'à l'oubli, il ne se passera rien!

> *Hourras. Cris de joie. Trompettes. Musique et aux quatre coins du marché de petites scènes se déroulent.*

LE PREMIER MENDIANT

La charité, homme, la charité, grand-mère!

LE DEUXIÈME MENDIANT

Mieux vaut la faire tôt que jamais!

LE TROISIÈME MENDIANT

Vous nous comprenez!

LE PREMIER MENDIANT

Il ne s'est rien passé, c'est entendu.

LE DEUXIÈME MENDIANT

Mais il se passera peut-être quelque chose.

> *Il vole la montre du passant.*

LE TROISIÈME MENDIANT

Faites toujours la charité. Deux précautions valent mieux qu'une!

> *À la pêcherie.*

LE PÊCHEUR

Une dorade fraîche comme un œillet! La fleur des mers! et vous venez vous plaindre!

LA VIEILLE

Ta dorade, c'est du chien de mer!

LE PÊCHEUR

Du chien de mer! Jusqu'à ton arrivée, sorcière, le chien de mer n'était jamais entré dans cette boutique.

LA VIEILLE

Aïe, fils de ta mère! Regarde mes cheveux blancs!

LE PÊCHEUR

Dehors, vieille comète!

> *Tout le monde s'immobilise,
> le doigt sur la bouche.
> À la fenêtre de Victoria.
> Victoria derrière les barreaux
> et Diego.*

DIEGO

Il y a si longtemps!

VICTORIA

Fou, nous nous sommes quittés à onze heures, ce matin!

DIEGO

Oui, mais il y avait ton père!

VICTORIA

Mon père a dit oui. Nous étions sûrs qu'il dirait non.

DIEGO

J'ai eu raison d'aller tout droit vers lui et de le regarder en face.

VICTORIA

Tu as eu raison. Pendant qu'il réfléchissait, je fermais les yeux, j'écoutais monter en moi un galop lointain qui se rapprochait, de plus en plus rapide et nombreux, jusqu'à me faire trembler tout entière. Et puis le père a dit oui. Alors j'ai ouvert les yeux. C'était le premier matin du monde. Dans un coin de la chambre où nous étions, j'ai vu les chevaux noirs de l'amour, encore couverts de frissons, mais désormais tranquilles. C'est nous qu'ils attendaient.

DIEGO

Moi, je n'étais ni sourd ni aveugle. Mais je n'entendais que le piaffement doux de mon sang. Ma joie était soudain sans impatience. Ô cité de lumière, voici qu'on t'a remise à moi pour la vie, jusqu'à l'heure où la terre nous appellera. Demain, nous partirons ensemble et nous monterons la même selle.

VICTORIA

Oui, parle notre langage même s'il paraît fou aux autres. Demain, tu embrasseras ma bouche. Je regarde la tienne et mes joues brûlent. Dis, est-ce le vent du Sud?

DIEGO

C'est le vent du Sud et il me brûle aussi. Où est la fontaine qui m'en guérira?

> *Il approche et, passant ses bras à travers les barreaux, elle le serre aux épaules.*

VICTORIA

Ah! J'ai mal de tant t'aimer! Approche encore.

DIEGO

Que tu es belle!

VICTORIA

Que tu es fort!

DIEGO

Avec quoi laves-tu ce visage pour le rendre aussi blanc que l'amande?

VICTORIA

Je le lave avec de l'eau claire, l'amour y ajoute sa grâce!

DIEGO

Tes cheveux sont frais comme la nuit!

VICTORIA

C'est que toutes les nuits je t'attends à ma fenêtre.

DIEGO

Est-ce l'eau claire et la nuit qui ont laissé sur toi l'odeur du citronnier?

VICTORIA

Non, c'est le vent de ton amour qui m'a couverte de fleurs en un seul jour!

DIEGO

Les fleurs tomberont!

VICTORIA

Les fruits t'attendent!

DIEGO

L'hiver viendra!

VICTORIA

Mais avec toi. Te souviens-tu de ce que tu m'as chanté la première fois. N'est-ce pas toujours vrai?

DIEGO

Cent ans après que serai mort
La terre me demanderait
Si je t'ai enfin oubliée
Que je répondrais pas encore!

Elle se tait.

DIEGO

Tu ne dis rien?

VICTORIA

Le bonheur m'a prise à la gorge.

Sous la tente de l'astrologue.

L'ASTROLOGUE *(à une femme)*.

Le soleil, ma belle, traverse le signe de la Balance au moment de ta naissance, ce qui autorise à te considérer comme Vénusienne, ton signe ascendant étant le Taureau, dont chacun sait qu'il est aussi gouverné par Vénus. Ta nature est donc émotive, affectueuse et agréable. Tu peux t'en réjouir, quoique le Taureau prédispose au célibat et risque de laisser sans emploi ces précieuses qualités. Je vois d'ailleurs une conjonction Vénus-Saturne qui est défavorable au mariage et aux enfants. Cette conjonction présage aussi des goûts bizarres et fait craindre les maux affectant le ventre. Ne t'y attarde point cependant et recherche le soleil qui renforcera le mental et la moralité, et qui est souverain quant aux flux du ventre. Choisis tes amis parmi les taureaux, petite, et n'oublie pas que ta position est bien orientée, facile et favorable, et qu'elle peut te garder en joie. C'est six francs.

Il reçoit l'argent.

LA FEMME

Merci. Tu es sûr de ce que tu m'as dit, n'est-ce pas ?

L'ASTROLOGUE

Toujours, petite, toujours ! Attention, cependant ! Il ne s'est rien passé, ce matin, bien entendu. Mais ce qui ne s'est point passé peut bouleverser mon horoscope. Je ne suis pas responsable de ce qui n'a pas eu lieu !

Elle part.

L'ASTROLOGUE

Demandez votre horoscope ! Le passé, le présent, l'avenir garanti par les astres fixes ! J'ai dit fixes ! *(À part.)* Si les comètes s'en mêlent, ce métier deviendra impossible. Il faudra se faire gouverneur.

DES GITANS *(ensemble)*.

Un ami qui te veut du bien...
Une brune qui sent l'orange...
Un grand voyage à Madrid...
L'héritage des Amériques...

UN SEUL

Après la mort de l'ami blond, tu recevras une lettre brune.

*Sur un tréteau, au fond, rou-
lement de tambour.*

LES COMÉDIENS

Ouvrez vos beaux yeux, gracieuses dames et vous, seigneurs, prêtez l'oreille ! Les acteurs que voici, les plus grands et les plus réputés du royaume d'Espagne, et que j'ai décidés, non sans peine, à quitter la cour pour ce marché, vont jouer, pour vous complaire, un acte sacré de l'immortel Pedro de Lariba : *les Esprits*. Pièce qui vous laissera étonnés, et que les ailes du génie ont portée d'un seul coup à la hauteur des chefs-d'œuvre universels.

Composition prodigieuse que notre roi aimait à ce point qu'il se la faisait jouer deux fois le jour et qu'il la contemplerait encore si je n'avais représenté à cette troupe sans égale l'intérêt et l'urgence qu'il y avait à la faire connaître aussi en ce marché, pour l'édification du public de Cadix, le plus averti de toutes les Espagnes !

Approchez donc, la représentation va commencer.

> *Elle commence en effet, mais on n'entend pas les acteurs, dont la voix est couverte par les bruits du marché.*

— À la fraîche, à la fraîche !

— La femme-homard, moitié femme, moitié poisson !

— Sardines frites ! Sardines frites !

— Ici, le roi de l'évasion qui sort de toutes les prisons !

— Prends mes tomates, ma belle, elles sont lisses comme ton cœur.

— Dentelles et linge de noces !

— Sans douleur et sans boniments, c'est Pedro qui arrache les dents !

NADA *(sortant ivre de la taverne).*

Écrasez tout. Faites une purée des tomates et du cœur ! En prison, le roi de l'évasion et cassons les dents de Pedro ! À mort l'astrologue qui n'aura pas prévu cela ! Mangeons la femme-homard et supprimons tout le reste, sinon ce qui se boit !

> *Un marchand étranger, richement vêtu, entre dans le marché au milieu d'un grand concours de filles.*

LE MARCHAND

Demandez, demandez le ruban de la Comète !

TOUS

Chut ! Chut !

> *Ils vont lui expliquer sa folie à l'oreille.*

Le marchand

Demandez, demandez le ruban sidéral !

> *Tous achètent du ruban.*
> *Cris de joie. Musique. Le*
> *gouverneur avec sa suite arrive*
> *au marché. On s'installe.*

Le gouverneur

Votre gouverneur vous salue et se réjouit de vous voir assemblés comme de coutume en ces lieux, au milieu des occupations qui font la richesse et la paix de Cadix. Non, décidément, rien n'est changé et cela est bon. Le changement m'irrite, j'aime mes habitudes !

Un homme du peuple

Non, gouverneur, rien n'est vraiment changé, nous autres, pauvres, pouvons te l'assurer. Les fins de mois sont bien justes. L'oignon, l'olive et le pain font notre subsistance et quant à la poule au pot, nous sommes contents de savoir que d'autres que nous la mangent toujours le dimanche. Ce matin, il y a eu du bruit dans la ville et au-dessus de la ville. En vérité, nous avons eu peur. Nous avons eu peur que quelque chose fût changé et que tout d'un coup les misérables fussent contraints à se nourrir de chocolat. Mais par tes soins, bon gouverneur, on nous annonça qu'il ne s'était rien passé et que nos oreilles avaient mal entendu. Du coup, nous voici rassurés avec toi.

Le gouverneur

Le gouverneur s'en réjouit. Rien n'est bon de ce qui est nouveau.

Les alcades

Le gouverneur a bien parlé ! Rien n'est bon de ce qui est nouveau. Nous autres, alcades, mandatés par la sagesse et les ans, voulons croire en particulier que nos bons pauvres ne se sont pas donné un air d'ironie. L'ironie est une vertu qui détruit. Un bon gouverneur lui préfère les vices qui construisent.

Le gouverneur

En attendant, que rien ne bouge! Je suis le roi de l'immobilité!

LES IVROGNES DE LA TAVERNE *(autour de Nada)*.

Oui, oui, oui! Non, non, non! Que rien ne bouge, bon gouverneur! Tout tourne autour de nous et c'est une grande souffrance! Nous voulons l'immobilité! Que tout mouvement soit arrêté! Que tout soit supprimé, hors le vin et la folie.

Le chœur

Rien n'est changé! Il ne se passe rien, il ne s'est rien passé! Les saisons tournent autour de leur pivot et dans le ciel suave circulent des astres sages dont la tranquille géométrie condamne ces étoiles folles et déréglées qui incendient les prairies du ciel de leur chevelure enflammée, troublent de leur hurlement d'alerte la douce musique des planètes, bousculent par le vent de leur course les gravitations éternelles, font grincer les constellations et préparent, à tous les carrefours du ciel, de funestes collisions d'astres. En vérité, tout est en ordre, le monde s'équilibre! C'est le midi de l'année, la saison haute et immobile! Bonheur, bonheur! Voici l'été! Qu'importe le reste, le bonheur est notre fierté.

Les alcades

Si le ciel a des habitudes, remerciez-en le gouverneur puisqu'il est roi de l'habitude. Lui non plus n'aime pas les cheveux fous. Tout son royaume est bien peigné!

Le chœur

Sages! Nous resterons sages, puisque rien ne changera jamais. Que ferions-nous, cheveux au vent, l'œil enflammé, la bouche stridente? Nous serons fiers du bonheur des autres!

Les ivrognes *(autour de Nada)*.

Supprimez le mouvement, supprimez, supprimez! Ne bougez pas, ne bougeons pas! Laissons couler les heures, ce règne-ci sera sans histoire! La saison immobile est

la saison de nos cœurs puisqu'elle est la plus chaude et
qu'elle nous porte à boire!

*Mais le thème sonore de
l'alerte qui bourdonnait sourdement depuis un moment monte
tout d'un coup à l'aigu, tandis que
deux énormes coups mats résonnent. Sur les tréteaux, un comédien, s'avançant vers le public en
continuant sa pantomime, chancelle et tombe au milieu de la
foule qui l'entoure immédiatement. Plus un mot, plus un
geste : le silence est complet.*

*Quelques secondes d'immobi-
lité, et c'est la précipitation
générale.*

*Diego fend la foule qui s'écarte
lentement et découvre l'homme.*

*Deux médecins arrivent qui
examinent le corps, s'écartent et
discutent avec agitation.*

*Un jeune homme demande des
explications à l'un des médecins
qui fait des gestes de dénégation.
Le jeune homme le presse, et
encouragé par la foule, le pousse
à répondre, le secoue, se colle à
lui dans le mouvement de l'ad-
juration et se trouve, finalement,
lèvres à lèvres avec lui. Un bruit
d'aspiration, et il fait mine de
prendre un mot de la bouche du
médecin. Il s'écarte et, à grand-
peine, comme si le mot était trop
grand pour sa bouche et qu'il
faille de longs efforts pour s'en
délivrer, il prononce :*

— La Peste.

*Tout le monde plie les genoux
et chacun répète le mot de plus
en plus fort et de plus en plus*

*rapidement pendant que tous
fuient, accomplissant de larges
courbes sur la scène autour du
gouverneur remonté sur son estrade. Le mouvement s'accélère,
se précipite, s'affole jusqu'à ce
que les gens s'immobilisent en
groupes, à la voix du vieux curé.*

LE CURÉ

À l'église, à l'église! Voici que la punition arrive.
Le vieux mal est sur la ville! C'est lui que le ciel envoie
depuis toujours aux cités corrompues pour les châtier à
mort de leur péché mortel. Dans vos bouches menteuses,
vos cris seront écrasés et un sceau brûlant va se poser sur
votre cœur. Priez maintenant le Dieu de justice pour qu'il
oublie et qu'il pardonne. Entrez dans l'église! Entrez
dans l'église!

*Quelques-uns se précipitent
dans l'église. Les autres se tournent mécaniquement à droite et
à gauche pendant que sonne la
cloche des morts. Au troisième
plan, l'astrologue, comme s'il
faisait un rapport au gouverneur,
parle sur un ton très naturel.*

L'ASTROLOGUE

Une conjonction maligne de planètes hostiles vient de
se dessiner sur le plan des astres. Elle signifie et elle
annonce sécheresse, famine et peste à tout venant...

*Mais un groupe de femmes
couvre tout de son caquet.*

— Il avait à la gorge une énorme bête qui lui pompait
le sang avec un gros bruit de siphon!

— C'était une araignée, une grosse araignée noire!

— Verte, elle était verte!

— Non, c'était un lézard des algues!

— Tu n'as rien vu! C'était un poulpe, grand comme
un petit d'homme.

— Diego, où est Diego?

— Il y aura tellement de morts qu'il ne restera plus de vivants pour les enterrer!

— Aïe! Si je pouvais partir!

— Partir! Partir!

VICTORIA

— Diego, où est Diego?

Pendant toute cette scène, le ciel s'est rempli de signes et le bourdonnement d'alerte s'est développé, accentuant la terreur générale. Un homme, le visage illuminé, sort d'une maison en criant : « Dans quarante jours, la fin du monde! » et, de nouveau, la panique déroule ses courbes, les gens répétant : « Dans quarante jours, la fin du monde! » Des gardes viennent arrêter l'illuminé, mais, de l'autre côté, sort une sorcière qui distribue des remèdes.

LA SORCIÈRE

Mélisse, menthe, sauge, romarin, thym, safran, écorce de citron, pâtes d'amandes... Attention, attention, ces remèdes sont infaillibles!

Mais une sorte de vent froid se lève, pendant que le soleil commence à se coucher et fait lever les têtes.

LA SORCIÈRE

Le vent! Voici le vent! Le fléau a horreur du vent. Tout ira mieux, vous le verrez!

Dans le même temps, le vent tombe, le bourdonnement remonte à l'aigu, les deux coups mats résonnent, assourdissants et un peu plus rapprochés. Deux hommes s'abattent au milieu de la foule. Tous fléchissent les genoux et commencent à s'écarter des corps à reculons. Seul demeure la sorcière avec, à ses pieds, les deux hommes qui portent des marques aux aines et à la gorge. Les malades se tordent, font deux ou trois gestes et meurent pendant que la nuit descend lentement sur la foule qui se déplace toujours vers l'extérieur, laissant les cadavres au centre.

Obscurité.

Lumière à l'église. Projecteur au palais du roi. Lumière dans la maison du juge. La scène est alternée.

AU PALAIS

LE PREMIER ALCADE

Votre honneur, l'épidémie se déclenche avec une rapidité qui déborde tous les secours. Les quartiers sont plus contaminés qu'on ne croit, ce qui m'incline à penser qu'il faut dissimuler la situation et ne dire la vérité au peuple à aucun prix. Du reste, et pour le moment, la maladie s'attaque surtout aux quartiers extérieurs qui sont pauvres et surpeuplés. Dans notre malheur, ceci du moins est satisfaisant.

Murmures d'approbation.

À L'ÉGLISE

LE CURÉ

Approchez et que chacun confesse en public ce qu'il a fait de pire. Ouvrez vos cœurs, maudits! Dites-vous les uns aux autres le mal que vous avez fait et celui que vous avez médité, ou sinon le poison du péché vous étouffera et vous mènera en enfer aussi sûrement que la pieuvre de la peste... Je m'accuse, pour ma part, d'avoir souvent manqué de charité.

> *Trois confessions mimées suivront pendant le dialogue qui suit.*

AU PALAIS

LE GOUVERNEUR

Tout s'arrangera. L'ennuyeux, c'est que je devais aller à la chasse. Ces choses-là arrivent toujours quand on a quelque affaire importante. Comment faire?

LE PREMIER ALCADE

Ne manquez point la chasse, ne serait-ce que pour l'exemple. La ville doit savoir quel front serein vous savez montrer dans l'adversité.

À L'ÉGLISE

TOUS

Pardonnez-nous, mon Dieu, ce que nous avons fait et ce que nous n'avons point fait!

DANS LA MAISON DU JUGE

> *Le juge lit des psaumes entouré de sa famille.*

LE JUGE

« Le seigneur est mon refuge et ma citadelle
Car c'est lui qui me préserve du piège de l'oiseleur
Et de la peste meurtrière! »

LA FEMME

Casado, ne pouvons-nous sortir?

LE JUGE

Tu es beaucoup trop sortie dans ta vie, femme. Cela n'a pas fait notre bonheur.

La femme

Victoria n'est pas rentrée et je crains le mal pour elle.

Le juge

Tu n'as pas toujours craint le mal pour toi. Et tu y as perdu l'honneur. Reste, c'est ici la maison tranquille au milieu du fléau. J'ai tout prévu et, barricadés pour le temps de la peste, nous attendrons la fin. Dieu aidant, nous ne souffrirons de rien.

La femme

Tu as raison, Casado. Mais nous ne sommes pas les seuls. D'autres souffrent. Victoria est peut-être en danger.

Le juge

Laisse les autres et pense à la maison. Pense à ton fils, par exemple. Fais venir toutes les provisions que tu pourras. Paye le prix qu'il faut. Mais engrange, femme, engrange! Le temps est venu d'engranger! *(Il lit.)* « Le seigneur est mon refuge et ma citadelle... »

À L'ÉGLISE

On reprend la suite.

Le chœur

« Tu n'auras à craindre
Ni les terreurs de la nuit
Ni les flèches qui volent dans le jour
Ni la peste qui chemine dans l'ombre
Ni l'épidémie qui rampe en plein midi. »

Une voix

Oh! le grand et terrible Dieu!

Lumière sur la place. Déambulations du peuple sur le rythme d'une copla.

Le chœur

« Tu as signé dans le sable

Tu as écrit sur la mer
Il ne reste que la peine. »

> *Entre Victoria. Projecteur*
> *sur la place.*

VICTORIA

Diego, où est Diego?

UNE FEMME

Il est auprès des malades. Il soigne ceux qui l'appellent.

> *Elle court à une extrémité de*
> *la scène et se heurte à Diego qui*
> *porte le masque des médecins de*
> *la peste. Elle recule, poussant*
> *un cri.*

DIEGO (*doucement*).

Je te fais donc si peur, Victoria?

VICTORIA (*dans un cri*).

Oh! Diego, c'est enfin toi! Enlève ce masque et serre-moi contre toi. Contre toi, contre toi et je serai sauvée de ce mal!

> *Il ne bouge pas.*

VICTORIA

Qu'y a-t-il de changé entre nous, Diego? Voici des heures que je te cherche, courant à travers la ville, épouvantée à l'idée que le mal pourrait te toucher aussi, et te voici avec ce masque de tourment et de maladie. Quitte-le, quitte-le, je t'en prie et prends-moi contre toi! (*Il enlève son masque.*) Quand je vois tes mains, ma bouche se dessèche. Embrasse-moi!

> *Il ne bouge pas.*

VICTORIA (*plus bas*).

Embrasse-moi, je meurs de soif. As-tu oublié qu'hier seulement nous nous sommes engagés l'un à l'autre. Toute la nuit, j'ai attendu ce jour où tu devais m'embrasser de toutes tes forces. Vite, vite!...

Diego

J'ai pitié, Victoria !

Victoria

Moi aussi, mais j'ai pitié de nous. Et c'est pourquoi je t'ai cherché, criant dans les rues, courant vers toi, mes bras tendus pour les nouer aux tiens !

Elle avance vers lui.

Diego

Ne me touche pas, écarte-toi !

Victoria

Pourquoi ?

Diego

Je ne me reconnais plus. Un homme ne m'a jamais fait peur, mais ceci me dépasse, l'honneur ne me sert de rien et je sens que je m'abandonne. *(Elle avance vers lui.)* Ne me touche pas. Peut-être déjà le mal est-il en moi et je vais te le donner. Attends un peu. Laisse-moi respirer, car je suis étranglé de stupeur. Je ne sais même plus comment prendre ces hommes et les retourner dans leur lit. Mes mains tremblent d'horreur et la pitié bouche mes yeux. *(Des cris et des gémissements.)* Ils m'appellent pourtant, tu entends. Il faut que j'y aille. Mais veille sur toi, veille sur nous. Cela va finir, c'est sûr !

Victoria

Ne me quitte pas.

Diego

Cela va finir. Je suis trop jeune et je t'aime trop. La mort me fait horreur.

Victoria *(s'élançant vers lui)*.

Je suis vivante, moi !

Diego. *(Il recule.)*

Quelle honte, Victoria, quelle honte.

VICTORIA

La honte, pourquoi la honte?

DIEGO

Il me semble que j'ai peur.

> *On entend des gémissements.*
> *Il court dans leur direction.*
> *Déambulations du peuple sur*
> *le rythme d'une copla.*

LE CHŒUR

« Qui a raison et qui a tort?
Songe
Que tout ici-bas est mensonge.
Il n'est rien de vrai que la mort. »

> *Projecteur sur l'église et sur*
> *le palais du gouverneur.*
> *Psaumes et prières à l'église.*
> *Du palais le premier alcade*
> *s'adresse au peuple.*

LE PREMIER ALCADE

Ordre du gouverneur. À partir de ce jour, en signe de pénitence à l'endroit du malheur commun et pour éviter les risques de contagion, tout rassemblement public est interdit et tout divertissement prohibé. Aussi bien...

UNE FEMME *(se met à hurler au milieu du peuple)*.

Là! Là! On cache un mort. Il ne faut pas le laisser. Il va tout pourrir! Honte des hommes! Il faut le porter en terre!

> *Désordre. Deux hommes s'en*
> *vont entraînant la femme.*

L'ALCADE

Aussi bien le gouverneur est en mesure de rassurer les citadins sur l'évolution du fléau inattendu qui s'est abattu sur la ville. De l'avis de tous les médecins, il suffira que le vent de mer se lève pour que la peste recule. Dieu aidant...

> *Mais les deux énormes coups mats l'interrompent suivis de deux autres coups cependant que la cloche des morts sonne à toute volée et que les prières déferlent dans l'église. Puis seul règne un silence terrifié au milieu duquel entrent deux personnages étrangers, un homme et une femme, que tous suivent des yeux. L'homme est corpulent. Tête nue. Il porte une sorte d'uniforme avec une décoration. La femme porte aussi un uniforme, mais avec un col et des manchettes blancs. Elle a un bloc-notes en main. Ils s'avancent jusque sous le palais du gouverneur et saluent.*

LE GOUVERNEUR

Que me voulez-vous, étrangers?

L'HOMME *(sur le ton de la courtoisie)*.

Votre place.

TOUS

Quoi? Que dit-il?

LE GOUVERNEUR

Vous avez mal choisi votre moment, et cette insolence peut vous coûter cher. Mais sans doute aurons-nous mal compris. Qui êtes-vous?

L'HOMME

Je vous le donne en mille!

LE PREMIER ALCADE

Je ne sais pas qui vous êtes, étranger, mais je sais où vous allez finir!

L'HOMME (*très calme*).

Vous m'impressionnez. Qu'en pensez-vous, chère amie. Faut-il donc leur dire qui je suis ?

LA SECRÉTAIRE

D'habitude, nous y mettons plus de manières.

L'HOMME

Ces messieurs sont pourtant bien pressants.

LA SECRÉTAIRE

Sans doute ont-ils leurs raisons. Après tout, nous sommes en visite et nous devons nous plier aux usages de ces lieux.

L'HOMME

Je vous comprends. Mais cela ne mettra-t-il pas un peu de désordre dans ces bons esprits ?

LA SECRÉTAIRE

Un désordre vaut mieux qu'une impolitesse.

L'HOMME

Vous êtes convaincante. Mais il me reste quelques scrupules...

LA SECRÉTAIRE

De deux choses l'une...

L'HOMME

Je vous écoute...

LA SECRÉTAIRE

Ou vous le dites, ou vous ne le dites pas. Si vous le dites, on le saura. Si vous ne le dites pas, on l'apprendra.

L'HOMME

Cela m'éclaire tout à fait.

LE GOUVERNEUR

Cela suffit, en tout cas ! Avant de prendre les mesures

qui conviennent, je vous somme une dernière fois de dire qui vous êtes et ce que vous voulez.

L'HOMME *(toujours naturel)*.

Je suis la Peste. Et vous ?

LE GOUVERNEUR

La Peste ?

L'HOMME

Oui, et j'ai besoin de votre place. Je suis désolé, croyez-le bien, mais je vais avoir beaucoup à faire. Si je vous donnais deux heures, par exemple ? Cela vous suffirait-il pour me passer les pouvoirs ?

LE GOUVERNEUR

Cette fois-ci vous êtes allé trop loin et vous serez puni de cette imposture. Gardes !

L'HOMME

Attendez ! Je ne veux forcer personne. J'ai pour principe d'être correct. Je comprends que ma conduite paraisse surprenante, et, en somme, vous ne me connaissez pas. Mais je désire vraiment que vous me cédiez la place sans m'obliger à faire mes preuves. Ne pouvez-vous me croire sur parole ?

LE GOUVERNEUR

Je n'ai pas de temps à perdre et cette plaisanterie a déjà trop duré. Arrêtez cet homme !

L'HOMME

Il faut donc se résigner. Mais tout cela est bien ennuyeux. Chère amie, voudriez-vous procéder à une radiation ?

> *Il tend le bras vers un des gardes. La secrétaire raye osten-siblement quelque chose sur son bloc-notes. Le coup mat retentit. La garde tombe. La secrétaire l'examine.*

LA SECRÉTAIRE

Tout est en ordre, Votre Honneur. Les trois marques sont là. *(Aux autres, aimablement.)* Une marque, et vous êtes suspect. Deux, vous voilà contaminé. Trois, la radiation est prononcée. Rien n'est plus simple.

L'HOMME

Ah! J'oubliais de vous présenter ma secrétaire. Vous la connaissez du reste. Mais on rencontre tant de gens...

LA SECRÉTAIRE

Ils sont excusables! Et puis, on finit toujours par me reconnaître.

L'HOMME

Une heureuse nature, vous voyez! Gaie, contente, propre de sa personne...

LA SECRÉTAIRE

Je n'y ai pas de mérite. Le travail est plus facile au milieu des fleurs fraîches et des sourires.

L'HOMME

Ce principe est excellent. Mais revenons à nos moutons! *(Au gouverneur.)* Vous ai-je donné une preuve suffisante de mon sérieux? Vous ne dites rien? Bon, je vous ai effrayé, naturellement. Mais c'est tout à fait contre mon gré, croyez-le bien. J'aurais préféré un arrangement à l'amiable, une convention basée sur la confiance réciproque, garantie par votre parole et la mienne, un accord conclu dans l'honneur en quelque sorte. Après tout, il n'est pas trop tard pour bien faire. Le délai de deux heures vous paraît-il suffisant?

> *Le gouverneur secoue la tête*
> *en signe de dénégation.*

L'HOMME *(en se tournant vers la secrétaire).*

Comme c'est désagréable!

LA SECRÉTAIRE *(secouant la tête).*

Un obstiné! Quel contretemps!

L'HOMME *(au gouverneur)*.

Je tiens pourtant à obtenir votre consentement. Je ne veux rien faire sans votre accord, ce serait contraire à mes principes. Ma collaboratrice va donc procéder à autant de radiations qu'il sera nécessaire pour obtenir de vous une libre approbation à la petite réforme que je propose. Êtes-vous prête, chère amie?

LA SECRÉTAIRE

Le temps de tailler mon crayon qui s'est épointé et tout sera pour le mieux dans le meilleur des mondes.

L'HOMME. *(Il soupire.)*

Sans votre optimisme, ce métier me serait bien pénible!

LA SECRÉTAIRE *(taillant son crayon)*.

La parfaite secrétaire est sûre que tout peut toujours s'arranger, qu'il n'y a pas d'erreur de comptabilité qui ne finisse par se réparer, ni de rendez-vous manqué qui ne puisse se retrouver. Point de malheur qui n'ait son bon côté. La guerre elle-même a ses vertus et il n'est pas jusqu'aux cimetières qui ne puissent être de bonnes affaires lorsque les concessions à perpétuité sont dénoncées tous les dix ans.

L'HOMME

Vous parlez d'or... Votre crayon a-t-il sa pointe?

LA SECRÉTAIRE

Il l'a et nous pouvons commencer.

L'HOMME

Allons!

> L'homme désigne Nada qui s'est avancé mais Nada éclate d'un rire d'ivrogne.

LA SECRÉTAIRE

Puis-je vous signaler que celui-ci a le genre qui ne croit à rien et que ce genre-là nous est bien utile?

L'HOMME

Très juste. Prenons donc un des alcades.

Panique   chez   les   alcades.

LE GOUVERNEUR

Arrêtez !

LA SECRÉTAIRE

Bon signe, Votre Honneur !

L'HOMME *(empressé).*

Puis-je quelque chose pour vous, gouverneur.

LE GOUVERNEUR

Si je vous cède la place, moi, les miens et les alcades aurons-nous la vie sauve ?

L'HOMME

Mais naturellement, voyons, c'est l'usage !

*Le gouverneur confère avec
les alcades, puis se tourne vers le
peuple.*

LE GOUVERNEUR

Peuple de Cadix, vous comprenez, j'en suis sûr, que tout est changé maintenant ? Dans votre intérêt même, il convient peut-être que je laisse cette ville à la puissance nouvelle qui vient de s'y manifester. L'accord que je conclus avec elle évitera sans doute le pire et vous aurez ainsi la certitude de conserver hors de vos murs un gouvernement qui pourra un jour vous être utile. Ai-je besoin de vous dire que je n'obéis pas, parlant ainsi, au souci de ma sécurité, mais...

L'HOMME

Pardonnez-moi de vous interrompre. Mais je serais heureux de vous voir préciser publiquement que vous consentez de plein gré à ces utiles dispositions et qu'il s'agit naturellement d'un accord libre.

*Le gouverneur regarde de
leur côté. La secrétaire porte le
crayon à sa bouche.*

LE GOUVERNEUR

Bien entendu, c'est dans la liberté que je conclus ce nouvel accord.

Il balbutie, recule et s'enfuit.
L'exode commence.

L'HOMME *(au premier alcade).*

S'il vous plaît, ne partez pas si vite! J'ai besoin d'un homme qui ait la confiance du peuple et par l'intermédiaire duquel je puisse faire connaître mes volontés. *(Le premier alcade hésite.)* Vous acceptez naturellement... *(À la secrétaire.)* Chère amie...

LE PREMIER ALCADE

Mais, naturellement, c'est un grand honneur.

L'HOMME

Parfait. Dans ces conditions, chère amie, vous allez communiquer à l'alcade ceux de nos arrêtés qu'il faut faire connaître à ces bonnes gens afin qu'ils commencent de vivre dans la réglementation.

LA SECRÉTAIRE

Ordonnance conçue et publiée par le premier alcade et ses conseillers...

LE PREMIER ALCADE

Mais je n'ai rien conçu encore...

LA SECRÉTAIRE

C'est une peine qu'on vous épargne. Et il me semble que vous devriez être flatté que nos services se donnent la peine de rédiger ce que vous allez ainsi avoir l'honneur de signer.

LE PREMIER ALCADE

Sans doute, mais...

LA SECRÉTAIRE

Ordonnance donc faisant office d'acte promulgué en pleine obéissance des volontés de notre bien-aimé souverain, pour la réglementation et assistance charitable des citoyens atteints d'infection et pour la désignation de toutes les règles et de toutes les personnes telles que surveillants, gardiens, exécuteurs et fossoyeurs dont le serment sera d'appliquer strictement les ordres qui leur seront donnés.

LE PREMIER ALCADE

Qu'est ce langage, je vous prie?

LA SECRÉTAIRE

C'est pour les habituer à un peu d'obscurité. Moins ils comprendront, mieux ils marcheront. Ceci dit, voici les ordonnances que vous allez faire crier par la ville l'une après l'autre, afin que la digestion en soit facilitée, même aux esprits les plus lents. Voici nos messagers. Leurs visages aimables aideront à fixer le souvenir de leurs paroles.

Les messagers se présentent.

LE PEUPLE

Le gouverneur s'en va, le gouverneur s'en va!

NADA

Selon son droit, peuple, selon son droit. L'État, c'est lui, et il faut protéger l'État.

LE PEUPLE

L'État, c'était lui, et maintenant, il n'est plus rien. Puisqu'il s'en va, c'est la Peste qui est l'État.

NADA

Qu'est-ce que ça peut vous faire? Peste ou gouverneur, c'est toujours l'État.

Le peuple déambule et semble chercher des sorties. Un messager se détache.

LE PREMIER MESSAGER

Toutes les maisons infectées devront être marquées au milieu de la porte d'une étoile noire d'un pied de rayon, ornée de cette inscription : « Nous sommes tous frères. »

L'étoile devra rester jusqu'à la réouverture de la maison, sous peine des rigueurs de la loi.

Il se retire.

UNE VOIX

Quelle loi?

UNE AUTRE VOIX

La nouvelle, bien sûr.

LE CHŒUR

Nos maîtres disaient qu'ils nous protégeraient, et voici pourtant que nous sommes seuls. Des brumes affreuses commencent à s'épaissir aux quatre coins de la ville, dissipent peu à peu l'odeur des fruits et des roses, ternissent la gloire de la saison, étouffent la jubilation de l'été. Ah! Cadix, cité marine! Hier encore, et par-dessus le détroit, le vent du désert, plus épais d'avoir passé sur les jardins africains, venait alanguir nos filles. Mais le vent est tombé, lui seul pouvait purifier la ville. Nos maîtres disaient que rien ne se passerait jamais et voici que l'autre avait raison, qu'il se passe quelque chose, que nous y sommes enfin et qu'il nous faut fuir, fuir sans tarder avant que les portes se referment sur notre malheur.

LE DEUXIÈME MESSAGER

Toutes les denrées de première nécessité seront désormais à la disposition de la communauté, c'est-à-dire qu'elles seront distribuées en parts égales et infimes à tous ceux qui pourront prouver leur loyale appartenance à la nouvelle société.

La première porte se ferme.

LE TROISIÈME MESSAGER

Tous les feux devront être éteints à neuf heures du soir et aucun particulier ne pourra demeurer dans un lieu public ou circuler dans les rues de la ville sans un laissez-passer en due forme qui ne sera délivré que dans des cas extrêmement rares et toujours de façon arbitraire. Tout contrevenant à ces dispositions sera puni des rigueurs de la loi.

Des voix *(crescendo)*.

— On va fermer les portes.
— Les portes sont fermées.
— Non, toutes ne sont pas fermées.

Le chœur

Ah! Courons vers celles qui s'ouvrent encore. Nous sommes les fils de la mer. C'est là-bas, c'est là-bas qu'il nous faut arriver, au pays sans murailles et sans portes, aux plages vierges où le sable a la fraîcheur des lèvres, et où le regard porte si loin qu'il se fatigue. Courons à la rencontre du vent. À la mer! La mer enfin, la mer libre, l'eau qui lave, le vent qui affranchit!

Des voix

À la mer! À la mer!

L'exode se précipite.

Le quatrième messager

Il est sévèrement interdit de porter assistance à toute personne frappée par la maladie, si ce n'est en la dénonçant aux autorités qui s'en chargeront. La dénonciation entre membres d'une même famille est particulièrement recommandée et sera récompensée par l'attribution d'une double ration alimentaire, dite ration civique.

La deuxième porte se ferme.

Le chœur

À la mer! À la mer! La mer nous sauvera. Que lui font les maladies et les guerres! Elle a vu et recouvert bien des gouvernements! Elle n'offre que des matins rouges et des soirs verts et, du soir au matin, le froissement interminable de ses eaux tout le long des nuits débordantes d'étoiles!

Ô solitude, désert, baptême du sel! Être seul devant la mer, dans le vent, face au soleil, enfin libéré de ces villes scellées comme des tombeaux et de ces faces humaines que la peur a verrouillées. Vite! Vite! Qui me délivrera de l'homme et de ses terreurs? J'étais heureux sur le sommet de l'année, abandonné parmi les fruits, la nature égale, l'été bienveillant. J'aimais le monde, il y avait l'Espagne et moi. Mais je n'entends plus le bruit des vagues. Voici les clameurs, la panique, l'insulte et la lâcheté, voici mes frères épaissis par la sueur et l'angoisse, et désormais trop lourds à porter. Qui me rendra les mers d'oubli, l'eau calme du large, ses routes liquides et ses sillages recouverts. À la mer! À la mer, avant que les portes se ferment!

UNE VOIX

Vite! Ne touche pas celui-ci qui était près du mort!

UNE VOIX

Il est marqué!

UNE VOIX

À l'écart! À l'écart!

> *Ils le frappent. La troisième porte se ferme.*

UNE VOIX

Oh! le grand et terrible Dieu!

UNE VOIX

Vite! Prends ce qu'il faut, le matelas et la cage des oiseaux! N'oublie pas le collier du chien! Le pot de menthe fraîche aussi. Nous en mâcherons jusqu'à la mer!

UNE VOIX

Au voleur! Au voleur! Il a pris la nappe brodée de mon mariage!

> *On poursuit. On atteint. On frappe. La quatrième porte se ferme.*

UNE VOIX

Cache cela, veux-tu, cache nos provisions!

UNE VOIX

Je n'ai rien pour la route, donne-moi un pain, frère? Je te donnerai ma guitare incrustée de nacre.

Une voix

Ce pain-ci est pour mes enfants, non pour ceux qui se disent mes frères. Il y a des degrés dans la parenté.

Une voix

Un pain, tout mon argent pour un seul pain!

La cinquième porte se ferme.

Le chœur

Vite! Une seule porte reste ouverte! Le fléau va plus vite que nous. Il hait la mer et ne veut pas que nous la retrouvions. Les nuits sont calmes, les étoiles filent au-dessus du mât. Que ferait ici la peste? Elle veut nous garder sous elle, elle nous aime à sa manière. Elle veut que nous soyons heureux comme elle l'entend, non comme nous le voulons. Ce sont les plaisirs forcés, la vie froide, le bonheur à perpétuité. Tout se fixe, nous ne sentons plus sur nos lèvres l'ancienne fraîcheur du vent.

Une voix

Prêtre, ne me quitte pas, je suis ton pauvre!

Le prêtre fuit.

Le pauvre

Il fuit, il fuit! Garde-moi près de toi! C'est ton rôle de t'occuper de moi! Si je te perds, alors j'ai tout perdu!

*Le prêtre s'échappe. Le pau-
vre tombe en criant.*

Le pauvre

Chrétiens d'Espagne, vous êtes abandonnés!

Le cinquième messager *(Il détache ses paroles.)*

Enfin, et ceci sera le résumé.

*La Peste et sa secrétaire,
devant le premier alcade, sourient
et approuvent en se congratulant.*

LE CINQUIÈME MESSAGER

Afin d'éviter toute contagion par la communication de l'air, les paroles mêmes pouvant être le véhicule de l'infection, il est ordonné à chacun des habitants de garder constamment dans la bouche un tampon imbibé de vinaigre qui les préservera du mal en même temps qu'il les entraînera à la discrétion et au silence.

> *À partir de ce moment chacun met un mouchoir dans sa bouche et le nombre des voix diminue en même temps que l'ampleur de l'orchestre. Le chœur commencé à plusieurs voix finira en une seule voix jusqu'à la pantomime finale qui se déroule dans un silence complet, les bouches des personnages gonflées et fermées.*
>
> *La dernière porte claque à toute volée.*

LE CHŒUR

Malheur! Malheur! Nous sommes seuls, la Peste et nous! La dernière porte s'est refermée! Nous n'entendons plus rien. La mer est désormais trop loin. À présent, nous sommes dans la douleur et nous avons à tourner en rond dans cette ville étroite, sans arbres et sans eaux, cadenassée de hautes portes lisses, couronnée de foules hurlantes, Cadix enfin comme une arène noire et rouge où vont s'accomplir les meurtres rituels. Frères, cette détresse est plus grande que notre faute, nous n'avons pas mérité cette prison! Notre cœur n'était pas innocent, mais nous aimions le monde et ses étés : ceci aurait dû nous sauver! Les vents sont en panne et le ciel est vide! Nous allons nous taire pour longtemps. Mais une dernière fois, avant que nos bouches se ferment sous le bâillon de la terreur, nous crierons dans le désert.

> *Gémissements et silence.*
> *De l'orchestre, il ne reste plus que les cloches. Le bourdonnement de la comète reprend doucement.*

*Dans le palais du gouverneur
réapparaissent la Peste et sa
secrétaire. La secrétaire avance,
rayant un nom à chaque pas,
tandis que la batterie scande
chacun de ses gestes. Nada ricane
et la première charrette de morts
passe en grinçant.*

*La Peste se dresse au sommet
du décor et fait un signe. Tout
s'arrête, mouvements et bruits.*

La Peste parle.

LA PESTE

Moi, je règne, c'est un fait, c'est donc un droit. Mais c'est un droit qu'on ne discute pas : vous devez vous adapter.

Du reste, ne vous y trompez pas, si je règne c'est à ma manière et il serait plus juste de dire que je fonctionne. Vous autres, Espagnols, êtes un peu romanesques et vous me verriez volontiers sous l'aspect d'un roi noir ou d'un somptueux insecte. Il vous faut du pathétique, c'est connu! Eh bien! non. Je n'ai pas de sceptre, moi, et j'ai pris l'air d'un sous-officier. C'est la façon que j'ai de vous vexer, car il est bon que vous soyez vexés : vous avez tout à apprendre. Votre roi a les ongles noirs et l'uniforme strict. Il ne trône pas, il siège. Son palais est une caserne, son pavillon de chasse, un tribunal. L'état de siège est proclamé.

C'est pourquoi, notez cela, lorsque j'arrive, le pathétique s'en va. Il est interdit, le pathétique, avec quelques autres balançoires comme la ridicule angoisse du bonheur, le visage stupide des amoureux, la contemplation égoïste des paysages et la coupable ironie. À la place de tout cela, j'apporte l'organisation. Ça vous gênera un peu au début, mais vous finirez par comprendre qu'une bonne organisation vaut mieux qu'un mauvais pathétique. Et pour illustrer cette belle pensée, je commence par séparer les hommes des femmes : ceci aura force de loi. *(Ainsi font les gardes.)* Vos singeries ont fait leur temps. Il s'agit maintenant d'être sérieux!

Je suppose que vous m'avez déjà compris. À partir d'aujourd'hui, vous allez apprendre à mourir dans l'ordre. Jusqu'ici vous mouriez à l'espagnole, un peu au hasard, au jugé pour ainsi dire. Vous mouriez parce qu'il avait fait froid après qu'il eut fait chaud, parce que vos mulets bronchaient, parce que la ligne des Pyrénées était bleue, parce qu'au printemps le fleuve Guadalquivir est attirant pour le solitaire, ou parce qu'il y a des imbéciles mal embouchés qui tuent pour le profit ou pour l'honneur, quand il est tellement plus distingué de tuer pour les plaisirs de la logique. Oui, vous mouriez mal. Un mort par-ci, un mort par-là, celui-ci dans son lit, celui-là dans l'arène : c'était du libertinage. Mais heureusement, ce désordre va être administré. Une seule mort pour tous et selon le bel ordre d'une liste. Vous aurez vos fiches, vous ne mourrez plus par caprice. Le destin, désormais, s'est assagi, il a pris ses bureaux. Vous serez dans la statistique et vous allez enfin servir à quelque chose. Parce que j'oubliais de vous le dire, vous mourrez, c'est entendu, mais vous serez incinérés ensuite, ou même avant : c'est plus propre et ça fait partie du plan. Espagne d'abord !

Se mettre en rangs pour bien mourir, voilà donc le principal ! À ce prix vous aurez ma faveur. Mais attention aux idées déraisonnables, aux fureurs de l'âme, comme vous dites, aux petites fièvres qui font les grandes révoltes. J'ai supprimé ces complaisances et j'ai mis la logique à leur place. J'ai horreur de la différence et de la déraison. À partir d'aujourd'hui, vous serez donc raisonnables, c'est-à-dire que vous aurez votre insigne. Marqués aux aines, vous porterez publiquement sous l'aisselle l'étoile du bubon qui vous désignera pour être frappés. Les autres, ceux qui, persuadés que ça ne les concerne pas, font la queue aux arènes du dimanche, s'écarteront de vous qui serez suspects. Mais n'ayez aucune amertume : ça les concerne. Ils sont sur la liste et je n'oublie personne. Tous suspects, c'est le bon commencement.

Du reste, tout cela n'empêche pas la sentimentalité. J'aime les oiseaux, les premières violettes, la bouche fraîche des jeunes filles. De loin en loin, c'est rafraîchissant et il est bien vrai que je suis idéaliste. Mon cœur... Mais je sens que je m'attendris et je ne veux pas aller plus loin. Résumons-nous seulement. Je vous apporte le silence, l'ordre et l'absolue justice. Je ne vous demande pas de m'en remercier, ce que je fais pour vous étant bien naturel. Mais j'exige votre collaboration active. Mon ministère est commencé.

RIDEAU

DEUXIÈME PARTIE

Une place de Cadix. Côté jardin, la conciergerie du cimetière. Côté cour, un quai. Près du quai, la maison du juge.

Au lever du rideau, les fossoyeurs en tenue de bagnard relèvent des morts. Le grincement de la charrette se fait entendre en coulisse. Elle entre et s'arrête au milieu de la scène. Les bagnards la chargent. Elle repart vers la conciergerie. Au moment où elle s'arrête devant le cimetière, musique militaire et la conciergerie s'ouvre au public par un de ses pans. Elle ressemble à un préau d'école. La secrétaire y trône. Un peu plus bas, des tables comme celles où l'on distribue les cartes de ravitaillement. Derrière l'une d'elles, le premier alcade avec sa moustache blanche, entouré de fonctionnaires. La musique se renforce. De l'autre côté, les gardes chassent le peuple devant eux et l'amènent devant et dans la conciergerie, femmes et hommes séparés.

Lumière au centre. Du haut de son palais, la Peste dirige des ouvriers invisibles dont on aperçoit seulement l'agitation autour de la scène.

La Peste

Allons, vous autres, dépêchons. Les choses vont bien lentement dans cette ville, ce peuple-ci n'est pas travailleur. Il aime le loisir, c'est visible. Moi, je ne conçois l'inactivité que dans les casernes et dans les files d'attente. Ce loisir-là est bon, il vide le cœur et les jambes. C'est un loisir qui ne sert à rien. Dépêchons! Finissez de planter ma tour, la surveillance n'est pas en place. Entourez la ville de haies piquantes. À chacun son printemps, le mien a des roses de fer. Allumez les fours, ce sont nos feux de joie. Gardes! placez nos étoiles sur les maisons dont j'ai l'intention de m'occuper. Vous, chère amie, commencez de dresser nos listes et faites établir nos certificats d'existence!

La Peste sort de l'autre côté.

Le pêcheur *(C'est le coryphée.)*

Un certificat d'existence, pour quoi faire?

La secrétaire

Pour quoi faire? Comment vous passeriez-vous d'un certificat d'existence pour vivre?

Le pêcheur

Jusqu'ici nous avions très bien vécu sans ça.

La secrétaire

C'est que vous n'étiez pas gouvernés. Tandis que vous l'êtes maintenant. Et le grand principe de notre gouvernement est justement qu'on a toujours besoin d'un certificat. On peut se passer de pain et de femme, mais une attestation en règle, et qui certifie n'importe quoi, voilà ce dont on ne saurait se priver!

Le pêcheur

Cela fait trois générations qu'on jette les filets dans ma famille et le travail s'est toujours fait fort proprement; sans un papier écrit, je vous le jure bien!

Une voix

Nous sommes bouchers de père en fils. Et pour abattre les moutons, nous ne nous servons pas d'un certificat.

LA SECRÉTAIRE

Vous étiez dans l'anarchie, voilà tout! Remarquez que nous n'avons rien contre les abattoirs, au contraire! Mais nous y avons introduit les perfectionnements de la comptabilité. C'est là notre supériorité. Quand aux coups de filet, vous verrez aussi que nous sommes d'une jolie force.

Monsieur le premier alcade, avez-vous les formulaires?

LE PREMIER ALCADE

Les voici.

LA SECRÉTAIRE

Gardes, voulez-vous aider monsieur à avancer!

On fait avancer le pêcheur.

LE PREMIER ALCADE *(Il lit.)*

Nom, prénoms, qualité.

LA SECRÉTAIRE

Passez cela qui va de soi. Monsieur remplira les blancs lui-même.

LE PREMIER ALCADE

Curriculum vitae.

LE PÊCHEUR

Je ne comprends pas.

LA SECRÉTAIRE

Vous devez indiquer ici les événements importants de votre vie. C'est une manière de faire votre connaissance!

LE PÊCHEUR

Ma vie est à moi. C'est du privé, et qui ne regarde personne.

LA SECRÉTAIRE

Du privé! Ces mots n'ont pas de sens pour nous. Il s'agit naturellement de votre vie publique. La seule d'ailleurs qui vous soit autorisée. Monsieur l'alcade, passez au détail.

LE PREMIER ALCADE

Marié?

LE PÊCHEUR

En 31.

LE PREMIER ALCADE

Motifs de l'union?

LE PÊCHEUR

Motifs! Le sang va m'étouffer!

LA SECRÉTAIRE

Cela est écrit. Et c'est une bonne manière de rendre public ce qui doit cesser d'être personnel!

LE PÊCHEUR

Je me suis marié parce que c'est ce qu'on fait quand on est un homme.

LE PREMIER ALCADE

Divorcé?

LE PÊCHEUR

Non, veuf.

LE PREMIER ALCADE

Remarié?

LE PÊCHEUR

Non.

LA SECRÉTAIRE

Pourquoi?

LE PÊCHEUR (hurlant).

J'aimais ma femme.

LA SECRÉTAIRE

Bizarre! Pourquoi?

LE PÊCHEUR

Peut-on tout expliquer?

LA SECRÉTAIRE

Oui, dans une société bien organisée!

LE PREMIER ALCADE

Antécédents?

LE PÊCHEUR

Qu'est-ce encore?

LA SECRÉTAIRE

Avez-vous été condamné pour pillage, parjure, ou viol?

LE PÊCHEUR

Jamais!

LA SECRÉTAIRE

Un honnête homme, je m'en doutais! Monsieur le premier alcade, vous ajouterez la mention : à surveiller.

LE PREMIER ALCADE

Sentiments civiques?

LE PÊCHEUR

J'ai toujours bien servi mes concitoyens. Je n'ai jamais laissé partir un pauvre sans quelque bon poisson.

LA SECRÉTAIRE

Cette manière de répondre n'est pas autorisée.

LE PREMIER ALCADE

Oh! Ceci, je puis l'expliquer! Les sentiments civiques, vous pensez bien, c'est ma partie! Il s'agit de savoir, mon brave, si vous êtes de ceux qui respectent l'ordre existant pour la seule raison qu'il existe?

LE PÊCHEUR

Oui, lorsqu'il est juste et raisonnable.

LA SECRÉTAIRE

Douteux! Inscrivez que les sentiments civiques sont douteux! Et lisez la dernière question.

LE PREMIER ALCADE (*déchiffrant péniblement*).

Raisons d'être?

LE PÊCHEUR

Que ma mère soit mordue à l'endroit du péché si je comprends quelque chose à ce patois.

LA SECRÉTAIRE

Cela signifie qu'il faut donner les raisons que vous avez d'être en vie.

LE PÊCHEUR

Les raisons! Quelles raisons voulez-vous que je trouve?

LA SECRÉTAIRE

Vous voyez! Notez-le bien, monsieur le premier alcade, le soussigné reconnaît que son existence est injustifiable. Nous en serons plus libres quand le moment viendra. Et vous, soussigné, vous comprendrez mieux que le certificat d'existence qui vous sera délivré soit provisoire et à terme.

LE PÊCHEUR

Provisoire ou non, donnez-le-moi que je retourne enfin à la maison où l'on m'attend.

LA SECRÉTAIRE

Certes! Mais auparavant, il vous faudra fournir un certificat de santé qui vous sera délivré, au moyen de quelques formalités, au premier étage, division des affaires en cours, bureau des attentes, section auxiliaire.

> *Il sort. La charrette des morts est arrivée pendant ce temps à la porte du cimetière et on commence à la décharger. Mais Nada ivre saute de la charrette en hurlant.*

NADA

Mais puisque je vous dis que je ne suis pas mort!

> *On veut le remettre dans la charrette. Il s'échappe et entre dans la conciergerie.*

NADA

Enfin quoi! Si j'étais mort, on le saurait! Oh! pardon!

LA SECRÉTAIRE

Ce n'est rien. Approchez.

NADA

Ils m'ont chargé dans la charrette. Mais j'avais trop bu, voilà tout! Histoire de supprimer!

LA SECRÉTAIRE

Supprimer quoi?

NADA

Tout, ma jolie! Plus on supprime et mieux vont les choses. Et si on supprime tout, voici le paradis! Les amoureux, tenez! J'ai horreur de ça! Quand ils passent devant moi, je crache dessus. Dans leur dos, bien entendu, parce qu'il y en a de rancuniers! Et les enfants, cette sale engeance! Les fleurs, avec leur air bête, les rivières, incapables de changer d'idée! Ah! Supprimons, supprimons! C'est ma philosophie! Dieu nie le monde, et moi je nie Dieu! Vive rien puisque c'est la seule chose qui existe!

LA SECRÉTAIRE

Et comment supprimer tout ça?

NADA

Boire, boire jusqu'à la mort et tout disparaît!

LA SECRÉTAIRE

Mauvaise technique! La nôtre est meilleure! Comment t'appelles-tu?

NADA

Rien.

LA SECRÉTAIRE

Comment?

NADA

Rien.

LA SECRÉTAIRE

Je te demande ton nom.

NADA

C'est là mon nom.

LA SECRÉTAIRE

Bon cela! Avec un nom pareil, nous avons tout à faire ensemble! Passe de ce côté-ci. Tu seras fonctionnaire de notre royaume.

Entre le pêcheur.

LA SECRÉTAIRE

Monsieur l'alcade voulez-vous mettre au courant notre ami Rien. Pendant ce temps vous, gardes, vous vendrez nos insignes. *(Elle s'avance vers Diego.)* Bonjour. Voulez-vous acheter un insigne?

DIEGO

Quel insigne?

LA SECRÉTAIRE

L'insigne de la peste, voyons. *(Un temps.)* Vous êtes libre de le refuser d'ailleurs. Il n'est pas obligatoire.

DIEGO

Je refuse donc.

LA SECRÉTAIRE

Très bien. *(Allant vers Victoria.)* Et vous?

VICTORIA

Je ne vous connais pas.

LA SECRÉTAIRE

Parfait. Je vous signale simplement que ceux qui refusent de porter cet insigne ont l'obligation d'en porter un autre.

DIEGO

Lequel?

LA SECRÉTAIRE

Eh bien, l'insigne de ceux qui refusent de porter l'insigne. De cette façon, on voit du premier coup à qui on a affaire.

LE PÊCHEUR

Je vous demande pardon..

LA SECRÉTAIRE *(se retournant vers Diego et Victoria)*.

À bientôt! *(Au pêcheur.)* Qu'est-ce qu'il y a encore?

LE PÊCHEUR *(avec une fureur croissante)*.

Je viens du premier étage, et on m'a répondu qu'il me fallait revenir ici afin d'obtenir le certificat d'existence sans lequel on ne me donnera pas de certificat de santé.

LA SECRÉTAIRE

C'est classique!

LE PÊCHEUR

Comment, c'est classique?

LA SECRÉTAIRE

Oui, cela prouve que cette ville commence à être administrée. Notre conviction, c'est que vous êtes coupables. Coupables d'être gouvernés naturellement. Encore faut-il que vous sentiez vous-mêmes que vous êtes coupables. Et vous ne vous trouverez pas coupables tant que vous ne vous sentirez pas fatigués. On vous fatigue, voilà tout. Quand vous serez achevés de fatigue, le reste ira tout seul.

LE PÊCHEUR

Puis-je du moins avoir ce sacré certificat d'existence?

LA SECRÉTAIRE

En principe non, puisqu'il vous faut d'abord un certificat de santé pour avoir un certificat d'existence. Apparemment, il n'y a pas d'issue.

LE PÊCHEUR

Alors?

LA SECRÉTAIRE

Alors, il reste notre bon plaisir. Mais il est à court terme, comme tout bon plaisir. Nous vous donnons donc ce certificat par faveur spéciale. Simplement il ne sera valable que pour une semaine. Dans une semaine, nous verrons.

LE PÊCHEUR

Nous verrons quoi?

LA SECRÉTAIRE

Nous verrons s'il y a lieu de vous le renouveler.

LE PÊCHEUR

Et s'il n'est pas renouvelé?

LA SECRÉTAIRE

Votre existence n'ayant plus sa garantie, on procédera sans doute à une radiation. Monsieur l'alcade, faites établir ce certificat en treize exemplaires.

LE PREMIER ALCADE

Treize?

LA SECRÉTAIRE

Oui! Un pour l'intéressé et douze pour le bon fonctionnement.

Lumière au centre.

LA PESTE

Faites commencer les grands travaux inutiles. Vous, chère amie, tenez prête la balance des déportations et concentrations. Activez la transformation des innocents en coupables pour que la main-d'œuvre soit suffisante.

Déportez ce qui est important! Nous allons manquer d'hommes, c'est sûr! Où en est le recensement?

LA SECRÉTAIRE

Il est en cours, tout est pour le mieux et il me semble que ces braves gens m'ont comprise!

LA PESTE

Vous avez l'attendrissement trop prompt, chère amie. Vous éprouvez le besoin d'être comprise. C'est une faute dans notre métier. Ces braves gens, comme vous dites, n'ont naturellement rien compris, mais cela est sans importance! L'essentiel n'est pas qu'ils comprennent, mais qu'ils s'exécutent. Tiens! C'est une expression qui a du sens, ne trouvez-vous pas?

LA SECRÉTAIRE

Quelle expression?

LA PESTE

S'exécuter. Allons, vous autres, exécutez-vous, exécutez-vous! Hein! Quelle formule!

LA SECRÉTAIRE

Magnifique!

LA PESTE

Magnifique! On y trouve tout! L'image de l'exécution d'abord, qui est une image attendrissante et puis l'idée que l'exécuté collabore lui-même à son exécution, ce qui est le but et la consolidation de tout bon gouvernement!

Du bruit au fond.

LA PESTE

Qu'est-ce que c'est?

Le chœur des femmes s'agite.

LA SECRÉTAIRE

Ce sont les femmes qui s'agitent.

LE CHŒUR

Celle-ci a quelque chose à dire.

LA PESTE

Avance.

UNE FEMME *(s'avançant)*.

Où est mon mari?

LA PESTE

Allons bon! Voilà le cœur humain, comme on dit!
Qu'est-ce qu'il lui est arrivé à ce mari?

LA FEMME

Il n'est pas rentré.

LA PESTE

C'est banal. Ne te soucie de rien. Il a déjà trouvé un lit.

LA FEMME

Celui-là est un homme et il se respecte.

LA PESTE

Naturellement, un phénix! Voyez donc ça, chère amie.

LA SECRÉTAIRE

Nom et prénoms!

LA FEMME

Galvez, Antonio.

> *La secrétaire regarde son
> carnet et parle à l'oreille de
> la Peste.*

LA SECRÉTAIRE

Eh bien! Il a la vie sauve, sois heureuse.

LA FEMME

Quelle vie?

LA SECRÉTAIRE

La vie de château!

LA PESTE

Oui, je l'ai déporté avec quelques autres qui faisaient du bruit et que j'ai voulu épargner.

LA FEMME *(reculant).*

Qu'en avez-vous fait?

LA PESTE *(avec une rage hystérique).*

Je les ai concentrés. Jusqu'ici, ils vivaient dans la dispersion et la frivolité, un peu délayés pour ainsi dire! Maintenant ils sont plus fermes, ils se concentrent!

LA FEMME *(fuyant vers le chœur qui s'ouvre pour l'accueillir).*

Ah! Misère! Misère sur moi!

LE CHŒUR

Misère! Misère sur nous!

LA PESTE

Silence! Ne restez pas inactives! Faites quelque chose! Occupez-vous! *(Rêveur.)* Ils s'exécutent, ils s'occupent, ils se concentrent. La grammaire est une bonne chose et qui peut servir à tout!

> *Lumière rapide sur la conciergerie où Nada est assis, avec l'alcade. Devant lui, des files d'administrés.*

UN HOMME

La vie a augmenté et les salaires sont devenus insuffisants.

NADA

Nous le savions et voici un nouveau barème. Il vient d'être établi.

L'HOMME

Quel sera le pourcentage d'augmentation?

NADA. *(Il lit.)*

C'est très simple! Barème numéro 108. « L'arrêté de revalorisation des salaires interprofessionnels et subséquents porte suppression du salaire de base et libération inconditionnelle des échelons mobiles qui reçoivent ainsi licence de rejoindre un salaire maximum qui reste à prévoir. Les échelons, soustraction faite des majorations consenties fictivement par le barème numéro 107, continueront cependant d'être calculés, en dehors des modalités proprement dites de reclassement, sur le salaire de base précédemment supprimé. »

L'HOMME

Mais quelle augmentation cela représente-t-il ?

NADA

L'augmentation est pour plus tard, le barème pour aujourd'hui. Nous les augmentons d'un barème, voilà tout.

L'HOMME

Mais que voulez-vous qu'ils fassent de ce barème ?

NADA *(hurlant)*.

Qu'ils le mangent ! Au suivant. *(Un autre homme se présente.)* Tu veux ouvrir un commerce. Riche idée, ma foi. Eh bien ! commence par remplir ce formulaire. Mets tes doigts dans cette encre. Pose-les ici. Parfait.

L'HOMME

Où puis-je m'essuyer ?

NADA

Où puis-je m'essuyer ? *(Il feuillette un dossier.)* Nulle part. Ce n'est pas prévu par le règlement.

L'HOMME

Mais je ne puis rester ainsi.

NADA

Pourquoi pas ? Du reste, qu'est-ce que cela te fait puisque tu n'as pas le droit de toucher à ta femme. Et puis, c'est bon pour ton cas.

L'HOMME

Comment, c'est bon ?

NADA

Oui. Ça t'humilie, donc c'est bon. Mais revenons à
ton commerce. Préfères-tu bénéficier de l'article 208 du
chapitre 62 de la seizième circulaire comptant pour le
cinquième règlement général ou bien l'alinéa 27 de
l'article 207 de la circulaire 15 comptant pour le règlement particulier ?

L'HOMME

Mais je ne connais ni l'un ni l'autre de ces textes !

NADA

Bien sûr, homme ! Tu ne les connais pas. Moi non plus.
Mais comme il faut cependant se décider, nous allons te
faire bénéficier des deux à la fois.

L'HOMME

C'est beaucoup, Nada, et je te remercie.

NADA

Ne me remercie pas. Car il paraît que l'un de ces
articles te donne le droit d'avoir ta boutique, tandis que
l'autre t'enlève celui d'y vendre quelque chose.

L'HOMME

Qu'est-ce donc que cela ?

NADA

L'ordre !

                              Une femme arrive, affolée.

NADA

Qu'y a-t-il, femme ?

LA FEMME

On a réquisitionné ma maison.

NADA

Bon.

LA FEMME

On y a installé des services administratifs.

NADA

Cela va de soi!

LA FEMME

Mais je suis dans la rue et l'on a promis de me reloger.

NADA

Tu vois, on a pensé à tout!

LA FEMME

Oui, mais il faut faire une demande qui suivra son cours. En attendant, mes enfants sont à la rue.

NADA

Raison de plus pour faire ta demande. Remplis ce formulaire.

LA FEMME. *(Elle prend le formulaire.)*

Mais cela ira-t-il vite?

NADA

Cela peut aller vite à condition que tu fournisses une justification d'urgence.

LA FEMME

Qu'est-ce que c'est?

NADA

Une pièce qui atteste qu'il est urgent pour toi de n'être plus à la rue.

LA FEMME

Mes enfants n'ont pas de toit, quoi de plus pressé que de leur en donner un?

NADA

On ne te donnera pas un logement parce que tes enfants sont dans la rue. On te donnera un logement si tu fournis une attestation. Ce n'est pas la même chose.

La femme

Je n'ai jamais rien entendu à ce langage. Le diable parle ainsi et personne ne le comprend!

Nada

Ce n'est pas un hasard, femme. Il s'agit ici de faire en sorte que personne ne se comprenne, tout en parlant la même langue. Et je puis bien te dire que nous approchons de l'instant parfait où tout le monde parlera sans jamais trouver d'écho, et où les deux langages qui s'affrontent dans cette ville se détruiront l'un l'autre avec une telle obstination qu'il faudra bien que tout s'achemine vers l'accomplissement dernier qui est le silence et la mort.

La femme

La justice est que les enfants mangent à leur faim et n'aient pas froid. La justice est que mes petits vivent. Je les ai mis au monde sur une terre de joie. La mer a fourni l'eau de leur baptême. Ils n'ont pas besoin d'autres richesses. Je ne demande rien pour eux que le pain de tous les jours et le sommeil des pauvres. Ce n'est rien et pourtant c'est cela que vous refusez. Et si vous refusez aux malheureux leur pain, il n'est pas de luxe, ni de beau langage, ni de promesses mystérieuses qui vous le fassent jamais pardonner.

Ensemble

Nada

Choisissez de vivre à genoux plutôt que de mourir debout afin que l'univers trouve son ordre mesuré à l'équerre des potences, partagé entre les morts tranquilles et les fourmis désormais bien élevées, paradis puritain privé de prairies et de pain, où circulent des anges policiers aux ailes majuscules parmi des bienheureux rassasiés de papier et de nourrissantes formules, prosternés devant le Dieu décoré destructeur de toutes choses et décidément dévoué à dissiper les anciens délires d'un monde trop délicieux.

NADA

Vive rien! Personne ne se comprend plus : nous sommes dans l'instant parfait!

> *Lumière au centre. On aperçoit en découpure des cabanes et des barbelés, des miradors et quelques autres monuments hostiles. Entre Diego vêtu du masque, l'allure traquée. Il aperçoit les monuments, le peuple et la Peste.*

DIEGO *(s'adressant au chœur).*

Où est l'Espagne? Où est Cadix? Ce décor n'est d'aucun pays! Nous sommes dans un autre monde où l'homme ne peut pas vivre. Pourquoi êtes-vous muets?

LE CHŒUR

Nous avons peur! Ah! si le vent se levait...

DIEGO

J'ai peur aussi. Cela fait du bien de crier sa peur! Criez, le vent répondra.

LE CHŒUR

Nous étions un peuple et nous voici une masse! On nous invitait, nous voici convoqués! Nous échangions le pain et le lait, maintenant nous sommes ravitaillés! Nous piétinons! *(Ils piétinent.)* Nous piétinons et nous disons que personne ne peut rien pour personne et qu'il faut attendre à notre place, dans le rang qui nous est assigné! À quoi bon crier? Nos femmes n'ont plus le visage de fleur qui nous faisait souffler de désir, l'Espagne a disparu! Piétinons! Piétinons! Ah, douleur! C'est nous que nous piétinons! Nous étouffons dans cette ville close! Ah! si le vent se levait...

LA PESTE

Ceci est la sagesse. Approche Diego, maintenant que tu as compris.

> *Dans le ciel, bruit des radiations.*

DIEGO

Nous sommes innocents!

La Peste éclate de rire.

DIEGO *(criant)*.

L'innocence, bourreau, comprends-tu cela, l'innocence!

LA PESTE

L'innocence! Connais pas!

DIEGO

Alors, approche. Le plus fort tuera l'autre.

LA PESTE

Le plus fort, c'est moi, innocent. Regarde.

Il fait un signe aux gardes qui s'avancent vers Diego. Celui-ci fuit.

LA PESTE

Courez après lui! Ne le laissez pas s'échapper! Celui qui fuit nous appartient! Marquez-le.

Des gardes courent après Diego. Poursuite mimée sur les praticables. Sifflets. Sirènes d'alerte.

LE CHŒUR

L'autre court! Il a peur et il le dit. Il n'a pas sa maîtrise, il est dans la folie! Nous, nous sommes devenus sages. Nous sommes administrés. Mais dans le silence des bureaux, nous écoutons un long cri contenu qui est celui des cœurs séparés et qui nous parle de la mer sous le soleil de midi, de l'odeur des roseaux dans le soir, des bras frais de nos femmes. Nos faces sont scellées, nos pas comptés, nos heures ordonnées, mais notre cœur refuse le silence. Il refuse les listes et les matricules, les murs qui n'en finissent pas, les barreaux aux fenêtres, les petits matins hérissés de fusils. Il refuse comme celui-ci qui court pour atteindre une maison, fuyant ce décor d'ombres

et de chiffres, pour retrouver enfin un refuge. Mais le
seul refuge est la mer dont ces murs nous séparent. Que
le vent se lève et nous pourrons enfin respirer...

> *Diego s'est en effet précipité
> dans une maison. Les gardes
> s'arrêtent devant la porte et y
> postent des sentinelles.*

LA PESTE *(hurlant)*.

Marquez-le! Marquez-les tous! Même ce qu'ils ne
disent pas peut encore s'entendre! Ils ne peuvent plus
protester, mais leur silence grince! Écrasez leurs bouches!
Bâillonnez-les et apprenez-leur les maîtres-mots jusqu'à
ce qu'eux aussi répètent toujours la même chose, jusqu'à
ce qu'ils deviennent enfin les bons citoyens dont nous
avons besoin.

> *Des cintres, tombent alors,
> vibrants comme s'ils passaient
> par des haut-parleurs, des nuées
> de slogans qui s'amplifient à
> mesure qu'ils sont répétés et qui
> recouvrent le chœur à bouche
> fermée jusqu'à ce que règne un
> silence total.*

LA PESTE

Une seule peste, un seul peuple!
Concentrez-vous, exécutez-vous, occupez-vous!
Une bonne peste vaut mieux que deux libertés!
Déportez, torturez, il en restera toujours quelque chose!

> *Lumière chez le juge.*

VICTORIA

Non, père. Vous ne livrerez pas cette vieille servante
sous prétexte qu'elle est contaminée. Oubliez-vous qu'elle
m'a élevée et qu'elle vous a servi sans jamais se plaindre.

LE JUGE

Ce qu'une fois j'ai décidé, qui oserait le reprendre?

VICTORIA

Vous ne pouvez décider de tout. La douleur a aussi
ses droits.

LE JUGE

Mon rôle est de préserver cette maison et d'empêcher que le mal y pénètre. Je...

Entre soudain Diego.

LE JUGE

Qui t'a permis d'entrer ici?

DIEGO

C'est la peur qui m'a poussé chez toi! Je fuis la Peste

LE JUGE

Tu ne la fuis pas, tu la portes avec toi. *(Il montre du doigt à Diego la marque qu'il porte maintenant à l'aisselle. Silence. Deux ou trois coups de sifflet au loin.)* Quitte cette maison.

DIEGO

Garde-moi! Si tu me chasses, ils me mêleront à tous les autres et ce sera l'entassement de la mort.

LE JUGE

Je suis le serviteur de la loi, je ne puis t'accueillir ici

DIEGO

Tu servais l'ancienne loi. Tu n'as rien à faire avec la nouvelle.

LE JUGE

Je ne sers pas la loi pour ce qu'elle dit, mais parce qu'elle est la loi.

DIEGO

Mais si la loi est le crime?

LE JUGE

Si le crime devient la loi, il cesse d'être crime.

DIEGO

Et c'est la vertu qu'il faut punir!

LE JUGE

Il faut la punir, en effet, si elle a l'arrogance de discuter la loi.

VICTORIA

Casado, ce n'est pas la loi qui te fait agir, c'est la peur.

LE JUGE

Celui-ci aussi a peur.

VICTORIA

Mais il n'a encore rien trahi.

LE JUGE

Il trahira. Tout le monde trahit parce que tout le monde a peur. Tout le monde a peur parce que personne n'est pur.

VICTORIA

Père, j'appartiens à cet homme, vous y avez consenti. Et vous ne pouvez me l'enlever aujourd'hui après me l'avoir donné hier.

LE JUGE

Je n'ai pas dit oui à ton mariage. J'ai dit oui à ton départ.

VICTORIA

Je savais que vous ne m'aimiez pas.

LE JUGE (la regarde).

Toute femme me fait horreur.

On frappe brutalement à la porte.

LE JUGE

Qu'est-ce que c'est?

UN GARDE (au-dehors).

La maison est condamnée pour avoir abrité un suspect. Tous les habitants sont en observation.

DIEGO *(éclatant de rire)*.

La loi est bonne, tu le sais bien. Mais elle est un peu
nouvelle et tu ne la connaissais pas tout à fait. Juge,
accusés et témoins, nous voilà tous frères !

> *Entrent la femme du juge,*
> *le jeune fils et la fille.*

LA FEMME

On a barricadé la porte.

VICTORIA

La maison est condamnée.

LE JUGE

À cause de lui. Et je vais le dénoncer. Ils ouvriront
alors la maison.

VICTORIA

Père, l'honneur vous le défend.

LE JUGE

L'honneur est une affaire d'hommes et il n'y a plus
d'hommes dans cette ville.

> *On entend des sifflets, le bruit*
> *d'une course qui se rapproche.*
> *Diego écoute, jette de tous côtés*
> *des regards affolés et saisit tout*
> *d'un coup l'enfant.*

DIEGO

Regarde, homme de la loi ! Si tu fais un seul geste,
j'écraserai la bouche de ton fils sur le signe de la peste.

VICTORIA

Diego, ceci est lâche.

DIEGO

Rien n'est lâche dans la cité des lâches.

LA FEMME *(courant vers le juge)*.

Promets, Casado ! Promets à ce fou ce qu'il veut.

LA FILLE DU JUGE

Non, père, n'en fais rien. Ceci ne nous regarde pas.

LA FEMME

Ne l'écoute pas. Tu sais bien qu'elle hait son frère.

LE JUGE

Elle a raison. Ceci ne nous regarde pas.

LA FEMME

Et toi aussi, tu hais mon fils.

LE JUGE

Ton fils, en effet.

LA FEMME

Oh! tu n'es pas un homme d'oser rappeler ceci qui avait été pardonné.

LE JUGE

Je n'ai pas pardonné. J'ai suivi la loi qui, aux yeux de tous, me rendait père de cet enfant.

VICTORIA

Est-ce vrai, mère?

LA FEMME

Toi aussi tu me méprises.

VICTORIA

Non. Mais tout croule en même temps. L'âme chancelle.

> *Le juge fait un pas vers la porte.*

DIEGO

L'âme chancelle, mais la loi nous soutient, n'est-ce pas, juge? Tous frères! *(Il dresse l'enfant devant lui.)* Et toi aussi, à qui je vais donner le baiser des frères.

LA FEMME

Attends, Diego, je t'en supplie! Ne sois pas comme

celui-ci qui s'est durci jusqu'au cœur. Mais il se détendra. *(Elle court vers la porte et barre le chemin au juge.)* Tu vas céder, n'est-ce pas?

La fille du juge

Pourquoi céderait-il et que lui fait ce bâtard qui prend ici toute la place!

La femme

Tais-toi, l'envie te ronge et te voilà toute noire. *(Au juge.)* Mais toi, toi qui approches de la mort, tu sais bien qu'il n'y a rien à envier sur cette terre, hors le sommeil et la paix. Tu sais bien que tu dormiras mal dans ton lit solitaire si tu laisses faire ceci.

Le juge

J'ai la loi de mon côté. C'est elle qui fera mon repos.

La femme

Je crache sur ta loi. J'ai pour moi le droit, le droit de ceux qui aiment à ne pas être séparés, le droit des coupables à être pardonnés et des repentis à être honorés! Oui, je crache sur ta loi. Avais-tu la loi de ton côté lorsque tu as fait de lâches excuses à ce capitaine qui te provoquait en duel, lorsque tu as triché pour échapper à la conscription? Avais-tu la loi pour toi lorsque tu as proposé ton lit à cette jeune fille qui plaidait contre un maître indigne?

Le juge

Tais-toi, femme.

Victoria

Mère!

La femme

Non, Victoria, je ne me tairai pas. Je me suis tue pendant toutes ces années. Je l'ai fait pour mon honneur et pour l'amour de Dieu. Mais l'honneur n'est plus. Et un seul des cheveux de cet enfant m'est plus précieux que le ciel lui-même. Je ne me tairai pas. Et je dirai au moins à celui-ci qu'il n'a jamais eu le droit de son côté, car le droit, tu entends Casado, est du côté de ceux qui souffrent, gémissent, espèrent. Il n'est pas, non, il ne peut pas être avec ceux qui calculent et qui entassent.

Diego a lâché l'enfant.

La fille du juge

Ce sont les droits de l'adultère.

La femme *(criant).*

Je ne nie pas ma faute, je la crierai au monde entier. Mais je sais, dans ma misère, que la chair a ses fautes, alors que le cœur a ses crimes. Ce qu'on fait dans la chaleur de l'amour doit recevoir la pitié.

La fille du juge

Pitié pour les chiennes!

La femme

Oui! Car elles ont un ventre pour jouir et pour engendrer!

Le juge

Femme! Ta plaidoirie n'est pas bonne! Je dénoncerai cet homme qui a causé ce trouble! Je le ferai avec un double contentement, puisque je le ferai au nom de la loi et de la haine.

Victoria

Malheur sur toi qui viens de dire la vérité. Tu n'as jamais jugé que selon la haine que tu décorais du nom de loi. Et même les meilleures lois ont pris mauvais goût dans ta bouche, c'était la bouche aigre de ceux qui n'ont jamais rien aimé. Ah! le dégoût m'étouffe! Allons, Diego, prends-nous tous dans tes bras et pourrissons ensemble. Mais laisse vivre celui-ci pour qui la vie est une punition.

Diego

Laisse-moi. J'ai honte de voir ce que nous sommes devenus.

VICTORIA

J'ai honte aussi. J'ai honte à mourir.

> *Diego s'élance brusquement par la fenêtre. Le juge court aussi. Victoria s'échappe par une porte dérobée.*

LA FEMME

Le temps est venu où il faut que les bubons crèvent. Nous ne sommes pas les seuls. Toute la ville a la même fièvre.

LE JUGE

Chienne!

LA FEMME

Juge!

> *Obscurité. Lumière sur la conciergerie. Nada et l'alcade se préparent à partir.*

NADA

Ordre est donné à tous les commandants de district de faire voter leurs administrés en faveur du nouveau gouvernement.

LE PREMIER ALCADE

Ce n'est pas facile. Quelques-uns risquent de voter contre!

NADA

Non, si vous suivez les bons principes.

LE PREMIER ALCADE

Les bons principes?

NADA

Les bons principes disent que le vote est libre. C'est-à-dire que les votes favorables au gouvernement seront considérés comme ayant été librement exprimés. Quant aux autres, et afin d'éliminer les entraves secrètes qui auraient pu être apportées à la liberté du choix, ils seront décomptés suivant la méthode préférentielle, en alignant le panachage divisionnaire au quotient des suffrages non exprimés par rapport au tiers des votes éliminés. Cela est-il clair?

LE PREMIER ALCADE

Clair, monsieur... Enfin, je crois comprendre.

NADA

Je vous admire, alcade. Mais que vous ayez compris ou non, n'oubliez pas que le résultat infaillible de cette méthode devra toujours être de compter pour nuls les votes hostiles au gouvernement.

LE PREMIER ALCADE

Mais vous avez dit que le vote était libre?

NADA

Il l'est, en effet. Nous partons seulement du principe qu'un vote négatif n'est pas un vote libre. C'est un vote sentimental et qui se trouve par conséquent enchaîné par les passions.

LE PREMIER ALCADE

Je n'avais pas pensé à cela!

NADA

C'est que vous n'aviez pas une juste idée de ce qu'est la liberté.

> *Lumière au centre. Diego et Victoria arrivent, courant, sur le devant de la scène.*

DIEGO

Je veux fuir, Victoria. Je ne sais plus où est le devoir. Je ne comprends pas.

VICTORIA

Ne me quitte pas. Le devoir est auprès de ceux qu'on aime. Tiens ferme.

DIEGO

Mais je suis trop fier pour t'aimer sans m'estimer.

Victoria

Qui t'empêche de t'estimer?

Diego

Toi, que je vois sans défaillance.

Victoria

Ah! ne parle pas ainsi, pour l'amour de nous, ou je vais tomber devant toi et te montrer toute ma lâcheté. Car tu ne dis pas vrai. Je ne suis pas si forte. Je défaille, je défaille, quand je pense à ce temps où je pouvais m'abandonner à toi. Où est le temps où l'eau montait dans mon cœur dès que l'on prononçait ton nom? Où est le temps où j'entendais une voix en moi crier « Terre » dès que tu apparaissais. Oui, je défaille, je meurs d'un lâche regret. Et si je tiens encore debout, c'est que l'élan de l'amour me jette en avant. Mais que tu disparaisses, que ma course s'arrête et je m'abattrai.

Diego

Ah! Si du moins je pouvais me lier à toi et, mes membres noués aux tiens, couler au fond d'un sommeil sans fin!

Victoria

Je t'attends.

> *Il avance lentement vers elle qui avance vers lui. Ils ne se quittent pas des yeux. Ils vont se rejoindre, quand surgit entre eux la secrétaire.*

La secrétaire

Que faites-vous?

Victoria *(criant)*.

L'amour, bien sûr!

> *Bruit terrible dans le ciel.*

La secrétaire

Chut! Il y a des mots qu'il ne faut pas prononcer.

Vous devriez savoir que ceci était défendu. Regardez.

> *Elle frappe Diego à l'aisselle
> et le marque pour la deuxième
> fois.*

LA SECRÉTAIRE

Vous étiez suspect. Vous voilà contaminé. (*Elle regarde Diego.*) Dommage. Un si joli garçon. (*À Victoria.*) Excusez-moi. Mais je préfère les hommes aux femmes, j'ai partie liée avec eux. Bonsoir.

> *Diego regarde avec horreur le
> nouveau signe sur lui. Il jette
> des regards fous autour de lui,
> puis s'élance vers Victoria et
> la saisit à plein corps.*

DIEGO

Ah! Je hais ta beauté, puisqu'elle doit me survivre! Maudite qui servira à d'autres! (*Il l'écrase contre lui.*) Là! Je ne serai pas seul! Que m'importe ton amour s'il ne pourrit pas avec moi?

VICTORIA (*se débattant*).

Tu me fais mal! Laisse-moi!

DIEGO

Ah! Tu as peur! (*Il rit comme un fou. Il la secoue.*) Où sont les chevaux noirs de l'amour? Amoureuse quand l'heure est belle, mais vienne le malheur et les chevaux détalent! Meurs du moins avec moi!

VICTORIA

Avec toi, mais jamais contre toi! Je déteste ce visage de peur et de haine qui t'est venu! Lâche-moi! Laisse-moi libre de chercher en toi l'ancienne tendresse. Et mon cœur parlera de nouveau.

DIEGO (*la lâchant à demi*).

Je ne veux pas mourir seul! Et ce que j'ai de plus cher au monde se détourne de moi et refuse de me suivre!

VICTORIA *(se jetant vers lui)*.

Ah! Diego, dans l'enfer s'il le faut! Je te retrouve... Mes jambes tremblent contre les tiennes. Embrasse-moi pour étouffer ce cri qui monte du profond de mon corps, qui va sortir, qui sort... Ah!

> *Il l'embrasse avec emporte-ment, puis il s'arrache d'elle et la laisse tremblante au milieu de la scène.*

DIEGO

Regarde-moi! Non, non, tu n'as rien! Aucun signe! Cette folie n'aura pas de suite!

VICTORIA

Reviens, c'est de froid que je tremble maintenant! Tout à l'heure, ta poitrine brûlait mes mains, mon sang courait en moi comme une flamme! Maintenant...

DIEGO

Non! Laisse-moi seul. Je ne peux pas me distraire de cette douleur.

VICTORIA

Reviens! Je ne demande rien d'autre que de me consumer de la même fièvre, de souffrir de la même plaie dans un seul cri!

DIEGO

Non! Désormais, je suis avec les autres, avec ceux qui sont marqués! Leur souffrance me fait horreur, elle me remplit d'un dégoût qui jusqu'ici me retranchait de tout. Mais finalement, je suis dans le même malheur, ils ont besoin de moi.

VICTORIA

Si tu devais mourir, j'envierais jusqu'à la terre qui épouserait ton corps!

DIEGO

Tu es de l'autre côté, avec ceux qui vivent!

VICTORIA

Je puis être avec toi, si seulement tu m'embrasses longtemps!

DIEGO

Ils ont interdit l'amour! Ah! Je te regrette de toutes mes forces!

VICTORIA

Non! Non! Je t'en supplie! J'ai compris ce qu'ils veulent. Ils arrangent toutes choses pour que l'amour soit impossible. Mais je serai la plus forte.

DIEGO

Je ne suis pas le plus fort. Et ce n'est pas une défaite que je voulais partager avec toi!

VICTORIA

Je suis entière! Je ne connais que mon amour! Rien ne me fait plus peur et quand le ciel croulerait, je m'abîmerais en criant mon bonheur si seulement je tenais ta main.

On entend crier.

DIEGO

Les autres crient aussi!

VICTORIA

Je suis sourde jusqu'à la mort!

DIEGO

Regarde!

La charrette passe.

VICTORIA

Mes yeux ne voient plus! L'amour les éblouit.

DIEGO

Mais la douleur est dans ce ciel qui pèse sur nous!

VICTORIA

J'ai trop à faire pour porter mon amour! Je ne vais pas encore me charger de la douleur du monde! C'est une tâche d'homme, cela, une de ces tâches vaines, stériles, entêtées, que vous entreprenez pour vous détourner du seul combat qui serait vraiment difficile, de la seule victoire dont vous pourriez être fiers.

Diego

Qu'ai-je donc à vaincre en ce monde, sinon l'injustice qui nous est faite.

Victoria

Le malheur qui est en toi! Et le reste suivra.

Diego

Je suis seul. Le malheur est trop grand pour moi.

Victoria

Je suis près de toi, les armes à la main!

Diego

Que tu es belle et que je t'aimerais si seulement je ne craignais pas!

Victoria

Que tu craindrais peu si seulement tu voulais m'aimer!

Diego

Je t'aime. Mais je ne sais qui a raison.

Victoria

Celui qui ne craint pas. Et mon cœur n'est pas craintif! Il brûle d'une seule flamme, claire et haute, comme ces feux dont nos montagnards se saluent. Il t'appelle, lui aussi... Vous, c'est la Saint-Jean!

Diego

Au milieu des charniers!

Victoria

Charniers ou prairies, qu'est-ce que cela fait à mon amour? Lui, du moins, ne nuit à personne, il est généreux! Ta folie, ton dévouement stérile, à qui font-ils du bien? Pas à moi, pas à moi, en tout cas, que tu poignardes à chaque mot!

DIEGO

Ne pleure pas, farouche! Ô désespoir! Pourquoi ce mal est-il venu? J'aurais bu ces larmes, et la bouche brûlée par leur amertume, j'aurais mis sur ton visage autant de baisers qu'un olivier a de feuilles!

VICTORIA

Ah! Je te retrouve! C'est là notre langage que tu avais perdu! *(Elle tend les mains.)* Laisse-moi te reconnaître...

> *Diego recule, montrant ses marques. Elle avance la main, hésite.*

DIEGO

Toi aussi, tu as peur...

> *Elle plaque sa main sur les marques. Il recule, égaré. Elle tend les bras.*

VICTORIA

Viens vite! Ne crains plus rien!

> *Mais les gémissements et les imprécations redoublent. Lui regarde de tous côtés comme un insensé et s'enfuit.*

VICTORIA

Ah! Solitude!

CHŒUR DES FEMMES

Nous sommes des gardiennes! Cette histoire nous dépasse et nous attendons qu'elle soit finie. Nous garderons notre secret jusqu'à l'hiver, à l'heure des libertés, quand les hurlements des hommes se seront tus et qu'ils reviendront alors vers nous pour réclamer ce dont ils ne peuvent se passer : le souvenir des mers *libres, le ciel désert de l'été,* l'odeur éternelle de l'amour. Nous voici, en attendant, comme des feuilles mortes dans l'averse de septembre. Elles planent un moment, puis le poids d'eau qu'elles transportent les plaquent sur la terre. Nous aussi sommes maintenant sur la terre. Courbant le dos, attendant que s'essoufflent les cris de tous les combats, nous écoutons au fond de nous gémir doucement le lent ressac des mers heureuses. Quand les amandiers nus se couvriront des fleurs du givre, alors nous nous soulèverons un peu, sensibles au premier vent d'espoir, bientôt redressées dans ce second printemps. Et ceux que nous aimons marcheront vers nous et, à mesure qu'ils avanceront, nous serons comme ces lourdes barques que le flot de la marée soulève peu à peu, gluantes de sel et d'eau, riches d'odeurs, jusqu'à ce qu'elles flottent enfin sur la mer épaisse. Ah! que le vent se lève, que le vent se lève...

> *Obscurité.*
> *Lumière sur le quai. Diego entre et hèle quelqu'un qu'il aperçoit, très loin, dans la direction de la mer. Au fond, le chœur des hommes.*

DIEGO

Ohé! Ohé!

UNE VOIX

Ohé! Ohé!

> *Un batelier apparaît : sa tête seule dépassant le quai.*

DIEGO

Que fais-tu?

LE BATELIER

Je ravitaille.

DIEGO

La ville?

LE BATELIER

Non, la ville est ravitaillée en principe par l'administration. En tickets naturellement. Moi, je ravitaille en pain et en lait. Il y a, au large, des navires à l'ancre et des familles s'y sont confinées pour échapper à l'infection. Je porte leurs lettres et je leur rapporte des provisions.

Diego

Mais c'est interdit.

Le batelier

C'est interdit par l'administration. Mais je ne sais pas lire et j'étais en mer quand les crieurs ont annoncé la nouvelle loi.

Diego

Emmène-moi.

Le batelier

Où?

Diego

En mer. Sur les bateaux.

Le batelier

C'est que la chose est interdite.

Diego

Tu n'as lu ni entendu la loi.

Le batelier

Ah! Ce n'est pas interdit par l'administration, mais par les gens du bateau. Vous n'êtes pas sûr.

Diego

Comment pas sûr?

Le batelier

Après tout, vous pourriez les apporter avec vous.

Diego

Apporter quoi?

Le batelier

Chut! (Il regarde autour de lui.) Les germes, bien sûr! Vous pourriez leur apporter les germes.

Diego

Je paierai ce qu'il faut.

LE BATELIER

N'insistez pas. J'ai le caractère faible.

DIEGO

Tout l'argent qu'il faudra.

LE BATELIER

Vous le prenez sur votre conscience?

DIEGO

Bon.

LE BATELIER

Embarquez. La mer est belle.

*Diego va sauter. Mais la
secrétaire apparaît derrière lui.*

LA SECRÉTAIRE

Non! Vous n'embarquerez pas.

DIEGO

Quoi?

LA SECRÉTAIRE

Ce n'est pas prévu. Et puis, je vous connais, vous ne
déserterez pas.

DIEGO

Rien ne m'empêchera de partir.

LA SECRÉTAIRE

Il suffit que je le veuille. Et je le veux, puisque j'ai
affaire avec vous. Vous savez qui je suis!

*Elle recule un peu comme
pour l'attirer en arrière. Il la
suit.*

DIEGO

Mourir n'est rien. Mais mourir souillé...

LA SECRÉTAIRE

Je comprends. Voyez-vous, je suis une simple exé-

cutante. Mais, du même coup, on m'a donné des droits
sur vous. Le droit de veto, si vous préférez.

Elle feuillette son carnet.

DIEGO

Les hommes de mon sang n'appartiennent qu'à la terre!

LA SECRÉTAIRE

C'est ce que je voulais dire. Vous êtes à moi, d'une
certaine manière! D'une certaine manière seulement.
Peut-être pas de celle que je préférerais... quand je vous
regarde. *(Simple.)* Vous me plaisez bien, vous savez.
Mais j'ai des ordres.

Elle joue avec son carnet.

DIEGO

Je préfère votre haine à vos sourires. Je vous méprise.

LA SECRÉTAIRE

Comme vous voudrez. D'ailleurs, ce n'est pas très
réglementaire cette conversation que j'ai avec vous. La
fatigue me rend sentimentale. Avec toute cette comptabilité, des soirs comme ce soir, je me laisse aller.

*Elle fait tourner le carnet
dans ses doigts.*
Diego tente de le lui arracher.

LA SECRÉTAIRE

Non, vraiment, n'insistez pas, mon chéri. Qu'y verriez-
vous d'ailleurs? C'est un carnet, cela doit suffire, un
classeur, moitié agenda, moitié fichier. Avec les éphémé-
rides. *(Elle rit.)* C'est mon pense-bête, quoi!

*Elle tend vers lui une main,
comme pour une caresse.*
*Diego se rejette vers le
batelier.*

DIEGO

Ah! il est parti!

La secrétaire

Tiens, c'est vrai! Encore un qui se croit libre et qui est inscrit, pourtant, comme tout le monde.

Diego

Votre langue est double. Vous savez bien que c'est cela qu'un homme ne peut supporter. Finissons-en, voulez-vous.

La secrétaire

Mais tout cela est très simple et je dis la vérité. Chaque ville a son classeur. Voici celui de Cadix. Je vous assure que l'organisation est très bonne et que personne n'est oublié.

Diego

Personne n'est oublié, mais tous vous échappent.

La secrétaire *(indignée).*

Mais non, voyons! *(Elle réfléchit.)* Pourtant, il y a des exceptions. De loin en loin, on en oublie un. Mais ils finissent toujours par se trahir. Dès qu'ils ont dépassé cent ans d'âge, ils s'en vantent, les imbéciles. Alors, les journaux l'annoncent. Il suffit d'attendre. Le matin quand je dépouille la presse, je note leurs noms, je les collationne, comme nous disons. On ne les rate pas, bien entendu.

Diego

Mais pendant cent ans ils vous auront nié, comme cette ville entière vous nie!

La secrétaire

Cent ans ne sont rien! Ça vous fait de l'impression parce que vous voyez les choses de trop près. Moi, je vois les ensembles, vous comprenez. Dans un fichier de trois cent soixante-douze mille noms, qu'est-ce qu'un homme, je vous le demande un peu, même s'il est centenaire! Et puis nous nous rattrapons sur ceux qui n'ont pas dépassé vingt ans. Cela fait une moyenne. On raye un peu plus vite, voilà tout! Ainsi...

> *Elle raye dans son carnet.*
> *Un cri sur la mer et le bruit*
> *d'une chute à l'eau.*

LA SECRÉTAIRE

Oh! Je l'ai fait sans y penser! Tiens, c'est le batelier! Un hasard!

> *Diego s'est levé et la regarde*
> *avec dégoût et effroi.*

DIEGO

Le cœur me vient à la bouche tant vous me répugnez!

LA SECRÉTAIRE

Je fais un métier ingrat, je le sais. On s'y fatigue et puis il faut s'appliquer. Au début, par exemple, je tâtonnais un peu. Maintenant, j'ai la main sûre.

> *Elle s'approche de Diego.*

DIEGO

Ne m'approchez pas.

LA SECRÉTAIRE

Il n'y aura bientôt plus d'erreurs. Un secret. Une machine perfectionnée. Vous verrez.

> *Elle s'est approchée de lui,*
> *phrase après phrase, jusqu'à le*
> *toucher. Il la prend soudain au*
> *collet, tremblant de fureur.*

DIEGO

Finissez, finissez donc votre sale comédie! Qu'est-ce que vous attendez? Faites votre travail et ne vous amusez pas de moi qui suis plus grand que vous. Tuez-moi donc *c'est la seule façon*, je vous le jure, de sauver ce beau système qui ne laisse rien au hasard. Ah! Vous ne tenez compte que des ensembles! Cent mille hommes voilà qui devient intéressant. C'est une statistique et les statistiques sont muettes! On en fait des courbes et des graphiques, hein! On travaille sur les générations, c'est plus facile! Et le travail peut se faire dans le silence et dans l'odeur tranquille de l'encre. Mais je vous en préviens, un homme seul, c'est plus gênant, ça crie sa joie ou son agonie. Et moi vivant, je continuerai à déranger votre bel ordre par le hasard des cris. Je vous refuse, je vous refuse de tout mon être!

LA SECRÉTAIRE

Mon chéri!

DIEGO

Taisez-vous! Je suis d'une race qui honorait la mort autant que la vie. Mais vos maîtres sont venus : vivre et mourir sont deux déshonneurs...

LA SECRÉTAIRE

Il est vrai...

DIEGO (Il la secoue.)

Il est vrai que vous mentez et que vous mentirez désormais, jusqu'à la fin des temps! Oui! J'ai bien compris votre système. Vous leur avez donné la douleur de la faim et des séparations pour les distraire de leur révolte. Vous les épuisez, vous dévorez leur temps et leurs forces pour qu'ils n'aient ni le loisir ni l'élan de la fureur! Ils piétinent, soyez contents! Ils sont seuls malgré leur masse, comme je suis seul aussi. Chacun de nous est seul à cause de la lâcheté des autres. Mais moi qui suis asservi comme eux, humilié avec eux, je vous annonce pourtant que vous n'êtes rien et que cette puissance déployée à perte de vue, jusqu'à en obscurcir le ciel, n'est qu'une ombre jetée sur la terre, et qu'en une seconde un vent furieux va dissiper. Vous avez cru que tout pouvait se mettre en chiffres et en formules! Mais dans votre belle nomenclature, vous avez oublié la rose sauvage, les signes dans le ciel, les visages d'été, la grande voix de la mer, les instants du déchirement et la colère des hommes! (Elle rit.) Ne riez pas. Ne riez pas, imbécile. Vous êtes perdus, je vous le dis. Au sein de vos plus apparentes victoires, vous voilà déjà vaincus, parce qu'il y a dans l'homme — regardez-moi — une force que vous ne réduirez pas, une folie claire, mêlée

de peur et de courage, ignorante et victorieuse à tout
jamais. C'est cette force qui va se lever et vous saurez
alors que votre gloire était fumée.

Elle rit.

DIEGO

Ne riez pas! Ne riez donc pas!

*Elle rit. Il la gifle et, dans
le même temps, les hommes du
chœur arrachent leurs bâillons et
poussent un long cri de joie.
Mais, dans l'élan, Diego a écrasé
sa marque. Il y porte la main
et la contemple ensuite.*

LA SECRÉTAIRE

Magnifique!

DIEGO

Qu'est-ce que c'est?

LA SECRÉTAIRE

Vous êtes magnifique dans la colère! Vous me plaisez
encore plus.

DIEGO

Que s'est-il passé?

LA SECRÉTAIRE

Vous le voyez. La marque disparaît. Continuez, vous
êtes sur la bonne voie.

DIEGO

Je suis guéri?

LA SECRÉTAIRE

Je vais vous dire un petit secret... Leur système est
excellent, vous avez bien raison, mais il y a une malfaçon
dans leur machine.

DIEGO

Je ne comprends pas.

LA SECRÉTAIRE

Il y a une malfaçon, mon chéri. Du plus loin que je me souvienne, il a toujours suffi qu'un homme surmonte sa peur et se révolte pour que leur machine commence à grincer. Je ne dis pas qu'elle s'arrête, il s'en faut. Mais enfin, elle grince et, quelquefois, elle finit vraiment par se gripper.

Silence.

DIEGO

Pourquoi me dites-vous cela?

LA SECRÉTAIRE

Vous savez, on a beau faire ce que je fais, on a ses faiblesses. Et puis vous l'avez trouvé tout seul.

DIEGO

M'auriez-vous épargné, si je ne vous avais frappée?

LA SECRÉTAIRE

Non. J'étais venue pour vous achever, selon le règlement.

DIEGO

Je suis donc le plus fort.

LA SECRÉTAIRE

Avez-vous encore peur?

DIEGO

Non.

LA SECRÉTAIRE

Alors, je ne puis rien contre vous. Cela aussi est dans le règlement. Mais je peux bien vous le dire, c'est la première fois que ce règlement a mon approbation.

*Elle se retire doucement.
Diego se tâte, regarde encore sa
main et se tourne brusquement
dans la direction des gémisse-*

> *ments, qu'on entend. Il va, au*
> *milieu du silence, vers un malade*
> *bâillonné. Scène muette. Diego*
> *avance la main vers le bâillon et*
> *le dénoue. C'est le pêcheur. Ils se*
> *regardent en silence, puis :*

LE PÊCHEUR *(avec effort)*.

Bonsoir, frère. Voilà bien longtemps que je n'avais parlé.

> *Diego lui sourit.*

LE PÊCHEUR *(levant les yeux au ciel)*.
Qu'est cela ?

> *Le ciel s'est éclairé, en effet.*
> *Un léger vent s'est levé qui*
> *secoue une des portes et fait*
> *flotter quelques étoffes. Le peuple*
> *les entoure maintenant, le bâillon*
> *dénoué, les yeux levés au ciel.*

DIEGO

Le vent de la mer...

RIDEAU

TROISIÈME PARTIE

Les habitants de Cadix s'ac-
tivent sur la place. Planté un
peu au-dessus d'eux, Diego dirige
les travaux. Lumière éclatante
qui fait paraître les décors de
la Peste moins impressionnants
parce que plus construits.

DIEGO

Effacez les étoiles!

On efface.

DIEGO

Ouvrez les fenêtres!

Les fenêtres s'ouvrent.

DIEGO

De l'air! De l'air! Groupez les malades!

Mouvements.

DIEGO

N'ayez plus peur, c'est la condition. Debout tous ceux
qui le peuvent! Pourquoi reculez-vous? Relevez le front,
voici l'heure de la fierté! Jetez votre bâillon et criez avec
moi que vous n'avez plus peur. *(Il lève les bras.)* Ô sainte
révolte, refus vivant, honneur du peuple, donne à ces
bâillonnés la force de ton cri!

LE CHŒUR

Frère, nous t'écoutons et nous les misérables qui vivons

d'olives et de pain, pour qui une mule est une fortune, nous qui touchons au vin deux fois l'an, au jour de la naissance et au jour du mariage, nous commençons à espérer! Mais la vieille crainte n'a pas encore quitté nos cœurs. L'olive et le pain donnent du goût à la vie! Si peu que nous ayons, nous avons peur de tout perdre avec la vie!

DIEGO

Vous perdrez l'olive, le pain et la vie si vous laissez les choses aller comme elles sont! Aujourd'hui il vous faut vaincre la peur si vous voulez seulement garder le pain. Réveille-toi, Espagne!

LE CHŒUR

Nous sommes pauvres et ignorants. Mais on nous a dit que la peste suit les chemins de l'année. Elle a son printemps où elle germe et jaillit, son été où elle fructifie. Vienne l'hiver et la voilà peut-être qui meurt. Mais est-ce l'hiver, frère, est-ce bien l'hiver? Ce vent qui s'est levé vient-il vraiment de la mer? Nous avons toujours tout payé en monnaie de misère. Faut-il vraiment payer avec la monnaie de notre sang?

CHŒUR DES FEMMES

Encore une affaire d'hommes! Nous, nous sommes là pour vous rappeler l'instant qui s'abandonne, l'œillet des jours, la laine noire des brebis, l'odeur d'Espagne enfin! Nous sommes faibles, nous ne pouvons rien contre vous avec vos gros os. Mais quoi que vous fassiez, n'oubliez pas nos fleurs de chair dans votre mêlée d'ombres!

DIEGO

C'est la peste qui nous décharne, c'est elle qui sépare les amants et qui flétrit la fleur des jours! C'est contre elle qu'il faut d'abord lutter!

LE CHŒUR

Est-ce vraiment l'hiver? Dans nos forêts, les chênes sont toujours couverts de petits glands bien cirés et leur tronc ruisselle de guêpes! Non! Ce n'est pas encore l'hiver!

Diego

Traversez l'hiver de la colère!

Le chœur

Mais trouverons-nous l'espoir au bout de notre chemin? Ou faudra-t-il mourir désespérés?

Diego

Qui parle de désespérer? Le désespoir est un bâillon. Et c'est le tonnerre de l'espoir, la fulguration du bonheur qui déchirent le silence de cette ville assiégée. Debout, vous dis-je! Si vous voulez garder le pain et l'espoir, détruisez vos certificats, crevez les vitres des bureaux, quittez les files de la peur, criez la liberté aux quatre coins du ciel!

Le chœur

Nous sommes les plus misérables! L'espoir est notre seule richesse, comment nous en priverions-nous? Frère, nous jetons tous ces bâillons! (*Grand cri de délivrance.*) Ah! sur la terre sèche, dans les crevasses de la chaleur, voici la première pluie! Voici l'automne où tout reverdit, le vent frais de la mer. L'espoir nous soulève comme une vague.

> *Diego sort.*
> *Entre la Peste au même niveau que Diego mais de l'autre côté. La secrétaire et Nada le suivent.*

La secrétaire

Qu'est-ce que c'est que cette histoire? On bavarde maintenant? Voulez-vous bien remettre vos bâillons!

> *Quelques-uns, au milieu, remettent leur bâillon. Mais des hommes ont rejoint Diego. Ils s'activent, dans l'ordre.*

La Peste

Ils commencent à bouger.

LA SECRÉTAIRE

Oui, comme d'habitude!

LA PESTE

Eh bien! Il faut aggraver les mesures!

LA SECRÉTAIRE

Aggravons donc!

Elle ouvre son carnet qu'elle
feuillette avec un peu de lassitude.

NADA

Et allez donc! Nous sommes sur la bonne voie! Être réglementaire ou ne pas être réglementaire, voilà toute la morale et toute la philosophie! Mais à mon avis Votre Honneur, nous n'allons pas assez loin.

LA PESTE

Tu parles trop.

NADA

C'est que j'ai de l'enthousiasme. Et j'ai appris beaucoup de choses auprès de vous. La suppression, voilà mon évangile. Mais jusqu'ici, je n'avais pas de bonnes raisons. Maintenant, j'ai la raison réglementaire!

LA PESTE

Le règlement ne supprime pas tout. Tu n'es pas dans la ligne, attention!

NADA

Remarquez qu'il y avait des règlements avant vous. Mais il restait à inventer le règlement général, le solde de tout compte, l'espèce humaine mise à l'index, la vie entière *remplacée par une* table des matières, l'univers mis en disponibilité, le ciel et la terre enfin dévalués...

LA PESTE

Retourne à ton travail, ivrogne. Et vous, allez-y!

LA SECRÉTAIRE

Par quoi commençons-nous?

LA PESTE

Par le hasard. C'est plus frappant.

> *La secrétaire raye deux noms. Coups mats d'avertissement. Deux hommes tombent. Reflux. Ceux qui travaillent s'arrêtent médusés. Les gardes de la Peste se précipitent, remettent des croix sur les portes, ferment les fenêtres, mêlent les cadavres, etc.*

DIEGO *(au fond, d'une voix tranquille)*.

Vive la mort, elle ne nous fait pas peur!

> *Flux. Les hommes se remettent au travail. Les gardes reculent. Même pantomime, mais inverse. Le vent souffle lorsque le peuple avance, reflue lorsque les gardes reviennent.*

LA PESTE

Rayez celui-ci!

LA SECRÉTAIRE

Impossible!

LA PESTE

Pourquoi?

LA SECRÉTAIRE

Il n'a plus peur!

LA PESTE

Allons, bon! Sait-il?

LA SECRÉTAIRE

Il a des soupçons.

*Elle raye. Coups sourds.
Reflux. Même scène.*

NADA

Magnifique! Ils meurent comme des mouches! Ah!
Si la terre pouvait sauter!

DIEGO *(avec calme)*.

Secourez tous ceux qui tombent.

*Reflux. Même pantomime
inversée.*

LA PESTE

Celui-là va trop loin!

LA SECRÉTAIRE

Il va loin, en effet.

LA PESTE

Pourquoi dites-vous cela avec mélancolie? Vous ne
l'avez pas renseigné au moins?

LA SECRÉTAIRE

Non. Il a dû trouver ça tout seul. Il a le don, en
somme!

LA PESTE

Il a le don, mais j'ai des moyens. Il faut essayer autre
chose. À votre tour.

Il sort.

LE CHŒUR *(quittant le bâillon)*.

Ah! *(Soupir de soulagement.)* C'est le premier recul, le
garrot se desserre, le ciel se détend et s'aère. Voici revenu
le bruit des sources que le soleil noir de la peste avait
évaporées. L'été s'en va. Nous n'aurons plus les raisins
de la treille, ni les melons, les fèves vertes et la salade crue.
Mais l'eau de l'espoir attendrit le sol dur et nous promet
le refuge de l'hiver, les châtaignes brûlées, le premier

maïs aux grains encore verts, la noix au goût de savon, le lait devant le feu...

Les femmes

Nous sommes ignorantes. Mais nous disons que ces richesses ne doivent pas être payées trop cher. Dans tous les lieux du monde et sous n'importe quel maître, il y aura toujours un fruit frais à portée de la main, le vin du pauvre, le feu de sarments près duquel on attend que tout passe...

> *De la maison du juge sort par la fenêtre la fille du juge qui court se cacher parmi les femmes.*

La secrétaire *(descendant vers le peuple).*

On se croirait en révolution, ma parole! Ce n'est pas le cas pourtant, vous le savez bien. Et puis, ce n'est plus au peuple à faire la révolution, voyons, ce serait tout à fait démodé. Les révolutions n'ont plus besoin d'insurgés. La police aujourd'hui suffit à tout, même à renverser le gouvernement. Cela ne vaut-il pas mieux, après tout? Le peuple peut ainsi se reposer pendant que quelques bons esprits pensent pour lui et décident à sa place de la quantité de bonheur qui lui sera favorable.

Le pêcheur

Je m'en vais éventrer sur l'heure cette murène vicieuse.

La secrétaire

Voyons, mes bons amis, ne vaudrait-il pas mieux en rester là! Quand un ordre est établi, ça coûte toujours plus cher de le changer. Et si même cet ordre vous paraît insupportable, peut-être pourrait-on obtenir quelques accommodements.

Une femme

Quels accommodements?

La secrétaire

Je ne sais pas, moi! Mais, vous autres femmes, n'igno-

rez pas que tout bouleversement se paye et qu'une bonne
conciliation vaut parfois mieux qu'une victoire ruineuse?

> *Les femmes approchent.*
> *Quelques hommes se détachent*
> *du groupe de Diego.*

DIEGO

N'écoutez pas ce qu'elle dit. Tout cela est convenu.

LA SECRÉTAIRE

Qu'est-ce qui est convenu? Je parle raison et ne sais
rien de plus.

UN HOMME

De quels arrangements parliez-vous?

LA SECRÉTAIRE

Naturellement, il faudrait réfléchir. Mais, par exemple,
nous pourrions constituer avec vous un comité qui
déciderait, à la majorité des voix, des radiations à
prononcer. Ce comité détiendrait en pleine propriété ce
cahier où se font les radiations. Notez bien que je dis
cela à titre d'exemple...

> *Elle secoue le cahier à bout de*
> *bras. Un homme le lui arrache.*

LA SECRÉTAIRE *(faussement indignée).*

Voulez-vous me rendre ce cahier! Vous savez bien
qu'il est précieux et qu'il suffit d'y rayer le nom d'un
de vos concitoyens pour que celui-ci meure aussitôt.

> *Hommes et femmes en-*
> *tourent le possesseur du cahier.*
> *Animation.*

— Nous le tenons!
— Plus de morts!
— Nous sommes sauvés!

> *Mais la fille du juge survient*
> *qui arrache brutalement le cahier,*
> *se sauve dans un coin et, feuille-*
> *tant rapidement le carnet, y raye*

> *quelque chose. Dans la maison*
> *du juge un grand cri et la chute*
> *d'un corps. Des hommes et des*
> *femmes se précipitent vers la*
> *fille.*

UNE VOIX

Ah! Maudite! C'est toi qu'il faut supprimer!

> *Une main lui arrache le*
> *cahier et, tous feuilletant, on*
> *trouve son nom qu'une main*
> *raye. La fille tombe sans un cri.*

NADA (*hurlant*).

En avant, tous unis pour la suppression! Il ne s'agit plus de supprimer, il s'agit de se supprimer! Nous voilà tous ensemble, opprimés et oppresseurs, la main dans la main! Allez! taureau! C'est le nettoyage général!

> *Il s'en va.*

UN HOMME (*énorme et qui tient le cahier*).

C'est vrai qu'il y a quelques nettoyages à faire! Et l'occasion est trop belle de ratatiner quelques fils de garce qui se sont sucrés pendant que nous crevions de faim!

> *La Peste qui vient de réappa-*
> *raître éclate d'un rire prodigieux,*
> *pendant que la secrétaire regagne*
> *modestement sa place, à ses*
> *côtés. Tout le monde, immobile,*
> *les yeux levés, attend sur le*
> *plateau pendant que les gardes*
> *de la Peste se répandent partout*
> *pour rétablir le décor et les*
> *signes de la Peste.*

LA PESTE (*à Diego*).

Et voilà! Ils font eux-mêmes le travail! Crois-tu qu'ils vaillent la peine que tu prends?

> *Mais Diego et le pêcheur*
> *ont sauté sur le plateau, se sont*
> *précipités sur l'homme au cahier*

> *qu'ils giflent et précipitent à*
> *terre. Diego prend le cahier qu'il*
> *déchire.*

LA SECRÉTAIRE

Inutile. J'en ai un double.

> *Diego repousse les hommes de*
> *l'autre côté.*

DIEGO

Vite, au travail! Vous avez été joués!

LA PESTE

Quand ils ont peur, c'est pour eux-mêmes. Mais leur haine est pour les autres.

DIEGO *(revenu en face de lui).*

Ni peur ni haine, c'est là notre victoire!

> *Reflux progressif des gardes*
> *devant les hommes de Diego.*

LA PESTE

Silence! Je suis celui qui aigrit le vin et qui dessèche les fruits. Je tue le sarment s'il veut donner des raisins, je le verdis s'il doit nourrir du feu. J'ai horreur de vos joies simples. J'ai horreur de ce pays où l'on prétend être libre sans être riche. J'ai les prisons, les bourreaux, la force, le sang! La ville sera rasée et, sur ses décombres, l'histoire agonisera enfin dans le beau silence des sociétés parfaites. Silence donc ou j'écrase tout.

> *Lutte mimée au milieu d'un*
> *effroyable fracas, grincements du*
> *garrot, bourdonnement, coups de*
> *radiation, marée des slogans.*
> *Mais à mesure que la lutte se*
> *dessine à l'avantage des hommes*
> *de Diego, le tumulte s'apaise et*
> *le chœur, quoique indistinct,*
> *submerge les bruits de la Peste.*

LA PESTE *(avec un geste de rage).*

Il reste les otages!

*Il fait un signe. Les gardes
de la Peste quittent la scène
pendant que les autres se re-
groupent.*

NADA *(sur le haut du palais).*

Il reste toujours quelque chose. Tout continue à ne pas
continuer. Et mes bureaux continuent aussi. La ville
croulerait, le ciel éclaterait, les hommes déserteraient la
terre que les bureaux s'ouvriraient encore à heure fixe
pour administrer le néant! L'éternité, c'est moi, mon
paradis a ses archives et ses tampons-buvards.

Il sort.

LE CHŒUR

Ils fuient. L'été s'achève en victoire. Il arrive donc que
l'homme triomphe! Et la victoire alors a le corps de nos
femmes sous la pluie de l'amour. Voici la chair heureuse,
luisante et chaude, grappe de septembre où le frelon
grésille. Sur l'aire du ventre s'abattent les moissons de
la vigne. Les vendanges flambent au sommet des seins
ivres. Ô mon amour, le désir crève comme un fruit mûr,
la gloire des corps ruisselle enfin. Dans tous les coins du
ciel des mains mystérieuses tendent leurs fleurs et un vin
jaune coule d'inépuisables fontaines. Ce sont les fêtes de
la victoire, allons chercher nos femmes!

*On amène dans le silence une
civière où est étendue Victoria.*

DIEGO *(se précipitant).*

Oh! Ceci donne envie de tuer ou de mourir! *(Il arrive
près du corps qui semble inanimé.)* Ah! Magnifique, victorieuse, sauvage comme l'amour, tourne un peu vers moi
ton visage! Reviens, Victoria! Ne te laisse pas aller de
cet autre côté du monde où je ne puis te rejoindre! Ne me
quitte pas, la terre est froide. Mon amour, mon
amour! Tiens ferme, tiens-toi ferme à ce rebord de terre
où nous sommes encore! Ne te laisse pas couler! Si tu
meurs, pendant tous les jours qui me restent à vivre,
il fera noir en plein midi!

Le chœur des femmes

Maintenant, nous sommes dans la vérité. Jusqu'à présent ce n'était pas sérieux. Mais à cette heure il s'agit d'un corps qui souffre et se tord. Tant de cris, le plus beau des langages, vive la mort et puis la mort elle-même déchire la gorge de celle qu'on aime! Alors revient l'amour quand justement il n'est plus temps.

Victoria gémit.

Diego

Il est temps, elle va se redresser. Tu vas me faire face à nouveau, droite comme une torche, avec les flammes noires de tes cheveux et ce visage étincelant d'amour dont j'emportais l'éblouissement dans la nuit du combat. Car, je t'y emportais, mon cœur suffisait à tout.

Victoria

Tu m'oublieras, Diego, cela est sûr. Ton cœur ne suffira pas à l'absence. Il n'a pas suffi au malheur. Ah! c'est un affreux tourment de mourir en sachant qu'on sera oubliée.

Elle se détourne.

Diego

Je ne t'oublierai pas. Ma mémoire sera plus longue que ma vie.

Le chœur des femmes

Ô corps souffrant, jadis si désirable, beauté royale, reflet du jour! L'homme crie vers l'impossible, la femme souffre tout ce qui est possible. Penche-toi, Diego! Crie ta peine, accuse-toi, c'est l'instant du repentir! Déserteur! Ce corps était ta patrie sans laquelle tu n'es plus rien! Ta mémoire ne rachètera rien!

La Peste est arrivée doucement près de Diego. Seul le corps de Victoria les sépare.

La Peste

Alors, on renonce?

Diego regarde le corps de Victoria avec désespoir.

La Peste

Tu n'as pas de force! Tes yeux sont égarés. Moi, j'ai l'œil fixe de la puissance.

Diego *(après un silence)*.

Laisse-la vivre et tue-moi.

La Peste

Quoi?

Diego

Je te propose l'échange.

La Peste

Quel échange?

Diego

Je veux mourir à sa place.

La Peste

C'est une de ces idées qu'on a lorsqu'on est fatigué. Allons, ce n'est pas agréable de mourir et le plus gros est fait pour elle. Restons-en là!

Diego

C'est une idée qu'on a lorsqu'on est le plus fort!

La Peste

Regarde-moi, je suis la force elle-même!

Diego

Quitte ton uniforme.

La Peste

Tu es fou!

Diego

Déshabille-toi! Quand les hommes de la force quittent leur uniforme, ils ne sont pas beaux à voir!

La Peste

Peut-être. Mais leur force est d'avoir inventé l'uniforme!

Diego

La mienne est de le refuser. Je maintiens mon marché.

La Peste

Réfléchis au moins. La vie a du bon.

Diego

Ma vie n'est rien. Ce qui compte, ce sont les raisons de ma vie. Je ne suis pas un chien.

La Peste

La première cigarette, ce n'est donc rien? L'odeur de poussière à midi sur les ramblas, les pluies du soir, la femme encore inconnue, le deuxième verre de vin, ce n'est donc rien?

Diego

C'est quelque chose, mais celle-ci vivra mieux que moi!

La Peste

Non, si tu renonces à t'occuper des autres.

Diego

Sur le chemin où je suis, on ne peut s'arrêter, même si on le désire. Je ne t'épargnerai pas!

La Peste *(changeant de ton)*.

Écoute. Si tu m'offres ta vie en échange de celle-ci, je suis obligé de l'accepter et cette femme vivra. Mais je te propose un autre marché. Je te donne la vie de cette femme et je vous laisse fuir tous les deux, pourvu que vous me laissiez m'arranger avec cette ville.

Diego

Non. Je connais mes pouvoirs.

La Peste

Dans ce cas, je serai franc avec toi. Il me faut être le maître de tout ou je ne le suis de rien. Si tu m'échappes, la ville m'échappe. C'est la règle. Une vieille règle dont je ne sais d'où elle vient.

Diego

Je le sais, moi! Elle vient du creux des âges, elle est plus grande que toi, plus haute que tes gibets, c'est la règle de nature. Nous avons vaincu.

La Peste

Pas encore! J'ai là ce corps, mon otage. Et l'otage est mon dernier atout. Regarde-le. Si une femme a le visage de la vie, c'est celle-ci. Elle mérite de vivre et tu veux la faire vivre. Moi, je suis contraint de te la rendre. Mais ce peut être ou contre ta propre vie ou contre la liberté de cette ville. Choisis.

> *Diego regarde Victoria. Au fond, murmures des voix bâillonnées. Diego se tourne vers le chœur.*

Diego

C'est dur de mourir.

La Peste

C'est dur.

Diego

Mais c'est dur pour tout le monde.

La Peste

Imbécile! Dix ans de l'amour de cette femme valent autrement qu'un siècle de la liberté de ces hommes.

Diego

L'amour de cette femme, c'est mon royaume à moi. Je puis en faire ce que je veux. Mais la liberté de ces hommes leur appartient. Je ne puis en disposer.

La Peste

On ne peut pas être heureux sans faire du mal aux autres. C'est la justice de cette terre.

Diego

Je ne suis pas né pour consentir à cette justice-là.

La Peste

Qui te demande de consentir? L'ordre du monde ne changera pas au gré de tes désirs! Si tu veux le changer, laisse tes rêves et tiens compte de ce qui est.

Diego

Non. Je connais la recette. Il faut tuer pour supprimer le meurtre, violenter pour guérir l'injustice. Il y a des siècles que cela dure! Il y a des siècles que des seigneurs de ta race pourrissent la plaie du monde sous prétexte de la guérir, et continuent cependant de vanter leur recette, puisque personne ne leur rit au nez!

La Peste

Personne ne rit puisque je réalise. Je suis efficace.

Diego

Efficace, bien sûr! Et pratique. Comme la hache!

La Peste

Il suffit au moins de regarder les hommes. On sait alors que toute justice est assez bonne pour eux.

Diego

Depuis que les portes de cette ville se sont fermées, j'ai eu tout le temps de les regarder.

La Peste

Alors tu sais maintenant qu'ils te laisseront toujours seul. Et l'homme seul doit périr.

Diego

Non, cela est faux! Si j'étais seul, tout serait facile. Mais, de gré ou de force, ils sont avec moi.

La Peste

Beau troupeau, en vérité, mais qui sent fort!

Diego

Je sais qu'ils ne sont pas purs. Moi non plus. Et puis je suis né parmi eux. Je vis pour ma cité et pour mon temps.

La Peste

Le temps des esclaves!

Diego

Le temps des hommes libres!

La Peste

Tu m'étonnes. J'ai beau chercher. Où sont-ils?

Diego

Dans tes bagnes et dans tes charniers. Les esclaves sont sur les trônes.

La Peste

Mets à tes hommes libres l'habit de ma police et tu verras ce qu'ils deviennent.

Diego

Il est vrai qu'il leur arrive d'être lâches et cruels. C'est pourquoi ils n'ont pas plus que toi le droit à la puissance. Aucun homme n'a assez de vertu pour qu'on puisse lui consentir le pouvoir absolu. Mais c'est pourquoi aussi ces hommes ont droit à la compassion qui te sera refusée.

La Peste

La lâcheté, c'est de vivre comme ils le font, petits, besogneux, toujours à mi-hauteur.

Diego

C'est à mi-hauteur que je tiens à eux. Et si je ne suis pas fidèle à la pauvre vérité que je partage avec eux, comment le serais-je à ce que j'ai de plus grand et de plus solitaire?

La Peste

La seule fidélité que je connaisse, c'est le mépris. *(Il montre le chœur affaissé dans la cour.)* Regarde, il y a de quoi!

Diego

Je ne méprise que les bourreaux. Quoi que tu fasses, ces hommes seront plus grands que toi. S'il leur arrive une fois de tuer, c'est dans la folie d'une heure. Toi, tu massacres selon la loi et la logique. Ne raille pas leur tête baissée, car voici des siècles que les comètes de la peur passent au-dessus d'eux. Ne ris pas de leur air de crainte, voici des siècles qu'ils meurent et que leur amour est déchiré. Le plus grand de leurs crimes aura toujours une excuse. Mais je ne trouve pas d'excuses au crime que de tout temps l'on a commis contre eux et que pour finir tu as eu l'idée de codifier dans le sale ordre qui est le tien. *(La Peste avance vers lui.)* Je ne baisserai pas les yeux!

LA PESTE

Tu ne les baisseras pas, c'est visible! Alors, j'aime mieux te dire que tu viens de triompher de la dernière épreuve. Si tu m'avais laissé cette ville, tu aurais perdu cette femme et tu te serais perdu avec elle. En attendant, cette ville a toutes les chances d'être libre. Tu vois, il suffit d'un insensé comme toi... L'insensé meurt évidemment. Mais à la fin, tôt ou tard, le reste est sauvé! *(Sombre.)* Et le reste ne mérite pas d'être sauvé.

DIEGO

L'insensé meurt...

LA PESTE

Ah! Ça ne va plus? Mais non, c'est classique : la seconde d'hésitation! L'orgueil sera le plus fort.

DIEGO

J'avais soif d'honneur. Et je ne retrouverai l'honneur aujourd'hui que parmi les morts?

LA PESTE

Je le disais, l'orgueil les tue. Mais c'est bien fatigant pour le vieil homme que je deviens. *(D'une voix dure.)* Prépare-toi.

DIEGO

Je suis prêt.

LA PESTE

Voici les marques. Elles font mal. *(Diego regarde avec horreur les marques qui sont à nouveau sur lui.)* Là! Souffre

un peu avant de mourir. Ceci du moins est ma règle.
Quand la haine me brûle, la souffrance d'autrui est alors
une rosée. Gémis un peu, cela est bien. Et laisse-moi te
regarder souffrir avant de quitter cette ville. *(Il regarde la
secrétaire.)* Allons, vous, au travail maintenant !

LA SECRÉTAIRE

Oui, s'il le faut.

LA PESTE

Déjà fatiguée, hein !

> *La secrétaire fait oui de la
> tête et dans le même moment elle
> change brusquement d'apparence.
> C'est une vieille femme au
> masque de mort.*

LA PESTE

J'ai toujours pensé que vous n'aviez pas assez de haine.
Mais ma haine à moi a besoin de victimes fraîches.
Dépêchez-moi cela. Et nous recommencerons ailleurs.

LA SECRÉTAIRE

La haine ne me soutient pas, en effet, puisqu'elle n'est
pas dans mes fonctions. Mais c'est un peu de votre faute.
À force de travailler sur des fiches, on oublie de se
passionner.

LA PESTE

Ce sont des mots. Et si vous cherchez un soutien...
(il montre Diego qui tombe à genoux) prenez-le dans la joie
de détruire. Là est votre fonction.

LA SECRÉTAIRE

Détruisons donc. Mais je ne suis pas à l'aise.

LA PESTE

Au nom de quoi discutez-vous mes ordres ?

LA SECRÉTAIRE

Au nom de la mémoire. J'ai quelques vieux souvenirs.
J'étais libre avant vous et associée avec le hasard.

Personne ne me détestait alors. J'étais celle qui termine tout, qui fixe les amours, qui donne leur forme à tous les destins. J'étais la stable. Mais vous m'avez mise au service de la logique et du règlement. Je me suis gâté la main que j'avais quelquefois secourable.

LA PESTE

Qui vous demande des secours ?

LA SECRÉTAIRE

Ceux qui sont moins grands que le malheur. C'est-à-dire presque tous. Avec eux, il m'arrivait de travailler dans le consentement, j'existais à ma manière. Aujourd'hui je leur fais violence et tous me nient jusqu'à leur dernier souffle. C'est peut-être pourquoi j'aimais celui-ci que vous m'ordonnez de tuer. Il m'a choisie librement. À sa manière, il a eu pitié de moi. J'aime ceux qui me donnent rendez-vous.

LA PESTE

Craignez de m'irriter ! Nous n'avons pas besoin de pitié.

LA SECRÉTAIRE

Qui aurait besoin de pitié sinon ceux qui n'ont compassion de personne ! Quand je dis que j'aime celui-ci, je veux dire que je l'envie. Chez nous autres conquérants, c'est la misérable forme que prend l'amour. Vous le savez bien et vous savez que cela mérite qu'on nous plaigne un peu.

LA PESTE

Je vous ordonne de vous taire !

LA SECRÉTAIRE

Vous le savez bien et vous savez aussi qu'à force de tuer, on se prend à envier l'innocence de ceux qu'on tue. *Ah! pour une seconde au moins, laissez-moi suspendre cette interminable logique et rêver que je m'appuie enfin sur un corps. J'ai le dégoût des ombres. Et j'envie tous ces misérables, oui, jusqu'à cette femme *(elle montre Victoria)* qui ne retrouvera la vie que pour y pousser des cris de bête! Elle, du moins, s'appuiera sur sa souffrance.

Diego est presque tombé. La Peste le relève.

LA PESTE

Debout, homme! La fin ne peut venir sans que celle-ci fasse ce qu'il faut. Et tu vois que pour l'instant, elle fait du sentiment. Mais ne crains rien! Elle fera ce qu'il faut, c'est dans la règle et la fonction. La machine grince un peu, voilà tout. Avant qu'elle soit tout à fait grippée, sois heureux, imbécile, je te rends cette ville! *(Cris de joie du chœur. La Peste se retourne vers eux.)* Oui, je m'en vais, mais ne triomphez pas, je suis content de moi. Ici encore, nous avons bien travaillé. J'aime le bruit qu'on fait autour de mon nom et je sais maintenant que vous ne m'oublierez pas. Regardez-moi! Regardez une dernière fois la seule puissance de ce monde!

Reconnaissez votre vrai souverain et apprenez la peur. *(Il rit.)* Auparavant, vous prétendiez craindre Dieu et ses hasards. Mais votre Dieu était un anarchiste qui mêlait les genres. Il croyait pouvoir être puissant et bon à la fois. Ça manquait de suite et de franchise, il faut bien le dire. Moi, j'ai choisi la puissance seule. J'ai choisi la domination, vous savez maintenant que c'est plus sérieux que l'enfer.

Depuis des millénaires, j'ai couvert de charniers vos villes et vos champs. Mes morts ont fécondé les sables de la Libye et de la noire Éthiopie. La terre de Perse est encore grasse de la sueur de mes cadavres. J'ai rempli Athènes des feux de purification, allumé sur ses plages des milliers de bûchers funèbres, couvert la mer grecque des cendres humaines jusqu'à la rendre grise. Les dieux, les pauvres dieux eux-mêmes, en étaient dégoûtés jusqu'au cœur. Et quand les cathédrales ont succédé aux temples, mes cavaliers noirs les ont remplies de corps hurlants. Sur les cinq continents, à longueur de siècles, j'ai tué sans répit et sans énervement.

Ce n'était pas si mal, bien sûr, et il y avait de l'idée. Mais il n'y avait pas toute l'idée... Un mort, si vous voulez mon opinion, c'est rafraîchissant, mais ça n'a pas de rendement. Pour finir, ça ne vaut pas un esclave.

L'idéal, c'est d'obtenir une majorité d'esclaves à l'aide d'une minorité de morts bien choisis. Aujourd'hui, la technique est au point. Voilà pourquoi, après avoir tué ou avili la quantité d'hommes qu'il fallait, nous mettrons des peuples entiers à genoux. Aucune beauté, aucune grandeur ne nous résistera. Nous triompherons de tout.

LA SECRÉTAIRE

Nous triompherons de tout, sauf de la fierté.

LA PESTE

La fierté se lassera peut-être...

L'homme est plus intelligent qu'on ne croit. *(Au loin remue-ménage et trompettes.)* Écoutez! Voici ma chance qui revient. Voici vos anciens maîtres que vous retrouverez aveugles aux plaies des autres, ivres d'immobilité et d'oubli. Et vous vous fatiguerez de voir la bêtise triompher sans combat. La cruauté révolte, mais la sottise décourage. Honneur aux stupides puisqu'ils préparent mes voies! Ils font ma force et mon espoir! Un jour viendra peut-être où tout sacrifice vous paraîtra vain, où le cri interminable de vos sales révoltes se sera tu enfin. Ce jour-là, je régnerai vraiment dans le silence définitif de la servitude. *(Il rit.)* C'est une question d'obstination, n'est-ce pas? Mais soyez tranquilles, j'ai le front bas des entêtés.

Il marche vers le fond.

LA SECRÉTAIRE

Je suis plus vieille que vous et je sais que leur amour aussi a son obstination.

LA PESTE

L'amour? Qu'est-ce que c'est?

Il sort.

LA SECRÉTAIRE

Lève-toi femme! Je suis lasse. Il faut en finir.

Victoria se lève. Mais Diego tombe en même temps. La

*secrétaire recule un peu dans
l'ombre. Victoria se précipite
vers Diego.*

VICTORIA

Ah! Diego, qu'as-tu fait de notre bonheur?

DIEGO

Adieu, Victoria. Je suis content.

VICTORIA

Ne dis pas cela, mon amour. C'est un mot d'homme,
un horrible mot d'homme. *(Elle pleure.)* Personne n'a
le droit d'être content de mourir.

DIEGO

Je suis content, Victoria. J'ai fait ce qu'il fallait.

VICTORIA

Non. Il fallait me choisir contre le ciel lui-même. Il
fallait me préférer à la terre entière.

DIEGO

Je me suis mis en règle avec la mort, c'est là ma force.
Mais c'est une force qui dévore tout, le bonheur n'y a pas
sa place.

VICTORIA

Que me faisait ta force? C'est un homme que j'aimais.

DIEGO

Je me suis desséché dans ce combat. Je ne suis plus
un homme et il est juste que je meure.

VICTORIA *(se jetant sur lui)*.

Alors, emporte-moi!

DIEGO

Non, ce monde a besoin de toi. Il a besoin de nos
femmes pour apprendre à vivre. Nous, nous n'avons
jamais été capables que de mourir.

VICTORIA

Ah! c'était trop simple, n'est-ce pas, de s'aimer dans le silence et de souffrir ce qu'il fallait souffrir! Je préférais ta peur.

DIEGO *(Il regarde Victoria.)*

Je t'ai aimée de toute mon âme.

VICTORIA *(dans un cri)*.

Ce n'était pas assez. Oh, non! Ce n'était pas encore assez! Qu'avais-je à faire de ton âme seule!

> *La secrétaire approche sa main de Diego. Le mime de l'agonie commence. Les femmes se précipitent vers Victoria et l'entourent.*

LES FEMMES

Malheur sur lui! Malheur sur tous ceux qui désertent nos corps! Misère sur nous surtout qui sommes les désertées et qui portons à longueur d'années ce monde que leur orgueil prétend transformer. Ah! puisque tout ne peut être sauvé, apprenons du moins à préserver la maison de l'amour! Vienne la peste, vienne la guerre et, toutes portes closes, vous à côté de nous, nous défendrons jusqu'à la fin. Alors, au lieu de cette mort solitaire, peuplée d'idées, nourrie de mots, vous connaîtrez la mort ensemble, vous et nous confondus dans le terrible embrassement de l'amour! Mais les hommes préfèrent l'idée. Ils fuient leur mère, ils se détachent de l'amante, et les voilà qui courent à l'aventure, blessés sans plaie, morts sans poignards, chasseurs d'ombres, chanteurs solitaires, appelant sous un ciel muet une impossible réunion et marchant de solitude en solitude, vers l'isolement dernier, la mort en plein désert!

> *Diego meurt.*
> *Les femmes se lamentent pendant que le vent souffle un peu plus fort.*

La secrétaire

Ne pleurez pas, femmes. La terre est douce à ceux qui l'ont beaucoup aimée.

> *Elle sort.*
> *Victoria et les femmes gagnent le côté, emmenant Diego.*
> *Mais les bruits du fond se sont précisés.*
> *Une nouvelle musique éclate et l'on entend hurler Nada sur les fortifications.*

Nada

Les voilà! Les anciens arrivent, ceux d'avant, ceux de toujours, les pétrifiés, les rassurants, les confortables, les culs-de-sac, les bien léchés, la tradition enfin, assise, prospère, rasée de frais. Le soulagement est général, on va pouvoir recommencer. À zéro, naturellement. Voici les petits tailleurs du néant, vous allez être habillés sur mesure. Mais ne vous agitez pas, leur méthode est la meilleure. Au lieu de fermer les bouches de ceux qui crient leur malheur, ils ferment leurs propres oreilles. Nous étions muets, nous allons devenir sourds. *(Fanfare.)* Attention, ceux qui écrivent l'histoire reviennent. On va s'occuper des héros. On va les mettre au frais. Sous la dalle. Ne vous en plaignez pas : au-dessus de la dalle, la société est vraiment trop mêlée. *(Au fond, des cérémonies officielles sont mimées.)* Regardez donc, que croyez-vous qu'ils fassent déjà : ils se décorent. Les festins de la haine sont toujours ouverts, la terre épuisée se couvre du bois mort des potences, le sang de ceux que vous appelez les justes illumine encore les murs du monde, et que font-ils : ils se décorent! Réjouissez-vous, vous allez avoir vos discours de prix. Mais avant que l'estrade soit avancée, je veux vous résumer le mien. Celui-ci, que j'aimais malgré lui, est mort volé. *(Le pêcheur se précipite sur Nada. Les gardes l'arrêtent.)* Tu vois, pêcheur, les gouvernements passent, la police reste. Il y a donc une justice.

Le chœur

Non, il n'y a pas de justice, mais il y a des limites.

Et ceux-là qui prétendent ne rien régler, comme les autres qui entendaient donner une règle à tout, dépassent également les limites. Ouvrez les portes, que le vent et le sel viennent récurer cette ville.

> *Par les portes qu'on ouvre, le*
> *vent souffle de plus en plus fort.*

NADA

Il y a une justice, celle qu'on fait à mon dégoût. Oui, vous allez recommencer. Mais ce n'est plus mon affaire. Ne comptez pas sur moi pour vous fournir le parfait coupable, je n'ai pas la vertu de mélancolie. Ô vieux monde, il faut partir, tes bourreaux sont fatigués, leur haine est devenue trop froide. Je sais trop de choses, même le mépris a fait son temps. Adieu, braves gens, vous apprendrez cela un jour qu'on ne peut pas bien vivre en sachant que l'homme n'est rien et que la face de Dieu est affreuse.

> *Dans le vent qui souffle en*
> *tempête, Nada court sur la*
> *jetée, et se jette à la mer. Le*
> *pêcheur a couru derrière lui.*

LE PÊCHEUR

Il est tombé. Les flots emportés le frappent et l'étouffent dans leurs crinières. Cette bouche menteuse s'emplit de sel et va se taire enfin. Regardez, la mer furieuse a la couleur des anémones. Elle nous venge. Sa colère est la nôtre. Elle crie le ralliement de tous les hommes de la mer, la réunion des solitaires. Ô vague, ô mer, patrie des insurgés, voici ton peuple qui ne cédera jamais. La grande lame de fond, nourrie dans l'amertume des eaux, emportera vos cités horribles.

RIDEAU

LES JUSTES

PIÈCE EN CINQ ACTES

O love ! O life ! Not life but love in death.

ROMÉO ET JULIETTE (acte IV, scène v).

LES JUSTES

LES JUSTES *ont été représentés pour la première fois le 15 décembre 1949, sur la scène du* Théâtre Hébertot *(direction Jacques Hébertot) dans la mise en scène de Paul Œttly, le décor et les costumes étant de de Rosnay.*

DISTRIBUTION

DORA DOULEBOV	*Maria Casarès.*
LA GRANDE-DUCHESSE	*Michèle Lahaye.*
IVAN KALIAYEV	*Serge Reggiani.*
STEPAN FEDOROV	*Michel Bouquet.*
BORIS ANNENKOV	*Yves Brainville.*
ALEXIS VOINOV	*Jean Pommier.*
SKOURATOV	*Paul Œttly.*
FOKA	*Moncorbier.*
LE GARDIEN	*Louis Perdoux.*

ACTE PREMIER

L'appartement des terroristes. Le matin.

> *Le rideau se lève dans le silence. Dora et Annenkov sont sur la scène, immobiles. On entend le timbre de l'entrée, une fois. Annenkov fait un geste pour arrêter Dora qui semble vouloir parler. Le timbre retentit deux fois, coup sur coup.*

ANNENKOV

C'EST lui.

> *Il sort. Dora attend, toujours immobile. Annenkov revient avec Stepan qu'il tient par les épaules.*

ANNENKOV

C'est lui! Voilà Stepan.

DORA. *(Elle va vers Stepan et lui prend la main.)*
Quel bonheur, Stepan!

STEPAN

Bonjour, Dora.

DORA *(Elle le regarde.)*
Trois ans, déjà.

STEPAN

Oui, trois ans. Le jour où ils m'ont arrêté, j'allais vous rejoindre.

DORA

Nous t'attendions. Le temps passait et mon cœur se serrait de plus en plus. Nous n'osions plus nous regarder.

ANNENKOV

Il a fallu changer d'appartement, une fois de plus.

STEPAN

Je sais.

DORA

Et là-bas, Stepan?

STEPAN

Là-bas?

DORA

Le bagne?

STEPAN

On s'en évade.

ANNENKOV

Oui. Nous étions contents quand nous avons appris que tu avais pu gagner la Suisse.

STEPAN

La Suisse est un autre bagne, Boria.

ANNENKOV

Que dis-tu? Ils sont libres, au moins.

STEPAN

La liberté est un bagne aussi longtemps qu'un seul homme est asservi sur la terre. J'étais libre et je ne cessais de penser à la Russie et à ses esclaves.

Silence.

ANNENKOV

Je suis heureux, Stepan, que le parti t'ait envoyé ici.

STEPAN

Il[1] le fallait. J'étouffais. Agir, agir enfin... *(Il regarde Annenkov.)* Nous le tuerons, n'est-ce pas ?

ANNENKOV

J'en suis sûr.

STEPAN

Nous tuerons ce bourreau. Tu[2] es le chef, Boria, et je t'obéirai.

ANNENKOV

Je n'ai pas besoin de ta promesse, Stepan. Nous sommes tous frères.

STEPAN

Il faut une discipline. J'ai compris cela au bagne. Le parti socialiste révolutionnaire a besoin d'une discipline. Disciplinés, nous tuerons le grand-duc et nous abattrons la tyrannie.

DORA *(allant vers lui)*.

Assieds-toi, Stepan. Tu dois être fatigué, après ce long voyage.

STEPAN

Je ne suis jamais fatigué.

Silence. Dora va s'asseoir.

STEPAN

Tout est-il prêt, Boria ?

ANNENKOV *(changeant de ton)*.

Depuis[3] un mois, deux des nôtres étudient les déplacements du grand-duc. Dora a réuni le matériel nécessaire.

STEPAN

La proclamation est-elle rédigée?

ANNENKOV[1]

Oui. Toute la Russie saura que le grand-duc Serge a été exécuté à la bombe par le groupe de combat du parti socialiste révolutionnaire pour hâter la libération du peuple russe. La cour impériale apprendra aussi que nous sommes décidés à exercer la terreur jusqu'à ce que la terre soit rendue au peuple. Oui, Stepan, oui, tout est prêt! Le moment approche.

STEPAN

Que dois-je faire?

ANNENKOV

Pour commencer, tu aideras Dora. Schweitzer, que tu remplaces, travaillait avec elle.

STEPAN

Il a été tué?

ANNENKOV[2]

Oui.

STEPAN

Comment?

DORA

Un accident.

> *Stepan regarde Dora. Dora détourne les yeux.*

STEPAN

Ensuite?

ANNENKOV

Ensuite, nous verrons. Tu dois être prêt à nous remplacer, le cas échéant, et maintenir la liaison avec le Comité central.

STEPAN

Qui sont nos camarades ?

ANNENKOV

Tu as rencontré Voinov en Suisse. J'ai confiance en
lui, malgré sa jeunesse. Tu ne connais pas Yanek.

STEPAN

Yanek ?

ANNENKOV

Kaliayev[1]. Nous l'appelons aussi le Poète.

STEPAN

Ce n'est pas un nom pour un terroriste.

ANNENKOV *(riant)*.

Yanek pense le contraire. Il dit que la poésie est
révolutionnaire.

STEPAN

La bombe seule est révolutionnaire. *(Silence.)* Dora,
crois-tu que je saurai t'aider ?

DORA

Oui. Il faut seulement prendre garde à ne pas briser
le tube[2].

STEPAN

Et s'il se brise ?

DORA

C'est ainsi que Schweitzer est mort. *(Un temps.)*
Pourquoi souris-tu, Stepan ?

STEPAN

Je souris ?

DORA

Oui.

STEPAN

Cela m'arrive quelquefois. *(Un temps. Stepan semble réfléchir.)* Dora, une seule bombe suffirait-elle à faire sauter cette maison?

DORA

Une seule, non. Mais elle l'endommagerait.

STEPAN

Combien en faudrait-il pour faire sauter Moscou?

ANNENKOV

Tu es fou! Que veux-tu dire?

STEPAN

Rien.

> *On sonne une fois. Ils écoutent et attendent. On sonne deux fois. Annenkov passe dans l'antichambre et revient avec Voinov.*

VOINOV

Stepan!

STEPAN

Bonjour.

> *Ils se serrent la main. Voinov va vers Dora et l'embrasse.*

ANNENKOV

Tout s'est bien passé, Alexis?

VOINOV

Oui.

ANNENKOV

As-tu étudié le parcours du palais au théâtre?

VOINOV

Je puis maintenant le dessiner. Regarde. *(Il dessine.)* Des tournants, des voies rétrécies, des encombrements... la voiture passera sous nos fenêtres.

ANNENKOV

Que signifient ces deux croix ?

VOINOV

Une petite place où les chevaux ralentiront et le théâtre où ils s'arrêteront. À mon avis, ce sont les meilleurs endroits.

ANNENKOV

Donne !

STEPAN

Les mouchards ?

VOINOV *(hésitant)*.

Il y en a beaucoup.

STEPAN

Ils t'impressionnent ?

VOINOV

Je ne suis pas à l'aise.

ANNENKOV

Personne n'est à l'aise devant eux. Ne te trouble pas[1].

VOINOV

Je ne crains rien. Je ne m'habitue pas à mentir, voilà tout.

STEPAN

Tout le monde ment. Bien mentir, voilà ce qu'il faut.

VOINOV

Ce n'est pas facile. Lorsque j'étais étudiant, mes camarades se moquaient de moi parce que je ne savais pas dissimuler. Je disais ce que je pensais. Finalement, on m'a renvoyé de l'Université.

STEPAN

Pourquoi ?

VOINOV

Au cours d'histoire, le professeur m'a demandé comment Pierre le Grand avait édifié Saint-Pétersbourg.

STEPAN

Bonne question.

VOINOV

Avec le sang et le fouet, ai-je répondu. J'ai été chassé.

STEPAN

Ensuite...

VOINOV

J'ai compris qu'il ne suffisait pas de dénoncer l'injustice. Il fallait donner sa vie pour la combattre. Maintenant, je suis heureux.

STEPAN

Et pourtant, tu mens ?

VOINOV

Je mens. Mais je ne mentirai plus le jour où je lancerai la bombe.

> *On sonne. Deux coups, puis un seul. Dora s'élance.*

ANNENKOV

C'est Yanek.

STEPAN

Ce n'est pas le même signal.

ANNENKOV

Yanek s'est amusé à le changer. Il a son signal personnel.

> *Stepan hausse les épaules. On entend Dora parler dans l'antichambre. Entrent Dora et Kaliayev, se tenant par le bras, Kaliayev rit.*

DORA

Yanek. Voici Stepan qui remplace Schweitzer.

KALIAYEV

Sois le bienvenu, frère.

STEPAN

Merci.

Dora et Kaliayev vont s'asseoir, face aux autres.

ANNENKOV

Yanek, es-tu sûr de reconnaître la calèche?

KALIAYEV

Oui, je l'ai vue deux fois, à loisir. Qu'elle paraisse à l'horizon et je la reconnaîtrai entre mille! J'ai noté tous les détails. Par exemple, un des verres de la lanterne gauche est ébréché.

VOINOV

Et les mouchards?

KALIAYEV

Des nuées. Mais nous sommes de vieux amis. Ils m'achètent des cigarettes. *(Il rit.)*

ANNENKOV

Pavel a-t-il confirmé le renseignement?

KALIAYEV

Le grand-duc ira cette semaine au théâtre. Dans un moment, Pavel connaîtra[1] le jour exact et remettra un message au portier. *(Il se tourne vers Dora et rit.)* Nous avons de la chance, Dora.

DORA *(le regardant)*.

Tu n'es plus colporteur? Te voilà grand seigneur à présent. Que tu es beau. Tu ne regrettes pas ta touloupe?

KALIAYEV *(Il rit.)*

C'est vrai, j'en étais très fier. *(À Stepan et Annenkov.)*

J'ai passé deux mois à observer les colporteurs, plus d'un mois à m'exercer dans ma petite chambre. Mes collègues n'ont jamais eu de soupçons. « Un fameux gaillard, disaient-ils. Il vendrait même les chevaux du tsar. » Et ils essayaient de m'imiter à leur tour.

DORA

Naturellement, tu riais.

KALIAYEV

Tu sais bien que je ne peux m'en empêcher. Ce déguisement, cette nouvelle vie... Tout m'amusait.

DORA

Moi, je n'aime pas les déguisements. *(Elle montre sa robe.)* Et puis, cette défroque luxueuse! Boria aurait pu me trouver autre chose. Une actrice! Mon cœur est simple.

KALIAYEV. *(Il rit.)*

Tu es si jolie, avec cette robe.

DORA

Jolie! Je serais contente de l'être. Mais il ne faut pas y penser.

KALIAYEV

Pourquoi? Tes yeux sont toujours tristes, Dora. Il faut être gaie, il faut être fière. La beauté existe, la joie existe. « Aux[1] lieux tranquilles où mon cœur te souhaitait...

DORA *(souriant)*.

Je respirais un éternel été... »

KALIAYEV

Oh! Dora, tu te souviens de ces vers. Tu souris? Comme je suis heureux...

STEPAN *(le coupant)*.

Nous perdons notre temps. Boria, je suppose qu'il faut prévenir le portier?

> *Kaliayev le regarde avec étonnement.*

ANNENKOV

Oui. Dora, veux-tu descendre ? N'oublie pas le pourboire. Voinov t'aidera ensuite à rassembler le matériel
dans la chambre.

> *Ils sortent chacun d'un côté.
> Stepan marche vers Annenkov
> d'un pas décidé.*

STEPAN

Je veux lancer la bombe.

ANNENKOV

Non, Stepan. Les lanceurs ont déjà été désignés.

STEPAN

Je t'en prie. Tu sais ce que cela signifie pour moi.

ANNENKOV

Non. La règle est la règle. *(Un silence.)* Je ne la lance
pas, moi, et je vais attendre ici. La règle est dure.

STEPAN

Qui lancera la première bombe ?

KALIAYEV

Moi. Voinov lance la deuxième.

STEPAN

Toi ?

KALIAYEV

Cela te surprend ? Tu n'as donc pas confiance en moi !

STEPAN

Il faut de l'expérience.

KALIAYEV

De l'expérience ? Tu sais très bien qu'on ne la lance
jamais qu'une fois et qu'ensuite... Personne ne l'a jamais
lancée deux fois.

STEPAN

Il faut une main ferme.

KALIAYEV (*montrant sa main*).

Regarde. Crois-tu qu'elle tremblera?

Stepan se détourne.

KALIAYEV

Elle ne tremblera pas. Quoi! J'aurais le tyran devant moi et j'hésiterais? Comment peux-tu le croire? Et si[1] même mon bras tremblait, je sais un moyen de tuer le grand-duc à coup sûr.

ANNENKOV

Lequel?

KALIAYEV

Se jeter sous les pieds des chevaux.

Stepan hausse les épaules et va s'asseoir au fond.

ANNENKOV

Non, cela n'est pas nécessaire[2]. Il faudra essayer de fuir. L'organisation a besoin de toi, tu dois te préserver.

KALIAYEV

J'obéirai, Boria! Quel honneur, quel honneur pour moi! Oh! j'en serai digne.

ANNENKOV

Stepan[3], tu seras dans la rue, pendant que Yanek et Alexis guetteront la calèche. Tu passeras régulièrement devant nos fenêtres et nous conviendrons d'un signal. Dora et moi attendrons ici le moment de lancer la proclamation. Si nous avons un peu de chance, le *grand-duc* sera abattu.

KALIAYEV (*dans l'exaltation*).

Oui, je l'abattrai! Quel bonheur si c'est un succès! Le grand-duc, ce n'est rien. Il faut frapper plus haut!

ANNENKOV

D'abord le grand-duc.

KALIAYEV

Et si c'est un échec, Boria? Vois-tu, il faudrait imiter
les Japonais.

ANNENKOV

Que veux-tu dire?

KALIAYEV

Pendant la guerre, les Japonais ne se rendaient pas.
Ils se suicidaient.

ANNENKOV

Non. Ne pense pas au suicide.

KALIAYEV

À quoi donc?

ANNENKOV

À la terreur, de nouveau.

STEFAN *(parlant au fond)*.

Pour se suicider, il faut beaucoup s'aimer. Un vrai
révolutionnaire[1] ne peut pas s'aimer.

KALIAYEV *(se retournant vivement)*.

Un vrai révolutionnaire? Pourquoi me traites-tu ainsi?
Que t'ai-je fait?

STEPAN

Je n'aime pas ceux qui entrent dans la révolution parce
qu'ils s'ennuient.

ANNENKOV

Stepan!

STEPAN *(se levant et descendant vers eux)*.

Oui, je suis brutal. Mais pour moi, la haine n'est pas
un jeu. Nous ne sommes pas là pour nous admirer.
Nous sommes là pour réussir.

KALIAYEV (*doucement*).

Pourquoi m'offenses-tu ? Qui t'a dit que je m'ennuyais ?

STEPAN

Je ne sais pas. Tu changes les signaux, tu aimes à jouer le rôle de colporteur, tu dis des vers, tu veux te lancer sous les pieds des chevaux, et maintenant, le suicide... (*Il le regarde.*) Je n'ai pas confiance en toi.

KALIAYEV (*se dominant*).

Tu ne me connais pas, frère. J'aime la vie. Je ne m'ennuie pas. Je suis entré dans la révolution parce que j'aime la vie.

STEPAN

Je n'aime pas la vie, mais la justice qui est au-dessus de la vie.

KALIAYEV (*avec un effort visible*).

Chacun sert la justice comme il peut. Il faut accepter que nous soyons différents. Il faut nous aimer, si nous le pouvons.

STEPAN

Nous[1] ne le pouvons pas.

KALIAYEV (*éclatant*).

Que fais-tu donc parmi nous ?

STEPAN

Je suis venu pour tuer un homme, non pour l'aimer ni pour saluer sa différence.

KALIAYEV (*violemment*).

Tu ne le tueras pas seul ni au nom de rien. Tu le tueras avec nous et au nom du peuple russe. Voilà ta justification.

STEPAN (*même jeu*).

Je n'en ai pas besoin. J'ai été justifié en une nuit, et pour toujours, il y a trois ans, au bagne. Et je ne supporterai pas...

ANNENKOV

Assez! Êtes-vous donc fous? Vous souvenez-vous de qui nous sommes? Des frères, confondus les uns aux autres, tournés vers l'exécution des tyrans, pour la libération du pays! Nous tuons ensemble, et rien ne peut nous séparer. *(Silence. Il les regarde.)* Viens, Stepan, nous devons convenir des signaux...

Stepan sort.

ANNENKOV *(à Kaliayev).*

Ce n'est rien. Stepan a souffert. Je lui parlerai.

KALIAYEV *(très pâle).*

Il m'a offensé, Boria.

Entre Dora.

DORA *(apercevant Kaliayev).*

Qu'y a-t-il?

ANNENKOV

Rien.

Il sort.

DORA *(à Kaliayev).*

Qu'y a-t-il?

KALIAYEV

Nous nous sommes heurtés, déjà. Il ne m'aime pas.

Dora va s'asseoir, en silence.
Un temps.

DORA

Je crois qu'il n'aime personne. Quand tout sera fini, il sera plus heureux. Ne sois pas triste.

KALIAYEV

Je suis triste. J'ai besoin d'être aimé de vous tous. J'ai tout quitté pour l'Organisation. Comment supporter que mes frères se détournent de moi? Quelquefois, j'ai l'impression qu'ils ne me comprennent pas. Est-ce ma faute? Je suis maladroit, je le sais...

DORA

Ils t'aiment et te comprennent. Stepan est différent.

KALIAYEV

Non. Je sais ce qu'il pense. Schweitzer le disait déjà :
« Trop extraordinaire pour être révolutionnaire. » Je
voudrais leur expliquer que je ne suis pas extraordinaire.
Ils me trouvent un peu fou, trop spontané. Pourtant,
je crois comme eux à l'idée. Comme eux, je veux me
sacrifier. Moi aussi, je puis être adroit, taciturne, dissimulé, efficace. Seulement, la vie continue de me paraître
merveilleuse. J'aime la beauté, le bonheur ! C'est pour cela
que je hais le despotisme[1]. Comment leur expliquer ?
La révolution, bien sûr ! Mais la révolution pour la vie,
pour donner une chance à la vie, tu comprends ?

DORA *(avec élan)*.

Oui... *(Plus bas, après un silence.)* Et pourtant, nous
allons donner la mort.

KALIAYEV

Qui, nous ?... Ah, tu veux dire... Ce n'est pas la même
chose. Oh non ! ce n'est pas la même chose. Et puis,
nous tuons pour bâtir un monde où plus jamais personne
ne tuera ! Nous acceptons d'être criminels pour que la
terre se couvre enfin d'innocents.

DORA

Et si cela n'était pas ?

KALIAYEV

Tais-toi, tu sais bien que c'est impossible. Stepan aurait
raison alors. Et il faudrait cracher à la figure de la beauté.

DORA

Je suis plus vieille que toi dans l'Organisation. Je sais
que rien n'est simple. Mais tu as la foi... Nous avons
tous besoin de foi.

KALIAYEV

La foi ? Non. Un seul l'avait.

DORA

Tu as la force de l'âme. Et tu écarteras tout pour aller jusqu'au bout. Pourquoi as-tu demandé à lancer la première bombe.

KALIAYEV

Peut-on parler de l'action terroriste sans y prendre part[1] ?

DORA

Non.

KALIAYEV

Il faut être au premier rang.

DORA *(qui semble réfléchir)*.

Oui. Il y a le premier rang et il y a le dernier moment. Nous devons y penser. Là est le courage, l'exaltation dont nous avons besoin... dont tu as besoin.

KALIAYEV

Depuis un an, je ne pense à rien d'autre. C'est pour ce moment que j'ai vécu jusqu'ici. Et je sais maintenant que je voudrais périr sur place, à côté du grand-duc. Perdre mon sang jusqu'à la dernière goutte, ou bien brûler d'un seul coup, dans la flamme de l'explosion, et ne rien laisser derrière moi. Comprends-tu pourquoi j'ai demandé à lancer la bombe? Mourir pour l'idée, c'est la seule façon d'être à la hauteur de l'idée. C'est la justification.

DORA

Moi aussi, je désire cette mort-là.

KALIAYEV

Oui, c'est un bonheur qu'on peut envier. La nuit, je me retourne parfois sur ma paillasse de colporteur. Une pensée me tourmente : ils ont fait de nous des assassins. Mais je pense en même temps que je vais mourir, et alors mon cœur s'apaise. Je souris, vois-tu, et je me rendors comme un enfant.

DORA

C'est bien ainsi, Yanek. Tuer et mourir. Mais, à mon avis, il est un bonheur encore plus grand. (*Un temps. Kaliayev la regarde. Elle baisse les yeux.*) L'échafaud.

KALIAYEV (*avec fièvre*).

J'y ai pensé. Mourir au moment de l'attentat laisse quelque chose d'inachevé. Entre l'attentat et l'échafaud, au contraire, il y a toute une éternité, la seule peut-être, pour l'homme[1].

DORA (*d'une voix pressante, lui prenant les mains*).

C'est la pensée qui doit t'aider. Nous payons plus que nous ne devons.

KALIAYEV

Que veux-tu dire ?

DORA

Nous sommes obligés de tuer, n'est-ce pas ? Nous sacrifions délibérément une vie et une seule ?

KALIAYEV

Oui.

DORA

Mais aller vers l'attentat et puis vers l'échafaud, c'est donner deux fois sa vie. Nous payons plus que nous ne devons.

KALIAYEV[2]

Oui, c'est mourir deux fois. Merci, Dora. Personne ne peut rien nous reprocher. Maintenant, je suis sûr de moi. (*Silence.*) Qu'as-tu, Dora ? Tu ne dis rien ?

DORA

Je[3] voudrais encore t'aider. Seulement...

KALIAYEV

Seulement ?

DORA

Non, je suis folle.

KALIAYEV

Tu te méfies de moi?

DORA

Oh non! mon chéri, je me méfie de moi. Depuis la mort de Schweitzer, j'ai parfois de singulières idées. Et puis, ce n'est pas à moi de te dire ce qui sera difficile.

KALIAYEV

J'aime ce qui est difficile. Si tu m'estimes, parle.

DORA *(le regardant)*.

Je sais. Tu es courageux. C'est cela qui m'inquiète. Tu ris, tu t'exaltes, tu marches au sacrifice, plein de ferveur. Mais dans quelques heures, il faudra sortir de ce rêve, et agir. Peut-être vaut-il mieux en parler à l'avance... pour éviter une surprise, une défaillance...

KALIAYEV

Je n'aurai pas de défaillance. Dis ce que tu penses.

DORA

Eh bien, l'attentat, l'échafaud, mourir deux fois, c'est le plus facile. Ton cœur y suffira. Mais le premier rang... *(Elle se tait, le regarde et semble hésiter.)* Au premier rang, tu vas le voir...

KALIAYEV

Qui?

DORA

Le grand-duc.

KALIAYEV

Une seconde, à peine.

DORA

Une seconde où tu le regarderas! Oh! Yanek, il faut que tu saches, il faut que tu sois prévenu! Un homme est un homme. Le grand-duc a peut-être des yeux compatissants. Tu le verras se gratter l'oreille ou sourire joyeusement. Qui sait, il portera peut-être une petite coupure de rasoir. Et s'il te regarde à ce moment-là...

KALIAYEV

Ce n'est pas lui que je tue. Je tue le despotisme.

DORA

Bien sûr, bien sûr. Il faut tuer le despotisme. Je préparerai la bombe et en scellant le tube, tu sais, au moment le plus difficile, quand les nerfs se tendent, j'aurai cependant un étrange bonheur dans le cœur. Mais je ne connais pas le grand-duc et ce serait moins facile si, pendant ce temps, il était assis devant moi. Toi, tu vas le voir de près. De très près...

KALIAYEV *(avec violence)*.

Je ne le verrai pas.

DORA

Pourquoi? Fermeras-tu les yeux?

KALIAYEV

Non. Mais Dieu aidant, la haine me viendra au bon moment, et m'aveuglera.

> *On sonne. Un seul coup. Ils s'immobilisent. Entrent Stepan et Voinov.*
> *Voix dans l'antichambre. Entre Annenkov.*

ANNENKOV

C'est le portier. Le grand-duc ira au théâtre demain. *(Il les regarde.)* Il faut que tout soit prêt, Dora.

DORA *(d'une voix sourde)*.

Oui.

> *Elle sort lentement.*

KALIAYEV *(la regarde sortir et d'une voix douce, se tournant vers Stepan)*.

Je le tuerai. Avec joie!

RIDEAU

ACTE DEUXIÈME

Le lendemain soir. Même lieu.

Annenkov est à la fenêtre.
Dora près de la table.

ANNENKOV

ILS sont en place. Stepan a allumé sa cigarette.

DORA

À quelle heure le grand-duc doit-il passer?

ANNENKOV

D'un moment à l'autre. Écoute. N'est-ce pas une calèche? Non.

DORA

Assieds-toi. Sois patient.

ANNENKOV

Et les bombes[1]?

DORA

Assieds-toi. Nous ne pouvons plus rien faire.

ANNENKOV

Si. Les envier.

DORA

Ta place est ici. Tu es le chef.

ANNENKOV

Je[1] suis le chef. Mais Yanek vaut mieux que moi et c'est lui qui, peut-être...

DORA

Le risque est le même pour tous. Celui qui lance et celui qui ne lance pas.

ANNENKOV

Le risque est finalement le même. Mais pour le moment, Yanek et Alexis sont sur la ligne de feu. Je sais que je ne dois pas être avec eux. Quelquefois, pourtant, j'ai peur de consentir trop facilement à mon rôle. C'est commode, après tout, d'être forcé de ne pas lancer la bombe.

DORA

Et quand cela serait? L'essentiel est que tu fasses ce qu'il faut, et jusqu'au bout.

ANNENKOV

Comme tu es calme!

DORA

Je ne suis pas calme : j'ai peur. Voilà trois ans que je suis avec vous, deux ans que je fabrique les bombes. J'ai tout exécuté et je crois que je n'ai rien oublié.

ANNENKOV

Bien sûr, Dora.

DORA

Eh bien, voilà trois ans que j'ai peur, de cette peur qui vous quitte à peine avec le sommeil, et qu'on retrouve toute fraîche au matin. Alors il a fallu que je m'habitue. J'ai appris à être calme au moment où j'ai le plus peur. Il n'y a pas de quoi être fière.

ANNENKOV

Sois fière, au contraire. Moi, je n'ai rien dominé. Sais-tu que je regrette les jours d'autrefois, la vie brillante, les femmes... Oui, j'aimais les femmes, le vin, ces nuits qui n'en finissaient pas.

DORA

Je m'en doutais, Boria. C'est pourquoi je t'aime tant. Ton cœur n'est pas mort. Même s'il désire encore le plaisir, cela vaut mieux que cet affreux silence qui s'installe, parfois, à la place même du cri.

ANNENKOV

Que dis-tu là ? Toi ? Ce n'est pas possible ?

DORA

Écoute.

> *Dora se dresse brusquement. Un bruit de calèche, puis le silence.*

DORA

Non. Ce n'est pas lui. Mon cœur bat. Tu vois, je n'ai encore rien appris.

ANNENKOV *(Il va à la fenêtre.)*

Attention. Stepan fait un signe. C'est lui.

> *On entend en effet un roulement lointain de calèche, qui se rapproche de plus en plus, passe sous les fenêtres et commence à s'éloigner. Long silence.*

ANNENKOV

Dans quelques secondes...

> *Ils écoutent.*

ANNENKOV

Comme c'est long.

> *Dora fait un geste. Long silence. On entend des cloches, au loin.*

ANNENKOV

Ce n'est pas possible. Yanek aurait déjà lancé sa bombe... la calèche doit être arrivée au théâtre. Et

Alexis? Regarde! Stepan revient sur ses pas et court vers le théâtre.

DORA (se jetant sur lui).

Yanek est arrêté. Il est arrêté, c'est sûr. Il faut faire quelque chose.

ANNENKOV

Attends. *(Il écoute.)* Non. C'est fini.

DORA

Comment est-ce arrivé? Yanek, arrêté sans avoir rien fait! Il était prêt à tout, je le sais. Il voulait la prison, et le procès. Mais après avoir tué le grand-duc! Pas ainsi non, pas ainsi!

ANNENKOV (regardant au-dehors).

Voinov! Vite!

> *Dora va ouvrir.*
> *Entre Voinov, le visage dé-*
> *composé.*

ANNENKOV

Alexis, vite, parle.

VOINOV

Je ne sais rien. J'attendais la première bombe. J'ai vu la voiture prendre le tournant et rien ne s'est passé. J'ai perdu la tête. J'ai cru qu'au dernier moment, tu avais changé nos plans, j'ai hésité. Et puis, j'ai couru jusqu'ici...

ANNENKOV

Et Yanek?

VOINOV

Je ne l'ai pas vu.

DORA

Il est arrêté.

ANNENKOV (regardant toujours dehors).

Le voilà!

*Même jeu de scène. Entre
Kaliayev, le visage couvert de
larmes*[1].

KALIAYEV *(dans l'égarement)*.

Frères, pardonnez-moi. Je n'ai pas pu.

*Dora va vers lui et lui prend
la main.*

DORA

Ce n'est rien.

ANNENKOV

Que s'est-il passé?

DORA *(à Kaliayev)*.

Ce n'est rien. Quelquefois, au dernier moment, tout
s'écroule.

ANNENKOV

Mais ce n'est pas possible.

DORA

Laisse-le. Tu n'es pas le seul, Yanek. Schweitzer, non
plus, la première fois, n'a pas pu.

ANNENKOV

Yanek, tu as eu peur?

KALIAYEV *(sursautant)*.

Peur, non. Tu n'as pas le droit!

*On frappe le signal convenu.
Voinov sort sur un signe
d'Annenkov. Kaliayev est pros-
tré. Silence. Entre Stepan.*

ANNENKOV

Alors?

STEPAN

Il y avait des enfants dans la calèche du grand-duc.

ANNENKOV

Des enfants ?

STEPAN

Oui. Le neveu et la nièce du grand-duc.

ANNENKOV

Le grand-duc devait être seul, selon Orlov.

STEPAN

Il y avait aussi la grande-duchesse. Cela faisait trop de monde, je suppose, pour notre poète. Par bonheur, les mouchards n'ont rien vu.

> *Annenkov parle à voix basse à Stepan. Tous regardent Kaliayev qui lève les yeux vers Stepan.*

KALIAYEV *(égaré).*

Je ne pouvais pas prévoir... Des enfants, des enfants surtout. As-tu regardé des enfants ? Ce regard grave qu'ils ont parfois... Je n'ai jamais pu soutenir ce regard... Une seconde auparavant, pourtant, dans l'ombre, au coin de la petite place, j'étais heureux. Quand les lanternes de la calèche ont commencé à briller au loin, mon cœur s'est mis à battre de joie, je te le jure. Il battait de plus en plus fort à mesure que le roulement de la calèche grandissait. Il faisait tant de bruit en moi. J'avais envie de bondir. Je crois que je riais. Et je disais « oui, oui »... Tu comprends ? *(Il quitte Stepan[1] du regard et reprend son attitude affaissée.)* J'ai couru vers elle. C'est à ce moment que je les ai vus. Ils ne riaient pas, eux. Ils se tenaient tout droits et regardaient dans le vide. Comme ils avaient l'air triste ! Perdus dans leurs habits de parade, les mains sur les cuisses, le buste raide de chaque côté de la portière ! Je n'ai pas vu la grande-duchesse. Je n'ai vu qu'eux. S'ils m'avaient regardé, je crois que j'aurais lancé la bombe. Pour éteindre au moins ce regard triste. Mais ils regardaient toujours devant eux. *(Il lève les yeux vers les autres.*

Silence. Plus bas encore.) Alors, je ne sais pas ce qui s'est passé. Mon bras est devenu faible. Mes jambes tremblaient. Une seconde après, il était trop tard. *(Silence. Il regarde à terre.)* Dora, ai-je rêvé, il m'a semblé que les cloches sonnaient à ce moment-là?

DORA

Non, Yanek, tu n'as pas rêvé.

> *Elle pose la main sur son bras. Kaliayev relève la tête et les voit tous tournés vers lui. Il se lève.*

KALIAYEV

Regardez-moi, frères, regarde-moi, Boria, je ne suis pas un lâche, je n'ai pas reculé. Je ne les attendais pas. Tout s'est passé trop vite. Ces deux visages sérieux et dans ma main, ce poids terrible. C'est sur eux qu'il fallait le lancer. Ainsi. Tout droit. Oh non! Je n'ai pas pu. *(Il tourne son regard de l'un à l'autre.)* Autrefois, quand je conduisais la voiture, chez nous, en Ukraine, j'allais comme le vent, je n'avais peur de rien. De rien au monde, sinon de renverser un enfant. J'imaginais le choc, cette tête frêle frappant la route, à la volée... *(Il se tait.)* Aidez-moi... *(Silence.)* Je voulais me tuer. Je suis revenu parce que je pensais que je vous devais des comptes, que vous étiez mes seuls juges, que vous me diriez si j'avais tort ou raison, que vous ne pouviez pas vous tromper. Mais vous ne dites rien.

> *Dora se rapproche de lui, à le toucher. Il les regarde, et d'une voix morne.*

KALIAYEV

Voilà ce que je propose. Si vous décidez qu'il faut tuer ces enfants, j'attendrai la sortie du théâtre et je lancerai seul la bombe sur la calèche. Je sais que je ne manquerai pas mon but. Décidez seulement, j'obéirai à l'Organisation.

STEPAN

L'Organisation t'avait commandé de tuer le grand-duc.

KALIAYEV

C'est vrai. Mais elle ne m'avait pas demandé d'assassiner des enfants.

ANNENKOV

Yanek a raison. Ceci n'était pas prévu[1].

STEPAN

Il devait obéir.

ANNENKOV

Je suis le responsable. Il fallait que tout fût prévu et que personne ne pût hésiter sur ce qu'il y avait à faire. Il faut seulement décider si nous laissons échapper définitivement cette occasion ou si nous ordonnons à Yanek d'attendre la sortie du théâtre. Alexis ?

VOINOV

Je ne sais pas. Je crois que j'aurais fait comme Yanek. Mais je ne suis pas sûr de moi. *(Plus bas.)* Mes mains tremblent.

ANNENKOV

Dora ?

DORA *(avec violence)*.

J'aurais reculé, comme Yanek. Puis-je conseiller aux autres ce que moi-même je ne pourrais pas faire ?

STEPAN

Est-ce que vous vous rendez compte de ce que signifie cette décision ? Deux mois de filatures, de terribles dangers courus et évités, deux mois perdus à jamais. Égor arrêté pour rien. Rikov pendu pour rien. Et il faudrait recommencer ? Encore de longues semaines de veilles et de ruses, de tension incessante, avant de retrouver l'occasion propice? Êtes-vous fous?

ANNENKOV

Dans deux jours, le grand-duc retournera au théâtre, tu le sais bien.

STEPAN

Deux jours où nous risquons d'être pris, tu l'as dit toi-même.

KALIAYEV

Je pars.

DORA

Attends! *(À Stepan.)* Pourrais-tu, toi, Stepan, les yeux ouverts, tirer à bout portant sur un enfant?

STEPAN

Je le pourrais si l'Organisation le commandait.

DORA

Pourquoi fermes-tu les yeux?

STEPAN

Moi? J'ai fermé les yeux?

DORA

Oui.

STEPAN

Alors, c'était pour mieux imaginer la scène et répondre en connaissance de cause.

DORA

Ouvre les yeux et comprends que l'Organisation perdrait ses pouvoirs et son influence si elle tolérait, un seul moment, que des enfants fussent broyés par nos bombes.

Je n'ai pas assez de cœur pour ces niaiseries. Quand nous nous déciderons à oublier les enfants, ce jour-là, nous serons les maîtres du monde et la révolution triomphera.

DORA

Ce jour-là, la révolution sera haïe de l'humanité entière.

STEPAN

Qu'importe si nous l'aimons assez fort pour l'imposer à l'humanité entière et la sauver d'elle-même et de son esclavage.

DORA

Et si l'humanité entière rejette la révolution? Et si le peuple entier, pour qui tu luttes, refuse que ses enfants soient tués? Faudra-t-il le frapper aussi?

STEPAN

Oui, s'il le faut, et jusqu'à ce qu'il comprenne. Moi aussi, j'aime le peuple.

DORA

L'amour n'a pas ce visage.

STEPAN

Qui le dit?

DORA

Moi, Dora.

STEPAN

Tu es une femme et tu as une idée malheureuse de l'amour[1].

DORA (avec violence).

Mais j'ai une idée juste de ce qu'est la honte.

STEPAN

J'ai eu honte de moi-même, une seule fois, et par la faute des autres. Quand on m'a donné le fouet. Car on

m'a donné le fouet. Le fouet, savez-vous ce qu'il est ?
Véra était près de moi et elle s'est suicidée par protestation.
Moi, j'ai vécu. De quoi aurais-je honte, maintenant ?

ANNENKOV

Stepan, tout le monde ici t'aime et te respecte. Mais
quelles que soient tes raisons, je ne puis te laisser dire
que tout est permis. Des centaines de nos frères sont
morts pour qu'on sache que tout n'est pas permis.

STEPAN

Rien n'est défendu de ce qui peut servir notre cause.

ANNENKOV (*avec colère*).

Est-il permis de rentrer dans la police et de jouer sur
deux tableaux, comme le proposait Evno ? Le ferais-tu ?

STEPAN

Oui, s'il le fallait.

ANNENKOV (*se levant*).

Stepan, nous oublierons ce que tu viens de dire, en
considération de ce que tu as fait pour nous et avec nous.
Souviens-toi seulement de ceci. Il s'agit de savoir si,
tout à l'heure, nous lancerons des bombes contre ces
deux enfants.

STEPAN

Des enfants ! Vous n'avez que ce mot à la bouche.
Ne comprenez-vous donc rien ? Parce que Yanek n'a pas
tué ces deux-là, des milliers d'enfants russes mourront
de faim pendant des années encore. Avez-vous vu des
enfants mourir de faim ? Moi, oui. Et la mort par la
bombe est un enchantement à côté de cette mort-là.
Mais Yanek ne les a pas vus. Il n'a vu que les deux chiens
savants du grand-duc. N'êtes-vous donc pas des hommes ?
Vivez-vous dans le seul instant ? Alors choisissez la
charité et guérissez seulement le mal de chaque jour,
non la révolution qui veut guérir tous les maux, présents
et à venir.

DORA

Yanek accepte de tuer le grand-duc puisque **sa mort**

peut avancer le temps où les enfants russes ne mourront plus de faim. Cela déjà n'est pas facile. Mais la mort des neveux du grand-duc n'empêchera aucun enfant de mourir de faim. Même dans la destruction, il y a un ordre, il y a des limites.

STEPAN *(violemment).*

Il n'y a pas de limites. La vérité est que vous ne croyez pas à la révolution. *(Tous se lèvent, sauf Yanek.)* Vous n'y croyez pas. Si vous y croyiez totalement, complètement, si vous étiez sûrs que, par nos sacrifices et nos victoires, nous arriverons à bâtir une Russie libérée du despotisme, une terre de liberté qui finira par recouvrir le monde entier, si vous ne doutiez pas qu'alors, l'homme, libéré de ses maîtres et de ses préjugés, lèvera vers le ciel la face des vrais dieux, que pèserait la mort de deux enfants ? Vous vous reconnaîtriez tous les droits, tous, vous m'entendez. Et si cette mort vous arrête, c'est que vous n'êtes pas sûrs d'être dans votre droit. Vous ne croyez pas à la révolution.

Silence. Kaliayev se lève.

KALIAYEV

Stepan, j'ai[1] honte de moi et pourtant je ne te laisserai pas continuer. J'ai accepté de tuer pour renverser le despotisme. Mais derrière ce que tu dis, je vois s'annoncer un despotisme qui, s'il s'installe jamais, fera de moi un assassin alors que j'essaie d'être un justicier.

STEPAN

Qu'importe que tu ne sois pas un justicier, si justice est faite, même par des assassins. Toi et moi, ne sommes rien.

KALIAYEV

Nous sommes quelque chose et tu le sais bien puisque c'est au nom de ton[2] orgueil que tu parles encore aujourd'hui.

STEPAN

Mon orgueil ne regarde que moi. Mais l'orgueil des hommes, leur révolte, l'injustice où ils vivent, cela, c'est notre affaire à tous.

KALIAYEV

Les hommes ne vivent pas que de justice.

STEPAN

Quand on leur vole le pain, de quoi vivraient-ils donc, sinon de justice ?

KALIAYEV

De justice et d'innocence.

STEPAN

L'innocence ? Je la connais peut-être. Mais j'ai choisi de l'ignorer et de la faire ignorer à des milliers d'hommes pour qu'elle prenne un jour un sens plus grand.

KALIAYEV

Il faut être bien sûr que ce jour arrive pour nier tout ce qui fait qu'un homme consente à vivre.

STEPAN

J'en suis sûr.

KALIAYEV

Tu ne peux pas l'être. Pour savoir qui, de toi ou de moi, a raison, il faudra peut-être le sacrifice de trois générations, plusieurs guerres, de terribles révolutions. Quand cette pluie de sang aura séché sur la terre, toi et moi serons mêlés depuis longtemps à la poussière.

STEPAN

D'autres viendront alors, et je les salue comme mes frères.

KALIAYEV *(criant)*.

D'autres... Oui! Mais moi, j'aime ceux qui vivent aujourd'hui sur la même terre que moi, et c'est eux que je salue. C'est pour eux que je lutte et que je consens à mourir. Et pour une cité lointaine, dont je ne suis pas sûr, je n'irai pas frapper le visage de mes frères. Je n'irai pas ajouter à l'injustice vivante pour une justice morte. *(Plus bas, mais fermement.)* Frères, je veux vous parler franchement et vous dire au moins ceci que pourrait dire le plus simple de nos paysans : tuer des enfants est contraire à l'honneur. Et si un jour, moi vivant, la révolution devait se séparer de l'honneur, je m'en détournerais[1]. Si vous le décidez, j'irai tout à l'heure à la sortie du théâtre, mais je me jetterai sous les chevaux.

STEPAN

L'honneur est un luxe réservé à ceux qui ont des calèches.

KALIAYEV

Non. Il est la dernière richesse du pauvre. Tu le sais bien et tu sais aussi qu'il y a un honneur dans[2] la révolution. C'est celui pour lequel nous acceptons de mourir. C'est celui qui t'a dressé un jour sous le fouet, Stepan, et qui te fait parler encore aujourd'hui.

STEPAN *(dans un cri)*.

Tais-toi. Je te défends de parler de cela.

KALIAYEV *(emporté)*.

Pourquoi me tairais-je? Je t'ai laissé dire que je ne croyais pas à la révolution. C'était me dire que j'étais capable de tuer le grand-duc pour rien, que j'étais un assassin. Je te l'ai laissé dire et je ne t'ai pas frappé.

ANNENKOV

Yanek!

STEPAN

C'est tuer pour rien, parfois, que de ne pas tuer assez.

ANNENKOV

Stepan, personne ici n'est de ton avis. La décision est prise.

STEPAN

Je m'incline donc. Mais je répéterai que la terreur ne convient pas aux délicats. Nous sommes des meurtriers et nous avons choisi de l'être.

KALIAYEV *(hors de lui).*

Non. J'ai choisi de mourir pour que le meurtre ne triomphe pas. J'ai choisi d'être innocent.

ANNENKOV

Yanek et Stepan, assez! L'Organisation décide que le meurtre de ces enfants est inutile. Il faut reprendre la filature. Nous devons être prêts à recommencer dans deux jours.

STEPAN

Et si les enfants sont encore là?

ANNENKOV

Nous attendrons une nouvelle occasion.

STEPAN

Et si la grande-duchesse accompagne le grand-duc?

KALIAYEV

Je ne l'épargnerai pas.

ANNENKOV

Écoutez.

> *Un bruit de calèche. Kaliayev se dirige irrésistiblement vers la fenêtre. Les autres attendent. La calèche se rapproche, passe sous les fenêtres et disparaît[1].*

VOINOV *(regardant Dora, qui vient vers lui).*

Recommencer, Dora...

STEPAN *(avec mépris).*

Oui, Alexis, recommencer... Mais il faut bien faire quelque chose pour l'honneur!

RIDEAU

ACTE TROISIÈME

Même lieu, même heure, deux jours après[1].

STEPAN

Que fait Voinov? Il devrait être là.

ANNENKOV

Il a besoin de dormir. Et nous avons encore une demi-heure devant nous.

STEPAN

Je puis aller aux nouvelles.

ANNENKOV

Non. Il faut limiter les risques.

Silence.

ANNENKOV

Yanek, pourquoi ne dis-tu rien?

KALIAYEV

Je n'ai rien à dire. Ne t'inquiète pas.

On sonne.

KALIAYEV

Le voilà.

Entre Voinov.

ANNENKOV

As-tu dormi?

VOINOV

Un peu, oui.

ANNENKOV

As-tu dormi la nuit entière ?

VOINOV

Non.

ANNENKOV

Il le fallait. Il y a des moyens.

VOINOV

J'ai essayé. J'étais trop fatigué.

ANNENKOV

Tes mains tremblent.

VOINOV

Non. *(Tous le regardent.)* Qu'avez-vous à me regarder ?
Ne peut-on être fatigué ?

ANNENKOV

On peut être fatigué. Nous pensons à toi.

VOINOV *(avec une violence soudaine)*.

Il fallait y penser avant-hier. Si la bombe avait été
lancée, il y a deux jours, nous ne serions plus fatigués.

KALIAYEV

Pardonne-moi, Alexis. J'ai rendu les choses plus
difficiles.

VOINOV *(plus bas)*.

Qui dit cela ? Pourquoi plus difficiles ? Je suis fatigué,
voilà tout.

DORA

Tout ira vite, maintenant. Dans une heure, ce sera fini.

VOINOV

Oui, ce sera fini. Dans une heure...

> *Il regarde autour de lui. Dora*
> *va vers lui et lui prend la main.*
> *Il abandonne sa main, puis*
> *l'arrache avec violence.*

VOINOV

Boria, je voudrais te parler.

ANNENKOV

En particulier?

VOINOV

En particulier.

> *Ils se regardent. Kaliayev,*
> *Dora et Stepan sortent.*

ANNENKOV

Qu'y a-t-il? *(Voinov se tait.)* Dis-le-moi, je t'en prie.

VOINOV

J'ai honte, Boria.

> *Silence.*

VOINOV

J'ai honte. Je[1] dois te dire la vérité.

ANNENKOV

Tu ne veux pas lancer la bombe?

VOINOV

Je ne pourrai pas la lancer.

ANNENKOV

As-tu peur? N'est-ce que cela? Il n'y a pas de honte.

VOINOV

J'ai peur et j'ai honte d'avoir peur.

ANNENKOV

Mais avant-hier, tu étais joyeux et fort. Lorsque tu es parti, tes yeux brillaient.

VOINOV

J'ai toujours eu peur. Avant-hier, j'avais rassemblé mon courage, voilà tout. Lorsque j'ai entendu la calèche rouler au loin, je me suis dit : « Allons! Plus qu'une minute. » Je serrais les dents. Tous mes muscles étaient tendus. J'allais lancer la bombe avec autant de violence que si elle devait tuer le grand-duc sous le choc. J'attendais la première explosion pour faire éclater toute cette force accumulée en moi. Et puis, rien. La calèche est arrivée sur moi. Comme elle roulait vite! Elle m'a dépassé. J'ai compris alors que Yanek n'avait pas lancé la bombe. À ce moment, un froid terrible m'a saisi. Et tout d'un coup, je me suis senti faible comme un enfant.

ANNENKOV

Ce n'était rien, Alexis. La vie reflue ensuite.

VOINOV

Depuis deux jours, la vie n'est pas revenue. Je t'ai menti tout à l'heure, je n'ai pas dormi cette nuit. Mon cœur battait trop fort. Oh! Boria, je suis désespéré.

ANNENKOV

Tu ne dois pas l'être. Nous avons tous été comme toi. Tu ne lanceras pas la bombe. Un mois de repos en Finlande, et tu reviendras parmi nous.

VOINOV

Non. C'est autre chose. Si je ne lance pas la bombe maintenant, je ne la lancerai jamais.

ANNENKOV

Quoi donc?

VOINOV

Je ne suis pas fait pour la terreur. Je le sais maintenant. Il vaut mieux que je vous[1] quitte. Je militerai dans les comités, à la propagande.

ANNENKOV

Les risques sont les mêmes.

VOINOV

Oui, mais on peut agir en fermant les yeux. On ne
sait rien.

ANNENKOV

Que veux-tu dire ?

VOINOV (*avec fièvre*).

On ne sait rien. C'est facile d'avoir des réunions, de
discuter la situation et de transmettre ensuite l'ordre
d'exécution. On risque sa vie, bien sûr, mais à tâtons,
sans rien voir. Tandis que se tenir debout, quand le soir
tombe sur la ville, au milieu de la foule de ceux qui
pressent le pas pour retrouver la soupe brûlante, des
enfants, la chaleur d'une femme, se tenir debout et muet,
avec le poids de la bombe au bout du bras, et savoir
que dans trois minutes, dans deux minutes, dans quelques
secondes, on s'élancera au-devant d'une calèche étincelante, voilà la terreur. Et je sais maintenant que je ne
pourrai recommencer sans me sentir vidé de mon sang.
Oui, j'ai honte. J'ai visé trop haut. Il faut que je travaille
à ma place. Une toute petite place. La seule dont je sois
digne.

ANNENKOV

Il n'y a pas de petite place. La prison et la potence
sont toujours au bout.

VOINOV

Mais on ne les voit pas comme on voit celui qu'on va
tuer. Il faut les imaginer. Par chance, je n'ai pas d'imagination. (*Il rit nerveusement.*) Je ne suis jamais arrivé à
croire réellement à la police[1] secrète. Bizarre, pour un
terroriste, hein ? Au premier coup de pied dans le ventre,
j'y croirai. Pas avant.

ANNENKOV

Et une fois en prison ? En prison, on sait et on voit.
Il n'y a plus d'oubli.

VOINOV

En prison, il n'y a pas de décision à prendre. Oui, c'est cela, ne plus prendre de décision ! N'avoir plus à se dire : « Allons, c'est à toi, il faut que, toi, tu décides de la seconde où tu vas t'élancer. » Je suis sûr maintenant que si je suis arrêté, je n'essaierai pas de m'évader. Pour s'évader, il faut encore de l'invention, il faut prendre l'initiative. Si on ne s'évade pas, ce sont les autres qui gardent l'initiative. Ils ont tout le travail.

ANNENKOV

Ils travaillent à vous pendre, quelquefois.

VOINOV (avec désespoir).

Quelquefois. Mais il me sera moins difficile de mourir que de porter ma vie et celle d'un autre à bout de bras et de décider du moment où je précipiterai ces deux vies dans les flammes. Non, Boria, la seule façon que j'aie de me racheter, c'est d'accepter ce que je suis. (Annenkov se tait.) Même les lâches peuvent servir la révolution. Il suffit de trouver leur place.

ANNENKOV

Alors, nous sommes tous des lâches. Mais nous n'avons pas toujours l'occasion de le vérifier. Tu feras ce que tu voudras.

VOINOV

Je préfère partir tout de suite. Il me semble que je ne pourrais pas les regarder en face. Mais tu leur parleras.

ANNENKOV

Je leur parlerai.

Il avance vers lui.

VOINOV

Dis à Yanek que ce n'est pas de sa faute. Et que je l'aime, comme je vous aime tous.

Silence. Annenkov l'embrasse.

ANNENKOV

Adieu, frère. Tout finira. La Russie sera heureuse.

VOINOV *(s'enfuyant)*.

Oh oui! Qu'elle soit heureuse! Qu'elle soit heureuse!

Annenkov va à la porte.

ANNENKOV

Venez.

Tous entrent avec Dora.

STEPAN

Qu'y a-t-il?

ANNENKOV

Voinov ne lancera pas la bombe. Il est épuisé. Ce ne serait pas sûr.

KALIAYEV

C'est de ma faute, n'est-ce pas, Boria?

ANNENKOV

Il te fait dire qu'il t'aime.

KALIAYEV

Le reverrons-nous?

ANNENKOV

Peut-être. En attendant, il nous quitte.

STEPAN

Pourquoi?

ANNENKOV

Il sera plus utile dans les comités.

STEPAN

L'a-t-il demandé? Il a donc peur?

ANNENKOV

Non. J'ai décidé de tout.

STEPAN

À une heure de l'attentat, tu nous prives d'un homme ?

ANNENKOV

À une heure de l'attentat, il m'a fallu décider seul. Il est trop tard pour discuter. Je prendrai la place de Voinov.

STEPAN

Ceci me revient de droit.

KALIAYEV *(à Annenkov)*.

Tu es le chef. Ton devoir est de rester ici.

ANNENKOV

Un chef a quelquefois le devoir d'être lâche. Mais à condition qu'il éprouve sa fermeté, à l'occasion. Ma décision est prise. Stepan, tu me remplaceras pendant le temps qu'il faudra. Viens, tu dois connaître les instructions.

> *Ils sortent. Kaliayev va s'asseoir. Dora va vers lui et tend une main. Mais elle se ravise.*

DORA

Ce n'est pas de ta faute.

KALIAYEV

Je lui ai fait du mal, beaucoup de mal. Sais-tu ce qu'il me disait l'autre jour ?

DORA

Il répétait sans cesse qu'il était heureux.

KALIAYEV

Oui, mais il m'a dit qu'il n'y avait pas de bonheur pour lui, hors de notre communauté. « Il y a nous, disait-il, l'Organisation. Et puis, il n'y a rien. C'est une chevalerie. » Quelle pitié, Dora !

DORA

Il reviendra.

KALIAYEV

Non. J'imagine ce que je ressentirais à sa place. Je serais désespéré.

DORA

Et maintenant, ne l'es-tu pas?

KALIAYEV *(avec tristesse)*.

Maintenant? Je suis avec vous et je suis heureux comme il l'était.

DORA *(lentement)*.

C'est un grand bonheur.

KALIAYEV

C'est un bien grand bonheur. Ne penses-tu pas comme moi?

DORA

Je pense comme toi. Alors pourquoi es-tu triste? Il y a deux jours ton visage resplendissait. Tu semblais marcher vers une grande fête. Aujourd'hui...

KALIAYEV *(se levant, dans une grande agitation)*.

Aujourd'hui, je sais ce que je ne savais pas. Tu avais raison, ce n'est pas si simple. Je croyais que c'était facile de tuer, que l'idée suffisait, et le courage. Mais je ne suis pas si grand et je sais maintenant qu'il n'y a pas de bonheur dans la haine. Tout ce mal, tout ce mal, en moi et chez les autres. Le meurtre, la lâcheté, l'injustice... Oh! il faut, il faut que je le tue... Mais j'irai jusqu'au bout! Plus loin que la haine[1]!

DORA

Plus loin? Il n'y a rien.

KALIAYEV

Il y a l'amour.

DORA

L'amour? Non, ce n'est pas ce qu'il faut.

KALIAYEV

Oh! Dora, comment dis-tu cela, toi dont je connais le cœur...

DORA

Il y a trop de sang, trop de dure violence. Ceux qui aiment vraiment la justice n'ont pas droit à l'amour. Ils sont dressés comme je suis, la tête levée, les yeux fixes. Que viendrait faire l'amour dans ces cœurs fiers? L'amour courbe doucement les têtes, Yanek. Nous, nous avons la nuque raide.

KALIAYEV

Mais nous aimons notre peuple.

DORA

Nous l'aimons, c'est vrai. Nous l'aimons d'un vaste amour sans appui, d'un amour malheureux. Nous vivons loin de lui, enfermés dans nos chambres, perdus dans nos pensées. Et le peuple, lui, nous aime-t-il? Sait-il que nous l'aimons? Le peuple se tait. Quel silence, quel silence...

KALIAYEV

Mais c'est cela l'amour, tout donner, tout sacrifier sans espoir de retour.

DORA

Peut-être. C'est l'amour absolu, la joie pure et solitaire, c'est celui qui me brûle en effet. À certaines heures, pourtant, je me demande si l'amour n'est pas autre chose, s'il peut cesser d'être un monologue, et s'il n'y a pas une réponse, quelquefois. J'imagine cela, vois-tu : le soleil brille, les têtes se courbent doucement, le cœur quitte sa fierté, les bras s'ouvrent. Ah! Yanek, si l'on pouvait oublier, ne fût-ce qu'une heure, l'atroce misère de ce monde et se laisser aller enfin. Une[1] seule petite heure d'égoïsme, peux-tu penser à cela?

KALIAYEV

Oui, Dora, cela s'appelle la tendresse.

DORA

Tu devines tout, mon chéri, cela s'appelle la tendresse.
Mais la connais-tu vraiment? Est-ce que tu aimes la
justice avec la tendresse? *(Kaliayev se tait.)* Est-ce que tu
aimes notre peuple avec cet abandon et cette douceur, ou,
au contraire, avec la flamme de la vengeance et de
la révolte? *(Kaliayev se tait toujours.)* Tu vois. *(Elle va
vers lui, et d'un ton très faible.)* Et moi, m'aimes-tu avec
tendresse?

Kaliayev la regarde.

KALIAYEV *(après un silence).*

Personne ne t'aimera jamais comme je t'aime.

DORA

Je sais. Mais ne vaut-il pas mieux aimer comme tout
le monde?

KALIAYEV

Je ne suis pas n'importe qui. Je t'aime comme je suis.

DORA

Tu m'aimes plus que la justice, plus que l'Organisation?

KALIAYEV

Je ne vous sépare pas, toi, l'Organisation et la justice.

DORA

Oui, mais réponds-moi, je t'en supplie, réponds-moi.
M'aimes-tu dans la solitude, avec tendresse, avec égoïsme?
M'aimerais-tu si j'étais injuste?

KALIAYEV

Si tu étais injuste, et que je puisse t'aimer, ce n'est
pas toi que j'aimerais.

DORA

Tu ne réponds pas. Dis-moi seulement, m'aimerais-tu
si je n'étais pas dans l'Organisation?

KALIAYEV

Où serais-tu donc?

DORA

Je me souviens du temps où j'étudiais[1]. Je riais. J'étais belle alors. Je passais des heures à me promener et à rêver. M'aimerais-tu légère et insouciante?

KALIAYEV. *(Il hésite et très bas.)*

Je meurs d'envie de te dire oui.

DORA *(dans un cri)*.

Alors, dis oui, mon chéri, si tu le penses et si cela est vrai. Oui, en face de la justice, devant la misère et[2] le peuple enchaîné. Oui, oui, je t'en supplie, malgré l'agonie des enfants, malgré ceux qu'on pend et ceux qu'on fouette à mort...

KALIAYEV

Tais-toi, Dora.

DORA

Non, il faut bien une fois au moins laisser parler son cœur. J'attends que tu m'appelles, moi, Dora, que tu m'appelles par-dessus ce monde empoisonné d'injustice...

KALIAYEV *(brutalement)*.

Tais-toi. Mon cœur ne me parle que de toi. Mais tout à l'heure, je ne devrai pas trembler.

DORA *(égarée)*.

Tout à l'heure? Oui, j'oubliais... *(Elle rit comme si elle pleurait.)* Non, c'est très bien, mon chéri. Ne sois pas fâché, je n'étais pas raisonnable. C'est la fatigue. Moi non plus, je n'aurais pas pu le dire. Je t'aime du même amour un peu fixe, dans la justice et les prisons. L'été, Yanek, tu te souviens? Mais non, c'est l'éternel hiver. Nous ne sommes pas de ce monde, nous sommes des justes. Il y a une chaleur qui n'est pas pour nous. *(Se détournant.)* Ah[3]! pitié pour les justes!

KALIAYEV *(la regardant avec désespoir)*.

Oui, c'est là notre part, l'amour est impossible. Mais je tuerai le grand-duc, et il y aura alors une paix, pour toi comme pour moi.

DORA

La paix! Quand la trouverons-nous?

KALIAYEV *(avec violence)*.

Le lendemain.

> *Entrent Annenkov et Stepan. Dora et Kaliayev s'éloignent l'un de l'autre.*

ANNENKOV

Yanek!

KALIAYEV

Tout de suite. *(Il respire profondément.)* Enfin, enfin...

STEPAN *(venant vers lui)*.

Adieu, frère, je suis avec toi.

KALIAYEV

Adieu, Stepan. *(Il se tourne vers Dora.)* Adieu, Dora.

> *Dora va vers lui. Ils sont tout près l'un de l'autre, mais ne se toucheront pas.*

DORA

Non, pas adieu. Au revoir. Au revoir, mon chéri. Nous nous retrouverons.

> *Il la regarde. Silence.*

KALIAYEV

Au revoir. Je... La Russie sera belle.

DORA *(dans les larmes)*.

La Russie sera belle.

> *Kaliayev se signe devant l'icône.*

*Ils sortent avec Annenkov.
Stepan va à la fenêtre. Dora
ne bouge pas, regardant toujours
la porte.*

STEPAN

Comme il marche droit. J'avais tort, tu vois, de ne pas me fier à Yanek. Je n'aimais pas son enthousiasme. Il s'est signé, tu as vu? Est-il croyant?

DORA

Il ne pratique pas.

STEPAN

Il a l'âme religieuse, pourtant. C'est cela qui nous séparait. Je suis plus âpre que lui, je le sais bien. Pour nous qui ne croyons pas à Dieu, il faut toute la justice ou c'est le désespoir.

DORA

Pour lui, la justice elle-même est désespérante.

STEPAN

Oui, une âme faible. Mais la main est forte. Il vaut mieux que son âme. Il le tuera, c'est sûr. Cela est bien, très bien même. Détruire, c'est ce qu'il faut. Mais tu ne dis rien? *(Il l'examine.)* Tu l'aimes?

DORA

Il faut du temps pour aimer. Nous avons à peine assez de temps pour la justice.

STEPAN

Tu as raison. Il y a trop à faire; il faut ruiner ce monde de fond en comble... Ensuite... *(À la fenêtre.)* Je ne les vois plus, ils sont arrivés.

DORA

Ensuite...

STEPAN

Nous nous aimerons.

DORA

Si nous sommes là.

STEPAN

D'autres s'aimeront. Cela revient au même.

DORA

Stepan, dis « la haine » ?

STEPAN

Comment ?

DORA

Ces deux mots, « la haine », prononce-les.

STEPAN

La haine.

DORA

C'est bien. Yanek les prononçait très mal.

STEPAN *(après un silence, et marchant vers elle).*

Je comprends : tu me méprises. Es-tu sûre d'avoir raison, pourtant ? *(Un silence, et avec une violence croissante.)* Vous êtes tous là à marchander ce que vous faites, au nom de l'ignoble amour. Mais, moi[1], je n'aime rien et je hais, oui, je hais mes semblables ! Qu'ai-je à faire avec leur amour ? Je l'ai connu au bagne, voici trois ans. Et depuis trois ans, je le porte sur moi. Tu voudrais que je m'attendrisse et que je traîne la bombe comme une croix ? Non ! Non ! Je suis allé trop loin, je sais trop de choses... Regarde... *(Il déchire sa chemise[2]. Dora a un geste vers lui. Elle recule devant les marques du fouet.)* Ce sont les marques ! Les marques de leur amour ! Me méprises-tu maintenant ?

> *Elle va vers lui et l'embrasse
> brusquement.*

DORA

Qui mépriserait la douleur ? Je t'aime aussi.

STEPAN *(Il la regarde et sourdement.)*

Pardonne-moi, Dora. *(Un temps. Il se détourne.)* Peut-être est-ce la fatigue. Des années de lutte, l'angoisse, les mouchards, le bagne... et pour finir, ceci. *(Il montre les marques.)* Où trouverais-je la force d'aimer ? Il me reste au moins celle de haïr. Cela vaut mieux que de ne rien sentir.

DORA

Oui, cela vaut mieux.

> *Il la regarde. Sept[1] heures sonnent.*

STEPAN *(se retournant brusquement)*.

Le grand-duc va passer.

> *Dora va vers la fenêtre et se colle aux vitres. Long silence. Et puis, dans le lointain, la calèche. Elle se rapproche, elle passe.*

STEPAN

S'il est seul...

> *La calèche s'éloigne. Une terrible explosion. Soubresaut de Dora qui cache sa tête dans ses mains. Long silence.*

STEPAN

Boria n'a pas lancé sa bombe ! Yanek a réussi. Réussi ! Ô peuple ! Ô joie[2] !

DORA *(s'abattant en larmes sur lui)*.

C'est nous qui l'avons tué ! C'est nous qui l'avons tué ! C'est moi.

STEPAN *(criant)*.

Qui avons-nous tué ? Yanek ?

DORA

Le grand-duc.

RIDEAU

ACTE QUATRIÈME

Une cellule dans la Tour Pougatchev à la prison de Boutiri. Le matin.

> *Quand le rideau se lève, Kaliayev est dans sa cellule et regarde la porte. Un gardien et un prisonnier, portant un seau, entrent.*

LE GARDIEN

Nettoie. Et fais vite.

> *Il va se placer vers la fenêtre. Foka commence à nettoyer sans regarder Kaliayev. Silence.*

KALIAYEV

Comment t'appelles-tu, frère ?

FOKA

Foka.

KALIAYEV

Tu es condamné ?

FOKA

Il paraît.

KALIAYEV

Qu'as-tu fait ?

FOKA

J'ai tué.

KALIAYEV

Tu avais faim?

LE GARDIEN

Moins haut.

KALIAYEV

Comment?

LE GARDIEN

Moins haut. Je vous laisse parler malgré la consigne.
Alors, parle moins haut. Imite le vieux.

KALIAYEV

Tu avais faim?

FOKA

Non, j'avais soif.

KALIAYEV

Alors?

FOKA

Alors, il y avait une hache. J'ai tout démoli. Il paraît
que j'en ai tué trois.

Kaliayev le regarde.

FOKA

Eh bien, barine, tu ne m'appelles plus frère? Tu es
refroidi?

KALIAYEV

Non. J'ai tué moi aussi.

FOKA

Combien?

KALIAYEV

Je te le dirai, frère, si tu veux. Mais réponds-moi,
tu regrettes ce qui s'est passé, n'est-ce pas?

FOKA

Bien sûr, vingt ans, c'est cher. Ça vous laisse des regrets.

KALIAYEV

Vingt ans. J'entre ici à vingt-trois ans et j'en sors les cheveux gris.

FOKA

Oh! Ça ira peut-être mieux pour toi. Un juge, ça a des hauts et des bas. Ça dépend s'il est marié, et avec qui. Et puis, tu es barine. Ce n'est pas le même tarif que pour les pauvres diables. Tu t'en tireras.

KALIAYEV

Je ne crois pas. Et je ne le veux pas. Je ne pourrais pas supporter la honte pendant vingt ans.

FOKA

La honte? Quelle honte? Enfin, ce sont des idées de barine. Combien en as-tu tué?

KALIAYEV

Un seul.

FOKA

Que disais-tu? Ce n'est rien.

KALIAYEV

J'ai tué le grand-duc Serge.

FOKA

Le grand-duc? Eh! comme tu y vas. Voyez-vous ces barines! C'est grave, dis-moi?

KALIAYEV

C'est grave. Mais il le fallait.

FOKA

Pourquoi? Tu vivais à la cour? Une histoire de femme, non? Bien fait comme tu l'es...

KALIAYEV

Je suis socialiste.

LE GARDIEN

Moins haut.

KALIAYEV *(plus haut)*.

Je suis socialiste révolutionnaire.

FOKA

En voilà une histoire. Et qu'avais-tu besoin d'être comme tu dis. Tu n'avais qu'à rester tranquille et tout allait pour le mieux. La terre est faite pour les barines.

KALIAYEV

Non, elle est faite pour toi. Il y a trop de misère et trop de crimes. Quand il y aura moins de misère, il y aura moins de crimes. Si la terre était libre, tu ne serais pas là.

FOKA

Oui et non. Enfin, libre ou pas, ce n'est jamais bon de boire un coup de trop.

KALIAYEV

Ce n'est jamais bon. Seulement on boit parce qu'on est humilié. Un temps viendra où il ne sera plus utile de boire, où personne n'aura plus de honte, ni barine ni pauvre diable. Nous serons frères et la justice rendra nos cœurs transparents. Sais-tu ce dont je parle ?

FOKA

Oui, c'est le royaume de Dieu.

LE GARDIEN

Moins haut.

KALIAYEV

Il ne faut pas dire cela, frère. Dieu ne peut rien. La justice est notre affaire ! *(Un silence.)* Tu ne comprends pas ? Connais-tu la légende de saint Dmitri ?

FOKA

Non.

KALIAYEV

Il avait rendez-vous dans la steppe avec Dieu lui-même, et il se hâtait lorsqu'il rencontra un paysan dont la voiture était embourbée. Alors saint Dmitri l'aida. La boue était épaisse, la fondrière profonde. Il fallut batailler pendant une heure. Et quand ce fut fini, saint Dmitri courut au rendez-vous. Mais Dieu n'était plus là.

FOKA

Et alors?

KALIAYEV

Et alors il y a ceux qui arriveront toujours en retard au rendez-vous parce qu'il y a trop de charrettes embourbées et trop de frères à secourir.

Foka recule.

KALIAYEV

Qu'y a-t-il?

LE GARDIEN

Moins haut. Et toi, vieux, dépêche-toi.

FOKA

Je me méfie. Tout cela n'est pas normal. On n'a pas idée de se faire mettre en prison pour des histoires de saint et de charrette. Et puis, il y a autre chose...

Le gardien rit.

KALIAYEV *(le regardant).*

Quoi donc?

FOKA

Que fait-on à ceux qui tuent les grands-ducs?

KALIAYEV

On les pend.

Foka

Ah !

> *Et il s'en va, pendant que le*
> *gardien rit plus fort.*

Kaliayev

Reste. Que t'ai-je fait ?

Foka

Tu ne m'as rien fait. Tout barine que tu es, pourtant, je ne veux pas te tromper. On bavarde, on passe le temps, comme ça, mais si tu dois être pendu, ce n'est pas bien.

Kaliayev

Pourquoi ?

Le gardien *(riant)*.

Allez, vieux, parle...

Foka

Parce que tu ne peux pas me parler comme un frère. C'est moi qui pends les condamnés.

Kaliayev

N'es-tu pas forçat, toi aussi ?

Foka

Justement. Ils m'ont proposé de faire ce travail et, pour chaque pendu, ils m'enlèvent une année de prison. C'est une bonne affaire.

Kaliayev

Pour te pardonner tes crimes, ils t'en font commettre d'autres ?

Foka

Oh ! ce ne sont pas des crimes, puisque c'est commandé. Et puis, ça leur est bien égal. Si tu veux mon avis, ils ne sont pas chrétiens.

Kaliayev

Et combien de fois, déjà ?

FOKA

Deux[1] fois.

> *Kaliayev recule. Les autres regagnent la porte, le gardien poussant Foka.*

KALIAYEV

Tu es donc un bourreau ?

FOKA *(sur la porte)*.

Eh bien[2], barine, et toi ?

> *Il sort. On entend des pas, des commandements. Entre Skouratov, très élégant, avec le gardien.*

SKOURATOV

Laisse-nous. Bonjour. Vous ne me connaissez pas ? Moi, je vous connais. *(Il rit.)* Déjà célèbre, hein ? *(Il le regarde[3].)* Puis-je me présenter ? *(Kaliayev ne dit rien.)* Vous ne dites rien. Je comprends. Le secret, hein ? C'est dur, huit jours au secret. Aujourd'hui, nous avons supprimé le secret et vous aurez des visites. Je suis là pour ça d'ailleurs. Je vous ai déjà envoyé Foka. Exceptionnel, n'est-ce pas ? J'ai pensé qu'il vous intéresserait. Êtes-vous content ? C'est bon de voir des visages après huit jours, non ?

KALIAYEV

Tout dépend du visage.

SKOURATOV

Bonne voix, bien placée. Vous savez ce que vous voulez[4]. *(Un temps.)* Si j'ai bien compris, mon visage vous déplaît ?

KALIAYEV

Oui.

SKOURATOV

Vous m'en voyez déçu. Mais c'est un malentendu. L'éclairage est mauvais d'abord. Dans un sous-sol, personne n'est sympathique. Du reste, vous ne me connaissez pas. Quelquefois, un visage rebute. Et puis quand on connaît le cœur...

KALIAYEV

Assez. Qui êtes-vous?

SKOURATOV

Skouratov, directeur du département de police.

KALIAYEV

Un valet.

SKOURATOV

Pour vous servir. Mais à votre place, je montrerais moins de fierté. Vous y viendrez peut-être. On commence par vouloir la justice et on finit par organiser une police. Du[1] reste, la vérité ne m'effraie pas. Je vais être franc avec vous. Vous m'intéressez et je vous offre les moyens d'obtenir votre grâce.

KALIAYEV

Quelle grâce?

SKOURATOV

Comment quelle grâce? Je vous offre la vie sauve.

KALIAYEV

Qui vous l'a demandée?

SKOURATOV

On ne demande pas la vie, mon cher. On la reçoit. N'avez-vous jamais fait grâce à personne? *(Un temps.)* Cherchez bien.

KALIAYEV

Je refuse votre grâce, une fois pour toutes.

SKOURATOV

Écoutez au moins. Je ne suis pas votre ennemi, malgré les apparences. J'admets[2] que vous ayez raison dans ce que vous pensez. Sauf pour l'assassinat...

KALIAYEV

Je vous interdis d'employer ce mot.

SKOURATOV *(le regardant).*

Ah! les nerfs sont fragiles, hein? *(Un temps.)* Sincèrement[1], je voudrais vous aider.

KALIAYEV

M'aider? Je suis prêt à payer ce qu'il faut. Mais je ne
supporterai pas cette familiarité de vous à moi. Laissez-
moi.

SKOURATOV

L'accusation qui pèse sur vous...

KALIAYEV

Je rectifie.

SKOURATOV

Plaît-il?

KALIAYEV

Je rectifie. Je suis un prisonnier de guerre, non un
accusé.

SKOURATOV

Si vous voulez. Cependant, il y a eu des dégâts, n'est-ce
pas? Laissons de côté le grand-duc et la politique. Du
moins, il y a eu mort d'homme. Et quelle mort!

KALIAYEV

J'ai lancé la bombe sur votre tyrannie, non sur un
homme.

SKOURATOV

Sans doute. Mais c'est l'homme qui l'a reçue. Et ça ne
l'a pas arrangé. Voyez-vous, mon cher, quand on a
retrouvé le corps, la tête manquait. Disparue, la tête!
Quant au reste, on a tout juste reconnu un bras et une
partie de la jambe.

KALIAYEV

J'ai exécuté un verdict.

SKOURATOV

Peut-être, peut-être. On ne vous reproche pas le verdict. Qu'est-ce qu'un verdict ? C'est un mot sur lequel on peut discuter pendant des nuits. On vous reproche... non, vous n'aimeriez pas ce mot... disons, un travail d'amateur, un peu désordonné, dont les résultats, eux, sont indiscutables. Tout le monde a pu les voir. Demandez à la grande-duchesse. Il y avait du sang, vous comprenez, beaucoup de sang.

KALIAYEV

Taisez-vous.

SKOURATOV

Bon. Je voulais dire simplement que si[1] vous vous obstinez à parler du verdict, à dire que c'est le parti et lui seul qui a jugé et exécuté, que le grand-duc a été tué non par une bombe, mais par une idée, alors vous n'avez pas besoin de grâce. Supposez, pourtant, que nous en revenions à l'évidence, supposez que ce soit vous qui ayez fait sauter la tête du grand-duc, tout change, n'est-ce pas ? Vous aurez besoin d'être gracié alors. Je veux vous y aider. Par pure sympathie, croyez-le. (Il sourit.) Que voulez-vous, je ne m'intéresse pas aux idées[2], moi, je m'intéresse aux personnes.

KALIAYEV (éclatant).

Ma personne est au-dessus de vous et de vos maîtres. Vous pouvez me tuer, non me juger. Je sais où vous voulez en venir. Vous cherchez un point faible et vous attendez de moi une attitude honteuse, des larmes et du repentir. Vous n'obtiendrez rien. Ce[3] que je suis ne vous concerne pas. Ce qui vous concerne, c'est notre haine, la mienne et celle de mes frères. Elle est à votre service.

SKOURATOV

La haine ? Encore une idée. Ce qui n'est pas une idée, c'est le meurtre. Et ses conséquences, naturellement. Je veux dire le repentir et le châtiment. Là, nous sommes au centre. C'est pour cela d'ailleurs que je me suis fait policier. Pour être au centre des choses. Mais vous n'aimez pas les confidences. (Un temps. Il avance lentement *vers lui.*) Tout ce que je voulais dire, c'est que vous[1] ne devriez pas faire semblant d'oublier la tête du grand-duc. Si vous en teniez compte, l'idée ne vous servirait plus de rien. Vous auriez honte, par exemple, au lieu d'être fier de ce que vous avez fait. Et à partir du moment où vous aurez honte, vous souhaiterez de vivre pour réparer. Le plus important est que vous décidiez de vivre.

KALIAYEV

Et si je le décidais?

SKOURATOV

La grâce pour vous et vos camarades.

KALIAYEV

Les avez-vous arrêtés?

SKOURATOV

Non. Justement. Mais si vous décidez de vivre, nous les arrêterons.

KALIAYEV

Ai-je bien compris?

SKOURATOV

Sûrement. Ne vous fâchez pas encore. Réfléchissez. Du point de vue de l'idée, vous ne pouvez pas les livrer. Du point de vue de l'évidence, au contraire, c'est un service à leur rendre. Vous leur éviterez de nouveaux ennuis et, du même coup, vous les arracherez à la potence. Par-dessus tout, vous obtenez la paix du cœur. À bien des points de vue, c'est une affaire en or.

Kaliayev se tait.

SKOURATOV

Alors?

KALIAYEV

Mes[2] frères vous répondront, avant peu.

SKOURATOV

Encore un crime! Décidément, c'est une vocation.

Allons, ma mission est terminée. Mon cœur est triste.
Mais je vois bien que vous tenez à vos idées. Je ne puis
vous en séparer.

KALIAYEV

Vous ne pouvez me séparer de mes frères.

SKOURATOV

Au revoir. *(Il fait mine de sortir, et, se retournant.)*
Pourquoi, en ce cas, avez-vous épargné la grande-
duchesse et ses neveux ?

KALIAYEV

Qui vous l'a dit ?

SKOURATOV

Votre informateur nous informait aussi. En partie, du
moins... Mais pourquoi les avez-vous épargnés ?

KALIAYEV

Ceci ne vous concerne pas.

SKOURATOV *(riant)*.

Vous croyez ? Je vais vous dire pourquoi. Une idée
peut tuer un grand-duc, mais elle arrive difficilement à
tuer des enfants. Voilà ce que vous avez découvert. Alors,
une question se pose : si l'idée n'arrive pas à tuer les
enfants, mérite-t-elle qu'on tue un grand-duc ?

Kaliayev a un geste.

SKOURATOV

Oh ! Ne me répondez pas, ne me répondez pas surtout !
Vous répondrez à la grande-duchesse.

KALIAYEV

La grande-duchesse ?

SKOURATOV

Oui, elle veut vous voir. Et j'étais venu surtout pour
m'assurer que cette conversation était possible. Elle l'est.
Elle risque même de vous faire changer d'avis. La

grande-duchesse est chrétienne. L'âme, voyez-vous, c'est sa spécialité.

Il rit.

KALIAYEV

Je ne veux pas la voir.

SKOURATOV

Je regrette, elle y tient. Et après tout, vous lui devez quelques égards[1]. On dit aussi que depuis la mort de son mari, elle n'a pas toute sa raison. Nous n'avons pas voulu la contrarier. *(À la porte.)* Si vous changez d'avis, n'oubliez pas ma proposition[2]. Je reviendrai. *(Un temps. Il écoute.)* La voilà. Après la police, la religion! On vous gâte décidément. Mais tout se tient. Imaginez Dieu sans les prisons. Quelle solitude!

> *Il sort. On entend des voix et des commandements.*
> *Entre la grande-duchesse qui reste immobile et silencieuse.*
> *La porte est ouverte.*

KALIAYEV

Que[3] voulez-vous?

LA GRANDE-DUCHESSE *(découvrant son visage).*

Regarde.

> *Kaliayev se tait.*

LA GRANDE-DUCHESSE

Beaucoup de choses meurent avec un homme.

KALIAYEV

Je le savais.

LA GRANDE-DUCHESSE *(avec naturel, mais d'une petite voix usée).*

Les meurtriers ne savent pas cela. S'ils le savaient, comment feraient-ils mourir?

> *Silence.*

KALIAYEV

Je vous ai vue. Je désire maintenant être seul.

LA GRANDE-DUCHESSE

Non. Il me reste à te regarder aussi.

Il recule.

LA GRANDE-DUCHESSE *(s'assied, comme épuisée).*

Je ne peux plus rester seule. Auparavant, si je souffrais, il pouvait voir ma souffrance. Souffrir était bon alors. Maintenant... Non, je ne pouvais plus être seule, me taire... Mais à qui parler? Les autres ne savent pas. Ils font mine d'être tristes. Ils le sont, une heure ou deux. Puis ils vont manger — et dormir. Dormir surtout... J'ai pensé que tu devais me ressembler. Tu ne dors pas, j'en suis sûre. Et à qui parler du crime, sinon au meurtrier?

KALIAYEV

Quel crime? Je ne me souviens que d'un acte de justice.

LA GRANDE-DUCHESSE

La même voix! Tu as eu la même voix que lui. Tous les hommes prennent le même ton pour parler de la justice. Il disait: « Cela est juste! » et l'on devait se taire. Il se trompait peut-être, tu te trompes...

KALIAYEV

Il incarnait la suprême injustice, celle qui fait gémir le peuple russe depuis des siècles. Pour cela, il recevait seulement des privilèges. Si même je devais me tromper, la prison et la mort sont mes salaires.

LA GRANDE-DUCHESSE

Oui, tu souffres. Mais lui, tu l'as tué.

KALIAYEV

Il est mort surpris. Une telle mort, ce n'est rien.

LA GRANDE-DUCHESSE

Rien? *(Plus bas.)* C'est vrai. On t'a emmené tout de suite. Il paraît que tu faisais des discours au milieu des policiers. Je comprends. Cela devait t'aider. Moi, je suis arrivée quelques secondes après. J'ai vu. J'ai mis sur une civière tout ce que je pouvais traîner. Que de sang! *(Un temps.)* J'avais une robe blanche...

KALIAYEV

Taisez-vous.

LA GRANDE-DUCHESSE

Pourquoi? Je dis la vérité. Sais-tu ce qu'il faisait deux heures avant de mourir? Il dormait. Dans un fauteuil, les pieds sur une chaise... comme toujours. Il dormait, et toi, tu l'attendais, dans le soir cruel... *(Elle pleure.)* Aide-moi maintenant.

Il recule, raidi.

LA GRANDE-DUCHESSE

Tu es jeune. Tu ne peux pas être mauvais.

KALIAYEV

Je n'ai pas eu le temps d'être jeune.

LA GRANDE-DUCHESSE

Pourquoi te raidir ainsi? N'as-tu jamais pitié de toi-même?

KALIAYEV

Non.

LA GRANDE-DUCHESSE

Tu as tort. Cela soulage. Moi, je n'ai plus de pitié que pour moi-même. *(Un temps.)* J'ai mal. Il fallait me tuer avec lui au lieu de m'épargner.

KALIAYEV

Ce n'est pas vous que j'ai épargnée, mais les enfants qui étaient avec vous.

LA GRANDE-DUCHESSE

Je sais. Je ne les aimais pas beaucoup. *(Un temps.)* Ce sont les neveux du grand-duc. N'étaient-ils pas coupables comme leur oncle?

KALIAYEV

Non.

LA GRANDE-DUCHESSE

Les connais-tu? Ma nièce a un mauvais cœur. Elle refuse de porter elle-même ses aumônes aux pauvres. Elle a peur de les toucher. N'est-elle pas injuste? Elle est injuste. Lui du moins aimait les paysans. Il buvait avec eux. Et tu l'as tué. Certainement, tu es injuste aussi. La terre est déserte.

KALIAYEV

Ceci est inutile. Vous essayez de détendre ma force et de me désespérer. Vous n'y réussirez pas. Laissez-moi.

LA GRANDE-DUCHESSE

Ne veux-tu pas prier avec moi, te repentir... Nous ne serons plus seuls.

KALIAYEV

Laissez-moi me préparer à mourir. Si je ne mourais pas, c'est alors que je serais un meurtrier.

LA GRANDE-DUCHESSE *(Elle se dresse.)*

Mourir? Tu veux mourir? Non. *(Elle va vers Kaliayev, dans une grande agitation.)* Tu dois vivre, et consentir à être un meurtrier. Ne l'as-tu pas tué? Dieu te justifiera.

KALIAYEV

Quel Dieu, le mien ou le vôtre?

LA GRANDE-DUCHESSE

Celui de la Sainte Église.

KALIAYEV

Elle n'a rien à faire ici.

LA GRANDE-DUCHESSE

Elle sert un maître qui, lui aussi, a connu la prison.

KALIAYEV

Les temps ont changé. Et la Sainte Église a choisi dans l'héritage de son maître.

LA GRANDE-DUCHESSE

Choisi, que veux-tu dire?

KALIAYEV

Elle a gardé la grâce pour elle et nous a laissé le soin d'exercer la charité.

LA GRANDE-DUCHESSE

Qui, nous?

KALIAYEV *(criant)*.

Tous ceux que vous pendez.
Silence.

LA GRANDE-DUCHESSE *(doucement)*.

Je ne suis pas votre ennemie.

KALIAYEV *(avec désespoir)*.

Vous l'êtes, comme tous ceux de votre race et de votre clan. Il y a quelque chose de plus abject encore que d'être un criminel, c'est de forcer au crime celui qui n'est pas fait pour lui. Regardez-moi. Je vous jure que je n'étais pas fait pour tuer.

LA GRANDE-DUCHESSE[1]

Ne me parlez pas comme à votre ennemie. Regardez. *(Elle va fermer la porte.)* Je me remets à vous. *(Elle pleure.)* Le sang nous sépare. Mais vous pouvez me rejoindre en Dieu, à l'endroit même du malheur. Priez du moins avec moi.

KALIAYEV

Je refuse. *(Il va vers elle.)* Je ne sens pour vous que de la compassion et vous venez de toucher mon cœur. Maintenant, vous me comprendrez parce que je ne vous cacherai rien. Je ne compte plus sur le rendez-vous avec Dieu. Mais, en mourant, je serai exact au rendez-vous que j'ai pris avec ceux que j'aime, mes frères qui pensent à moi en ce moment. Prier serait les trahir.

LA GRANDE-DUCHESSE

Que[2] voulez-vous dire?

KALIAYEV *(avec exaltation).*

Rien, sinon que je vais être heureux. J'ai une longue lutte à soutenir et je la soutiendrai. Mais quand le verdict sera prononcé, et l'exécution prête, alors, au pied de l'échafaud, je me détournerai de vous et de ce monde hideux et je me laisserai aller à l'amour qui m'emplit. Me comprenez-vous ?

LA GRANDE-DUCHESSE

Il n'y a pas d'amour loin de Dieu.

KALIAYEV

Si. L'amour pour la créature.

LA GRANDE-DUCHESSE

La créature est abjecte. Que faire d'autre que la détruire ou lui pardonner ?

KALIAYEV

Mourir avec elle.

LA GRANDE-DUCHESSE

On meurt seul. Il est mort seul.

KALIAYEV *(avec désespoir).*

Mourir avec elle ! Ceux qui s'aiment aujourd'hui doivent mourir ensemble s'ils veulent être réunis. L'injustice sépare, la honte, la douleur, le mal qu'on fait aux autres, le crime séparent. Vivre est une torture puisque vivre sépare...

LA GRANDE-DUCHESSE

Dieu réunit.

KALIAYEV

Pas sur cette terre. Et mes rendez-vous sont sur cette terre.

LA GRANDE-DUCHESSE

C'est le rendez-vous des chiens, le nez au sol, toujours flairant, toujours déçus.

KALIAYEV *(détourné vers la fenêtre).*

Je le saurai bientôt. *(Un temps.)* Mais ne peut-on déjà imaginer que deux êtres, renonçant à toute joie, s'aiment dans la douleur sans pouvoir s'assigner d'autre rendez-vous que celui de la douleur ? *(Il la regarde.)* Ne peut-on imaginer que la même corde unisse alors ces deux êtres ?

LA GRANDE-DUCHESSE

Quel est ce terrible amour ?

KALIAYEV

Vous et les vôtres ne nous en avez jamais permis d'autre.

LA GRANDE-DUCHESSE

J'aimais aussi celui que vous avez tué.

KALIAYEV

Je l'ai compris. C'est pourquoi je vous pardonne le mal que vous et les vôtres m'avez fait. *(Un temps.)* Maintenant, laissez-moi.

Long silence.

LA GRANDE-DUCHESSE *(se redressant).*

Je vais vous laisser. Mais je suis venue ici pour vous ramener à Dieu, je le sais maintenant. Vous voulez vous juger et vous sauver seul. Vous ne le pouvez pas. Dieu le pourra, si vous vivez. Je demanderai votre grâce.

KALIAYEV

Je vous en supplie, ne le faites pas. Laissez-moi mourir ou je vous haïrai mortellement.

LA GRANDE-DUCHESSE *(sur la porte).*

Je demanderai votre grâce, aux hommes et à Dieu.

KALIAYEV

Non, non, je vous le défends.

Il court à la porte pour y trouver soudain Skouratov. Kaliayev recule, ferme les yeux.

Silence. Il regarde Skouratov à
nouveau.

KALIAYEV

J'avais besoin de vous.

SKOURATOV

Vous m'en voyez ravi. Pourquoi?

KALIAYEV

J'avais besoin de mépriser à nouveau.

SKOURATOV

Dommage. Je venais chercher ma réponse.

KALIAYEV

Vous l'avez maintenant.

SKOURATOV *(changeant de ton)*.

Non, je ne l'ai pas encore. Écoutez bien. J'ai facilité
cette entrevue avec la grande-duchesse pour pouvoir
demain en publier la nouvelle dans les journaux. Le récit
en sera exact, sauf sur un point. Il consignera l'aveu de
votre repentir. Vos camarades penseront que vous les avez
trahis.

KALIAYEV *(tranquillement)*.

Ils ne le croiront pas.

SKOURATOV

Je n'arrêterai cette publication que si vous passez aux
aveux. Vous avez la nuit pour vous décider.

Il remonte vers la porte.

KALIAYEV *(plus fort)*.

Ils ne le croiront pas.

SKOURATOV *(se retournant)*.

Pourquoi? N'ont-ils jamais péché?

KALIAYEV

Vous ne connaissez pas leur amour.

SKOURATOV

Non. Mais je sais qu'on ne peut pas croire à la fraternité toute une nuit, sans une seule minute de défaillance. J'attendrai la défaillance. *(Il ferme la porte dans son dos.)* Ne vous pressez pas. Je suis patient.

Ils restent face à face.

RIDEAU

ACTE CINQUIÈME

Un autre appartement, mais de même style. Une semaine après.
La nuit.

> *Silence. Dora se promène de long en large.*

ANNENKOV

Repose-toi, Dora.

DORA

J'ai froid.

ANNENKOV

Viens t'étendre ici. Couvre-toi.

DORA, *(marchant toujours)*.

La nuit est longue. Comme j'ai froid, Boria.

> *On frappe. Un coup, puis deux.*
> *Annenkov va ouvrir. Entrent Stepan et Voinov[1] qui va vers Dora et l'embrasse. Elle le tient serré contre elle.*

DORA

Alexis!

STEPAN

Orlov dit que ce pourrait être pour cette nuit. Tous les sous-officiers qui ne sont pas de service sont convoqués. C'est ainsi qu'il sera présent.

ANNENKOV

Où le rencontres-tu ?

STEPAN

Il nous attendra, Voinov et moi, au restaurant de la rue Sophiskaia.

DORA *(qui s'est assise, épuisée)*.

C'est pour cette nuit, Boria.

ANNENKOV

Rien n'est perdu, la décision dépend du tsar.

STEPAN

La décision dépendra du tsar si Yanek a demandé sa grâce.

DORA

Il ne l'a pas demandée.

STEPAN

Pourquoi aurait-il vu la grande-duchesse si ce n'est pour sa grâce ? Elle a fait dire partout qu'il s'était repenti. Comment savoir la vérité ?

DORA

Nous savons ce qu'il a dit devant le Tribunal et ce qu'il nous a écrit. Yanek a-t-il dit qu'il regrettait de ne pouvoir disposer que d'une seule vie pour la jeter comme un défi à l'autocratie ? L'homme qui a dit cela peut-il mendier sa grâce, peut-il se repentir ? Non, il voulait, il veut mourir. Ce qu'il a fait ne se renie pas.

STEPAN

Il a eu tort de voir la grande-duchesse.

DORA

Il en est le seul juge.

STEPAN

Selon notre règle, il ne devait pas la voir.

DORA

Notre règle est de tuer, rien de plus. Maintenant, il est libre, il est libre enfin.

STEPAN

Pas encore.

DORA

Il est libre. Il a le droit de faire ce qu'il veut, près de mourir. Car il va mourir, soyez contents !

ANNENKOV

Dora !

DORA

Mais oui. S'il était gracié, quel triomphe ! Ce serait la preuve, n'est-ce pas, que la grande-duchesse a dit vrai, qu'il s'est repenti et qu'il a trahi. S'il meurt, au contraire, vous le croirez et vous pourrez l'aimer encore. *(Elle les regarde.)* Votre amour coûte cher.

VOINOV *(allant vers elle)*.

Non, Dora. Nous n'avons jamais douté de lui.

DORA *(marchant de long en large)*.

Oui... Peut-être... Pardonnez-moi. Mais qu'importe, après tout ! Nous allons savoir, cette nuit... Ah ! pauvre Alexis, qu'es-tu venu faire ici ?

VOINOV

Le remplacer. Je pleurais, j'étais fier en lisant son discours au procès. Quand j'ai lu : « La mort sera ma suprême protestation contre un monde de larmes et de sang... » je me suis mis à trembler.

DORA

Un monde de larmes et de sang... Il a dit cela, c'est vrai.

VOINOV

Il l'a dit... Ah, Dora, quel courage ! Et, à la fin, son grand cri : « Si je me suis trouvé à la hauteur de la protestation humaine contre la violence, que la mort couronne mon œuvre par la pureté de l'idée. » J'ai décidé alors de venir.

DORA *(se cachant la tête dans les mains).*

Il voulait la pureté, en effet. Mais quel affreux couronnement!

VOINOV

Ne pleure pas, Dora. Il a demandé que personne ne pleure sa mort. Oh! je le comprends si bien maintenant. Je ne peux pas douter de lui. J'ai souffert parce que j'ai été lâche. Et puis, j'ai lancé la bombe à Tiflis. Maintenant, je ne suis pas différent de Yanek. Quand j'ai appris sa condamnation, je n'ai eu qu'une idée : prendre sa place puisque je n'avais pu être à ses côtés.

DORA

Qui peut prendre sa place ce soir! Il sera seul, Alexis.

VOINOV

Nous devons le soutenir de notre fierté, comme il nous soutient de son exemple. Ne pleure pas.

DORA

Regarde. Mes yeux sont secs. Mais, fière, oh non! plus jamais je ne pourrai être fière!

STEPAN

Dora, ne me juge pas mal. Je souhaite que Yanek vive. Nous avons besoin d'hommes comme lui.

DORA

Lui ne le souhaite pas. Et nous devons désirer qu'il meure.

ANNENKOV

Tu es folle.

DORA

Nous devons le désirer. Je connais son cœur. C'est ainsi qu'il sera pacifié. Oh oui! qu'il meure! *(Plus bas.)* Mais qu'il meure vite.

STEPAN

Je pars, Boria. Viens, Alexis. Orlov nous attend.

ANNENKOV

Oui, et ne tardez pas à revenir.

> *Stepan[1] et Voinov vont vers la porte. Stepan regarde du côté de Dora.*

STEPAN

Nous allons savoir. Veille sur elle.

> *Dora est à la fenêtre. Annenkov la regarde.*

DORA

La mort! La potence! La mort encore! Ah! Boria!

ANNENKOV

Oui, petite sœur. Mais il n'y a pas d'autre solution.

DORA

Ne dis pas cela. Si la seule solution est la mort, nous ne sommes pas sur la bonne voie. La bonne voie est celle qui mène à la vie, au soleil. On ne peut avoir froid sans cesse...

ANNENKOV

Celle-là mène aussi à la vie. À la vie des autres. La Russie vivra, nos petits-enfants vivront. Souviens-toi de ce que disait Yanek : « La Russie sera belle. »

DORA

Les autres, nos petits-enfants... Oui. Mais Yanek est en prison et la corde est froide. Il va mourir. Il est mort peut-être déjà pour que les autres vivent. Ah! Boria, et si les autres ne vivaient pas? Et s'il mourait pour rien?

ANNENKOV

Tais-toi.

> *Silence.*

DORA

Comme il fait froid. C'est[1] le printemps pourtant. Il y a des arbres dans la cour de la prison, je le sais. Il doit les voir.

ANNENKOV

Attends de savoir. Ne tremble pas ainsi.

DORA

J'ai si froid que j'ai l'impression d'être déjà morte. *(Un temps.)* Tout cela nous vieillit si vite. Plus jamais nous ne serons des enfants, Boria. Au premier meurtre, l'enfance s'enfuit. Je lance la bombe et en une seconde, vois-tu, toute une vie s'écoule. Oui, nous pouvons mourir désormais. Nous avons fait le tour de l'homme.

ANNENKOV

Alors nous mourrons en luttant, comme font les hommes.

DORA

Vous êtes allés trop vite. Vous n'êtes plus des hommes.

ANNENKOV

Le malheur et la misère allaient vite aussi. Il n'y a plus de place pour la patience et le mûrissement dans ce monde. La Russie est pressée.

DORA

Je sais. Nous avons pris sur nous le malheur du monde. Lui aussi, l'avait pris. Quel courage! Mais je me dis quelquefois que c'est un orgueil qui sera châtié.

ANNENKOV

C'est un orgueil que nous payons de notre vie. Personne ne peut aller plus loin. C'est un orgueil auquel nous avons droit.

DORA

Sommes-nous sûrs que personne n'ira plus loin? Parfois, quand j'écoute Stepan, j'ai peur. D'autres viendront peut-être qui s'autoriseront de nous pour tuer et qui ne paieront pas de leur vie.

ANNENKOV

Ce serait lâche, Dora.

DORA

Qui sait ? C'est peut-être cela la justice. Et plus personne alors n'osera la regarder en face.

ANNENKOV

Dora!

Elle se tait.

ANNENKOV

Est-ce que tu doutes ? Je ne te reconnais pas.

DORA

J'ai froid. Je pense à lui qui doit refuser de trembler pour ne paraître pas avoir peur.

ANNENKOV

N'es-tu donc plus avec nous ?

DORA. *(Elle se jette sur lui.)*

Oh! Boria, je suis avec vous! J'irai jusqu'au bout. Je hais la tyrannie et je[1] sais que nous ne pouvons faire autrement. Mais c'est avec un cœur joyeux que j'ai choisi cela et c'est d'un cœur triste que je m'y maintiens. Voilà la différence. Nous sommes des prisonniers.

ANNENKOV

La Russie entière est en prison. Nous allons faire voler ses murs en éclats.

DORA

Donne-moi seulement la bombe à lancer et tu verras. J'avancerai au milieu de la fournaise et mon pas sera pourtant égal. C'est facile, c'est tellement plus facile de mourir de ses contradictions que de les vivre. As-tu aimé, as-tu seulement aimé, Boria ?

ANNENKOV

J'ai aimé, mais il y a si longtemps que je ne m'en souviens plus.

DORA

Combien de temps ?

ANNENKOV

Quatre ans.

DORA

Il y en a combien que tu diriges l'Organisation ?

ANNENKOV

Quatre ans. *(Un temps.)* Maintenant c'est l'Organisation que j'aime.

DORA *(marchant vers la fenêtre)*.

Aimer, oui, mais être aimée !... Non, il faut marcher On voudrait s'arrêter. Marche ! Marche ! On voudrait tendre les bras et se laisser aller. Mais la sale injustice colle à nous comme de la glu. Marche ! Nous voilà condamnés à être plus grands que nous-mêmes. Les êtres, les visages, voilà ce qu'on voudrait aimer. L'amour plutôt que la justice ! Non, il faut marcher. Marche, Dora ! Marche, Yanek ! *(Elle pleure.)* Mais pour lui, le but approche.

ANNENKOV *(la prenant dans ses bras)*.

Il sera gracié.

DORA *(le regardant)*.

Tu sais bien que non. Tu sais bien qu'il ne le faut pas.

Il détourne les yeux.

DORA

Il sort peut-être déjà dans la cour. Tout ce monde soudain silencieux, dès qu'il apparaît. Pourvu qu'il n'ait pas froid. Boria, sais-tu comme l'on pend ?

ANNENKOV

Au bout d'une corde. Assez, Dora[1] !

DORA *(aveuglément)*.

Le bourreau saute sur les épaules. Le cou craque. N'est-ce pas terrible ?

ANNENKOV

Oui. Dans un sens[1]. Dans un autre sens, c'est le
bonheur.

DORA

Le bonheur?

ANNENKOV

Sentir la main d'un homme avant de mourir.

> *Dora se jette dans un fauteuil.*
> *Silence.*

ANNENKOV

Dora, il faudra partir ensuite. Nous nous reposerons
un peu.

DORA *(égarée)*.

Partir? Avec qui?

ANNENKOV

Avec moi, Dora.

DORA *(elle le regarde)*.

Partir! *(Elle se détourne vers la fenêtre.)* Voici l'aube.
Yanek est déjà mort, j'en suis sûre.

ANNENKOV

Je suis ton frère.

DORA

Oui, tu es mon frère, et vous êtes tous mes frères que
j'aime. *(On entend la pluie. Le jour se lève. Dora parle à voix
basse.)* Mais quel affreux goût a parfois la fraternité!

> *On frappe. Entrent Voinov*
> *et Stepan. Tous restent immo-*
> *biles, Dora chancelle mais se*
> *reprend dans un effort visible.*

STEPAN *(à voix basse)*.

Yanek n'a pas trahi.

ANNENKOV

Orlov a pu voir?

STEPAN

Oui.

DORA *(s'avançant fermement).*

Assieds-toi. Raconte.

STEPAN

À quoi bon?

DORA

Raconte tout. J'ai le droit de savoir. J'exige[1] que tu racontes. Dans le détail.

STEPAN

Je ne saurai pas. Et puis, maintenant, il faut partir.

DORA

Non, tu parleras. Quand l'a-t-on prévenu?

STEPAN

À dix heures du soir.

DORA

Quand l'a-t-on pendu?

STEPAN

À deux heures du matin.

DORA

Et pendant quatre heures, il a attendu?

STEPAN

Oui, sans un mot. Et puis tout s'est précipité. Maintenant, c'est fini.

DORA

Quatre heures sans parler? Attends un peu. Comment était-il habillé? Avait-il sa pelisse?

STEPAN

Non. Il était tout en noir, sans pardessus. Et il avait un feutre noir.

DORA

Quel temps faisait-il?

STEPAN

La nuit noire. La neige était sale. Et puis la pluie l'a changée en une boue gluante.

DORA

Il tremblait?

STEPAN

Non.

DORA

Orlov a-t-il rencontré son regard?

STEPAN

Non.

DORA

Que regardait-il?

STEPAN

Tout le monde, dit Orlov, sans rien voir.

DORA

Après, après?

STEPAN

Laisse, Dora.

DORA

Non, je veux savoir. Sa mort du moins est à moi.

STEPAN

On lui a lu le jugement.

DORA

Que faisait-il pendant ce temps-là?

STEPAN

Rien. Une fois seulement, il a secoué sa jambe pour enlever un peu de boue qui tachait sa chaussure.

DORA *(la tête dans les mains)*.

Un peu de boue!

ANNENKOV *(brusquement)*.

Comment sais-tu cela?

Stepan se tait.

ANNENKOV

Tu as tout demandé à Orlov? Pourquoi?

STEPAN *(détournant les yeux)*.

Il y avait quelque chose entre Yanek et moi.

ANNENKOV

Quoi donc?

STEPAN

Je l'enviais[1].

DORA

Après, Stepan, après?

STEPAN

Le père Florenski est venu lui présenter le crucifix. Il a refusé de l'embrasser. Et il a déclaré : « Je vous ai déjà dit que j'en ai fini avec la vie et que je suis en règle avec la mort. »

DORA

Comment était sa voix?

STEPAN

La même exactement. Moins la fièvre et l'impatience que vous lui connaissez.

DORA

Avait-il l'air heureux?

ANNENKOV

Tu es folle?

DORA

Oui, oui, j'en suis sûre, il avait l'air heureux. Car ce serait trop injuste qu'ayant refusé d'être heureux dans la vie pour mieux se préparer au sacrifice, il n'ait pas reçu le bonheur en même temps que la mort. Il était heureux et il a marché calmement à la potence, n'est-ce pas?

STEPAN

Il a marché. On chantait sur le fleuve en contrebas, avec un accordéon. Des chiens ont aboyé à ce moment.

DORA

C'est alors qu'il est monté...

STEPAN

Il est monté. Il s'est enfoncé dans la nuit. On a vu vaguement le linceul dont le bourreau l'a recouvert tout entier.

DORA

Et puis, et puis...

STEPAN

Des bruits sourds.

DORA

Des bruits sourds. Yanek! Et ensuite...

Stepan se tait.

DORA *(avec violence).*

Ensuite, te dis-je. *(Stepan se tait.)* Parle, Alexis. Ensuite?

VOINOV

Un bruit terrible.

DORA

Aah.

> *Elle se jette contre le mur.*
> *Stepan détourne la tête.*
> *Annenkov, sans une expression,*
> *pleure. Dora se retourne, elle les*
> *regarde, adossée au mur.*

DORA *(d'une voix changée, égarée).*

Ne pleurez pas. Non, non, ne pleurez pas! Vous voyez
bien que c'est le jour de la justification. Quelque chose
s'élève à cette heure qui est notre témoignage à nous
autres révoltés : Yanek n'est plus un meurtrier. Un bruit
terrible! Il a suffi d'un bruit terrible et le voilà retourné
à la joie de l'enfance. Vous souvenez-vous de son rire?
Il riait sans raison parfois. Comme il était jeune! Il doit
rire maintenant. Il doit rire, la face contre la terre! *(Elle
va vers Annenkov.)* Boria, tu es mon frère? Tu as dit que
tu m'aiderais?

ANNENKOV

Oui.

DORA

Alors, fais cela pour moi. Donne-moi la bombe.
(Annenkov la regarde.) Oui, la prochaine fois. Je veux la
lancer. Je veux être la première à la lancer.

ANNENKOV

Tu[1] sais bien que nous ne voulons pas de femmes au
premier rang.

DORA *(dans un cri).*

Suis-je une femme, maintenant?

> *Ils la regardent. Silence.*

VOINOV *(doucement).*

Accepte, Boria.

STEPAN

Oui, accepte.

ANNENKOV

C'était[1] ton tour, Stepan.

STEPAN *(regardant Dora).*

Accepte. Elle me ressemble, maintenant.

DORA

Tu me la donneras, n'est-ce pas? Je la lancerai. Et plus tard, dans une nuit froide...

ANNENKOV

Oui, Dora.

DORA *(Elle pleure.)*

Yanek! Une nuit froide, et la même corde! Tout sera plus facile maintenant.

RIDEAU

ESSAI DE CRÉATION COLLECTIVE

RÉVOLTE DANS LES ASTURIES

PIÈCE EN QUATRE ACTES

*L*E *théâtre ne s'écrit pas, ou c'est alors un pis-aller.*

C'est bien le cas de l'œuvre que nous présentons aujourd'hui au public. Ne pouvant être jouée, elle sera lue du moins.

Mais que le lecteur ne juge pas. Qu'il s'attache plutôt à traduire en formes, en mouvements et en lumières ce qui n'est ici que suggéré. À ce prix seulement, il remettra à sa vraie place cet essai.

Essai de création collective, disons-nous. C'est vrai. Sa seule valeur vient de là. Et aussi de ce que, à titre de tentative, il introduit l'action dans un cadre qui ne lui convient guère : le théâtre. Il suffit d'ailleurs que cette action conduise à la mort, comme c'est le cas ici, pour qu'elle touche à une certaine forme de grandeur qui est particulière aux hommes : l'absurdité.

Et c'est pourquoi, s'il nous fallait choisir un autre titre, nous prendrions la neige. On verra plus loin pourquoi. C'est en novembre qu'elle couvre les chaînes des Asturies. Et il y a deux ans, elle s'étendit sur ceux de nos camarades qui furent tués par les balles de la Légion. L'histoire n'a pas gardé leurs noms.

RÉVOLTE DANS LES ASTURIES

Le décor entoure et presse le spectateur, le contraint d'entrer dans une action que des préjugés classiques lui feraient voir de l'extérieur. Il n'est pas devant la capitale des Asturies mais dans Oviedo, et tout tourne autour de lui qui demeure le centre de la tragédie. Le décor est conçu pour l'empêcher de se défendre. De chaque côté des spectateurs, deux longues rues d'Oviedo : devant eux une place publique sur laquelle donne une taverne vue en coupe. Au milieu de la salle, la table du Conseil des ministres surmontée d'un gigantesque haut-parleur figurant Radio Barcelone. Et l'action se déroule sur ces divers plans autour du spectateur contraint de voir et de participer suivant sa géométrie personnelle. Dans l'idéal, le fauteuil 156 voit les choses autrement que le fauteuil 157.

ACTE I

SCÈNE I

La nuit commence; c'est la fin de l'été.

Dans l'ombre — à gauche, derrière les spectateurs — une chanson de la Montagne de Santander :

Eɴ el baile nos veremos,
esta tarde, morenuca;
en el baile nos veremos
y al son de la pandereta
unos bailes echaremos.

UN AUDITEUR *(dans la salle)*.

Bravo, bravo!

> *Tandis que le thème est
> repris par un accordéon, la
> lumière éclate; au bout d'une
> rue, un gars, appuyé à une
> arcade, lance de nouveau sa
> voix :*

> Y al son de la pandereta
> unos bailes echaremos.

UN AUTRE HOMME *(parmi le public)*.

S'il est pas bon, le petit!

> *L'accordéoniste s'éloigne à pas
> lents, jouant l'accompagnement
> en sourdine. Dans la salle re-
> prend l'animation traditionnelle
> de la rue espagnole.*

UNE FEMME *(à une autre)*.

Vous allez à la procession?

LE MARCHAND DE BILLETS *(qui parcourt l'allée centrale)*.

Qui veut de la loterie, qui veut la chance? Il me reste
le gros lot. Dans huit jours on la tire.

UNE FEMME

Oui, depuis cinq mois. Et maintenant le propriétaire
veut nous saisir.

LE MARCHAND DE BILLETS

Il se lit pareil dans les deux sens. Qui veut la chance?
Profitez des derniers.

UNE FEMME

À bientôt, allez avec Dieu.

> *Un petit crieur de journaux
> surgit et court autour du public
> en criant :*

LE PETIT CRIEUR DE JOURNAUX

Demandez le « Heraldo de Madrid ». Les prévisions pour les élections générales.

UN HOMME

Eh, ils sont de deux jours tes journaux.

LE MARCHAND DE BILLETS

La chance pour tout le monde.

> *Pendant tout ce temps, l'accordéon se dirige toujours vers la place centrale.*

UNE VOIX *(dans les coulisses)*.

Pour un gros sou et bien fraîche, pour un gros sou.

UNE VOIX *(bredouillante sur la place et dans l'obscurité)*.

C'est pas de la blague, si je voulais je le ferais. Je n'ai jamais demandé grand-chose, moi.

> *L'accordéon entamant un paso doble, tourne autour du cabaret et y entre.*

SCÈNE II

> *Dans le noir des battements de mains rythmés sur l'accordéon. Une femme termine quelques pas, puis s'éclipse. Des couples dansent sur le même air. Sur le devant, à côté de la porte, un épicier et un pharmacien fument en bavardant, à une table. Au seuil de la maison d'en face, Père Éternel, un vieil idiot; Pèpe, un jeune coiffeur, traverse la place et se dirige vers le cabaret.*

PÈPE *(au passage)*.

Alors, Père Éternel?

LE VIEUX

Alors, voilà.

PÈPE

Alors, ça va ?

LE VIEUX

Alors comme tu vois.

PÈPE *(lui passant la main sur le nez et entrant dans le cabaret).*

Aïe, qu'il est vilain !

> *Il se mêle aux conversations*
> *des consommateurs et plaisante*
> *avec Pilar, la patronne, 35 ans.*

LE VIEUX

J'ai jamais demandé grand-chose, moi. Au revoir et merci, qu'il dit le Père Éternel. C'est pas de la blague. Au revoir et merci qu'il dit le Père Éternel.

L'ÉPICIER *(frappant dans ses mains).*

Eh, la mère, des cartes.

PILAR

Voilà, messieurs.

> *Ils commencent à jouer.*

LA RADIO. *(Voix féminine, distinguée, sans conviction.)*

ALLÔ, ALLÔ. ICI RADIO-MADRID. DERNIÈRES NOUVELLES DES ÉLECTIONS LÉGISLATIVES. LES DERNIERS RÉSULTATS PARVENUS À NO-TRE POSTE SONT LES SUIVANTS : À CUENCA, LE CHEF DU PARTI DE LA RÉNOVATION ESPAGNOLE, M. GOICOECHES, EST ÉLU PAR 4 225 VOIX CONTRE 2 615 À SON ADVERSAIRE, LE CITOYEN LOPEZ, CANDIDAT SOCIALISTE.

LE PHARMACIEN

Aïe, aïe, aïe.

LA RADIO

ALLÔ, ALLÔ, LE JOURNAL « HERALDO DE MADRID » NOUS COMMUNIQUE : À SALAMAN-QUE, LE LEADER DE LA CONFÉDÉRATION

ESPAGNOLE DES DROITES AUTONOMES, DON GIL ROBLES, TRIOMPHE AUX ÉLECTIONS PAR 7 200 VOIX CONTRE 5 610 À SON ADVERSAIRE.

LE PARTI RÉPUBLICAIN CONSERVATEUR TRIOMPHE À ZAMORA, OÙ LA LISTE DE DON MIGUEL MAURA EST ÉLUE EN ENTIER.

ALLÔ, ALLÔ, AVANT DE VOUS DONNER LES RÉSULTATS DÉFINITIFS DES ÉLECTIONS LÉGISLATIVES, NOUS ALLONS VOUS TRANS-METTRE LES COURS DE CLÔTURE DE LA BOURSE DE MADRID.

Le pharmacien

À moi de donner. *(Il donne.)* Annonce!

L'épicier

Ronda.

Le pharmacien

Ah, là là; ta femme doit te tromper.

Ils rient avec application.

L'épicier

Je prends.

Le pharmacien

Pardon. Cao. Quel boucan à côté. Ils rigoleront moins tout à l'heure.

L'épicier

Pourquoi? Tu penses que Lerroux...

Le pharmacien

Missa. Moi, je suis pour les idées. Et on dira ce qu'on voudra, l'instruction, c'est une belle chose. Et Lerroux, il a des titres.

L'épicier *(comparant ses points)*.

Et 3 font 14. Mon pauvre père me disait souvent que sans la discipline...

Le pharmacien

Sans compter que tous ces salauds-là, on leur donne un doigt et ils vous bouffent la tête. À toi de donner.

Je ne dis pas : ça va mal. La pharmacie ne donne pas.
Ils sont de moins en moins malades. J'ai connu un temps
où ils se soignaient même le mal à la tête. Maintenant,
à moins d'une congestion double...

Ils rient et jouent.

UN CONSOMMATEUR *(à l'intérieur).*

Moi, j'ai voté pour lui, parce qu'il est pas fier.

LA RADIO

VOICI MAINTENANT, CHERS AUDITEURS, LE
PROGRAMME DE NOS ÉMISSIONS DE DEMAIN :
8 HEURES : UNE DEMI-HEURE DE MUSIQUE
ENREGISTRÉE. 12 HEURES : CONCERT VARIÉ.
15 HEURES : ÉMISSION DES HÔPITAUX.
16 HEURES : RADIO REPORTAGE DU MATCH
DE FOOTBALL ATHLETIC BILBAO CONTRE
SPORTING-CLUB MADRID. 18 HEURES : RO-
MANCES ET ZARZUELAS. 19 HEURES 15 :
INFORMATIONS. 20 HEURES : MUSIQUE DE
DANSE... ALLÔ, ALLÔ. VOICI TRANSMIS À
L'INSTANT PAR LE JOURNAL « AVANGUARDIA »
LES RÉSULTATS DÉFINITIFS DES ÉLECTIONS
LÉGISLATIVES. CENTRE : 139 DÉPUTÉS, DONT
104 RADICAUX, 11 CONSERVATEURS, 10 LIBÉ-
RAUX DÉMOCRATES ET 14 RÉPUBLICAINS
INDÉPENDANTS.

*Pèpe impose silence et écoute
d'un air tendu.*

LA RADIO

LES DROITES OBTIENNENT 207 SIÈGES DONT
113 REVIENNENT À L'ACTION POPULAIRE, 32
AUX AGRARIENS ET LE RESTE AUX TRADI-
TIONALISTES ET MONARCHISTES.
LES GAUCHES OBTIENNENT 99 SIÈGES DONT
57 VONT AUX SOCIALISTES. LES COMMUNISTES
N'ONT QU'UN REPRÉSENTANT, BOLIVAR, ÉLU
EN ANDALOUSIE.

SCÈNE III

L'épicier rit bruyamment.
Pèpe sort sur le pas de la porte
et le fixe.

LE PHARMACIEN

C'est comme ces femmes qu'on fait voter. Leur place est à la maison à raccommoder les chaussettes de leur mari. Ah! le monde a bien changé.

L'ÉPICIER *(qui perd sans sérénité)*.

Moi, jusqu'à l'âge de 25 ans, quand j'allais voter, mon père m'accompagnait et m'indiquait le bon candidat *(portant son verre à ses lèvres)*, et comme ça, au moins, il y avait des traditions qui ne se perdaient pas.

PÈPE *(lui pousse la tête dans son verre)*.

Et c'est comme ça que tu es aussi con.

L'ÉPICIER *(suffoquant)*.

En voilà encore!... qu'est-ce qui vous prend, vous?

PÈPE

Tu me dégoûtes.

LE PHARMACIEN

Je vous en prie, c'est une provocation.

PÈPE

Non, c'est parce qu'il est gros. C'est aussi parce qu'il est bête.

DOÑA PILAR *(sortant)*.

Tais-toi, petit. Messieurs, c'est un enfant et tous ces événements lui ont tourné la tête.

Les gens sortent du café au
bruit de la dispute.

La radio

ALLÔ, ALLÔ, NOUS APPRENONS DE SOURCE OFFICIELLE QUE M. ALCALA ZAMORA A CONFIÉ À M. LERROUX LE SOIN DE CONSTITUER LE NOUVEAU MINISTÈRE.

L'épicier *(convulsé)*.

Toute cette racaille sera bientôt balayée. L'ordre... enfin l'ordre... enfin la discipline.

Pèpe

Ta gueule, fumier.

Un homme *(qui arrive au fond d'une rue)*.

Les mineurs sont en grève. Et quand ils apprendront que Lerroux est nommé, y a tout à craindre.

Lointaines explosions.

L'épicier *(de plus en plus convulsé)*.

Et il fera chaud quand je remettrai les pieds dans cette boîte.

Le marchand de billets *(accourant)*.

Les mineurs ont pris les armes et marchent sur la ville.

Pilar

C'est un enfant, messieurs.

L'épicier

C'est donc vrai que vous couchez avec?

Pèpe *(hors de lui et lui crachant à la figure)*.

C'est vrai, ordure, et ça vaut toujours mieux que de coucher avec ta femme.

Il se jette sur lui.

Le petit crieur de journaux *(qui arrive)*.

Les mineurs entrent dans la ville.

> *Le bruit du combat se rapproche, le chant des mineurs s'élève, pendant qu'une bagarre*

> *générale s'engage. Une chaise tombe. On essaye de retenir Pèpe qui crie :* « Les voilà et tu verras bientôt. »

PILAR

Petit !

PÈPE

Non !... Il y a trop longtemps que ça dure. Il fallait que ça crève. Laisse-moi les rejoindre.

UN HOMME *(arrive en courant).*

Les voilà !

> *Entrent en ligne, les mineurs, torse nu, armés. À quelques pas des bourgeois, ils s'arrêtent en demi-cercle et cessent de chanter brusquement.*
> *Pèpe s'est figé entre les deux groupes.*

LA RADIO

LE JOURNAL « AVANGUARDIA » PUBLIERA DEMAIN MATIN LES COMMENTAIRES SUIVANTS À PROPOS DES ÉLECTIONS : LES ÉLECTIONS LÉGISLATIVES ONT MARQUÉ, COMME TOUS LES ESPAGNOLS SINCÈRES L'ESPÉRAIENT ET LE PRÉVOYAIENT, UNE VICTOIRE DES PARTIS MODÉRÉS SUR LES EXTRÉMISTES DE GAUCHE, UN TRIOMPHE DE LA POLITIQUE PONDÉRÉE, SAGE ET DÉMOCRATIQUE SUR LES VISÉES RÉVOLUTIONNAIRES NÉFASTES DES TENANTS DU MARXISME ET DE L'INTERNATIONALE.

> *(La radio se termine dans l'obscurité.)*

AU SUJET DE L'ARRIVÉE AU POUVOIR DE M. LERROUX, L'ARTICLE CONTINUE AINSI : DE MÊME QUE LES ÉLECTIONS, L'ARRIVÉE AU POUVOIR DE DON ALEXANDRE LERROUX

ET D'UNE NOUVELLE ÉQUIPE MINISTÉRIELLE SATISFAIT L'ESPAGNE ENTIÈRE ET LUI DONNE LA GARANTIE QUE NOTRE GRANDE TRADITION CIVILISATRICE, DÉMOCRATIQUE ET SOCIALE CONTINUERA À FLEURIR. GRÂCE À SON EXPÉRIENCE, SA MODÉRATION ET SA SAGESSE, LE NOUVEAU PREMIER SAURA TIRER DES ÉLECTIONS LA LEÇON QU'IL CONVIENT ET S'OPPOSER AVEC ÉNERGIE AUX MENÉES DES HOMMES OU DES PARTIS QUI AGISSENT À LA SOLDE DES PAYS ÉTRANGERS DANS LE BUT D'ANNIHILER LES FORCES VITALES ET SACRÉES DE LA NATION ESPAGNOLE.

DON ALEXANDRE LERROUX, RECEVEZ AU NOM DE L'ESPAGNE RÉELLE ET DE TOUS LES VRAIS ESPAGNOLS, L'HOMMAGE DE NOTRE CONFIANCE, DE NOTRE RECONNAISSANCE ET DE NOTRE ADMIRATION.

RIDEAU

ACTE II

Pendant la fin de l'entracte.

LA RADIO *(Ton haché.)*

LA CATALOGNE EST EN INSURRECTION... DES RÉVOLTES ÉCLATENT DANS LES CAMPAGNES D'ANDALOUSIE... OVIEDO AUX MAINS DES REBELLES.

SCÈNE I

> *Les mineurs assis un peu partout achèvent de casser la croûte. Un d'eux, debout, boit à la régalade. Dans un coin Pilar et Pèpe.*

LE BASQUE

Alors j'y dis : « Tu crois que c'est le Paradis cette putain de vie ? » Non, qu'i me dit...

ANTONIO *(la bouche pleine).*

On a beau être habitué à la misère, ça faisait quelque chose de voir ça.

SANCHEZ

Que voulez-vous, la Révolution ça se fait pas avec un éventail.

PÉREZ

On est pas encore rentré chez nous !... Santé et joie ! *(Il boit à son tour.)* Faut pas se frapper, faut pas s'emballer non plus !

PILAR

Oui, mais c'est pas ceux qui s'en vont, les plus malheureux, c'est ceux qui restent.

SANTIAGO

Oui, mais je vais te dire une bonne chose : chez moi, quand les femmes pleurent, elles pleurent seules.

PILAR *(indignée).*

Et l'amour, elles le font seules?

SANTIAGO *(toujours bonhomme).*

Oui, mais c'est qu'on a pas besoin de pleurer pour ça.

SANCHEZ

Assez causé. Tenez, écoutez ce décret : « Tout contre-révolutionnaire pris les armes à la main, tout saboteur sera immédiatement fusillé. Le peuple est chargé de l'exécution du présent décret. » Ça va? *(Signe d'assentiment.)* Bon, et d'une... Pour les bons de travail à la place de l'argent, on est déjà d'accord et ça va fonctionner... Maintenant il y a cette nom de Dieu de caserne. C'est nous que Gomez a chargés d'en venir à bout, et ils résistent toujours.

PÈPE

Il n'y a qu'à donner l'assaut, les étudiants et nous les jeunes.

SANCHEZ

Et vous faire tous massacrer comme des lapins?... Ceux-là, depuis qu'on leur a donné des fusils!... Écoutez-moi, j'ai bien pensé à une chose. C'est un camion chargé de poudre qui irait sauter contre la muraille. Seulement il faut un type pour le conduire, un autre pour allumer la mèche et ceux-là, dame...

SANTIAGO

Il n'y a qu'à tirer au sort.

> *Les autres approuvent de la tête. Il sort une boîte d'allumettes, la lance à Pèpe. Celui-ci tire une quinzaine d'allumettes, en casse deux et les distribue aux mineurs. Il annonce.*

PÈPE

Ruiz.
Léon.

Les deux sortent du rang,
saluent du poing et s'en vont
sans phrases. Silence des mineurs.

SCÈNE II

Le chef *(reprend)*.

Autre chose, c'est l'absence de ravitaillement. Les gros commerçants ne veulent pas lâcher leurs stocks. Dans notre situation, pas de pitié, faut frapper vite.

La radio

ALLÔ, ALLÔ, RADIO-MADRID. — NOUS RECEVONS LA NOTE OFFICIELLE SUIVANTE PUBLIÉE PAR LE MINISTÈRE DE L'INTÉRIEUR : PROFITANT DE L'ATMOSPHÈRE DE TRÊVE ET DE CORDIALITÉ DANS LAQUELLE SE SONT DÉROULÉES LES DERNIÈRES ÉLECTIONS, LES RÉVOLUTIONNAIRES PROFESSIONNELS DU MARXISME ET DE L'ANARCHO-SYNDICALISME ONT CRÉÉ DANS DIVERS CENTRES URBAINS DES PROVINCES UN MOUVEMENT INSURREC-TIONNEL. À OVIEDO ET DANS LES ASTURIES ILS ONT RÉUSSI À ENTRAÎNER DERRIÈRE EUX UNE PARTIE DES MINEURS.
LES MENEURS SONT CONNUS : CE SONT LES CHEFS DU SYNDICAT DE MINEURS COM-MUNISTES ET LE CITOYEN XAVIER BUENO Y BUENO, LEADER DU PARTI SOCIALISTE D'OVIEDO ET DIRECTEUR DU JOURNAL L'« A-VANCE ». ILS ONT LANCÉ LE 20 OCTOBRE L'ORDRE DE GRÈVE DONT NOUS EXTRAYONS CETTE PHRASE : « QUE LA FORCE PUBLIQUE SE RENDE OU SOIT MISE À MORT ». LE GOU-VERNEMENT A PRIS D'ORES ET DÉJÀ TOUTES LES MESURES SUSCEPTIBLES DE FAIRE ÉCHOUER CE MOUVEMENT ET DE RAMENER L'ORDRE AUQUEL ASPIRE L'ESPAGNE EN-TIÈRE.

SANTIAGO

Quelque chose qui me tracasse, je vais vous dire, c'est les écoles. Il faut des écoles, beaucoup d'écoles. Moi, vous voyez, je ne sais pas lire. C'est mon gars qui me disait les nouvelles, mais il a été tué dans un éboulement. Alors je crois qu'il faudrait en créer des écoles, pour tout le monde.

ANTONIO

Il y a les gens des vallées et puis ceux des montagnes. Il faut leur dire qu'on n'est plus esclaves maintenant. Là-haut, dans les pâturages, on ne sait pas, on ne sait jamais. Moi, j'ai mes vieux, ils ne savent pas.

SANCHEZ

Oui, on leur enverra du monde avant les premières neiges, on les organisera.

LE BASQUE

Dites donc, camarades, faut veiller à ce qu'on ne pille pas. Tout à l'heure j'ai vu un type qui se servait dans un entrepôt. Je lui ai toujours flanqué un coup de fusil...

UN OUVRIER

Il y a du bon et du mauvais partout, bien sûr.

LE BASQUE

Un type bien mis, aussi.

SANCHEZ

Antonio, tu as une bonne équipe, tu n'auras qu'à faire des rondes quand on aura fini. Il ne faut pas qu'ils nous la salissent, notre révolution.

SANTIAGO

Il y a aussi la liaison avec les marins. Ici c'est comme qui dirait la capitale. Il faudrait qu'on dise aux copains de la côte de s'aboucher avec les bateaux de guerre, je me suis laissé dire qu'il y a des mutineries sur les croiseurs.

UN MINEUR (qui arrive).

Les vaches, ils tirent toujours du clocher de la cathé-

drale. Ils viennent de descendre un gosse qui passait sur
la place de la Constitution.

> *Formidable explosion. Les*
> *mineurs se lèvent.*

Santiago *(lentement).*

Tu vois, c'est bien ce que je pensais; voilà Ruiz et
Léon qui sont morts, à présent. Eh bien, y faut pas que
ça soit pour rien. Moi j'ai plus grand-chose à perdre
maintenant, je suis trop vieux; mais vous, les jeunes,
toi petit, pensez à tout ce qui vient, à tout ce qui est
nouveau.

Antonio

Ruiz était mon copain de toujours.

> *Long silence.*

Un mineur

Toutes ces histoires ça me creuse l'estomac. Eh, la
patronne!

> *Un autre mineur met un disque.*

Pilar

Ah! comment tout cela va finir.

> *Battements de mains, un*
> *mineur danse.*
> *Obscurité. Lumière sur la*
> *place publique.*

SCÈNE III

Alonso *(sur sa chaise bave et raconte).*

Et alors? Alors merci. Merci bien, m'sieurs dames.
Cordonnier que j'étais, à Porcuna. *(D'un air finaud.)* C'est
en Andalousie.

La radio *(le coupant).*

ALLÔ, ALLÔ, ICI RADIO-BARCELONE. CHERS
AUDITEURS, NOUS VOUS DONNONS LECTURE

DES DERNIERS TÉLÉGRAMMES RELATANT LES ÉVÉNEMENTS D'OVIEDO. DES GROUPES IMPORTANTS DE CONTREBANDIERS ET DE MINEURS SONT ENTRÉS HIER DANS LA VILLE, LE PREMIER PAR LE FAUBOURG SAINT-LAZARE ET LES RUES DE L'ARCHEVÊCHÉ ET DE LA MAGDALENA, LE SECOND PAR LE FAUBOURG SAINT-LAURENT.

Un temps.

ALONSO *(ricane).*

Et voilà! C'est pour dire. *(Il crie.)* Oh! Sanchez. Tu connais Porcuna, tu m'as dit. Alors t'as bien vu les chaînes de piments autour des fenêtres et les tomates qui sèchent sur le toit. Ma mère y me disait : Au revoir et merci. Dans toute l'Espagne, y a rien comme Porcuna. Et...

LA RADIO *(le coupant).*

DES TÉMOINS OCULAIRES QUI ONT ÉCHAPPÉ PAR MIRACLE À LA FURIE DES DESTRUCTEURS AFFIRMENT QUE LES RÉVOLUTIONNAIRES ONT FAIT SAUTER À LA DYNAMITE L'UNIVERSITÉ, LA BIBLIOTHÈQUE ET LA BANQUE DES ASTURIES, AINSI QUE LA PLUPART DES AUTRES BÂTIMENTS QUI ENTOURENT LA PLACE DU 27-MARS. NOUS APPRENONS DE SOURCE OFFICIELLE QUE LES INSURGÉS ONT ASSIÉGÉ LA CASERNE DE LA GARDE CIVILE, APRÈS AVOIR COUPÉ L'EAU ET L'ÉLECTRICITÉ ILS ONT BOMBARDÉ LA CASERNE À L'AIDE DES MORTIERS DE TRANCHÉES VOLÉS À L'ARSENAL. IL SEMBLE QUE LES OCCUPANTS ONT PU ÉVACUER LE BÂTIMENT.

ALONSO

Et j'allais prendre les lézards, mais ils se sauvaient dans les petits murs de pierres sèches. Je me raclais les doigts pour les reprendre au fond du trou. Alonso, y me disait ma mère, laisse les lézards, c'est le bien du bon Dieu...

La radio

L'AGENCE FABRA NOUS TÉLÉGRAPHIE : LES RÉVOLUTIONNAIRES SE SONT EMPARÉS DE LA BANQUE D'ESPAGNE ET DES 14 MILLIONS DE PESETAS QU'ELLE CONTENAIT.

LE PALAIS ÉPISCOPAL ET LE SANCTUAIRE DE LA CATHÉDRALE D'OVIEDO SONT LA PROIE DES FLAMMES — LE SANCTUAIRE A ÉTÉ ARROSÉ DE PÉTROLE ET D'ESSENCE AVANT D'ÊTRE INCENDIÉ.

Alonso *(s'expliquant)*.

Alors j'allais sur les petites montagnes. Pas un arbre, Sanchez, pas un arbre. Avec la chaleur qui écorche la gorge, et l'odeur des absinthes qui vous donne l'envie. Le soir je descendais. Ma mère y me disait : Fais ta prière, Alonso. Mais moi, avant de la faire, je lui disais...

La radio

DE MADRID NOUS PARVIENT LA NOUVELLE SUIVANTE : ON APPREND DE SOURCE OFFI-CIELLE QUE LES RÉVOLUTIONNAIRES SE SONT EMPARÉS DES MANUFACTURES D'ARMES DE LA VEGA ET DE LA TRUBIA AINSI QUE DE L'ARSENAL MILITAIRE.

LE COUVENT DES PÈRES DU CARMEL A ÉTÉ ASSIÉGÉ. LE SUPÉRIEUR, LE R. PÈRE EUFRASIO DEL NINO JESUS, QUI EN S'ÉCHAPPANT S'ÉTAIT DÉMIS LA HANCHE ET AVAIT ÉTÉ TRANSPORTÉ À L'HÔPITAL PAR DES ÂMES CHARITABLES, A ÉTÉ ARRACHÉ DE SON LIT ET FUSILLÉ PAR LES RÉVOLUTIONNAIRES.

Alonso

Quand j'avais fini je disais : c'est pour dire. Alors bien sûr : Notre Père qui êtes aux cieux, que votre règne arrive, que votre volonté soit faite sur la terre comme aux cieux.

La radio *(hurlant)*.

UN CORRESPONDANT DE L'AGENCE *UNITED PRESS* QUI A ASSISTÉ À LA PREMIÈRE JOUR-

NÉE DE L'INSURRECTION RAPPORTE QUE LES
RUES PRINCIPALES D'OVIEDO OFFRENT UN
SPECTACLE LAMENTABLE ET SONT DÉJÀ
JONCHÉES PAR DES CENTAINES DE CADA-
VRES. IL SIGNALE EN OUTRE LA CONDUITE
HÉROÏQUE DES TROUPES GOUVERNEMEN-
TALES ET DES GARDES CIVILS.

ALONSO *(se dressant, éperdu, bras en croix, la tête tournée
vers le ciel).*

Et le Père Éternel m'a dit : « Alonso, tu es mon fils,
laisse-les, va : eux, y font la révolution, toi tu es mon
fils. » Alors je sais bien, moi, je peux mourir. Mauvaise
tête ne crève jamais. Et quand je serai mort, tous les
anges du bon Dieu viendront et ils me diront : « Allons,
viens, Alonso, viens, ne fais pas le méchant. » Et moi,
je dirai « non ». Mais c'est pour dire. Parce que j'irai avec
eux. Et on montera et puis on montera encore dans le
bleu, avec le gros soleil qui monte des champs à midi.
En bas, tous ceux de Porcuna seront sous les figuiers
à couper leur pain ou à boire et l'alcarazas leur bouchera
le ciel. Et Alonso avec. J'irai devant le bon Dieu, tout
porté par ses anges et il me dira : « Alonso, tu es mon
fils, tu as bien aimé les piments et les tomates et puis
les petites montagnes sans arbres et aussi les murs de
pierre avec les lézards. » Et Alonso il lui dira au Père
Éternel. Il lui dira : « Oui, j'ai jamais demandé grand-
chose — je suis de Porcuna. »

Obscurité.

SCÈNE IV

Lumière sur la taverne.

UN MINEUR *(entrant).*

Voilà les gros commerçants.

*Entrent les représentants du
syndic patronal : le pharmacien,
l'épicier, des comparses.*

> *Les mineurs se mettent der-*
> *rière une table.*

Sanchez

Mon discours, ça sera pas long. La Révolution a besoin de vos stocks et de vos marchandises. Elle ne peut pas vivre sans ça. Si vous ne les donnez pas, la Révolution est foutue. Et nous avec. Nous, ça n'a pas d'importance. Elle, vous ne comprendrez pas si j'en parle. Alors, si vous refusez d'ouvrir vos magasins, c'est la mort. Si vous les ouvrez, vous pouvez compter sur nous.

L'épicier

Je...

Sanchez

Un mot encore *(il sort son revolver)*, ça se fera tout de suite. Je compte jusqu'à 3 : 1... 2... 3... *(À l'épicier.)* À toi.

L'épicier *(farouchement)*.

Non.

> *Sanchez tire, l'épicier tombe.*
> *Affolement des autres patrons.*

Sanchez *(au pharmacien)*.

À toi.

Le pharmacien

Oui.

Sanchez

J'en étais sûr.

SCÈNE V

> *Le corps est resté au premier*
> *plan. On fait entrer des détenus :*
> *un officier de gardes civils, des*
> *bourgeois.*

Le Basque

Ça, c'est à juger tout de suite.

Sanchez *(au pharmacien).*

Tu seras l'avocat. *(À l'un des siens.)* Accuse.

L'accusateur

L'officier des gardes civils a donné l'ordre de tirer avant toute provocation, c'est tout.

Sanchez

Avocat, c'est ton tour.

Le pharmacien *(interdit).*

Mais...

Sanchez *(froidement).*

C'est ton tour.

Le pharmacien

Mais cet homme est comme moi. Il ne vous a rien fait à vous. Et puis, c'était son métier, son devoir. Il a peut-être des enfants. De quel droit tuez-vous? De quel droit enfin...

Sanchez

Tu vois que tu fais très bien en avocat. *(Il regarde ses camarades. Un temps.)* Condamné à mort. Au suivant.

> *On emmène l'officier. On fait avancer le suivant.*

L'accusateur

C'est un gros transitaire. Caché derrière ses persiennes, il a tiré dans ce qu'il appelle la populace : trois morts.

Le transitaire

Je n'ai pas besoin d'avocat. Je sais me défendre. Surtout devant une justice comme ça. Je te méprise.

C'est vrai, j'ai tiré dans le tas. Je n'en ai tué que trois. Tuez-moi, tu verras, il y a encore des bourgeois qui savent mourir.

SANCHEZ *(à ses camarades)*.

Bon, celui-là, au moins, c'est pas un dégonflé. Condamné à mort.

On emmène le transitaire.

SANCHEZ

Au suivant.

Derrière les coulisses : « Feu ! »

RIDEAU

ACTE III

SCÈNE I

Les mineurs écoutent un disque, en cercle autour de l'appareil.

La radio *(très vite)*.

ALLÔ, ALLÔ, ICI RADIO-BARCELONE. LES RÉVOLUTIONNAIRES SONT ÉCRASÉS EN CATALOGNE ET DANS TOUTES LES PROVINCES. COMPANYS ET SES MINISTRES SONT ARRÊTÉS. MIERE ET LES SECTEURS QUI ENTOURENT OVIEDO SONT REVENUS AU CALME. SEULE LA VILLE RÉSISTE. LES TROUPES RÉGULIÈRES ONT REÇU L'ORDRE D'ATTENDRE L'ARRIVÉE DES LÉGIONNAIRES ET DES TIRAILLEURS MAROCAINS QUI SE TROUVENT MAINTENANT À UNE HEURE DE LA VILLE SOUS LES ORDRES DU GÉNÉRAL LOPEZ OCHOA.

LE MORAL DES TROUPES EST EXCELLENT ET CORRESPOND ENTIÈREMENT AU PLAN DU MINISTÈRE ET AUX INTENTIONS PERSONNELLES DE DON DIEGO HIDALGO, MINISTRE DE LA GUERRE. IL NE FAUT PAS LAISSER LA CAPITALE SANS DÉFENSE. C'EST POURQUOI IL S'AGIT D'EMPLOYER LES CORPS MERCENAIRES DANS LE TRAVAIL CONTRE-RÉVOLUTIONNAIRE. LES LÉGIONNAIRES ACCEPTENT AVEC ENTHOUSIASME LA MISSION QUI LEUR EST CONFIÉE : REMPLACER LEURS FRÈRES DE

L'ARMÉE ESPAGNOLE RÉGULIÈRE DANS UNE BESOGNE OÙ ILS SE SONT MONTRÉS AU MAROC D'ÉMINENTS SPÉCIALISTES.

IL NE SAURAIT ÊTRE QUESTION QUE D'OPÉRATIONS PUREMENT MILITAIRES POUR LESQUELLES LES LÉGIONNAIRES SONT TOUT DÉSIGNÉS PAR LEUR COURAGE, LEUR DISCIPLINE, L'ASCENDANT QU'ONT SUR EUX LEURS CHEFS, ENFIN PAR LEUR HABITUDE DE LA VICTOIRE.

> *Grand silence du côté des mineurs. Puis le chant des mineurs lent et scandé. Nouveau silence, où reparaît le disque qui a continué de tourner.*
>
> *Dans la coulisse et à l'autre bout de la salle, derrière les spectateurs, des trompettes sonnent la* Bandera. *Sur une scène de côté, quelques légionnaires s'engagent.*

SCÈNE II

> *Tandis que les combattants courent autour du public, avec des bruits de revolvers et de bombes.*

LA RADIO

ICI RADIO-BARCELONE. L'AGENCE FABRA : UNE SÉANCE EXTRAORDINAIRE DU CONSEIL DES MINISTRES A EU LIEU AUJOURD'HUI À 14 HEURES. DU COMMUNIQUÉ OFFICIEL ET DES INTERVIEWS ACCORDÉES AUX JOURNALISTES, IL RESSORT QUE MALGRÉ LA GRAVITÉ DES ÉVÉNEMENTS, LE GOUVERNEMENT EXAMINE LA SITUATION AVEC TOUT LE CALME ET LA SÉRÉNITÉ NÉCESSAIRES.

> *Lumière verte sur la petite scène centrale. Une table rectan-*

gulaire recouverte du tapis vert symbolique. Assis autour, six ministres discutent, Lerroux au centre. Alternative d'excitation et d'accablement, gestes mécaniques, un peu ridicules, lents. Un ministre debout s'efforce de convaincre ses collègues, un autre hausse les épaules, un troisième fume, un quatrième se lève et interrompt violemment celui qui parlait. Mouvement général.

LA RADIO

IL EST ENTIÈREMENT PERSUADÉ QUE LES RÉVOLUTIONNAIRES COURENT À UN ÉCHEC CERTAIN. OUTRE UN EXPOSÉ TECHNIQUE DU MINISTRE DE L'INTÉRIEUR ET UN RAPPORT DU CHEF DE LA SÛRETÉ GÉNÉRALE CONCERNANT LES MESURES DÉJÀ PRISES OU À PRENDRE, LES MINISTRES ONT ENTENDU L'EXPOSÉ DE DON DIEGO HIDALGO, MINISTRE DE LA GUERRE, QUI A RAPPELÉ D'URGENCE EN ESPAGNE UN RÉGIMENT DE LA LÉGION ÉTRANGÈRE CANTONNÉ AU MAROC, AFIN DE RÉTABLIR L'ORDRE ET LA PAIX DANS LES ASTURIES MENACÉES. À L'UNANIMITÉ, LE GOUVERNEMENT A APPROUVÉ CETTE INITIATIVE. DE NOMBREUX DÉTACHEMENTS DE GARDE CIVILE ONT ÉTÉ DIRIGÉS SUR LA CATALOGNE ET OVIEDO. LA GARNISON DE BARCELONE, COMPRENANT UN DIXIÈME DES FORCES MILITAIRES D'ESPAGNE, A ÉTÉ DOUBLÉE. L'ÉTAT DE SIÈGE EST PROCLAMÉ DANS LA GÉNÉRALITÉ. TOUT REBELLE PRIS LES ARMES À LA MAIN SERA FUSILLÉ SUR-LE-CHAMP.

Pendant ce temps, pour montrer que leur discussion n'avance pas, les ministres ont repris, mais sur un rythme extrêmement rapide, les gestes du début.

La radio *(brusque changement de ton)*.

VOICI LE MESSAGE QUE DON ALEXANDRE LERROUX, PRÉSIDENT DU CONSEIL, VIENT D'ADRESSER À TOUS LES ESPAGNOLS :

Lerroux *(qui jusque-là n'avait fait que quelques gestes découragés, se lève, paye d'audace, et parle, d'abord avec un peu d'hésitation, puis avec une satisfaction de lui-même de plus en plus évidente. Dans un coin, le quatrième ministre ricane).*

EN CATALOGNE, LE PRÉSIDENT DE LA GÉNÉRALITÉ, OUBLIEUX DE TOUS LES DEVOIRS QUE LUI IMPOSENT SA CHARGE, SON HONNEUR ET SON AUTORITÉ, S'EST PERMIS DE PROCLAMER L'ÉTAT CATALAN. DEVANT CETTE SITUATION, LE GOUVERNEMENT DE LA RÉPUBLIQUE A DÉCIDÉ DE PROCLAMER L'ÉTAT DE GUERRE DANS TOUT LE PAYS. EN TEMPS DE PAIX IL EST POSSIBLE DE TRANSIGER. L'ÉTAT DE GUERRE AYANT ÉTÉ PROCLAMÉ, ON APPLIQUERA LA LOI MARTIALE SANS FAIBLESSE NI CRUAUTÉ, MAIS AVEC ÉNERGIE. SOYEZ SÛRS QUE, DEVANT LA RÉVOLTE DES ASTURIES ET DEVANT LA POSITION ANTIPATRIOTIQUE D'UN GOUVERNEMENT DE CATALOGNE QUI S'EST DÉCLARÉ FACTIEUX, L'ÂME ENTIÈRE DU PAYS SE LÈVERA EN UN ÉLAN DE SOLIDARITÉ NATIONALE, EN CATALOGNE COMME EN CASTILLE, EN ARAGON COMME À VALENCE, EN GALICE COMME EN ESTRAMADURE, AU PAYS BASQUE COMME EN NAVARRE ET EN ANDALOUSIE, ET SE METTRA AU CÔTÉ DU GOUVERNEMENT POUR RÉTABLIR, EN MÊME TEMPS QUE LE POUVOIR DE LA CONSTITUTION, CELUI DE L'ÉTAT ET DE TOUTES LES LOIS DE LA RÉPUBLIQUE, L'UNITÉ MORALE ET POLITIQUE QUI FAIT DE TOUS LES ESPAGNOLS UN PEUPLE DE TRADITION ET D'AVENIR GLORIEUX.

TOUS LES ESPAGNOLS SENTIRONT LE ROUGE DE LA HONTE LEUR MONTER AU FRONT DEVANT CETTE FOLIE COMMISE PAR QUELQUES-UNS. LE GOUVERNEMENT LEUR DEMANDE DE NE PAS DONNER ASILE EN LEUR

CŒUR À UN SEUL SENTIMENT DE HAINE
ENVERS UN SEUL PEUPLE DE NOTRE PATRIE.
LE PATRIOTISME DE CATALOGNE SAURA
S'OPPOSER DANS CE PAYS MÊME À LA FOLIE
SÉPARATISTE ET SAURA CONSERVER LES
LIBERTÉS QUE LUI A RECONNUES LA RÉPU-
BLIQUE, SOUS UN GOUVERNEMENT QUI SOIT
FIDÈLE À LA CONSTITUTION.

À MADRID COMME DANS TOUTES LES
PROVINCES, L'EXALTATION DES CITOYENS
NOUS ACCOMPAGNE. AVEC ELLE, ET SOUS
L'AUTORITÉ DE LA LOI, NOUS ALLONS POUR-
SUIVRE LA GLORIEUSE HISTOIRE DE L'ES-
PAGNE.

> *Bombes, trompettes. Le com-*
> *bat, tapi dans l'obscurité pen-*
> *dant tout ce temps, reprend avec*
> *une violence accrue. Obscurité*
> *totale.*

SCÈNE III

> *Trompettes de plus en plus*
> *nombreuses, les courses repren-*
> *nent. Coups de feu.*

UNE VOIX

Les avions.

> *Lumière au centre, la plupart*
> *des mineurs regardent en l'air avec*
> *affolement. Lumière sur le côté.*
> *Nouvelles courses. Légionnaires*
> *et mineurs se rencontrent dans*
> *un coin de la place, les légion-*
> *naires sont repoussés.*
>
> *Lumière au centre. Construc-*
> *tion d'une barricade. Trompettes*
> *très rapprochées.*

UN JEUNE MINEUR

Nous sommes foutus. Tirez-vous!

> *Flottement chez les mineurs.*

SANTIAGO (*marchant vers le jeune mineur, le regarde en silence*).

Reste!

LE JEUNE MINEUR (*les larmes proches*).

Non, j'ai peur!

SANTIAGO (*le regarde et le gifle à toute volée*).

Fous le camp! (*Aux autres.*) Plus rien à faire, mais c'est pas une raison...

> *Sur la barricade, échange de coups de feu.*

LA RADIO (*sur un rythme très rapide*).

LE PLAN DE JONCTION DES TROUPES ESPAGNOLES RÉGULIÈRES, DES TIRAILLEURS MAROCAINS ET DE LA LÉGION A ÉTÉ RÉALISÉ AINSI :
VOICI QUELQUES DÉTAILS DES OPÉRATIONS : 11 HEURES : LES TROUPES GOUVERNEMENTALES ENTRENT À TARRAGONE DE LA MANCHA ET À VILLAROBLEDA DANS LA PROVINCE D'ALBACETE. 13 HEURES : 9 AVIONS MILITAIRES SURVOLENT LA PROVINCE DE LERIDA. 14 HEURES : DANS SA PREMIÈRE SÉANCE, LE CONSEIL DE GUERRE DE LÉON A CONDAMNÉ À MORT 4 RÉVOLUTIONNAIRES CONVAINCUS DU MEURTRE DE 3 GARDES. CELUI DE SALAMANQUE A CONDAMNÉ À MORT 2 RÉVOLUTIONNAIRES ACCUSÉS D'AVOIR ATTAQUÉ À TORENO DEL CID UN CAMION DE GARDES CIVILS.
LA BATAILLE CONTINUE DANS LES RUES D'OVIEDO. LES RÉVOLUTIONNAIRES N'OCCUPENT QUE QUELQUES QUARTIERS DONT LE SIÈGE EST DÉJÀ FAIT.
15 HEURES : LA CUENCA DE LANGREO A ÉTÉ REPRISE AUX 3 000 ASSAILLANTS QUI AVAIENT FAIT LE SIÈGE DE LA CASERNE DES GARDES CIVILS.

16 HEURES : LA POLICE DE VALENCE DANS
CETTE VILLE A PERMIS DE DÉCOUVRIR DANS
UNE QUINCAILLERIE 9 BOMBES, 300 CARTOU-
CHES DE DYNAMITE ET DES CAISSES DE
MUNITIONS.

SANCHEZ

Plus de munitions, tirez à coup sûr.

ANTONIO

J'aimerais mieux qu'on se jette dans le tas. Au moins
on crèverait bien!

SANTIAGO

Ta gueule, morveux! T'as bien le temps. *(Il tire.)*

Combat.

ANTONIO *(qui s'est découvert, prend une balle dans le ventre.
Plié en deux, mains au ventre, le front plissé comme s'il réfléchissait, il quitte la barricade, fait deux pas en avant et tombe en
marmottant).*

J'ai bien le temps, j'ai bien le temps...

> *Santiago se retourne et sans
> un mot tire coup sur coup.*

SANCHEZ

Au suivant!

> *Une balle l'étend. Quatre ou
> cinq mineurs se précipitent vers
> lui.*

SANTIAGO

Foutez-lui la paix. Au travail!

> *Resté seul avec Pèpe auprès
> d'Antonio, ils échangent un
> regard.*

PÈPE

Les vaches, viens, le vieux!

*Fous de rage, ils escaladent
la barricade pour se jeter au
combat, mais ils sont cueillis
au sommet : chute énorme.*

PILAR *(sortant du cabaret)*.

Mon petit...

*Elle se jette à genoux.
Les légionnaires entrent, au
pas de gymnastique. Obscurité.
Corps à corps. Cris de douleur.
Les trompettes, inlassables et
triomphantes.*

RIDEAU

ACTE IV

*Un capitaine, affalé sur un
fauteuil, cigare, monocle, se fait
cirer les bottes.
À côté, un cahier à la main,
le sergent. Plus loin, un groupe
de prisonniers avec deux soldats.
Un soldat arrive, salue.*

UN SOLDAT

Mon capitaine, le fouet a cassé.

LE CAPITAINE

Eh bien, sers-toi du manche, imbécile.

UN SOLDAT

Bien, mon capitaine ; seulement, il s'est évanoui.

LE CAPITAINE

Et il n'a toujours rien dit ?

UN SOLDAT

Non, mon capitaine.

LE CAPITAINE

Quels mulets que ces gens-là... Je me demande comment ils sont faits... Ça va, je me charge des derniers. *(Il fait signe d'amener Pilar devant lui ; elle a l'air égaré.)* Que diable, je ne vais pas vous manger. *(Très avantageux.)* Je n'ai jamais fait peur aux dames, moi. Votre amabilité avec ces bandits a scandalisé les voisins. Mais, moi, je sais comprendre les choses, il y avait de beaux hommes, n'est-ce pas... On m'a chargé de faire une enquête, alors je la fais. Mais à l'amiable, vous comprenez, à l'amiable.

PILAR

Mon petit...

LE CAPITAINE

Quoi?... Eh bien, tout ce que je désire savoir — un petit détail — c'eſt qui a tué Don Fernando. On me dit que ce doit être un de ces prisonniers.

PILAR

Tué, tué, ils me l'ont tué... presque un enfant.

LE CAPITAINE

Allons, calmez-vous. Qui eſt-ce qui a tué Don Fernando? Cela s'eſt passé devant chez vous. C'eſt la famille qui voudrait savoir.

PILAR

Ses mains fines... Sainte Vierge... Et ses cheveux collés par le sang. Ils me l'ont enlevé. *(Comme une furie.)* Assassins, assassins!

LE CAPITAINE

Emmenez cette folle... Allez me chercher les prisonniers.

LE SERGENT

Mon capitaine, j'ai fait concentrer les carcasses de ces salauds dans un champ. Mais il y en a beaucoup trop pour qu'on les enterre.

LE CAPITAINE *(de plus en plus monté)*.

Arrose-les d'essence et mets-y le feu. Cela dégoûtera les autres, comme pour les rats...

Mes mignons, vous avez de la chance de tomber sur un homme du monde. Certains de mes collègues vous font appliquer un fer rouge sur les côtes afin de vous délier la langue. Moi, je n'en viendrai là qu'à la dernière extrémité. Ainsi toi, le petit. Tu t'appelles?... Mais après, tout, ça m'eſt égal, tout ce que je veux savoir, c'eſt qui a tué Don Fernando, tu sais le négociant... Qui a tué Don Fernando?

L'ouvrier

C'est le peuple.

Le capitaine

Fumier. *(Aux soldats.)* Au mur. *(Au deuxième prisonnier.)* Tu as compris crapule? Qui a tué Don Fernando?... Est-ce Nuno, est-ce Lopez, ou bien est-ce un de ceux qui ont été tués?

Deuxième ouvrier

C'est le peuple.

Le capitaine *(exaspéré)*.

À ton aise, fusillez-moi ça aussi. Au suivant. Et toi, est-ce que tu tiens à ta peau? Comment est mort Don Fernando?

Troisième ouvrier

Justement : c'est le peuple qui l'a tué.

Le capitaine

Bâtard. Ton compte est bon. Approche, le vieux, réponds.

Alonso

Moi, j'ai jamais demandé grand-chose, au revoir et merci qu'il dit Alonso.

Le capitaine

Par exemple, tu trouves ça drôle, toi? Je vais t'apprendre à faire l'esprit fort.

Alonso

Le bon Dieu m'a dit : « Alonso, tu ne mourras pas. » Mauvaise tête ne crève jamais. C'est pour dire.

Le capitaine

Il se moque de moi, ma parole. Emmenez-moi ces deux canailles derrière le marché et fusillez-les. Cela commence à puer ici.

Le pharmacien

Ah! mon capitaine, comme je suis heureux. Je ne vous dérange pas?

Le capitaine

Votre serviteur, monsieur le conseiller.

Le pharmacien

Vous étiez en train de rendre la justice? Voyez-vous, c'est à propos de tous ces enfants et des femmes. Ils crient tellement qu'on en est assourdi. Il paraît qu'ils ont faim. Est-ce que l'armée ne pourrait pas...

> *Ils sortent.*
> *Le sergent s'assoit à la place*
> *du capitaine. Il siffle* la Bandera.

La radio

ALLÔ, ALLÔ, ICI RADIO-BARCELONE. LE MINISTRE DE L'INTÉRIEUR COMMUNIQUE LA NOTE SUIVANTE :
LA RÉVOLUTION A ÉTÉ ENTIÈREMENT ÉCRASÉE. LA TROUPE S'EST RENDUE MAÎTRESSE DES ASTURIES. GRÂCE AU GOUVERNEMENT ESPAGNOL, HÉROÏQUEMENT ASSISTÉ DE L'ARMÉE ET DE LA FORCE PUBLIQUE, ON VIENT DE SAUVER EN OCCIDENT LES PRINCIPES ESSENTIELS DE LA DÉMOCRATIE ET DE LA CIVILISATION LATINE. MAIS LA RÉPRESSION SE PASSA AU MILIEU DE L'HUMANITÉ ET DE LA GÉNÉROSITÉ QU'IL FAUT FAIRE RESSORTIR POUR QUE LE MONDE SACHE QUE LE GOUVERNEMENT ESPAGNOL, RÉPUBLICAIN ET CONSTITUTIONNEL, DÉMOCRATIQUE ET PARLEMENTAIRE, EN PLEINE LUMIÈRE DE LA CRITIQUE UNIVERSELLE, ACHÈVE DE DONNER, EN RÉPRIMANT UNE RÉVOLUTION ARMÉE PUISSAMMENT, UN EXEMPLE JAMAIS ÉGALÉ DE TOLÉRANCE, D'HUMANITÉ ET DE GÉNÉREUSE APPLICATION DES LOIS. MALGRÉ LE NOMBRE CONSIDÉRABLE DE SOLDATS MORTS, MALGRÉ LA DESTRUCTION DE PLUSIEURS VILLES, MALGRÉ L'ANÉANTISSEMENT

DE CHEFS-D'ŒUVRE DU TRAVAIL ET DE L'ART HUMAIN, LE GOUVERNEMENT N'A MAINTENU QUE LE NOMBRE MINIMUM DE CONDAMNATIONS À MORT, COMMUANT LA PLUPART EN PEINES DE PRISON.

Paca sort du café, ôte le verre, essuie la table.

LE SERGENT *(la suit des yeux d'un air égrillard).*

Il fait beau, hein ?

PACA

Ah, oui !

LE SERGENT

Dites donc, vous étiez peut-être plus en train quand les mineurs étaient là ?

PACA

Oh ! moi, vous savez, les uns ou les autres !

LE SERGENT

Oui, c'est comme moi : avant-hier, tenez, au moment où ça chauffait le plus, j'étais à la fenêtre du couvent, je te canardais... *(À deux soldats qui passent avec un prisonnier qu'ils emmènent.)* Eh, là, où allez-vous ?

LE SOLDAT

Sergent, le capitaine a dit de le fusiller, alors on va là derrière, rapport qu'il y a pas de magasins.

LE SERGENT

Encore un anarchiste... Eh bien, tu vois ce que ça t'a rapporté, couillon ! Tu pouvais pas rester tranquille. Enfin, maintenant... *(Des curieux s'attroupent graduellement.)* Tu veux une cigarette avant qu'ils t'expédient ou un verre de vin ?

UN PRISONNIER

Merci, rien.

LE SERGENT *(à Paca).*

Parce que, vous voyez, dans la Légion, on n'est pas des brutes.

UN PRISONNIER

Si vous voulez me faire une faveur, déliez-moi la main droite une seconde. J'ai une crampe. *(Le sergent fait signe. Le prisonnier étire le bras, esquisse le salut du Front rouge et abat le poing sur la gueule d'un soldat.)* Tiens, comme souvenir.

LE SERGENT

Ah! le salaud!

> *Ils tombent tous trois sur le prisonnier et l'emmènent avec des bourrades.*
> *Dans la salle.*

UN GARÇON

Ce matin encore il y a des maisons qui s'écroulent toutes seules.

UN HOMME

En un sens, ce bombardement ça va faire du travail.

UNE FEMME

Oui, ma chère, quinze heures dans la cave sans oser bouger. Ils étaient déchaînés.

UN HOMME

Et ce matin encore, on a arrêté un journaliste étranger qui se mêlait de Dieu sait quoi... Encore un espion de cette racaille, pour sûr.

Obscurité.

LA RADIO

LE CONSEIL DES MINISTRES DE CE MATIN A APPROUVÉ À L'UNANIMITÉ LES NOMINA-TIONS PROPOSÉES PAR LE MINISTRE DE LA GUERRE POUR RÉCOMPENSER LES VAILLANTS DÉFENSEURS DE LA RÉPUBLIQUE.

Lumière sur la petite scène.

LERROUX (*distribuant à poignées des décorations à ses ministres*).

LES GÉNÉRAUX BATET, COMMANDANT LA DIVISION DE CATALOGNE, ET LOPEZ OCHOA, DIRECTEUR DES OPÉRATIONS CONTRE LES REBELLES DES ASTURIES, SONT PROMUS LIEUTENANTS-GÉNÉRAUX. LE GÉNÉRAL BATET SERA REMPLACÉ DANS SES FONCTIONS ACTUELLES PAR LE GÉNÉRAL RODRIGUEZ DEL BASIO, JUSQU'ICI INSPECTEUR GÉNÉRAL DE L'ARMÉE.

> *Tout est fini.*
> *Mais des voix aux quatre*
> *coins de la salle.*

PREMIÈRE VOIX

Moi, je suis le vieux Santiago, je n'ai jamais été très heureux. Mon père était mineur et mon grand-père et tous ceux d'avant. Et puis, moi je me suis marié. Une bonne femme bien sûr, mais c'est qu'on est jamais content. J'ai eu un fils — mineur aussi — et mort dans un éboulement. J'ai jamais fait de mal à personne et je me serais bien contenté, mais j'ai pensé aux jeunes. Je crois que je me suis bien battu. Peut-être parce que j'avais plus grand-chose à gagner. Aux prochaines neiges, personne ne parlera plus de moi sur la terre.

DEUXIÈME VOIX

Sanchez. Dans les grèves on disait que j'étais le meneur. J'avais dix-sept ans et c'est mon frère qui m'a appris. J'y ai cru à ma révolution, j'y ai cru. J'ai essayé de lire. Parce que comme ils disent, l'instruction... Mais je comprenais mieux avec ma pioche en tapant dans le minerai et quand les étincelles sautaient. Tant de morts, tant de morts. Mais quelque chose viendra. Et moi, je leur dirai : « La Révolution, ça se fait pas avec un éventail. »

TROISIÈME VOIX

Je suis Antonio et je viens des montagnes. Les autres ne connaissent pas la neige. Ça les ferait rire si je disais que c'est pour elle que je me suis battu. Oui, avant, dans la neige, j'avais pas besoin de penser. Elle est si belle, et puis bien simple. Et quand je suis descendu, j'ai vu les figures noires et l'injustice. Alors j'ai pensé à ma neige et à ce cri qu'elle jette quand on l'enfonce sous le pied. Mais j'avais le temps, j'avais bien le temps, a dit Santiago. On ne m'a pas décoré.

QUATRIÈME VOIX

Je suis Pèpe, et Pilar me disait souvent : « Les plus malheureux, c'est pas ceux qui s'en vont, mais c'est ceux qui restent. » Peut-être que j'aurais aimé rester. Parce qu'il y a le soleil et les fleurs du jardin sur la place, et puis aussi Pilar — mais d'elle je ne peux rien dire. J'aimais les bals de quartier et on me disait : Pèpe, tu n'es pas sérieux. Mais aussi il y avait trop longtemps. Santiago, Sanchez, Antonio et le Basque, Ruiz, Léon, ils m'appelaient « Petit » et ils avaient raison.

CINQUIÈME VOIX

On nous a tirés au sort.

SIXIÈME VOIX

C'était pour le camion.

QUATRIÈME VOIX

Bientôt les neiges.

TROISIÈME VOIX

Et qui se souviendra ?

SEPTIÈME VOIX

Et les flûtes de chez nous... C'est pas possible que ça soit pour rien.

HUITIÈME VOIX

Si Dieu veut.

DEUXIÈME VOIX

Bientôt les neiges.

PREMIÈRE VOIX

Et qui se souviendra ?

Lumière.

La radio

LE GOUVERNEMENT PUBLIE LE NOMBRE
OFFICIEL DES MORTS, BLESSÉS ET DISPARUS
DES TROUPES GOUVERNEMENTALES.
MORTS : 321 (129 SOLDATS, 11 CARABINIERS,
70 GARDES DE SÉCURITÉ, 11 GARDES CIVILS).
BLESSÉS : 870 (550 SOLDATS, 16 CARABINIERS,
136 GARDES DE SÉCURITÉ, 168 GARDES CIVILS).
DISPARUS : 7 (5 SOLDATS ET 2 GARDES DE
SÉCURITÉ).

> *Sur le côté, des volets se ferment.*

Une femme

Les nuits commencent à être fraîches. C'est l'hiver qui approche.

Un homme

Oui, bientôt les premières neiges.

> *Obscurité.*
> *Au bout d'une rue, derrière les spectateurs, accompagnée de l'accordéon, une chanson de la Montagne de Santander :*

En el baile nos veremos,
esta tarde, morenuca;
en el baile nos veremos,
y al son de la pandereta,
unos bailes echaremos.

RIDEAU

ADAPTATIONS

PIERRE DE LARIVEY

LES ESPRITS

COMÉDIE EN TROIS ACTES

AVANT-PROPOS

Pierre de Larivey est né en 1540. Il est mort en 1612. Ces dates sont seulement probables. Son importance dans notre histoire littéraire tient à ce qu'il est le plus doué de ces auteurs qui firent la transition entre la comédie italienne et notre comédie classique. Les Esprits, par exemple, ne sont pas seulement sa meilleure comédie : ils donnent encore la plus juste idée du rôle qu'a joué Larivey. Cette comédie est en même temps une libre adaptation d'une pièce italienne de Lorenzino de Médicis et le modèle que prit Molière pour écrire son Avare. On y trouve en particulier le fameux monologue, que Molière modifia à peine, et un personnage d'avaricieux déjà poussé vers la comédie de caractère. Mais on y rencontre aussi, venus de la commedia dell'arte, d'authentiques figures d'arlequins et de ruffians que Larivey s'est borné à débaptiser.

L'adaptation qui est présentée ici avait été faite en 1940 et représentée en 1946, en Algérie, pour les mouvements de culture et d'éducation populaires. Mais, à la demande de Marcel Herrand, elle a été spécialement revue, et refondue, pour le Festival d'art dramatique d'Angers. Si l'on me demandait quelle sorte de traitement j'ai fait subir à la comédie de Larivey, je dirais seulement que je n'ai rien fait de plus que Larivey lui-même quand il s'avisa d'accommoder la pièce de Lorenzino de Médicis. Voici ce qu'en dit un commentateur ancien :

« Larivey a supprimé plusieurs personnages... Le prêtre Jacomo est devenu le sorcier Josse. Le prologue de l'auteur eût paru fort cavalier au public français. Larivey en a fait un tout neuf. »

Mon excuse, pour avoir pris les mêmes libertés, est que, s'il est impertinent d'adapter Shakespeare ou Calderon, on peut s'autoriser quelque familiarité avec Larivey. L'ancien français, les longueurs d'un texte qui se ressent de ses origines improvisées, deux ou trois situations gratuites risquaient de faire oublier la richesse et les inventions de cette jolie comédie. Laissés à *eux-mêmes, ces* Esprits *eussent continué à dormir dans de vieilles et savantes éditions. On s'est amusé ici à les réveiller, à les rafraîchir et à les faire passer sur notre scène au milieu du cortège de masques qui dansaient déjà autour de leur naissance.*

A. C.

LES ESPRITS

Cette adaptation des Esprits *a été représentée pour la première fois le 16 juin 1953, à l'occasion du Festival d'art dramatique d'Angers, sous la direction de Marcel Herrand, et dans la distribution suivante :*

SÉVERIN, vieil avare . . . .   Paul Œttly.
MONSIEUR JOSSE . . . .   Jean Marchat.
FRONTIN, valet de Fortuné . . . . .   Jacques Amyrian.
RUFFIN, ruffian . . . .   Jean-Pierre Vaguer.
FORTUNÉ, amoureux . . . .   Jean Vinci.
HILAIRE, son père . . . .   Charles Nissar.
URBAIN, fils de Séverin . . . .   Michel Choisy.
GÉRARD, père de Féliciane . . . . .   Jean Bolo.
FÉLICIANE, amante d'Urbain . . .   Maria Casarès.

Mise en scène de Marcel Herrand.
Costumes de Philippe Bonnet.

Trois façades de maisons en triangle A.B.C.
A — maison d'Hilaire
B — maison de Séverin
C — maison de Gérard
À chaque maison, une fenêtre et une porte.
Deux rues séparent les trois maisons. Les personnages rentrent et sortent de chez eux, font mille tours et se livrent à des chassés-croisés. À la cour et au jardin, ils entrent en bondissant sur des tremplins dissimulés en coulisse.

PROLOGUE

Entre Frontin.

FRONTIN

Mesdames et Messieurs ! Voici quelques vérités que j'ai pris la précaution de numéroter pour m'assurer contre leur perte. Vérité nº 1 : Un bon père vaut mieux qu'un mauvais, mais un fils averti saura tirer avantage du pire comme du meilleur. Vérité nº 2 : On a raison de dire que l'avarice est toujours punie, mais il faut malheureusement ajouter qu'elle trouve sa récompense en elle-même. Vérité nº 3 : Il y a certainement de bonnes et de méchantes actions, mais, hélas ! ce ne sont pas toujours les premières qui font le mieux rire. Moralité : L'homme est une décourageante créature.

Ce sont en tout cas les vérités que nous avons à démontrer sur cette scène et le bon et astucieux laquais que je suis, Frontin pour vous servir, a été désigné par le sort et l'auteur pour faire éclater aux yeux du monde que tout s'équilibre dans l'histoire des hommes, et pour...

Entre Ruffin.

RUFFIN

Mesdames et Messieurs ! Je n'ai jamais vu personne mentir à ce point. Je ne sais pas s'il s'agit de démontrer ce qu'il dit, mais je sais bien que Frontin, tout philosophe qu'il est, ne saurait y arriver sans l'aide d'un ruffian tel que moi qui a plus d'un tour dans son sac. Il n'a pas dit la vérité.

FRONTIN

Mesdames et Messieurs ! Qu'est-ce que la vérité ?

L'aliboron qui vient de se présenter à vous ne le sait pas plus que moi. Il ne m'empêchera pas de continuer mon discours.

RUFFIN

Mesdames et Messieurs! L'aliboron a horreur du mensonge et l'en empêchera assurément.

FRONTIN

Il est certain que nous sommes également menteurs et la suite le prouvera bien. Mais nous pouvons toujours demander son avis à mon maître Fortuné. Seigneur Fortuné!

> *Fortuné paraît au balcon de sa maison.*

FORTUNÉ

Toi encore, Frontin. Comment n'es-tu pas parti déjà pour le couvent? Qu'attends-tu pour me ramener des nouvelles de ma chère Apoline et pour servir enfin mon amour?

FRONTIN

Seigneur Fortuné, je vais le servir tout à l'heure. Encore n'est-il pas facile de servir un amour qui s'adresse à une religieuse. Mais pour le moment, nous discutons, Ruffin et moi...

FORTUNÉ

Je n'ai que faire de ta morale! Envoie-moi plutôt mon père Hilaire. Ah! je n'ose rien lui avouer et pourtant lui seul, dans sa bonté, pourrait m'aider.

> *Hilaire paraît au jardin.*

HILAIRE

La bonté a quelquefois bon dos!

> FRONTIN *(à Fortuné)*.

Ruffin disait...

FORTUNÉ

Vite, Frontin, il faut la tirer de là.

RUFFIN

Ce menteur prétend...

FORTUNÉ

Vite, Ruffin, il faut me sauver de là.

FRONTIN

Il n'y a rien à en tirer. Appelons son cousin Urbain. Seigneur Urbain!

> *Urbain paraît à la fenêtre de sa maison.*

RUFFIN

Seigneur Urbain, qui est le plus menteur de Frontin ou de moi?

URBAIN

Cela ne peut se comparer. Il n'y a pas de moment où vous cessiez de mentir. Celui qui mourra le premier aura le moins menti. Mais, Ruffin, je voulais te voir. J'ai envie de Féliciane, qui loge ici, à trois pas de son amant, *(Féliciane paraît à la porte de Gérard),* et mon maudit avare de père ne me donne point d'argent.

> *Séverin paraît à la porte de sa maison. Urbain disparaît.*

SÉVERIN

Vous venez me voler encore. Disparaissez ou j'appelle la garde. Et ne me débauchez pas Urbain.

> *Il rentre chez lui.*

FRONTIN *(à Ruffin).*

Tu as compris, ruffian?

RUFFIN

Je ne partirai pas sans toi. Je ne veux pas que tu mentes un peu plus.

FRONTIN

Mesdames et Messieurs, tout ce monde ayant perdu la raison, il faut donc que vous soyez juges. Vous verrez

qui de nous deux a raison. Mais vous avez déjà compris
qu'il s'agit de donner Apoline à Fortuné et Féliciane à
Urbain, malgré l'avarice de Séverin, père d'Urbain, et
avec l'aide du compatissant Hilaire, père de Fortuné.
Je répète. *(Il répète lentement, pour se faire comprendre.)*
Allons, maintenant! Deux pères, quatre amoureux,
quelques menteurs et la joie de tous, c'est assez, je
suppose, pour résumer une vie et suffisant en tout cas
pour faire une comédie. Je crois bien que celle-ci n'est
ni morale ni méchante, je suis sûr qu'elle n'est pas
prétentieuse, et j'espère qu'elle vous fera sourire. Dieu
et l'argent feront le reste.

Musique.

ACTE I

SCÈNE I

FRONTIN, HILAIRE

FRONTIN

Il semble que la fortune prenne plaisir à inciter les hommes à désirer ce qui est le plus difficile à obtenir. Je ne pense pas qu'il y ait une seule dame à Paris qui ne soit bien aise de faire plaisir à Fortuné. Et cependant, celle dont il est devenu amoureux, on ne peut la voir qu'à travers les barreaux d'une cage.

HILAIRE

Il parle tout seul...

FRONTIN

Il m'envoie à cette heure lui présenter ses civilités, savoir ce qu'elle fait, ce qu'elle dit et comment elle se porte. Et ces démarches si capitales font le plus clair de mes journées.

HILAIRE

Frontin, eh, Frontin!

FRONTIN

Seigneur Hilaire! À votre service.

HILAIRE

Où est ton maître, mon fils? Il s'est fait attendre à souper, hier.

FRONTIN

Il a soupé et couché avec Urbain dans la maison du seigneur Séverin.

HILAIRE

Où vas-tu maintenant? Porter quelque message au monastère?

FRONTIN

Quel monastère? Qui vous l'a dit?

HILAIRE

Je le sais bien.

FRONTIN

Ma foi, c'est vrai. Il m'envoie savoir si la dame a besoin de quelque chose.

HILAIRE

Vraiment, Fortuné me fait du tort. Tu sais si je le favorise dans ses desseins, pourvu qu'ils soient raisonnables. Mais quant à ceci, ce n'est pas le cas. Il devrait pour le moins avoir quelque égard pour son honneur ou pour le mien. Je suppose qu'il s'est avisé qu'il n'y a pas de femmes à Paris puisqu'il va en chercher jusque dans la religion.

FRONTIN

Je le lui ai dit assez souvent, mais vous savez que l'amour n'a pas de loi. Il y a déjà fort longtemps qu'il en est amoureux et non sans cause, car, ma foi, c'est une bien belle et honnête fille, et je parie que si vous l'aviez vue, vous en auriez plus de pitié que vous ne semblez en avoir. Aussi, je vous assure qu'il serait plus facile de transformer Fortuné en femme que de lui faire oublier ses amours. Je veux vous dire bien davantage : il délibère de l'épouser.

HILAIRE

Qui a jamais entendu dire que les religieuses se mariassent?

FRONTIN

Oh! elle n'est pas religieuse. Du moins, elle ne voudrait pas l'être; aussi n'a-t-elle pas prononcé ses vœux. Mais on a envie qu'elle le soit, même si elle doit en crever. Parce qu'elle est la nièce de l'abbesse du lieu à qui le père, par testament, a donné tout son bien, pourvu que la fille devînt religieuse. Voilà pourquoi on ne fait que la prêcher, la tenant si étroitement que, quand même elle aurait des ailes, il ne lui serait pas possible de sortir.

HILAIRE

Puisqu'elle n'a pas prononcé ses vœux, l'amour de Fortuné se comprend mieux. Mais, dis-moi, qui est-elle?

FRONTIN

Elle est de la rue Saint-Denis et n'a plus ni père ni mère.

HILAIRE

C'est assez. Conseille à Fortuné de laisser cette poursuite qui n'est ni belle ni honnête et démontre-lui que, s'il veut se marier, les femmes ne lui manqueront pas.

Il sort.

SCÈNE II

FRONTIN *(seul)*.

Ainsi ferai-je! Oh! quel bon père, quel homme de bien... Mais je ne lui ai pas tout dit. Le pauvre jeune homme craint de déshonorer d'un coup la fille, les principes et lui-même parce qu'elle est grosse de son fait, et si près d'enfanter qu'à mon avis elle n'en attend que l'heure. Dieu soit loué qu'elle n'ait affaire à un homme tel que Séverin. Mais à propos de lui, voici Urbain qui est encore avec son Ruffin.

SCÈNE III

Frontin, Urbain, Ruffin, Féliciane

Urbain

Eh bien! Ruffin, quand m'amèneras-tu mes amours?

Ruffin

Quand il vous plaira.

Urbain

Eh! mon Dieu! va donc la chercher dans sa maison.

Ruffin

Impossible.

Urbain

Pourquoi?

Ruffin

Parce que je ressemble à un archevêque.

Urbain

Un archevêque?

Ruffin

Je ne marche pas si la croix ne va devant et je n'aime la croix que sur les ducats.

Urbain

Est-ce que tu ne sais pas ce que je t'ai promis?

Ruffin

Oui, mais promettre et tenir sont deux choses et j'ai *toujours* entendu dire que *beati garniti* vaut mieux que *expectans expectavi*.

Urbain

Tu me fais mourir à petit feu.

RUFFIN

Et vous me nourrissez de fumée.

FRONTIN *(à part)*.

Regardez si le ruſtre sait bien son métier d'écorcheur d'hommes.

URBAIN

Tu auras ce que je t'ai promis avant ce soir. Mais va donc la chercher, mon mignon.

RUFFIN

À d'autres, je suis déniaisé! Donnant, donnant!

FRONTIN

Je ne peux plus supporter que ce vilain parle aussi cavalièrement.

RUFFIN

Que dirais-tu si je refusais tout?

FRONTIN *(qui s'eſt avancé)*.

On te casserait la tête.

URBAIN

Ce n'eſt pas l'envie qui me manque. Mais il faut savoir patienter et payer.

RUFFIN

Nous voilà d'accord; çà, de la bille, et je l'irai chercher! *(Un temps.)* Je lui ai parlé avant de venir.

URBAIN

Oh, mon Dieu! Tu auras les écus? Je t'en ai promis dix, n'eſt-ce pas...

RUFFIN

Oui.

URBAIN

Je te les donnerai ce soir.

RUFFIN

Je les veux tout de suite ou bien je deviens sourd.

FRONTIN

Je ne pense pas qu'on puisse trouver plus vilain que ce méchant-là.

URBAIN

Attends au moins jusqu'après vêpres.

RUFFIN

Qu'est ceci? Je n'entends plus rien.

FRONTIN

Eh! Ruffin, fais cela pour l'amour de moi.

RUFFIN

C'est que je n'entends guère! Non, non, sans argent, point d'archevêque!

URBAIN

Ruffin, touche là... Je te promets, foi d'homme d'honneur, de te les donner après dîner.

RUFFIN

J'entends de moins en moins.

URBAIN

Tu as ma parole.

RUFFIN

Qu'est-ce que vous dites?

FRONTIN

Ne doit-on pas croire un homme de bien sur sa parole? Penses-tu qu'il veuille fuir pour dix écus?

RUFFIN

Décidément, il faut que vous parliez autrement, car ces oreilles-là ne se débouchent plus.

URBAIN

Que tu es incrédule, mordieu! Écoute : si je manque
à ma promesse, va voir mon père, dis-lui que j'ai rompu
la porte de ton logis, que je t'ai battu, que j'ai enlevé
ta nièce, ta cousine et ta fille et que je t'ai volé.

RUFFIN

Je vais la chercher, allez, pour vous faire plaisir. Mais,
par Dieu, si vous me manquez, je ne vous manquerai pas.

*Il entre dans la maison de
Gérard.*

URBAIN

Va, cela m'est égal, fais tout le mal que tu pourras,
pourvu que j'aie ma Féliciane.

FRONTIN

Voilà qui est beau! Mais il faut maintenant trouver
les dix écus.

URBAIN

Si on pensait à tout, on ne ferait rien. Et puis, bon
Frontin, je sais bien que tu m'aideras à les trouver.

FRONTIN

Il est vrai que mon maître m'a dit de vous servir
comme si vous étiez lui-même.

*Féliciane et Ruffin sortent de
la maison de Gérard. Pantomime amoureuse. Urbain montre
sa maison. Féliciane y entre,
conduite par Ruffin. Au moment
où Urbain va y entrer, Frontin
le retient.*

URBAIN

Quoi encore! Peste de l'importun! Frontin, j'ai grande
presse!

FRONTIN

Et si votre père venait?

URBAIN

Mon père!

FRONTIN

Lui-même.

URBAIN

Eh! N'est-il pas à la terre?

FRONTIN

On l'a vu à la ville.

URBAIN

Qui l'a vu?

FRONTIN

Moi! Et je m'étonne qu'il tarde tant. Il était déjà bien avant dans la ville.

URBAIN

Je suis perdu. Mon bon Frontin, il faut trouver quelque chose.

FRONTIN

Renvoyez la fille.

URBAIN

De sitôt? Ne vaudrait-il pas mieux que je m'enfermasse dans une chambre avec elle?

FRONTIN

Votre père voudra regarder partout.

URBAIN

Peut-être aura-t-il peur d'entrer dans une chambre verrouillée.

FRONTIN

Oh! Ceci m'éclaire. J'ai une idée qui nous sauvera et vous fera de surcroît gagner les dix écus.

Urbain

Qu'entends-je, bon Frontin?

Frontin

Fermez la porte de la maison aux verrous et ne laissez entrer personne. Cependant, point de bruit! Qu'on n'entende rien et pas même le lit craquer. Mais si votre père survient et que je crache par terre, faites tout le bruit possible à chaque fois, et jetez tout, jusqu'à des tuiles, dans la rue.

Urbain

Je n'y comprends rien, mais le temps presse. C'est entendu.

Il entre dans la maison.

Frontin

Cet Urbain était sage avant que l'amour l'eût rendu fou. Maintenant, il ne sait ce qu'il fait. Si son père apprend qu'il fait la débauche, que croyez-vous qu'il décidera?

Il étranglera son fils tout net. En attendant, faute d'être étranglé, Urbain croit avoir assez fait en se reposant sur moi. Mais enfin je peine et travaille, et c'est lui qui se couche!

Aïe! Voici mon maître et je ne suis pas allé voir Apoline. Je lui dirai que si. Il me croira s'il veut. Sinon, qu'il y aille voir!

Entre Fortuné.

SCÈNE IV

Frontin, Fortuné

Fortuné

Quel plus grand malheur aurait-il pu m'advenir? Engrosser une fille du premier coup!

FRONTIN

Il ne parlera jamais d'autre chose!

FORTUNÉ

Au moins si je n'en étais pas aussi amoureux... Mais quoi, il n'est plus en mon pouvoir de me retirer et quand je pourrais le faire, je ne le voudrais pas. Je ne peux pas vivre sans elle. Il y a deux jours que j'ai envoyé Frontin et je crois qu'il s'est perdu en chemin.

FRONTIN (à part).

Tant plus je demeure et tant plus il me cuira. Il vaut mieux que je me montre. Bonjour, monsieur.

FORTUNÉ

Tu ne changeras jamais. Dis-moi d'abord ce que je désire savoir le plus et ensuite tu me salueras.

FRONTIN

Vous savez comment sont ces femmes; elles m'ont d'abord fait attendre au parloir, et puis, à mon retour, j'ai rencontré votre père d'abord, Urbain et Ruffin ensuite, qui m'ont encore amusé deux heures.

FORTUNÉ

J'ai toujours tort et tu as toujours raison. Mais qu'attends-tu pour me raconter ce qu'elle t'a dit...

FRONTIN

Je vous ferai dire par M. Urbain combien de temps nous avons été après Ruffin avant d'obtenir de lui satisfaction.

FORTUNÉ

Ce n'est pas ce que je demande... Dis-moi comment elle se porte?

FRONTIN

De telle façon qu'il a fallu promettre à Ruffin...

FORTUNÉ

Je n'ai que faire de tout cela. Ne t'a-t-elle pas chargé de me dire quelque chose?

FRONTIN

Oui.

FORTUNÉ

Quoi donc? Vite, Frontin.

FRONTIN

Elle se recommande à vos bonnes grâces.

FORTUNÉ

Ne t'a-t-elle dit que cela?

FRONTIN

Non.

FORTUNÉ

Comment se porte-t-elle?

FRONTIN

Comme d'habitude.

FORTUNÉ

Voici de maigres réponses.

FRONTIN

Je vous les donne comme on me les a données.

FORTUNÉ

Ne t'a-t-elle pas dit que j'aille la voir?

FRONTIN

Elle ne m'a rien dit d'autre.

FORTUNÉ

Oh! Dieu, la pauvrette deviendra folle!

FRONTIN

Mais vous-même?

FORTUNÉ

Frontin, que dois-je faire?

Frontin

Il faut aller dîner. Nous aviserons ensuite. Vous prenez
tant les matières à cœur que je crains de vous voir malade.

Fortuné

Tu as grand-peur que le rôti se gâte, voilà la vérité.
Mais nous devions dîner avec Urbain. Où donc est-il?

Frontin

Il est ici avec sa Féliciane. Soyez sûr qu'il l'a déjà mise
au lit et qu'ils font bravades.

Fortuné

Ne peuvent-ils venir avec nous?

Frontin

Non. Ils disent qu'ils dîneront, souperont et coucheront
là.

Fortuné

Ils sont sages. Et moi, malheureux, je ne puis jouir
de ce que j'aime. Viens-t'en, Frontin.

Frontin

Non. Allez, car je vois venir le seigneur Séverin et
il me faut protéger votre ami Urbain. Je vous rejoindrai.

Fortuné

Je vais souvent pensant en moi-même quelle de ces
deux conditions est la pire : ou aimer sans être aimé ou,
aimant et étant aimé, être empêché par des murailles.
Mais aujourd'hui, voyant Urbain heureux, je décide que
ma condition est la plus malheureuse, aimant Apoline
qui m'aime, et ne pouvant l'approcher, faute d'une clef.
Je suis Tantale plongé dans l'eau et ne pouvant boire
goutte. Non, non! Plus malheureux encore que Tantale
puisque j'ai déjà goûté de cette eau d'Apoline et ne puis
l'oublier!

> *Il sort. Entre Séverin, avec
> une ombrelle.*

SCÈNE V

Frontin, Séverin

Séverin

Où diable retrouverai-je ce misérable Urbain? Je pense qu'il est tombé aux cabinets, pour parler par respect. Oh! pauvre Séverin, regarde pour qui tu travailles ainsi, pour qui tu cherches à amasser tant de biens! Pour un fils qui te trahit tous les jours, qui, à toute heure, te donne de nouveaux ennuis et qui désire plus ta mort que ta vie.

Frontin

Il y en a bien d'autres qui font ce souhait.

Séverin

J'emporterai plutôt tout avec moi dans la fosse que de laisser la valeur d'un double rouge à ce bélître qui me fit tant souffrir. Mais qu'attends-je pour rentrer d'abord dans mon logis et me décharger de ma bourse, pour ensuite aller chercher mon fils et le châtier comme il le mérite? Eh! je ne sais où sont mes clefs. Ah!... les voici...

Frontin

Mais il porte sa bourse sur lui... Il faut sauver Urbain et trouver dix écus.

Séverin

Dieu, qu'est ceci? La serrure serait-elle forcée? Il semble que la porte soit fermée en dedans. Je crois bien cependant qu'Urbain n'en a pas la clef et voilà pourquoi je crains que ce ne soit quelque voleur. Il faut qu'il y ait ici de la méchanceté.

Frontin

Quel est ce fou qui touche à cette porte?

SÉVERIN

Hé, pourquoi suis-je fou de toucher à ce qui m'appartient?

FRONTIN

Séverin, Séverin, pardonnez-moi, mais encore que cette maison soit bien la vôtre, je crois que vous feriez bien de vous en retirer.

SÉVERIN

Pourquoi n'y entrerais-je pas?

FRONTIN

Si vous m'en croyez, vous ferez ce que je vous dis.

SÉVERIN

Mais pourquoi?

FRONTIN

Parce que la maison est pleine de diables.

*Il crache et ceux du logis font
du bruit.*

SÉVERIN

Hein, que dis-tu, est-ce vrai, pleine de diables?

FRONTIN

Écoutez, ne les entendez-vous pas? Voyez si je dis vrai.

Bruit à l'intérieur.

SÉVERIN

Mais oui.

FRONTIN

Vous en entendrez bien d'autres.

SÉVERIN

Et qui diable a endiablé ma maison, Frontin?

FRONTIN

Je ne sais pas.

SÉVERIN

Vrai Dieu, ils me déroberont tout.

FRONTIN

Eh! vous tremblez, je crois? N'ayez donc pas peur,
ils ne vous feront pas d'autre mal que de piller votre
maison.

SÉVERIN

Comment! piller, piller... n'est-ce donc rien?

FRONTIN

Il faut prendre patience.

SÉVERIN

Ils sont bien mal élevés de s'immiscer ainsi dans les
affaires d'autrui. Si encore ils me payaient mon loyer.
Mais je les en ferai sortir, même si je devais mettre le feu.

FRONTIN

Vous leur feriez plaisir car ils n'aiment que le feu.

SÉVERIN

Et ma maison serait brûlée! Je veux donc leur couper
la gorge.

FRONTIN

S'ils vous entendaient, ils vous feraient bien parler un
autre langage, attendu qu'ils jettent des pierres et des
tuiles, même aux passants qui ne leur demandent rien.

*Il crache et ceux du dedans
jettent des tuiles.*

SÉVERIN

Oh! ils me gâteront donc tout mon logis.

FRONTIN

Vous pensez bien qu'ils ne l'améliorent pas. Voyez
comme les tuiles volent, retirez-vous si vous ne voulez
pas être blessé.

SÉVERIN

Hélas! Frontin, que j'ai peur!

FRONTIN

Il y a de quoi. Et j'agonise quant à moi.

SÉVERIN

Pourront-ils nous atteindre ici?

FRONTIN

Il me semble que non.

SÉVERIN

Depuis combien de temps dure cette malédiction?
Je n'en ai pas été averti.

FRONTIN

Je ne sais pas, mais il y a environ deux nuits que,
passant par ici, je les ai entendus.

SÉVERIN

Tu me fais peur.

FRONTIN

Quelquefois, ils chantent et jouent des instruments au
milieu de la nuit.

SÉVERIN

Que dois-je faire? Ne serait-il pas bon que j'envoyasse
une troupe de soldats pour les massacrer?

FRONTIN

Ventre Dieu! Parlez plus bas.

SÉVERIN

Oh! Cela est vrai!

FRONTIN

Il faut un sorcier pour les contraindre à sortir de là.

SÉVERIN

S'en iront-ils?

FRONTIN

Oui.

SÉVERIN

N'y retourneront-ils point?

FRONTIN

Peut-être.

SÉVERIN

C'est tout un, car je te promets qu'aussitôt qu'ils seront partis, je la vendrai, même si je dois le faire en y perdant un écu.

FRONTIN

Voire... Les esprits y auront fait plus de vingt-cinq écus de dommage.

SÉVERIN

Mon Dieu, ne dis pas cela, tu m'assassines. Hélas! tout ceci vient des péchés d'Urbain. Où peut-il être? Mais où donc peut-il être?

FRONTIN

Vous le gardez au village et vous me demandez à moi qui suis à Paris.

SÉVERIN

Tu dois bien le savoir puisque Ruffin et toi vous me le débauchez. *(Pour toute réponse, Frontin crache et ceux du dedans font du bruit.)* Oh! mon Dieu, je n'ai rien dit, Frontin, fais-leur savoir que je n'ai rien dit.

> *Frontin emprunte l'ombrelle de Séverin et s'abrite des diables derrière elle. Il va à la porte, parlemente, et pendant ce temps Séverin cherche à cacher sa bourse, pensant ne pas être vu. Mais Frontin, derrière son*

ombrelle, l'observe en se réjouis-
sant silencieusement.

SÉVERIN *(tournant en rond).*

Quel malheur que de loger des diables! Je ne puis me décharger de ma bourse en mon logis et si je la porte, et que mon fils la voie, je suis perdu. Où la mettre? Ah! ce trou où je l'ai déjà cachée. Petit trou, que je te suis reconnaissant! Oh! Si on me la trouvait! Deux mille écus! Non, je les porterai avec moi. Maudits diables! Aïe! s'ils allaient m'entendre! Il vaut mieux que je la cache! Hélas! ma bourse, mon âme, mon espérance, ne te laisse pas trouver, je te prie. Que ferai-je? L'y mettrai-je? Oui, Non. Si fait! Eh! Mon petit trou, mon mignon, je me recommande à toi. Au nom de Dieu et saint Antoine de Padoue, *in manus tuas, domine, commendo spiritum meum.*

FRONTIN *(revenant).*

Allons, seigneur Séverin, ne vous mettez pas en peine de chercher un sorcier. Je vous en trouverai un très bon, et le plus grand chasse-diables de France.

SÉVERIN *(à part).*

Malgré toutes ces diableries, j'ai l'esprit tout allégé depuis que j'ai mis ma bourse en sûreté.

FRONTIN

Que dites-vous?

SÉVERIN

Je dis que je serais tout à fait content si ces diables pouvaient être chassés. Mais, Frontin, je ne voudrais pas que ce sorcier me demandât beaucoup d'argent. Je suis pauvre.

FRONTIN

Ne vous souciez pas de cela. Il est si raisonnable qu'il se contentera de rien pour ainsi dire.

SÉVERIN

Ah, l'excellent homme, voilà comme je les aime! Mais comment les chassera-t-il s'ils ont verrouillé les portes et les fenêtres?

FRONTIN

À l'aide de conjurations.

SÉVERIN

Sortiront-ils par les portes ou par les fenêtres?

FRONTIN

Voilà une belle demande, ils sortiront par où ils voudront. Mais voici mon maître. Allez m'attendre sous les charniers des Saints-Innocents, j'irai vous trouver aussitôt que je lui aurai parlé.

SÉVERIN

Allons-y ensemble, Frontin.

FRONTIN

Allez devant, je reviens tout de suite.

SÉVERIN

Je n'en ferai rien, je veux attendre.

FRONTIN

Quel vieil écervelé! Tout à l'heure il voulait être seul et maintenant il veut que j'aille avec lui malgré moi. Mais la raison est la même, il a sa bourse en tête.

SCÈNE VI

SÉVERIN, FRONTIN, FORTUNÉ

FORTUNÉ

Frontin!

FRONTIN

Allez où je vous ai dit.

SÉVERIN

Je me reposerai en t'attendant. Je ne suis pas pressé et puis j'ai peur. *(À part)*. Je veux dire pour ma bourse.

Il va à l'écart.

FRONTIN

Faites ce que vous voudrez. Que désirez-vous, monsieur ?

FORTUNÉ

Celui-là s'occupe assez des affaires d'autrui, mais il ne pense pas beaucoup aux miennes.

FRONTIN

Auriez-vous vraiment cette opinion ?

SÉVERIN

Ces chuchotements ne me disent rien qui vaille.

FRONTIN

Ne vous ai-je pas dit que j'ai trouvé un moyen pour vous satisfaire.

SÉVERIN

Trouvé ! Qu'a-t-il trouvé.

FORTUNÉ

Oui, mais comme tu ne m'as rien dit d'autre, j'ai pensé que tu l'avais oublié.

FRONTIN

J'ai imaginé que vous devriez vous mettre dans un coffre et vous faire porter dans sa chambre sous prétexte de la fournir en vêtements.

SÉVERIN

Un coffre ! Oh, mon cœur tremble ! Si je les vois se baisser le moins du monde, je vais crier !

FORTUNÉ

J'ai compris.

FRONTIN *(s'accroupissant près du trou)*.

Alors, vous sortirez du coffre.

FORTUNÉ *(de même)*.

Et après ?

SÉVERIN

Ils y sont. Je me contiens à peine.

FRONTIN

Je vous le dirai.

FORTUNÉ

Ne t'ai-je pas dit que je voudrais trouver quelque moyen de la faire sortir avant qu'elle accouche.

FRONTIN

C'est entendu, cela pourra encore se faire, mais c'est un peu difficile. Toutefois, vous avez raison, il vaut mieux l'enlever pendant qu'elle est pleine.

SÉVERIN

Pleine! Pleine! Hélas! il me dérobe! *(Courant à eux.)* Au voleur! Au voleur!

FORTUNÉ

Qu'est-ce que c'est?

SÉVERIN

Dieu soit loué, ils n'y ont pas touché.

FRONTIN

Où vous a-t-on piqué, seigneur Séverin?

SÉVERIN

Je n'ai rien, j'avais peur.

FRONTIN

Pourquoi criez-vous au voleur?

SÉVERIN

J'avais peur que les diables ne me dérobassent ce que j'ai dans ma maison.

FORTUNÉ

Vous ferez devenir fou ce pauvre homme.

FRONTIN

Je voudrais qu'il crevât, car il n'est bon à rien.

SÉVERIN

Est-ce que nous partons?

FORTUNÉ

Où allez-vous?

FRONTIN

Trouver un sorcier qui nous permette de tirer des mains de ce vieillard dix écus pour les donner à Urbain.

FORTUNÉ

Comment feras-tu?

FRONTIN

Vous le saurez et les esprits nous aideront.

SÉVERIN

Allons, Frontin!

FRONTIN

Je m'en vais, mais ne voulez-vous pas m'ordonner rien d'autre?

FORTUNÉ

Non, je vais jusqu'au monastère. Adieu, monsieur.

SÉVERIN

Qui est celui-là?

FRONTIN

C'est Fortuné.

SÉVERIN

Oh, adieu, Fortuné, je ne vous avais pas vu.

FORTUNÉ

Je me recommande à vos bonnes grâces.

FRONTIN

Eh bien, venez-vous? Que regardez-vous en arrière?

SÉVERIN

Rien, rien, je te suis, Frontin, je te suis tout bellement.

FRONTIN

Seigneur Séverin !

Il salue.

SÉVERIN *(regardant en arrière).*

Est-ce que les diables ont jamais dérobé une bourse ?

Séverin sort.
Les têtes d'Urbain et de Ruffin apparaissent aux fenêtres. Ils sortent avec Féliciane et font une belle pantomime accompagnée de musique. Puis Urbain et Féliciane rentrent, enlacés, pendant que Ruffin s'en va.

RIDEAU

ACTE II

SCÈNE I

FRONTIN, URBAIN

FRONTIN

J'AI trouvé l'homme qu'il fallait. Un maître coquin, grand comme une hallebarde, qui n'est pas plus sorcier que moi, et qui a commencé à jouer du scrupule et à s'apitoyer sur Séverin dont il ne voulait pas se moquer. Mais il a suffi de lui promettre deux écus et il a dressé les oreilles, disant que puisqu'il s'agissait de faire le bien, et de réconcilier le père et le fils, il se forcerait à me plaire. Maintenant que j'ai le sorcier, il me faut apprendre à être diable, avant que Séverin et le sorcier arrivent. Tic, toc... *(Il frappe à la porte d'Urbain.)* Ouvrez, voulez-vous que je brise cette porte? Je suppose qu'ils sont morts, sourds, ou endormis. Ouvrez, Urbain! Je suis Frontin!

URBAIN

Tu as bien fait de parler, tu ne serais pas entré autrement. Je t'avais promis de laisser enfoncer la porte plutôt que de l'ouvrir à personne.

FRONTIN

Ma foi, si vous teniez toutes vos promesses comme vous avez tenu celle-ci, vous seriez un brave homme. *En bien!* avez-vous assez chevauché?

URBAIN

Ne sais-tu pas que le désir des belles choses ne s'éteint jamais.

FRONTIN

Voici votre père, disparaissons.

URBAIN

Que vient-il faire ici?

FRONTIN

Il n'entrera pas, n'ayez crainte. Je vous suis.

Ils entrent dans la maison.

SCÈNE II

SÉVERIN, M. JOSSE

SÉVERIN

Je suis revenu pour voir la cachette où j'ai dissimulé ma bourse, et puisqu'il n'y a ici personne, je vais voir si elle y est encore. Oh, ma bourse, que tu es belle! Je ne veux plus te toucher puisque tu es restée comme je t'avais placée. Mon gentil trou, mon bon ami, garde-la-moi encore une heure.

M. Josse entre.

M. JOSSE

Le seigneur Frontin m'avait dit que je vous trouverais ici.

SÉVERIN *(sursautant)*.

Dieu vous garde, monsieur, je m'étais baissé pour ramasser mon mouchoir que j'avais laissé tomber. Au fait, que voulez-vous faire de cette baguette?

M. JOSSE

Elle est bonne à mille choses et autres.

SÉVERIN

À quoi?

M. Josse

Eh bien, à marcher, à frapper, à gauler des noix, à faire des cercles et autres affaires.

Séverin

Quoi, vous ne me comprenez pas? Je vous demande si elle est bonne pour les esprits?

M. Josse

Pour les esprits, il n'y a rien de pire, ni de plus dangereux.

Séverin

Pourquoi l'avez-vous donc apportée?

M. Josse

Pour les chasser, les tourmenter.

Séverin

Ah! Et à quoi bon ce livret que vous tenez?

M. Josse

J'en ai besoin.

Séverin

C'est aussi pour les esprits?

M. Josse

Vous me posez beaucoup de questions!

Séverin

Ne vous étonnez pas, car je n'ai jamais vu conjurer les diables.

M. Josse

Alors, ne perdons pas de temps. Venez ici. Approchez-vous.

Séverin

Faut-il se tenir très près de la maison?

M. Josse

Tout contre la porte.

Séverin

Je m'en garderai bien.

M. Josse

Pourquoi?

Séverin

Parce qu'ils jettent des tuiles et des cailloux.

M. Josse

N'ayez pas peur, car tant que vous serez avec moi, ils ne vous feront rien.

Séverin

Vous me le promettez?

M. Josse

Oui, je vous le promets.

Séverin

Sur votre parole?

M. Josse

Sur ma parole. Approchez-vous donc.

Séverin

Je suis déjà très bien ici.

M. Josse

Il faut vous approcher davantage.

Séverin

Mon Dieu, est-ce que vous ne pourriez pas faire tout ceci sans moi?

M. Josse

Il est indispensable que le maître de la maison soit présent et qu'il m'aide. Approchez donc et mettez-vous à genoux dans ce cercle.

SÉVERIN

Touchez comme le cœur me bat.

M. JOSSE *(mettant la main à son propre cœur).*

En effet. Ne vous en étonnez pas, car c'est toujours ainsi. Toutefois ne craignez rien tant que vous serez avec moi. Approchez-vous encore un peu plus. Encore. Encore un peu. Là, vous voilà bien! Que regardez-vous tant derrière vous?

SÉVERIN

Rien. Je détourne les yeux, à force de peur.

M. JOSSE

Il n'y a pas de remède à cela. Je vais commencer ma conjuration. Récitez après moi : « *Barbara piramidum sileat miracula memphis.* »

SÉVERIN

Je ne saurai jamais dire ça. Faites votre conjuration vous-même si vous voulez et parlez français. Peut-être que les diables n'entendent pas le latin.

M. JOSSE

Après tout, personne ne peut le savoir.

Pantomime de Josse et musique.

Esprits maudits, infernales ombres
Qui vous cachez ici soir et matin,
Je vous commande au nom de Séverin
D'en déloger sans nous donner encombre.

SÉVERIN

Ah! ne leur parlez pas de moi, ne leur parlez pas de moi! Demandez tout cela en votre nom!

M. JOSSE

Laissez-moi faire et dites seulement votre *Ave.*

Pantomime et musique.

Je vous commande, esprits contrefaits,

Au nom de moi que vous pouvez connaître
D'abandonner ce logis à son maître
Et d'en sortir pour n'y rentrer jamais.

Les diables font du bruit dans la maison.

SÉVERIN

C'est assez, Josse. C'est assez!

M. JOSSE

Si vous voulez qu'ils sortent, regardez, c'est le moment.

Pantomime et musique.

Je vous enjoins encore et vous commande,
Par la vertu du démon Asdriel,
Que promptement vous sortiez de l'hôtel
Avec tous ceux qui sont de votre bande.

FRONTIN *(à l'intérieur et faisant le diable)*.

Nous n'en sortirons pas.

M. JOSSE

Que dites-vous là?

SÉVERIN

Jésus, Marie, Joseph et les saints du Paradis, tous mes cheveux se dressent de frayeur.

Pantomime et musique.

M. JOSSE

Je vous commande et ordonne de par Dieu
Esprits, ludions, farfadets, qu'à cette heure
Vous me disiez sans plus longue demeure
Pourquoi vous occupez ainsi ce lieu?

FRONTIN *(faisant le diable)*.

À cause de l'abominable avarice de Séverin.

SÉVERIN

Laissez-moi partir, j'ai affaire ailleurs.

M. JOSSE

Et moi, j'ai plus besoin de vous que les diables. Restez

ici. Si vous en bougez et si vous levez tant soit peu un de vos genoux, je m'en irai et laisserai les esprits si longtemps dans votre maison qu'ils s'y ennuieront. Et s'ils s'ennuient, ils y mettront le feu, qui est leur distraction préférée.

SÉVERIN

Eh! Ne vous fâchez pas pour cela. J'y resterai tant que vous voudrez.

M. JOSSE

Je vous commande au nom de Balala, que vous sortiez de...

FRONTIN (même jeu).

Nous sortirons, nous sortirons...

M. JOSSE

Les avez-vous entendus? Ils ne résistent jamais à Balala. Quel signe nous donnerez-vous qui nous assurera que vous serez sortis?

FRONTIN (même jeu).

C'est très simple. Nous démolirons cette maison.

SÉVERIN

Non, non, demeurez-y plutôt!

M. JOSSE

Nous ne voulons point de ce signe, faites-en un autre.

FRONTIN (même jeu).

Nous ôterons l'anneau du doigt de Séverin.

SÉVERIN

Que le diable les emporte. Mais voyez comme ils sont fins! J'ai des gants et pourtant, ils ont vu mon anneau au travers... Je n'en ferai rien, ils ne me le rendraient pas.

M. JOSSE

Ceci ne nous plaît pas. Donnez-nous-en un autre.

Frontin *(même jeu)*.

Nous entrerons dans le corps de Séverin.

M. Josse

Vous voyez! S'ils le veulent, ils entreront en votre corps et vous n'aurez pas un membre qui ne soit torturé. Allons, levez-vous et examinez lequel de ces signes vous préférez. Il faut en choisir un.

Séverin

Je n'en veux aucun. Ditez-leur qu'ils en choisissent un autre.

M. Josse

Je ne peux pas les forcer à en nommer plus de trois.

Séverin

Est-ce qu'ils ne pourraient pas partir sans faire de signe?

M. Josse

Ils diront qu'ils s'en vont, mais ils ne bougeront pas.

Séverin

Qu'ils y restent! Peut-être se fatigueront-ils et partiront-ils avant de s'ennuyer.

M. Josse

Vous êtes bien simple de vouloir perdre une maison de trois ou quatre mille francs pour conserver un anneau de dix écus!

Séverin

Dix écus! On l'a estimé trente écus lorsque j'ai hérité. C'est une antiquité.

M. Josse

Vous ne voulez donc pas qu'ils sortent?

Séverin

Oui, mais sans faire de signe.

M. Josse

Ils ne feront rien autrement.

Séverin

Je veux alors qu'ils s'engagent à réparer les dégâts qu'ils ont faits dans ma maison.

M. Josse

Cela est raisonnable. Laissez-moi m'en charger.

Séverin

Ne me feront-ils pas de mal en me l'ôtant du doigt?

M. Josse

Pas du tout.

Séverin

Est-ce que je ne pourrais pas le mettre à l'un de vos doigts?

M. Josse

Non, il faut qu'il soit tiré de vos mains.

Séverin

Pour rien au monde je ne voudrais qu'ils m'égratignassent. Comment faire?

M. Josse *(tirant une scie)*.

Eh bien, coupez votre poing et jetez-le là. Il n'y a pas d'autre remède.

Séverin

Vous vous moquez. Mais je fermerai bien fort les yeux pour ne pas les voir.

M. Josse

Attendez, je vous lierai si net ce mouchoir autour des yeux que vous ne les verrez pas.

Séverin

Ils vont me labourer les mains, avec leurs griffes!

M. JOSSE

Point du tout. Ils ont la main douce. Êtes-vous bien ?

SÉVERIN

Oui, oui.

M. JOSSE

Allons, nous sommes contents que vous preniez l'anneau du seigneur Séverin à condition que vous donniez votre parole de réparer les dégâts que vous lui avez faits.

FRONTIN *(faisant le diable)*.

Nous le promettons.

M. JOSSE

Sortez donc sans nous faire de mal. Seigneur Séverin, ne bougez pas, n'ayez pas peur. Je suis avec vous. Prenez courage et tendez bien votre poignet.

> *Pantomime de Josse qui recommence les conjurations.*

SÉVERIN

Jésus, que j'ai peur.

> *Sortent les autres, grimaçant et gambadant, munis de masques grotesques. Pantomime. On enlève l'anneau.*

M. JOSSE

C'est fait. Maintenant, entrons à la maison, mais n'enlevez pas votre bandeau parce qu'ils sont encore par ici.

SÉVERIN

Dites-leur qu'ils s'en aillent tout à fait.

M. JOSSE

Ils s'en iront, venez, venez !

SÉVERIN

Conduisez-moi pour que je ne me blesse pas.

> *Josse conduit Séverin en lui tendant la main.*

SCÈNE III

FRONTIN, URBAIN

> *Les masques dansent une ronde.*
> *Frontin et Urbain se démasquent en riant.*

FRONTIN

Eh! N'ai-je pas bien joué mon personnage?

URBAIN

Le mieux du monde et j'en ris encore.

FRONTIN

Le temps est cher, ne le perdons pas à crédit. Ruffin va venir pour demander l'argent que vous lui avez promis. Je suis d'avis de vendre ce rubis dont nous tirerons vingt écus.

URBAIN

Il en vaut trente.

FRONTIN

Disons trente. Soit deux pour le sorcier, sept pour vous, dix pour Ruffin, et onze pour le pauvre Frontin. Cela est-il raisonnable?

URBAIN

Cela est raisonnable. Et maintenant, que ferons-nous?

FRONTIN

Enfermez-vous avec ce beau masque dans la maison

du seigneur Hilaire et particulièrement dans la chambre de mon maître Fortuné. Je m'occupe du reste.

> *Les masques dansent et s'en vont avec Urbain. Frontin remet son masque, court à la cachette, se saisit de la bourse, la vide, bourre ses poches et replace la bourse vide dans la cachette, avant de sortir en dansant.*

SCÈNE IV

M. Josse, Séverin

> *Josse et Séverin sortent de la maison.*

M. Josse

Venez, ils sont partis!

Séverin

Dieu soit loué. Mais je n'aurais jamais cru que les diables fussent si paresseux. Ils ont passé la journée à se vautrer dans mon lit. Je ne sais trop que faire de ce lit. Je ne veux pas m'en servir maintenant que les diables y ont touché.

M. Josse

Donnez-le-moi.

Séverin

Donner! Ah! non. Je vous veux trop de bien pour vous laisser toucher à cela. Je le vendrai.

M. Josse

Hum!

Séverin

Cela me permettra de réparer les dégâts.

M. Josse

Quels dégâts?

Séverin

Ils m'ont cassé un pot qui servait à pisser, usé une demi-chandelle, vidé deux verres d'eau et gâté ma plus vieille serrure. Enfin, ils m'ont brûlé une cuiller de bois, un manche à balai, et soixante-quatorze bûches.

M. Josse

Vous connaissez le compte de vos bûches?

Séverin

Les pauvres gens sont bien obligés de compter.

M. Josse

Et moi, n'aurai-je rien pour ma peine?

Séverin

Frontin m'avait dit que vous ne vouliez rien.

M. Josse

Je lui ai dit, en effet, que vous me donneriez ce qu'il vous plairait.

Séverin

Ah! le brave homme! Je ferai quelque chose pour vous.

M. Josse

Je vous en suis très reconnaissant.

Séverin

Je vous invite à souper.

M. Josse

Merci beaucoup. J'ai trop grand appétit.

Séverin

Comment?

M. Josse

Votre bonté m'ouvre déjà l'appétit.

Séverin

Je vous donnerai un pigeon que, hier, j'ai arraché de la gueule d'une fouine, un beau petit morceau de lard, jaune comme un fil d'or, et une demi-douzaine de châtaignes. Cela n'est pas rien?

M. Josse

C'est trop, monsieur, beaucoup trop. Vous devriez vendre ce pigeon.

Séverin

C'est ce que j'aurais fait. Mais on ne l'achèterait point, car la fouine lui a mangé une cuisse et presque tout l'estomac.

M. Josse

Dans ce cas, nous mangerons le reste, de grand cœur.

Séverin

Ne me remerciez pas. Je ferai encore bien plus. S'il vous arrive d'avoir besoin de quelque argent, venez sans crainte et je vous l'aurai. Moyennant un intérêt convenable. Que vous en semble?

M. Josse

Que votre générosité me confond.

Séverin

Non, non, vous savez tout le bien que je vous veux. Et je vous jure que si les diables ne m'avaient pas pris mon bijou, je vous l'aurais donné. Je vous assure que j'en suis autant navré pour vous que je le suis pour moi.

M. Josse

Mais l'intention suffit, seigneur Séverin, et c'est exactement comme si je l'avais reçu.

Séverin

Vous êtes un honnête homme. Et ce que j'en dis, c'est surtout pour vous montrer que je ne suis pas aussi avare qu'on le dit. Adieu, monsieur.

M. Josse

Adieu, monsieur.

M. Josse sort.

Séverin

Il fait bon quelquefois se servir de sa langue. Je l'ai renvoyé aussi content que si je lui eusse donné ce rubis. Voyons ma bourse! Mais que veut celui-ci?

Entre Ruffin.

SCÈNE V

Séverin, Ruffin

Ruffin

Je ne trouve nulle part Frontin ni Urbain. Ils se sont joués de moi. Je cherche Séverin pour lui raconter de quoi faire bâtonner son fils, et, s'il se peut, lui tirer de l'argent. Le voici! Seigneur Séverin!

Séverin

Que veux-tu de moi?

Ruffin

Une chose juste et raisonnable.

Séverin

Dis donc ce que c'est.

Ruffin

Ce matin, votre fils Urbain est venu chez moi.

Séverin

Tu dis Urbain?

Ruffin

Je dis Urbain.

SÉVERIN

Mon fils?

RUFFIN

Je suppose qu'il est votre fils. Du moins c'est à sa mère
de le savoir. Mais laissez-moi achever. Il a trouvé ma
nièce seule, qui est une fort belle garce, et il a su si bien
la prêcher qu'il a pu l'emmener avec ma bourse et mes
affaires.

SÉVERIN

Hélas! que me dis-tu?

RUFFIN

Sur ces entrefaites, je les ai rencontrés près d'ici et
comme je l'accusais de débaucher les filles et le menaçais
de le traîner devant les juges, pendant que je criais après
lui, disant qu'il me faisait tort, il m'a donné tant de
coups de pied et de poing qu'il m'a mis la tête en pâte
et je pense qu'il m'a rompu les côtes.

SÉVERIN

Où est-il que je le tue?

RUFFIN

Ainsi, me voyant maltraité et sachant combien vous
déplaisent les choses mal faites, je me suis adressé à vous
pour vous supplier d'avoir pitié de moi.

SÉVERIN

A-t-il vraiment fait cela?

RUFFIN

Oui, et il est resté dans votre maison toute la journée
avec ma nièce.

SÉVERIN

Dans ma maison?

RUFFIN

Dans votre maison.

SÉVERIN

Qui te l'a dit?

RUFFIN

Ceux qui le fréquentent.

SÉVERIN

Où est ma maison?

RUFFIN

La voilà.

SÉVERIN

Je ne sais si tu te moques de moi, mais je sais bien qu'il ne peut s'agir de ma maison.

RUFFIN

Pourquoi?

SÉVERIN

Pourquoi? Mais parce qu'elle était pleine de diables et qu'il y a longtemps qu'il n'y entre personne.

RUFFIN

Est-ce que les diables ont l'habitude de se mettre l'un sur l'autre?

SÉVERIN

Tu as pris une porte pour une autre, car j'étais présent lorsqu'ils ont été chassés.

RUFFIN

Ce sera comme vous voudrez. Mais je veux que vous me fassiez rendre mon argent et réparer les dégâts faits à ma nièce.

SÉVERIN

Je n'ai point d'argent à te donner. Mais je te ferai bien rendre la fille telle qu'il l'a prise, si c'est encore possible. Où pourrais-je le trouver?

RUFFIN

Je vous dis que je l'ai laissé chez vous avec Féliciane, ma nièce.

SÉVERIN

Je te dis que tu te trompes.

RUFFIN

Je vous dis que vous avez tort.

SÉVERIN

Penses-tu le savoir mieux que moi?

RUFFIN

Demandez-le à Frontin.

SÉVERIN

Qu'en sait Frontin? Et où est-il?

RUFFIN

Il était tout à l'heure près d'ici et voulait me donner un rubis.

SÉVERIN

Dis-tu Frontin, serviteur de Fortuné?

RUFFIN

Oui, celui-là même.

SÉVERIN

Et quel rubis voulait-il te bailler?

RUFFIN

Un gros rubis en cabochon, un peu écorné d'un côté, mais enchâssé à la vieille mode. Il dit que c'est une antiquité de votre maison.

SÉVERIN

Je ne sais si je rêve ou si je veille, mais je ne puis croire tous ces mensonges.

Frontin est entré depuis un moment.

SCÈNE VI

Séverin, Ruffin, Frontin

FRONTIN (*à part*).

Il faut prendre courage et faire bonne mine en mauvais jeu (*À Séverin.*) J'ose dire, seigneur Séverin, que vous êtes tombé en de bonnes mains.

SÉVERIN

As-tu entendu ce que dit Ruffin?

FRONTIN

Oui, assez souvent. Ne savez-vous pas qu'il est fou?

RUFFIN

Comment, fou? Ah! cela ne se passera pas ainsi. Et nous irons devant les juges.

FRONTIN (*bas*).

Tais-toi et va-t'en. Je te donnerai de l'argent.

RUFFIN

Je n'en ferai rien que je n'en aie des deux. (*À Séverin.*) Voyez comme il voudrait me chasser, hein?

SÉVERIN

Eh bien! Frontin, que veut dire ceci?

FRONTIN

Ne vous ai-je pas dit que la cloche, chez lui, avait perdu son battant?

SÉVERIN

Mais que parle-t-il d'Urbain, d'argent et d'un faux rubis? Je ne le comprends pas.

FRONTIN

Il lui est arrivé un petit malheur qui lui a fait perdre

l'entendement et maintenant il ne sait plus parler que d'Urbain, de Féliciane, de faux rubis et d'argent.

SÉVERIN

Pourtant il me semble bien sage et bien rassis.

FRONTIN

C'est justement là sa folie. Mon brave homme, le seigneur Séverin n'a pas le temps aujourd'hui de t'écouter. Une autre fois, une autre fois...

RUFFIN

Tu ne me feras pas bouger d'ici avant que je n'obtienne ce qui m'appartient et ma nièce Féliciane.

SÉVERIN

Mais il parle toujours d'Urbain et de Féliciane. Qui est-elle?

FRONTIN

C'est justement là sa folie. Ne dit-il pas aussi qu'on l'a emmenée de force?

SÉVERIN

Oui.

FRONTIN

C'est justement là sa folie.

SÉVERIN *(à Ruffin)*.

Parle plus clairement pour qu'on te comprenne.

RUFFIN *(hurlant)*.

Je dis que ce matin, Urbain et Frontin ont débauché Féliciane ma nièce, emporté tout ce que j'avais, et je veux qu'ils me le rendent. Cela vous paraît-il clair?

SÉVERIN

Il doit y avoir quelque chose de vrai là-dedans.

FRONTIN

Comment pouvez-vous croire aux paroles d'un fou?

(À Ruffin, bas.) Prends cet argent par-dessous mon manteau.

SÉVERIN

S'il est fou, il est vrai qu'il ne peut rien y avoir de vrai là-dessous.

RUFFIN

Je pars, mais je vais les compter.

Ruffin sort.

SÉVERIN

Que racontez-vous là?

FRONTIN

Je lui ai donné quelques pièces de monnaie pour l'apaiser.

SÉVERIN

Tu avais de l'argent sur toi?

FRONTIN

J'en porte toujours avec moi au cas que je rencontre cet homme. On ne peut se débarrasser autrement de sa folie.

SÉVERIN

Mais ne disait-il pas qu'Urbain et cette fille ont, ce matin, dîné chez moi?

FRONTIN

Ah! Ah! Ah! Toujours sa folie. Mais changeons de sujet, cette folie est trop triste. L'affaire des esprits s'est bien passée à ce que m'a dit maître Josse.

SÉVERIN

Eh! Eh! C'est selon.

FRONTIN

Quoi, ne sont-ils pas partis?

SÉVERIN

Oui, avec mon gros rubis. Mais je vais tâcher de le ravoir.

FRONTIN

Et moi n'aurai-je rien pour ma peine?

SÉVERIN

Je vais y réfléchir. Mais je voudrais que tu t'en ailles chez mon frère Hilaire pour lui dire que j'irai y prendre un peu de vin chaud. Dis-lui qu'il n'y faut qu'un demi-litre, un morceau de pain et un oignon.

FRONTIN

On ne mange pas d'oignons chez votre frère.

SÉVERIN

C'est bien. Je ne mangerai donc pas d'oignon.

FRONTIN

J'y vais pour vous obéir.

Sort Frontin.

SCÈNE VII

SÉVERIN, *seul, puis* FRONTIN

SÉVERIN

Mon Dieu qu'il me tardait d'être débarrassé de celui-là afin de reprendre ma bourse, puisque personne ne me regarde. Oh! m'amour, t'es-tu bien portée? Jésus! qu'elle est légère! Vierge Marie, qu'est-ce qu'on a mis dedans! Hélas! Je suis détruit, je suis perdu, je suis ruiné! Au voleur! Au larron! Au larron! Prenez-le! Arrêtez tous ceux qui passent! Fermez les portes et les fenêtres. Misérable que je suis! Où cours-je? À qui le dis-je? Je ne sais où je suis, ce que je fais, ni où je vais. Hélas!

mes amis, je me recommande à vous tous. Secourez-moi,
je vous en prie, je suis mort, je suis perdu!

Dites-moi qui m'a dérobé mon âme, ma vie, mon cœur
et toute mon espérance! Que n'ai-je une corde pour me
pendre! J'aime mieux mourir que de vivre sans elle.
Hélas! elle est toute vide. Mon Dieu, quel est ce barbare
qui tout d'un coup m'a ravi mes biens, mon honneur
et ma vie? Ah! chétif que je suis, que ce jour est noir
et que cette heure est misérable! Pourquoi vivrais-je
maintenant que j'ai perdu mes chers écus que j'avais si
soigneusement amassés et que j'aimais plus que mes
propres yeux. Mes écus que j'avais épargnés en me
retirant le pain de la bouche, en ne mangeant jamais
à ma faim! Mes écus!

Entre Frontin.

SCÈNE VIII

FRONTIN, SÉVERIN

FRONTIN

Eh! Quels sont ces cris? On vous entend de l'archevêché!

SÉVERIN

Une rivière, vite, que je me noie!

FRONTIN

Ah! je me doute de l'affaire.

SÉVERIN

Vite, un couteau, que je me le plante en l'estomac!

FRONTIN

Un couteau, pour quoi faire? En voici un, seigneur
Séverin.

SÉVERIN

Qui es-tu, toi?

FRONTIN

Mais, Frontin!

SÉVERIN

Tu m'as volé, larron! Rends-moi mes écus, rends-les-moi devant que je t'étrangle!

FRONTIN

Doucement, je ne comprends rien à ce que vous dites.

SÉVERIN

Tu ne les as pas?

FRONTIN

Et comment les aurais-je? Qui vous les a pris?

SÉVERIN

Si je ne les trouve, je délibère de m'assassiner tout droit.

FRONTIN

Point de colère!

SÉVERIN

Comment point de colère? J'ai perdu deux mille écus!

FRONTIN

Deux mille écus? Mais vous disiez partout que vous n'aviez pas un liard.

SÉVERIN

Tu te ris de moi, vilain!

FRONTIN

Doucement!

SÉVERIN

Pourquoi ne pleures-tu pas?

FRONTIN

C'est que selon moi vous les retrouverez.

SÉVERIN

Où sont-ils ? Il y aura un écu pour toi si tu les retrouves.

FRONTIN

Je ne sais. Venez dîner et vous y penserez.

SÉVERIN

Non, je ne veux boire ni manger. Je veux mourir ou les trouver.

FRONTIN

Mais vous ne les trouverez pas si vous vous mettez à mourir.

SÉVERIN

Cela est vrai. J'irai au lieutenant criminel.

FRONTIN

Bon.

SÉVERIN

Je les ferai tous emprisonner.

FRONTIN

Encore meilleur.

SÉVERIN

Jésus, qu'il y a de voleurs à Paris !

FRONTIN

Ah ! Pour ceux qui sont ici, j'en réponds, il n'y a que des honnêtes gens.

SÉVERIN

Ha ! Je ne puis plus marcher ! Ma bourse !

FRONTIN

Mais vous l'avez. Vous vous êtes moqué de moi !

Séverin

Je l'ai, mais elle est vide, et elle était pleine.

Frontin

Si vous ne faites pas un effort, nous coucherons cette nuit dans la rue.

Séverin

Aide-moi. Ô ma bourse, ma bourse, hélas! ma pauvre bourse!

Ils sortent.
Tous les autres entrent et font une pantomime accompagnée de musique.

RIDEAU

ACTE III

SCÈNE I

FORTUNÉ, HILAIRE

FORTUNÉ

ME voici, mon père, prêt à obéir à ce qu'il vous plaira de me commander.

HILAIRE

Tu sais, Fortuné, que j'ai toujours préféré te prier que te commander. Pour aujourd'hui, je voudrais seulement te mettre en garde.

FORTUNÉ

Je pense que vous voulez parler de mes amours.

HILAIRE

Il est vrai.

FORTUNÉ

Je sais que j'ai fauté de ce côté-là, mon père, et je sais en même temps que je ne pouvais faire autrement. Comment aurais-je pu haïr Apoline qui m'aime plus qu'elle-même? Comment aurais-je pu ne pas désirer celle où tend le parfait de tous mes désirs? Il n'y a et il n'y aura jamais fille qui se puisse comparer à elle en beauté, gentillesse, courtoisie et bonne grâce. Aussi, je vous supplie, mon père, de ne vouloir vous opposer à l'ardeur de mes flammes amoureuses. Je voudrais vous plaire et vous obéir. Mais je sais aussi que j'ai je ne sais quoi au cœur qui continuellement me dit que je ne puis et ne dois manquer d'amitié à qui m'aime de toute son affection.

HILAIRE

J'ai autrefois essayé de l'amour, mon fils. Cela m'aide à avoir pitié de toi. Mais j'ai le devoir de te donner au moins un avis. Ton amour est singulier et il n'y a pas de raison ni de courtoisie à aimer singulièrement. On se distingue à aimer une fille qui pourrait être religieuse. Et de plus le monde te blâmera justement de vouloir courir après un si court plaisir qui traînera derrière lui une si longue pénitence. Ne vaudrait-il pas mieux que tu te tournasses vers un autre parti ? Tu sais que je ne regarde pas aux biens, pourvu qu'elle te plaise et soit honnête fille.

FORTUNÉ

Je ne serai jamais content si je n'ai mon Apoline. Ayez compassion de moi.

HILAIRE

Je n'y manque pas, mon fils. Et je ne puis vouloir de toi ce qui n'est pas en ta puissance. Je te prie seulement de te laisser conseiller par moi.

FORTUNÉ

Vous êtes le meilleur des pères.

Il lui embrasse la main.

SCÈNE II

Fortuné, Hilaire, Séverin, *puis* Frontin, Gérard

Séverin *(entrant)*.

Hélas ! Ô fils du diable, né pour me faire mourir !

FORTUNÉ

C'est Séverin qui pleure ses deux mille écus. Père, je vous ai raconté le tour de Frontin. Gardez le secret.

HILAIRE

Je veux cependant l'aider.

SÉVERIN

En un même jour, j'ai perdu deux mille écus, j'ai été volé d'un rubis, trompé par Frontin et déshonoré par Urbain. Et maintenant, je n'attends plus que la mort. La fortune m'accable et pourtant je n'ai jamais offensé que moi-même.

FORTUNÉ

Il est au courant du stratagème des esprits.

SÉVERIN

Que j'aurais mieux fait, dès le commencement, de le laisser faire ce qu'il voulait et hanter les garces à l'occasion! Au lieu de quoi je me tourmente, je me tue, Urbain hante les garces de toute façon et moi je perds le trésor de ma vie et ma raison d'exister.

HILAIRE

Eh! Qu'avez-vous à pleurer si fort?

SÉVERIN

Comment! Ce que j'ai? Toutes les tortures du monde et tous les maux de l'univers.

HILAIRE

Vraiment, je suis navré de la perte que vous avez subie et des soucis que vous donne Urbain. Mais il faut bien que jeunesse se passe.

SÉVERIN

Vous l'avez toujours dit et vous avez été cause de tous ses désordres.

HILAIRE

Ne m'injuriez pas. Et avouez que vous avez été un bien grand fou de mettre deux mille écus dans une bourse et la bourse dans un trou.

SÉVERIN

Vous êtes tous sages, après l'affaire, et il n'y a que moi qui sois fou, à vous en croire. Mais, en vérité, il n'y a que moi qui sois malheureux, endurant mille peines et fâcheries de mon fils qui est le plus grand ennemi que j'aie au monde, souffrant enfin que Frontin se moque de moi, me laisse croire que ma maison est pleine d'esprits, m'ôte jusqu'à l'anneau de mes doigts et me fasse la fable de tout Paris.

HILAIRE

Il n'était pas difficile de donner à Urbain dix écus qui vous auraient évité tout ceci.

SÉVERIN

Dix écus! Je ne veux pas qu'il ait un sou de mon vivant! Hélas! mes écus! Quand je pense à eux le cœur me crève, j'en perds le sens et j'en suis tellement abattu que je ne peux me soutenir.

HILAIRE

Je comprends votre peine!

SÉVERIN

Je vais encore aller les chercher. Mais je sais bien que c'est en vain.

HILAIRE

Cherchez toujours. On ne peut prévoir.

SÉVERIN

Et puis je pleurerai tant que Dieu ou le diable seront bien forcés d'avoir pitié de moi.

Il entre chez lui.

FORTUNÉ

Vîtes-vous jamais plus grand fou?

HILAIRE

Il faut convenir qu'il a de quoi désespérer.

FORTUNÉ

Ô Dieu, que je suis heureux d'être votre fils !

HILAIRE

Qui est cette fille dont Urbain est amoureux ?

FORTUNÉ

Son père est un riche marchand qui s'est réfugié à La Rochelle, il y a trois ans, après avoir perdu une oreille dans les troubles religieux, laissant sa fille à la garde d'une sienne parente. Et l'on me dit que ce père, nommé Gérard, est en route pour venir chercher sa fille.

HILAIRE

Il sera surpris de ce qu'il trouvera. Mais il faut que j'aille régler une certaine affaire. Toi, pense à ce que je t'ai dit si tu désires me contenter.

Hilaire sort.

FORTUNÉ

Je voudrais lui faire plaisir et ne le puis. L'amitié et l'amour me démembrent de toutes parts, et j'endure une si extrême passion que celle que souffre le pauvre patient tiré à quatre chevaux ne saurait être plus grande.

Entre Frontin qui le regarde.

FRONTIN

Qu'il est beau et qu'on en ferait bien son amoureux !

FORTUNÉ

Que dis-tu ?

FRONTIN

Je dis que si j'étais votre amoureuse, je vous traiterais mieux que ne le fait votre Apoline, qui vous accable sous trop d'ennuis et vous met trop d'encombrements sur les bras.

FORTUNÉ

Ne parle d'Apoline qu'avec tout le respect que tu lui

dois. Qui diable serait amoureux de toi, à part le bourreau? Mais que fais-tu ici à cette heure?

FRONTIN

Où m'avez-vous envoyé? Au couvent, je crois?

FORTUNÉ

Quoi! Tu es déjà de retour?

FRONTIN

Vous voyez bien! Et il y a du nouveau!

FORTUNÉ

Du nouveau!

FRONTIN

Oui, vos vieux jours sont assurés.

FORTUNÉ

Encore tes sottises. Parle clairement et me dis ce qu'il en est.

FRONTIN

Mais il en est ainsi et vous êtes sûr désormais de vivre en joyeuse famille.

FORTUNÉ

Ô bonheur! Le mariage est conclu!

FRONTIN

Je n'ai pas dit cela.

FORTUNÉ

Vite, je vais chercher mon père.

FRONTIN

Mais, écoutez...

FORTUNÉ

Je reviens. Cours à la maison. À mon retour, tu m'y parleras d'Apoline.

Il court vers la sortie.

FRONTIN

Seigneur Fortuné... mon maître... *(Fortuné sort.)* Il est assurément fou et je n'ai pu lui dire la nouvelle. Ah! quel métier que le mien! Au couvent, à la maison, puis au couvent, et ceci, puis cela. J'ai les genoux en terre. Au moins si l'on faisait en cette ville la fête du temps passé où les serviteurs étaient huit jours les maîtres, et les maîtres serviteurs! Je me donnerais du bon temps, me ferais livrer à boire et à manger au lit, et enverrais mon maître au couvent. Il est vrai que je ne verrais pas Margot qui d'ordinaire chauffe mon lit. Mais huit jours sont bientôt passés; je la trouverais meilleure après. Hou! je m'attarde et il faut y aller, avant que mon jeune maître revienne, car les amoureux ont tant d'épines aux pieds qu'ils ne peuvent demeurer en place. Quand il saura la nouvelle... Mais qu'est celui-là?

Entre Gérard.

GÉRARD

Ô maison, douce paix enfin revenue, et toi Féliciane, espoir et consolation de ma vieillesse, je me réjouis de t'embrasser sans délai.

Il entre dans la maison.

FRONTIN

Ciel, c'est Gérard, le père de Féliciane! Il y a trop de pères dans cette place-ci.

Entre Hilaire.

SCÈNE III

FRONTIN, HILAIRE

HILAIRE

Frontin!

FRONTIN

Encore un! Hé! Vous m'avez fait peur! Que vais-je lui dire? Il faut bien qu'il le sache.

HILAIRE

Es-tu sourd?

FRONTIN

Non, ma foi, je le lui dirai, puisque Fortuné a différé de l'apprendre.

HILAIRE

Que me diras-tu?

FRONTIN

Que Fortuné...

HILAIRE

Qu'a-t-il fait?

FRONTIN

Heu...

HILAIRE

Quoi?

FRONTIN

Un garçon, et...

HILAIRE

À qui?

FRONTIN

À son Apoline.

HILAIRE

Ô malheur que Dieu lui envoie!

FRONTIN

Mais par Jésus, monsieur, vous ne verrez jamais un plus beau petit garçon.

HILAIRE *(s'attendrissant)*.

Est-il si beau, vraiment?

FRONTIN

Oui par ma foi, et presque aussi beau que sa sœur.

HILAIRE

Sa sœur?

FRONTIN

Eh! oui. Ni vous ni mon maître ne me laissez finir et vous courez la poste.

HILAIRE

Parle, parle...

FRONTIN *(très vite)*.

La chère Apoline a bravement enfanté coup sur coup d'une fille qui ressemble à son père et d'un fils que vous diriez sa mère.

HILAIRE

Hilaire! Tes conseils sont venus trop tard et la fortune nous a frappés deux fois! *(À Frontin.)* Va au logis, bavard, et tais-toi.

FRONTIN

Ne dirai-je rien à Fortuné?

HILAIRE

À lui moins qu'à personne. J'enverrai moi-même les langes. *(Frontin sort. Hilaire reste seul.)* Il ne reste plus qu'à voir l'Abbesse et à la convaincre que tout cela est bien.

Gérard sort de sa maison.

SCÈNE IV

HILAIRE, GÉRARD, RUFFIN

GÉRARD

Féliciane, Féliciane! Où est ma fille? Misérable que je suis, on me dit que Ruffin me l'a débauchée! J'ai perdu

l'honneur avec ma fille! Je la souhaitais vivante et je la
voudrais morte. Et il me faut avaler cette honte comme
du lait, de crainte qu'en remuant trop cette ordure l'odeur
ne s'en répande davantage dans le peuple et que ceci soit
connu de tous.

*Entre Ruffin qui fait mine de
fuir en apercevant Gérard.*

GÉRARD

Ah, le voilà

RUFFIN

Doucement!

GÉRARD

Viens ici, misérable!

RUFFIN

Tout beau!

GÉRARD

Voleur de filles!

RUFFIN

Paix, là!

GÉRARD

Débauché!

RUFFIN

Trêve, monsieur!

GÉRARD

Comment Féliciane est-elle sortie de ma maison?

RUFFIN

Elle n'est sortie que d'aujourd'hui et avec un homme
qui lui donne des leçons de civilité.

GÉRARD

Comment te croirais-je? C'est toi qui me l'as débauchée!

RUFFIN

Pour tout vous dire, monsieur, elle est avec un jeune homme qui l'aime plus que ses propres yeux et veut l'épouser. Ce serait déjà fait n'eût été l'avarice de son père qui ne veut pas lui donner un sou bien qu'il soit riche à crever. Et je suis sûr que si vous vouliez donner une bonne dot à votre fille, le mariage serait conclu.

GÉRARD

Je puis lui donner une dot. Mais qui lui rendra l'honneur!

RUFFIN

Il y a, monsieur, plusieurs sortes d'honneur. Et pour l'une d'entre elles, elle se vend au marché.

GÉRARD

Tout l'argent que tu voudras. Mais je ne puis penser qu'un jeune homme veuille épouser une fille dont il a déjà goûté.

RUFFIN

Oh! monsieur, il a eu le temps de s'apercevoir que personne ne l'avait touchée avant lui.

GÉRARD

S'il en est ainsi, l'argent ne lui manquera pas. Mais je voudrais bien la voir, si coupable qu'elle soit.

RUFFIN

Elle est ici. Venez.

SCÈNE V

GÉRARD, RUFFIN, SÉVERIN

SÉVERIN

Qui est là?

RUFFIN

Des amis.

SÉVERIN

Qui vient m'ennuyer dans ma douleur?

RUFFIN

Seigneur Séverin, bonnes nouvelles.

SÉVERIN

Bonnes?

RUFFIN

Excellentes!

SÉVERIN *(sortant)*.

Quoi? Elle est trouvée?

RUFFIN

Oui.

SÉVERIN

Dieu soit loué! Le cœur m'éclate de joie.

RUFFIN *(à Gérard)*.

Voyez, il fera ce que vous voudrez.

SÉVERIN

Je ne me tiens plus de bonheur. Qui l'avait?

RUFFIN

Ne le savez-vous pas? C'était moi.

SÉVERIN

Et que faisais-tu de ce qui m'appartient?

RUFFIN

Eh bien! avant de la donner à Urbain, je l'ai gardée
un peu chez moi.

SÉVERIN

Tu l'as donnée à Urbain? Dis qu'il te la rende et
rapporte-la-moi.

RUFFIN

Comment voulez-vous que je me la fasse rendre s'il ne veut pas la quitter?

SÉVERIN

Cela m'est égal. Je n'y suis pour rien. Tu as trouvé deux mille écus qui m'appartiennent. Il faut que tu me les rendes de gré ou de force.

RUFFIN

Je ne vous comprends pas.

SÉVERIN

Mais moi, je me comprends. Monsieur, vous m'êtes témoin que cet homme doit me donner deux mille écus.

GÉRARD

J'en témoignerais de grand cœur, si quelqu'un d'autre voulait témoigner auprès de moi de la vérité de la chose.

RUFFIN

J'ai peur que le vieux ne devienne fou.

SÉVERIN

Oh! effronté! Tu me dis que tu as trouvé mes deux mille écus et tu crois t'en tirer en me racontant que tu les as rendus à Urbain. Mais ce serait trop facile et tu vas me les restituer.

RUFFIN

Seigneur Séverin, je commence à comprendre et ce n'est pas cela. Je n'ai pas trouvé vos deux mille écus, mais Féliciane, que réclame son père, qui est cet homme de bien, que voici.

Gérard salue.

SÉVERIN

Qu'ai-je à faire de Féliciane? Et je ne veux pas que vous me rompiez la tête plus longtemps puisque vous n'avez pas trouvé mes écus.

Il ferme la porte.

GÉRARD

Ruffin, j'ai peur que tu ne me trompes encore. Tu m'assures que nous allons trouver ma fille et tu me mènes voir un fou.

RUFFIN

C'est le père de l'ami de votre fille.

GÉRARD

Voilà, ma foi, un homme de brave éducation.

SCÈNE VI

RUFFIN, GÉRARD, FRONTIN *à la fenêtre.*

RUFFIN

Frontin, ne peux-tu nous dire où est Féliciane?

FRONTIN

Sous Urbain.

RUFFIN

Où sont-ils, je t'en prie?

FRONTIN

Mais au lit!

GÉRARD

Je commence à croire que je ne devrais pas être ici!

FRONTIN

Que lui veux-tu?

RUFFIN

Voici son père qui vient la voir.

FRONTIN

À la bonne heure! Cela est urgent. Au demeurant, elle désire aussi le voir, mais ne veut quitter Urbain.

Après tout, cela tombe bien puisqu'il veut la marier.
Entrez ici, vous les y trouverez.

Ils entrent chez Hilaire.

SCÈNE VII

HILAIRE, FORTUNÉ

FORTUNÉ

Bonjour, mon père.

HILAIRE

Ah! Fortuné, je te cherchais. J'ai de bonnes nouvelles
pour toi.

FORTUNÉ

Quoi, Apoline a-t-elle pu sortir du couvent?

HILAIRE

La nouvelle est encore meilleure.

FORTUNÉ

Vous me l'amenez?

HILAIRE

Encore meilleure!

FORTUNÉ

Mais je ne peux rien imaginer de meilleur!

HILAIRE

Apoline a fait un beau petit garçon.

FORTUNÉ

Oh! Malheureux que je suis, voilà ce que je pouvais
entendre de pire!

HILAIRE

Un beau petit garçon... et puis une petite fille.

FORTUNÉ

À la fois?

HILAIRE

À la fois sans doute. Il n'y avait pas d'autre remède.

FORTUNÉ

Je suis mort doublement.

HILAIRE

Laisse-moi finir, je vais te faire revivre! L'Abbesse veut maintenant que tu épouses ton Apoline.

FORTUNÉ

Vous vous moquez de moi.

HILAIRE

Non. Elle était d'abord plus fière qu'un taureau, mais cet excès de naissances l'a rendue plus douce qu'un agneau. Elle veut seulement comme condition que tu partages avec le couvent la succession d'Apoline.

FORTUNÉ

Oh! me voici trois fois heureux.

HILAIRE

Il faut se contenir. Car ceci n'a réussi que par hasard.

FORTUNÉ

Non par hasard, mais par nature, et par votre bonté.

Entrent Frontin et les autres.

SCÈNE VIII

HILAIRE, FORTUNÉ, FRONTIN, LES AUTRES

FRONTIN

Seigneurs... je vous cherchais. Tout est pour le mieux. Le père de Féliciane veut bien marier Urbain. Il reste à obtenir le consentement de Séverin.

HILAIRE

Cela sera dur sans les deux mille écus.

FRONTIN

J'avais prévu la chose. Et voici les deux mille écus que je me suis permis d'emprunter au seigneur Séverin, connaissant sa cachette.

HILAIRE

Tu auras été diable jusqu'au bout.

FRONTIN

Et les esprits nous ont bien servis. Ajoutez que Gérard apporte une dot considérable de quinze mille écus. Mais voyons Séverin.

SCÈNE IX

LES MÊMES, *plus* SÉVERIN

SÉVERIN

Qui est là?

HILAIRE

Mon frère, ouvrez.

SÉVERIN *(sortant)*.

Va-t-on encore se gausser de moi?

HILAIRE

Mon frère, vos écus sont retrouvés.

SÉVERIN

Je crois avoir mal entendu, ne voudriez-vous pas répéter?

HILAIRE

Mon frère, vos écus sont retrouvés.

SÉVERIN

Vous dites bien que mes écus sont retrouvés?

HILAIRE

Oui, je le dis.

SÉVERIN

Oh! je ne peux y croire.

HILAIRE

Ils seront bientôt entre vos mains.

SÉVERIN

Je le croirai quand je pourrai les voir et les toucher.

HILAIRE

Avant de vous les donner, il faut seulement que vous promettiez de marier Urbain à une femme qui tient quinze mille écus de dot de son père.

SÉVERIN

Je n'entends pas ce que vous dites. Je ne pense qu'à mes écus et je ne cesserai d'être sourd que lorsque je les tiendrai. Si vous me les rendez, je ferai ce que vous voudrez.

HILAIRE

Sur votre honneur?

SÉVERIN

Oui.

HILAIRE

Les voilà.

SÉVERIN

Oh! Dieu, ce sont les mêmes. Mon frère, que je vous aime! Même si je devais vivre mille ans, je ne pourrai assez vous récompenser de tout ceci.

HILAIRE

Il suffira de faire ce que je vous ai demandé.

SÉVERIN

Vous m'avez rendu la vie, l'honneur et les biens que j'avais perdus.

HILAIRE

C'est pourquoi vous devez me faire ce plaisir.

SÉVERIN

Et qui les avait volés ?

HILAIRE *(regardant Frontin)*.

En vérité, ils n'ont pas été volés. Mais on avait craint qu'ils ne le fussent et, pour l'amour de vous, on les a mis à l'abri. Mais répondez à ma question.

SÉVERIN

Je veux d'abord les compter.

HILAIRE

Pour quoi faire ?

SÉVERIN

Et s'il en manque ?

HILAIRE

Vous avez ma parole.

SÉVERIN

Donnez-la-moi par écrit.

HILAIRE

Ne pouvez-vous me croire ?

SÉVERIN

Oui, d'ailleurs, car votre parole vous rend responsable. Mais ne m'aviez-vous pas parlé de quinze mille écus ?

FORTUNÉ

Il ne l'a pas oublié.

HILAIRE

Il s'agit de marier Urbain à quinze mille écus de dot.

SÉVERIN

Oh! mais cela me semble le meilleur du monde.

Sur le pas de la porte d'Hilaire
sortent Gérard, Urbain, Ruffin
et Féliciane.

HILAIRE

Nous ferons ainsi deux mariages à la fois, car je marie
Fortuné.

SÉVERIN

J'en suis heureux et que grand bien lui fasse. Mais
il faudra donner le festin dans votre maison, car la mienne
est si mal commode qu'on ne saurait y danser, y manger
et rien de tout cela.

HILAIRE

Je vous comprends parfaitement. Allons.

Musique. Pantomime, puis
Frontin s'avance.

FRONTIN

Mesdames et Messieurs, vous voyez ce qu'il en est.
Nous ne pouvons vous montrer le festin de ce soir car
Apoline est en couches et Féliciane veut retourner au lit.
C'est pourquoi je vous supplie de nous excuser et de nous
faire un petit signe si la comédie vous a plu.

RIDEAU

PEDRO CALDERON DE LA BARCA

LA DÉVOTION À LA CROIX

PIÈCE EN TROIS JOURNÉES

À MARCEL HERRAND

AVANT-PROPOS

L A Dévotion à la croix, *plusieurs fois traduite, n'attendait pas cette nouvelle version pour être révélée au lecteur français. Mais Marcel Herrand, séduit par cet extravagant chef-d'œuvre, a choisi d'en donner trois représentations, cette année, à l'occasion du Festival d'art dramatique qu'il organise dans la cour du château d'Angers. Il souhaitait pour cela un texte qui, tout en s'efforçant de rester fidèle à la lettre et au ton de l'original, pût cependant être parlé et déclamé commodément. Écrite sur sa demande, la présente version, sans pouvoir répondre vraiment à cette exigence idéale, s'y est efforcée. Elle n'est pas une adaptation et elle a recueilli tout le dialogue de Calderon. Mais elle vise surtout à fournir un texte de représentation, écrit pour des acteurs. Autrement dit, elle cherche à faire revivre un spectacle, à retrouver le mouvement de ce qui fut d'abord une pièce jouée devant des auditoires populaires, une sorte de mélodrame religieux enfin, à mi-chemin des mystères* et du drame romantique. On y a été aidé par les audaces de pensée et d'expression du plus grand génie dramatique que l'Espagne ait produit. La grâce qui transfigure le pire des criminels, le salut suscité par l'excès du mal, sont pour nous, croyants ou incroyants, des thèmes familiers. Mais c'est plus de trois siècles avant Bernanos que Calderon prononça, et illustra de façon provocante, dans la Dévotion, le « Tout est grâce » qui tente de répondre dans la conscience moderne au « Rien n'est juste » des incroyants. À cette occasion, on s'estimerait satisfait si cette version nouvelle pouvait avoir mis l'accent sur la jeunesse et l'actualité du théâtre espagnol.*

A. C.

---

* Ce qu'on appelait en Espagne les *autos sacramentales*, genre où Calderon régna en maître incontesté.

LA DÉVOTION À LA CROIX

Cette version de la Dévotion à la croix *a été représentée pour la première fois à l'occasion du* Festival d'art dramatique d'Angers, *sous la direction de Marcel Herrand, le 14 juin 1953, dans la cour du château d'Angers, avec la distribution suivante :*

JULIA	*Mmes*	*Maria Casarès.*
MENGA		*Charlotte Clasis.*
ARMINDA		*Léone Laisner.*
EUSÉBIO	*MM.*	*Serge Reggiani.*
CURCIO		*Jean Marchat.*
LISARDO		*Jean Vinci.*
ALBERTO		*Charles Nissar.*
OCTAVIO		*Paul Œttly.*
GIL		*Jean-Pierre Vaguer.*
BLAS		*Jean Bolo.*
TIRSO		*Roger Marino.*
TORIBIO		*Yves Bernard.*
RICARDO		*Bernard Andrieu.*
CÉLIO		*Michel Choisy.*
CHILINDRINA		*Henri Lalanne.*

Mise en scène de Marcel Herrand.
Costumes de Philippe Bonnet.

*L'action se passe en Italie.
Sena est probablement Sienne qui pourtant devrait s'écrire Siena.*

NOTE

Les passages placés entre crochets dans cette édition ont été supprimés à la représentation.

PREMIÈRE JOURNÉE

Un petit bois près d'un chemin qui conduit à Sena.

MENGA *(en coulisses)*.

SACRÉE bourrique! Où court-elle encore?

GIL *(en coulisses)*.

Arri!... Arri!... Diablesse! Arri!... Tête de mule!

MENGA

Regarde où elle va! Arri!... Avance par là!

GIL

Que le diable t'assomme! Comment tenir sa queue?
Il faudrait s'y mettre à mille!

Ils entrent.

MENGA

Beau travail, Gil!

GIL

Beau travail, Menga! Mais par ta faute! Tu la montais,
cette bourrique, non? Et tu lui as glissé à l'oreille d'aller
se coucher dans la fondrière, tout juste pour m'enrager.

MENGA

C'est toi qui le lui as dit, pour le plaisir, bien sûr,
de me voir tomber de haut.

GIL

Comment la sortir de là?

MENGA

Quoi? Tu ne vas pas la laisser dans la boue?

GIL

À moi tout seul, je n'y suffirai pas.

MENGA

Tire-la par les oreilles, je la tirerai par la queue!

GIL *(s'asseyant).*

Il y aurait bien un moyen et qui a parfaitement réussi, l'autre jour, à un carrosse qui s'était embourbé en ville. Ce pauvre carrosse, confié à la garde de Dieu et traînaillé par deux poulains, n'était pas très fier de lui au milieu de ses beaux pareils. Et par suite, sans doute, d'une funeste malédiction qui lui venait de ses père et mère, au lieu d'avancer de porte en porte, il oscillait d'un marchepied à l'autre, embourbé jusqu'au moyeu. Le gentilhomme priait, le cocher frappait et tous deux, par persuasion ou par menaces, travaillaient à le sortir de là, bon gré mal gré. Mais si roide qu'on lui parlât, mon carrosse ne bougeait pas d'un sabot. Ils placèrent alors devant lui un picotin d'orge. Aussitôt, les chevaux, pour manger, tirèrent à en tousser, et de si bel appétit, qu'à force de tousser, ils firent démarrer le carrosse. Nous devrions en faire autant.

MENGA

Tes histoires ne valent pas cher. Elles sont toujours les mêmes.

GIL

Menga, je souffre. Regarde cette bête affamée et sans forces, alors qu'il y a dans le monde tant d'animaux repus!

MENGA

Je vais aller jusqu'au chemin voir s'il passe quelqu'un *du village* qui puisse te donner un coup de main. Tu es si empoté que le premier venu fera l'affaire.

GIL

Allez, Menga! Au refrain!

MENGA

Pauvre chère bourrique de mon âme...

Elle sort.

GIL

Pauvre chère bourrique de mon cœur... Tu étais la
bourrique la plus respectée du village. Jamais on ne t'a
vue en mauvaise compagnie. Tu ne courais pas les rues
et tu as toujours préféré ton râtelier à la promenade.
Vous dites? Ma bourrique, arrogante? Légère, la cuisse
de ma bourrique? Ah! J'oserais jurer que jamais elle ne
mit l'oreille à la fenêtre pour écouter âne qui vive lui
chanter la sérénade. Et quant à l'arrogance, non, sa langue
ne méritait pas cette réputation, car si ma bourrique a
souvent ouvert la bouche, ce ne fut jamais pour dire
du mal de quelqu'un. Et puis, il faut le dire, quand il
arrive que son râtelier déborde, elle ne se fait jamais prier
pour donner le superflu à une bourrique plus pauvre.
(Bruits en coulisse.) Mais quel est ce bruit? Deux hommes
qui descendent de cheval, attachent leurs montures et
viennent vers moi... Qu'ils sont pâles! Que font-ils de
si bon matin aux champs? Mangeurs de charbon, pour
sûr, ou constipés!... Eh là! bandits peut-être? Aïe, cela
est sûr!... Mais qui que ce soit, je me cache ici. Ils marchent... Ils courent... Ils entrent... Les voilà.

Entrent Lisardo et Eusébio.

LISARDO

Arrêtons-nous ici. Ce lieu secret, à l'écart du monde,
convient à mon dessein. Tire ton épée, Eusébio! C'est
avec l'épée qu'on demande raison aux hommes de ta sorte.

EUSÉBIO

Nous nous battrons, Lisardo, puisque je suis venu sur
le terrain. Mais je voudrais au moins savoir pourquoi
tu m'y mènes. Dis-moi seulement quels sujets d'offense
je t'ai donnés?

LISARDO

Ils sont si nombreux que les paroles me manquent
[comme manquent les raisons à ma raison et la patience

à ma souffrance]. Que ne puis-je les taire, Eusébio, ou du moins les oublier! Les redire ici, c'est renouveler l'offense. Connais-tu ces lettres?

EUSÉBIO

Jette-les à terre! Je les ramasserai.

LISARDO

Prends. Pourquoi restes-tu interdit? Pourquoi te troubles-tu?

EUSÉBIO

Malheur, mille fois malheur à l'homme qui confie ses secrets à un papier! La pierre qu'on jette dans le ciel, on sait qui la lance, mais non qui la reçoit.

LISARDO

Les as-tu reconnues?

EUSÉBIO

Je ne le nierai pas, elles sont toutes de ma main.

LISARDO

Écoute. Je suis Lisardo de Sena, fils de Lisardo Curcio. Mon père, par des largesses bien inutiles, a dilapidé très vite l'héritage de ses ancêtres. Nous sommes donc pauvres et celui-là ne sait pas à quel point il s'égare qui, par des dépenses excessives, réduit ses enfants à la gêne. Mais la pauvreté, bien qu'elle humilie la noblesse, ne dispense pas des obligations de la naissance. Ces obligations, Julia — le ciel sait ce qu'il m'en coûte de la nommer — n'a pas su s'y conformer, ou les a ignorées. Il n'empêche qu'elle est ma sœur, quand même il vaudrait mieux qu'elle ne le fût point. Et tu dois savoir que les femmes de son rang ne se courtisent pas avec des discours séducteurs ou des intermédiaires déshonorés, ni par des billets d'amour et des messages clandestins. Certes, tu n'es pas le seul coupable et je reconnais que j'aurais agi de même avec une femme qui m'aurait donné licence de lui parler. Mais tu étais mon ami et c'est ici que je t'accuse, car c'est ici que ta faute passe la sienne. Il se peut que ma sœur ait accepté d'être ta femme, et, à vrai dire, bien

que je préférerais la tuer de mes mains plutôt que de la
savoir à toi, je ne puis même imaginer que tu aies cherché
à la voir pour un autre motif. Mais si tu l'avais choisie
pour épouse, tu devais faire connaître tes vœux à mon
père, avant de les découvrir à Julia. Ceci était la voie
droite et mon père eût jugé alors s'il était bon de te donner
sa fille. Selon ce que je crois, il ne l'eût pas fait. Un
gentilhomme pauvre, et qui ne peut unir la fortune à
la qualité, sait que la pauvreté est déjà une défaillance.
Plutôt que de déchoir en gardant avec lui une fille
dédaignée, il la fera entrer au couvent. Justement, c'est
le couvent qui aujourd'hui attend ma sœur. Et, comme
il ne conviendrait pas qu'une religieuse conservât les
preuves d'un amour si indécent et si effronté, je les
remets entre tes mains, aveuglément résolu à te les
arracher d'abord et à te détruire ensuite avec elles. Tire
ton épée, et que l'un de nous meure ici, toi pour que
tu ne puisses plus jamais poursuivre ma sœur, ou moi
pour que je n'aie plus à le voir.

Eusébio

Arrête, Lisardo. Puisque je me suis assez maîtrisé pour
subir jusqu'au bout tes insultes, tu dois entendre ce que
j'ai à te dire. Mon récit [sera long. Il] demandera peut-être
plus de patience que deux hommes affrontés ne sont en
état d'en avoir. Mais puisque nous allons nous battre et
que l'un de nous va mourir, si le ciel faisait que je sois
celui-là, tu dois connaître au moins une histoire prodigieuse, remplie de miracles exemplaires, et dont il ne faut
pas que le souvenir disparaisse à jamais avec moi. J'ignore
qui fut mon père, mais je sais que mon premier foyer fut
le pied d'une croix, et que j'eus une pierre pour berceau.
Étrange naissance si j'en crois les bergers qui me recueil-
lirent alors au pied de ces montagnes! Pendant trois jours,
ils entendirent mes pleurs, mais, par crainte des bêtes
féroces, ne tentèrent pas d'arriver aux lieux sauvages où
je me trouvais. Pourtant, aucune de ces bêtes ne me fit
de mal. Ce qu'elles respectèrent, ce qui me tint en sa
sauvegarde, je n'en doute plus maintenant, c'est la croix.

Je fus trouvé par un berger qui cherchait sans doute
quelque brebis perdue dans les solitudes de la montagne.
Il me ramena au village d'Eusébio, que le ciel faisait vivre
là pour servir ses desseins, et il lui conta mon étrange

naissance. La clémence du ciel me servit de garant dans
le cœur compatissant d'Eusébio. Il ordonna qu'on me
mène à sa maison et m'y élève comme son fils. C'est
pourquoi, à cause de celui qui me recueillit et de celle qui
la première fut mon guide et mon gardien, je m'appelle
Eusébio de la Croix.

J'entrai par vocation dans le métier des armes, j'appris
les lettres par plaisir. Eusébio mourut, j'héritai de sa
fortune, et dès lors, si ma naissance fut prodigieuse, mon
étoile ne le fut pas moins. Tour à tour ennemie et
charitable, elle m'accable et me préserve. J'étais encore
dans ma tendre enfance, et aux bras de ma nourrice,
quand ma nature cruelle et farouche montra déjà sa
barbarie. Poussé par une force démoniaque, je déchirai
de mes gencives le sein où je buvais le miel et le lait.
Ma nourrice, affolée de douleur et de colère, me jeta dans
un puits à l'insu de tous. Mais on m'entendit rire et on
descendit dans le puits : je flottais sur les eaux et je
pressais contre mes lèvres mes petites mains que j'avais
disposées en forme de croix.

Un autre jour, la maison prit feu. Les flammes invincibles barraient toutes les issues et défendaient les portes.
Et pourtant, Lisardo, je restai sauf dans le brasier. Le feu,
il est vrai, ne pratique pas la vertu de clémence, mais
j'appris plus tard que ce jour-là était un jour consacré
à la croix.

J'avais quinze ans quand je me rendis à Rome, par
la mer. Une furieuse tempête survint et mon navire à
la dérive heurta un écueil invisible. La mer mit alors en
pièces le navire éventré. Mais je pus m'accrocher à une
planche et regagner heureusement le rivage. Cette planche
que j'embrassais, Lisardo, avait la forme de la croix.

Une autre fois, je cheminais avec un ami à travers ces
montagnes. Nous parvînmes à un carrefour où une croix
était dressée. Je m'arrêtai pour prier devant elle et mon
compagnon prit les devants. Puis je me hâtai vers lui.
Mais quand je le rejoignis, je le trouvai mort. Des mains
criminelles l'avaient assassiné pendant que je m'attardais
près de la croix.

Dans une autre occasion, je fus amené à me battre
en duel. À peine en garde, une botte foudroyante me jeta
à terre. Tous me crurent mort, mais on trouva seulement
une marque de ce coup terrible sur un crucifix que je

portais au cou. La pointe, au lieu de me tuer, avait frappé la croix.

Un jour enfin, je chassais dans les gorges de la montagne. Soudain, le ciel se couvrit de nuées noires, la grande voix du tonnerre annonça au monde une guerre d'épouvante et une pluie de lances liquides et de balles de givre s'abattit sur la terre. Mes compagnons gagnèrent le couvert et s'abritèrent sous les bosquets les plus touffus. Mais un éclair surgit soudain, comme une comète portée par le vent noir, et réduisit en cendres les deux hommes qui étaient le plus près de moi. Aveuglé d'abord, privé de sens, j'ouvris ensuite des yeux égarés sur ce qui m'entourait et je trouvai à mes côtés une croix, la même croix qui veilla sur ma naissance et que je garde gravée sur ma poitrine. *(Il la lui montre.)* Oui, Lisardo, le ciel m'a marqué de cette croix comme du signe visible de ses desseins mystérieux. Si je ne puis dire de qui je suis le fils, je sens un tel feu et une telle âme en moi, une si haute passion enfin me transfigure que je m'estime assez haut pour mériter Julia. La noblesse qu'on hérite ne peut surpasser celle que l'on conquiert.

Voilà ce que je suis. Je sais, sans que tu me le dises, où est la raison, où la folie. Je pourrais enfin, si je le voulais, réparer l'offense que je t'ai faite. Mais la colère que m'ont donnée tes paroles m'aveugle trop maintenant pour que je consente seulement à me disculper, ni à reconnaître ton droit. Puisque tu t'opposes à ce que je sois l'époux de Julia, il n'y aura maison qui la protège, ni couvent qui la retienne. Rien ne la mettra à l'abri de mes poursuites. Celle que tu ne veux pas me donner pour femme sera bien assez bonne pour être ma maîtresse. C'est ainsi que mon amour exaspéré et ma patience poussée à bout châtieront ton mépris et vengeront mon affront.

LISARDO

Eusébio, les discours cessent devant l'épée.

Ils dégainent, se battent. Lisardo tombe, tente de se lever, retombe.

LISARDO

Je suis blessé !

EUSÉBIO

À mort!

Il frappe.

LISARDO

Non, j'ai encore assez de force pour... Malheur à moi!
La terre me manque.

EUSÉBIO

Alors que la vie te manque aussi!

Il frappe.

LISARDO

Ne permets pas que je meure sans confession.

EUSÉBIO

Meurs, infâme!

Il veut frapper à nouveau.

LISARDO

Non! Non! Au nom de cette croix sur laquelle Christ
mourut, ne m'achève pas!

Eusébio s'arrête et recule.
Un temps.

EUSÉBIO

Que la croix te sauve de la mort! Relève-toi. Il suffit
que tu l'invoques pour que ma colère se détende et que
mon bras perde sa force. Relève-toi!

LISARDO

Je ne peux pas. Je me détourne de cette vie qui part
avec mon sang. Mon âme m'aurait déjà quittée si elle
n'hésitait entre tant d'issues.

EUSÉBIO

Laisse-toi aller dans mes bras. Reprends courage. Il y a
tout près d'ici des moines pénitents qui vivent dans des
grottes. Si tu parviens, vivant, sur leur seuil, tu pourras
te confesser.

LISARDO

Pour cette pitié que tu me montres, je te donne parole
que si je mérite de me retrouver devant le Dieu souverain,
je demanderai que tu ne meures pas sans confession.

*Eusébio prend Lisardo dans
ses bras et l'emporte. Gil sort
de l'endroit où il était caché.
Arrivent d'un autre côté, Tirso,
Blas, Menga et Toribio.*

GIL

Les comptes sont en règle! Belle charité, vraiment!
Mais je préfère qu'on m'en dispense. Il le tue et puis
il l'emporte sur ses épaules!

TORIBIO

C'est ici que tu l'as laissé?

MENGA

Oui, avec la bourrique.

TIRSO

Le voilà tout abruti.

MENGA

Gil! Que regardais-tu là?

GIL

Ay Menga!

TIRSO

Que t'est-il arrivé?

GIL

Ay Tirso!

TORIBIO

Qu'as-tu vu? Réponds-nous donc!

GIL

Ay Toribio!

BLAS

Mais enfin qu'as-tu, Gil, à tant gémir?

GIL

Ay, Blas! Ay... mes amis!... Je n'en sais pas plus qu'un âne. Il l'a tué, il l'a chargé tout droit sur ses épaules, et voilà qu'il l'emporte. Il va sûrement le mettre à saler!...

MENGA

Qui l'a tué?

GIL

Qui l'a tué?

TIRSO

Qui est mort?

GIL

Qui est mort?

TORIBIO

Qui l'a chargé?

GIL

Qui l'a chargé?

BLAS

Et qui l'emportait?

GIL

Eh! Qui l'a voulu! Mais si vous voulez le savoir, venez tous!

TIRSO

Où nous mènes-tu?

GIL

Qui le sait? Mais, venez! Ils sont sortis de ce côté. Ils sont tout près.

Ils sortent tous.

Une salle dans la maison de Curcio.

Entrent Arminda et Julia.

JULIA

Non, Arminda, laisse-moi, ma peine ne finira qu'avec la vie. Laisse-moi pleurer ma liberté perdue! Mon chagrin déborde! Le ruisseau commence à couler doucement, laisse dériver ses eaux endormies dans le lit de la vallée et les fleurs épanouies le croient à bout de forces quand il reprend soudain un cours impétueux, gonfle brusquement et déborde au-dessus d'elles. Eh bien, mes peines font de même! Je les ai longtemps accumulées dans mon cœur. Maintenant, elles débordent en larmes. Laisse-moi pleurer la cruauté d'un père.

ARMINDA

Maîtresse...

JULIA

Mourir de douleur!... Que peut-on souhaiter de plus heureux. Une souffrance qui use la vie mérite au moins qu'on l'admire. Que serait une douleur qui n'irait pas jusqu'à la mort?

ARMINDA

Mais qui te jette dans ce désespoir?

JULIA

Un grand, un terrible malheur, Arminda! Toutes les lettres que j'avais d'Eusébio, Lisardo les a prises dans mon secrétaire.

ARMINDA

Il savait donc qu'elles s'y trouvaient?

JULIA

C'est à ma mauvaise chance que je dois d'en être là. [Ô malheur à moi!] Quand j'ai vu son air, j'ai pensé qu'il avait des soupçons. Mais je ne pouvais imaginer qu'il savait tout. Il est arrivé, le visage décomposé, et d'un ton qui s'efforçait d'être calme, il m'a dit qu'il avait joué, qu'il avait perdu, et qu'il voulait m'emprunter un bijou pour retourner au jeu. Si rapide que j'aie été à le satisfaire, il l'a été plus que moi. Il m'a arraché la clef, a ouvert avec rage mon secrétaire et, dans le premier tiroir, il a trouvé les lettres. Il m'a regardée. [Il a fermé le tiroir.] Puis, sans dire un mot — oh, mon Dieu, sans dire un mot! — il est parti à la recherche de mon père. Tous deux sont restés enfermés un grand moment. Ils préparaient ma perte, sois-en sûre! Ils sont sortis maintenant et, selon Octavio, se sont dirigés vers le couvent. Si mon père a déjà mis à exécution ce qu'ils ont décidé, n'ai-je pas raison de m'affliger? Car le couvent ne me fera pas oublier Eusébio et je me donnerai la mort avant même de me voir religieuse.

Entre Eusébio.

EUSÉBIO *(à part).*

Qui poussa jamais le désespoir jusqu'à chercher asile dans la maison de l'offensé? Mais il faut que je parle à Julia avant qu'elle apprenne la mort de Lisardo. [Elle ignore tout et si l'amour pouvait la décider à me suivre, j'aurais paré à ce coup du sort. Quand elle viendra à connaître la mort malheureuse de son frère, elle sera déjà en mon pouvoir et finira par vouloir ce qu'elle ne pourra plus éviter.] Julia!

JULIA

Toi, dans cette maison!

EUSÉBIO

Le malheur et l'amour m'ont poussé à cette extrémité.

JULIA

Comment es-tu entré ici? Pourquoi te jeter dans un tel péril?

EUSÉBIO

Ce n'est pas la mort que je crains...

JULIA

Que viens-tu chercher?

EUSÉBIO

Je viens ici te sauver, Julia, et si tu le comprends,
notre amour recevra une nouvelle vie, mes vœux seront
comblés. J'ai su que mes assiduités ont irrité ton père.
Il connaît notre amour et, pour m'ôter jusqu'à l'espérance
du bonheur, il prétend te forcer à prendre demain l'état
religieux. Si le cœur que tu m'as donné me désire, s'il est
vrai que tu m'as aimé, s'il est sûr que tu m'as chéri,
viens avec moi! Quitte cette maison où tu ne pourras
résister, tu le sais, à la volonté de Curcio. Avec le temps,
il faudra bien que ton père s'accommode de l'offense et
fasse de nécessité vertu. J'ai, quant à moi, des maisons
pour t'abriter, des hommes pour te défendre, une fortune
à t'offrir, une âme qui t'adore. Si tu veux me donner
la vie, si ton amour est véritable, ose et fuyons, je t'en
supplie, ou la douleur va me tuer sous tes yeux!

JULIA

Écoute, Eusébio...

ARMINDA

Mon maître vient, madame...

JULIA

Misère sur moi!

[EUSÉBIO

Tout se ligue contre nous.

JULIA]

Peut-il encore sortir?

ARMINDA

Impossible. Mon maître frappe à la porte.

JULIA

Voici le pire des malheurs.

Eusébio

Oh! terrible empêchement! Que faire?

Julia

Cache-toi.

Eusébio

Où?

Julia

Dans cette pièce.

Arminda

Vite! J'entends son pas.

Eusébio se cache.
Entre Curcio.

Curcio

Ma fille, je t'apporte aujourd'hui une heureuse nouvelle. La sainte condition dont tu as tant rêvé, j'en suis sûr, est maintenant la tienne. Si tu ne réponds pas à ce bienfait par le don sans retour de ton âme et de ta vie, tu reconnaîtras bien mal le soin que j'ai pris de toi. Toutes les dispositions sont prises, rien n'a été laissé au hasard : il ne te reste plus qu'à te parer magnifiquement pour devenir enfin l'épouse du Christ. Sois heureuse, ma fille. Te voilà aujourd'hui au-dessus de toutes celles que le monde envie, toi qui vas célébrer des noces divines. Que dis-tu?

Julia [*(à part).*

Que puis-je faire?

Eusébio *(à part).*

Je me tue si elle consent.

Julia *(à part).*

Je ne sais que répondre.] *(À Curcio.)* Seigneur, l'autorité d'un père qui surpasse toutes les autres peut certainement disposer de la vie. Mais elle ne commande pas à la liberté. N'eût-il pas mieux valu me faire d'abord connaître vos intentions? N'auriez-vous pu aussi vous inquiéter de mes désirs?

Curcio

Non. Dans le juste ou dans l'injuste, ma volonté doit être la tienne.

Julia

Un enfant est libre de choisir son état. Rien d'injuste ne peut contraindre son choix. Laissez-moi réfléchir, examiner ceci à loisir, et ne vous étonnez pas que je demande un délai. Le parti d'une vie ne se prend pas en un instant.

Curcio

Il suffit que j'aie réfléchi, moi, et que pour toi, j'aie consenti.

Julia

Alors, prends ma place au couvent si à ma place tu dois vivre!

Curcio

Tais-toi, chienne!... Tais-toi, folle, ou de ces cheveux je ferai une corde pour ton cou, avant d'arracher de mes propres mains cette langue insolente qui m'outrage!

Julia

Je défends ma liberté, seigneur, mais je ne te refuse pas ma vie. Achève son triste cours et ton chagrin prendra fin avec elle. Tu m'as donné la vie et je ne puis te la refuser. Mais je tiens ma liberté du ciel, et c'est elle qu'au nom du ciel je te refuse.

Curcio

Je t'entends et je commence à croire ce que jusqu'ici j'ai seulement soupçonné, que ta mère ne fut pas honnête et que quelqu'un a souillé mon honneur. Car ton dérèglement obstiné outrage aujourd'hui l'honneur d'un père dont le sang, le lustre, et la fière noblesse surpassent en splendeur et en beauté le soleil lui-même.

Julia

Je ne vous comprends pas, seigneur, et ne puis vous répondre.

CURCIO

Sors, Arminda.

Arminda sort.

CURCIO

Pendant des années, Julia, j'ai dissimulé le plus amer des chagrins. Seule, la souffrance aveugle que tu m'apportes m'oblige à te dire ce que mon regard a essayé de t'exprimer. Il y a longtemps de cela, la seigneurie de Sena, pour honorer ma lignée, m'envoya rendre hommage au pape Urbain III. À Sena, ta mère était alors tenue pour une sainte, et le modèle vivant des vertus antiques et familiales. Oui, comment ma bouche peut-elle l'accuser, malheureux que je suis, et faut-il que le cœur s'égare dans sa soif de vengeance! Elle demeura dans notre maison, et, avec mon ambassade, je restai huit mois à Rome où nous discutions d'un accord qui devait faire passer la Seigneurie sous l'autorité du pape. [Ceci importe peu à mon récit, Dieu fasse à cet égard ce qui lui convient.] Je revins enfin à Sena. L'air me manque ici, Julia, le courage m'abandonne... Ô injuste crainte... Je trouvais ta mère si près d'accoucher que neuf mois déjà étaient passés sans signes. Ses lettres mensongères m'avaient préparé à ce malheureux enfantement, en me disant qu'au moment de mon départ, elle avait déjà quelques doutes. Mais quant à moi, mon déshonneur, à la réflexion, me parut clair, et je conclus à ma déchéance. Je ne dis pas que ce fût vrai. Mais dans tout ce qui touche à la noblesse, la certitude est inutile, le soupçon suffit.

Ô loi barbare de l'honneur, ordre sauvage du monde! Qu'importerait pourtant qu'un gentilhomme tombât dans ce malheur, s'il a l'excuse de l'ignorance? Menteuses, menteuses sont les lois de l'honneur, car elles devraient prévenir la cause au lieu de punir l'effet sans y rien comprendre. Quelle loi peut accuser un innocent et oser se dire juste? Comment la pauvre opinion du monde pourrait-elle atteindre un homme libre? Menteuse, oui, cette loi impitoyable de l'honneur qui crie à la honte là où seul le malheur règne, qui jette autant d'infamie sur le voleur Mercure que sur Argus le volé. Et si le monde accable ainsi l'innocent, que réserve-t-il au coupable qui sait et qui se tait?

Ainsi, perdu dans mes pensées, le cœur troublé, je ne trouvais plus de plaisir à table ni de repos au lit. Las de moi-même, je devenais étranger à mon cœur, ennemi de mon âme. Et bien que mes pensées vinssent souvent au secours de ta mère, bien que son innocence me parût parfois vraisemblable, l'obsession de ce que je redoutais pesait trop sur mon cœur. Persuadé au fond de sa chasteté, je finis par vouloir tirer vengeance, non de ses fautes, mais des pensées qu'elle m'avait données. Afin d'agir en secret, [et aussi parce qu'un jaloux ne se plaît qu'aux tromperies,] je prétextai une chasse imaginaire. Nous partîmes en montagne et pendant que tous s'abandonnaient aux plaisirs de la chasse, entourant Rosmira, ta mère, de paroles amoureuses [ah, qu'on les trouve facilement quand on ment et qu'on les croit aisément quand on aime!] je l'emmenai par un sentier écarté. L'amusant ainsi, je la conduisis dans un lieu couvert d'arbres, de branches et de feuilles étroitement enlacées, que le soleil ne parvenait pas à percer. Et dans ce lieu où jamais, peut-être, le pied d'un mortel ne laissa de trace, elle et moi, seuls, tous deux...

Entre Arminda.

ARMINDA

Seigneur! Si, dans le malheur qui s'approche de toi, le ciel ne te refuse pas le courage inséparable d'un noble cœur ni la constance qu'apportent les années, tu vas pouvoir faire la preuve de ta grandeur d'âme.

CURCIO

Quel motif peut t'obliger à m'interrompre ainsi...

ARMINDA

Seigneur...

CURCIO

Achève. Il est pénible d'attendre.

JULIA

Parle. Pourquoi t'arrêtes-tu?

ARMINDA

Je n'aurais pas voulu avoir à dire ton malheur, et mon chagrin.

CURCIO

Ne crains pas de parler, je ne crains pas de t'entendre.

ARMINDA

On amène Lisardo, seigneur...

[EUSÉBIO *(à part)*.

Ceci m'accable!

ARMINDA]

... sur un brancard porté par quatre bergers, baigné dans son sang, mort, tué de plusieurs coups d'épée... Mais on le porte sous tes yeux. Ne le regarde pas!

CURCIO

Dieu du ciel! Tant de malheurs sur un infortuné! Hélas!

> *Entrent les paysans, Gil, Menga, Tirso, Blas et Toribio, portant Lisardo sur un brancard, le visage couvert de sang.*

JULIA

Lisardo! Quel démon enflammé de fureur contre ton innocence, quelle bête furieuse a déchiré ta poitrine? Où est cette main cruelle qui s'est lavée dans mon sang? Malheur à moi!

ARMINDA

Maîtresse!

BLAS

Ne regarde pas.

CURCIO

Écartez-vous!

Tirso

Arrête, seigneur!

Curcio

Non, amis, mon âme ne peut supporter ceci. Laissez-moi voir ce corps glacé, reliquaire misérable de veines froides, ruine dégradée par le temps, vestige et corruption où s'achève un destin sans pitié, autel funèbre de ma douleur! Ô mon fils, quelle souveraine cruauté a voulu que tu sois ce tragique monument bâti sur du sable et que j'ensevelis aujourd'hui sous mes cheveux blancs. Hélas! amis, c'est en vain que je crie vers le ciel! Dites-moi qui a tué ce fils dont la vie me faisait vivre?

Menga

Gil te le dira. Caché entre deux arbres, il a vu celui qui a frappé.

Curcio

Parle, parle! Qui m'a volé cette vie?

Gil

Pendant la querelle, il s'est nommé Eusébio. C'est tout ce que je sais.

Curcio

Cette honte peut-elle être surpassée? Eusébio a ravi mon honneur, Eusébio m'a pris la vie! *(À Julia.)* Essaie maintenant d'excuser son audace et sa cruelle prétention! Ose encore dire que son amour est chaste au moment même où il t'écrit non plus par lettres, mais dans ton propre sang, ses désirs immondes!

Julia

Père...

Curcio

Épargne-moi ton insolence! Prépare-toi aujourd'hui même à prendre le voile, ou dispose-toi à voir ta beauté partager avec Lisardo une sépulture prématurée. En ce jour, le cœur durci par la douleur, je vous ensevelis tous deux en même temps, lui, mort au monde, mais vivant dans ma mémoire, toi vivante au monde, morte dans ma mémoire. Pendant que je prépare vos doubles funérailles, pour que tu ne puisses sortir, je fermerai cette porte. Reste avec lui pour que sa mort au moins t'apprenne à mourir !

> *Il sort. Tous sortent laissant*
> *Julia entre Lisardo et Eusébio,*
> *qui entre par une autre porte.*

JULIA

Mille cris se pressent à ma bouche, cruel Eusébio, mais mon âme fléchit, je défaille, je ne puis plus parler. Je ne sais, je ne sais que te dire, la fureur et la pitié me déchirent. Je voudrais fermer les yeux sur ce corps innocent qui crie vengeance sous les œillets rouges de son sang, et je voudrais trouver la force du pardon dans les larmes que tu me montres ! Qui croire en ce monde sinon les regards et les blessures ! Je t'aime et le destin nous hait, je voudrais en même temps te punir et te défendre. Des pensées contraires m'égarent, la douleur me jette en avant quand la pitié me retient. Me voici dans la nuit !

Est-ce donc ainsi, Eusébio, que tu voulais me sauver ? Au lieu des tendresses promises, est-ce avec ces cruautés que tu prétends à moi ? Quand du fond du cœur j'espérais le jour de notre union, faut-il qu'au lieu de ces noces de paix, je célèbre ces mornes funérailles ? Quand, au nom de notre amour, je désobéissais à mon père, faut-il que tu m'apportes ces habits de deuil au lieu des parures de la joie ? J'ai rendu possible notre amour et toi, ô ciel, tu m'offres un tombeau au lieu du lit des époux. Je t'ai donné ma main contre les lois de l'honneur et celle que tu me tends est maintenant souillée de mon propre sang !

Quels plaisirs veux-tu que je trouve dans tes bras si, pour faire vivre notre amour, il faut que je me jette contre la mort ? Et que dira le monde s'il sait que je garde près de moi, non l'outrage, mais celui qui m'a outragée ? Quand même je voudrais ensevelir ce malheur dans l'oubli, il suffira que je te voie entre mes bras pour que la mémoire me revienne. Et moi, moi qui t'adore, je tournerai alors en fureurs les plaisirs de l'amour et je crierai vengeance! Comment veux-tu que revive désormais une âme écartelée entre des forces si contraires, appelant le châtiment et désirant qu'il ne vienne pas.

Non, n'espère jamais me revoir ou me parler. C'est assez que je te pardonne en souvenir de notre amour. Va, [sors par cette fenêtre. Elle donne sur le jardin et tu peux t'échapper]. Fuis le danger. Que mon père, s'il survenait, ne te trouve pas ici. Oui, Eusébio, va-t'en, oublie celle que tu perds aujourd'hui parce que tu l'as voulu. Pars et sois heureux. Jouis de tous les biens du monde sans les payer de trop de chagrins. Pour moi, je ferai d'une cellule la brève prison de ma vie, le tombeau où mon père veut m'ensevelir. Là, je me désolerai des malheurs d'un destin sans pitié, je pleurerai la fortune implacable, le ciel ennemi, une étoile contraire! Et je couvrirai de larmes le souvenir d'une passion trop fière, d'un amour malheureux et d'une main si meurtrière qu'elle m'a ôté la vie sans me donner la mort afin qu'à jamais tourmentée je ne cesse de vivre et ne cesse de mourir.

Eusébio

Si tes mains, pour te venger, peuvent être plus impitoyables encore que tes paroles, me voici à tes pieds. Je suis à ta merci. Mon crime me tient dans les fers invincibles du péché. Ton amour est ma prison terrible, ma conscience sera mon bourreau. Tes yeux me jugent; je sais que leur sentence ne pourra être que mortelle! Mais si je dois mourir, la renommée criera de toutes ses voix : celui-là meurt, parce qu'il a aimé! Oui, mon seul crime est de t'aimer. Je ne veux pas de ton pardon. Je sais aussi qu'un si grand crime ne se pardonne pas. Mais je veux seulement que tu te venges et me tues. Prends ce poignard. Déchire ce cœur qui t'a outragée, arrache une âme qui t'adore et verse ainsi ton propre sang. Si tu ne veux pas me tuer, ton père le fera. Pour qu'il vienne, je vais crier que je suis dans ta chambre!

Julia

Arrête! Et fais droit à ma dernière demande.

[Eusébio

J'y ferai droit.

JULIA]

Tu as une terre et des gens pour te défendre. Va et réfugie-toi là où tu pourras préserver ta vie.

EUSÉBIO

Il vaut mieux que je meure. Si je vis, je ne pourrai m'empêcher de te chérir. Nulle part au monde, ni même au couvent, tu ne seras à l'abri de mes entreprises.

JULIA

Veille sur toi. Moi, je saurai me défendre.

EUSÉBIO

Je ne te reverrai donc plus ?

JULIA

Non.

EUSÉBIO

N'y a-t-il plus d'espoir ?

JULIA

Il n'y a plus d'espoir.

EUSÉBIO

Tu me hais déjà ?

JULIA

J'essaierai de te haïr.

EUSÉBIO

Tu m'oublieras !

JULIA

Je le voudrais.

EUSÉBIO

Il faut que je te revoie.

JULIA

Jamais.

EUSÉBIO

Julia, au nom de cet amour qui hier nous unissait...

JULIA

Non, Eusébio, au nom de ce sang qui nous sépare aujourd'hui. La porte s'ouvre. Va-t'en!

EUSÉBIO

Je pars pour t'obéir. Mais comment te quitter pour toujours...

JULIA

Et comment te revoir jamais...!

> *Bruits en coulisse. Ils sortent*
> *chacun par une porte. On vient*
> *pour emporter le corps.*

RIDEAU

DEUXIÈME JOURNÉE

Détonations. Entrent Ricardo, Eusébio et Célio en costumes de brigands, avec des arquebuses.

RICARDO

La balle l'a frappé en pleine poitrine.

[CÉLIO

Jamais coup plus sanglant ne laissa sur une tendre fleur sa tragique empreinte.]

EUSÉBIO

Placez une croix sur lui et que Dieu lui pardonne.

RICARDO

Bon. Pour être voleur, on n'en est pas moins chrétien.

Ricardo s'en va.

EUSÉBIO

Puisqu'une destinée sans merci a fait de moi un chef de brigands, mes crimes seront démesurés comme ma peine est sans limites. On me donne la chasse comme si j'avais tué Lisardo par traîtrise. Tant d'injuste acharnement me pousse au désespoir et m'oblige à défendre ma vie, de quelque crime qu'il faille la payer. Mes biens sont saisis, mes terres confisquées, je suis traité avec tant de dureté que la nourriture elle-même m'est refusée. Eh bien ! puisqu'on ne me laisse d'autre pain que celui du malheur, aucun voyageur ne passera ici sans le payer de sa fortune et de sa vie.

Entrent Ricardo et Alberto, vieillard.

RICARDO

Capitaine, je suis allé voir par où était entrée la balle et ce que j'ai trouvé est si extraordinaire qu'il faut que tu l'entendes.

[EUSÉBIO

Je m'attends encore à quelque déception.

RICARDO]

La balle s'est écrasée sur un livre que celui-ci avait sur la poitrine. Il était simplement évanoui. Le voilà sain et sauf.

EUSÉBIO

[Je me sens plein de crainte et de respect.] Qui es-tu, vénérable vieillard, pour que les cieux te favorisent d'un si extraordinaire miracle ?

ALBERTO

Je suis le plus heureux des hommes, capitaine. Quoique indigne, j'ai mérité d'être prêtre, et j'ai enseigné, à Bologne, la théologie sacrée [pendant quarante-quatre ans]. Sa Sainteté m'a donné l'évêché de Trente en récompense de mes travaux. Mais, bientôt, effrayé de voir que j'avais la charge de tant d'âmes quand à peine je pouvais rendre compte de la mienne, j'ai laissé la gloire *et les honneurs*, j'ai fui les illusions du siècle, et dans ces solitudes où l'on rencontre la vérité nue, je suis venu chercher le désenchantement, seule et dernière certitude de ce monde. J'allais à Rome, capitaine, pour que le pape m'accorde l'autorisation de fonder un ordre de saints ermites. Mais ta force intrépide vient d'arrêter le cours de mon destin et de ma vie.

EUSÉBIO

Quel est ce livre ?

ALBERTO

Le fruit de mes années d'étude.

EUSÉBIO

Que contient-il ?

ALBERTO

La véridique histoire de ce bois divin sur lequel le Christ triompha de la mort, en la recevant avec la force de l'âme. Ce livre s'appelle *les Miracles de la croix*.

EUSÉBIO

Ô gloire à ce plomb sans âme qui s'est montré plus malléable que la cire ! Plût à Dieu que la flamme de cette balle ait réduit ma main en cendres plutôt que d'effacer ce qui est écrit sur ces pages. Garde tes vêtements, ton argent et la vie. Je ne veux que ce livre. Vous autres, accompagnez-le et laissez-le libre.

ALBERTO

Je demanderai au Seigneur de te donner sa lumière pour que tu voies enfin dans quelle erreur tu vis.

EUSÉBIO

Si tu me veux du bien, prie Dieu seulement qu'il ne permette pas que je meure sans confession.

ALBERTO

Je te promets d'être son ministre dans une si sainte occasion. Ta clémence m'a pénétré le cœur de telle façon que, je t'en donne ma parole, je quitterai ma solitude pour aller te confesser, où que tu m'appelles. J'en fais le serment. Je suis prêtre et m'appelle Alberto.

EUSÉBIO

Me donnes-tu ta promesse ?

ALBERTO

Voici ma main.

Eusébio

Je te rends hommage.

> *Il lui baise la main. Ils sortent. Entre Chilindrina, un autre brigand.*

Chilindrina

J'ai traversé la montagne pour venir te parler...

Eusébio

Qu'y a-t-il, frère ?...

Chilindrina

Deux mauvaises nouvelles.

Eusébio

[Tu confirmes mes pressentiments.] Quelles sont-elles ?

Chilindrina

La première, que je préférerais ne pas te dire, est que le père de Lisardo...

[Eusébio

Achève !... Ne me fais pas attendre !...

Chilindrina]

... a reçu mission de te prendre mort ou vif.

Eusébio

Qu'est-il arrivé d'autre ? Au pressentiment du malheur qui vient, je sens mon âme troublée refluer vers mon cœur. Qu'est-il arrivé ?

Chilindrina

Julia...

Eusébio

Je ne me trompais pas. Il s'agit bien de malheur si, pour me faire connaître mon mal, tu commences par nommer Julia... Tu as bien dit Julia, n'est-ce pas ?... C'est assez pour m'accabler. Ah ! que maudite soit l'étoile

misérable qui me força de l'aimer! Eh bien!... Oui,
Julia...! Continue!

CHILINDRINA

Elle est dans un couvent séculier.

EUSÉBIO

Ah!... Je n'en puis plus de souffrir!... Faut-il que je sois
à jamais accablé par le ciel vengeur, rassasié de désirs
vains et d'espérances tuées, pour que j'en vienne à
jalouser jusqu'à ce Dieu pour lequel elle m'abandonne?...
Mais puisque me voilà si audacieux que de vivre de
crimes et me nourrir de vols, je ne puis être pire que je
l'ai été. Que l'action suive la pensée comme le tonnerre
suit l'éclair! Appelle Célio et Ricardo!... Ah! Je meurs de
cet amour!...

CHILINDRINA

Je vais les chercher.

Il part.

EUSÉBIO

Va, et dis que je les attends ici!... Je donnerai l'assaut
au couvent qui la garde. Les plus terribles châtiments ne
me feront pas reculer. Pour jouir de sa beauté, l'amour
qui me réduit à la force m'oblige à violer le cloître et
me rend sacrilège. Je désespère de tout et si même l'amour
ne me contraignait à tant de forfaits, je les accomplirais
encore, pour la seule joie du crime.

Entrent Gil et Menga.

MENGA

Parions qu'avec ma chance habituelle nous allons
tomber sur lui...

GIL

Eh bien! Menga... Et moi! ne suis-je pas là?... N'aie
pas peur de ce méchant chef de brigands. Si nous tombons
sur lui, ne crains rien... J'ai ma fronde et mon bâton.

MENGA

J'ai peur, Gil, de ses manières sauvages. Songe à Silvia

qu'il rencontra ici. Elle est entrée fille dans la montagne, elle en est sortie femme. Ce n'est pas une petite affaire.

GIL

Hou! S'il allait être brutal avec moi! Je suis rosier en entrant ici et je pourrais en sortir rosière!

Ils aperçoivent Eusébio.

MENGA

Ah! seigneur, ne vous égarez pas, Eusébio rôde par ici!

GIL

Ne prenez pas cette direction, seigneur.

[EUSÉBIO *(à part)*.

Ils ne me connaissent pas et je veux dissimuler.

GIL]

Voulez-vous que ce voleur vous tue?

EUSÉBIO [*(à part)*.

Des villageois. *(À eux.)*] Comment pourrais-je reconnaître votre bon conseil?

GIL

En fuyant ce coquin.

MENGA

Seigneur, même si vous ne l'avez offensé ni en actions ni en paroles, il vous tuerait à l'instant de votre capture et, son travail fait, il croirait vous obliger assez en plantant une croix sur vous.

Entrent Ricardo et Célio.

RICARDO

Où l'as-tu laissé?...

CÉLIO

Ici.

GIL *(à Eusébio)*.

Fuis! C'est un voleur.

RICARDO

Eusébio, que voulais-tu?

GIL *(à Menga)*.

Quoi! Il l'a appelé Eusébio!

MENGA

Oui.

EUSÉBIO

Je suis Eusébio. Qu'avez-vous tous contre moi? Vous ne répondez pas?

MENGA

Gil, tu as ta fronde et ton bâton?

GIL

J'ai le diable et qu'il t'emporte!...

CÉLIO

Eusébio, un groupe de villageois marche en armes contre toi. [Ils viennent de cette plaine qui borde la montagne et qui longe la mer.] Je crois qu'ils approchent. Curcio prépare sa vengeance. Décide ce que tu veux faire, rassemble tes hommes et partons.

EUSÉBIO

Il vaut mieux fuir maintenant. Nous avons beaucoup à faire cette nuit. Venez tous deux avec moi, vous à qui je confie justement ma réputation et mon honneur.

RICARDO

Oui, Eusébio, justement. Et je mourrai volontiers à tes côtés quand il le faudra.

EUSÉBIO

Villageois, je ne vous accorde la vie qu'à la condition que vous remettiez un message à mon ennemi. Dites à Curcio qu'au milieu de ma troupe résolue, je défends seulement ma vie. Dites-lui que je ne le cherche pas et qu'il n'a lui-même aucune raison de me poursuivre comme il le fait, puisque je n'ai pas tué Lisardo par ruse ou trahison. Je l'ai tué de face, sans avoir sur lui aucun avantage, et, avant qu'il meure, je l'ai porté dans mes bras en un lieu où il a pu se confesser. Ceci méritait l'estime. Mais si Curcio veut quand même se venger, dites-lui que je saurai me défendre. *(Aux bandits.)* Et maintenant, pour que ces deux-là ne voient pas où nous allons, attachez-les à ces arbres et bandez leurs yeux [pour qu'ils ne puissent renseigner personne].

RICARDO

J'ai une corde.

CÉLIO

Donne-la vite.

Ils les attachent.

GIL

Me voilà saint Sébastien !

MENGA

Et moi, sainte Sébastienne !... Attachez, seigneurs, attachez tant que vous voudrez, pourvu que vous ne me tuiez pas !...

GIL

Écoutez, seigneurs, ne m'attachez pas. Je ne m'enfuirai pas, je vous le jure. Putain qui s'en dédit. Et toi aussi, Menga, fais le même serment !

CÉLIO

Ils sont attachés.

EUSÉBIO

Tout s'annonce bien. La nuit s'épaissit sous ses voiles noirs, et promet d'être obscure... Je jouirai de ta beauté, Julia, même si le ciel voulait la défendre.

Il sort avec ses hommes.

GIL

Celui qui nous trouvera dans cet état, Menga, convien-

dra à nos dépens que c'est ici le village de Peralvillo où
l'on pend d'abord et l'on juge après.

MENGA

Viens jusqu'ici, Gil. Je ne peux pas bouger.

GIL

Menga, viens me détacher, et tout de suite après, je te
détacherai.

MENGA

Tu commences à exagérer. Viens, toi, le premier.

GIL

Il ne passera donc personne!... Un muletier chantant
« Les trois canards », un pèlerin mendiant, un étudiant
qui mastique, ou une bigote qui marmotte. Mais non,
nous ne verrons rien, tu peux en être sûre. C'est le genre
de rencontre que tout le monde fait, et que je ne fais pas.
Ce doit être ma faute. *(Voix en coulisse.)* Je crois entendre
des voix de ce côté-ci. Venez vite! Seigneur! Vous arrivez
à point pour m'ôter d'un doute dans lequel je suis ligoté
depuis un bon moment.

MENGA

Seigneur! Si par hasard vous cherchez une corde dans
la montagne, j'en ai une à votre service!

GIL

La mienne est plus grosse et meilleure!

MENGA

Mais moi, je suis femme et c'est à mes tourments qu'il
faut porter remède.

GIL

Trêve de mondanités! Détachez-moi le premier...

*Entrent Curcio, Blas, Tirso
et Octavio.*

TIRSO

Les voix viennent de ce côté.

GIL

Tu brûles, tu brûles!

TIRSO

Gil! Que se passe-t-il?

GIL

Le diable est finaud. Détache-moi d'abord, Tirso. Je te dirai ensuite mes malheurs.

CURCIO

Qu'y a-t-il?

MENGA

Vous arrivez à la bonne heure, seigneurs, pour châtier ce vilain traître.

CURCIO

Qui vous a traités de cette façon?

GIL

Qui? Mais, Eusébio! qui m'a chargé de vous dire... Eh! sais-je seulement ce qu'il m'a dit! Toujours est-il qu'il nous a mis dans cet état!

TIRSO

Ne pleure pas! Après tout, il a été assez généreux avec toi.

BLAS

Il ne s'est pas trop mal conduit puisqu'il t'a laissé Menga.

GIL

Ay!... Tirso!... Ce n'est pas sur sa cruauté que je pleure, au contraire...

TIRSO

Alors, pourquoi pleures-tu?

GIL

Je pleure parce qu'il m'a laissé Menga. Vois Anton! Eusébio lui a enlevé sa femme, et elle est revenue au bout de six jours, et nous avons fêté les retrouvailles par un bal endiablé qui a bien coûté cent réaux.

BLAS

Oui, mais Bartolo n'a-t-il pas épousé Catalina après qu'elle eut été enlevée par Eusébio!... Et celle-ci a accouché au bout de six mois à peine, et lui, il allait tout heureux et il disait : « Voyez le miracle! Ma femme a bouclé en cinq mois ce que les autres mettent neuf mois à faire! »

TIRSO

Eusébio ne respecte rien.

CURCIO

Qui vit jamais pareil fléau! [Et faut-il que j'entende encore le récit de ses scélératesses!]

MENGA

Cherche les moyens de le tuer. Commande et les femmes elles-mêmes prendront les armes contre lui!

GIL

Il est dans les parages, voilà ce qui est sûr. Toute cette plantation de croix que tu vois, ici, seigneur, ce sont les hommes qu'il a tués.

OCTAVIO

Nous sommes dans l'endroit le plus retiré de la montagne.

CURCIO *(à part).*

Et c'est ici, ô mon Dieu, que je vis se produire ce miraculeux témoignage d'innocence et de chasteté en faveur d'une beauté que moi, téméraire, j'ai offensée tant de fois de mes soupçons, au lieu de me rendre à un miracle aussi évident.

OCTAVIO

Seigneur, quelle nouvelle douleur te fournit encore ton imagination ?

CURCIO

C'est mon cœur que cette douleur tenaille, Octavio, non l'imagination. Et, comme ma langue se refuse à publier mon déshonneur, le chagrin cherche une autre issue, les larmes me viennent aux yeux. Octavio, fais que ces gens me laissent et que devant moi seul je puisse me plaindre de moi au ciel.

OCTAVIO

Allons, soldats, faites évacuer !...

BLAS

Comment ?

TIRSO

Que veux-tu ?

GIL

Évacuons, vous ne comprenez rien ! On vous a dit d'é-va-cuer.

Ils s'en vont. Reste Curcio, seul.

CURCIO

La solitude est bonne à celui que le chagrin submerge, et il la recherche pour se soustraire au monde et trouver avec lui-même un instant de repos. Moi, que tant de pensées tourmentent à la fois, qui déborde d'autant de larmes et de soupirs que la mer et l'air peuvent en contenir, seul compagnon de moi-même dans ces muettes solitudes, je veux distraire mon malheur du souvenir de mes félicités. Je ne prendrai à témoin ni les oiseaux ni les sources : l'oiseau chante, la source murmure. Je ne veux pas d'autre compagnie que ces arbres muets et sauvages. Le seul témoin silencieux est celui qui écoute sans comprendre.

En cet endroit, une innocence véridique se manifesta de façon si étrange que l'antiquité ne rapporte rien de pareil entre tous les prodiges de jalousie dont elle nous a transmis le récit. Ce miracle aurait dû m'éclairer. Mais, celui qui, en lui-même, ne sait distinguer la vérité du mensonge, comment s'affranchirait-il du soupçon? La jalousie est la mort de l'amour. Elle ne pardonne à personne, elle n'épargne ni la grandeur ni l'humilité.

Ici, Rosmira et moi... Ah! Rosmira... Ce n'est pas assez de dire que mon âme frémit à ce souvenir et que ma voix défaille. Il n'est pas, en ces lieux, une seule fleur dont la vue ne me jette dans la nuit, pas une feuille qui ne me fasse frémir, ni une pierre qui ne me fige. Mon cœur est lâche devant ces arbres et ces rochers, mes genoux fléchissent devant cette montagne. Tous, oui, tous sont les témoins d'une action dont l'infamie fut sans bornes!

Ce jour-là, devant cette croix où nous nous trouvions, je tirai mon épée et Rosmira, sans laisser paraître de trouble ni de crainte, me regardait. [L'innocence n'est jamais lâche quand l'honneur est en jeu.] « Cher époux, me dit-elle, arrête! Tu désires me tuer, je ne m'y opposerai pas. Comment pourrais-je te refuser une vie qui t'appartient? Mais je te prie seulement de me dire pourquoi il faut que je meure et de me laisser ensuite t'embrasser. » Et moi, je lui répondis : « C'est dans ton ventre que tu caches, comme la vipère, ce qui va t'apporter la mort. L'enfant, femme sans honneur, que tu attends, suffit à me prouver ton crime. Mais avant que tu puisses le voir, je te tuerai et je me ferai ton bourreau et celui d'un ange. — Ô mon époux, me répondit-elle, si vraiment tu t'es persuadé de mon déshonneur, il sera juste que tu me tues. Mais, par cette croix que j'embrasse, je jure que je ne t'ai jamais outragé. Qu'elle seule soit aujourd'hui mon garant! »

Son innocence éclatait à mes yeux et j'aurais voulu alors me jeter, repenti, à ses pieds. Mais celui qui médite une trahison doit bien considérer d'abord ce qu'il veut faire. Une fois la chose arrêtée, s'il veut reculer, le voilà qui avance, pour ne pas renoncer à ses propres raisons. Et moi qui ne doutais plus, au fond de mon cœur, de sa sincérité, mais qui voulais garder sa justification à ma folie, sans démordre de ma colère, je levai le bras et lui portai mille blessures. Mais, en vérité, je n'atteignis que l'air. Je crus en effet l'avoir tuée, au pied de la croix, et je cherchai seulement à fuir et à retourner chez moi.

Mais, à peine de retour, ô miracle! sur le seuil de ma maison, j'aperçus Rosmira que j'avais cru laisser sans vie dans la montagne, Rosmira, plus belle que l'aurore naissante quand elle nous présente dans ses bras l'enfant soleil. Elle me tendait Julia, reflet divin de sa beauté et de sa pudeur. Ce soir-là, au pied de la même croix, elle avait accouché et, comme un signe éclatant du miracle que Dieu manifestait au monde, l'enfant qui venait de naître portait sur sa poitrine consacrée une croix fulgurante tressée de feu et de sang.

Quelle joie aurait pu alors égaler la mienne! Mais hélas! cette merveilleuse aventure était obscurcie par un autre malheur. Rosmira, en effet, perdue au milieu des douleurs, avait senti qu'elle mettait deux enfants au monde. L'autre enfant était resté dans la montagne et...

Entre Octavio.

OCTAVIO

Une troupe de brigands traverse la vallée. Pendant qu'on y voit encore, et avant que s'épaississe la triste nuit, il vaudrait mieux, seigneur, descendre à sa rencontre. Ils connaissent la région et nous ne la connaissons pas.

CURCIO

Réunis nos hommes et allons de l'avant. Jusqu'à l'heure de la vengeance, il n'y aura plus de bonheur pour moi.

Un couvent, vu de l'extérieur.

Entrent Eusébio, Célio et Ricardo.

RICARDO *(à Célio).*

Point de bruit! Viens! Place l'échelle ici.

EUSÉBIO

J'escaladerai le ciel jusqu'au soleil lui-même : l'amour enseigne l'audace et la force. Icare sans ailes, Phaéton de la nuit, je franchirai la voûte des cieux. Ôtez l'échelle dès que je serai sur le mur et attendez mon signal. Allons!

Qu'importe de tomber en se hissant vers le sommet, d'être réduit en cendres au milieu de l'ascension! La chute n'enlève rien à la gloire de s'être élevé.

RICARDO

Qu'attends-tu?

CÉLIO

Quelle crainte entrave ton indomptable orgueil?

EUSÉBIO

Ne vois-tu pas ce feu brûlant qui me menace?

CÉLIO

Ce sont là fantômes, capitaine, et qui viennent de la peur.

EUSÉBIO

Quelle peur?

CÉLIO

Alors, monte!

EUSÉBIO

[J'y vais.] Ces rayons m'aveuglent, mais je passerai à travers les flammes! Le feu de l'enfer lui-même ne m'arrêtera pas.

Il monte.

CÉLIO

Il est entré.

RICARDO

C'était une hallucination, quelque imagination que sa crainte se créait à elle-même.

CÉLIO

Ôte l'échelle.

RICARDO

Il faut attendre ici jusqu'au jour.

CÉLIO

Il lui a fallu de l'audace pour entrer. Quant à moi, j'aurais préféré retrouver ma villageoise. Mais enfin, ces jolis jeux seront pour plus tard.

Ils sortent.

Le couvent. Cellule de Julia.

Entre Eusébio.

EUSÉBIO

J'erre dans ce couvent. Personne ne m'a vu. Partout où j'ai porté mes pas, suivant mon étoile, je n'ai trouvé que des cellules dont les religieuses tenaient ouvertes les portes étroites. Mais Julia ne se trouvait dans aucune. Où vais-je ainsi, courant après des espérances toujours trompées?... Quel épais, quel horrible silence! Quelle funèbre obscurité!

De la lumière! Une cellule... et voici Julia! *(Il tire un rideau et la regarde.)* Allons, pourquoi hésiter? N'ai-je même plus le courage de lui parler? Je ne sais plus ce que je veux ni ce que j'attends. Ô craintif courage! lâcheté intrépide! Je trébuche en plein élan!

L'humilité de cette robe ajoute encore à sa perfection. L'humilité chez la femme est la beauté elle-même. Et sous cette bure, sa beauté que je convoite honteusement produit en moi le plus violent effet. Mon amour s'excite en même temps du désir que je porte à son corps et du respect que m'inspire sa robe. Julia! Julia!

JULIA

Qui prononce mon nom? Ô mon Dieu! Qui es-tu, toi qui parais ici? Es-tu l'ombre de mes désirs ou le fantôme de mes pensées?

EUSÉBIO

Je te fais donc si peur?

JULIA

Ah! qui ne voudrait fuir loin de toi!...

EUSÉBIO

Arrête, Julia!

JULIA

Que veux-tu, vaine apparence, ombre, reflet de mon obsession... Est-ce la voix de mon imagination qui parle à mon malheur et qui suscite ici un spectre, la figure d'un songe, la chimère d'une nuit froide?

EUSÉBIO

Julia, entends-moi... Julia... Je suis Eusébio, vivant, à tes pieds. Si je n'étais que la pensée d'Eusébio, elle ne t'aurait jamais quittée.

JULIA

Ah! Ta voix me rappelle à la réalité, et à la honte. [Que n'es-tu un spectre, en vérité.] Eusébio, que viens-tu faire là où je vis dans la peine, où je meurs dans les larmes. Que me veux-tu? Que cherches-tu? Je tremble, j'appréhende... Quels sont tes nouveaux desseins? Comment es-tu arrivé jusqu'ici?

EUSÉBIO

[Ô amour, tout en toi est démesure! Ma douleur et mon chagrin me terrasseront aujourd'hui!] Jusqu'à ce que j'aie connu ton entrée au couvent, j'ai souffert sans cesse d'espérer. Mais lorsque j'ai su que ta beauté était perdue pour moi, j'ai foulé aux pieds le respect dû aux choses saintes et j'ai violé la loi du cloître. Que ce soit là justice ou blasphème, nous en portons tous deux la faute. Mais, quant à moi, la force et le désir me jettent à toutes les folies. Ma prétention d'ailleurs ne peut affliger le ciel. Avant qu'on t'ait menée ici, tu étais mariée en secret. Tu ne peux être en même temps épouse et nonne.

JULIA

Je ne nie pas le lien d'amour qui, dans le bonheur, nous fit unir nos deux volontés. Je ne nie pas que notre attirance fut irrésistible. Je t'ai appelé époux bien-aimé. Tout fut comme tu le dis. Mais ici, en prononçant mes vœux, j'ai juré d'être l'épouse du Christ. Je suis à Lui, il a ma parole et ma main. Que pourrais-tu obtenir de

moi désormais ? Va-t'en ! Va consterner une fois de plus
ce monde dont tu massacres les hommes et forces les
femmes ! Va-t'en, Eusébio ! N'espère jamais jouir de ton
amour dément. Songe seulement que je suis vouée à Dieu
et ta folie te fera horreur.

EUSÉBIO

Plus tu te défends et plus mon désir grandit. Non,
Julia... J'ai franchi les murs de ce couvent, je t'ai vue
maintenant, et ce n'est plus l'amour qui brûle en moi,
mais une force plus sombre. Cède à mon désir, ou je dirai
que c'est toi qui m'as appelé et qui me tiens enfermé
dans ta cellule, depuis plusieurs jours. Mes malheurs me
désespèrent et il faut que je crie. *(Il crie.)* « Sachez tous... »

JULIA

Arrête, Eusébio !... Songe... Malheur à moi !... J'entends des pas !... On traverse le chœur !... Que faire,
ô mon Dieu ! Ferme cette cellule. Reste... Je les craignais,
et c'est toi que maintenant je redoute* !

EUSÉBIO

Ô puissant amour !

JULIA

Ô force cruelle de la vie !

L'extérieur du couvent.

Entrent Ricardo et Célio.

RICARDO

Il est trois heures. Il tarde.

CÉLIO

Celui qui, dans la nuit obscure, jouit de son bonheur,
Ricardo, ne s'inquiète jamais du lever du jour. Pour

---

* Littéralement : « J'échange une crainte contre une autre. »

Eusébio, il doit lui sembler que le soleil ne s'est jamais levé si tôt et qu'il court trop vite dans le ciel.

RICARDO

Le jour se lève toujours trop tôt pour celui qui désire et trop tard pour celui qui a joui.

CÉLIO

À mon avis, il doit être occupé de tout autre chose qu'à guetter l'apparition du soleil à l'orient.

RICARDO

Déjà deux heures qu'il est là !

CÉLIO

À peine deux heures, voilà ce qu'il dirait !

RICARDO

Oui, les heures de ton impatience sont celles de son plaisir.

CÉLIO

Sais-tu le soupçon qui m'est venu aujourd'hui, Ricardo ? C'est Julia qui l'a appelé.

RICARDO

Qui, à moins d'être appelé, donnerait l'assaut à un couvent ?

CÉLIO

Ricardo, n'as-tu pas entendu un bruit de ce côté ?

RICARDO

Oui.

CÉLIO

Pose l'échelle.

> *Julia et Eusébio apparaissent en haut.*

EUSÉBIO

Laisse-moi, femme.

JULIA

Eh quoi! Au moment où je me rends à tes prières, au moment où, attendrie par tes plaintes, bouleversée par tes larmes, je cède à ton désir et j'offense deux fois le ciel, comme Dieu et comme époux, tu t'arraches à mes bras, tu me dédaignes sans plus rien vouloir, tu me méprises sans m'avoir possédée. Où vas-tu?

EUSÉBIO

Que me veux-tu, femme? Laisse-moi! Je m'arrache à toi parce que j'ai vu resplendir entre tes bras la face mystérieuse de la divinité. J'ai vu une croix sur ta poitrine nue et, depuis que je l'ai vue, je te regarde avec terreur, tout ce que tu m'offres est une promesse d'enfer. Oui, l'enfer brûle par tes regards et tes soupirs, il te couronne d'éclairs, tes paroles me brûlent, la mort parle par ta bouche. Ce signe est miraculeux et, malgré tous mes blasphèmes, le ciel ne me laissera pas perdre le respect que je dois à la croix. Si je la rends témoin de mon péché, comment oserais-je ensuite l'appeler à mon aide. Non, Julia, reste dans ton couvent. Et ne crois pas que je t'aie méprisée, je ne t'ai jamais autant aimée.

JULIA

Attends, Eusébio... Écoute...

[EUSÉBIO

Voilà l'échelle.

JULIA]

Reste, ou emporte-moi!

EUSÉBIO

Je ne peux pas. Ce que j'ai tant désiré, il faut que je m'en détourne sans en avoir joui. Dieu me garde!

Il tombe.

RICARDO *(le relevant).*

Qu'est-il arrivé?

Eusébio

Ne vois-tu pas cette boule de feu hérissée de flèches brûlantes ? Le ciel inondé de sang s'abat sur moi! Qui me gardera, si le ciel lui-même s'irrite ?... Croix divine! Je te promets, et je jure solennellement sur tout ce que j'ai aimé en ce monde, que, partout où je te rencontrerai, je mettrai genou en terre pour saluer celle qui souffrit à tes pieds!

Ils s'en vont, laissant l'échelle
et Julia seule, sur le rempart.

Julia

Je reste seule, dans la honte et l'égarement. Sont-ce là, ingrat, tes promesses ? Est-ce là ton amour sans limites ? N'est-ce pas plutôt ici que mon amour prend fin ? Les menaces, la contrainte, les prières d'un amant, tu as tout mis en œuvre pour me soumettre à ton désir. Mais dès que tu as pu te dire maître de ton plaisir et de ma douleur, à l'instant de vaincre, tu as fui. Qui d'autre que toi osa jamais fuir en vainqueur ? Je meurs, mon Dieu, ayez pitié de moi! De quoi servent les poisons de la nature quand le mépris suffit à donner la mort! C'est le mépris qui me tue, à cette heure où, livrée à de nouveaux tourments, je cours après qui me repousse. Quel amour eut jamais cette face double ? Quand Eusébio me suppliait avec des larmes, je le dédaignais, mais aujourd'hui qu'il me dédaigne, je le supplie... Ainsi sommes-nous, nous autres femmes qui, contre nos propres désirs, refusons de donner plaisir à celui-là même qui nous plaît. Personne ne nous aime assez qui prétend être payé de son amour. Aimées, nous méprisons, détestées, nous aimons. Non! Je ne souffre pas de ce qu'il ne m'aime pas, je souffre de ce qu'il me rejette.

C'est ici qu'il est tombé et c'est ici que je me jetterai derrière lui!... Mais qu'est cela ? Une échelle! Ô pensée terrible! Arrête, imagination, ne me précipite pas! Que je consente seulement au crime, et déjà je l'aurai accompli. Mais quoi! Eusébio n'a-t-il pas franchi pour moi les murs du couvent ? N'étais-je pas fière de le voir à cause de moi jeté au-devant de si grands périls ? Pourquoi donc hésiter, pourquoi craindre ? Quelle est cette défaillance ?... Je ferai pour sortir d'ici ce qu'il a fait pour y entrer et s'il me ressemble, lui aussi se réjouira de me voir tant risquer par amour de lui.

Hélas! n'ai-je pas déjà en moi-même consenti et ne suis-je pas déjà coupable de tout? Si le péché est si grand, comment ne recouvrirait-il pas de son ombre celui qui se borne à rêver du péché? Mais si j'ai consenti et que Dieu déjà m'ait retiré sa main, ne puis-je espérer au moins le pardon d'une si grande faute? Allons! pourquoi attendre! *(Elle descend par l'échelle.)* Je viole la loi du monde et de l'honneur. J'outrage la face de Dieu. Mauvais ange précipité du ciel, je m'enfonce en aveugle dans cette nuit profonde. Mais je n'ai plus l'espoir de revenir en arrière et je ne me repentirai pas...

Me voici loin du couvent... Le silence est horrible, l'ombre me remplit de crainte. Je marche éblouie par la nuit, je trébuche dans les ténèbres avant de rouler dans mon péché. Où aller? Que faire? Je ne sais ce que je veux. Dans ce silence gros de tant de monstres, il me semble que mes cheveux se dressent et que mon sang se fige. Mon imagination déréglée voit flotter des corps et c'est mon jugement que j'entends dans la voix de l'écho. Le crime qui, tout à l'heure, me faisait superbe, maintenant me fait défaillir. Je puis à peine mouvoir mes jambes que la frayeur entrave. Un poids terrible écrase mes épaules. Je suis couverte de glace. Non, non, je ne veux pas partir! Il faut que je retourne au couvent, je veux demander pardon de ce péché! Mon Dieu! Je crois à votre clémence, et que vous pouvez pardonner autant de péchés qu'il y a ensemble d'étoiles dans le ciel, de grains de sable dans la mer et d'atomes dans le vent!

Entrent Ricardo et Célio.

JULIA

Des pas... Je me retire de ce côté jusqu'à ce qu'ils s'éloignent. Puis je remonterai sans qu'on me voie.

RICARDO

Les frayeurs d'Eusébio nous ont fait oublier l'échelle. Il faut la reprendre avant que le jour vienne et qu'on la voie contre ce mur.

Ils s'en vont avec l'échelle.

JULIA

Ils sont partis. Je vais pouvoir remonter.. Quoi!...
L'échelle n'est pas contre le mur!... Elle doit être par là...
Elle n'y est pas... Comment remonter sans elle ?... Ô mon
Dieu! Je comprends maintenant mon malheur! Vous me
fermez l'entrée de votre maison et vous me signifiez que
vous ne voulez ni de mon retour ni de mon repentir.
Alors, si déjà vous avez à jamais refusé de m'absoudre,
que le monde épouvanté et le siècle surpris sachent que
désormais les crimes d'une femme désespérée feront
horreur au péché, assombriront la face du ciel et terrifie-
ront l'enfer lui-même!

RIDEAU

TROISIÈME JOURNÉE

La montagne.

> *Gil entre, couvert de croix
> dont une très grande qu'il porte
> sur la poitrine.*

GIL

Menga m'a envoyé chercher du bois dans la montagne. Mais pour ma sécurité, je m'abriterai aujourd'hui derrière une fière invention. Eusébio a la réputation d'être dévot à la croix, me voilà donc armé de croix de la tête aux pieds. Dieu du ciel, c'est lui... Quand on parle du loup, on en voit la queue! Oh! Que j'ai peur!... Aucun lieu où je puisse m'abriter!... Je vais tomber en faiblesse.

Non, il ne m'a pas vu cette fois... Je me cacherai de ce côté et jusqu'à ce qu'il soit parti, je prendrai pour abri ce buisson de genêts... Aïe!... Ce n'est rien! Eh! La plus petite est encore piquante... Hou!... Soumission du Christ! J'en suis plus piqué que si j'avais fait une mauvaise affaire ou reçu un affront particulier de Mme Fierabras, ou que si j'étais jaloux de l'idiot du village.

Entre Eusébio.

EUSÉBIO

Je ne sais où aller. La vie est trop longue pour qui désespère; la mort ne vient jamais à qui se lasse de vivre. Julia, je me suis vu entre tes bras, si transporté d'ivresse que notre amour y formait déjà de nouveaux liens. Mais enfin, je n'ai pas joui de ce bonheur, je l'ai fui avant de l'obtenir. Était-ce ma faute? Non, la faute venait de plus loin. Une force souveraine a permis que je me maîtrise et que je respecte sur ta poitrine cette croix que porte aussi la mienne. Hélas! Julia! Pour que tous deux soyons nés avec elle, il faut qu'il s'agisse d'un de ces mystères qui nous dépassent et que Dieu seul connaît.

GIL *(à part).*

Hi!... Elles piquent... et plus que je ne peux le souffrir.

EUSÉBIO

Il y a quelqu'un derrière ce buisson. Qui est là?

GIL *(à part).*

Ici s'écroulent tous mes échafaudages.

EUSÉBIO *(à part).*

Un homme attaché à un arbre! Une croix lui pend du cou! À genoux sur le sol, il faut que j'accomplisse mon vœu.

Il se met à genoux.

GIL

De quoi t'avises-tu, Eusébio? À qui adresses-tu ta prière? Si tu m'adores, pourquoi m'attacher, et si tu m'attaches, pourquoi m'adorer?

EUSÉBIO

Qui es-tu?

GIL

Gil... Tu ne connais pas Gil? Depuis que tu m'as laissé attaché ici avec un message pour Curcio, j'ai eu beau donner de la voix, personne, hélas! n'est venu me détacher.

EUSÉBIO

Mais ce n'est pas ici que je t'ai laissé!

GIL

C'est vrai, seigneur. Mais lorsque j'ai vu que personne n'arrivait, je me suis déplacé, d'arbre en arbre, toujours attaché, jusqu'à cet arbre-ci. Et voilà la cause d'un événement si extraordinaire.

Eusébio le détache.

EUSÉBIO [*(à part)*.

C'est un simple et je saurai par lui quelque chose de mon malheur. *(À Gil.)*] Gil, je sens de l'affection pour toi, depuis que nous avons parlé ensemble, et je veux que nous soyons amis.

GIL

Vous avez raison et je voudrais, puisque nous voilà si grands amis, ne pas aller par là, mais plutôt par ici. Par ici, nous serons tous brigands et l'on dit que c'est la bonne vie : on n'a pas besoin de passer son année à travailler.

EUSÉBIO

Alors, reste avec moi.

> *Entrent Ricardo et des bri-*
> *gands, avec Julia, déguisée en*
> *homme, et le visage couvert.*

RICARDO

Nous avons fait une prise qui te fera plaisir, je crois, au bas du chemin qui traverse cette montagne.

EUSÉBIO

Cela est bien. Nous nous en occuperons tout à l'heure. Sachez d'abord que nous avons un nouveau soldat.

RICARDO

Qui ?

GIL

Gil. Vous ne me voyez pas ?

EUSÉBIO

Ce villageois, bien qu'il paraisse innocent, connaît bien le pays, la montagne et la plaine : il sera notre guide. Il ira de plus dans le camp de notre ennemi et y sera notre espion volant. Tu peux lui donner une arquebuse et un baudrier.

CÉLIO

Voilà.

GIL

Pitié de moi! Me voilà embrigandé!

EUSÉBIO

Qui est ce gentilhomme qui se couvre le visage?

RICARDO

Il n'a pas été possible de lui faire dire sa patrie et son nom. Il ne veut parler qu'au capitaine.

EUSÉBIO

Alors, tu peux te découvrir devant moi.

JULIA

Es-tu le capitaine?

EUSÉBIO

Oui.

JULIA

Dieu!

EUSÉBIO

Qui es-tu et que viens-tu faire ici?

JULIA

Je te le dirai quand nous serons seuls.

EUSÉBIO

Éloignez-vous un peu.

Ils s'en vont. Restent Eusébio et Julia.

EUSÉBIO

Nous voici seuls maintenant. Tu n'auras que les arbres et les fleurs pour témoins muets de tes paroles. Ôte ce voile dont tu as déguisé ton visage et dis-moi qui tu es, où tu vas et ce que tu veux. Parle.

JULIA *(tirant son épée)*.

Pour que tu saches en une seule fois d'où je viens et qui je suis, tire ton épée!... Tu sauras ainsi que je suis celui qui vient pour te tuer.

EUSÉBIO

Je me mets en garde pour me défendre. Cela seulement. Je me méfie de ton audace et de ce que tu pourrais faire, mais il me semble que ta voix ne m'est pas ennemie.

JULIA

Bats-toi, lâche, et je vais t'ôter ce doute en t'enlevant la vie.

EUSÉBIO

Je me battrai donc, mais je parerai tes coups sans te blesser. Je tiens à ta vie. Si je te tuais dans ce combat, ou si tu me tuais, je ne saurais pourquoi je tue ni pourquoi je meurs. Aussi je te prie de me montrer ton visage.

JULIA

Tu as raison. Quand la vengeance touche à l'honneur, l'outragé ne se tient pas pour satisfait tant que celui qui a outragé ne sait pas pourquoi il est châtié. *(Elle se découvre.)* Me reconnais-tu? [Pourquoi cet effroi? Pourquoi ce regard fixe?

EUSÉBIO

Devant toi, je crois et je doute. Je m'épouvante de ce que je vois. Je te regarde et je me désole.

JULIA

Tu m'as reconnue maintenant.]

EUSÉBIO

[Oui, et à ta vue, mon égarement grandit...] Si avant cet instant, mon cœur bouleversé désirait te voir, maintenant détrompé, il donnerait pour ne pas t'avoir vue tout ce qu'auparavant, il eût donné pour te revoir. Toi, Julia!... Toi, ici!... Dans ces vêtements profanes, deux fois sacrilèges!... Comment es-tu parvenue seule ici? Qui t'a conduite?...

JULIA

Tes mépris et ma honte! Et pour que tu apprennes

qu'une femme qui court après son désir est plus rapide que la flèche, plus brûlante que la balle et plus soudaine que l'éclair, entends quels furent mes crimes jusqu'à présent et sache que non seulement j'ai pris plaisir à ces forfaits, mais que je tirerai encore une jouissance du récit qui va les faire revivre.

Après que tu m'eus abandonnée, j'ai d'abord fui le couvent pour la montagne. Là, un berger voulut m'avertir que je m'étais engagée dans un mauvais chemin. Mais je pris sottement peur et pour éviter qu'il me mette en danger, je m'assurai de son silence en le tuant d'un couteau qu'il portait à la ceinture. Ce fut là mon premier crime. Plus tard, un cavalier, me voyant fatiguée, m'offrit avec courtoisie de monter en croupe derrière lui. Mais il voulut entrer dans un village et moi, parce que je voulais fuir les endroits habités, pour prix de son bienfait, je le tuai avec ce même couteau [ministre de la mort]. Pendant trois jours et trois nuits, je n'eus dans ce désert d'autre nourriture que des plantes sauvages, d'autre lit que des rochers glacés. Je parvins enfin jusqu'à une pauvre cabane. Et la vue de son toit de chaume pacifia soudain mon cœur et parut un abri doré à la fugitive que j'étais. Là, une paysanne me reçut en hôtesse géné-reuse, rivalisant de prévenances avec le berger, son mari. J'oubliai, chez eux, ma fatigue et ma faim devant une table pauvre, mais accueillante. Pourtant, là encore, au moment de les quitter, la peur me vint qu'ils allassent renseigner ceux qui pouvaient me chercher. Je tuai dans la montagne cet honnête berger qui m'avait accompagnée pour me montrer le chemin, et revenue sur mes pas, je fis de même avec sa femme.

Mais je compris ensuite que ma robe me dénonçait et je décidai d'en changer. Un chasseur endormi que je fis passer du sommeil à la mort me fournit ces vêtements et ces armes que tu vois. À travers mille péripéties enfin, par-dessus tous les obstacles et tous les dangers, à la faveur de tous les crimes, je parvins jusqu'à toi.

Eusébio

Je te regarde, fasciné. Ta voix me charme et pourtant je tremble devant toi. Non, Julia, encore une fois, je ne t'ai pas méprisée. Mais j'ai craint les dangers dont le ciel me menace et c'est pourquoi je me suis détourné de toi.

Retourne à ton couvent. Pour moi, j'ai si peur de cette croix que je dois la fuir... Mais quel est ce bruit ?

Entrent les brigands.

RICARDO

Capitaine, prépare-toi à te défendre. Curcio et ses hommes ont quitté la route et sont à ta recherche dans la montagne. Tous les villageois marchent contre toi, et en si grand nombre, qu'on y trouve les vieillards, les enfants et les femmes. Ils crient qu'ils vengeront dans ton sang le sang d'un fils tué par tes mains. Ils jurent de te prendre mort ou vif et de te conduire prisonnier à Sena, pour la vengeance de tant de morts et pour ton châtiment.

EUSÉBIO

Julia, nous parlerons plus tard, couvre-toi le visage et viens ! Il ne faut pas que tu tombes au pouvoir de ton père. Il est ton ennemi. Courage, frères ! Voici le jour de la fierté ! Pour que personne ne faiblisse, n'oubliez pas qu'ils osent venir nous tuer ou nous prendre. S'ils nous prenaient, nous nous trouverions alors en prison, accablés de malheurs et dépouillés de notre honneur. Avec cette seule certitude, qui n'affronterait le plus grand des périls pour conserver la vie et l'honneur ? Ne leur laissons pas croire que nous les craignons. Avançons à leur rencontre ! [La fortune est toujours du parti de l'audace !]

RICARDO

Inutile d'y aller, les voilà qui arrivent.

EUSÉBIO

À vos armes ! Et que personne ne faiblisse ! Si j'en vois un seul plier ou fuir, vive Dieu, je rougirai le fil de cette épée dans sa poitrine avant de la plonger dans celle de l'ennemi !

CURCIO *(en coulisse)*.

J'ai aperçu le traître Eusébio dans les fourrés de la montagne. C'est en vain qu'il se fait un rempart de ces rochers.

VOIX *(en coulisse)*.

On les voit d'ici à travers les branches.

JULIA

En avant! À eux!

EUSÉBIO

Attendez, rustres! Et j'en prends Dieu à témoin, les champs mouillés de votre sang se transformeront en grasses rivières.

RICARDO

Ces croquants sont trop nombreux.

CURCIO *(en coulisse)*.

Où te caches-tu, Eusébio?

EUSÉBIO

Je ne me cache pas, je te cherche.

Une autre partie de la montagne.

Entre Julia.

JULIA

Où que j'aille dans cette montagne, où que je foule son herbe, des cris horribles me parviennent, des combats acharnés se déroulent sous mes yeux... Mais que vois-je? Dispersée et vaincue, toute la troupe d'Eusébio rompt avec l'ennemi. Oh! Il faut le rejoindre et lui rendre l'avantage. [Si je lui redonne courage pour se défendre, l'ennemi sera terrorisé et moi, couteau de la Parque, effroi vengeur des temps futurs, j'étonnerai le monde et les siècles.]

Elle sort. Entre Gil en brigand.

GIL

À peine me suis-je fait apprenti-brigand pour me

mettre en sûreté que me voilà en qualité de brigand dans un danger plus grand. Quand j'étais paysan, les paysans étaient vaincus et aujourd'hui où je suis du côté du manche, me voilà tout autant vaincu. [Sans être avare, je traîne le malheur avec moi. Je suis persécuté du ciel et j'ai mille fois pensé que si j'étais juif, les juifs eux-mêmes seraient persécutés.]

Entrent Menga, Blas et d'au-
tres paysans.

MENGA

Il fuit. Poursuivons-le.

BLAS

N'en laissons pas un seul vivant.

MENGA

Il y en a un qui s'est caché ici.

BLAS

Mort à ce bandit!

GIL

Eh! Voyez un peu!... Je suis moi!...

MENGA

Ton baudrier nous dit assez que tu es bandit!

GIL

L'habit en a menti. Il ne fait pas le moine.

MENGA

Sers-le!

Elle frappe.

BLAS

Frappe, je te dis!

Il frappe.

GIL

Me voilà suffisamment servi et frappé. Remarquez.

MENGA

Nous n'avons rien à remarquer. Tu es un bandit.

GIL

Mais enfin, constatez que je suis Gil, voué au Christ.

MENGA

Eh! Que ne parlais-tu, Gil?

BLAS

Eh! Gil, que ne le disais-tu plus tôt?

GIL

Comment, plus tôt?... Je vous ai dit : « Je suis moi » depuis le commencement.

MENGA

Que fais-tu là?

GIL

Tu ne le vois pas? J'offense Dieu dans le cinquième commandement. Je tue, à moi seul, plus que ne tuent ensemble un médecin et la chaleur.

MENGA

Quel costume est-ce là?

GIL

Ah! Voilà le diable!... Eh bien!... J'ai tué un brigand et j'ai pris son habit.

MENGA

Mais si tu l'as tué, comment son habit n'est-il pas taché de sang?

GIL

Rien de plus simple : il est mort de peur. Voilà pourquoi!

MENGA

Viens avec nous, nous sommes vainqueurs et poursuivons les brigands qui reculent à leur tour et nous fuient.

GIL

Oui, mais je vais enlever ce baudrier quand même je devrais grelotter.

Ils sortent. Entrent Eusébio et Curcio qui se battent.

CURCIO

Nous voici seuls. Je remercie le ciel qui met la vengeance à portée de ma main. Il n'a pas voulu remettre à d'autres le soin de réparer l'outrage, ni confier ta mort à un fer étranger.

EUSÉBIO

Le ciel n'est pas contre moi, Curcio, lorsqu'il favorise cette rencontre. Tu viens à moi et ton cœur qui se proclame offensé gardera son offense pendant que toi tu t'en retourneras châtié. *(Un temps.)* Et cependant, devant ta douleur, je ne sais quel respect naît en moi qui me rend plus timide que devant ton épée. Ta valeur suffit à se faire craindre, mais je ne recule que devant ces cheveux blancs. Eux seuls me font fléchir.

CURCIO

Je ne puis le nier, Eusébio, tu as calmé en mon cœur offensé une grande partie de la colère avec laquelle je te regardais. Mais je ne te laisserai pas croire étourdiment que seuls mes cheveux blancs te font reculer quand ma valeur peut y suffire. Bats-toi!... Aucune étoile, aucun signe favorable ne me feront renoncer à la vengeance que je poursuis. Battons-nous!

EUSÉBIO

Ignores-tu la distance qu'il y a de la crainte au respect? Je ne te crains pas. Mais il est vrai que je ne désire pas d'autre victoire que le pardon. Cette épée qui fit trembler tant d'hommes, c'est à tes pieds que je la dépose.

CURCIO

Eusébio, je ne prendrai pas avantage de ceci pour te tuer. Je dépose aussi mon épée. [*(À part.)* J'évite ainsi le risque de lui donner la mort. *(À Eusébio.)*] Battons-nous sans armes.

Ils s'étreignent et luttent.
Eusébio a le dessus, mais lâche
soudain Curcio et recule.

EUSÉBIO

Qu'est-ce donc? Quelles sont ces larmes qui, du fond
de mon cœur, par-dessus la soif de vengeance, par-dessus
mes souffrances, montent maintenant à mes yeux. Curcio,
dans la violente confusion où je suis, il me semble que
je voudrais seulement me tuer pour te venger. Venge-toi
sur moi!... Voici ma vie, seigneur, à tes genoux!

CURCIO

Quelle qu'ait été l'offense, l'épée d'un gentilhomme
ne se souille pas du sang des vaincus. Celui qui ternit
de sang sa victoire renonce à presque toute sa gloire...

VOIX *(dehors)*.

Ils sont par ici.

CURCIO

Mes hommes victorieux viennent à moi, tandis que ta
troupe craintive a tourné le dos. Je veux te laisser la vie.
Fuis. C'est en vain que je te défendrai contre la fureur
vengeresse de mes villageois. À toi seul, tu ne pourras
défendre ta vie contre eux.

EUSÉBIO

Je me suis incliné devant ta puissance, Curcio,
mais je ne fuirai nulle autre force au monde. Je reprends
cette épée et tu verras que si le courage m'a manqué
contre toi, tes hommes ne suffiront pas contre lui.

Entrent les hommes de Curcio.

OCTAVIO

Du fond de la vallée à la cime de ces monts, aucun
d'entre eux n'est resté en vie. Seul, Eusébio, fuyant dans
le soir, s'est échappé.

EUSÉBIO

Tu mens!... Eusébio n'a jamais fui!

Tous

Mais c'est lui... À mort !

Eusébio

Avancez donc, rustres !

Curcio

Arrête, Octavio, attends !

Octavio

Quoi, seigneur, toi qui devrais nous encourager, tu recules maintenant ! Tu défends un homme qui a versé ton sang et insulté ton honneur ?

Gil

Comment peux-tu protéger un homme qui, par son audace, a délibérément répandu la destruction dans tout ce pays, qui a tué tant des nôtres, et qui n'a laissé chez nous ni melon ni jeune fille à qui il n'ait goûté.

Octavio

Qu'as-tu à dire, seigneur ? Que veux-tu faire ?

Curcio

Attendez !... Écoutez... Ô triste événement... Ne vaut-il pas mieux qu'il arrive prisonnier à Sena ?... Va en prison, Eusébio, et, sur ma foi de gentilhomme, je jure de te défendre. Bien que je sois partie dans ce procès, je serai aussi ton avocat.

Eusébio

Non. N'espère pas que je fasse soumission à la loi parce que je me suis rendu à toi. Le respect suffisait à me livrer à Curcio, mais la loi demande qu'on la craigne et je ne crains rien.

Octavio

Mort à Eusébio !

Curcio

Prends garde...

OCTAVIO

Quoi! Tu le défends, tu nous trahis?

CURCIO

Trahir!... Pardonne-moi, Eusébio, mais puisqu'ils m'accablent de cette façon, c'est à moi le premier qu'il revient de te donner la mort.

EUSÉBIO

Écarte-toi de moi, seigneur! Ta vue me glace, je ne sais pourquoi. Si tu te tiens devant mes yeux, tu serviras de bouclier à tes gens!

> *Les villageois lui donnent l'assaut. Tous se battent et sortent, sauf Curcio.*

CURCIO

Ils le traquent... [Oh! qui pourrait te rendre maintenant la vie, Eusébio, quand bien même ce serait la sienne propre...] Il s'enfonce dans la montagne, frappé de mille coups... Il recule... Il tombe et roule vers la vallée. Ah! Je cours à son secours! Ce sang déjà glacé qui m'appelle d'une voix faible a quelque chose du mien. Un sang qui ne serait pas mien, comment m'appellerait-il et comment l'entendrais-je?

Un autre coin de la montagne.

> *Eusébio roule tout le long d'une pente sur la scène. La croix.*

EUSÉBIO

Précipité du haut de la montagne, la vie m'échappe et la terre elle-même me manque où je puisse tomber mort. Je suis coupable, je vois tout mon péché et mon âme, enfin revenue à elle-même, ne se tourmente pas d'avoir à perdre la vie, mais seulement de savoir comment payer tant de crimes avec une seule vie. Voici qu'à nouveau vient à moi cette troupe haineuse, et je ne puis me sauver, il faut tuer ou mourir, quand je voudrais seulement courir en un lieu où je puisse demander pardon au ciel... Ô croix, arrête mes pas, afin que si ceux-là me donnent une mort sans lendemain, toi, du moins, me rendes la vie éternelle.

Arbre que le ciel couvrit du fruit de vérité pour racheter celui où mordit le premier homme! Fleur du paradis promis! Arche de lumière dont le message sur l'immensité des mers annonça la paix du monde! Surgeon adorable! Inépuisable vigne! Ô toi, harpe du nouveau David, table du second Moïse! Puisque Dieu n'a souffert sur toi que pour les pécheurs, me voici, moi, pécheur, et j'implore ta grâce pour qu'elle me rende justice. Ce qui te fut donné, tu dois me le rendre! Même si j'étais le seul pécheur de ce monde, Dieu pour moi seul serait mort. Sans mes crimes, il n'aurait pas souffert sur toi. C'est pour moi, pour moi seul, aujourd'hui, que tu te dresses.

Ô sainte Croix! Mon cœur dans son premier mouvement vous a toujours suppliée avec une foi, une dévotion sans bornes, pour que vous ne permettiez pas que je meure sans confession. Je ne serai pas le premier larron, qui, étendu sur vous, s'est rendu à Dieu. À moi, second larron, à moi qui m'en repens, à moi non plus la rédemption ne manquera pas qui, une première fois déjà, s'est opérée sur vous!

Lisardo! Quand tu te trouvais blessé entre mes bras et que je pouvais te tuer, dans ce moment fugace où se dénouent les liens terrestres, je t'ai donné la chance de te confesser. Et maintenant, bien que la mort soit déjà sur moi, je me tourne vers toi et vers ce vieillard aussi dont j'ai la promesse. C'est à vous deux que je demande pitié. Regarde-moi, Lisardo, je meurs... Écoute-moi, Alberto, je t'appelle!

Entre Curcio.

CURCIO

Il est par ici.

EUSÉBIO

Si tu viens pour me tuer, tu n'auras pas de mal à m'ôter une vie que je n'ai déjà plus.

CURCIO

Quel bronze ne s'attendrirait devant tant de sang répandu... Eusébio, rends ton épée.

EUSÉBIO

À qui?

CURCIO

À Curcio.

EUSÉBIO

À Curcio? La voici. *(Il la donne.)* Et maintenant, moi aussi, à tes pieds, je te demande pardon de cette ancienne offense... Je ne puis en dire plus... Ma vie s'épuise dans mes blessures. Mon âme terrifiée entre dans les ténèbres.

CURCIO

[Je ne sais que faire?] N'y a-t-il donc plus de remède en ce monde?

EUSÉBIO

Dieu seul sait soigner les âmes.

CURCIO

Où es-tu blessé?

EUSÉBIO

À la poitrine.

CURCIO

Laisse-moi voir si ton cœur faiblit... Ah! tristesse. *(Il découvre la poitrine et voit la croix.)* Quel est ce signe divin et miraculeux dont la vue bouleverse mon âme?

EUSÉBIO

Ce sont les armes que je tiens de cette croix au pied de laquelle je naquis. Je ne sais rien de plus de ma naissance... Je n'accuse pas mon père qui me refusa un foyer. Il dut prévoir le mal qui était en moi... oui, c'est ici que je naquis.

CURCIO

Et c'est ici, où la souffrance se confond à la joie,
que se rejoignent les effets jumeaux d'une volonté cruelle
et souveraine, ici que s'élèvent en même temps les deux
cris de la reconnaissance et de la douleur!

Hélas! mon fils, te voici enfin, et je désespère au milieu
de mon bonheur. Tu es Eusébio, tu es mon fils, si j'en
crois tant de signes, et il me faut te retrouver dans la
désolation, au moment où je te perds. Ton récit me
confirme ce que mon âme avait déjà deviné. Ta mère
t'abandonna dans ce même lieu où je te retrouve
aujourd'hui. Le ciel me châtie là où je péchai, et ce lieu
même déjà m'enseigne mes erreurs. Quel signe plus grand
puis-je souhaiter que cette croix qui s'ajuste à celle que
Julia porte sur elle? Le ciel vous marqua tous deux
mystérieusement afin qu'à vous deux, pour toute la terre,
vous ne soyez qu'un seul prodige.

EUSÉBIO

Père, oh, père! Je ne puis parler! Adieu! Le linceul
déjà couvre mon corps. La mort aux pas emportés m'ôte
toute voix pour te répondre, toute vie pour te connaître
et m'arrache l'âme qui t'aurait obéi... Voici venir le coup
terrible... Voici l'inévitable épreuve... Alberto!...

CURCIO

Mon Dieu! Pleurer mort celui que, vivant, je haïssais!...

EUSÉBIO

Viens, Alberto!

CURCIO

Ô combat sans justice!

EUSÉBIO

Alberto... Alberto...

Il meurt.

CURCIO

Sous ce dernier coup, il a rendu l'âme. Ah! Que mes
cheveux blancs témoignent de cette douleur!

Entre Blas.

BLAS

Tes plaintes sont vaines, maintenant. Et ton courage jusqu'ici a toujours suffi aux coups de la fortune.

CURCIO

C'est que jamais la fortune ne me fut si cruelle. Ah! ma douleur pourrait incendier cette montagne de ses larmes : une lave brûlante coule de mes yeux. Ô cieux! Ô souffrance insupportable!

Entre Octavio.

OCTAVIO

Aujourd'hui, Curcio, la fortune te persécute de tous les maux qui peuvent frapper un malheureux! Le ciel sait combien j'ai de peine à parler.

CURCIO

Qu'y a-t-il?

OCTAVIO

Julia a fui le couvent.

CURCIO

[Peut-on seulement imaginer une peine comparable à ce féroce malheur! Non, mon infortune échappe à la pensée... Ce cadavre que tu vois, Octavio, est mon fils!... Devant des épreuves si affreuses, tu sens bien que la moindre peine suffirait maintenant à me tuer.] Accorde-moi la force de l'âme, ciel! ou ôte-moi une vie hantée désormais par tant de tourments inhumains.

Entrent Gil et les villageois.

GIL

Seigneur...

[CURCIO

Quelle douleur m'annonces-tu encore?...

GIL]

Les bandits que nous avons châtiés, et qui avaient fui, reviennent à ta recherche, exaltés par un diable d'homme qui cache son visage et dont on ne sait pas le nom.

Curcio

Mon cœur a tant souffert aujourd'hui que les maux les plus grands lui paraîtront indifférents à accueillir. Qu'on emporte le corps douloureux d'Eusébio jusqu'à ce que, rendu à une sépulture honorable, il puisse, de ses yeux de cendres, contempler ma douleur.

Tirso

Tu prétends donc enterrer en terre sainte un homme qui est mort excommunié ?

Blas

Celui qui meurt comme il est mort ne mérite d'autre tombeau que le désert !

Curcio

Ô vengeance paysanne ! L'offense garde tant de puissance sur toi que tu ne t'arrêtes même pas devant les portes de la mort !

Curcio sort en larmes.

Blas

Que les bêtes féroces et les oiseaux soient son tombeau en punition de ses grands péchés.

[Voix

Pour que la punition soit encore plus grande, précipitons-le de la montagne et qu'il tombe déchiqueté.

Blas]

Donnons-lui en attendant sous des branches une rustique sépulture. *(Ils placent le corps d'Eusébio sous des branches.)* Mais déjà s'étend le suaire noir de la nuit. Reste ici, Gil, près de lui, pour que ta voix, du moins, puisse nous avertir si quelques-uns reviennent de ceux qui ont fui.

Ils sortent tous, sauf Gil.

Gil

Ils sont bien tranquilles, eux ! Ils enterrent Eusébio ici et ils me laissent seul avec lui. Seigneur Eusébio, souvenez-vous, je vous prie, du temps où j'étais votre ami. Mais qu'est ceci?... [Ou bien la peur d'être seul me trouble la vue, ou bien j'aperçois un millier de personnes au moins venir vers moi.]

Entre Alberto.

ALBERTO

J'arrive de Rome et me voilà perdu dans cette forêt, une fois de plus, sous le ciel fixe et silencieux de la nuit. C'est ici qu'Eusébio me fit grâce de la vie. Je crains d'être encore en danger si je rencontre ses soldats.

EUSÉBIO

Alberto!

ALBERTO

Quel est ce souffle? D'où vient cette voix éteinte qui porte mon nom jusqu'à moi?

EUSÉBIO

Alberto!

ALBERTO

Mon nom, une autre fois? Il me semble que c'est par ici. Je veux aller voir.

[GIL

Mon Dieu! C'est Eusébio. Je me sens la plus belle peur du monde!]

EUSÉBIO

Alberto!

ALBERTO

On parle tout près d'ici! Voix qui peuples fugitivement le vent, qui es-tu, toi qui dis mon nom?

EUSÉBIO

C'est moi, Eusébio. Viens, Alberto! Viens jusqu'à ce lieu où je suis enseveli. Viens et soulève ces branches. Ne crains rien.

ALBERTO

Je ne crains rien.

Il le découvre.

[GIL

Je voudrais pouvoir en dire autant.]

ALBERTO

Je te vois maintenant. Au nom de Dieu, dis-moi ce que tu veux.

EUSÉBIO

Au nom de Dieu, ma foi t'invoque, Alberto, pour qu'avant que je meure, tu m'entendes en confession. *(Il se lève.)* Il y a longtemps que je suis mort dans mon corps. Mais le cadavre n'entraîne pas l'esprit dans sa dépendance. Le coup terrible de la mort lui ôte l'usage de l'âme, mais ne peut l'en séparer. Viens, Alberto, viens en un lieu où je puisse te confesser des péchés qui sont plus nombreux que les grains de sable dans la mer et que les atomes dans la lumière. *(Il marche.)* Voilà ce que peut obtenir du ciel la dévotion à la croix.

ALBERTO

Toutes les pénitences que j'ai faites jusqu'à présent je te les remets aujourd'hui pour qu'elles servent à racheter quelque chose de ton péché.

Ils sortent.

GIL

Mon Dieu! C'est qu'il y va debout! Et pour qu'on puisse mieux le voir, le soleil se découvre. Je vais le raconter à tous.

D'un autre côté, entrent Julia et les bandits.

JULIA

Ils dorment après la victoire et ne se méfient de rien. [L'occasion est propice.]

Octavio *(en coulisse)*.

Si vous voulez les prendre en embuscade, il faut se
poster ici, car ils viendront de ce côté.

*Tous les villageois entrent avec
Curcio.*

Gil

On arrive de tous les côtés!... Apprenez tous par ma
bouche le plus admirable prodige que vit jamais le
monde! Eusébio, appelant un prêtre de sa propre voix,
s'est levé du lieu où il fut enseveli. [Mais pourquoi vous
raconter ce que vous pouvez tous voir?] Regardez avec
quelle piété il est tombé à genoux.

*On voit Eusébio agenouillé
devant Alberto qui le confesse.*

Curcio

Mon fils! Dieu du ciel, quelles sont ces merveilles!

Julia

Qui vit jamais plus étonnant miracle!

Curcio

Dès que le saint vieillard a fait sur lui le signe de
l'absolution, il est tombé mort à ses pieds pour la seconde
fois.

Alberto

Que le monde, parmi toutes ses grandeurs, apprenne
la plus haute de ses merveilles! Je l'atteste par ma voix :
dans le corps mort d'Eusébio, le ciel a maintenu son âme
jusqu'à ce qu'il ait pu se confesser. Voilà ce que peut
sur Dieu la dévotion à la croix.

Curcio

Fils de mon âme!... Non, il ne fut pas infortuné celui
qui, dans sa mort tragique, a mérité un tel privilège!
C'est maintenant enfin que Julia connaîtra l'étendue de
son crime.

Julia

Mon Dieu, je demande ton secours! Qu'est cela que

j'entends aujourd'hui?... Quels sont ces prodiges?... Je
voulais Eusébio et j'étais la sœur d'Eusébio!... Il faut
alors que mon père et le monde entier apprennent mes
péchés mortels! Et c'est moi, épouvantée de ma perversion, qui les crierai à tous! (*Elle se démasque.*) Que tous
ceux qui vivent sous le ciel sachent que je suis Julia,
Julia de race criminelle, Julia, de toutes les femmes
mauvaises, la pire. Et comme j'ai rendu public mon
péché, publique sera ma pénitence à partir d'aujourd'hui.
J'irai, demandant le pardon du monde pour le funeste
exemple que je lui ai donné, et la pitié de Dieu pour
le crime de ma vie.

CURCIO

Ô toi qui ferais rougir le crime lui-même! Je te tuerai
de mes propres mains pour que ta mort soit aussi terri-
fiante que ta vie!

JULIA

Sainte Croix, viens à mon secours! Aide-moi et je jure
de vivre à nouveau sous ton signe et de naître une
seconde fois. Adieu.

> *Elle s'accroche à la croix
> qui était sur la tombe d'Eusébio
> et disparaît dans le ciel.*

ALBERTO

Miracle!

CURCIO

Et par ce dénouement si digne d'admiration, l'auteur
termine heureusement *la Dévotion à la croix*.

FIN

DINO BUZZATI

UN CAS INTÉRESSANT

PIÈCE EN DEUX PARTIES
ET ONZE TABLEAUX

DINO BUZZATI

DINO BUZZATI est un excellent romancier italien dont on a traduit en France le Désert des Tartares. Nos critiques ont reçu chaleureusement, à l'époque, ce récit insolite qui avait déjà consacré la réputation de son auteur en Italie. Je savais cela lorsque Vitaly m'apporta la pièce que l'on va entendre et me demanda de l'adapter. Après l'avoir lue, je sus aussi que Buzzati était un auteur dramatique, à la fois audacieux et direct.

Pour la bonne règle, je fis seulement remarquer à Vitaly que, dans l'état de notre société théâtrale, cette belle pièce comportait quelques risques. Mais il me demanda simplement si ces risques ne m'intéressaient pas autant que lui. Après cela, il ne nous restait plus qu'à rire et à travailler ensemble.

Je ne parlerai pas ici de la pièce elle-même, où l'on peut voir aussi bien un drame de la destinée qu'une satire sociale. Et il est vrai qu'en mélangeant la Mort d'Ivan Illitch et Knock, on risquerait d'obtenir un produit aussi original que celui qui est présenté aujourd'hui par l'excellente troupe de Vitaly. Mais il vaut mieux laisser au spectateur d'une telle œuvre le mérite d'une réaction directe.

On peut, au contraire, dire deux mots de l'adaptation. Dans tout ce que font aujourd'hui nos amis italiens, il y a une générosité, une chaleur du cœur, une simplicité vivante qui manque un peu dans nos œuvres françaises. Les noms de Silone, de Moravia, de Vittorini, feront comprendre ce que je veux dire. Même lorsque les Italiens passent par la porte étroite que leur montrent Kafka ou Dostoïevski, ils y passent avec tout leur poids de chair. Et leur noirceur rayonne encore. J'ai trouvé cette simplicité à la fois tragique et familière dans la pièce de Buzzati et j'ai, en tant qu'adaptateur, essayé de la servir. J'ai calqué fidèlement la nonchalance étudiée de son langage, son dédain des prestiges extérieurs, et pour le reste, je suis à peine intervenu, sinon lorsqu'il a fallu ajuster la pièce au plateau où elle se déroule.

Bien entendu, la collaboration de Vitaly et de ses comédiens, à ce stade, a été décisive. Il est bon de le préciser, en tout cas, je n'ai jamais cru, pour ma part, que l'adaptateur dût être le cheval d'un pâté dont l'auteur serait l'alouette. Le cheval, ici, c'est Dino Buzzati, et nous sommes tous sûrs qu'il a du sang et de la race.

C'est à Dino Buzzati justement que Vitaly et ses collaborateurs ont voulu souhaiter la bienvenue en France, et de la manière qui convenait, je veux dire en servant honnêtement son œuvre et en s'effaçant devant lui au moment où il apparaît pour la première fois devant le public parisien.

A. C.

UN CAS INTÉRESSANT

GLORIA, la secrétaire de Corte	*Monique Delaroche.*
MENTI, ancien commis	*Louis Falavigna.*
SPANNA, fondé de pouvoir de Corte	*Maurice Garrel.*
GOBBI, employé de Corte	*Gilbert Edard.*
LE PORTIER	*Paul Gay.*
GIOVANNI CORTE, industriel	*Daniel Ivernel.*
SA MÈRE	*Jeanne Herviale.*
LE DOCTEUR MALVEZZI, ami des Corte	*Jean Ozenne.*
LUCIA, femme de chambre	*Pascale André.*
ANITA, femme de Corte.................	*Virginie Vitry.*
BIANCA, fille de Corte	*Rosine Favey.*
LE PROFESSEUR CLARETTA, directeur adjoint de la clinique.....................	*Pierre Destailles.*
UN EMPLOYÉ à la clinique	*Jean Amadou.*
MASCHERINI, un ouvrier hospitalisé dans la clinique	*Jacques Riberolles.*
UNE FEMME MALADE....................	*Denise Chauvel.*
LE MONSIEUR GROS	*Paul Gay.*
L'HOMME PÂLE.......................	*Roger Pelletier.*
UNE INFIRMIÈRE......................	*Aminda Montserrat.*
UNE INFIRMIÈRE	*Pascale André.*
LE PROFESSEUR SCHROEDER.............	*Lucien Hubert.*
UN MALADE	*Jean Amadou.*
LE MALADE DU TROISIÈME ÉTAGE	*François Perrot.*
UNE INFIRMIÈRE	*Rosette Zucchelli.*

Assistants, infirmiers.

Mise en scène de Georges Vitaly.
Décors de Roger Chancel, assisté par Gisèle Tanalias.

PREMIER TEMPS

PREMIER TABLEAU

L'antichambre et le bureau du directeur de la Société immobilière Corte et Dell. Dans chaque pièce se trouve un téléphone. Dans l'antichambre, une machine à écrire et un magnétophone avec haut-parleur. Des trois portes de l'antichambre l'une donne sur le bureau du directeur, la seconde dans une autre pièce, la troisième sur l'escalier.

> *Au lever du rideau, le bureau du directeur est vide. L'ancien commis Menti est assis dans l'antichambre : il attend.*

LA VOIX *(sortant du magnétophone).*

...DE la concurrence, point virgule. Les milieux autorisés estiment, en effet, qu'il est très peu vraisemblable..., très peu vraisemblable... *(bruits de toux)* que la tendance actuelle du marché puisse se maintenir jusqu'à la date que vous avez indiquée, ouvrez la parenthèse, le 31 décembre prochain, fermez la parenthèse, point. L'arrivée d'importantes quantités de matière première ne pourra plus être endiguée... Je rectifie... ne se heurtera plus... *(toux)* aux obstacles... euh!... dont il a été question plus haut.

> *Gloria entre et ferme l'appareil. Elle pousse un soupir.*

GLORIA

Ah! *(Elle regarde l'ancien commis Menti qui attend, toujours assis.)* Vous attendez toujours ? Vous êtes patient.

MENTI

Oui. J'ai tout mon temps, maintenant.

GLORIA

Je vous répète que nous ne savons même pas si
M. Corte est revenu de Rome.

MENTI

Je n'ai jamais eu de rendez-vous avec M. Corte et
pourtant je le voyais tous les jours.

> *Gloria remet le magnétophone
> en route et commence à dactylo-
> graphier.*

LA VOIX *(sortant du magnétophone)*.

... à la ligne... Dans le cas où la conjoncture, non...,
je rectifie. Tout en maintenant en vigueur les dispositions
du paragraphe sept, ouvrez la parenthèse, se reporter
au texte de l'accord du 3 février dernier, fermez la
parenthèse, vérifiez la date, mademoiselle...

> *Gloria sort la feuille de la
> machine, arrête le magnétophone
> et se met à fouiller dans les
> tiroirs.*

GLORIA

Où sont les carbones?

MENTI *(Il se lève et va ouvrir un tiroir.)*

Les voici, mademoiselle.

GLORIA *(d'un ton un peu sec)*.

Vous êtes de la maison?

MENTI

Plutôt. Seize ans, ce n'est pas rien.

GLORIA

Seize ans? Mais alors, qu'est-ce que vous attendez?

MENTI

Je m'appelle Menti. J'étais commis dans cette maison.

Maintenant, c'est fini. *(Il montre ses jambes.)* Les pédales sont rouillées. De l'arthrite, comme on dit. On se fait vieux, quoi! Et les vieux prennent leur retraite et pour prendre sa retraite il faut prendre son congé, et je viens précisément pour prendre congé. M. Corte m'aime bien, vous savez. Il a du coffre, mais il a du cœur.

Le téléphone sonne.

GLORIA *(à l'appareil).*

Oui, ici la Société immobilière Corte et Dell. Non, M. Corte n'est pas là... Nous ne savons pas exactement... Peut-être... Il sera peut-être de retour ce matin... Pardon? Lavitta... « L » comme Livourne? Oui, oui, j'ai noté... Je vous en prie. Au revoir, monsieur.

> *Spanna, le fondé de pouvoir de Corte, entre en coup de vent.*

SPANNA

C'est M. Corte?

GLORIA

Non, monsieur, c'était un certain Lavitta.

SPANNA *(impatient).*

Ceux de Zurich commencent à s'impatienter. *(À Menti.)* Salut, Luigi... Qu'est-ce que je vais leur répondre?

Il sort.

MENTI

Vous, mademoiselle, vous êtes nouvelle!

GLORIA

J'ai débuté il y a deux jours. Il paraît que l'ancienne secrétaire a été licenciée. C'est M. Spanna qui m'a fait venir.

MENTI

Alors, comme on dit, vous ne connaissez pas encore M. Corte, n'est-ce pas?

GLORIA

Je ne connais que sa voix. Elle est sympathique. Un

peu dure, peut-être. Il va terriblement m'impressionner.
Mais, excusez-moi, il faut que je continue.

Elle remet le magnétophone
en marche.

LA VOIX *(sortant du magnétophone)*.

... la conjoncture, non, je rectifie... tout en maintenant
en vigueur les dispositions du paragraphe sept, ouvrez
la parenthèse, se reporter au texte de l'accord du...

Gobbi entre et jette une
serviette de cuir sur une table.

GOBBI

Bonjour, tout le monde. *(À Gloria.)* Est-il arrivé?
(Gloria a arrêté le magnétophone.) Ah! mais on voit tous
les jours des visages nouveaux ici. Mademoiselle, mes
respects. Oh! *(Il indique les yeux de Gloria.)* Ils sont à vous?

GLORIA

Quoi?

GOBBI

Ces yeux, voyons! Gardez-les, en tout cas. Gardez-les
jour et nuit. Formidable. *(Il fait claquer les doigts en signe
d'admiration.)* Quel nom?

GLORIA

Quel nom?

GOBBI

Eh bien, le vôtre! Le prénom, surtout. Le prénom,
c'est l'avenir.

GLORIA *(avec froideur)*.

Que désirez-vous?

GOBBI

Tout. Ne vous fâchez pas. Je suis Gobbi Mario,
démarcheur des établissements. Quelle chaleur!

GLORIA

Vous attendez M. Corte?

Gobbi

On ne peut rien vous cacher, ma superbe. *(À Menti.)* Luigi, voudrais-tu aller me chercher un café? *(Menti garde le silence.)* Alors, tu es sourd? Luigi, voudrais-tu m'apporter un café?

Menti

Non, monsieur Gobbi.

Gobbi *(affirmatif)*.

Alors, c'est la révolution.

Menti

Je ne fais plus partie de la maison. Je prends ma retraite. Désolé pour vous, monsieur Gobbi! Je veux dire... à cause du café.

> *Spanna entre en coup de vent, venant de l'autre pièce.*

Spanna

Rien encore? Il n'a pas téléphoné?

Gloria

Non, monsieur Spanna.

Spanna

Et les autres qui continuent d'appeler. Qu'est-ce que je vais leur dire? Qu'est-ce que je vais leur dire?

> *Le téléphone sonne. Gloria décroche.*

Gloria

Oui, c'est bien ici la Société immobilière Corte et Dell. Non, il n'est pas là... Oui, nous l'attendons... Oui, ce matin. C'est de la part de qui?... Oui, oui, je vous en prie...

> *Une femme entre silencieusement et s'arrête sur le seuil.*

*Gloria, Menti et Gobbi se
retournent et la regardent.*

GLORIA

Vous désirez, madame?

LA FEMME INCONNUE

Il n'est pas là, il me semble. Il n'est pas encore revenu.

GLORIA

Qui donc? M. Corte? En effet.

LA FEMME INCONNUE

Oh! c'est sans importance. Sans importance. Cela ne
fait rien. Rien ne presse, d'ailleurs.

GLORIA

Faut-il faire une commission?

LA FEMME INCONNUE

Non, les occasions ne manqueront pas. Mais tant de
choses nous manquent.

Elle sort en riant.

GOBBI *(à Menti).*

Qu'est-ce que c'est que cette cinglée?

MENTI

Jamais vue! Une quêteuse, sûrement. Elle a une tête
de charité.

GOBBI

Que voulait-elle dire avec son « tant de choses nous
manquent »? Je n'aime pas ça, moi! Oh! je n'aime pas
ça du tout.

LE PORTIER *(entrant, sa casquette à la main).*

Pardonnez-moi. Avez-vous vu une dame vêtue un peu
comme une bonne sœur, ou comme une infirmière?

GOBBI

Elle est venue et puis elle est repartie.

LE PORTIER

Elle est partie? Mais je ne l'ai pas vue sortir!

GOBBI

Elle est peut-être encore dans l'escalier. Pourquoi? C'est un rat d'hôtel, j'en étais sûr!

LE PORTIER

Je la vois pour la première fois. Mais M. Corte ne sera pas content.

> *Corte entre en trombe. Tous se lèvent, le portier sort et Spanna apparaît immédiatement.*

CORTE

Bonjour, bonjour. *(Il regarde sa montre.)* Une heure de retard! Bonjour, Gobbi. *(A Gloria.)* La nouvelle secrétaire?

GLORIA

Depuis avant-hier.

SPANNA

Vous savez, monsieur, que Mlle Adèle...

CORTE

Je sais, vous me l'avez déjà dit par téléphone. *(Il aperçoit Menti.)* Salut, Luigi. Alors, c'est le départ? *(Il passe dans son bureau sans attendre la réponse.)* Entre, Luigi, entre. *(Il extrait des papiers de sa serviette.)* On va se reposer, veinard!

> *Les autres le suivent dans son bureau.*

MENTI

Je n'en pouvais plus, monsieur Corte. *(Il montre ses jambes.)* Le pédalier!

CORTE

Oui, il te fallait du repos. Du repos, voilà ce qu'il nous faudrait à tous. On travaille, on travaille, toujours, partout, à toute vitesse! Ce n'est pas bon. Mademoiselle, comment vous appelez-vous?

GLORIA

Gloria. Gloria Bertinelli.

CORTE (très préoccupé).

Dites-moi, mademoiselle, la « Sten » a-t-elle téléphoné?

GLORIA

Je n'ai rien dans mes notes à ce sujet. Il y a eu un appel d'un certain... (elle consulte un bloc-notes) Lavitta.

CORTE

Voyez comme il s'est dépêché! S'il rappelle, notez-le, dites-lui que je suis d'accord. Mais sur la base de sa première offre. Rien de plus. Ensuite, vous téléphonerez à Geroni.

GLORIA

Geroni?

CORTE

C'est vrai, vous ne pouvez pas savoir. (Il se passe la main sur la nuque.) Qu'est-ce que je voulais dire? Ah! oui. Téléphonez à l'Hôtel de Ville, Office technique, prenez un rendez-vous avec lui pour demain. Dites que c'est pour l'affaire du chantier... Mais demain, pas plus tard. Maintenant, appelez ma femme. Alors, Gobbi, et Bologne?

GOBBI

Rien n'est encore conclu. Ils ont peur de prendre une décision. Ils trouvent chaque jour un nouveau prétexte. La vérité est qu'ils aimeraient résilier.

CORTE

Résilier! Jamais. Je les plierai. Et le tube Maxim?

GOBBI

On l'installe. Mais, depuis deux jours, la pluie arrête les travaux.

GLORIA

Monsieur, voici votre fille. Mme Corte est sortie.

CORTE

Allô! c'est toi, Bianca? Oui, je suis rentré. Où est ta
belle-mère? Quoi? Tu ne veux pas que je l'appelle ta
belle-mère? Ça te donne l'impression d'être mariée?
Et après? Ah! c'est une impression désagréable. C'est
gentil pour Anita et moi. Bon, bon! Écoute, je n'en
sortirai pas. Si je dis ta belle-mère, c'est toi que ça vieillit;
si je dis ta mère, c'est Anita qui hurle. *(Il rit.)* Sacrées
femmes! Bon. Préviens Anita de mon retour, veux-tu?
Oui, la vie est belle. À tout à l'heure, chérie.

SPANNA

Pardon, monsieur, voilà deux heures qu'on appelle de
Zurich. Ils demandent une réponse de toute urgence.

CORTE *(Il se passe la main sur la nuque.)*

Zurich?... Ah! oui.

MENTI

Monsieur Corte, je...

CORTE

Attends. Que disiez-vous, Spanna?

SPANNA

Ils nous lancent une sorte d'ultimatum. Voilà tout.
Vous connaissez les nouvelles conditions. La Flanigan
est entrée dans leur groupe. Ils se sentent plus forts.

CORTE

Bon. Ils ont profité de mon absence. Laissez-les venir.

SPANNA

Mais il serait absurde d'accepter maintenant. En réalité,
ils veulent nous mettre à la porte. Avec élégance.

CORTE *(distrait)*.

Nous mettre à la porte?

> *On entend une voix au loin.*
> *Elle semble être celle d'une*
> *femme qui crie des phrases*
> *confuses, avec l'emphase d'un*
> *prédicateur de carême. Corte*
> *l'écoute.*

CORTE

Qu'est-ce que c'est ?

SPANNA

Comment ?

CORTE

N'entendez-vous pas ? Ces cris, là-bas ?

SPANNA

Je n'entends rien.

CORTE

Vous n'entendez rien ? *(Il tend l'oreille, mais la voix s'est évanouie.)* Où en sommes-nous ?

SPANNA

De toute manière, il faut répondre.

MENTI

Je pourrais peut-être, comme on dit, m'en aller, monsieur.

CORTE *(lui faisant signe d'attendre).*

Bon. Savez-vous ce que nous allons faire ?

SPANNA

Une prorogation ? J'y avais pensé, moi aussi, mais ils...

CORTE

Qui vous parle de prorogation ? Téléphonez, non, télégraphiez. Ça fait plus d'effet.

SPANNA

Un non sec ?

CORTE

Un oui sec. Un oui sans réserves. Ajoutez que je forme des vœux pour la réussite de notre entreprise.

SPANNA

Permettez, monsieur. Je ne comprends pas. C'est absurde. Nous nous mettons la corde au cou. Nous ne pouvons pas soutenir...

CORTE

Je sais. Mais, dites-moi, supposons que vous soyez à leur place et que vous receviez le télégramme. Que penseriez-vous ?

SPANNA

Pardonnez-moi, mais je penserais que le grand Corte est devenu fou.

CORTE *(riant.)*

Non, c'est le genre de choses qu'on ne peut pas croire. Un peu comme si le pape devenait athée. Allons, Spanna, un petit effort. Imaginez ce que pourront penser nos bons amis de Zurich.

SPANNA

Je vous jure que je ne comprends pas.

CORTE *(regardant les autres)*.

Mon cher Gobbi, je ne veux pas vous retenir. Revenez cet après-midi. Au revoir, mon vieux Luigi, et bonnes vacances. On va faire le monsieur, hein ? Mais viens de temps à autre me dire bonjour. Au revoir. *(Ils sortent.)* Mademoiselle, je vous appellerai si j'ai besoin de vous. *(Gloria sort.)* Bon. *(S'adressant à Spanna d'un air mysté-rieux.)* Supposons que je ne sois pas fou; il ne reste qu'une explication. J'accepte, penseront-ils, parce que je suis en mesure de tenir les prix bas. Et pourquoi puis-je tenir les prix bas ? Vous avez compris ?

SPANNA

Non.

CORTE

Parce que nous avons trouvé d'autres pétroles. Voilà
ce qu'ils concluront, nos bons amis. Et ils le concluront
parce que c'est la seule chose dont ils aient peur.

SPANNA

Et ils reviendront sur leur décision, selon vous ?

CORTE

Non.

SPANNA

Alors ?

CORTE

Vraiment, vous ne devinez pas ?

SPANNA

Non.

CORTE

Ils se jetteront sur nos actions comme des moineaux
sur du crottin frais. Ils leur feront la chasse, vous comprenez ? Et moi, je ne lâcherai mes actions qu'au compte-
gouttes. Un petit travail bien préparé. *(Il rit.)* À la fin,
moi, j'aurai réalisé. Eux aussi, mais du chiffon de papier.
Ah! ah! Vous n'êtes pas convaincu, Spanna ?

SPANNA

Très bien, très bien. Très élégant. Génial, même.
Après tout, ça devrait marcher.

CORTE

Mais oui, ça marchera. Vous verrez, nous les plierons.

SPANNA

Et si...

CORTE

Si quoi ?

SPANNA

Et s'ils ne bougent pas? S'ils ne cherchent même pas à acheter nos actions? S'ils préfèrent...

CORTE *(entendant encore la voix).*

Mais, quoi encore? Qui crie là-bas? *(S'adressant à Spanna, qui semble surpris.)* N'entendez-vous pas?

SPANNA

Je n'entends rien.

CORTE *(pendant que la voix s'éloigne).*

Il me semblait... Vraiment, il me semblait... C'est étrange.

GLORIA *(apparaissant, un bloc-notes à la main).*

Vous m'avez appelée?

CORTE *(se passant la main sur la nuque).*

Moi? Non. À propos, comment vous appelez-vous, mademoiselle?

GLORIA

Gloria Bertinelli.

CORTE

Gloria! Allons, il faudra que je m'habitue à ce prénom. Gloria! *(Se reprenant.)* Non, je n'ai pas appelé.

Gloria sort.

SPANNA *(après un long silence).*

Dois-je câbler?

CORTE *(entendant la voix).*

Écoutez, Spanna, est-ce que, par hasard, dans cette maison, il n'y aurait pas une école?

SPANNA

Une école? Ici? Mais non.

CORTE

Par moments, on dirait qu'on entend parler des
institutrices, des institutrices qui prêcheraient. Ou des
curés. Il n'y a pas d'école ici ?

SPANNA *(après un silence)*.

Faut-il câbler, monsieur ?

CORTE *(se reprenant)*.

Parbleu ! Il n'y a pas une minute à perdre. Je veux
m'amuser un peu. Vous verrez, Spanna. Vous n'y croyez
pas, mais vous verrez.

SPANNA

J'y crois. Seulement...

CORTE

Non, vous n'y croyez pas. Mais vous y croirez. Je veux
bien avaler un mulet vivant si... Ils achèteront, et
comment ! Ils s'en mettront jusque-là. Ils achèteront,
je vous dis, et moi... *(Il entend la voix.)* Ah non ! assez !
Ne peut-on la faire taire ?

SPANNA

Calmez-vous, monsieur, je ne comprends pas.

CORTE

Eh bien ! vous êtes sourd. Voilà tout. D'ailleurs, vous
n'êtes pas en forme, aujourd'hui, mon cher Spanna.
Vous n'entendez rien, vous ne croyez à rien, vous ne...

SPANNA

Nous risquons gros, voilà ce que je veux dire.

CORTE

Nous risquons tout. *(Il rit.)* Mais ils achèteront.
Croyez-en le grand Corte.

DEUXIÈME TABLEAU

Une salle et un cabinet de travail dans la maison Corte. La salle a trois portes. L'une s'ouvre sur le cabinet de travail, l'autre sur l'antichambre, la troisième sur le vestiaire. Le téléphone est dans le cabinet de travail. Fin d'après-midi; les ampoules électriques sont allumées. Le cabinet de travail est dans l'obscurité.

> *Au lever du rideau, la mère de Corte et le médecin de famille, le docteur Malvezzi.*

LA MÈRE

Asseyez-vous, docteur Malvezzi, nous pourrons bavarder ici tranquillement en attendant le retour de mon Giovanni.

MALVEZZI

Merci. Il fait bon, ici. La pièce est fraîche.

LA MÈRE

Vous rajeunissez tous les jours, docteur.

MALVEZZI

C'est un fait. Et, de plus, madame, vous avez ce soir devant vous cet oiseau rare qu'on appelle un homme heureux.

LA MÈRE

Dites-moi la bonne nouvelle.

MALVEZZI

Ma fille revient demain d'Amérique par avion. Après quatre ans, cela ne vous paraît-il pas suffisant? Elle ramène deux petits enfants que je n'ai pas encore eu le bonheur de voir. *(Extrayant des photos de son portefeuille.)* Est-ce que ce ne sont pas deux amours, deux petits anges?

LA MÈRE *(avec un intérêt feint)*.

Qu'ils sont beaux, qu'ils sont mignons! Celui-ci, c'est vous tout craché. Et quel âge a l'aîné?

MALVEZZI

Bientôt deux ans.

LA MÈRE

Vous allez les chercher à l'aéroport?

MALVEZZI

Quelle question? Ah! madame...

LA MÈRE *(avec une anxiété mal contenue)*.

Docteur...

MALVEZZI

... À cet instant même, ils sont au-dessus de l'Atlantique, suspendus dans les airs, sur les flots noirs!

LA MÈRE *(insistant)*.

Docteur Malvezzi, j'ai quelque chose à vous dire.

MALVEZZI *(toujours souriant)*.

Oh! pardonnez-moi. Je suis un peu distrait aujourd'hui, et vous m'avez appelé pour parler à votre vieux médecin, je pense, non pour écouter ses histoires de famille. Et le médecin se conduit comme un gamin et n'arrête pas de parler de lui-même, de ses affaires, de son bonheur, pendant que vous, ma pauvre madame, vous l'écoutez. Et il parle, et il parle, et vous n'arrivez pas à placer un mot. Pardonnez-moi, chère amie, pardonnez-moi. Maintenant, je vous écoute.

LA MÈRE

Il s'agit de Giovanni.

MALVEZZI

Il ne va pas bien?

LA MÈRE

Je ne sais pas. Mais il se passe quelque chose. Je ne suis pas tranquille. Écoutez, docteur, c'est assez difficile à dire...

MALVEZZI *(souriant)*.

Vous allez me faire peur. Qu'est-il arrivé?

LA MÈRE *(d'un air mystérieux)*.

Rien, jusqu'à présent. Mais, depuis quelque temps, Giovanni entend des choses étranges.

MALVEZZI

Étranges, comment cela?

LA MÈRE

Il s'agit plutôt d'une voix isolée, toujours la même, d'une voix de femme, selon lui. Une femme qui l'appelle.

MALVEZZI

Une hallucination, est-ce cela que vous voulez dire? On entend un bruit, par exemple, mais ce bruit n'est que dans votre tête. *(Il rit.)* Il s'en passe des choses, là-dedans! *(Se frappant le front du doigt.)* Non, madame, il ne faut pas vous laisser impressionner. Il y a un bout de temps que je n'ai pas vu Giovanni, mais je n'ai même pas besoin de l'examiner pour formuler mon diagnostic. Il travaille trop, voilà tout. Il mène une vie trop agitée. L'agitation, voilà sa maladie.

LA MÈRE

Mais, docteur, il y a encore quelque chose.

MALVEZZI

Toujours en rapport avec?...

LA MÈRE

Oui. *(À voix basse, lentement.)* Depuis hier, j'ai la sensation que quelqu'un est entré dans cette maison.

MALVEZZI *(après un temps)*.

Et ce quelqu'un est encore là, n'est-ce pas?

LA MÈRE

Oui. Je vois que vous me comprenez à demi-mot.

MALVEZZI

Je vous comprends, bien sûr. Ce sont de vieilles légendes, après tout. Le revenant, le fantôme qui entre dans la maison pour annoncer quelque malheur? Pourquoi pas? *(Il rit.)* Après tout, on peut admettre que certaines maladies soient annoncées par d'étranges présages. On a vu cela. Mais de là à supposer carrément la venue d'un être vivant! Non, vraiment, madame, l'imagination vous entraîne.

LA MÈRE

Mais je l'ai vue, je l'ai vue.

MALVEZZI

Qui?

LA MÈRE

Une femme. Je vous le jure, docteur. Cela n'a duré qu'un bref instant, une fraction de seconde. J'étais là-bas, dans la salle à manger; je remettais en place le service de cristal. C'est alors qu'elle a traversé la pièce de l'autre côté de la table. Elle est passée sans aucun bruit. Elle s'est glissée dans le couloir.

MALVEZZI

Et qu'avez-vous fait?

LA MÈRE

J'ai crié : Qui est là? J'ai couru. Mais dans le couloir, il n'y avait personne.

MALVEZZI (toujours aussi placide).

Oui. Bon. Enfin, ça n'est pas un drame, après tout. Parfois lorsqu'on est seul, il semble que des esprits approchent, ils se mettent à flotter dans les chambres, ils gagnent les coins obscurs, les combles, les vieilles armoires poussiéreuses. *(Il rit.)* Et même il peut fort bien arriver, si l'on somnole, qu'on les voie monter dans le soir, venus du fond de la vie, du ciel peut-être ou de l'enfer. Ou du néant. *(Il change de ton et s'écoute parler.)* Pourquoi pas? L'homme est ainsi, chère madame, pétri de rêves et de visions, tissé dans une étrange étoffe, invisible, changeante, captieuse. L'étoffe de la peur, chère madame! Et nous peuplons ainsi de fantômes le chemin où nous marchons. De craintes en alarmes, de peurs en angoisses, nous avançons alors vers le mystère définitif. Mais ces fantômes ne méritent pas qu'on s'y arrête. Les vrais malheurs de l'homme sont autrement sérieux, vous pouvez en croire un vieux médecin.

LA MÈRE

Je voudrais vous croire, docteur.

Corte entre, plein d'allant.

CORTE

Bonjour, maman, bonjour Malvezzi. Quelle agréable surprise de te voir, après si longtemps !

LA MÈRE

Le docteur s'est enfin décidé à nous faire une visite. Sais-tu qu'Ada revient demain matin ?

CORTE

Pardon ?

LA MÈRE

Ada revient demain matin.

CORTE

Quelle Ada ?

LA MÈRE

Mais voyons, la fille de Malvezzi !

CORTE *(à Malvezzi).*

Ta fille revient d'Amérique ?

MALVEZZI

Parfaitement. Après quatre ans.

LA MÈRE

Écoute, Nanni, pardonne-moi, mais puisque Malvezzi est là, pourquoi n'en profiterais-tu pas pour lui demander conseil. Je lui ai parlé, tu sais, de cette voix...

CORTE

De quelle voix ?

LA MÈRE

La voix que tu disais entendre et à laquelle tu ne comprenais rien.

CORTE

Tu en as parlé? Mais c'est stupide. Pour qui vais-je passer? Tu fais un drame de tout ce qu'on te dit. La prochaine fois, je tiendrai ma langue, voilà. *(Le téléphone sonne dans le cabinet de travail.)* N'entends-tu pas le téléphone? *(Il se lève avec impatience.)* Sacrebleu, n'y a-t-il personne pour répondre?

> *Il est sur le point d'aller au téléphone lorsque la femme de chambre entre par la porte du cabinet de travail.*

CORTE

On me demande?

LA FEMME DE CHAMBRE

Non, monsieur, on demande Mme Anita. C'est la couturière.

MALVEZZI

Ne le prends pas mal, Corte. Ta mère a raison...

CORTE

Non, elle n'a pas raison. Mais ne sentez-vous pas ce courant d'air?

LA MÈRE

Quel courant d'air? La porte d'entrée est fermée.

CORTE

Je suis sûr que quelqu'un l'a laissée ouverte.

LA MÈRE

C'est impossible, te dis-je.

> *Elle veut se lever, mais Malvezzi la devance.*

MALVEZZI *(rentrant dans la salle).*

Voilà qui est fait.

LA MÈRE

Elle était fermée, n'est-ce pas?

MALVEZZI

À la vérité, elle était ouverte.

CORTE

Tu vois bien. Il n'y a plus de courant d'air, en effet.

LA MÈRE

Ce doit être Lucia, lorsqu'elle t'a ouvert tout à l'heure. Oui, c'est sûrement Lucia.

CORTE

Lucia ne m'a pas ouvert. Je suis entré avec ma clé. J'ai bien refermé la porte. J'en suis tout à fait sûr.

LA MÈRE

Oh! et puis, qu'importe! Quelqu'un l'a laissée ouverte. Maintenant, elle est fermée.

MALVEZZI

Alors, Corte, pourquoi ne pas me décrire tes troubles?

CORTE

Quels troubles? Ah oui! cette voix. Allons, c'est une sottise.

MALVEZZI

Raconte.

CORTE

Eh bien! ce n'est rien. Mais il me semble parfois entendre une femme parler... *(Il tousse plusieurs fois.)* M'appeler.

MALVEZZI

Elle t'appelle par ton nom?

CORTE

Non, elle m'appelle, voilà tout.

> *Entrent Anita, femme de Corte, et Bianca, sa fille.*

ANITA

Bonsoir. Bonsoir, Malvezzi. Comment va?

BIANCA

Bonsoir.

MALVEZZI

Pas mal, merci. Bonsoir, Bianca.

ANITA

Écoute, Giovanni, arrange-toi pour être libre samedi, je t'en prie.

CORTE

Pourquoi? Samedi, je...

ANITA

Les Sergio-Marinelli nous invitent à passer le week-end à Dosso. Nous deux et Bianca. Tu sais que j'y tenais beaucoup.

CORTE

Tu dis samedi? Je crains d'être...

ANITA

Giovanni, pour cette fois, au moins, ne me dis pas non! Si nous n'y allons pas cette fois, nous n'irons jamais! Et puis, c'est la belle saison à Dosso.

BIANCA

Sois gentil, papa, envoie promener les affaires pour ce jour-là.

> *Le téléphone sonne. Corte bondit de son siège et se précipite dans son cabinet de travail où il allume une lampe de bureau placée sur la table.*

CORTE

Allô! oui, bonsoir, Spanna. Comment? Encore rien? Je n'y songe même pas. Quoi? Ils ont pensé que je suis devenu fou? Non, non... Ils bougeront, vous verrez qu'ils bougeront. Parbleu, je pense bien! À onze heures? S'il y a quelque chose, appelez-moi au téléphone. Oui, je reste chez moi... Aucune importance. Non, absolument pas. Bon, alors, au revoir.

Il raccroche nerveusement et retourne dans la salle.

LA MÈRE

Une mauvaise nouvelle?

CORTE

Non, non! J'attendais une réponse et il n'y a rien encore. *(À part.)* Je ne comprends pas, serait-il possible que... ?

MALVEZZI

En somme, mon cher Corte, tu ne veux vraiment pas m'expliquer ce que c'est que cette voix?

ANITA

Quelle voix?

CORTE

Ce n'est rien, vraiment. Il me semblait entendre une voix de femme, mais depuis une semaine je ne l'entends plus.

ANITA

Une voix de femme? Qu'est-ce que cela signifie?

CORTE *(riant)*.

Bien malin qui le saurait. Mais, c'est fini maintenant.

ANITA

Que vous êtes raisonneurs! Ces choses-là m'arrivent souvent, à moi. Quelquefois, quand je suis fatiguée, c'est comme si un homme me parlait à l'oreille.

MALVEZZI

Sais-tu ce que c'est? Le surmenage. Tu t'épuises. Et alors les nerfs ne résistent plus. Les affaires! Les affaires!

Arrivé à un certain point, il faut tout de même penser à sa santé! Tu aurais besoin...

CORTE

Oui, je connais la chanson. J'aurais besoin de repos. *(Il rit.)* Ah! ah! Je suis fort comme un Turc!

> *On entend la sonnette de la porte d'entrée.*

CORTE *(avec appréhension)*.

Qui est-ce?

LA MÈRE

Qui peut bien venir à cette heure? *(Elle attend quelques instants, puis appelle.)* Lucia!

LUCIA *(en entrant)*.

M'avez-vous appelée, madame?

LA MÈRE

Qui a sonné à la porte d'entrée?

LUCIA

Il n'y avait personne. Une erreur sans doute. Madame, tout est prêt pour le dîner.

BIANCA

Quelle heure est-il?

LUCIA

Huit heures et demie.

ANITA

Mon Dieu, déjà. À table, vite!

CORTE

Tu sors encore ce soir?

ANITA

Je sors! Je sors! Non, je ne sors pas. Mais il faut toujours être prête à sortir. Docteur, je vous en prie.

Ils sortent.

BIANCA *(s'approchant de Corte et le retenant).*

Écoute, papa, pourquoi avoir fait venir Malvezzi? Il fait un monde de rien et soupçonne un cancer dans chaque cor au pied.

CORTE

Mais je n'y songeais même pas. C'est ta grand-mère.

BIANCA

Papa, pourquoi ne te laisserais-tu pas examiner par le professeur Claretta?

CORTE

Claretta? Qui est-ce?

BIANCA

Le médecin-chef de la clinique où se trouve mon école d'infirmières. Il est célèbre dans toute l'Europe.

CORTE

C'est le directeur de la clinique?

BIANCA

Oh non! Le directeur général s'appelle Schroeder. Mais Schroeder ne se déplacerait même pas pour examiner le pape! C'est une espèce de demi-dieu qu'on ne voit presque jamais. Claretta, c'est autre chose. Il est sympathique, affable.

ANITA *(de la pièce voisine).*

Allons, Giovanni, Bianca! Qu'est-ce que vous fabriquez?

BIANCA

Voilà, voilà. *(À Corte.)* Alors, veux-tu que je lui en parle?

CORTE

Mais c'est une idée fixe. Puisque je vais tout à fait bien. Allons, j'ai d'autres soucis en ce moment. Viens, Bianca.

N'y pense plus, je t'en prie. Je suis en très bonne santé et même la voix, il y a longtemps que je ne l'entends plus.

> *La voix se fait entendre, lointaine.*

BIANCA

Eh bien! tant mieux, mais...

CORTE

Va, va, excuse-moi pour un instant, j'ai...

> *Sa fille est sortie, il fait un pas en arrière et écoute. La voix s'éloigne et se rapproche. Il se passe la main sur le front.*

ANITA *(de la salle à manger)*.

Mais enfin, Giovanni, qu'est-ce que tu fais?

CORTE

Rien, rien. J'arrive!

> *Il tend l'oreille encore. La voix s'évanouit, il passe à nouveau sa main sur sa nuque.*

TROISIÈME TABLEAU

Même décor qu'au tableau précédent : on voit, de plus, le vestibule où se trouve une grande armoire. C'est le matin.

CORTE *(en robe de chambre, en train de téléphoner dans le cabinet de travail)*.

Nom de Dieu! Ils ne bougent pas? Rien du tout, ni dans un sens ni dans l'autre? Savez-vous, Spanna, si *Fleissenberg* était encore à Zurich, hier? En êtes-vous certain? Eh bien, dans ce cas, je ne comprends pas. Oui, bien sûr! Oui, cela se peut bien. Que voulez-vous que je vous dise? C'est vous qui aurez raison. Mais je n'ai pas perdu tout espoir encore. Merci bien. Oui, je sors dans une demi-heure. Appelez-moi dès que vous saurez quelque chose. Merci. Au revoir. *(Il raccroche et se met à compulser des papiers.)* Et maintenant, la Direction des Finances, maître Salvioli, l'Hôtel de Ville, la Sarodan! Ah! que de corvées!

BIANCA *(entrant, avec vivacité)*.

Bonjour, mon petit papa! Comment vas-tu?

CORTE

Déjà debout? Tu es tombée du lit?

BIANCA

C'est aujourd'hui mon tour de garde à l'école d'infirmières. *(Elle se jette au cou de son père.)* Écoute, papa, promets de me faire plaisir.

CORTE

À quel sujet?

BIANCA

Promets d'abord! Je te dirai ensuite.

CORTE

Quel enfantillage!

Il revient à ses papiers.

BIANCA

Veux-tu promettre ou non?

CORTE

Bon, je promets.

BIANCA *(d'un débit extrêmement rapide)*.

Tout à l'heure, le professeur Claretta viendra me prendre. Accepte que je le fasse monter pour dix minutes et qu'il t'examine rapidement.

CORTE

Ah! que de complications. J'aurais mieux fait de ne rien vous dire. Vous autres femmes, vous faites une montagne de rien! Justement, je suis pressé ce matin.

BIANCA

Dix minutes seulement, papa, sois gentil. Tu verras comme Claretta est sympathique. Il devrait déjà être là. *(La sonnette retentit.)* Le voilà, le voilà.

> *Elle se précipite dans l'anti-chambre.*

CORTE

C'est lui ?

BIANCA *(traversant la salle).*

Oui, c'est le professeur.

CORTE

Alors, fais-le asseoir là-bas.

CLARETTA *(entrant, jovial).*

Bonjour, mademoiselle. Exact au rendez-vous, n'est-ce pas ? *(Il regarde la montre qu'il a sortie de la poche de son gilet, secoue la tête, regarde autour de lui, sort à nouveau la montre et la regarde.)* Et où est notre sympathique malade ?

BIANCA *(avec respect).*

Veuillez vous asseoir, monsieur. *(Elle va à la porte du cabinet de travail.)* Papa, le professeur Claretta est là.

CORTE *(parlant à Bianca, à voix basse).*

J'ai horreur de ces histoires.

BIANCA *(suppliante).*

Oh! papa, ne te mets pas en colère maintenant. Veux-tu me rendre ridicule ?

CORTE

Qu'il fasse vite en tout cas. *(Il entre dans la salle.)* Bonjour, professeur.

CLARETTA

Bonjour, cher monsieur. *(Ils se serrent la main.)* Très bien, parfait. Je suis très heureux de faire votre connaissance. *(Il le fixe du regard après s'être déplacé sur le côté.)*

Votre fille m'a parlé... *(Corte fait mine de s'asseoir.)* Non,
non, je vous en prie, restez debout. Très bien. Votre fille
m'a parlé de vos troubles, de cette voix...

CORTE

Mais, pour être sincère, je ne...

CLARETTA

Je vous en prie, cher monsieur, il vaut mieux que
vous ne parliez pas pour le moment. Une voix de femme,
n'est-ce pas?... Une seconde, s'il vous plaît. *(Il extrait de
sa trousse une minuscule lampe électrique, l'allume et la promène
à plusieurs reprises devant les yeux de Corte.)* Non, non,
ne fermez pas les yeux, regardez-moi bien en face. Très
bien. Une femme qui vous appelle, n'est-ce pas?...
(Comme s'il s'approuvait lui-même.) Très bien, parfait.
(Enjoué.) Toujours beaucoup de travail, j'imagine. Parlez
donc, cher monsieur, parlez.

CORTE *(avec froideur)*.

Oui, beaucoup de travail.

CLARETTA

Et depuis quand entendez-vous cette...?

CORTE

Depuis une quinzaine de jours, à peu près...

CLARETTA

Quinze jours. Très bien, parfait. De manière inter-
mittente, n'est-ce pas?

CORTE

Oui. Mais je dois avouer que je n'y ai pas attaché
beaucoup d'importance.

CLARETTA

Naturellement. *(À Bianca.)* Mademoiselle, puis-je
avoir un grand mouchoir?

BIANCA

Tout de suite, monsieur. Un mouchoir de soie?

CLARETTA

Aucune importance. *(Bianca sort. I. contemple Corte comme s'il était en présence de quelque être extraordinaire.)* Superbe! Quel âge avez-vous?

CORTE

L'âge que j'ai?

CLARETTA

Oui.

CORTE

Cinquante-deux.

CLARETTA

Cinquante-deux. Ah! je comprends...

CORTE

Plaît-il?

CLARETTA

Rien, rien. Et, dans le passé... des maladies?

CORTE

J'ai toujours été en bonne santé.

CLARETTA

Tant mieux, tant mieux. Rien ne vaut cette virginité-là. C'est un peu comme si on mangeait sur une nappe toute propre.

Il rit.

BIANCA *(entrant avec un mouchoir à la main).*

Celui-ci vous convient-il?

CLARETTA

C'est parfait. Permettez, cher monsieur. *(Il lui bande les yeux.)* Je regrette de vous mettre à contribution. Mais il faudrait maintenant que vous vous placiez... en quelque sorte... à quatre pattes.

CORTE

Ici?

CLARETTA

Ici, oui. C'est l'affaire d'une seconde, n'est-ce pas ! *(Il l'aide à se mettre à quatre pattes.)* Voilà, là, bien, très bien. Voilà, parfait. Maintenant, avancez vers la porte, s'il vous plaît.

CORTE

Ainsi ?

CLARETTA

Ainsi, oui. Lentement, n'est-ce pas ? Bien, très bien. *(Il suit les mouvements de Corte.)* Halte ! Maintenant, retournez en arrière. Sans faire demi-tour, n'est-ce pas, sans faire demi-tour, et dans la même direction. Oui, oui, parfaitement... Halte ! Encore un peu de patience, cher monsieur. Ne bougez pas. Maintenant, avancez encore une fois vers la porte, exactement comme tout à l'heure... Bien, parfait... Très bien, très, très bien ! Très intéressant.

LA MÈRE *(entrant et restant interdite sur le seuil).*

Mais que fait Nanni par terre ? *(Apercevant Claretta.)* Oh ! pardon !

BIANCA *(présentant).*

Le professeur Claretta. Ma grand-mère.

CLARETTA

Très heureux, madame. Ne vous effrayez pas. C'était une petite expérience. *(Le téléphone sonne et Corte d'un geste rapide se dévoile les yeux et se relève.)* Oui, oui, cher monsieur, cela suffit, vous pouvez vous lever.

> *Corte sans répondre court vers le studio pour répondre au téléphone. Dès ce moment le dialogue dans la salle de séjour et la voix de Corte au téléphone alterneront en contrepoint.*

CORTE *(au téléphone).*

C'est vous, Spanna ? Oui, oui, attendez, je prends un crayon. Oui, oui. *(Très agité.)* Cent sept, cent dix, oui, oui, bon...

La mère *(prenant Claretta par le bras).*

Professeur, écoutez-moi. Je ne sais pas ce que c'est. Mais elle est là, je le sais, je l'ai vue.

Claretta

Qui, madame?

La mère

Elle est là. Elle disparaît, elle revient.

Claretta

Mais qui? Je ne comprends pas.

Corte *(au téléphone).*

Oui, oui, j'attends. Vous dites, cent quinze? Spanna, cent quinze? Comment? Comment, cent quarante, magnifique! Attendez que je prenne note... Mais continuez...

La mère *(montrant d'un geste le studio).*

Il ne faut pas qu'il m'entende. Je suis vieille, professeur, Je ne suis pas savante, mais je connais la vie. Écoutez, professeur. *(Elle désigne le vestiaire.)* J'ignore qui elle est. Je ne sais pas son nom, mais elle est là.

Corte *(au téléphone).*

Cent soixante? Un six et un zéro? Un six quatre?

Claretta

Mais qui? *(Souriant.)* Ce n'est pas un spectre, par hasard?

La mère

Je ne sais pas... Mais elle est là, cachée.

Claretta

Ah! une femme, n'est-ce pas?

La mère

Ce doit être une femme.

Corte *(au téléphone).*

Deux cent dix... Quel saut! Bon Dieu!...

CLARETTA (*à la mère*).

Et vous l'avez vue? Vous savez où elle se cache?

LA MÈRE

Je n'ai pas le courage de regarder.

CORTE (*au téléphone*).

Parbleu, je suis toujours là, j'écoute... Comment? Encore? Deux cent quatre-vingts, deux cent quatre-vingt-deux? Trois cents?... Deux cent quatre-vingt-quinze?... Eh! ce serait suffisant.

CLARETTA (*toujours souriant*).

Mais c'était la première chose à faire, toute affaire cessante. Vérifier *de visu*, en somme. C'est tellement...

CORTE (*au téléphone*).

Trois cent dix? Répétez, s'il vous plaît?...

LA MÈRE (*à Claretta*).

Vous ne me croyez pas, professeur, vous pensez qu'il s'agit d'une sorte d'exaltation?

CLARETTA

Mais non, madame, mais non, pas du tout. Et, pardonnez-moi, peut-on savoir où se trouve cette femme?

LA MÈRE

Dans le vestiaire, peut-être.

CORTE (*au téléphone*).

Trois cent trente, écoutez-moi bien, Spanna, à trois cent trente vous pouvez en lâcher encore, oui, oui, toutes, toutes celles qui... oui, oui.

CLARETTA, (*s'approchant de la porte du vestiaire*).

C'est si simple, madame, il suffit de regarder. (*Il ouvre la porte, la mère le suit avec hésitation jusque sur le seuil.*) Voilà qui est fait. Il n'y a personne. Êtes-vous persuadée maintenant, madame, qu'il n'y a personne ici?

LA MÈRE (*du seuil*).

Elle est ici, elle est ici...

CORTE *(au téléphone)*.

Trois cent quarante? C'est encore mieux? Trois cent soixante? Oui, comme je vous l'ai dit. Lâchez tout le paquet! Au revoir... Je reste encore dix minutes, oui, au revoir. *(Il raccroche et met ses notes en ordre.)* Victoire! Ils ont marché!

> *Il allume une cigarette et passe ensuite dans la salle.*

CLARETTA

Mais où donc? Dans l'armoire? Eh bien, on va ouvrir l'armoire. C'est tellement simple. *(Il l'ouvre.)* Voilà qui est fait. Vide! Rigoureusement vide! Tout ce qu'il y a de plus vide, madame. Venez donc voir. Vous aussi, mademoiselle Bianca, venez voir.

LA MÈRE *(sans se déplacer)*.

Non, non, Bianca, je t'en prie.

> *Corte entre dans la salle. La mère et Bianca viennent à sa rencontre, avec l'embarras de quelqu'un qui a été pris la main dans le sac.*

CORTE

Maman, c'était Spanna. Un coup formidable! Mais que fait là-bas le professeur?

LA MÈRE

Rien. Je lui faisais voir la maison.

CLARETTA *(revenant du vestiaire en souriant)*.

Ah! vous voici, cher monsieur? Mes compliments. Vous avez une maison magnifique. D'un goût raffiné. *(Il regarde sa montre.)* Sapristi, il se fait tard. Quant à vous, cher monsieur... *(Il fait un clin d'œil malicieux.)*

CORTE *(avec enjouement)*.

Quoi donc, professeur?

CLARETTA

Eh bien! je regrette de devoir interrompre une conversation aussi agréable. Mais il est tard.

CORTE

Tu vois bien, maman, je n'ai rien.

CLARETTA *(avec enjouement)*.

C'est-à-dire... je n'ai pas tout à fait dit cela, n'est-ce pas ?

CORTE

Pourquoi ? Vous m'avez trouvé quelque chose ?

CLARETTA *(lui tapotant l'épaule)*.

Non, non, rien d'inquiétant. *(Il regarde sa montre.)* Au contraire, presque rien. Un syndrome, si même c'en est un, des plus ordinaires. En sorte que si j'étais vous... Mais pourquoi, cher monsieur, ne ferions-nous pas un bon examen général ?

CORTE *(de très bonne humeur)*.

Un examen général ?

CLARETTA

Nous devrions tous nous faire examiner, tous les deux ou trois ans, surtout lorsque nous sommes en bonne santé. Un examen complet : radiographie, sang, électrocardiogramme. C'est une habitude très profitable, très profitable. Mais ceci mis à part, pourquoi ne pas venir un de ces jours à la clinique nous faire une petite visite ? Je parie qu'un homme d'affaires comme vous n'a jamais vu une clinique moderne. Est-ce que je me trompe ?

CORTE *(souriant)*.

C'est exact.

CLARETTA

Eh bien! pourquoi ne venez-vous pas nous voir ? C'est intéressant, vous savez ? Surtout pour une personne comme vous. Extrêmement intéressant. Pourquoi ne pas venir ?

CORTE

Bien sûr, un jour ou l'autre. Mais dites-moi, professeur, pensez-vous que j'ai... ?

CLARETTA *(riant et le rassurant d'une tape de la main sur l'épaule)*.

Venez nous voir un jour où votre fille sera de garde, par exemple. Mademoiselle, quand êtes-vous de garde?

BIANCA

Demain après-midi.

CORTE

Demain? Demain, c'est impossible. Je pars pour Trieste.

CLARETTA

Ah! ces brasseurs d'affaires! Ne pensez donc pas à Trieste. Demain d'ailleurs, il y aura Schroeder, le professeur Schroeder. Vous aurez ainsi l'occasion de faire sa connaissance. N'est-il pas vrai? Croyez-moi, c'est un homme très intéressant à connaître.

CORTE

On m'attend à Trieste. *(Avec inquiétude.)* Ou bien pensez-vous que ce soit urgent?

CLARETTA

Non, non, je vous assure. Mais je tiens beaucoup à votre visite, monsieur.

CORTE

Merci. Je vous le promets. Je viendrai.

CLARETTA

On dit ça!

CORTE

Non, non, sérieusement, je viendrai. Si je devais venir en tant que malade, je vous avoue que je viendrais sans enthousiasme. Mais venir en touriste, c'est autre chose. Je viendrai avec grand plaisir.

CLARETTA *(riant franchement)*.

En touriste! En touriste! C'est magnifique! Vous êtes un homme d'esprit!

QUATRIÈME TABLEAU

Hall de la clinique et cabinet du professeur Schroeder. Près de la porte d'entrée, un guichet derrière lequel se trouve un employé. Au lever du rideau, une femme malade, un homme gros, un homme maigre et pâle attendent dans le hall. De temps en temps, on voit passer des médecins et des infirmiers.

MASCHERINI *(C'est un homme de près de cinquante ans, type ouvrier. Entrant avec vivacité.)*

Pardon, pardon...

L'EMPLOYÉ

Monsieur?

MASCHERINI

Pardon?

L'EMPLOYÉ

Votre convocation?

MASCHERINI

Un instant.

L'EMPLOYÉ

Votre nom?

MASCHERINI

Mascherini Gennaro.

L'EMPLOYÉ

Fils de?

MASCHERINI

Comment?

L'EMPLOYÉ

Comment s'appelait votre père?

MASCHERINI

Quelle question! Comme moi, parbleu!

L'EMPLOYÉ *(haussant les épaules).*

Votre âge?

MASCHERINI

Je suis né en 1901.

L'EMPLOYÉ

Bon. Asseyez-vous et attendez.

MASCHERINI

Très bien. *(Il entre dans le hall.)* Bonne santé à tous!

LA FEMME MALADE

Monsieur vient sans doute ici pour la première fois?

MASCHERINI

Pourquoi?

LA FEMME MALADE

Il ne faut jamais parler de bonne santé ici.

MASCHERINI

Bon, bon, je le saurai à l'avenir. Enfin, me voici...

LA FEMME MALADE *(avec ironie).*

Et vous êtes content?

MASCHERINI

Extrêmement content. J'ai fini par réussir. Entre nous, je les ai roulés.

LA FEMME MALADE

Qui cela?

MASCHERINI

Ceux de l'assurance.

LA FEMME MALADE

Comment les avez-vous roulés?

MASCHERINI

Ah! ce docteur! J'en ris encore. Il s'est laissé avoir.

LA FEMME MALADE

Si vous ne vous expliquez pas.

MASCHERINI

Hi! hi! Si vous saviez... *(Il s'approche.)* Voilà l'histoire.
J'ai là un petit sifflement.

LA FEMME MALADE

Un sifflement?

MASCHERINI

C'est de naissance, vous savez. Là, à cet endroit.

Il désigne la région de l'omo-
plate.

LA FEMME MALADE *(touchant l'omoplate).*

Ici?

MASCHERINI

Non, un peu plus haut. Dès que je respire, on entend
un tout petit sifflement.

LA FEMME MALADE

Et qu'est-ce qu'il a dit, le docteur?

MASCHERINI

Il n'a rien dit. J'ai pris une bonne respiration. On a
entendu le sifflet jusque dans l'autre pièce. Alors, il a eu
peur.

LA FEMME MALADE

Qui?

MASCHERINI

Le docteur, voyons!

LE MONSIEUR GROS

Mais enfin pourquoi désirez-vous tant venir ici?

MASCHERINI

Pourquoi? Vous en avez de bonnes! Vous n'avez
jamais travaillé, cela se voit! Mais nous tuerions père et

mère, pour venir ici, dans ce grand hôtel. L'hôpital, monsieur, c'est la villégiature du pauvre.

LE MONSIEUR GROS

En somme, si j'ai bien compris, vous n'avez rien et vous vous faites hospitaliser?

MASCHERINI

Tout juste. Je me porte comme un charme.

LA FEMME MALADE

Voire!

MASCHERINI

Comment « voire »?

LA FEMME MALADE

Moi, j'ai une certaine expérience. Je suis une vieille cliente de ce grand hôtel, comme vous l'appelez. J'ai eu quatre opérations ici, et de quatre genres différents. Oui, mon cher! Et maintenant, j'en suis à la cinquième. Je les connais, ces oiseaux-là. S'ils vous ont fait admettre ici, soyez tranquille, ce n'est pas pour votre petit sifflement.

MASCHERINI

Et pourquoi donc, alors?

LA FEMME MALADE

Soyez tranquille, vous avez quelque chose d'autre, sans qu'ils vous l'aient dit. Ils ont sûrement trouvé quelque chose d'autre.

MASCHERINI *(riant)*.

Ça ne tient pas debout!

LA FEMME MALADE

Vous verrez.

MASCHERINI *(riant)*.

Ah! ah! Tout le monde n'est pas comme vous.

LA FEMME MALADE

Moi aussi, je riais quand je suis entrée ici pour la première fois.

LE MONSIEUR GROS

Pour la première opération ?

LA FEMME MALADE

Exactement.

MASCHERINI

On vous a endormie ?

LA FEMME MALADE *(avec un sourire de supériorité)*.

Bien sûr. Pour qui me prenez-vous ? À cette époque, on se servait encore de l'éther. Mais je préférerais mourir cent fois plutôt que de recommencer.

LE MONSIEUR GROS

Pourquoi donc ?

LA FEMME MALADE

Vous n'avez jamais essayé ?

LE MONSIEUR GROS

Non, grâce au ciel !

LA FEMME MALADE

Vous pouvez le dire : grâce au ciel. Voyez-vous, ce n'est pas une douleur physique. Non, c'est encore pire. Une vraie torture.

L'HOMME PÂLE

N'exagérez-vous pas un peu, madame ?

LA FEMME MALADE

Exagérer ? Je voudrais vous y voir, vous, le jour où vous y passerez. Au fait, c'est pour bientôt, non ? Vous n'avez pas l'air très solide.

L'HOMME PÂLE

En effet !

LA FEMME MALADE *(triomphante)*.

Ah! Vous êtes hospitalisé? Eh bien, vous allez faire la connaissance de tous ces cocos-là *(Gourmande.)* Et de quoi souffrez-vous?

L'HOMME PÂLE

Je suis médecin, madame, et j'attends ici un de mes confrères.

LA FEMME MALADE

Médecin?

L'HOMME PÂLE

Docteur en médecine. Et même anesthésiste.

LA FEMME MALADE, *(cherchant à regagner le terrain perdu)*.

Mais vous-même, je veux dire, vous, personnellement, docteur, vous n'avez jamais été endormi à l'éther, n'est-ce pas?

L'HOMME PÂLE

Moi non. Mais ceux que j'endors ne se plaignent jamais.

L'HOMME GROS

Et qu'a-t-il d'effroyable, cet éther, pour que vous en disiez tant de mal?

LA FEMME MALADE

C'est difficile à expliquer. C'est le diable, voilà tout.

L'HOMME GROS

Le diable? Dans l'éther?

LA FEMME MALADE

Ils me disaient de respirer aussi profondément que possible et moi je respirais et tout à coup je me suis aperçue que je ne pouvais plus remuer les mains. Alors j'ai essayé de parler mais je ne pouvais pas davantage faire parler ma langue et en même temps j'entendais parler le chirurgien et les autres et je me disais : j'entends tout et je ne peux plus respirer, ils vont me dépecer et je ne pourrai même pas crier. Bon. Notez bien que c'était normal, après tout, et je le savais.

L'HOMME PÂLE

Eh bien, vous voyez, c'est en somme assez confortable.

LA FEMME MALADE

Ensuite, je n'ai plus rien entendu et je me suis trouvée dans un tunnel gris qui se rétrécissait de plus en plus et une force irrésistible m'entraînait à l'intérieur du tube gris toujours plus avant et le tube se transformait en entonnoir. Je suffoquais et juste à ce moment un être détestable...

LE MONSIEUR GROS *(montrant du doigt un médecin qui passe suivi d'assistants).*

C'est celui-ci, Schroeder?

L'HOMME PÂLE

Mais non!

LA FEMME MALADE *(tout échauffée par son récit).*

... Un être détestable que je ne voyais pas, mais que je sentais tourner autour de moi s'est mis à me parler. Ah! il était gentil et aimable, mais on sentait en lui quelque chose de froid et de moqueur. Il disait : « Tu crois que c'est une opération! Très bien? Parfait. Tu crois que dans une demi-heure tu te réveilleras? Oh! stupide qui ne comprends rien, qui ne comprends pas que c'est la mort. » Et il ricanait silencieusement et moi j'étais de plus en plus entraînée en avant vers l'intérieur. Plus d'espace, c'était l'anéantissement, la réduction à zéro, oui, à zéro, et je cherchais à me délivrer, à résister, mais c'était une force extraordinaire, des milliards de tonnes sur moi, et toujours cette voix qui ricanait et jouissait de mon désespoir.

LE MONSIEUR GROS

Mais, enfin, ce n'était qu'un rêve!

LA FEMME MALADE

Et finalement je suis morte et par-delà l'extrémité du tube je me suis trouvée dans un espace sans fin, vide, gris, uniformément éclairé d'une lumière sombre et, dans cet espace qui était la mort même, la peur me déchirait parmi des colonnes sonores qui se succédaient dans une perspective sans fin et qui scandaient pour toujours une éternité vide.

LE MONSIEUR GROS

Eh bien! voilà qui est réjouissant!

LA FEMME MALADE *(qui redescend sur terre).*

Pourquoi? Vous avez peur?

LE MONSIEUR GROS

Peur? Moi?

MASCHERINI *(voyant entrer Corte).*

Oh! encore un!

> Corte entre avec Gloria, sa
> secrétaire.

L'EMPLOYÉ *(derrière le guichet).*

Eh! Un moment, s'il vous plaît!

GLORIA

Nous sommes venus voir le professeur...

L'EMPLOYÉ

Professeur ou pas, je dois marquer vos noms sur le registre d'entrée.

GLORIA

Mais nous ne sommes pas ici pour... Le professeur Claretta nous a invités.

CORTE *(qui a regardé autour de lui avec dégoût).*

Il ne comprend rien, celui-là

GLORIA *(au guichet).*

C'est l'ingénieur Corte.

L'EMPLOYÉ

Comment?

GLORIA *(lui remettant rapidement un papier).*

Lisez. Ne dites rien.

MASCHERINI, *(à Corte).*

Vous avez aussi passé l'examen ?

CORTE *(sèchement).*

Quel examen ?

MASCHERINI

Oh ! pardon, je croyais... Vous êtes sans doute un client payant ?

CORTE *(haussant les épaules).*

Gloria, où est ce Claretta ?

GLORIA

Une minute, monsieur, on le cherche.

CORTE

Mais je suis pressé, vous le savez. Nous devons être au Consortium à dix heures. Où est allée Bianca ?

Il allume une cigarette.

GLORIA

Elle est allée chercher le professeur.

L'INFIRMIÈRE *(entrant rapidement).*

Perozzi Luigia ! *(Elle s'approche de Corte et lui enlève la cigarette de la bouche.)* Je m'excuse, monsieur, mais on ne fume pas ici. *(Elle regarde une feuille qu'elle tient à la main.)* Alors, Perozzi Luigia est-elle là ?

LA FEMME MALADE

C'est moi.

Elle se lève, émue.

L'INFIRMIÈRE *(sortant).*

Par ici, s'il vous plaît.

LA FEMME MALADE *(sortant avec sa mallette)*.

Eh bien! voilà. Au revoir.

Elle sort.

CORTE *(irrité)*.

J'en ai plein le dos de cette ménagerie. Va-t-il venir ou non, ce Claretta?

UNE AUTRE INFIRMIÈRE *(apparaissant dans la porte)*.

Mascherini Gennaro est là?

MASCHERINI

C'est moi, Mascherini.

L'INFIRMIÈRE

Par ici, s'il vous plaît. Suivez-moi.

Elle sort avec Mascherini.

CORTE

Gloria! Essayez au moins de retrouver Bianca.

GLORIA

Où?

CORTE

Comment voulez-vous que je le sache? Cherchez, demandez!

Gloria sort.

LE MONSIEUR GROS

Vous aussi?

CORTE

Moi aussi, quoi?

LE MONSIEUR GROS

Vous êtes énervé. Je connais ça. C'est terrible de rester ici, d'attendre pendant des heures pour avoir la réponse, pour savoir le résultat. Moi, c'est la troisième fois que je viens...

CORTE

Quel résultat ?

LE MONSIEUR GROS *(un peu désorienté)*.

Excusez-moi. Je croyais... Ne venez-vous pas pour une consultation ?

CORTE *(d'un ton sec)*.

Non, je suis ici par curiosité. Une pure et simple curiosité !

LE MONSIEUR GROS *(déçu)*.

Tant mieux pour vous.

CORTE

Ma parole ! On croirait que vous le regrettez ! *(À part.)* Drôle de crabe, celui-là !

LE MONSIEUR GROS

Oh ! pardonnez-moi ! Je vous assure... Mais d'habitude, les personnes qui viennent ici...

CORTE *(qui commence à se fâcher)*.

D'habitude, d'habitude ! Puisque vous voulez le savoir, je viens ici pour une visite de...

> *On entend une voix de femme qui chante au loin. Corte s'immobilise et écoute.*

LE MONSIEUR GROS

Une visite, dites-vous ?

CORTE *(lui faisant signe de se taire)*.

Entendez-vous ?

LE MONSIEUR GROS

Quoi ?

CORTE

Cette voix, ne l'entendez-vous pas ?

LE MONSIEUR GROS

Je n'entends rien.

La voix augmente d'intensité.

CORTE *(parlant plus fort pour couvrir la voix).*

Et alors? Pourquoi restez-vous coi? Pourquoi ne parlez-vous plus? Parlez donc. Tout à l'heure, on n'entendait que vous. Et maintenant... Mais parlez, dites quelque chose!

LE MONSIEUR GROS

Je ne comprends pas. Que me voulez-vous? Et pourquoi devrais-je parler? Mon cher monsieur, chacun ici a ses propres pensées, vous savez, et moi, j'ai autre chose dans la tête...

CORTE

Bien, très bien, parlez plus fort, criez, faites-la taire, cette maudite...

LE MONSIEUR GROS *(le regardant, interloqué).*

Mais je... Qu'est-ce qui vous prend? Ah! j'en ai assez!

CORTE *(passant la main sur sa nuque pendant que la voix devient plus faible).*

Je m'excuse vraiment, monsieur. Je ne sais pas... Oh! c'était une façon de parler. Je ne voulais pas vous effrayer, croyez-le.

L'HOMME PÂLE *(se levant avec flegme).*

Pardon, Monsieur, je suis médecin. Mon nom est Filari. Si j'ai bien compris, vous entendez une voix, n'est-il pas vrai?

CORTE *(attendant quelques secondes).*

Il *me* semblait, tout à l'heure...

L'HOMME PÂLE

Une voix de femme, n'est-ce pas? Une femme qui chanterait un chant liturgique?

CORTE (*avec satisfaction*).

Vous l'avez donc entendue aussi ?

L'HOMME PÂLE

Et vous êtes bien venu ici par simple curiosité ?

CORTE

Exactement. Qu'y a-t-il d'extraordinaire ?

L'HOMME PÂLE

Une visite désintéressée, n'est-ce pas ? Rien d'autre ?

LE MONSIEUR GROS (*qui a l'air de prendre sa revanche*).

Une visite désintéressée ! C'est vraiment gentil de votre part.

CORTE (*dérouté, se tourne vers la porte du milieu*).
Bianca ! Bianca !

CINQUIÈME TABLEAU

Le cabinet du professeur Schroeder. Le gros monsieur est assis devant un bureau derrière lequel il n'y a personne.
Derrière lui, une table à laquelle est assise une secrétaire. Une infirmière se tient sur le seuil de la porte.

L'INFIRMIÈRE

Calmez-vous, monsieur, le professeur va venir.

LE MONSIEUR GROS

Calmez-vous, calmez-vous ! C'est facile à dire !

> *Le professeur Schroeder apparaît, suivi d'un petit groupe d'assistants, tous en blouse blanche. Le monsieur gros se lève précipitamment. Schroeder, affable, invite les autres à s'asseoir. Il s'assied à son tour. Les assistants lui passent des feuilles*

> *de papier et des radiographies*
> *qu'il examine en jetant de temps*
> *en temps un regard de curiosité*
> *sur le gros monsieur.*

LE MONSIEUR GROS *(avec timidité, sans se rasseoir).*

Monsieur le professeur...

SCHROEDER *(lui fait avec nonchalance signe de se taire. Il jette*
ensuite un dernier coup d'œil sur les feuilles).

Eh bien! mon cher monsieur, tout est en ordre. Je n'ai
plus besoin de vous.

> *Il fait signe à l'infirmière pour*
> *qu'elle accompagne le malade à*
> *la porte.*

LE MONSIEUR GROS *(tout heureux).*

Tout est en ordre, monsieur le professeur? Alors, vous
n'avez rien trouvé?

SCHROEDER

Comprenez-moi bien. Si j'ai dit que tout était en ordre,
cela signifie que tout ce qui devait être fait : analyses,
examens de laboratoire, radiographie, a été fait. Je n'ai
pas dit qu'on n'avait rien trouvé. *(Il demande aux assistants*
d'un ton de plaisanterie ironique.) M'avez-vous entendu dire
qu'on n'avait rien trouvé?

LES ASSISTANTS *(avec des sourires entendus).*

Absolument pas, monsieur.

LE MONSIEUR GROS

Et qu'a-t-on trouvé?

SCHROEDER *(patient).*

Il est souvent difficile de s'entendre avec les malades.
(Il secoue la tête, pensif.) Je vous expliquais seulement,
cher monsieur, que, pour le moment, nous n'avons plus
besoin de vous.

LE MONSIEUR GROS

Je vous remercie, monsieur le professeur. Mais n'est-il
pas possible que vous me disiez...?

SCHROEDER (*avec étonnement*).

Peut-être voudriez-vous connaître tout de suite le résultat de nos investigations ? Est-ce cela ?

LE MONSIEUR GROS

En effet, monsieur le professeur.

SCHROEDER

Eh bien! nous nous mettrons en communication avec votre médecin traitant. Il va de soi que vous saurez tout par lui. Est-ce clair ?

LE MONSIEUR GROS

Je comprends bien, monsieur le professeur. Mais ne pourriez-vous pas, sans entrer dans les détails, naturellement, me dire à peu près ce que vous pensez ? Voyez-vous...

SCHROEDER

Que dois-je voir ?

LE MONSIEUR GROS

Eh bien! voilà. Je dois avouer, monsieur le professeur, que je suis un peu inquiet.

SCHROEDER (*choqué*).

Je comprends cela, cher monsieur, et je vous promets que je me mettrai en rapport sans tarder avec votre médecin traitant.

Il se lève pour mettre fin à la discussion.

LE MONSIEUR GROS

Sans tarder...

SCHROEDER

Tout dépend naturellement du degré d'urgence. Mais je pense que, dans ce domaine, nous sommes assez bons juges. Sans tarder, je vous le répète. Ensuite, s'il y a des décisions à prendre...

LE MONSIEUR GROS

Parce que... vous pensez que...

SCHROEDER

J'ai dit « si ». J'ai énoncé seulement une hypothèse. Allons, soyez tranquille, cher monsieur, et rentrez chez vous.

LE MONSIEUR GROS

Vous dites que je peux être tranquille?

SCHROEDER (*poussant un soupir*).

Vous allez encore me faire dire ce que je n'ai pas dit. « Soyez tranquille » signifie : Ne vous agitez pas, laissez faire, vous verrez bien. (*Il se retourne vers les assistants.*) Pensez-vous que ma phrase puisse être considérée comme ambiguë?

LES ASSISTANTS

Absolument pas, monsieur.

SCHROEDER (*tendant la main au gros monsieur*).

Eh bien! bonsoir, cher monsieur.

> *Le monsieur gros, confus, est accompagné jusqu'à la porte par l'un des assistants et sort.*

SCHROEDER (*faisant signe à l'infirmière*).

Bon, maintenant, ne perdons pas de temps, s'il vous plaît.

> *On lui passe immédiatement une chemise avec des radiographies. Il les examine en opinant du chef pendant qu'on fait entrer Corte, accompagné de Gloria, du professeur Claretta et de Bianca.*

CLARETTA (*un peu théâtral*).

Mon cher Schroeder, je te présente M. Corte. Tu connais sa fille.

SCHROEDER *(regardant Gloria)*.

Et la demoiselle, là-bas?

CLARETTA

Elle accompagne M. Corte. M. Corte nous a honorés d'une visite. Il a regardé nos installations.

CORTE *(d'un ton dégagé)*.

C'est très intéressant. Vraiment très intéressant. Extrêmement moderne.

CLARETTA

Dans un certain sens, il en a même profité.

SCHROEDER *(tenant une radiographie contre la lumière)*.

Oui. C'est le cas dont vous m'avez parlé ce matin?

CORTE

Mon cas, dites-vous?

CLARETTA *(gaiement)*.

Ah! monsieur Corte, ne faites pas attention. Nous employons le mot « cas » trop souvent. Nous le prononçons sans y penser. *(Il rit.)* Le professeur Schroeder voulait seulement dire que je lui avais annoncé votre visite.

CORTE

Excusez-moi, professeur. *(Il montre le téléphone qui se trouve sur la table.)* Puis-je m'en servir? C'est pour une affaire urgente.

SCHROEDER *(qui ne comprend pas)*.

Vous servir de quoi?

CORTE

Du téléphone.

SCHROEDER

Ah! vous voulez téléphoner? Mais je vous en prie, faites donc.

CORTE *(formant un numéro, puis anxieux)*.

Spanna, c'est vous, Spanna? Oui, oui. Dites-moi, tout a été liquidé? Ah! très bien. Tout a marché comme prévu, non? Ils sont effondrés, hein? Comment? Il a dit cela? Encore heureux qu'il le reconnaisse. Oui, oui, c'est très bien. L'affaire est terminée. Maintenant, nous sommes en selle. Aucune importance. À tout à l'heure. Oui, oui, j'aurai vite fait ici. J'y serai dans une demi-heure. *(Il raccroche, lève les yeux et voit les médecins qui le regardent en silence.)* Excusez-moi, professeur.

> *Il sourit comme un petit garçon qui veut se faire pardonner.*

SCHROEDER *(avec douceur)*.

Il n'y a pas de quoi. Maintenant, asseyez-vous, prenez place. Je suis heureux de vous avoir comme hôte. Mon ami Claretta m'a dit...

CORTE

Oh! vous savez, je suis venu surtout pour...

SCHROEDER

Ne dites rien, je vous en prie, nous savons déjà tout ce qu'il nous faut savoir. Je suis vraiment heureux de vous voir. On n'a pas tous les jours l'occasion de recevoir, croyez-moi, un, comment dirais-je, une personnalité *(il rit)* aussi intéressante.

> *Il tapote d'un doigt les radiographies.*

CORTE

Ce sont mes clichés? Vous les avez vus, vous aussi?

SCHROEDER *(avec la même douceur)*.

Oui, moi aussi.

CORTE

En avez-vous tiré quelque chose?

SCHROEDER

Quelle expression énergique! « En avez-vous tiré? »
(Il rit.) Pourquoi employer un langage aussi rude? Mon
ami Claretta pourra vous dire que nous n'en avons rien
tiré.

CORTE

Alors, cette vieille carcasse est en bon état?

SCHROEDER

Nous n'en avons rien tiré. Nous nous sommes simplement bornés à regarder, et tout ce que nous avons pu
constater, c'est, pour être précis, n'est-ce pas, Claretta,
une très légère altération dans la région hypothalamique.

CORTE *(qui devient attentif)*.

Une altération? Donc, vous avez trouvé quelque chose!
Est-ce grave?

SCHROEDER *(avec cette bonhomie patiente qu'on affecte à
l'égard d'un petit garçon ignorant et curieux)*.

Grave, léger, grave! Comme si la vie était aussi simple!
Grave! Ces mots décidément ne signifient rien. Disons
plutôt qu'à notre avis tout sera redevenu normal dans
très peu de temps, oui, tout redeviendra normal. Après
une légère intervention.

CORTE

Une intervention? Il faudrait m'opérer?

SCHROEDER *(sans lui répondre, consulte ses assistants)*.

Demain matin, à sept heures?... Qui? Ah oui! j'avais
oublié... À huit heures et demie, alors?

UN ASSISTANT *(consultant un agenda)*.

Il vaudrait peut-être mieux à neuf heures, monsieur.

CORTE

Mais voyons, je ne peux pas! Je pars demain pour
Turin.

SCHROEDER

Pour Turin, oui. Faites le nécessaire pour la chambre.

L'immobilité. Vous le savez, dans ces cas-là... Pensez aux aiguilles Muenchen. Une vingtaine.

CORTE

Une chambre pour moi? Mais c'est impossible. On m'attend à Turin. Ce n'est même pas la peine d'en parler.

SCHROEDER (*d'un ton très doux et indifférent*).

Je vous comprends, monsieur, mais je crains que vous ne me compreniez pas. Il faut distinguer en effet entre une situation privée et une situation clinique. J'insiste toujours sur cette distinction afin d'éviter tout malentendu. Personnellement, je dois prendre en considération la seconde de ces deux situations. La première est hors de ma compétence, elle ne me regarde pas. Et lorsqu'il s'agit de décider s'il faut intervenir, et dans quelles conditions, je cherche naturellement la date la plus appropriée et les circonstances les plus favorables.

CORTE

Certainement, monsieur. Mais ma situation privée m'oblige à refuser. Provisoirement, d'ailleurs. Dans dix jours, par exemple, dans dix jours, oui, je pourrai revenir.

BIANCA

Mais, papa, demain, le professeur lui-même t'opérerait. C'est une chance inespérée. Si tu refuses, il ne sera peut-être plus libre dans une dizaine de jours. N'est-ce pas, monsieur le professeur?

SCHROEDER

Nous n'y pouvons rien, mademoiselle, c'est la réaction habituelle. Il existe dans le public, Dieu sait pourquoi, une étrange prévention à l'égard des interventions chirurgicales.

CORTE

Professeur, si je pouvais revenir dans trois jours, ce serait assez tôt, n'est-ce pas?

SCHROEDER

À vrai dire, j'ai moi-même un voyage que je ne puis remettre. Et je pars après-demain. D'ailleurs, réfléchissez.

Aujourd'hui, vous êtes malade. Et demain, à la même heure, vous serez déjà convalescent. Allons, monsieur, allons, votre fille va vous accompagner à votre chambre.

CORTE *(pendant que Schroeder s'en va avec ses assistants)*.

Mais il faut que je passe à la maison. Je n'ai même pas un mouchoir sur moi.

CLARETTA

On a fait le nécessaire. Je crois que la valise est déjà dans votre chambre.

CORTE

Quelle valise?

BIANCA

C'est moi, papa, qui ai pensé à la faire porter, à tout hasard.

CORTE *(regardant autour, dérouté)*.

À tout hasard... Mademoiselle Gloria! Où est-elle?

GLORIA

Je suis ici, monsieur.

CORTE

Appelez Turin. Mettez-vous en rapport avec la Ost-Preussische, obtenez un délai de dix jours.

BIANCA

Papa, allons voir ta chambre, en tout cas.

CORTE *(l'air de quelqu'un qui sent que le sol se dérobe sous ses pieds)*.

Gloria, écoutez-moi bien. Vous téléphonerez ensuite à Malcredi et vous lui direz que nous ne pouvons pas avancer la date des livraisons. Donnez-lui une raison quelconque. N'oubliez pas : Malcredi.

CLARETTA

Mais, monsieur Corte, pour l'amour du ciel, vous avez peur!

CORTE *(toujours tourné vers sa secrétaire et ne faisant pas attention à Claretta).*

Autre chose, Gloria. Vous trouverez une serviette sur mon bureau.

GLORIA

Oui, monsieur, une serviette.

CORTE

Vous y prendrez une enveloppe rouge. C'est le dossier de la Commission des Recherches. Dans le fond de l'enveloppe, vous trouverez une feuille avec des chiffres et le titre « Schéma » écrit à la main. Vous la prendrez, la taperez à la machine et la transmettrez en mon nom à Perticari, purement et simplement. Avez-vous bien compris ?

BIANCA

Nous devrions monter maintenant.

CORTE

Où ?

BIANCA

Dans ta chambre. Si tu restes, il faut te faire une piqûre.

CORTE

Une piqûre, maintenant ? Mais c'est absurde. Mademoiselle Gloria, écoutez, si Giacosa téléphonait par hasard demain, dites-lui, enfin, expliquez-lui la situation. Et rappelez-lui bien qu'il ne manque plus que l'approbation du ministère, ça suffira, qu'il ne manque plus que l'approbation. Il fera le nécessaire...

UNE INFIRMIÈRE *(entrant d'un pas rapide et s'approchant de Corte).*

Monsieur Corte ?

CORTE

Qu'y a-t-il ?

L'INFIRMIÈRE

Nous ne voudrions pas vous déranger. Mais...

CORTE

Un instant. *(À Claretta.)* Décidément, je ne peux pas. Croyez-moi, professeur, je dois partir. J'avais oublié que demain...

CLARETTA

Mais vous vous affolez en vain, monsieur Corte. Vous vous trompez. Personne ne vous force...

CORTE *(inquiet)*.

Je voudrais sortir. Il faut que je passe au bureau.

CLARETTA

Allons, ce sont des histoires! La vérité est que vous avez peur. C'est extraordinaire. C'est énorme! Je ne comprends pas.

CORTE

Gloria, j'ai l'impression d'avoir oublié quelque chose..., quelque chose d'important...

GLORIA

Au bureau?

CORTE

Non, pas au bureau...

GLORIA

Un rendez-vous?

CORTE

Non, non.

GLORIA

Alors, à la maison?

CORTE

Non, à la maison non plus...

L'infirmière

Monsieur, il est temps...

Corte

Oui, attendez... *(À Gloria.)* C'est quelque chose d'important, je le sais, de très important, et je n'arrive pas à m'en souvenir.

Claretta

Ça, c'est caractéristique. Vous avez vraiment peur! Allons, allons, où est l'homme d'action? Le capitaine d'industrie? Que dis-je, le capitaine! Le généralissime! Ah! je sais ce que vous pensez. On ne la fait pas à l'industriel Corte, n'est-ce pas? Et vous vous êtes aperçu que tout cela n'est qu'une machination? Vous savez bien, vous, que vous êtes en parfaite santé et que vous n'avez nul besoin d'une intervention, n'est-ce pas?

Les infirmières et les assistants *(extrêmement amusés)*.

Ha! ha! ha!

Claretta *(continuant d'insister)*.

Eh bien! allez-vous-en, pendant qu'il est temps. Retournez à vos grandes entreprises. Le pétrole attend. Vous n'allez pas donner raison à ces médecins mélancoliques qui voient la maladie partout, à ces maniaques desséchés, stérilisés comme leurs bistouris! Il fait beau dehors! Vous avez de la santé à revendre. *(Il ouvre largement la fenêtre.)* Regardez, regardez la belle journée! Est-ce un temps pour aller s'enfermer dans un hôpital? Écoutez la voix de la ville qui travaille et s'agite, les automobiles, les tramways, les sirènes, les machines, les trains, les turbines, les camions, et, au milieu de tout cela, les cris des hommes, les plaintes, leurs rires. Entendez donc ce chant magnifique!

> *On entend au loin le son d'une musique militaire qui s'approche.*

Claretta

Voilà qui vient à point. Les trompettes, la fanfare militaire! La jeune vie! La force! La gloire! *(Il rit, changeant subitement de ton.*) Allons, est-il possible, cher monsieur, que vous soyez si effrayé? Et par une simple formalité dont vous rirez demain soir!

CORTE

Une formalité?

> *Le son de la musique militaire s'évanouit et la voix mystérieuse de la femme chantante se fait entendre à la place.*

CLARETTA

Demain, vous serez guéri. Ayez confiance! Cette musique militaire ne vous met-elle pas en joie?

CORTE *(avec violence, avec anxiété).*

Fermez cette fenêtre! Fermez immédiatement cette fenêtre!

FIN DU PREMIER TEMPS

DEUXIÈME TEMPS

SIXIÈME TABLEAU

Une chambre au sixième étage de la clinique. Sur l'un des murs se trouve l'écriteau : Sixième étage. Des écriteaux analogues avec le numéro de l'étage figureront dans les tableaux suivants. Un téléphone sur la table de chevet. C'est le soir.

> *Corte, en robe de chambre, est assis dans un fauteuil. Gloria, une serviette sous le bras, est arrêtée sur le seuil. Elle entre, timide.*

GLORIA

Je ne vous dérange pas, monsieur?

CORTE *(se levant, d'excellente humeur)*.

Bonjour, Gloria. Entrez donc.

GLORIA *(s'arrêtant)*.

Déjà debout? Mes félicitations! Oui, un peu pâle, peut-être, mais pas tellement. Vous avez une bonne constitution.

CORTE *(flatté)*.

Une constitution d'acier, Gloria, ça tient de famille! Demain, on enlève mon pansement. Et dans huit jours, vive la liberté!

GLORIA *(ouvrant la serviette)*.

Je vous ai apporté les pièces les plus urgentes.

CORTE

Voyons... *(Feuilletant.)* Alors, c'est la belle vie au bureau, hein! en ce moment? *(Il regarde Gloria avec sympathie.)* Mais cela ne va pas durer. D'ici une semaine, vous m'aurez de nouveau sur le dos. *(Lisant une lettre qui n'a pas l'air de lui plaire.)* Qu'est-ce que c'est que ce roman-là?

GLORIA

C'est la réponse au sujet de la fameuse proposition des Français.

CORTE

Et qui vous a dicté toutes ces sottises?

GLORIA

Mais M. Spanna!

CORTE

C'est tout de même terrible que je ne puisse pas rester absent pendant quelques jours sans qu'immédiatement on fasse quelque idiotie. *(Élevant la voix.)* Spanna sait-il seulement quel genre de personnage est ce M. Marquet? Mais, enfin, est-il devenu complètement abruti? Abruti? *(Il se met de plus en plus en colère, il froisse la feuille et la jette par terre.)* Ce sont des choses qui me...

Il semble se trouver mal.

GLORIA

Allons, monsieur, ne vous énervez pas, n'y pensez plus. *(Elle reprend ses papiers.)* Je reviendrai demain, ça ira peut-être mieux.

CORTE

Excusez-moi, je ne sais ce que j'ai... Oui, revenez demain.

GLORIA

Vous êtes encore affaibli, monsieur. Les nerfs prennent le dessus.

CORTE

Non, je ne suis pas affaibli. Mais je suis un bonhomme brutal, brutal et habitué à commander, alors qu'ici...

> *Il se lève et fait un mouvement comme s'il voulait aller ouvrir la fenêtre.*

GLORIA

Non, non, monsieur, ne bougez pas. Je vais ouvrir. *(Elle ouvre la fenêtre et regarde dehors.)* Comme c'est beau ici! Ça ressemble à ces grands hôtels illuminés qu'on voit sur les dépliants publicitaires. *(Elle se penche.)* C'est en bas seulement que tout est éteint.

CORTE

Où, en bas?

GLORIA

En bas, aux premiers étages.

CORTE *(qui n'a pas compris).*

Comment?

GLORIA

Je dis qu'aux premiers étages, tout est éteint. *(Hésitante.)* Monsieur, est-il vrai, comme on le raconte, que les malades de cette clinique sont répartis dans les étages selon que leur état est grave ou non?

CORTE *(avec satisfaction).*

Il paraît, il paraît! C'est ainsi qu'au sixième on mettrait ceux qui...

GLORIA

Au sixième?

CORTE

Au sixième, oui, celui où nous sommes. Ceux qui sont au sixième ne sont pas à proprement parler des malades. Ça, je le sais. Les médecins ne nous prennent même pas au sérieux. *(Il rit.)* Des malades pour rire, en somme!

GLORIA

Et au cinquième alors.

CORTE

Au cinquième, se trouveraient ceux qui vont un peu moins bien. On pourrait dire déjà qu'il s'agit de malades, des malades légers, mais enfin des malades quand même. Encore que leur état n'ait rien d'inquiétant. Ensuite, plus on descend, plus le cas serait grave.

GLORIA *(impressionnée)*.

Et qui sont ceux du premier étage ?

Elle ferme la fenêtre.

CORTE *(riant)*.

Ah! au premier, vous savez, ça ne concernerait plus les médecins, mais seulement les curés.

GLORIA

Est-ce pour cela que toutes les fenêtres sont closes ?

CORTE

Je ne sais pas. Lorsqu'un malade meurt, peut-être ferment-ils les persiennes immédiatement.

GLORIA

Mais c'est horrible! C'est même dégoûtant!

CORTE

Ils m'ont expliqué qu'il s'agissait d'une méthode moderne, la méthode Schroeder naturellement. Notez que c'est un avantage pour les malades légers, comme moi, par exemple. Ils ne risquent pas d'entendre la glissade du voisin.

Il rit.

GLORIA *(perplexe)*.

Et vous... vous êtes au sixième ?

CORTE *(riant)*.

Où voulez-vous qu'on me mette ? Au second, tout de suite ?

GLORIA

Oh! ne dites pas cela, même pour rire.

CORTE *(riant)*.

Eh! quoi, Gloria, nous ne sommes pas éternels, non!

> *On frappe légèrement à la porte. Entre une infirmière avec un verre plein de thermomètres.*

L'INFIRMIÈRE

La température, monsieur. C'est l'heure.

> *Elle remet à Corte un thermomètre et sort.*

GLORIA

Combien de fois par jour prend-on votre température, monsieur?

CORTE

Deux fois. Une formalité. Ils y tiennent. Je crois qu'ils prennent même la température des matelas!

GLORIA *(mal à l'aise)*.

Donc, monsieur, vous sortez le jeudi 8?

CORTE

Jeudi, ou mercredi, je ne sais pas, selon qu'ils m'enlèveront les points un jour plus tard ou un jour plus tôt.

GLORIA *(après un temps)*.

Mais ici, aux étages supérieurs, n'entend-on jamais les plaintes de ceux qui sont en bas?

CORTE *(riant)*.

Cette histoire d'étages a fait vraiment une forte impression sur vous. Allons, n'y pensez plus! Ce n'est même pas certain. On en parle, voilà tout. Et puis, on ne peut passer sa journée à réfléchir sur les malheurs d'autrui, hein! *(On frappe légèrement à la porte.)* Entrez!

CLARETTA *(entrant en même temps qu'une infirmière).*

Eh bien! *(Il le réprimande avec bonhomie.)* On travaille ici, je vois. On se fatigue. Et la fatigue, cher monsieur, non, non! *(Avec gentillesse.)* Allons, que je ne revoie plus ces papiers!

L'INFIRMIÈRE *(prenant le thermomètre des mains de Corte et le faisant voir à Claretta).*

Voyez, docteur!

CORTE

Comment? Ai-je de la fièvre?

CLARETTA

Qui vous parle de fièvre? Vous êtes guéri. Deux ou trois dixièmes de degré, est-ce de la fièvre, après une opération? Mais gare si vous vous mettez à travailler! On m'a rapporté que votre téléphone ne chôme pas une minute. Je sais bien, vous êtes un homme d'action, mais vous exagérez vraiment!

CORTE *(flatté).*

Que voulez-vous, j'ai toujours été un bœuf de travail!

CLARETTA

Oui, je vous laisse. En tout cas, nous allons bien, nous allons même très bien. Au revoir, cher monsieur. *(Il fait mine de s'en aller, mais s'arrête sur le seuil de la chambre et se retourne.)* À propos, j'allais oublier, je voulais vous demander un service. Mais ce n'est pas urgent. Nous en reparlerons demain.

CORTE

Mais non, si je puis vous rendre ce service...

CLARETTA

Oh! un simple contretemps! Voilà. N'hésitez pas à me dire non. Une dame doit entrer demain à la clinique avec ses deux enfants. Il y a justement deux chambres libres à côté de la vôtre. Mais il en faudrait trois. Je

voulais vous demander... Verriez-vous un inconvénient
à passer dans une autre chambre?

CORTE

Mais non. Je me ferai un plaisir, voyons...

CLARETTA

Merci, merci beaucoup. Je savais qu'avec vous tout
s'arrangerait immédiatement. Je donnerai donc demain
l'ordre de procéder au déménagement. Mais au fait,
pourquoi pas ce soir? On est bien plus tranquille, dans
la soirée, pour faire ces choses-là.

CORTE

Faites comme vous voulez. C'est sans importance.
Elle est loin, ma nouvelle chambre?

CLARETTA

Justement, j'allais oublier. Il y a une petite complication. Parce que, voyez-vous, il ne reste plus de chambres
de libres à cet étage. *(Corte, impressionné, se dresse dans son
fauteuil.)* Il faudra que nous descendions à l'étage du
dessous. C'est une question de deux ou trois jours, tout
au plus.

CORTE

Mais je...

CLARETTA *(toujours enjoué).*

C'est un arrangement provisoire. Ab-so-lu-ment pro-
vi-soi-re. Il s'agit seulement de vous caser pendant un
jour, pendant deux jours au maximum, jusqu'à ce qu'une
chambre soit libre, et alors, si vous voulez...

CORTE

Oui, je préférerai, soyez-en sûr, revenir ici.

CLARETTA

Je dis cela parce que vous devez nous quitter dans
une semaine. Je me demande s'il vaudra la peine alors
de faire un deuxième déménagement.

CORTE

Ce sera comme vous voudrez. Mais j'avoue que ce changement me contrarie.

CLARETTA

Allons, ne faites pas l'enfant! *(Il rit franchement.)* Je comprendrais encore si c'était pour une raison médicale, si votre état s'était aggravé. Mais l'opération a réussi au-delà de nos espérances, et vous êtes convalescent. Votre petit état fébrile est normal, tout ce qu'il y a de normal. Il ne s'agit maintenant que de rendre service à une jeune maman! D'ailleurs, je ne tiens pas à vous contrarier, et je puis chercher une autre solution...

CORTE *(faiblement)*.

Non, non, je ne veux pas être importun. Déménageons. Je me fie à vous.

CLARETTA

À la bonne heure! Vous me tirez vraiment d'embarras. Vous connaissez les femmes, elles ont leurs idées. *(Il rit.)* Qu'est-ce que cela peut bien vous faire d'ailleurs d'être au sixième étage? Ou au cinquième? Ou au quatrième? ha!... ha! Puisque sous peu vous nous quittez. Dans huit jours, heureux mortel, vous nous laissez en plan, avec nos ennuis quotidiens. Allons, au revoir, cher monsieur, et merci mille fois.

Il sort avec l'infirmière.

GLORIA *(après un silence embarrassé)*.

Dites-moi, monsieur Corte, avez-vous eu un peu de fièvre ce soir?

CORTE

L'infirmière a pris le thermomètre si vite que je n'ai pu me rendre compte. Deux ou trois dixièmes, a dit Claretta.

Un silence.

GLORIA

Il est sympathique, ce professeur Claretta?

CORTE

Oh oui! il est sympathique. Ici, tout le monde l'adore.

GLORIA

Oui, un homme si cordial, si compréhensif, si sincère...

CORTE

Écoutez, Gloria, parlez-moi franchement. N'est-il pas sympathique?

GLORIA *(après un temps)*.

Trop.

SEPTIÈME TABLEAU

Une chambre, au cinquième étage de la clinique.

> *Au lever du rideau, Corte, en robe de chambre, est en train de téléphoner. Il n'a plus de bandages, mais seulement un pansement de sparadrap.*

CORTE *(Au téléphone. Il compulse ses papiers.)*

Allô? Gloria, c'est vous? Ne deviez-vous pas venir aujourd'hui? Oui, mais ils ont encore retardé ma sortie. Je ne sais pas si je pourrai sortir avant samedi. Comment? Comment? Je n'entends pas... J'entends très mal, votre voix est si faible. M'entendez-vous? Bien, alors, à la fin de la lettre écrite par Spanna, à la fin, vous ajouterez, avant la formule de politesse, attendez... « En ce qui concerne..., en ce qui concerne les initiatives de la Runische Anstadt, nous vous conseillons de suivre attentivement le groupe intéressé, oui, intéressé! *(On entend la voix de la femme mystérieuse.)* Intéressé comme intérêt... » Oui, oui, attendez... *(Il donne des signes d'énervement.)* « Le groupe intéressé aux stocks de compresseurs. » Pardon, comment? Oui, oui, je vous rappellerai plus tard.

> *La voix tend à s'amplifier. Corte appuie sur la sonnette et, comme personne ne vient, il se lève et se dirige vers le couloir.*

CORTE

Infirmière! Infirmière! Assez! Faites-la taire! Faites-la taire!

> *Trois malades accourent et, parmi eux, la femme qui se trouvait dans la salle d'attente de la clinique au quatrième tableau.*

LE PREMIER MALADE *(d'un ton gai).*

Qu'est-ce qu'il y a? Le feu?

LA FEMME MALADE

Qu'est-il arrivé?

CORTE

Cette voix, n'entendez-vous pas cette voix?

> *Ils écoutent tous les quatre. La voix, qui semblait s'être éloignée, revient à nouveau.*

CORTE

Mais n'entendez-vous pas?

LA FEMME MALADE

La voix qui fait « aaaaaaaa »?

CORTE

Oui. Qui est-ce?

LA FEMME MALADE

Celle-là? Vous avez fait tout ce grabuge pour celle-là? Mais c'est la bonne sœur du vestiaire. Elle chante des cantiques toute la sainte journée.

CORTE *(qui n'a pas l'air convaincu).*

La bonne sœur du vestiaire? Vous êtes sûre?

LA FEMME MALADE

Plus que sûre! Et qui voulez-vous que ce soit? Un malade du deuxième étage?

*Elle rit, les deux autres
malades rient aussi.*

LE PREMIER MALADE

Mais, vous, madame *(il prend des airs mystérieux)*,
dites-le-moi franchement, l'avez-vous jamais vue, cette
bonne sœur?

LA FEMME MALADE

Non, moi, personnellement, je ne l'ai pas vue...

LE PREMIER MALADE *(au deuxième malade)*.

Et vous, l'avez-vous vue?

LE DEUXIÈME MALADE

Non. Mais c'est tout comme.

LE PREMIER MALADE *(ricanant)*.

Mes chers amis, j'ai l'impression qu'on nous raconte
des histoires ici. Cette voix, je l'entends aussi chez moi,
à la maison. Comment expliquer cela?

CORTE *(se passant la main sur la nuque)*.

Moi aussi.

LE PREMIER MALADE

On nous bourre le crâne, voilà tout! Si je n'avais pas
peur de descendre, j'irais voir un peu cette fameuse bonne
sœur. À quel étage se trouve le vestiaire?

LA FEMME MALADE

Au deuxième ou au premier étage.

LE PREMIER MALADE

Ah non! dans ce cas je renonce. Je ne mettrai jamais
le nez en bas, même comme explorateur. Je ne navigue
pas dans ces abîmes, moi. C'est déjà assez que je doive
descendre au quatrième.

CORTE *(avec curiosité et une sorte de compassion)*.

Pourquoi devez-vous passer au quatrième?

LE PREMIER MALADE

Je ne suis pas le seul. Plus de la moitié de ceux du cinquième doivent descendre un étage. *(À la femme malade.)* Vous aussi?

LA FEMME MALADE

Eh oui! moi aussi, malheureusement.

CORTE

Mais comment se fait-il qu'on fasse descendre d'un seul coup la moitié de l'étage?

LE PREMIER MALADE

Eh bien! le professeur Claretta me l'a expliqué. Je ne suis pas sûr d'avoir compris, mais comme le sixième étage est surpeuplé, ils ont créé une sous-division. En un mot, tous les malades qui descendent sont abaissés d'un demi-point.

CORTE

Un demi-point?

LE PREMIER MALADE

Voilà... imaginez... Je crois d'ailleurs que de nombreux médecins font déjà cette distinction pour leur propre compte. Imaginez qu'à chaque étage les malades soient divisés en deux catégories, selon la subtilité de leur cas, en malades complexes et malades moins complexes, qu'il existe en quelque sorte un cinquième étage supérieur et un cinquième étage inférieur. Me suis-je bien expliqué?

CORTE

Oui, oui.

LE PREMIER MALADE

Bon. Comme, d'autre part, le sixième étage est trop encombré et que les autres le sont relativement moins, ils ont décidé d'abaisser tout le monde d'un demi-point...

CORTE

Et le résultat pratique?

LE PREMIER MALADE

Le résultat pratique, c'est que ceux du sixième étage inférieur vont passer au cinquième, les inférieurs du cinquième vont passer au quatrième et ainsi de suite. *(Il fixe Corte.)* Et vous? Vous restez?

CORTE *(riant)*.

Je l'espère bien. Vous savez, moi, je suis du sixième. Je suis ici par hasard parce que j'ai cédé ma chambre à une dame. Mais dès qu'une chambre sera libre, je retourne en haut. De toute façon, je m'en vais dans quelques jours.

LA FEMME MALADE

Excusez-moi, monsieur, mais quel est votre nom?

CORTE

Corte. Giovanni Corte.

LA FEMME MALADE

Corte? Il me semble pourtant que j'ai vu votre nom sur la liste. La liste de ceux qui doivent descendre.

CORTE

Ah çà! c'est impossible!

LE DEUXIÈME MALADE

À vrai dire, moi aussi, j'ai l'impression d'avoir vu votre nom, ou c'est tout comme.

CORTE *(irrité)*.

Allons, vous avez rêvé!

LE PREMIER MALADE

Ma foi, la liste est affichée tout près d'ici, dans le hall.

CORTE

Mais voyons, je suis du sixième étage. Je loge ici par hasard. Je vous assure. Enfin, allons quand même vérifier.

Il sort avec les trois malades.

Quelques instants après, on l'entend crier.

CORTE

Infirmière, infirmière! C'est dégoûtant! Je m'en vais! C'est un coup monté! Infirmière! Appelez immédiatement le professeur Claretta! Je n'irai pas au quatrième! Je n'irai pas! À qui ces brutes croient-elles avoir affaire?

On entend une voix de femme, c'est l'infirmière.

L'INFIRMIÈRE

Mais calmez-vous donc! Ne faites pas de scène!

CORTE

Je n'irai pas au quatrième! C'est une saleté!

L'INFIRMIÈRE

Mais pourquoi êtes-vous sorti? Il est interdit de quitter sa chambre!

CORTE

Je m'en fiche. C'est une infamie. C'est une conspiration.

L'INFIRMIÈRE

Allons, calmez-vous. Votre fièvre va monter. Vous verrez tout à l'heure le professeur.

CORTE

Je me moque de la fièvre.

L'INFIRMIÈRE

Je vous en supplie, ne vous agitez pas.

Les voix qui chevauchent l'une sur l'autre s'approchent jusqu'au moment où on voit entrer Corte et l'infirmière, cependant que les trois malades restent sur le seuil et regardent le tableau.

L'INFIRMIÈRE

Calmez-vous, monsieur! Vous allez vous faire du mal.

Voilà, très bien, asseyez-vous. Voici la couverture, je vais vous donner un verre d'eau.

CORTE *(baissant un peu le ton, parce qu'il est fatigué)*.

Moi, au quatrième, au quatrième! Ne savez-vous pas que je ne suis descendu ici que pour faire plaisir à une dame? Qu'est-ce que c'est que cette histoire? En voilà une administration! Vous devriez avoir honte d'un tel désordre. Moi, au quatrième! C'est infâme!

L'INFIRMIÈRE

Le professeur va venir. Calmez-vous. Là, buvez doucement.

CORTE *(machinalement)*.

Quelle honte! Je dois m'en aller dans deux ou trois jours. Vous savez bien que je dois partir. Et je descendrais au quatrième! Ah! il va m'entendre, ce Claretta!

> *Les visages des trois malades qui regardaient par la porte disparaissent au moment même où on entend des pas approcher. Au bout d'un instant, on voit entrer Claretta.*

CLARETTA *(toujours enjoué avec Corte, mais dur et sévère avec l'infirmière)*.

Alors, monsieur Corte, il paraît qu'on fait la forte tête? Que se passe-t-il?

CORTE

Il y a que mon nom est sur la liste. Je dois passer au quatrième étage. Qu'est-ce que c'est que ce pastis?

CLARETTA

Du pastis? *(Avec un étonnement comique.)* Il y a du pastis? *(À l'infirmière.)* Mais comment M. Corte a-t-il pu sortir dans le vestibule? Ne savez-vous pas que c'est défendu?

L'INFIRMIÈRE *(confuse)*.

Je n'étais pas là...

CLARETTA

Vous n'étiez pas là ? Nous réglerons cela plus tard.

CORTE

Comment ont-ils pu commettre une telle erreur ?

CLARETTA (*s'asseyant à côté de Corte*).

Voyons un peu... (*Il prend le pouls.*) Eh bien ! là, nous ne sommes plus d'accord du tout. (*Il secoue la tête en signe de réprobation bienveillante.*) Mon cher monsieur, il ne faut pas fatiguer votre cœur de cette manière. Et votre température devrait vous importer davantage que toutes ces stupides histoires d'étages.

CORTE

Mais comment ont-ils pu se tromper à ce point ?

CLARETTA

Se sont-ils trompés, d'abord ?

CORTE

Je ne suis venu au cinquième que pour vous faire plaisir...

CLARETTA

Bien sûr, je ne l'oublie pas. Je m'en souviens fort bien. Seulement, laissez-moi vous dire que j'ai à ce sujet certaines idées bien à moi. Et qui sont toutes particulières...

CORTE

Qu'est-ce à dire ? L'opération n'a-t-elle pas réussi ?

CLARETTA

Elle a parfaitement réussi. C'est une opération modèle, à la Schroeder. Mais il faut considérer aussi le reste. Le retentissement, même lointain, même atténué, du choc opératoire, en quelque sorte...

CORTE

Vous voulez dire que je ne suis pas encore...

Claretta

De grâce, laissez-moi vous expliquer... Sous l'angle chirurgical, la guérison est acquise. L'affaire, si j'ose dire, est dans le sac. L'altération locale a été extirpée et rien, absolument rien, ne permet d'envisager la possibilité d'une récidive. Mais il y a l'aspect médical du problème. Il y a aussi l'aspect médical de votre cas, n'est-ce pas, et c'est là que nous nous trouvons devant un état pour ainsi dire généralisé qui, entendons-nous bien, est à mon avis en voie de s'atténuer, mais qu'en même temps je serais presque tenté de définir comme torpide.

Corte

Je vous demande pardon. Ne me disiez-vous pas que ma place est au sixième? C'est vous qui le disiez!

Claretta

Au sixième, bien sûr! Tel est le diagnostic officiel, le seul raisonnable, ratifié d'ailleurs par la direction de la clinique. Seulement, je vous le répète, j'ai conçu à votre sujet une idée quelque peu différente, et même assez personnelle.

Corte

Pourquoi? Quelle est votre idée?

Claretta

Je pense bien entendu que, dans le sens le plus évident, votre cas particulier pourrait aussi bien être rangé, n'est-ce pas, au sixième étage. Dans un certain sens, il ne serait pas exagéré de dire que vous n'êtes même pas malade. Mais votre affection, n'est-ce pas, se distinguait peut-être des autres cas du même genre par une plus grande tendance à la généralisation. Je m'explique. L'intensité du phénomène était extrêmement faible, mais, en revanche, l'étendue de la région intéressée était considérable. Le processus, n'est-ce pas, le processus donc de destruction cellulaire était à peine décelable. Mais, justement, il pourrait avoir tendance, je dis seulement tendance, à s'étendre, simultanément, sans que nous le sachions, à différentes zones de l'organisme. Par précaution donc, et seulement par précaution, selon mon idée personnelle, non seulement vous pouvez être, dans le sens indiscutable du mot, affecté à ce confortable quatrième étage, mais encore, suivez-moi bien, vous pourriez être, le cas échéant, soigné bien plus efficacement à cet excellent quatrième étage. On a dû vous dire, cher monsieur, que la spécialisation des moyens thérapeutiques — et nous avons là une des plus belles démonstrations du caractère génial de la méthode Schroeder — que cette spécialisation, dis-je, n'est-ce pas, va s'accentuant du sixième jusqu'au premier étage...

CORTE

Mais, mon cher, on m'a fourré dans la moitié inférieure.

CLARETTA

Ah! c'est là un autre aspect du problème et qui est sans relation de cause à effet avec le diagnostic proprement dit. À cet égard, n'est-ce pas, on pourrait envisager deux hypothèses. Qu'avez-vous, monsieur Corte?

CORTE *(qui avait laissé tomber la tête en arrière, comme s'il allait s'évanouir)*.

Je ne sais pas. Je crois que j'ai un peu de fièvre.

CLARETTA *(d'une voix monotone et endormante)*.

C'était facile à prévoir après la crise de tout à l'heure.

CORTE *(à moitié assoupi)*.

Et alors?

CLARETTA

Et alors, cher monsieur, il y a deux possibilités, à mon humble avis. Ou bien la secrétaire qui a été chargée de dresser la liste a commis une simple erreur. Justement, on m'a demandé ce matin par téléphone quelle était votre situation exacte du point de vue clinique...

CORTE

Et vous avez...

CLARETTA

J'ai expliqué comment les choses se sont passées jusqu'à présent, mais il se peut qu'ils se soient trompés en transcrivant ma réponse... Ou alors... ou alors, et c'est la deuxième hypothèse, il ne s'agit pas d'une erreur dans le sens propre du mot.

CORTE

Vous voulez dire qu'ils l'ont fait exprès ?

CLARETTA

Il est possible que la direction et — qui sait ? — peut-être aussi le professeur Schroeder lui-même, aient jugé bon, en effet, de diminuer votre note dans la classi-fication, c'est-à-dire de ranger votre cas dans une catégorie inférieure, plus basse que ne l'exigerait la situation clinique réelle. *(Son débit devient de plus en plus monotone, ses propos ont l'air de se transformer en galimatias, il ne fait plus de pauses.)* Et ceci pour deux raisons : premièrement parce que je jouis dans cette maison d'une certaine réputation d'hétérodoxie et que, de ce fait, mes jugements apparaissent souvent comme trop optimistes et trop indulgents; deuxièmement, parce que c'est un principe général ici que d'exagérer par prudence plutôt que de minimiser la gravité des cas considérés et ceci en raison même du fait que, plus on descend bas, d'étage en étage, plus énergique devient le traitement et, plus donc on descend bas d'étage en étage, on descend bas d'étage en étage..., bas d'étage en étage... en étage... étage...

Corte s'est endormi.

HUITIÈME TABLEAU

Une chambre au quatrième étage de la clinique. Un téléphone sur la table de chevet.

Au lever du rideau, Corte est dans son lit à moitié endormi. Il n'a même plus de sparadrap. Anita entre avec sa fille. Elle s'approche de Corte et le secoue.

ANITA

Eh! Nanni, grand ours! Debout, debout, dormeur! C'est moi, Anita... Mais comment se fait-il que tu ne te sois pas levé encore aujourd'hui? Bianca aussi est là.

CORTE *(s'asseyant dans le lit)*.

Bonjour! *(Sévère.)* Ma chère Bianca, je te remercie vraiment. Tes études d'infirmière t'amènent tous les jours dans cette clinique, mais il faut de la chance pour seulement t'apercevoir!

BIANCA

Oh! papa, si tu savais quel travail nous avons eu ces derniers jours! Je ne fais maintenant que du laboratoire, et le laboratoire se trouve dans l'autre bâtiment.

ANITA

Mais oui, pauvre Bianca, elle est littéralement débordée ces jours-ci. Elle n'a plus une heure de libre depuis qu'elle fait partie du comité des loisirs. Elle est complaisante, ils en profitent. Tous les concerts, les conférences, les excursions, c'est elle maintenant qui les organise. Elle est vraiment active, tu sais. Elle se rend utile.

CORTE

Mais enfin, je pense que tu aurais pu te faire voir une fois au moins, une seule fois, entre deux conférences.

BIANCA

Ne me garde pas rancune, mon petit papa! Et puis, tu es guéri, n'est-ce pas? J'ai entendu dire que tu sortais dans quelques jours...

CORTE

C'est ce qu'ils disent. Mais j'ai maintenant une éruption, un mauvais prurit qui me fait beaucoup souffrir.

ANITA

Où?

CORTE

Là, derrière les genoux, et sur les flancs.

ANITA *(le caressant)*.

Oh! mon pauvre grand ours qui se gratte! Mon chéri, c'est signe de jeunesse!

CORTE

Heureusement, je n'ai plus de fièvre depuis avant-hier. Je devrais retourner en haut.

ANITA

À la bonne heure! Il est temps qu'ils se décident à te lâcher. Tu n'as même plus de sparadrap. Mais quel affreux pyjama portes-tu là? Pourquoi ne le changes-tu pas? *(Elle ouvre un tiroir de la commode et en extrait un pyjama neuf.)* Mets celui-ci.

CORTE *(ennuyé)*.

Laisse. Je n'en veux pas maintenant.

ANITA

Comme tu voudras, mon chéri. Écoute, Nanni, à propos...

CORTE

À propos de quoi?

ANITA

Rien, c'est une façon de parler. Je voulais te dire...

CORTE *(impatient)*.

Eh bien! Quoi?

ANITA

J'avais pensé, pour cet été... La mer te ferait du bien, ne crois-tu pas? On nous a offert en location une maisonnette adorable à Cap-Ferrat. On dit que c'est un enchantement. Micheline, qui y est allée l'année dernière, dit que...

BIANCA

Maman, tu aurais pu attendre un peu.

CORTE

Quand y es-tu allée?

ANITA

Quand j'y suis allée? Qu'est-ce que tu veux dire?

CORTE

Allons, je te connais. Y es-tu déjà allée, oui ou non?

ANITA

Vraiment... Je voulais justement t'expliquer. Une simple occasion. Avant-hier, par hasard, les Gerola devaient pousser en voiture jusque-là.

CORTE

Combien? Allons, vide ton sac!

ANITA *(d'un air de reproche)*.

Nanni, mon grand ours, si tu me laissais parler!

CORTE

À quel prix as-tu fait l'affaire?

ANITA

Eh! avec toi il est vraiment inutile de... *(Riant.)* Ils demandent quatre cents.

CORTE

Quatre cent mille francs ou quatre cent mille lires?

ANITA

Il s'agit de francs, bien sûr.

CORTE *(s'agitant sous les couvertures)*.

Nom d'un chien! Oh! ce prurit. Donne-moi un peu de talc, s'il te plaît.

ANITA *(se précipitant vers le lavabo)*.

Mais je crois qu'on pourra les faire descendre un peu.

CORTE

Autrement dit, tu as déjà accepté de louer pour trois cent quatre-vingt mille? Allons, du courage!

ANITA

Si tu la voyais. Juste au bord de la mer, loin de la route. Un garage, un jardin plein d'agaves... Trois cent quatre-vingt-dix. Mais si tu voyais quel paradis...

BIANCA

Papa, je t'assure que c'est Anita qui... Moi, je ne voulais pas.

ANITA

Comment, c'est toi qui as parlé de Cap-Ferrat!

BIANCA

Oh! ce n'est pas vrai. C'est toi qui as mené l'affaire, c'est toi qui as tout fait!

ANITA

Voilà, c'est ainsi. Tout est toujours de ma faute!

CORTE *(ennuyé)*.

Assez. Que voulez-vous que cela me fasse? Encore un peu de talc, je te prie.

ANITA *(timidement)*.

Tu n'es pas fâché, Nanni, n'est-ce pas? Tu es toujours si gentil!

BIANCA

Mais laisse-le donc tranquille! Il t'a dit oui, ça suffit maintenant. Ne vois-tu pas qu'il est fatigué? Il vaut mieux le laisser reposer.

CORTE *(la regardant avec amertume)*.

Oui, oui, partez maintenant. Et merci pour la visite!

ANITA

Tu es si bon, mon Nanni. *(Elle l'embrasse.)* Merci! Merci! Au revoir! À bientôt, mon grand ours!

BIANCA

Au revoir, papa, demain je viendrai te dire bonjour.

CORTE

Demain! Oui... Au revoir!

ANITA *(du seuil)*.

Au revoir, Nanni, et guéris bien vite, surtout.

Elle sort avec sa fille.

CORTE

Les agaves, les agaves! *(Il décroche le téléphone, forme un numéro, on entend distinctement le signal d'appel, personne ne répond. Il forme alors un autre numéro, on entend à nouveau le signal d'appel, personne ne répond. Corte regarde sa montre posée sur la table de chevet.)* Quatre heures et demie. Est-il possible qu'il n'y ait personne? Essayons un peu à la maison. *(Il forme un numéro, on entend le signal d'appel, personne ne répond.)* Mon Dieu! Est-ce qu'ils sont tous morts? *(Il essaie une nouvelle fois. Rien. Il s'inquiète. Il appuie sur la sonnette. Une infirmière entre.)* Le téléphone est en dérangement. Personne ne répond.

L'INFIRMIÈRE

Êtes-vous en ligne?

CORTE

Oui. Mais personne ne répond. Soyez gentille, essayez vous-même.

L'INFIRMIÈRE

Qui dois-je appeler?

CORTE

Essayez de téléphoner à quelque amie, à quelqu'un que vous connaissez.

L'INFIRMIÈRE

Je vais appeler le service pharmaceutique. J'ai une cousine là-bas.

> *Entre Claretta qui, sans être vu de Corte, s'arrête sur le seuil.*

CORTE

Bonne idée.

> *L'infirmière forme le numéro, on entend le signal d'appel. La voix de la femme qui chante sort de l'écouteur et devient de plus en plus ample.*

L'INFIRMIÈRE

Je ne comprends pas. Écoutez.

> *L'infirmière, impressionnée,*
> *passe l'appareil à Corte.*

CORTE *(dès qu'il a porté l'écouteur à son oreille).*

Ah! la maudite!

> *Il dépose l'écouteur.*

CLARETTA *(du seuil, à voix basse, souriant).*

Qu'y a-t-il?

CORTE

Ce sont des plaisanteries détestables, bon Dieu, ce sont des plaisanteries détestables! Vous ne devriez pas le permettre. Qui est responsable du central?

CLARETTA

Des plaisanteries! *(Il rit.)* Il faut reconnaître, cher monsieur, que vous n'êtes pas un malade facile. Je ne reçois de vous que des réclamations.

CORTE

On forme un numéro, personne ne répond. Un autre numéro, silence! Un troisième numéro, le désert! Et voilà maintenant qu'un sinistre farceur branche la communication sur le vestiaire.

CLARETTA

Sur le vestiaire?

CORTE

Oui, sur la bonne sœur.

CLARETTA

Quelle bonne sœur?

CORTE

La sœur du vestiaire, celle qui chante toute la journée. Ma parole, elle a remplacé son chapelet par un phonographe.

CLARETTA (*amusé*).

Allons! voilà encore la bonne sœur! Mais qui a eu l'idée de cette fable?

CORTE

Vous appelez ça une fable? Je l'ai entendue moi-même, de mes propres oreilles.

CLARETTA (*péremptoire*).

Ce sont des balivernes. Il n'y a pas de sœur au vestiaire. Il n'y a pas une seule religieuse dans tout l'établissement. C'est une histoire que les malades se racontent entre eux, voilà tout.

CORTE

Admettons qu'il n'y ait pas de sœur. Mais il y a une voix, j'en suis sûr, je l'entends. Et les autres l'entendent aussi.

CLARETTA

Il est très possible que vous ayez l'impression d'entendre une voix et il est possible aussi, n'est-ce pas, que d'autres aient la même impression, mais nous ne savons pas, n'est-ce pas, si la voix que vous, cher monsieur, percevez, est vraiment celle qu'entendent les autres?

CORTE (*perdant patience*).

Je vous en prie! Au lieu de faire des discours, ôtez-moi plutôt ces maudites démangeaisons. Je vous jure qu'à certains moments, je m'écorcherais tout vif. Je suis guéri maintenant et je n'ai plus de fièvre. Sans cette dégoûtante éruption, je pourrais rentrer chez moi.

CLARETTA

Ne vous en souciez pas, cher monsieur. C'est une affection sans aucune gravité. Une incommodité, un point, c'est tout.

CORTE

Mais elle ne me laisse pas une minute de répit. Avec toutes vos inventions miraculeuses, vous n'avez même pas été fichu de trouver quelque chose qui ôte l'envie de se gratter, de se gratter, de se gratter!

Il se gratte.

CLARETTA (*s'efforçant de l'empêcher de se gratter*).

Vous vous trompez, cher monsieur, on a inventé quelque chose pour supprimer, n'est-ce pas, cette envie insupportable. Mais je vous connais maintenant, cher monsieur, et je sais d'avance que vous me direz non. Aussi ne vous en parlerai-je même pas.

CORTE (*soupçonneux*).

Et quoi donc? Une deuxième opération?

CLARETTA

Mais ne soyez pas toujours aussi pessimiste! Vous ne rêvez que de catastrophes! Il est bien question d'une opération!

CORTE

Pourquoi donc croyez-vous que je refuserai votre remède?

CLARETTA

Je vous le répète : parce que je vous connais. Sur certains sujets, vous êtes, pardonnez ma franchise, têtu et ombrageux.

CORTE

Mais, enfin, pourquoi diable refuserais-je d'être enfin soulagé de ces diaboliques démangeaisons?

CLARETTA

Voulez-vous parier avec moi que vous refuserez mon traitement?

CORTE

De quel traitement s'agit-il?

CLARETTA

Il est extrêmement simple. Il s'agit des rayons Inverness.

CORTE

Inverness?

Claretta

Oui, du nom de l'inventeur, un Irlandais, je crois, qui a failli avoir le prix Nobel, il y a deux ans.

Corte

Et pourquoi estimez-vous que je ne pourrai pas subir ce traitement aux rayons Inverness?

Claretta

Qui a dit cela? Vous pourriez le subir. Mais vous ne le voudriez pas. Car il présente un inconvénient.

Corte

Est-il cher?

Claretta

Non. Voici le problème. Les installations pour rayons Inverness se trouvent au troisième étage.

Corte *(indigné)*.

Vous voulez dire que je...

Claretta

Un instant. Le traitement rationnel comporte au moins trois applications par jour. Ces applications fatiguent beaucoup le patient. Et je ne peux pas permettre que vous descendiez et remontiez un étage trois fois par jour.

Corte *(explosant)*.

Ah non! non! Cela suffit! Assez, dis-je! Pas au troisième! Vous m'avez suffisamment mené par le nez! Je devrais être au sixième, oui, parfaitement!

Claretta *(réjoui)*.

Ai-je dit le contraire? Répondez-moi franchement, ai-je seulement dit que vous deviez descendre? Mais non, vous êtes le maître. Et il est vrai que votre état relève en principe du sixième étage. Moi, n'est-ce pas, j'ai seulement brossé un tableau objectif de la situation. Je sais combien ce prurit est pénible. Je sais aussi quel soulagement procure, dans la plupart des cas, l'application des rayons Inverness. Je sais enfin que je ne peux pas faire monter l'installation au quatrième. C'est à vous de conclure, en toute liberté.

CORTE

En toute liberté, je reste à mon étage.

CLARETTA

Vous voyez bien. En somme, j'ai gagné mon pari. Savez-vous ce qui vous manque, cher monsieur? Vous ne le croirez pas, mais il faut tout de même dire les choses comme elles sont. Il vous manque la volonté de guérir.

CORTE

À moi? À moi? Vous voulez...

CLARETTA

Eh oui, à vous! Vous savez maintenant que pour guérir rapidement il faut un traitement. Nous l'avons. Il est infaillible. N'importe qui en conclurait qu'il faut s'y soumettre. Non! Vous vous préoccupez de formalités ridicules. Vous faites des classifications. Le sixième, le cinquième étage, le haut ou le bas. Que voulez-vous que cela fasse, franchement, d'être en haut ou en bas? Mais vous, vous ne pensez à rien d'autre, vous ne vous souciez de rien d'autre... et pas même de votre guérison.

CORTE *(avec émotion)*.

Mais je veux guérir! Oh! Si vous saviez comme je veux guérir. Toutes ces affaires qui m'attendent, voyez-vous, et même la vie, tout simplement...

CLARETTA

Vous êtes libre, remarquez-le bien, vous êtes absolument libre. Nous n'exerçons ici de pressions d'aucune sorte. Si vous préférez attendre encore, eh bien, il vous suffira d'avoir de la patience!

Il gagne la porte.

CORTE *(tristement)*.

De la patience, oui! *(Il hésite.)* Professeur, quand, selon vous...

CLARETTA (*joyeux*).

Et pourquoi, mon excellent ami, attendre plus longtemps la guérison. N'en avez-vous pas assez de cette
clinique ? Alors pourquoi pas tout de suite, parbleu. Moi,
à votre place, je ne perdrais même pas une heure !

NEUVIÈME TABLEAU

*Une chambre au troisième étage. Dans le lit se trouve un malade, qui
pourrait être, à la rigueur, le gros monsieur qu'on a vu aux quatrième et
cinquième tableaux. Lumière électrique. Lorsqu'on ouvrira la porte de la
chambre, on remarquera que, dehors, il fait jour.*

CORTE (*entrant en robe de chambre, s'aperçoit qu'il s'est
trompé de chambre et fait mine de se retirer*).

Oh ! excusez-moi !

LE MALADE

Mais non, mais non. Asseyez-vous, je vous en prie.

CORTE

Vous savez, je viens seulement d'arriver à cet étage.
Je revenais de la salle des rayons et je me suis trompé
de chambre.

> *Il fait un mouvement comme
> pour refermer la porte.*

LE MALADE

Mais non, je vous en prie. Entrez une minute. Asseyez-
vous. Il ne vient jamais personne chez moi.

CORTE

J'ai vu le numéro 16 sur la porte. À l'étage au-dessus,
j'avais la chambre 16. C'est ainsi que... (*Il regarde autour
de lui et remarque avec étonnement que la fenêtre est barricadée.*)
Mais pourquoi tout est-il fermé ici ? Il est presque midi.
Si vous saviez quel beau temps il fait dehors. Du soleil,
des arbres en fleurs !

> *Il s'apprête à ouvrir les
> contrevents.*

Le malade

Non, non, je vous en prie. N'ouvrez pas!

Corte

Mal aux yeux?

Le malade

Non.

Corte

Vous verriez au moins un peu de verdure.

Le malade

Justement.

Corte

Vous n'aimez pas la verdure?

Le malade

Je hais la verdure. J'exècre les arbres, j'abomine les fleurs. Cela vous semble étrange?

Corte

Cela dépend.

Le malade

Et puis, dehors, ces hommes qui marchent! Odieux! Ils sont odieux!

Corte

Vous pouvez ne pas les regarder!

Le malade

Oui, mais je les entends. J'entends leur piétinement, leurs sales voitures, leurs cris de chimpanzés. Ce serait terrible si la fenêtre restait ouverte. Vous gardez votre fenêtre ouverte, vous?

Corte

Oui.

LE MALADE

Et puis, je me le demande, qui sont ces gens-là?

CORTE

Quels gens?

LE MALADE

Ceux qu'on voit dehors.

CORTE *(riant à contrecœur).*

Qui sont-ils? Que voulez-vous qu'ils soient? Ce sont des hommes, comme nous.

LE MALADE

Comme nous? Vraiment comme nous? Alors, ils ont la même vie que nous?

CORTE

Mon cher, ils sont en bonne santé.

LE MALADE

Voilà, je voulais justement entendre cette superbe expression. La bonne santé. Les gens en bonne santé. Comme cela sonne bien. Les connaissez-vous?

CORTE

Si je les connais! Mais, moi aussi, après tout, je suis un homme en bonne santé. Parce qu'en réalité je suis du sixième étage. Je ne suis descendu ici que pour les rayons...

LE MALADE *(peu convaincu).*

Ah? Et comment se fait-il que vous ayez votre chambre ici?

CORTE

Une lubie de médecin, vous savez ce que c'est..., pour m'éviter les allées et venues, uniquement pour cela...

LE MALADE *(sceptique et quelque peu ironique).*

Bon, vous êtes affecté au sixième... Mais provisoirement, en somme, vous séjournez ici, chez nous.

CORTE

C'est cela.

LE MALADE *(insistant)*.

Et cependant, votre place est au sommet, au sixième?

CORTE

Exactement.

LE MALADE

Et vous n'êtes pas un vrai malade, hein! Vous faites partie, en quelque sorte, de la bande.

> *Il fait signe vers le monde du*
> *dehors.*

CORTE

De quelle bande?

LE MALADE

La bande, la maffia, la sainte compagnie de ceux qui vivent dehors, la clique des gens en bonne santé.

CORTE

Ma foi, j'espère toujours en faire partie.

LE MALADE, *(distrait)*.

Partie de quoi?

CORTE

Mais, de la bande, comme vous dites.

LE MALADE

Les connaissez-vous? Les connaissez-vous?

CORTE

Vous non, peut-être?

LE MALADE

Moi, je ne les connais plus. Je les ai oubliés maintenant. Comme si des années, des siècles s'étaient écoulés depuis que...

CORTE

Depuis que vous êtes entré ici ?

LE MALADE

... Et maintenant, après tant de temps, je ne parviens
même pas à me souvenir de leurs visages.

CORTE *(s'apprêtant à sortir)*.

Eh bien, voilà... Je ne vous dérangerai pas plus
longtemps.

LE MALADE *(sans faire attention à cette dernière phrase)*.

Que font-ils ? Dites-moi, que font-ils ?

CORTE

Pardon ?

LE MALADE

Ceux qui sont dehors, que font-ils ? Vous avez sûrement eu l'occasion de les observer. Pourquoi courent-ils ?
Quelle est la folie qui s'est emparée d'eux ? Ils veulent
faire carrière, gagner de l'argent ? Est-ce cela qu'ils
veulent ?

CORTE *(avec un certain air de supériorité)*.

Plus ou moins, mais tous aiment l'argent, cela est sûr.

LE MALADE

Et, dites-moi, ils partent en voyage, ils montent dans
des voitures, n'est-ce pas ? Et ils fument des cigarettes
américaines. Est-ce qu'ils fument encore des cigarettes
américaines ?

CORTE

Il y en a quelques-uns qui les fument, bien sûr.

LE MALADE

Et ils vont au restaurant, non ? Ils s'assoient. Ils
commandent ce qui leur passe par la tête, et le garçon
le leur apporte aussitôt. Et ils boivent, et ils mangent.
Est-ce toujours ainsi ?

CORTE *(souriant ironiquement)*.

C'est la vie.

LE MALADE

Et ils ont des femmes, hein ? Des femmes à qui ils font
l'amour ? Fait-on encore l'amour ?

CORTE

Vous savez, l'habitude est prise maintenant.

LE MALADE

Et ce n'est pas tout. Des trains, des avions, la campagne,
les montagnes, la mer, et tout le reste. Voyager, s'amuser,
être libre, oublier ce qui peut arriver d'un moment à
l'autre, oublier le destin promis à tous, n'en est-il pas
ainsi, peut-être ?

CORTE

Très certainement.

LE MALADE

Et maintenant, dites-moi, vous qui les connaissez bien,
se plaignent-ils toujours ?

CORTE

Que voulez-vous dire ?

LE MALADE

Ils se plaignent, je le sais, ils gémissent, ils grognent,
ils ne sont pas contents. Les voilà qui se fâchent, qui se
mettent en colère, qui blasphèment. Oh oui! Je suis sûr
que ces vermines se plaignent! Du matin au soir, ils se
plaignent de ne pas avoir assez d'argent, d'avoir un
logement trop petit, de manger du riz trop cuit, que
sais-je encore ? N'en est-il pas ainsi ? Dites-le...

CORTE

Il arrive, en effet...

LE MALADE

Un drame, ils font sûrement un drame parce que leur
voiture n'est pas du modèle le plus récent, n'est-il pas

vrai? Et leurs épouses boudent parce que leur fourrure n'est pas neuve. Ils feraient n'importe quoi pour avoir un frigidaire. N'importe quoi, oui, même prier le Dieu tout-puissant! Oui, ils osent déranger le Dieu tout-puissant pour un frigidaire! Ah! les fripons!

CORTE

Mais, quand vous sortirez d'ici, vous aussi, vous...

LE MALADE

Moi aussi? Moi aussi, dites-vous? Mais ne voyez-vous pas dans quel état je suis?

Entre une infirmière toute joyeuse.

L'INFIRMIÈRE *(à Corte).*

Ah! vous êtes ici? Je me demandais déjà si, par hasard, on ne vous avait pas enlevé. Ha! ha! Un poids lourd comme vous.

CORTE *(ne pouvant s'empêcher de rire).*

Eh bien, monsieur, c'est un plaisir de voir quelqu'un de joyeux.

L'INFIRMIÈRE

Nous sommes toutes joyeuses, ici.

CORTE

Toujours joyeuses? Toute l'année?

L'INFIRMIÈRE

Toute l'année, je ne sais pas. Mais ces jours-ci, nous le sommes sûrement.

CORTE

Une augmentation en vue.

L'INFIRMIÈRE

Mieux qu'une augmentation! Les vacances! Nous partons en vacances!

CORTE

Tout le monde?

L'INFIRMIÈRE

Tout le monde : médecins, assistants, infirmières, techniciens, personnel de vestiaire, ouvriers, etc.

CORTE

Très bien! Qui s'occupera des malades?

L'INFIRMIÈRE

Mais nous partons à tour de rôle. Ceux d'un étage d'abord, ensuite ceux d'un autre, et ainsi de suite. Maintenant, c'est à nous!

CORTE

Bon. Et les malades?

L'INFIRMIÈRE

Il faudra que vous patientiez un peu. Nous vous renvoyons pour quinze jours.

CORTE

À la maison? Chez nous?

L'INFIRMIÈRE

Et puis quoi encore? *(Elle rit.)* Comme vous allez vite en besogne. Vous passez à un autre étage.

CORTE *(interdit)*.

Tous ceux du troisième étage passent à un autre étage?

L'INFIRMIÈRE *(le voyant effrayé)*.

Oui. Mais cela n'a rien de terrible.

CORTE *(sondant craintivement le terrain)*.

Et nous passons au quatrième?

L'INFIRMIÈRE

Je ne sais pas. Au quatrième ou au second, c'est la même chose.

CORTE

Au second?

L'INFIRMIÈRE *(riant)*.

Au second, oui. Pourquoi? Qu'y a-t-il là d'extraordinaire?

CORTE *(révolté, mais d'une voix sans force)*.

Non, non! Moi, au second étage? Non, je ne peux pas.
Je ne peux absolument pas. C'en est assez maintenant.
(Il vacille. L'infirmière le soutient et le conduit dehors.)
Faites-moi le plaisir d'appeler immédiatement le directeur.
Je vais lui passer quelque chose, tout directeur qu'il est.

> *Sa voix se perd au loin dans
> le couloir.*

DIXIÈME TABLEAU

Une chambre au second étage.

> *Corte est au lit, assoupi. Une
> infirmière est assise près d'une
> lampe. Elle coud et chantonne
> entre les dents une sorte de
> mélopée identique à celle chantée
> par la fameuse voix.*

CORTE *(se réveillant en sursaut et d'une voix affaiblie)*.

Qu'est-ce que c'est? Qui chantait ici? Est-ce vous?

L'INFIRMIÈRE

Moi? Non, pourquoi?

CORTE

Pour rien. *(Inquiet.)* Quelle heure est-il?

L'INFIRMIÈRE

Quatre heures et demie.

CORTE *(après un silence)*.

Personne n'a téléphoné pendant que je dormais?

L'INFIRMIÈRE

Non.

CORTE *(Il décroche le téléphone et essaie de former un numéro. Il s'aperçoit que le disque ne tourne pas. C'est un téléphone factice.)*

Mais, c'est un téléphone pour rire! C'est une plaisanterie. Un téléphone factice!

L'INFIRMIÈRE *(souriant)*.

Je crois que c'est pour éviter toute fatigue aux malades. Mais, vous savez, je suis nouvelle ici.

CORTE

Il suffisait de supprimer tout à fait l'appareil. Pourquoi cette comédie?

L'INFIRMIÈRE *(d'un air rusé)*.

La méthode Schroeder. L'hypocrisie. Ils n'ont pas le courage, paraît-il, de dire les choses telles qu'elles sont. Et le directeur est un vrai génie! Il aurait dû devenir diplomate. On en raconte des histoires, à ce sujet. Par exemple, tenez, d'un jour à l'autre, on attend la venue ici, au second étage, d'une grosse légume. Ah! elle est vraiment trop belle, celle-là!

CORTE

De qui s'agit-il?

L'INFIRMIÈRE

Je ne me souviens pas exactement. Un personnage très riche, je crois. Eh bien, voyez-vous, ce malheureux est perdu. Ses millions n'y feront rien. N'empêche qu'ils lui ont raconté tant d'histoires que le bonhomme est persuadé qu'il se porte à merveille, qu'il va rentrer chez lui, d'un jour à l'autre, comme ça. Le plus beau, ah! c'est trop comique, le plus beau, c'est qu'il devrait être au second et même carrément au premier étage. Mais il faut sauver les apparences, non? Alors vous n'imaginez pas toutes les feintes et tous les subterfuges qu'ils ont inventés pour l'amener à descendre sans qu'il ait le moindre soupçon! *(Elle rit.)* À chaque étage, un mensonge nouveau, toujours plus astucieux, toujours plus compliqué. Maintenant, il est sur le point d'arriver ici, et il n'en sait rien encore. Il est toujours convaincu que sa place est au sixième étage et qu'il n'en est descendu qu'à la suite d'erreurs, de confusions, de malentendus, de complications bureaucratiques. Il a donné en plein dans le panneau et, pourtant, dans la vie, ce n'était sûrement pas un imbécile.

CORTE

Alors, il ne se rend pas compte?

L'INFIRMIÈRE

Pas du tout. Il s'attend à sortir de la clinique du jour au lendemain.

CORTE *(après un long silence, balbutiant d'émotion).*

Mademoiselle? Savez-vous comment il s'appelle?

L'INFIRMIÈRE

Qui?

CORTE

Ce richard. Son nom n'est-il pas Corte, par hasard?

L'INFIRMIÈRE *(confuse).*

Corte?

CORTE

Oui, Corte. Ne s'agirait-il pas, par hasard, de l'industriel Corte?

L'INFIRMIÈRE *(comprenant la gaffe, effrayé).*

Oh! je... Non, il ne me semble pas. Oh non! ce n'est pas ce nom-là. Pas du tout. Ce n'est pas Corte. *(Elle fait comme si elle cherchait à raviver ses souvenirs.)* Corte, voyons, Corte... *(Comme si elle avait reçu une révélation.)* Mais c'est vous, Corte, non? *(Elle rit.)* Mon Dieu, qu'allez-vous imaginer?

CORTE

Je...

> *À ce moment précis, on frappe, on crie: « Peut-on entrer? » et, sans attendre la réponse, entre un infirmier-chef, suivi de deux infirmiers qui portent un brancard vide.*

L'INFIRMIER-CHEF

Vous permettez? Ne vous dérangez pas.

CORTE *(faible et distrait)*.

Qu'est-ce qu'il y a?

L'INFIRMIER-CHEF

Nous venons pour le petit déménagement.

CORTE *(même jeu)*.

Tiens? Il n'y a même pas cinq jours. Ceux du troisième étage sont-ils déjà de retour?

L'INFIRMIER-CHEF

Comment « de retour »?

CORTE

De vacances, non? Ils ont dû avancer leur retour. Ils devaient être absents pendant quinze jours, après quoi je devais retourner au troisième.

L'INFIRMIER-CHEF *(un peu embarrassé)*.

Mais, vraiment, monsieur, il ne s'agit pas du troisième. Nous sommes chargés expressément...

CORTE *(courtois, mais précis)*.

Ah! je comprends. Eh bien! non, n'est-ce pas? Je suis trop fatigué pour descendre, voilà tout. On sait bien d'ailleurs, chez vos patrons, que je suis trop fatigué.

L'INFIRMIER-CHEF *(doucereux)*.

S'il en est ainsi, monsieur, il s'agit certainement d'une erreur. Ne m'en veuillez pas, ce doit être une méprise.

CORTE *(indifférent)*.

Demandez ça à votre directeur.

L'INFIRMIER-CHEF

Je crois que le professeur est en ville aujourd'hui.

CORTE

Sans doute. Sans doute. Eh bien! demandez-le à ce cher Claretta...

L'INFIRMIER-CHEF

Je ne sais pas si le professeur Claretta...

CORTE

Bon. Bon. Après tout, ça ne me concerne pas. Moi, je ne bouge pas d'ici.

L'INFIRMIER-CHEF *(à un infirmier)*.

Dépêche-toi, cours chercher le médecin de garde. *(À Corte.)* Je crois que c'est aujourd'hui le docteur Trotta.

> *Pendant ce temps, on entend des cloches, des bavardages, des pas, avec toutes sortes de bruits, au loin, le tout mêlé à des retours intermittents de la voix.*

CORTE *(d'un air charmé)*.

Tiens! Qui est-ce qui se met à chanter maintenant?

L'INFIRMIER-CHEF

Je ne sais pas, monsieur, je ne saurais pas vous dire.

> *À cet instant, le professeur Claretta entre en trombe.*

CLARETTA *(avec la plus grande jovialité)*.

Eh bien! que se passe-t-il?

CORTE *(indifférent toujours)*.

Oh! rien, cher ami, rien d'important. On veut me transporter en bas. Provisoirement, mais, moi, je suis trop fatigué. Et puis je suis bien ici, maintenant. J'y ai mes habitudes.

Claretta

Mais cela va de soi, cher ami. Il n'y a vraiment aucune raison. *(Aux infirmiers.)* Êtes-vous devenus fous ?

L'infirmier-chef

Il y a un ordre. Le voici. Avec la signature du professeur Schroeder.

Claretta

Ça m'étonnerait ! Faites voir. *(Il prend la feuille, l'examine attentivement, secoue la tête.)* Par exemple..., c'est curieux ! Il n'y a pas de doute. C'est bien sa signature. Je ne comprends pas. Ils ont fait une de ces bévues.

Corte

Oh ! ne leur en veuillez pas. Tout le monde peut se tromper. Maintenant, dites-leur de me laisser tranquille.

Claretta

Bien sûr. Malheureusement...

Corte

Quoi, malheureusement ?

Claretta

Ne le prenez donc pas comme ça. Je suis bien plus ennuyé que vous. *(Il rit.)* Que vais-je faire ? Il y a là un ordre de Schroeder, avec sa signature. Jusqu'à son retour...

Corte

Où voulez-vous en venir ?

Claretta *(toujours joyeux)*.

Eh ! Il vous est facile de faire de l'obstruction, très cher ami ! C'est moi qui en supporte les conséquences, voilà tout. Je vois déjà venir une engueulade, ah là là ! Une engueulade maison. Voyez-vous, vous allez peut-être rire, mais je n'ai pas le droit...

CORTE (*indifférent*).

Claretta, dites-moi, je vous en prie, vous n'allez tout de même pas me faire porter en bas, maintenant ?

CLARETTA

Comme vous me jugez mal, cher ami. Mais je l'aurais déjà déchirée en mille morceaux, cette maudite feuille, plutôt que de vous contrarier. C'est moi maintenant qui suis à votre merci, cher ami. Je vous supplie, je vous supplie vraiment de vous rendre compte...

CORTE (*épuisé, lointain, d'une voix éteinte*).

Je me rends compte.

CLARETTA (*pendant que les infirmiers rapprochent le brancard*).

Allons, ne le prenez pas comme ça. Vous me comprenez, j'en suis sûr. Moi aussi, à votre place, je serais indigné. (*Aux infirmiers, d'un ton dur.*) Dépêchez-vous... (*Reprenant le ton enjoué.*) C'est impardonnable, j'en conviens. Et malheureusement, ce n'est pas la première fois. Mais que puis-je faire ? Voici un ordre de Schroeder, un ordre précis. Allez-y, cher ami, allez-y, je vous en prie.

> *Il aide les infirmiers à soulever Corte de son lit pour le mettre sur le brancard.*

CORTE (*doucement, et se laissant faire*).

Je m'y oppose, cher ami, je m'y oppose !

ONZIÈME TABLEAU

Une chambre au premier étage. Fin d'après-midi.

> *Corte est étendu dans le lit. Il dort. Une infirmière, à contre-jour, tricote fiévreusement.*
> *La mère entre sur la pointe des pieds, en compagnie du docteur Malvezzi, qui porte une*

> *petite valise. Dès que l'infirmière
> les aperçoit, elle disparaît comme
> un fantôme.*

LA MÈRE

Ah!

MALVEZZI *(bas).*

Elle s'est enfuie!

LA MÈRE *(également à voix basse).*

Docteur, avez-vous vu? C'est elle.

MALVEZZI

Qui?

LA MÈRE

Je suis sûre que c'est elle. Celle qui est entrée dans
notre maison. Ah! la maudite!

> *Elle s'interrompt à la suite
> d'un léger gémissement de son fils,
> accourt vers le lit et s'efforce de
> réveiller le malade en le prenant
> par les mains.*

LA MÈRE

Nanni, Nanni, je suis ici...

CORTE *(sortant de son sommeil léthargique).*

Oh!...

LA MÈRE

Nanni, Nanni, réveille-toi. Notre bon Malvezzi est ici
avec moi. Nanni! Nous sommes venus te chercher. Il faut
que tu viennes avec nous tout de suite.

CORTE *(très fatigué, avec douceur).*

Qui es-tu? Il me semble reconnaître ton visage.

LA MÈRE

Comment? Nanni! Je suis ta maman! Ne te souviens-tu
pas de ta maman?

Corte

Ah oui! c'est vrai, c'est vrai. Mon Dieu! Maman! As-tu fait un long voyage pour venir ici? Que tu es vaillante d'être venue de si loin. De si loin! Tu dois être fatiguée?

La mère

Nanni, nous sommes venus te chercher. Il faut que tu viennes avec nous, immédiatement. Comprends-tu? Sans que personne le sache. La voiture attend dehors.

Corte

Salut, Malvezzi! Tu es toujours un bon, un excellent ami. Accompagner maman pour un voyage pareil. Combien de jours avez-vous mis?

Malvezzi

Corte, tu as un peu de fièvre. Je t'en prie. Écoute-moi. Tu ne peux plus rester ici.

Corte

Oh! c'est une méprise, une simple erreur de bureau. Schroeder vient demain. Je retournerai là-haut.

Malvezzi

Ne pense pas à Schroeder maintenant. Il n'y a pas de temps à perdre. Dans cette valise, nous avons apporté de quoi t'habiller. Une veste, l'imperméable, les chaussures. C'est assez pour traverser le jardin. Allons, vite, habille-toi!

Corte *(avec lenteur)*.

M'habiller? Pour quoi faire?

Malvezzi

Tu ne veux tout de même pas sortir en pyjama. Allons, dépêchons-nous, je t'aide...

Corte *(secouant la tête)*.

J'étais un fier animal, non! Un beau lion, un cheval au galop! J'étais un roi, te souviens-tu? Et maintenant, regarde. Ils m'ont bien arrangé, hein?

LA MÈRE (*avec anxiété*).

Nanni, nous parlerons plus tard de ces choses-là. Plus tard, à la maison. Habille-toi maintenant, je t'en supplie, habille-toi, il faut faire vite.

CORTE

Même si je me lève, et si je m'habille, et si je sors avec vous, jamais nous n'arriverons. Non, jamais nous n'arriverons. C'est trop loin, la route maintenant est trop longue. Il y a cinq étages, cinq étages au-dessus de moi. Une montagne, maman, y penses-tu? Ah! ils ont eu vite fait de me jeter dans ce trou, avec leurs petits jeux, leurs petits tours de cartes. Et moi qui les croyais, comme un imbécile. Ah! ils ont eu vite fait. Mais pour remonter au sommet, il faudrait des années maintenant. Et d'ici là...

MALVEZZI

Mais nous sortirons directement dans le jardin. Il n'y a pas une seule marche à monter. La voiture est devant la grille. Couvre-toi bien. Si tu te sens faible, nous te soutiendrons.

CORTE (*souriant*).

Non, c'est trop loin. Nous n'arriverons jamais!

LA MÈRE

Je t'en conjure, Nanni, nous discuterons plus tard de tout cela. Maintenant, il faut t'habiller. Allons, enfile cette veste, là, très bien.

> *Ils parviennent péniblement à lui faire enfiler la veste par-dessus le pyjama.*

CORTE

Avec leurs sourires et leurs compliments, c'était une blague. Rien qu'une blague, n'est-ce pas, maman? Avec leurs compliments et leurs sourires, ils m'ont démoli, les professeurs!

LA MÈRE

Vite, vite, Nanni, voici... là..., enfile l'autre manche.

CORTE

Te souviens-tu, maman, de l'industriel Giovanni Corte? Te souviens-tu? Il était costaud, hein?

LA MÈRE

Tais-toi, tais-toi maintenant. *(Elle s'efforce de lui boutonner la veste.)* Où est ce bouton? Ce serait terrible si quelqu'un entrait maintenant. Malvezzi, Malvezzi, s'il vous plaît, mettez-lui les chaussures!

CORTE *(se laissant faire avec inertie).*

J'étais un lion. Et maintenant, voici : un mouton mouillé. Un pauvre mouton, qui a froid, et qu'on habille... Oh! maman! Nous n'arriverons jamais.

MALVEZZI *(s'affairant toujours pour habiller son ami).*

Maintenant, l'imperméable. Aidez-moi, madame.

> *Ils enfilent son imperméable à Corte.*

CORTE

Autrefois, c'est l'industriel Corte qui portait ce bel imperméable. C'était un homme musclé, sûr de lui-même. Comme il était sûr de lui!

LA MÈRE

Vite, maintenant, du courage, lève-toi...

CORTE *(se laissant retomber sur le lit).*

Dis-lui bonjour de ma part, maman, dis-lui bonjour de ma part, si tu le revois... Mais je crains que...

> *La voix de la femme commence à se faire entendre au loin.*

CORTE

Il me semble qu'on m'appelle..., qu'on m'appelle... L'entends-tu?

> *La femme inconnue apparaît à la fenêtre, pousse les volets qui*

*se ferment lentement et l'obscu-
rité envahit peu à peu la chambre.*

MALVEZZI

Madame! *(Il indique d'un signe la fenêtre.)* Il est trop tard!...

CORTE

Tu vois bien, tu vois bien. *(D'un faible geste, il indique la fenêtre.)* Maman...

LA MÈRE

Qu'as-tu, mon amour, mon seul amour?

CORTE

Maman, pars, pars, avant que l'obscurité ne te surprenne sur le chemin...

FIN

LOPE DE VEGA

LE CHEVALIER D'OLMEDO

COMÉDIE DRAMATIQUE EN TROIS JOURNÉES

AVANT-PROPOS

Cette version du Chevalier d'Olmedo *a été écrite spécialement pour le* Festival d'art dramatique d'Angers. *Elle obéit donc au même souci que la* Dévotion à la croix, *de Calderon, représentée et publiée, il y a quelques années, dans les mêmes conditions. Il s'agissait alors, et il s'agit toujours, de donner aux acteurs de la représentation un texte qui, tout en restant fidèle à l'original, puisse être dit.*

De la libre adaptation au strict mot à mot, il y a plusieurs façons de concevoir la traduction d'une œuvre dramatique. Il me semble cependant qu'aucun traducteur ne devrait oublier que Shakespeare, par exemple, ou les grands dramaturges espagnols écrivaient d'abord pour des comédiens et en vue d'une représentation. N'importe quel acteur sait qu'il est difficile de dire une réplique qui commence par un participe présent ou une subordonnée. Une telle phrase, courante dans les traductions dont nous disposons, manque de ce qu'on appelle au théâtre « l'attaque ». Une proposition principale, le verbe actif, le cri, la dénégation, l'interrogation, le vocatif sont au contraire les éléments d'un texte en action, qui exprime directement le personnage en même temps qu'il entraîne l'acteur. La nécessité de ces formes s'impose plus encore lorsqu'il s'agit du théâtre espagnol du Siècle d'Or qui donne la primauté à l'action et à la rapidité du mouvement. Lope de Vega, par exemple, est le premier et le plus fécond de nos scénaristes. Il procède par scènes courtes, distribuées en des lieux différents, coupées par de fréquentes entrées et sorties. Il sacrifie presque toujours la psychologie au mouvement et justifie avec éclat ce que Meredith disait du grand théâtre espagnol qu'il définissait d'abord comme « un battement précipité de pieds ».

On ne se vantera pas ici d'avoir résolu les différents problèmes que pose la traduction d'une telle œuvre. Cette version, du moins, essaie de retrouver le mouvement du dialogue et de l'action tout en respectant la préciosité du texte, excessive parfois pour une

*sensibilité moderne, mais qui est aussi la marque d'origine de
cette comédie dramatique. J'espère que l'on sera sensible en tout
cas à la jeunesse et à l'éclat de cette pièce, une des plus réussies
de Lope de Vega et qui rappelle souvent* Roméo et Juliette
*par l'entrecroisement des thèmes de l'amour et de la mort.
L'héroïsme, la tendresse, la beauté, l'honneur, le mystère et le
fantastique qui agrandissent le destin des hommes, la passion
de vivre en un mot, courent au long des scènes et nous rappellent
l'une des plus constantes dimensions de ce théâtre qu'on veut
aujourd'hui enfermer dans des placards et des alcôves. Dans notre
Europe de cendres, Lope de Vega et le théâtre espagnol peuvent
apporter aujourd'hui leur inépuisable lumière, leur insolite
jeunesse, nous aider à retrouver sur nos scènes l'esprit de grandeur
pour servir enfin l'avenir véritable de notre théâtre.*

                                                    A. C.

LE CHEVALIER D'OLMEDO

Cette version du Chevalier d'Olmedo *a été représentée pour
la première fois le 21 juin 1957 au cours du* Festival d'art
dramatique d'Angers, *dans la mise en scène d'Albert Camus,
les décors et les costumes étant de Michel Juncar, avec la
distribution suivante :*

Don Alonso	MM. *Michel Herbault.*
Don Rodrigo	*Jean-Pierre Jorris.*
Don Fernando	*Bernard Andrieu.*
Don Pedro........	*Jean-Pierre Marielle.*
Le Roi Juan II	*Bertrand Jérôme.*
Le connétable	*Jean-Louis Bory.*
Tello	*Bernard Woringer.*
Mendo	*Michel Choisy.*
Un paysan	*René Alone.*
Un fantôme.......	*Philippe Moreau.*
Doña Inès	Mmes *Dominique Blanchar.*
Fabia...........	*Sylvie.*
Doña Léonor	*Claudine Vattier.*
Ana	*France Degand.*

Valets, gens de suite, peuple.

L'action se passe en Castille :
Medina del Campo, à Olmedo, et sur la route d'Olmedo à Medina.

PREMIÈRE JOURNÉE

SCÈNE I

Une rue à Medina del Campo.

Don Alonso *(seul)*.

AIMER n'est rien, il faut être aimé! L'amour solitaire n'est pas digne de son nom, l'amour sans réponse s'épuise en vain vers sa forme! Mais qu'il soit réciproque, au contraire, et la loi de nature le fera durable! Y a-t-il sur toute la terre une seule créature parfaite qui n'ait été engendrée par les noces de deux désirs?

Cet amour qui a pris feu en moi avec tant de violence s'est allumé à la flamme de deux beaux yeux. Ils ne me regardaient pas avec dédain, j'en suis sûr, et leur expression s'est altérée si doucement qu'une étrange confiance aussitôt m'est venue. Un changement si fugitif suffit à l'amour : il imagine qu'on lui répond et s'abandonne à l'espérance.

Oui, beaux yeux, si ma vue vous a laissé le même émoi, l'amour, l'amour parfait vivra, nous l'aurons engendré ensemble! Mais si toi, aveugle dieu, t'es servi de flèches différentes, ne te presse pas de triompher. Né de moi seul, tu vivras mutilé, la défaite sera ton partage!

SCÈNE II

Tello, Fabia, Don Alonso

Fabia *(à Tello)*.

Un étranger? C'est à moi qu'il en a?

TELLO

À toi.

FABIA

Bon. Il est en chasse et compte sur moi pour lui lever quelque perdrix.

TELLO

Non.

FABIA

Souffre-t-il de quelque infirmité ?

TELLO

Oui.

FABIA

Quelle est sa maladie ?

TELLO

L'amour.

FABIA

Pour qui ?

TELLO

Le voici. Il te dira mieux que moi, Fabia, ce qu'il veut.

FABIA *(à Don Alonso)*.

Que Dieu protège un aussi gracieux seigneur !

DON ALONSO

Tello, est-ce la bonne mère ?

TELLO

La bonne mère elle-même.

DON ALONSO

Ô Fabia, ô portrait, modèle de tout ce que la nature a mis de meilleur dans l'esprit des hommes ! Oh ! médecin sans pareil, Hippocrate descendu du ciel pour ceux qui souffrent d'amour, donne-moi, nimbe des femmes coiffées, blason de l'habit monacal, donne-moi cette main à baiser !

FABIA

C'est en vain que tu caches sous la timidité et le respect l'histoire d'un amour naissant. À tes caresses, je mesure déjà l'étendue de ton mal.

DON ALONSO

Je me soumets d'avance à tout ce que tu voudras.

FABIA

Le cœur des amants bat sur leur visage. Un regard t'a ensorcelé, n'est-ce pas ? Qu'as-tu rencontré ?

DON ALONSO

Un ange !

FABIA

Et quoi encore ?

DON ALONSO

Deux impossibilités, mais qui suffisent, Fabia, à m'ôter la raison : l'une est que je cesse jamais de l'aimer, l'autre qu'elle-même puisse un jour m'aimer.

FABIA

Hier, je t'ai vu à la foire, égaré sur les pas d'une jeune fille qui cachait sous un costume de paysanne sa qualité et son rang, mais non sa beauté ni son éclat. Doña Inès n'est-elle pas la plus belle fleur de Medina ?

DON ALONSO

Tu l'as deviné ! Cette fausse paysanne est l'objet de mon amour. Sa vue a allumé en moi un feu qui me brûle et me dévore.

FABIA

Tu as visé haut.

DON ALONSO

Mais je ne veux que son honneur !

FABIA

Je te crois sur parole.

Don Alonso

[Écoute, et Dieu te garde.] Quand elle est apparue,
hier soir, à la foire de Medina, elle était si belle que
la foule a cru voir le jour se lever de nouveau. Inès,
comme si elle savait que les cœurs ne se piègent pas
avec des rêts trop visibles, avait recouvert et huilé les
nœuds de ses cheveux bouclés. Ses yeux, généreusement,
faisaient un don de vie aux hommes qu'elle croisait, mais
on eût dit que ceux-là mêmes qu'elle faisait vivre
réclamaient le bonheur de mourir pour elle. Ses mains
multipliaient les signes et les feintes d'une si gracieuse
escrime qu'à chaque mouvement elle ouvrait une blessure.
[Ou bien, autour de son grand col, elle disposait des
doigts de neige comme ces poupées de papier qu'on
dresse au coin des étagères.] Au tambour de sa bouche
rieuse, une infanterie se rassemblait et, sans rien commander, elle recrutait dans la ville entière. Confiante dans
l'éclat de ses dents et de ses joues, elle avait dédaigné
les perles et les coraux. Elle portait une basquine couleur
de mer sur un jupon français [comme si elle avait voulu
dissimuler ses secrets dans un chiffre étranger]. Ses mules
ne pouvaient savoir qu'elles retenaient dans leurs rubans
et dans leurs croisillons les regards et les cœurs de ceux
qui la suivaient. Enfin, on ne vit jamais amandier fleuri
qui se puisse comparer à elle, ni encens qui puisse
surpasser le parfum de ce qu'elle était.

Auprès d'elle, invisible, l'amour pêcheur riait à perdre
haleine en voyant les poissons naïfs mordre à l'hameçon.
Les uns lui offraient des colliers, d'autres de beaux
pendants d'oreilles. Mais quand le serpent fascine, qui
regarde les pendants de ses oreilles ? Un autre voulait
orner son cou d'un collier de perles fines. Mais là où
tout est orient, que viendraient faire les perles ? Moi,
plaçant toute mon éloquence dans mes regards, je lui
offrais seulement une âme pour chacun de ses cheveux,
je plaçais une vie dans chacun de ses pas. Elle me
regardait, silencieuse, et il me semblait pourtant qu'elle
me disait : « N'allez point à Olmedo, Don Alonso.
Restez ce soir à Medina. » Je l'ai crue, Fabia, j'ai suivi
mon espoir et je suis resté. Ce matin, elle est allée à la
messe, mais avec les habits de son rang et non plus
déguisée en paysanne. L'ivoire de la licorne sanctifie les

eaux, tu le sais. Sa main blanche n'en fit pas moins pour l'eau bénite. Je la suivais, plein d'un amour empoisonné et soudain, dans l'eau que nous touchions ensemble de nos doigts, le venin brûlant que m'avaient distillé ses yeux s'est adouci. Elle a regardé sa sœur et elles ont éclaté ensemble d'un rire qui escorta longtemps sa beauté, et mon amour. Elles sont entrées dans une chapelle. Obstiné, je les ai suivies. Et l'imagination débordante de l'amour me représentait je ne sais quelles impossibles noces dans ces lieux quand soudain un pressentiment de mort vint s'y mêler, comme si l'amour lui-même me chuchotait à ce moment : « Aujourd'hui, en église et demain, sous la terre. » Je restai planté là, plein de trouble. Mes gants, puis mon chapelet s'échappaient de mes mains ; je ne quittais Inès des yeux que pour y revenir encore. Oh ! elle ne m'a pas repoussé, j'en suis sûr, elle a compris que seuls l'amour et l'honneur parlent en moi. Sans cela, m'aurait-elle regardé comme elle l'a fait ? Non, non, la brute seule, Fabia, regarde sans penser, et comment la divine intelligence n'habiterait-elle pas cet ange ? Plein de cette espérance, en tout cas, j'ai laissé parler ma passion dans ce billet. Si tu voulais être assez hardie et heureuse pour le remettre entre tes mains, si ma foi et mon honorable amour, par ce moyen, pouvaient obtenir une promesse de mariage, je te récompenserais d'une chaîne précieuse, avec un bel esclave qui fera honneur à ton rang et que toutes les femmes mal mariées t'envieront.

Fabia

Compris.

Don Alonso

Quelle est ta réponse ?

Fabia

Que tu t'exposes à grand péril.

Tello

Épargne tes commentaires, Fabia, à moins que tu ne veuilles, comme nos infaillibles chirurgiens, rendre d'un coup la blessure mortelle.

Fabia

Allons, Tello, je ne faillirai pas, du moins, à placer cette lettre entre les mains d'Inès, fût-ce au péril de ma vie, et pour rien, sinon pour t'apprendre que je suis la seule à pouvoir jouer une si grande partie avec l'audace qu'il faut. Fais voir le billet. *(À part.)* Il faut d'abord que je l'assaisonne.

Don Alonso

Oh! Fabia, comment pourrai-je te payer la vie et l'âme que je vais devoir à tes saintes mains?

Tello

Saintes?

Don Alonso

Oui, saintes, si elles doivent faire des miracles.

Tello

Le diable aussi fait des miracles.

Fabia

Je veux mettre en œuvre pour toi toutes les ressources humaines. Et je ne m'inquiète pas de la chaîne que tu m'as promise. Je sais ce que je vaux.

Tello

Consulte ton tarif.

Don Alonso

Viens, Fabia, viens, respectable mère. Je vais te montrer mon auberge.

Fabia

Tello...

Tello

Fabia...

Fabia *(à part, à Tello)*.

Ne parle pas contre moi. J'ai à ta disposition une jolie brune, faite au tour...

TELLO

Si tu me donnais la chaîne, je me contenterais de toi...

SCÈNE III

*Une pièce de la maison de
don Pedro à Medina.*

DOÑA INÈS, DOÑA LÉONOR

DOÑA INÈS

Tout le monde dit, Léonor, que les étoiles président à sa naissance.

DOÑA LÉONOR

Quoi, sans elles, il n'y aurait pas d'amour en ce monde ?

DOÑA INÈS

Réfléchis à cela : depuis deux ans que Don Rodrigo me fait une cour officielle, sa personne et ses manœuvres m'ont laissée de glace. Mais à l'instant même où j'ai vu à la ville ce séduisant étranger, mon cœur m'a dit : « Voilà celui que je veux », et aussitôt je lui ai répondu : « Qu'il en soit ainsi. » Dis-moi donc qui dispose ainsi notre cœur pour l'amour, ou contre lui.

DOÑA LÉONOR

L'amour lance ses traits en aveugle, il tombe rarement juste et manque souvent son but. Mais enfin, bien que j'aime Don Fernando et que je me sente obligée de plaider pour ce Rodrigo si détesté puisqu'il est son ami, il faut avouer que cet étranger a grand air.

DOÑA INÈS

Son regard a attiré le mien. Je crois que j'ai vu dans ses yeux le même trouble que je ressentais déjà et qu'alors j'ai laissé paraître. Mais peut-être a-t-il déjà quitté la ville !

Doña Léonor

Je ne crois pas qu'il puisse vivre loin de toi.

SCÈNE IV

Les mêmes, Ana

Ana

Il y a là, madame, cette Fabia... ou Fabiana.

Doña Léonor

Qui est cette femme?

Ana

Elle fait profession de vendre de l'écarlate pour les joues et du blanc de neige pour le visage.

Doña Inès

Veux-tu bien qu'elle entre, Léonor?

Doña Léonor

Elle n'a pas bonne réputation et je ne sais comment elle ose se présenter dans une maison si honorable. Mais comment résister à la curiosité...

Doña Inès

Appelle cette femme, Ana.

Ana *(à la porte).*

Fabia, ma maîtresse vous demande.

SCÈNE V

Fabia, Doña Inès, Doña Léonor

Fabia *(à part).*

Je savais bien que tu me demanderais! *(À Inès et Léonor.)* Ah! que Dieu vous laisse jouir longtemps de

tant de grâce et de splendeur! Qu'il fasse durer votre
beauté et votre élégance! Chaque fois que je vous vois
avancer dans vos robes nettes, portant si fièrement vos
belles parures, je fais pleuvoir sur vous mille bénédictions
et je me souviens aussi, oh! oui, je me souviens de votre
digne mère, estimée de tous, couronnée de perfections,
merveille de Medina, et qui fut cependant un modèle de
vertu. Si charitable, et généreuse, digne d'une mémoire
éternelle! Que de pauvres gens la pleurent aujourd'hui
avec moi! Qui n'a-t-elle pas comblé de ses bienfaits dans
cette ville?

DOÑA INÈS

Dis-nous, ma mère, les raisons de ta visite?

FABIA

Combien d'orphelins sa mort prématurée a laissés
parmi nous! Elle s'appelait Catherine, mais elle était
la fleur de toutes les Catherine! Aujourd'hui encore,
mes voisines se souviennent d'elle et la pleurent. Et moi,
je ne compte plus les bienfaits dont je lui suis redevable,
elle que la mort a fauchée dans sa fleur sans qu'elle puisse
s'épanouir. Elle n'avait même pas cinquante ans!

DOÑA INÈS

Ne pleure pas, mère, ne pleure pas!

FABIA

Comment me consoler quand je vois la mort emporter
les meilleures et me laisser, moi, ici-bas! Votre père,
Dieu le bénisse, est-il à la maison?

DOÑA LÉONOR

Il est parti cet après-midi à la campagne.

FABIA *(à part)*.

Donc, il ne reviendra pas de sitôt. *(À Inès et Léonor.)*
Pourquoi ne dirais-je pas la vérité, moi qui suis vieille
à vous qui êtes si jeunes?... Plus d'une fois, je vous
le dis en confidence, Don Pedro m'a chargée de ses
fredaines. Mais je portais trop de respect à celle qui est
en train de pourrir, pour ne pas agir selon mon devoir.
Sur dix filles qu'il demandait, je lui en refusais cinq.

Doña Inès

Grande vertu!

Fabia

Il faut dire que votre père voulait tâter de tout ce qu'il voyait. Et, pour peu que vous teniez de lui, je m'étonne que vous ne soyez pas encore amoureuses. Ne faites-vous pas, fillettes, quelque oraison en vue du mariage?

Doña Inès

Non, Fabia, il sera toujours temps.

Fabia

Père qui s'endort en ceci se nuit beaucoup à lui-même! Un fruit frais, mes chattes, est chose inestimable, mais il ne faut pas attendre qu'il se ride au fil des saisons. De toutes les choses que j'imagine, deux seulement gagnent, selon moi, à vieillir.

Doña Léonor

Lesquelles?

Fabia

Le vin et l'ami, fillette! Telle que tu me vois, il fut un temps où ma beauté et mon éclat tenaient plus d'un amoureux sous le joug! Personne alors qui ne louât mon entrain! Heureux celui que je regardais! Aussi, quelles traînes de soie, quel faste, quelle table! J'avançais sur une châsse, au milieu des acclamations. Ah! mon Dieu, il suffisait que je le veuille et j'étais comblée de cadeaux par tous les étudiants. Hélas! ce printemps a fui, il n'entre plus un seul homme dans ma maison. Le temps passe et avec lui passe la beauté.

Doña Inès

Attends! Qu'apportes-tu là?

Fabia

Des bagatelles. Je les vends pour manger et pour éviter de mal faire.

Doña Léonor

Cela est bien, mère, Continue, Dieu t'aidera.

Fabia

Ceci, ma fille, est mon rosaire et mon missel. Je m'en sers quand je suis pressée. Sinon...

Doña Inès

Montre! Qu'est cela?

Fabia

Des sachets de camphre et de sublimé. Et voici des recettes nouvelles et inestimables pour notre maladie périodique.

Doña Léonor

Et ceci?

Fabia

Ne regarde pas, quelle que soit ta curiosité.

Doña Léonor

Qu'est-ce, par ta vie?

Fabia

Eh bien, cela sert parfois! Je connais, par exemple, une jeune fille qui veut se marier... Mais un homme de Saragosse a réussi autrefois à abuser d'elle. Elle s'est remise entre mes mains. Je comprends les choses, moi... Enfin, il a fallu recoudre et, par pure charité, j'ai fait ce qu'il fallait pour qu'elle et son futur mari puissent vivre en paix? Vous me comprenez?

Doña Inès

Qu'y a-t-il là?

Fabia

De la poudre dentifrice, du savon pour les mains, des pastilles et d'autres choses curieuses et profitables.

Doña Inès

Et là?

FABIA

Quelques prières. Ah! les âmes du Purgatoire me sont bien redevables!

Doña Inès

C'est un billet!

FABIA

Ça! Tu es tombée sur lui comme s'il t'était destiné. Laisse! Non, tu ne le verras pas, petite friponne, petite curieuse!

Doña Inès

Je t'en prie, mère.

FABIA

C'est sans intérêt, je t'assure. Je connais à Medina un certain bachelier très séduisant qui aime beaucoup une certaine dame. Il m'a promis une chaîne pour que je donne ce billet à sa dame, au risque de nuire à son honneur, à sa modestie et sa bonne réputation. Je n'ose pas, à vrai dire, bien qu'il n'ait d'autre but que le mariage. Mais j'ai une idée! Aide-moi, belle Inès! Réponds à ce billet et je dirai à mon bachelier que je lui porte la réponse de sa dame.

Doña Inès

Ce sera une bonne idée, en effet, Fabia, si tu obtiens par ce moyen la chaîne qu'on t'a promise. Je veux te rendre ce service.

FABIA

Que le ciel te remercie en allongeant ta vie d'un siècle. Lis d'abord le billet.

Doña Inès

Je vais le lire dans ma chambre et je reviendrai avec la réponse.

Elle sort.

Doña Léonor

Jolie trouvaille, ma foi!

FABIA *(à part)*.

Et maintenant, farouche habitant du centre de la terre, attise le feu soudain qui embrasera le cœur de cette jeune fille!

SCÈNE VI

DON RODRIGO, DON FERNANDO, DOÑA LÉONOR, FABIA

DON RODRIGO *(à Don Fernando)*.

Tant que je ne l'aurai pas épousée, il me faudra supporter cela.

DON FERNANDO

Qui aime beaucoup doit subir beaucoup.

DON RODRIGO

Voici votre dame...

FABIA *(à part)*.

Oh! les fâcheux! Quel mauvais vent amène ces imbéciles!

DON RODRIGO

... mais, à la place d'Inès, cet épouvantail!

FABIA *(à Doña Léonor)*.

Ce serait me faire grande charité car je suis dans le besoin.

DOÑA LÉONOR

Je vous ferai payer par ma sœur.

DON FERNANDO

Bien que cette respectable vieille ne puisse colporter ici que des colifichets et que ce ne soit pas bijoux assez riches pour que je puisse vous les offrir, si vous avez

déjà pris quelqu'une de ces marchandises, madame,
ou que par chance l'une ou l'autre vous plaise, usez
de moi, je suis à votre service.

Doña Léonor

Nous n'avons rien acheté. Cette brave femme est
la blanchisseuse qui vient, comme d'habitude, laver
notre linge de maison.

Don Rodrigo

Que fait Don Pedro?

Doña Léonor

Il est à la campagne. Mais il devrait être de retour.

Don Rodrigo

Et Doña Inès, ma reine...

Doña Léonor

Elle était ici. Je suppose qu'elle s'occupe d'en finir
avec cette femme.

Don Rodrigo *(à part)*.

[Si elle m'a vu par la fenêtre,] je suis sûr qu'elle
m'a fui. *(À Léonor.)* Faut-il penser qu'elle refuse de
voir celui qui désire le plus la servir?

Doña Léonor

Elle arrive.

SCÈNE VII

Les mêmes,
Doña Inès *(un billet à la main)*.

Doña Léonor *(à sa sœur)*.

N'oublie pas que Fabia attend le compte du linge.

Doña Inès

Je l'apporte, ma sœur. (*À Fabia.*) Prenez et faites porter le linge par ce garçon.

Fabia

Heureuse, Dona Inès, l'eau qui lavera la toile sacrée qui a couvert tant de trésors! (*Elle ouvre le billet et feint de lire.*) Six chemises, dix serviettes, quatre nappes, deux taies d'oreiller, six chemises d'homme, huit draps... Mais suffit! Tout reviendra plus net que les yeux de la tête.

Don Rodrigo

Bonne femme, voulez-vous me céder ce billet, pour que je garde au moins sur moi quelques lignes écrites par cette main ingrate? Fiez-vous à moi pour la récompense.

Fabia

Vous donner ce billet! Belle affaire, vraiment! Adieu, filles de mon âme.

Elle sort.

SCÈNE VIII

Doña Inès, Doña Léonor, Don Rodrigo, Don Fernando

Don Rodrigo

Mais ce compte devrait rester ici.

Doña Léonor

Elle l'emporte pour vérifier si rien ne manque et le ramènera.

Doña Inès

Mon père vient d'arriver. Que vos grâces s'en aillent ou qu'elles lui fassent visite! Bien qu'il n'en manifeste rien, il n'aime pas que vous nous parliez hors de sa présence.

Don Rodrigo

Pour supporter d'être ainsi dédaigné, à qui demander
secours sinon à l'amour et à la mort ? À l'amour,
pour qu'il adoucisse ton cœur cruel jusqu'à me consentir
quelque faveur ou à la mort pour qu'elle achève ma vie.
Mais la mort ne sait et l'amour ne veut. Suspendu entre
vie et mort, je ne sais quel parti prendre. L'amour ne
m'obtiendra jamais tes faveurs et pourtant je ne puis
m'empêcher de t'aimer. L'amour lui-même ne me laisse
plus d'autre espoir que de mourir de tes mains. Tue
donc, ingrate, celui qui t'adore et tu seras du moins
ma mort, ô reine, puisque tu ne veux pas être ma vie.
Tout ce qui vit naît de l'amour et se nourrit d'amour
avant de mourir, c'est la loi qui opprime nos vies.
Oh, dure loi ! si ma douleur ne suffit pas à m'obtenir
ton amour et si elle n'est pas assez forte pour m'apporter
la mort, que ne puis-je au moins vivre hors du temps,
puisque ni la vie ni la mort ne peuvent m'apporter
la paix.

*Don Rodrigo et Don Fernan-
do sortent.*

SCÈNE IX

Doña Inès, Doña Léonor

Doña Inès

Quel bouquet de sottises !

Doña Léonor

La tienne n'a pas été moindre.

Doña Inès

Tu veux parler du billet ? Mais l'amour ne vit pas
de prudence.

Doña Léonor

L'amour t'oblige à écrire sans savoir à qui ?

Doña Inès

Je soupçonne une invention du chevalier étranger, pour mettre à l'épreuve mes sentiments.

Doña Léonor

J'ai eu le même soupçon.

Doña Inès

S'il en est ainsi, il n'est pas sot. Mais écoute les vers qu'il m'envoie :

« Aux fameuses fêtes de Medina, j'ai vu la plus radieuse paysanne qu'ait jamais saluée le soleil depuis son premier sourire dans la limpide aurore jusqu'à l'heure de son déclin.

» Une mule jaune qui couvrait de son or le petit socle d'une fine colonne de cristal fut la mine dont l'incendie a fait éclater mon âme jusqu'au ciel où l'on adore.

» Qu'une mule connût le triomphe dans ce combat de l'amour où mes yeux étaient déjà blessés à mort, ah, j'ai confessé le miracle et la prouesse! Mais j'ai dit à la belle, lui remettant, avec mes dépouilles, le butin de sa victoire : « Si ton joli pied fait défaillir, adorable Inès, que laisses-tu au feu de tes yeux? »

Doña Léonor

Voilà un gentil cavalier qui veut te faire danser!

Doña Inès

Il loue mon pied pour obtenir plus sûrement les mains.

Doña Léonor

Qu'as-tu répondu?

Doña Inès

Qu'il se trouve cette nuit à la grille du jardin.

Doña Léonor

D'où vient cela? Quelle est cette extravagance?

Doña Inès

Ce n'est pas pour lui parler.

Doña Léonor

Pour quoi donc?

Doña Inès

Viens avec moi, tu le sauras.

Doña Léonor

Tu es stupide et imprudente.

Doña Inès

Quand l'amour a-t-il été sage?

Doña Léonor

Il faut fuir l'amour, Inès, dès qu'il naît. Car ensuite...

Doña Inès

Personne ne peut fuir le premier amour. La nature elle-même parle par sa voix.

Elles sortent.

SCÈNE X

Une pièce dans une auberge de Medina.

Don Alonso, Fabia, Tello

Fabia

Ils m'ont donné quatre mille coups de bâton.

Tello

Tu as rondement mené ton affaire.

Fabia

Si tu avais pu en prendre la moitié!

Don Alonso

C'était folie de ma part que de vouloir atteindre au ciel.

TELLO

C'était folie de demander à Fabia d'être l'ange qui te porte jusqu'à ce ciel! Pour sa punition, la voilà précipitée dans l'enfer des triques!

FABIA

Ah! pauvre Fabia!

TELLO

Et qui furent les cruels sacriſtains qui battirent la mesure sur le beau lutrin de tes épaules?

FABIA

Deux valets et trois pages. J'y ai laissé ma cornette et ma robe en six morceaux.

DON ALONSO

Ceci, mère, serait sans importance s'ils n'avaient attenté à ta face vénérable. Oh! quel sot je fus de me fier à ces traîtres yeux, à ces pierres fausses, à ces filles qui n'ont joué du regard que pour me tromper ou me tuer! Je suis puni, et c'eſt juſtice. Prends cette bourse, mère. Et toi, Tello, en selle! Je veux être ce soir à Olmedo.

TELLO

Comment? Il fait déjà nuit!

DON ALONSO

Eh quoi! Veux-tu que je me tue ici même!

FABIA

Allons, ne t'afflige pas, homme importun, et prends courage! Fabia t'apporte ton remède. Prends.

DON ALONSO

Un billet!

FABIA

Un billet.

DON ALONSO

Ne m'abuse pas.

FABIA

Je te dis qu'il te vient d'elle et qu'il répond à ta chanson d'amour.

DON ALONSO

Tello, plie le genou!

TELLO

Ne me demande pas de le faire avant d'ouvrir ton billet. J'ai peur d'en voir sortir un nuage de coups de bâton.

DON ALONSO *(Il lit.)*

« Soucieuse de savoir si vous êtes qui je crois, et désireuse que vous le soyez, je vous prie d'aller cette nuit à la grille du jardin de ma maison. Vous y trouverez attaché le ruban vert de mes mules. Placez-le demain sur votre chapeau pour que je vous reconnaisse. »

FABIA

Que dit-elle?

DON ALONSO

Que je ne pourrai jamais te payer ni surestimer les richesses que tu m'apportes!

TELLO

Donc, inutile de piquer des deux pour Olmedo! Vous entendez, nobles bidets! Détendez-vous! Nous restons à Medina.

DON ALONSO

Déjà, la proche nuit foule de ses pieds mouillés les dernières traces du jour qui meurt. Pour me présenter à la grille d'Inès, il faut encore avoir belle façon, au cas où l'amour la pousserait à guetter pour me voir prendre le ruban. Je vais changer d'habits.

Il sort.

SCÈNE XI

FABIA, TELLO

TELLO

Et moi, Fabia, je vais, avec ta permission, habiller mon maître en veilleur de nuit.

FABIA

Attends!

TELLO

Il ferait beau voir que, dans sa condition, mon maître s'habillât sans moi!

FABIA

Tu vas pourtant le laisser, car il faut que tu m'accompagnes.

TELLO

Toi?

FABIA

Moi.

TELLO

Moi?

FABIA

Oui. Il le faut pour que cet amour franchisse tous les obstacles.

TELLO

Où veux-tu en venir?

FABIA

Nous autres femmes, nous sentons mieux en sécurité avec un homme. Viens! Il me faut une molaire du brigand qu'on a pendu hier.

TELLO

Quoi! On ne l'a pas enterré?

FABIA

Non.

TELLO

Que veux-tu donc faire?

FABIA

Allez la chercher, et toi, tu m'accompagneras.

TELLO

Je m'en garderai bien! Me fourrer avec toi dans ce guêpier! As-tu encore un peu de cervelle?

FABIA

Quoi, poule mouillée, là où je vais, tu n'irais pas?

TELLO

Ce n'est pas la même chose. Toi, Fabia, tu sais faire la conversation au diable.

FABIA

Allons, marche!

TELLO

Demande-moi d'attaquer au couteau, et sans peur, dix hommes ensemble, mais ne m'envoie pas prendre langue avec des trépassés!

FABIA

Si tu ne viens pas, je ferai en sorte que le mort en personne vienne te chercher.

TELLO

Bon, bon, je ferai donc en sorte de t'accompagner! Ah! es-tu femme ou démon?

FABIA

Tu n'entends rien à ces affaires. Viens, tu tiendras l'échelle.

TELLO

Qui s'élève par de tels moyens, Fabia, doit s'attendre à une fin semblable.

Ils sortent.

SCÈNE XII

Rue et vue extérieure de la maison de Don Pedro.

DON RODRIGO *et* DON FERNANDO
en manteau de nuit.

DON FERNANDO

À quoi sert de venir encore près de cette maison ?

DON RODRIGO

Mon espérance trouve un soutien près de ces grilles, Fernando. Parfois, ses mains blanches viennent orner leurs barreaux. Là où, de jour, elle les pose, moi, dans la nuit, je repose mon cœur. Oui, plus Inès m'accable de ses dédains et plus l'amour m'embrase. Sans trêve, je me brûle à sa neige. Ô grilles mouillées de mes larmes, comment un ange peut-il traiter si durement celui qui amollit vos fers ? Mais qu'est ceci ?

DON FERNANDO

Un ruban ou un cordon attaché aux barreaux.

DON RODRIGO

Voilà le châtiment de ceux qui osent déclarer leur amour : elles enchaînent leurs âmes à ces barreaux.

DON FERNANDO

Non, c'est un signe de ma Léonor. Peut-être veut-elle me dire quelque chose par ce moyen.

Don Rodrigo

Je me défie de moi et ne puis croire qu'il vient d'Inès. Mais dans le doute, puisque ses mains ingrates ont pu le nouer ici, la foi suffit. Donnez-moi le ruban.

Don Fernando

Attendez! Supposez que Léonor ait voulu ainsi éprouver mes sentiments et qu'elle ne le voie pas demain sur moi.

Don Rodrigo

J'ai trouvé un moyen.

Don Fernando

Lequel?

Don Rodrigo

Partageons le ruban.

Don Fernando

Dans quel but?

Don Rodrigo

Pour que toutes deux le voient sur nous et connaissent à ce signe que nous sommes venus ensemble.

Ils partagent le ruban.

SCÈNE XIII

Don Alonso, Tello, les mêmes
La nuit.

Don Fernando

Il y a du monde dans la rue.

Tello *(à son maître)*.

Vite, à la grille! Songe que Fabia m'attend pour une affaire de la plus haute importance.

Don Alonso

Cette nuit? Fabia? De quoi s'agit-il?

Tello

C'est une affaire concernant quelqu'un de très haut placé!...

Don Alonso

Quoi?

Tello

Moi, je porte une échelle. Elle...

Don Alonso

Que porte-t-elle?

Tello

Des tenailles.

Don Alonso

Mais qu'allez-vous en faire?

Tello

Tirer une dame de son logis.

Don Alonso

Réfléchis à ce que tu fais, Tello! Si tu entres quelque part, songe à la sortie.

Tello

Ce n'est rien, par ta vie!

Don Alonso

Enlever une jeune fille : ce n'est rien?

Tello

Mais non! Il s'agit d'enlever la molaire du brigand qu'ils ont pendu hier.

Don Alonso

Attention! Il y a deux hommes près de la grille.

TELLO

Les aurait-on postés ?

DON ALONSO

En fait de ruban...

TELLO

Elle a voulu te punir.

DON ALONSO

Si j'ai été très audacieux, n'aurait-elle pu trouver un autre moyen ? Mais elle saura qu'elle se trompe et que c'est mal connaître celui qu'on appelle entre tous le chevalier d'Olmedo. Vive Dieu! Je vais lui apprendre à punir autrement celui qui la sert.

TELLO

Attention! Pas de folies!

DON ALONSO

Gentilshommes, que personne n'approche des grilles de cette maison!

DON RODRIGO *(à part, à Don Fernando)*.

Qu'est ceci ?

DON FERNANDO

Je ne connais ni l'allure ni la voix de cet homme.

DON RODRIGO

Qui ose ici parler avec tant d'arrogance ?

DON ALONSO

Un homme, monsieur, qui parle avec l'épée.

DON RODRIGO

Il trouvera donc quelqu'un pour châtier sa téméraire folie.

TELLO

Sus! mon maître : les dents du mort attendront!

> *Ils dégainent et se battent.*
> *Don Rodrigo et Don Fernando*
> *se retirent.*

DON ALONSO

Ne les poursuivons pas, ils ont leur compte!

TELLO

Ils ont abandonné une cape.

DON ALONSO

Prends-la et viens. Je vois des lumières aux fenêtres.

> *Ils sortent.*

SCÈNE XIV

Une pièce de la maison de Don Pedro.

DOÑA INÈS, DOÑA LÉONOR

DOÑA INÈS

Ah! Léonor, l'amour m'a tenue éveillée. La vaporeuse aurore avait à peine posé son pied sur l'herbe d'avril et ravivé les émaux de ses fleurs que, la main sur le cœur pour calmer mon émoi, je courais déjà vers la grille. Le ruban avait disparu.

DOÑA LÉONOR

Ton soupirant s'en est occupé.

DOÑA INÈS

Il s'en occupera moins qu'il n'occupe, lui, ma pensée!

DOÑA LÉONOR

Toi qui étais la froideur même, quelle soudaine métamorphose!

Doña Inès

Moi non plus, je ne puis comprendre de quoi le ciel me punit. L'amour triomphe ou se venge de ma nature. Mon cœur brûle à la seule pensée de ce chevalier, je ne puis l'oublier un seul instant! Je ne sais plus que faire!

SCÈNE XV

Les mêmes, Don Rodrigo

Don Rodrigo paraît avec un ruban vert à son chapeau.

Don Rodrigo *(à part)*.

Je n'aurais jamais cru que la crainte puisse désarmer l'amour à ce point. Allons, mon âme, courage, voici Inès! *(À Inès.)* Je cherche le seigneur Don Pedro.

Doña Inès

Vous n'auriez pas dû venir si tôt. Il ne doit pas être levé.

Don Rodrigo

Il s'agit d'une affaire importante.

Doña Inès *(à sa sœur, à part)*.

Je n'ai jamais vu amoureux si gauche.

Doña Léonor

Celui qu'on aime est toujours avisé; toujours sot celui qu'on déteste.

Don Rodrigo *(à part)*.

Ah! comment fléchir sa fierté, intéresser enfin son indifférence?

Doña Inès *(à part, à sa sœur)*.

Léonor! Pour que Don Rodrigo vienne ici, et avec ce ruban, il faut que ce soit lui qui ait reçu mon billet!

Doña Léonor

Fabia t'a trompée.

Doña Inès

Je vais tout à l'heure déchirer son billet. Je me vengerai sur lui de l'avoir fait dormir sur mon sein.

SCÈNE XVI

Les mêmes, Don Pedro, Don Fernando

> *Don Fernando porte un ruban vert à son chapeau.*

Don Fernando *(à part, à Don Pedro)*.

Don Rodrigo m'a prié de traiter cette affaire avec vous.

Don Pedro

Nous pouvons donc commencer à en parler.

Don Fernando

Don Rodrigo est déjà ici. L'horloge de l'amour est toujours en avance.

Don Pedro

Inès l'aura remontée avec la clé de ses encouragements.

Don Fernando

Il se plaint du contraire.

Don Pedro

Seigneur Don Rodrigo...

Don Rodrigo

Je viens ici me mettre à votre service.

> *Don Pedro et les deux amoureux parlent bas.*

DOÑA INÈS *(à part, à Doña Léonor)*.

C'est une machination de Fabia.

DOÑA LÉONOR

Comment ?

DOÑA INÈS

N'as-tu pas vu que Don Fernando porte aussi un ruban ?

DOÑA LÉONOR

Puisqu'ils le portent l'un et l'autre, il faut supposer qu'ils t'aiment tous les deux !

DOÑA INÈS

Il ne manquait plus que ta jalousie au moment même où je suis hors de moi !

DOÑA LÉONOR

De quoi discutent-ils ?

DOÑA INÈS

As-tu déjà oublié que notre père a parlé hier de me marier.

DOÑA LÉONOR

Dans ce cas, Fernando peut bien être tenté de m'oublier.

DOÑA INÈS

Je suppose au contraire qu'ils veulent se marier tous les deux, puisqu'ils ont partagé le ruban.

DON PEDRO *(aux deux chevaliers)*.

La question demande à être traitée discrètement et dans un endroit plus commode. Entrons ici, nous en discuterons mieux.

DON RODRIGO

Si je peux espérer être de votre parenté, je n'ai plus rien à discuter.

Don Pedro

Je me réjouis certainement de vous voir épris d'Inès.
Mais, pour l'avenir que vous souhaitez, vous devez
prendre en considération ce qu'exige mon rang.

Les trois hommes sortent.

Doña Inès

Mon espérance était folle, et vaines mes imaginations. J'ai écrit, moi, un billet à Don Rodrigo et te
voilà, toi, jalouse de Don Fernando. Ô cruel étranger!
Ô menteuse Fabia!

SCÈNE XVII

Fabia, Doña Inès, Doña Léonor

Fabia

Tout doux! Fabia vous écoute.

Doña Inès

Ah! méchante, comment as-tu pu me tromper ainsi?

Fabia

La tromperie vient de toi. Tu écris un billet où tu
demandes qu'un certain chevalier vienne à la grille de
ton jardin pour trouver un ruban d'espérance. Mais là,
tu postes deux hommes pour le tuer. À vrai dire, s'ils
n'avaient pas fui, ce sont tes hommes qui eussent payé
de la vie leur projet insensé.

Doña Inès

Ah! Fabia! Réponds-moi puisque j'en suis à t'ouvrir
mon cœur, réponds-moi puisque je perds le respect de
mon père et que j'en viens à oublier ma condition et
mon honneur. Dis-tu vrai au moins? Si tu dis vrai,
ceux qui se sont postés à la grille ont volé le ruban et
l'ont arboré en signe d'amour. Oh! ma mère, je suis dans

un tel état que je ne puis trouver aucune paix si ce n'est en pensant à qui tu sais.

FABIA *(à part)*.

Oh! puissant effet de mes sorcelleries et de mes conjurations. La victoire est certaine! *(À Inès.)* Ne te désole pas, ma fille. Reviens à toi. Bientôt, tu partageras l'état du plus grand et du plus noble chevalier qui soit aujourd'hui en Castille! Ton amoureux n'est rien moins que celui qu'on distingue entre tous comme le chevalier d'Olmedo. Hier, à la fête, Don Alonso t'a vue, Diane paysanne, portant l'arc de tes sourcils et la flèche de ton beau regard. Il t'a suivie [et il faut lui pardonner puisque les sages disent que la beauté se dévoile aux yeux autant qu'à la raison]. Tu as enchaîné sa cheville aux rubans verts de tes mules et tu l'as traîné, prisonnier derrière toi. [Apparemment, l'amour ne se saisit plus aux cheveux, comme la fortune, mais on l'entrave, tel un esclave.]

Don Alonso est maintenant à tes genoux et toi, tu ne le hais point. Il t'adore, tu l'as vaincu. Il t'écrit et tu réponds : qui condamnerait un amour si honorable? Ses parents mettent à sa disposition dix mille ducats de rente. Il est fils unique, et quoiqu'il soit bien jeune, eux sont très âgés. Laisse-toi aimer par le plus noble et le plus sage des chevaliers de la Castille. Il est beau, il a de l'esprit. À Valladolid, le roi lui a consenti de grandes faveurs, car lui seul a illustré les fêtes du mariage royal. Tel un Hector, il combat les taureaux à la lance et l'épée. Il a fait hommage aux dames de trente prix gagnés dans les tournois et les courses de bagues. Armé, on dirait Achille contemplant les remparts de Troie. En habits de fête, on croirait voir Adonis. Que les dieux cependant lui donnent une autre mort! Ah! fillette, malheur à la femme mariée à un imbécile! Toi, du moins, tu vivras comblée près de ce mari incomparable.

DOÑA INÈS

Mère, mère, tu me rends folle! Mais hélas! comment puis-je être sienne si l'on me donne à Don Rodrigo? Mon père et Don Fernando sont à côté; ils parlent déjà de mariage.

FABIA

Don Alonso et toi annulerez la sentence de ce procès.

DOÑA INÈS

Don Rodrigo aussi est là.

FABIA

Il n'est pas juge, mais partie. Ne crains rien.

DOÑA INÈS

Léonor, quel conseil me donnes-tu ?

DOÑA LÉONOR

Es-tu en état d'en recevoir ?

DOÑA INÈS

Ah ! je ne sais plus ! Mais ne parlons pas de cela ici.

FABIA

Fie-toi à moi pour le succès de cette entreprise. Don Alonso t'appartiendra et tu vivras heureuse, j'en suis sûre, avec ce chevalier de Castille, l'ornement de Medina et la fleur d'Olmedo.

RIDEAU

DEUXIÈME JOURNÉE

SCÈNE I

Rue, vue extérieure de la maison de Don Pedro.

Don Alonso, Tello

Don Alonso

J'AIME mieux mourir que de vivre sans la voir, Tello.

Tello

Je crains qu'on ne découvre le secret de vos amours. À force de courses entre Olmedo et Medina, ton agitation va donner à penser et à dire à tes deux rivaux.

Don Alonso

J'adore Inès... Comment puis-je cesser de la voir?

Tello

Sauve au moins les apparences dans tout ce que tu fais et dis. Eh quoi, mon maître, ne peux-tu patienter trois jours sans prendre la fièvre tierce de l'amour!

Don Alonso

Mon amour ne connaît ni trêve ni relâche. Il brûle toujours et ne permet pas que la nature encourage un instant sa faiblesse. Non, mon cœur est sans loisir. Je sais maintenant, au contraire, que l'amour a la force sauvage du lion. Pour le domestiquer, pour venir à bout de mon cœur, il ne faut pas moins que cette fièvre incessante. C'est à peine si, loin d'Inès, je reprends souffle, dans les eaux calmes de l'amour. Si je vivais près d'elle, et que je puisse la voir toujours, mon âme serait une bête de feu.

TELLO

N'es-tu pas fatigué de ces allées et venues ?

DON ALONSO

Mais, Tello, qu'y a-t-il de si méritoire à venir d'Olmedo à Medina. Léandre, pour voir Hero, ne passait-il pas toutes les nuits une mer à la nage et n'a-t-il pas fini par la boire tout entière pour éteindre ses feux ? Il n'y a pas de mer, Tello, entre Olmedo et Medina. Inès ne me doit rien.

TELLO

Celui qui marche vers le péril de mort où Léandre s'est vu affronte aussi une mer. Et je suis sûr que Don Rodrigo est aussi renseigné sur ta passion que je puis l'être moi-même. Je ne savais pas à qui appartenait cette cape et l'autre jour, alors que je la portais en ville...

DON ALONSO

Tu l'as portée ? Quelle sottise !

TELLO

... comme si elle était à moi, j'ai rencontré Don Rodrigo qui m'a interpellé : « Qui vous a donné cette cape, monsieur ? Je la connais. » J'ai répondu : « Si vous estimez qu'elle puisse vous servir, j'en ferai don à l'un de vos valets. » Changeant de couleur, il m'a rétorqué alors : « Un de mes laquais l'a perdue l'autre nuit. Gardez-la donc : elle est bien à sa place sur vous. » Et il a tourné les talons, avec un air mêlé de dédain, la main sur la garde de l'épée.

Crois-moi, il sait que je suis à ton service et qu'il a perdu cette cape devant nous deux. Prends garde, mon maître, ce sont gens de poids et ils se trouvent sur leur terrain. C'est dans son poulailler que le coq chante le plus haut. Et puis, je tremble aussi de voir vos amours commencer au milieu de toutes ces sorcelleries. Si ta poursuite est honnête, à quoi bon les cercles magiques et les conjurations ? Je suis allé avec Fabia extirper une molaire à ce pendu et, vraiment, j'aurais mieux fait de rester chez moi. J'ai joué les Arlequin et j'ai placé l'échelle contre la potence. Fabia grimpait, j'attendais au pied de l'échelle, et le pendu m'a dit : « Monte, Tello, sans crainte, ou sinon je vais descendre. » Grand saint Paul ! Je suis tombé raide et les sangs si tournés que ce fut miracle du ciel que j'aie pu les remettre à l'endroit. Fabia est descendue et je suis revenu à moi, encore bouleversé, et navré d'avoir à constater que j'étais tout mouillé sans qu'il eût plu.

Don Alonso

Tello, Tello, un véritable amour ne s'arrête à aucun péril ! Un sort contraire veut que j'aie un rival passionné, décidé à épouser Dona Inès. Tu me vois jaloux et désespéré, mais que faire ? Non, je ne crois pas au pouvoir des conjurations qui ne sont que chimères. Le mérite et la constance peuvent seuls unir deux volontés. Inès m'aime, j'adore Inès et je vis d'elle ! J'ignore, je méprise, je déteste tout ce qui n'est pas Inès ! Inès est mon bien, je suis l'esclave d'Inès et ne puis vivre sans Inès ! Et si je vais et viens d'Olmedo à Medina, c'est qu'Inès règne sur ma vie et commande à ma mort.

Tello

Non. Il ne te reste plus rien à dire sur cet amour, sinon peut-être : « Il me semble, Inès, que tu ne me déplais pas. » Voilà qui serait nouveau. Enfin, Dieu fasse que cela tourne bien !

Don Alonso

Appelle. C'est l'heure.

Tello

J'y vais.

Il appelle.

SCÈNE II

ANA, LES MÊMES, *puis* DOÑA INÈS

ANA *(de la maison)*.

Qui est-ce?

TELLO

Quelle diligence! C'est moi. Mélibée est-elle à la maison? Voici venir Calixte.

ANA

Attends un peu, Sempronio.

TELLO

J'attendrai, figure de faux témoin.

DOÑA INÈS *(dans la maison)*.

C'est lui-même?

ANA *(dans la maison)*.

Oui, madame.

Elle ouvre la porte et Don Alonso et Tello entrent dans la maison de Don Pedro.

SCÈNE III

Pièce dans la maison de Don Pedro.

DOÑA INÈS, DON ALONSO, TELLO

DOÑA INÈS

Mon cher seigneur.!..

Don Alonso

Inès, enfin, voici la vie!...

Tello

Si vous avez quelque chose à vous dire, autant le dire tout de suite!

Doña Inès

Ami Tello!...

Tello

Ma reine...

Doña Inès

Je te regarde, Alonso! Après tous les ennuis que m'a donnés cet après-midi la stupide insistance de Don Rodrigo, jamais je n'aurais pensé que tu me verrais et que je te contemplerais.

Don Alonso

Si l'obéissance te force à ce mariage, je ne veux pas renoncer à mon rêve avant que tu m'aies fait entendre ma sentence. Mon cœur me le disait et je le confiais à Tello pendant qu'il faisait sortir mon cheval et que le soleil tirait les siens vers le jour qui les attendait. Oui, il me semblait qu'une mauvaise nouvelle allait confirmer le triste pressentiment qui m'étreignait pendant que je faisais route vers ta beauté. J'avais raison, tu me confirmes la vérité de cette nouvelle. Malheur à moi, si ce mariage a lieu!

Doña Inès

Il n'aura pas lieu! Je dirai non au monde entier après t'avoir dit oui. Toi seul règnes sur ma liberté et sur ma vie. Nulle force au monde ne m'empêchera d'être ta femme. Hier, descendue au jardin, sans Léonor que j'évite à cause de Don Fernando, je pleurais et je confiais mon amour aux fontaines et aux fleurs. Je leur disais : « Fleurs et eaux, vous jouissez d'une vie heureuse puisque au sortir de chaque nuit, vous retrouverez votre soleil. » Oui, l'amour égare l'esprit et j'ai cru même entendre un lys me répondre de sa langue d'étamines :

« Si le soleil que tu adores se lève aussi la nuit, que désires-tu de plus et pourquoi ces souffrances ? »

Tello

C'est la réponse du grec à cet aveugle qui l'accablait de plaintes : « Puisque la nuit a ses plaisirs, pourquoi te plaindre de ne pas voir ? »

Doña Inès

Avide de ta lumière, j'accours comme une phalène vers ces heures nocturnes ! Mais pourquoi une phalène ? Un phénix plutôt, puisque enfin cette flamme si douce et si belle me fait sans trêve mourir et renaître !

Don Alonso

Ô mon Dieu, loués soient le corail et les roses de sa bouche d'où sortent pour mon bonheur de si amoureuses paroles ! Moi aussi, il faut que tu le saches, quand je ne peux parler à Tello et que je suis loin de toi, je confie aux fleurs mes jalousies, mes craintes et mon amour.

Tello

C'est un fait ! Je l'ai vu déclarer son amour aux radis d'Olmedo. L'amant parle aux pierres comme au vent.

Don Alonso

Mon cœur ne peut ni rester seul ni se taire. Il lui faut être avec toi, Inès, avec toi parler, avec toi s'émouvoir. Qui pourrait répéter tout ce que je te dis en ton absence ! Mais lorsque tu es là, je perds jusqu'au souffle. Tout le long du chemin je décris tes charmes à Tello et nous célébrons ensemble ton esprit céleste. J'ai tant de joie à entendre ton nom que j'ai pris à mon service une femme qui porte le même nom et je l'appelle tout le jour, Inès, et il me semble alors, ma reine, que je t'appelle aussi.

Tello

Voici la preuve, sage Inès, du miracle que tu as opéré sur nous deux en le rendant, lui, sensible et en me faisant, moi, poète. Écoute la glose que j'ai faite d'un refrain que Don Alonso a composé sur la question de savoir

s'il est possible de rester vivant tout en étant mort.
Voici d'abord le refrain :

> Dans le vallon Inès
> Elle rit et je m'en vais
> Si tu la vois Andrès
> Dis que tu m'as vu prêt
> De mourir pour Inès.

Doña Inès

C'est Don Alonso qui l'a composé?

Tello

Il a composé le refrain et il n'est pas si mauvais,
en somme, pour un poète d'Olmedo. Mais écoute ma
glose.

Don Alonso

J'ai composé, Inès a disposé!

Tello

« Andrès, depuis qu'Inès a fait du vallon un jardin,
il s'est couvert de tant de fleurs que le ciel voudrait
les échanger contre ses bouquets d'étoiles. Mais le vallon
déjà est un ciel avec son jeune printemps et il aura vu
le ciel sur terre celui qui a vu *dans le vallon Inès*.

» Avec crainte, avec respect, je chemine dans ses pas.
Medina ne souhaite pas sur ses champs d'aurore plus
fraîche pour les mouiller d'une rosée de fleurs. Hélas!
je vois qu'Inès fuit l'amour, je sais qu'elle donne la
mort, implacable, à tout ce qu'elle regarde et qu'elle fait
plier jusqu'à son orgueil, et je pleure de la quitter.
Mais *elle rit et je m'en vais*.

» Dis-lui, Andrès, que je meurs du désir de la revoir.
Mais cela même est vain. Avant que tu parviennes à
portée de ses mains cruelles, je serai mort de désir et
toi-même, si une fois tu la vois, tu ne pourras pas
vivre, *si tu la vois, Andrès*.

» Si pourtant, dédaigneuse, elle oublie de t'enlever la
vie, alors demande à ma belle meurtrière pourquoi elle
se tue en moi puisqu'elle sait qu'elle est ma vie. Dis-lui :
« Cruelle, pourquoi lui donner la mort et pourquoi te
» vouer aux regrets puisque tu tiens déjà ta vengeance. »

Oui, toi qui ne me verras plus, Andrès, *dis que tu m'as vu prêt.*

» Il est vrai que la mort n'est pas sûre puisque d'un seul regard l'ingrate peut redonner la vie. Elle se lasse aussi de tuer, elle fait revivre ceux qu'elle tue. Mais que je meure ou que je vive, ni de l'aimer ni de la servir ne me repentirai. Non, il n'est pas de plus haute vie que *de mourir pour Inès.* »

DOÑA INÈS

Si cette glose est de toi, il faut reconnaître que tu as longuement menti au nom de ton maître.

DON ALONSO

Mon amour ment en vers, voilà ce que tu veux dire. Mais quel poème, ma maîtresse, parviendrait à exprimer mon amour?

DOÑA INÈS

Mon père!

DON ALONSO

Va-t-il entrer?

DOÑA INÈS

Cachez-vous.

DON ALONSO

Où?

> *Don Alonso et Tello se cachent.*

SCÈNE IV

DON PEDRO, DOÑA INÈS

DON PEDRO

Mon Inès, tu n'es pas encore couchée? Il est temps.

Doña Inès

J'étais en train de prier, mon père, pour ce dont
vous m'avez parlé hier. Je demandais à Dieu qu'il
veuille guider mon choix.

Don Pedro

Même si, par tendresse pour toi, j'imaginais l'impossible, Inès, je ne pourrais trouver un homme comparable
à Don Rodrigo.

Doña Inès

Tout le monde s'accorde en effet sur sa réputation
et son nom. Si j'avais à me marier, personne à Medina,
ni dans toute la Castille, ne pourrait égaler ses mérites.

Don pedro

Si tu avais à te marier? Que veux-tu dire?

Doña Inès

Mon père, j'ai déjà un époux. Si je ne vous ai rien
dit avant d'y être contrainte, c'est que je voulais épargner
votre chagrin.

Don Pedro

Un époux? Quelle nouvelle est-ce là, Inès?

Doña Inès

C'est une nouvelle pour vous. Pour moi, il s'agit
d'une très ancienne vocation. Maintenant que je me
suis déclarée, faites-moi couper dès demain un habit
religieux afin que je n'aie plus à porter ces atours super-
flus. [Je veux marcher sous cet habit, mon père, jusqu'à
ce qu'on m'ait appris le latin.] Léonor vous reste,
Léonor vous donnera enfin votre postérité. Je vous en
prie, au nom de ma mère, ne contrariez pas mes desseins
et veuillez plutôt favoriser ma vocation et la paix de
mon âme. Procurez-moi une femme de bonne et sainte
foi qui m'initiera à mon nouvel état, et un maître à
chanter qui connaisse aussi le latin.

Don Pedro

Est-ce toi qui parles?

Doña Inès

Ce n'est point là vaines paroles, mais décision ferme.

Don Pedro

Une part de moi s'attendrit à t'écouter, Inès, mais une autre part se glace, car j'espérais que ton âge tendre me donnerait une descendance. Pourtant, si telle est ta vocation, ne plaise à Dieu que je l'empêche. La volonté de chacun, je le sais, est libre sous le ciel. Bien que ton désir en ceci ne rencontre pas le mien, tu feras ce que tu voudras.

Il faut considérer cependant l'inconstance et les incertitudes de notre esprit, et surtout combien il est facile de l'influencer chez la femme où sa fermeté est douteuse. Femme et caprice, comme parole et action, vont ensemble. C'est pourquoi il ne me paraît pas raisonnable que tu changes ta mise. Elle ne saurait t'empêcher de lire le latin ni de chanter, ni de faire selon ton goût. Garde tes beaux habits, reste élégante. Je ne veux pas que Medina, si elle admire aujourd'hui dans mon Inès les effets de la grâce divine, moque demain en toi l'inconstance de la faiblesse humaine. Mais je ferai chercher une sainte femme et celui qui doit t'enseigner le latin, puisque enfin, entre deux pères, il est juste d'obéir au meilleur. Adieu, maintenant! Pour ne pas te chagriner, je vais me réfugier là où mes yeux pourront te pleurer.

SCÈNE V

Don Alonso, Tello, Doña Inès

Doña Inès

Je regrette de t'avoir fait de la peine.

Don Alonso

Je ne le regrette pas. J'aime mieux savoir du moins que tu prépares la mort de notre amour. Ah, Inès! Dans une telle douleur, pourquoi ce remède brutal?

Doña Inès

L'amour, quand il se sent menacé, rend l'âme plus clairvoyante. Elle voit mieux ce qu'il est possible de faire.

Don Alonso

Est-ce un remède possible?

Doña Inès

Oui, dans la mesure où il empêchera ce Don Rodrigo de parvenir au but qu'il poursuit. Tu sais bien qu'un malheur retardé est à moitié prévenu. Il n'y a pas d'espérance, au contraire, là où il n'y a pas de recours.

Tello

Elle a raison, mon maître! Pendant que Doña Inès chantera et lira, vous pourrez tous deux vous employer à mettre l'Église dans votre jeu. Don Rodrigo qui, sans cela, resterait défiant, ne fera pas pression sur Don Pedro. Il ne peut recevoir pour offense, en effet, que Doña Inès le refuse pour celui qu'elle dit préférer. De plus, j'aurai, moi, un beau prétexte pour aller et venir en liberté dans cette maison.

Don Alonso

En liberté! Comment?

Tello

Ne doit-elle pas apprendre le latin? Et ne puis-je être aisément celui qui viendra lui donner leçon? Tu verras avec quelle compétence je lui apprendrai à lire tes lettres!

Don Alonso

Ah! tu as trouvé le remède à mes maux!

Tello

Et puis Fabia ne pourrait-elle pas servir Doña Inès sous les apparences d'une duègne? Déguisée, elle sera la sainte femme qui viendra la former.

Doña Inès

Tu parles d'or. Fabia sera ma maîtresse de vertus et de mœurs.

Tello

Jolies vertus et respectables mœurs!

Don Alonso

Bien-aimée, l'amour est d'une étoffe si fine qu'il laisse couler sans les sentir les heures qui fuient trop vite pour les amants. Je crains que le jour ne nous surprenne. On me verra sortir d'ici ou je serai forcé d'y rester. Douce! mon Dieu, serait l'obligation! Mais Medina célèbre ses grandes fêtes à la Croix de mai. [L'heure approche, tu le sais, il faut que je m'y prépare. Il faut d'abord que je brille à tes yeux dans l'arène, mais] on m'écrit aussi de Valladolid que le roi Don Juan assistera aux fêtes. Le connétable lui a demandé de venir ces jours-ci dans les montagnes de Tolède, afin de se distraire et se reposer, et il l'a prié de s'arrêter à Medina sur son chemin et d'honorer la ville de sa présence. La noblesse du pays doit donc se tenir autour du roi. Le ciel te garde, ma bien-aimée!

Doña Inès

Un moment. Il faut que j'ouvre la porte.

Don Alonso

Oh! lumière! Oh! stupide aurore, ennemie des amants!

Tello

N'attendez pas que le jour se lève.

Don Alonso

Comment?

Tello

Le voici déjà!

Don Alonso

Oui, le voici, voici Inès! Mais comment le jour peut-il briller, Tello, quand le soleil se cache?

TELLO

Tu traînes et lui se hâte. Parions que tu vas rester.

Ils sortent.

SCÈNE VI

Une rue.

DON RODRIGO, DON FERNANDO

DON RODRIGO

J'ai souvent remarqué, Don Fernando, ce chevalier. Un instinct jaloux m'alertait sans doute. Son port, son air de fermeté, la gravité de son visage, tout ce que je voyais excitait ma jalousie.

DON FERNANDO

Voilà bien les imaginations d'un amant. Dès qu'il rencontre un homme de belle tournure, la crainte lui vient, si sa dame le voyait, qu'elle ne puisse s'empêcher d'en être troublée.

DON RODRIGO

Sa réputation est telle qu'il a beau vouloir se cacher, l'ovation populaire le suit toujours dans Medina. Le nierez-vous ? J'ai rencontré, je vous l'ai dit, ce jeune homme de sa maison, un jour qu'il portait sous mon nez la cape que j'avais perdue dans notre dispute. Après cette rencontre, je me suis informé secrètement. J'ai la certitude que les sentiments de son maître sont payés de retour. Son maître est Don Alonso, le chevalier d'Olmedo, élégant et fameux joueur de lances, redouté des hommes comme des taureaux. Si cet homme fait la cour à Inès, mes efforts seront vains. Et si elle a commencé de l'aimer, comment puis-je vouloir qu'elle me regarde d'un œil indulgent ?

DON FERNANDO

Faut-il par force qu'elle l'aime?

DON RODRIGO

Il la rend amoureuse, il mérite qu'elle l'aime. Elle doit me détester et je ne sais plus que faire.

DON FERNANDO

La jalousie, Rodrigo, est une chimère née de l'envie, de l'ombre et du vent. Elle nous ronge sans raison. Ce n'est qu'un fantôme qui nous tourmente dans la nuit, une pensée qui s'achève en folie, un mensonge qui se proclame vérité!

DON RODRIGO

Pourquoi donc Don Alonso ferait-il si souvent le voyage d'Olmedo à Medina? À quelle intention tient-il enseigne la nuit à un coin de rue? Et puis quoi! je veux épouser Inès! Vous qui êtes sage, quel conseil pouvez-vous me donner, sinon de tuer Don Alonso?

DON FERNANDO

Je ne suis pas de cet avis. Pourquoi Doña Inès éprouverait-elle de l'amour pour lui quand elle n'a pu en éprouver pour vous?

DON RODRIGO

Disons qu'il est plus heureux ou mieux fait que moi.

DON FERNANDO

Ou plutôt que Doña Inès a tant d'innocence qu'on l'offense avec la seule idée de mariage.

DON RODRIGO

Non, non! Il faut que je tue celui à qui je dois d'être si mal traité! Tant d'hostilité ne s'explique pas; il y a du déshonneur dans cette affaire. Et j'y perdrai la raison aussi facilement que j'ai perdu ma cape.

DON FERNANDO

Vous n'avez pas laissé votre cape à Don Alonso, mais vous la lui avez jetée aux yeux. Poursuivez ce mariage, Rodrigo. Don Alonso aura les dépouilles et vous la victoire.

DON RODRIGO

Mon cœur étouffe sous les soupçons et les chagrins. Ah! le courage et la vie m'abandonnent!

DON FERNANDO

Faites une superbe apparition à la Croix de mai. J'y paraîtrai avec vous. Le roi sera là. Nos chevaux sont impatients de recevoir la selle [sur leurs robes feu et bai]. Allons! Mal qu'on distrait fait moins mal.

DON RODRIGO

Si Don Alonso vient, comment Medina pourra-t-elle rivaliser avec Olmedo?

DON FERNANDO

Quel fou vous êtes!

DON RODRIGO

C'est l'amour qui me fait délirer.

Ils sortent.

SCÈNE VII

Pièce dans la maison de Don Pedro.

DON PEDRO, DOÑA INÈS, DOÑA LÉONOR

DON PEDRO

Ne t'obstine pas.

DOÑA INÈS

Vous ne pourrez vaincre ma détermination.

Don Pedro

Ma fille, pourquoi me faire ce mal? Pourquoi tant te presser?

Doña Inès

Qu'importe, mon père, la robe de bure, puisque je dois la garder toujours.

Doña Léonor

Tu dis des sottises.

Doña Inès

Tais-toi, Léonor.

Doña Léonor

Au moins pour ces fêtes, tu dois porter de belles robes.

Doña Inès

Qui aspire à la robe sacrée ne peut plus aimer l'habit profane. Les habits célestes sont les seuls que ma vie attend.

Don Pedro

Ne suffit-il pas que je le veuille?

Doña Inès

Soit, mon père. Il suffira donc que je le fasse par obéissance.

SCÈNE VIII

Les mêmes, Fabia

*Fabia paraît avec un chape-
let, un bâton, des lunettes.*

Fabia

Que la paix soit sur cette maison.

Don Pedro

Et qu'elle aille avec vous.

Fabia

Où est la noble Doña Inès, qui s'unit à Notre Seigneur ? Où est l'élue que son saint époux, pour lui marquer sa préférence, soulève déjà d'un zèle sacré.

Don Pedro

Respectable mère, la voici! Je suis son père.

Fabia

Restez-le de nombreuses années. Je fais des vœux aussi pour qu'elle-même puisse jouir du maître que vous ne voyez pas. Le Seigneur, je l'espère, voudra dans son infinie bonté vous inspirer de lui donner cet époux qui est le plus noble des chevaliers.

Don Pedro

Ah! certes, mère. Il l'est.

Fabia

J'ai appris que vous cherchiez quelqu'un pour instruire le jeune âge d'Inès, pour la conseiller, lui montrer les sentiers qui mènent au Seigneur et la guider en sa qualité de novice sur le chemin de l'amour parfait. Je suis entrée aussitôt en méditation et j'ai reçu du ciel un tel ébranlement que je suis venue vous offrir mes services, malgré mes grands péchés.

Don Pedro

Voilà la femme, Inès, dont tu as besoin.

Doña Inès

En vérité, j'ai grand besoin d'elle. Embrassez-moi, ma mère.

Fabia

Ne me serre pas si fort! Mon cilice me blesse.

Don Pedro

Je n'ai jamais vu pareille humilité.

Doña Léonor

On peut lire sur son visage ce qu'elle porte dans le cœur.

Fabia

Quelle grâce! Quelle beauté! Oh, que tant de gentillesse obtienne ce que je souhaite, avec ma bénédiction! As-tu un oratoire?

Doña Inès

Mère, ce sont mes premiers pas sur les chemins de la perfection.

Fabia

Je suis pécheresse et la présence de ton père m'intimide.

Don Pedro

Sois sûre que je ne contrarierai pas une aussi sainte vocation.

Fabia

En vain, dragon infernal, tu pensais la dévorer. Elle ne se mariera pas à Medina! Olmedo lui offre un monastère! « *Domine,* s'il est possible, *ad juvandum me festina.* »

Don Pedro

Cette femme est un ange!

SCÈNE IX

Les mêmes, Tello, *en étudiant.*

Tello *(en coulisse).*

Si Don Pedro est avec ses filles, il me sera reconnaissant, j'en suis sûr, de venir offrir mes services. *(Il entre.)* Seigneur, je vous présente le maître que vous cherchiez pour enseigner à votre fille le latin, et le reste. Vous pourrez me mettre à l'épreuve. On m'a dit à l'église, où l'on sait déjà la sainte résolution de cette dame, que vous demandiez un étudiant. Si vous m'estimez capable de l'instruire, je vous offre mes services, bien que je sois étranger à la ville.

Don Pedro

Ah! puisque tout vient en même temps, je crois déjà et je tiens pour sûr que la volonté du ciel se manifeste ici. Que cette sainte femme reste à la maison et que ce jeune homme vienne te donner leçon. Faites vos arrangements en attendant mon retour. (À Tello.) D'où êtes-vous jeune homme?

Tello

Seigneur, je suis de Calahorra.

Don Pedro

Votre nom?

Tello

Martin Pelaez.

Don Pedro

Il doit être parent du Cid! Où avez-vous étudié?

Tello

À la campagne et je suis docteur de cette université.

Don Pedro

Avez-vous pris les ordres?

Tello

Oui, seigneur, je suis petit frère des vêpres mineures!

Don Pedro

Je reviens.

Il sort.

SCÈNE X

Doña Inès, Doña Léonor,
Fabia, Tello

TELLO

Es-tu Fabia?

FABIA

Ne le vois-tu pas?

Doña Léonor

Et toi, Tello?

Doña Inès

Cher Tello!...

Doña Léonor

Voilà de grands fripons!

Doña Inès

Quelles nouvelles de Don Alonso?

TELLO

Puis-je parler devant Léonor?

Doña Inès

Oui.

Doña Léonor

Inès blesserait mon cœur et ma tendresse, si elle me cachait ses pensées.

TELLO

Don Alonso est prêt à te servir cet après-midi, pendant les fêtes de mai. Il prépare ses atours, ses chevaux, ses harnachements, ses lances longues et ses lances courtes. Déjà, les taureaux tremblent. Et si les tournois de roseaux

se courent, nous avons décoré un bouclier où j'ai mis
mon plus subtil génie. Tu le verras là-bas!

Doña Inès

Ne m'a-t-il pas écrit?

Tello

Quel âne je fais! Voici la lettre, madame.

Doña Inès

Je paie le port d'un baiser. Que dit-elle?

SCÈNE XI

Les mêmes, Don Pedro

Don Pedro *(en coulisse)*.

Eh bien, si l'alezan est malade, prépare la voiture.
(Il entre.) Qu'est ceci?

Tello *(à part, à Doña Inès)*.

Ton père. Fais semblant de lire, je ferai mine de
t'apprendre le latin. *« Dominus... »*

Doña Inès

« Dominus... »

Tello

Continuez...

Doña Inès

Qu'est-ce qui vient après?

Tello

« Dominus meus. »

Doña Inès

« Dominus meus. »

TELLO

Cela veut dire « mon Seigneur », le vôtre, celui à qui vous vous adressez.

DON PEDRO

Tu prends déjà ta leçon?

DOÑA INÈS

J'en avais si grande envie!

DON PEDRO

Bon. Le Conseil de la ville demande, Inès, que je me montre aux fêtes.

DOÑA INÈS

Ils ont raison, puisque le roi y vient.

DON PEDRO

J'irai donc, mais à la condition que tu m'accompagnes avec Léonor.

DOÑA INÈS

Conseillez-moi, ma mère! Puis-je voir les fêtes sans pécher?

FABIA

Pourquoi non? Ne te fais pas de scrupules. N'imite pas ces collets montés qui, dans leur pruderie, croient offenser Dieu en toute chose, qui oublient qu'ils sont fils d'un homme, comme tout le monde, et qui prennent comme excès remarquables la moindre distraction à nos peines et nos travaux. Sans doute, il faut mettre de la mesure à se distraire. Mais quant à ces fêtes, au moins, tu as mon autorisation puisqu'elles sont *jugatoribus paternus*.

DON PEDRO

Allons. Mais je veux donner d'abord de l'argent à ton maître, et à cette sainte femme pour qu'elle s'achète un voile.

FABIA *(tendant la main)*.

Le voile du ciel nous couvre tous. Et vous, Léonor, n'imiterez-vous pas bientôt votre sœur?

DOÑA LÉONOR

Assurément, ma mère. Un si saint exemple ne peut que me faire profit.

SCÈNE XII

Pièce dans la maison qu'occupe le roi à Olmedo.

LE ROI DON JUAN II, LE CONNÉTABLE
DON ALVARO DE LUNA *ET LA SUITE*

LE ROI *(au connétable)*.

Non. Ne me parlez pas de ces affaires au moment de partir.

LE CONNÉTABLE

Il ne s'agit que de signer. Je vous épargnerai les discours.

LE ROI

Faisons vite.

LE CONNÉTABLE

Faut-il les faire entrer?

LE ROI

Pas maintenant.

LE CONNÉTABLE

Sa Sainteté accorde ce que Votre Altesse a demandé pour l'ordre d'Alcantara.

Le roi

Je l'ai prié de changer l'habit de l'ordre. Je pense qu'il sera mieux ainsi.

Le connétable

L'autre costume était bien laid.

Le roi

Ils pourront porter une croix verte. Je dois rendre de grandes grâces au souverain pontife de l'intérêt qu'il porte à l'agrandissement de notre royaume. Nous pouvons compter ainsi que les intérêts de l'Infant seront toujours mieux servis, dans la mesure où ils dépendent de nous.

Le connétable

Voici deux ordonnances également importantes.

Le roi

Que contiennent-elles ?

Le connétable

Les motifs de la discrimination que vous voulez introduire entre les Juifs et les Maures qui vivent en Castille.

Le roi

Je veux ainsi répondre, connétable, au désir du frère Vincento Ferrer qui l'a tant souhaitée.

Le connétable

C'est un saint et savant homme.

Le roi

J'ai décidé, hier, avec lui, que, dans chacun de mes royaumes où ils se trouvent mêlés, le Juif portera sur les épaules une pèlerine avec un insigne, et le Maure une cape verte. Le chrétien doit avoir l'attitude qui lui convient et les tenir tous à l'écart. De cette manière, ceux qui se compromettent avec eux hésiteront à commettre leur noblesse aux yeux du monde.

LE CONNÉTABLE

À Don Alonso, surnommé le chevalier d'Olmedo,
Votre Altesse a fait don des insignes de l'ordre.

LE ROI

Oui, c'est un homme de réputation et de grand nom.
Je l'ai vu ici au mariage de ma sœur.

LE CONNÉTABLE

Je crois qu'il viendra demain vous faire sa cour aux
fêtes de Medina.

LE ROI

Dites-lui de se faire valoir plus encore sous les armes.
Je veux l'honorer de la première commanderie.

SCÈNE XIII

Une pièce dans la maison de Don Alonso à Olmedo.

DON ALONSO *(seul)*.

Ah! malheur, malheur indicible, absence ennemie,
toi qui, déchirant l'être, le laisses pourtant en vie! Tu
es bien cette mort vivante dont parlent ceux qui ont
souffert de tes peines, toi qui attises le désir dans celui-là
même que tu plonges dans l'aveugle solitude. Oh! si du
moins, au sortir de Medina tu voulais, par charité,
m'ôter la vie comme tu me ravis l'âme!

Medina! Là-bas, dans tes murs, vit la divine Inès,
diadème de la cour, gloire de la cité! Les eaux dans leur
fuite, les oiseaux qui l'écoutent, les fleurs qui l'imitent,
chantent ensemble sa beauté. Elle est si belle en vérité
qu'elle peut aimer sa propre gloire, certaine que le soleil
lui-même l'envie et qu'il n'a rien rencontré de plus beau
sur sa route d'or, ni quand il se lève sur l'Espagne ni
quand il se couche sur les Indes. J'ai mérité, moi, de
l'aimer et mon audace a été récompensée. La peine qu'elle
prend de moi mesure aujourd'hui mon bonheur. Hélas!

alors que je pourrais la voir, la servir, l'adorer librement,
la nécessité du secret me frustre de ces joies. Jamais amour
ne fut si pur et si transparent dans sa foi et pourtant
ses yeux versent des larmes dont je meurs. Oui, elle
pleurait l'autre jour sur mon départ, ses larmes confir-
maient ses paroles, et je l'ai quittée! Qui n'aurait compris,
cette nuit-là, qu'Inès pouvait être à moi? Craintif amour,
que peux-tu espérer si le respect te freine toujours? Ô
Dieu, le grand malheur quand l'âme vous quitte et la
vie se déchire!

SCÈNE XIV

TELLO, DON ALONSO

TELLO

Me voilà! Puis-je attendre tes compliments?

DON ALONSO

Rien de moins sûr! Tu m'as mis hors de moi à force
de tarder.

TELLO

Ne m'accuse pas. C'était pour ton bonheur.

DON ALONSO

Personne ne peut rien pour mon bonheur, sinon
celle dont je l'attends. Inès m'a-t-elle écrit?

TELLO

Voici son courrier.

DON ALONSO

Ah! Tu me raconteras plus tard ce que tu as fait pour
moi. *(Il lit.)* « Mon doux seigneur, je n'ai plus vécu
après votre départ, ô mon cruel seigneur qui, me quittant,
emportez ma vie avec vous. »

TELLO

Tu ne lis pas plus avant?

DON ALONSO

Non.

TELLO

Pourquoi?

DON ALONSO

Je ne peux pas finir en une seule fois une nourriture si délicieuse. Parle-moi d'Inès.

TELLO

Je me suis présenté en soutane courte, avec des gants. J'avais pris l'air de ces grimauds qui portent toute leur science dans leur col. J'ai renchéri sur les saluts, j'ai prodigué de creuses paroles et j'en étais à nourrir d'un picotin de bons mots mes creux discours d'âne savant lorsqu'en me tournant, j'ai reconnu Fabia.

DON ALONSO

Attends. Je veux lire encore; j'ai une telle soif de ses mots que je t'écoute à peine. « Vous avez été obéi en tout. La seule chose qui n'a pu se faire est que je vive sans vous. Mais vous ne l'aviez pas ordonné. »

TELLO

Cet air-là, que vous prenez, je suppose que c'est l'air de l'adoration?

DON ALONSO

Comment Fabia a-t-elle pu tout mener à bien, comme Inès m'en informe?

TELLO

Il fallait la voir! Si sage, bien frottée de prudence et d'hypocrisie, la figure si confite enfin, que je me méfierai désormais de tous ceux qui portent à longueur de journées une tête lourde de méditations! Je sais maintenant ce qu'il faut penser d'une femme trop dévote ou d'un ermite comédien. Car si tu m'avais vu, avec

ma grimace sucrée, tu aurais cru voir un saint marabout.
Le vieux lui-même y a cru, et pourtant, c'est le portrait
vivant de Caton.

Don Alonso

Attends. Il y a trop longtemps que je n'ai pas regardé
ce billet. *(Il lit.)* « Faites diligence pour revenir, afin
que vous sachiez comment je demeure lorsque vous me
quittez et comment je deviens lorsque je vous revois. »

Il regarde le billet avec extase.

Tello

Jésus tombe pour la deuxième fois !

Don Alonso

Tu as donc trouvé le moyen d'entrer et de lui parler.

Tello

Inès s'est instruite en toi. Tu étais le latin et la leçon
qu'elle apprenait.

Don Alonso

Que faisait Léonor ?

Tello

Elle enviait un si grand amour. Beaucoup de femmes
aiment parce qu'elles voient aimer, et Inès lui montrait
à quel point on pouvait t'aimer. Lorsqu'un homme est
chéri d'une grande tendresse par l'une d'elles, les autres
femmes imaginent dans cet homme quelque secret fasci-
nant. Naturellement, elles se trompent. Après tout, il
s'agit d'un beau hasard d'étoiles.

Don Alonso

Pardonnez-moi, belles mains, je vais lire vos dernières
lignes. *(Il lit.)* « Le roi, dit-on, va venir à Medina.
Ah ! l'on dit vrai, vous allez y venir et vous êtes mon
roi ! » Je n'ai plus rien à lire !

Tello

Tout a une fin en ce monde.

Don Alonso

Ô fugitif bonheur!

Tello

Pourtant, tu l'as lu par petites étapes.

Don Alonso

Ah! il y a quelques mots ici, dans la marge! *(Il lit.)*
« Vous porterez cette écharpe à votre cou! Hélas! si je
pouvais être cette écharpe! »

Tello

Bien dit, par Dieu! Tu entreras dans l'arène avec Inès
à ton cou.

Don Alonso

Où est l'écharpe, Tello?

Tello

Jusqu'à présent, on ne m'a rien donné.

Don Alonso

Comment?

Tello

M'as-tu donné quelque chose?

Don Alonso

Compris! Tu prendras tout à l'heure un vêtement de
ton choix.

Tello

Donc, voici l'écharpe.

Don Alonso

Glorieuse!

Tello

Comme les mains qui l'ont brodée.

Don Alonso

Partons pour Medina. *(Il demeure rêveur et soupire.)*
Ah! Tello!

Tello

De quoi souffrons-nous?

Don Alonso

D'un rêve que j'ai fait et que j'ai oublié de te dire.

Tello

Tu te soucies de rêves, maintenant?

Don Alonso

Je n'y crois pas, assurément, mais celui-ci me trouble.

Tello

Laissons cela!

Don Alonso

On dit que certains rêves sont prémonitoires.

Tello

Que peut-il désormais t'arriver! Tu vas te marier.
Quoi de plus simple?

Don Alonso

Ce matin, je me suis levé à l'aube après une nuit
inquiète et j'ai couru à la fenêtre. Je regardais les fleurs
de notre jardin, j'écoutais la fontaine, lorsque je vis
les branches vertes d'un genêt se fleurir soudain d'un
chardonneret aux ailes jaunes. De sa petite gorge, des
plaintes amoureuses jaillissaient en modulations inspirées.
Et il remplissait l'air de ses trilles lorsque, soudain, un
vautour surgit d'un amandier où il se cachait et se jeta
sur lui. Leurs armes n'étaient pas égales, les plumes
jaunes volèrent, et les fleurs se couvrirent de sang. Au cri
de terreur du chardonneret, les faibles échos de la brise
apportèrent la plainte de sa femelle, perchée près de là
dans un jasmin, qui avait assisté au drame et pleurait
sur son malheur. Je sais bien, Tello, que ces visions
sont fausses. Mais j'y mêle mes pressentiments, l'âme et

l'esprit me manquent alors, et je n'ai plus de cœur à vivre!

TELLO

Tu payes bien mal à Doña Inès sa fermeté héroïque et le courage qu'elle montre devant les coups de la fortune. Allons à Medina! Laisse les songes et les présages qui sont choses contraires à la foi. Reprends le cœur qui est le tien! Retourne à tes chevaux, à tes lances et tes habits de parade, fais mourir les hommes d'envie et les femmes d'amour. Doña Inès t'appartiendra malgré tous ceux qui essaient de vous séparer.

DON ALONSO

Oui, oui, Tello, tu as raison! Inès m'attend, partons en joie pour Medina. Prévoir la mort, c'est souffrir et mourir deux fois. Inès, Inès seule peut me faire mourir, non de souffrance, mais de joie.

TELLO

Allons! Dans l'arène, à tes yeux, je ferai ployer devant elle les genoux des taureaux!

RIDEAU

TROISIÈME JOURNÉE

SCÈNE I

Entrée ou passage de la place de Medina del Campo cloisonnée et disposée pour une course de taureaux.

DON RODRIGO, DON FERNANDO,
VALETS *avec lances.*

> *On entend le bruit des timbales à l'intérieur.*

DON RODRIGO

Pas de chance!

DON FERNANDO

Le sort nous est contraire.

DON RODRIGO

Ah! C'est trop d'ennuis!

DON FERNANDO

Qu'allons-nous faire?

DON RODRIGO

Oh! mon bras, tu ne parviendras plus à servir Inès.

DON FERNANDO

Je suis mortifié.

Don Rodrigo

Et moi, plein de rage!

Don Fernando

Essayons encore.

Don Rodrigo

J'ai trop de malchance, je ne réussirai pas. La fortune ne favorise que l'homme d'Olmedo.

Don Fernando

Il n'a manqué aucune passe!

Don Rodrigo

Il en est une qu'il manquera, je vous le promets!

Don Fernando

Tout réussit à l'homme favorisé.

Don Rodrigo

L'amour le porte, Fernando, et moi, l'indifférence d'Inès m'accable. Et puis, un étranger, il suffit qu'il paraisse, il emporte tous les suffrages!

Don Fernando

Je comprends vos craintes. C'est un brillant chevalier. Il ne l'est pas assez cependant pour éclipser les hommes de Medina.

Don Rodrigo

Ma ville me désespère. Elle ressemble trop à une femme, méprisant ce qu'elle a, désirant ce qui est à autrui.

Don Fernando

Rome et la Grèce déjà ont été accusées d'ingratitude.

À l'intérieur, bruit de voix,
de harnachements et de grelots.

SCÈNE II

LES MÊMES, FOULE *à l'intérieur*.

PREMIÈRE VOIX *(à l'intérieur)*.

Belle passe!

DEUXIÈME VOIX *(à l'intérieur)*.

Quelle adresse! Quelle lance!

DON FERNANDO

Qu'attendons-nous? Prenons nos chevaux.

DON RODRIGO

Allons.

PREMIÈRE VOIX *(à l'intérieur)*.

Dans le monde entier, il n'a pas son pareil!

DON FERNANDO

Entendez-vous?

DON RODRIGO

Je ne peux le supporter.

DON FERNANDO

On enragerait à moins!

DEUXIÈME VOIX *(à l'intérieur)*.

Gloire sept cents fois au chevalier d'Olmedo!

DON RODRIGO

Écoutez ces cris! Quelle chance me reste-t-il de vaincre?

DON FERNANDO

C'est la plèbe! Ne la connaissez-vous pas?

PREMIÈRE VOIX *(à l'intérieur)*.

Dieu te garde! Dieu te garde!

Don Rodrigo

S'il était le roi, crieraient-ils plus fort? Mais ils sont raison : qu'ils crient, qu'ils prient surtout pour que la chance lui soit fidèle jusqu'à la fin.

Don Fernando

Le vulgaire est barbare. Il applaudit toujours ce qui est nouveau.

Don Rodrigo

Il arrive. Il va changer de cheval.

Don Fernando

Aujourd'hui, vraiment, il couche avec la fortune.

SCÈNE III

Don Alonso,

Tello, *en livrée avec une lance,*
Don Rodrigo, Don Fernando

Tello

Fameuses passes, par Dieu!

Don Alonso

Donne-moi l'alezan, Tello.

Tello

Nous aurons la couronne, à l'unanimité!

Don Alonso

Nous aurons, Tello?

Tello

Nous aurons. Toi à cheval et moi à pied, nous nous sommes égalés.

Don Alonso

Oui, Tello, tu y es allé bravement.

Tello

J'ai tranché les jarrets de six taureaux comme radis de mon jardin.

Don Fernando

Retournons, Rodrigo. Heureusement, et quoi que vous en disiez, ils nous attendent.

Don Rodrigo

Vous, Don Fernando, oui! Moi, non! À moins qu'ils attendent des passes qui tournent à mon affront, ou un taureau qui me tue ou me traite de telle manière qu'ils puissent en faire des gorges chaudes.

Tello *(à part, à son maître)*.

Regarde. Ils t'observent!

Don Alonso

Je les connais. Ils envient mes succès et me jalousent à cause des regards d'Inès.

> *Don Rodrigo et Don Fernando sortent avec leurs valets.*

SCÈNE IV

Don Alonso, Tello

Tello

Ses sourires t'encourageaient, à la face du monde. Le cœur s'exprime sans paroles dans le sourire. Tu n'es pas passé une seule fois sans qu'elle se soit dressée hors du balcon.

Don Alonso

Ah! mon Inès! Dieu fasse que je présente à mes parents un si beau gage de postérité.

Tello

Ainsi feras-tu quand ce Don Rodrigo aura perdu les rênes. Je suis assez content de voir Inès s'enflammer ainsi pour toi.

Don Alonso

Fabia est restée chez Inès. Pendant que je fais un tour dans la place, cours et ordonne-lui d'avertir Inès que je veux lui parler avant de partir. Qu'elle lui dise que, si cette nuit, je n'allais pas à Olmedo, mes parents me croiraient mort. Je ne veux pas leur causer ce chagrin par mon absence. Ils doivent dormir en paix.

Tello

Tu as raison. Pour qu'ils dorment en joie, évite-leur l'attente et la crainte!

Don Alonso

J'y vais!

Tello

Que le ciel te garde.

Don Alonso sort.

SCÈNE V

Tello *(seul).*

Bonne occasion de parler à Fabia sans crainte. Je médite de prendre la chaîne à la vieille, en dépit de son esprit rusé. Ni Circée, ni Médée, ni Hécate n'en ont jamais su autant qu'elle. Elle doit avoir dans l'esprit plus de trente tours de clé. Mais le meilleur moyen de l'abuser est de lui déclarer mon amour. C'est une bonne médecine pour une femme âgée. Deux protestations d'amour et de désir, les voilà qui s'imaginent au bel âge et se croient d'une étoffe éternelle !

Il sort.

SCÈNE VI

Rue et vue extérieure de la maison de Don Pedro.

TELLO, *puis* FABIA

TELLO

Suffit. J'arrive, j'appelle ! Fabia ! Non, je suis un veau ! Elle sait sûrement que j'apprécie son or plus que son âge. Son ami aux pieds fourchus le lui aura déjà appris.

Fabia sort de la maison de Don Pedro.

FABIA

Jésus, mais c'est Tello ! Toi ici ? La bonne manière de servir Don Alonso ! Qu'est ceci ? Qu'est-il arrivé ?

TELLO

Ne t'énerve pas, reste digne ! Je ne me précipite que pour toi. C'est pour te voir que j'apporte plus vite qu'il ne faut un message de Don Alonso.

FABIA

Comment s'est-il comporté ?

TELLO

Vaillamment, puisque je l'accompagnais.

FABIA

On ne fait pas plus modeste !

TELLO

Demande au roi et tu sauras qui, d'Alonso ou de moi,

en a fait le plus. Chaque fois que je passais, le roi se
jetait hors du balcon.

FABIA

Étrange faveur !

TELLO

J'aimerais mieux les tiennes.

FABIA

Regardez ce beau museau !

TELLO

Ta beauté suffisait déjà à faire de moi un Roland. Les
taureaux de Medina, moi ? Vive Dieu, quels revers je
leur ai distribués et avec quel style, quelle allure ! Je leur
coupais les jarrets avec tant de vélocité qu'au milieu
de l'enthousiasme général, j'entendis un taureau qui me
disait : « Assez, monsieur Tello, assez ! — Jamais assez »,
lui dis-je. Et d'une fauchée, je lui fis voler la patte jusque
sur un toit.

FABIA

Combien as-tu cassé de tuiles ?

TELLO

C'est l'affaire du propriétaire, non la mienne. Préviens,
Fabia, ta maîtresse, que le jeune homme qui l'adore
viendra ici prendre congé d'elle. Il y a nécessité qu'il
retourne chez lui pour que ses parents n'aillent pas penser
qu'il est mort. Je t'en informe. Mais comme la fête
continue sans moi, et que le roi doit, en mon absence,
regretter son tueur de taureaux personnel, je vais retourner sur la place redonner prétexte aux vivats et aux
applaudissements. J'y retournerai du moins dès que
tu m'auras consenti une faveur.

FABIA

Une faveur, moi ?

TELLO

Récompense mon amour.

FABIA

Je serais donc la cause de tes prouesses? Voilà du nouveau! Qu'aimes-tu le mieux en moi?

TELLO

Tes yeux.

FABIA

Eh bien, mon beau poulain, je te donnerai des œillères.

TELLO

En tant qu'étalon, ma Fabia, j'ai déjà fait mes preuves.

FABIA

C'est un vrai compliment d'écurie.

TELLO

À cheval brun, belles châtaignes!

FABIA

Prends garde à ce qui va t'arriver là-bas. On commence par s'échauffer en prières et on finit par un refroidissement. Veille à ce qu'un des garçons de Saint-Lucas ne t'enlève pas les chausses. Quel rire général, Tello, si, devant tout le monde, un taureau te soulevait la chemise comme un chambellan.

TELLO

Ma vigilance et mes aiguillettes feront rempart à mon honneur!

FABIA

Qu'importe l'aiguillette à la corne d'un taureau?

TELLO

Je suis d'étoffe à ne craindre aucun taureau!

FABIA

Ceux de Medina peuvent faire grand carnage, ils ont dans le nez les pages d'Olmedo.

TELLO

Ils ne seront pas les premiers, Fabia, à être terrassés par ce bras très espagnol.

FABIA

Bon! Bon! Veille cependant à ne pas prendre un coup de soleil à cet endroit que le soleil ne voit jamais!

Ils sortent.

SCÈNE VII

Passage qui donne sur la place de Medina.

LA FOULE *et ensuite*
DON RODRIGO *et* DON ALONSO

> *On entend à l'intérieur du tumulte et des cris.*

PREMIÈRE VOIX *(à l'intérieur)*.

Don Rodrigo est tombé.

DON ALONSO *(à l'intérieur)*.

Écartez-vous.

DEUXIÈME VOIX *(à l'intérieur)*.

Don Alonso vient à son secours! Quel courage! Quel cœur!

PREMIÈRE VOIX *(à l'intérieur)*.

Il met pied à terre.

DEUXIÈME VOIX *(à l'intérieur)*.

Oh! quels coups d'épée!

PREMIÈRE VOIX *(à l'intérieur)*.

Il a mis le taureau en pièces!

> *Don Alonso entre tenant Don Rodrigo.*

Don Alonso

J'ai ici un cheval. Les nôtres sont emballés et courent à travers la place. Ayez courage !

Don Rodrigo

Vous me le rendez. Quelle chute !

Don Alonso

N'allez plus dans l'arène. Vous trouverez ici des valets qui se mettront à vos ordres. Je retourne, quant à moi, dans la place. Pardonnez-moi, il faut que je remette la main sur mon cheval.

Il sort.

SCÈNE VIII

Don Fernando, Don Rodrigo

Don Fernando

Qu'est ceci ? Rodrigo, seul ! Qu'y a-t-il ?

Don Rodrigo

Une chute malheureuse, un malheureux échec ! Mais tout est malheur, et par-dessus tout que je doive la vie au rival dont je veux la mort.

Don Fernando

Et tout ceci sous les yeux du roi ! Et Inès a pu voir son heureux amant mettre le taureau en pièces pour vous en délivrer !

Don Rodrigo

J'en perds la raison. Non, Fernando, d'un pôle à l'autre de ce monde, il n'est pas d'homme plus malheureux ni plus humilié ! Les blessures se mêlent aux chagrins, l'insulte à la jalousie, aux présages et aux prodiges ! J'ai levé les yeux vers Inès. J'espérais rencontrer une ombre de compassion sur ce visage dont je suis fou, malgré son ingratitude. Mais le regard de Néron, contemplant l'incendie de Rome depuis le rocher Tarpéien, n'était pas plus insensible que celui d'Inès. Un instant après, elle regardait de nouveau Don Alonso et les œillets de la pudeur empourpraient légèrement le jasmin de son teint. Entre ses lèvres rouges, son sourire est venu payer en perles la joie de me voir aux pieds d'Alonso, abattu par le sort et jaloux de mon vainqueur. Mais avant qu'Apollon fasse éclater son rire à l'orient et remplisse d'or les fontaines du ciel, Inès changera son sourire en larmes si seulement je rencontre ce petit chevalier insensé entre Medina et Olmedo!

Don Fernando

Il saura se protéger.

Don Rodrigo

Vous ne connaissez pas la jalousie.

Don Fernando

Elle est un monstre, c'est vrai. Mais une telle affaire mérite d'être examinée à loisir.

SCÈNE IX

Le roi, le connétable, la suite

Le roi

Les fêtes se sont terminées tard. Mais je n'en ai jamais vu d'aussi belles.

Le connétable

J'ai fait savoir que vous vous apprêtiez à partir demain. Néanmoins, Medina souhaite si fort que vous assistiez au tournoi dont elle veut vous honorer qu'elle vous demande de retarder votre départ de deux jours.

Le roi

Ce serait plus facile à mon retour.

LE CONNÉTABLE

Que Votre Altesse fasse ce plaisir à Medina!

LE ROI

Je le ferai pour vous, bien que l'Infant soit impatient et insiste pour que les entrevues de Tolède aient lieu au jour fixé.

LE CONNÉTABLE

Le chevalier d'Olmedo a vraiment brillé. Quelle bravoure!

LE ROI

Et quelle grâce dans les figures de la course, connétable!

LE CONNÉTABLE

Je ne sais ce qu'il faut admirer le plus en lui, la chance ou la valeur, bien que la valeur soit indiscutable.

LE ROI

Il réussit dans tout ce qu'il entreprend.

LE CONNÉTABLE

Votre Altesse a raison de lui accorder ses faveurs.

LE ROI

Il en est digne et mérite que vous l'honoriez aussi.

Ils sortent.

SCÈNE X

Rue et vue extérieure de la maison de Don Pedro.

DON ALONSO, TELLO

TELLO

Nous avons trop attendu. Il est dangereux maintenant de prendre la route.

Don Alonso

Non, Tello. Je dois partir malgré l'heure. Je veux épargner toute inquiétude à mes parents.

Tello

Si tu commences de parler à Inès, tu oublieras tes parents. Le jour te trouvera encore à ces grilles !

Don Alonso

Non, une autre âme en moi m'avertira.

Tello

Il me semble qu'on parle aux grilles. N'est-ce pas la voix de Léonor ?

Don Alonso

Oui, puisque les étoiles resplendissent comme à l'approche d'un soleil.

SCÈNE XI

Doña Léonor, *à la grille,* les mêmes

Doña Léonor

Est-ce Don Alonso ?

Don Alonso

C'est moi.

Doña Léonor

Ma sœur va venir. Elle parle avec mon père des fêtes d'aujourd'hui. Que Tello entre. Inès veut vous faire un cadeau.

Elle quitte la grille.

Don Alonso

Va, Tello.

TELLO

S'ils ferment ensuite et que je ne puisse sortir, pars!
Je saurai te rejoindre.

> *On ouvre la porte de la*
> *maison de Don Pedro, Tello*
> *entre et Doña Léonor revient à*
> *la grille.*

DON ALONSO

Ah! Léonor, quand pourrai-je entrer ici avec la même
liberté?

DOÑA LÉONOR

Bientôt, je crois. Mon père, par chance, a grande
opinion de toi, il est prêt à t'aimer. Quand il connaîtra
votre amour, il saura choisir pour Inès la meilleure
part et s'y tiendra ensuite.

SCÈNE XII

DOÑA INÈS, *de l'intérieur,* DOÑA LÉONOR, *à la grille,*
DON ALONSO, *dans la rue.*

DOÑA INÈS

À qui parles-tu?

DOÑA LÉONOR

À Rodrigo.

DOÑA INÈS

Menteuse! Voici mon maître!

DON ALONSO

Ton esclave et j'en prends le ciel à témoin!

DOÑA INÈS

Mon seigneur et non pas mon esclave!

Doña Léonor

Je vous laisse! [Les jaloux seuls peuvent se permettre,
sans sottise, d'importuner les amoureux!]

Elle sort.

SCÈNE XIII

Doña Inès, *à la grille,*
Don Alonso, *dans la rue.*

Doña Inès

Comment es-tu?

Don Alonso

Comme un homme sans vie. Pour vivre enfin, je
viens te voir.

Doña Inès

Il ne fallait pas moins que le chagrin de ce départ
pour altérer la joie que tu m'as donnée aujourd'hui,
toi le plus parfait des chevaliers, l'unique pensée des
dames! J'étais jalouse de toutes. Je désirais qu'elles te
louent et je le regrettais ensuite, craignant de te perdre.
Elles parlaient de toi avec passion! Combien d'hommages
et de surnoms t'ont donnés l'envie chez les hommes
et l'amour chez les femmes! Mon père souhaitait,
après cela, que tu épouses Léonor, et mon amour lui
rendait grâces de ce choix, malgré ma jalousie. Car
c'est à moi que tu dois être, et bouche fermée, je l'ai
crié à mon père de toute mon âme. Mais hélas! comment
puis-je être heureuse maintenant que tu vas partir?

Don Alonso

Oui, je pars, mais pour rassurer mes parents.

Doña Inès

Je te donne raison. Mais laisse-moi le regretter.

Don Alonso

Ah! Je le regrette aussi. Je pars pour Olmedo laissant mon âme à Medina. Je ne sais avec quel cœur je pars ni avec quel cœur je resterais. L'amour se fait un monde de l'absence, Inès, et la jalousie exacerbe les craintes. Je pars et mon cœur ne sait s'il vit ou s'il meurt. Mais, sur le point de partir, les paroles me manquent, comme à celui qui va mourir, le pied déjà à l'étrier. Pendant tous ces jours, j'ai cheminé au fond d'âpres défilés, plein de folles idées, consolé au milieu de mes tristesses, triste au cœur de mes joies. La crainte de te perdre donne tant de force à mon imagination qu'elle règne sur mes jours et qu'il me semble alors être dans les angoisses de la mort. Je crains aussi la jalousie de mes rivaux. Je pourrai sans doute me défendre. Mais, pour l'instant, je reste partagé entre l'amour et la crainte, je m'égare en vains discours. Parfois, je perds tout espoir de te revoir, je vis dans le pressentiment de ma mort et j'ai envie de te dire alors ce que l'autre écrivait déjà : « Madame, je vous écris au moment de mourir! » Pourtant, tu m'appelles ton époux, je vis dans un amour heureux et je devrais m'étonner qu'un homme aimé et préféré entre tous puisse nourrir tant de tristesse. Mais te quitter, c'est partir pour la mort! Eh bien, loin de toi, je t'écrirai l'absence, je t'écrirai la mort, la mort certaine, puisque je meurs de ce départ! Oui, je sais, ma mélancolie n'a pas de raison, mais elle a tant de pouvoir sur moi qu'elle me persuade, ô mon Inès, que ce départ est sans retour et que je pars à la mort. Mais non! n'est-ce pas, mourir ne sera pas te perdre? Si l'âme ne se partage pas, comment pourrai-je te quitter ou m'arracher à toi quand nous ne faisons qu'une seule âme.

Doña Inès

Tes craintes et tes pressentiments me laissent effrayée et inquiète. Mais si tes tristesses ne viennent que de la jalousie, ton amour est bien ingrat. Je comprends tout ce que tu dis, mais, toi, tu ne comprends pas, oh! non, tu ne comprends pas la force de mon amour!

Don Alonso

Pardonne et comprends, toi, que ces pressentiments ne

sont rien que la rêverie triste d'une âme qui me tourmente.
Non, je ne doute pas de toi. Ce serait faire affront, Inès,
au nom que tu m'as donné. Aucun soupçon ne parle
en moi; mais des songes et des chimères, de vaines
illusions qu'il faut dissiper!

DOÑA INÈS

Voici Léonor.

SCÈNE XIV

DOÑA LÉONOR, *à l'intérieur*, LES MÊMES

DOÑA INÈS

Du nouveau?

DOÑA LÉONOR *(à l'intérieur)*.

Oui.

DON ALONSO

Dois-je partir?

DOÑA LÉONOR *(à l'intérieur)*.

Certainement. Mon père va se coucher et te demande.

DOÑA INÈS

Pars, Alonso, pars! Adieu! Point de plaintes, il le
faut.

DON ALONSO

Inès, quand Dieu permettra-t-il enfin que nous soyons
unis l'un à l'autre? Ici s'achève ma vie, puisque je
m'éloigne de toi. Tello n'a pu sortir ou n'a pas fini de
prendre congé. Je pars. Il me rejoindra.

Inès sort.

SCÈNE XV

*Au moment où Don Alonso
se retire, une ombre, avec masque
et chapeau, la main posée sur la
poignée de l'épée, se dresse devant
lui.*

DON ALONSO

Qu'est ceci? Qui va là? Il ne paraît pas m'entendre.
Qui es-tu? Parle. Un seul homme me ferait peur quand
je n'ai pas reculé devant tant d'autres? Es-tu Don
Rodrigo? Ne peux-tu dire qui tu es?

OMBRE

Don Alonso.

DON ALONSO

Comment?

OMBRE

Don Alonso.

DON ALONSO

Quoi? C'est impossible! Mais tu parles d'un autre.
Moi seul suis Don Alonso Manrique. Si tu te joues de
moi, allons, la main à l'épée!

L'ombre disparaît.

SCÈNE XVI

DON ALONSO

Ce serait fou de le suivre. Oh! imagination terrible!
N'est-ce point là mon fantôme? Mais non, il a dit qu'il
était Don Alonso en chair et en os. Ce sont les hallucina-

tions que suscitent la force de la mélancolie et mes tristes rêveries. Arrière, pensée qui m'affliges et m'obsèdes avec ce fantôme! Les hommes de mon sang ne tremblent pas sans raison. Peut-être Fabia veut-elle m'influencer par ces artifices, pour que je n'aille pas à Olmedo, sachant qu'il n'est pas d'autre moyen. Elle me répète sans cesse que je me garde, que je ne fasse pas route la nuit, sans me donner d'autre raison que la jalousie qui me guette. Mais Don Rodrigo ne peut plus me jalouser puisqu'il me doit maintenant la vie. Une pareille dette oblige à jamais un chevalier de sa naissance. Et j'espère au contraire qu'à partir d'aujourd'hui, elle doit consacrer notre amitié dans Medina. L'ingratitude ne vit que parmi les vilains, un sang noble l'ignore. De toutes les actions viles que couvre la bassesse des hommes, la pire de toutes n'est-elle pas de rendre le mal pour le bien?

Il sort.

SCÈNE XVII

Campagne avec des arbres le long d'un chemin.

DON RODRIGO, DON FERNANDO, MENDO

DON RODRIGO

Cette nuit verra la fin de mes jalousies et de sa vie.

DON FERNANDO

Êtes-vous vraiment décidé?

DON RODRIGO

Rien n'empêchera sa mort puisque Inès a repris sa parole. J'ai compris enfin que sa dévotion était feinte. J'ai su que c'était Tello, le page de Don Alonso, qui enseignait à Inès un latin qui n'a jamais été fait que de mots amoureux. Ah, la vertueuse gouvernante que Don Pedro a reçue aussi dans sa maison! Malheureuse jeune fille! Je pardonne à ton innocence, si tu brûles d'un feu

infernal par les sortilèges de Fabia. Malgré toute sa
prudence, elle ignore ce qui se trame. C'est pourquoi
elle foule aux pieds son honneur et le mien. Combien de
nobles maisons ont été déshonorées ainsi par des sortilèges et des entremetteurs! Fabia, qui peut déplacer
une montagne, Fabia, qui peut arrêter un fleuve dans
son cours, et qui commande aux noirs ministres de
l'Achéron comme à des vassaux, Fabia, qui peut transporter un homme à travers les airs, depuis l'horizon de
cette mer jusqu'au brûlant tropique ou jusqu'au pôle
des neiges, Fabia lui donne des leçons! Imaginez-vous
cela!

Don Fernando

Justement! Puisqu'il en est ainsi, je laisserais à votre
place toute idée de vengeance.

Don Rodrigo

Vive Dieu, Fernando, ce serait grande lâcheté de notre
part.

Don Fernando

Mépriser ce qu'on aime est une bassesse plus grande.

Don Rodrigo

Renoncez! Moi, je ne le peux.

Mendo

Écoute, seigneur. L'écho nous avertit. Des chevaux
approchent.

Don Rodrigo

S'il a une suite, c'est qu'il a peur.

Don Fernando

N'en croyez rien. Cet homme ne craint personne.

Don Rodrigo

Que chacun prenne son poste en silence. Toi, Mendo,
avec ton arquebuse, attends le bon moment derrière un
arbre.

Don Fernando

La fortune est inconstante, le bonheur fou, le sort
changeant! Tout à l'heure, sous les yeux d'un roi, au
milieu de l'arène, il paraissait dans toute sa gloire.
Et maintenant, une mort féroce l'attend!

SCÈNE XVIII

Don Alonso *(seul)*.

Pour la première fois j'éprouve angoisse et crainte
sur le chemin d'Olmedo. Mais ce sont les effets d'une
imagination malade. Le doux bruit des eaux et le léger
mouvement des branches dans le vent augmentent
encore cette mélancolie. Je vais de l'avant et ma pensée
retourne aveuglément en arrière. L'amour de mes parents
et l'obéissance m'emportent! Mais était-il si important
de prouver ainsi la fermeté de mon âme? Ah! oui, ce
fut cruel de quitter si vite Inès! Quelles ténèbres! La nuit
sera horrible jusqu'à ce que le premier soleil jaunisse
les traces de l'aube sur les tapis de Flore. On chante
là-bas. Qui est-ce? Allons! Ce sera quelque laboureur
qui fait route vers son travail. Sa voix était lointaine.
Pourtant, elle se rapproche. Mais quoi! Il s'accompagne
d'un instrument. Et l'accent n'en est pas rustique, mais
doux et mélodieux. Quel goût malheureux a la musique
quand le cœur est plein de tristesse!...

UNE VOIX *(à l'intérieur, chante
depuis le lointain et vient en s'approchant).*

> C'est dans la nuit
> qu'ils le tuèrent
> le chevalier,
> l'ornement de Medina
> et la fleur d'Olmedo.

Don Alonso

Que dit-il! Oh! ciel, si ce sont là des avis que tu
me donnes dans la solitude où je suis, de quoi veux-tu
m'avertir? Retourner en arrière? Comment le puis-je?
Mais non, c'est une machination de Fabia qui, à la

prière d'Inès, veut faire en sorte que je n'aille pas à Olmedo.

LA VOIX *(à l'intérieur)*.

> Les ombres l'ont averti
> qu'il ne parte pas,
> et lui ont conseillé
> de ne point faire route,
> le chevalier,
> l'ornement de Medina
> et la fleur d'Olmedo.

SCÈNE XIX

UN LABOUREUR, DON ALONSO

DON ALONSO

Holà, brave homme, toi qui chantes!

LE LABOUREUR

Qui m'appelle?

DON ALONSO

Un homme égaré.

LE LABOUREUR

Je viens. Me voilà.

DON ALONSO *(à part)*.

Tout m'épouvante. *(Au laboureur.)* Où vas-tu?

LE LABOUREUR

À mon travail.

DON ALONSO

Qui t'a appris cet air que tu chantes si tristement.

LE LABOUREUR

On me l'a appris là-bas, monsieur, à Medina.

Don Alonso

C'est moi qu'on a coutume d'appeler le chevalier d'Olmedo, et vois, je suis encore vivant.

Le laboureur

Je ne peux rien vous dire de plus sur cette chanson, ni son histoire ni ce qui l'a inspirée. Simplement, je l'ai entendue d'une certaine Fabia. Si vous voulez le savoir, je me suis mis en règle en vous faisant entendre cette chanson. Retournez en arrière, maintenant. Ne franchissez pas ce ruisseau.

Don Alonso

Ce serait lâcheté. J'ai de l'honneur et je suis chevalier.

Le laboureur

Votre courage est bien aveugle. Retournez, retournez à Medina.

Don Alonso

Viens, toi, avec moi!

Le laboureur

Je ne puis.

Il sort.

SCÈNE XX

Don Alonso *(seul)*.

Que de fantômes suscitent la crainte! Quelles chimères elle se fait! Écoute, écoute-moi! Où est-il parti? C'est à peine si j'entends ses pas! Eh, laboureur! Écoute-moi, attends. « Attends », répond l'écho. Moi mort? Mais non, c'est une chanson qu'on a faite pour quelque homme d'Olmedo, que ceux de Medina ont tué autrefois sur cette route. J'ai déjà parcouru la moitié du chemin. Que dira-t-on de moi si je m'en retourne? On vient... Ah! tant mieux! S'ils vont de mon côté, j'irai avec eux.

SCÈNE XXI

DON RODRIGO, DON FERNANDO,
MENDO, DOMESTIQUES, DON ALONSO

DON RODRIGO

Qui va là?

DON ALONSO

Un homme. Cela ne se voit pas?

DON FERNANDO

Arrêtez.

DON ALONSO

Messieurs, si c'est la nécessité qui vous force à ces expédients, le chemin est court d'ici à ma maison. Je ne regarderai pas à l'argent puisque, de jour et dans la rue, j'en donne à qui je vois et me fait l'honneur de m'en demander.

DON RODRIGO

Lâchez vos armes tout de suite.

DON ALONSO

Pourquoi?

DON RODRIGO

Pour les rendre.

DON ALONSO

Savez-vous qui je suis?

DON FERNANDO

L'homme d'Olmedo, le tueur de taureaux, celui qui est venu, arrogant et stupide, faire affront aux hommes de Medina, le lâche qui déshonore Don Pedro avec d'infâmes entremetteurs.

Don Alonso

Si vous autres aviez un peu de noblesse, c'est à Medina, où vous le pouviez, que vous m'auriez parlé, et non ici, quand je rentre seul à Olmedo. Oui, là-bas, près des grilles où tu as abandonné, toi, une cape dans ta fuite, là-bas, et non au milieu de la nuit, avec l'insolence de ceux qui sont en nombre. Mais il faut vous rendre cette justice, vilains, que même si nombreux, vous êtes encore trop peu.

Ils se battent.

Don Rodrigo

Je suis venu te donner la mort et non me battre en duel. Mais je puis te tuer même au corps à corps. *(À Mendo.)* Feu sur lui!

Mendo tire.

Don Alonso

Ah! traîtres! Sans armes à feu, vous n'auriez pu me tuer. Jésus!

Il tombe.

Don Fernando

Beau travail, Mendo.

Don Rodrigo, Don Fernando et la suite sortent.

Don Alonso

Pourquoi n'ai-je pas cru aux avis du ciel? Mon courage m'a trompé, l'envie et la jalousie m'ont tué. Malheur à moi! Qui m'apportera secours dans une campagne si solitaire?

SCÈNE XXII

Tello, Don Alonso

Tello

Ces hommes à cheval qui fuyaient dans la direction de Medina m'ont inquiété. Je leur ai demandé s'ils avaient vu Don Alonso et ils n'ont pas répondu. Mauvais signe! Je tremble.

Don Alonso

Pitié, mon Dieu! Je meurs! Vous savez que mon amour n'avait d'autre but que le mariage! Hélas! Inès!

Tello

J'entends les tristes échos de plaintes douloureuses. Elles viennent de ce côté-ci. Celui qui se plaint n'est pas loin du chemin. Oh! je n'ai plus de sang, il me semble que mon chapeau pourrait se tenir sur mes cheveux dressés. Eh! gentilhomme!

Don Alonso

Qui est là?

Tello

Ah, Dieu! Comment douter de ce que je vois? C'est mon maître. Don Alonso!

Don Alonso

Sois le bienvenu, Tello.

Tello

Comment le serais-je, seigneur, moi qui ai tant tardé? Comment le serais-je si j'arrive pour te voir dans une mer de sang? Traîtres, vilains, chiens, revenez, ah! revenez me tuer, puisque vous avez tué, infâmes, le plus noble, le plus vaillant, le plus beau chevalier qui, en Castille, porta jamais l'épée!

Don Alonso

Tello, Tello, il n'est plus temps maintenant que de s'occuper de l'âme! Place-moi sur ton cheval et emporte-moi vite! Je veux revoir mes parents.

Tello

Ah! l'étrange nouvelle que je leur rapporte des fêtes de Medina! Que dira ton noble père? Que feront ta mère et ta ville? Vengeance, vengeance, cieux charitables!

Il emporte Don Alonso.

SCÈNE XXIII

Une pièce de la maison que le roi occupe à Medina.

Don Pedro, Doña Inès,
Doña Léonor, Fabia, Ana

Doña Inès

Il a dispensé toutes ces grâces?

Don Pedro

Sa royale main, sa main courageuse et généreuse, a prouvé la grandeur de son cœur. Medina est pleine de reconnaissance. Moi, pour tout ce que j'ai reçu, je vous mène baiser sa main.

Doña Léonor

Il annonce déjà son départ?

Don Pedro

Oui, Léonor, à cause de l'Infant qui l'attend à Tolède. Mais je reste l'obligé du roi pour moi, et encore plus pour vous, puisque ce qu'il m'accorde augmentera votre patrimoine.

Doña Léonor

Vous avez raison d'être satisfait.

Don Pedro

J'ai été nommé gouverneur militaire à Burgos. Rendez-en grâce à Son Altesse.

Doña Inès *(à part, à Fabia).*

Nous allons être absents, Fabia!

Fabia

Le sort te réserve peut-être un plus grand mal!

Doña Inès

Ce n'est donc pas en vain que je suis si triste depuis hier.

Fabia

J'ai peur qu'un plus grand dommage ne te menace encore. Mais je puis me tromper. Dans les choses de l'avenir, il n'y a pas de science certaine.

Doña Inès

Quel plus grand mal que l'absence ? Elle est pire que la mort !

Don Pedro

Et maintenant, Inès, si tu voulais renoncer à ton projet, je n'aurais plus de bonheur à souhaiter. Ce n'est pas que je veuille te faire violence, mais te marier serait mon plus cher désir.

Doña Inès

L'obéissance que je vous dois ne peut me détourner de mon projet. Je m'étonne que vous ne compreniez pas la situation où je suis.

Don Pedro

Je ne la connais pas.

Doña Léonor

Alors, je la dirai pour toi, Inès, si tu veux bien. Vous ne la mariez pas à son goût. Voilà qui est dit en un mot.

Don Pedro *(à Inès)*.

Ma tendresse aurait dû me valoir plus de confiance. Comment pouvais-je imaginer tes répugnances si tu ne me les faisais pas connaître ?

Doña Léonor

Inès a un sentiment pour un chevalier depuis que le roi l'a couvert de distinctions ! Vous voyez qu'il ne s'agit pas d'un goût frivole, mais d'un penchant honorable.

Don Pedro

Mais s'il a de la qualité et que tu l'aimes, qui trouverait à redire? Avec la bénédiction du ciel, marie-toi, Inès. Mais ne puis-je savoir qui il est?

Doña Léonor

Don Alonso Manrique.

Don Pedro

J'aurais payé cher pour que ce fût lui. Celui d'Olmedo?

Doña Léonor

Oui, monsieur.

Don Pedro

C'est un homme de grande valeur. Dès maintenant, je me réjouis d'un choix si avisé. Je regrettais l'habit religieux parce que j'imaginais une autre vocation pour toi. Parle, Inès, ne reste pas ainsi.

Doña Inès

Mon père, Léonor s'avance un peu. Mon inclination n'est pas aussi grande qu'elle vous le dit ici.

Don Pedro

Je ne veux pas te tourmenter. Je garde seulement la joie que me donne un choix si légitime et ton désir de te marier. Dès maintenant, Alonso est ton mari, et je me tiens pour honoré d'un gendre si applaudi, si riche et si bien né.

Doña Inès

J'embrasse mille fois vos genoux. Je suis folle de joie, Fabia.

[Fabia

Je te présente mes félicitations. *(À part.)* En attendant mes condoléances.]

Doña Léonor

Le roi!

SCÈNE XXIV

Le roi, le connétable, Don Rodrigo,
Don Fernando, la suite, les mêmes

DON PEDRO *(à ses filles)*.

Avancez et baisez sa main.

DOÑA INÈS

Avec joie!

DON PEDRO

Aux pieds de Votre Altesse, pour la grâce qu'elle me
fait et qu'elle fait à mes filles en me donnant le gouvernement de Burgos!

LE ROI

Je suis assez payé par votre valeur, Don Pedro, et
par vos services.

DON PEDRO

J'ai désiré au moins vous bien servir.

LE ROI

Êtes-vous mariées?

DOÑA INÈS

Non, sire.

LE ROI

Votre nom?

DOÑA INÈS

Inès.

LE ROI

Et le vôtre?

Doña Léonor

Léonor.

Le connétable

Don Pedro mérite d'avoir deux gendres dignes de lui, qui sont ici, et auxquels je demande, sire, que vous les mariiez de votre main.

Le roi

Qui sont-ils ?

Don Rodrigo

Avec la permission de Votre Majesté, je suis le prétendant d'Inès.

Don Fernando

Et moi, j'offre à sa sœur ma main et mon amour.

Le roi

Vous établirez vos deux filles, Don Pedro, avec de nobles chevaliers.

Don Pedro

Sire, je ne puis donner Inès à Don Rodrigo, car je la tiens pour mariée avec Don Alonso Manrique, le chevalier d'Olmedo que vous avez honoré d'une croix.

Le roi

Je vous fais donc promesse que la première commanderie sera pour lui...

[Don Rodrigo *(à part, à Don Fernando)*.

Étrange événement !

Don Fernando *(à part, à Don Rodrigo)*.

Soyez prudent.]

Le roi

... car il est homme de grand mérite.

SCÈNE XXV

Tello les mêmes

Tello, *(à l'intérieur)*.

Laissez-moi entrer.

Le roi

Que sont ces cris?

Le connétable

Un écuyer est aux prises avec la garde. Il veut vous parler.

Le roi

Laissez-le entrer.

Le connétable

Il vient en pleurs réclamer justice.

Le roi

Rendre la justice est mon devoir. Ce sceptre en est le symbole.

Entre Tello.

Tello

Invincible Don Juan qui, malgré tant de rivaux acharnés, a conquis l'heureux empire du royaume de Castille, je suis venu avec un vieux chevalier demander justice de deux traîtres. Mais l'excès de sa douleur l'a abattu à tes portes où il est près de rendre l'âme. Moi, son serviteur, j'ai donc eu l'audace de forcer ta garde au risque de t'importuner. Écoute, puisque le ciel a confié à ton libre discernement les faisceaux de sa justice! La nuit qui suivit cette fête organisée par les chevaliers de Medina à la Croix de mai, comme s'il fallait faire éclater une fois de plus qu'il y a passion partout où il y a

croix, un crime s'est accompli. Cette nuit-là, mon maître
Don Alonso, ce jeune homme fameux qui sut mériter
des faveurs que tu ne prodigues qu'aux meilleurs, partit
de Medina pour Olmedo, afin de donner à ses vieux
parents la joie de le voir délivré de taureaux moins
féroces pourtant que ses ennemis. Je restai, moi, à
Medina, ayant la charge et le soin des harnachements
et des chevaux. À l'heure où je quittai Medina, sous le
ciel nuageux de la nuit à mi-chemin des deux pôles,
la trahison se hérissait d'épées, le brigandage armait
des bras, l'effroi prenait son vol. Au passage d'un petit
ruisseau, sur un pont qui sert de repère à la route, je
rencontrai six hommes galopant dans la direction de
Medina. Bien qu'ils fussent en troupe, leurs visages
bouleversés étaient décomposés. La lune qui s'était
levée tardivement et rétrécissait peu à peu sa face
ensanglantée me permit d'en reconnaître deux. Car le
ciel pour qui il n'est pas de secrets humains éclaire
peut-être de ses étoiles l'obscurité la plus muette pour
que les hommes y découvrent le crime et les coupables.
J'avançai alors et je vis, malheur sur moi, je vis Don
Alonso couvert de sang et mourant. Ici, puissant roi, je ne
pourrai ni refouler mes larmes ni dire ce que j'éprouve.
Je l'ai placé sur mon cheval, encore si plein d'âme que ses
rivaux auraient pu penser qu'ils ne l'avaient pas tué.
Il est arrivé à Olmedo avec juste assez de vie, ô ciel!
pour recevoir la bénédiction de deux vieillards désespérés qui couvraient ses blessures de larmes et de baisers.
Sa mort a plongé dans le deuil sa maison et sa cité.
Mais ses funérailles seront celles du phénix, seigneur,
et malgré l'inconstance des hommes et le temps oublieux,
il revivra et sera célébré après sa mort dans toutes les
bouches de la renommée!

Le roi

Étrange aventure!

Doña Inès

Malheur sur moi!

Don Pedro

Inès, garde tes larmes et ton désespoir pour notre
maison.

Doña Inès

Le couvent que je vous ai demandé par feinte, mon père, je vous supplie en vérité de me le donner! Et à vous, roi généreux, de ces lâches chevaliers, je demande justice.

Le roi *(à Tello)*.

Puisque tu peux les reconnaître, dis-moi qui sont ces deux traîtres? Où sont-ils? Je ne quitterai pas cette ville, vive Dieu, jusqu'à ce qu'ils soient arrêtés.

Tello

Ils sont ici, seigneur, Don Rodrigo est l'un des assassins. L'autre est Don Fernando.

Le connétable

Leur trouble est un aveu. Le crime est évident.

Don Rodrigo

Seigneur, écoute...

Le roi

Arrêtez-les et demain, sur un échafaud, tranchez la tête de ces infâmes pour mettre fin à la tragique histoire du chevalier d'Olmedo.

RIDEAU

WILLIAM FAULKNER

REQUIEM POUR UNE NONNE

PIÈCE EN DEUX PARTIES ET SEPT TABLEAUX

REQUIEM POUR UNE NONNE

*a été représenté pour la première fois le 20 septembre 1956,
au* Théâtre des Mathurins-Marcel Herrand, *dans les décors
de Leonor Fini et la mise en scène d'Albert Camus, avec la
distribution suivante :*

GOWAN STEVENS	MM. *Michel Auclair.*
GAVIN STEVENS	*Marc Cassot.*
LE GOUVERNEUR	*Michel Maurette.*
M. TUBBS, le gardien.	*Jacques Gripel.*
PETER.	*François Dalou.*

et

TEMPLE STEVENS	Mmes *Catherine Sellers.*
NANCY MANNIGOE.	*Tatiana Moukhine.*

PREMIÈRE PARTIE

PREMIER TABLEAU

Le tribunal : 17 h 30. Le 13 novembre.

> *Le rideau est baissé. Tandis que progressivement la lampe s'allume.*

UNE VOIX D'HOMME, *derrière le rideau.*

— Accusée, levez-vous !

> *Le rideau se lève en même temps que l'accusée, dans le box. On voit apparaître une partie du tribunal.*
>
> *Le tribunal n'occupe pas toute la scène, en effet, mais seulement la moitié supérieure de gauche, laissant dans l'obscurité l'autre moitié, ainsi que la partie inférieure du cadre de la scène. Le décor visible est donc non seulement délimité par les rayons des projecteurs, mais aussi légèrement surélevé par rapport au niveau du plateau.*
>
> *On ne voit ainsi qu'une partie de la salle d'audience : la barre, le juge, les huissiers, les avocats des parties en présence, le jury. L'avocat de la défense est Gavin*

Stevens, homme d'environ qua-
rante ans.

L'accusée est debout. C'est
une négresse d'une trentaine
d'années — c'est-à-dire qu'elle
peut avoir n'importe quel âge
entre vingt et quarante ans —
au visage calme, impénétrable,
presque rêveur.

Elle semble de très haute
stature. Elle domine l'assistance.
Tous les regards sont tournés
vers elle. Mais elle ne regarde
personne. Les yeux levés, elle
contemple fixement un point
éloigné, à l'autre extrémité de
la salle d'audience, comme si
elle était seule.

Un silence de mort règne dans
la salle. Tous l'observent.

Le juge

Nancy Mannigoe, avant que la cour prononce son
jugement, avez-vous quelque chose à ajouter pour votre
défense?

Nancy ne répond ni ne
bouge. Elle ne semble même pas
écouter.

Le juge

Je vous rappelle que la loi ne vous autorise pas à
parler après que la sentence a été prononcée. Je ne
tolérerai aucun incident. Si donc vous avez quelque
chose à dire, parlez maintenant. *(Nancy, même jeu.)*
Monsieur Stevens, voulez-vous, je vous prie, répéter
à votre cliente ce que je viens de dire. J'aimerais que
vous le fassiez avec soin. Votre cliente a troublé déjà
le début de ce procès en répondant qu'elle plaidait
coupable alors que vous aviez annoncé que vous plaide-
riez non coupable. Il semble que vous ne soyez pas

parvenu à lui faire comprendre ce qu'elle devait répondre. Je voudrais que vous vous fassiez mieux entendre d'elle et qu'elle conserve une attitude décente après l'énoncé de la sentence.

STEVENS

Nancy, le tribunal vous avertit que vous ne devrez rien dire après l'exposé de la sentence. Vous ne devrez pas parler, en aucune manière. Si vous avez quelque chose à déclarer, il faut le faire maintenant. *(Nancy, même jeu.)* Souvenez-vous, Nancy. Le tribunal a ses lois. Je sais pourquoi vous avez répondu « coupable » alors que je vous avais répété si souvent qu'il fallait répondre « non coupable ». Je sais ce que vous voulez dire. Mais, maintenant, le procès est fini. Tout à l'heure, dans la prison, vous penserez et direz ce que vous voudrez, tout ce que vous avez sur le cœur, que je connais et que je comprends. Mais, ici, vous devez vous taire après l'énoncé du jugement. Si vous voulez parler, faites-le maintenant. M'avez-vous compris ?

Nancy le regarde et se tait.

LE JUGE *(impatient).*

A-t-elle compris ?

STEVENS

Pour autant qu'une âme souffrante et confiante puisse comprendre ce qui la frappe, elle a compris, Votre Honneur.

LE JUGE

Alors, je lirai la sentence. Attendu que vous, Nancy Mannigoe, avez, le treizième jour de septembre, assassiné de propos délibéré et avec préméditation l'enfant en bas âge de M. et Mme Gowan Stevens, dans la ville de Jefferson, la sentence de cette Cour est que vous soyez ramenée à la prison du chef-lieu du comté, et que là, le treizième jour de mars, vous soyez pendue par le cou jusqu'à ce que mort s'ensuive. Et que Dieu ait pitié de votre âme.

NANCY (*très calme, sans bouger, sans s'adresser à personne
en particulier, d'une voix qui résonne dans le silence*).

Oui, Seigneur. Merci, Seigneur!

> *On entend une sorte d'excla-
> mation étouffée qui traduit la
> stupeur des spectateurs invisibles
> de la salle d'audience, scandalisés
> par cette infraction inouïe à la
> règle : le commencement de quel-
> que chose qui pourrait être
> la consternation ou même le
> tumulte, au milieu duquel, ou
> plutôt au-dessus duquel Nancy
> elle-même reste impassible. Le
> juge frappe du marteau, l'huis-
> sier se lève précipitamment, le
> rideau commence à descendre en
> hâte et par saccades comme si le
> juge, les gardes, la Cour elle-
> même tiraient dessus avec fréné-
> sie pour dissimuler aux regards
> ce scandaleux incident. De quel-
> que part, au sein des spectateurs
> invisibles, monte une voix de
> femme — un gémissement, une
> lamentation, un sanglot peut-
> être.*

LE JUGE

Silence! Silence! Faites évacuer la salle.

> *Une sonnerie stridente reten-
> tit. Le rideau descend rapide-
> ment, masquant la scène.*

DEUXIÈME TABLEAU

Le 13 novembre. Dix-huit heures. Le rideau se lève doucement sur le living-room des jeunes Stevens. Au centre, une table supportant une lampe, des chaises; au fond, à gauche, un canapé, un lampadaire, des appliques; à gauche, une porte qui donne accès sur le vestibule; au fond, une porte à deux battants ouverts sur une salle à manger; à droite, une cheminée garnie de bûches factices qui fonctionnent au gaz. Il règne dans la pièce une atmosphère d'élégance, de modernisme; pourtant, la pièce elle-même semble appartenir à une autre époque. À en juger par la hauteur du plafond, les corniches, une partie de l'ameublement, elle a l'air de faire partie d'une maison ancienne.

On entend un bruit de pas, puis les lampes s'allument comme si quelqu'un, sur le point d'entrer, avait tourné un commutateur. La porte de gauche s'ouvre, Temple paraît, suivie de Gowan, son mari, et de l'avocat Gavin Stevens. Temple est une jeune femme d'environ vingt-cinq ans, très élégante, soignée, vêtue d'un manteau de fourrure qu'elle porte ouvert, chapeau, gants et sac à main. Elle semble nerveuse, tendue, mais se domine. Son visage est sans expression tandis qu'elle descend jusqu'à la table centrale et s'arrête. Gowan est de trois ou quatre ans son aîné. Il y en avait beaucoup comme lui dans le sud des États-Unis, entre les deux grandes guerres: enfants uniques de parents jouissant d'une situation de fortune assurée, habitant des appartements meublés dans les hôtels des grandes villes, fréquentant les meilleures universités du Sud et de l'Est, membres des clubs sportifs les plus cotés. Aujourd'hui mariés et chargés de famille, ils s'acquit-

*tent convenablement de leur tâche
à des postes qu'ils n'ont pas
sollicités; ils s'occupent, en général, de questions financières:
cours du coton, valeurs et obligations. Mais le visage de celui-ci
est légèrement différent. Quelque chose est arrivé, qui se lit
sur ce visage — une tragédie —
quelque chose contre quoi Gowan
n'avait pas été prévenu, qu'il
n'était pas préparé à affronter,
quelque chose néanmoins qu'il a
accepté et dont il essaie réellement, sincèrement et sans égoïsme
(pour la première fois peut-être
de sa vie) de se tirer au mieux,
conformément à son code moral.
Gowan et Stevens portent des
pardessus et tiennent un chapeau
à la main. Stevens, dès qu'il a
pénétré dans la pièce, s'arrête sur
place. Gowan, en passant, jette
son chapeau sur le canapé et se
dirige vers Temple qui, debout
près de la table, ôte un de ses
gants.*

TEMPLE (*prend une cigarette dans une boîte posée sur la
table; elle imite l'accusée : sa voix révèle un état de surexcitation
que la jeune femme réprime et maîtrise*).

« Oui, Seigneur. » « Coupable, Seigneur. » « Merci,
Seigneur. » Si c'est là tout ce que vous avez à dire quand
on vous propose d'être pendue, comment un jury courtois n'irait-il pas au-devant de vos désirs ?

GOWAN

Assez, Temple! Tais-toi maintenant. Je vais allumer
le feu et t'apporter à boire. (*À Stevens.*) À moins que

Gavin veuille se rendre enfin utile et allume le feu pendant que je jouerai au maître d'hôtel.

TEMPLE (prenant un briquet).

Va chercher à boire. Je me chargerai du feu pour que l'oncle Gavin ne se croie pas obligé de rester. En somme, tout ce qu'il désire, c'est nous servir son petit discours d'adieu. « Maintenant que j'ai défendu la meurtrière de votre fille et que je n'ai pu faire acquitter l'étrangleuse de ma propre petite nièce, je vous laisse. À la prochaine fois ! » Eh bien ! n'est-ce pas, Gowan, c'est comme s'il nous l'avait dit. Il peut rentrer chez lui.

> *Elle s'avance vers la cheminée, s'agenouille et tourne le robinet du gaz, le briquet prêt dans l'autre main.*

GOWAN (avec inquiétude).

Temple !

TEMPLE (allumant le feu).

Puis-je boire, oui ou non ?

GOWAN

Très bien. *(À Stevens.)* Ôtez donc votre pardessus et posez-le où vous pourrez.

> *Il se dirige vers la salle à manger. Stevens qui n'a pas bougé observe Temple.*

TEMPLE *(toujours agenouillée, tournant le dos à Stevens).*

Si vous restez, asseyez-vous. Ou si vous ne vous asseyez pas, partez. Je serais plutôt pour la seconde solution. La juste douleur d'une mère, la satisfaction de savoir le crime vengé, c'est le genre de jouissances qu'on aime à savourer seule, ne trouvez-vous pas ?

> *Stevens l'observe. Puis il s'avance vers elle, tire un mouchoir de sa poche, s'immobilise derrière Temple et, tendant le*

*mouchoir, le lui met sous les
yeux. Elle considère le mouchoir,
puis lève le regard vers Stevens.
Le visage de la jeune femme est
absolument calme.*

TEMPLE

Pour quel usage?

STEVENS

C'est un bon mouchoir. Vous en aurez besoin.

TEMPLE

Pourquoi? Pour les escarbilles, dans le train? Mais
nous voyageons en avion, Gowan ne vous l'a-t-il pas
dit? Nous partons de l'aéroport de Memphis à minuit.
Nous serons en Californie demain matin. En Californie!

STEVENS

Gardez-le quand même.

TEMPLE *(lui faisant face).*

Si vous êtes venu me voir pleurer, autant vous le
dire tout de suite, vous n'obtiendrez pas cela de moi.
Ni cela ni rien d'autre. Je ne sais pas exactement ce que
vous vouliez en venant ici, et d'ailleurs je m'en moque.
Mais quoi que ce puisse être, vous ne l'obtiendrez pas.
Entendez-vous?

STEVENS

J'entends.

TEMPLE

C'est-à-dire que vous ne me croyez pas. *(Un bruit
proche.)* Il arrive. Lui aussi va vous demander ce que
vous voulez, pourquoi vous nous avez suivis jusqu'à la
maison.

STEVENS

Dois-je lui dire la vérité?

TEMPLE

Écoutez, oncle Gavin. C'est moi qui veux maintenant

vous poser une question. Que savez-vous exactement ?...

> *Comme Gowan fait son apparition, elle change de conversation, au milieu de la phrase, avec tant d'aisance que personne, entrant en ce moment, ne s'en rendrait compte.*

TEMPLE

Après tout, vous êtes son avocat. Elle a dû vous parler. Même une droguée, quand elle assassine un petit enfant, doit avoir à ses propres yeux un semblant d'excuse.

GOWAN

Je t'ai déjà dit de ne plus parler de cela.

> *Il porte un plateau chargé d'un cruchon d'eau, d'un seau à glace, de trois gobelets vides et de trois verres déjà remplis de whisky. La bouteille de whisky émerge de la poche de son pardessus. Il s'approche de Temple et lui présente le plateau.*

GOWAN

Sers-toi. Je vais prendre un verre, moi aussi. Le premier. Après huit ans. Pourquoi pas ?

TEMPLE

Pourquoi pas ?

> *Elle prend un des verres remplis de whisky. Il présente le plateau à Stevens qui prend le second verre. Puis il pose le plateau sur la table et prend le troisième verre.*

GOWAN

Je n'ai pas bu une goutte d'alcool depuis huit ans. Cela fait bien huit ans, n'est-ce pas ? C'est peut-être le moment ou jamais de recommencer. En tout cas, ce ne sera pas trop tôt. *(À Stevens.)* Videz tout à fait votre verre. Vous voulez peut-être un peu d'eau ?

*Il repose son verre — auquel
il n'a pas touché — sur le
plateau, verse de l'eau de la
cruche dans un gobelet, et tend
le gobelet à Stevens au moment
où celui-ci vide son verre et le
pose. Stevens prend le gobelet.
Temple non plus n'a pas touché
au sien.*

GOWAN

Et maintenant, maître Stevens, peut-être l'avocat de
la défense voudra-t-il nous dire ce qu'il est venu chercher
ici ?

STEVENS

Votre femme vous l'a dit. Je suis venu vous dire au
revoir.

GOWAN

Eh bien, au revoir ! Buvez tout de même un dernier
verre, nous savons vivre, après tout. Mais vous partirez
ensuite.

*Il prend le gobelet de Stevens,
revient à la table.*

TEMPLE *(reposant sur le plateau le
verre auquel elle n'a pas touché).*

Certainement. Il n'a d'ailleurs pas l'intention de rester
puisqu'il a gardé son pardessus pour boire.

GOWAN *(prend la bouteille dans sa
poche et prépare un whisky-soda
pour Stevens dans le gobelet).*

Et pourquoi non ? S'il a eu la force de lever le bras
dans la salle d'un tribunal pour défendre une négresse
qui a tué sa nièce, il peut sûrement le tendre, vêtu d'un
simple pardessus de laine, pour trinquer avec la mère !
(Mouvement de Temple.) Je sais, Temple, je devrais me
dominer. Mais peut-être vaut-il mieux parler, et tout
dire, jusqu'à ce que nous en soyons délivrés, du moins
quelque temps, si peu que ce soit...

TEMPLE *(Elle observe attentivement, non Gowan, mais*
Stevens, qui l'observe à son tour, grave, sévère.)

C'est cela! Installons-nous. Et j'espère que l'oncle
Stevens trinquera aussi avec toi, mon chéri.

GOWAN *(préparant le whisky).*

Il le fera, bien sûr. Rien ne le gêne. D'ailleurs, pourquoi aurait-il pitié du père? Aux yeux de la loi, les
hommes ne sont pas censés souffrir. La loi n'est pitoyable
qu'aux femmes et aux enfants, et surtout aux femmes
et particulièrement aux prostituées de couleur, droguées,
et qui assassinent des enfants de Blancs. *(Il tend le verre
à Stevens qui le prend.)* Alors pourquoi s'attendre que
Stevens, l'avocat de la défense, ait pitié d'un homme
ou d'une femme qui se trouvent être par pur hasard ses
neveux et aussi les parents de l'enfant que l'on a tué?

TEMPLE *(dure).*

Assez, maintenant, Gowan!

GOWAN

Pardon! *(Il se tourne vers elle, voit qu'elle a les mains
vides.)* Tu ne bois pas?

TEMPLE

Non, merci. Je voudrais du lait!

GOWAN

Du lait? Très bien. Chaud, naturellement?

TEMPLE

Oui, s'il te plaît.

GOWAN

Il me plaît. J'ai même mis une casserole à chauffer
quand je suis allé chercher à boire. Décidément, je pense
à tout. *(Il se dirige vers la porte de la salle à manger.)* À
propos, ne laisse pas sortir l'oncle avant que je revienne.
S'il le faut, ferme la porte à clef.

> *Il sort. Temple et Stevens ne bougent pas, jusqu'au moment où l'on entend se fermer la porte de l'office.*

TEMPLE *(vite, dure).*

Que savez-vous? *(Plus vite.)* Ne mentez pas! Vous voyez bien que le temps presse!

STEVENS

Le temps presse? Pourquoi? Parce que votre avion part ce soir? Mais Nancy, elle, a le temps. Quatre mois, d'ici mars... Car on ne la pend que le 13 mars.

TEMPLE

Vous savez très bien ce que je veux dire... Son avocat peut la voir tous les jours... Une négresse, et vous un Blanc... Vous auriez pu la faire parler. En lui faisant peur. En l'achetant avec une pincée de cocaïne ou un verre d'alcool.

> *Elle se tait brusquement, fixant Stevens dans les yeux, comme surprise, ou désespérée; sa voix a baissé jusqu'à n'être qu'à peine perceptible.*

TEMPLE

Mon Dieu! Elle ne vous a donc pas parlé? Je ne le crois pas. Vous ne sauriez rien et c'est moi, c'est donc moi qui devrais parler? Mais non, c'est cela que j'ai peine à croire... Il est impossible...

STEVENS

Impossible? Vraiment? Eh bien! non, elle ne m'a rien dit de plus!

TEMPLE

Je ne vous crois pas. Mais cela ne fait rien. Que croyez-vous savoir, vous? Peu importe d'où vous le savez. Dites-moi seulement comment vous croyez que les choses se sont passées.

STEVENS

Il y avait un homme chez vous, cette nuit-là!

TEMPLE *(Elle tend l'oreille du côté de l'office, puis fait un pas vers Stevens.)*

Eh bien! non, il n'y avait pas d'homme chez moi, cette nuit-là. Je le nierai, comprenez-vous? Je vous l'ai déjà dit, vous ne tirerez rien de moi. Naturellement, vous auriez pu me faire venir à la barre, me faire prêter serment. Quoique vos jurés n'eussent pas beaucoup aimé cette épreuve imposée par plaisir à une mère saintement affligée. Mais vous en étiez bien capable. *(Changeant de ton.)* Pardon, oncle Gavin. Je regrette. Voyez-vous, c'est cela qui est impossible, je ne peux pas parler. Non, oh! non, je ne pourrai jamais parler! *(La porte de l'office claque.)* Mais je vais vous laisser seul avec Gowan. Oui, je vais vous laisser, je monterai l'escalier, j'attendrai dans ma chambre. Vous avez beaucoup à vous dire, j'en suis sûre.

> *Elle se tait. Gowan entre, portant un petit plateau avec un verre de lait. Il approche de la table.*

GOWAN

De quoi parliez-vous?

TEMPLE

De rien. Je disais à l'oncle Gavin qu'il avait dans l'allure quelque chose d'un de ces gentilshommes d'autre-fois, en Virginie, quelque chose que vous avez aussi et que vous avez dû trouver tous les deux dans votre héritage... *(Elle les regarde.)* Un bel héritage. Je vais donner à Bucky son bain et son souper. *(Elle touche le verre, pour vérifier s'il est chaud, le prend.)* Merci, mon chéri.

GOWAN *(à Stevens).*

Vous voyez? Exactement la température qui convient. Un service parfait! Voilà comment je suis dressé!

> *Il se tait soudain, observant*
> *Temple qui, apparemment, n'a*
> *rien fait, n'a pas bougé, qui*
> *est là, debout, tenant son verre*
> *de lait. Il s'avance. Il l'embrasse.*
> *Elle reçoit le baiser, raidie.*
> *Puis, portant son lait, Temple*
> *gagne la porte du vestibule. À*
> *Stevens.*

TEMPLE

Au revoir, oncle Gavin. Nous ne reviendrons pas avant le mois de juin.

STEVENS

Le 13 mars, peut-être ?

TEMPLE

Non, en juin. Nucky vous enverra une carte, à vous et à Maggie. Mais s'il arrive, par hasard, que vous appreniez quelque chose de nouveau, qui puisse aider Nancy, et qui soit vrai, quelque chose où mon témoignage pourrait être utile, bien que je ne voie pas ce que j'aie à faire là-dedans, écrivez-moi. *(Un temps.)* Si du moins vous avez encore quelque chose à apprendre.

STEVENS

Ce que je ne sais pas encore, c'est vous qui pouvez me l'apprendre.

TEMPLE *(après un silence)*.

Non, pas moi, oncle Gavin. Pourquoi parlerais-je quand les autres se taisent ? Si quelqu'un veut aller au ciel, qui suis-je, moi, pour l'en empêcher ? Bonsoir

> *Elle sort, ferme la porte*
> *Très grave, Stevens se tourne*
> *pose son whisky sur le plateau*

GOWAN

C'est un vrai plaisir de vous entendre parler tous le

deux, avec tant de franchise et d'affection, comme un oncle et une nièce qui s'aiment tendrement, et qui n'ont rien à se cacher. *(Brusquement.)* Pourriez-vous finir votre verre? Je dois encore dîner et faire mes bagages.

STEVENS

Vous n'avez pas entamé le vôtre. Ne voulez-vous pas boire avec moi?

GOWAN *(Il prend le verre plein.)*

Pourquoi pas? Mais vous feriez tout de même mieux de partir et de nous laisser savourer la belle vengeance que le tribunal nous a offerte pour remplacer notre enfant.

STEVENS

Je voudrais qu'elle puisse vous consoler.

GOWAN

Je prie Dieu qu'elle le puisse, oui, je prie Dieu. La vengeance! Œil pour œil, hein! des mots peuvent-ils être plus vides? Mais il faut avoir perdu un œil pour le savoir.

STEVENS

Vous n'êtes pas encore vengé. Il faut que Nancy meure.

GOWAN

Pourquoi non? Ce n'est pas une grande perte... Une fille des rues, une ivrognesse, une négresse droguée...

STEVENS

Une clocharde, déchue, sans avenir, jusqu'au jour où M. et Mme Gowan Stevens, par pure humanité, l'ont ramassée dans le ruisseau, pour lui donner sa chance. *(Gowan reste immobile, serrant progressivement les doigts sur son verre. Stevens l'observe.)* Et elle, en remerciement...

GOWAN

Assez, Gavin. Rentrez chez vous! Ou bien allez au diable! N'importe où, mais hors d'ici!

STEVENS

Je m'en vais. Dans un instant. *(Un temps.)* Gowan,
avez-vous vraiment souhaité que Nancy soit pendue?

GOWAN

Moi? Non! Je n'ai rien à voir avec tout cela. Je n'ai
même pas porté plainte, comme on dit. La seule chose
qui me rattache à cette affaire, voyez-vous, c'est que
je passe pour être le père de cette enfant qu'on a...
Qui diable a pu appeler cela un whisky?

> *Il lance le whisky, avec le
> verre, dans le bol à glace,
> saisit vivement, d'une main, un
> des gobelets vides et, en même
> temps, penche la bouteille sur le
> gobelet et verse. Il ne fait
> d'abord aucun bruit, mais il
> est tout de suite évident qu'il
> rit; d'un rire qui commence
> normalement, mais qui, presque
> tout de suite, échappe à son
> contrôle, devient presque hys-
> térique, tandis qu'il verse encore
> le whisky dans son verre, qui
> va bientôt déborder. Mais
> Stevens étend la main, saisit
> la bouteille, arrête le geste de
> Gowan.*

STEVENS

Arrêtez! Arrêtez tout de suite!

> *Il a saisi la bouteille que
> tient Gowan, la remet sur la
> table, prend le gobelet, verse
> dans l'autre verre une partie du
> contenu, le tend à Gowan.
> Gowan prend le verre, cesse
> de rire, se ressaisit.*

GOWAN *(tenant son verre, sans boire)*.

Huit ans! Huit ans sans boire d'alcool. Et voilà ma

récompense! Mon enfant assassinée par une sale négresse qui n'a même pas voulu s'enfuir pour qu'un flic ou n'importe qui puisse tirer sur elle et l'abattre comme un chien enragé. Comprenez-vous? Huit ans sans boire et alors j'ai reçu le prix de mon abstinence, j'ai eu ce que j'avais mérité par une si longue vertu. Eh bien! j'ai payé maintenant. Et donc je puis de nouveau boire. Mais je ne désire plus boire. Alors, n'est-ce pas, j'ai le droit de rire, au moins! Ça en vaut la peine, non? N'ai-je pas fait une affaire, sans le vouloir. On m'a consenti un prix réduit, en somme. J'avais deux enfants et, pour tout paiement, on ne m'en a demandé qu'un. Un enfant mort et une négresse pendue en public, voilà tout ce que j'ai eu à payer pour être préservé...

STEVENS

Préservé contre quoi?

GOWAN

Contre le passé. Et ma folie. Et cette soûlerie, vous savez bien, d'il y a huit ans. Contre ma lâcheté, si l'on veut... Oh! oui, il y a de quoi rire. Mais pas trop fort, hein, ni trop haut, n'est-ce pas? Chut, chut! Il ne faut pas déranger les dames d'antan. Déranger Mlle Drake, par exemple, Mlle Temple Drake, présentement Mme Gowan Stevens. Il ne faut pas réveiller une jeune fille, ni celui que j'étais, alors. Lâcheté, oui, pourquoi pas? Lâcheté est le mot juste. Mais il est désagréable aux oreilles. Alors disons simplement surmenage.

STEVENS

Qui se souvient de ce passé?

GOWAN

Vraiment? Allons, mon cher oncle, ne vous souvenez-vous pas? Gowan Stevens, ici présent, dressé en Virginie à se conduire comme un gentleman, même lorsqu'il boit, et qui s'enivre un jour comme dix gentlemen, enlève une jeune fille d'un collège rural, vierge sans doute, oui, pourquoi pas, court avec elle la campagne en auto pour aller voir un match de football, se soûle alors comme vingt gentlemen, perd son chemin, se bourre d'alcool comme un régiment de gentlemen, démolit sa bagnole, se ressoûle à mort et tombe dans les pommes. Et pendant ce temps-là, la jeune fille, toujours vierge, bien sûr, vous pensez, est enlevée par un déséquilibré et séquestrée dans un bordel de Memphis... *(Il marmonne un mot incompréhensible.)*

STEVENS

Comment ?

GOWAN

Oui, oui, il faut tout de même appeler ça lâcheté, même si le mot sonne mal.

STEVENS

Mais l'épouser ensuite n'était pas de la lâcheté.

GOWAN

Bien sûr ! L'épouser à la sortie du bordel, ça, c'était un geste ! Quelle classe, quelle allure ! Un vrai seigneur de Virginie ! Que dis-je ! J'étais à moi tout seul une armée de gentlemen.

STEVENS

L'intention, en tout cas, était d'un gentleman. Mais, Gowan, séquestrée dans une maison de prostitution et ensuite... Je n'ai pas bien entendu...

GOWAN *(vite, saisissant le verre de Stevens).*

Jetez cette lavasse.

STEVENS *(tenant son verre).*

Qu'est-ce que vous disiez d'une prisonnière dans une maison ?

GOWAN

Rien de plus. Vous avez entendu.

STEVENS

N'avez-vous pas ajouté : « et cela lui plaisait » ? *(Ils se regardent fixement.)* Est-ce cela que vous ne pourrez

jamais lui pardonner ? Non pas d'avoir été la cause innocente de cet instant de votre vie que vous ne pourrez
jamais oublier, ni expliquer, ni racheter, auquel vous ne
pouvez même pas cesser de penser. Mais seulement,
mais surtout parce qu'elle n'en a même pas souffert
et que, de surcroît, elle y a pris du plaisir ? Est-ce cela
que vous ne pouvez lui pardonner, d'avoir perdu non
seulement votre liberté, mais votre dignité d'homme,
le respect de votre femme, et votre enfant par-dessus le
marché, et d'avoir payé de ce prix terrible quelque chose
que votre femme n'a même pas perdu, ni regretté, dont
elle n'a même pas éprouvé que cela lui manquait. Est-ce
pour cela, dites-moi, Gowan, est-ce pour cela que cette
pauvre négresse égarée doit mourir ?

GOWAN

Sortez d'ici !

STEVENS

Alors, si c'est cela, faites-vous sauter la cervelle !
Cessez d'agiter toujours ce que vous êtes incapable
d'oublier. Tuez-vous pour au moins n'avoir jamais plus
à vous souvenir, à vous réveiller la nuit, en sueur, tordu
d'angoisse, parce que vous ne voulez pas, parce que
vous ne pouvez pas cesser de vous souvenir ! Ou alors,
regardez les choses en face une bonne fois. Et dites-moi
ce qui est arrivé pendant le mois où ce fou l'a gardée
prisonnière, dans cette maison de Memphis. Quelle
chose est arrivée, dont personne ne sait rien, sauf vous
et elle, et peut-être même pas vous ?

> *Toujours fixant des yeux*
> *Stevens, lentement, délibérément,*
> *Gowan repose le verre de whisky*
> *sur le plateau, prend la bouteille,*
> *l'élève au-dessus de sa tête. De*
> *la bouteille débouchée, le whisky,*
> *tout de suite, commence à couler,*
> *le long de son bras, de sa manche,*
> *jusque sur le plancher. Gowan*
> *ne semble pas s'en apercevoir. Sa*
> *voix est rauque, à peine articulée.*

GOWAN

Oh! Que Christ me vienne en aide! Que Christ me vienne en aide!

> *Un temps, puis Stevens, sans se hâter, repose son propre verre sur le plateau, se tourne, ramasse son chapeau en passant auprès du divan, va jusqu'à la porte et sort. Gowan demeure encore un instant, tenant la bouteille en équilibre, vide maintenant. Puis, après une longue aspiration et un sanglot muet, il semble revenir à lui, s'éveiller, il repose la bouteille vide sur le plateau, aperçoit son verre de whisky encore intact, le prend, le soulève un instant, se tourne et lance le verre qui va s'écraser dans la cheminée contre les bûches à gaz incandescentes.*
>
> *La lumière s'éteint complètement.*

TROISIÈME TABLEAU

Le salon des Stevens. Dix heures du soir. Le 11 mars.
La pièce est exactement comme elle était quatre mois plus tôt. Seule, la lampe de la table est allumée et le divan a été déplacé. Il est maintenant face au public. Les portes de la salle à manger sont fermées. Le téléphone est sur le petit guéridon, dans l'angle droit.

> *La porte du hall s'ouvre. Temple entre, suivie de Stevens. Elle porte un long peignoir et ses cheveux sont noués par un ruban, derrière la tête, comme si elle se préparait à se coucher. Stevens, lui, est en pardessus coiffé de son chapeau. Son*

complet n'est plus celui dans lequel on l'a vu à la scène précédente. Elle entre, s'arrête. Il s'arrête aussi.

TEMPLE

Retenez la porte, Bucky dort dans la chambre d'enfants.

STEVENS

Vous l'avez amené avec vous?

TEMPLE

Oui.

STEVENS

Et il dort dans la chambre...

TEMPLE

Oui.

STEVENS

Il aurait mieux valu qu'il ne fût pas là.

TEMPLE

Il y est.

STEVENS *(la regardant).*

Du chantage, n'est-ce pas, Temple! Vous l'avez fait exprès. Mais nous parlerons quand même.

TEMPLE

Du chantage? Et pourquoi pas? Pourquoi les femmes ne se serviraient-elles pas de leur enfant pour s'en faire un rempart?

STEVENS

Alors, pourquoi êtes-vous revenue de Californie?

TEMPLE

Pour retrouver la paix. *(Elle s'avance vers la table.)* Et pourtant je ne l'ai pas retrouvée. Croyez-vous aux coïncidences?

STEVENS

Je peux y croire.

TEMPLE (Elle ramasse un télégramme plié, sur la table, et l'ouvre.)

Vous m'avez envoyé ce télégramme le 6 mars : « Encore une semaine jusqu'au 13. Stop. Mais ensuite où irez-vous ? »

Elle replie la dépêche, Stevens l'observe.

STEVENS

Eh bien ? Nous sommes le 11. Est-ce là une coïncidence ?

TEMPLE

Non. La coïncidence, c'est ceci. (Elle s'assied, jette le papier sur la table, se tourne vers Stevens.) C'était le 6, l'après-midi. Nous étions sur la plage, Bucky et moi. Je lisais, j'essayais plutôt, pour oublier le télégramme, et le petit, lui, jouait et bavardait. Et puis soudain, il demande : « Maman, la Californie, est-ce loin de Jefferson ? » Je dis : « Oui, mon chéri », tout en continuant à lire. Il reprend : « Combien de temps va-t-on rester ici ? » Je dis : « Jusqu'à ce que nous en ayons assez, mon chéri ! » Alors, il m'a regardée et gentiment m'a demandé : « Resterons-nous jusqu'à ce qu'on pende Nancy ? » Il était trop tard. J'aurais dû voir venir cela, mais il était trop tard. J'ai dit : « Oui, mon chéri », sans pouvoir trouver autre chose. C'est lui qui a parlé et qui m'a posé cette question que posent, bien sûr, tous les enfants : « Et ensuite, maman, où irons-nous ensuite ? » Comme vous, exactement. « Mais ensuite, où irez-vous ? » Alors, nous sommes rentrés par le premier avion. J'ai mis Gowan dans un lit avec un somnifère et j'espère qu'il dort et je vous ai téléphoné. Qu'en dites-vous ?

STEVENS

Rien.

TEMPLE

Bon. Pour l'amour de Dieu, parlons d'autre chose. *(Elle s'approche d'une chaise.)* Je suis ici, peu importe à qui la faute! Que voulez-vous? Boire un verre? *(Elle ne lui offre rien et n'attend pas qu'il réponde.)* Il faut donc sauver Nancy! Vous m'avez fait venir, enfin vous et Bucky, ensemble, vous m'avez fait venir, puisqu'il paraît que je sais quelque chose que je ne vous ai pas encore dit. Mais pourquoi pensez-vous qu'il y a quelque chose que je ne vous ai pas encore dit?

STEVENS

Parce que vous êtes revenue, ainsi, de Californie...

TEMPLE

Ce n'est pas une raison suffisante. Pourquoi encore?

STEVENS

Parce que vous étiez là...

> *Détournant la tête, Temple étend la main vers la table, tâtonne jusqu'à ce qu'elle ait trouvé la boîte de cigarettes, en prend une et, de la même main, fourrage jusqu'à ce qu'elle ait trouvé le briquet, ramène le tout sur ses genoux.*

STEVENS

... dans la salle du procès, devant le tribunal, tous les jours. Toute la journée, depuis le premier jour...

TEMPLE *(évitant encore de le regarder, d'un air parfaitement indifférent, porte la cigarette à ses lèvres, et parle, la cigarette dansant à chaque syllabe).*

N'étais-je pas une mère éplorée?...

STEVENS

Certainement, une mère éplorée...

TEMPLE

... venue en personne pour jouir de sa vengeance, une tigresse, quoi, et assoiffée de sang, accroupie sur le cadavre de son petit...

STEVENS

Mais une mère éplorée n'a pas assez de cœur pour la douleur et la vengeance à la fois. Et comment pourrait-elle seulement supporter la vue de celle qui tua son enfant.

> *Temple bat le briquet, allume sa cigarette, repose le briquet sur la table. Stevens se penche, pousse le cendrier vers elle jusqu'à ce qu'elle puisse l'atteindre.*

TEMPLE

Merci. Écoutez, Gavin. Peu importe après tout ce que je sais, ou ce que vous pensez que je sais. Nous n'aurons même pas besoin de connaître cela. Nous n'avons besoin que d'une chose, d'un certificat, d'une déclaration sous serment, garantissant qu'elle est folle... Qu'elle est folle depuis des années...

STEVENS

J'y ai pensé. Mais il est trop tard. Il y a cinq mois, peut-être... Aujourd'hui, le procès est jugé. Elle a été déclarée coupable, elle a été condamnée. Aux yeux de la loi, elle est déjà morte. Aux yeux de la loi, Nancy Mannigoe n'existe même plus.

TEMPLE

Même si c'est moi qui signe une déclaration?

STEVENS

Que mettrez-vous dans cette déclaration?

TEMPLE

C'est à vous de me dire ce qu'il convient d'y mettre. C'est vous l'avocat, après tout, même si vous n'avez pas été capable de sauver votre cliente. Ou si vous ne pouvez rien inventer, je dirai seulement que je savais depuis des années qu'elle était folle. Si, moi, la mère, je le dis, qui osera en douter ?

STEVENS

Et l'outrage aux magistrats ?

TEMPLE

Quel outrage ?

STEVENS

Après que l'accusée ait été condamnée, pensez-vous que le principal témoin de l'accusation, de l'accusation, entendez-vous, puisse reparaître pour dire qu'il y a erreur et qu'il faut annuler le procès ?

TEMPLE *(impassible)*.

Dites-leur n'importe quoi, que j'avais oublié, que j'ai changé d'avis, ou que l'avocat général avait acheté mon silence...

STEVENS

Temple !

TEMPLE

Dites-leur qu'une femme dont l'enfant a été étouffée dans son berceau est capable de tout pour se venger. Mais quand elle la tient, sa vengeance, elle peut se rendre compte qu'il est impossible d'aller jusqu'au bout, de sacrifier une vie humaine, quand bien même ce serait la vie d'une prostituée noire.

STEVENS *(la regarde ; après un temps)*.

Vous ne voulez donc pas qu'elle meure ?

TEMPLE

Je vous l'ai déjà dit. Mais pour l'amour de Dieu, laissez cela. Ce que je demande du moins, n'est-il pas possible ?

STEVENS

Temple Drake va donc sauver Nancy ?

TEMPLE

Mme Gowan veut la sauver.

> *Elle le regarde fixement,*
> *fumant toujours. Lentement, elle*
> *enlève sa cigarette de sa bouche,*
> *et, observant toujours Stevens,*
> *étend la main et l'éteint dans le*
> *cendrier.*

STEVENS

Très bien. Nous reparaissons donc avec une déposition sous la foi du serment, disant que la meurtrière était folle au moment où elle a commis le crime.

TEMPLE

Oui. Et peut-être alors...

STEVENS

Où est la preuve?

TEMPLE

La preuve?

STEVENS

Quelle preuve apporterez-vous?

TEMPLE

Comment le saurais-je? Que met-on dans une déposition? Qu'est-il nécessaire d'y mettre pour qu'elle soit efficace?

> *Elle se tait, regarde Stevens*
> *fixement, tandis que lui-même*
> *continue à l'observer, sans rien*
> *dire, se bornant à la regarder*
> *jusqu'à ce que, pour finir, elle*
> *pousse un grand soupir, dur,*
> *presque un gémissement.*

TEMPLE

Oh! Que voulez-vous encore? Que voulez-vous de plus?

STEVENS *(calme)*.

Je veux la vérité! La vérité seule peut rendre efficace une déposition.

TEMPLE

La vérité? Nous sommes en train d'essayer de sauver une meurtrière condamnée dont l'avocat a déjà admis qu'il avait échoué. Qu'est-ce que la vérité vient faire là-dedans? *(Vite, amèrement.)* Je dis *nous!* Mais non, c'est moi, moi la mère de l'enfant qu'elle a tuée qui essaie de la sauver! Non pas vous, Gavin Stevens, l'avocat, mais moi, Mme Gowan Stevens, la mère! Ah! ne pouvez-vous imaginer que je ferai n'importe quoi? N'importe quoi?

STEVENS

Vous ferez tout, sauf une chose qui sauverait tout. Oublions qu'elle va mourir. Qu'est-ce que cela fait, d'ailleurs? N'importe quelle poignée de faits douteux, n'importe quelle fausse déclaration sous la foi du serment peut tenir tête à la mort. La mort n'est rien. Ce qui importe, c'est l'injustice. Et seule la vérité peut affronter l'injustice. La vérité, ou bien l'amour.

TEMPLE *(durement)*.

L'amour! Oh, mon Dieu! L'amour!

STEVENS

Appelez cela pitié, si vous voulez. Ou courage. Ou honneur, ou simplement le droit au sommeil.

TEMPLE

Vous me parlez de sommeil, à moi qui, depuis six ans... Ah! je vous en prie, laissez-moi!

STEVENS

Temple, j'ai défendu Nancy contre ma famille elle-même, contre vous tous que j'aime, et je l'ai défendue pour l'amour de la justice. Mais le jugement qui l'a condamnée ne lui a pas apporté la justice. Et c'est de vous seule, de celle que vous étiez, de Temple Drake, que j'attends cette justice.

TEMPLE

Et moi je vous dis que la vérité ni la justice n'ont rien à voir dans tout ceci, que je ne peux vous servir de rien. Quand vous vous présenterez devant la Cour suprême, ce dont vous aurez besoin, ce n'est pas d'une vérité que personne ne croira, c'est d'une bonne déclaration sous la foi du serment, d'une déclaration qu'aucun tribunal ne puisse contester.

STEVENS

Nous n'allons pas nous adresser à la Cour suprême. *(Elle le regarde fixement.)* Là encore, il est trop tard. Si cela avait pu être fait, je m'en serais occupé, il y a quatre mois. Nous irons chez le gouverneur. Ce soir même!

TEMPLE

Le gouverneur?

STEVENS

Oui. Je le connais. Il nous écoutera. Mais il n'est même pas sûr qu'il soit en son pouvoir de la sauver maintenant.

TEMPLE

Alors, pourquoi aller le voir? Pourquoi?

STEVENS

Je vous l'ai dit. Pour la vérité.

TEMPLE

Pour rien d'autre que cette pauvre raison? Simplement pour que la vérité soit dite, bien clairement, à haute voix, avec le nombre de mots qu'il faut? Simplement pour qu'on la dise, et qu'on l'entende, pour que quelqu'un, n'importe qui, l'entende, n'importe quel étranger que cette affaire ne regarde pas, n'intéresse même pas, et qui aura le droit d'entendre ces mots retentir pour la seule raison qu'il est capable d'écouter? Alors, dites-le, finissez votre sermon en beauté et annoncez-moi que je dois parler pour le bien de mon âme!

STEVENS

Je l'ai fait. Je vous ai déjà dit que vous deviez parler pour retrouver le droit de dormir la nuit.

TEMPLE

Je vous ai répondu qu'il y a de cela six ans j'ai cessé de distinguer l'insomnie du sommeil et le jour de la nuit. *(Elle le regarde dans les yeux. Il ne répond pas; il la regarde seulement. Elle hésite. Puis elle montre la nursery. Baissant la voix.)* Vous savez bien que je ne peux parler si je veux que l'enfant qui est là continue de vivre en paix. Je l'ai amené pour que vous songiez à lui, justement, et à son repos. Mais vous voulez le réveiller aussi.

STEVENS

Il dormira si vous-même retrouvez le sommeil.

TEMPLE

Je ne le crois pas. Que peut-il y avoir de mieux pour la paix de cet enfant et pour son sommeil futur, que de pendre le meurtrier de sa sœur et de laisser l'oubli venir?

STEVENS

Et peu importe par quel moyen, ni par quel mensonge?

TEMPLE

Le mensonge est mort avec le passé.

STEVENS

Vous ne croyez pas ce que vous dites.

Temple revient auprès de la table et allume une cigarette puis se tourne résolument vers Stevens.

TEMPLE

Eh bien, allez-y! Frappez. Posez votre question.

STEVENS

Cet homme qui est venu chez vous, cette nuit-là, qui était-il?

TEMPLE

C'était Gowan, mon mari.

STEVENS

Gowan n'était pas là. Lui et Bucky étaient partis le matin à six heures pour la Nouvelle-Orléans. *(Ils se regardent.)* C'est Gowan lui-même qui vous a trahie sans le vouloir. J'ai compris que vous aviez arrangé ce voyage pour que lui et Bucky soient absents cette nuit-là. Je suis étonné, vraiment, que vous n'ayez pas expédié Nancy, elle aussi. *(Il s'arrête comme s'il faisait une découverte.)* Mais vous l'avez fait, n'est-ce pas? Vous avez essayé, et elle a refusé. Oui, j'en suis sûr. Qui était cet homme?

TEMPLE

Prouvez seulement qu'il était là.

STEVENS

Je ne peux pas. Nancy a refusé de rien me dire sur cette nuit.

TEMPLE

Elle a refusé? Alors, écoutez-moi bien, attentivement. *(Elle est debout, tendue, raide, face à lui, le regardant dans les yeux.)* Temple Drake est morte. La jeune fille que j'étais est morte six ans avant Nancy Mannigoe! Et si Nancy Mannigoe n'a personne d'autre pour la sauver de la potence, alors que Dieu vienne en aide à Nancy Mannigoe! Et maintenant, allez-vous-en!

> *Elle le regarde fixement. Un temps. Stevens se lève, sans cesser d'observer Temple; elle le regarde aussi, fixement. Puis il fait un pas vers la porte.*

TEMPLE

Bonne nuit.

STEVENS *(Un temps.)*

Si vous changez d'avis, téléphonez-moi. Mais souvenez-vous, l'exécution a lieu dans deux jours. Bonne nuit !

> *Il retourne à la chaise, ramasse son manteau, son chapeau, gagne la porte du hall et sort.*
>
> *Quand Stevens est sorti, Gowan apparaît tranquillement dans la porte, en manches de chemise, sans cravate, le col ouvert. Il regarde Temple. Elle presse ses mains fortement contre ses joues, reste un moment immobile, puis laisse tomber ses bras, et se dirige avec détermination vers le téléphone. Gowan l'observe toujours. Elle soulève le récepteur.*

TEMPLE *(au téléphone)*.

Le 329, s'il vous plaît.

> *Elle n'a pas encore vu Gowan. Il approche tenant quelque chose dans sa main fermée. Il est juste derrrière elle quand on répond au téléphone.*

TEMPLE

Allô, je voudrais parler à M. Gavin Stevens... Oui, je sais. Mais il va arriver. Quand il sera là, voudriez-vous lui dire d'appeler Mme...

> *Gowan saisit la main qui tient le récepteur et coupe la communication. De l'autre main, il jette un tube sur la table.*

GOWAN

Voilà ton somnifère. Pourquoi ne me parles-tu pas de l'homme dont Gavin disait qu'il était là cette nuit? Allons! Tu n'auras pas à faire beaucoup d'efforts. Tu n'as qu'à me raconter que c'était un oncle de Bucky dont tu avais oublié de me parler.

TEMPLE *(d'abord interdite, puis reprenant son calme apparent).*

Me croirais-tu si je te disais qu'il n'y avait personne?

GOWAN

Mais, bien sûr! Je croirais tout ce que tu diras. Je t'ai toujours crue, n'est-ce pas, et c'est d'ailleurs ce qui nous a menés où nous sommes. Je suis même arrivé à croire jusqu'à aujourd'hui que j'avais trouvé tout seul cette formidable idée d'une partie de pêche en Nouvelle-Orléans. Je le croirais encore si je n'avais pas eu l'indiscrétion d'écouter votre bonne conversation et si l'oncle Gavin ne m'avait, sans le vouloir, informé du contraire. Tout le monde était au courant, sans doute, sauf moi, naturellement. Mais c'est très bien ainsi. C'est très bien de penser que je suis le seul à être aussi bête, le seul à... Allons! Merci quand même. Fais un effort, pourtant, et pour une fois, essaie ce soir de dire la vérité. Peut-être Gavin a-t-il raison, peut-être n'a-t-il pas affaire avec ma femme, mais avec une certaine Temple que toi et moi connaissons bien, et qui revient de loin, n'est-ce pas? Peut-être l'homme qui était là, par exemple, était-il le vrai père de Bucky qui a bien voulu me laisser croire jusqu'à présent que c'était moi qui avais procréé, et qui justement passait en ville ce soir-là, comme ça, par hasard...

TEMPLE *(se retourne vers la chambre).*

Gowan, tais-toi!

GOWAN

Mais non, ne crains rien. Je ne ferai pas beaucoup de bruit, sois-en sûre. Je ne vais pas te frapper. Je n'ai jamais frappé une femme de ma vie, non, même pas une putain, vois-tu, ni même une putain de Memphis ou une ex-putain de Memphis. Pourtant, doux Jésus, j'en connais qui disent qu'il est deux sortes de femmes qu'un homme est autorisé à frapper : sa femme et sa putain. Et vois mon incroyable chance : je pourrais frapper les deux en une seule fois et d'une seule gifle. *(Il se tait, se domine visiblement, lui tourne le dos. Puis, d'une voix changée.)* Veux-tu que je te prépare un verre?

TEMPLE *(raidie)*.

Non.

GOWAN *(lui tendant son paquet de cigarettes)*.

Alors, prends une cigarette, n'importe quoi, mais fais quelque chose, ne reste pas plantée ainsi.

> *Elle prend une cigarette qu'elle gardera à la main, le bras pendant le long de son corps toujours raidi.*

GOWAN

Un bon point pour moi : j'ai pu m'arrêter. Maintenant, nous allons recommencer. Si nous sommes capables de nous comprendre, naturellement. Il faut bien dire que ce n'est pas commode. Il pleut des informations sensationnelles, ce soir. Et avec tout ce courrier mondain, il n'est pas étonnant que nous ayons la tête brouillée et que nous ne puissions nous mettre d'accord. Même s'il s'agit de la plus banale des questions, par exemple de savoir comment une mère et une honorable épouse se conduisant tout d'un coup comme une sacrée roulure retirée des affaires a pu causer le meurtre de son enfant!

TEMPLE

Très bien. Allons-y et finissons-en avec tout ce que nous taisions jusqu'ici.

GOWAN

Vraiment? Tu crois que nous pouvons en finir? Tu crois réellement qu'il y a un salaire que tu pourras cesser de payer un jour, une dernière pièce de ta dette en ce monde qu'ils pourraient ne pas te demander,

que tu pourrais ne pas avoir à payer pour ce qui ne fut
de notre part qu'une erreur. Car ce ne fut qu'une erreur,
n'est-ce pas, une simple erreur? Au nom du Christ, rions.
Allons ris! Ris!

TEMPLE *(violemment)*.

Assez maintenant, Gowan!

GOWAN

Parfait. Gifle-moi, frappe-moi. Et alors, peut-être,
je pourrais te frapper en retour et tu pourras commencer
à me pardonner. Tu sais bien : me pardonner toute
l'affaire et d'abord cette soûlerie d'il y a huit ans quand
je me suis enivré non parce que j'avais envie d'alcool,
mais parce que j'avais peur, parce que moi, le crâneur
du collège, l'étudiant le plus lancé, toujours à la page,
le président du club universitaire à Charlotteville, qui
pouvais appeler par leur prénom toutes les ravageuses
des salons de thé de New York, j'avais peur de ne pas
savoir y faire avec les dix-sept ans d'une jeune provin-
ciale du Mississippi, de ne pas savoir parler à un tendron
qui n'était jamais sortie de chez elle jusqu'au jour du
baccalauréat. Oui, se soûler pour trouver le courage de
te parler, pour te persuader de t'échapper de ce foutu
train d'excursion.

TEMPLE

Tu ne m'as pas forcée!

GOWAN

Quoi?

TEMPLE

Tu ne m'as pas forcée. Tu me l'as proposé et je l'ai
accepté librement. Tu n'es pas responsable.

GOWAN

Vas-tu te taire? Dis, vas-tu te taire? Je suis responsable! Alors autant en profiter! Oui, laisse-moi en profiter
pendant que j'en suis là. Laisse-moi gémir tout seul,
et à mon aise. Gémis toi-même plutôt, tu verras qu'on y
trouve du plaisir. Et lamente-toi sur ce que tu supposes

que je me suis répété à moi-même pendant ces huit années : que sans toi, j'aurais pu épouser une bonne, une sage, une honnête jeune fille, et qui n'aurait jamais eu le feu au train avant que son mari fasse ce qu'il faut pour cela... *(Il s'arrête, joint ses mains sur son visage.)* Oh, nous avons dû nous aimer, toi et moi, nous avons dû nous aimer! Ne peux-tu t'en souvenir?

TEMPLE

Oui.

GOWAN

Oui quoi?

TEMPLE

Nous avons dû nous aimer.

GOWAN *(lui tendant la main)*.

Viens! Ne reste pas loin de moi.

TEMPLE *(sans bouger)*.

Non.

GOWAN *(se ressaisit)*.

Très bien. Alors tu auras ce que tu veux. Il y avait donc un homme chez nous cette nuit-là.

TEMPLE

Il n'y avait personne.

GOWAN *(sans l'écouter)*.

Puisque l'oncle Gavin ne l'ignore pas, je suppose que tout le monde dans Jefferson le sait, excepté moi, bien entendu. Je ne vois pas encore ce que cet homme peut avoir à faire avec le meurtre. Mais peut-être Nancy t'a-t-elle surprise au lit avec lui et a tué l'enfant par rancune, ou par excitation sexuelle, ou quelque chose de ce genre. Ou peut-être n'était-ce pas Nancy qui était excitée, mais que dans votre sale fièvre vous avez oublié de sortir l'enfant de votre lit et qu'au milieu de toute cette chiennerie... Tu vois? Tu vois ce dont je suis capable?

TEMPLE *(secouant la tête mécaniquement comme au bord d'une crise).*

Non, non, non...

GOWAN

Non, vraiment? Dois-je te croire? Dis-le donc! Dis qu'il n'y avait pas d'homme chez toi cette nuit-là! *(Elle se tait.)* Allons! Ne peux-tu donc le nier? *(Elle se tait.)* Très bien. Cela vaut mieux ainsi, c'est plus clair! Du moins, tu n'as pas dit à Gavin ce qui s'est passé cette nuit-là. Je ne veux donc rien savoir moi-même. Et personne d'autre ne le saura. Jamais. Je t'interdis d'appeler l'oncle Gavin. Tu n'accepteras pas de révéler quoi que ce soit au gouverneur, ni à personne. Tu l'as dit toi-même et tu ne diras jamais rien de plus vrai : si pour être sauvée, Nancy doit compter sur toi, alors que Dieu lui vienne en aide. Compris?

TEMPLE

Non.

GOWAN

Si, tu as compris! Et je vais même te donner une chance de plus. Tu vois, je sais souffrir en homme du monde. Non seulement je reçois avec résignation les épreuves que le foutu ciel m'envoie dans sa sollicitude infinie, mais je m'en sers, eh oui, pour l'élévation de mon âme, n'est-ce pas, et pour apprendre à pardonner les fautes d'autrui. Un véritable agneau, quoi! Eh bien! l'agneau espère encore qu'il y a une goutte de sang que tu n'auras pas à payer pour ce que tu as fait. Aussi, tu ne toucheras pas ce téléphone et tout sera possible à nouveau. Si tu le fais, au contraire, je m'en vais pour toujours.

> *Temple se tourne vers le téléphone, lentement.*

GOWAN

Attends. Tu aurais pu te mettre en règle avec tout ceci n'importe quand pendant ces six années. Tu le peux encore; tu es libre. Mais si tu prends ce téléphone et appelles oncle Gavin, il sera trop tard, ce sera moi qui partirai. Veux-tu que je parte? *(Elle ne répond pas.)* Dis que tu n'appelleras pas Gavin, dis-le, je t'en supplie!

TEMPLE

Je ne peux pas.

GOWAN

Dis-le, Temple! Nous nous sommes aimés autrefois.

TEMPLE

Nous avons dû nous aimer.

GOWAN

Alors, prouve-le. Si Nancy doit être pendue, laisse-la mourir. Si quelque chose est arrivé cette nuit-là, elle seule le sait avec toi. Et si elle-même ne veut pas dire ce qui est arrivé, si elle ne veut pas être sauvée, qui es-tu donc pour...

TEMPLE

Je ne peux pas.

GOWAN

Temple!

> *Elle se détourne et marche avec raideur vers le téléphone. Gowan la devance, et pose sa main sur le récepteur.*

GOWAN

Tu sais ce que je t'ai dit. Je partirai.

TEMPLE, *(d'une voix étrangement tranquille).*

S'il te plaît, Gowan, ôte ta main. *(Ils se regardent. Il retire sa main. Temple prend le récepteur, le porte à son oreille, attend, le regard fixe devant elle et puis.)* Le 329, s'il vous plaît...

RIDEAU

DEUXIÈME PARTIE

QUATRIÈME TABLEAU

Un coin du bureau du gouverneur de l'État, tard dans la nuit du 11 au 12 mars, vers deux heures du matin. Un bureau lourd, massif, plat et nu, exception faite pour un cendrier et un appareil téléphonique. Derrière le bureau, un fauteuil à haut dossier, lourd. Au mur, derrière le fauteuil et plus haut que lui, l'emblème officiel de l'État — un aigle, une balance, peut-être une devise en latin, sur un fond de drapeaux. Deux autres fauteuils en face du bureau, un peu tournés l'un vers l'autre, séparés par la longueur du meuble. Le bureau occupe la moitié supérieure de la scène, à droite, comme le tribunal, à gauche, au premier tableau.

Le gouverneur est debout devant son fauteuil, entre le siège et le bureau, sous l'emblème. Ni vieux ni jeune, il a quelque chose de l'archange Gabriel. Il est évident qu'il vient d'être tiré de sa chambre. Il est en robe d'intérieur, bien qu'il porte un col et une cravate et que ses cheveux soient bien peignés.

Temple et Stevens viennent d'entrer. Temple porte le même manteau de fourrure, le même chapeau, le même sac qu'au deuxième tableau. Stevens est vêtu exactement comme dans le troisième tableau. Il a son chapeau à la main. Ils s'avancent vers les fauteuils, à chaque bout du meuble-bureau.

STEVENS

Merci de nous avoir reçus, Henry.

LE GOUVERNEUR

Vous êtes les bienvenus. Asseyez-vous. (*À Temple qui s'assied.*) Madame Stevens fume-t-elle ?

STEVENS

Oui. Merci.

> *Le gouverneur donne à Temple une cigarette et l'allume. Puis il s'assied dans le fauteuil, les mains sur le bureau devant lui, tenant toujours le briquet. Stevens s'assied dans le fauteuil en face de Temple.*

LE GOUVERNEUR

Mon ami Gavin m'a assuré au téléphone, madame, que vous aviez quelque chose de très grave à me dire.

TEMPLE

Oui.

LE GOUVERNEUR

Je vous écoute.

TEMPLE

Je voudrais savoir jusqu'où je dois aller.

LE GOUVERNEUR

Je ne comprends pas.

TEMPLE

Si vous me disiez ce que vous savez déjà, je saurais *ce qui me reste* à dire.

LE GOUVERNEUR

Vous êtes venue de loin, madame, à deux heures du matin. Ce ne peut être sans raison. Et vous savez mieux que moi sans doute ce qui vous a poussée à une telle démarche.

TEMPLE

Je le sais. Mais ce que j'ai à dire est pénible. Pénible, oui, c'est cela. Et je voudrais que vous m'aidiez pour que... enfin pour que ce soit moins pénible.

LE GOUVERNEUR *(la regarde)*.

Eh bien, parlez-moi de Nancy Mannigoe. C'est son nom, n'est-ce pas ? Ou comment l'épelle-t-elle ?

TEMPLE

Elle ne l'épelle pas. Elle ne pourrait pas l'épeler. Elle ne sait ni lire ni écrire. Vous allez la pendre sous le nom de Mannigoe, et ce n'est peut-être pas son vrai nom. Mais quand elle sera pendue, ce détail perdra de son importance.

LE GOUVERNEUR

Commencez en tout cas par me parler d'elle.

TEMPLE

Il n'y a rien à en dire, sinon que c'était une femme adonnée à la prostitution et à la drogue que mon mari et moi avons ramassée dans le ruisseau pour qu'elle serve de nurse à nos enfants. Elle a assassiné l'un d'eux. On doit la pendre demain. Nous, je veux dire son avocat et moi, sommes venus ici vous demander de la sauver !

LE GOUVERNEUR

Oui. Je sais tout cela. Mais pourquoi la sauver ?

TEMPLE

Pourquoi je vous demande de la sauver, moi, la mère de l'enfant qu'elle a tuée ? Parce que je lui ai pardonné !

> *Le gouverneur l'observe attentivement. Stevens aussi. Ils attendent. Elle regarde le gouverneur fixement, sans défi, simplement sur ses gardes.*

TEMPLE

Parce qu'elle était folle!

Le gouverneur l'observe;
elle le regarde aussi, tirant de
courtes bouffées de sa cigarette.

TEMPLE

Je vois. Ce n'est pas cela qui vous intéresse. Ce qui
vous intéresse, sans doute, c'est de savoir pourquoi j'ai
engagé une pareille femme pour s'occuper de mes enfants.
Eh bien! disons que c'était pour lui donner encore une
chance. Après tout, c'était un être humain.

STEVENS

Non, Temple, ce n'est pas la vraie raison.

TEMPLE *(très simplement).*

Non, ce n'est pas la vraie raison. Pourquoi ne puis-je
cesser de mentir? Ce devrait être facile. S'arrêter de
mentir, exactement comme on s'arrête de courir, ou de
boire, ou de manger des sucreries, parce qu'on en a
assez. Mais on dirait qu'on ne se fatigue jamais de mentir.
Bon. Je vais quand même vous dire la vraie raison pour
laquelle j'ai engagé Nancy. La vraie raison est que j'avais
besoin d'elle pour trouver chez moi quelqu'un à qui
parler. *(Un temps.)* Et maintenant il faut que je vous dise
le reste afin que vous sachiez pourquoi j'avais besoin
d'elle, pourquoi la très distinguée Temple Drake-Stevens
ne pouvait trouver qu'une prostituée noire pour parler
la même langue qu'elle.

LE GOUVERNEUR

Oui. Dites-nous pourquoi.

TEMPLE *(éteint sa cigarette dans le cendrier et se redresse;*
elle parle d'une voix dure, un peu saccadée, mais sans émotion
apparente).

Une prostituée, complètement droguée, incorrigible,
damnée de toute éternité, qui ne vivait sans doute que
pour pouvoir un jour mourir meurtrière sur la potence,

une femme perdue qui ne s'est signalée à l'attention de ses concitoyens que le jour où, couchée dans le ruisseau, elle insultait un Blanc qui essayait de lui casser les dents à coups de pied, de lui enfoncer ses cris dans la gorge. Vous vous souvenez, Gavin. Comment s'appelait-il ?

STEVENS

J'ai oublié. C'était le caissier de la banque, n'est-ce pas ? (*Au gouverneur.*) Il jouait volontiers les vertus. (*À Temple.*) Mais est-il nécessaire que vous parliez de cela ?

TEMPLE

Oui. Oui. Ce lundi-là, un matin, Nancy, encore soûle, survient au moment où il ouvre la porte de la banque devant cinquante personnes qui attendaient. Elle surgit, fonce droit sur lui à travers cette foule et lui crie : « Hé, Blanc, où sont mes deux dollars ? » Et le caissier se retourne et se met à la frapper, la jette au bas du trottoir dans le ruisseau et s'acharne sur elle à coups de talon pour écraser la voix qui répétait : « Où sont mes deux dollars ? » jusqu'à ce que la foule comprenne et l'empêche de frapper encore cette bouche noire qui perdait son sang et ses dents et qui balbutiait toujours : « Vous me devez deux dollars pour la fois d'il y a quinze jours, et depuis vous êtes revenu... » (*Elle cesse de parler, presse pendant un instant ses deux mains sur son visage, puis les retire.*) Allons, il faut tout dire. Où en étais-je ?

LE GOUVERNEUR

Nancy disait : « Vous me deviez déjà deux dollars... »

TEMPLE

Deux dollars, oui. Mais pourquoi tant de discours. Il vaut mieux que je crache toute la vérité d'un coup. (*Elle respire comme avant de se jeter à l'eau, puis :*) Deux dollars, c'était le tarif de Nancy Mannigoe. Mais moi, j'ai vécu dans une maison de rendez-vous où la passe coûtait nettement plus cher. (*Silence. Elle se tient immobile, raide, les regardant. Puis, avec un petit rire :*) Très grande dame, n'est-ce pas, cet aveu ? Voilà comment nous sommes, nous autres, héritières de la bonne société. *(Silence.)* En tout cas, je viens de sauter le pas. Maintenant, c'est fini et je ne pourrai plus m'arrêter ni revenir en arrière. Maintenant il faut continuer. *(Silence.)* Pourquoi vous taisez-vous ? Aidez-moi. Parlez. Ou bien criez aux quatre coins du comté ce que je viens de dire afin que tous ceux qui ont des oreilles puissent entendre ce que jamais je n'aurais cru, non, jamais, que quelque chose ici-bas et pas même le meurtre de mon enfant et l'exécution d'une négresse misérable me forcerait un jour à dire. *(Le gouverneur la regarde en silence. Elle ébauche un mouvement de supplication vers lui.)* Jusqu'où faudra-t-il donc que j'aille ? Après huit ans de sécurité, de vie paisible, d'oubli ? Jusqu'où faudra-t-il aller pour mériter enfin que vous révoquiez la sentence et que nous puissions retourner chez nous et dormir ou essayer de le faire. Oui, que dois-je dire qui soit assez humiliant pour que vous acceptiez d'exaucer mon vœu !

LE GOUVERNEUR

La mort aussi est humiliante.

TEMPLE

Nous ne parlons pas de la mort, maintenant. Nous parlons de la honte. Nancy Mannigoe, elle, ne souffre pas de honte. Elle souffre seulement de devoir mourir. Et c'est pour lui éviter cette souffrance fugitive, cette souffrance sans importance, que je vous ai amené à deux heures du matin Temple Drake et sa honte.

STEVENS

Continuez, Temple.

TEMPLE

Il n'a pas encore répondu à ma question. *(Au gouverneur.)* Jusqu'où faut-il que j'aille ? Ne dites pas qu'il faut que je dise tout. Cela, on me l'a déjà dit !

LE GOUVERNEUR

Je vais essayer de vous aider. Je sais qui était Temple Drake. Une jeune étudiante qui, un matin d'il y a huit ans, quitta l'école, n'est-ce pas, par train spécial, avec ses compagnes pour aller assister à un match de football dans un autre collège, et qui disparut du train, au cours du voyage, pour reparaître, six semaines plus tard, comme témoin dans un procès pour meurtre, à Jefferson, présentée par l'avocat de l'homme qui, on l'apprit alors, l'avait enlevée et gardée prisonnière pendant tout ce temps-là.

TEMPLE

Dans une maison de prostitution de Memphis, n'oubliez pas cela!

STEVENS

Un instant. Laissez-moi dire au gouverneur ce qui s'est passé. Ce sera plus facile pour vous. Ce jour-là, Temple a quitté le train d'excursion avec un jeune homme qui l'attendait à une halte. Ils devaient aller seuls tous les deux au match de football. Mais, à ce moment, le jeune homme avait déjà bu, pour être à la hauteur de la situation, je suppose. Il but encore un peu plus, démolit sa voiture et débarqua avec Temple dans une maison de bootleggers. Le jeune homme s'enivra à mort et pendant qu'il cuvait son whisky, un crime fut commis dans la maison. Celui qui l'avait commis enleva Temple qui avait vu le meurtre et l'emmena à Memphis dans la maison qu'on vous a dit. C'est tout. Il faut ajouter cependant que le jeune homme à l'auto, celui qui escortait Temple, qui aurait dû la défendre, l'a épousée depuis, ayant retrouvé d'un seul coup son éducation. Il est mon neveu.

TEMPLE

Ne l'accusez pas. C'est moi qui ai voulu cette escapade.

LE GOUVERNEUR

Pourquoi?

TEMPLE

Pourquoi veut-on ce qui est mal? Parce qu'on aime le mal, sans doute, et qu'on le préfère au reste. En tout cas, il faut croire que, moi, j'aimais le mal plus que toute autre chose. Et j'ai voulu partir seule avec ce jeune homme qui ne me plaisait pourtant qu'à moitié.

STEVENS

Peut-être. Mais il devait vous protéger.

TEMPLE *(durement)*.

Il m'a épousée pour ça. Faut-il qu'il paie deux fois pour la même chose? Quand la chose ne valait même pas qu'on payât une seule fois?

LE GOUVERNEUR

Puis-je vous poser une question?

> *Temple le regarde et fait « oui » de la tête.*

LE GOUVERNEUR

Pourquoi ne l'avez-vous pas amené?

TEMPLE

Qui?

LE GOUVERNEUR

Votre mari. Vous vous solidarisez avec lui. Ne devrait-il pas être ici, solidaire à vos côtés, pour que tout devienne clair, une bonne fois, entre vous deux, et pour tenter avec vous de sauver Nancy Mannigoe.

TEMPLE

Sommes-nous vraiment ici pour sauver Nancy? Je ne sais pas, je ne sais plus. Il me semble plutôt que nous sommes venus vous réveiller pour que vous me donniez une bonne, une loyale occasion de souffrir. Vous voyez ce que je veux dire : non pas souffrir pour quelque chose de précis, mais simplement souffrir, souffrir comme on respire. Que viendrait faire mon mari dans tout cela?

LE GOUVERNEUR

Peut-être souhaiterait-il partager votre souffrance, s'il est vraiment votre mari?

TEMPLE

Il faudrait pour cela qu'il eût tout partagé avec moi.

Ils se regardent.

LE GOUVERNEUR

Dois-je comprendre que vous avez quelque chose à me dire qu'il ne sait pas?

TEMPLE

Oui.

STEVENS

Il eût mieux valu le lui dire, Temple. On ne vit pas huit ans sur un mensonge.

LE GOUVERNEUR

Le diriez-vous même s'il était ici?

> *Temple regarde fixement le gouverneur, Stevens fait un petit mouvement qui échappe à sa nièce. Dans le silence, Gowan entre, derrière Temple qui ne le voit pas. Il se tient immobile dans l'embrasure. Puis se dissimule à demi derrière un rideau.*

LE GOUVERNEUR

Imaginez qu'il soit ici, à ma place.

TEMPLE

Il est parti. Je ne le verrai plus.

LE GOUVERNEUR

Mais s'il était ici, parleriez-vous devant lui?

TEMPLE

Eh bien, oui! Et maintenant laissez-moi parler. *(Un temps.)* S'il vous plaît, j'accepterais bien une cigarette.

(Le gouverneur lui donne une cigarette qu'elle place sur le cendrier sans l'allumer. Un temps.) Donc, j'ai vu commettre le meurtre ou du moins l'ombre du meurtre et le meurtrier s'appelait Popeye et il m'a emmenée à Memphis dans une vieille voiture. Et je sais cela aussi que j'avais des jambes et des yeux, que j'aurais pu alerter les gens de mes cris, dans la grand-rue de n'importe laquelle de ces petites villes que nous traversions, et je ne l'ai pas fait. Tout comme j'aurais pu ne pas partir avec Gowan ou m'éloigner de l'auto après que nous l'eûmes écrasée contre un arbre, oui, j'aurais pu arrêter un camion, une voiture qui m'aurait transportée jusqu'à la gare la plus proche, ou à l'école, ou même directement à la maison, entre les mains de mon père ou de mes frères qui savaient, eux, où était le mal, où était le bien. Mais je ne l'ai pas fait. Pas moi. Non. Pas Temple. J'ai dû choisir le mal, sans le savoir peut-être. Bref, je suis restée avec Popeye, sans rien dire, pendant qu'il conduisait, l'œil fixe, la cigarette vissée dans la bouche.

STEVENS *(au gouverneur)*.

Oui, il était répugnant comme le mal lui-même. Un petit homme brun, une sorte de blatte, mince et noire, méchante. Mais c'était aussi un déséquilibré. Un anormal, sexuellement impuissant. Elle doit vous dire cela aussi.

TEMPLE *(à Stevens)*.

Cher oncle Gavin! Oui, oui, cela aussi, je le dirai. Une vraie malchance. Je n'ai même pas eu la faiblesse de la chair pour excuse. Quoiqu'un impuissant, cela fascine parfois, surtout si... Mais ce n'est pas la chair qui est fascinée, la bonne, la tendre, l'excusable chair. Qu'importe? J'ai choisi de rester avec le meurtrier comme si je ne pouvais pas, non, je ne pouvais pas me séparer de lui. Il m'a conduite à Memphis. Je l'ai suivi, docile. Il m'a enfermée dans cette maison de plaisir de la rue Manuel, comme une épouse de dix ans dans un couvent espagnol, avec une patronne aux yeux d'aigle, plus prévoyante que n'importe quelle maman, et une servante noire qui gardait la porte lorsque la patronne sortait, pour aller là où vont les patronnes de maisons l'après-midi, payer une amende à la police, ou lui demander protection, ou à la banque, ou dans d'autres maisons, et ce n'était pas désagréable alors car la servante ouvrait ma porte et entrait et nous pouvions *(elle chancelle, une seconde, puis très vite)* parler. J'avais des parfums à discrétion mais, naturellement, c'était la patronne qui les choisissait, et ils n'étaient pas très discrets, mais enfin j'en avais. Popeye m'a aussi acheté un manteau de fourrure, mais où le porter, vu qu'il ne me laissait pas sortir? Eh bien! j'avais tout de même le manteau, et des peignoirs et des dessous choisis, eux aussi, selon le goût de Popeye qui n'était pas toujours le mien. Car il voulait que je sois contente. Pas seulement contente, il voulait même bien que je sois heureuse. Enfin, voilà, nous y arrivons, puisque maintenant il le faut...

> *Elle cesse de parler, étend le bras, prend la cigarette intacte sur le cendrier, se rend compte qu'elle n'est pas allumée. Stevens prend le briquet, commence à se lever. Le gouverneur, les yeux toujours fixés sur Temple, fait un geste pour retenir Stevens. Stevens s'arrête, pousse le briquet sur le bureau jusqu'à ce qu'il soit possible à Temple de le prendre elle-même et se rassied. Temple prend le briquet, l'allume, allume la cigarette, ferme le briquet, le remet en place. Mais après une seule bouffée, elle repose sa cigarette sur le cendrier, se rassied, droite, et parle de nouveau.*

TEMPLE

Car j'aurais pu me laisser glisser à tout moment le long du tuyau de descente. Seulement, je ne l'ai pas fait. Je ne sortais de ma chambre que tard le soir, quand Popeye venait me chercher, dans une auto fermée, de la taille d'un corbillard. Lui et le chauffeur devant, moi et la patronne derrière, nous roulions à soixante ou quatre-vingts à l'heure dans les rues du quartier éclairé

de lanternes rouges. C'est d'ailleurs tout ce que j'en ai
jamais vu, de ces petites rues et de ce quartier. Il ne
m'était même pas permis de faire visite aux autres femmes
de la maison où j'étais, même pas de m'asseoir avec elles
après le travail pour les écouter parler métier, pendant
qu'elles comptaient leur argent, ou qu'elles attendaient,
sans rien faire, sur leurs lits. *(De nouveau, elle se tait,
puis reprend, d'un air de surprise ou d'étonnement.)* Je
pensais alors à notre dortoir, à l'école. C'était la
même odeur de femmes jeunes, en train de penser, toutes,
non pas à un homme, non pas à tel ou tel homme, mais
à « l'homme ». Ces femmes y pensaient plus calmement,
voilà tout. Elles étaient moins excitées, en somme, assises
sur leurs lits momentanément vides, pour discuter des
difficultés du métier. Mais ce n'est pas avec moi qu'elles
discutaient, car j'étais enfermée, moi, dans ma chambre,
vingt-quatre heures par jour, n'ayant rien à faire que
de me pavaner dans le manteau de fourrure, le slip
criard et les peignoirs voyants, et personne pour me voir,
qu'un miroir de six pieds de haut et une servante noire
qui riait en touchant la soie des dessous, pendant que
j'allais et venais dans ma chambre, toujours enfermée,
oui, isolée, à l'abri de tout, en sécurité au sein du péché
et du plaisir, comme immergée dans une cloche à
plongeur à vingt brasses sous la mer. Oh! oui, Popeye
voulait que je sois contente, vous comprenez. Mais moi,
je voulais quelque chose de plus. Je ne voulais pas
seulement être contente. Et il a fallu à toute force que je
tombe amoureuse, comme disaient mes sœurs les putains.

LE GOUVERNEUR

Amoureuse?

STEVENS

Oui. *(Le gouverneur regarde Temple qui ne dit rien.)*
Elle veut parler du jeune homme que Popeye...

TEMPLE *(à Stevens)*.

Taisez-vous.

STEVENS

Non, vous êtes à bout. Je dois vous aider. Donc, ce Popeye amena lui-même un jeune homme. Et ce jeune homme...

TEMPLE

Gavin !

STEVENS

Ce jeune homme était connu dans son milieu sous le nom de Red. C'était le videur d'un club de nuit des faubourgs de la ville, vous savez, l'homme de main chargé d'expulser les clients ivres ou récalcitrants. Ce club appartenait à Popeye, c'était son quartier général. Et... (*Il hésite, puis à Temple.*) Et Popeye vous amenait Red, dans votre chambre. (*Au gouverneur.*) Vous comprenez, n'est-ce pas ?

LE GOUVERNEUR

Oui. Mais je ne vois pas pourquoi ce Popeye...

STEVENS

On aurait dû l'écraser, par un moyen quelconque, sous un pied géant, comme on écrase une araignée. Car il ne la prostituait pas. Oh ! non, il ne l'a pas vendue. En l'accusant de ce crime grossier, vulgaire, on lui fait outrage. C'était un puriste au contraire, un délicat, un gourmet, si vous voulez. Non, il ne la vendait pas. Il la donnait à son domestique.

LE GOUVERNEUR

Gavin ! Est-il indispensable d'aller plus loin devant Mme Stevens ?

STEVENS

Oui. Vous ne savez pas encore tout. Et...

TEMPLE

Non. Laissez-moi parler. J'ai rencontré cet homme, Red, et comment je l'ai rencontré cela n'importe pas. Ce qui importe, c'est que je suis tombée amoureuse de

lui. De quelle sorte d'amour, je ne le sais pas encore.
Toujours est-il que je lui ai écrit des lettres.

LE GOUVERNEUR

Des lettres d'amour ?

TEMPLE

Merci bien. Je veux dire : merci pour l'amour. Ce
qui est vrai, c'est que je lui écrivais chaque fois qu'il
devait venir et plus tard aussi quand ils étaient partis
tous les deux et plusieurs fois encore quand ils étaient
restés quelques jours sans venir...

LE GOUVERNEUR

Attendez. Qu'avez-vous dit ? « Quand ils étaient partis
tous les deux » ? *(Ils s'observent. Temple se tait.)* Dois-je
entendre que ce Popeye était présent dans la chambre
où Red et vous...

STEVENS

Oui. C'était pour cela qu'il amenait Red. Voilà ce que
je voulais dire en parlant de gourmet.

LE GOUVERNEUR *(à Temple)*.

Bon. Continuez, madame Stevens et finissons-en.
Nous en étions aux lettres.

TEMPLE

Les lettres. Oui. C'étaient de belles lettres. Je veux
dire... bien faites. *(Fixant toujours le gouverneur.)* Ce que
j'essaie de dire, ce que je n'arrive pas à dire... enfin,
c'était le genre de lettres qu'une femme, lorsqu'elle
les a écrites à un homme, même huit ans auparavant,
ne veut pas que son mari les voie, quelque opinion
qu'il ait déjà du passé de sa chère épouse. *(Elle fait un
effort visible.)* D'excellentes lettres, et certainement
meilleures qu'on ne s'attendrait à les trouver sous la
plume d'une débutante. Si vous les aviez lues, vous
vous seriez demandé comment une fille de dix-sept ans

avait pu connaître ainsi les mots, les mots justes... Mais je n'ai pas eu besoin de beaucoup de leçons. J'étais douée. *(Un temps et sèchement.)* J'ai écrit des lettres, je ne sais pas combien, mais une seule eût suffi. Tout est venu de là.

LE GOUVERNEUR

Le crime de Nancy est venu de là? Vraiment? Expliquez-moi.

TEMPLE

Oui. Vous avez sûrement entendu parler de chantage. Les lettres ont reparu il y a deux ans. Comment les racheter? Quand on est Temple Drake, le premier moyen auquel on pense pour les racheter est naturellement de fournir la matière d'une autre série de lettres...

STEVENS *(à Temple, doucement)*.

Oui, tout est venu de là, mais il vous reste à dire au gouverneur comment.

TEMPLE

Je croyais l'avoir dit. J'ai écrit ces lettres. Et puis l'homme à qui je les écrivais est mort et j'en ai épousé un autre, et je me suis rangée. Ou du moins, je croyais m'être rangée. J'ai eu deux enfants et pour avoir quelqu'un à qui parler, j'ai engagé une autre prostituée, qui elle aussi s'était rangée. Je croyais même avoir oublié l'histoire des lettres jusqu'au jour où elles reparurent. Je m'aperçus alors, non seulement que je n'avais pas oublié les lettres, mais que je ne m'étais même pas rangée...

LE GOUVERNEUR

Ce jeune homme, Red, de quoi est-il mort?

TEMPLE

De mort naturelle. Je veux dire conforme à sa nature. Il a été tué d'un coup de feu tiré d'une voiture pendant qu'il se faufilait dans une ruelle, derrière la maison, pour grimper dans ma chambre par le tuyau de descente. Oui, nous avions un rendez-vous clandestin, le premier que Popeye ne connût pas. Ce fut la première, la seule

fois, où nous croyions avoir réussi à le tromper. Nous
voulions être seuls, ensemble, rien que nous deux enfin,
après toutes les fois, les autres fois, où nous ne l'étions
pas. Nous avions enfin un rendez-vous d'amour. Car si
l'amour peut exister, si ce mot peut avoir du sens, que
signifie-t-il d'autre que la connaissance mutuelle dans le
silence, l'intimité, l'absence de honte ? On ne s'aime pas
quand on sait qu'on est nus. Et on sait qu'on est nus
quand quelqu'un, au même moment, vous regarde.
Alors nous voulions être seuls, au moins une fois, une
seule fois, oublier tout ce qui n'était pas notre amour...

LE GOUVERNEUR

Votre amour ? Red vous aimait-il ?

TEMPLE

Il m'aimait. Peut-être parce que je l'aimais et qu'il
ne s'y attendait pas, qu'il n'aurait jamais de lui-même
pensé à une pareille histoire, imaginé ce qu'il appelait
une chance, une telle chance, et il était là, devant moi,
son maître derrière lui, et il me regardait, tremblant un
peu, ne pouvant me parler des lettres que je lui envoyais
en secret, silencieux d'ailleurs, parce qu'il savait qu'il
ne pourrait maîtriser sa voix, mais son visage parlait et
Popeye ne pouvait pas le voir. Oui, nous avons voulu
vivre au moins une fois cet amour dont nous étions
sûrs, et nous avons arrangé ce rendez-vous clandestin,
notre lune de miel, si j'ose dire... Enfin, on l'a tué au
moment où il venait seul vers moi seule ! Il a été abattu à
l'instant même où il pensait le plus à moi, et moi à lui,
alors que peut-être, une minute plus tard, il eût été avec
moi dans la même chambre, la porte fermée à clef,
rien que nous deux enfin. Et ce fut fini. Ce fut comme si
rien de tout cela, ni Red, ni la maison, ni les filles, ni
Popeye n'avaient jamais existé. *(Elle parle plus vite.)*
Ensuite, je suis revenue chez moi, quand Popeye a été
arrêté pour ce meurtre, puis condamné à mort. Tout
désormais m'était égal; et mon père et mes frères, là,
à attendre. Et puis j'ai passé une année en Europe, à
Paris. Là encore tout m'était égal.

STEVENS

Mais Gowan vint à Paris cet hiver-là et vous vous êtes mariés.

TEMPLE *(docilement)*.

Oui. À l'ambassade avec, ensuite, une réception au Crillon. Sans parler d'une nouvelle auto et d'une villa mauresque au Cap-Ferrat, enfin tout ce qu'il faut pour désinfecter un passé américain. Mais, en vérité, nous comptions sur autre chose pour la désinfection. Nous pensions que le mariage à lui seul suffirait, la cérémonie elle-même. Rien que notre agenouillement à tous deux : « Nous avons péché. Pardonnez-nous. » Et alors ce serait la paix, l'oubli, l'amour, tout ce que j'avais raté, jusque-là. *(Elle chancelle encore, puis reprend, volubile, brève.)* L'amour... peut-être n'est-ce pas le mot juste, mais nous pensions aussi être réunis par quelque chose de plus que l'amour. Par cette tragédie qui nous avait enchaînés l'un à l'autre, où nous avions souffert l'un de l'autre. Et puis je comptais aussi sur quelque chose de plus efficace que la tragédie et l'amour pour tenir deux êtres réunis : le pardon. Oui, j'espérais le pardon mutuel. Mais voilà, il est facile de pardonner peut-être, mais il est difficile de consentir à être pardonné.

STEVENS

Surtout quand on est un homme qui crève d'orgueil.

TEMPLE

Gavin !

STEVENS

Vous le savez bien. Et que la vanité de votre mari a tout détruit. Quand un distingué aristocrate de Virginie oublie de fermer la porte et qu'on le surprend assis dans les toilettes, qu'est-ce qui le fait souffrir sinon la vanité ? Non, le pardon n'était pas son affaire, ce n'était pas assez bon pour lui. Et plutôt que d'accepter d'être pardonné, il a commencé à se demander au bout d'un an s'il était vraiment le père de son enfant.

TEMPLE

Seigneur ! Seigneur !

LE GOUVERNEUR

Laissez-la parler, Gavin.

TEMPLE

Parler, cela s'appelle-t-il parler, vraiment. Parler
fait-il si mal ? Mais ce sera plus facile maintenant, car
il s'agit de Nancy. Nous étions revenus à Jefferson.
Chez nous, vous comprenez. Affrontant le scandale, la
honte, regardant les choses bien en face, une bonne
fois, pour qu'elles ne viennent plus nous hanter, essayant
même de nous regarder sans baisser les yeux... Oh!
non, je ne peux plus. Dites-le-lui, oncle Gavin.

STEVENS

Oui. *(Au gouverneur.)* Essayez d'imaginer les Gowan
Stevens, jeunes, populaires, et leur maison neuve dans
le beau quartier et leur club très fermé et un banc dans
l'église la plus connue. Et voilà le fils qui naît, le grand
héritier et ils engagent Nancy, nurse, préceptrice, sœur,
clef de voûte, appelez-la comme vous voudrez. *(À
Temple.)* Est-ce cela? Allons, Temple, courage!

TEMPLE *(maintenant brisée)*.

Oui. J'étais la princesse, elle la confidente. Dans la
maison sans hommes, elle m'écoutait, je rêvais tout haut.
Vous voyez cela : les longs après-midi, l'enfant endormi,
et les deux sœurs, les deux anciennes pécheresses, parlant
de leur métier, remuant des souvenirs encore chauds en
buvant des coca-colas dans la cuisine silencieuse. *(Au
gouverneur, en pleurant enfin.)* Quelqu'un à qui parler,
monsieur, nous avons tous besoin de cela! Non pas
quelqu'un avec qui converser, ou qui vous approuve,
mais qui reste là, simplement, se taisant, écoutant. Les
meurtriers, les fous, les incendiaires, s'ils avaient eu
quelqu'un pour les écouter, peut-être seraient-ils restés
tranquilles! Oh! maintenant, laissez-moi tranquille, laissez-moi tranquille! *(Elle s'abat sur elle-même.)*

STEVENS

Je vais vous dire la fin. Bien avant que le premier
enfant fût né, elle avait découvert que son mari ne lui
pardonnait rien, pas plus qu'il ne voulait être pardonné,

qu'il croyait avoir assez fait en l'épousant, qu'il exigerait sans cesse sa reconnaissance et elle savait que tout
était perdu, que son passé ne cesserait de peser sur eux.
Quand vint le premier enfant, cependant, elle se découvrit un espoir qui était l'innocence de son enfant.
Quelque chose du moins faisait partie d'elle qui n'avait
pas de part à sa culpabilité. Quelque chose à quoi elle
pouvait enfin se donner, de tout son cœur, en s'oubliant
elle-même. C'était comme un armistice avec Dieu où
elle consentait de son côté à tout souffrir, à tout renoncer,
et même les joies les plus simples, pour qu'un enfant
innocent soit préservé de la souillure et de la terreur.
En échange de son renoncement, elle espérait seulement
que Dieu se conduirait, lui du moins, en homme du
monde.

LE GOUVERNEUR

L'enfant était donc bien celui de Gowan Stevens?
Pardonnez-moi, madame.

STEVENS

Oui. Mais mon neveu en douta ou crut qu'il en doutait
et tout fut fini de nouveau. Cet enfant aussi la séparait
du monde, et de son mari, lui rappelait sa faute. Elle
ne pouvait plus s'oublier en lui. *(A Temple.)* C'est alors
que vous avez voulu vous enfuir. *(Temple fait un signe de
la tête.)* Mais le deuxième enfant arriva et, pentant quelque
temps, Temple ne sut plus comment fuir. En même
temps, elle ne pouvait plus rester dans ce monde où elle
avait cru oublier son passé, elle ne pouvait plus supporter
cette respectabilité, ces hommes du monde qui pardonnent sans pardonner, qui sourient au moment même où
ils sont ivres de ressentiment. Elle attendait donc.
Elle attendait la catastrophe, mais ne savait quel visage
elle prendrait. *(Un temps.)* Eh bien! la catastrophe a pris
le visage du jeune frère de Red. Il s'appelait Peter.

LE GOUVERNEUR

Je vois. Il avait les lettres et la fit chanter.

STEVENS

Oui. Il la faisait chanter. Mais elle ne s'est pas contentée de lui donner de l'argent. Elle s'est donnée elle-même.
(Le gouverneur regarde Stevens.) Oui. Lui ne demandait
pas mieux et il s'est dit sans doute qu'il ferait mieux
chanter Gowan s'il possédait sa femme. Elle... *(Il
hésite.)* Eh bien! je suppose qu'elle a voulu en finir une
bonne fois avec... En tout cas, elle s'est jetée à la tête
de ce Peter et a voulu fuir avec lui.

LE GOUVERNEUR *(à Temple)*.

Pourquoi avez-vous fait cela?

TEMPLE, *(se lève, et avec une violence croissante)*.

Ah! cela du moins est clair et je puis vous l'expliquer.
Avec ce maître chanteur, j'ai pu enfin me reposer. Me
reposer, oui. Me reposer de l'honnêteté, de la respectabilité, des bons sentiments. Après six années de pardon
et de distinction, j'ai enfin rencontré un homme qui ne
se préoccupait ni de l'un ni de l'autre. Un homme si
décidé, si dur, si brutal, si parfaitement immoral qu'il
en recevait une sorte de pureté, d'intégrité. Un homme
qui ne se souciait pas, enfin, de réparer ou d'oublier
mais qui, si je m'étais mêlée de lui demander pardon,
m'aurait seulement frappée et jetée dans le ruisseau de
sorte qu'avec lui je pouvais me reposer, oui, me reposer
enfin dans la certitude que même jetée dans le ruisseau
et frappée à mort il ne saurait jamais qu'il y avait quelque
chose à me pardonner. Oh, ce n'est pas avec lui que j'ai
voulu fuir, mais en lui!

LE GOUVERNEUR *(après un temps)*.

Il ne vous reste plus qu'à me parler du meurtre.
Racontez-moi ce que Nancy a fait le 13 septembre.

TEMPLE *(toujours debout, mais vidée par son éclat, vacillant,
d'un air un peu somnambulique)*.

Le 13 septembre. Nancy, oui. Elle m'aimait, elle
m'aime encore, j'en suis sûre. Et surtout elle aimait mes

enfants et leur innocence. Elle a suivi toute l'affaire sans rien dire, elle était au courant de tout, elle m'espionnait, de tout son cœur, comme ceux qui aiment. Elle a cru un moment que j'allais seulement donner de l'argent à Peter, reprendre les lettres et retrouver la paix. Mais moi, je voulais une autre paix, le repos dans le mal, la surdité définitive du péché. Bref, je voulais fuir, je voulais partir avec Peter, retrouver les longues journées vides de la vie mauvaise. J'avais éloigné Gowan et Bucky, donné rendez-vous chez moi à Peter. Quand Nancy a compris ce que je voulais faire et que j'allais partir, emmener un enfant avec moi pour le faire vivre avec un homme comme Peter, abandonner l'autre, elle a voulu m'en empêcher. Elle a commencé par prendre l'argent et les bijoux que j'avais préparés pour ma fuite. *(La lumière et un rideau, derrière Temple, commencent à baisser. Temple parlera maintenant dans l'obscurité.)* C'était la nuit du 13 septembre. Peter était déjà chez moi, là, et moi, ici, je me préparais, sans savoir. Nancy nous épiait encore. Quand elle a compris que je partirais quand même, coûte que coûte, elle a cherché ce qu'elle pouvait faire encore pour me retenir, pour préserver les enfants et l'avenir. Elle a cherché aveuglément, de tout son cœur encore, et elle n'a rien trouvé sinon... Oh oui, je suis sûre que c'est dans l'obscurité où elle se tenait, derrière la porte, nous écoutant, dans la nuit où elle me découvrait, avide de mal et d'oubli, courant à la déchéance avec mes enfants auxquels je ne pensais même plus, c'est dans cette nuit qu'elle a conçu son acte fou, terrible, innocent! Dans la nuit, oui, le 13 septembre, nous épiant Peter et moi, Nancy...

CINQUIÈME TABLEAU

Le rideau se relève lentement sur le living-room des Gowan Stevens. Neuf heures et demie du soir. Le 13 septembre précédent. À gauche, un placard ouvert. Des vêtements sont éparpillés sur le plancher, on comprend que le placard a été fouillé furieusement. Sur la table, au centre, le chapeau de Temple, ses gants, son sac, et aussi un de ces sacs dont on se sert pour les affaires des petits enfants; deux autres valises appartenant évidemment à Temple, bourrées et fermées, sont sur le plancher, près de la table. Tout

*indique que Temple est sur le point de partir, et que quelque chose a été
cherché, inutilement, mais avec frénésie.*

> *Quand la lumière se rallume,
> Peter est debout devant la porte
> ouverte du placard, tenant un
> dernier vêtement, un peignoir.
> C'est un homme d'environ vingt-
> cinq ans. Il n'a pas l'air d'un
> criminel, d'un gangster. Il a
> presque l'air d'un jeune ven-
> deur de voitures ou d'appareils
> ménagers qui aurait réussi. Ses
> vêtements sont quelconques, pas
> voyants, ce que tout le monde
> porte. Mais il a un air conqué-
> rant, sûr de lui. Beau gar-
> çon, le type qui plaît aux
> femmes, le genre d'homme avec
> lequel on n'aura pas de surprise,
> parce qu'on sait exactement ce
> qu'il va faire, tout en espérant
> qu'il ne le fera pas, cette fois-ci.
> Un être dur, pas immoral,
> mais amoral.
> Il porte un complet d'été en
> tissu léger, le chapeau repoussé
> sur la nuque. Il fouille le
> peignoir vaporeux, vite et sans
> ménagement, le laisse tomber à
> terre, se tourne, se trouve les
> pieds pris dans les autres vête-
> ments déjà tombés sur le plan-
> cher; sans hésiter, il se dégage
> à coups de talon, et reste là à
> regarder le fatras qui s'y trouve
> avec une sorte de dégoût désen-
> chanté.
> Temple est en scène aussi, à
> la même place qu'à la fin du
> tableau précédent. Mais elle
> porte un léger manteau ouvert.*

PETER

Alors, Nancy?

TEMPLE

J'ai téléphoné à ses logeurs. Ils ne l'ont pas vue depuis ce matin.

PETER

J'aurais pu te le dire d'avance! *(Il regarde l'heure à son poignet.)* Allons l'attendre chez elle.

TEMPLE *(près de la table).*

Pour quoi faire?

PETER

Il s'agit quand même de trois cents dollars. Ça ne te dit rien? À moi oui. Sans parler des bijoux! Si elle les a pris, elle les rendra, même s'il faut lui brûler les pieds à la cigarette! Ou qu'est-ce que tu proposes? Qu'on appelle les flics?

TEMPLE

Non. Ne te fatigue pas. Tu vas filer.

PETER

Filer?

TEMPLE

Oui, laisse tomber maintenant, sauve-toi. L'argent a disparu, tu ne m'emmènes pas. Tu n'as rien d'autre à faire qu'attendre le retour de mon mari et à recommencer auprès de lui ton petit chantage.

PETER

Je veux le fric et les bijoux. Et toi par-dessus le marché.

TEMPLE

Tu as toujours les lettres.

PETER *(Il cherche dans une poche intérieure, en tire le paquet de lettres, jette le paquet sur la table.)*

Je peux te les donner, si tu veux.

TEMPLE

Je t'ai déjà dit, il y a deux jours, que je n'en voulais pas!

PETER

Bon. Mais c'était il y a deux jours!

> *Ils se dévisagent un moment. Puis Temple prend le paquet de lettres, tend l'autre main à Peter.*

TEMPLE

Passe-moi ton briquet!

> *Peter sort le briquet de sa poche et le lui tend, mais sans bouger, de sorte qu'elle doit faire deux pas vers lui pour prendre le briquet. Puis elle va vers le foyer, allume le briquet qui, d'abord, rate deux ou trois fois. Peter n'a pas bougé. Il l'observe. Elle demeure un instant immobile, le paquet de lettres dans une main, le briquet allumé dans l'autre. Puis, tournant la tête, elle regarde Peter. Ils s'observent pendant un instant.*

PETER

Brûle-les! Quand je te les ai données, l'autre jour, tu les as refusées, pour pouvoir encore changer d'avis. *Brûle-les* donc! Les lettres détruites, tu seras délivrée de moi.

> *Ils s'observent toujours. Enfin, elle tourne la tête. Il rit, sûr de lui.*

PETER

Viens!

> *Elle éteint le briquet, se tourne, revient près de la table, y dépose les lettres et le briquet et va vers Peter, qui n'a pas bougé. Au même instant, Nancy paraît à la porte, à gauche. Ils ne l'ont pas vue. Peter prend Temple dans ses bras.*

PETER

À quoi ça sert tout ça, puisqu'on est bien ensemble? *(Il la serre encore plus fort contre lui.)* Hein, ma poupée!

TEMPLE

Ne m'appelle pas comme ça.

PETER *(la serrant plus fort, caressant, mais un peu dur aussi).*

Red le faisait bien. Je vaux bien Red, non?

> *Ils s'embrassent. Nancy a franchi sans bruit le seuil de la porte. Elle s'est arrêtée, observant Peter et Temple. Elle porte maintenant l'uniforme pour bonnes que l'on trouve dans tous les grands magasins, la tenue standard, mais sans le bonnet ni le tablier, sous un manteau léger, entrouvert. Elle est coiffée d'un chapeau de feutre tout cabossé, presque informe, un chapeau qui a dû appartenir à un homme. Peter desserre son étreinte.*

PETER

Viens! Sortons d'ici!

> *Par-dessus l'épaule de Temple, il aperçoit Nancy et sur-*

> *saute. Temple sursaute aussi, se*
> *tourne vivement, voit Nancy.*
> *Nancy avance dans la pièce.*

TEMPLE *(à Nancy).*

Que fais-tu là?

NANCY

J'ai amené mon pied. Pour la cigarette. Brûlez-le.

PETER

Sacrée négresse, elle rapporte peut-être le magot?
(Ils observent Nancy, qui ne répond pas.) Ou peut-être pas.
Allons-y pour la cigarette puisqu'elle y tient. *(À Nancy.)*
Hé guenon! C'est bien pour ça que tu es revenue?

TEMPLE *(à Peter).*

Tais-toi! Prends les sacs et va à la voiture.

PETER *(à Temple, mais sans quitter Nancy des yeux).*

Non, non, on va s'occuper d'elle d'abord.

TEMPLE

Sors! Je m'arrangerai avec elle. Elle rendra tout.

> *Peter observe encore un instant*
> *Nancy, qui leur fait face, mais*
> *qui ne regarde rien, qui reste*
> *immobile, comme médusée, som-*
> *bre, renfermée, impénétrable.*
> *Puis il hausse les épaules.*

PETER

Bon. Mais récupère le fric. Ou sinon je la retrouverai.

> *Peter va vers la table, ra-*
> *masse le briquet, paraît vouloir*
> *passer, puis, de nouveau, fait*
> *halte, et après une hésitation*
> *presque imperceptible, regarde*
> *le paquet de lettres.*

PETER

Peut-être vaudrait-il mieux que tu ne les oublies pas.

TEMPLE

Va.

> *Il ramasse les deux valises,
> gagne la porte-fenêtre, passant
> près de Nancy qui continue à
> regarder fixement devant elle.*

PETER *(à Nancy)*.

À ton service, mal blanchie, pour te griller les sabots.
Même pour moins de cinquante billets! Pour le plaisir.

> *Il prend les deux sacs dans
> la même main, ouvre la porte,
> se dispose à sortir, s'arrête,
> se retourne vers Temple.*

PETER

Je ne suis pas loin, si tu changes d'avis.

> *Il achève de sortir, tire la
> porte sur lui. Au moment où
> elle se ferme :*

NANCY

Attends!

> *Peter s'arrête, commence à
> rouvrir la porte.*

TEMPLE *(vite, à Peter)*.

Pour l'amour de Dieu, sors.

> *Peter sort, ferme la porte
> sur lui. Nancy et Temple se
> regardent.*

NANCY

J'ai eu tort de cacher l'argent et les diamants pour
vous empêcher de partir. J'aurais peut-être dû donner
le magot à celui-là, hier, quand je l'ai trouvé. Il serait
déjà à Chicago, sans demander son reste. Y a qu'à le
voir pour le savoir.

TEMPLE

C'était donc toi qui les avais volés. Mais ça n'a rien
changé.

NANCY

Qui est la voleuse, vous ou moi? Les diamants, pour
commencer, ce n'est pas vous qui les avez payés. Et
pour l'argent, vous êtes une sacrée menteuse. Il y avait
deux mille dollars en argent et vous m'avez parlé de
deux cents et à lui de cinquante. Pas étonnant qu'il
s'en fasse pas trop. D'ailleurs, même si c'était deux mille,
il ne s'en ferait pas non plus. Qu'est-ce que ça pourrait
lui faire que vous ayez ou non de l'argent quand vous
montrez dans l'auto? Il sait bien qu'il suffira d'attendre,
il n'a qu'à vous garder, même s'il faut vous serrer un
peu, et il s'y entend d'après ce que j'ai vu, et vous
recevrez alors tout l'argent qu'il faut, et même les diamants, de votre mari ou du papa. Il le sait bien, cette
petite frappe. (*Temple avance brusquement et gifle Nancy.
Nancy recule, et, dans ce mouvement, l'argent et la boîte de
bijoux tombent de la poche de son manteau sur le plancher.
Temple s'arrête, regarde les billets, les bijoux. Nancy continue.*)
Oui, ce sale argent, c'est lui qui a tout pourri. Quand on
est une femme à diamants et qu'on a un mari qui traîne
dans ses poches deux mille dollars pour ses cigarettes
et ses taxis, pas étonnant qu'on vienne vous faire chanter
et que les fripouilles rappliquent aussi vite que les
mouches sur la viande puante. Et celui-là est une
fripouille. Vous pouvez me frapper. C'est une fripouille!
Ce n'est pas la première que je vois, et vous non plus.
Je sais toujours les reconnaître même si vous, vous
faites semblant d'avoir oublié. Mais vous n'avez pas
oublié. Vous savez bien qu'il a beau avoir une belle
gueule, il sent la méchanceté, il vient de l'enfer. Si
seulement je pouvais lui donner votre argent dégoûtant et qu'il foute le camp.

TEMPLE

Essaye! Tu verras!

NANCY

Oh! je sais. Il ne s'agit même plus des lettres, maintenant! Vous voulez retrouver la bonne vie! Je ne vous
suffis plus. Il vous faut du solide, quoi, il vous faut la
saleté. Oui, la saleté qui était déjà chez vous puisque
vous avez été capable d'écrire ces lettres qui peuvent

encore faire tout ce chagrin, tout ce malheur, huit ans après! Vous auriez pu les récupérer n'importe quand, d'ailleurs. Mais vous n'avez pas voulu. Il a même essayé deux fois de vous les rendre. Vous vous en foutiez comme du bon Dieu.

TEMPLE

Depuis quand m'espionnes-tu?

NANCY

Depuis toujours! Vous n'aviez même pas besoin d'argent et de bijoux pour récupérer les lettres! Une femme n'a pas besoin de ça! Elle n'a besoin que d'être une femme pour obtenir des hommes tout ce qu'elle veut. Nous le savons bien, nous autres. Vous auriez pu faire ça, d'un tour de reins, dans la maison, sans même envoyer votre mari pêcher à la ligne. Ce que vous avez appris à Memphis aurait dû vous servir au moins à ça. Et vous seriez restée auprès de vos enfants.

TEMPLE

Bel exemple d'une moralité de putain! Mais, après tout, tu peux m'en dire autant, pas vrai? La seule différence entre nous, c'est que je refuse d'être une putain dans la maison de mon mari!

NANCY

Je ne parle pas de votre mari. Je ne parle même pas de vous. Je parle de deux petits enfants.

TEMPLE

Moi aussi! Pourquoi crois-tu que j'ai envoyé Bucky chez sa grand-mère, sinon parce que j'ai pensé aux enfants et pour sortir justement l'enfant d'une maison où l'homme qu'on lui a appris à appeler père pourrait à tout moment décider de lui dire qu'il ne l'est pas? Puisque tu espionnes, tu as dû sûrement l'entendre dire ça.

NANCY (l'interrompant).

Sûr que je l'ai entendu! Et vous aussi, je vous ai entendue. Vous avez protesté cette fois-là. Vous vous êtes enfin défendue. Vous avez nié! Et ce n'était pas pour vous, mais pour ce petit enfant! Et maintenant, vous lâchez tout, vous abandonnez, comme ça!

TEMPLE

Abandonner?

NANCY

Oui. Vous ne reverrez jamais Bucky, vous le savez bien, et vous le lâchez. Dites que ce n'est pas vrai! *(Temple ne répond pas.)* Bon. Voilà qui règle Bucky! Mais maintenant à qui allez-vous laisser l'autre?

TEMPLE

À qui la laisser? Mais elle a six mois. Je l'emmène.

NANCY

Bien sûr que vous ne pouvez pas la laisser. À personne. Pas même à moi! Mais vous ne pouvez pas non plus emmener ce bébé de six mois avec vous, en voyage! Voilà de quoi je veux parler. Alors laissez-la tomber elle aussi, là, dans son berceau! Elle pleurera un peu, mais soyez tranquille, elle est trop petite pour pleurer très fort. Personne ne l'entendra, personne ne viendra s'en occuper, surtout avec la maison fermée à clef, jusqu'à la semaine prochaine, jusqu'à ce que M. Gowan revienne, et à ce moment-là, ce sera réglé, l'enfant aura cessé de pleurer, vous pourrez vous amuser enfin.

TEMPLE

Donne-moi mon manteau!

NANCY *(prend le manteau sur un fauteuil et le lui donne).*

Mais c'est plus commode, hein, de l'emmener avec vous, jusqu'à ce que vous écriviez à M. Gowan, ou à votre papa, pour avoir de l'argent, et si la petite frappe trouve qu'ils ne les lâchent pas assez vite, alors il vous jettera dehors, vous et le bébé! Pourquoi pas l'oublier alors sur le seuil d'une maison? Plus de soucis pour vous! Vous serez débarrassée. Vous n'aurez plus qu'à aller faire vos prières à Memphis! *(Temple tressaille, puis se domine.)* Frappez-moi! Frappez-moi donc! Ou bien appelez la

fripouille, là, dehors, et servez-vous de la cigarette.
Je vous ai dit, à vous et à lui, que j'avais amené mon
pied. Le voici! *(Elle lève, à peine, un pied.)* J'ai tout essayé;
je peux bien essayer ça aussi!

TEMPLE

Pour la dernière fois, tais-toi!

NANCY

Je me tais. *(Elle ne bouge pas, ne regarde pas Temple.
Il y a un léger changement dans sa voix, dans son attitude,
bien que ce ne soit que plus tard que l'on se rendra compte qu'elle
ne s'adresse plus à Temple, maintenant.)* J'ai essayé. J'ai
essayé tout ce que j'ai pu. Vous voyez!

TEMPLE

Personne ne te contredira. Tu m'as menacée de mes
enfants, de mon mari. Tu m'as même volé l'argent de ma
fuite! Oui, personne ne pourra dire que tu n'as pas essayé,
bien que pour finir, tu aies rapporté l'argent. Ramasse-le!

NANCY

Vous avez dit que vous n'en aviez pas besoin!

TEMPLE

Non, je n'en ai pas besoin. Ramasse-le.

NANCY

Je n'en ai pas besoin non plus.

TEMPLE

Peu importe, ramasse-le! Tu pourras, quand tu le
rendras à M. Gowan, y prendre tes gages de la semaine
prochaine.

> *Nancy se baisse, ramasse
> l'argent, les bijoux, qu'elle remet
> dans leur boîte, pose le tout sur
> la table. Temple s'est calmée.
> Elle appelle.*

TEMPLE

Nancy! *(Nancy lève la tête, la regarde.)* Je regrette,

je veux dire pour t'avoir frappée. Tu as toujours été bonne pour mes enfants et pour moi, tu m'as long-temps aidée à vivre. Tu as essayé de nous unir alors que n'importe qui aurait su, à chaque instant, que nous ne pouvions rester unis, même pour la simple décence.

NANCY

Oh! ça, je ne le crois pas encore! Et puis je ne parle pas de votre ménage, ni de décence, ni de vous et moi, quand bien même je vous remercie de m'avoir prise avec vous et de m'avoir parlé...

TEMPLE

Ne dis pas cela, j'étais presque heureuse près de toi...

NANCY

Je parle de vos deux petits enfants!

TEMPLE

Je t'ai dit de ne plus parler d'eux.

NANCY

Je ne peux pas. Il faut que je vous le demande encore une fois. Allez-vous faire ça? Allez-vous le faire?

TEMPLE

Je ne peux pas faire autrement.

NANCY

Vous savez que je suis une ignorante. Il faut que vous me le disiez, vous-même, clairement, en paroles que je puisse comprendre. Dites : « Oui, je vais faire ça! »

TEMPLE

Tu m'as entendue! Oui, je vais faire ça!

NANCY

Avec ou sans argent?

TEMPLE

Avec ou sans argent.

NANCY

En faisant du mal à vos enfants? *(Temple ne répond pas.)* Votre mari s'imagine déjà que Bucky n'est pas de lui. Si vous partez, il le croira encore plus, il va le détester, le petit aura mal. Et l'autre, vous allez la livrer à une crapule qui l'utilisera pour faire chanter la famille jusqu'à ce qu'il n'en tire plus rien et il flanquera l'enfant à la rue. Vous voulez qu'ils souffrent tous les deux? Ou qu'ils meurent? Vous voulez qu'ils aient honte, comme nous, comme vous et moi. Vous savez ce que c'est, pourtant, et vous n'essayez même pas d'en protéger vos petits! Vous êtes plus mauvaise que moi, encore, et le bon Dieu sait pourtant que je croyais pas que c'était possible. Non, vous ne savez pas ce que même une sale femme comme moi connaît. Vous ne savez pas que les petits enfants ne doivent pas avoir honte, ni peur. C'est de ça, seulement de ça, qu'il faut les protéger. Tous. Ou tous ceux qu'on peut. Un seul même, si on n'arrive pas à mieux. Mais faire tout ce qu'il faut pour celui-là. Et vous, vous allez les rejeter tous les deux, les laisser dans la saleté que nous connaissons bien, vous et moi. Tous les deux, sans en sauver un seul? *(Elles se dévisagent.)* Si vous avez le cœur de faire ça, vous pouvez aussi me le dire!

> *Temple la regarde. On entend un klaxon impatient au-dehors.*

TEMPLE

Oui! Je le ferai. Malgré mes enfants! Et maintenant, va-t'en!

> *Temple marche vivement jusqu'à la table, prend deux ou trois billets parmi le tas et les tend à Nancy, qui les prend. Elle ramasse le reste de l'argent, prend son sac à main sur la table, l'ouvre. Nancy traverse la pièce, tranquillement, gagne la nursery. Le sac ouvert dans une main, l'argent dans l'autre, Temple regarde Nancy.*

TEMPLE

Où vas-tu?

NANCY *(encore en mouvement)*.

Voir si l'enfant n'a pas encore besoin de moi.

> *Elle s'arrête, se retourne vers Temple, avec un regard si étrange que Temple, qui va mettre l'argent dans son sac, s'arrête aussi, regarde attentivement Nancy. Quand Nancy parle, c'est sur le même ton que devant. On ne se rendra compte qu'ensuite de ce que ses paroles signifient.*

NANCY

J'ai tout essayé. J'ai fait ce que j'ai pu. Vous voyez?

TEMPLE *(Elle ordonne.)*

Assez maintenant. C'est fini.

NANCY *(tranquillement)*.

C'est fini. Je me tais.

> *Elle sort par la porte qui donne dans la nursery. Temple finit de mettre l'argent dans le sac à main, qu'elle ferme et laisse sur la table. Puis elle se tourne vers la valise de l'enfant, qu'elle range, en vérifie rapidement le contenu, prend la boîte de bijoux, la fourre dans la valise et ferme la valise. Elle vient de fermer la valise quand Nancy sort silencieusement de la nursery, traverse la pièce, puis gagne la porte opposée, celle par laquelle elle est entrée dans la pièce. Temple la suit des yeux.*

TEMPLE

Nancy! *(Nancy s'arrête, sans se retourner.)* Ne pense pas trop de mal de moi! Tu es ma sœur, comme avant.

> *Nancy attend, immobile, regardant devant elle, comme sans voir. Temple cessant de parler, elle reprend sa marche vers la porte.*

TEMPLE

Si jamais tout ceci doit venir au jour, je dirai à tout le monde que tu as fait ce que tu pouvais. Que tu as tout essayé. Tu avais raison : ce n'étaient même pas les lettres. C'est moi! Moi seule suis responsable! Je suis mauvaise. *(Nancy continue à marcher.)* Au revoir, ma chérie! *(Nancy atteint la porte.)* Tu as ta clef. Je laisse ton argent ici sur la table. Tu peux le prendre... *(Nancy sort.)* Nancy!

> *Pas de réponse. Temple reste un moment à regarder la porte vide, puis s'affaire, prend l'argent que Nancy a laissé, regarde autour d'elle, va au bureau en désordre, y prend un presse-papiers, revient à la table, met l'argent sous le presse-papiers; puis elle marche, rapidement. Décidée, elle prend la couverture posée sur la table, se dirige vers la porte de la nursery, sort par cette porte. Une seconde ou deux, puis elle pousse un cri déchirant pendant que Nancy réapparaît par l'autre porte. Les lumières vacillent, commencent à baisser, jusqu'à l'obscurité complète, couvrant ce cri, qui continue.*

SIXIÈME TABLEAU

Le rideau va se lever sur le bureau du gouverneur. 3 h 9 du matin.
Le 12 mars.

> *Le gouverneur n'est plus là.*
> *Stevens est debout près de*
> *Temple agenouillée, penché sur*
> *elle. Il cache en partie Gowan*
> *qui se tient maintenant debout*
> *à la place où était le gouverneur.*
> *Temple ignore que le gouver-*
> *neur est parti.*

TEMPLE *(à genoux, le visage encore caché, mais elle parle au*
début dans l'obscurité).

Voilà tout. La police est venue. Encore assise sur une
chaise de la cuisine, dans l'obscurité, Nancy disait : « Oui,
Seigneur, je l'ai fait. » Nous étions face à face, moi
debout, elle assise, toutes les deux dans la nuit, hurlant
silencieusement de douleur et de détresse, solitaires
ensemble, perdues à jamais ensemble. Et j'ai obéi alors à
tout ce qu'elle me commandait. J'ai téléphoné, appelé
la police. Ils sont venus. « Je l'ai fait, Seigneur », disait
Nancy. Et moi, j'ai commencé alors à me taire et j'ai
continué jusqu'à ce soir. *(La lumière monte. Le rideau*
se relève lentement derrière elle.) Ils l'ont emmenée, elle est
partie sans me regarder. Et dans la cellule de la prison,
elle répétait : « Je l'ai fait, je l'ai fait. » Oui, elle l'avait
fait. Mais qui était la vraie criminelle, qui avait tué,
sinon moi, sinon moi, pour qui elle va mourir !

> *Stevens se penche, touche le*
> *bras de Temple, comme pour*

> *l'aider à se mettre debout. Elle*
> *résiste, mais toujours sans lever*
> *la tête.*

Levez-vous, Temple!

> *De nouveau, il essaie de la*
> *faire lever, mais, avant qu'il y*
> *parvienne, elle se dresse, le*
> *visage encore détourné du bureau,*
> *encore aveugle et elle lève la*
> *main vers son visage, presque du*
> *geste d'une petite fille qui va*
> *pleurer; mais c'est pour abri-*
> *ter ses yeux de la lumière.*

TEMPLE

Maintenant, ce ne sera plus long, n'est-ce pas, oncle Gavin? Tout ce que le gouverneur doit dire, après tout, c'est non. *(Toujours sans tourner la tête, sans regarder, bien qu'elle croie parler au gouverneur.)* Car vous ne voudrez pas la sauver, j'en suis sûre. Oh! répondez, répondez! Un mot suffira, cette fois!

> *Elle se retourne et voit*
> *Gowan qui est entré pendant*
> *qu'elle parlait et qui se trouve*
> *maintenant à la place du gouver-*
> *neur. Elle s'arrête, suspendue,*
> *absolument immobile.*

GOWAN

Saleté!

TEMPLE *(allant vers Stevens)*.

Pourquoi faut-il que vous ayez toujours recours à ces mensonges? Qu'est-ce qui vous y force? La justice, dont vous parlez si bien? Mais pourquoi pas? Et n'est-ce pas moi qui la première ai commencé à mentir. *(À Gowan.)* Tu n'avais pas besoin de te cacher. J'aurais parlé devant toi aussi.

GOWAN

Nous aurions dû nous cacher l'un de l'autre beaucoup plus tôt. Nous aurions dû le faire il y a environ huit ans et non pas dans des bureaux mais dans deux puits de mine abandonnés aux deux extrémités de la terre. *(À Stevens.)* Vous êtes content, n'est-ce pas. Tout a marché comme vous le vouliez. Comment appeliez-vous ça déjà? Ah! oui, la vérité. *(Il regarde Temple.)* Elle est belle, la vérité!

STEVENS

Cette fois, je vais vous prier de vous taire.

GOWAN

À propos de vérité, où sont ces lettres? Je suppose que la petite frappe va essayer maintenant de me les vendre directement. Il aura bien tort! On n'achète pas très cher une poubelle.

Il tourne autour du bureau, se dirigeant vers la porte par laquelle il est entré.

STEVENS

Je les ai. *(Temple le regarde stupéfaite. Gowan s'arrête. À Temple.)* Ne vous souvenez-vous pas? Nancy était dans la chambre quand vous êtes revenue. Les lettres étaient sur la table. Elle les a prises et, plus tard, elle me les a données.

Gowan se met à rire, durement, sans gaieté, puis follement.

GOWAN

Alors, tout est en ordre, maintenant. La pécheresse a confessé sa faute, le maître chanteur a raté son affaire, la désinfection est parfaite. Bien sûr, on a livré une petite fille à une folle qui l'a tuée en s'imaginant que ça arrangerait les choses. Mais, après tout, cette idiote avait aussi de la logique. Donnant, donnant, enfant contre enfant, il faut bien payer un peu la joie de vivre avec une femme qui ne peut se reposer, paraît-il, que dans le lit d'un maître chanteur. Oui, merci, mon Dieu, merci, sainte

Nancy, d'avoir bien voulu tuer mon enfant pour que je puisse continuer à jouir de la vertu de ma femme. *(Il rit de la même manière. Temple s'assied, droite, regardant devant elle, absente.)* Impeccable, vraiment. Tout est réglé dans le détail.

STEVENS

Il y a encore quelque chose qui n'est pas réglé.

GOWAN

Bravo. Nous n'avons donc pas fini de nous amuser. Qui va-t-on encore tuer pour notre distraction ?

STEVENS

Nancy.

GOWAN

Nancy ? Comment donc! Elle sera pendue, c'est sûr, et par le cou, et j'espère que ça craquera bien. Il y aura ainsi au moins une prostituée sur deux qui paiera sa dette. C'est une honnête proportion. On ne peut pas demander plus au Dieu de miséricorde. *(Il regarde Temple avec haine et détresse.)* D'ailleurs, il faudrait régler autre chose encore. J'aurais aimé, par exemple, savoir ce qu'il y avait dans ces fameuses lettres. Puisque nous en sommes à l'heure de la confession, je dois avouer que Temple m'a alléché par ce qu'elle en a dit. Vous pensez bien que ce doit être diablement excitant, dans le détail, je veux dire. Surtout que dans le cours de notre joyeux mariage elle m'a tenu un tout autre langage, parfaitement décent, figurez-vous, je dirais même presbytérien, si tant est que l'on puisse être presbytérien au moment où l'on fabrique des enfants.

STEVENS

Taisez-vous, Gowan!

GOWAN

Et moi, naturellement, je pensais que c'était un effet de son éducation, de ses deux éducations même, le collège et le bordel, et que l'effort qu'elle faisait pour oublier le second l'amenait à trop se souvenir du premier. En somme, avec moi, elle passait des examens. Avec

l'autre... *(Devant un mouvement de Stevens:)* Bon, bon,
cher maître, calmez-vous! Mais avouez que c'était dommage. Puisque j'étais coupable de l'avoir menée à Memphis, et que ça ne passait pas, non décidément, ça ne
passe pas, ç'aurait été pure justice que je reçoive des
compensations dans l'intimité, un peu de lyrisme, quoi,
vous voyez ce que je veux dire, que je recueille au moins
les fruits de cette brillante éducation horizontale que
j'avais contribué à lui donner, par personnes interposées,
il est vrai. Mais non, j'étais le mari, moi. Je réparais dans
le remords, j'avais donc droit à une vertu repentie. Et l'on
a beau dire, cher maître, ce n'est pas drôle tous les jours
une vertu repentie tandis qu'une vraie catin est nettement
plus roulante au lit.

STEVENS

Gowan, je vais vous frapper, si vous continuez.

GOWAN

Je continuerai pourtant car la vertu ne concernait
que moi, elle était à mon usage exclusif! *(Brusquement, il
hurle et pleure en même temps, criant dans la direction de
Temple.)* Avec les autres, sous les autres, on s'activait,
la bouche pleine de sales mots...

> *Stevens se jette sur lui.
> Gowan l'arrête et immobilise
> son bras.*

GOWAN

Ne vous fatiguez pas, Gavin! *(Il le rejette en arrière.)*
Après huit ans, le courage et la force me sont revenus.
Et je vais m'en servir pour nettoyer ma vie à ma manière.
(Il les regarde, et sourdement:) Je vous hais tous. *(Il ricane.
À Temple.)* Adieu, poupée.

STEVENS

Commencez par nettoyer votre dégoûtante vanité.

GOWAN

Elle aussi, rassurez-vous.

> *Il se dirige vers la porte.*

TEMPLE *(se levant brusquement).*

Où vas-tu ?

GOWAN

Me soûler. À moins que, depuis huit ans, j'aie oublié la manière. Ou bien as-tu une autre suggestion ?

STEVENS

Qu'avez-vous fait de Bucky ?

GOWAN

Ah ! oui, le survivant ! Il est chez vous, avec votre femme. N'y est-il pas en sûreté ? Votre femme aussi tue les enfants ?

> *Il marche, raide, vers la porte.*

TEMPLE

Gowan ! Ne m'abandonne pas !

> *Il ne répond pas. Il sort.*

TEMPLE

Ô mon Dieu ! Encore !

STEVENS

Venez.

TEMPLE *(toujours sans bouger).*

Demain, demain, et encore demain.

STEVENS

Oui, demain, et il faudra recommencer. Il démolira de nouveau la voiture, ou n'importe quoi, et il faudra de nouveau lui pardonner pendant huit ans jusqu'à ce qu'il trouve autre chose à démolir. *(Il lui prend le bras.)* Venez, Temple, il est trop tard.

TEMPLE *(résistant).*

Qu'a dit le gouverneur ?

STEVENS

Il a dit non.

TEMPLE

A-t-il dit pourquoi?

STEVENS

Il n'a pas le droit de la gracier.

TEMPLE

Il n'a pas le droit? Un gouverneur d'État! À qui la
loi donne pleins pouvoirs pour pardonner, ou pour
accorder un sursis?

STEVENS

S'il n'y avait que la loi, j'aurais pu plaider la folie
au lieu de vous faire venir ici.

TEMPLE

Et faire venir le père aussi, n'oubliez pas ça, bien que
je ne comprenne pas encore comment. (*Elle le regarde.*)
Ah! C'était cela la valve qui fuyait et l'arrêt au poste à
essence, pour changer la roue. Vous avez téléphoné,
et il a eu le temps. Et tout cela pour rien, pour la vérité,
pour la justice, pour rien, pour rien, puisqu'elle va quand
même mourir.

STEVENS

Le gouverneur n'a pas parlé de justice. Il a parlé
d'un petit garçon, et de l'avenir, qui suppose que Gowan
et vous restiez près de l'enfant. Nancy n'a pas hésité à
sacrifier une pièce du jeu pour sauver cela, à recourir
au dernier moyen dont elle disposait, sa propre vie
dégradée, et perdue.

TEMPLE

J'ai abandonné, j'ai tout lâché, et les enfants aussi.
Nancy vous l'a dit.

STEVENS

Nancy a fait ce qu'il faut pour que vous n'abandonniez
plus jamais. Elle va le prouver vendredi matin.

TEMPLE

Vendredi! Ô jour noir! Gavin! C'est le jour du

malheur! Personne, personne ne part en voyage ce jour-là! Ah! s'il l'avait graciée, tout serait fini, Gowan pourrait tranquillement me jeter dehors ou je pourrais partir. Mais il est trop tard, pour toujours. Et maintenant, il faut continuer, demain, et encore demain, toujours...

STEVENS

Allons, Temple, partons...

TEMPLE *(résistant)*.

Dites-moi exactement ce qu'il a répondu. Il ne l'a pas dit ce soir, je le sais... Ou bien l'a-t-il dit au téléphone, et nous n'aurions même pas eu besoin...

STEVENS

Il me l'a fait savoir, il y a huit jours...

TEMPLE

Au moment où vous m'avez télégraphié? Qu'a-t-il dit?

STEVENS

Que le privilège dérisoire de sa fonction ne pesait rien dans la balance, contre le geste incroyable de Nancy. Qu'il ne pouvait à lui seul annuler ce qu'elle avait acheté, payé follement de cette pauvre vie, perdue, sans valeur.

TEMPLE *(égarée)*.

Bonne aussi, bonne et tendre. Ainsi, ce n'était même pas dans l'espoir de sauver sa vie que je suis venue ici à deux heures, en pleine nuit? Ce n'était même pas pour m'entendre dire qu'il avait déjà décidé de ne pas la sauver, mais seulement pour me confesser à mon mari, devant deux étrangers, avouer une chose que j'avais passé huit années à expier pour que mon mari n'ait pas à la savoir. C'est donc cela, souffrir!

STEVENS

C'est cela et du fond du cœur je vous demande pardon pour vous y avoir amenée. Mais il le fallait pour que Nancy ne reste pas seule, que son geste, même dément, soit utile, et qu'il serve encore, par-delà sa mort, à

protéger un petit enfant, à le sauver de l'abandon.
Voilà ce que vous êtes venue faire ici.

TEMPLE

Bon. J'ai donc fait cela. Pouvons-nous rentrer chez
nous, maintenant?

STEVENS

Oui. Et nous irons voir Nancy.

TEMPLE

Nous irons la voir et lui dire qu'elle sera pendue.

STEVENS

Elle ne veut pas être graciée. Mais peut-être ne peut-
elle pas s'empêcher d'espérer.

TEMPLE

Nous irons la voir. Nous ferons cela aussi.

> *Elle se dirige vers la sortie,
> chancelle, paraît trébucher,
> avance encore. Stevens veut la
> soutenir. Mais elle dégage son
> bras et continue.*

TEMPLE *(ne s'adressant à personne, absente).*

Pour sauver mon âme... si j'en ai une... s'il y a un
Dieu pour la sauver... et s'il désire seulement la sauver...

SEPTIÈME TABLEAU

L'intérieur de la prison. Le 12 mars. 10 h 30 du matin.
*La salle commune de la prison, au premier étage. La porte à gauche,
lourdement barrée, donne accès sur le greffe. Une seule fenêtre, lourdement
grillagée, dans le mur du fond, donne sur la rue. On est au milieu de la matinée
d'un jour ensoleillé.*

> *La porte à droite s'ouvre,
> avec le choc lourd d'une serrure*

*de fer, pivote en arrière, vers le
dehors. Stevens entre, suivi du
gardien de prison. Stevens est
vêtu exactement comme au tableau IV. Le gardien est en
manches de chemise, sans cravate, et porte son trousseau de
clefs par un gros anneau de
fer, contre sa jambe, comme un
fermier porte sa lanterne. Il
ferme la porte sur lui, en
entrant.*

*Stevens s'arrête au seuil de
la pièce. Le geôlier ferme la
porte.*

M. Tubbs

Voilà. Je vais chercher la prisonnière.

Stevens

Non, attendez que M. Gowan Stevens soit là. Avez-vous laissé des instructions ?

M. Tubbs

Oui. Mme Tubbs lui montrera le chemin. Du reste, je peux l'attendre au greffe.

Stevens

Non. Dites-moi d'abord comment est la prisonnière.

M. Tubbs

Une image, maître ! Sage comme une image : « Oui, monsieur. » « Non, monsieur. » Qui croirait que cette foutue saloperie de noiraude a assassiné...

Stevens

Vous a-t-elle dit qu'elle nous attendait ?

M. Tubbs

Non. Pour moi, elle se prépare.

REQUIEM A NONNE

STEVENS

Elle se prépare ?

M. TUBBS

Au règlement. Demain matin. Ça demande réflexion, une petite formalité comme ça. La preuve c'est qu'elle a demandé un prêtre.

STEVENS

Elle ne vous a pas parlé d'une grâce possible ?

M. TUBBS

Une grâce ? Aucun gouverneur n'oserait gracier une tueuse d'enfant. Nos concitoyens aiment la justice : ils foutraient le feu à la prison. D'ailleurs, sauf hier soir, vous l'avez vue tous les soirs cette semaine. Si elle avait quelque chose à dire, c'est à l'avocat qu'elle aurait parlé, pas au gardien. *(Il regarde curieusement Stevens.)* Est-ce vrai, maître, que vous chantiez avec les prisonniers noirs avant-hier soir ?

STEVENS

C'est vrai.

M. TUBBS

Comme ça, vous aimez chanter ?

STEVENS

Non. Mais cela m'aidait.

M. TUBBS

Bon, maître. Après tout, la Constitution dit que nous sommes libres. Mais faut croire qu'ils ont tous besoin d'être aidés, ils n'arrêtent pas de chanter le soir. Ce n'est pas une prison, mais une classe d'opéra. Tous barytons, d'ailleurs. C'est monotone. Je ne sais pas si vous êtes comme moi, maître, mais j'aime les basses. Il faudra que je demande au shérif d'arrêter une basse pour que la classe soit complète. Vous aussi, maître, vous êtes baryton.

STEVENS

Oui.

M. TUBBS

Tant pis! Enfin ils disent de vous : « C'est un bon Blanc. Il chante. » Les mauvais Blancs, paraît-il, ne chantent jamais. Ils ont leurs idées, n'est-ce pas, maître ? Sans compter qu'ils ont des raisons de vous être reconnaissants. Après tout, non seulement vous avez défendu une négresse, mais vous l'avez défendue contre votre famille et il se trouve que cette bonne négresse est la meurtrière de votre nièce. On a rarement vu ça, et moi...

STEVENS

Vous n'avez que des Noirs ici ?

M. TUBBS

À peu près. Du dehors, vous pouvez voir leurs mains d'ailleurs.

STEVENS

Leurs mains ?

M. TUBBS

Oui. Entre les barreaux. Eux, on ne les voit pas du tout. Mais on voit leurs mains noires, non pas tapant, ni s'agitant, mais comme ça, posées simplement dans les intervalles des barreaux. Quand je rentre de la ville, le soir, je regarde leurs fenêtres, je compte les mains et je suis rassuré. Ils sont là.

STEVENS

Ils restent tranquilles ?

M. TUBBS

Oui. Même Jef. Et pourtant il nous a donné du tracas. Vous vous souvenez ?

STEVENS

Non.

M. Tubbs

Mais oui. Sa femme venait de mourir. Ils n'étaient
mariés que depuis quinze jours. Il l'a enterrée. Et d'abord,
il a essayé de marcher la nuit dans la campagne pour chercher la fatigue et le sommeil. Mais rien à faire. Alors,
il a essayé de se soûler pour dormir. Rien à faire non plus.
Alors il a essayé de se battre. Puis il a coupé la gorge
d'un Blanc, au rasoir, au cours d'une partie de dés.
Comme ça, il a pu dormir. Enfin, pendant un certain
temps! C'est ainsi que le shérif l'a trouvé, endormi sur
la véranda de la maison qu'il avait louée pour se marier,
pour vivre, pour passer ses vieux jours. Malheureusement, le shérif l'a réveillé et l'a amené ici et tout d'un
coup, il a fallu le shérif, moi, et cinq autres prisonniers
noirs pour le renverser et le maintenir pendant qu'on
l'attachait avec des chaînes et des cadenas. Il était couché
par terre, plus d'une demi-douzaine de gaillards haletants pour l'empêcher de se relever et que croyez-vous
qu'il disait? Il disait : « Je ne peux pas m'empêcher de
penser, je ne peux pas m'empêcher de penser. »

Stevens

Et maintenant?

M. Tubbs

Il ne pense plus. Toute la journée, les mains aux
barreaux, sans regarder dehors. Il regarde le mur. De
temps en temps, il change ses mains de place entre les
barreaux.

Stevens

Il chante?

M. Tubbs

Non, celui-là ne chante pas. C'est fini. On est tranquille
avec lui. En prison, remarquez, j'aime mieux les Noirs
que *les* Blancs. Les Blancs ne sont jamais contents.
Toujours quelque chose à reprendre. Ils critiquent,
Les Noirs, au contraire, au bout d'un ou deux jours,
ils s'installent. Ils sont chez eux.

On frappe. Entre Gowan.

M. TUBBS

Bon. Je vais aller attendre Mme Stevens. Bonjour, monsieur.

Il sort.

GOWAN

Pourquoi m'avez-vous demandé de venir?

STEVENS

Je voulais d'abord vous donner ceci.

Il lui tend un paquet.

GOWAN *(regardant le paquet)*.

Ceci?

STEVENS

Ce sont les lettres. On m'a demandé de vous les re-mettre.

GOWAN

Qui vous l'a demandé?

STEVENS

Qu'est-ce que cela peut vous faire! Vous les avez. J'espère que vous saurez ce qu'il faut en faire.

GOWAN

Vous le savez, vous?

STEVENS

Les brûler sans les lire.

GOWAN

Les lire! *(Il rit, d'un mauvais rire.)* Un homme du monde, bien sûr, ne peut lire ce genre de lettres, même pour s'informer des dons littéraires de sa femme. Mais suis-je un homme du monde?

STEVENS

Vous pouvez maintenant en faire la preuve. Oubliez le monde, d'ailleurs. Il suffira d'être un homme.

GOWAN

C'est que vous avez l'air de savoir ce qu'est un homme!
Félicitations. Moi, j'ai des doutes, vraiment, sur la
question. *(Il va vers la porte.)* Je m'en vais. Je ne veux
pas rencontrer Temple.

STEVENS

Je voulais aussi vous demander de l'attendre et
d'être à ses côtés pendant qu'elle parlera à Nancy.

GOWAN

Sûrement pas. Je ne veux voir ni elle ni Nancy.

STEVENS

Nancy vous aidera peut-être.

GOWAN

Vraiment? À quoi?

STEVENS

À pardonner et à vous pardonner.

GOWAN

Car vous savez aussi ce qu'est le pardon! Décidément,
vous êtes un champion.

STEVENS *(violemment)*.

Si après avoir entendu et vu votre femme chez le
gouverneur, vous ne savez pas du moins ce qu'est la
douleur, vous êtes le dernier des hommes.

GOWAN. *(Il le regarde. Il a l'air suppliant tout d'un coup.
Il secoue la tête et parle sourdement, sans regarder Stevens.)*

Si j'étais le dernier des hommes, tout serait sauvé.
Mais non, je suis un homme parmi d'autres. *(Il se
détourne violemment.)* Ah! je ne sais plus, je ne sais plus!

> *Stevens avance vers lui et lui
> prend le bras.*

GOWAN

Je m'en vais, Gavin. Je vous demande pardon à tous.

STEVENS

Allez voir Bucky. Vous brûlerez les lettres. Ensuite, vous reviendrez peut-être.

> *Gowan hésite et veut sortir mais la porte est fermée. Il frappe. Bruit de clefs. M. Tubbs ouvre.*

M. TUBBS

Mille excuses, mais... *(Gowan l'écarte et sort. À Stevens.)* Vigoureux, le jeune monsieur. J'avais fermé par habitude. Il n'y avait pas de méfiance, croyez-le, maître.

STEVENS

Je le crois.

M. TUBBS

Mais le jeune monsieur, lui, est méfiant. Ça se voit. Remarquez, il a des raisons de se méfier. Tenez, j'ai eu un oncle qui a perdu sa femme dans un accident d'automobile. Eh bien! il se méfiait de tout, après cela. Quand il recevait une lettre, par exemple, il la tournait et la retournait sans l'ouvrir, il la posait sur la table, il rôdait autour, il s'asseyait en face d'elle, le sourcil froncé. « Qu'est-ce que c'est que ça encore ? » disait-il. Bref, il était devenu soupçonneux. Puis il est tombé malade. Il refusait les médicaments toujours par méfiance. Et il est mort. Croyez-moi, maître, un peu de confiance, ça aide quand même à vivre.

STEVENS *(avec agacement)*.

Je voudrais que vous alliez recevoir Mme Stevens.

M. TUBBS

Mais certainement... La pauvre dame...

> *On frappe. Stevens a un geste d'impatience et va ouvrir. Entre Temple.*

M. TUBBS

Bonjour, madame Stevens. Vous êtes ici chez vous.

Enfin, je veux dire, heureux de vous accueillir. Voulez-vous que Mme Tubbs vous apporte une tasse de café?

TEMPLE

Merci, monsieur Tubbs. Ne pourrions-nous voir Nancy tout de suite?

M. TUBBS

Bien sûr. Elle sera contente de vous voir. Je suppose qu'elle a envie de vous demander pardon. Il faut qu'elle se sente en règle. Pour demain.

Il sort à gauche.

TEMPLE (à Stevens).

Me demander pardon? Comment peut-on dire une chose pareille. Dites? Comment?

Nancy entre par la porte du fond suivie de M. Tubbs. Nancy s'arrête à deux pas de la porte. Elle est vêtue comme à l'acte précédent.

M. TUBBS

Voilà, maître. Prenez votre temps.

STEVENS

Ce ne sera pas long.

M. Tubbs sort. Nancy regarde, impassible, ses visiteurs.

TEMPLE (Elle va vers elle, la touche, puis s'arrête.)

Nancy! Tu es là, et moi, tu vois, je viens de la ville. Tu restes là et je marcherai, libre, dans les rues.

NANCY

C'est ce qu'il fallait. (À Stevens.) Avez-vous donné les lettres à M. Gowan?

Temple va parler, mais Stevens la coupe.

STEVENS

Oui, comme vous me l'aviez demandé.

TEMPLE *(égarée).*

Vous les lui avez données. Pourquoi? À quoi bon ce nouveau gâchis?

NANCY

Pour qu'il les brûle.

TEMPLE

Il les aura lues.

NANCY

Il ne les a pas lues. Il les a brûlées.

TEMPLE

Personne à sa place n'aurait pu s'empêcher de les lire. Je le sais. Je vois clair maintenant. J'ouvre les yeux.

NANCY

Peut-être qu'il y a un tas de choses qu'il est capable de faire. Mais même en se forçant il ne peut pas lire les lettres que sa femme a adressées à un autre homme. Il les a brûlées.

TEMPLE

Tu mens. Comment peux-tu mentir dans cette prison où nous sommes!

STEVENS

Assez, Temple. Là où elle est, elle mérite justement que vous l'écoutiez.

NANCY

S'il les avait lues, il serait parti, il vous aurait quittée pour toujours. Il y a des mots, comme ça, qu'on ne peut pas oublier. Mais il les a brûlées tout de suite. Il ne vous quittera plus, ni vous ni Bucky, sauf si vous partez vous-même.

TEMPLE

De moi-même je ne pourrai plus rien faire, jamais plus! La dernière chose que j'aie décidée seule, c'est de revenir de Californie. Mais c'était trop tard.

NANCY

Oui, mais vous êtes quand même revenue, hier soir.
Et je sais où vous avez été cette nuit, vous et lui... *(elle
montre du doigt Stevens)* tous les deux. Vous êtes allés
voir le maire! Qu'a-t-il dit?

TEMPLE

Oh, mon Dieu! Le maire! Non! Le gouverneur
lui-même, à Jackson! Naturellement, tu as deviné
tout de suite, quand tu t'es aperçue que M. Gavin n'était
pas ici, hier soir, n'est-ce pas? En fait, la seule chose
que tu ne peux pas savoir, c'est ce que le gouverneur
nous a dit. Tu ne peux pas le savoir encore, parce que
nous, le gouverneur, M. Gavin et moi, avons à peine
parlé de toi! La raison pour laquelle nous devions aller
le voir n'était pas pour supplier, ou pour plaider, mais
parce que c'était, paraît-il, mon droit, mon devoir,
mon privilège... Ne me regarde pas!

NANCY

Je ne vous regarde pas. D'ailleurs tout est bien. Je
sais ce que le gouverneur vous a répondu. J'aurais pu
vous dire hier soir ce qu'il répondrait, et vous éviter le
voyage. J'aurais dû vous faire passer le message dès que
j'ai appris que vous étiez rentrée chez vous, dès que
j'ai su que vous et lui... *(De nouveau, elle montre du
doigt Stevens, d'un mouvement de la tête, à peine visible, la main
repliée en travers de son estomac, comme si elle portait encore le
tablier.)* Oui, j'aurais dû vous éviter ce voyage, cette
peine. Je ne l'ai pas fait. Mais tout est très bien...

TEMPLE

Il fallait le faire. Je ne serais pas allée là-bas. Je n'aurais
pas parlé. Ils t'auraient pendue, mais qu'est-ce que cela
fait puisqu'il faut à toute force qu'ils te pendent. Pourquoi
n'as-tu pas parlé?

NANCY

Je ne sais pas. Parce que j'espérais malgré tout.
Un miracle peut-être? Mais pourquoi un miracle pour

moi? J'espérais, oui! c'est ça qui est le plus dur à briser, on ne peut pas s'empêcher d'espérer. C'est la dernière chose à quoi le pauvre pécheur puisse renoncer, peut-être parce que c'est tout ce qu'il possède encore. Du moins il s'y accroche, il s'y accroche. Mais, maintenant, pas de miracle, plus d'espoir. C'est mieux. C'est très bien...

STEVENS

Est-ce mieux, vraiment, Nancy?

NANCY

Oui. On n'a plus besoin de rien. Que de croire. *(Ils la regardent, comme s'ils interrogeaient.)* Simplement croire. Maintenant je sais, je sais ce que le gouverneur vous a dit. Et je suis contente. J'ai accepté cela il y a longtemps déjà, dans le tribunal, chez le juge. Et même avant : le soir, dans la nursery, avant de lever la main...

TEMPLE *(convulsivement)*.

Tais-toi!

NANCY

Je me tais. Je m'arrangerai avec notre frère.

TEMPLE

Notre frère?

NANCY

Le frère des putains et des voleurs, l'ami des assassins. Celui qu'on a tué en même temps qu'eux. Je ne comprends pas tout ce qu'il a dit. Mais je l'aime parce qu'on l'a tué.

TEMPLE

Il t'aidera peut-être à mourir. Mais comment m'aiderait-il à vivre? Je sais quoi faire, je sais ce qu'il faut que je fasse. J'ai trouvé cela le soir même dans la nursery moi aussi. Mais comment le faire? Je ne sais pas. Mourir me serait facile. Mais je dois vivre. Comment?

NANCY

Ayez confiance.

TEMPLE

Confiance en qui? Vois ce qu'on nous a fait à toi et
à moi. Si tu veux dire qu'il faut que je m'humilie devant
quelqu'un, c'est devant toi, devant toi seule, que je veux
le faire.

> *Elle fléchit gauchement sur*
> *ses genoux.*

NANCY

Relevez-vous. Ce n'est pas à la maîtresse de s'agenouiller devant la servante. Et puis il y a un autre maître dont
vous êtes la servante.

TEMPLE

Je ne suis pas sa servante. Je ne veux pas servir ce
maître qui t'oblige à mourir parce que j'ai décidé il y a
huit ans de fuir avec Gowan.

NANCY

Vous avez fui parce que vous aimiez ce qui est mal,
comme moi. Nous étions comme ça. Et il ne peut pas
nous empêcher de vouloir le mal. Mais pour compenser
un peu il a inventé la souffrance qui est la vraie lumière du
pauvre monde. J'ai confiance en lui.

STEVENS

Vous avez raison, Nancy. Vous devez avoir confiance.

NANCY

Merci, monsieur Stevens. Vous dites cela parce que
vous pensez que ça me rendra les choses plus faciles
demain. Mais moi, je ne le dis pas pour demain, où
j'aurai peur quand même. Je le dis parce que je sais que
notre frère me sauvera.

TEMPLE *(se levant, égarée).*

Il n'a jamais sauvé personne. Il ne s'est pas sauvé
lui-même. Ils vont t'emporter, ils vont te faire mal et
toi, tu les oublies.

NANCY

Je ne les oublie pas. Mais même une meurtrière peut être pardonnée. Il y a un endroit pour ça, j'en suis sûre. Je veux y aller.

TEMPLE

Tu vas y aller. Ils te pardonneront quand tu seras morte! Ils te pardonneront quand tu seras morte! Ils te pardonneront, dans la terre!

NANCY

Pas dans la terre. Il y a bien un endroit, quelque part, où votre enfant ne se souvient de rien et pas même de mes mains.

TEMPLE

Il y a un endroit, oh! oui, il y a un endroit et tu y retrouveras aussi ton enfant. Celui dont tu me parlais, que tu portais en toi depuis six mois, quand tu es allée t'amuser ou je ne sais quoi et que l'homme t'a donné des coups de pied dans le ventre et que tu l'as perdu. Y a-t-il un seul endroit au monde, dis, où nos enfants pourront nous pardonner? Y a-t-il un lieu du monde où l'on puisse enfin cesser de souffrir et de mourir!

NANCY

Oui.

STEVENS

Son père vous a donné des coups de pied dans le ventre quand vous étiez enceinte?

NANCY

Je ne sais pas.

STEVENS

On ne vous a pas frappée?

NANCY

Si. Mais je ne sais pas s'il était le père. N'importe qui aurait pu l'être.

STEVENS

N'importe qui?

NANCY

Oui, monsieur Stevens. Mais je serai pardonnée pour cela aussi.

> *Tous s'immobilisent au bruit*
> *des pas qui approchent. Serrure.*
> *M. Tubbs entre.*

M. TUBBS

Ça va-t-il, maître?

> *Stevens regarde Nancy.*

STEVENS

Oui. C'est très bien. Adieu, Nancy. J'ai fait ce que j'ai pu.

> *Elle suit M. Tubbs vers la*
> *porte de gauche.*

TEMPLE *(se jette devant elle).*

Ne me laisse pas seule.

NANCY

Vous n'êtes pas seule. *(Elle attend, le regard fixé devant elle. Puis, sourdement.)*

« Il est le fleuve et le rocher.
Il lavera et séchera nos plaies.
Il nous délivrera du tourment de la mort. »

> *Nancy sort derrière le geôlier.*
> *La porte de fer claque dans la*
> *coulisse, une clef tourne dans la*
> *serrure. Puis le geôlier reparaît,*
> *tourne la clef, ouvre la porte,*
> *attend.*

M. TUBBS

Eh bien! maître. Elle entame ce soir un long chemin. Et difficile! J'aime autant ne pas l'accompagner.

> *Il attend, tenant la porte,*
> *tourné vers eux. Temple est*
> *debout : elle reste immobile jus-*
> *qu'au moment où Stevens lui*
> *touche le bras. Alors, elle*
> *bouge, chancelle, un peu, très*
> *peu, se ressaisit, si rapidement*
> *que le geôlier a à peine le*
> *temps de se porter vers elle*
> *pour la soutenir.*

M. Tubbs

Eh là ! Asseyez-vous sur le banc ! Je vais vous chercher un verre d'eau !

Temple *(Elle s'est ressaisie).*

Je vais mieux.

> *Elle marche vers la porte,*
> *d'un pas ferme. Le geôlier*
> *l'observe.*

M. Tubbs

Vous êtes sûre ?

Temple *(marchant maintenant d'un pas plus assuré, vers lui et vers la porte).*

Pardonnez-moi.

M. Tubbs

Je vous en prie. C'est bien naturel. On se demande comment n'importe qui, et même une négresse étrangleuse, peut supporter l'odeur qu'il fait ici.

Temple *(marchant).*

N'importe qui, pour me sauver, et pour m'aider. N'importe qui pour n'être plus seule, sur la terre malheureuse, avec ce cœur vain, avec ce cœur mauvais, et pour fermer les yeux, pour fermer les yeux enfin...

> *On entend la voix de Gowan.*

GOWAN

Temple !

> *Temple et Stevens s'immo-*
> *bilisent. Entre Gowan. Il va*
> *jusqu'à Temple et s'arrête dans*
> *son élan. Il hésite. Puis, douce-*
> *ment :*

GOWAN

Allons, Temple, il faut rentrer.

TEMPLE *(après un temps)*.

Rentrer ? Avec qui ?

GOWAN

Avec moi. Bucky nous attend.

TEMPLE

Avec toi. Oui. Pourquoi pas !

> *Elle se dirige vers la porte.*

RIDEAU

DOSTOÏEVSKI

LES POSSÉDÉS

PIÈCE EN TROIS PARTIES

NOTE DE L'ÉDITEUR

Le texte de cette adaptation a été établi en utilisant aussi bien le texte des Possédés *proprement dits que* la Confession de Stavroguine, *généralement publiée à part, et les* Carnets *tenus par Dostoïevski pendant la composition du roman. Ces trois textes, dans la traduction de Boris de Schloezer, et sous le titre* les Démons, *ont été réunis dans un volume de la* Bibliothèque de la Pléiade, *qui a servi de base à la présente adaptation.*

LES POSSÉDÉS

ont été représentés pour la première fois le 30 janvier 1959 au Théâtre Antoine *(direction Simone Berriau), dans les décors et costumes de Mayo, et la mise en scène d'Albert Camus, avec, par ordre d'entrée en scène, la distribution suivante :*

GRIGOREIEV, le Narrateur	*Michel Maurette.*
STÉPAN TROPHIMOVITCH VERKHOVENSKY	*Pierre Blanchar.*
VARVARA PETROVNA STAVROGUINE	*Tania Balachova.*
LIPOUTINE	*Paul Gay.*
CHIGALEV	*Jean Martin.*
IVAN CHATOV	*Marc Eyraud.*
VIRGUINSKY	*Georges Berger.*
GAGANOV	*Georges Sellier.*
ALEXIS EGOROVITCH	*Geo Wallery.*
NICOLAS STAVROGUINE	*Pierre Vaneck.*
PRASCOVIE DROZDOV	*Charlotte Clasis.*
DACHA CHATOV	*Nadine Basile.*
ALEXIS KIRILOV	*Alain Mottet.*
LISA DROZDOV	*Janine Patrick.*
MAURICE NICOLAIEVITCH	*André Oumansky.*
MARIA TIMOPHEIEVNA LEBIADKINE	*Catherine Sellers.*
LE CAPITAINE LEBIADKINE	*Charles Denner.*
PIERRE STEPANOVITCH VERKHOVENSKY	*Michel Bouquet.*
FEDKA	*Edmond Tamiz.*
LE SÉMINARISTE	*François Marié.*
LIAMCHINE	*Jean Muselli.*
L'ÉVÊQUE TIKHONE	*Roger Blin.*
MARIE CHATOV	*Nicole Kessel.*

DÉCORS

1. Chez Varvara Stavroguine. Salon riche d'époque.

2. La maison Philipov. Décor simultané. Un salon et une petite chambre. Il s'agit d'un meublé pauvre.

3. La rue.

4. La maison des Lebiadkine. Un salon misérable dans le faubourg.

5. La forêt.

6. Chez Tikhone. Une grande salle au couvent de la Vierge.

7. Le grand salon de la maison de campagne des Stavroguine, à Skvorechniki.

NOTE

Les nécessités de la représentation scénique ont exigé d'assez nombreuses coupures dans le texte de l'adaptation. On trouvera dans cette édition les passages ou les scènes supprimés à la représentation. Ils ont été placés entre crochets.

PREMIÈRE PARTIE

Quand les trois coups sont donnés, la salle est dans l'obscurité complète. La lumière d'un projecteur monte sur le Narrateur, immobile devant le rideau, son chapeau à la main.

Anton Grigoreiev, le Narrateur
(Il est courtois, ironique et impassible.)

M ESDAMES, MESSIEURS,

Les étranges événements auxquels vous allez assister se sont produits dans notre ville de province sous l'influence de mon respectable ami le professeur Stépan Trophimovitch Verkhovensky. Le professeur avait toujours joué, parmi nous, un rôle véritablement civique. Il était libéral et idéaliste; il aimait l'Occident, le progrès, la justice, et, en général, tout ce qui est élevé. Mais sur ces hauteurs, il en vint malheureusement à s'imaginer que le tsar et ses ministres lui en voulaient personnellement et il s'installa chez nous pour y tenir, avec beaucoup de dignité, l'emploi de penseur exilé et persécuté. Simplement, trois ou quatre fois par an, il avait des accès de tristesse civique qui le tenaient au lit avec une bouillotte sur le ventre.

Il vivait dans la maison de son amie, la générale Varvara Stavroguine, qui lui avait confié, après la mort de son mari, l'éducation de son fils, Nicolas Stavroguine. Ah! j'oubliais de vous dire que Stépan Trophimovitch était deux fois veuf et une seule fois père. Il avait expédié son fils à l'étranger. Ses deux femmes étaient mortes

jeunes et, à vrai dire, elles n'avaient pas été très heureuses
avec lui. Mais on ne peut pas à la fois aimer sa femme
et la justice. Aussi Stépan Trophimovitch reporta-t-il
toute son affection sur son élève, Nicolas Stavroguine,
dont il entreprit avec beaucoup de rigueur la formation
morale, jusqu'au jour où Nicolas s'enfuit pour aller vivre
dans la débauche. Stépan Trophimovitch resta donc en
tête à tête avec Varvara Stavroguine qui lui portait
une amitié sans limites, c'est-à-dire qu'elle le haïssait
souvent. Là commence mon histoire.

PREMIER TABLEAU

*Le rideau se lève sur le salon
de Varvara Stavroguine.*

> *Le Narrateur va s'asseoir
> près de la table et joue aux
> cartes avec Stépan Trophimo-
> vitch.*

STÉPAN

Ah! j'oubliais de vous faire couper. Pardonnez-moi,
cher ami, mais j'ai mal dormi cette nuit. Comme je me
suis reproché de m'être plaint de Varvara auprès de vous!

GRIGOREIEV

Vous avez seulement dit qu'elle vous gardait par
vanité, et qu'elle était jalouse de votre culture.

STÉPAN

Justement. Oh! non, ce n'est pas vrai! À vous de jouer.
Voyez-vous, c'est un ange d'honneur et de délicatesse,
et moi tout le contraire.

> *Entre Varvara Stavroguine.
> Elle s'arrête, debout sur le seuil.*

VARVARA

Encore les cartes! *(Ils se lèvent.)* Asseyez-vous et

continuez. J'ai à faire. *(Elle va consulter des papiers sur une table à gauche. Ils continuent, mais Stépan Trophimovitch jette des regards vers Varvara Stavroguine qui parle enfin, mais sans le regarder.)* Je croyais que vous deviez travailler à votre livre ce matin.

STÉPAN

Je me suis promené au jardin. J'avais emporté Tocqueville...

VARVARA

Et vous avez lu Paul de Kock. Voilà pourtant quinze ans que vous annoncez votre livre.

STÉPAN

Oui. Les matériaux sont rassemblés, mais il faut les réunir. Qu'importe d'ailleurs! Je suis oublié. Personne n'a besoin de moi.

VARVARA

On vous oublierait moins si vous jouiez moins souvent aux cartes.

STÉPAN

Oui, je joue. Cela n'est pas digne. Mais qui est responsable? Qui a brisé ma carrière? Ah! que meure la Russie! Atout.

VARVARA

Rien ne vous empêche de travailler et de montrer par une œuvre qu'on a eu tort de vous négliger.

STÉPAN

Vous oubliez, chère amie, que j'ai déjà beaucoup publié.

VARVARA

Vraiment? Qui s'en souvient?

STÉPAN

Qui? Eh bien! notre ami s'en souvient certainement.

GRIGOREIEV

Mais oui. Il y a d'abord vos conférences sur les Arabes en général, puis le début de votre étude sur l'extraordinaire noblesse morale de certains chevaliers à une certaine époque, et surtout votre thèse sur l'importance qu'aurait pu obtenir la petite ville de Hanau entre 1413 et 1428 et sur les causes obscures qui, justement, l'ont empêchée d'acquérir cette importance.

STÉPAN

Vous avez une mémoire d'acier, cher ami. Je vous en remercie.

VARVARA

La question n'est pas là. La question est que vous annoncez depuis quinze ans un livre dont vous n'avez pas écrit le premier mot.

STÉPAN

Eh bien! non, ce serait trop facile! Je veux rester stérile, moi, et solitaire! Ils sauront ainsi ce qu'ils ont perdu. Je veux être un reproche incarné!

VARVARA

Vous le seriez si vous restiez moins souvent couché.

STÉPAN

Comment?

VARVARA

Oui, pour être un reproche incarné, il faut rester debout.

STÉPAN

Debout ou couché, l'essentiel est d'incarner l'idée. D'ailleurs, j'agis, j'agis, et toujours selon mes principes. Cette semaine encore, j'ai signé une protestation.

VARVARA

Contre quoi?

STÉPAN

Je ne sais pas. C'était... enfin, j'ai oublié. Il fallait protester, voilà tout. Ah! tout allait autrement de mon temps. Je travaillais douze heures par jour...

VARVARA

Cinq ou six auraient suffi...

STÉPAN

... Je courais les bibliothèques, j'accumulais des montagnes de notes. Nous espérions, alors! Nous parlions jusqu'au lever du jour, nous construisions l'avenir. Ah! que nous étions braves, forts comme l'acier, inébranlables comme le roc! C'étaient des soirées véritablement athéniennes : la musique, des airs espagnols, l'amour de l'humanité, la Madone Sixtine... Ô ma noble et fidèle amie, savez-vous, savez-vous bien tout ce que j'ai perdu ?...

VARVARA

Non. *(Elle se lève.)* Mais je sais que si vous bavardiez jusqu'à l'aube, vous ne pouviez travailler douze heures par jour. Du reste, tout cela est du bavardage! Vous savez que j'attends enfin mon fils Nicolas... J'ai à vous parler. *(Grigoreiev se lève et vient lui baiser la main.)* Très bien, mon ami, vous êtes discret. Restez dans le jardin, vous reviendrez ensuite.

Grigoreiev sort.

STÉPAN

Quel bonheur, ma noble amie, de revoir notre Nicolas!

VARVARA

Oui, je suis très heureuse, il est toute ma vie. Mais je suis inquiète.

STÉPAN

Inquiète ?

VARVARA

Oui, ne jouez pas les infirmières, je suis inquiète. Tiens, depuis quand portez-vous des cravates rouges ?

STÉPAN

C'est aujourd'hui seulement... que...

VARVARA

Ce n'est pas de votre âge, il me semble. Où en étais-je ?
Oui, je suis inquiète. Et vous savez très bien pourquoi.
Tous ces bruits qui courent... Je ne puis y ajouter foi,
mais cela me poursuit. La débauche, la violence, les duels,
il insulte tout le monde, il fréquente la lie de la société !
Absurde, absurde ! Et pourtant, si c'était vrai ?

STÉPAN

Mais ce n'est pas possible. Souvenez-vous de l'enfant
rêveur et tendre qu'il était, de ses belles mélancolies.
Seule, une âme d'élite peut éprouver de semblables
tristesses, je le sais bien.

VARVARA

Vous oubliez que, lui, n'est plus un enfant.

[STÉPAN

Mais il est de faible santé. Souvenez-vous : il pleurait
des nuits entières. Le voyez-vous forçant des hommes
à se battre ?

VARVARA

Il n'était nullement faible, où allez-vous chercher cela ?
Il était de santé nerveuse, voilà tout. Mais vous aviez
imaginé de le réveiller dans la nuit, quand il avait douze
ans, pour lui raconter vos malheurs. Voilà le précepteur
que vous étiez.

STÉPAN

Le cher ange m'aimait, il demandait mes confidences
et pleurait dans mes bras.

VARVARA

L'ange a changé. On me dit que je ne le reconnaîtrai
pas, qu'il est d'une force physique extraordinaire.]

STÉPAN

Mais que vous dit-il dans ses lettres ?

VARVARA

Ses lettres sont rares et brèves, mais toujours respec-
tueuses.

STÉPAN

Vous voyez.

VARVARA

Je ne vois rien. Vous devriez perdre l'habitude de
parler pour ne rien dire. Et, d'ailleurs, il y a des faits.
A-t-il, oui ou non, été cassé de son grade pour avoir
blessé gravement un autre officier en duel?

STÉPAN

Ce n'est pas un crime. La chaleur d'un sang noble
l'a poussé. Tout cela est très chevaleresque.

VARVARA

Oui. Ce qui l'est moins est de vivre dans les quartiers
infâmes de Saint-Pétersbourg et de se plaire en compagnie
des escarpes et des ivrognes.

STÉPAN *(riant)*.

Ah! ah! C'est la jeunesse du prince Harry.

VARVARA

D'où sortez-vous cette histoire?

STÉPAN

Elle se trouve dans Shakespeare, ma noble amie,
Shakespeare l'immortel, l'empereur des génies, le grand
Will enfin, qui nous montre le prince Harry se livrant à
la débauche avec Falstaff.

VARVARA

Je relirai la pièce. À propos, faites-vous de l'exercice?
Vous savez bien que vous devez marcher six verstes
par jour. Bon. Dans tous les cas, j'ai prié Nicolas de
revenir. Vous sonderez ses intentions. Je souhaite le
retenir ici et le marier.

STÉPAN

Le marier! Ah! Comme cela est romanesque! Avez-vous une idée?

VARVARA

Oui, je pense à Lisa, la fille de mon amie Prascovie Drozdov. Elles sont en Suisse, avec ma pupille Dacha... Et puis, qu'est-ce que cela peut vous faire?

STÉPAN

J'aime Nicolas autant que mon fils.

VARVARA

Ce n'est pas beaucoup. Vous n'avez vu votre fils que deux fois, y compris le jour de sa naissance.

STÉPAN

Ses tantes l'ont élevé, je lui envoyais les revenus du petit domaine que lui a légué sa mère, et mon cœur souffrait de cette absence. Du reste, c'est un fruit sec, pauvre en esprit et en cœur. Si vous lisiez les lettres qu'il m'envoie! On croirait qu'il parle à un domestique. Je lui ai demandé de tout mon cœur paternel s'il ne voulait pas venir me voir. Savez-vous ce qu'il m'a répondu : « Si je reviens, ce sera pour vérifier mes comptes, et les régler aussi. »

VARVARA

Apprenez une bonne fois à vous faire respecter. Allons, je vous laisse. C'est l'heure de votre réunion. Les amis, la bamboche, les cartes, l'athéisme et l'odeur surtout, la mauvaise odeur du tabac et de l'homme... Je m'en vais. Ne buvez pas trop, vous auriez mal au ventre... À tout à l'heure! *(Elle le regarde, puis, haussant les épaules.)* Une cravate rouge!

Elle sort.

STÉPAN *(regarde vers elle, bafouille, regarde le bureau).*

Oh! femme cruelle, implacable! Et je ne peux lui parler! Je vais lui écrire, lui écrire!

Il va vers la table.

VARVARA *(reparaît)*.

Ah! Et puis cessez de m'écrire. Nous habitons la même maison, il est ridicule d'échanger des lettres. Vos amis arrivent.

Elle sort.
Entrent Grigoreiev, Lipoutine et Chigalev.

STÉPAN

Bonjour, mon cher Lipoutine, bonjour. Pardonnez mon émotion... On me hait... Oui, on me hait littéralement. Qu'importe! Votre femme n'est pas avec vous?

LIPOUTINE

Non. Les femmes doivent rester à la maison et craindre Dieu.

STÉPAN

Mais n'êtes-vous pas athée?

LIPOUTINE

Oui. Chut! Ne le dites pas si fort. Justement. Un mari athée doit enseigner à sa femme la crainte de Dieu. Ça le libère encore plus. Regardez notre ami Virguinsky. Je viens de le rencontrer, il a dû sortir pour faire lui-même son marché, car sa femme était avec le capitaine Lebiadkine.

STÉPAN

Oui, oui, je sais ce qu'on raconte. Mais ce n'est pas vrai. Sa femme est une noble créature. D'ailleurs, elles le sont toutes.

LIPOUTINE

Comment, ce n'est pas vrai? Je le tiens de Virguinsky lui-même. Il a converti sa femme à nos idées. Il lui a démontré que l'homme est une créature libre, ou qui doit l'être. Bon, elle s'est donc libérée et, plus tard, elle a signifié à Virguinsky qu'elle le destituait comme mari et qu'elle prenait à sa place le capitaine Lebiadkine. Et savez-vous ce qu'a dit Virguinsky quand sa femme lui a annoncé la nouvelle? Il lui a dit : « Mon amie, jusqu'à maintenant je n'avais pour toi que de l'amour; à présent, je t'estime. »

STÉPAN

C'est un Romain.

GRIGOREIEV

Je me suis laissé dire au contraire que, lorsque sa femme avait prononcé sa destitution, il avait éclaté en sanglots.

STÉPAN

Oui, oui, c'est un cœur tendre. *(Entre Chatov.)* Mais voici l'ami Chatov. Quelles nouvelles de votre sœur?

CHATOV

Dacha va rentrer. Puisque vous me le demandez, sachez qu'elle s'ennuie en Suisse avec Prascovie Drozdov et Lisa. Je vous le dis, bien qu'à mon avis, cela ne vous regarde pas.

STÉPAN

Bien sûr. Mais elle va rentrer, voilà l'essentiel. Ah! mes très chers, on ne peut pas vivre loin de la Russie, voyez-vous...

LIPOUTINE

Mais on ne peut pas vivre non plus en Russie. Il faut autre chose et il n'y a rien.

STÉPAN

Comment faire?

LIPOUTINE

Il faut tout refaire.

CHIGALEV

Oui, mais vous ne tirez pas les conséquences.

> Chatov est allé s'asseoir, maussade, et a posé sa casquette près de lui.
> Entrent Virguinsky, puis Gaganov.

STÉPAN

Bonjour, mon cher Virguinsky. Comment va votre femme... *(Virguinsky se détourne.)* Bon, nous vous aimons bien, savez-vous, beaucoup même !

GAGANOV

Je passais par hasard et je suis entré pour voir Varvara Stavroguine. Mais peut-être suis-je de trop ?

STÉPAN

Non, non ! Au banquet de l'amitié, il y a toujours une place. Nous avons à discuter. Quelques paradoxes ne vous font pas peur, je le sais.

GAGANOV

Le tsar, la Russie et la famille mis à part, on peut discuter de tout. *(À Chatov.)* N'est-ce pas ?

CHATOV

On peut discuter de tout. Mais certainement pas avec vous.

STÉPAN *(riant)*.

Il faut boire à la conversation de notre bon ami Gaganov. *(Il sonne.)* Si du moins Chatov, l'irascible Chatov nous le permet. Car il est irascible, notre bon Chatov, c'est un lait sur le feu. Et si l'on veut discuter avec lui, il faut d'abord le ligoter. Vous voyez, il s'en va déjà. Il se fâche. Allons, mon bon ami, vous savez que l'on vous aime.

CHATOV

Alors, ne m'offensez pas.

STÉPAN

Mais qui vous offense ? Si je l'ai fait, je vous demande pardon. Nous parlons trop, je le sais. Nous parlons et il faudrait agir. Agir, agir... ou, en tout cas, travailler. Depuis vingt ans, je ne cesse de sonner la diane et d'inviter au travail. Pour que la Russie se relève, il lui faut des idées, il faut travailler. Mettons-nous donc au travail et nous finirons par avoir une idée personnelle...

> *Alexis Egorovitch apporte à boire et sort.*

LIPOUTINE

En attendant, il faudrait supprimer l'armée et la flotte.

GAGANOV

À la fois ?

LIPOUTINE

Oui, pour avoir la paix universelle !

GAGANOV

Mais si les autres ne les suppriment pas, ne seront-ils pas tentés de nous envahir ? Comment savoir ?

LIPOUTINE

En supprimant. Comme ça, nous saurons.

STÉPAN *(frétillant).*

Ah ! C'est un paradoxe. Mais il y a du vrai...

VIRGUINSKY

Lipoutine va trop loin parce qu'il désespère de voir arriver le règne de nos idées. Moi, je crois qu'il faut commencer par le commencement et abolir les prêtres en même temps que la famille.

GAGANOV

Messieurs, je comprends toutes les plaisanteries... mais supprimer d'un seul coup l'armée, la flotte, la famille et les prêtres, non, ah ! non, non...

STÉPAN

Il n'y a pas de mal à en parler. On peut parler de tout.

GAGANOV

Mais tout supprimer comme cela, d'un seul coup, à la fois, non, ah ! non, non...

LIPOUTINE

Voyons, croyez-vous qu'il faille réformer la Russie?

GAGANOV

Oui, sans doute. Tout n'est pas parfait chez nous.

LIPOUTINE

Il faut donc la démembrer.

STÉPAN *et* GAGANOV

Quoi?

LIPOUTINE

Parfaitement. Pour réformer la Russie, il faut en faire une fédération. Mais pour la fédérer il faut d'abord la démembrer. C'est mathématique.

STÉPAN

Cela mérite réflexion.

GAGANOV

Je... Ah! non, non, je ne me laisserai pas mener ainsi par le bout du nez...

VIRGUINSKY

Pour réfléchir, il faut du temps. La misère n'attend pas.

LIPOUTINE

Il faut aller au plus pressé. Le plus pressé, c'est d'abord que tout le monde mange. Les livres, les salons, les théâtres, plus tard, plus tard... Une paire de bottes vaut mieux que Shakespeare.

STÉPAN

Ah! ceci, je ne puis le permettre. Non, non, mon bon ami, l'immortel génie rayonne au-dessus des hommes. Que tout le monde aille pieds nus et que vive Shakespeare...

CHIGALEV

Tous autant que vous êtes, vous ne tirez pas les conséquences.

Il sort.

LIPOUTINE

Permettez...

STÉPAN

Non, non, je ne puis admettre cela. Nous qui aimons
le peuple...

CHATOV

Vous n'aimez pas le peuple.

VIRGUINSKY

Comment? Je...

CHATOV *(debout et courroucé).*

Vous n'aimez ni la Russie ni le peuple. Vous avez
perdu le contact avec lui, vous en parlez comme d'une
peuplade lointaine aux usages exotiques et sur laquelle
il faut s'attendrir. Vous l'avez perdu et qui n'a point
de peuple n'a point de Dieu. C'est pourquoi vous tous
et nous aussi, nous tous, ne sommes que de misérables
indifférents, des dévoyés et rien d'autre. Vous-même,
Stépan Trophimovitch, je ne fais point d'exception
pour vous, sachez-le, bien que vous nous ayez tous
élevés, et c'est même à votre sujet que j'ai parlé.

*Il prend sa casquette et se
rue vers la porte. Mais Stépan
Trophimovitch l'arrête de la
voix.*

STÉPAN

Eh bien, Chatov, puisque vous le voulez, je suis fâché
avec vous. Réconcilions-nous maintenant. *(Il lui tend la
main que Chatov, bouder, vient prendre.)* Buvons à la
réconciliation universelle!

GAGANOV

Buvons. Mais je ne me laisserai pas mener par le bout du nez.

Toast. Entre Varvara Stavroguine.

VARVARA

Ne vous dérangez pas. Buvez à la santé de mon fils Nicolas qui vient d'arriver. Il se change et je lui ai demandé de venir se montrer à vos amis.

STÉPAN

Comment l'avez-vous trouvé, ma noble amie ?

VARVARA

Sa belle mine et son air m'ont ravie. *(Elle les regarde.)* Oui, pourquoi ne pas le dire : il a couru tant de bruits, ces temps-ci, que je ne suis pas fâchée de montrer ce qu'est mon fils.

GAGANOV

Nous nous réjouissons de le voir, chère !

VARVARA *(regardant Chatov).*

Et vous, Chatov, êtes-vous heureux de revoir votre ami ? *(Chatov se lève et, en se levant, maladroitement, fait tomber une petite table en marqueterie.)* Redressez cette table, je vous prie. Elle sera écornée, tant pis. *(Aux autres.)* De quoi parliez-vous ?

STÉPAN

De l'espérance, ma noble amie, et de l'avenir lumineux qui brille déjà au bout de notre route enténébrée... Ah ! nous serons consolés de tant de peines et de persécutions. L'exil prendra fin, voici l'aurore...

Nicolas Stavroguine apparaît au fond et reste immobile sur le seuil.

STÉPAN

Ah, mon cher enfant!

> *Varvara a un geste vers Stavroguine mais son air impassible l'arrête. Elle le regarde avec angoisse. Quelques secondes de gêne lourde.*

GAGANOV

Comment allez-vous, cher Nicolas?...

STAVROGUINE

Bien, je vous remercie.

> *Aussitôt, joyeux brouhaha. Il marche vers sa mère pour lui embrasser la main.*
>
> *Stépan Trophimovitch va vers lui et l'embrasse. Nicolas Stavroguine sourit à Stépan Trophimovitch et reprend son air impassible, au milieu des autres qui, sauf Chatov, le congratulent.*
>
> *Mais son silence prolongé fait baisser l'enthousiasme d'un ton.*

VARVARA *(regardant Nicolas)*.

Cher, cher enfant, tu es triste, tu t'ennuies. Cela est bien.

STÉPAN, *(en apportant un verre)*.

Mon bon Nicolas!

VARVARA

Continuez, je vous en prie. Nous parlions de l'aurore, je crois.

> *Stavroguine porte un toast vers Chatov qui sort sans dire un mot.*
>
> *Stavroguine respire le contenu de son verre et le pose sur la table, sans boire.*

LIPOUTINE *(après un moment de gêne générale).*

Bon. Savez-vous que le nouveau gouverneur est déjà arrivé?

> *Virguinsky dans son coin à gauche dit quelque chose à Gaganov qui répond.*

GAGANOV

Je ne me laisserai pas mener par le bout du nez.

LIPOUTINE

Il paraît qu'il veut tout bouleverser. Ça m'étonnerait.

STÉPAN

Ce ne sera rien. Un peu d'ivresse administrative!

> *Stavroguine est allé se mettre à la place où était Chatov. Planté droit, l'air rêveur et maussade, il contemple Gaganov.*

VARVARA

Que voulez-vous dire encore?

STÉPAN

Ah! mais vous connaissez cette maladie! Tenez, chez nous, bref, chargez le premier zéro venu de vendre des billets au guichet de la dernière des gares et, aussitôt, ce zéro, pour vous montrer sa puissance, vous regardera avec des airs de Jupiter, quand vous irez prendre des billets. Le zéro est ivre, vous comprenez. Il est dans l'ivresse administrative.

VARVARA

Abrégez, s'il vous plaît...

STÉPAN

Je voulais dire... Quoi qu'il en soit, je connais aussi le nouveau gouverneur, un fort bel homme, n'est-ce pas, d'une quarantaine d'années?

VARVARA

Où avez-vous pris qu'il soit bel homme? Il a des yeux de mouton.

STÉPAN

C'est exact, mais... soit... je m'incline devant l'opinion des dames.

GAGANOV

On ne peut critiquer le nouveau gouverneur avant de le voir à l'œuvre, ne pensez-vous pas?

LIPOUTINE

Et pourquoi ne le critiquerait-on pas? Il est gouverneur, cela suffit.

GAGANOV

Permettez...

VIRGUINSKY

C'est avec des raisonnements comme ceux de M. Gaganov que la Russie s'enfonce dans l'ignorance. On nommerait un cheval au poste de gouverneur qu'il attendrait pour le voir à l'œuvre.

GAGANOV

Ah! mais permettez, vous m'offensez et je ne le permettrai pas. J'ai dit... ou plutôt... enfin, non et non, je ne permettrai pas qu'on me mène par le bout du nez... (*Stavroguine traverse la scène au milieu du silence qui s'est installé dès son premier pas, marche d'un air rêveur vers Gaganov, lève lentement le bras, saisit le nez de Gaganov et le tirant, sans brutalité, le fait avancer de quelques pas au milieu de la scène. Varvara Stavroguine crie « Nicolas! » d'un air angoissé. Nicolas lâche Gaganov, fait lui-même quelques pas en arrière et le regarde en souriant pensivement. Après une seconde de stupeur, tumulte général. Les autres entourent Gaganov, le ramènent sur une chaise pour l'y asseoir, éperdu. Nicolas Stavroguine fait demi-tour et sort. Varvara Stavroguine égarée prend un verre et va le porter à Gaganov.*) Lui... Comment a-t-il... À moi, à moi!

VARVARA *(à Stépan).*

Oh! mon Dieu, il est fou, il est fou...

STÉPAN *(égaré lui aussi).*

Mais non, très chère, une étourderie, la jeunesse...

VARVARA *(à Gaganov).*

Pardonnez à Nicolas, mon bon ami, je vous en supplie.

> *Entre Stavroguine. Il marque un temps d'arrêt, marche fermement vers Gaganov qui se lève, effrayé.*
>
> *Puis, rapidement, les sourcils froncés.*

STAVROGUINE

Vous m'excuserez, naturellement! Une envie subite... une bêtise...

STÉPAN *(s'avançant de l'autre côté de Stavroguine qui regarde devant lui d'un air ennuyé).*

Ce ne sont pas des excuses valables, Nicolas. *(Avec angoisse.)* Je vous en prie, mon enfant. Vous avez un grand cœur, vous êtes instruit, bien élevé, et tout d'un coup vous nous apparaissez sous un jour énigmatique et dangereux. Ayez pitié au moins de votre mère.

STAVROGUINE *(regardant sa mère, puis Gaganov).*

Soit. Je vais m'expliquer. Mais je le dirai en secret à M. Gaganov, qui me comprendra.

> *Gaganov s'avance d'un pas timide. Stavroguine se penche et saisit de ses dents l'oreille de Gaganov.*

GAGANOV *(d'une voix altérée).*

Nicolas, Nicolas...

> *Les autres, qui ne comprennent pas encore, le regardent.*

GAGANOV (*épouvanté*).

Nicolas, vous me mordez l'oreille. (*Criant.*) Il me
mord l'oreille ! (*Stavroguine le lâche et reste, planté, à
le regarder d'un air morne. Gaganov sort, criant de terreur.*)
À la garde ! À la garde !

VARVARA (*allant vers son fils*).

Nicolas, pour l'amour de Dieu !

> *Nicolas la regarde, rit faible-
> ment, puis tombe de son long,
> dans une sorte de crise.*

NOIR

LE NARRATEUR

Gaganov garda le lit plusieurs semaines. Nicolas
Stavroguine aussi. Mais il se releva, présenta d'honorables excuses et partit pour un assez long voyage. Le seul
endroit où il se fixa quelque temps fut Genève, et cela
non pas à cause du charme trépidant de cette ville,
mais parce qu'il y retrouva les dames Drozdov.

DEUXIÈME TABLEAU

Le salon de Varvara Stavroguine.

> *Varvara Stavroguine et Pras-
> covie Drozdov sont en scène.*

PRASCOVIE

Ah ! chère, je suis heureuse en tout cas de te rendre
Dacha Chatov. Je n'ai rien à dire, quant à moi, mais il
me semble que, si elle n'avait pas été là, il n'y aurait
pas eu ce malaise entre ton Nicolas et ma Lisa. Note
que je ne sais rien, Lisa est bien trop fière et trop obstinée
pour m'avoir parlé. Mais le fait est qu'ils sont en froid,
que Lisa a été humiliée, Dieu sait pourquoi, et que
peut-être ta Dacha en sait quelque chose, quoique...

VARVARA

Je n'aime pas les insinuations, Prascovie. Dis tout ce que tu as à dire. Veux-tu me faire croire que Dacha a eu une intrigue avec Nicolas ?

PRASCOVIE

Une intrigue, chère, quel mot! Et puis, je ne veux pas te faire croire... Je t'aime trop... Comment peux-tu supposer...

Elle essuie une larme.

VARVARA

Ne pleure pas. Je ne suis pas offensée. Dis-moi simplement ce qui s'est passé.

PRASCOVIE

Mais rien, n'est-ce pas ? Il est amoureux de Lisa, c'est sûr, et là-dessus, vois-tu, je ne me trompe pas. L'intuition féminine!... Mais tu connais le caractère de Lisa. Comment dire, têtu et moqueur, oui c'est cela! Nicolas, lui, est fier. Quelle fierté, ah! c'est bien ton fils. Eh bien, il n'a pas pu supporter les railleries. Et, de son côté, il a persiflé.

VARVARA

Persiflé ?

PRASCOVIE

Oui, c'est le mot. En tout cas, Lisa n'a cessé de chercher querelle à Nicolas. Parfois, quand elle s'apercevait qu'il parlait avec Dacha, elle se déchaînait. Vraiment, ma chère, c'était intenable. Les médecins m'ont défendu de m'énerver et, de plus, je m'ennuyais près de ce lac et j'avais mal aux dents. J'ai appris ensuite que le lac de Genève prédispose aux maux de dents, et que c'est une de ses particularités. Finalement Nicolas est parti. À mon avis, ils se réconcilieront.

VARVARA

Cette brouillerie ne signifie rien. Et puis je connais trop bien Dacha. Absurde. Je vais d'ailleurs tirer ça au clair.

Elle sonne.

PRASCOVIE

Mais non, je t'assure...

Alexis Egorovitch entre.

VARVARA

Dis à Dacha que je l'attends.

Alexis Egorovitch sort.

PRASCOVIE

J'ai eu tort, chère, de te parler de Dacha. Il n'y a eu entre elle et Nicolas que des conversations banales, et encore à haute voix. Du moins devant moi. Mais l'énervement de Lisa m'avait gagnée. Et puis ce lac, tu ne peux savoir! Il est calmant, c'est vrai, mais parce qu'il vous ennuie. Seulement, n'est-ce pas, à force de vous ennuyer, il vous énerve... *(Entre Dacha.)* Ma Dachenka, ma petite! Quelle tristesse de vous laisser. Nous n'aurons plus nos bonnes conversations du soir à Genève. Ah! Genève! Au revoir chère! *(À Dacha.)* Au revoir, ma mignonne, ma chérie, ma colombe.

Elle sort.

VARVARA

Assieds-toi là. *(Dacha s'assied.)* Brode. *(Dacha prend un tambour à broder sur la table.)* Raconte-moi ton voyage.

DACHA *(d'une voix égale, un peu lasse).*

Oh! je me suis bien amusée, ou plutôt instruite. L'Europe est instructive, oui. Nous avons tant de retard sur eux. Et...

VARVARA

Laisse l'Europe. Tu n'as rien de particulier à me dire?

DACHA *(la regarde).*

Non, rien.

VARVARA

Rien dans l'esprit, ni sur la conscience, ni dans le cœur?

DACHA *(avec une fermeté morne).*

Rien.

VARVARA

J'en étais sûre. Je n'ai jamais douté de toi. Je t'ai traitée comme ma fille, j'aide ton frère. Tu ne ferais rien qui pourrait me contrarier, n'est-ce pas?

DACHA

Non, rien. Dieu vous bénisse.

VARVARA

Écoute. J'ai pensé à toi. Lâche ta broderie et viens t'asseoir près de moi. *(Dacha vient près d'elle.)* Veux-tu te marier? *(Dacha la regarde.)* Attends, tais-toi. Je pense à quelqu'un de plus âgé que toi. Mais tu es raisonnable. D'ailleurs, c'est encore un bel homme. Il s'agit de Stépan Trophimovitch qui a été ton professeur et que tu as toujours estimé. Eh bien? *(Dacha la regarde encore.)* Je sais, il est léger, il pleurniche, il pense trop à lui. Mais il a des qualités que tu apprécieras d'autant plus que je te le demande. Il mérite d'être aimé parce qu'il est sans défense. Comprends-tu cela? *(Dacha fait un geste affirmatif. Éclatant.)* J'en étais sûre, j'étais sûre de toi. Quant à lui, il t'aimera parce qu'il le doit, il le doit! Il faut qu'il t'adore! Écoute, Dacha, il t'obéira. Tu l'y forceras à moins d'être une imbécile. Mais ne le pousse jamais à bout, c'est la première règle de la vie conjugale. Ah! Dacha, il n'y a pas de plus grand bonheur que de se sacrifier. D'ailleurs, tu me feras un grand plaisir et c'est là l'important. Mais je ne te force nullement. C'est à toi de décider. Parle.

DACHA *(lentement).*

S'il le faut absolument, je le ferai.

VARVARA

Absolument? À quoi fais-tu allusion? *(Dacha se tait et baisse la tête.)* Tu viens de dire une sottise. Je vais te marier, c'est vrai, mais ce n'est point par nécessité, tu entends. L'idée m'en est venue, voilà tout. Il n'y a rien à cacher, n'est-ce pas?

DACHA

Non. Je ferai comme vous voudrez.

VARVARA

Donc, tu consens. Alors, venons-en aux détails. Aussitôt après la cérémonie, je te verserai quinze mille roubles. Sur ces quinze mille, tu en donneras huit mille à Stépan Trophimovitch. Permets-lui de recevoir ses amis une fois par semaine. S'ils venaient plus souvent, mets-les à la porte. D'ailleurs, je serai là.

DACHA

Est-ce que Stépan Trophimovitch vous a dit quelque chose à ce sujet?

VARVARA

Non, il ne m'a rien dit. Mais il va parler. *(Elle se lève d'un mouvement brusque et jette son châle noir sur ses épaules. Dacha ne cesse de la regarder.)* Tu es une ingrate! Qu'imagines-tu? Crois-tu que je vais te compromettre? Mais il viendra lui-même te supplier, humblement, à genoux! Il va mourir de bonheur, voilà comment cela se fera!

Entre Stépan Trophimovitch.
Dacha se lève.

STÉPAN

Ah! Dachenka, ma jolie, quelle joie de vous retrouver. *(Il l'embrasse.)* Vous voilà enfin parmi nous!

VARVARA

Laissez-la. Vous avez la vie entière pour la caresser. Et moi, j'ai à vous parler.

Dacha sort.

STÉPAN

Soit, mon amie, soit. Mais vous savez combien j'aime ma petite élève.

VARVARA

Je sais. Mais ne l'appelez pas toujours « ma petite élève ». Elle a grandi! C'est agaçant! Hum, vous avez fumé!

STÉPAN

C'est-à-dire...

VARVARA

Asseyez-vous. La question n'est pas là. La question est qu'il faut vous marier.

STÉPAN (*stupéfait*).

Me marier ? Une troisième fois et à cinquante-trois ans !

VARVARA

Eh bien, qu'est-ce que cela signifie ? À cinquante ans, on est au sommet de la vie. Je le sais, je vais les avoir. D'ailleurs, vous êtes un bel homme.

STÉPAN

Vous avez toujours été indulgente pour moi, mon amie. Mais je dois vous dire... je ne m'attendais pas... Oui, à cinquante ans, nous ne sommes pas encore vieux. Cela est évident.

Il la regarde.

VARVARA

Je vous aiderai. La corbeille de mariage ne sera pas vide. Ah ! j'oubliais ! C'est Dacha que vous épouserez.

STÉPAN (*sursaute*).

Dacha... Mais je croyais... Dacha ! Mais c'est une enfant.

VARVARA

Une enfant de vingt ans, grâce à Dieu ! Ne roulez pas ainsi vos prunelles, je vous prie, vous n'êtes pas au cirque. Vous êtes intelligent, mais vous ne comprenez rien. Vous avez besoin de quelqu'un qui s'occupe de vous constamment. Que ferez-vous si je meurs ? Dacha sera pour vous une excellente gouvernante. D'ailleurs, je serai là, je ne vais pas mourir tout de suite. Et puis, c'est un ange de douceur. (*Avec emportement.*) Comprenez-vous, je vous dis que c'est un ange de douceur !

STÉPAN

Je le sais, mais cette différence d'âge... J'imaginais...
à la rigueur, voyez-vous, quelqu'un de mon âge...

VARVARA

Eh bien, vous l'élèverez, vous développerez son cœur.
Vous lui donnerez un nom honorable. Vous serez peut-
être son sauveur, oui, son sauveur...

STÉPAN

Mais elle... vous lui avez parlé?

VARVARA

Ne vous inquiétez pas d'elle. Naturellement, c'est à
vous de la prier, de la supplier de vous faire cet honneur,
vous comprenez. Mais soyez sans inquiétude, je serai là,
moi. D'ailleurs, vous l'aimez. (*Stépan Trophimovitch se
lève et chancelle.*) Qu'avez-vous?

STÉPAN

Je... j'accepte, bien sûr, puisque vous le désirez,
mais... je n'aurais jamais cru que vous consentiriez...

VARVARA

Quoi donc?

STÉPAN

Sans une raison majeure, une raison urgente... je n'aurais jamais cru que vous puissiez accepter de me voir
marié à... à une autre femme.

VARVARA (*se lève brusquement*).

Une autre femme... (*Elle le regarde d'un air terrible
puis gagne la porte. Avant d'y arriver, elle se retourne.*)
Je ne vous pardonnerai jamais, jamais, entendez-vous,
d'avoir pu imaginer une seule seconde qu'entre vous et
moi... (*Elle va sortir, mais entre Grigoreiev.*) Je... Bonjour,
Grigoreiev. (*À Stépan Trophimovitch.*) Vous avez donc
accepté. Je réglerai moi-même les détails. D'ailleurs,
je vais chez Prascovie lui faire part de ce projet. Et
soignez-vous. Ne vous laissez pas vieillir!

Elle sort.

GRIGOREIEV

Notre amie semble bien agitée...

STÉPAN

C'est-à-dire... Oh! je finirai par perdre patience et ne plus vouloir...

GRIGOREIEV

Vouloir quoi...

STÉPAN

J'ai consenti parce que la vie m'ennuie et que tout m'est égal. Mais si elle m'exaspère, tout ne sera plus égal. Je ressentirai l'offense et je refuserai.

GRIGOREIEV

Vous refuserez?

STÉPAN

De me marier. Oh, je n'aurais pas dû en parler! Mais vous êtes mon ami, je me parle à moi-même. Oui, on veut me marier à Dacha et j'ai accepté, en somme, j'ai accepté. À mon âge! Ah! mon ami, le mariage est la mort de toute âme un peu fière, un peu libre. Le mariage me corrompra, il minera mon énergie, je ne pourrai plus servir la cause de l'humanité. Des enfants viendront et Dieu sait s'ils seront les miens. Et puis, non, ils ne seront pas les miens, le sage sait regarder la vérité en face. Et j'accepte! Parce que je m'ennuie. Mais non, ce n'est pas parce que je m'ennuie que j'ai accepté. Seulement, il y a cette dette...

GRIGOREIEV

Vous vous calomniez. On n'a pas besoin d'argent pour épouser une jeune et jolie fille.

STÉPAN

Hélas! j'ai besoin d'argent plus que de jolie fille... Vous savez que j'ai mal géré cette propriété que mon fils tient de sa mère. Il va exiger les huit mille roubles que je lui dois. On l'accuse d'être révolutionnaire, socialiste, de vouloir détruire Dieu, la propriété, etc.

Pour Dieu, je ne sais pas. Mais pour la propriété, il tient à la sienne, je vous l'assure... Et, d'ailleurs, c'est pour moi une dette d'honneur. Je dois me sacrifier.

GRIGORIEV

Tout cela vous honore. Pourquoi donc vous lamentez-vous ?

STÉPAN

Il y a autre chose. Je soupçonne... voyez-vous... Oh ! je ne suis pas si bête que j'en ai l'air en sa présence ! Pourquoi ce mariage précipité. Dacha était en Suisse. Elle a vu Nicolas. Et maintenant...

GRIGORIEV

Je ne comprends pas.

STÉPAN

Oui, il y a des mystères. Pourquoi ces mystères ? Je ne veux pas couvrir les péchés d'autrui. Oui, les péchés d'autrui ! Ô Dieu qui êtes si grand et si bon, qui me consolera !...

> *Entrent Lisa et Maurice Nicolaievitch.*

LISA

Mais le voici enfin, Maurice, c'est lui, c'est bien lui. *(À Stépan Trophimovitch.)* Vous me reconnaissez, n'est-ce pas ?

STÉPAN

Dieu ! Dieu ! Chère Lisa ! Enfin, une minute de bonheur !

LISA

Oui. Il y a douze ans que nous nous sommes quittés et vous êtes content, dites-moi que vous êtes content de me revoir. Vous n'avez donc pas oublié votre petite élève ?

> *Stépan Trophimovitch court vers elle, saisit sa main et la contemple sans pouvoir parler.*

LISA

Voici un bouquet pour vous. Je voulais vous apporter un gâteau, mais Maurice Nicolaievitch a conseillé les fleurs. Il est si délicat. Voici Maurice : je voudrais que vous deveniez bons amis. Je l'aime beaucoup. Oui, il est l'homme que j'aime le plus au monde. Saluez mon bon professeur, Maurice.

MAURICE NICOLAIEVITCH

Je suis très honoré.

LISA *(à Stépan).*

Quelle joie de vous revoir! Et pourtant je suis triste. Pourquoi est-ce que je me sens toujours triste en de pareils moments? Expliquez-moi cela, vous qui êtes un homme savant. J'ai toujours imaginé que je serais follement heureuse en vous revoyant et que je me souviendrais de tout, et voilà que je ne suis nullement heureuse — et pourtant, je vous aime.

STÉPAN *(le bouquet à la main).*

Ce n'est rien. Moi aussi, n'est-ce pas, moi qui vous aime, vous voyez, j'ai envie de pleurer.

LISA

Oh! mais vous avez mon portrait! *(Elle va décrocher une miniature.)* Est-il possible que ce soit moi? Étais-je vraiment si jolie? Mais je ne veux pas la regarder, non! Une vie passe, une autre commence, puis fait place à une autre et ainsi sans fin. *(Regardant Grigoreiev.)* Voyez les vieilles histoires que je raconte!

STÉPAN

J'oubliais, je perds la tête, je vous présente Grigoreiev, un excellent ami.

LISA *(avec un peu de coquetterie).*

Ah, oui! C'est vous le confident! Je vous trouve très sympathique.

GRIGOREIEV

Je ne mérite pas cet honneur.

LISA

Allons, allons, il ne faut pas avoir honte d'être un brave homme. *(Elle lui tourne le dos et il la regarde avec admiration.)* Dacha est rentrée avec nous. Mais vous le savez, bien sûr. C'est un ange. Je voudrais qu'elle soit heureuse. À propos, elle m'a beaucoup parlé de son frère. Comment est ce Chatov ?

STÉPAN

Eh bien ! un songe creux ! Il a été socialiste, il a abjuré, et maintenant il vit selon Dieu et la Russie.

LISA

Oui, quelqu'un m'a dit qu'il était un peu bizarre. Je veux le connaître. Je voudrais lui confier des travaux.

STÉPAN

Certainement, ce serait un bienfait.

LISA

Pourquoi, un bienfait ? Je veux le connaître, je m'inté-resse... Enfin, j'ai absolument besoin de quelqu'un pour m'aider.

GRIGOREIEV

Je connais assez bien Chatov et, si cela peut vous plaire, j'irai le trouver aussitôt.

LISA

Oui, oui. Il se peut d'ailleurs que j'y aille moi-même. Quoique je ne veuille pas le déranger, ni d'ailleurs personne dans cette maison. Mais il faut que nous soyons chez nous dans un quart d'heure. Êtes-vous prêt, Maurice ?

MAURICE NICOLAIEVITCH

Je suis à vos ordres.

LISA

Très bien. Vous êtes bon. *(À Stépan Trophimovitch, en marchant vers la porte.)* N'êtes-vous pas comme moi : j'ai horreur des hommes qui ne sont pas bons, même s'ils sont très beaux et très intelligents? Le cœur, voilà ce qu'il faut. À propos, je vous félicite pour votre mariage.

STÉPAN

Comment, vous savez...

LISA

Mais oui, Varvara vient de nous l'apprendre. Quelle bonne nouvelle! Et je suis sûre que Dacha ne s'y attendait pas. Venez, Maurice...

NOIR

LE NARRATEUR

J'allai donc voir Chatov puisque Lisa le voulait et qu'il me semblait déjà que je ne pouvais rien refuser à Lisa, bien que je n'eusse pas une seconde ajouté foi aux explications qu'elle donnait de sa subite envie. Cela m'amena donc, et vous amène en même temps, dans un quartier moins distingué, chez la logeuse Philipov, qui louait des chambres et un salon commun, ou du moins ce qu'elle appelait un salon, à de curieux personnages dont Lebiadkine et sa sœur, Maria, Chatov et surtout l'ingénieur Kirilov.

TROISIÈME TABLEAU

La scène représente un salon et une petite chambre, celle de Chatov, côté cour. Le salon a une porte côté jardin qui donne sur la chambre de Kirilov, deux portes au fond, l'une donnant sur l'entrée, l'autre sur l'escalier du premier étage.

Au milieu du salon, Kirilov, face au public, l'air très grave, fait sa culture physique.

KIRILOV

Un, deux, trois, quatre... Un, deux, trois, quatre... *(Il respire.)* Un, deux, trois, quatre...

Entre Grigoreiev.

GRIGOREIEV

Je vous dérange? Je cherchais Ivan Chatov.

KIRILOV

Il est sorti. Vous ne me dérangez pas, mais il me reste encore un mouvement à faire. Vous permettez. *(Il fait son mouvement en murmurant les chiffres.)* Voilà. Chatov va rentrer. Accepterez-vous du thé? J'aime boire du thé la nuit. Surtout après ma gymnastique. Je marche beaucoup, de long en large, et je bois du thé jusqu'au petit jour.

GRIGOREIEV

Vous vous couchez au petit jour?

KIRILOV

Toujours. Depuis longtemps. La nuit, je réfléchis.

GRIGOREIEV

Toute la nuit?

KIRILOV *(avec calme)*.

Oui, il le faut. Voyez-vous, je m'intéresse aux raisons pour lesquelles les hommes n'osent pas se tuer.

GRIGOREIEV

N'osent pas? Vous trouvez qu'il n'y a pas assez de suicides?

KIRILOV *(distrait)*.

Normalement, il devrait y en avoir beaucoup plus.

GRIGOREIEV *(ironique)*.

Et qu'est-ce qui empêche, selon vous, les gens de se tuer?

KIRILOV

La souffrance. Ceux qui se tuent par folie ou désespoir ne pensent pas à la souffrance. Mais ceux qui se tuent par raison y pensent forcément.

GRIGOREIEV

Comment, il y a des gens qui se tuent par raison?

KIRILOV

Beaucoup. Sans la souffrance et les préjugés, il y en aurait davantage, un très grand nombre, tous les hommes sans doute.

GRIGOREIEV

Quoi?

KIRILOV

Mais l'idée qu'ils vont souffrir les empêche de se tuer. Même quand on sait qu'il n'y a pas de souffrance, l'idée reste. Imaginez une pierre grande comme une maison, qui tombe sur vous. Vous n'auriez le temps de rien sentir, d'avoir vraiment mal. Eh bien, même comme cela, on a peur et on recule. C'est intéressant.

GRIGOREIEV

Il doit y avoir une autre raison.

KIRILOV

Oui... L'autre monde.

GRIGOREIEV

Vous voulez dire le châtiment.

KIRILOV

Non, l'autre monde. On croit qu'il y a une raison de vivre.

GRIGOREIEV

Et il n'y en a pas?

KIRILOV

Non, il n'y en a pas, c'est pourquoi nous sommes libres. Il est indifférent de vivre et de mourir.

GRIGOREIEV

Comment pouvez-vous dire cela si calmement?

KIRILOV

Je n'aime pas me disputer et je ne ris jamais.

GRIGOREIEV

L'homme a peur de la mort parce qu'il aime la vie, parce que la vie est bonne, voilà tout.

KIRILOV *(avec un brusque emportement).*

C'est une lâcheté, une lâcheté, rien de plus! La vie n'est pas bonne. Et l'autre monde n'existe pas! Dieu n'est qu'un fantôme suscité par la peur de la mort et de la souffrance. Pour être libre, il faut vaincre la souffrance et la terreur, il faut se tuer. Alors, il n'y aura plus de Dieu et l'homme sera enfin libre. Alors, on divisera l'histoire en deux parties : du gorille à la destruction de Dieu et de la destruction de Dieu...

GRIGOREIEV

Au gorille.

KIRILOV

À la divinisation de l'homme. *(Subitement calmé.)* Celui qui ose se tuer, celui-là est Dieu. Personne n'a encore songé à cela. Moi, oui.

GRIGOREIEV

Il y a eu des millions de suicides.

KIRILOV

Jamais pour cela. Toujours avec la crainte. Jamais pour tuer la crainte. Celui qui se tuera pour tuer la crainte, à l'instant même, il sera Dieu.

GRIGOREIEV

J'ai peur qu'il n'en ait pas le temps.

KIRILOV *(se lève et, doucement, comme avec mépris).*

Je regrette que vous ayez l'air de rire.

GRIGOREIEV

Pardonnez-moi, je ne riais pas. Mais tout cela est si étrange.

KIRILOV

Pourquoi étrange? Ce qui est étrange, c'est qu'on puisse vivre sans penser à cela. Moi, je ne puis penser à rien d'autre. Toute ma vie, je n'ai pensé qu'à cela. *(Il lui fait signe de se pencher. Grigoreiev se penche.)* Toute ma vie, j'ai été tourmenté par Dieu.

GRIGOREIEV

Pourquoi me parlez-vous ainsi? Vous ne me connaissez pas?

KIRILOV

Vous ressemblez à mon frère, qui est mort depuis sept ans.

GRIGOREIEV

Il a exercé une grande influence sur vous?

KIRILOV

Non. Il ne disait jamais rien. Mais vous lui ressemblez beaucoup, extraordinairement même. *(Entre Chatov. Kirilov se lève.)* J'ai l'honneur de vous informer que M. Grigoreiev vous attend depuis quelque temps déjà.

Il sort.

CHATOV

Qu'est-ce qu'il a?

GRIGOREIEV

Je ne sais pas. Si j'ai bien compris, il veut que nous nous suicidions tous pour prouver à Dieu qu'il n'existe pas.

CHATOV

Oui, c'est un nihiliste. Il a contracté cette maladie en Amérique.

GRIGOREIEV

En Amérique?

Chatov

Je l'ai connu là-bas. Nous avons crevé de faim en-semble, couché ensemble sur la terre nue. [C'était à l'époque où je pensais comme tous ces impuissants. Nous avons voulu aller là-bas pour nous rendre compte par une expérience personnelle de l'état d'un homme placé dans les conditions sociales les plus dures.

Grigoreiev

Seigneur! Pourquoi aller si loin? Il vous suffisait de vous embaucher pour la récolte, à vingt kilomètres d'ici.

Chatov

Je sais. Mais voilà les fous que nous étions. Celui-ci l'est resté, quoiqu'il y ait en lui une passion vraie et une fermeté que je respecte. Il crevait là-bas sans dire un mot.] Heureusement, un ami généreux nous a envoyé de l'argent pour nous rapatrier. *(Il regarde le Narrateur.)* Vous ne me demandez pas qui était cet ami.

Grigoreiev

Qui?

Chatov

Nicolas Stavroguine. *(Silence.)* Et vous pensez savoir pourquoi il l'a fait?

Grigoreiev

Je ne crois pas aux racontars.

Chatov

Oui, on dit qu'il a eu une liaison avec ma femme. Eh bien! quand cela serait? *(Il le regarde fixement.)* Je ne l'ai pas encore remboursé. Mais je le ferai. Je ne veux plus rien avoir à faire avec ce monde-là. *(Un temps.)* Voyez-vous, Grigoreiev, tous ces gens, Lipoutine, Chigalev et tant d'autres, comme le fils de Stépan Trophimovitch et même Stavroguine, savez-vous ce qui les explique? La haine. *(Le Narrateur a un geste de la main.)* Oui. Ils haïssent leur pays. Ils seraient les premiers à être terriblement malheureux si leur pays pouvait être tout à coup réformé, s'il devenait extraordinairement prospère et heureux. Ils n'auraient plus personne sur qui cracher. Tandis que maintenant, ils peuvent cracher sur leur pays et lui vouloir du mal.

GRIGOREIEV

Et vous, Chatov ?

CHATOV

J'aime la Russie maintenant, bien que je n'en sois plus digne. C'est pourquoi je suis triste de son malheur et de mon indignité. Et eux, mes anciens amis, ils m'accusent de les avoir trahis. *(Il se détourne.)* En attendant, il faudrait que je gagne de l'argent pour rembourser Stavroguine. Il le faut absolument.

GRIGOREIEV

Justement...

> *On frappe. Chatov va ouvrir.*
> *Entre Lisa avec un paquet de*
> *journaux à la main.*

LISA *(à Grigoreiev).*

Oh ! vous êtes déjà là. *(Elle vient vers lui.)* J'avais donc raison en m'imaginant hier chez Stépan Trophimovitch que vous m'étiez un peu dévoué. Avez-vous pu parler à ce M. Chatov ?

> *Pendant ce temps, elle regarde*
> *avec intensité autour d'elle.*

GRIGOREIEV

Le voici. Mais je n'ai pas eu le temps... Chatov, Elizabeth Drozdov, que vous connaissez de nom, m'avait chargé d'une commission pour vous.

LISA

Je suis heureuse de vous connaître. On m'a parlé de vous. Pierre Verkhovensky m'a dit que vous étiez intelligent. Nicolas Stavroguine aussi m'a parlé de vous. *(Chatov se détourne.)* Et tout cas, voilà mon idée. Selon moi, n'est-ce pas, on ne connaît pas notre pays. Alors, j'ai pensé qu'il fallait réunir en un seul livre tous les

faits divers et les événements significatifs dont nos
journaux ont parlé depuis plusieurs années. Ce livre,
forcément, serait la Russie. Si vous vouliez m'aider...
Il me faudrait quelqu'un de compétent et je paierais
votre travail, naturellement.

[CHATOV

C'est une idée intéressante, intelligente même...
Elle mérite qu'on y pense... Vraiment.

LISA *(toute contente)*.

Si le livre se vendait, nous partagerions les bénéfices.
Vous fourniriez le plan et le travail, moi l'idée première
et les fonds nécessaires.

CHATOV

Mais qui vous fait penser que je pourrais faire ce
travail ? Pourquoi moi plutôt qu'un autre ?

LISA

Eh bien, ce qu'on m'a rapporté de vous m'a paru
sympathique. Acceptez-vous ?

CHATOV

Cela peut se faire. Oui. Pouvez-vous laisser vos
journaux ? J'y réfléchirai.

LISA *(bat des mains)*.

Oh! que je suis contente! Comme je serai fière quand
le livre paraîtra.] *(Elle n'a pas cessé de regarder autour
d'elle.)* À propos, n'est-ce pas ici qu'habite le capitaine
Lebiadkine ?

GRIGOREIEV

Mais oui. Je croyais vous l'avoir dit. Vous vous
intéressez à lui ?

LISA

À lui, oui, mais pas seulement... En tout cas, il
s'intéresse à moi... *(Elle regarde Grigoreiev.)* Il m'a écrit
une lettre avec des vers, où il me dit qu'il a des révélations à faire. Je n'ai rien compris. *(À Chatov.)* Que
pensez-vous de lui ?

CHATOV

C'est un ivrogne et un homme malhonnête.

LISA

Mais on m'a dit qu'il habitait avec sa sœur.

CHATOV

Oui.

LISA

On dit qu'il la tyrannise? *(Chatov la regarde fixement et ne répond pas.)* On dit tant de choses, c'est vrai. J'interrogerai Nicolas Stavroguine qui la connaît, et qui la connaît même très bien, d'après ce qu'on dit, n'est-ce pas?

Chatov la regarde toujours.

LISA *(avec une passion soudaine)*.

Oh! Écoutez, je veux la voir tout de suite. Il faut que je la voie de mes propres yeux et je vous supplie de m'aider. Il le faut absolument.

CHATOV *(va prendre les journaux)*.

Reprenez vos journaux. Je n'accepte pas ce travail.

LISA

Mais pourquoi? Pourquoi donc? Il me semble que je vous ai fâché?

CHATOV

Ce n'est pas cela. Il ne faut pas compter sur moi pour cette besogne, voilà tout.

LISA

Quelle besogne? Ce travail n'est pas imaginaire. Je veux le faire.

CHATOV

Oui. Il faut rentrer chez vous, maintenant.

GRIGOREIEV *(avec tendresse)*.

Oui. Rentrez, je vous en prie. Chatov va réfléchir.

Je viendrai vous voir, je vous tiendrai au courant.

> *Lisa les regarde, se plaint
> sourdement, puis s'enfuit.*

CHATOV

C'était un prétexte. Elle voulait voir Maria Timopheievna et je ne suis pas assez bas pour me prêter à une pareille comédie.

> *Maria Timopheievna est entrée dans son dos. Elle a un petit pain dans les mains.*

MARIA TIMOPHEIEVNA

Bonjour, Chatouchka!

> *Grigoreiev salue.*
> *Chatov va vers Maria Timopheievna et lui prend le bras. Elle vient vers la table au centre, pose son petit pain sur la table, tire un tiroir et prend un jeu de cartes sans s'occuper de Grigoreiev.*

MARIA TIMOPHEIEVNA *(battant les cartes).*

J'en avais assez de rester seule dans ma chambre.

CHATOV

Je suis heureux de te voir.

MARIA TIMOPHEIEVNA

Moi aussi. Celui-là... *(elle montre Grigoreiev)*, je ne le connais pas. Honneur aux visiteurs! Oui, je suis toujours contente de parler avec toi, bien que tu sois toujours dépeigné. Tu vis comme un moine, laisse-moi te peigner.

> *Elle tire un petit peigne de sa poche.*

CHATOV *(riant).*

C'est que je n'ai pas de peigne.

> *Maria Timopheievna le peigne.*

MARIA TIMOPHEIEVNA

Vraiment? Eh bien, plus tard, quand mon prince reviendra, je te donnerai le mien. *(Elle fait une raie, recule pour juger de l'effet et met le peigne dans sa poche.)* Veux-tu que je te dise, Chatouchka? *(Elle s'assied et commence une réussite.)* Tu es intelligent et pourtant tu t'ennuies. Vous vous ennuyez tous d'ailleurs. Je ne comprends pas qu'on s'ennuie. Être triste n'est pas s'ennuyer. Moi, je suis triste, mais je m'amuse.

CHATOV

Même quand ton frère est là?

MARIA TIMOPHEIEVNA

Tu veux dire mon laquais? Il est mon frère, certainement, mais surtout, il est mon laquais. Je le commande : « Lebiadkine, de l'eau! » Il y va. Quelquefois j'ai le tort de rire en le regardant et, s'il est ivre, il me bat.

Elle continue sa réussite.

CHATOV *(à Grigoreiev).*

C'est vrai. Elle le traite comme un laquais. Il la bat, mais elle n'a pas peur de lui. Elle oublie tout ce qui vient de se passer, d'ailleurs, et n'a aucune notion du temps. *(Grigoreiev fait un geste.)* Non, je peux parler devant elle, elle nous a oubliés déjà, elle cesse bien vite d'écouter et se plonge dans ses rêveries. Vous voyez ce petit pain. Peut-être n'en a-t-elle pris qu'une seule bouchée depuis le matin et ne l'achèvera-t-elle que demain.

> *Maria Timopheievna prend le petit pain sans cesser de regarder les cartes, mais elle le tient dans sa main sans y goûter. Elle le reposera au courant de la conversation.*

MARIA TIMOPHEIEVNA

Un déménagement, un homme méchant, une trahison, un lit de mort... Allons, ce sont des mensonges. Si les gens peuvent mentir, pourquoi pas les cartes. *(Elle les brouille et se lève.)* Tout le monde ment, sauf la mère de Dieu!

> *Elle sourit en regardant à ses pieds.*

CHATOV

La mère de Dieu?

MARIA TIMOPHEIEVNA

Mais oui, la mère de Dieu, la nature, la grande terre humide! Elle eſt bonne et vraie. Tu te souviens de ce qui eſt écrit, Chatouchka? « Quand tu auras abreuvé la terre de tes larmes, jusqu'à une profondeur d'un pied, alors tu te réjouiras de tout. » C'eſt pourquoi je pleure si souvent, Chatouchka. Il n'y a rien de mal à ces larmes. Toutes les larmes sont des larmes de joie ou des promesses de joie. *(Elle a le visage couvert de larmes. Elle met les mains sur les épaules de Chatov.)* Chatouchka, Chatouchka, eſt-ce vrai que ta femme t'a quitté?

CHATOV

C'eſt vrai. Elle m'a abandonné.

MARIA TIMOPHEIEVNA *(lui caressant le visage).*

Ne te fâche pas. Moi aussi, j'ai le cœur gros. Sais-tu, j'ai fait un rêve. Il revenait. Lui, mon prince, il revenait, il m'appelait d'une voix douce : « Ma chérie, disait-il, ma chérie, viens me retrouver. » Et j'étais heureuse. « Il m'aime, il m'aime. » Voilà ce que je répétais.

CHATOV

Peut-être va-t-il venir réellement.

MARIA TIMOPHEIEVNA

Oh! non, ce n'eſt qu'un rêve! Mon prince ne reviendra plus. Je reſterai seule. Oh, mon cher ami, pourquoi ne m'interroges-tu jamais sur rien?

CHATOV

Parce que tu ne me diras rien, je le sais.

MARIA TIMOPHEIEVNA

Non, oh! non, je ne dirai rien! On peut me tuer, on peut me brûler, je ne dirai rien, on ne saura jamais rien!

CHATOV

Tu vois bien.

MARIA TIMOPHEIEVNA

Pourtant si toi, dont le cœur est bon, tu me le demandais, alors, oui, peut-être... Pourquoi ne me le demandes-tu pas? Demande-le-moi, demande-le bien, Chatouchka, et je le dirai. Supplie-moi, Chatouchka, pour que je consente à parler. Et je parlerai, je parlerai...

> *Chatov reste muet et Maria Timopheievna, devant lui, le visage couvert de larmes. Puis on entend du bruit, des jurons dans l'entrée.*

CHATOV

Le voilà, voilà ton frère. Rentre chez toi ou il te battra encore.

MARIA TIMOPHEIEVNA *(éclate de rire).*

Ah! c'est mon laquais? Eh bien! quelle importance? Nous l'enverrons à la cuisine. *(Mais Chatov l'entraîne vers la porte du fond.)* Ne t'inquiète pas, Chatouchka, ne t'inquiète pas. Si mon prince revient, il me défendra.

> *Entre Lebiadkine en faisant claquer la porte.*
> *Maria Timopheievna reste au fond avec, sur le visage, un sourire de mépris figé dans une expression étrange.*

LEBIADKINE *(chantant sur le pas de la porte).*

> Je suis venu te dire
> Que le soleil s'est levé
> Que la forêt tremble et respire
> Sous le feu de ses baisers.

Qui va là? Ami ou ennemi! *(À Maria Timopheievna.)* Toi, rentre dans ta chambre!

CHATOV

Laissez votre sœur tranquille.

LEBIADKINE *(se présentant à Grigoreiev).*

Le capitaine en retraite Ignace Lebiadkine, au service
du monde entier et de ses amis, à la condition qu'ils
soient des amis fidèles! Ah! les canailles! Et d'abord,
sachez tous que je suis amoureux de Lisa Drozdov.
C'est une étoile et une amazone. Bref, une étoile à cheval.
Et moi, je suis un homme d'honneur.

CHATOV

Qui vend sa sœur.

LEBIADKINE *(hurlant).*

Quoi? Encore la calomnie! Sais-tu que je pourrais te
confondre d'un seul mot...

CHATOV

Dis ce mot.

LEBIADKINE

Crois-tu que je n'oserais pas.

CHATOV

Non, tu es un lâche bien que capitaine. Et tu auras
peur de ton maître.

LEBIADKINE

On me provoque, vous en êtes témoin, monsieur!
Eh bien, sais-tu, savez-vous, de qui celle-ci est la femme?

Grigoreiev fait un pas.

CHATOV

De qui? Tu n'oseras pas le dire.

LEBIADKINE

Elle est... elle est..

> *Maria Timopheievna avance,*
> *la bouche ouverte et muette.*

NOIR

LE NARRATEUR

De qui cette malheureuse infirme était-elle la femme ? Était-il vrai que Dacha avait été déshonorée et par qui ? Qui encore avait séduit la femme de Chatov ? Eh bien, nous allons recevoir une réponse ! Au moment, en effet, où le climat de notre petite ville devenait si tendu, un dernier personnage vint y promener un brandon enflammé qui fit tout sauter et mit tout le monde à nu. Et, croyez-moi, voir ses concitoyens tout nus est généralement une épreuve douloureuse. Le fils de l'humaniste donc, le rejeton du libéral Stépan Trophimovitch, Pierre Verkhovensky enfin, surgit au moment où on l'attendait le moins.

QUATRIÈME TABLEAU

Chez Varvara Stavroguine.

*Grigoreiev et Stépan Trophi-
movitch.*

STÉPAN

Ah ! cher ami, tout va se décider maintenant. Si Dacha accepte, dimanche je serai un homme marié et ce n'est pas drôle. [Enfin, puisque ma très chère Varvara Stavroguine m'a prié de venir aujourd'hui pour que tout soit en règle, je lui obéirai. N'ai-je pas été indigne avec elle ?

GRIGOREIEV

Mais non, vous étiez bouleversé, voilà tout.

STÉPAN

Si, je l'ai été. Quand je pense à cette femme généreuse et compatissante, si indulgente à mes défauts méprisables ! Je suis un enfant capricieux, avec tout l'égoïsme de l'enfant, sans en avoir l'innocence. Voilà vingt ans qu'elle me soigne. Et moi, au moment même où elle reçoit ces affreuses lettres anonymes...

GRIGOREIEV

Des lettres anonymes...

STÉPAN

Oui, imaginez cela : on lui révèle que Nicolas a donné
son domaine à Lebiadkine. Ce Nicolas est un monstre.
Pauvre Lisa! Enfin, vous l'aimez, je sais.

GRIGOREIEV

Qui vous permet...

STÉPAN

Bon, bon, je n'ai rien dit. Maurice Nicolaievitch aussi
l'aime, notez bien. Pauvre homme, je ne voudrais pas être
à sa place. La mienne du reste n'est pas plus facile.] En
tout cas, il faut que je vous le dise, j'ai honte de moi, mais
j'ai écrit à Dacha.

GRIGOREIEV

Mon Dieu! Que lui avez-vous dit?

STÉPAN

Euh! Enfin... Bref, j'ai écrit aussi à Nicolas.

GRIGOREIEV

Vous êtes fou?

STÉPAN

Mais mon intention était noble. Après tout, supposez
qu'il se soit passé réellement quelque chose en Suisse, ou
qu'il y ait eu un commencement, un petit commencement,
ou même un tout petit commencement, j'étais bien forcé
d'interroger leurs cœurs avant tout, de peur d'exercer
une contrainte sur eux. Je voulais qu'ils sachent que je
savais, pour qu'ils soient libres. Je n'ai agi que par noblesse.

GRIGOREIEV

Mais c'était stupide!

STÉPAN

Oui, oui, c'était bête. Mais que faire? Tout est dit.
J'ai écrit aussi à mon fils. Et puis qu'importe! J'épou-
serai Dacha même s'il s'agit de couvrir la faute d'autrui.

GRIGOREIEV

Ne dites pas cela.

STÉPAN

Ah! si ce dimanche pouvait ne jamais venir, être supprimé, simplement! Qu'est-ce que ça coûterait à Dieu de faire un miracle et de rayer un seul dimanche du calendrier? Ne serait-ce que pour démontrer sa puissance aux athées et que tout soit dit! Comme je l'aime, comme je l'aime depuis vingt ans! Peut-elle croire que je me marie par peur, ou pauvreté? C'est pour elle seule que je le fais.

GRIGOREIEV

De qui parlez-vous?

STÉPAN

Mais de Varvara. Elle est la seule femme que j'adore depuis vingt ans. *(Entre Alexis Egorovitch qui introduit Chatov.)* Ah! voilà notre coléreux ami. Vous venez voir votre sœur, je crois...

CHATOV

Non. J'ai reçu une invitation de Varvara Stavroguine pour affaire me concernant. C'est ainsi, je crois, que s'expriment les commissaires de police lorsqu'ils nous convoquent.

STÉPAN

Mais non, mais non! C'était l'expression exacte quoique je ne sache pas de quelle affaire il s'agit, ni si elle vous concerne. Enfin, notre très chère Varvara est à la messe. *Quant à Dacha*, elle est dans sa chambre. Voulez-vous que je la fasse demander?

CHATOV

Non.

STÉPAN

Passons. Cela vaut mieux d'ailleurs. Le plus tard sera le mieux. Vous connaissez sans doute les projets que Varvara a sur elle.

CHATOV

Oui.

STÉPAN

Parfait, parfait! Dans ce cas, n'en parlons plus, n'en parlons plus. Naturellement, je comprends que vous soyez surpris. Moi-même, je l'ai été. Si rapidement...

CHATOV

Taisez-vous.

STÉPAN

Bien. Soyez poli, mon cher Chatov, aujourd'hui au moins. Oui, soyez patient avec moi. Mon cœur est lourd.

> *Entrent Varvara Stavro-*
> *guine et Prascovie Drozdov*
> *aidée par Maurice Nicolaie-*
> *vitch.*

PRASCOVIE

Quel scandale, quel scandale! Et Lisa mêlée à tout cela...

VARVARA *(elle sonne)*.

Tais-toi! Où vois-tu un scandale? Cette pauvre fille n'a pas son bon sens. Un peu de charité, ma chère Prascovie!

STÉPAN

Quoi? Que se passe-t-il?

VARVARA

Ce n'est rien. Une pauvre infirme s'est jetée à mes genoux à la sortie de la messe et a embrassé ma main. *(Alexis Egorovitch entre.)* Du café... Et qu'on ne dételle pas les chevaux.

PRASCOVIE

Devant tout le monde, et tous faisaient cercle!

VARVARA

Bien sûr, devant tout le monde! Dieu merci, l'église

était pleine! Je lui ai donné dix roubles et je l'ai relevée. Lisa a voulu la raccompagner chez elle.

> *Entre Lisa tenant par la main Maria Timopheievna.*

LISA

Non, j'ai réfléchi. J'ai pensé que vous seriez tous heureux de mieux connaître Maria Lebiadkine.

MARIA TIMOPHEIEVNA

Que c'est beau! *(Elle aperçoit Chatov.)* Comment, te voilà, Chatouchka! Que fais-tu dans le grand monde?

VARVARA *(à Chatov).*

Vous connaissez cette femme?

CHATOV

Oui.

VARVARA

Qui est-elle?

CHATOV

Voyez vous-même.

> *Elle regarde avec angoisse Maria Timopheievna.*
> *Entre Alexis Egorovitch avec un plateau et du café.*

VARVARA *(à Maria Timopheievna).*

Vous aviez froid tout à l'heure, ma chérie. Buvez ce café, il vous réchauffera.

MARIA TIMOPHEIEVNA *(sourit).*

Oui. Oh! J'ai oublié de vous rendre le châle que vous m'avez prêté.

VARVARA

Gardez-le. Il est à vous. Asseyez-vous et buvez votre café. N'ayez pas peur.

STÉPAN

Chère amie...

VARVARA

Ah! vous, taisez-vous, la situation est assez compliquée sans que vous vous en mêliez! Alexis, prie Dacha de descendre.

PRASCOVIE

Lisa, il faut nous retirer maintenant. Ta place n'est pas ici. Nous n'avons plus rien à faire dans cette maison.

VARVARA

Voilà une phrase de trop, Prascovie. Remercie Dieu qu'il n'y ait ici que des amis.

PRASCOVIE

Si ce sont des amis, tant mieux. Mais je n'ai pas peur de l'opinion publique, moi. C'est toi qui, avec tout ton orgueil, trembles devant le monde. C'est toi qui as peur de la vérité.

VARVARA

Quelle vérité, Prascovie?

PRASCOVIE

Celle-ci.

> *Elle désigne du doigt Maria Timopheievna qui, à la vue du doigt tendu vers elle, rit et se trémousse.*
>
> *Varvara se dresse, pâle, et murmure quelque chose qu'on n'entend pas.*
>
> *Entre Dacha par le fond et personne ne la voit que Stépan Trophimovitch.*

STÉPAN (*après quelques petits gestes destinés à attirer l'attention de Varvara Stavroguine*).

Voici Dacha.

MARIA TIMOPHEIEVNA

Oh! qu'elle est belle! Eh bien, Chatouchka, ta sœur ne te ressemble pas.

VARVARA *(à Dacha)*.

Tu connais cette personne?

DACHA

Je ne l'ai jamais vue. Mais je suppose qu'elle est la sœur de Lebiadkine.

MARIA TIMOPHEIEVNA

Oui, il est mon frère. Mais surtout il est mon laquais. Moi non plus, ma chérie, je ne vous connaissais pas. Et pourtant j'avais envie de vous rencontrer, surtout depuis que mon laquais m'a dit que vous lui aviez donné de l'argent. Maintenant, je suis contente, vous êtes charmante, oui, charmante, je vous le dis.

VARVARA

De quel argent s'agit-il?

DACHA

Nicolas Stavroguine m'avait chargée en Suisse de remettre une certaine somme à Maria Lebiadkine.

VARVARA

Nicolas?

DACHA

Nicolas lui-même.

VARVARA *(après un silence)*.

Bien. S'il l'a fait sans me le dire, il avait ses raisons et je n'ai pas à les connaître. Mais, à l'avenir, tu seras plus prudente. Ce Lebiadkine n'a pas bonne réputation.

MARIA TIMOPHEIEVNA

Oh! non. Et s'il vient, il faut l'envoyer à la cuisine. C'est sa place. On peut lui donner du café. Mais je le méprise profondément.

ALEXIS EGOROVITCH *(entre)*.

Un certain M. Lebiadkine insiste beaucoup pour être annoncé.

Maurice Nicolaievitch

Permettez-moi de vous dire, madame, que ce n'est pas un homme qu'on puisse recevoir en société.

Varvara

Je vais pourtant le recevoir. *(À Alexis Egorovitch.)* Fais-le monter. *(Alexis Egorovitch sort.)* Pour tout vous dire, j'ai reçu des lettres anonymes m'informant que mon fils est un monstre et me prévenant contre une infirme appelée à jouer un grand rôle dans mon existence. Je veux en avoir le cœur net.

Prascovie

Moi aussi, j'ai reçu ces lettres. Et tu sais ce qu'elles disent de cette femme et de Nicolas...

Varvara

Je sais.

> *Entre Lebiadkine, animé sans être ivre. Il va vers Varvara Stavroguine.*

Lebiadkine

Je suis venu, madame...

Varvara

Asseyez-vous sur cette chaise, monsieur, vous pouvez aussi bien vous faire entendre de là-bas. *(Il fait demi-tour et va s'asseoir.)* Voulez-vous vous présenter, maintenant?

Lebiadkine *(se lève)*.

Capitaine Lebiadkine. Je suis venu, madame...

Varvara

Cette personne est-elle votre sœur?

Lebiadkine

Oui, madame. Elle a échappé à ma surveillance car... ne croyez pas que je songe à calomnier ma sœur, mais...

> *Il fait un geste du doigt vers sa tempe.*

VARVARA

Y a-t-il longtemps que ce malheur est arrivé?

LEBIADKINE

Depuis une certaine date, madame, oui, une certaine date... Je suis venu vous remercier de l'avoir accueillie. Voici vingt roubles.

Il va vers elle, les autres ont un mouvement comme pour protéger Varvara Stavroguine.

VARVARA

Vous avez perdu la raison, je crois.

LEBIADKINE

Non, madame. Riche est votre demeure et pauvre est la demeure des Lebiadkine, mais Maria ma sœur, née Lebiadkine, Maria sans nom, n'aurait accepté que de vous les dix roubles que vous lui avez donnés. De vous, madame, de vous seule, elle acceptera tout. Mais pendant qu'elle accepte d'une main, de l'autre elle s'inscrit à l'une de vos œuvres de bienfaisance.

VARVARA

On s'inscrit chez mon concierge, monsieur, et vous pourrez le faire en partant. Je vous prie donc de ranger vos billets et de ne pas les brandir devant moi. Je vous serais reconnaissante aussi de regagner votre place. Expliquez-vous maintenant et dites-moi pourquoi votre sœur peut tout accepter de moi.

LEBIADKINE

Madame, c'est un secret que j'emporterai dans la tombe.

VARVARA

Pourquoi cela?

LEBIADKINE

Puis-je vous poser une question, ouvertement, à la russe, du fond de l'âme?

VARVARA

Je vous écoute.

LEBIADKINE

Peut-on mourir uniquement parce qu'on a une âme trop noble ?

VARVARA

Je ne me suis jamais posé cette question.

LEBIADKINE

Jamais, vraiment ? Eh bien, s'il en est ainsi... *(il se frappe vigoureusement la poitrine)*, tais-toi, cœur sans espoir !

*Maria Timopheievna éclate
de rire.*

VARVARA

Cessez, monsieur, de parler par énigmes et répondez à ma question. Pourquoi peut-elle tout accepter de moi ?

LEBIADKINE

Pourquoi ? Ah ! madame, tous les jours, depuis des millénaires, la nature entière crie à son créateur « Pourquoi ? » et la réponse se fait toujours attendre. Faut-il que le capitaine Lebiadkine soit seul à répondre ? Serait-ce juste ? Je voudrais m'appeler Pavel et je m'appelle Ignace... Pourquoi ? Je suis poète, poète dans l'âme et je vis dans une porcherie. Pourquoi ? Pourquoi ?

VARVARA

Vous vous exprimez de façon pompeuse et je considère cela comme une insolence.

LEBIADKINE

Non, madame, point d'insolence. Je ne suis qu'un cafard, mais le cafard ne se plaint pas. On se trouve parfois placé dans des circonstances qui vous obligent à supporter le déshonneur de votre famille, plutôt que de crier la vérité. Aussi Lebiadkine ne se plaindra pas, il ne dira pas un mot de trop. Reconnaissez, madame, sa grandeur d'âme!

> *Entre Alexis Egorovitch, très ému.*

ALEXIS EGOROVITCH

Nicolas Stavroguine est arrivé.

> *Tous se tournent vers la porte.*
> *On entend des pas précipités.*
> *Entre Pierre Verkhovensky.*

STÉPAN

Mais...

PRASCOVIE

Mais c'est...

PIERRE

Je vous salue, Varvara Stavroguine.

STÉPAN

Pierre, mais c'est Pierre, mon enfant.

> *Il se précipite et le serre dans ses bras.*

PIERRE

Bon. Bon. Ne t'agite pas. (*Il se dégage.*) Imaginez-vous, j'entre, et je crois trouver Nicolas Stavroguine. Mais non. Il m'a quitté, il y a une demi-heure, chez Kirilov, et m'a donné rendez-vous ici. Il va pourtant arriver et je suis heureux de vous annoncer cette bonne nouvelle.

STÉPAN

Mais il y a dix ans que je ne t'ai vu.

PIERRE

Raison de plus pour ne pas se laisser aller. Un peu de tenue! Ah! Lisa, que je suis heureux! Et votre très respectable mère ne m'a pas oublié? Comment vont vos jambes? Chère Varvara Stavroguine, j'avais prévenu mon père, mais il a naturellement oublié...

STÉPAN

Mon enfant, quelle joie!

PIERRE

Oui, tu m'aimes. Mais tiens-toi tranquille. Ah! voici Nicolas!

Entre Stavroguine.

VARVARA

Nicolas! *(Au ton de son appel, Stavroguine s'arrête.)* Je vous prie de me dire immédiatement, sans quitter votre place, s'il est vrai que cette femme que voici est votre femme légitime?

> *Nicolas la regarde fixement, sourit, puis marche vers elle et embrasse sa main.*
> *Il s'avance du même pas tranquille vers Maria Timopheievna.*
> *Maria se lève avec un ravissement douloureux sur le visage.*

STAVROGUINE *(avec une douceur et une tendresse extraordinaires).*

Vous ne devez pas rester ici.

MARIA TIMOPHEIEVNA

Est-ce que je puis, ici, maintenant, m'agenouiller devant vous?

STAVROGUINE *(sourit).*

Non, vous ne le pouvez pas. Je ne suis ni votre frère, ni votre fiancé, ni votre mari, n'est-ce pas? Prenez mon bras. Avec votre permission, je vous ramènerai chez votre frère. *(Elle a un regard effrayé vers Lebiadkine.)* Ne craignez rien. Maintenant que je suis là, il ne vous touchera plus.

MARIA TIMOPHEIEVNA

Oh! je ne crains rien. Vous êtes enfin venu. Lebiadkine, fais avancer la calèche.

> *Lebiadkine sort.*
> *Stavroguine donne son bras*

*à Maria Timopheïevna qui
le prend, radieuse. Mais en
marchant, elle fait un faux pas
et tomberait si Stavroguine ne
la soutenait.*

*Il la conduit vers la sortie,
avec égards, au milieu d'un
silence absolu.*

*Lisa qui s'est levée de sa
chaise se rassied avec une cris-
pation de dégoût.*

*Dès qu'ils sont sortis, mou-
vement général.*

VARVARA *(à Prascovie Drozdov).*

Eh bien, as-tu entendu ce qu'il vient de dire?

PRASCOVIE

Bien sûr. Bien sûr! Mais pourquoi ne t'a-t-il pas
répondu?

PIERRE

Mais il ne le pouvait pas, croyez-moi!

VARVARA *(le regarde brusquement).*

Pourquoi? Qu'en savez-vous?

PIERRE

Mais je sais tout. Et l'histoire était trop longue pour
que Nicolas la raconte ainsi. Mais je puis vous le dire,
car j'ai été témoin de tout.

VARVARA

Si vous me donnez votre parole d'honneur que votre
récit ne blessera pas les sentiments de Nicolas...

PIERRE

Au contraire!... Et il me sera reconnaissant d'avoir
parlé... Voyez-vous, nous étions ensemble à Saint-
Pétersbourg, il y a cinq ans, et Nicolas, comment dire,
menait une vie... ironique. Oui, c'est le mot. Il s'ennuyait
alors, mais ne voulait pas désespérer, alors il ne faisait

rien et sortait avec n'importe qui, par noblesse d'âme,
n'est-ce pas, en grand seigneur. Bref, il fréquentait
des coquins. C'est ainsi qu'il connut ce Lebiadkine, un
bouffon, un parasite. Lui et sa sœur vivaient dans la
misère. Un jour, dans un cabaret, quelqu'un a manqué
de respect à cette boiteuse. Nicolas s'est levé, a pris
l'insulteur au collet et l'a jeté dehors d'une seule gifle.
C'est tout.

Varvara

Comment... : « c'est tout » ?

Pierre

Oui. Tout est venu de là. La boiteuse devint amoureuse
de son chevalier qui, pourtant, ne lui adressait pas deux
phrases à la suite. On se moquait d'elle. Nicolas seul ne
riait pas et la traitait avec déférence.]

Stépan

Mais cela est chevaleresque.

[Pierre

Oui, vous voyez, mon père est de l'avis de la boiteuse.
Kirilov, lui, n'était pas de cet avis.

Varvara

Pourquoi donc ?

Pierre

Il disait à Nicolas : « C'est parce que vous la traitez
comme une marquise qu'elle perd complètement la tête
et vous le faites exprès. »

Lisa

Et qu'a répondu le chevalier ?

Pierre

« Kirilov, a-t-il dit, vous croyez que je me moque
d'elle, mais vous vous trompez. Je la respecte car elle
vaut mieux que nous tous. »

STÉPAN

Sublime! Et comment dire... Oui, encore une fois, chevaleresque...]

PIERRE

Oui, chevaleresque! Malheureusement la boiteuse a fini par s'imaginer que Nicolas était son fiancé. Bref, quand Nicolas a dû quitter Pétersbourg, il a pris ses dispositions pour assurer une pension annuelle à la boiteuse.

LISA

Pourquoi cela?

PIERRE

Je ne sais pas. Un caprice peut-être, comme peut en avoir, n'est-ce pas, un homme prématurément fatigué de l'existence. Kirilov, lui, prétendait que c'était la fantaisie d'un jeune homme blasé qui veut voir jusqu'où on peut mener une infirme à moitié folle. Mais je suis sûr que ce n'est pas vrai.

VARVARA *(avec une extraordinaire exaltation)*.

Mais bien sûr! Je reconnais Nicolas, je me reconnais! Cet emportement, cet aveuglement généreux qui prend la défense de ce qui est faible, infirme, peut-être même indigne... *(elle regarde Stépan Trophimovitch)*, ... qui protège cette créature des années durant, c'est moi, c'est tout à fait moi! Oh! Que je suis coupable envers Nicolas! Quant à cette pauvre créature, c'est très simple, je vais l'adopter.

PIERRE

Et vous ferez bien. Car son frère la persécute. Il s'est imaginé qu'il avait le droit de disposer de sa pension. Non seulement il lui prend tout ce qu'elle a, non seulement il la bat et lui prend son argent, mais encore il boit, il brave son bienfaiteur, menace de le poursuivre devant les tribunaux si la pension ne lui est pas directement versée. En somme, il considère le don librement consenti de Nicolas, librement consenti, n'est-ce pas, comme une sorte de tribut.

LISA

De tribut pour quoi?

PIERRE

Eh bien, je ne sais pas, moi! Il parle de l'honneur de
sa sœur, de sa famille. L'honneur, n'est-ce pas, est un
mot vague, très vague.

CHATOV

Est-ce un mot vague, vraiment? *(Tous le regardent.)*
Dacha, est-ce un mot vague selon toi? *(Dacha le regarde.)*
Réponds-moi.

DACHA

Non, frère, l'honneur existe.

> *Entre Stavroguine.*
> *Varvara se lève et va rapide-*
> *ment à sa rencontre.*

VARVARA

Ah! Nicolas, me pardonneras-tu?

STAVROGUINE

C'est à moi qu'il faut pardonner, mère. J'aurais dû
vous expliquer. Mais j'étais sûr que Pierre Verkhovensky
s'occuperait de vous renseigner.

VARVARA

Oui, il l'a fait. Et je suis heureuse... Tu as été chevaleresque.

STÉPAN

Sublime, c'est le mot.

STAVROGUINE

Chevaleresque, vraiment! C'est ainsi que vous voyez
les choses. Je suppose que je dois ce compliment à Pierre
Verkhovensky. Et il faut le croire, mère. Il ne ment que
dans des circonstances exceptionnelles. *(Pierre Verkho-*
vensky et lui se regardent et ils sourient.) Bon, je vous
demande encore pardon pour mon attitude. *(D'une voix*

dure et sèche.) En tout cas, l'affaire est close maintenant. On ne peut plus y revenir.

> *Lisa éclate d'un rire qui devient fou.*

STAVROGUINE

Bonjour, Lisa. J'espère que vous allez bien.

LISA

Excusez-moi, je vous prie. Vous connaissez sans doute Maurice Nicolaievitch. Mon Dieu, Maurice, comment peut-on être si grand ?

MAURICE

Je ne comprends pas.

LISA

Oh ! rien... je pensais... Supposez que je sois infirme, vous me conduiriez dans les rues, vous seriez chevaleresque, n'est-ce pas, vous vous dévoueriez à moi ?

MAURICE

Assurément, Lisa. Mais pourquoi parler de ce malheur ?

LISA

Assurément, vous seriez chevaleresque. Eh bien, vous, si grand, et moi, un peu tordue, nous ferions un couple ridicule.

> *Varvara Stavroguine va vers Lisa ainsi que Prascovie Drozdov.*
>
> *Mais Stavroguine se détourne et va vers Dacha.*

STAVROGUINE

J'ai appris votre mariage, Dacha, et je dois vous féliciter. (*Dacha détourne la tête.*) Mes félicitations sont sincères.

DACHA

Je le sais.

PIERRE

Pourquoi ces félicitations? Dois-je croire à quelque heureuse nouvelle?

PRASCOVIE

Oui, Dacha se marie.

PIERRE

Oh! c'est merveilleux. Acceptez aussi mes félicitations. Mais vous avez perdu votre pari. Vous m'aviez dit en Suisse que vous ne vous marieriez jamais. Décidément, c'est une épidémie. Savez-vous que mon père se marie aussi?

STÉPAN

Pierre!

PIERRE

Eh bien, ne me l'as-tu pas écrit? Il est vrai que ton style n'est pas clair. Tu te déclares enchanté et puis tu me demandes de te sauver, tu me dis que la jeune fille est un diamant, mais que tu dois te marier pour couvrir des péchés commis en Suisse, tu me demandes mon consentement [c'est le monde à l'envers!] et tu me supplies de te sauver de ce mariage. *(Aux autres, gaiement.)* Allez vous y retrouver! Mais sa génération est ainsi, des grands mots et des idées confuses! *(Il semble se rendre compte de l'effet de ses paroles.)* Eh bien, quoi... il me semble que j'ai fait une gaffe...

VARVARA *(s'avance vers lui, le visage enflammé).*

Stépan Trophimovitch vous a-t-il écrit cela textuellement?

PIERRE

Oui, voici la lettre. Elle est longue comme toutes ses lettres. Je ne les lis pas jusqu'au bout, il faut l'avouer. D'ailleurs, ça lui est égal, il les écrit surtout pour la postérité. Mais il n'y a rien de mal à ce qu'il dit.

VARVARA

Nicolas, est-ce Stépan Trophimovitch qui t'a informé de ce mariage? Dans le même style, je suppose?

STAVROGUINE

Il m'a écrit en effet, mais une lettre très noble.

VARVARA

C'est assez! *(Elle se tourne vers Stépan Trophimovitch.)*
Stépan Trophimovitch, j'attends de vous un grand service.
J'attends de vous que vous sortiez et que vous ne vous
présentiez plus jamais devant moi.

> *Stépan Trophimovitch va vers
> elle et s'incline avec dignité,
> puis va vers Dacha.*

STÉPAN

Pardonnez-moi, Dacha, pour tout ceci. Je vous
remercie d'avoir accepté.

DACHA

Je vous pardonne, Stépan Trophimovitch. Je ne
ressens pour vous qu'affection et estime. Vous, du moins,
gardez-moi votre respect.

PIERRE *(se frappant le front)*.

Mais je comprends! Comment, c'est avec Dacha?
Pardonnez-moi, Dacha. Je ne savais pas. Si seulement
mon père avait eu l'intelligence de me prévenir au lieu
de faire des phrases.

STÉPAN *(le regarde)*.

Est-il possible que tu n'aies rien su! Est-il possible
que tu ne joues pas la comédie.

PIERRE

Eh bien, Varvara Stavroguine, vous voyez, ce n'est
pas seulement un vieil enfant, c'est aussi un vieil enfant
méchant. Comment aurais-je compris? Un péché, en
Suisse! Allez vous y retrouver!

STAVROGUINE

Taisez-vous, Pierre, votre père a agi noblement. Et

vous, vous avez offensé Dacha, que nous tous respectons ici.

> *Chatov se lève et marche sur Stavroguine.*
>
> *Celui-ci lui sourit mais cesse de sourire lorsque Chatov est près de lui. Tout le monde les regarde.*
>
> *Silence, puis Chatov le gifle de toutes ses forces. Varvara crie.*
>
> *Stavroguine prend Chatov aux épaules, puis le lâche et place ses mains derrière le dos. Chatov recule sous le regard de Stavroguine.*
>
> *Stavroguine sourit, s'incline et sort.*

LISA

Maurice, approchez, donnez-moi la main! Regardez cet homme, c'est le meilleur. Maurice, devant tous, je vous le déclare, je consens à être votre femme!

MAURICE NICOLAIEVITCH

En êtes-vous sûre, Lisa, en êtes-vous sûre?

LISA *(regardant la porte par où Stavroguine est sorti, et le visage couvert de larmes).*

Oui, oui, j'en suis sûre!

RIDEAU

DEUXIÈME PARTIE

CINQUIÈME TABLEAU

Chez Varvara Stavroguine.

> *Alexis Egorovitch tient sur son bras gauche un manteau, une écharpe et un chapeau.*
> *Devant lui, Stavroguine s'habille pour sortir. Pierre Verkhovensky, l'air boudeur, se tient près de la table.*

STAVROGUINE *(à Pierre).*

ET si vous me parlez à nouveau comme vous venez de le faire, je vous ferai goûter de ma canne.

PIERRE

Il n'y avait rien d'offensant dans ma proposition. Si vous songez réellement à épouser Lisa...

STAVROGUINE

... vous pouvez me débarrasser du seul obstacle qui m'en sépare. Je le sais et je le dis à votre place pour vous éviter ma canne. Mes gants, Alexis.

ALEXIS

Il pleut, monsieur. À quelle heure dois-je vous attendre ?

STAVROGUINE

À deux heures au plus tard.

ALEXIS

À vos ordres. *(Stavroguine prend sa canne et s'apprête à sortir par la petite porte.)* Que Dieu vous bénisse, monsieur. Mais seulement si vous entreprenez une bonne action.

STAVROGUINE

Comment?

ALEXIS

Que Dieu vous bénisse. Mais seulement si vous entreprenez une bonne action.

STAVROGUINE *(après un silence, et la main sur le bras d'Alexis).*

Mon bon Alexis, je me souviens du temps où tu me portais dans tes bras.

> *Il sort.*
> *Alexis sort par le fond.*
> *Pierre Verkhovensky regarde autour de lui, puis va fouiller dans le tiroir d'un secrétaire. Il prend des lettres et les lit.*
> *Entre Stépan Trophimovitch.*
> *Pierre Verkhovensky cache les lettres.*

STÉPAN

Alexis Egorovitch m'a dit que tu étais là, mon fils.

PIERRE

Tiens, que fais-tu dans cette maison? Je croyais qu'on t'en avait chassé?

STÉPAN

Je suis venu chercher mes dernières affaires et je vais partir, sans espoir de retour et sans récrimination.

PIERRE

Allons, tu reviendras! Un parasite est toujours un parasite.

STÉPAN

Dis-moi, mon ami, ne peux-tu me parler autrement?

[PIERRE

Tu n'as cessé de dire qu'il fallait préférer la vérité à tout. La vérité est que tu faisais semblant d'aimer Varvara Pétrovna et qu'elle faisait semblant de ne pas voir que tu l'aimais. Pour prix de ces niaiseries, elle t'entretenait. Tu es donc un parasite. Je lui ai conseillé hier de te placer dans un hospice convenable.

STÉPAN

Tu lui as parlé de moi?

PIERRE

Oui. Elle m'a dit qu'elle aurait demain une conversation avec toi, pour tout régler. La vérité est qu'elle veut encore voir tes grimaces. Elle m'a montré tes lettres. Que j'ai ri, mon Dieu, que j'ai ri!

STÉPAN

Tu as ri? Quel cœur as-tu?] Sais-tu ce qu'est un père?

PIERRE

Tu m'as appris ce que c'était. Tu ne m'as donné ni à boire ni à manger. J'étais à la mamelle encore et tu m'as expédié à Berlin par la voiture de poste. Comme un colis.

STÉPAN

Malheureux! Bien que je t'aie expédié par la poste, mon cœur n'a pas cessé de saigner!

PIERRE

Des phrases!

STÉPAN

Es-tu ou non mon fils, monstre?

Tu dois le savoir mieux que moi. Il est vrai que les
pères sont enclins à se faire des illusions à ce sujet.

STÉPAN

Vas-tu te taire?

PIERRE

Non. Et ne pleurniche pas. Tu es une vieille femme
civique, larmoyante et pleurnicheuse. D'ailleurs, toute
la Russie pleurniche. Heureusement, nous allons changer
cela.

STÉPAN

Qui, nous?

PIERRE

Nous autres, les hommes normaux. Nous allons refaire
le monde. Nous sommes les sauveurs.

STÉPAN

Est-il possible que tel que tu es, tu prétendes t'offrir
aux hommes à la place du Christ? Mais regarde-toi
donc!

PIERRE

Ne crie pas. Nous détruirons tout. Nous ne laisserons
pas pierre sur pierre et nous recommencerons. Alors,
ce sera l'égalité. Tu l'as prêchée, n'est-ce pas? Eh bien,
tu l'auras! Et je parie que tu ne la reconnaîtras pas.

STÉPAN

Je ne la reconnaîtrai pas si elle te ressemble. Non, ce
n'est pas à des choses pareilles que nous aspirions, nous
autres! Je ne comprends plus rien. J'ai cessé de comprendre.

PIERRE

Tout ça, ce sont tes vieux nerfs malades. Vous faisiez
des discours. Nous, nous passons à l'action. De quoi
te plains-tu, vieil écervelé?

STÉPAN

Comment peux-tu être si insensible ?

PIERRE

J'ai suivi tes leçons. Il fallait, selon toi, être dur avec
l'injustice, convaincu de ses droits, aller de l'avant, vers
l'avenir ! Bon, nous y allons et nous frapperons. Dent
pour dent, comme dans l'Évangile !

STÉPAN

Malheureux, ce n'est pas dans l'Évangile !

PIERRE

Au diable ! Je n'ai jamais lu ce satané bouquin. Ni
aucun bouquin, d'ailleurs. À quoi ça sert ? Ce qui compte,
c'est le progrès.

STÉPAN

Mais non, fou que tu es ! Shakespeare et Hugo n'em-
pêchent pas le progrès. Au contraire, au contraire, je
t'assure !

PIERRE

Ne t'excite pas ! Hugo est une vieille fesse et rien de
plus. Quant à Shakespeare, nos paysans qui vont aux
prés n'en ont pas besoin. Ils ont besoin de bottes, voilà
tout. On leur en donnera, tout de suite après avoir tout
détruit.

STÉPAN (qui essaie d'être ironique).

Et c'est pour quand ?

PIERRE

En mai. En juin, tous fabriqueront des chaussures.
(Stépan Trophimovitch s'assied, accablé.) Sois content, vieux,
tes idées vont être réalisées.

STÉPAN

Ce ne sont pas mes idées. Tu veux tout détruire, tu
ne veux pas laisser pierre sur pierre. Moi, je voulais
que tout le monde s'aime.

PIERRE

Pas besoin de s'aimer! Il y aura la science.

STÉPAN

Mais ce sera ennuyeux.

PIERRE

Pourquoi l'ennui? C'est une idée aristocratique. Ceux qui sont égaux ne s'ennuient pas. Ils ne s'amusent pas non plus. Tout est égal. Quand nous aurons la justice plus la science, alors plus d'amour et plus d'ennui. On oubliera.

STÉPAN

Jamais aucun homme n'acceptera d'oublier son amour.

PIERRE

Encore des phrases. Souviens-toi, vieux, tu as oublié, tu t'es marié trois fois.

STÉPAN

Deux fois. Et après un long intervalle.

PIERRE

Long ou court, on oublie. Par conséquent, plus vite on oublie, mieux c'est. Ah! et puis tu m'embêtes à ne jamais savoir ce que tu veux. Moi, je le sais. Il faut couper la moitié des têtes. Ceux qui restent, on les fera boire.

STÉPAN

Il est plus facile de couper des têtes que d'avoir des idées.

PIERRE

Quelles idées? Les idées sont des sornettes. Et pour avoir la justice, il faut supprimer les sornettes. Les sornettes, c'était bon pour vous, pour les vieilles lunes comme toi. Il faut choisir. Si tu crois en Dieu, tu es obligé de dire des sornettes. Si tu n'y crois pas et que tu te refuses à conclure qu'il faut tout raser, alors tu diras encore des sornettes. Voilà où vous en êtes tous et donc vous ne pouvez pas vous empêcher de dire des sornettes. Moi, je dis qu'il faut agir. Je détruirai tout et d'autres bâtiront. Pas de réforme. Pas d'amélioration. Plus on améliore et on réforme et pire c'est. Plus vite on commence à détruire et mieux c'est. Détruire d'abord. Ensuite, ce n'est plus notre affaire. Le reste est sornettes, sornettes, sornettes.

STÉPAN *(sortant affolé)*.

Il est fou, il est fou...

Pierre Verkhovensky rit sans fin.

NOIR

LE NARRATEUR

Allons, bon! J'ai oublié de vous informer de deux faits. Le premier est que les Lebiadkine avaient mystérieusement déménagé pendant la claustration de Stavroguine et s'étaient installés dans une petite maison de banlieue. Le second est qu'un forçat assassin s'était évadé et rôdait parmi nous. Les gens riches, en conséquence, ne sortaient pas la nuit.

La rue.
Stavroguine marche dans la nuit. Il ne voit pas que Fedka le suit.

SIXIÈME TABLEAU

La salle commune de la maison Philipov, rue de l'Épiphanie.

Kirilov est accroupi pour ramasser une balle qui a roulé sous un meuble. Pendant qu'il est dans cette position, Stavroguine ouvre la porte.
Kirilov, la balle à la main, se relève en le voyant.

STAVROGUINE

Vous jouez à la balle ?

KIRILOV

Je l'ai achetée à Hambourg pour la lancer et la rattraper : cela fortifie le dos. Et puis je joue aussi avec l'enfant de la logeuse.

STAVROGUINE

Vous aimez les enfants ?

KIRILOV

Oui.

STAVROGUINE

Pourquoi ?

KIRILOV

J'aime la vie. Voulez-vous du thé ?

STAVROGUINE

Oui.

KIRILOV

Asseyez-vous. Que voulez-vous de moi ?

STAVROGUINE

Un service. Lisez cette lettre. C'est un défi du fils de Gaganov, dont j'ai naguère mordu l'oreille. *(Kirilov la lit, puis la pose sur la table et regarde Stavroguine.)* [Oui, il m'a écrit plusieurs fois déjà pour m'injurier. Au début, je lui ai répondu pour l'assurer que s'il souffrait encore de l'offense que j'avais faite à son père, j'étais prêt à lui présenter toutes mes excuses, d'autant plus que mon acte n'avait pas été prémédité et que j'étais malade à cette époque. Au lieu de s'apaiser, il a semblé encore plus irrité, si j'en crois les propos qu'il a tenus sur mon compte. Aujourd'hui, on me remet cette lettre.] Avez-vous lu comment il me traite à la fin ?

KIRILOV

Oui, de « gueule à gifles ».

STAVROGUINE

De gueule à gifles, c'est cela. Il faut donc se battre, bien que je ne le veuille pas. Je suis venu vous demander d'être mon témoin.

KIRILOV

J'irai. Que faut-il dire?

STAVROGUINE

Renouvelez d'abord mes excuses pour l'offense faite à son père. Dites que je suis prêt à oublier ses injures à condition qu'il ne m'écrive plus de lettres de ce genre, surtout avec des expressions si vulgaires.

KIRILOV

Il n'acceptera pas. Vous voyez bien qu'il veut se battre et vous tuer.

STAVROGUINE

Je le sais.

KIRILOV

Bon. Dites vos conditions pour le duel.

STAVROGUINE

Je veux que tout soit terminé pour demain. Allez le voir demain matin, à neuf heures. Nous pouvons être sur le terrain vers deux heures. [L'arme sera le pistolet. Les barrières seront à dix mètres l'une de l'autre. Nous serons placés chacun à dix pas de chaque barrière. Au signal, nous marcherons l'un vers l'autre. Chacun peut tirer en marche. On tirera trois balles. C'est tout.

KIRILOV

Dix pas entre les barrières, c'est peu.

STAVROGUINE

Douze, si vous voulez. Mais pas davantage.] Avez-vous des pistolets?

KIRILOV

Oui. Voulez-vous les voir?

STAVROGUINE

Certainement.

> *Kirilov s'accroupit devant une valise et en tire une boîte de pistolets qu'il place sur la table devant Stavroguine.*

KIRILOV

J'ai encore un revolver que j'ai acheté en Amérique.
Il le lui montre.

STAVROGUINE

Vous avez beaucoup d'armes. Et des armes très belles.

KIRILOV

C'est ma seule richesse.

> *Stavroguine le regarde, puis referme lentement la boîte sans cesser de le regarder.*

STAVROGUINE *(avec hésitation)*.

Vous êtes toujours dans les mêmes dispositions ?

KIRILOV *(immédiatement et avec naturel)*.

Oui.

STAVROGUINE

Je veux dire pour le suicide.

KIRILOV

J'avais compris. Oui, je suis dans les mêmes dispositions.

STAVROGUINE

Ah ! Et c'est pour quand ?

KIRILOV

Bientôt.

STAVROGUINE

Vous paraissez très heureux.

KIRILOV

Je le suis.

STAVROGUINE

Je comprends cela. J'y ai pensé parfois. Supposez qu'on ait commis un crime, ou plutôt une action particulièrement lâche, honteuse. Eh bien, une balle dans la tête et plus rien n'existe! Qu'importe alors la honte!

KIRILOV

Ce n'est pas pour cela que je suis heureux.

STAVROGUINE

Pourquoi?

KIRILOV

Avez-vous vu une feuille d'arbre?

STAVROGUINE

Oui.

KIRILOV

Verte, brillante, avec ses nervures, sous le soleil? N'est-ce pas bien? Oui, une feuille justifie tout. Les êtres, la mort, la naissance, toutes les actions, tout est bon.

STAVROGUINE

Et même si...

Il s'arrête.

KIRILOV

Eh bien?

STAVROGUINE

Si l'on fait du mal à un de ces enfants que vous aimez, à une petite fille, par exemple, si on la déshonore, est-ce bien aussi?

KIRILOV *(le regarde en silence)*.

L'avez-vous fait? *(Stavroguine se tait et secoue bizarre-*

ment la tête.) Si l'on fait ce mal, cela est bien aussi. Et si quelqu'un fend le crâne de celui qui a déshonoré l'enfant ou si, au contraire, on lui pardonne, tout cela est heureux. Quand nous savons cela, pour toujours alors nous sommes heureux.

STAVROGUINE

Quand avez-vous découvert que vous étiez heureux?

KIRILOV

Mercredi dernier. Dans la nuit. À deux heures trente-cinq.

> *Stavroguine se lève brus-*
> *quement.*

STAVROGUINE

Est-ce vous qui avez allumé la veilleuse devant l'icône?

KIRILOV

C'est moi.

[STAVROGUINE

Vous priez?

KIRILOV

Constamment. Vous voyez cette araignée. Je la contemple et je lui suis reconnaissant de ce qu'elle grimpe. C'est ma manière de prier.

STAVROGUINE

Vous croyez à la vie future?

KIRILOV

Non pas à la vie future éternelle. Mais à la vie éternelle ici même.

STAVROGUINE

Ici même?

KIRILOV

Oui. Certains instants. Une joie qui, si elle durait plus de cinq secondes, on mourrait.]

> *Stavroguine le regarde avec une sorte de dépit.*

STAVROGUINE

Et vous prétendez ne pas croire en Dieu !

KIRILOV *(simplement)*.

Stavroguine, je vous en prie, ne me parlez pas avec ironie. Rappelez-vous ce que vous avez été pour moi, le rôle que vous avez joué dans ma vie.

STAVROGUINE

Il est tard. Soyez exact demain matin chez Gaganov. Souvenez-vous : à neuf heures.

KIRILOV

Je suis exact. Je peux me réveiller quand je veux. Je me couche, je me dis : à sept heures, et je m'éveille à sept heures.

STAVROGUINE

C'est là une faculté très précieuse.

KIRILOV

Oui.

STAVROGUINE

Allez dormir. Mais auparavant dites à Chatov que je veux le voir.

KIRILOV

Attendez. *(Il prend un bâton dans un coin et frappe sur la paroi latérale.)* Voilà, il va venir. Mais vous, ne dormirez-vous pas ? Vous vous battez demain.

STAVROGUINE

Même lorsque je suis fatigué, ma main ne tremble pas.

KIRILOV

C'est une faculté précieuse. Bonsoir.

> *Chatov s'est encadré dans la porte du fond.*
> *Kirilov lui sourit et sort par la porte de côté.*
> *Chatov regarde Stavroguine, puis entre lentement.*

CHATOV

Comme vous m'avez tourmenté! Pourquoi tardiez-vous à venir?

STAVROGUINE

Étiez-vous si sûr que je viendrais?

CHATOV

Je ne pouvais pas m'imaginer que vous m'abandonniez. Je ne peux pas me passer de vous. Souvenez-vous du rôle que vous avez joué dans ma vie.

STAVROGUINE

Alors pourquoi m'avez-vous frappé? *(Chatov se tait.)* Est-ce à cause de ma liaison avec votre femme?

CHATOV

Non.

STAVROGUINE

À cause des bruits qu'on a fait courir sur votre sœur et moi?

CHATOV

Je ne crois pas.

STAVROGUINE

Bon. Peu importe d'ailleurs. Comme je ne sais où je serai demain soir, je suis venu seulement pour vous donner un avertissement et vous demander un service. Voici l'avertissement : vous risquez d'être assassiné.

CHATOV

Assassiné?

STAVROGUINE

Par le groupe de Pierre Verkhovensky.

[CHATOV

Je le savais. Mais comment l'avez-vous appris?

STAVROGUINE

Je fais partie de leur groupe. Comme vous.

CHATOV

Vous, Stavroguine, vous êtes membre de leur société,
vous vous êtes embarqué dans la compagnie de ces valets
vaniteux et imbéciles? Comment avez-vous pu? Est-ce là
un exploit digne de Nicolas Stavroguine?

STAVROGUINE

Pardonnez-moi, mais vous devriez perdre l'habitude
de me considérer comme le tsar de toutes les Russies,
auprès duquel vous ne seriez qu'une poussière.

CHATOV

Ah! cessez de me parler sur ce ton! Vous savez très
bien que ce sont des coquins et des valets et que vous
n'avez rien à faire parmi eux!

STAVROGUINE

Incontestablement, ce sont des coquins. Mais qu'est-ce
que cela fait? À vrai dire, je ne fais pas tout à fait partie
de leur société. S'il m'est arrivé de les aider, c'est en
amateur et parce que je n'avais rien de mieux à faire.

CHATOV

Fait-on de pareilles choses en amateur?

STAVROGUINE

Il arrive qu'on se marie en amateur, qu'on ait des
enfants et qu'on commette des crimes, en amateur! Mais
à propos de crime, c'est vous qui risquez d'être tué. Non
moi. Du moins par eux.]

CHATOV

Ils n'ont rien à me reprocher. Je suis entré dans leur organisation. Puis je suis allé en Amérique et là-bas mes idées ont changé. Je le leur ai dit à mon retour. Je leur ai déclaré honnêtement que nous étions en désaccord sur tous les points. C'est mon droit, le droit de ma conscience, de ma pensée... Je n'admettrai pas...

STAVROGUINE

Ne criez pas. *(Kirilov entre, vient reprendre la boîte de pistolets et sort.)* Verkhovensky n'hésitera pas à vous supprimer s'il imagine que vous risquez de compromettre leur organisation.

CHATOV

Ils me font bien rire. Leur organisation n'existe même pas.

STAVROGUINE

Je suppose en effet que tout se passe dans la tête du seul Verkhovensky. [Les autres croient qu'il est le délégué d'une organisation internationale et c'est pourquoi ils le suivent. Mais lui a le talent de le leur faire croire. C'est ainsi qu'on fait un groupe. Simplement, à partir de ce groupe, il fera peut-être un jour l'organisation internationale.]

CHATOV

Cette punaise, cet ignorant, cet imbécile qui ne comprend rien à la Russie!

STAVROGUINE

Il est vrai que ces gens-là ne comprennent rien à la Russie. Mais, en somme, ils ne la comprennent qu'un tout petit peu moins que nous. Du reste, même un imbécile peut très bien tirer un coup de revolver. Et c'est pourquoi je suis venu vous avertir.

CHATOV

Je vous en remercie. Et je vous remercie de le faire après avoir été frappé par moi.

STAVROGUINE

Mais non. Je rends le bien pour le mal. *(Il rit.)* Soyez content, je suis chrétien. Enfin, je le serais si je croyais en Dieu. Mais voilà *(il se lève)*, le lièvre manque.

CHATOV

Le lièvre?

STAVROGUINE

Oui, pour faire un civet, il faut un lièvre. Pour croire en Dieu, il faut un Dieu.

Il rit encore, mais froidement.

CHATOV *(dans une grande agitation).*

Ne blasphémez pas ainsi! Ne riez pas! Et puis quittez ce ton, prenez un ton humain. Parlez humainement, ne fût-ce qu'une fois dans votre vie! Et souvenez-vous de ce que vous me disiez avant mon départ en Amérique.

STAVROGUINE

Je ne m'en souviens pas.

CHATOV

Je vais vous le dire. Il est temps que quelqu'un vous dise vos vérités, vous frappe au besoin, vous rappelle enfin ce que vous êtes. Vous souvenez-vous du temps où vous me disiez que le peuple russe était le seul qui sauverait l'univers au nom d'un dieu nouveau? Vous souvenez-vous de vos paroles : « Un athée ne saurait être un Russe »? Vous ne disiez pas alors que le lièvre n'existe pas.

STAVROGUINE

Je crois me souvenir en effet de nos entretiens.

CHATOV

Au diable les entretiens! [Il n'y avait pas d'entretiens! Il y avait un maître qui proclamait des choses immenses et un disciple qui ressuscitait d'entre les morts. Le disciple, c'était moi et vous étiez le maître.

STAVROGUINE

Des choses immenses, vraiment?

CHATOV

Oui, vraiment.] N'est-ce pas vous qui m'avez dit que
si l'on vous prouvait mathématiquement que la vérité est
en dehors du Christ, vous aimeriez mieux être avec le
Christ qu'avec la vérité? [N'est-ce pas vous qui disiez
que la force aveugle de vie qui jette un peuple à la
recherche de son dieu est plus grande que la raison et que
la science, que c'est elle, et elle seule, qui détermine le
bien et le mal, et qu'il faut donc que le peuple russe, pour
marcher à la tête de l'humanité, marche derrière son
Christ...] Je vous ai cru, la semence a germé en moi et...

STAVROGUINE

Je m'en réjouis pour vous.

CHATOV

Quittez ce ton, quittez-le tout de suite ou je... Oui,
vous m'avez dit tout cela! Et pendant le même temps,
vous disiez le contraire à Kirilov, qui me l'a révélé en
Amérique. Vous versiez le mensonge et la négation dans
son cœur, vous précipitiez sa raison dans la folie. L'avez-
vous vu, avez-vous contemplé votre œuvre?

STAVROGUINE

Je vous ferai remarquer que Kirilov lui-même vient
de me dire qu'il est parfaitement heureux.

CHATOV

Ce n'est pas cela que je vous demande. Comment
pouviez-vous lui dire une chose et à moi une autre?

STAVROGUINE

J'essayais sans doute, dans les deux cas, de me persuader moi-même.

CHATOV (avec désespoir).

Et maintenant vous êtes athée, vous ne croyez plus
à ce que vous m'avez enseigné?

STAVROGUINE

Et vous ?

CHATOV

Je crois à la Russie, à son orthodoxie, au corps du Christ... Je crois que le second avènement aura lieu en Russie. Je crois...

STAVROGUINE

Et en Dieu ?

CHATOV

Je... je croirai en Dieu.

STAVROGUINE

Voilà. Vous n'y croyez pas. D'ailleurs peut-on être intelligent et croire ? C'est impossible.

CHATOV

Non, je n'ai pas dit que je n'y croyais pas. Nous sommes tous morts ou à demi morts et incapables de croire. Mais il faut que des hommes se lèvent, et vous d'abord que j'admire. Je suis le seul à connaître votre intelligence, votre génie, l'étendue de votre culture, de vos conceptions. Dans le monde, à chaque génération il n'y a qu'une poignée d'hommes supérieurs, deux ou trois. Vous êtes l'un d'eux. Vous êtes le seul, oui, le seul qui puissiez lever l'étendard.

STAVROGUINE

Je remarque que tout le monde en ce moment veut me mettre un étendard dans les mains. Verkhovensky aussi voudrait que je tienne leur étendard. Mais lui, c'est parce qu'il admire ce qu'il appelle mon « extraordinaire aptitude au crime ». Comment m'y retrouver ?

CHATOV

Je sais que vous êtes aussi un monstre. Qu'on vous a entendu affirmer que vous ne voyiez aucune différence entre n'importe quelle farce bestialement sensuelle et un grand acte de sacrifice. [On dit même que vous avez appartenu à Saint-Pétersbourg à une société secrète qui se livrait à de dégoûtantes débauches.] On dit, on dit aussi, mais cela je ne veux pas le croire, que vous attiriez des enfants chez vous pour les souiller... *(Stavroguine se lève brusquement.)* Répondez. Dites la vérité. Nicolas Stavroguine ne peut pas mentir devant Chatov qui l'a frappé au visage. Avez-vous fait cela? Si vous l'aviez fait, vous ne pourriez plus porter l'étendard et je comprendrais votre désespoir et votre impuissance.

STAVROGUINE

Assez. Ces questions sont inconvenantes. *(Il le regarde.)* Qu'importe, d'ailleurs? Moi, je ne m'intéresse qu'à des questions plus banales. Par exemple : faut-il vivre ou faut-il se détruire?

CHATOV

Comme Kirilov?

STAVROGUINE *(avec une sorte de tristesse)*.

Comme Kirilov. Mais lui ira jusqu'au bout. C'est un Christ.

CHATOV

Et vous, seriez-vous capable de vous détruire?

STAVROGUINE *(douloureusement)*.

Il le faudrait! Il le faudrait! Mais j'ai peur d'être trop lâche. Peut-être le ferai-je demain. Peut-être jamais. C'est la question, la seule question que je me pose.

CHATOV *(se jette sur lui et le saisit par l'épaule)*.

C'est cela que vous cherchez. Vous cherchez le châtiment. Baisez la terre, abreuvez-la de vos larmes, implorez miséricorde!

STAVROGUINE

Laissez-moi, Chatov. *(Il le tient à distance, et avec une expression de souffrance.)* Souvenez-vous : j'aurais pu vous tuer l'autre jour et j'ai croisé les mains derrière mon dos. Alors, ne me persécutez pas.

CHATOV *(se rejetant en arrière)*.

Ah! Pourquoi suis-je condamné à croire en vous et à

vous aimer? Je ne puis vous arracher de mon cœur,
Nicolas Stavroguine. Je baiserai la trace de vos pieds
quand vous serez sorti.

STAVROGUINE *(même jeu)*.

Je suis malheureux de vous le dire, mais je ne puis
vous aimer, Chatov.

CHATOV

Je le sais. Vous ne pouvez aimer personne, puisque
vous êtes un homme sans racines et sans foi. [Seuls, les
hommes qui ont une racine dans une terre peuvent aimer,
et croire, et construire. Les autres détruisent. Et vous,
vous détruisez tout sans le vouloir et vous êtes même
fasciné par les imbéciles comme Verkhovensky qui
veulent détruire par confort, seulement parce qu'il est
plus facile de détruire que de ne pas détruire.] Mais je
vous remettrai sur votre ancien chemin. Vous trouverez
la paix et, moi, je ne serai plus seul avec ce que vous
m'avez appris.

STAVROGUINE *(qui s'est ressaisi)*.

Je vous remercie de vos bonnes intentions. Mais en
attendant que vous puissiez m'aider à trouver le lièvre,
vous pourriez me rendre le service plus modeste que je
suis venu vous demander.

CHATOV

Lequel?

STAVROGUINE

S'il m'arrivait de disparaître, d'une façon ou de l'autre,
je voudrais que vous veilliez sur ma femme.

CHATOV

Votre femme? Vous êtes marié?

STAVROGUINE

Oui, avec Maria Timopheievna. [Je sais que vous avez
beaucoup d'influence sur elle. Vous êtes le seul qui
puissiez...]

CHATOV

Il est donc vrai que vous l'avez épousée?

STAVROGUINE

Il y a quatre ans de cela. À Pétersbourg.

CHATOV

Vous a-t-on forcé à l'épouser?

STAVROGUINE

Forcé? Non.

CHATOV

Avez-vous un enfant d'elle?

STAVROGUINE

Elle n'a jamais eu d'enfant et ne pouvait en avoir.
Maria Timopheievna est restée vierge. Mais je vous prie
seulement de veiller sur elle.

> *Chatov le regarde partir,
> stupéfait.
> Puis il court vers lui.*

CHATOV

Ah! je comprends. Je vous connais. Je vous connais.
Vous l'avez épousée pour vous châtier d'une faute
affreuse. (*Stavroguine a un geste d'impatience.*) Écoutez,
écoutez, allez voir Tikhone.

STAVROGUINE

Qui est Tikhone?

CHATOV

Un ancien évêque qui s'est retiré ici au monastère de
Saint-Euthyme. Il vous aidera.

STAVROGUINE (*le regarde*).

Qui pourrait m'aider en ce monde? Même pas vous,
Chatov. Et je ne vous demanderai plus rien. Bonsoir.

NOIR

LEBIADKINE

Et pourquoi pas ? Voyez-vous, j'ai lu dans les journaux la biographie d'un Américain. Il a légué son immense fortune à des fondations scientifiques, son squelette aux étudiants de l'Académie du lieu, et sa peau pour en faire un tambour sur lequel on battait nuit et jour l'hymne national américain. Mais, hélas ! nous ne sommes que des pygmées en comparaison des Américains et de l'audace de leur pensée. Si j'essayais d'en faire autant, on m'accuserait d'être un socialiste et on confisquerait ma peau. Aussi, j'ai dû me contenter des étudiants. Je veux leur léguer mon squelette, mais à condition que l'on colle sur mon crâne une étiquette avec cette mention : « Un libre penseur repenti. »

STAVROGUINE]

Vous saviez donc que vous êtes en danger de mort.

LEBIADKINE *(sursautant)*.

Moi, mais non, que voulez-vous dire ? En voilà une plaisanterie !

STAVROGUINE

N'avez-vous pas écrit une lettre au gouverneur pour dénoncer le groupe de Verkhovensky dont vous faites pourtant partie ?

LEBIADKINE

Je ne fais pas partie de leur groupe. J'ai accepté de répandre des proclamations, mais pour rendre service en quelque sorte. J'ai écrit au gouverneur pour expliquer quelque chose de ce genre. Mais si Verkhovensky croit vraiment... Oh ! Je veux aller à Saint-Pétersbourg. C'est pour cela d'ailleurs, mon cher bienfaiteur, que je vous attendais. J'ai besoin d'argent pour aller là-bas.

STAVROGUINE

Vous n'aurez rien de moi. Je vous ai déjà trop donné.

LEBIADKINE

C'est vrai. Mais moi, j'ai accepté la honte.

STAVROGUINE

Quelle honte y a-t-il dans le fait que votre sœur soit mon épouse légitime?

LEBIADKINE

Mais le mariage est tenu secret! Il est tenu secret, il y a là un mystère fatal! Je reçois de vous de l'argent, bon, c'est normal! Mais on me demande : « Pourquoi recevez-vous cet argent? » Je suis lié par ma parole et ne puis répondre, faisant ainsi tort à ma sœur et à l'honneur de ma famille.

STAVROGUINE

Je suis venu vous dire que je vais réparer cet outrage fait à votre noble famille. Demain, sans doute, j'annoncerai notre mariage officiellement. La question du déshonneur familial sera donc réglée. Et aussi, naturellement, celle des subsides que je n'aurai plus à vous verser.

LEBIADKINE *(affolé)*.

Mais ce n'est pas possible. Vous ne pouvez rendre ce mariage public. Elle est à moitié folle.

STAVROGUINE

Je prendrai mes dispositions.

LEBIADKINE

Que dira votre mère? Il vous faudra introduire votre femme dans votre maison.

STAVROGUINE

Cela ne vous regarde pas.

LEBIADKINE

Mais moi, que vais-je devenir? Vous me rejetez comme une vieille botte éculée.

STAVROGUINE

Oui. Comme une vieille botte. C'est le mot. Appelez maintenant Maria Timopheievna.

> *Lebiadkine sort et ramène Maria Timopheievna qui reste au milieu de la salle.*

STAVROGUINE *(à Lebiadkine)*.

Sortez maintenant. Non, pas par là. Vous écouteriez. Dehors.

LEBIADKINE

Mais il pleut.

STAVROGUINE

Prenez mon parapluie.

LEBIADKINE *(égaré)*.

Votre parapluie, vraiment, suis-je digne de cet honneur ?

STAVROGUINE

Tout homme est digne d'un parapluie.

LEBIADKINE

Oui, oui, certainement, cela fait partie des droits de l'homme !

Il sort.

MARIA TIMOPHEÏEVNA

Puis-je embrasser votre main ?

STAVROGUINE

Non. Pas encore.

MARIA TIMOPHEÏEVNA

Bien. Asseyez-vous dans la lumière pour que je vous regarde.

> *Stavroguine, pour gagner le fauteuil, marche sur elle.*
> *Elle recule, le bras levé comme pour se protéger, une expression d'épouvante sur le visage.*
> *Stavroguine s'arrête.*

STAVROGUINE

Je vous ai effrayée. Pardonnez-moi.

MARIA TIMOPHEIEVNA

Ce n'est rien. Non, je me suis trompée.

> *Stavroguine s'assied dans la lumière. Maria Timopheievna pousse un cri.*

STAVROGUINE *(avec un peu d'impatience).*

Qu'y a-t-il ?

MARIA TIMOPHEIEVNA

Rien. Je ne vous reconnaissais pas, tout d'un coup. Il me semblait que vous étiez un autre. Qu'avez-vous dans la main ?

STAVROGUINE

Quelle main ?

MARIA TIMOPHEIEVNA

La droite. C'est un couteau !

STAVROGUINE

Voyez, ma main est vide.

MARIA TIMOPHEIEVNA

Oui. Oui. Cette nuit, j'ai vu en rêve un homme qui ressemblait à mon prince et qui n'était pas lui. Il avançait vers moi avec un couteau. Ah ! *(Elle crie.)* Êtes-vous le meurtrier de mon rêve ou mon prince ?

STAVROGUINE

Vous ne rêvez pas. Calmez-vous.

MARIA TIMOPHEIEVNA

Si vous êtes mon prince, pourquoi ne m'embrassez-vous pas ? C'est vrai qu'il ne m'a jamais embrassée. Mais il était tendre. Je ne sens rien de tendre qui me vienne de vous. Quelque chose s'agite en vous au contraire qui me menace. Lui m'appelait sa colombe. Il m'a donné une bague. « Regarde-la le soir et je te rejoindrai dans ton sommeil. »

STAVROGUINE

Où est la bague ?

MARIA TIMOPHEIEVNA

Mon frère l'a bue. Et maintenant je suis seule la nuit. Toutes les nuits...

Elle pleure.

STAVROGUINE

Ne pleurez pas, Maria Timopheievna. Désormais, nous allons vivre ensemble.

Elle le regarde intensément.

MARIA TIMOPHEIEVNA

Oui, votre voix est douce maintenant. Et je me souviens. Je sais pourquoi vous me dites que nous vivrons ensemble. L'autre jour, vous m'avez dit dans la calèche que notre mariage serait publié. Mais j'ai peur de cela aussi.

STAVROGUINE

Pourquoi ?

MARIA TIMOPHEIEVNA

Je ne saurai pas recevoir. Je ne vous conviens pas du tout. Je sais, il y a des laquais. Mais j'ai vu vos parentes, là-bas, dans votre maison. C'est à elles surtout que je ne conviens pas.

STAVROGUINE

Vous ont-elles blessée ?

MARIA TIMOPHEIEVNA

Blessée ? Pas du tout. Je vous regardais tous. Vous étiez là à vous fâcher, à vous chamailler. Vous ne savez même pas rire de bon cœur lorsque vous êtes ensemble. Tant de richesses et si peu de gaieté ! C'est affreux. Non, je n'étais pas blessée. Mais j'étais triste. Il m'a semblé que vous aviez honte de moi. Oui, vous aviez honte et, ce matin-là, vous avez commencé de vous éloigner, votre visage même a changé. Mon prince est parti. Seul est resté celui qui me méprisait, qui me haïssait peut-être.

Plus de paroles douces, mais l'impatience, la fureur, le couteau...

Elle se lève et tremble.

STAVROGUINE *(hors de lui brusquement).*

Assez! Vous êtes folle, folle!

MARIA TIMOPHEIEVNA *(d'une petite voix).*

Je vous en prie, prince. Allez dehors et entrez.

STAVROGUINE *(encore tremblant et avec impatience).*

Entrer? Pourquoi entrer?

MARIA TIMOPHEIEVNA

Pour que je sache qui vous êtes. Pendant ces cinq ans, j'ai attendu qu'il vienne, je me représentais constamment comment il entrerait. Allez dehors et entrez, comme si vous étiez de retour après une longue absence, et alors, peut-être, je vous reconnaîtrai.

STAVROGUINE

Taisez-vous. Écoutez-moi maintenant. Rassemblez toute votre attention. Demain, si je suis encore en vie, je rendrai public notre mariage. Nous n'habiterons pas chez moi. Nous irons en Suisse, dans les montagnes. Nous passerons toute notre existence dans cet endroit qui est morne et désert. Voilà comment je vois les choses.

MARIA TIMOPHEIEVNA

Oui, oui, tu veux mourir, tu t'enterres déjà. Mais quand tu voudras vivre à nouveau, tu voudras te débarrasser de moi. De n'importe quelle manière!

STAVROGUINE

Non. Je ne quitterai pas cet endroit, je ne vous quitterai pas. Pourquoi me tutoyez-vous?

MARIA TIMOPHEIEVNA

Parce que, maintenant, je t'ai reconnu et je sais que tu n'es pas mon prince. Lui n'aurait pas honte de moi. Il ne me cacherait pas dans des montagnes. Mais il me montrerait à tout le monde, oui, même à cette jeune demoiselle qui me dévorait du regard l'autre jour. Non, tu ressembles beaucoup à mon prince, mais c'est fini, j'ai percé ton mensonge. Toi, tu veux plaire à cette demoiselle. Tu la convoites.

STAVROGUINE

Allez-vous m'écouter ? Laissez cette folie !

MARIA TIMOPHEIEVNA

Lui ne m'a jamais dit que j'étais folle. C'était un prince, un aigle. Il pouvait se prosterner devant Dieu s'il voulait, ne pas se prosterner s'il ne voulait pas. Toi, Chatov t'a giflé. Tu es un laquais aussi.

STAVROGUINE *(Il la prend par les bras.)*

Regardez-moi. Reconnaisez-moi. Je suis votre mari.

MARIA TIMOPHEIEVNA

Lâche-moi, imposteur. Je ne crains pas ton couteau. Lui m'aurait défendue contre le monde entier. Toi, tu veux ma mort parce que je te gêne.

STAVROGUINE

Qu'as-tu dit, malheureuse ! Qu'as-tu dit ?

> *Il la rejette en arrière.*
> *Elle tombe et il se précipite vers la sortie.*
> *Elle court vers lui. Mais Lebiadkine surgit qui la maîtrise pendant qu'elle hurle.*

MARIA TIMOPHEIEVNA

Assassin ! Anathème ! Assassin !

NOIR

NEUVIÈME TABLEAU

Le pont.

> *Stavroguine marche rapidement en parlant de façon indistincte.*
>
> Quand il a dépassé la moitié du pont, Fedka surgit derrière lui.
>
> *Stavroguine se retourne d'un coup, le saisit au collet et le renverse face contre terre, sans paraître faire effort. Puis il le lâche. Fedka est aussitôt sur pied avec, dans la main, un couteau large et court.*

STAVROGUINE

À bas le couteau! (*Fedka fait disparaître le couteau. Stavroguine lui tourne le dos et reprend sa marche. Fedka le suit. Longue marche. Ce n'est plus le pont, mais une longue rue déserte.*) J'ai failli te rompre le cou tant j'étais furieux.

FEDKA

Vous êtes fort, barine. L'âme est faible, mais le corps est vigoureux. Vos péchés doivent être grands.

STAVROGUINE *(rit)*.

Tu prêches, maintenant? On m'a dit pourtant que tu avais cambriolé une église la semaine dernière.

FEDKA

Pour dire le vrai, j'y étais entré pour prier. Et puis, j'ai pensé que la grâce divine m'avait conduit là et qu'il fallait en profiter puisque Dieu voulait bien me donner un coup de main.

STAVROGUINE

Tu as aussi égorgé le gardien.

FEDKA

C'est-à-dire que nous avons nettoyé l'église ensemble. Mais, au matin, près de la rivière, nous nous sommes disputés pour savoir qui porterait le plus gros sac. Et alors, j'ai péché.

STAVROGUINE

Superbe. Continue à égorger et à voler !

FEDKA

C'est ce que me dit le petit Verkhovensky. Moi, je veux bien. Les occasions ne manquent pas. Tenez, chez ce capitaine Lebiadkine où vous êtes allé ce soir...

STAVROGUINE (s'arrêtant brusquement).

Eh bien...

FEDKA

Là, vous n'allez pas encore me frapper ! Je veux dire que cet ivrogne laisse la porte ouverte tous les soirs, tant il est ivre. N'importe qui pourrait entrer et tuer tout le monde, le frère et la sœur, dans la maison.

STAVROGUINE

Tu y es entré ?

FEDKA

Oui.

STAVROGUINE

Pourquoi n'as-tu pas tué tout le monde ?

FEDKA

J'ai calculé.

STAVROGUINE

Quoi ?

FEDKA

Je pouvais voler cent cinquante roubles après l'avoir
tué, après *les* avoir tués, je veux dire. Mais si j'en crois
le petit Verkhovensky, je pourrais recevoir de vous
quinze cents roubles pour le même travail. Alors...
(Stavroguine le regarde en silence.) Je m'adresse à vous
comme à un frère ou à un père. [Personne n'en saura rien
et pas même le jeune Verkhovensky.] Mais j'ai besoin
de savoir si vous désirez que je le fasse, soit que vous me
le disiez, soit que vous me fassiez une petite avance.
(Stavroguine commence à rire en le regardant.) Allons, ne
voudrez-vous pas me donner les trois roubles que je vous
ai déjà demandés ?

> *Stavroguine, riant toujours,
> sort des billets et les lâche
> un par un.*
> *Fedka les ramasse, poussant
> des « ah ! » qui continuent
> après que la lumière a baissé
> jusqu'au noir.*

NOIR

LE NARRATEUR

Celui qui tue, ou veut tuer, ou laisse tuer, celui-là
souvent veut mourir. Il est le compagnon de la mort.
Peut-être était-ce cela que voulait dire le rire de Stavroguine. Mais il n'est pas sûr que Fedka l'ait compris ainsi.

[DIXIÈME TABLEAU*

La forêt de Brykovo.

> *Il fait humide. Le sol est
> détrempé. Du vent. Les arbres
> sont nus.*
> *Sur la scène, des barrières.
> Devant chacune d'elles Stavro-*

---

* Toute la scène du duel a été supprimée à la représentation.

*guine — un pardessus léger et
un chapeau de castor blanc —
et Gaganov — 33 ans, de
grande taille, gras, bien nourri,
blond.*

*Au milieu les témoins, Mau-
rice Nicolaievitch — du côté de
Gaganov — et Kirilov. Les
adversaires sont déjà armés.*

KIRILOV

Je vous propose maintenant, et pour la dernière fois,
de vous réconcilier. Je ne parle que pour la forme, c'est
mon devoir de témoin.

MAURICE NICOLAIEVITCH

J'approuve entièrement les paroles de M. Kirilov.
Cette idée qu'on ne peut se réconcilier sur le terrain n'est
qu'un préjugé, bon tout au plus pour des Français.
D'ailleurs, ce duel est sans raison puisque M. Stavroguine
est prêt à offrir de nouveau ses excuses.

STAVROGUINE

Je confirme une fois de plus ma proposition de
présenter toutes les excuses possibles.

GAGANOV

Mais c'est insupportable! Nous n'allons pas recommencer la même comédie. *(À Maurice Nicolaievitch.)*
Si vous êtes mon témoin et non mon ennemi, expliquez
à cet homme... *(il le désigne du pistolet),...* que ses concessions ne font qu'aggraver l'insulte. Il a toujours l'air de
considérer que mes offenses ne peuvent l'atteindre et
qu'il n'y a pas de honte à se dérober devant moi. Il
m'insulte sans trêve, je vous le dis, et vous, vous ne faites
que m'irriter pour que je le manque.

KIRILOV

Cela suffit. Je vous prie d'obéir à mon commandement.
Regagnez vos places. *(Les adversaires regagnent leurs*

places, derrière les barrières, presque en coulisse.) Un, deux, trois. Allez.

> *Les adversaires se dirigent l'un vers l'autre.*
>
> *Gaganov tire, s'arrête, et, voyant qu'il a manqué Stavroguine, vient se placer en cible à la barrière.*
>
> *Stavroguine marche à sa rencontre, tire plus haut que Gaganov. Puis sort un mouchoir de sa poche et en enveloppe son petit doigt.*

KIRILOV

Êtes-vous blessé?

STAVROGUINE

La balle m'a effleuré.

KIRILOV

Si votre adversaire ne se déclare pas satisfait, votre duel doit continuer.

GAGANOV

Je déclare que cet homme a tiré volontairement en l'air. C'est une injure de plus.

STAVROGUINE

Je vous donne ma parole d'honneur que je n'ai pas voulu vous offenser. J'ai tiré en l'air pour des raisons qui ne regardent que moi.

MAURICE NICOLAIEVITCH

Il me semble cependant que si l'un des adversaires déclare à l'avance qu'il tirera en l'air, le duel ne peut continuer.

STAVROGUINE

Je n'ai nullement déclaré que je tirerais chaque fois en l'air. Vous ne savez pas comment je tirerai la deuxième fois.

GAGANOV

Je répète qu'il l'a fait exprès. Mais je veux tirer une deuxième fois, selon mon droit.

KIRILOV *(sèchement)*.

C'est votre droit, en effet.

MAURICE NICOLAIEVITCH

S'il en est ainsi, le duel continue.

> *Même jeu. Gaganov, à la barrière, vise longuement Stavroguine qui attend, immobile, les bras baissés.*
> *La main de Gaganov tremble.*

KIRILOV

Vous visez trop longtemps. Tirez. Tirez vite.

> *Le coup part. Le chapeau de Stavroguine est emporté.*
> *Kirilov le ramasse et le donne à Stavroguine.*
> *Tous deux examinent le chapeau.*

MAURICE NICOLAIEVITCH

Tirez à votre tour. Ne faites pas attendre votre adversaire.

> *Stavroguine regarde Gaganov et décharge son pistolet vers le haut.*
> *Gaganov, fou de rage, sort en courant. Maurice Nicolaievitch le suit.*

KIRILOV

Pourquoi ne l'avez-vous pas tué ? Vous l'avez offensé encore plus gravement.

STAVROGUINE

Que fallait-il faire ?

KIRILOV

Ne pas le provoquer en duel ou le tuer.

STAVROGUINE

Je ne voulais pas le tuer. Mais si je ne l'avais pas provoqué, il m'aurait souffleté en public.

KIRILOV

Eh bien, vous auriez été souffleté !

STAVROGUINE

Je commence à n'y rien comprendre. Pourquoi est-ce que tout le monde attend de moi ce qu'on n'attend de nul autre ? Pourquoi dois-je supporter ce que personne ne supporte et accepter des fardeaux que personne ne pourrait porter ?

KIRILOV

Vous recherchez ces fardeaux, Stavroguine.

STAVROGUINE

Ah ! *(Un silence.)* Vous vous en êtes aperçu ?

KIRILOV

Oui.

STAVROGUINE

Cela se voit tant que cela ?

KIRILOV

Oui.

> *Silence. Stavroguine met son chapeau et l'ajuste.*
> *Il reprend son air distant, puis regarde Kirilov.*

STAVROGUINE *(lentement).*

On se lasse des fardeaux, Kirilov. Et ce n'est pas de ma faute si cet imbécile m'a manqué.

NOIR]

ONZIÈME TABLEAU

Chez Varvara Stavroguine.

> *Stavroguine, au centre, dort, assis, très droit, sur le divan, complètement immobile, un pansement au doigt. On perçoit à peine sa respiration. Son visage est pâle et sévère, comme pétrifié, ses sourcils légèrement froncés.*
>
> *Entre Dacha qui court vers lui, s'arrête et le regarde. Elle fait un signe de croix sur lui. Il ouvre les yeux et reste immobile, fixant obstinément le même point devant lui.*

DACHA

Êtes-vous blessé?

STAVROGUINE *(la regardant)*.

Non.

DACHA

Avez-vous versé le sang?

STAVROGUINE

Non, je n'ai tué personne et surtout personne ne m'a tué, comme vous voyez. Le duel s'est passé stupidement. J'ai tiré en l'air et Gaganov m'a manqué. Je n'ai pas de chance. Mais je suis fatigué et je voudrais rester seul.

DACHA

Bien. Je cesserai de vous voir, puisque vous me fuyez toujours. Je sais qu'à la fin je vous retrouverai.

STAVROGUINE

À la fin ?

DACHA

Oui. Quand tout sera terminé, appelez-moi et je
viendrai.

> *Il la regarde et semble*
> *s'éveiller tout à fait.*

STAVROGUINE *(avec naturel)*.

Je suis si lâche et si vil, Dacha, que je crois que je vous
appellerai effectivement tout à la fin. Et vous, malgré
toute votre sagesse, vous accourrez en effet. Mais, dites-
moi, viendrez-vous quelle que soit la fin ? *(Dacha se tait.)*
Même si j'ai commis entre-temps le pire des actes ?...

DACHA *(le regarde)*.

Allez-vous faire périr votre femme ?

STAVROGUINE

Non. Non. Ni elle ni personne. Je ne le veux pas.
Peut-être ferai-je périr l'autre, la jeune fille... Peut-être
ne pourrai-je pas m'en empêcher. Ah ! laissez-moi,
Dacha, pourquoi vous perdre avec moi ?

> *Il se lève.*

DACHA

Je sais qu'à la fin je resterai seule avec vous, et j'attends
ce moment. Je prie pour cela.

STAVROGUINE

Vous priez ?

DACHA

Oui. Depuis un certain jour, je n'ai pas cessé de prier.

STAVROGUINE

Et si je ne vous appelle pas. Et si je prends la fuite...

DACHA

Cela ne se peut. Vous m'appellerez.

STAVROGUINE

Il y a beaucoup de mépris dans ce que vous me dites.

DACHA

Il n'y a pas seulement du mépris.

STAVROGUINE *(rit)*.

Il y a donc du mépris. Cela ne fait rien. Je ne veux pas vous perdre avec moi.

DACHA

Vous ne me perdrez pas. Si je ne viens pas près de vous, je me ferai religieuse, je garderai les malades.

STAVROGUINE

Infirmière! C'est cela. Au fond, vous vous intéressez à moi comme une infirmière. Après tout, c'est de cela que j'ai peut-être le plus besoin.

DACHA

Oui, vous êtes malade.

> *Stavroguine, brusquement, prend une chaise et l'envoie sans effort apparent de l'autre côté de la pièce.*
> *Dacha pousse un cri.*
> *Stavroguine lui tourne le dos puis va s'asseoir.*
> *Il parle ensuite avec naturel, comme si rien ne s'était passé.*

STAVROGUINE

Voyez-vous, Dacha, j'ai constamment des apparitions maintenant. Des sortes de petits démons. Il y en a un surtout...

DACHA

Vous m'en avez déjà parlé. Vous êtes malade.

STAVROGUINE

Cette nuit, il s'est assis tout près de moi et ne m'a

pas quitté. Il est bête et insolent. Et médiocre. Oui.
Médiocre. Je suis furieux que mon démon personnel
puisse être médiocre.

DACHA

Vous en parlez comme s'il existait en réalité. Oh! que
Dieu vous préserve de cela!

STAVROGUINE

Non, non, je ne crois pas au diable. Pourtant, cette
nuit, les démons sortaient de tous les marécages et ils
fondaient sur moi. Tenez, un diablotin m'a proposé, sur
le pont, de couper la gorge à Lebiadkine et à sa sœur
Maria Timopheievna, pour me débarrasser de mon
mariage. Il m'a demandé trois roubles d'avance. Mais
il a chiffré le coût de l'opération à quinze cents roubles.
C'était un diable comptable.

DACHA

Êtes-vous sûr qu'il s'agissait d'une apparition?

STAVROGUINE

Non, ce n'était pas une apparition. C'était Fedka, le
forçat évadé.

DACHA

Qu'avez-vous répondu?

STAVROGUINE

Moi? Rien. Pour m'en débarrasser, je lui ai donné
les trois roubles et même davantage. (*Dacha pousse une
exclamation.*) Oui. Il doit croire que je suis d'accord.
Rassurez cependant votre cœur compatissant. Pour
qu'il agisse, il faudrait que je lui donne l'ordre. Peut-être
après tout le donnerai-je!

DACHA (*joignant les mains*).

Mon Dieu, mon Dieu, pourquoi me tourmente-t-il
ainsi?

STAVROGUINE

Pardonnez-moi. Ce n'était qu'une plaisanterie. C'est

ainsi, d'ailleurs, depuis la nuit dernière : j'ai une envie terrible de rire, de rire, sans m'arrêter, longtemps, toujours... *(Il rit sans gaieté comme en se forçant. Dacha tend la main vers lui.)* J'entends une calèche. Ce doit être ma mère.

DACHA

Que Dieu vous garde de votre démon. Appelez-moi. Je viendrai.

STAVROGUINE

Écoutez, Dacha. Si j'allais voir Fedka et que je lui donne l'ordre, viendriez-vous, viendriez-vous même après le crime ?

DACHA *(en larmes)*.

Oh! Nicolas, Nicolas, je vous en prie, ne restez pas seul, ainsi... Allez voir Tikhone, au séminaire, il vous aidera.

STAVROGUINE

Encore!

DACHA

Oui, Tikhone. Et moi, ensuite, moi-même, après, je viendrai, je viendrai...

Elle fuit en pleurant.

STAVROGUINE

Elle viendra, bien sûr, elle viendra. Avec délectation. *(Avec dégoût.)* Ah!...

*[ALEXIS EGOROVITCH *(qui entre)*.

Maurice Nicolaievitch... désire vous voir.

STAVROGUINE

Lui? Que peut-il... *(Il a un sourire orgueilleux.)* Qu'il entre.

---

* La scène entre Maurice Nicolaievitch et Stavroguine a été supprimée à la représentation.

> *Entre Maurice Nicolaie-*
> *vitch.*
> *Alexis Egorovitch sort.*
> *Maurice Nicolaievitch voit*
> *le sourire de Stavroguine et*
> *s'arrête, comme s'il s'apprêtait*
> *à faire demi-tour. Mais Stavro-*
> *guine change de physionomie et,*
> *d'un air sincèrement étonné,*
> *lui tend la main, que Maurice*
> *Nicolaievitch ne prend pas.*
> *Stavroguine sourit à nouveau,*
> *mais d'un air courtois.*

STAVROGUINE

Asseyez-vous.

> *Maurice Nicolaievitch s'as-*
> *sied sur une chaise, Stavroguine*
> *de biais sur le divan.*
> *Pendant un moment Stavro-*
> *guine considère en silence son*
> *visiteur qui semble hésiter.*

MAURICE NICOLAIEVITCH *(Il parle soudain.)*

Si vous le pouvez, épousez Lisa Nicolaievna.

> *Stavroguine le regarde sans*
> *changer d'expression. Maurice*
> *Nicolaievitch le regarde fixe-*
> *ment.*

STAVROGUINE *(après un silence).*

Si je ne me trompe, Lisa Nicolaievna est votre fiancée ?

MAURICE NICOLAIEVITCH

Oui, nous sommes officiellement fiancés.

STAVROGUINE

Vous seriez-vous disputés ?

MAURICE NICOLAIEVITCH

Non. Elle m'aime et elle m'estime, selon ses propres

paroles. Et ses paroles sont ce qu'il y a de plus précieux pour moi.

STAVROGUINE

Je le comprends.

MAURICE NICOLAIEVITCH

Je sais cependant que si vous l'appeliez quand elle sera à l'église, devant l'autel, sous son voile, elle m'abandonnera, moi et les autres, pour vous suivre.

STAVROGUINE

Ne vous trompez-vous pas?

MAURICE NICOLAIEVITCH

Non, elle dit vous haïr, elle est sincère. Mais, profondément, elle vous aime de façon démente. Et moi, qu'elle dit aimer, il lui arrive de me détester follement.

STAVROGUINE

Je suis cependant surpris que vous disposiez de Lisa Nicolaievna. Vous y a-t-elle autorisé?

MAURICE NICOLAIEVITCH

Vous prononcez là des paroles qui sont basses, des paroles de vengeance et de triomphe. Mais je ne crains pas de m'humilier plus encore. Non, je n'ai aucun droit, aucune autorisation. Lisa ignore ma démarche. C'est à son insu que je viens vous dire que vous seul pouvez la rendre heureuse et que vous devez prendre ma place devant l'autel. Du reste, après cette démarche, je ne pourrai plus l'épouser, ni me supporter moi-même.

STAVROGUINE

Si je l'épousais, vous vous tueriez après le mariage?

MAURICE NICOLAIEVITCH

Non. Beaucoup plus tard. Jamais, peut-être...

STAVROGUINE

Vous dites cela pour me tranquilliser.

MAURICE NICOLAIEVITCH

Vous tranquilliser! Que vous importe un peu de sang de plus ou de moins!

STAVROGUINE *(après un temps)*.

Croyez que je suis très touché par votre proposition. Cependant, qu'est-ce qui vous pousse à croire que mes sentiments pour Lisa sont tels que je veuille l'épouser?

MAURICE NICOLAIEVITCH *(se lève brusquement)*.

Comment? Ne l'aimez-vous pas? N'avez-vous pas cherché à obtenir sa main?

STAVROGUINE

En général, je ne puis parler à personne de mes sentiments pour une femme, sauf à cette femme elle-même. Pardonnez-moi, c'est une bizarrerie de ma nature. Toutefois, je puis vous dire la vérité sur le reste : je suis marié et il ne m'est donc plus possible d'épouser une autre femme, ou de chercher à obtenir sa main, comme vous dites.

> *Maurice Nicolaievitch le regarde, pétrifié, pâlit, puis donne un violent coup de poing sur la table.*

MAURICE NICOLAIEVITCH

Si, après un tel aveu, vous ne laissez pas Lisa tranquille, je vous tuerai à coups de bâton, comme un chien.

> *Il se lève, d'un bond, sort et, à la porte, bouscule Pierre Verkhovensky qui allait entrer.*

[PIERRE

Eh bien! Il est fou. Que lui avez-vous fait?

STAVROGUINE *(riant)*.

Rien. Du reste, cela ne vous regarde pas.

PIERRE

Je suis sûr qu'il est venu vous offrir sa fiancée? Hein? C'est moi qui l'y ai poussé indirectement, figurez-vous. Et s'il refuse de nous la céder, nous la lui prendrons nous-mêmes, n'est-ce pas? C'est un joli morceau.]*

STAVROGUINE

Vous avez toujours l'intention de m'aider à la prendre, je vois.

PIERRE

Dès que vous le déciderez. On vous débarrassera de vos charges. Ça ne vous coûtera rien.

STAVROGUINE

Si. Quinze cents roubles... Au fait, que venez-vous faire ici?

PIERRE

Comment? Vous avez oublié? Et notre réunion? Je suis venu vous rappeler qu'elle a lieu dans une heure.

STAVROGUINE

Ah! c'est vrai! Excellente idée. Vous ne pouviez pas mieux tomber. J'ai envie de m'amuser. Quel rôle dois-je jouer?

PIERRE

Vous êtes un des membres du comité central et vous êtes au courant de toute l'organisation secrète.

STAVROGUINE

Que dois-je faire?

PIERRE

Prendre un air ténébreux, c'est tout.

---

* Ces trois répliques, après la suppression de la scène précédente, ont été remplacées par le texte suivant :

ALEXIS *(qui entre)* :
— Pierre Verkhovensky insiste pour vous voir.

PIERRE *(surgissant)* :
— Je viens de rencontrer Maurice Nicolaievitch. Il voulait vous offrir sa fiancée. Je lui ai conseillé d'attendre. D'ailleurs, nous n'avons pas besoin de lui : elle brûle d'envie de venir. Nous irons la chercher nous-mêmes, n'est-ce pas? C'est un joli morceau.

STAVROGUINE

Mais il n'y a pas de comité central ?

PIERRE

Il y a vous et moi.

STAVROGUINE

C'est-à-dire vous. Et il n'y a pas d'organisation ?

PIERRE

Il y en aura une si j'arrive à organiser ces imbéciles en groupe, à les souder en un seul bloc.

STAVROGUINE

Bravo! Comment vous y prendrez-vous ?

PIERRE

Eh bien, d'abord des titres, des fonctions, secrétaire, trésorier, président, vous voyez cela! Puis la sentimentalité. La justice, pour eux, c'est la sentimentalité. Donc, il faut les laisser parler beaucoup, surtout les imbéciles. De toute façon, ils sont unis par la crainte de l'opinion. Ça, c'est une force, un vrai ciment. Ce dont ils ont le plus peur, c'est de passer pour réactionnaires. Donc, ils sont forcés d'être révolutionnaires. Ils auraient honte de penser par eux-mêmes, d'avoir une idée personnelle. Par conséquent, ils penseront comme je le voudrai.

STAVROGUINE

Excellent programme! Mais je connais une bien meilleure manière de cimenter ce joli groupe. Poussez quatre membres à tuer le cinquième sous prétexte qu'il moucharde et ils seront liés par le sang. Mais que je suis bête : c'est bien votre idée, n'est-ce pas, puisque vous voulez faire tuer Chatov ?

PIERRE

Moi! Mais comment... vous n'y pensez pas!

STAVROGUINE

Non, je n'y pense pas. Mais vous, vous y pensez. Et

si vous voulez mon avis, ce n'est pas si bête. [Pour lier les hommes, il y a quelque chose de plus fort que la sentimentalité ou la crainte de l'opinion, c'est le déshonneur.] Le meilleur moyen pour séduire nos compatriotes et les entraîner, c'est de prêcher ouvertement le droit au déshonneur.

PIERRE

Mais oui, je le sais. Vive le déshonneur et tout le monde viendra à nous, personne ne voudra rester en arrière. Ah! Stavroguine, vous comprenez tout! Vous serez le chef, je serai votre secrétaire. Nous embarquerons sur une nef. Les rames seront d'érable, les voiles de soie, et, sur le château arrière, nous mettrons Lisa Nicolaievna.

STAVROGUINE

À cette prophétie, il n'y a que deux objections. La première est que je ne serai pas votre chef...

PIERRE

Vous le serez, je vous expliquerai...

STAVROGUINE

La seconde est que je ne vous aiderai pas à tuer Chatov pour lier vos imbéciles.

Il rit à gorge déployée.

PIERRE *(écarlate de fureur).*

Je... Il faut que j'aille prévenir Kirilov.

*Il sort précipitamment.
Lui sorti, Stavroguine cesse
de rire et va s'asseoir, muet
et sinistre, sur le divan.*

NOIR

*La rue. Pierre Verkhovensky
marche vers la rue de l'Épiphanie.*

LE NARRATEUR *(surgissant derrière Verkhovensky).*

En même temps que Pierre Verkhovensky, quelque chose s'était mis en marche dans la ville. Des incendies mystérieux éclatèrent; le nombre des vols doubla. Un sous-lieutenant qui avait pris l'habitude de brûler des cierges dans sa chambre devant des ouvrages matérialistes, griffa et mordit son commandant. Une dame de la plus haute société se mit à battre ses enfants à heure fixe et à insulter les pauvres quand l'occasion s'en présentait. Une autre enfin voulut pratiquer l'amour libre avec son mari. « C'est impossible », lui disait-on. « Comment, impossible, criait-elle. Nous sommes libres. » Nous étions libres en effet, mais de quoi ?

DOUZIÈME TABLEAU

> *Kirilov, Fedka et Pierre Verkhovensky dans le salon Philipov.*
> *La chambre de Chatov est à demi éclairée.*

PIERRE *(à Fedka).*

M. Kirilov te cachera.

FEDKA

Vous êtes un vilain petit cafard, mais je vous obéis, je vous obéis. Souvenez-vous seulement de ce que vous m'avez promis.

PIERRE

Cache-toi.

FEDKA

J'obéis. Souvenez-vous.

Fedka disparaît.

KIRILOV (*comme une constatation*).

Il vous déteste.

PIERRE

Je n'ai pas besoin qu'il m'aime, j'ai besoin qu'il obéisse. Asseyez-vous, j'ai à vous parler. Je suis venu vous rappeler la convention qui nous lie.

KIRILOV

Je ne suis lié par rien, ni à rien.

PIERRE (*sursautant*).

Quoi, vous avez changé d'avis ?

KIRILOV

Je n'ai pas changé d'avis. Mais j'agis selon ma volonté. Je suis libre.

PIERRE

D'accord, d'accord. J'admets que c'est votre libre volonté, pourvu que cette volonté n'ait pas changé. Vous vous emballez pour un mot. Vous êtes devenu bien irritable ces temps derniers.

KIRILOV

Je ne suis pas irritable, mais je ne vous aime pas. Cependant, je tiendrai ma parole.

PIERRE

Il faut cependant que ce soit bien clair entre nous. Vous voulez toujours vous tuer ?

KIRILOV

Toujours.

PIERRE

Parfait. Reconnaissez que personne ne vous y a forcé.

KIRILOV

Vous vous exprimez sottement.

PIERRE

D'accord, d'accord. Je me suis exprimé bien sottement. Sans aucun doute, on ne pouvait pas vous forcer. Je continue. Vous faisiez partie de notre organisation et vous vous êtes ouvert de votre projet à l'un de ses membres?

KIRILOV

Je ne me suis pas ouvert, j'ai dit seulement que je le ferai.

PIERRE

Bon, bon. Vous n'aviez pas à vous confesser en effet. Vous l'avez dit. Parfait.

KIRILOV

Non, ce n'est pas parfait. Vous parlez pour ne rien dire. J'ai décidé de me tuer parce que telle est mon idée. Vous vous êtes dit que ce suicide peut rendre service à l'organisation. Si vous faites un mauvais coup ici et qu'on recherche les coupables, je me fais sauter la cervelle, et je laisse une lettre où je déclare que c'est moi le coupable. Vous m'avez donc demandé d'attendre avant de me tuer. Je vous ai répondu que j'attendrais, puisque ça m'était égal.

PIERRE

Bon. Mais vous vous êtes engagé à rédiger cette lettre avec moi et à vous tenir à ma disposition. Pour cela seulement, bien sûr, car pour tout le reste, vous êtes libre.

KIRILOV

Je n'ai pas pris d'engagement. J'ai consenti parce que cela m'était indifférent.

PIERRE

Si vous voulez. Êtes-vous toujours dans les mêmes dispositions?

KIRILOV

Oui. Ce sera bientôt?

PIERRE

Dans quelques jours.

KIRILOV *(se lève et semble réfléchir)*.

De quoi faudra-t-il me déclarer coupable ?

PIERRE

Vous le saurez.

KIRILOV

Bon. Mais n'oubliez pas ceci. Je ne vous aiderai en rien contre Stavroguine.

PIERRE

D'accord, d'accord.

> *Entre Chatov, de l'intérieur.*
> *Kirilov va s'asseoir dans un*
> *coin.*

PIERRE

C'est bien d'être venu.

CHATOV

Je n'ai pas besoin de votre approbation.

PIERRE

Vous avez tort. Dans la situation où vous êtes, vous aurez besoin de mon aide et j'ai déjà dépensé beaucoup de salive en votre faveur.

CHATOV

Je n'ai de comptes à rendre à personne. Je suis libre.

PIERRE

Pas tout à fait. On vous a confié beaucoup de choses. Vous n'avez pas le droit de rompre sans prévenir.

CHATOV

J'ai envoyé une lettre très claire.

PIERRE

Nous ne l'avons pas comprise clairement. Ils disent que vous pourriez les dénoncer maintenant. Je vous ai défendu.

CHATOV

Il y a comme ça des avocats dont le métier est de faire pendre les gens.

PIERRE

En tout cas, ils sont d'accord, maintenant, pour que vous repreniez votre liberté, à condition que vous rendiez la presse d'imprimerie et tous les papiers.

CHATOV

Je vous rendrai la presse.

PIERRE

Où est-elle ?

CHATOV

Dans la forêt. Près de la clairière de Brykovo. J'ai tout enfoui dans la terre.

PIERRE *(avec une sorte de sourire)*.

Dans la terre ? Très bien ! C'est très bien, vraiment.

> *On frappe. Entrent les conjurés : Lipoutine, Virguinsky, Chigalev, Liamchine, et un séminariste défroqué. Ils discutent tout en s'installant.*
> *Chatov et Kirilov dans un coin.*

VIRGUINSKY *(à la porte)*.

Ah ! Voilà Stavroguine.

LIPOUTINE

Ce n'est pas trop tôt.

LE SÉMINARISTE

Messieurs, je n'ai pas l'habitude de perdre mon temps.

Puisque vous avez eu la bonté de m'inviter à cette réunion, oserais-je poser une question ?

LIPOUTINE

Osez, mon cher, osez. Vous jouissez ici de la sympathie générale depuis cette bonne farce que vous avez faite à la colporteuse en mélangeant des photographies obscènes à ses évangiles.

LE SÉMINARISTE

Ce n'est pas une farce. Je l'ai fait par conviction, étant d'avis qu'il faut fusiller Dieu.

LIPOUTINE

Est-ce là ce qu'on apprend au séminaire ?

LE SÉMINARISTE

Non. Au séminaire, on souffre à cause de Dieu. Donc, on le hait. En tout cas voici ma question : sommes-nous, oui ou non, en séance ?

CHIGALEV

Je constate que nous continuons à parler pour ne rien dire. Les responsables peuvent-ils nous dire pourquoi nous sommes là ?

> *Tous regardent Verkhovensky qui change d'attitude comme s'il allait parler.*

LIPOUTINE (précipitamment).

Liamchine, je vous prie, mettez-vous au piano.

LIAMCHINE

Comment ! Encore ! C'est chaque fois la même chose !

LIPOUTINE

De cette manière, personne ne pourra nous entendre. Jouez, Liamchine ! Pour la cause !

VIRGUINSKY

Mais oui, jouez, Liamchine.

> *Liamchine se met au piano et joue une valse au petit bonheur.*
>
> *Tous regardent Verkhovensky qui, loin de parler, a repris son attitude endormie.*

LIPOUTINE

Verkhovensky, n'avez-vous aucune déclaration à faire ?

PIERRE *(bâillant)*.

Absolument aucune. Mais je voudrais un verre de cognac.

LIPOUTINE

Et vous, Stavroguine ?

STAVROGUINE

Non, merci, je ne bois plus.

LIPOUTINE

Il ne s'agit pas de cognac. Je vous demande si vous voulez parler.

STAVROGUINE

Parler ? Et de quoi donc ? Non.

> *Virguinsky donne la bouteille de cognac à Pierre Verkhovensky qui en boira beaucoup pendant toute la soirée. Mais Chigalev se lève, morne et sombre, et dépose sur la table un épais cahier, couvert d'une écriture menue, que tous regardent avec crainte.*

CHIGALEV

Je demande la parole.

VIRGUINSKY

Vous l'avez. Prenez-la.

> *Liamchine joue plus fort.*

Le séminariste

Permettez, monsieur Liamchine, mais véritablement, on ne s'entend plus.

Liamchine s'arrête.

Chigalev

Messieurs, en sollicitant votre attention, je vous dois quelques explications préliminaires.

Pierre

Liamchine, passez-moi les ciseaux qui sont sur le piano.

Liamchine

Des ciseaux ? Pour quoi faire ?

Pierre

Oui. J'ai oublié de me couper les ongles. Il y a déjà trois jours que j'aurais dû le faire. Continuez, Chigalev, continuez, je ne vous écoute pas.

Chigalev

M'étant consacré entièrement à l'étude de la société de l'avenir, je suis arrivé à la conclusion que, depuis les temps les plus reculés jusqu'à nos jours, tous les créateurs de systèmes sociaux n'ont dit que des bêtises. Il a donc fallu que je construise mon propre système d'organisation. Le voici ! *(Il frappe le cahier.)* Mon système, à vrai dire, n'est pas complètement achevé. Tel quel, il nécessitera cependant une discussion. Car je devrai vous expliquer aussi la contradiction à laquelle j'aboutis. Partant de la liberté illimitée, j'aboutis en effet au despotisme illimité.

Virguinsky

Ce sera difficile à faire avaler au peuple !

Chigalev

Oui. Et pourtant, j'insiste là-dessus, il n'y a pas, il ne peut y avoir d'autre solution au problème social que la mienne. Elle est peut-être désespérante, mais il n'y en a pas d'autre.

Le séminariste

Si j'ai bien compris, l'ordre du jour concerne l'immense désespoir de M. Chigalev.

Chigalev

Votre expression est plus juste que vous ne pensez. Oui, j'ai été acculé au désespoir. Et cependant, il n'y avait pas d'autre issue que ma solution. Si vous ne l'adoptez pas, vous ne ferez rien de sérieux. Et un jour vous y reviendrez.

Le séminariste

Je propose de voter pour savoir jusqu'à quel point le désespoir de M. Chigalev présente un intérêt et s'il est nécessaire que nous consacrions notre séance à écouter la lecture de son livre.

Virguinsky

Votons, votons !

Liamchine

Oui, oui.

Lipoutine

Messieurs, messieurs ! Ne nous énervons pas. Chigalev est trop modeste. J'ai lu son livre. On peut discuter certaines de ses conclusions. Mais il est parti de la nature humaine, telle que nous la connaissons désormais par la science et il a résolu le problème social, vraiment.

Le séminariste

Vraiment ?

Lipoutine

Mais oui. Il propose de partager l'humanité en deux parties inégales. Un dixième environ recevra la liberté absolue et une autorité illimitée sur les neuf autres dixièmes qui devront perdre leur personnalité et devenir en quelque sorte un troupeau. Maintenus dans la soumission sans bornes des brebis, ils atteindront, en revanche, l'état d'innocence de ces intéressantes créatures. Ce sera en somme l'Éden, sauf qu'il faudra travailler.

CHIGALEV

Oui. C'est ainsi que j'obtiens l'égalité. Tous les hommes sont esclaves et égaux dans l'esclavage. Autrement, ils ne peuvent être égaux. Donc, il faut niveler. On abaissera par exemple le niveau de l'instruction et des talents. Comme les hommes de talent veulent toujours s'élever, il faudra malheureusement arracher la langue de Cicéron, crever les yeux de Copernic et lapider Shakespeare. Voilà mon système.

LIPOUTINE

Oui, M. Chigalev a découvert que les facultés supérieures sont des germes d'inégalité, donc de despotisme. Ainsi, dès qu'on remarque qu'un homme a des dons supérieurs, on l'abat ou on l'emprisonne. Même les gens très beaux sont suspects à cet égard et il faut les supprimer.

CHIGALEV

Et aussi les trop grands imbéciles, car ils peuvent donner aux autres la tentation de se glorifier de leur supériorité, ce qui est un germe de despotisme. Au contraire, par ces moyens, l'égalité sera totale.

LE SÉMINARISTE

Mais vous êtes dans la contradiction. Une telle égalité, c'est le despotisme.

CHIGALEV

C'est vrai, et c'est ce qui me désespère. Mais la contradiction disparaît si on dit qu'un tel despotisme, c'est l'égalité.

PIERRE *(bâillant)*.

Que de bêtises!

LIPOUTINE

Est-ce vraiment si bête? Je trouve cela très réaliste au contraire.

PIERRE

Je ne parlais pas de Chigalev, ni de ses idées qui sont géniales, c'est entendu, mais de toutes ces discussions.

LIPOUTINE

En discutant, on peut arriver à un résultat. Cela vaut mieux que de garder le silence en posant au dictateur.

> *Tous approuvent ce coup droit.*

PIERRE

Écrire, faire des systèmes, ce sont des sornettes. Un passe-temps esthétique. Vous vous ennuyez dans votre ville, voilà tout.

LIPOUTINE

Nous ne sommes que des provinciaux, il est vrai, et bien dignes de pitié. Mais, pour le moment, vous non plus ne nous avez rien apporté de sensationnel. Ces tracts que vous nous avez communiqués disent qu'on n'améliorera pas la société universelle à moins de couper cent millions de têtes. Cela ne me paraît pas plus réalisable que les idées de Chigalev.

PIERRE

C'est-à-dire qu'en coupant cent millions de têtes, on va plus vite, forcément.

LE SÉMINARISTE

On risque aussi de faire couper sa propre tête.

PIERRE

C'est un inconvénient. Et c'est le risque qu'on court toujours quand on veut élever une nouvelle religion. Mais je comprends très bien, monsieur, que vous reculiez. Et j'estime que vous avez le droit de vous dérober.

LE SÉMINARISTE

Je n'ai pas dit cela. Et je suis prêt à me lier définitivement à une organisation, si elle se révélait sérieuse et efficace.

PIERRE

Quoi, vous accepteriez de prêter serment au groupe que nous organisons ?

LE SÉMINARISTE

C'est-à-dire... pourquoi pas, si...

PIERRE

Écoutez, messieurs. Je comprends très bien que vous attendiez de moi des explications et des révélations sur les rouages de notre organisation. Mais je ne puis vous les donner si je ne suis pas sûr de vous jusqu'à la mort. Alors laissez-moi vous poser une question ? Êtes-vous pour les discussions à perte de vue ou pour les millions de têtes ? Bien entendu, ce n'est qu'une image. Autrement dit, êtes-vous pour patauger dans le marécage ou le traverser à toute vapeur ?

LIAMCHINE *(gaiement)*.

À toute vapeur, à toute vapeur, bien sûr, pourquoi patauger ?

PIERRE

Vous seriez donc d'accord sur les méthodes préconisées dans les tracts que je vous ai donnés ?

LE SÉMINARISTE

C'est-à-dire... Mais oui... Encore faut-il préciser !

PIERRE

Si vous avez peur, il est inutile de préciser.

LE SÉMINARISTE

Personne ici n'a peur, vous le savez. Mais vous nous traitez comme des pions sur un échiquier. Expliquez-nous clairement les choses, et nous verrons avec vous.

PIERRE

Vous seriez prêts à vous lier par serment à l'organisation ?

VIRGUINSKY

Certainement, si vous nous le demandiez de façon décente.

PIERRE *(avec un signe vers Chatov).*

Lipoutine, vous n'avez rien dit.

LIPOUTINE

Je suis prêt à répondre et à bien d'autres choses. Mais je voudrais d'abord être sûr qu'il n'y a pas de mouchard ici.

*Tumulte. Liamchine court au
piano.*

PIERRE *(apparemment très alarmé).*

Quoi? Que voulez-vous dire? Mais vous m'alarmez. Est-il possible qu'il y ait un mouchard parmi nous?

Tous parlent.

LIPOUTINE

Nous serions compromis!

PIERRE

Je serais plus compromis que vous. Aussi devez-vous tous répondre à une question qui décidera si nous devons nous séparer ou continuer. Si l'un de vous apprend qu'il se prépare un meurtre pour les besoins de la cause, ira-t-il le dénoncer à la police? *(Au séminariste.)* Permettez-moi de m'adresser d'abord à vous.

LE SÉMINARISTE

Pourquoi d'abord à moi?

PIERRE

Je vous connais moins.

LE SÉMINARISTE

Une telle question est une insulte.

PIERRE

Soyez plus précis.

LE SÉMINARISTE *(furieux)*.

Je ne dénoncerai pas, bien entendu.

PIERRE

Et vous, Virguinsky ?

VIRGUINSKY

Non, cent fois non !

LIPOUTINE

Mais pourquoi Chatov se lève-t-il ?

> *Chatov est en effet debout. Il regarde, pâle de colère, Pierre Verkhovensky, puis il se dirige vers la porte.*

PIERRE

Votre attitude peut beaucoup vous nuire, Chatov.

CHATOV

Elle peut du moins être utile à l'espion et au coquin que tu es. Sois donc satisfait. Je ne m'abaisserai pas à répondre à ton ignoble question.

> *Il sort. Tumulte. Tout le monde s'est levé, sauf Stavroguine.*
> *Kirilov rentre lentement dans sa chambre.*
> *Pierre Verkhovensky boit encore un verre de cognac.*

LIPOUTINE

Eh bien ! l'épreuve aura servi à quelque chose. Maintenant, nous sommes renseignés.

> *Stavroguine se lève.*

LIAMCHINE

Stavroguine non plus n'a pas répondu.

VIRGUINSKY

Stavroguine, pouvez-vous répondre à la question ?

STAVROGUINE

Je n'en vois pas la nécessité.

VIRGUINSKY

Mais nous nous sommes tous compromis et vous, non !

STAVROGUINE

Vous serez donc compromis et moi, non.

Tumulte.

LE SÉMINARISTE

Mais Verkhovensky non plus n'a pas répondu à la question.

STAVROGUINE

En effet.

Il sort.
Verkhovensky se précipite derrière lui, puis revient.

PIERRE

Écoutez. Stavroguine est le délégué. Vous devrez tous lui obéir, et à moi, qui le seconde, jusqu'à la mort. Jusqu'à la mort, vous entendez. Et à propos, souvenez-vous que Chatov vient de se dénoncer comme traître et que les traîtres doivent être châtiés. Prêtez serment, allons, prêtez serment...

LE SÉMINARISTE

À quoi ?...

PIERRE

Êtes-vous des hommes, oui ou non. Et reculeriez-vous devant un serment d'honneur ?

VIRGUINSKY *(un peu perdu)*.

Mais que faut-il jurer ?

PIERRE

De châtier les traîtres. Vite, prêtez serment. Allons,
vite, il faut que je rejoigne Stavroguine. Prêtez serment...

> *Ils lèvent tous la main, très
> lentement. Pierre Verkhovensky
> se précipite dehors.*

NOIR

TREIZIÈME TABLEAU

Dans la rue, puis chez Varvara Stavroguine.

> *Stavroguine et Pierre Ver-
> khovensky.*

PIERRE *(courant derrière Stavroguine).*

Pourquoi êtes-vous parti ?

STAVROGUINE

J'en avais assez. Et votre comédie avec Chatov m'a
écœuré. Mais je ne vous laisserai pas faire.

PIERRE

Il s'est dénoncé.

STAVROGUINE *(s'arrêtant).*

Vous êtes un menteur. Je vous ai déjà dit pourquoi
vous aviez besoin du sang de Chatov. Il doit vous servir
à cimenter votre groupe. Vous venez très habilement de
le faire partir. Vous saviez qu'il refuserait de dire « Je ne
dénoncerai pas » [et qu'il considérerait comme une
lâcheté de vous répondre].

PIERRE

D'accord, d'accord! Mais il ne fallait pas partir. J'ai
besoin de vous.

STAVROGUINE

Je m'en doute puisque vous voulez me pousser à faire égorger ma femme. Mais pour quoi faire ? À quoi puis-je vous servir ?

PIERRE

À quoi, mais à tout... Et puis, vous avez dit vrai. Soyez avec moi et je vous débarrasse de votre femme. *(Pierre Verkhovensky prend Stavroguine par le bras. Stavroguine se dégage, le prend par les cheveux et le jette à terre.)* Oh, vous êtes fort ! Stavroguine, faites ce que je vous demande, et je vous amènerai demain Lisa Drozdov, voulez-vous ? Répondez ! Écoutez, je vous abandonnerai Chatov aussi, si vous me le demandez...

STAVROGUINE

Il est donc vrai que vous aviez résolu de le tuer ?

PIERRE *(Il se lève.)*

Qu'est-ce que cela peut vous faire ? N'a-t-il pas été méchant avec vous.

STAVROGUINE

Chatov est bon. Vous, vous êtes méchant.

PIERRE

Je le suis. Mais moi, je ne vous ai pas giflé.

STAVROGUINE

Si vous leviez une main, je vous tuerais sur-le-champ. Vous savez très bien que je peux tuer.

PIERRE

Je sais. Mais vous ne me tuerez pas parce que vous me méprisez.

STAVROGUINE

Vous êtes perspicace.

Il s'en va.

PIERRE

Écoutez, écoutez...

*Pierre fait un signe. Fedka
surgit et ils suivent Stavroguine
tous les deux. Le rideau représentant la rue se relève sur
le salon de Varvara Stavroguine.*

*Dacha est en scène. Elle
entend la voix de Verkhovensky
et sort à droite. Entrent Stavroguine et Pierre Verkhovensky.*

PIERRE

Écoutez...

STAVROGUINE

Vous êtes obstiné... Dites-moi une bonne fois ce que
vous attendez de moi et partez.

PIERRE

Oui, oui. Voilà. *(Il regarde la porte de côté.)* Attendez.

*Il va vers la porte et l'ouvre
doucement.*

STAVROGUINE

Ma mère n'écoute jamais aux portes.

PIERRE

J'en suis sûr. Vous autres nobles êtes bien au-dessus
de ça. Moi, au contraire, j'écoute aux portes. D'ailleurs
je croyais avoir entendu un bruit. Mais ce n'est pas la
question. Vous voulez savoir ce que j'attends de vous?
(Stavroguine se tait). Eh bien, voilà... Ensemble, nous
soulèverons la Russie.

STAVROGUINE

Elle est lourde.

PIERRE

Encore dix groupes comme celui-ci et nous serons
puissants.

STAVROGUINE

Dix groupes d'imbéciles comme ceux-là!

[PIERRE

C'est avec la bêtise qu'on fait avancer l'histoire. Tenez, regardez la femme du gouverneur, Julie Mikhailovna. Elle est avec nous. La bêtise!

STAVROGUINE

Vous n'allez pas me dire qu'elle conspire?

PIERRE

Non. Mais son idée est qu'il faut empêcher la jeunesse russe d'aller vers l'abîme, elle veut dire vers la révolution. Son système est simple. Il faut faire l'éloge de la révolution, donner raison à la jeunesse, et lui montrer qu'on peut très bien être révolutionnaire et femme de gouverneur. La jeunesse comprendra alors que ce régime est le meilleur puisqu'on peut l'insulter sans danger et même être récompensé de vouloir sa destruction.

STAVROGUINE

Vous exagérez. On ne peut pas être bête à ce point.]

PIERRE

Oh! ils ne sont pas si bêtes, ils sont idéalistes, voilà tout. Heureusement, moi, je ne suis pas idéaliste. Mais je ne suis pas intelligent non plus. Comment?

STAVROGUINE

Je n'ai pas parlé.

PIERRE

Tant pis. J'espérais que vous me diriez : « Mais si, vous êtes intelligent. »

STAVROGUINE

Je n'ai jamais songé à vous dire rien de semblable.

PIERRE *(avec haine)*.

Vous avez raison, je suis bête. C'est pourquoi j'ai besoin de vous. Il faut une tête à mon organisation.

STAVROGUINE

Vous avez Chigalev.

Il bâille.

PIERRE *(même jeu)*.

Ne vous moquez pas de lui. Le nivellement absolu, c'est une idée excellente, nullement ridicule. C'est dans mon plan, avec d'autres choses. Nous organiserons cela définitivement. On les forcera à s'espionner et à se dénoncer les uns les autres. Comme ça, plus d'égoïsme! De temps en temps quelques convulsions, mais jusqu'à une certaine limite, uniquement pour vaincre l'ennui; [nous les chefs, nous y pourvoirons. Car il y aura des chefs puisqu'il faut des esclaves.] Donc obéissance complète, dépersonnalisation absolue, et tous les trente ans nous autorisons les convulsions, et alors tous se jetteront les uns sur les autres et s'entre-dévoreront.

STAVROGUINE *(le regardant)*.

J'ai longtemps cherché à qui vous ressembliez. Mais j'avais le tort de chercher mes comparaisons dans le règne animal. Maintenant j'ai trouvé.

PIERRE *(l'esprit ailleurs)*.

Oui, oui.

STAVROGUINE

Vous ressemblez à un jésuite.

PIERRE

D'accord, d'accord. Les jésuites ont raison d'ailleurs. Ils ont trouvé la formule. La conspiration, le mensonge, et un seul but! Impossible de vivre autrement dans le monde. D'ailleurs, il faudrait que le pape soit avec nous.

STAVROGUINE

Le pape?

Pierre

Oui, mais c'est très compliqué. Il faudrait pour ça
que le pape se mette d'accord avec l'Internationale. C'est
trop tôt. Ce sera pour plus tard, inévitablement, parce
que c'est le même esprit. Alors il y aura le pape au sommet, nous autour, et au-dessous de nous les masses
soumises au système de Chigalev. Mais c'est une idée
pour l'avenir, ça. En attendant, il faut diviser le travail.
Alors voilà! À l'Occident, il y aura le pape et chez nous...
chez nous... Il y aura vous.

Stavroguine

Vous êtes ivre, décidément. Laissez-moi.

Pierre

Stavroguine, vous êtes beau. Savez-vous seulement
que vous êtes beau, et fort, et intelligent? Non, vous ne
le savez pas, vous êtes candide aussi. Moi, je le sais et c'est
pourquoi vous êtes mon idole. Je suis nihiliste. Les nihilistes ont besoin d'idoles. [Vous êtes l'homme qu'il nous
faut. Vous n'offensez personne et cependant tout le
monde vous hait. Vous traitez les gens comme vos égaux
et cependant on a peur de vous. Vous, vous n'avez peur
de rien, vous pouvez sacrifier votre vie comme celle du
prochain. C'est très bien.] Oui, vous êtes l'homme dont
j'ai besoin et je n'en connais pas d'autre que vous. Vous
êtes le chef, vous êtes le soleil. *(Il prend soudain la main
de Stavroguine et la baise. Stavroguine le repousse.)* Ne me
méprisez pas. Chigalev a trouvé le système, mais moi,
moi seul, j'ai trouvé le moyen de le réaliser. J'ai besoin
de vous. Sans vous, je suis un zéro. Avec vous, je
détruirai l'ancienne Russie et je bâtirai la nouvelle.

Stavroguine

Quelle Russie? Celle des espions?

Pierre

Quand nous aurons le pouvoir, nous verrons peut-être
à rendre les gens plus vertueux, si vous y tenez vraiment.
Mais, pour le moment, c'est vrai, nous avons besoin d'une
ou deux générations de débauchés, nous avons besoin
d'une corruption inouïe, ignoble, qui transforme l'homme

en un insecte immonde, lâche et égoïste. Voilà ce qu'il nous faut. Et avec cela, on leur donnera un peu de sang frais pour qu'ils y prennent goût.

STAVROGUINE

J'ai toujours su que vous n'étiez pas un socialiste. Vous êtes un gredin.

PIERRE

D'accord, d'accord. Un gredin. Mais il faut que je vous explique mon plan. Nous commençons le chambardement. Des incendies, des attentats, des troubles incessants, la dérision de tout. Vous voyez, n'est-ce pas ! Oh ! oui, ce sera magnifique ! Une brume épaisse descendra sur la Russie. La terre pleurera ses anciens dieux. Et alors...

Il s'arrête.

STAVROGUINE

Et alors...

PIERRE

Nous ferons apparaître le nouveau tsar.

Stavroguine le regarde et s'éloigne lentement de lui.

STAVROGUINE

Je comprends. Un imposteur.

PIERRE

Oui. Nous dirons qu'il se cache, mais qu'il va paraître. Il existe, mais personne ne l'a vu. Imaginez la force de cette idée ! « Il se cache. » On pourra le montrer peut-être à un seul sur cent mille. Et toute la terre sera en rumeur. « On l'a vu. » Acceptez-vous ?

STAVROGUINE

Quoi ?

PIERRE

D'être le nouveau tsar.

STAVROGUINE

Ah! Voilà donc votre plan!

PIERRE

Oui. Écoutez-moi bien. Avec vous, on peut bâtir une légende. Il vous suffira de paraître, et vous triompherez. Auparavant, « il se cache, il se cache » et nous prononcerons en votre nom deux ou trois jugements de Salomon. Il suffira de satisfaire une requête sur dix mille pour que tous s'adressent à vous. Dans chaque village, chaque paysan saura qu'il y a quelque part une boîte où il devra déposer sa requête. Et le bruit se répandra sur toute la terre! « Une nouvelle loi a été promulguée, une loi juste. » Les mers se soulèveront et la vieille baraque de bois s'écroulera. Et alors nous songerons à élever un édifice de fer. Eh bien! Eh bien! *(Stavroguine rit avec mépris.)* Ah! Stavroguine, ne me laissez pas seul. Sans vous, je suis comme Colomb sans l'Amérique. Pouvez-vous imaginer Colomb sans l'Amérique? Je peux vous aider, moi, de mon côté. J'arrangerai vos affaires. Dès demain, je vous amène Lisa. Vous en avez envie, vous avez une terrible envie de Lisa, je le sais. J'arrange tout sur un mot de vous.

STAVROGUINE *(se tourne vers la fenêtre).*

Et ensuite, n'est-ce pas, vous me tiendrez...

PIERRE

Qu'est-ce que cela fait? Vous, vous tiendrez Lisa. Elle est jeune, pure...

STAVROGUINE *(avec une étrange expression, comme fasciné).*

Elle est pure... *(Pierre Verkhovensky siffle de façon aiguë.)* Que faites-vous?

Fedka paraît.

PIERRE

Voilà notre ami qui peut nous aider. Dites oui, Stavroguine, oui, oui, et Lisa est à vous, et le monde est à nous.

> *Stavroguine se tourne vers Fedka qui lui sourit tranquillement.*

Dacha crie à l'intérieur,
surgit et se jette sur Stavroguine.

DACHA

Nicolas, oh, je vous en supplie, ne restez pas avec ces hommes. Allez voir Tikhone, oui, Tikhone... Je vous l'ai déjà dit. Allez voir Tikhone.

PIERRE

Tikhone ? Qui est-ce ?

FEDKA

Un saint homme. N'en dis pas de mal, petit cafard, je te le défends.

PIERRE

Pourquoi, il a égorgé en même temps que toi ? Il est de l'église du sang ?

FEDKA

Non. Moi, je tue. Mais lui, il pardonne au crime.

NOIR

LE NARRATEUR

Personnellement, je ne connaissais pas Tikhone. Je savais seulement ce qu'on en disait dans notre ville. Les humbles lui faisaient une réputation de grande sainteté. Mais les autorités lui reprochaient sa bibliothèque où les ouvrages pieux étaient mêlés à des pièces de théâtre, et peut-être pis encore.

À première vue, il n'y avait aucune chance pour que Stavroguine lui rendît visite.

QUATORZIÈME TABLEAU

*La chambre de Tikhone
au couvent de la Vierge.*

*Tikhone et Stavroguine sont
debout.*

STAVROGUINE

Ma mère vous a-t-elle dit que j'étais fou ?

TIKHONE

Non. Elle ne m'a pas parlé de vous tout à fait comme
d'un fou. Mais elle m'a parlé d'un soufflet que vous
auriez reçu et d'un duel...

*Il s'assied en poussant une
plainte.*

STAVROGUINE

Vous êtes souffrant ?

TIKHONE

J'ai de grandes douleurs dans les jambes. Et je dors mal.

STAVROGUINE

Voulez-vous que je vous laisse ?

Il se tourne vers la porte.

TIKHONE

Non. Asseyez-vous ! (*Stavroguine s'assied, le chapeau à
la main, dans une posture d'homme du monde. Mais il semble
respirer avec peine.*) Vous aussi paraissez souffrant.

STAVROGUINE (*avec le même air*).

Je le suis. Voyez-vous, j'ai des hallucinations. Je vois
souvent, ou je sens, auprès de moi, une sorte d'être
railleur, méchant, raisonnable, sous divers aspects. Mais

c'est toujours le même être et j'enrage. Il faudra que je consulte un médecin.

TIKHONE

Oui. Faites-le.

STAVROGUINE

Non, c'est inutile. Je sais de qui il s'agit. Et vous aussi.

TIKHONE

Vous voulez parler du diable ?

STAVROGUINE

Oui. Vous y croyez, n'est-ce pas ? Un homme de votre état est forcé d'y croire.

TIKHONE

C'est-à-dire que, dans votre cas, il est plus probable qu'il s'agit de maladie.

STAVROGUINE

Vous êtes sceptique, je vois. Croyez-vous au moins en Dieu ?

TIKHONE

Je crois en Dieu.

STAVROGUINE

Il est écrit : « Si tu crois et si tu ordonnes à la montagne de se mettre en marche, elle obéira. » Pouvez-vous transporter une montagne ?

TIKHONE

Peut-être. Avec l'aide de Dieu.

STAVROGUINE

Pourquoi peut-être ? Si vous croyez, vous devez dire oui.

TIKHONE

Ma foi est imparfaite.

STAVROGUINE

Allons, tant pis. Connaissez-vous la réponse que fit
un certain évêque ? Un barbare qui tuait tous les chrétiens
lui avait mis le couteau sous la gorge et lui demandait s'il
croyait en Dieu. « Très peu, très peu », répondit l'évêque.
Ce n'est pas digne, n'est-ce pas ?

TIKHONE

Sa foi était imparfaite.

STAVROGUINE (souriant).

Oui, oui. Mais, pour moi, la foi doit être parfaite ou
ne pas être. C'est pourquoi je suis athée.

TIKHONE

L'athée parfait est plus respectable que l'indifférent.
Il occupe le dernier échelon qui précède la foi parfaite.

STAVROGUINE

Je le sais. Vous souvenez-vous du passage de l'Apo-
calypse sur les tièdes ?

TIKHONE

Oui. « Je connais tes œuvres : tu n'es ni froid ni chaud.
Oh! si tu étais froid ou chaud! Mais parce que tu es tiède,
et que tu n'es ni froid ni chaud, je te vomirai de ma bouche.
Car tu dis... »

STAVROGUINE

Assez. (Un silence et sans le regarder.) Vous savez, je
vous aime beaucoup.

TIKHONE (à mi-voix).

Moi aussi. (Silence assez long. Effleurant de son doigt le
coude de Stavroguine.) Ne sois pas fâché.

STAVROGUINE (sursaute).

Comment avez-vous su... (Il reprend son ton habituel.)
Ma foi, oui, j'étais fâché parce que je vous avais dit que
je vous aimais.

TIKHONE *(fermement)*.

Ne soyez plus fâché et dites-moi tout.

STAVROGUINE

Vous êtes donc sûr que je suis venu avec une arrière-pensée.

TIKHONE *(les yeux baissés)*.

Je l'ai lu sur votre visage, quand vous êtes entré.

> *Stavroguine est pâle, ses mains tremblent. Puis il sort des feuillets de sa poche.*

STAVROGUINE

Bon. Voici. J'ai écrit un récit qui me concerne et que je vais rendre public. Ce que vous pourrez me dire ne changera rien à ma décision. Cependant, je voudrais que vous soyez le premier à connaître cette histoire et je vais vous la dire. *(Tikhone secoue doucement la tête de haut en bas.)* Bouchez-vous les oreilles. Donnez-moi votre parole de ne pas m'écouter et je parlerai. *(Tikhone ne répond pas.)* De 1861 à 1863, j'ai vécu à Pétersbourg en m'adonnant à une débauche où je ne trouvais aucun plaisir. Je vivais avec des camarades nihilistes qui m'adoraient à cause de mon porte-monnaie. Je m'ennuyais terriblement. Tellement même que j'aurais pu me pendre. [Si je ne me suis pas pendu, alors, c'est que j'espérais quelque chose, je ne savais quoi.] *(Tikhone ne dit rien.)* J'avais trois appartements.

TIKHONE

Trois ?

STAVROGUINE

Oui. L'un où j'avais installé Maria Lebiadkine qui est devenue ma femme légitime. Et deux autres où je recevais mes maîtresses. L'un d'eux m'était loué par des petits bourgeois qui occupaient le reste de l'appartement et travaillaient au-dehors. Je restais donc seul, assez souvent, avec leur fille de douze ans, qui s'appelait Matriocha.

> *Il s'arrête.*

TIKHONE

Voulez-vous continuer ou vous arrêter ?

STAVROGUINE

Je continuerai. C'était une enfant extrêmement douce et calme, au visage d'un blond pâle, taché de rousseurs. Un jour, je ne trouvais plus mon canif. J'en parlai à la propriétaire qui accusa sa fille et la battit jusqu'au sang, devant moi. Dans la soirée, je retrouvai le canif dans les plis de ma couverture. Je le mis dans la poche de mon gilet, et dehors, je le jetai dans la rue, afin que personne n'en sache rien. Trois jours après, je retournai dans la maison de Matriocha.

Il s'arrête.

TIKHONE

Vous avez parlé à ses parents ?

STAVROGUINE

Non. Ils n'étaient pas là. Matriocha était seule.

TIKHONE

Ah !

STAVROGUINE

Oui. Seule. Elle était assise dans un coin, sur un petit banc. Elle me tournait le dos. Je restai longtemps à l'observer de ma chambre. Tout à coup elle commença à chanter doucement, très doucement. Mon cœur se mit à battre très fort. Je me levai et m'approchai lentement de Matriocha. [Les fenêtres étaient garnies de géraniums ; le soleil était ardent.] Je m'assis en silence, à côté d'elle, sur le plancher. Elle eut peur et se dressa brusquement. Je pris sa main que j'embrassai ; elle rit comme une enfant ; je la fis se rasseoir, mais elle se dressa de nouveau avec un air épouvanté. Je lui embrassai encore la main. Je la pris sur mes genoux. Elle eut un mouvement de recul et sourit encore. Je riais aussi. Alors elle jeta ses bras autour de mon cou, elle m'embrassa... *(Il s'arrête. Tikhone le regarde. Stavroguine soutient son regard, puis, montrant un feuillet blanc)* À cet endroit, dans mon récit, j'ai laissé un blanc.

TIKHONE

Allez-vous me dire la suite?

STAVROGUINE *(riant gauchement, le visage bouleversé)*.

Non, non. Plus tard. Quand vous en serez digne...
(Tikhone le regarde.) Mais il ne s'est rien passé du tout,
qu'allez-vous penser? Rien du tout... Le mieux, voyez-
vous, serait que vous ne me regardiez pas. *(Tout bas.)* Et
n'épuisez pas ma patience. *(Tikhone baisse les yeux.)*
Quand je revins deux jours après, Matriocha s'enfuit dans
l'autre pièce dès qu'elle me vit. Mais je pus constater
qu'elle n'avait rien dit à sa mère. Cependant, j'avais peur.
Pendant tout ce temps-là, j'avais une peur atroce qu'elle
parlât. Enfin, un jour, sa mère me dit, avant de nous
laisser seuls, que la fillette était couchée avec la fièvre. Je
restai assis dans ma chambre, immobile, à regarder, dans
l'autre pièce, le lit dans la pénombre. Au bout d'une heure,
elle bougea. Elle sortit de l'ombre, très amaigrie dans
sa chemise de nuit, vint sur le seuil de ma chambre, et là,
hochant la tête, me menaça de son petit poing frêle. Puis
elle s'enfuit. Je l'entendis courir sur le balcon intérieur
de la maison. Je me levai et la vis disparaître dans un
réduit où l'on gardait du bois. Je savais ce qu'elle allait
faire. Mais je me rassis et me forçai à attendre vingt minutes. [On chantait dans la cour, une mouche bourdonnait près de moi. Je l'attrapai, la gardai un moment dans
ma main, puis la lâchai.] Je me souviens que, sur un
géranium près de moi, une minuscule araignée rouge
cheminait lentement. Quand les vingt minutes furent
écoulées, je me forçai à attendre encore un quart d'heure.
Puis, en sortant, je regardai par une fente à l'intérieur du
réduit. Matriocha s'était pendue. Je partis et, toute la
soirée, je jouai aux cartes, avec le sentiment d'être
délivré.

TIKHONE

Délivré?

STAVROGUINE *(changeant de ton)*.

Oui. Mais, en même temps, je savais que ce sentiment
reposait sur une lâcheté infâme et que plus jamais, plus
jamais, je ne pourrais me sentir noble sur cette terre, ni
dans une autre vie, jamais...

TIKHONE

Est-ce pour cela que vous vous êtes conduit ici de façon si étrange?

STAVROGUINE

Oui. J'aurais voulu me tuer. Mais je n'en avais pas le courage. Alors, j'ai gâché ma vie de la façon la plus bête possible. J'ai mené une vie ironique. J'ai trouvé que ce serait une bonne idée, bien stupide, d'épouser une folle, une infirme dont j'ai fait ma femme. J'ai même accepté un duel où je n'ai pas tiré, dans l'espoir d'être tué sottement. Pour finir, j'ai accepté les fardeaux les plus lourds, tout en n'y croyant pas. Mais tout cela, en vain, en vain! Et je vis entre deux rêves, l'un où, sur des îles heureuses, au milieu d'une mer lumineuse, les hommes se réveillent et s'endorment innocents, l'autre où je vois Matriocha amaigrie, hochant la tête, et me menaçant de son petit poing... Son petit poing... Je voudrais effacer un acte de ma vie et je ne le peux pas.

> *Il cache sa tête dans ses mains.*
> *Puis, après un silence, il se redresse.*

TIKHONE

Allez-vous vraiment publier ce récit?

STAVROGUINE

Oui. Oui!

TIKHONE

Votre intention est noble. La pénitence ne peut aller plus loin. Ce serait une action admirable que de se punir soi-même de cette façon, si seulement...

STAVROGUINE

Si?...

TIKHONE

Si seulement c'était une vraie pénitence.

STAVROGUINE

Que voulez-vous dire?

TIKHONE

Vous exprimez directement dans votre récit le besoin
d'un cœur mortellement blessé. C'est pourquoi vous avez
voulu le crachat, le soufflet et la honte. Mais, en même
temps, il y a du défi et de l'orgueil dans votre confession.
[La sensualité et le désœuvrement vous ont rendu insensible, incapable d'aimer, et vous semblez être fier de cette
insensibilité. Vous êtes fier de ce qui est honteux.] Cela
est méprisable.

STAVROGUINE

Je vous remercie.

TIKHONE

Pourquoi?

STAVROGUINE

Parce que, bien que vous soyez fâché contre moi, vous
ne semblez ressentir aucun dégoût et vous me parlez
comme à votre égal.

TIKHONE

J'étais dégoûté. Mais vous avez tant d'orgueil que
vous ne l'avez pas remarqué. Cependant, vos paroles :
« Vous me parlez comme à votre égal » sont de belles
paroles. Elles montrent que votre cœur est grand, votre
force immense. Mais elle m'épouvante, cette grande force
inutile en vous qui ne cherche à se déployer que dans
des infamies. Vous avez tout renié, vous n'aimez plus
rien et un châtiment poursuit tous ceux qui se détachent
du sol natal, de la vérité d'un peuple et d'un temps.

STAVROGUINE

Je ne crains pas ce châtiment, ni aucun autre.

TIKHONE

Il faut craindre, au contraire. Ou sinon, il n'y a pas
châtiment, mais jouissance. Écoutez. Si quelqu'un, un
inconnu, un homme que vous ne reverriez plus jamais,

lisait cette confession et vous pardonnait silencieusement,
en lui-même, cela vous apaiserait-il ?

STAVROGUINE

Cela m'apaiserait. (*À mi-voix.*) Si vous me pardonniez
cela me ferait beaucoup de bien. (*Il le regarde, puis avec une
passion sauvage.*) Non ! Je veux obtenir mon propre pardon !
Voilà mon but principal, unique. C'est alors seulement
que disparaîtra la vision ! Voilà pourquoi j'aspire à une
souffrance démesurée, voilà pourquoi je la recherche
moi-même ! Ne me découragez pas, sinon je périrai de
rage !

TIKHONE (*se lève*).

Si vous croyez que vous pouvez vous pardonner à
vous-même, et que vous obtiendrez votre pardon en ce
monde par la souffrance, si vous cherchez uniquement à
obtenir ce pardon, oh ! alors vous croyez complètement !
Dieu vous pardonnera [votre absence de foi car vous
vénérez l'Esprit Saint sans le connaître].

STAVROGUINE

Il ne peut y avoir de pardon pour moi. Il est écrit dans
vos livres qu'il n'y a pas de plus grand crime que d'ou-
trager un de ces petits enfants.

TIKHONE

Si vous vous pardonnez vous-même, le Christ vous
pardonnera aussi.

STAVROGUINE

Non. Non. Pas lui, pas lui. Il ne peut y avoir de pardon !
Plus jamais, plus jamais... (*Stavroguine prend son chapeau
et marche comme un fou vers la porte. Mais il se retourne vers
Tikhone et reprend son ton d'homme du monde. Il paraît
épuisé.*) Je reviendrai. Nous reparlerons de tout cela.
Croyez que j'ai été très heureux de vous rencontrer. J'apprécie votre accueil et vos sentiments.

TIKHONE

Vous partez déjà ? Je voulais vous adresser une prière...
mais je crains...

STAVROGUINE

Je vous en prie.

*Il prend négligemment un
petit crucifix sur la table.*

TIKHONE

Ne publiez pas ce récit.

STAVROGUINE

Je vous ai prévenu que rien ne m'arrêtera. Je le ferai
connaître au monde entier!

TIKHONE

Je comprends. Mais je vous propose un sacrifice plus
grand. Renoncez à ce geste et vous surmonterez ainsi
votre orgueil, vous écraserez votre démon, vous atteindrez
à la liberté.

Il joint les mains.

STAVROGUINE

Vous prenez tout cela trop à cœur. Si je vous écoutais,
en somme, je ferais une fin, j'aurais des enfants, je devien-
drais membre d'un club et je viendrais au couvent les
jours de fête.

TIKHONE

Non. Je vous propose une autre pénitence. Il y a dans
ce couvent un ascète, un vieillard d'une telle sagesse
chrétienne que ni moi ni même vous ne pouvons la
concevoir. Allez près de lui, soumettez-vous à son autorité pendant cinq ou sept ans et vous obtiendrez, je vous
le promets, tout ce dont vous avez soif.

STAVROGUINE *(avec légèreté)*.

Entrer au couvent? Pourquoi pas? Je suis convaincu
d'ailleurs que je pourrais vivre comme un moine bien
que je sois doué d'une sensualité bestiale. *(Tikhone pousse
un grand cri, les mains en avant.)* Qu'avez-vous?

TIKHONE

Je vois, je vois clairement que vous n'avez jamais été

aussi près d'un nouveau crime, encore plus atroce que l'autre.

STAVROGUINE

Calmez-vous. Je puis vous promettre de ne pas publier ce récit tout de suite.

TIKHONE

Non. Non. Un jour, une heure, avant ce grand sacrifice, tu chercheras une issue dans un nouveau crime et tu ne l'accompliras que pour éviter la publication de ces feuillets !

> *Stavroguine le regarde intensément, brise le crucifix et en jette les morceaux sur la table.*

RIDEAU

TROISIÈME PARTIE

QUINZIÈME TABLEAU

Chez Varvara Stavroguine.

> *Stavroguine entre, le visage
> bouleversé, hésite, tourne sur
> lui-même, puis disparaît par
> le fond. Entrent Grigoreiev
> et Stépan Trophimovitch, dans
> une extrême agitation.*

STÉPAN

Mais enfin, que me veut-elle?

GRIGOREIEV

Je ne sais pas. Elle vous fait demander de venir sans délai.

STÉPAN

Ce doit être la perquisition. Elle l'a appris. Elle ne me pardonnera jamais.

GRIGOREIEV

Mais qui est venu perquisitionner?

STÉPAN

Je ne sais pas, une espèce d'Allemand, qui dirigeait tout. J'étais surexcité. Il parlait. Non, c'est moi qui parlais. Je lui ai raconté ma vie, du point de vue politique,

je veux dire. J'étais surexcité, mais digne, je vous l'assure.
Je crains, cependant, d'avoir pleuré.

GRIGOREIEV

Mais vous auriez dû lui réclamer son ordre de perquisition. Il fallait le prendre de haut.

STÉPAN

Écoutez, mon ami, ne me découragez pas. Quand on est malheureux, il n'y a rien de plus insupportable que de s'entendre dire par ses amis qu'on a fait une bêtise. En tout cas, j'ai pris mes précautions. J'ai fait préparer des vêtements chauds.

GRIGOREIEV

Pour quoi faire ?

STÉPAN

Eh bien ! s'ils viennent me chercher... C'est ainsi maintenant : on vient, on vous prend, et puis la Sibérie, ou pire. Aussi j'ai cousu trente-cinq roubles dans la doublure de mon gilet.

GRIGOREIEV

Mais il n'est pas question qu'on vous arrête.

STÉPAN

Ils ont dû recevoir une dépêche de Saint-Pétersbourg.

GRIGOREIEV

À votre sujet ? Mais vous n'avez rien fait.

STÉPAN

Si, si, on m'arrêtera. En route pour le bagne ou bien on vous oublie dans une casemate.

Il éclate en sanglots.

GRIGOREIEV

Mais voyons, calmez-vous. Vous n'avez rien à vous reprocher. Pourquoi avez-vous peur ?

STÉPAN

Peur? Oh! je n'ai pas peur. Enfin, je n'ai pas peur de la Sibérie, non. C'est autre chose que je crains. Je crains la honte.

GRIGOREIEV

La honte? Quelle honte?

STÉPAN

Le fouet!

GRIGOREIEV

Comment le fouet? Vous m'inquiétez, cher ami.

STÉPAN

Oui, on vous fouette aussi.

GRIGOREIEV

Mais pourquoi vous fouetterait-on? Vous n'avez rien fait.

STÉPAN

Justement, ils verront que je n'ai rien fait et ils me fouetteront.

GRIGOREIEV

Vous devriez vous reposer, après avoir vu Varvara Stavroguine.

STÉPAN

Que va-t-elle penser? Comment réagira-t-elle quand elle apprendra la honte. La voilà.

Il se signe.

GRIGOREIEV

Vous vous signez?

STÉPAN

Oh, je n'ai jamais cru à cela. Mais enfin, il ne faut rien négliger.

Entre Varvara Stavroguine.
Ils se lèvent.

VARVARA *(à Grigoreiev)*.

Merci, mon ami. Voudriez-vous nous laisser seuls...
(À Stépan Trophimovitch.) Asseyez-vous. *(Grigoreiev sort.
Elle va au bureau et écrit rapidement un mot. Pendant ce temps,
Stépan Trophimovitch se tortille sur sa chaise. Puis elle se
retourne.)* Stépan Trophimovitch, nous avons des questions à régler avant de nous séparer définitivement. J'irai
droit au fait. *(Il se rapetisse sur sa chaise.)* Taisez-vous.
Laissez-moi parler. Je me considère comme engagée à
vous servir votre pension de douze cents roubles.
J'ajoute encore huit cents roubles pour les dépenses
extraordinaires. Cela vous suffit-il? Il me semble que
ce n'est pas peu. Donc, vous prendrez cet argent et vous
vivrez comme vous l'entendrez, à Pétersbourg, à
Moscou, à l'étranger, mais pas chez moi. Avez-vous
compris?

STÉPAN

Il n'y a pas longtemps, j'ai entendu de votre bouche
une autre exigence, aussi pressante, aussi catégorique. Je
me suis soumis. Je me suis déguisé en fiancé et j'ai dansé
le menuet, pour l'amour de vous...

VARVARA

Vous n'avez pas dansé. Vous êtes venu chez moi avec
une cravate neuve, pommadé et parfumé. Vous aviez
une pressante envie de vous marier, cela se voyait sur
votre visage et, croyez-moi, ce n'était pas très joli. Surtout
avec une jeune fille, presque une enfant...

STÉPAN

Je vous en prie, n'en parlons plus. J'irai dans un
hospice.

VARVARA

On ne va pas dans un hospice quand on a deux mille
roubles de rente. [Vous dites cela parce que votre fils,
qui est d'ailleurs plus intelligent que vous ne le dites, a
parlé un jour, en plaisantant, d'un hospice. Mais il y a
toutes sortes d'hospices et il en est où l'on accueille des
généraux. Vous pourriez donc y jouer au whist...]

STÉPAN

Passons...

VARVARA

Passons? Vous devenez grossier, maintenant? En ce cas, brisons là. Vous êtes prévenu : dorénavant, nous vivrons chacun de notre côté.

STÉPAN

Et c'est tout? C'est tout ce qui reste de nos vingt années? C'est là notre dernier adieu?

VARVARA

Parlons-en de ces vingt années! Vingt années de vanité et de grimaces! Même les lettres que vous m'adressiez étaient écrites pour la postérité. Vous n'êtes pas un ami, vous êtes un styliste!

STÉPAN

Vous parlez comme mon fils. Je vois qu'il vous a influencée.

VARVARA

Ne suis-je pas assez grande pour penser toute seule? Qu'avez-vous fait pour moi pendant ces vingt années? Vous me refusiez même les livres que je faisais venir pour vous. Vous ne vouliez pas me les donner avant de les avoir lus et comme vous ne les lisiez jamais, je les ai attendus vingt ans. La vérité, c'est que vous étiez jaloux de mon développement intellectuel.

STÉPAN *(avec désespoir)*.

Mais est-il possible de tout rompre pour si peu de chose!

VARVARA

Quand je suis rentrée de l'étranger et que j'ai voulu vous raconter mes impressions devant la Madone Sixtine, vous ne m'avez même pas écoutée et vous vous êtes contenté de sourire d'un air supérieur.

STÉPAN

Je souriais, oui, mais je n'étais pas supérieur.

VARVARA

Il n'y avait pas de quoi d'ailleurs! Cette Madone Sixtine n'intéresse plus que quelques vieux bonshommes comme vous. C'est démontré.

STÉPAN

Ce qui est démontré, après toutes ces paroles cruelles, c'est qu'il me faut partir. Écoutez-moi maintenant. Je vais prendre ma besace de mendiant, je vais abandonner tous vos présents et je partirai à pied pour achever ma vie comme précepteur chez un marchand ou pour mourir de faim sous une haie. Adieu.

Varvara Stavroguine se lève, fulminante.

VARVARA

J'en étais sûre. Je savais depuis des années que vous n'attendiez que le moment de me déshonorer. Vous êtes capable de mourir uniquement pour que ma maison soit calomniée.

STÉPAN

Vous m'avez toujours méprisé, mais je finirai ma vie comme un chevalier fidèle à sa dame. À partir de cette minute, je n'accepterai plus rien de vous et je vous honorerai avec désintéressement.

VARVARA

Voilà qui serait nouveau.

STÉPAN

Je sais, vous n'avez jamais eu d'estime pour moi. Oui, j'étais votre parasite et j'ai eu des faiblesses. Mais vivre en parasite n'a jamais été le principe suprême de mes actes. Cela se faisait de soi-même, je ne sais trop comment. Je pensais toujours qu'il y avait entre nous quelque chose de supérieur au boire et au manger, et jamais je n'ai été une canaille. Eh bien! maintenant, en route pour réparer mes fautes! Il est bien tard, l'automne est avancé, la

campagne est noyée de brume, le givre de la vieillesse
recouvre ma route et, dans les hurlements du vent, je
distingue l'appel de la tombe. En route, cependant! Oh!
je vous dis adieu, mes rêves! Vingt ans! (*Sa face se
couvre de larmes.*) Allons.

VARVARA (*est émue, mais elle frappe du pied*).

[Ce sont encore des enfantillages. Jamais vous ne
serez capable d'exécuter vos menaces égoïstes. Vous
n'irez nulle part, chez aucun marchand, et vous me
resterez sur les bras, en continuant à toucher votre
pension, et à recevoir tous les mardis vos insupportables
amis.] Adieu, Stépan Trophimovitch!

STÉPAN

Alea jacta est.

Il se précipite au-dehors.

VARVARA

Stépan!

*Mais il a disparu. Elle
tourne en rond, déchirant son
manchon, puis elle se jette sur
le divan, en larmes.*
Au-dehors, bruits confus.

GRIGOREIEV (*entrant*).

Où courait Stépan Trophimovitch? Et la ville est en
émeute!

VARVARA

En émeute?

GRIGOREIEV

Oui. Les ouvriers de la fabrique Chpigouline sont
allés manifester devant la maison du gouverneur. On dit
que celui-ci est devenu fou.

VARVARA

Mon Dieu, Stépan risque d'être pris dans l'émeute!

*Entrent devant Alexis Ego-
rovitch : Prascovie Drozdov,*

*Lisa, Maurice Nicolaievitch
et Dacha.*

PRASCOVIE

Ah! mon Dieu, c'est la révolution! Et mes jambes qui ne peuvent plus me traîner.

*Entrent Virguinsky, Lipou-
tine et Pierre Verkhovensky.*

PIERRE

Ça remue, ça remue. Cet imbécile de gouverneur a eu un accès de fièvre chaude.

VARVARA

Avez-vous vu votre père?

PIERRE

Non, mais il ne risque rien. Tout juste d'être fouetté. Ça lui fera du bien.

*Stavroguine apparaît.
Sa cravate est dérangée.
Il a l'air un peu fou, pour
la première fois.*

VARVARA

Nicolas, qu'as-tu?

STAVROGUINE

Rien. Rien, il m'a semblé qu'on m'appelait. Mais non... Mais non... Qui m'appellerait...

Lisa fait un pas en avant.

LISA

Nicolas Stavroguine, un certain Lebiadkine, qui se dit le frère de votre femme, m'adresse des lettres inconvenantes où il prétend avoir des révélations à faire sur votre compte. S'il est réellement votre parent, interdisez-lui de m'importuner.

Varvara se jette vers Lisa.

STAVROGUINE *(avec une simplicité étrange)*.

J'ai en effet le malheur d'être apparenté à cet homme. Voici quatre ans que j'ai épousé à Pétersbourg sa sœur, née Lebiadkine.

> *Varvara dresse son bras droit comme pour se protéger, et tombe, évanouie. Tous se précipitent sauf Lisa et Stavroguine.*

STAVROGUINE *(du même air)*.

C'est maintenant qu'il faut me suivre, Lisa. Nous irons à ma maison de campagne de Skvoretchniki.

> *Lisa marche vers lui comme un automate. Maurice Nicolaievitch qui s'occupait de Varvara Petrovna se lève et court vers elle.*

MAURICE NICOLAIEVITCH

Lisa !

> *Un geste d'elle l'arrête.*

LISA

Ayez pitié de moi.

> *Elle suit Stavroguine.*

NOIR

LE NARRATEUR *(devant un rideau illuminé de lueurs d'incendie)*.

Le feu qui couvait depuis si longtemps éclata enfin. Il éclata d'abord, réellement, la nuit où Lisa suivit Stavroguine. L'incendie dévora le faubourg qui sépare la ville de la maison de campagne des Stavroguine. Dans ce faubourg se trouvait la maison de Lebiadkine et de sa sœur Maria. Mais l'incendie éclata aussi dans les âmes. Après la fuite de Lisa, les malheurs se succédèrent.

SEIZIÈME TABLEAU

Le salon de la maison de Skvoretchniki.

Six heures du matin.

> *Lisa — même robe mais froissée et mal fermée — derrière la porte-fenêtre, contemple les lueurs de l'incendie. Elle frissonne. Stavroguine entre, venant du dehors.*

STAVROGUINE

Alexis est parti à cheval pour chercher des nouvelles. Dans quelques minutes, nous saurons tout. On dit qu'une partie du faubourg a déjà brûlé. L'incendie a éclaté entre onze heures et minuit.

> *Lisa se retourne brusquement et va s'asseoir dans un fauteuil.*

LISA

Écoutez-moi. Nicolas. Nous n'avons plus longtemps à rester ensemble et je veux dire tout ce que j'ai à dire.

STAVROGUINE

Que veux-tu dire, Lisa? Pourquoi n'avons-nous plus longtemps à rester ensemble?

LISA

Parce que je suis morte.

STAVROGUINE

Morte? Pourquoi, Lisa? Il faut vivre.

LISA

Vous avez oublié qu'en entrant ici, hier, je vous ai dit que vous aviez emmené une morte. J'ai vécu depuis. J'ai eu mon heure de vie sur la terre, cela suffit. Je ne veux pas ressembler à Christophore Ivanovitch. Vous en souvenez-vous ?

STAVROGUINE

Oui.

LISA

Il vous ennuyait terriblement, n'est-ce pas, à Lausanne. Il disait toujours : « Je ne viens que pour un instant » et restait toute une journée. Je ne veux pas lui ressembler.

STAVROGUINE

Ne parle pas ainsi. Tu te fais mal et tu me fais mal. Écoute, je puis te le jurer : je t'aime en ce moment plus qu'hier lorsque tu es entrée ici.

LISA

Étrange déclaration !

STAVROGUINE

Nous ne nous quitterons pas. Nous partirons ensemble.

LISA

Partir ? Pour quoi faire ? Pour ressusciter ensemble, comme vous dites. Non, tout cela est trop sublime pour moi. Si je devais partir avec vous, ce serait pour Moscou, recevoir des visites et les rendre. C'est là mon idéal, un idéal bien bourgeois. Mais puisque vous êtes marié, tout cela est inutile.

STAVROGUINE

Mais, Lisa, as-tu donc oublié que tu t'es donnée à moi ?

LISA

Je ne l'ai pas oublié. Je veux vous quitter maintenant.

STAVROGUINE

Tu te venges sur moi de ton caprice d'hier.

LISA

Voilà une pensée bien basse.

STAVROGUINE

Alors pourquoi l'as-tu fait?

LISA

Que vous importe? Vous n'êtes coupable de rien, vous n'avez de comptes à rendre à personne.

STAVROGUINE

Ne me méprise pas ainsi. Je ne crains rien que de perdre cet espoir que tu m'as donné. J'étais perdu, comme noyé, et j'ai pensé que ton amour me sauverait. Sais-tu seulement ce que m'a coûté ce nouvel espoir? Je l'ai payé de la vie...

LISA

De votre vie ou de celle d'autrui?

STAVROGUINE (bouleversé).

Que veux-tu dire? Là, tout de suite, que veux-tu dire?

LISA

Je vous ai demandé seulement si vous avez payé cet espoir de votre vie ou de la mienne? Pourquoi me regardez-vous ainsi? Qu'êtes-vous allé imaginer? On dirait que vous avez peur, que vous avez peur depuis longtemps... Et maintenant, vous pâlissez...

STAVROGUINE

Si tu sais quelque chose, moi, je ne sais rien, je te le jure. Ce n'est pas cela que je voulais dire...

LISA (avec effroi).

Je ne vous comprends pas.

STAVROGUINE (*s'assied et met sa tête dans ses mains*).

Un mauvais rêve... Un cauchemar... Nous parlions de deux choses différentes.

LISA

Je ne sais pas de quoi vous parliez... (*Elle le regarde.*) Nicolas... (*Il lève la tête.*) Est-il possible que vous n'ayez pas deviné hier que je vous quitterais aujourd'hui? Le saviez-vous, oui ou non? Ne mentez pas : le saviez-vous?

STAVROGUINE

Je le savais.

LISA

Vous le saviez et pourtant vous m'avez prise.

STAVROGUINE

Oui, condamne-moi. Tu en as le droit. Je savais aussi que je ne t'aimais pas et je t'ai prise. Je n'ai jamais éprouvé de l'amour pour personne. Je désire, voilà tout. Et j'ai profité de toi. Mais j'ai toujours espéré que je pourrais un jour aimer et j'ai toujours espéré que ce serait toi. Que tu aies accepté de me suivre a fait grandir cet espoir. J'aimerai, oui, je t'aimerai.

LISA

Vous m'aimerez! Et moi je m'imaginais... Ah! je vous ai suivi par orgueil, pour rivaliser de générosité avec vous; je vous ai suivi pour me perdre avec vous, et pour partager votre malheur. (*Elle pleure.*) Mais je me figurais *malgré tout* que vous m'aimiez follement. Et vous, vous espériez bien m'aimer un jour. Voilà la petite sotte que j'étais. Ne vous moquez pas de ces larmes. J'adore m'attendrir sur moi-même. Mais assez! Je ne suis capable de rien et vous n'êtes capable de rien non plus. Consolons-nous en nous tirant mutuellement la langue. Comme cela, notre orgueil, au moins, n'en souffrira pas.

STAVROGUINE

Ne pleure pas. Je ne puis le supporter.

LISA

Je suis calme. J'ai donné ma vie pour une heure avec vous. Maintenant je suis calme. Quant à vous, vous oublierez. Vous aurez d'autres heures, d'autres moments.

STAVROGUINE

Jamais, jamais! Personne d'autre que toi...

LISA *(le regardant avec un espoir fou)*.

Ah! vous...

STAVROGUINE

Oui, oui, je t'aimerai. Maintenant, j'en suis sûr. Un jour, mon cœur enfin se détendra, je courberai la tête et je m'oublierai dans tes bras. Toi seule peux me guérir, toi seule...

LISA *(qui s'est reprise, et avec un morne désespoir)*.

Vous guérir! Je ne le veux pas. Je ne veux pas être une sœur de charité pour vous. Adressez-vous à Dacha : c'est un chien qui vous suivra partout. Et ne vous désolez pas pour moi. Je savais d'avance ce qui m'attendait. J'ai toujours su que si je vous suivais, vous me conduiriez dans un endroit habité par une monstrueuse araignée de la taille d'un homme, que nous passerions notre vie à regarder l'araignée en tremblant de peur, et que c'est à cela que se réduirait notre amour...

Entre Alexis Egorovitch.

ALEXIS

Monsieur, monsieur, on a trouvé... *(Il s'arrête en regardant Lisa.)* Je... Monsieur, Pierre Verkhovensky désire vous voir.

STAVROGUINE

Lisa, attends dans cette pièce. *(Elle s'y dirige. Alexis Egorovitch sort.)* Lisa... *(Elle s'arrête.)* Si tu apprends quelque chose, sache-le, le coupable, c'est moi.

*Elle le regarde épouvantée
et entre lentement à reculons
dans le bureau.
Entre Pierre Verkhovensky.*

PIERRE

Il faut que vous sachiez d'abord qu'aucun de nous n'est coupable. Il s'agit d'une coïncidence, d'un concours de circonstances. Juridiquement, vous n'êtes pas en cause...

STAVROGUINE

Ils ont été brûlés ? Assassinés ?

PIERRE

Assassinés. Malheureusement, la maison n'a brûlé qu'en partie, on a retrouvé leurs corps. Lebiadkine a eu la gorge tranchée. Sa sœur a été criblée de coups de couteau. Mais c'est un rôdeur, sûrement. On m'a dit que Lebiadkine, la veille au soir, était ivre et montrait à tout le monde les quinze cents roubles que je lui avais donnés.

STAVROGUINE

Vous lui aviez donné quinze cents roubles ?

PIERRE

Oui. Comme par un fait exprès. Et de votre part.

STAVROGUINE

De ma part ?

PIERRE

Oui. J'avais peur qu'il nous dénonce et je lui ai donné cet argent pour qu'il s'en aille à Saint-Pétersbourg... *(Stavroguine fait quelques pas d'un air absent.)* Mais écoutez au moins comment les choses ont tourné... *(Il le prend par le revers de sa redingote. Stavroguine lui donne un coup violent.)* Oh! Vous auriez pu me casser le bras. Enfin... Bref, il s'est vanté d'avoir cet argent et Fedka l'a vu, voilà tout. J'en suis sûr, maintenant, c'est Fedka. Il n'a pas dû comprendre vos véritables intentions...

STAVROGUINE *(étrangement distrait).*

Est-ce Fedka qui a allumé l'incendie ?

PIERRE

Non. Non. Vous savez que ces incendies étaient prévus dans l'action de nos groupes. C'est un moyen d'action très national, très populaire... Mais pas si tôt! On m'a désobéi, voilà tout, et il faudra sévir. Notez que ce malheur a ses bons côtés. Par exemple vous êtes veuf et vous pouvez épouser Lisa dès demain. Où est-elle? Je veux lui annoncer la bonne nouvelle. *(Stavroguine rit tout d'un coup, mais avec une sorte d'égarement.)* Vous riez?

STAVROGUINE

Oui. Je ris de mon singe, je ris de vous. La bonne nouvelle, certainement! Mais vous ne croyez pas que ces cadavres vont un peu la chiffonner?

PIERRE

Mais non! Pourquoi? D'ailleurs, juridiquement... Et puis c'est une demoiselle qui n'a pas froid aux yeux. Elle vous enjambera ces cadavres de telle manière que vous en serez étonné vous-même. À peine mariée, elle oubliera.

STAVROGUINE

Il n'y aura pas de mariage. Lisa restera seule.

PIERRE

Non? Dès que je vous ai vus, j'ai compris que ça n'avait pas marché. Ah! ah! Échec complet peut-être? [Je parie que vous avez passé toute la nuit, assis sur des chaises différentes, et perdu un temps précieux à discuter de choses très élevées.] D'ailleurs, j'étais sûr que tout ça finirait par des bêtises... Bon. Je la marierai facilement à Maurice Nicolaievitch qui doit être en train de l'attendre dehors, sous la pluie, soyez-en sûr. Pour ce qui est des autres... de ceux qui ont été tués, il vaut mieux ne rien lui dire. Elle l'apprendra toujours assez tôt.

Entre Lisa.

LISA

Qu'est-ce que j'apprendrai? Qui a tué? Qu'avez-vous dit de Maurice Nicolaievitch?

PIERRE

Eh bien, jeune fille, nous écoutons aux portes!

LISA

Qu'avez-vous dit de Maurice Nicolaievitch ? Il est tué ?

STAVROGUINE

Non. Lisa. Ce n'est que ma femme et son frère qui ont été tués.

PIERRE *(avec empressement).*

Un étrange, un monstrueux hasard ! On a profité de l'incendie pour les tuer et les dévaliser. C'est Fedka, sûrement.

LISA

Nicolas ! Dit-il la vérité ?

STAVROGUINE

Non. Il ne dit pas la vérité.

Lisa pousse une plainte.

PIERRE

Mais comprenez que cet homme a perdu la raison ! D'ailleurs il a passé la nuit auprès de vous. Donc...

LISA

Nicolas, parlez-moi comme si vous étiez en ce moment devant Dieu. Êtes-vous coupable ou non ? J'aurai confiance en votre parole comme en celle de Dieu. Et je vous suivrai, comme un chien, jusqu'au bout du monde.

STAVROGUINE *(lentement).*

Je n'ai pas tué et j'étais contre ce meurtre, mais je savais qu'on les assassinerait et je n'ai pas empêché les assassins d'agir. Maintenant, laissez-moi.

LISA *(le regardant avec horreur).*

Non, non, non !

Elle sort en criant.

PIERRE

J'ai donc perdu mon temps avec vous !

STAVROGUINE *(d'un ton morne).*

Moi. Oh! moi... *(Il rit follement tout d'un coup, puis se dressant, crie d'une voix terrible.)* Moi, je hais affreusement tout ce qui existe en Russie, le peuple, le tsar, et vous et Lisa. Je hais tout ce qui vit sur la terre et moi-même au premier rang. Alors, que la destruction règne, oui, et qu'elle les écrase tous et avec eux tous les singes de Stavroguine et Stavroguine lui-même...

NOIR

[DIX-SEPTIÈME TABLEAU*

Dans la rue.

Lisa court. Pierre Ver-khovensky court derrière elle.

PIERRE

Attendez, Lisa, attendez. Je vais vous ramener. J'ai là un fiacre.

LISA *(égarée).*

Oui, oui, vous êtes bon. Où sont-ils? Où est le sang?

PIERRE

Mais non, que voulez-vous faire? Il pleut, voyez-vous. Venez, Maurice Nicolaievitch est ici.

LISA

Maurice! Où est-il donc? Oh! mon Dieu, il m'attend! Il sait!

---

* Ce tableau a été supprimé à la représentation.

PIERRE

Voyons, quelle importance ? C'est sûrement un homme sans préjugés !

LISA

Merveilleux, merveilleux ! Ah ! il ne faut pas qu'il me voie. Fuyons, dans les forêts, dans les champs...

> *Pierre s'en va. Lisa fuit. Maurice Nicolaievitch surgit et la poursuit. Elle tombe. Il se penche vers elle, il pleure, il enlève son manteau et en couvre la jeune fille. Elle embrasse sa main en pleurant.*

MAURICE NICOLAIEVITCH

Lisa ! Je ne suis rien auprès de vous, mais ne me repoussez pas !

LISA

Maurice, ne m'abandonnez pas ! J'ai peur de la mort, je ne veux pas mourir.

MAURICE NICOLAIEVITCH

Vous êtes trempée ! Oh ! mon Dieu, et la pluie qui continue !

LISA

Ce n'est rien. Venez, conduisez-moi. Je veux voir le sang. Ils ont tué sa femme, dit-on. Et il dit que c'est lui qui l'a tuée. Mais ce n'est pas vrai, n'est-ce pas ? Ou bien, je veux voir de mes propres yeux ceux qu'on a tués à cause de moi... Vite, vite ! Ô Maurice, ne me pardonnez pas, j'ai agi malhonnêtement. Pourquoi me pardonne-rait-on ? Qu'avez-vous à pleurer ? Donnez-moi un soufflet et tuez-moi, ici même !

MAURICE NICOLAIEVITCH

Personne n'a le droit de vous juger. Et moi, moins que quiconque. Dieu vous pardonne !

> *Peu à peu le rideau s'illumine des flammes de l'incendie et on*

*commence d'entendre le bruit
de la foule.*

*Entre Stépan Trophimovitch
en costume de voyage avec un
sac de voyage dans la main
gauche, un bâton et un parapluie dans la main droite.*

STÉPAN *(qui délire un peu).*

Oh, vous! Chère, chère, est-il possible! Dans cette
brume... Vous voyez l'incendie!... Vous êtes malheureuse, n'est-ce pas? Je le vois bien. Nous sommes tous
malheureux, mais il faut leur pardonner à tous. Pour en
finir avec le monde et devenir libres, il faut pardonner,
pardonner, pardonner...

LISA

Oh! relevez-vous, pourquoi vous mettez-vous à
genoux?

STÉPAN

En disant adieu au monde, je veux en votre personne
dire adieu à tout mon passé. *(Il pleure.)* Je m'agenouille
devant tout ce qu'il y avait de beau dans ma vie. J'ai
rêvé d'escalader le ciel et me voici, dans la boue, vieillard
écrasé... Voyez leur crime tout rouge. Ils ne pouvaient
pas faire autrement. Je fuis leur délire, leur cauchemar,
je pars à la recherche de la Russie. Mais vous êtes trempés
tous les deux. Prenez mon parapluie. *(Maurice prend
machinalement le parapluie.)* Moi, je trouverai bien une
charrette. Mais, chère Lisa, que venez-vous de dire, on
a tué quelqu'un? *(Lisa a une sorte de défaillance.)* Oh! mon
Dieu, elle s'évanouit!

LISA

Vite, vite, Maurice. Rendez à cet enfant son parapluie!
Tout de suite! *(Elle revient vers Stépan Trophimovitch.)* Je
veux faire sur vous le signe de la croix, pauvre homme.
Vous aussi, priez pour la pauvre Lisa!

*Stépan Trophimovitch s'en
va et eux aussi marchent vers
les flammes.*

La rumeur grandit. Les
flammes deviennent plus vives.
La foule crie maintenant.

Voix

C'est la demoiselle à Stavroguine.

Il ne suffit pas de tuer les gens, ils veulent encore voir les corps.

Un homme frappe Lisa.
Maurice Nicolaievitch se jette
sur lui.

Ils se battent. Lisa se relève.
Deux autres hommes la frap-
pent et l'un avec un bâton. Elle
tombe. Tout s'apaise. Maurice
Nicolaievitch la prend dans ses
bras, la traîne dans la lumière.

Maurice Nicolaievitch

Lisa, Lisa, ne m'abandonnez pas. *(Lisa tombe en arrière, morte.)* Lisa, chère Lisa, c'est à moi maintenant de te rejoindre!]

NOIR

Le Narrateur

Pendant qu'on cherchait partout Stépan Trophimovitch qui errait sur les routes, comme un roi déchu, les événements se précipitèrent. La femme de Chatov revint après trois ans d'absence. Mais ce que Chatov crut être un recommencement devait être en réalité une fin.

DIX-HUITIÈME TABLEAU

La chambre de Chatov.

Marie Chatov est debout,
un sac de voyage à la main.

Marie

Je ne resterai ici que peu de temps, le temps de trouver

du travail. Mais si je vous gêne, je vous demande de me le dire tout de suite, comme un honnête homme. Je vendrai quelque chose et j'irai à l'hôtel.

Elle s'assied sur le lit.

CHATOV

Marie, il ne faut pas parler d'hôtel. Tu es chez toi, ici.

MARIE

Non, je ne suis pas chez moi. Nous nous sommes séparés, il y a trois ans. Ne vous fourrez pas dans la tête que je me repens, que je viens recommencer quelque chose.

CHATOV

Non, non, c'est inutile. Ça ne fait rien d'ailleurs. Tu es le seul être qui m'ait jamais dit qu'il m'aimait. Cela suffit. Tu fais ce que tu veux, tu es là.

MARIE

Oui, vous êtes bon. Si je suis venue chez vous, c'est que je vous ai toujours considéré comme un homme bon, et supérieur à tous ces gredins...

CHATOV

Marie, écoute, tu as l'air épuisée. Je t'en supplie, ne te fâche pas... Si tu consentais à prendre un peu de thé, par exemple, hein? Le thé fait toujours du bien. Si tu consentais...

MARIE

Mais oui, je consens. Vous êtes toujours aussi enfant. Donnez-moi du thé si vous en avez. Il fait si froid ici.

CHATOV

Oui, oui, tu auras du thé.

MARIE

Vous n'en avez pas ici?

CHATOV

Il y en aura, il y en aura. *(Il sort et va frapper à la chambre de Kirilov.)* Pouvez-vous me prêter du thé?

KIRILOV

Venez le boire!

CHATOV

Non. Ma femme est arrivée chez moi...

KIRILOV

Votre femme!

CHATOV *(bafouillant et pleurant à moitié)*.

Kirilov, Kirilov, nous avons souffert ensemble en Amérique.

KIRILOV

Oui, oui, attendez. *(Il disparaît et reparaît avec un plateau de thé.)* Voilà, prenez. Et un rouble aussi, prenez.

CHATOV

Je vous le rendrai demain! Ah! Kirilov.

KIRILOV

Non, non, c'est bien qu'elle soit revenue et que vous l'aimiez encore. C'est bien que vous soyez venu me trouver. Si vous avez besoin de quelque chose, appelez-moi, à n'importe quelle heure. Je penserai à vous et à elle.

CHATOV

Oh! quel homme vous feriez si vous pouviez abandonner vos épouvantables idées.

> *Kirilov sort brusquement.*
> *Chatov le regarde sortir. On*
> *frappe. Liamchine entre.*

CHATOV

Je ne puis vous recevoir.

LIAMCHINE

J'ai quelque chose à vous communiquer. Je suis venu vous dire de la part de Verkhovensky que tout est arrangé. Vous êtes libre.

CHATOV

C'est vrai?

LIAMCHINE

Oui, tout à fait libre. Il suffira que vous montriez à Lipoutine l'endroit où la presse est enterrée. Je viendrai vous chercher demain à six heures exactement, avant que le jour se lève.

CHATOV

Je viendrai. Filez maintenant. Ma femme est revenue. *(Liamchine sort. Chatov retourne vers la chambre. Marie s'est endormie. Il pose le thé sur la table et la contemple.)* Oh! que tu es belle!

MARIE *(se réveillant)*.

Pourquoi m'avez-vous laissée dormir? J'occupe votre lit. Ah!

> *Elle se renverse, dans une sorte de crise, et prend la main de Chatov.*

CHATOV

Tu as mal, ma chérie. Je vais appeler le docteur... Où as-tu mal? Veux-tu des compresses? Je puis les faire...

MARIE

Quoi? Que voulez-vous dire...

CHATOV

Mais rien... Je ne te comprends pas.

MARIE

Non, non, ce n'est rien... Marchez. Racontez-moi quelque chose... Parlez-moi de vos nouvelles idées. Que prêchez-vous? Vous ne pouvez pas vous empêcher de prêcher, c'est dans votre caractère.

CHATOV

Oui... C'est-à-dire... Je prêche Dieu.

MARIE

Auquel vous ne croyez pas. *(Nouvelle crise.)* Oh! que vous êtes insupportable, insupportable.

*Elle repousse Chatov penché
sur le lit.*

CHATOV

Marie, je ferai ce que tu veux... Je marcherai... Je parlerai.

MARIE

Mais ne voyez-vous pas que cela a commencé?

CHATOV

Commencé? Mais quoi...

MARIE

Mais ne voyez-vous donc pas que je vais accoucher? Ah, que cet enfant soit maudit! *(Chatov se lève.)* Où allez-vous, où allez-vous? Je vous défends!

CHATOV

Je reviens, je reviens. Il faut de l'argent, une accoucheuse... Oh! Marie, Kirilov! Kirilov!

NOIR

Puis le jour remonte lentement sur la chambre.

CHATOV

Elle est à côté, avec lui.

MARIE

Il est beau.

CHATOV

C'est une grande joie!

MARIE

Comment vais-je l'appeler?

CHATOV

Chatov. Il est mon fils. Laisse-moi arranger tes oreillers.

MARIE

Pas comme ça! Que tu es maladroit.

Il fait de son mieux.

MARIE *(sans le regarder)*.

Penchez-vous vers moi! *(Il se penche.)* Encore! Plus près.

Elle passe sa main autour de son cou et l'embrasse.

CHATOV

Marie! Mon amour.

Elle se rejette de l'autre côté.

MARIE

Ah! Nicolas Stavroguine est un misérable.

Elle éclate en sanglots. Il la caresse et lui parle doucement.

CHATOV

Marie. C'est fini maintenant. Nous vivrons tous les trois, nous travaillerons.

MARIE *(se jetant dans ses bras)*.

Oui, nous travaillerons, nous oublierons, mon amour...

On frappe à la porte du salon.

MARIE

Qu'est-ce que c'est?

CHATOV

J'avais oublié. Marie, il faut que je sorte. J'en ai pour *une demi-heure.*

MARIE

Tu vas me laisser seule. Nous nous sommes retrouvés et tu me laisses...

CHATOV

Mais c'est la dernière fois. Ensuite, nous serons réunis. Jamais, jamais plus, nous ne penserons à l'horreur des jours passés.

> *Il l'embrasse, prend sa cas-*
> *quette et ferme doucement la*
> *porte. Dans le salon, Liam-*
> *chine l'attend.*

CHATOV

Liamchine, mon ami, avez-vous jamais été heureux dans votre vie!

NOIR

> *Puis Liamchine et Chatov*
> *passent devant le rideau qui*
> *représente la rue. Liamchine*
> *s'arrête et hésite.*

CHATOV

Eh bien! Qu'attendez-vous?

> *Ils s'en vont.*

NOIR

DIX-NEUVIÈME TABLEAU

La forêt de Brykovo.

> *Chigalev et Virguinsky sont*
> *là quand Pierre Verkhovensky*
> *arrive avec le séminariste et*
> *Lipoutine.*

PIERRE *(élève sa lanterne et les examine).*

J'espère que vous n'avez pas oublié ce qui a été convenu.

Virguinsky

Écoutez. Je sais que la femme de Chatov est revenue auprès de lui cette nuit et qu'elle a accouché. Pour qui connaît le cœur humain, il est évident qu'il ne dénoncera pas maintenant. Il est heureux. Peut-être pourrait-on renoncer à présent.

Pierre

Si vous deveniez soudain heureux, reculeriez-vous à accomplir un acte de justice que vous estimeriez juste et nécessaire ?

Virguinsky

Assurément non. Assurément non. Mais...

Pierre

Vous préféreriez être malheureux plutôt que lâche ?

Virguinsky

Certainement... je préférerais.

Pierre

Eh bien, sachez que Chatov considère maintenant cette dénonciation comme juste et nécessaire. D'ailleurs, qu'y a-t-il d'heureux dans le fait que sa femme, après trois ans de fugue, soit revenue chez lui accoucher d'un enfant de Stavroguine ?

Virguinsky *(brusquement)*.

Oui, mais moi, je proteste. Nous lui demanderons sa parole d'honneur. Voilà tout.

Pierre

Pour parler d'honneur, il faut être à la solde du gouvernement.

Lipoutine

Comment osez-vous ? Qui est ici à la solde du gouvernement ?

Pierre

Vous peut-être... les vendus sont ceux qui ont peur au moment du danger.

CHIGALEV

Assez. Je veux parler. Depuis hier soir, j'ai examiné avec méthode la question de cet assassinat et je suis arrivé à la conclusion qu'il était inutile, frivole et personnel. Vous haïssez Chatov parce qu'il vous méprise et qu'il vous a insulté. C'est une question personnelle. Mais la personnalité, c'est le despotisme. Donc, je m'en vais. Non par peur du danger, ni par amitié pour Chatov, mais parce que cet assassinat est en contradiction avec mon système. Adieu. Pour ce qui est de dénoncer, vous savez que je ne le ferai pas.

Il fait demi-tour et s'en va.

PIERRE

Restez ici. Nous retrouverons ce fou. En attendant, je dois vous dire que Chatov a déjà confié à Kirilov son intention de dénoncer. C'est Kirilov qui me l'a dit parce qu'il était indigné. Maintenant, vous savez tout. Et, de plus, vous avez juré. *(Ils se regardent.)* Bon. Je vous rappelle qu'il faudra le jeter dans l'étang ensuite, et nous disperser. La lettre de Kirilov nous couvrira tous. Demain, je pars pour Saint-Pétersbourg. Vous aurez ensuite de mes nouvelles. *(Coup de sifflet. Lipoutine, après une hésitation, répond.)* Cachons-nous.

> *Ils se cachent tous, sauf Lipoutine. Entre Liamchine et Chatov.*

CHATOV

Eh bien! Vous êtes muet? Où est votre pioche. N'ayez donc pas peur. Il n'y a pas un chat ici. On pourrait tirer le canon que personne n'entendrait rien dans les faubourgs. C'est ici. *(Il frappe la terre du pied.)* Juste à cet endroit.

> *Le séminariste et Lipoutine bondissent derrière lui, lui prennent les coudes et l'écrasent au sol.*
>
> *Verkhovensky lui met son revolver sur le front.*
>
> *Chatov pousse un cri bref et désespéré: « Marie! »*

> *Verkhovensky tire.*
> *Virguinsky qui n'a pas par-*
> *ticipé se met soudain à trembler*
> *et à crier.*

VIRGUINSKY

Ce n'est pas cela. Non, non. Ce n'est pas cela du tout...
Non... (*Liamchine, qui s'est tenu derrière lui tout le temps
sans participer non plus au meurtre, le serre soudain par-derrière
et pousse des cris épouvantables. Virguinsky se dégage avec
terreur. Liamchine se jette sur Pierre Verkhovensky en poussant les mêmes cris. On le maîtrise et on le fait taire. Virguinsky
pleure.*) Non, non, ce n'est pas cela...

PIERRE (*les regardant avec mépris*).

Crapules!...

NOIR

VINGTIÈME TABLEAU

La rue.

> *Verkhovensky marchant en*
> *hâte vers la maison Philipov*
> *rencontre Fedka.*

PIERRE

Pourquoi n'es-tu pas resté caché là-bas, comme je t'en
avais donné l'ordre?

FEDKA

Sois poli, petit cafard, sois poli. Je n'ai pas voulu
compromettre M. Kirilov qui est un homme instruit.

PIERRE

Veux-tu ou non un passeport et de l'argent pour aller
à Pétersbourg?

FEDKA

Tu es un pou. Voilà ce que tu es pour moi. Tu m'as promis de l'argent au nom de M. Stavroguine pour verser le sang innocent. Je sais maintenant que M. Stavroguine n'était pas au courant. De sorte que le vrai assassin ce n'est pas moi, ni M. Stavroguine, c'est toi.

PIERRE *(hors de lui)*.

Sais-tu, misérable, que je vais te livrer immédiatement à la police! *(Il sort son revolver. Plus rapide, Fedka le frappe quatre fois sur la joue. Pierre tombe. Fedka file en éclatant de rire. Pierre, se relevant.)* Je te retrouverai, à l'autre bout du monde. Je t'écraserai. Quant à Kirilov...!

> *Il court vers la maison Philipov.*

NOIR

VINGT ET UNIÈME TABLEAU

La maison Philipov.

KIRILOV *(dans le noir)*.

Tu as tué Chatov! Tu l'as tué, tu l'as tué!

> *Les lumières montent.*

PIERRE

Je vous l'ai expliqué cent fois, Chatov devait tous nous dénoncer.

KIRILOV

Tais-toi. Tu l'as tué parce qu'il t'a craché au visage à Genève.

PIERRE

Pour cela. Et pour beaucoup d'autres choses encore.
Qu'avez-vous... Oh!...

*Kirilov a pris son revolver
et le vise. Verkhovensky prend
aussi son revolver.*

KIRILOV

Tu avais déjà préparé ton arme parce que tu avais peur
que je te tue. Mais je ne tuerai pas. Bien que... bien que...

*Il continue de viser. Puis
baisse son bras en riant.*

PIERRE

Je savais que vous ne tireriez pas. Mais vous avez
risqué gros. J'allais tirer, moi...

*Il se rassied et se verse du
thé, d'une main qui tremble
un peu.*

*Kirilov pose son revolver sur
la table, se met à marcher de
long en large, et s'arrête devant
Pierre Verkhovensky.*

KIRILOV

Je regrette Chatov.

PIERRE

Moi aussi.

KIRILOV

Tais-toi, misérable, ou je te tue.

PIERRE

D'accord. Je ne le regrette pas... D'ailleurs, le temps
presse. Je dois prendre un train à l'aube et gagner
l'étranger.

KIRILOV

Je comprends. Tu laisses tes crimes aux autres et puis
tu t'abrites. Canaille!

PIERRE

La canaillerie, l'honnêteté, ce sont des mots. Il n'y a que des mots.

KIRILOV

Toute ma vie, j'ai voulu qu'il y ait autre chose que les mots. Je n'ai vécu que pour cela, pour que les mots aient un sens, qu'ils soient aussi des actes...

PIERRE

Et alors ?

KIRILOV

Alors... *(Il regarde Pierre Verkhovensky.)* Oh! Tu es le dernier homme que je verrai. Je ne voudrais pas que nous nous quittions dans la haine.

PIERRE

Croyez bien que je n'ai rien contre vous, personnellement.

KIRILOV

Nous sommes tous les deux des misérables, et moi je vais me tuer, et toi tu vivras.

PIERRE

Bien sûr, je vivrai. Je suis lâche, moi. C'est méprisable, je le sais bien.

KIRILOV *(dans une exaltation croissante).*

Oui, oui, c'est méprisable. Écoute. Te souviens-tu de ce que le Crucifié a dit au larron qui mourait à sa droite : « Aujourd'hui même, tu seras avec moi au paradis. » Le jour s'acheva, ils moururent, et il n'y eut ni paradis ni résurrection. Et pourtant cet homme était le plus grand de toute la terre. La planète avec tout ce qu'il y a dessus n'est que folie sans cet homme. Eh bien, si les lois de la nature n'ont même pas épargné un tel homme, si elles l'ont obligé à vivre dans le mensonge et à mourir pour un mensonge, alors toute cette planète n'est qu'un mensonge. À quoi bon vivre alors ? Réponds, si tu es un homme.

Pierre

Mais oui. À quoi bon vivre! J'ai très bien compris votre point de vue. Si Dieu est un mensonge, alors nous sommes seuls et libres. Vous vous tuez, vous prouvez que vous êtes libre, et il n'y a plus de Dieu. Mais pour cela il faut vous tuer.

Kirilov *(de plus en plus exalté)*.

Tu as compris. Ah! tout le monde comprendra si même une crapule comme toi peut comprendre. Mais il faut que quelqu'un commence, et se tue pour prouver aux autres la terrible liberté de l'homme. Je suis malheureux parce que je suis le premier, et que j'ai affreusement peur. Je ne suis tsar que pour quelque temps. Mais je commencerai et j'ouvrirai la porte. Et les hommes seront tous heureux, ils seront tous tsars et à jamais. *(Il se jette à la table)*. Ah! donne-moi la plume. Dicte, je signerai tout. Et aussi que j'ai tué Chatov. Dicte. Je ne crains personne, tout est indifférent. Tout ce qui est caché se saura et, toi, tu seras écrasé. Je crois. Je crois. Dicte.

Pierre *(se lève d'un bond et pose devant Kirilov papier et plume)*.

« Moi, Alexis Kirilov, je déclare... »

Kirilov

Oui. À qui? À qui? Je veux savoir à qui je fais cette déclaration.

Pierre

À personne, à tous. Pourquoi préciser? Au monde entier.

Kirilov

Au monde entier! Bravo. Et sans repentir. Je ne veux pas de repentir. Je ne veux pas m'adresser aux autorités. *Allez, dicte. L'univers* est mauvais, je signerai.

Pierre

Oui, l'univers est mauvais. Et au diable les autorités! Écrivez.

KIRILOV

Attendez! Je vais dessiner en haut de la page une tête qui leur tire la langue.

PIERRE

Mais non. Pas de dessin. Le ton suffit.

KIRILOV

Le ton, oui, c'est ça. Dicte le ton.

PIERRE

« ... je déclare que ce matin j'ai tué l'étudiant Chatov dans le parc, pour sa trahison et sa dénonciation au sujet des proclamations. »

KIRILOV

C'est tout? Je veux encore les injurier.

PIERRE

Cela suffit. Donnez. Mais vous n'avez pas daté ni signé. Signez donc.

KIRILOV

Je veux les injurier.

PIERRE

Mettez *Vive la République*. Ils blêmiront.

KIRILOV

Oui. Oui. Non, je vais mettre : *Liberté, égalité, fraternité ou la mort*. Voilà. Ah! et puis en français : *gentilhomme, séminariste russe et citoyen du monde civilisé*. Là! Là! C'est parfait. Parfait. *(Il se lève, prend le revolver et court éteindre la lampe. La pièce est dans la nuit. Il hurle de toutes ses forces dans la nuit.)* Tout de suite, tout de suite...

> *Un coup de feu éclate. Silence. On tâtonne sur la scène. Pierre Verkhovensky allume une bougie, éclaire le cadavre de Kirilov.*

PIERRE

Parfait!

Il sort.

MARIE CHATOV *(crie dans l'étage).*

Chatov! Chatov!

NOIR

LE NARRATEUR

Dénoncés par le faible Liamchine, les assassins de
Chatov furent arrêtés, sauf Verkhovensky qui, au
même moment, confortablement installé dans un compartiment de première, passait la frontière et préparait de
nouveaux plans pour une société meilleure. Mais si la
race des Verkhovensky est immortelle, il n'est pas sûr que
celle des Stavroguine le soit.

VINGT-DEUXIÈME TABLEAU

Chez Stavroguine.

*Varvara Stavroguine met
une cape. Dacha, près d'elle,
est en deuil. Alexis est sur le
pas de la porte.*

VARVARA

Prépare la calèche! *(Alexis sort.)* Fuir ainsi, à son
âge, sur les routes, sous la pluie! *(Elle pleure.)* L'imbécile!
l'imbécile! Mais il est malade, maintenant. Oh! je le
ramènerai, mort ou vif! *(Elle se dirige vers la porte, s'arrête,
revient vers Dacha.)* Ma chérie, ma chérie!

*Elle l'embrasse et sort.
Dacha la regarde sortir par
la fenêtre, puis va s'asseoir.*

DACHA

Protégez-les tous, mon Dieu, protégez-les tous avant de me protéger moi-même. *(Entre soudain Stavroguine. Dacha le regarde intensément. Silence.)* Vous êtes venu me chercher, n'est-ce pas ?

STAVROGUINE

Oui.

DACHA

Que voulez-vous de moi ?

STAVROGUINE

Je suis venu vous demander de partir avec moi, demain.

DACHA

Je le ferai ! Où irons-nous ?

STAVROGUINE

À l'étranger. Nous nous installerons là-bas pour toujours. Viendrez-vous ?

DACHA

Je viendrai.

STAVROGUINE

L'endroit que je connais est lugubre. Au fond d'une gorge. La montagne opprime le regard et la pensée. C'est l'endroit qui en ce monde ressemble le plus à la mort.

DACHA

Je vous suivrai. Mais vous apprendrez à vivre, à revivre... Vous êtes fort.

STAVROGUINE *(avec un mauvais sourire)*.

Oui, j'ai de la force. J'ai été capable d'être giflé sans rien dire, de maîtriser un assassin, de vivre aux extrêmes de la débauche, d'avouer publiquement ma déchéance. Je puis tout faire, j'ai une force infinie. Mais je ne sais à quoi l'appliquer. Tout m'est étranger.

DACHA

Ah! que Dieu vous donne seulement un peu d'amour, même si je n'en suis pas l'objet!

STAVROGUINE

Oui, vous avez du cœur, vous serez une bonne garde-malade! Mais, encore une fois, ne vous y trompez pas. Je n'ai jamais rien pu détester. Je n'aimerai donc jamais. Je ne suis capable que de négation, de négation mesquine. Si je croyais enfin à quelque chose, je pourrais peut-être me tuer. Mais je ne peux pas croire.

DACHA *(tremblante)*.

Nicolas, un tel vide, c'est la foi, ou la promesse de la foi.

STAVROGUINE *(la regardant et après un silence)*.

J'ai donc la foi. *(Il se redresse.)* Ne dites rien. J'ai à faire maintenant. *(Il a un petit rire étrange.)* Quelle bassesse d'être venu vous chercher! Vous m'étiez chère et dans mon chagrin il m'était doux d'être près de vous.

DACHA

Vous m'avez rendue heureuse en venant.

STAVROGUINE *(la regarde d'un air étrange)*.

Heureuse? D'accord, d'accord... Mais non, ce n'est pas possible... Je n'apporte que le mal... Mais je n'accuse personne.

> *Il sort à droite.*
> *Brouhaha au-dehors. Var-*
> *vara entre par le fond.*
> *Derrière elle, Stépan Trophi-*
> *movitch, porté comme un enfant*
> *par un grand et vigoureux*
> *moujik.*

VARVARA

Vite, installez-le sur ce canapé. *(À Alexis.)* Fais prévenir le médecin. *(À Dacha.)* Toi, fais chauffer la chambre. *(On installe Stépan et le moujik se retire.)* Eh bien, fou que vous êtes, la promenade a été bonne? *(Il s'éva-*

nouit. Affolée, elle s'assied près de lui, lui frappe dans les mains.)
Oh, calme-toi, calme-toi! Mon ami! Oh, bourreau,
bourreau!

STÉPAN *(se redressant).*

Ah, chère! Ah, chère!

VARVARA

Non, attendez, taisez-vous.

> *Il lui prend la main, la
> serre fortement dans les siennes.
> Soudain, il porte la main
> de Varvara Stavroguine à ses
> lèvres.
> Les dents serrées, Varvara
> Stavroguine regarde un coin
> de la chambre.*

STÉPAN

Je vous aimais...

VARVARA

Taisez-vous.

STÉPAN

Je vous ai aimée toute ma vie, pendant vingt ans...

VARVARA

Mais qu'as-tu à répéter ainsi : « Je vous aimais, je vous
aimais... » Assez! Vingt ans sont passés et ils ne reviendront plus. Je ne suis qu'une sotte! *(Elle se lève.)* Si vous
ne vous endormez pas de nouveau, je... *(Avec une tendresse
subite.)* Dormez, je veillerai sur vous.

STÉPAN

Oui. Je vais dormir. *(Il délire, mais d'une manière en
quelque sorte raisonnable.)* Chère et incomparable amie,
il me semble, oui, je suis presque heureux. Mais le
bonheur ne me vaut rien, car aussitôt, je commence à
pardonner à mes ennemis... Si du moins l'on pouvait
me pardonner aussi.

VARVARA *(émue, et avec brusquerie).*

On vous pardonnera. Et pourtant...

STÉPAN

Oui. Je ne le mérite pas. Nous sommes tous coupables. Mais si vous êtes là, je suis comme un enfant, innocent comme lui. Chère, je ne puis vivre qu'à côté d'une femme. Et il faisait si froid sur la grand-route... Mais j'ai connu le peuple. Je leur ai raconté ma vie.

VARVARA

Vous avez parlé de moi, et dans vos auberges!

STÉPAN

Oui... c'est-à-dire à mots couverts... n'est-ce pas. Et ils ne comprenaient rien. Oh! laissez-moi baiser le bas de votre robe!

VARVARA

Restez tranquille. Vous serez toujours insupportable.

STÉPAN

Oui, frappez-moi sur l'autre joue, comme dans l'Évangile. J'ai toujours été un misérable. Sauf avec vous.

VARVARA *(pleurant).*

Avec moi aussi.

STÉPAN *(avec exaltation).*

Non, mais toute ma vie j'ai menti... Même quand je disais la vérité. Je n'ai jamais parlé en vue de la vérité, mais uniquement en vue de moi-même. Savez-vous que je mens encore maintenant, peut-être?

VARVARA

Oui, vous mentez.

STÉPAN

C'est-à-dire... la seule chose vraie est que je vous aimais. Pour le reste oui, je mens, c'est certain. L'ennui, n'est-ce pas, c'est que je crois ce que je dis lorsque je mens.

Le plus difficile, c'est de vivre et de ne pas croire à ses propres mensonges. Mais vous êtes là, vous m'aiderez...

Il a une défaillance.

VARVARA

Revenez, revenez. Oh, il brûle! Alexis!

Entre Alexis.

ALEXIS

Le docteur est prévenu, madame.

Alexis sort à droite. Varvara retourne vers Stépan.

STÉPAN

Chère, chère, vous voilà! J'ai réfléchi sur la route et j'ai compris bien des choses, et qu'il ne fallait plus nier, rien... Pour nous, c'est trop tard, mais pour ceux qui viendront, n'est-ce pas, la relève, la jeune Russie...

VARVARA

Que voulez-vous dire?

STÉPAN

Oh! lisez-moi le passage sur les cochons.

VARVARA *(épouvantée).*

Sur les cochons?

STÉPAN

Oui, dans saint Luc, vous savez, quand les démons entrent dans les cochons. *(Varvara va chercher les Évangiles sur son bureau et cherche.)* Chapitre VIII, versets 32 à 36.

VARVARA *(debout près de lui).*

... Les démons étant sortis de cet homme entrèrent dans les pourceaux; et le troupeau se précipita de la montagne dans le lac et y fut noyé. Alors les gens sortirent pour voir ce qui s'était passé, et, étant venus vers Jésus, ils trouvèrent l'homme duquel les démons étaient sortis, assis aux pieds de Jésus, habillé et dans son bon sens, et ils furent saisis de frayeur.

STÉPAN

Ah! Ah! Oui... Ces démons qui sortent du malade, chère, enfin voyez-vous, vous les reconnaissez, ce sont nos plaies, bien sûr, nos impuretés, et la malade, c'est la Russie... Mais les impuretés en sortent, elles rentrent dans les pourceaux, je veux dire nous, mon fils, les autres, et nous nous précipitons comme des possédés, et nous périrons. Mais le malade sera guéri, et il s'assiéra aux pieds de Jésus et tous seront guéris... Oui, la Russie sera guérie, un jour!

VARVARA

Vous n'allez pas mourir. Vous dites cela pour me faire encore du mal, homme cruel...

STÉPAN

Non, chère, non... Du reste, je ne mourrai pas tout à fait. Nous ressusciterons, nous ressusciterons, n'est-ce pas... Si Dieu est, nous ressusciterons, voilà ma profession de foi. Et je la fais à vous que j'aimais...

VARVARA

Dieu est, Stépan Trophimovitch. Je vous assure qu'il existe.

STÉPAN

Je l'ai compris, sur la route... au milieu de mon peuple. J'ai menti toute ma vie. Demain, demain, chère, nous revivrons ensemble...

Il se laisse aller en arrière.

VARVARA

Dacha! *(Puis toujours debout et raidie.)* Oh! mon Dieu, aie pitié de cet enfant!

ALEXIS *(surgit de la chambre à droite).*

Madame, madame... *(Entre Dacha.)* Là, là. *(Il montre la chambre.)* M. Stavroguine!

*Dacha court vers la chambre.
On l'entend se plaindre. Puis
elle sort lentement.*

Dacha (*s'effondrant à genoux*).

Il s'est pendu.

Entre le Narrateur.

Le Narrateur

Mesdames, Messieurs, encore un mot! Après la mort de Stavroguine, les médecins, réunis en conférence, décrétèrent qu'il ne présentait aucun signe d'aliénation mentale.

RIDEAU

RÉCITS, NOUVELLES

L'ÉTRANGER

ROMAN

I

I

Aujourd'hui, maman est morte. Ou peut-être hier, je ne sais pas. J'ai reçu un télégramme de l'asile : « Mère décédée. Enterrement demain. Sentiments distingués. » Cela ne veut rien dire. C'était peut-être hier.

L'asile de vieillards est à Marengo, à quatre-vingts kilomètres d'Alger. Je prendrai l'autobus à deux heures et j'arriverai dans l'après-midi[1]. Ainsi, je pourrai veiller et je rentrerai demain soir. J'ai demandé deux jours de congé à mon patron et il ne pouvait pas me les refuser avec une excuse pareille. Mais il n'avait pas l'air content. Je lui ai même dit : « Ce n'est pas de ma faute. » Il n'a pas répondu. J'ai[2] pensé alors que je n'aurais pas dû lui dire cela. En[3] somme, je n'avais pas à m'excuser. C'était plutôt à lui de me présenter ses condoléances. Mais il le fera sans doute après-demain, quand il me verra en deuil. Pour le moment, c'est un peu comme si maman n'était pas morte. Après l'enterrement, au contraire, ce sera une affaire[4] classée et tout aura revêtu une allure plus officielle.

J'ai pris l'autobus à deux heures. Il faisait très chaud. J'ai mangé au restaurant[5], chez Céleste, comme d'habitude. Ils avaient tous beaucoup de peine pour moi et Céleste m'a dit : « On n'a qu'une mère. » Quand je suis parti, ils m'ont accompagné à la porte. J'étais un peu étourdi parce qu'il a fallu que je monte chez Emmanuel pour lui emprunter une cravate noire et un brassard. Il a perdu son oncle, il y a quelques mois.

J'ai couru pour ne pas manquer le départ. Cette hâte, cette course, c'est à cause de tout cela sans doute, ajouté aux cahots, à l'odeur d'essence, à la réverbération de la route et du ciel, que je me suis assoupi[6]. J'ai dormi pendant presque tout le trajet[1]. Et quand je me suis réveillé, j'étais tassé contre un militaire qui m'a souri et qui m'a demandé si je venais de loin. J'ai dit « oui » pour n'avoir plus à parler.

L'asile est à deux kilomètres du village. J'ai fait le chemin à pied. J'ai voulu voir maman tout de suite. Mais le concierge m'a dit qu'il fallait que je rencontre[2] le directeur. Comme il était occupé, j'ai attendu un peu. Pendant tout ce temps, le concierge a parlé et ensuite, j'ai vu le directeur : il m'a reçu dans son bureau. C'était[3] un petit vieux, avec la Légion d'honneur. Il m'a regardé de ses yeux clairs. Puis il m'a serré la main qu'il a gardée si longtemps que je ne savais trop comment la retirer. Il a consulté un dossier et m'a dit : « Mme Meursault[4] est entrée ici il y a trois ans. Vous étiez son seul soutien. » J'ai cru qu'il me reprochait quelque chose et j'ai commencé à lui expliquer. Mais il m'a interrompu : « Vous n'avez pas à vous justifier, mon cher enfant. J'ai lu le dossier de votre mère. Vous ne pouviez subvenir à ses besoins. Il lui fallait une garde. Vos salaires sont modestes. Et tout compte fait, elle était plus heureuse ici. » J'ai dit : « Oui, monsieur le Directeur. » Il a ajouté : « Vous savez, elle avait des amis, des gens de son âge. Elle pouvait partager avec eux des intérêts qui sont d'un autre temps. Vous êtes jeune et elle devait s'ennuyer avec vous. »

C'était vrai. Quand elle était à la maison, maman passait son temps à me suivre des yeux en silence. Dans les premiers jours[5] où elle était à l'asile, elle pleurait souvent. Mais c'était à cause de l'habitude[6]. Au bout de quelques mois, elle aurait pleuré si on l'avait retirée de l'asile. Toujours à cause de l'habitude. C'est un peu pour cela que dans la dernière année je n'y suis presque plus allé. Et aussi parce que cela me prenait mon dimanche — sans compter l'effort pour aller à l'autobus, prendre des tickets et faire deux heures de route.

Le directeur m'a encore parlé. Mais je[7] ne l'écoutais presque plus. Puis il m'a dit : « Je suppose que vous voulez voir votre mère. » Je me suis levé sans rien dire et il m'a précédé vers la porte. Dans l'escalier[8], il m'a expliqué : « Nous l'avons transportée dans notre petite morgue. Pour ne pas impressionner les autres. Chaque fois qu'un pensionnaire meurt, les autres sont nerveux pendant deux ou trois jours. Et ça rend le service difficile. » Nous avons traversé une cour où il y avait beaucoup de vieillards, bavardant par petits groupes. Ils se taisaient quand nous passions. Et derrière nous, les conversations reprenaient. On aurait dit d'un jacassement assourdi de perruches. À la porte d'un petit bâtiment, le directeur m'a quitté : « Je[1] vous laisse, monsieur Meursault. Je suis à votre disposition dans mon bureau. En principe, l'enterrement est fixé à dix heures du matin. Nous avons pensé que vous pourrez ainsi veiller la disparue. Un dernier mot : votre mère a, paraît-il, exprimé souvent à ses compagnons le désir d'être enterrée religieusement. J'ai pris sur moi de faire le nécessaire. Mais je voulais vous en informer. » Je[2] l'ai remercié. Maman, sans être athée, n'avait jamais pensé de son vivant à la religion.

Je suis entré. C'était une salle très claire, blanchie à la chaux et recouverte d'une verrière. Elle[3] était meublée de chaises et de chevalets en forme de X. Deux d'entre eux, au centre, supportaient une bière recouverte de son couvercle. On voyait seulement des vis brillantes, à peine enfoncées, se détacher sur les[4] planches passées au brou de noix. Près de la bière, il y avait une infirmière arabe en sarrau blanc, un foulard de couleur vive sur[5] la tête.

À ce moment, le concierge est entré derrière mon dos. Il[6] avait dû courir. Il a bégayé un peu : « On l'a couverte, mais je dois dévisser la bière pour que vous puissiez la voir. » Il s'approchait de la bière quand je l'ai arrêté. Il m'a dit : « Vous ne voulez pas ? » J'ai répondu[7] : « Non. » Il s'est interrompu et j'étais gêné parce que je sentais que je n'aurais pas dû dire cela. Au bout d'un moment, il m'a regardé et il m'a demandé : « Pourquoi ? » mais sans reproche, comme s'il[8] s'informait. J'ai dit : « Je ne sais pas. » Alors tortillant sa moustache blanche, il a déclaré sans me regarder : « Je comprends. » Il avait de beaux yeux, bleu clair, et un teint un peu rouge. Il m'a donné une chaise et lui-même s'est assis un peu en arrière de moi. La garde s'est levée et s'est dirigée vers la sortie. À ce moment, le concierge m'a dit : « C'est un chancre qu'elle a. » Comme je ne comprenais pas, j'ai regardé l'infirmière et j'ai vu qu'elle portait sous les yeux un bandeau qui faisait le tour de la tête. À la hauteur du nez, le bandeau était plat. On ne voyait que la blancheur du bandeau dans son visage[9].

Quand elle est partie, le concierge a parlé : « Je vais

vous laisser seul. » Je ne sais pas quel geste j'ai fait, mais
il est resté, debout derrière moi. Cette présence dans mon
dos me gênait. La pièce était pleine d'une belle lumière de
fin d'après-midi. Deux frelons bourdonnaient contre la
verrière. Et je sentais le sommeil me gagner. J'ai dit au
concierge, sans me retourner vers lui : « Il y a longtemps
que vous êtes là ? » Immédiatement il a répondu : « Cinq
ans » — comme s'il avait attendu depuis toujours ma
demande.

Ensuite, il a beaucoup bavardé[1]. On l'aurait bien étonné
en lui disant qu'il finirait concierge à l'asile de Marengo.
Il avait soixante-quatre ans et il était Parisien. À ce moment je l'ai interrompu : « Ah, vous n'êtes pas d'ici ? »
Puis je me suis souvenu qu'avant de me conduire chez
le directeur, il m'avait parlé de maman. Il m'avait dit
qu'il fallait l'enterrer très vite, parce que dans la plaine il
faisait chaud, surtout dans ce pays. C'est[2] alors qu'il
m'avait appris qu'il avait vécu à Paris et qu'il avait du mal
à l'oublier. À Paris, on reste avec le mort trois, quatre
jours quelquefois. Ici on n'a pas le temps, on ne s'est pas
fait à l'idée que déjà il faut courir derrière le corbillard.
Sa femme lui avait dit alors : « Tais-toi, ce ne sont pas des
choses à raconter à Monsieur. » Le vieux avait rougi et
s'était excusé. J'étais[3] intervenu pour dire : « Mais non.
Mais non. » Je trouvais ce qu'il racontait juste et intéressant.

Dans la petite morgue, il[4] m'a appris qu'il était entré
à l'asile comme indigent. Comme il se sentait valide, il
s'était proposé pour cette place de concierge. Je lui ai
fait remarquer qu'en somme il était un pensionnaire. Il[5]
m'a dit que non. J'avais déjà été frappé par la façon
qu'il avait de dire : « ils », « les autres », et plus rarement
« les vieux », en parlant des pensionnaires dont certains
n'étaient pas plus âgés que lui. Mais naturellement, ce
n'était pas la même chose. Lui était concierge, et, dans une
certaine mesure, il avait des droits sur eux.

La garde est entrée à ce moment. Le[6] soir était tombé
brusquement. Très vite, la nuit s'était épaissie au-dessus
de la verrière. Le concierge a tourné le commutateur et
j'ai été aveuglé par l'éclaboussement soudain de la lumière.
Il m'a invité à me rendre au réfectoire pour dîner.
Mais je n'avais pas faim[7]. Il m'a offert alors d'apporter
une tasse de café au lait. Comme j'aime beaucoup le café

au lait, j'ai accepté et il est revenu un moment après avec un plateau. J'ai bu. J'ai[1] eu alors envie de fumer. Mais j'ai hésité parce que je ne savais pas si je pouvais le faire devant maman. J'ai réfléchi, cela[2] n'avait aucune importance. J'ai offert une cigarette au concierge et nous avons fumé.

À un moment, il m'a dit : « Vous savez, les amis de Madame votre mère vont venir la veiller aussi. C'est la coutume. Il faut que j'aille chercher des chaises et du café noir. » Je lui ai demandé si on pouvait éteindre une des lampes. L'éclat de la lumière sur les murs blancs me fatiguait. Il m'a dit que ce n'était pas possible. L'installation était ainsi faite : c'était tout ou rien. Je n'ai plus beaucoup fait attention à lui. Il est sorti, est revenu, a disposé des chaises. Sur l'une d'elles, il a empilé des tasses autour d'une cafetière. Puis il s'est assis en face de moi, de l'autre côté de maman. La garde était aussi au fond, le dos tourné. Je ne voyais pas ce qu'elle faisait. Mais au mouvement de ses bras, je pouvais croire qu'elle tricotait. Il faisait doux, le café m'avait réchauffé et par la porte ouverte entrait une odeur de nuit et de fleurs. Je crois que j'ai somnolé un peu.

C'est un frôlement qui m'a réveillé. D'avoir fermé les yeux, la pièce m'a paru encore[3] plus éclatante de blancheur. Devant moi, il n'y avait pas une ombre et chaque objet, chaque angle, toutes les courbes se dessinaient avec une pureté blessante pour les yeux. C'est[4] à ce moment que les amis de maman sont entrés. Ils étaient en tout une dizaine, et ils glissaient en silence dans cette lumière aveuglante. Ils se sont assis sans qu'aucune chaise grinçât. Je les voyais comme je n'ai jamais vu personne et pas un détail de leurs visages ou de leurs habits ne m'échappait. Pourtant[5] je ne les entendais pas et j'avais peine à croire à leur réalité. Presque toutes les femmes portaient un tablier et le cordon qui les serrait à la taille faisait encore ressortir leur ventre bombé. Je n'avais encore jamais remarqué à quel point les vieilles femmes pouvaient[6] avoir du ventre. Les hommes étaient presque tous très maigres et tenaient des cannes. Ce qui me frappait dans leurs visages, c'est que je ne voyais pas leurs yeux, mais seulement une lueur[7] sans éclat au milieu d'un nid de rides. Lorsqu'ils[8] se sont assis, la plupart m'ont regardé et ont hoché la tête avec

gêne, les lèvres toutes mangées par leur bouche sans dents,
sans que je puisse savoir s'ils me saluaient ou s'il s'agissait
d'un tic. Je[1] crois plutôt qu'ils me saluaient. C'est à ce moment que je me suis aperçu qu'ils étaient tous assis en
face de moi à dodeliner de la tête, autour du concierge.
J'ai[2] eu un moment l'impression ridicule qu'ils étaient
là pour me juger.

Peu[3] après, une des femmes s'est mise à pleurer. Elle
était au second rang, cachée par une de ses compagnes,
et je la voyais mal. Elle pleurait à petits cris, régulièrement : il[4] me semblait qu'elle ne s'arrêterait jamais. Les
autres avaient l'air de ne pas l'entendre. Ils étaient affaissés,
mornes et silencieux. Ils regardaient la bière ou leur
canne, ou n'importe quoi, mais ils ne regardaient que
cela. La femme pleurait toujours. J'étais très étonné parce
que je ne la connaissais pas. J'aurais voulu ne[5] plus l'entendre. Pourtant je n'osais pas le lui dire. Le concierge
s'est penché vers elle, lui a parlé, mais elle a secoué la
tête, a[6] bredouillé quelque chose, et a continué de pleurer
avec la même régularité. Le concierge est venu alors de[7]
mon côté. Il s'est assis près de moi. Après un assez long
moment, il m'a[8] renseigné sans me regarder : « Elle était
très liée avec Madame votre mère. Elle dit que
c'était sa seule amie ici et que maintenant elle n'a plus
personne. »

Nous sommes restés un long moment ainsi[9]. Les
soupirs et les sanglots de la femme se faisaient plus rares.
Elle reniflait beaucoup. Elle s'est tue enfin. Je n'avais
plus sommeil, mais j'étais fatigué et les reins me faisaient
mal. À présent c'était le silence de tous ces gens qui
m'était pénible. De temps en temps seulement, j'entendais un bruit singulier et je ne pouvais comprendre ce
qu'il était. À la longue, j'ai fini par deviner que quelques-
uns d'entre les vieillards suçaient l'intérieur[10] de leurs
joues et laissaient échapper ces clappements bizarres.
Ils[11] ne s'en apercevaient pas tant ils étaient absorbés
dans leurs pensées. J'avais même l'impression que cette
morte, couchée au milieu d'eux, ne[12] signifiait rien à leurs
yeux. Mais je crois maintenant que c'était une impression
fausse.

Nous avons tous pris du café, servi[13] par le concierge.
Ensuite, je ne sais plus. La nuit a passé. Je me souviens
qu'à un moment j'ai ouvert les yeux et j'ai vu que les

vieillards dormaient tassés sur eux-mêmes, à l'exception d'un seul qui, le menton sur le dos de ses mains agrippées à la[1] canne, me regardait fixement comme s'il n'attendait que mon réveil. Puis j'ai encore dormi. Je[2] me suis réveillé parce que j'avais de plus en plus mal aux reins. Le jour glissait sur la verrière. Peu après, l'un des vieillards s'est réveillé et il a beaucoup toussé. Il crachait dans un grand mouchoir à carreaux et chacun de ses crachats était comme un arrachement. Il a réveillé[3] les autres et le concierge a dit qu'ils devraient partir. Ils se sont levés. Cette veille incommode leur avait fait des visages de cendre. En sortant, et à mon grand étonnement, ils m'ont tous serré la main — comme si cette nuit où nous n'avions pas échangé un mot avait accru notre intimité.

J'étais fatigué. Le concierge m'a conduit chez lui et j'ai pu faire un peu de toilette. J'ai encore pris du café au lait qui était très bon. Quand je suis sorti, le jour était complètement levé. Au-dessus des collines qui séparent Marengo de la mer, le ciel était plein de rougeurs. Et le vent qui passait au-dessus d'elles apportait ici une odeur de sel. C'était une belle journée qui se préparait. Il y avait longtemps que j'étais allé à la campagne et je sentais quel plaisir j'aurais pris à me promener s'il n'y avait pas eu maman.

Mais j'ai attendu dans la cour, sous un platane. Je respirais l'odeur de la terre fraîche et je n'avais plus sommeil. J'ai pensé aux collègues du bureau. À cette heure, ils se levaient pour aller au travail : pour moi c'était toujours l'heure la plus difficile. J'ai encore réfléchi un peu à ces choses, mais j'ai été distrait par une cloche qui sonnait à l'intérieur des bâtiments. Il y a eu du remue-ménage derrière les fenêtres, puis tout s'est calmé. Le soleil était monté un peu plus dans le ciel : il commençait à chauffer mes pieds. Le concierge a traversé la cour et m'a dit que le directeur me demandait. Je suis allé dans son bureau. Il m'a fait signer un certain nombre de pièces. J'ai vu qu'il était habillé de noir avec un pantalon rayé. Il a pris le téléphone en main et il m'a interpellé : « Les employés des pompes funèbres sont là depuis un moment. Je vais leur demander de venir fermer la bière. Voulez-vous auparavant voir votre mère une dernière fois ? » J'ai dit non. Il a ordonné dans le téléphone en baissant la voix : « Figeac, dites aux hommes qu'ils peuvent aller. »

Ensuite il m'a dit qu'il assisterait à l'enterrement et je l'ai remercié. Il s'est assis derrière son bureau, il a croisé ses petites jambes. Il m'a averti que moi et lui serions seuls, avec l'infirmière de service. En principe, les pensionnaires ne devaient pas assister aux enterrements. Ils les laissait seulement veiller : « C'est une question d'humanité », a-t-il remarqué. Mais en l'espèce, il avait accordé l'autorisation de suivre le convoi à un vieil ami de maman : « Thomas Pérez. » Ici, le directeur a souri. Il m'a dit : « Vous comprenez, c'est un sentiment un peu puéril. Mais lui et votre mère ne se quittaient guère. À l'asile, on les plaisantait, on disait à Pérez : « C'est votre » fiancée. » Lui riait. Ça leur faisait plaisir. Et le fait est que la mort de Mme Meursault l'a beaucoup affecté. Je n'ai pas cru devoir lui refuser l'autorisation. Mais sur le conseil du médecin visiteur, je lui ai interdit la veillée d'hier. »

Nous[1] sommes restés silencieux assez longtemps. Le directeur s'est levé et a regardé par la fenêtre de son bureau. À un moment, il a observé : « Voilà déjà le curé de Marengo. Il est en avance. » Il m'a prévenu qu'il faudrait au moins trois quarts d'heure de marche pour aller à l'église qui est au village même. Nous sommes descendus. Devant le bâtiment, il y avait le curé et deux enfants de chœur. L'un de ceux-ci tenait un encensoir et le prêtre se baissait vers lui pour régler la longueur de la chaîne d'argent. Quand nous sommes arrivés, le prêtre s'est relevé. Il m'a appelé « mon fils » et m'a dit quelques mots. Il est entré ; je l'ai suivi.

J'ai vu d'un coup que les vis de la bière étaient enfoncées et qu'il y avait quatre hommes noirs dans la pièce. J'ai entendu en même temps le directeur me dire que la voiture attendait sur la route et le prêtre commencer ses prières. À partir de ce moment, tout est allé très vite. Les hommes se sont avancés vers la bière avec un drap. Le prêtre, ses suivants, le directeur et moi-même sommes sortis. Devant la porte, il y avait une dame que je ne connaissais pas : « M. Meursault », a dit le directeur. Je n'ai pas entendu le nom de cette dame et j'ai compris seulement qu'elle était infirmière déléguée. Elle a incliné sans un sourire son visage osseux et long. Puis nous nous sommes rangés pour laisser passer le corps. Nous avons

suivi les porteurs et nous sommes sortis de l'asile. Devant
la porte, il y avait la voiture. Vernie, oblongue et brillante, elle faisait penser à un plumier. À côté d'elle, il y
avait l'ordonnateur, petit homme aux habits ridicules,
et un vieillard à l'allure empruntée. J'ai compris que
c'était M. Pérez. Il avait un feutre mou à la calotte ronde
et aux ailes larges (il l'a ôté quand la bière a passé la
porte), un costume dont le pantalon tirebouchonnait sur
les souliers et un nœud d'étoffe noire trop petit pour sa
chemise à grand col blanc. Ses lèvres tremblaient au-
dessous d'un nez truffé de points noirs. Ses cheveux
blancs assez fins laissaient passer de curieuses oreilles
ballantes et mal ourlées dont la couleur rouge sang dans
ce visage blafard me frappa. L'ordonnateur nous donna
nos places. Le curé marchait en avant, puis la voiture.
Autour d'elle, les quatre hommes. Derrière, le directeur,
moi-même et, fermant la marche, l'infirmière déléguée et
M. Pérez.

Le ciel était déjà plein de soleil. Il commençait à peser
sur la terre et la chaleur augmentait rapidement. Je ne
sais pas pourquoi nous avons attendu assez longtemps
avant de nous mettre en marche. J'avais chaud sous mes
vêtements sombres. Le petit vieux, qui s'était recouvert,
a de nouveau ôté son chapeau. Je m'étais un peu tourné
de son côté, et je le regardais lorsque le directeur m'a
parlé de lui. Il m'a dit que souvent ma mère et M. Pérez
allaient se promener le soir jusqu'au village, accompagnés
d'une infirmière. Je regardais la campagne autour de moi.
À travers les lignes de cyprès qui menaient aux collines
près du ciel, cette terre rousse et verte, ces maisons rares
et bien dessinées, je comprenais maman. Le soir, dans ce
pays, devait être comme[1] une trêve mélancolique.
Aujourd'hui, le soleil débordant qui faisait tressaillir le
paysage le rendait inhumain et déprimant.

Nous nous sommes mis en marche. C'est à ce moment
que je me suis aperçu que Pérez claudiquait légèrement.
La voiture, peu à peu, prenait de la vitesse et le vieillard
perdait du terrain. L'un des hommes qui entouraient la
voiture s'était laissé dépasser aussi et marchait maintenant
à mon niveau. J'étais surpris de la rapidité avec laquelle
le soleil montait dans le ciel. Je me suis aperçu qu'il y
avait déjà longtemps que la campagne bourdonnait du
chant des insectes et de crépitements d'herbe. La sueur

coulait sur mes joues. Comme je n'avais pas de chapeau,
je m'éventais avec mon mouchoir. L'employé des pompes
funèbres m'a dit alors quelque chose que je n'ai pas
entendu. En même temps, il s'essuyait le crâne avec[1] un
mouchoir qu'il tenait dans sa main gauche, la main droite
soulevant le bord de sa casquette. Je lui ai dit : « Comment ? » Il a répété en montrant le ciel : « Ça tape. »
J'ai dit : « Oui. » Un peu après, il m'a demandé :
« C'est votre mère qui est là ? » J'ai encore dit : « Oui. »
« Elle était vieille ? » J'ai répondu : « Comme ça », parce
que je ne savais pas le chiffre exact. Ensuite, il s'est tu.
Je me suis retourné et j'ai vu le vieux Pérez à une
cinquantaine de mètres derrière nous. Il se hâtait en balan-
çant son feutre à bout de bras. J'ai regardé aussi le
directeur. Il marchait avec beaucoup de dignité, sans un
geste inutile[2]. Quelques gouttes de sueur perlaient sur son
front, mais il ne les essuyait pas.

Il me semblait que le convoi marchait un peu plus vite.
Autour de moi, c'était toujours la même campagne lumineuse gorgée de soleil. L'éclat du ciel était insoutenable.
À un moment donné, nous sommes passés sur une partie
de la route qui avait été récemment refaite. Le soleil
avait fait éclater le goudron. Les pieds y enfonçaient et
laissaient ouverte[3] sa pulpe brillante. Au-dessus de la
voiture, le chapeau du cocher, en cuir bouilli, semblait
avoir été pétri dans cette boue noire. J'étais un peu perdu
entre le ciel bleu et blanc et la monotonie de ces couleurs,
noir gluant du goudron ouvert, noir terne des habits,
noir laqué de la voiture. Tout cela, le soleil, l'odeur de
cuir et de crottin de la voiture, celle du vernis et celle
de l'encens, la fatigue d'une nuit d'insomnie, me troublait
le regard[4] et les idées. Je me suis retourné une fois de
plus : Pérez m'a paru très loin, perdu dans une nuée de
chaleur, puis je ne l'ai plus aperçu. Je l'ai cherché du
regard et j'ai vu qu'il avait quitté la route et pris à travers
champs. J'ai constaté aussi que devant moi la route tournait. J'ai compris que Pérez qui connaissait le pays coupait au plus court pour nous rattraper. Au tournant il
nous avait rejoints. Puis nous l'avons perdu. Il a repris
encore à travers champs et comme cela plusieurs fois.
Moi, je sentais le sang qui me battait aux tempes.

Tout s'est passé ensuite avec tant de précipitation,
de certitude et de naturel, que je ne me souviens plus de

rien. Une chose seulement : à l'entrée du village, l'infirmière déléguée m'a parlé. Elle avait une voix singulière qui n'allait pas avec son visage, une voix mélodieuse et tremblante. Elle m'a dit[1] : « Si on va doucement, on risque une insolation. Mais si on va trop vite, on est en transpiration et dans l'église on attrape un chaud et froid. » Elle avait raison. Il n'y avait pas d'issue. J'ai encore gardé quelques images de cette journée : par exemple, le visage de Pérez quand, pour la dernière fois, il nous a rejoints près du village. De grosses larmes d'énervement et de peine ruisselaient sur ses joues. Mais à cause des rides, elles ne s'écoulaient pas. Elles s'étalaient, se rejoignaient et formaient un vernis d'eau sur ce visage détruit. Il y a eu encore l'église et les villageois sur les trottoirs, les géraniums rouges sur les tombes du cimetière, l'évanouissement de Pérez (on eût dit un pantin disloqué), la terre couleur de sang qui roulait sur la bière de maman, la chair blanche des racines qui s'y mêlaient, encore du monde, des voix, le village, l'attente devant un café, l'incessant ronflement du moteur, et ma joie quand l'autobus est entré dans le nid de lumières d'Alger et que j'ai pensé que j'allais me coucher et dormir pendant douze heures.

II

En me réveillant, j'ai compris pourquoi mon patron avait l'air mécontent quand je lui ai demandé mes deux jours de congé : c'est aujourd'hui samedi. Je l'avais pour ainsi dire oublié, mais en me levant, cette idée m'est venue. Mon patron, tout naturellement, a pensé que j'aurais ainsi quatre jours de vacances avec mon dimanche et cela ne pouvait pas lui faire plaisir. Mais d'une part, ce n'est pas ma faute si on a enterré maman hier au lieu d'aujourd'hui et d'autre part, j'aurais eu mon samedi et mon dimanche de toute façon. Bien entendu, cela ne m'empêche pas de comprendre tout de même mon patron.

J'ai eu de la peine à me lever parce que j'étais fatigué de ma journée d'hier. Pendant que je me rasais, je me suis demandé ce que j'allais faire et j'ai décidé d'aller me baigner. J'ai pris le tram pour aller à l'établissement de bains du port. Là, j'ai plongé dans la passe. Il y avait beaucoup de jeunes gens. J'ai retrouvé dans l'eau Marie Cardona, une ancienne dactylo de mon bureau dont j'avais eu envie à l'époque. Elle aussi, je crois. Mais elle est partie peu après et nous n'avons pas eu le temps. Je l'ai aidée à monter sur une bouée et, dans ce mouvement, j'ai effleuré ses seins. J'étais encore dans l'eau quand elle était déjà à plat ventre sur la bouée. Elle s'est retournée vers moi. Elle avait les cheveux dans les yeux et elle riait. Je me suis hissé à côté d'elle sur la bouée. Il faisait bon et comme en plaisantant, j'ai laissé aller ma tête en arrière et je l'ai posée sur son ventre. Elle n'a rien dit et je suis resté ainsi. J'avais tout le ciel dans les yeux et il était bleu et doré. Sous ma nuque, je sentais le ventre de Marie battre doucement. Nous sommes restés longtemps sur la bouée, à moitié endormis. Quand

le soleil est devenu trop fort, elle a plongé et je l'ai suivie.
Je l'ai rattrapée, j'ai passé ma main autour de sa taille et
nous avons nagé ensemble. Elle riait toujours. Sur le
quai, pendant que nous nous séchions, elle m'a dit :
« Je suis plus brune que vous. » Je lui ai demandé si elle
voulait venir au cinéma, le soir. Elle a encore ri et m'a
dit qu'elle avait envie de voir un film avec Fernandel.
Quand nous nous sommes rhabillés, elle a eu l'air très surprise de me voir avec une cravate noire et elle m'a demandé si j'étais en deuil. Je lui ai dit que maman[1] était morte.
Comme elle voulait savoir depuis quand, j'ai répondu :
« Depuis hier. » Elle a eu un petit recul, mais n'a fait
aucune remarque. J'ai eu envie de lui dire que ce n'était
pas ma faute, mais je me suis arrêté parce que j'ai pensé
que je l'avais déjà dit à mon patron. Cela ne signifiait
rien. De toute façon, on est toujours un peu fautif[2].

Le soir, Marie avait tout oublié. Le film était drôle
par moments et puis vraiment trop bête. Elle avait sa
jambe contre la mienne. Je lui caressais les seins. Vers
la fin de la séance, je l'ai embrassée, mais mal. En sortant,
elle est venue chez moi.

Quand je me suis réveillé, Marie était partie. Elle
m'avait expliqué qu'elle devait aller chez sa tante. J'ai
pensé que c'était dimanche et cela m'a ennuyé : je n'aime
pas le dimanche. Alors, je me suis retourné dans mon lit,
j'ai cherché dans le traversin l'odeur de sel que les cheveux de Marie y avaient laissée et j'ai dormi jusqu'à dix
heures. J'ai fumé ensuite des cigarettes, toujours couché,
jusqu'à midi. Je ne voulais pas déjeuner chez Céleste
comme d'habitude parce que, certainement, ils m'auraient posé des questions et je n'aime pas cela. Je me
suis fait cuire des œufs et je les ai mangés à même le plat,
sans pain parce que je n'en avais plus et que je ne voulais
pas descendre pour en acheter.

Après le déjeuner, je me suis ennuyé un peu et j'ai
erré dans l'appartement. Il était commode quand maman
était là. Maintenant il est trop grand pour moi et j'ai
dû transporter dans ma chambre la table de la salle à
manger. Je ne vis plus que dans cette pièce, entre les
chaises de paille un peu creusées, l'armoire dont la glace
est jaunie, la table de toilette et le lit de cuivre. Le reste
est à l'abandon. Un peu plus tard, pour faire quelque
chose, j'ai pris un vieux journal et je l'ai lu. J'y ai découpé

une réclame des sels Kruschen et je l'ai collée dans un vieux cahier où je mets les choses qui m'amusent dans les journaux. Je me suis aussi lavé les mains et, pour finir, je me suis mis au balcon[1].

Ma chambre donne sur la rue principale du faubourg. L'après-midi était beau. Cependant, le pavé était gras, les gens rares et pressés encore. C'étaient[2] d'abord des familles allant en promenade, deux petits garçons en costume marin, la culotte au-dessous du genou, un peu empêtrés dans leurs vêtements raides, et une petite fille avec un gros nœud rose et des souliers noirs vernis. Derrière eux, une mère énorme, en robe de soie marron, et le père, un petit homme assez frêle que je connais de vue. Il avait un canotier, un nœud papillon et une canne à la main. Et le voyant avec sa femme, j'ai compris pourquoi dans le quartier on disait de lui qu'il était distingué. Un peu plus tard passèrent les jeunes gens du faubourg, cheveux laqués et cravate rouge, le veston très cintré, avec une pochette brodée et des souliers à bouts carrés. J'ai pensé qu'ils allaient aux cinémas du centre. C'était pourquoi ils partaient si tôt et se dépêchaient vers le tram en riant très fort.

Après eux, la rue peu à peu est devenue déserte. Les spectacles étaient partout commencés, je crois. Il n'y avait plus dans la rue que les boutiquiers et les chats. Le ciel était pur mais sans éclat au-dessus des ficus qui bordent la rue. Sur le trottoir d'en face, le marchand de tabac a sorti une chaise, l'a installée devant sa porte et l'a enfourchée en s'appuyant des deux bras sur le dossier. Les trams tout à l'heure bondés étaient presque vides. Dans le petit café « Chez Pierrot », à côté du marchand de tabac, le garçon balayait de la sciure dans la salle déserte. C'était vraiment dimanche.

J'ai retourné ma chaise et je l'ai placée comme celle du marchand de tabac parce que j'ai trouvé que c'était plus commode. J'ai fumé deux cigarettes, je suis rentré pour prendre un morceau de chocolat et je suis revenu le manger à la fenêtre. Peu après, le ciel s'est assombri et j'ai cru que nous allions avoir un orage d'été. Il s'est découvert peu à peu cependant. Mais le passage des nuées avait laissé sur la rue comme une promesse de pluie qui l'a rendue plus sombre. Je suis resté longtemps à regarder le ciel.

À cinq heures, des tramways sont arrivés dans le bruit. Ils ramenaient du stade de banlieue des grappes de spectateurs perchés sur les marchepieds et les rambardes. Les tramways suivants ont ramené les joueurs que j'ai reconnus à leurs petites valises. Ils hurlaient et chantaient à pleins poumons que leur club ne périrait pas. Plusieurs m'ont fait des signes. L'un m'a même crié : « On les a eus. » Et j'ai fait : « Oui », en secouant la tête. À partir de ce moment, les autos ont commencé à affluer.

La journée a tourné encore un peu. Au-dessus des toits, le ciel est devenu rougeâtre et, avec le soir naissant, les rues se sont animées. Les promeneurs revenaient peu à peu. J'ai reconnu le monsieur distingué au milieu d'autres. Les enfants pleuraient ou se laissaient traîner. Presque aussitôt, les cinémas du quartier ont déversé dans la rue un flot de spectateurs. Parmi eux, les jeunes gens avaient des gestes plus décidés que d'habitude et j'ai pensé qu'ils avaient vu un film d'aventures. Ceux qui revenaient des cinémas de la ville arrivèrent un peu plus tard. Ils semblaient plus graves. Ils riaient encore, mais de temps en temps, ils paraissaient fatigués et songeurs. Ils sont restés dans la rue, allant et venant[1] sur le trottoir d'en face. Les jeunes filles du quartier, en cheveux, se tenaient par le bras. Les jeunes gens s'étaient arrangés pour les croiser et ils lançaient des plaisanteries dont elles riaient en détournant la tête. Plusieurs d'entre elles, que je connaissais, m'ont fait des signes.

Les lampes de la rue se sont alors allumées brusquement et elles ont fait pâlir les premières étoiles qui montaient dans la nuit. J'ai[2] senti mes yeux se fatiguer à regarder ainsi les trottoirs avec leur chargement d'hommes et de lumières. Les lampes faisaient luire le pavé mouillé, et les tramways, à intervalles réguliers, mettaient leurs reflets sur des cheveux brillants, un sourire ou un bracelet d'argent. Peu après, avec les tramways plus rares et la nuit déjà noire au-dessus des arbres et des lampes, le quartier s'est vidé insensiblement, jusqu'à ce que le premier chat traverse lentement la rue de nouveau déserte. J'ai pensé alors qu'il fallait dîner. J'avais un peu mal au cou d'être resté longtemps appuyé sur le dos de ma chaise. Je suis descendu acheter du pain et des pâtes, j'ai fait ma cuisine et j'ai mangé debout. J'ai voulu fumer une cigarette à la fenêtre, mais l'air avait fraîchi et j'ai eu un peu froid. J'ai fermé mes fenêtres et en revenant j'ai vu dans la glace un bout de table où ma lampe à alcool voisinait avec des morceaux de pain. J'ai pensé que c'était toujours un dimanche de tiré, que maman était maintenant enterrée, que j'allais reprendre mon travail et que, somme toute, il n'y avait rien de changé.

III

AUJOURD'HUI j'ai beaucoup travaillé au bureau. Le patron a été aimable. Il m'a demandé si je n'étais pas trop fatigué et il a voulu savoir aussi l'âge de maman. J'ai dit « une soixantaine d'années », pour ne pas me tromper et je ne sais pas pourquoi il a eu l'air d'être soulagé et de considérer que c'était une affaire terminée.

Il y avait un tas de connaissements[1] qui s'amoncelaient sur ma table et il a fallu que je les dépouille tous. Avant de quitter le bureau pour aller déjeuner, je me suis lavé les mains. À midi, j'aime bien ce moment. Le soir, j'y trouve moins de plaisir parce que la serviette roulante qu'on utilise est tout à fait humide : elle a servi toute la journée. J'en ai fait la remarque un jour à mon patron. Il m'a répondu qu'il trouvait cela regrettable, mais que c'était tout de même un détail sans importance. Je suis sorti un peu tard, à midi et demi, avec Emmanuel, qui travaille à l'expédition. Le bureau donne sur la mer et nous avons perdu un moment à regarder les cargos dans le port brûlant de soleil. À ce moment, un camion est arrivé dans un fracas de chaînes et d'explosions. Emmanuel m'a demandé « si on y allait » et je me suis mis à courir. Le camion nous a dépassés et nous nous sommes lancés à sa poursuite. J'étais noyé dans le bruit et la poussière. Je ne voyais plus rien et ne sentais que cet élan désordonné de la course, au milieu des treuils et des machines, des mâts qui dansaient sur l'horizon et des coques que nous longions. J'ai pris appui le premier et j'ai sauté au vol. Puis j'ai aidé Emmanuel à s'asseoir. Nous étions hors de souffle, le camion sautait sur les pavés inégaux du quai, au milieu de la poussière et du soleil. Emmanuel riait à perdre haleine.

Nous sommes arrivés en nage chez Céleste. Il était toujours là, avec son gros ventre, son tablier et ses moustaches blanches. Il m'a demandé si « ça allait quand même ». Je lui ai dit que oui et que j'avais faim. J'ai mangé très vite et j'ai pris du café. Puis je suis rentré chez moi, j'ai dormi un peu parce que j'avais trop bu de vin et, en me réveillant, j'ai eu envie de fumer. Il était tard et j'ai couru pour attraper un tram. J'ai travaillé tout l'après-midi. Il faisait très chaud dans le bureau et le soir, en sortant, j'ai été heureux de revenir en marchant lentement le long des quais. Le ciel était vert, je me sentais content. Tout de même, je suis rentré directement chez moi parce que je voulais me préparer des pommes de terre bouillies.

En montant, dans l'escalier noir, j'ai heurté le vieux Salamano, mon voisin de palier. Il était avec son chien. Il y a huit ans qu'on les voit ensemble. L'épagneul a une maladie de peau, le rouge, je crois, qui lui fait perdre presque tous ses poils et qui le couvre de plaques et de croûtes brunes. À force de vivre avec lui, seuls tous les deux dans une petite chambre, le vieux Salamano a fini par lui ressembler. Il a des croûtes rougeâtres sur le visage et le poil jaune et rare. Le chien, lui, a pris de son patron une sorte d'allure voûtée, le museau en avant et le cou tendu. Ils ont l'air de la même race et pourtant ils se détestent. Deux fois par jour, à onze heures et à six heures, le vieux mène son chien promener. Depuis huit ans, ils n'ont pas changé leur itinéraire. On peut les voir le long de la rue de Lyon, le chien tirant l'homme jusqu'à ce que le vieux Salamano bute. Il bat son chien alors et il l'insulte. Le chien rampe de frayeur et se laisse traîner. À ce moment, c'est au vieux de le tirer. Quand le chien a oublié, il entraîne de nouveau son maître et il est de nouveau battu et insulté. Alors, ils restent tous les deux sur le trottoir et ils se regardent, le chien avec terreur, l'homme avec haine. C'est[1] ainsi tous les jours. Quand le chien veut uriner, le vieux ne lui en laisse pas le temps et il le tire, l'épagneul semant derrière lui une traînée de petites gouttes. Si par hasard le chien fait dans la chambre, alors il est encore battu. Il y a huit ans que cela dure. Céleste dit toujours que « c'est malheureux », mais au fond, personne ne peut savoir. Quand je l'ai rencontré dans l'escalier, Salamano était en train d'insulter son chien. Il lui disait : « Salaud! Charogne! » et le chien gémissait. J'ai dit : « Bonsoir », mais le vieux insultait toujours. Alors je lui ai demandé ce que le chien lui avait fait. Il ne m'a pas répondu. Il disait seulement : « Salaud! Charogne! » Je le devinais, penché sur son chien, en train d'arranger quelque chose sur le collier. J'ai parlé plus fort. Alors sans se retourner, il m'a répondu avec une sorte de rage rentrée : « Il est toujours là. » Puis il est parti en tirant la bête qui se laissait traîner sur ses quatre pattes, et gémissait.

Juste à ce moment est entré mon deuxième voisin de palier. Dans le quartier, on dit qu'il vit des femmes. Quand on lui demande son métier, pourtant, il est « magasinier ». En général, il n'est guère aimé. Mais il me parle souvent et quelquefois il passe un moment chez moi parce que je l'écoute. Je trouve que ce qu'il dit est intéressant. D'ailleurs, je n'ai aucune raison de ne pas lui parler. Il s'appelle Raymond Sintès. Il est assez petit, avec de larges épaules et un nez de boxeur. Il est toujours habillé très correctement. Lui aussi m'a dit, en parlant de Salamano : « Si c'est pas malheureux! » Il m'a demandé si ça ne me dégoûtait pas et j'ai répondu que non.

Nous sommes montés et j'allais le quitter quand il m'a dit : « J'ai chez moi du boudin et du vin. Si vous voulez manger un morceau avec moi?... » J'ai pensé que cela m'éviterait de faire ma cuisine et j'ai accepté. Lui aussi n'a qu'une chambre, avec une cuisine sans fenêtre. Au-dessus de son lit, il a un ange en stuc blanc et rose, des photos de champions et deux ou trois clichés de femmes nues. La chambre était sale et le lit défait. Il a d'abord allumé sa lampe à pétrole, puis il a sorti un pansement assez douteux de sa poche et a enveloppé sa main droite. Je lui ai demandé ce qu'il avait. Il m'a dit qu'il avait eu une bagarre avec un type qui lui cherchait des histoires.

« Vous comprenez, monsieur Meursault, m'a-t-il dit, c'est pas que je suis méchant, mais je suis vif. L'autre, il m'a dit : « Descends du tram si tu es un homme. » Je lui ai dit : « Allez, reste tranquille. » Il m'a dit que[1] je n'étais pas un homme. Alors je suis descendu et je lui ai dit : « Assez, ça vaut mieux, ou je vais te mûrir. » Il m'a répondu : « De quoi? » Alors je lui en ai donné un. Il est tombé. Moi, j'allais le relever. Mais il m'a donné des coups de pied de par terre. Alors je lui ai donné un coup de genou et deux taquets. Il avait la figure en sang. Je lui ai demandé s'il avait son compte. Il m'a dit : « Oui. » Pendant tout ce temps, Sintès arrangeait son pansement. J'étais assis sur le lit. Il m'a dit : « Vous voyez que je ne l'ai pas cherché. C'est lui qui m'a manqué. » C'était vrai et je l'ai reconnu. Alors il m'a déclaré que, justement, il voulait me demander un conseil au sujet de cette affaire, que moi, j'étais un homme, je connaissais la vie, que je pouvais l'aider et qu'ensuite il serait mon copain. Je n'ai rien dit et il m'a demandé encore si je voulais être son copain. J'ai dit que ça m'était égal : il a eu l'air content. Il a sorti du boudin, il l'a fait cuire à la poêle, et il a installé des verres, des assiettes, des couverts et deux bouteilles de vin. Tout cela en silence. Puis nous nous sommes installés. En mangeant, il a commencé à me raconter son histoire. Il hésitait d'abord un peu. « J'ai connu une dame... c'était pour autant dire ma maîtresse. » L'homme avec qui il s'était battu était le frère de cette femme. Il m'a dit qu'il l'avait entretenue. Je n'ai rien répondu et pourtant il a ajouté tout de suite qu'il savait ce qu'on disait dans le quartier, mais qu'il avait sa conscience pour lui et qu'il était magasinier.

« Pour en venir à mon histoire, m'a-t-il dit, je me suis aperçu qu'il y avait de la tromperie. » Il lui donnait juste de quoi vivre. Il payait lui-même le loyer de sa chambre et il lui donnait vingt francs par jour pour la nourriture. « Trois cents francs de chambre, six cents francs de nourriture, une paire de bas de temps en temps, ça faisait mille francs. Et madame ne travaillait pas. Mais elle me disait que c'était juste, qu'elle n'arrivait pas avec ce que je lui donnais. Pourtant, je lui disais : « Pourquoi tu » travailles pas une demi-journée ? Tu me soulagerais » bien pour toutes ces petites choses. Je t'ai acheté un » ensemble ce mois-ci, je te paye vingt francs par jour, » je te paye le loyer et toi, tu prends le café l'après-midi » avec tes amies. Tu leur donnes le café et le sucre. Moi, » je te donne l'argent. J'ai bien agi avec toi et tu me le » rends mal. » Mais elle ne travaillait pas, elle disait toujours qu'elle n'arrivait pas et c'est comme ça que je me suis aperçu qu'il y avait de la tromperie. »

Il m'a alors raconté qu'il avait trouvé un billet de loterie dans son sac et qu'elle n'avait pas pu lui expliquer com-

ment elle l'avait acheté. Un peu plus tard, il avait trouvé
chez elle « une indication » du mont-de-piété qui prouvait qu'elle avait engagé deux bracelets. Jusque-là, il
ignorait l'existence de ces bracelets. « J'ai bien vu qu'il
y avait de la tromperie. Alors, je l'ai quittée. Mais d'abord
je l'ai tapée. Et puis, je lui ai dit ses vérités. Je lui
ai dit que tout ce qu'elle voulait, c'était s'amuser avec
sa chose. Comme je lui ai dit, vous comprenez, monsieur
Meursault : « Tu ne vois pas que le monde il est jaloux
» du bonheur que je te donne. Tu connaîtras plus tard le
» bonheur que tu avais. »

Il l'avait battue jusqu'au sang. Auparavant, il ne la
battait pas. « Je la tapais, mais tendrement pour ainsi
dire. Elle criait un peu. Je fermais les volets et ça finissait
comme toujours. Mais maintenant, c'est sérieux. Et
pour moi, je l'ai pas assez punie. »

Il m'a expliqué alors que c'était pour cela qu'il avait
besoin d'un conseil. Il s'est arrêté pour régler la mèche
de la lampe qui charbonnait. Moi, je l'écoutais toujours.
J'avais bu près d'un litre de vin et j'avais très chaud
aux tempes. Je fumais les cigarettes de Raymond
parce qu'il ne m'en restait plus. Les derniers trams
passaient et emportaient avec eux les bruits maintenant
lointains du faubourg. Raymond a continué. Ce qui
l'ennuyait, « c'est qu'il avait encore un sentiment pour
son coït ». Mais il voulait la punir. Il avait d'abord pensé
à l'emmener dans un hôtel et à appeler les « mœurs »
pour causer un scandale et la faire mettre en carte. Ensuite,
il s'était adressé à des amis qu'il avait dans le milieu.
Ils n'avaient rien trouvé. Et comme me le faisait remarquer Raymond, c'était bien la peine d'être du milieu.
Il le leur avait dit et ils avaient alors proposé de la
« marquer ». Mais ce n'était pas ce qu'il voulait. Il allait
réfléchir. Auparavant[1] il voulait me demander quelque
chose. D'ailleurs, avant de me le demander, il voulait
savoir ce que je pensais de cette histoire. J'ai répondu
que je n'en pensais rien mais que c'était intéressant. Il
m'a demandé si je pensais qu'il y avait de la tromperie,
et moi, il me semblait bien qu'il y avait de la tromperie,
si je trouvais qu'on devait la punir et ce que je ferais à
sa place, je lui ai dit qu'on ne pouvait jamais savoir, mais
je comprenais qu'il veuille la punir. J'ai encore bu un peu
de vin. Il a allumé une cigarette et il m'a découvert son

idée. Il voulait lui écrire une lettre « avec des coups de
pied et en même temps des choses pour la faire regretter».
Après, quand elle reviendrait, il coucherait avec elle et
« juste au moment de finir » il lui cracherait à la figure
et il la mettrait dehors. J'ai trouvé qu'en effet, de cette
façon, elle serait punie. Mais Raymond m'a dit qu'il ne
se sentait pas capable de faire la lettre qu'il fallait et qu'il
avait pensé à moi pour la rédiger. Comme je ne disais
rien, il m'a demandé si cela m'ennuierait de le faire tout
de suite et j'ai répondu que non.

Il s'est alors levé après avoir bu un verre de vin. Il a
repoussé les assiettes et le peu de boudin froid que nous
avions laissé. Il a soigneusement essuyé la toile cirée de
la table. Il a pris[1] dans un tiroir de sa table de nuit une
feuille de papier quadrillé, une enveloppe jaune, un
petit porte-plume de bois rouge et un encrier carré d'encre
violette. Quand il m'a dit le nom de la femme, j'ai vu
que c'était une Mauresque. J'ai fait la lettre. Je l'ai écrite
un peu au hasard, mais je me suis appliqué à contenter
Raymond parce que je n'avais pas de raison de ne pas le
contenter. Puis j'ai lu la lettre à haute voix. Il m'a écouté
en fumant et en hochant la tête, puis il m'a demandé de
la relire. Il a été tout à fait content. Il m'a dit : « Je savais
bien que tu connaissais la vie. » Je ne me suis pas aperçu
d'abord qu'il me tutoyait. C'est seulement quand il m'a
déclaré : « Maintenant, tu es un vrai copain », que cela
m'a frappé. Il a répété sa phrase et j'ai dit : « Oui. » Cela
m'était égal d'être son copain et il avait vraiment l'air
d'en avoir envie. Il a cacheté la lettre et nous avons fini
le vin. Puis nous sommes restés un moment à fumer
sans rien dire. Au-dehors, tout était calme, nous avons
entendu le glissement d'une auto qui passait. J'ai dit :
« Il est tard. » Raymond le pensait aussi. Il a remarqué
que le temps passait vite et, dans un sens, c'était vrai.
J'avais sommeil, mais j'avais de la peine à me lever. J'ai
dû avoir l'air fatigué parce que Raymond m'a dit qu'il
ne fallait pas se laisser aller. D'abord, je n'ai pas compris.
Il m'a expliqué alors qu'il avait appris la mort de maman
mais que c'était une chose qui devait arriver un jour
ou l'autre. C'était aussi mon avis.

Je me suis levé, Raymond m'a serré la main très fort
et m'a dit qu'entre hommes on se comprenait toujours.
En sortant de chez lui, j'ai refermé la porte et je suis

resté un moment dans le noir, sur le palier. La maison était calme et des profondeurs de la cage d'escalier montait un souffle obscur et humide. Je n'entendais que les coups de mon sang qui[1] bourdonnait à mes oreilles. Je suis resté immobile. Mais dans la chambre du vieux Salamano, le chien a gémi sourdement[2].

IV

J'AI bien travaillé toute la semaine, Raymond est venu et m'a dit qu'il avait envoyé la lettre. Je suis allé au cinéma deux fois avec Emmanuel qui[1] ne comprend pas toujours ce qui se passe sur l'écran. Il faut alors lui donner des explications. Hier, c'était samedi et Marie est venue comme nous en étions convenus. J'ai eu très envie d'elle parce qu'elle avait une belle robe à raies rouges et blanches et des sandales de cuir. On devinait ses seins durs et le brun du soleil lui faisait un visage de[2] fleur. Nous avons pris un autobus et nous sommes allés à quelques kilomètres d'Alger, sur une plage resserrée entre des rochers et bordée de roseaux du côté de la terre. Le soleil de quatre heures n'était pas trop chaud, mais l'eau était tiède, avec de petites vagues longues et paresseuses. Marie m'a appris un jeu. Il fallait, en nageant, boire à la crête des vagues, accumuler dans sa bouche toute l'écume et se mettre ensuite sur le dos pour la projeter contre le ciel. Cela faisait alors une dentelle mousseuse qui disparaissait dans l'air ou me retombait en pluie tiède sur le visage. Mais au bout de quelque temps, j'avais la bouche brûlée par l'amertume du sel. Marie m'a rejoint alors et s'est collée à moi dans l'eau. Elle a mis sa bouche contre la mienne. Sa langue rafraîchissait mes lèvres et nous nous sommes roulés dans les vagues pendant un moment.

Quand nous nous sommes rhabillés sur la plage, Marie me regardait avec des yeux brillants. Je l'ai embrassée. À partir de ce moment, nous n'avons plus parlé. Je l'ai tenue contre moi et nous avons été pressés de trouver un autobus, de rentrer, d'aller chez moi et de nous jeter sur mon lit. J'avais laissé ma fenêtre ouverte et c'était bon de sentir la nuit d'été couler sur nos corps bruns.

Ce matin, Marie est restée et je lui ai dit que nous déjeunerions ensemble. Je suis descendu pour acheter de la viande. En remontant, j'ai entendu une voix de femme dans la chambre de Raymond. Un peu après, le vieux Salamano a grondé son chien, nous avons entendu un bruit de semelles et de griffes sur les marches en bois de l'escalier et puis : « Salaud, charogne », ils sont sortis dans la rue. J'ai raconté à Marie l'histoire du vieux et elle a ri. Elle avait un de mes pyjamas dont elle avait retroussé les manches. Quand elle a ri, j'ai eu encore envie d'elle. Un moment après, elle m'a demandé si je l'aimais. Je lui ai répondu que cela ne voulait rien dire, mais qu'il me semblait que non. Elle a eu l'air triste. Mais en préparant le déjeuner, et à propos de rien, elle a encore ri de telle façon que je l'ai embrassée. C'est à ce moment que les bruits d'une dispute ont éclaté chez Raymond.

On a d'abord entendu une voix aiguë de femme et puis Raymond qui disait : « Tu m'as manqué, tu m'as manqué. Je vais t'apprendre à me manquer. » Quelques bruits sourds et la femme a hurlé, mais de si terrible façon qu'immédiatement le palier s'est empli de monde. Marie et moi nous sommes sortis aussi. La femme criait toujours et Raymond frappait toujours. Marie m'a dit que c'était terrible et je n'ai rien répondu. Elle m'a demandé d'aller chercher un agent, mais je lui ai dit que je n'aimais pas les agents. Pourtant, il en est arrivé un avec le locataire du deuxième qui est plombier. Il a frappé à la porte et on n'a plus rien entendu. Il a frappé plus fort et au bout d'un moment, la femme a pleuré et Raymond a ouvert. Il avait une cigarette à la bouche et l'air doucereux. La fille s'est précipitée à la porte et a déclaré à l'agent que Raymond l'avait frappée. « Ton nom », a dit l'agent. Raymond a répondu. « Enlève ta cigarette de la bouche quand tu me parles », a dit l'agent. Raymond a hésité, m'a regardé et et a tiré[1] sur sa cigarette. À ce moment, l'agent l'a giflé à toute volée d'une claque épaisse et lourde, en pleine joue. La cigarette est tombée quelques mètres plus loin. Raymond a changé de visage, mais il n'a rien dit sur le moment et puis il a demandé d'une voix humble s'il pouvait ramasser son

mégot. L'agent a déclaré qu'il le pouvait et il a ajouté :
« Mais la prochaine fois, tu sauras qu'un agent n'est pas
un guignol. » Pendant ce temps, la fille pleurait et elle
a répété : « Il m'a tapée. C'est un maquereau. » — « Monsieur l'agent, a demandé alors Raymond, c'est dans la
loi, ça, de dire maquereau à un homme ? » Mais l'agent
lui a ordonné « de fermer sa gueule ». Raymond s'est
alors retourné vers la fille et il lui a dit : « Attends,
petite, on se retrouvera. » L'agent lui a dit de fermer
ça, que la fille devait partir et lui rester dans sa chambre
en attendant d'être convoqué au commissariat. Il a
ajouté que Raymond devrait avoir honte d'être soûl
au point de trembler comme il le faisait. À ce moment,
Raymond lui a expliqué : « Je ne suis pas soûl, monsieur
l'agent. Seulement, je suis là, devant vous, et je tremble,
c'est forcé. » Il a fermé sa porte et tout le monde est
parti. Marie et moi avons fini de préparer le déjeuner.
Mais elle n'avait pas faim, j'ai presque tout mangé.
Elle est partie à une heure et j'ai dormi un peu.

Vers trois heures, on a frappé à ma porte et Raymond
est entré. Je suis resté couché. Il s'est assis sur le bord
de mon lit. Il est resté un moment sans parler et je lui
ai demandé comment son affaire s'était passée. Il m'a
raconté qu'il avait fait ce qu'il voulait mais qu'elle lui
avait donné une gifle et qu'alors il l'avait battue. Pour le
reste, je l'avais vu. Je lui ai dit qu'il me semblait que
maintenant elle était punie et qu'il devait être content.
C'était aussi son avis, et il a observé que l'agent avait
beau faire, il ne changerait rien aux coups qu'elle avait
reçus. Il a ajouté qu'il connaissait bien les agents et qu'il
savait comment il fallait s'y prendre avec eux. Il m'a
demandé alors si j'avais attendu qu'il réponde à la gifle
de l'agent. J'ai répondu que je n'attendais rien du tout
et que d'ailleurs je n'aimais pas les agents. Raymond a
eu l'air très content. Il m'a demandé si je voulais sortir
avec lui. Je me suis levé et j'ai commencé à me peigner.
Il m'a dit qu'il fallait que je lui serve de témoin. Moi
cela m'était égal, mais je ne savais pas ce que je devais
dire. Selon Raymond, il suffisait de déclarer que la fille
lui avait manqué. J'ai accepté de lui servir de témoin.

Nous sommes sortis et Raymond m'a offert une fine.
Puis il a voulu faire une partie de billard et j'ai perdu de
justesse. Il voulait ensuite aller au bordel, mais j'ai dit

non parce que je n'aime[1] pas ça. Alors nous sommes
rentrés doucement et il me disait combien il était content
d'avoir réussi à punir sa maîtresse. Je le trouvais très
gentil avec moi et j'ai pensé que c'était un bon moment.

De loin, j'ai aperçu sur le pas de la porte le vieux
Salamano qui avait l'air agité. Quand nous nous sommes
rapprochés, j'ai vu qu'il n'avait pas son chien. Il regardait de tous les côtés, tournait sur lui-même, tentait de
percer le noir du couloir, marmonnait des mots sans
suite et recommençait à fouiller la rue de ses petits yeux
rouges. Quand Raymond lui a demandé ce qu'il avait,
il n'a pas répondu tout de suite. J'ai vaguement entendu
qu'il murmurait : « Salaud, charogne », et il continuait
à s'agiter. Je lui ai demandé où était son chien. Il m'a
répondu brusquement qu'il était parti. Et puis tout d'un
coup, il a parlé avec volubilité : « Je l'ai emmené au
Champ de Manœuvres, comme d'habitude. Il y avait du
monde, autour des baraques foraines. Je me suis **arrêté**
pour regarder « le Roi de l'Évasion ». Et quand j'ai voulu
repartir, il n'était plus là. Bien sûr, il y a longtemps que
je voulais lui acheter un collier moins grand. Mais je
n'aurais jamais cru que cette charogne pourrait partir
comme ça. »

Raymond lui a expliqué alors que le chien avait pu
s'égarer et qu'il allait revenir. Il lui a cité des exemples
de chiens qui avaient fait des dizaines de kilomètres pour
retrouver leur maître. Malgré cela, le vieux a eu l'air plus
agité. « Mais ils me le prendront, vous comprenez. Si
encore quelqu'un le recueillait. Mais ce n'est pas possible,
il dégoûte tout le monde avec ses croûtes. Les agents le
prendront, c'est sûr. » Je lui ai dit alors qu'il devait
aller à la fourrière et qu'on le lui rendrait moyennant le
paiement de quelques droits. Il m'a demandé si ces droits
étaient élevés. Je ne savais pas. Alors, il s'est mis en
colère : « Donner de l'argent pour cette charogne. Ah!
il peut bien crever! » Et il s'est mis à l'insulter. Raymond
a ri et a pénétré dans la maison. Je l'ai suivi et nous
nous sommes quittés sur le palier de l'étage. Un moment
après, j'ai entendu le pas du vieux et il a frappé à ma porte.
Quand j'ai ouvert, il est resté un moment sur le seuil et
il m'a dit : « Excusez-moi, excusez-moi. » Je l'ai invité
à entrer, mais il n'a pas voulu. Il regardait la pointe de
ses souliers et ses mains croûteuses tremblaient. Sans me

faire face, il m'a demandé : « Ils ne vont pas me le prendre, dites, monsieur Meursault. Ils vont me le rendre. Ou qu'est-ce que je vais devenir ? » Je lui ai dit que la fourrière gardait les chiens trois jours à la disposition de leurs propriétaires et qu'ensuite elle en faisait ce que bon lui semblait. Il m'a regardé en silence. Puis il m'a dit : « Bonsoir. » Il a fermé sa porte et je l'ai entendu aller et venir. Son lit a craqué. Et au bizarre petit bruit qui a traversé la cloison, j'ai compris qu'il pleurait. Je ne sais pas pourquoi j'ai pensé à maman. Mais il fallait que je me lève tôt le lendemain. Je n'avais pas faim et je me suis couché sans dîner[1].

V

Raymond m'a téléphoné au bureau. Il m'a dit qu'un de ses amis (il lui avait parlé de moi) m'invitait à passer la journée de dimanche dans son cabanon, près d'Alger. J'ai répondu que je le voulais bien, mais que j'avais promis ma journée à une amie. Raymond m'a tout de suite déclaré qu'il l'invitait aussi. La femme de son ami serait très contente de ne pas être seule au milieu d'un groupe d'hommes.

J'ai voulu raccrocher tout de suite parce que je sais que le patron n'aime pas qu'on nous téléphone de la ville. Mais Raymond m'a demandé d'attendre et il m'a dit qu'il aurait pu me transmettre cette invitation le soir, mais qu'il voulait m'avertir d'autre chose. Il avait été suivi toute la journée par un groupe d'Arabes parmi lesquels se trouvait le frère de son ancienne maîtresse. « Si tu le vois près de la maison ce soir en rentrant, avertis-moi. » J'ai dit que c'était entendu.

Peu après, le patron m'a fait appeler et sur le moment j'ai été ennuyé parce que j'ai pensé qu'il allait me dire de moins téléphoner et de mieux travailler. Ce n'était pas cela du tout. Il m'a déclaré qu'il allait me parler d'un projet encore très vague. Il voulait seulement avoir mon avis sur la question. Il avait l'intention d'installer un bureau à Paris qui traiterait ses affaires sur la place, et directement, avec les grandes compagnies et il voulait savoir si j'étais disposé à y aller. Cela me permettrait de vivre à Paris et aussi de voyager une partie de l'année. « Vous êtes jeune, et il me semble que c'est une vie qui doit vous plaire. » J'ai dit que oui mais que dans le fond cela m'était égal. Il m'a demandé alors si je n'étais pas intéressé par un changement de vie. J'ai répondu qu'on ne changeait jamais de vie, qu'en tout cas toutes se valaient et que la mienne ici ne me déplaisait pas du tout. Il a eu l'air mécontent, m'a dit que je répondais toujours à côté, que je n'avais pas d'ambition et que cela était désastreux dans les affaires. Je suis retourné travailler alors. J'aurais[1] préféré ne pas le mécontenter, mais je ne voyais pas de raison pour changer ma vie. En y réfléchissant bien, je n'étais pas malheureux. Quand j'étais étudiant, j'avais beaucoup d'ambitions de ce genre. Mais quand j'ai dû abandonner mes études, j'ai très vite compris que tout cela était sans importance réelle.

Le soir, Marie est venue me chercher et m'a demandé si je voulais me marier avec elle. J'ai dit que cela m'était égal et que nous pourrions le faire si elle le voulait. Elle a voulu savoir alors si je l'aimais. J'ai répondu comme je l'avais déjà fait une fois, que cela ne signifiait rien mais que sans doute je ne l'aimais pas. « Pourquoi m'épouser alors ? » a-t-elle dit. Je lui ai expliqué que cela n'avait aucune importance et que si elle le désirait, nous pouvions nous marier. D'ailleurs, c'était elle qui le demandait et moi je me contentais de dire oui. Elle a observé alors que le mariage était une chose grave. J'ai répondu : « Non. » Elle s'est tue un moment et elle m'a regardé en silence. Puis elle a parlé. Elle voulait simplement savoir si j'aurais accepté la même proposition venant d'une autre femme, à qui je serais attaché de la même façon. J'ai dit : « Naturellement. » Elle s'est demandé alors si elle m'aimait et moi, je ne pouvais rien savoir sur ce point. Après un autre moment de silence, elle a murmuré que j'étais bizarre, qu'elle m'aimait sans doute à cause de cela mais que peut-être un jour je la dégoûterais pour les mêmes raisons. Comme je me taisais, n'ayant rien à ajouter, elle m'a pris le bras en souriant et elle a déclaré qu'elle voulait se marier avec moi. J'ai répondu que nous le ferions dès qu'elle le voudrait. Je lui ai parlé alors de la proposition du patron et Marie m'a dit qu'elle aimerait connaître Paris. Je lui ai appris que j'y avais vécu dans un temps et elle m'a demandé comment c'était. Je lui ai dit : « C'est sale. Il y a des pigeons et des cours noires. Les gens ont la peau blanche. »

Puis nous avons marché et traversé la ville par ses grandes rues. Les femmes étaient belles et j'ai demandé à Marie si elle le remarquait. Elle m'a dit que oui et qu'elle me comprenait. Pendant un moment, nous n'avons plus parlé. Je voulais cependant qu'elle reste avec moi et je lui ai dit que nous pouvions dîner ensemble chez Céleste. Elle en avait bien envie, mais elle avait à faire. Nous étions près de chez moi et je lui ai dit au revoir. Elle m'a regardé : « Tu ne veux pas savoir ce que j'ai à faire ? » Je voulais bien le savoir, mais je n'y avais pas pensé et c'est ce qu'elle avait l'air de me reprocher. Alors, devant mon air empêtré, elle a encore ri et elle a eu vers moi un mouvement de tout le corps pour me tendre sa bouche.

J'ai dîné chez Céleste. J'avais déjà commencé à manger lorsqu'il est entré une bizarre petite femme qui m'a demandé si elle pouvait s'asseoir à ma table. Naturellement, elle le pouvait. Elle avait des gestes saccadés et des yeux brillants dans une petite figure de pomme. Elle s'est débarrassée de sa jaquette, s'est assise et a consulté fiévreusement la carte. Elle a appelé Céleste et a commandé immédiatement tous ses plats d'une voix à la fois précise et précipitée. En attendant les hors-d'œuvre, elle a ouvert son sac, en a sorti un petit carré de papier et un crayon, a fait d'avance l'addition, puis a tiré d'un gousset, augmentée du pourboire, la somme exacte qu'elle a placée devant elle. À ce moment, on lui a apporté des hors-d'œuvre qu'elle a engloutis à toute vitesse. En attendant le plat suivant, elle a encore sorti de son sac un crayon bleu et un magazine qui donnait les programmes radiophoniques de la semaine. Avec beaucoup de soin, elle a coché une à une presque toutes les émissions. Comme le magazine avait une douzaine de pages, elle a continué ce travail méticuleusement pendant tout le repas. J'avais déjà fini qu'elle cochait encore avec la même application. Puis elle s'est levée, a remis sa jaquette avec les mêmes gestes précis d'automate et elle est partie. Comme je n'avais rien à faire, je suis sorti aussi et je l'ai suivie un moment. Elle s'était placée sur la[1] bordure du trottoir et avec une vitesse et une sûreté incroyables, elle suivait son chemin sans dévier et sans se retourner. J'ai fini par la perdre de vue et par revenir sur mes pas. J'ai pensé qu'elle était bizarre, mais je l'ai oubliée assez vite.

Sur le pas de ma porte, j'ai trouvé le vieux Salamano. Je l'ai fait entrer et il m'a appris que son chien était perdu,

car il n'était pas à la fourrière. Les employés lui avaient
dit que, peut-être, il avait été écrasé. Il avait demandé
s'il n'était pas possible de le savoir dans les commissa-
riats. On lui avait répondu qu'on ne gardait pas trace de
ces choses-là, parce qu'elles arrivaient tous les jours.
J'ai dit au vieux Salamano qu'il pourrait avoir un autre
chien, mais il a eu raison de me faire remarquer qu'il
était habitué à celui-là.

J'étais accroupi sur mon lit et Salamano s'était assis
sur une chaise devant la table. Il me faisait face et il
avait ses deux mains sur les genoux. Il avait gardé son
vieux feutre. Il mâchonnait des bouts de phrase sous
sa moustache jaunie. Il m'ennuyait un peu, mais je n'avais
rien à faire et je n'avais pas sommeil. Pour dire quelque
chose, je l'ai interrogé sur son chien. Il m'a dit qu'il
l'avait eu après la mort de sa femme. Il s'était marié
assez tard. Dans sa jeunesse, il avait eu envie de faire
du théâtre : au régiment il jouait dans les vaudevilles
militaires. Mais finalement, il était entré dans les chemins
de fer et il ne le regrettait pas, parce que maintenant il
avait une petite retraite. Il n'avait pas été heureux avec
sa femme, mais dans l'ensemble il s'était bien habitué à
elle. Quand elle était morte, il s'était senti très seul. Alors,
il avait demandé un chien à un camarade d'atelier et il
avait eu celui-là très jeune. Il avait fallu le nourrir au
biberon. Mais comme un chien vit moins qu'un homme,
ils avaient fini par être vieux ensemble. « Il avait mauvais
caractère, m'a dit Salamano. De temps en temps, on avait
des prises de bec. Mais c'était un bon chien quand même. »
J'ai dit qu'il était de belle race et Salamano a eu
l'air content. « Et encore, a-t-il ajouté, vous ne l'avez
pas connu avant sa maladie. C'était le poil qu'il avait
de plus beau. » Tous les soirs et tous les matins,
depuis que le chien avait eu cette maladie de peau,
Salamano le passait à la pommade. Mais selon lui, sa
vraie maladie, c'était la vieillesse, et la vieillesse ne se
guérit pas.

À ce moment, j'ai bâillé et le vieux m'a annoncé qu'il
allait partir. Je lui ai dit qu'il pouvait rester, et que j'étais
ennuyé de ce qui était arrivé à son chien : il m'a remercié.
Il m'a dit que maman aimait beaucoup son chien. En
parlant d'elle, il l'appelait « votre pauvre mère ». Il a
émis la[1] supposition que je devais être bien malheureux

depuis que maman était morte[1] et je n'ai rien répondu.
Il m'a dit alors, très vite et avec un air gêné, qu'il savait
que dans le quartier on m'avait mal jugé parce que j'avais
mis ma mère à l'asile, mais il me connaissait et il savait
que j'aimais beaucoup maman. J'ai répondu, je ne sais
pas encore pourquoi, que j'ignorais jusqu'ici qu'on me
jugeât mal à cet égard, mais que l'asile m'avait paru une
chose naturelle puisque je n'avais pas assez d'argent
pour faire garder maman. « D'ailleurs, ai-je ajouté, il y
avait longtemps qu'elle n'avait rien à me dire et qu'elle
s'ennuyait toute seule. — Oui, m'a-t-il dit, et à l'asile,
du moins, on se fait des camarades. » Puis il s'est excusé.
Il voulait dormir. Sa vie avait changé maintenant et il ne
savait pas trop ce qu'il allait faire. Pour la première fois
depuis que je le connaissais, d'un geste furtif, il m'a tendu
la main et j'ai senti les écailles de sa peau. Il a souri un
peu et avant de partir, il m'a dit : « J'espère que les
chiens n'aboieront pas cette nuit. Je crois toujours que
c'est le mien. »

VI

Le dimanche, j'ai eu de la peine à me réveiller et il a fallu que Marie m'appelle[1] et me secoue. Nous n'avons pas mangé parce que nous voulions nous baigner tôt. Je me sentais tout à fait vide et j'avais un peu mal à la tête. Ma cigarette avait un goût amer. Marie s'est moquée de moi parce qu'elle disait que j'avais « une tête d'enterrement ». Elle avait mis une robe de toile blanche et lâché ses cheveux. Je lui ai dit qu'elle était belle, elle a ri de plaisir.

En descendant, nous avons frappé à la porte de Raymond. Il nous a répondu qu'il descendait. Dans la rue, à cause de ma fatigue et aussi parce que nous n'avions pas ouvert les persiennes, le jour, déjà tout plein de soleil, m'a frappé comme une gifle. Marie sautait de joie et n'arrêtait pas de dire qu'il faisait beau. Je me suis senti mieux et je me suis aperçu que j'avais faim. Je l'ai dit à Marie qui m'a montré son sac en toile cirée où elle avait mis nos deux maillots et une serviette. Je n'avais plus qu'à attendre et nous avons entendu Raymond fermer sa porte. Il avait un pantalon bleu et une chemise blanche à manches courtes. Mais il avait mis un canotier, ce qui a fait rire Marie, et ses avant-bras étaient très blancs sous les poils noirs. J'en étais un peu dégoûté. Il sifflait en descendant et il avait l'air très content. Il m'a dit : « Salut, vieux », et il a appelé Marie « Mademoiselle ».

La veille nous étions allés au commissariat et j'avais témoigné que la fille avait « manqué » à Raymond. Il en a été quitte pour un avertissement. On n'a pas contrôlé mon affirmation. Devant la porte, nous en avons parlé avec Raymond, puis nous avons décidé de prendre l'autobus. La plage n'était pas très loin, mais nous irions plus vite ainsi. Raymond pensait que son ami serait content de nous voir arriver tôt. Nous allions partir quand Raymond, tout d'un coup, m'a fait signe de regarder en face. J'ai vu un groupe d'Arabes adossés à la devanture du bureau de tabac. Ils nous regardaient en silence, mais à leur manière, ni plus ni moins que si nous étions des pierres ou des arbres morts. Raymond m'a dit que le deuxième à partir de la gauche était son type, et il a eu l'air préoccupé. Il a ajouté que, pourtant, c'était maintenant une histoire finie. Marie ne comprenait pas très bien et nous a demandé ce qu'il y avait. Je lui ai dit que c'étaient des Arabes qui en voulaient à Raymond. Elle a voulu qu'on parte tout de suite. Raymond s'est redressé et il a ri en[1] disant qu'il fallait se dépêcher.

Nous sommes allés vers l'arrêt d'autobus qui était un peu plus loin et Raymond m'a annoncé que les Arabes ne nous suivaient pas. Je me suis retourné. Ils étaient toujours à la même place et ils regardaient avec la même indifférence l'endroit que nous venions de quitter. Nous avons pris l'autobus. Raymond, qui paraissait tout à fait soulagé, n'arrêtait pas de faire des plaisanteries pour Marie. J'ai senti qu'elle lui plaisait, mais elle ne lui répondait presque pas. De temps en temps, elle le regardait en riant.

Nous sommes descendus dans la banlieue d'Alger. La plage n'est pas loin de l'arrêt d'autobus. Mais il a fallu traverser un petit plateau qui domine la mer et qui dévale ensuite vers la plage. Il était couvert de pierres jaunâtres et d'asphodèles tout blancs sur le bleu déjà dur du ciel. Marie s'amusait à en éparpiller les pétales à grands coups de son sac de toile cirée. Nous avons marché entre des files de petites villas à barrières vertes ou blanches, quelques-unes enfouies avec leurs vérandas sous les tamaris, quelques autres nues au milieu des pierres. Avant d'arriver au bord du plateau, on pouvait voir déjà la mer immobile et plus loin un cap somnolent et massif dans l'eau claire. Un léger bruit de moteur est monté dans l'air calme jusqu'à nous. Et nous avons vu, très loin, un petit chalutier qui avançait, imperceptiblement, sur la mer éclatante. Marie a cueilli quelques iris de roche. De la pente qui descendait vers la mer nous avons vu qu'il y avait déjà quelques baigneurs[2].

L'ami de Raymond habitait un petit cabanon de bois à l'extrémité de la plage. La maison était adossée à des rochers et les pilotis qui la soutenaient sur le devant baignaient déjà dans l'eau. Raymond nous a présentés. Son ami s'appelait Masson. C'était un grand type, massif de taille et d'épaules, avec une petite femme ronde et gentille, à l'accent parisien. Il nous a dit tout de suite de nous mettre à l'aise et qu'il y avait une friture de poissons qu'il avait pêchés le matin même. Je lui ai dit combien je trouvais sa maison jolie. Il m'a appris qu'il y venait passer le samedi, le dimanche et tous ses jours de congé. « Avec ma femme, on s'entend bien », a-t-il ajouté. Justement, sa femme riait avec Marie. Pour la première fois peut-être, j'ai pensé vraiment que j'allais me marier.

Masson voulait se baigner, mais sa femme et Raymond ne voulaient pas venir. Nous sommes descendus tous les trois et Marie s'est immédiatement jetée dans l'eau. Masson et moi, nous avons attendu un peu. Lui parlait lentement et j'ai remarqué qu'il avait l'habitude de compléter tout ce qu'il avançait par un « et je dirai plus », même quand, au fond, il n'ajoutait rien au sens de sa phrase. À propos de Marie, il m'a dit : « Elle est épatante, et je dirai plus, charmante. » Puis je n'ai plus fait attention à ce tic parce que j'étais occupé à éprouver[1] que le soleil me faisait du bien. Le sable commençait à chauffer sous les pieds. J'ai retardé encore l'envie que j'avais de l'eau, mais j'ai fini par dire à Masson : « On y va ? » J'ai plongé. Lui est entré dans l'eau doucement et s'est jeté quand il a perdu pied. Il nageait à la brasse et assez mal, de sorte que je l'ai laissé pour rejoindre Marie. L'eau était froide et j'étais content de nager. Avec Marie, nous nous sommes éloignés et nous nous sentions d'accord dans nos gestes et dans notre contentement.

Au large, nous avons fait la planche et sur mon visage tourné vers le ciel le soleil écartait les derniers voiles d'eau qui me coulaient dans la bouche. Nous avons vu que Masson regagnait la plage pour s'étendre au soleil. De loin, il paraissait énorme. Marie a voulu que nous nagions ensemble. Je me suis mis derrière elle pour la prendre par la taille et elle avançait à la force des bras pendant que je l'aidais en battant des pieds. Le petit bruit de l'eau battue nous a suivis dans le matin jusqu'à ce que je me sente fatigué. Alors j'ai laissé Marie et je suis rentré en nageant régulièrement et en respirant bien. Sur la plage, je me suis étendu à plat ventre près de Masson et j'ai mis ma figure dans le sable. Je lui ai dit que « c'était bon » et il était de cet avis. Peu après, Marie est venue. Je me suis retourné pour la regarder avancer. Elle était toute visqueuse d'eau salée et elle tenait ses cheveux en arrière. Elle s'est allongée flanc à flanc avec moi et les deux chaleurs de son corps et du soleil m'ont un peu endormi.

Marie m'a secoué et m'a dit que Masson était remonté chez lui, il fallait déjeuner. Je me suis levé tout de suite parce que j'avais faim, mais Marie m'a dit que je ne l'avais pas embrassée depuis ce matin. C'était vrai et pourtant j'en avais envie. « Viens dans l'eau », m'a-t-elle dit. Nous avons couru pour nous étaler dans les premières petites vagues. Nous avons fait quelques brasses et elle s'est collée contre moi. J'ai senti ses jambes autour des miennes et je l'ai désirée.

Quand nous sommes revenus, Masson nous appelait déjà. J'ai dit que j'avais très faim et il a déclaré tout de suite à sa femme que je lui plaisais. Le pain était bon, j'ai dévoré ma part de poisson. Il y avait ensuite de la viande et des pommes de terre frites. Nous mangions tous sans parler. Masson buvait souvent du vin et il me servait sans arrêt. Au café, j'avais la tête un peu lourde et j'ai fumé beaucoup. Masson, Raymond et moi, nous avons envisagé de passer ensemble le mois d'août à la plage, à frais communs. Marie nous a dit tout d'un coup : « Vous savez quelle heure il est ? Il est onze heures et demie. » Nous étions tous étonnés, mais Masson a dit qu'on avait mangé très tôt, et que c'était naturel parce que l'heure du déjeuner, c'était l'heure où l'on avait faim. Je ne sais pas pourquoi cela a fait rire Marie. Je crois qu'elle avait un peu trop bu. Masson m'a demandé alors si je voulais me promener sur la plage avec lui. « Ma femme fait toujours la sieste après le déjeuner. Moi, je n'aime pas ça. Il faut que je marche. Je lui dis toujours que c'est meilleur pour la santé. Mais après tout, c'est son droit. » Marie a déclaré qu'elle resterait pour aider Mme Masson à faire la vaisselle. La petite Parisienne a dit que pour cela, il fallait mettre les hommes dehors. Nous sommes descendus tous les trois.

Le soleil tombait presque d'aplomb sur le sable et son éclat sur la mer était insoutenable. Il n'y avait plus personne sur la plage. Dans les cabanons qui bordaient le plateau et qui surplombaient la mer, on entendait des bruits d'assiettes et de couverts. On respirait à peine dans la chaleur de pierre qui montait du sol. Pour commencer, Raymond et Masson ont parlé de choses et de gens que je ne connaissais pas. J'ai compris qu'il y avait longtemps qu'ils se connaissaient et qu'ils avaient même vécu ensemble à un moment. Nous nous sommes dirigés vers l'eau et nous avons longé la mer. Quelquefois, une petite vague plus longue que l'autre venait mouiller nos souliers de toile. Je ne pensais à rien parce que j'étais à moité endormi par ce soleil sur ma tête nue.

À ce moment, Raymond a dit à Masson quelque chose que j'ai mal entendu. Mais j'ai aperçu en même temps, tout au bout de la plage et très loin de nous, deux Arabes en bleu de chauffe qui venaient dans notre direction. J'ai regardé Raymond et il m'a dit : « C'est lui. » Nous avons continué à marcher. Masson a demandé comment ils avaient pu nous suivre jusque-là. J'ai pensé qu'ils avaient dû nous voir prendre l'autobus avec un sac de plage, mais je n'ai rien dit.

Les Arabes avançaient lentement et ils étaient déjà beaucoup plus rapprochés. Nous n'avons pas changé notre allure, mais Raymond a dit : « S'il y a de la bagarre, toi, Masson, tu prendras le deuxième. Moi, je me charge de mon type. Toi, Meursault, s'il en arrive un autre, il est pour toi. » J'ai dit : « Oui » et Masson a mis ses mains dans les poches. Le sable surchauffé me semblait rouge maintenant. Nous avancions d'un pas égal vers les Arabes. La distance entre nous a diminué régulièrement. Quand nous avons été à quelques pas les uns des autres, les Arabes se sont arrêtés. Masson et moi nous avons ralenti notre pas. Raymond est allé tout droit vers son type. J'ai mal entendu ce qu'il lui a dit, mais l'autre a fait mine de lui donner un coup de tête. Raymond a frappé alors une première fois et il a tout de suite appelé Masson. Masson est allé à celui qu'on lui avait désigné et il a frappé deux fois avec tout son poids. L'Arabe[1] s'est aplati dans l'eau, la face contre le fond, et il est resté quelques secondes ainsi, des bulles crevant à la surface, autour de sa tête. Pendant ce temps Raymond aussi a frappé et l'autre avait la figure en sang. Raymond s'est retourné vers moi et a dit : « Tu vas voir ce qu'il va

prendre. » Je lui ai crié : « Attention, il a un couteau ! »
Mais déjà Raymond avait le bras ouvert et la bouche
tailladée.

Masson a fait un bond en avant. Mais l'autre Arabe
s'était relevé et il s'est placé derrière celui qui était armé.
Nous n'avons pas osé bouger. Ils ont reculé lentement,
sans cesser de nous regarder et de nous tenir en respect
avec le couteau. Quand ils ont vu qu'ils avaient assez de
champ, ils se sont enfuis très vite[1], pendant que nous
restions cloués sous le soleil et que Raymond tenait serré
son bras dégouttant de sang.

Masson a dit immédiatement qu'il y avait un docteur
qui passait ses dimanches sur le plateau. Raymond a
voulu y aller tout de suite. Mais chaque fois qu'il parlait,
le sang de sa blessure faisait des bulles dans sa bouche.
Nous l'avons soutenu et nous sommes revenus au cabanon aussi vite que possible. Là, Raymond a dit que ses
blessures étaient superficielles et qu'il pouvait aller chez
le docteur. Il est parti avec Masson et je suis resté pour
expliquer aux femmes ce qui était arrivé. Mme Masson
pleurait et Marie était très pâle. Moi, cela m'ennuyait de
leur expliquer. J'ai fini par me taire et j'ai fumé en regardant la mer.

Vers une heure et demie, Raymond est revenu avec
Masson. Il avait le bras bandé et du sparadrap au coin de
la bouche. Le docteur lui avait dit que ce n'était rien,
mais Raymond avait l'air très sombre. Masson a essayé
de le faire rire. Mais il ne parlait toujours pas. Quand il
a dit qu'il descendait sur la plage, je lui ai demandé où
il allait. Il m'a répondu qu'il voulait prendre l'air. Masson
et moi avons dit que nous allions l'accompagner. Alors,
il s'est mis en colère et nous a insultés. Masson a déclaré
qu'il ne fallait pas le contrarier. Moi, je l'ai suivi quand
même.

Nous avons marché longtemps sur la plage. Le soleil
était maintenant écrasant. Il se brisait en morceaux sur le
sable et sur la mer. J'ai eu l'impression que Raymond
savait où il allait, mais c'était sans doute faux. Tout au
bout de la plage, nous sommes arrivés enfin à une petite
source qui coulait dans le sable, derrière[2] un gros rocher.
Là, nous avons trouvé nos deux Arabes[3]. Ils étaient cou-
chés, dans leurs bleus de chauffe graisseux. Ils avaient
l'air tout à fait calmes et presque contents[4]. Notre venue

n'a rien changé. Celui qui avait frappé Raymond le regardait sans rien dire. L'autre soufflait dans un petit roseau et répétait sans cesse, en nous regardant du coin de l'œil, les trois notes qu'il obtenait de son instrument.

Pendant tout ce temps, il n'y a plus eu que le soleil et ce silence, avec le petit bruit de la source et les trois notes. Puis Raymond a porté la main à sa poche revolver, mais l'autre n'a pas bougé et ils se regardaient toujours. J'ai remarqué que celui qui jouait de la flûte avait les doigts[1] des pieds très écartés. Mais sans quitter des yeux son adversaire, Raymond m'a demandé : « Je le descends ? » J'ai pensé que si je disais non il s'exciterait tout seul et tirerait certainement. Je lui ai seulement dit : « Il ne t'a pas encore parlé. Ça ferait vilain de tirer comme ça. » On a encore entendu le petit bruit d'eau et de flûte au cœur du silence et de la chaleur. Puis Raymond a dit : « Alors, je vais l'insulter et quand il répondra, je le descendrai. » J'ai répondu : « C'est ça. Mais s'il ne sort pas son couteau, tu ne peux pas tirer. » Raymond a commencé à s'exciter un peu. L'autre jouait toujours et tous deux observaient chaque geste de Raymond. « Non, ai-je dit à Raymond. Prends-le d'homme à homme et donne-moi ton revolver. Si l'autre intervient, ou s'il tire son couteau, je le descendrai. »

Quand Raymond m'a donné son revolver, le soleil a glissé dessus. Pourtant, nous sommes restés encore immobiles comme si tout s'était refermé autour de nous. Nous nous regardions sans baisser les yeux et tout s'arrêtait ici entre la mer, le sable et le soleil, le double silence de la flûte et de l'eau. J'ai pensé à ce moment qu'on pouvait tirer ou ne pas tirer. Mais brusquement les Arabes, à reculons, se sont coulés derrière le rocher. Raymond et moi sommes alors revenus sur nos pas. Lui paraissait mieux et il a parlé de l'autobus de retour.

Je l'ai accompagné jusqu'au cabanon et, pendant[2] qu'il gravissait l'escalier de bois, je suis resté devant la première marche, la tête retentissante de soleil, découragé devant l'effort qu'il fallait faire pour monter l'étage de bois et aborder encore les femmes. Mais la chaleur était telle qu'il m'était pénible aussi de rester immobile sous la pluie aveuglante qui tombait du ciel. Rester ici ou partir, cela revenait au même. Au bout d'un moment, je suis retourné vers la plage et je me suis mis à marcher.

C'était le même éclatement rouge. Sur le sable, la mer haletait de toute la respiration rapide et étouffée de ses petites vagues. Je marchais lentement vers les rochers et je sentais mon front se gonfler sous le soleil[1]. Toute cette chaleur s'appuyait sur moi et s'opposait à mon avance. Et chaque fois que je sentais son grand souffle chaud sur mon visage, je serrais les dents, je fermais les poings dans les poches de mon pantalon, je me tendais tout entier pour triompher du soleil et de cette ivresse opaque qu'il me déversait. À chaque épée de lumière jaillie du sable, d'un coquillage blanchi ou d'un débris de verre, mes mâchoires se crispaient. J'ai marché longtemps.

Je voyais de loin la petite masse sombre du rocher entourée d'un halo aveuglant par la lumière et la poussière de mer. Je pensais à la source fraîche derrière le rocher. J'avais envie de retrouver le murmure de son eau, envie de fuir le soleil, l'effort et les pleurs de femme, envie de retrouver l'ombre et son repos. Mais quand j'ai été plus près, j'ai vu que le type de Raymond était revenu.

Il était seul. Il reposait sur le dos, les mains sous la nuque, le front dans les ombres du rocher, tout le corps au soleil. Son bleu de chauffe fumait dans la chaleur. J'ai été un peu surpris. Pour moi, c'était une histoire finie et j'étais venu là sans y penser.

Dès qu'il m'a vu, il s'est soulevé un peu et a mis la main dans sa poche. Moi, naturellement, j'ai serré le revolver de Raymond dans mon veston. Alors de nouveau, il s'est laissé aller en arrière, mais sans retirer la main de sa poche. J'étais assez loin de lui, à une dizaine de mètres. Je devinais son regard par instants, entre ses paupières mi-closes[2]. Mais le plus souvent, son image dansait devant mes yeux, dans l'air enflammé. Le bruit des vagues était encore plus paresseux, plus étale qu'à midi. C'était le même soleil, la même lumière sur le même sable qui se prolongeait ici. Il y avait déjà deux heures que la journée n'avançait plus, deux[3] heures qu'elle avait jeté l'ancre dans un océan de métal bouillant. À l'horizon, un petit vapeur est passé et j'en ai deviné la tache noire au bord de mon regard, parce que je n'avais pas cessé de regarder l'Arabe.

J'ai pensé que je n'avais qu'un demi-tour à faire et ce

serait fini[1]. Mais toute une plage vibrante de soleil se pressait derrière moi. J'ai fait quelques pas vers la source. L'Arabe n'a pas bougé. Malgré tout, il était encore assez loin. Peut-être à cause des ombres sur son visage, il avait l'air de rire. J'ai attendu. La brûlure du soleil gagnait mes joues et j'ai senti des gouttes de sueur s'amasser dans mes sourcils. C'était le même soleil que le jour où j'avais enterré maman et, comme alors, le front surtout me faisait mal et toutes ses veines battaient ensemble sous la peau. À cause de cette brûlure que je ne pouvais plus supporter, j'ai[2] fait un mouvement en avant. Je savais que c'était stupide, que je ne me débarrasserais pas du soleil en me déplaçant d'un pas. Mais j'ai fait un pas, un seul pas en avant. Et cette fois, sans se soulever, l'Arabe a tiré son couteau qu'il m'a présenté dans le soleil. La lumière a giclé sur l'acier et c'était comme une longue lame étincelante qui m'atteignait au front. Au même instant, la sueur amassée dans mes sourcils a coulé d'un coup sur les paupières et les a recouvertes d'un voile tiède et épais. Mes yeux étaient aveuglés derrière ce rideau de larmes et de sel. Je ne sentais plus que les cymbales du soleil sur mon front et, indistinctement, le glaive éclatant jailli du couteau toujours en face de moi. Cette épée brûlante rongeait mes cils et fouillait mes yeux douloureux. C'est alors que tout a vacillé. La mer a charrié un souffle épais et ardent. Il m'a semblé que le ciel s'ouvrait sur toute son étendue pour laisser pleuvoir du feu. Tout mon être s'est tendu et j'ai crispé ma main sur le revolver. La gâchette a cédé, j'ai touché le ventre poli de la crosse et c'est là, dans le bruit à la fois sec et assourdissant, que tout a commencé. J'ai secoué la sueur et le soleil. J'ai compris que j'avais détruit l'équilibre du jour, le silence exceptionnel d'une plage où j'avais été heureux. Alors, j'ai tiré encore quatre fois sur un corps inerte où les balles s'enfonçaient sans qu'il y parût. Et c'était comme quatre coups brefs que je frappais sur la porte du malheur.

II[1]

I

Tout de suite après mon arrestation, j'ai été interrogé plusieurs fois. Mais il s'agissait d'interrogatoires d'identité qui n'ont pas duré longtemps. La première fois au commissariat, mon affaire semblait n'intéresser personne. Huit jours après, le juge d'instruction, au contraire, m'a regardé avec curiosité. Mais pour commencer, il m'a seulement demandé mon nom et mon adresse, ma profession, la date et le lieu de ma naissance. Puis il a voulu savoir si j'avais choisi un avocat. J'ai reconnu que non et je l'ai questionné pour savoir s'il était absolument nécessaire d'en avoir un. « Pourquoi ? » a-t-il dit. J'ai répondu que je trouvais mon affaire très simple. Il a souri en disant : « C'est un avis. Pourtant, la loi est là. Si vous ne choisissez pas d'avocat, nous en désignerons un d'office. » J'ai trouvé qu'il était très commode que la justice se chargeât de ces détails. Je le lui ai dit. Il m'a approuvé et a conclu que la loi était bien faite.

Au début, je ne l'ai pas pris au sérieux. Il m'a reçu dans une pièce tendue de rideaux, il avait sur son bureau une seule lampe qui éclairait le fauteuil où il m'a fait asseoir pendant que lui-même restait dans l'ombre. J'avais déjà lu une description semblable dans des livres et tout cela m'a paru un jeu. Après notre conversation, au contraire, je l'ai regardé et j'ai vu un homme aux traits fins, aux yeux bleus enfoncés, grand, avec une longue moustache grise et[1] d'abondants cheveux presque blancs. Il m'a paru très raisonnable et, somme toute, sympathique, malgré quelques tics nerveux qui lui tiraient la bouche. En sortant, j'allais même lui tendre la main, mais je me suis souvenu à temps que j'avais tué un homme.

Le lendemain, un avocat est venu me voir à la prison.
Il était petit et rond, assez jeune, les cheveux soigneusement collés. Malgré la chaleur (j'étais en manches[1] de
chemise), il avait un costume sombre, un col cassé et une
cravate bizarre à grosses raies noires et blanches. Il a
posé sur mon lit la serviette qu'il portait sous le bras,
s'est présenté et m'a dit qu'il avait étudié mon dossier.
Mon affaire était délicate, mais il ne doutait pas du succès, si je lui faisais confiance. Je l'ai remercié et il m'a
dit : « Entrons dans le vif du sujet. »

Il s'est assis sur le lit et m'a expliqué qu'on avait pris
des renseignements sur ma vie privée. On avait su que
ma mère était morte récemment à l'asile. On avait alors
fait une enquête à Marengo. Les instructeurs avaient
appris que « j'avais fait preuve d'insensibilité » le jour de
l'enterrement de maman. « Vous comprenez, m'a dit mon
avocat, cela me gêne un peu de vous demander cela.
Mais c'est très important. Et ce sera un gros argument
pour l'accusation, si je ne trouve rien à répondre. » Il
voulait que je l'aide. Il m'a demandé si j'avais eu de la
peine ce jour-là. Cette[2] question m'a beaucoup étonné et
il me semblait que j'aurais été très gêné si j'avais eu à
la poser. J'ai répondu cependant que j'avais un peu perdu
l'habitude de m'interroger et qu'il m'était difficile de le
renseigner. Sans doute, j'aimais bien maman, mais cela
ne voulait rien dire. Tous les êtres sains avaient plus ou
moins souhaité la mort de ceux qu'ils aimaient. Ici, l'avocat m'a coupé et a paru très agité. Il m'a fait promettre
de ne pas dire cela à l'audience, ni chez le magistrat
instructeur. Cependant, je lui ai expliqué que j'avais
une nature telle que mes besoins physiques dérangeaient
souvent mes sentiments. Le jour où j'avais enterré
maman, j'étais très fatigué et j'avais sommeil. De sorte
que je ne me suis pas rendu compte de ce qui
se passait. Ce que je pouvais dire à coup sûr, c'est que
j'aurais préféré que maman ne mourût pas. Mais mon
avocat n'avait pas l'air content. Il m'a dit : « Ceci n'est
pas assez. »

Il a réfléchi. Il m'a demandé s'il pouvait dire que ce
jour-là j'avais dominé mes sentiments naturels. Je lui
ai dit : « Non, parce que c'est faux. » Il m'a regardé d'une
façon bizarre, comme si je lui inspirais un peu de dégoût.
Il m'a dit presque méchamment que dans tous les cas le

directeur et le personnel de l'asile seraient entendus comme témoins et que « cela pouvait me jouer un très sale tour ». Je lui ai fait remarquer que cette histoire n'avait pas de rapport avec mon affaire, mais il m'a répondu seulement qu'il était visible que je n'avais jamais eu de rapports avec la justice.

Il est parti avec un air fâché. J'aurais voulu le retenir, lui expliquer que je désirais sa sympathie, non pour être mieux défendu, mais, si je puis dire, naturellement. Surtout, je voyais que je le mettais mal à l'aise. Il ne me comprenait pas et il m'en voulait un peu. J'avais le désir de lui affirmer que j'étais comme tout le monde, absolument comme tout le monde. Mais tout cela, au fond, n'avait pas grande utilité et j'y ai renoncé par paresse[1].

Peu de temps après, j'étais conduit de nouveau devant le juge d'instruction. Il était deux heures de l'après-midi et cette fois, son bureau était plein d'une lumière à peine tamisée par un rideau de voile. Il faisait très chaud. Il m'a fait asseoir et avec beaucoup de courtoisie m'a déclaré que mon avocat, « par suite d'un contretemps », n'avait pu venir. Mais j'avais le droit de ne pas répondre à ses questions et d'attendre que mon avocat pût m'assister. J'ai dit que je pouvais répondre seul. Il a touché du doigt un bouton sur la table. Un jeune greffier est venu s'installer presque dans mon dos.

Nous nous sommes tous les deux carrés dans nos fauteuils. L'interrogatoire a commencé. Il m'a d'abord dit qu'on me dépeignait comme étant d'un caractère taciturne et renfermé et il a voulu savoir ce que j'en pensais. J'ai répondu : « C'est que je n'ai jamais grand-chose à dire. Alors je me tais. » Il a souri comme la première fois, a reconnu que c'était la meilleure des raisons et a ajouté : « D'ailleurs, cela n'a aucune importance. » Il s'est tu, m'a regardé et s'est redressé assez brusquement pour me dire très vite : « Ce qui m'intéresse, c'est vous. » Je n'ai pas bien compris ce qu'il entendait par là et je n'ai rien répondu. « Il y a des choses, a-t-il ajouté, qui m'échappent dans votre geste. Je suis sûr que vous allez m'aider à les comprendre. » J'ai dit que tout était très simple. Il m'a pressé de lui retracer ma journée. Je lui ai retracé ce que déjà je lui avais raconté : Raymond[2], la plage, le bain, la querelle, encore la plage, la petite source, le soleil et les cinq coups de revolver. À chaque phrase il disait : « Bien, bien. » Quand je suis arrivé au corps étendu, il a approuvé en disant : « Bon. » Moi, j'étais lassé de répéter ainsi la[1] même histoire et il me semblait que je n'avais jamais autant parlé.

Après un silence, il s'est levé et m'a dit qu'il voulait m'aider, que je l'intéressais et qu'avec l'aide de Dieu, il ferait quelque chose pour moi. Mais auparavant, il voulait me poser encore quelques questions. Sans transition, il m'a demandé si j'aimais maman. J'ai dit : « Oui, comme tout le monde » et le greffier, qui jusqu'ici tapait régulièrement sur sa machine, a dû se tromper de touches, car il s'est embarrassé et a été obligé de revenir en arrière. Toujours sans logique apparente, le juge m'a alors demandé si j'avais tiré les cinq coups de revolver à la suite. J'ai réfléchi et précisé que j'avais tiré une seule fois d'abord et, après quelques secondes, les quatre autres coups. « Pourquoi avez-vous attendu entre le premier et le second coup ? » dit-il alors. Une fois de plus, j'ai revu la plage rouge et j'ai senti sur mon front la brûlure du soleil. Mais cette fois, je n'ai rien répondu. Pendant tout le silence qui a suivi le juge a eu l'air de s'agiter. Il s'est assis, a fourragé dans ses cheveux, a mis ses coudes sur son bureau et s'est penché un peu vers moi avec un air étrange : « Pourquoi, pourquoi avez-vous tiré sur un corps à terre ? » Là encore, je n'ai pas su répondre. Le juge a passé ses mains sur son front et a répété sa question d'une voix un peu altérée : « Pourquoi ? Il faut que vous me le disiez. Pourquoi ? » Je me taisais toujours.

Brusquement, il s'est levé, a marché à grands pas vers une extrémité de son bureau et a ouvert un tiroir dans un classeur. Il en a tiré un crucifix d'argent qu'il a brandi en revenant vers moi. Et d'une voix toute changée, presque tremblante, il s'est écrié : « Est-ce que vous le connaissez, celui-là ? » J'ai dit : « Oui, naturellement. » Alors il m'a dit très vite et d'une façon passionnée que lui croyait en Dieu, que sa conviction était qu'aucun homme n'était assez coupable pour que Dieu ne lui pardonnât pas, mais qu'il fallait pour cela que l'homme par son repentir devînt comme un enfant dont l'âme est vide et prête à tout accueillir. Il avait tout son corps penché sur la table. Il agitait son crucifix presque au-dessus de moi. À vrai dire, je l'avais très mal suivi dans son raisonnement, d'abord parce que j'avais chaud et qu'il y avait dans son cabinet de grosses mouches qui se posaient sur ma figure, et aussi parce qu'il me faisait un peu peur. Je reconnaissais en même temps que c'était ridicule parce que, après tout, c'était moi le criminel. Il a continué pourtant. J'ai à peu près compris qu'à son avis il n'y avait qu'un point d'obscur dans ma confession, le fait d'avoir attendu pour tirer mon second coup de revolver. Pour le reste, c'était très bien, mais cela, il ne le comprenait pas.

J'allais lui dire qu'il avait tort de s'obstiner : ce dernier point n'avait pas tellement d'importance. Mais il m'a coupé et m'a exhorté une dernière fois, dressé de toute sa hauteur, en me demandant si je croyais en Dieu. J'ai répondu que non. Il s'est assis avec indignation. Il m'a dit que c'était impossible, que tous les hommes croyaient en Dieu, même ceux qui se détournaient de son visage. C'était là sa conviction et, s'il devait jamais en douter, sa vie n'aurait plus de sens. « Voulez-vous, s'est-il exclamé, que ma vie n'ait pas de sens ? » À mon avis, cela ne me regardait pas et je le lui ai dit. Mais à travers la table, il avançait déjà le Christ sous mes yeux et s'écriait d'une façon déraisonnable : « Moi, je suis chrétien. Je demande pardon de tes fautes à celui-là. Comment peux-tu ne pas croire qu'il a souffert pour toi ? » J'ai bien remarqué qu'il me tutoyait, mais j'en avais assez. La chaleur se faisait de plus en plus grande. Comme toujours, quand j'ai envie de me débarrasser de quelqu'un que j'écoute à peine, j'ai eu l'air d'approuver. À ma surprise, il a triomphé : « Tu vois, tu vois, disait-il. N'est-ce pas que tu crois et que tu vas te confier à lui ? » Évidemment, j'ai dit non une fois de plus. Il est retombé sur son fauteuil.

Il avait l'air très fatigué. Il est resté un moment silencieux pendant que la machine, qui n'avait pas cessé de suivre le dialogue, en prolongeait encore les dernières phrases. Ensuite, il m'a regardé attentivement et avec un peu de tristesse. Il a murmuré : « Je n'ai jamais vu d'âme aussi endurcie que la vôtre. Les criminels qui sont venus devant moi ont toujours pleuré devant cette image de la douleur. » J'allais répondre que c'était justement parce qu'il s'agissait de criminels. Mais j'ai pensé que moi aussi j'étais comme eux. C'était une idée à quoi je ne pouvais pas me faire. Le juge s'est alors levé, comme s'il me signifiait que l'interrogatoire était terminé. Il m'a seulement demandé du même air un peu las si je regrettais mon acte. J'ai réfléchi et j'ai dit que, plutôt que du regret véritable, j'éprouvais un certain ennui. J'ai eu l'impression qu'il ne me comprenait pas. Mais ce jour-là les choses ne sont pas allées plus loin.

Par la suite j'ai souvent revu le juge d'instruction. Seulement, j'étais accompagné de mon avocat à chaque fois. On se bornait à me faire préciser certains points de mes déclarations précédentes. Ou bien encore le juge discutait les charges avec mon avocat. Mais en vérité ils ne s'occupaient jamais de moi à ces moments-là. Peu à peu en tout cas, le ton des interrogatoires a changé. Il semblait que le juge ne s'intéressât plus à moi et qu'il eût classé mon cas en quelque sorte. Il ne m'a plus parlé de Dieu et je ne l'ai jamais revu dans l'excitation de ce premier jour. Le résultat, c'est que nos entretiens sont devenus plus cordiaux. Quelques questions, un peu de conversation avec mon avocat, les interrogatoires étaient finis. Mon affaire suivait son cours, selon l'expression même du juge. Quelquefois aussi, quand la conversation était d'ordre général, on m'y mêlait. Je commençais à respirer. Personne, en ces heures-là, n'était méchant avec moi. Tout était si naturel, si bien réglé et si sobrement joué que j'avais l'impression ridicule de « faire partie de la famille ». Et au bout des onze mois qu'a duré cette instruction, je peux dire que je m'étonnais presque de m'être jamais réjoui d'autre chose que de ces rares instants où le juge me reconduisait à la porte de son cabinet en me frappant sur l'épaule et en me disant d'un air cordial : « C'est fini pour aujourd'hui, monsieur l'Antéchrist. » On me remettait alors entre les mains des gendarmes.

II

Il y a des choses dont je n'ai jamais aimé parler. Quand je suis entré en prison, j'ai compris au bout de quelques jours que je n'aimerais pas parler de cette partie de ma vie.

Plus tard, je n'ai plus trouvé d'importance à ces répugnances[1]. En réalité, je n'étais pas réellement en prison les premiers jours : j'attendais vaguement quelque événement nouveau. C'est seulement après la première et la seule visite de Marie que tout a commencé. Du jour où j'ai reçu sa lettre (elle me disait qu'on ne lui permettait plus de venir parce qu'elle n'était pas ma femme), de ce jour-là, j'ai senti que j'étais chez moi dans ma cellule et que ma vie s'y arrêtait. Le jour de mon arrestation, on m'a d'abord enfermé dans une chambre où il y avait déjà plusieurs détenus, la plupart des Arabes. Ils ont ri en me voyant. Puis ils m'ont demandé ce que j'avais fait. J'ai dit que j'avais tué un Arabe et ils sont restés silencieux. Mais un moment après, le soir est tombé. Ils m'ont expliqué comment il fallait arranger la natte où je devais coucher. En roulant une des extrémités, on pouvait en faire un traversin. Toute la nuit, des punaises ont couru sur mon visage. Quelques jours après, on m'a isolé dans une cellule où je couchais sur un bat-flanc de bois. J'avais un baquet d'aisances et une cuvette de fer. La prison était tout en haut de la ville et, par une petite fenêtre, je pouvais voir la mer. C'est un jour que j'étais agrippé aux barreaux, mon visage tendu vers la lumière, qu'un gardien est entré et m'a dit que j'avais une visite. J'ai pensé que c'était Marie. C'était bien elle.

J'ai suivi pour aller au parloir un long corridor, puis un escalier et pour finir un autre couloir. Je suis entré dans une très grande salle éclairée par une vaste baie. La salle était séparée en trois parties par deux grandes grilles qui la coupaient dans sa longueur. Entre les deux grilles se trouvait un espace de huit à dix mètres qui séparait les visiteurs des prisonniers. J'ai aperçu Marie en face de moi avec sa robe à raies et son visage bruni. De mon côté, il y avait une dizaine de détenus, des Arabes pour la plupart. Marie était entourée de Mauresques et se trouvait entre deux visiteuses : une petite vieille aux lèvres serrées, habillée de noir, et une grosse femme en cheveux qui parlait très fort avec beaucoup de gestes. À cause de la distance entre les grilles, les visiteurs et les prisonniers étaient obligés de parler très haut. Quand je suis entré, le bruit des voix qui rebondissaient contre les grands murs nus de la salle, la lumière crue qui coulait du ciel sur les vitres et rejaillissait dans la salle, me causèrent une sorte d'étourdissement. Ma cellule était plus calme et plus sombre. Il m'a fallu quelques secondes pour m'adapter. Pourtant, j'ai fini par voir chaque visage avec netteté, détaché dans le plein jour. J'ai observé qu'un gardien se tenait assis à l'extrémité du couloir entre les deux grilles. La plupart des prisonniers arabes ainsi que leurs familles s'étaient accroupis en vis-à-vis. Ceux-là ne criaient pas. Malgré le tumulte, ils parvenaient à s'entendre en parlant très bas. Leur murmure sourd, parti de plus bas, formait comme une basse continue aux conversations qui s'entrecroisaient au-dessus de leurs têtes. Tout cela, je l'ai[1] remarqué très vite en m'avançant vers Marie. Déjà collée contre la grille, elle me souriait de toutes ses forces. Je l'ai trouvée très belle, mais je n'ai pas su le lui dire.

« Alors ? » m'a-t-elle dit très haut. « Alors, voilà. — Tu es bien, tu as tout ce que tu veux ? — Oui, tout. »

Nous nous sommes tus et Marie souriait toujours. La grosse femme hurlait vers mon voisin, son mari sans doute, un grand type blond au regard franc. C'était la suite d'une conversation déjà commencée.

« Jeanne n'a pas voulu le prendre », criait-elle à tue-tête. « Oui, oui », disait l'homme. « Je lui ai dit que tu le reprendrais en sortant, mais elle n'a pas voulu le prendre. »

Marie a crié de son côté que Raymond me donnait le bonjour et j'ai dit : Merci. » Mais ma voix a été couverte

par mon voisin qui a demandé « s'il allait bien ». Sa
femme a ri en disant « qu'il ne s'était jamais mieux porté ».
Mon voisin de gauche, un petit jeune homme aux mains
fines, ne disait rien. J'ai remarqué qu'il était en face de
la petite vieille et que tous les deux se regardaient avec
intensité. Mais je n'ai pas eu le temps de les observer
plus longtemps parce que Marie m'a crié qu'il fallait
espérer. J'ai dit : « Oui. » En même temps, je la regardais et j'avais envie de serrer son épaule par-dessus sa
robe. J'avais envie de ce tissu fin et je ne savais pas très
bien ce qu'il fallait espérer en dehors de lui. Mais c'était
bien sans doute ce que Marie voulait dire parce qu'elle
souriait toujours. Je ne voyais plus que l'éclat de ses
dents et les petits plis de ses yeux. Elle a crié de nouveau :
« Tu sortiras et on se mariera ! » J'ai répondu : « Tu
crois ? » mais c'était surtout pour dire quelque chose.
Elle a dit alors très vite et toujours très haut que oui,
que je serais acquitté et qu'on prendrait encore des bains.
Mais l'autre femme hurlait de son côté et disait qu'elle
avait laissé un panier au greffe. Elle énumérait tout ce
qu'elle y avait mis. Il fallait vérifier, car tout cela coûtait
cher. Mon autre voisin et sa mère se regardaient toujours.
Le murmure des Arabes continuait au-dessous de nous.
Dehors la lumière a semblé se gonfler contre la baie[1].

Je me sentais un peu malade et j'aurais voulu partir.
Le bruit me faisait mal. Mais d'un autre côté, je voulais
profiter encore de la présence de Marie. Je ne sais pas
combien de temps a passé[2]. Marie m'a parlé de son travail
et elle souriait sans arrêt. Le murmure, les cris, les conversations se croisaient. Le seul îlot de silence était à
côté de moi dans ce petit jeune homme et cette vieille
qui se regardaient. Peu à peu, on a emmené les Arabes.
Presque tout le monde s'est tu dès que le premier est
sorti. La petite vieille s'est rapprochée des barreaux et,
au même moment, un gardien a fait signe à son fils.
Il a dit : « Au revoir, maman » et elle a passé sa main
entre deux barreaux pour lui faire un petit signe lent et
prolongé.

Elle est partie pendant qu'un homme entrait, le chapeau
à la main, et prenait sa place. On a introduit un prisonnier
et ils se sont parlé avec animation, mais à demi-voix,
parce que la pièce était redevenue silencieuse. On est
venu chercher mon voisin de droite et sa femme lui a

dit sans baisser le ton comme si elle n'avait pas remarqué qu'il n'était plus nécessaire de crier : « Soigne-toi bien et fais attention. » Puis est venu mon tour. Marie a fait signe qu'elle m'embrassait. Je me suis retourné avant de disparaître. Elle était immobile, le visage écrasé contre la grille, avec le même sourire écartelé et crispé.

C'est peu après qu'elle m'a écrit. Et c'est à partir de ce moment qu'ont[1] commencé les choses dont je n'ai jamais aimé parler. De toute façon, il ne faut rien exagérer et cela m'a été plus facile qu'à d'autres. Au début de ma détention, pourtant, ce qui a été le plus dur, c'est que j'avais des pensées d'homme libre. Par exemple, l'envie me prenait d'être sur une plage et de descendre vers la mer. À imaginer le bruit des premières vagues sous la plante de mes pieds, l'entrée du corps dans l'eau et la délivrance que j'y trouvais, je sentais tout d'un coup combien les murs de ma prison étaient rapprochés. Mais cela dura quelques mois. Ensuite, je n'avais que des pensées de prisonnier. J'attendais la promenade quotidienne que je faisais dans la cour ou la visite de mon avocat. Je m'arrangeais très bien avec le reste de mon temps[2]. J'ai souvent pensé alors que si l'on m'avait fait vivre dans un tronc d'arbre sec, sans autre occupation que de regarder la fleur du ciel au-dessus de ma tête, je m'y serais peu à peu habitué. J'aurais attendu des passages d'oiseaux ou des rencontres de nuages comme j'attendais ici les curieuses cravates de mon avocat et comme, dans un autre monde, je patientais jusqu'au samedi pour étreindre le corps de Marie. Or, à bien réfléchir, je n'étais pas dans un arbre sec. Il y avait plus malheureux que moi. C'était d'ailleurs une idée de maman et elle le répétait souvent, qu'on finissait par s'habituer à tout.

Du reste, je n'allais pas si loin d'ordinaire. Les premiers mois ont été durs. Mais justement l'effort que j'ai dû faire aidait à les passer. Par exemple, j'étais tourmenté par le désir d'une femme. C'était naturel, j'étais jeune[3]. Je ne pensais jamais à Marie particulièrement. Mais je pensais tellement à une femme, aux femmes, à toutes celles que j'avais connues, à toutes les circonstances où je les avais aimées, que ma cellule s'emplissait de tous les visages et se peuplait de mes désirs. Dans un sens, cela me déséquilibrait. Mais dans un autre, cela tuait le temps.

J'avais fini par gagner la sympathie du gardien-chef qui accompagnait à l'heure des repas le garçon de cuisine. C'est lui qui, d'abord, m'a parlé des femmes. Il m'a dit que c'était la première chose dont se plaignaient les autres. Je lui ai dit que j'étais comme eux et que je trouvais ce traitement injuste. « Mais, a-t-il dit, c'est justement pour ça qu'on vous met en prison. — Comment, pour ça ? — Mais oui, la liberté, c'est ça. On vous prive de la liberté. » Je n'avais jamais pensé à cela. Je l'ai approuvé : « C'est vrai, lui ai-je dit, où serait la punition ? — Oui, vous comprenez les choses, vous. Les autres non. Mais ils finissent par se soulager eux-mêmes. » Le gardien est parti ensuite[1].

Il[2] y a eu aussi les cigarettes. Quand je suis entré en prison, on m'a pris ma ceinture, mes cordons de souliers, ma cravate et tout ce que je portais dans mes poches, mes cigarettes en particulier. Une fois en cellule, j'ai demandé qu'on me les rende. Mais on m'a dit que c'était défendu. Les premiers jours ont été très durs. C'est peut-être cela qui m'a le plus abattu. Je suçais des morceaux de bois que j'arrachais de la planche de mon lit. Je promenais toute la journée une nausée perpétuelle. Je ne comprenais pas pourquoi on me privait de cela qui ne faisait de mal à personne. Plus tard, j'ai compris que cela faisait partie aussi de la punition. Mais à ce moment-là, je m'étais habitué à ne plus fumer et cette punition n'en était plus une pour moi.

À part ces ennuis, je n'étais pas trop malheureux. Toute la question, encore une fois, était de tuer le temps. J'ai fini par ne plus m'ennuyer du tout à partir de l'instant où j'ai appris à me souvenir. Je me mettais quelquefois à penser à ma chambre et, en imagination, je partais d'un coin pour y revenir en dénombrant mentalement tout ce qui se trouvait sur mon chemin. Au début, c'était vite fait. Mais chaque fois que je recommençais, c'était un peu plus long. Car je me souvenais de chaque meuble, et, pour chacun d'entre eux, de chaque objet qui s'y trouvait et, pour chaque objet, de tous les détails et pour les détails eux-mêmes, une incrustation, une fêlure ou un bord ébréché, de leur couleur ou de leur grain. En même temps, j'essayais de ne pas perdre le fil de mon inventaire, de faire une énumération complète. Si bien qu'au bout de quelques semaines, je pouvais

passer des heures, rien qu'à dénombrer ce qui se trouvait
dans ma chambre. Ainsi, plus je réfléchissais et plus de
choses méconnues et oubliées je sortais de ma mémoire.
J'ai compris alors qu'un homme qui n'aurait vécu qu'un
seul jour pourrait sans peine vivre cent ans dans une
prison. Il aurait assez de souvenirs pour ne pas s'ennuyer.
Dans un sens, c'était un avantage.

Il y avait aussi le sommeil. Au début, je dormais mal
la nuit et pas du tout le jour. Peu à peu, mes nuits ont
été meilleures et j'ai pu dormir aussi le jour. Je peux
dire que, dans les derniers mois, je dormais de seize à
dix-huit heures par jour. Il me restait alors six heures à
tuer avec les repas, les besoins naturels, mes souvenirs
et l'histoire du Tchécoslovaque.

Entre ma paillasse et la planche du lit, j'avais trouvé,
en effet, un vieux morceau de journal presque collé à
l'étoffe, jauni et transparent. Il relatait un fait divers
dont le début manquait, mais qui avait dû se passer en
Tchécoslovaquie. Un homme était parti d'un village
tchèque pour faire fortune. Au bout de vingt-cinq ans,
riche, il était revenu avec une femme et un enfant. Sa
mère tenait un hôtel avec sa sœur dans son village natal.
Pour les surprendre, il avait laissé sa femme et son enfant
dans un autre établissement, était allé chez sa mère qui
ne l'avait pas reconnu quand il était entré. Par plaisanterie, il avait eu l'idée de prendre une chambre. Il avait
montré son argent. Dans la nuit, sa mère et sa sœur
l'avaient assassiné à coups de marteau pour le voler et
avaient jeté son corps dans la rivière. Le matin, la femme
était venue, avait révélé sans le savoir l'identité du
voyageur. La mère s'était pendue. La sœur s'était jetée
dans un puits. J'ai dû lire cette histoire des milliers de
fois. D'un côté, elle était invraisemblable. D'un autre,
elle était naturelle. De toute façon, je trouvais que le voyageur l'avait un peu mérité et qu'il ne faut jamais jouer.

Ainsi, avec les heures[1] de sommeil, les souvenirs,
la lecture de mon fait divers et l'alternance de la lumière
et de l'ombre, le temps a passé. J'avais bien lu qu'on
finissait par perdre la notion du temps en prison. Mais
cela n'avait pas beaucoup de sens pour moi. Je n'avais
pas compris à quel point les jours pouvaient être à la
fois longs et courts. Longs à vivre sans doute, mais
tellement distendus qu'ils finissaient par déborder les

uns sur les autres. Ils y perdaient leur nom. Les mots hier ou demain étaient les seuls qui gardaient un sens pour moi.

Lorsqu'un jour, le gardien m'a dit que j'étais là depuis cinq mois, je l'ai cru mais je ne l'ai pas compris. Pour moi, c'était sans cesse le même jour qui déferlait dans ma cellule et la même tâche que je poursuivais. Ce jour-là, après le départ du gardien, je me suis regardé dans ma gamelle de fer[1]. Il m'a semblé que mon image restait sérieuse alors même que j'essayais de lui sourire. Je l'ai agitée devant moi. J'ai souri et elle a gardé le même air sévère et triste. Le jour finissait et c'était l'heure dont je ne veux pas parler, l'heure sans nom, où les bruits du soir montaient de tous les étages de la prison dans un cortège de silence. Je me suis approché de la lucarne et, dans la dernière lumière, j'ai contemplé une fois de plus mon image. Elle était toujours sérieuse, et quoi d'étonnant puisque, à ce moment, je l'étais aussi ? Mais en même temps et pour la première fois depuis des mois, j'ai entendu distinctement le son de ma voix. Je l'ai reconnue pour celle qui résonnait déjà depuis de longs jours à mes oreilles et j'ai compris que pendant tout ce temps j'avais parlé seul. Je me suis souvenu alors de ce que disait l'infirmière à l'enterrement de maman. Non, il n'y avait pas d'issue et personne ne peut imaginer ce que sont les soirs dans les prisons.

III

JE peux dire qu'au fond l'été a très vite remplacé l'été. Je savais qu'avec la montée des premières chaleurs surviendrait quelque chose de nouveau pour moi. Mon affaire était inscrite à la dernière session de la cour d'assises et cette session se terminerait avec le mois de juin. Les débats se sont ouverts avec, au-dehors, tout le plein du soleil. Mon avocat m'avait assuré qu'ils ne dureraient pas plus de deux ou trois jours. « D'ailleurs, avait-il ajouté, la cour sera pressée parce que votre affaire n'est pas la plus importante de la session. Il y a un parricide qui passera tout de suite après. »

À sept heures et demie du matin, on est venu me chercher et la voiture cellulaire m'a conduit au Palais de justice. Les deux gendarmes m'ont fait entrer dans une petite pièce qui sentait l'ombre. Nous avons attendu, assis près d'une porte derrière laquelle on entendait des voix, des appels, des bruits de chaises et tout un remue-ménage qui m'a fait penser à[1] ces fêtes de quartier où, après le concert, on range la salle pour pouvoir danser. Les gendarmes m'ont dit qu'il fallait attendre la cour et l'un d'eux m'a offert une cigarette que j'ai refusée. Il m'a demandé peu après « si j'avais le trac ». J'ai répondu que non. Et même, dans un sens, cela m'intéressait de voir un procès. Je n'en avais jamais eu l'occasion dans ma vie : « Oui, a dit le second gendarme, mais cela finit par fatiguer. »

Après un peu de temps, une petite sonnerie a résonné dans la pièce. Ils m'ont alors ôté les menottes. Ils ont ouvert la porte et m'ont fait entrer dans le box des accusés. La salle était pleine à craquer. Malgré les stores, le soleil s'infiltrait par endroits et l'air était déjà étouffant.

On avait laissé les vitres closes. Je me suis assis et les gendarmes m'ont encadré. C'est à ce moment que j'ai aperçu une rangée de visages devant moi. Tous me regardaient : j'ai compris que c'étaient les jurés. Mais je ne peux pas dire ce qui les distinguait les uns des autres. Je n'ai eu qu'une impression : j'étais devant une banquette de tramway et tous ces voyageurs anonymes épiaient le nouvel arrivant pour en apercevoir les ridicules. Je sais bien que c'était une idée niaise puisque ici ce n'était pas le ridicule qu'ils cherchaient, mais le crime. Cependant la différence n'est pas grande et c'est en tout cas l'idée qui m'est venue.

J'étais un peu étourdi aussi par tout ce monde dans cette salle close. J'ai regardé encore le prétoire et je n'ai distingué aucun visage. Je crois bien que d'abord je ne m'étais pas rendu compte que tout ce monde se pressait pour me voir. D'habitude, les gens ne s'occupaient pas de ma personne. Il m'a fallu un effort pour comprendre que j'étais la cause de toute cette agitation. J'ai dit au gendarme : « Que de monde ! » Il m'a répondu que c'était à cause des journaux et il m'a montré un groupe qui se tenait près d'une table sous le banc des jurés. Il m'a dit : « Les voilà. » J'ai demandé : « Qui ? » et il a répété : « Les journaux. » Il connaissait l'un des journalistes qui l'a vu à ce moment et qui s'est dirigé vers nous. C'était un homme déjà âgé[1], sympathique, avec un visage un peu grimaçant. Il a serré la main du gendarme avec beaucoup de chaleur. J'ai remarqué à ce moment que tout le monde se rencontrait, s'interpellait et conversait, comme dans un club où l'on est heureux de se retrouver entre gens du même monde. Je me suis expliqué aussi la bizarre impression que j'avais d'être de trop, un peu comme un intrus. Pourtant, le journaliste s'est adressé à moi en souriant. Il m'a dit qu'il espérait que tout irait bien pour moi. Je l'ai remercié et il a ajouté : « Vous savez, nous avons monté un peu votre affaire. L'été, c'est la saison creuse pour les journaux. Et il n'y avait que votre histoire et celle du parricide qui vaillent quelque chose. » Il m'a montré ensuite, dans le groupe qu'il venait de quitter, un petit bonhomme qui ressemblait à une belette engraissée, avec d'énormes lunettes cerclées de noir. Il m'a dit que c'était l'envoyé spécial d'un journal de Paris : « Il n'est pas venu pour vous, d'ailleurs. Mais comme il est chargé de rendre compte du procès du parricide, on lui a demandé de câbler votre affaire en même temps. » Là encore, j'ai failli le remercier. Mais j'ai pensé que ce serait ridicule. Il m'a fait un petit signe cordial de la main et nous a quittés. Nous avons encore attendu quelques minutes.

Mon avocat est arrivé, en robe, entouré de beaucoup d'autres confrères. Il est allé vers les journalistes, a serré des mains. Ils ont plaisanté, ri et avaient l'air tout à fait à leur aise, jusqu'au moment où la sonnerie a retenti dans le prétoire. Tout le monde a regagné sa place. Mon avocat est venu vers moi, m'a serré la main et m'a conseillé de répondre brièvement aux questions qu'on me poserait, de ne pas prendre d'initiatives et de me reposer sur lui pour le reste.

À ma gauche, j'ai entendu le bruit d'une chaise qu'on reculait et j'ai vu un grand homme mince, vêtu de rouge, portant lorgnon, qui s'asseyait en pliant sa robe avec soin. C'était le procureur. Un huissier a annoncé la cour. Au même moment, deux gros ventilateurs ont commencé de vrombir. Trois juges, deux en noir, le troisième en rouge, sont entrés avec des dossiers et ont marché très vite vers la tribune qui dominait la salle. L'homme en robe rouge s'est assis sur le fauteuil du milieu, a posé sa toque devant lui, essuyé son petit crâne chauve avec un mouchoir et déclaré que l'audience était ouverte.

Les journalistes tenaient déjà leur stylo en main. Ils avaient tous le même air indifférent et un peu narquois. Pourtant, l'un d'entre eux, beaucoup plus jeune, habillé en flanelle grise avec une cravate bleue, avait laissé son stylo devant lui et me regardait. Dans son visage un peu asymétrique, je ne voyais que ses deux yeux, très clairs, qui m'examinaient attentivement, sans rien exprimer qui fût définissable. Et j'ai eu l'impression bizarre d'être regardé par moi-même. C'est peut-être pour cela, et aussi parce que je ne connaissais pas les usages du lieu, que je n'ai pas très bien compris tout ce qui s'est passé ensuite, le tirage au sort des jurés, les questions posées par le président à l'avocat, au procureur et au jury (à chaque fois, toutes les têtes des jurés se retournaient en même temps vers la cour), une lecture rapide de l'acte d'accusation, où je reconnaissais des noms de lieux et de personnes, et de nouvelles questions à mon avocat.

Mais le président a dit qu'il allait faire procéder à l'appel des témoins. L'huissier a lu des noms qui ont attiré mon attention. Du sein de ce public tout à l'heure informe, j'ai vu se lever un à un, pour disparaître ensuite par une porte latérale, le directeur et le concierge de l'asile, le vieux Thomas Pérez, Raymond, Masson, Salamano, Marie. Celle-ci m'a fait un petit signe anxieux. Je m'étonnais encore de ne pas les avoir aperçus plus tôt, lorsque à l'appel de son nom, le dernier, Céleste s'est levé. J'ai reconnu à côté de lui la petite bonne femme du restaurant avec sa jaquette et son air précis et décidé. Elle me regardait avec intensité. Mais je n'ai pas eu le temps de réfléchir parce que le président a pris la parole. Il a dit que les véritables débats allaient commencer et qu'il croyait inutile de recommander au public d'être calme. Selon lui, il était là pour diriger avec impartialité les débats d'une affaire qu'il voulait considérer avec objectivité. La sentence rendue par le jury serait prise dans un esprit de justice et, dans tous les cas, il ferait évacuer la salle au moindre incident[1].

La chaleur montait et je voyais dans la salle les assistants s'éventer avec des journaux. Cela faisait un petit bruit continu de papier froissé. Le président a fait un signe et l'huissier a apporté trois éventails de paille tressée que les trois juges ont utilisés immédiatement.

Mon interrogatoire a commencé aussitôt. Le président m'a questionné avec calme et même, m'a-t-il semblé, avec une nuance de cordialité. On m'a encore fait décliner mon identité, et malgré mon agacement, j'ai pensé qu'au fond c'était assez naturel, parce qu'il serait trop grave de juger un homme pour un autre. Puis le président a recommencé le récit de ce que j'avais fait, en s'adressant à moi toutes les trois phrases pour me demander : « Est-ce bien cela ? » À chaque fois, j'ai répondu : « Oui, monsieur le Président », selon les instructions de mon avocat. Cela a été long parce que le président apportait beaucoup de minutie dans son récit. Pendant tout ce temps, les journalistes écrivaient. Je sentais les regards du plus jeune d'entre eux et de la petite automate. La banquette de tramway était tout entière tournée vers le président. Celui-ci a toussé, feuilleté son dossier et il s'est tourné vers moi en s'éventant.

Il m'a dit qu'il devait aborder maintenant des questions apparemment étrangères à mon affaire, mais qui peut-être la touchaient de fort près. J'ai compris qu'il allait encore parler de maman et j'ai senti en même temps combien cela m'ennuyait. Il m'a demandé pourquoi j'avais mis maman à l'asile. J'ai répondu que c'était parce que je manquais d'argent pour la faire garder et soigner. Il m'a demandé si cela m'avait coûté personnellement et j'ai répondu que ni maman ni moi n'attendions plus rien l'un de l'autre, ni d'ailleurs de personne, et que nous nous étions habitués tous les deux à nos vies nouvelles. Le président a dit alors qu'il ne voulait pas insister sur ce point et il a demandé au procureur s'il ne voyait pas d'autre question à me poser.

Celui-ci me tournait à demi le dos et, sans me regarder, il a déclaré qu'avec l'autorisation du président, il aimerait savoir si j'étais retourné vers la source tout seul avec l'intention de tuer l'Arabe. « Non », ai-je dit. « Alors, pourquoi était-il armé et pourquoi revenir vers cet endroit précisément ? » J'ai dit que c'était le hasard. Et le procureur a noté avec un accent mauvais : « Ce sera tout pour le moment. » Tout ensuite a été un peu confus, du moins pour moi. Mais après quelques conciliabules, le président a déclaré que l'audience était levée et renvoyée à l'après-midi pour l'audition des témoins.

Je n'ai pas eu le temps de réfléchir. On m'a emmené, fait monter dans la voiture cellulaire et conduit à la prison où j'ai mangé. Au bout de très peu de temps, juste assez pour me rendre compte que j'étais fatigué, on est revenu me chercher ; tout a recommencé et je me suis trouvé dans la même salle, devant les mêmes visages. Seulement la chaleur était beaucoup plus forte et comme par un miracle chacun des jurés, le procureur, mon avocat et quelques journalistes étaient munis aussi d'éventails de paille. Le jeune journaliste et la petite femme étaient toujours là. Mais ils ne s'éventaient pas et me regardaient encore sans rien dire.

J'ai essuyé la sueur qui couvrait mon visage et je n'ai repris un peu conscience du lieu et de moi-même que lorsque j'ai entendu appeler le directeur de l'asile. On lui a demandé si maman se plaignait de moi et il a dit que oui mais que c'était un peu la manie de ses pensionnaires de se plaindre de leurs proches. Le président lui a fait préciser si elle me reprochait de l'avoir mise à l'asile et

le directeur a dit encore oui. Mais cette fois, il n'a rien
ajouté. À une autre question, il a répondu qu'il avait
été surpris de mon calme le jour de l'enterrement. On
lui a demandé ce qu'il entendait par calme. Le directeur
a regardé alors le bout de ses souliers et il a dit que je
n'avais pas voulu voir maman, je n'avais pas pleuré une
seule fois et j'étais parti aussitôt après l'enterrement sans
me recueillir sur sa tombe. Une chose encore l'avait
surpris : un employé des pompes funèbres lui avait dit
que je ne savais pas l'âge de maman. Il y a eu un moment
de silence et le président lui a demandé si c'était bien de
moi qu'il avait parlé. Comme le directeur ne comprenait
pas la question, il lui a dit : « C'est la loi. » Puis le président a demandé à l'avocat général s'il n'avait pas de question à poser au témoin et le procureur s'est écrié : « Oh !
non, cela suffit », avec un tel éclat et un tel regard triomphant dans ma direction que, pour la première fois
depuis bien des années, j'ai eu une envie stupide de
pleurer parce que j'ai senti combien j'étais détesté par
tous ces gens-là.

Après avoir demandé au jury et à mon avocat s'ils
avaient des questions à poser, le président a entendu le
concierge. Pour lui comme pour tous les autres, le même
cérémonial s'est répété. En arrivant, le concierge m'a
regardé et il a détourné les yeux. Il a répondu aux questions qu'on lui posait. Il a dit que je n'avais pas voulu
voir maman, que j'avais fumé, que j'avais dormi et que
j'avais pris du café au lait. J'ai senti alors quelque chose
qui soulevait toute la salle et, pour la première fois,
j'ai compris que j'étais coupable. On a fait répéter au concierge l'histoire du café au lait et celle de la cigarette.
L'avocat général m'a regardé avec une lueur ironique
dans les yeux. À ce moment, mon avocat a demandé au
concierge s'il n'avait pas fumé avec moi. Mais le procureur s'est élevé avec violence contre cette question :
« Quel est le criminel ici et quelles sont ces méthodes qui
consistent à salir les témoins de l'accusation pour minimiser des témoignages qui n'en demeurent pas moins
écrasants ! » Malgré tout, le président a demandé au
concierge de répondre à la question. Le vieux a dit d'un
air embarrassé : « Je sais bien que j'ai eu tort. Mais je
n'ai pas osé refuser la cigarette que Monsieur m'a offerte. »
En dernier lieu, on m'a demandé si je n'avais rien à ajou-

ter. « Rien, ai-je répondu, seulement que le témoin a raison. Il est vrai que je lui ai offert une cigarette. » Le concierge m'a regardé alors avec un peu d'étonnement et une sorte de gratitude. Il a hésité, puis il a dit que c'était lui qui m'avait offert le café au lait. Mon avocat a triomphé bruyamment et a déclaré que les jurés apprécieraient. Mais le procureur a tonné au-dessus de nos têtes et il a dit : « Oui, MM. les jurés apprécieront. Et ils conclu-ront qu'un étranger pouvait proposer du café, mais qu'un fils devait le refuser devant le corps de celle qui lui avait donné le jour. » Le concierge a regagné son banc.

Quand est venu le tour de Thomas Pérez, un huissier a dû le soutenir jusqu'à la barre. Pérez a dit qu'il avait surtout connu ma mère et qu'il ne m'avait vu qu'une fois, le jour de l'enterrement. On lui a demandé ce que j'avais fait ce jour-là et il a répondu : « Vous comprenez, moi-même j'avais trop de peine. Alors, je n'ai rien vu. C'était la peine qui m'empêchait de voir. Parce que c'était pour moi une très grosse peine. Et même, je me suis évanoui. Alors, je n'ai pas pu voir Monsieur. » L'avocat général lui a demandé si, du moins, il m'avait vu pleurer. Pérez a répondu que non. Le procureur a dit alors à son tour : « MM. les jurés apprécieront. » Mais mon avocat s'est fâché. Il a demandé à Pérez, sur un ton qui m'a semblé exagéré, « s'il avait vu que je ne pleurais pas ». Pérez a dit : « Non. » Le public a ri. Et mon avocat, en retroussant une de ses manches, a dit d'un ton péremptoire : « Voilà l'image de ce procès. Tout est vrai et rien n'est vrai! » Le procureur avait le visage fermé et piquait un crayon dans les titres de ses dossiers.

Après cinq minutes de suspension pendant lesquelles mon avocat m'a dit que tout allait pour le mieux, on a entendu Céleste qui était cité par la défense. La défense, c'était moi. Céleste jetait de temps en temps des regards de mon côté et roulait un panama entre ses mains. Il portait le costume neuf qu'il mettait pour venir avec moi, certains dimanches, aux courses de chevaux. Mais je crois qu'il n'avait pas pu mettre son col parce qu'il portait seulement un bouton de cuivre pour tenir sa chemise fermée. On lui a demandé si j'étais son client et il a dit : « Oui, mais c'était aussi un ami »; ce qu'il pensait de moi et il a répondu que j'étais un homme; ce qu'il entendait par là et il a déclaré que tout le monde savait ce que cela voulait dire; s'il avait remarqué que j'étais renfermé et il a reconnu seulement que je ne parlais pas pour ne rien dire. L'avocat général lui a demandé si je payais régulièrement ma pension. Céleste a ri et il a déclaré : « C'étaient des détails entre nous. » On lui a demandé encore ce qu'il pensait de mon crime. Il a mis alors ses mains sur la barre et l'on voyait qu'il avait préparé quelque chose. Il a dit : « Pour moi, c'est un malheur. Un malheur, tout le monde sait ce que c'est. Ça vous laisse sans défense. Eh bien! pour moi c'est un malheur. » Il allait continuer, mais le président lui a dit que c'était bien et qu'on le remerciait. Alors Céleste est resté un peu interdit. Mais il a déclaré qu'il voulait encore parler. On lui a demandé d'être bref. Il a encore répété que c'était un malheur. Et le président lui a dit : « Oui, c'est entendu. Mais nous sommes là pour juger les malheurs de ce genre. Nous vous remercions. » Comme s'il était arrivé au bout de sa science et de sa bonne volonté, Céleste s'est alors retourné vers moi. Il m'a semblé que ses yeux brillaient et que ses lèvres tremblaient. Il avait l'air de me demander ce qu'il pouvait encore faire. Moi, je n'ai rien dit, je n'ai fait aucun geste, mais c'est la première fois de ma vie que j'ai eu envie d'embrasser un homme. Le président lui a encore enjoint de quitter la barre. Céleste est allé s'asseoir dans le prétoire. Pendant tout le reste de l'audience, il est resté là, un peu penché en avant, les coudes sur les genoux, le panama entre les mains, à écouter tout ce qui se disait. Marie est entrée. Elle avait mis un chapeau et elle était encore belle. Mais je l'aimais mieux avec ses cheveux libres. De l'endroit où j'étais, je devinais le poids léger de ses seins et je reconnaissais sa lèvre inférieure toujours un peu gonflée. Elle semblait très nerveuse. Tout de suite, on lui a demandé depuis quand elle me connaissait. Elle a indiqué l'époque où elle travaillait chez nous. Le président a voulu savoir quels étaient ses rapports avec moi. Elle a dit qu'elle était mon[1] amie. À une autre question, elle a répondu qu'il était vrai qu'elle devait m'épouser. Le procureur qui feuilletait un dossier lui a demandé brusquement de quand datait notre liaison. Elle a indiqué la date. Le procureur a remarqué d'un air indifférent qu'il lui semblait que c'était le lendemain de la mort de maman. Puis il a dit avec quelque ironie qu'il ne voudrait pas insister sur une situation délicate, qu'il comprenait bien les scrupules de Marie, mais (et ici son accent s'est fait plus dur) que son devoir lui commandait de s'élever au-dessus des convenances. Il a donc demandé à Marie de résumer cette journée où je l'avais connue. Marie ne voulait pas parler, mais devant l'insistance du procureur, elle a dit notre bain, notre sortie au cinéma et notre rentrée chez moi. L'avocat général a dit qu'à la suite des déclarations de Marie à l'instruction, il avait consulté les programmes de cette date. Il a ajouté que Marie elle-même dirait quel film on passait alors. D'une voix presque blanche, en effet, elle a indiqué que c'était un film de Fernandel. Le silence était complet dans la salle quand elle a eu fini. Le procureur s'est alors levé, très grave et d'une voix que j'ai trouvée vraiment émue, le doigt tendu vers moi, il a articulé lentement : « Messieurs les jurés, le lendemain de la mort de sa mère, cet homme prenait des bains, commençait une liaison irrégulière, et allait rire devant un film comique. Je n'ai rien de plus à vous dire. » Il s'est assis, toujours dans le silence. Mais, tout d'un coup, Marie a éclaté en sanglots, a dit que ce n'était pas cela, qu'il y avait autre chose, qu'on la forçait à dire le contraire de ce qu'elle pensait, qu'elle me connaissait bien et que je n'avais rien fait de mal. Mais l'huissier, sur un signe du président, l'a emmenée et l'audience s'est poursuivie.

C'est[1] à peine si, ensuite, on a écouté Masson qui a déclaré que j'étais un honnête homme « et qu'il dirait plus, j'étais un brave homme ». C'est à peine encore si on a écouté Salamano quand il a rappelé que j'avais été bon pour son chien et quand il a répondu à une question sur ma mère et sur moi en disant que je n'avais plus rien à dire à maman et que je l'avais mise pour cette raison à l'asile. « Il faut comprendre, disait Salamano, il faut comprendre. » Mais personne ne paraissait comprendre. On l'a emmené.

Puis est venu le tour de Raymond, qui était le dernier témoin. Raymond m'a fait un petit signe et a dit tout de suite que j'étais innocent. Mais le président a déclaré qu'on ne lui demandait pas des appréciations, mais des faits. Il l'a invité à attendre des questions pour répondre.

On lui a fait préciser ses relations avec la victime. Raymond en a profité pour dire que c'était lui que cette dernière haïssait depuis qu'il avait giflé sa sœur. Le président lui a demandé cependant si la victime n'avait pas de raison de me haïr. Raymond a dit que ma présence à la plage était le résultat d'un hasard. Le procureur lui a demandé alors comment il se faisait que la lettre qui était à l'origine du drame avait été écrite par moi. Raymond a répondu que c'était un hasard. Le procureur a rétorqué que le hasard avait déjà beaucoup de méfaits sur la conscience dans cette histoire. Il a voulu savoir si c'était par hasard que je n'étais pas intervenu quand Raymond avait giflé sa maîtresse, par hasard que j'avais servi de témoin au commissariat, par hasard encore que mes déclarations lors de ce témoignage s'étaient révélées de pure complaisance. Pour finir, il a demandé à Raymond quels étaient ses moyens d'existence, et comme ce dernier répondait : « Magasinier », l'avocat général a déclaré aux jurés que de notoriété générale le témoin exerçait le métier de souteneur. J'étais son complice et son ami. Il s'agissait d'un drame crapuleux de la plus basse espèce, aggravé du fait qu'on avait affaire à un monstre moral. Raymond a voulu se défendre et mon avocat a protesté, mais on leur a dit qu'il fallait laisser terminer le procureur. Celui-ci a dit : « J'ai peu de chose à ajouter. Était-il votre ami ? » a-t-il demandé à Raymond. « Oui, a dit celui-ci, c'était mon copain. » L'avocat général m'a posé alors la même question et j'ai regardé Raymond qui n'a pas détourné les yeux. J'ai répondu : « Oui. » Le procureur s'est alors retourné vers le jury et a déclaré : « Le même homme qui au lendemain de la mort de sa mère se livrait à la débauche la plus honteuse a tué pour des raisons futiles et pour liquider une affaire de mœurs inqualifiable. »

Il s'est assis alors. Mais mon avocat, à bout de patience, s'est écrié en levant les bras, de sorte que ses manches en retombant ont découvert les plis d'une chemise amidonnée : « Enfin, est-il accusé d'avoir enterré sa mère ou d'avoir tué un homme ? » Le public a ri. Mais le procureur s'est redressé encore, s'est drapé dans sa robe et a déclaré qu'il fallait avoir l'ingénuité de l'honorable défenseur pour ne pas sentir qu'il y avait entre ces deux ordres de faits une relation profonde, pathétique, essentielle.

« Oui, s'est-il écrié avec force, j'accuse cet homme d'avoir enterré une mère avec un cœur de criminel. » Cette déclaration a paru faire un effet considérable sur le public. Mon avocat a haussé les épaules et essuyé la sueur qui couvrait son front. Mais lui-même paraissait ébranlé et j'ai compris que les choses n'allaient pas bien pour moi.

L'audience[1] a été levée. En sortant du Palais de justice pour monter dans la voiture, j'ai reconnu un court instant l'odeur et la couleur du soir d'été. Dans l'obscurité de ma prison roulante, j'ai retrouvé un à un, comme du fond de ma fatigue, tous les bruits familiers d'une ville que j'aimais et d'une certaine heure où il m'arrivait de me sentir content. Le cri des vendeurs de journaux dans l'air déjà détendu, les derniers oiseaux dans le square, l'appel des marchands de sandwiches, la plainte des tramways dans les hauts tournants de la ville et cette rumeur du ciel avant que la nuit bascule sur le port, tout cela recomposait pour moi un itinéraire d'aveugle, que je connaissais bien avant d'entrer en prison. Oui, c'était l'heure où, il y avait bien longtemps, je me sentais content. Ce qui m'attendait alors, c'était toujours un sommeil léger et sans rêves. Et pourtant quelque chose était changé puisque, avec l'attente du lendemain, c'est ma cellule que j'ai retrouvée. Comme si les chemins familiers tracés dans les ciels d'été pouvaient mener aussi bien aux prisons qu'aux sommeils innocents.

IV

Même sur un banc d'accusé, il est toujours intéressant d'entendre parler de soi. Pendant les plaidoiries du procureur et de mon avocat, je peux dire qu'on a beaucoup parlé de moi et peut-être plus de moi que de mon crime. Étaient-elles si différentes, d'ailleurs, ces plaidoiries ? L'avocat levait les bras et plaidait coupable, mais avec excuses. Le procureur tendait ses mains et dénonçait la culpabilité, mais sans excuses. Une chose pourtant me gênait vaguement. Malgré mes préoccupations, j'étais parfois tenté d'intervenir et mon avocat me disait alors : « Taisez-vous, cela vaut mieux pour votre affaire. » En quelque sorte, on avait l'air de traiter cette affaire en dehors de moi. Tout se déroulait sans mon intervention. Mon sort se réglait sans qu'on prenne mon avis. De temps en temps, j'avais envie d'interrompre tout le monde et de dire : « Mais tout de même, qui est l'accusé ? C'est important d'être l'accusé. Et j'ai quelque chose à dire ! » Mais réflexion faite, je n'avais rien à dire. D'ailleurs, je dois reconnaître que l'intérêt qu'on trouve à occuper les gens ne dure pas longtemps. Par exemple, la plaidoirie du procureur m'a très vite lassé. Ce sont seulement des fragments, des gestes ou des tirades entières, mais détachés de l'ensemble, qui m'ont frappé ou ont éveillé mon intérêt.

Le fond de sa pensée, si j'ai bien compris, c'est que j'avais prémédité mon crime. Du moins, il a essayé de le démontrer. Comme il le disait lui-même : « J'en ferai la preuve, messieurs, et je la ferai doublement. Sous l'aveuglante clarté des faits d'abord et ensuite dans l'éclairage sombre que me fournira la psychologie de cette âme criminelle. » Il a résumé les faits à partir de la mort de maman. Il a rappelé mon insensibilité, l'ignorance où j'étais de l'âge de maman, mon bain du lendemain, avec une femme, le cinéma, Fernandel et enfin la rentrée avec Marie. J'ai mis du temps à le comprendre, à ce moment, parce qu'il disait « sa maîtresse » et pour moi, elle était Marie. Ensuite, il en est venu à l'histoire de Raymond. J'ai trouvé que sa façon de voir les événements ne manquait pas de clarté. Ce qu'il disait était plausible. J'avais écrit la lettre d'accord avec Raymond pour attirer sa maîtresse et la livrer aux mauvais traitements d'un homme « de moralité douteuse ». J'avais provoqué sur la plage les adversaires de Raymond. Celui-ci avait été blessé. Je lui avais demandé son revolver. J'étais revenu seul pour m'en servir. J'avais abattu l'Arabe comme je le projetais. J'avais attendu. Et « pour être sûr que la besogne était bien faite », j'avais tiré encore quatre balles, posément, à coup sûr, d'une façon réfléchie en quelque sorte.

« Et voilà, messieurs, a dit l'avocat général. J'ai retracé devant vous le fil d'événements qui a conduit cet homme à tuer en pleine connaissance de cause. J'insiste là-dessus, a-t-il dit. Car il ne s'agit pas d'un assassinat ordinaire, d'un acte irréfléchi que vous pourriez estimer atténué par les circonstances. Cet homme, messieurs, cet homme est intelligent. Vous l'avez entendu, n'est-ce pas ? Il sait répondre. Il connaît la valeur des mots. Et l'on ne peut pas dire qu'il a agi sans se rendre compte de ce qu'il faisait. »

Moi j'écoutais et j'entendais qu'on me jugeait intelligent. Mais je ne comprenais pas bien comment les qualités d'un homme ordinaire pouvaient devenir des charges écrasantes contre un coupable. Du moins, c'était cela qui me frappait et je n'ai plus écouté le procureur jusqu'au moment où je l'ai entendu dire : « A-t-il seulement exprimé des regrets ? Jamais, messieurs. Pas une seule fois au cours de l'instruction cet homme n'a paru ému de son abominable forfait. » À ce moment, il s'est tourné vers moi et m'a désigné du doigt en continuant à m'accabler sans qu'en réalité je comprenne bien pourquoi. Sans doute, je ne pouvais pas m'empêcher de reconnaître qu'il avait raison. Je ne regrettais pas beaucoup mon acte. Mais tant d'acharnement m'étonnait. J'aurais voulu essayer de lui expliquer cordialement,

presque avec affection, que je n'avais jamais pu regretter
vraiment quelque chose. J'étais toujours pris par ce qui
allait arriver, par aujourd'hui ou par demain. Mais naturellement, dans l'état où l'on m'avait mis, je ne pouvais
parler à personne sur ce ton. Je n'avais pas le droit de
me montrer affectueux, d'avoir de la bonne volonté.
Et j'ai essayé d'écouter encore parce que le procureur
s'est mis à parler de mon âme.

Il disait qu'il s'était penché sur elle et qu'il n'avait
rien trouvé, messieurs les jurés. Il disait qu'à la vérité,
je n'en avais point, d'âme, et que rien d'humain, et pas
un des principes moraux qui gardent le cœur des hommes
ne m'était accessible. « Sans doute, ajoutait-il, nous ne
saurions le lui reprocher. Ce qu'il ne saurait acquérir,
nous ne pouvons nous plaindre qu'il en manque. Mais
quand il s'agit de cette cour, la vertu toute négative de
la tolérance doit se muer en celle, moins facile, mais plus
élevée, de la justice. Surtout lorsque le vide du cœur
tel qu'on le découvre chez cet homme devient un gouffre
où la société peut succomber. » C'est alors qu'il a parlé
de mon attitude envers maman. Il a répété ce qu'il avait
dit pendant les débats. Mais il a été beaucoup plus long
que lorsqu'il parlait de mon crime, si long même que,
finalement, je n'ai plus senti que la chaleur de cette matinée. Jusqu'au moment, du moins, où l'avocat général
s'est arrêté et après un moment de silence, a repris d'une
voix très basse et très pénétrée : « Cette même cour,
messieurs, va juger demain le plus abominable des
forfaits : le meurtre d'un père. » Selon lui, l'imagination
reculait devant cet atroce attentat. Il osait espérer que
la justice des hommes punirait sans faiblesse. Mais il
ne craignait pas de le dire, l'horreur que lui inspirait
ce crime le cédait presque à celle qu'il ressentait devant
mon insensibilité. Toujours selon lui, un homme
qui tuait moralement sa mère se retranchait de la
société des hommes au même titre que celui qui
portait une main meurtrière sur l'auteur de ses
jours. Dans tous les cas, le premier préparait les actes
du second, il les annonçait en quelque sorte et il les
légitimait. « J'en suis persuadé, messieurs, a-t-il ajouté
en élevant la voix, vous ne trouverez pas ma pensée
trop audacieuse, si je dis que l'homme qui est assis sur
ce banc est coupable aussi du meurtre que cette cour

devra juger demain. Il doit être puni en conséquence. »
Ici, le procureur a essuyé son visage brillant de sueur.
Il a dit enfin que son devoir était douloureux, mais qu'il
l'accomplirait fermement. Il a déclaré que je n'avais rien
à faire avec une société dont je méconnaissais les règles
les plus essentielles et que je ne pouvais pas en appeler
à ce cœur humain dont j'ignorais les réactions élémentaires.
« Je vous demande la tête de cet homme, a-t-il dit, et
c'est le cœur léger que je vous la demande. Car s'il m'est
arrivé au cours de ma déjà longue carrière de réclamer
des peines capitales, jamais autant qu'aujourd'hui, je n'ai
senti ce pénible devoir compensé, balancé, éclairé par
la conscience d'un commandement impérieux et sacré
et par l'horreur que je ressens devant un visage d'homme
où je ne lis rien que de monstrueux. »

Quand le procureur s'est rassis, il y a eu un moment de
silence assez long. Moi, j'étais étourdi de chaleur et d'étonnement. Le président a toussé un peu et sur un ton très
bas, il m'a demandé si je n'avais rien à ajouter. Je me
suis levé et comme j'avais envie de parler, j'ai dit, un
peu au hasard d'ailleurs, que je n'avais pas l'intention
de tuer l'Arabe. Le président a répondu que c'était une
affirmation, que jusqu'ici il saisissait mal mon système
de défense et qu'il serait heureux, avant d'entendre mon
avocat, de me faire préciser les motifs qui avaient inspiré
mon acte. J'ai dit rapidement, en mêlant un peu les mots
et en me rendant compte de mon ridicule, que c'était
à cause du soleil. Il y a eu des rires dans la salle. Mon
avocat a haussé les épaules et tout de suite après, on lui
a donné la parole. Mais il a déclaré qu'il était tard, qu'il
en avait pour plusieurs heures et qu'il demandait le
renvoi à l'après-midi. La cour y a consenti.

L'après-midi, les grands ventilateurs brassaient toujours l'air épais de la salle et les petits éventails multicolores des jurés s'agitaient tous dans le même sens. La
plaidoirie de mon avocat me semblait ne devoir jamais
finir. À un moment donné, cependant, je l'ai écouté
parce qu'il disait : « Il est vrai que j'ai tué. » Puis il a
continué sur ce ton, disant « Je » chaque fois qu'il parlait
de moi. J'étais très étonné. Je me suis penché vers un
gendarme et je lui ai demandé pourquoi. Il m'a dit de
me taire et, après un moment, il a ajouté : « Tous les
avocats font ça. » Moi, j'ai pensé que c'était m'écarter

encore de l'affaire, me réduire à zéro et, en un certain sens, se substituer à moi. Mais je crois que j'étais déjà très loin de cette salle d'audience. D'ailleurs, mon avocat m'a semblé ridicule. Il a plaidé la provocation très rapidement et puis lui aussi a parlé de mon âme. Mais il m'a paru qu'il avait beaucoup moins de talent que le procureur. « Moi aussi, a-t-il dit, je me suis penché sur cette âme, mais, contrairement à l'éminent représentant du ministère public, j'ai trouvé quelque chose et je puis dire que j'y ai lu à livre ouvert. » Il y avait lu que j'étais un honnête homme, un travailleur régulier, infatigable, fidèle à la maison qui l'employait, aimé de tous et compatissant aux misères d'autrui. Pour lui, j'étais un fils modèle qui avait soutenu sa mère aussi longtemps qu'il l'avait pu. Finalement j'avais espéré qu'une maison de retraite donnerait à la vieille femme le confort que mes moyens ne me permettaient pas de lui procurer. « Je m'étonne, messieurs, a-t-il ajouté, qu'on ait mené si grand bruit autour de cet asile. Car enfin, s'il fallait donner une preuve de l'utilité et de la grandeur de ces institutions, il faudrait bien dire que c'est l'État lui-même qui les subventionne. » Seulement, il n'a pas parlé de l'enterrement et j'ai senti que cela manquait dans sa plaidoirie. Mais à cause de toutes ces longues phrases, de toutes ces journées et ces heures interminables pendant lesquelles on avait parlé de mon âme, j'ai eu l'impression que tout devenait comme une eau incolore où je trouvais le vertige.

À la fin, je me souviens seulement que, de la rue et à travers tout l'espace des salles et des prétoires, pendant que mon avocat continuait à parler, la trompette d'un marchand de glace[1] a résonné jusqu'à moi. J'ai été assailli des souvenirs d'une vie qui ne m'appartenait plus, mais où j'avais trouvé les plus pauvres et les plus tenaces de mes joies : des odeurs d'été, le quartier que j'aimais, un certain ciel du soir, le rire et les robes de Marie. Tout ce que je faisais d'inutile en ce lieu m'est alors remonté à la gorge et je n'ai eu qu'une hâte, c'est qu'on en finisse et que je retrouve ma cellule avec le sommeil. C'est à peine si j'ai entendu mon avocat s'écrier, pour finir, que les jurés ne voudraient pas envoyer à la mort un travailleur honnête perdu par une minute d'égarement, et demander les circonstances atténuantes pour un crime

dont je traînais déjà, comme le plus sûr de mes châtiments, le remords éternel. La cour a suspendu l'audience
et l'avocat s'est assis d'un air épuisé. Mais ses collègues
sont venus vers lui pour lui serrer la main. J'ai entendu :
« Magnifique, mon cher. » L'un d'eux m'a même pris à
témoin : « Hein ? » m'a-t-il dit. J'ai acquiescé, mais mon
compliment n'était pas sincère, parce que j'étais trop
fatigué.

Pourtant, l'heure déclinait au-dehors et la chaleur
était moins forte. Aux quelques bruits de rue que j'entendais, je devinais la douceur du soir. Nous étions là,
tous, à attendre. Et ce qu'ensemble nous attendions ne
concernait que moi. J'ai encore regardé la salle. Tout
était dans le même état que le premier jour. J'ai rencontré
le regard du journaliste à la veste grise et de la femme
automate. Cela m'a donné à penser que je n'avais pas
cherché Marie du regard pendant tout le procès. Je ne
l'avais pas oubliée, mais j'avais trop à faire. Je l'ai vue
entre Céleste et Raymond. Elle m'a fait un petit signe
comme si elle disait : « Enfin », et j'ai vu son visage un
peu anxieux qui souriait. Mais je sentais mon cœur
fermé et je n'ai même pas pu répondre à son sourire.

La cour est revenue. Très vite, on a lu aux jurés une
série de questions. J'ai entendu « coupable de meurtre »...
« préméditation[1] »... « circonstances atténuantes ». Les
jurés sont sortis et l'on m'a emmené dans la petite pièce
où j'avais déjà attendu. Mon avocat est venu me rejoindre : il était très volubile et m'a parlé avec plus de confiance et de cordialité qu'il ne l'avait jamais fait. Il pensait
que tout irait bien et que je m'en tirerais avec quelques
années de prison ou de bagne. Je lui ai demandé s'il
y avait des chances de cassation en cas de jugement
défavorable. Il m'a dit que non. Sa tactique avait été de
ne pas déposer de conclusions pour ne pas indisposer le
jury. Il m'a expliqué qu'on ne cassait pas un jugement,
comme cela, pour rien. Cela m'a paru évident et je me
suis rendu à ses raisons. À considérer froidement la
chose, c'était tout à fait naturel. Dans le cas contraire,
il y aurait trop de paperasses inutiles. « De toute façon,
m'a dit mon avocat, il y a le pourvoi. Mais je suis persuadé
que l'issue sera favorable. »

Nous avons attendu très longtemps, près de trois
quarts d'heure, je crois. Au bout de ce temps, une son-

nerie a retenti. Mon avocat m'a quitté en disant : « Le président du jury va lire les réponses. On ne vous fera entrer que pour l'énoncé du jugement. » Des portes ont claqué. Des gens couraient dans des escaliers dont je ne savais pas s'ils étaient proches ou éloignés. Puis j'ai entendu une voix sourde lire quelque chose dans la salle. Quand la sonnerie a encore retenti, que la porte du box s'est ouverte, c'est le silence de la salle qui est monté vers moi, le silence, et cette singulière sensation que j'ai eue lorsque j'ai constaté que le jeune journaliste avait détourné ses yeux. Je n'ai pas regardé du côté de Marie. Je n'en ai pas eu le temps parce que le président m'a dit dans une forme bizarre que j'aurais la tête tranchée sur une place publique au nom du peuple français. Il m'a semblé alors reconnaître le sentiment que je lisais sur tous les visages. Je crois bien que c'était de la considération. Les gendarmes étaient très doux avec moi. L'avocat a posé sa main sur mon poignet. Je ne pensais plus à rien. Mais le président m'a demandé si je n'avais rien à ajouter. J'ai réfléchi. J'ai dit : « Non. » C'est alors qu'on m'a emmené.

V

POUR la troisième fois, j'ai refusé de recevoir l'aumô-nier. Je n'ai rien à lui dire, je n'ai pas envie de parler, je le verrai bien assez tôt. Ce qui m'intéresse en ce moment, c'est d'échapper à la mécanique[1], de savoir si l'inévitable peut avoir une issue. On m'a changé de cellule. De celle-ci, lorsque je suis allongé, je vois le ciel et je ne vois que lui. Toutes mes journées se passent à regarder sur son visage le déclin des couleurs qui conduit le jour à la nuit. Couché, je passe les mains sous ma tête et j'attends. Je ne sais combien de fois je me suis demandé s'il y avait des exemples de condamnés à mort qui eussent échappé au mécanisme implacable, disparu avant l'exé-cution, rompu les cordons d'agents. Je me reprochais alors de n'avoir pas prêté assez d'attention aux récits d'exécution. On devrait toujours s'intéresser à ces questions. On ne sait jamais ce qui peut arriver. Comme tout le monde, j'avais lu des comptes rendus dans les journaux. Mais il y avait certainement des ouvrages spéciaux que je n'avais jamais eu la curiosité de consulter. Là, peut-être, j'aurais trouvé des récits d'évasion. J'au-rais appris que dans un cas au moins la roue s'était arrê-tée, que dans cette préméditation irrésistible, le hasard et la chance, une fois seulement, avaient changé quelque chose. Une fois! Dans un sens, je crois que cela m'aurait suffi. Mon cœur aurait fait le reste. Les journaux parlaient souvent d'une dette qui était due à la société. Il fallait, selon eux, la payer. Mais cela ne parle pas à l'imagination. Ce qui comptait, c'était une possibilité d'évasion, un saut hors du rite implacable, une course à la folie qui offrît toutes les chances de l'espoir. Naturellement, l'espoir, c'était d'être abattu au coin d'une rue, en pleine course, et d'une balle à la volée. Mais tout bien considéré, rien ne me permettait ce luxe, tout me l'interdisait, la mécanique[1] me reprenait.

Malgré ma bonne volonté, je ne pouvais pas accepter cette certitude insolente. Car enfin, il y avait une disproportion ridicule entre le jugement qui l'avait fondée et son déroulement imperturbable à partir du moment où ce jugement avait été prononcé. Le fait que la sentence avait été lue à vingt heures plutôt qu'à dix-sept, le fait qu'elle aurait pu être tout autre, qu'elle avait été prise par des hommes qui changent de linge, qu'elle avait été portée au crédit d'une notion aussi imprécise que le peuple français (ou allemand, ou chinois), il me semblait bien que tout cela enlevait beaucoup de sérieux à une telle décision. Pourtant, j'étais obligé de reconnaître que dès la seconde où elle avait été prise, ses effets devenaient aussi certains, aussi sérieux, que la présence de ce mur tout le long duquel j'écrasais mon corps.

Je me suis souvenu dans ces moments d'une histoire que maman me racontait à propos de mon père[2]. Je ne l'avais pas connu. Tout ce que je connaissais de précis sur cet homme, c'était peut-être ce que m'en disait alors maman : il était allé voir exécuter un assassin. Il était malade à l'idée d'y aller. Il l'avait fait cependant et au retour il avait vomi une partie de la matinée. Mon père me dégoûtait un peu alors. Maintenant, je comprenais, c'était si naturel. Comment n'avais-je pas vu que rien n'était plus important qu'une exécution capitale et que, en somme[3], c'était la seule chose vraiment intéressante pour un homme! Si jamais je sortais de cette prison, j'irais voir toutes les exécutions capitales. J'avais tort, je crois, de penser à cette possibilité. Car à l'idée de me voir libre par un petit matin derrière un cordon d'agents, de l'autre côté en quelque sorte, à l'idée d'être le spectateur qui vient voir et qui pourra vomir après, un flot de joie empoisonnée me montait au cœur. Mais ce n'était pas raisonnable. J'avais tort de me laisser aller à ces suppositions parce que, l'instant d'après, j'avais si affreusement froid que je me recroquevillais sous ma couverture. Je claquais des dents sans pouvoir me retenir.

Mais, naturellement, on ne peut pas être toujours raisonnable. D'autres fois, par exemple, je faisais des projets de loi. Je réformais les pénalités. J'avais remarqué

que l'essentiel était de donner une chance au condamné.
Une seule sur mille, cela suffisait pour arranger bien des
choses. Ainsi, il me semblait qu'on pouvait trouver une
combinaison chimique dont l'absorption tuerait le patient
(je pensais : le patient) neuf fois sur dix. Lui le saurait,
c'était la condition. Car en réfléchissant bien, en consi-
dérant les choses avec calme, je constatais que ce qui
était défectueux avec le couperet, c'est qu'il n'y avait
aucune chance, absolument aucune. Une fois pour toutes,
en somme, la mort du patient avait été décidée. C'était
une affaire classée, une combinaison bien arrêtée, un
accord entendu et sur lequel il n'était pas question de
revenir. Si le coup ratait, par extraordinaire, on recommençait. Par suite, ce qu'il y avait d'ennuyeux, c'est qu'il
fallait que le condamné souhaitât le bon fonctionnement
de la machine. Je dis[1] que c'est le côté défectueux. Cela
est vrai, dans un sens. Mais, dans un autre sens, j'étais
obligé de reconnaître que tout le secret d'une bonne
organisation était là. En somme, le condamné était
obligé de collaborer moralement. C'était son intérêt que
tout marchât sans accroc.

J'étais obligé de constater aussi que jusqu'ici j'avais
eu sur ces questions des idées qui n'étaient pas justes.
J'ai cru longtemps — et je ne sais pas pourquoi — que
pour aller à la guillotine, il fallait monter sur un échafaud, gravir des marches. Je crois que c'était à cause de
la Révolution de 1789, je veux dire à cause de tout ce
qu'on m'avait appris ou fait voir sur ces questions. Mais
un matin, je me suis souvenu d'une photographie publiée
par les journaux à l'occasion d'une exécution retentissante. En réalité, la machine était posée à même le sol,
le plus simplement du monde. Elle était beaucoup plus
étroite que je ne le pensais. C'était assez drôle que je ne
m'en fusse pas avisé plus tôt. Cette machine sur le cliché
m'avait frappé par son aspect d'ouvrage de précision,
fini et étincelant. On se fait toujours des idées exagérées
de ce qu'on ne connaît pas. Je devais constater au contraire que tout était simple : la machine est au même niveau
que l'homme qui marche vers elle. Il la rejoint comme on
marche à la rencontre d'une personne. Cela[2] aussi était
ennuyeux. La montée vers l'échafaud, l'ascension en
plein ciel, l'imagination pouvait s'y raccrocher. Tandis
que, là encore, la mécanique écrasait tout : on était tué

discrètement, avec un peu de honte et beaucoup de précision.

Il y avait aussi deux choses à quoi je réfléchissais tout le temps : l'aube et mon pourvoi. Je me raisonnais cependant et j'essayais de n'y plus penser. Je m'étendais, je regardais le ciel, je m'efforçais de m'y intéresser. Il devenait vert, c'était le soir. Je faisais encore un effort pour détourner le cours de mes pensées. J'écoutais mon cœur. Je ne pouvais imaginer que ce bruit qui m'accompagnait depuis si longtemps pût jamais cesser. Je n'ai jamais eu de véritable imagination. J'essayais pourtant de me représenter une certaine seconde où le battement de ce cœur ne se prolongerait plus dans ma tête. Mais en vain. L'aube ou mon pourvoi étaient là. Je finissais par me dire que le plus raisonnable était de ne pas me contraindre.

C'est à l'aube qu'ils venaient, je le savais. En somme, j'ai occupé mes nuits à attendre cette aube. Je n'ai jamais aimé être surpris. Quand il m'arrive quelque chose, je préfère être là. C'est pourquoi j'ai fini par ne plus dormir qu'un peu dans mes journées et, tout le long de mes nuits, j'ai attendu patiemment que la lumière naisse sur la vitre du ciel. Le plus difficile, c'était l'heure douteuse où je savais qu'ils opéraient d'habitude. Passé minuit, j'attendais et je guettais. Jamais mon oreille n'avait perçu tant de bruits, distingué de sons si ténus. Je peux dire, d'ailleurs, que d'une certaine façon j'ai eu de la chance pendant toute cette période, puisque je n'ai jamais entendu de pas. Maman disait souvent qu'on n'est jamais tout à fait malheureux. Je l'approuvais dans ma prison, quand le ciel se colorait et qu'un nouveau jour glissait dans ma cellule. Parce qu'aussi bien, j'aurais pu entendre des pas et mon cœur aurait pu éclater. Même si le moindre glissement me jetait à la porte, même si, l'oreille collée au bois, j'attendais éperdument jusqu'à ce que j'entende ma propre respiration, effrayé de la trouver rauque et si pareille au râle d'un chien, au bout du compte mon cœur n'éclatait pas et j'avais encore gagné vingt-quatre heures.

Pendant tout le jour, il y avait mon pourvoi. Je crois que j'ai tiré le meilleur parti de cette idée. Je calculais mes effets et j'obtenais de mes réflexions le meilleur rendement. Je prenais toujours la plus mauvaise supposition : mon pourvoi était rejeté. « Eh bien, je mourrai donc. » Plus tôt que d'autres, c'était évident. Mais tout le monde sait que la vie ne vaut pas la peine d'être vécue. Dans le fond, je n'ignorais pas que mourir à trente ans ou à soixante-dix ans importe peu puisque, naturellement, dans les deux cas, d'autres hommes et d'autres femmes vivront, et cela pendant des milliers d'années. Rien n'était plus clair, en somme. C'était toujours moi qui mourrais, que ce soit maintenant ou dans vingt ans. À ce moment, ce qui me gênait un peu dans mon raisonnement, c'était ce bond terrible que je sentais en moi à la pensée de vingt ans de vie à venir. Mais je n'avais qu'à l'étouffer en imaginant ce que seraient mes pensées dans vingt ans quand il me faudrait quand même en venir là. Du moment qu'on meurt, comment et quand, cela n'importe pas, c'était évident. Donc (et le difficile c'était de ne pas perdre de vue tout ce que ce « donc » représentait de raisonnements), donc, je devais accepter le rejet de mon pourvoi.

À ce moment, à ce moment seulement, j'avais pour ainsi dire le droit, je me donnais en quelque sorte la permission d'aborder la deuxième hypothèse : j'étais gracié. L'ennuyeux, c'est qu'il fallait rendre moins fougueux cet élan du sang et du corps qui me piquait les yeux d'une joie insensée. Il fallait que je m'applique à réduire ce cri, à le raisonner. Il fallait que je sois naturel même dans cette hypothèse, pour rendre plus plausible ma résignation dans la première. Quand j'avais réussi, j'avais gagné une heure de calme. Cela, tout de même, était à considérer.

C'est à un semblable moment que j'ai refusé une fois de plus de recevoir l'aumônier. J'étais étendu et je devinais l'approche du soir d'été à une certaine blondeur du ciel. Je venais de rejeter mon pourvoi et je pouvais sentir les ondes de mon sang circuler régulièrement en moi. Je n'avais pas besoin de voir l'aumônier. Pour la première fois depuis bien longtemps, j'ai pensé à Marie. Il y avait de longs jours qu'elle ne m'écrivait plus. Ce soir-là, j'ai réfléchi et je me suis dit qu'elle s'était peut-être fatiguée d'être la maîtresse d'un condamné à mort. L'idée m'est venue aussi qu'elle était peut-être malade ou morte. C'était dans l'ordre des choses. Comment l'aurais-je su puisqu'en dehors de nos deux corps maintenant séparés, rien ne nous liait et ne nous rappelait l'un à l'autre. À partir de ce moment, d'ailleurs, le souvenir de Marie m'aurait été indifférent. Morte, elle ne m'intéressait plus. Je trouvais cela normal comme je comprenais très bien que les gens m'oublient après ma mort. Ils n'avaient plus rien à faire avec moi. Je ne pouvais même pas dire que cela était dur à penser[1].

C'est à ce moment précis que l'aumônier est entré. Quand je l'ai vu, j'ai eu un petit tremblement. Il s'en est aperçu et m'a dit de ne pas avoir peur. Je lui ai dit qu'il venait d'habitude à un autre moment. Il m'a répondu que c'était une visite tout amicale qui n'avait rien à voir avec mon pourvoi dont il ne savait rien. Il s'est assis sur ma couchette et m'a invité à me mettre près de lui. J'ai refusé. Je lui trouvais tout de même un air très doux[2].

Il est resté un moment assis, les avant-bras sur les genoux, la tête baissée, à regarder ses mains. Elles étaient fines et musclées, elles me faisaient penser à deux bêtes agiles. Il les a frottées lentement l'une contre l'autre. Puis il est resté ainsi, la tête toujours baissée, pendant si longtemps que j'ai eu l'impression, un instant, que je l'avais oublié.

Mais il a relevé brusquement la tête et m'a regardé en face : « Pourquoi, m'a-t-il dit, refusez-vous mes visites ? » J'ai répondu que je ne croyais pas en Dieu. Il a voulu savoir si j'en étais bien sûr et j'ai dit que je n'avais pas à me le demander : cela me paraissait une question sans importance. Il[3] s'est alors renversé en arrière et s'est adossé au mur, les mains à plat sur les cuisses. Presque sans avoir l'air de me parler, il a observé qu'on se croyait sûr, quelquefois, et, en réalité, on ne l'était pas. Je ne disais rien. Il m'a regardé et m'a interrogé : « Qu'en pensez-vous ? » J'ai répondu que c'était possible. En tout cas, je n'étais peut-être pas sûr de ce qui m'intéressait réellement, mais j'étais tout à fait sûr de ce qui ne m'intéressait pas. Et justement, ce dont il me parlait ne m'intéressait pas.

Il a détourné les yeux et, toujours sans changer de position, m'a demandé si je ne parlais pas ainsi par excès de désespoir. Je lui ai expliqué que je n'étais pas désespéré. J'avais seulement peur, c'était bien naturel. « Dieu vous aiderait alors, a-t-il remarqué. Tous ceux que j'ai

connus dans votre cas se retournaient vers lui. » J'ai[1]
reconnu que c'était leur droit. Cela prouvait aussi qu'ils
en avaient le temps. Quant à moi, je ne voulais pas qu'on
m'aidât et justement le temps me manquait pour m'intéresser à ce qui ne m'intéressait pas.

À ce moment, ses mains ont eu un geste d'agacement,
mais il s'est redressé et a arrangé les plis de sa robe.
Quand il a eu fini, il s'est adressé à moi en m'appelant
« mon ami » : s'il me parlait ainsi ce n'était pas parce que
j'étais condamné à mort; à son avis, nous étions tous
condamnés à mort. Mais je l'ai interrompu en lui disant
que ce n'était pas la même chose et que, d'ailleurs, ce
ne pouvait être, en aucun cas, une consolation. « Certes,
a-t-il approuvé. Mais vous mourrez plus tard si vous ne
mourez pas aujourd'hui[2]. La même question se posera
alors. Comment aborderez-vous cette terrible épreuve ? »
J'ai répondu que je l'aborderais exactement comme je
l'abordais en ce moment.

Il[3] s'est levé à ce mot et m'a regardé droit dans les
yeux. C'est un jeu que je connaissais bien. Je m'en amu-
sais souvent avec Emmanuel ou Céleste et, en général,
ils détournaient leurs yeux. L'aumônier aussi connaissait
bien ce jeu, je l'ai tout de suite compris : son regard ne
tremblait pas. Et sa voix non plus n'a pas tremblé quand
il m'a dit : « N'avez-vous donc aucun espoir et vivez-
vous avec la pensée que vous allez mourir tout entier ? —
Oui », ai-je répondu.

Alors, il a baissé la tête et s'est rassis. Il m'a dit qu'il
me plaignait. Il jugeait cela impossible à supporter pour
un homme. Moi[4], j'ai seulement senti qu'il commençait
à m'ennuyer. Je me suis détourné à mon tour et je suis
allé sous la lucarne. Je m'appuyais de l'épaule contre le
mur. Sans bien le suivre, j'ai entendu qu'il recommençait
à m'interroger. Il parlait d'une voix inquiète et pressante. J'ai compris qu'il était ému et je l'ai mieux
écouté.

Il me disait sa certitude que mon pourvoi serait accepté,
mais je portais le poids d'un péché dont il fallait me débarrasser. Selon lui, la justice des hommes n'était rien et la
justice de Dieu tout. J'ai remarqué que c'était la première
qui m'avait condamné. Il m'a répondu qu'elle n'avait pas,
pour autant, lavé mon péché. Je lui ai dit que je ne savais
pas ce qu'était un péché. On m'avait seulement appris que

j'étais un coupable. J'étais coupable, je payais, on ne pouvait rien me demander de plus. À ce moment, il s'est levé à nouveau et j'ai pensé que dans cette cellule si étroite, s'il voulait remuer, il n'avait pas le choix. Il fallait s'asseoir ou se lever.

J'avais les yeux fixés au sol. Il a fait un pas vers moi et s'est arrêté, comme s'il n'osait avancer. Il regardait le ciel à travers les barreaux. « Vous vous trompez, mon fils, m'a-t-il dit, on pourrait vous demander plus. On vous le demandera peut-être. — Et quoi donc ? — On pourrait vous demander de voir. — Voir quoi ? »

Le prêtre a regardé tout autour de lui et il a répondu d'une voix que j'ai trouvée soudain très lasse : « Toutes ces pierres suent la douleur, je le sais. Je ne les ai jamais regardées sans angoisse. Mais, du fond du cœur, je sais que les plus misérables d'entre vous ont vu sortir de leur obscurité un visage divin. C'est ce visage qu'on vous demande de voir. »

Je me suis un peu animé. J'ai dit qu'il y avait des mois que je regardais ces murailles. Il n'y avait rien ni personne que je connusse mieux au monde. Peut-être, il y a bien longtemps, y avais-je cherché un visage. Mais ce visage avait la couleur du soleil et la flamme du désir : c'était celui de Marie. Je l'avais cherché en vain. Maintenant, c'était fini. Et dans tous les cas, je n'avais rien vu surgir de cette sueur de pierre.

L'aumônier m'a regardé avec une sorte de tristesse. J'étais maintenant complètement adossé à la muraille et le jour me coulait sur le front. Il a dit quelques mots que je n'ai pas entendus et m'a demandé très vite si je lui permettais de m'embrasser : « Non », ai-je répondu. Il s'est retourné et a marché vers le mur sur lequel il a passé sa main lentement : « Aimez-vous donc cette terre à ce point ? » a-t-il murmuré. Je n'ai rien répondu.

Il est resté assez longtemps détourné. Sa présence me pesait et m'agaçait. J'allais lui dire de partir, de me laisser, quand il s'est écrié tout d'un coup avec une sorte d'éclat, en se retournant vers moi : « Non, je ne peux pas vous croire. Je suis sûr qu'il vous est arrivé de souhaiter une autre vie. » Je lui ai répondu que naturellement, mais cela n'avait pas plus d'importance que de souhaiter d'être riche, de nager très vite ou d'avoir une bouche mieux faite. C'était du même ordre.

Mais lui m'a arrêté et il voulait savoir comment je voyais cette autre vie. Alors, je lui ai crié : « Une vie où je pourrais me souvenir de celle-ci », et aussitôt je lui ai dit que j'en avais assez. Il voulait encore me parler de Dieu, mais je me suis avancé vers lui et j'ai tenté de lui expliquer une dernière fois qu'il me restait peu de temps. Je ne voulais pas le perdre avec Dieu. Il a essayé de changer de sujet en me demandant pourquoi je l'appelais « monsieur » et non pas « mon père ». Cela m'a énervé et je lui ai répondu qu'il n'était pas mon père : il était avec les autres.

— Non, mon fils, a-t-il dit en mettant la main sur mon épaule. Je suis avec vous. Mais vous ne pouvez pas le savoir parce que vous avez un cœur aveugle. Je[1] prierai pour vous.

Alors, je ne sais pas pourquoi, il y a quelque chose qui a crevé en moi. Je me suis mis à crier à plein gosier et je l'ai insulté et je lui ai dit de ne pas prier[2]. Je l'avais pris par le collet de sa soutane. Je déversais sur lui tout le fond de mon cœur avec des bondissements mêlés de joie et de colère. Il avait l'air si certain, n'est-ce pas ? Pourtant, aucune de ses certitudes ne valait un cheveu de femme. Il n'était même pas sûr d'être en vie puisqu'il vivait comme un mort. Moi, j'avais l'air d'avoir les mains vides. Mais j'étais sûr de moi, sûr de tout, plus sûr que lui, sûr de ma vie et de cette mort qui allait venir. Oui, je n'avais que cela. Mais du moins, je tenais cette vérité autant qu'elle me tenait. J'avais eu raison, j'avais encore raison, j'avais toujours raison. J'avais vécu de telle façon et j'aurais pu vivre de telle autre. J'avais fait ceci et je n'avais pas fait cela. Je n'avais pas fait telle chose alors que j'avais fait cette autre. Et après ? C'était comme si j'avais attendu pendant tout le temps cette minute et cette petite aube où je serais justifié. Rien, rien n'avait d'importance et je savais bien pourquoi. Lui aussi savait pourquoi. Du fond de mon avenir, pendant toute cette vie absurde que j'avais menée, un souffle obscur remontait vers moi à travers des années qui n'étaient pas encore venues et ce souffle égalisait sur son passage tout ce qu'on me proposait alors dans les années pas plus réelles que je vivais. Que m'importaient la mort des autres, l'amour d'une mère, que[3] m'importaient son Dieu, les vies qu'on choisit, les destins qu'on élit, puisqu'un seul destin

devait m'élire moi-même et avec moi des milliards de
privilégiés qui, comme lui, se disaient mes frères. Comprenait-il donc? Tout le monde était privilégié. Il n'y
avait que des privilégiés. Les autres aussi, on les condamnerait un jour. Lui aussi, on le condamnerait. Qu'importait si, accusé de meurtre, il était exécuté pour n'avoir
pas pleuré à l'enterrement de sa mère? Le chien de
Salamano valait autant que sa femme. La petite femme
automatique était aussi coupable que la Parisienne que
Masson avait épousée ou que Marie qui avait envie que je
l'épouse. Qu'importait que Raymond fût mon copain
autant que Céleste qui valait mieux que lui? Qu'importait que Marie donnât aujourd'hui sa bouche à un nouveau Meursault? Comprenait-il donc, ce condamné, et
que du fond de mon avenir... J'étouffais en criant tout
ceci. Mais, déjà, on m'arrachait l'aumônier des mains et
les gardiens me menaçaient. Lui, cependant, les a calmés
et m'a regardé un moment en silence[1]. Il avait les yeux
pleins de larmes. Il s'est détourné et il a disparu.

Lui parti, j'ai retrouvé le calme. J'étais épuisé et je me
suis jeté sur ma couchette. Je crois que j'ai dormi parce
que je me suis réveillé avec des étoiles sur le visage. Des
bruits de campagne montaient jusqu'à moi. Des odeurs
de nuit, de terre et de sel rafraîchissaient mes tempes.
La merveilleuse paix de cet été endormi entrait en moi
comme une marée. À ce moment, et à la limite de la nuit,
des sirènes ont hurlé. Elles annonçaient des départs pour
un monde qui maintenant m'était à jamais indifférent.
Pour la première fois depuis bien longtemps, j'ai pensé
à maman. Il m'a semblé que je comprenais pourquoi à
la fin d'une vie elle avait pris un « fiancé », pourquoi elle
avait joué à recommencer. Là-bas, là-bas aussi, autour
de cet asile où des vies s'éteignaient, le soir était comme
une trêve mélancolique. Si près de la mort, maman devait
s'y sentir libérée et prête à tout revivre. Personne, personne n'avait le droit de pleurer sur elle. Et moi aussi,
je me suis senti prêt à tout revivre. Comme si cette
grande colère m'avait purgé du mal, vidé d'espoir,
devant cette nuit chargée de signes et d'étoiles, je m'ou-
vrais pour la première fois à la tendre indifférence du
monde. De l'éprouver si pareil à moi, si fraternel enfin,
j'ai senti que j'avais été heureux, et que je l'étais encore.
Pour que tout soit consommé, pour que je me sente

moins seul, il me restait à souhaiter qu'il y ait beaucoup de spectateurs le jour de mon exécution et qu'ils m'accueillent avec des cris de haine.

LA PESTE

Il est aussi raisonnable de représenter une espèce d'emprisonnement par une autre que de représenter n'importe quelle chose qui existe réellement par quelque chose qui n'existe pas.

DANIEL DE FOE.

I

L ES[1] curieux événements qui font le sujet de cette chronique se sont produits en 194., à[2] Oran. De l'avis
général, ils n'y étaient pas à leur place, sortant un peu de
l'ordinaire. À première vue, Oran est, en effet, une ville
ordinaire et rien de plus qu'une préfecture française de
la côte algérienne.

La cité elle-même, on doit l'avouer[3], est laide. D'aspect
tranquille, il faut quelque temps pour apercevoir ce
qui la rend différente de tant d'autres villes commer-
çantes, sous toutes les latitudes. Comment faire imaginer,
par exemple, une ville sans pigeons, sans arbres et sans
jardins, où l'on ne rencontre ni battements d'ailes ni
froissements de feuilles, un lieu neutre pour tout dire ?
Le changement des saisons ne s'y lit que dans le ciel.
Le printemps s'annonce seulement par la qualité de l'air
ou par les corbeilles de fleurs que des[4] petits vendeurs
ramènent des banlieues ; c'est un printemps qu'on vend
sur les marchés. Pendant l'été, le soleil incendie les maisons trop sèches et couvre les murs d'une cendre grise ;
on ne peut plus vivre alors que dans l'ombre des volets
clos. En automne, c'est, au contraire, un déluge de boue[5].
Les beaux jours viennent seulement en hiver.

Une[6] manière commode de faire la connaissance d'une
ville est de chercher comment on y travaille, comment on
y aime et comment on y meurt. Dans notre petite ville,
est-ce l'effet du climat, tout cela se fait ensemble, du
même air frénétique et absent. C'est-à-dire qu'on s'y ennuie et qu'on[7] s'y applique à prendre des habitudes. Nos
concitoyens travaillent beaucoup, mais toujours pour
s'enrichir. Ils s'intéressent surtout au commerce et ils
s'occupent d'abord, selon leur expression, de faire des

affaires. Naturellement, ils ont du goût aussi pour les joies simples, ils[1] aiment les femmes, le cinéma et les bains de mer. Mais, très raisonnablement, ils réservent ces plaisirs pour le samedi soir et le dimanche, essayant, les autres jours de la semaine, de gagner beaucoup d'argent. Le soir, lorsqu'ils quittent leurs bureaux, ils se réunissent à heure fixe dans les[2] cafés, ils se promènent sur le même boulevard ou bien ils se mettent à leurs balcons. Les désirs des plus jeunes sont violents et brefs, tandis que les vices des plus âgés ne dépassent pas les associations de boulomanes, les banquets des amicales et les cercles où l'on joue gros jeu sur le hasard des cartes[3].

On dira sans doute que cela n'est pas particulier à notre ville et qu'en somme tous nos contemporains sont[4] ainsi. Sans doute, rien n'est plus naturel, aujourd'hui, que de voir des gens travailler du matin au soir et choisir ensuite de perdre aux cartes, au café, et en bavardages, le temps qui leur reste pour vivre. Mais il est des villes et des pays où les gens ont, de temps en temps, le soupçon d'autre chose. En général, cela ne change pas leur vie. Seulement[5], il y a eu le soupçon et c'est toujours cela de gagné. Oran, au contraire, est apparemment une ville sans soupçons, c'est-à-dire une ville[6] tout à fait moderne. Il n'est pas nécessaire, en conséquence, de préciser la façon dont on s'aime chez nous. Les hommes et les femmes, ou bien se dévorent rapidement dans ce qu'on appelle l'acte d'amour, ou bien s'engagent dans une longue habitude à deux. Entre ces extrêmes, il n'y a pas souvent de milieu. Cela non plus n'est pas original. À Oran comme ailleurs, faute de temps et de réflexion, on est bien obligé de s'aimer sans le savoir.

Ce qui est plus original[7] dans notre ville est la difficulté qu'on peut y trouver à mourir. Difficulté, d'ailleurs, n'est pas le[8] bon mot et il serait plus juste de parler d'inconfort. Ce n'est jamais agréable d'être malade, mais il y a des villes et des pays qui vous soutiennent dans la maladie, où l'on peut, en quelque sorte, se laisser aller[9]. Un malade a besoin de douceur, il aime à s'appuyer sur quelque chose, c'est bien naturel. Mais à Oran, les excès du climat, l'importance des affaires qu'on y traite, l'insignifiance du décor, la rapidité du crépuscule et la qualité des plaisirs, tout demande la bonne santé. Un malade s'y trouve[10] bien seul. Qu'on pense alors à celui qui va mourir,

pris au piège derrière des centaines de murs crépitants
de chaleur, pendant qu'à la même minute, toute une
population, au téléphone ou dans les cafés, parle de trai-
tes, de connaissements et d'escompte. On comprendra
ce[1] qu'il peut y avoir d'inconfortable dans la mort,
même moderne, lorsqu'elle survient ainsi dans un lieu sec.

Ces quelques indications donnent peut-être une idée
suffisante de notre cité. Au demeurant, on ne doit rien
exagérer. Ce qu'il fallait souligner, c'est l'aspect banal de
la ville et de la vie. Mais on[2] passe ses journées sans
difficultés aussitôt qu'on a des habitudes. Du moment
que notre ville favorise les habitudes, on peut dire
que tout est pour le mieux. Sous cet angle, sans doute,
la vie n'est pas très passionnante. Du moins, on ne connaît pas chez nous le désordre. Et notre population
franche, sympathique et active, a toujours provoqué chez
le voyageur une estime raisonnable. Cette[3] cité sans pittoresque, sans végétation et sans âme finit par sembler
reposante, on s'y endort enfin. Mais il est juste d'ajouter
qu'elle s'est greffée sur un paysage sans égal, au milieu
d'un plateau nu, entouré de collines lumineuses, devant
une baie au dessin parfait. On peut seulement regretter
qu'elle se soit construite en tournant le dos à cette baie
et que, partant, il soit impossible d'apercevoir la mer
qu'il faut toujours aller chercher.

Arrivé[4] là, on admettra sans peine que rien ne pouvait
faire espérer à nos concitoyens les incidents qui se pro-
duisirent au printemps de cette année-là et qui furent,
nous le comprîmes ensuite, comme les premiers signes
de la série des graves événements dont on s'est proposé de
faire ici la chronique. Ces faits paraîtront bien naturels à
certains et, à[5] d'autres, invraisemblables au contraire.
Mais, après tout, un chroniqueur ne peut tenir compte de
ces contradictions. Sa tâche est seulement de dire : « Ceci
est arrivé », lorsqu'il sait que ceci est, en effet, arrivé, que
ceci a intéressé la vie de tout un peuple, et qu'il y a donc
des milliers de témoins qui estimeront dans leur cœur la
vérité de ce qu'il dit.

Du reste, le narrateur, qu'on connaîtra[6] toujours à
temps, n'aurait guère de titre à faire valoir dans une entreprise de ce genre si le hasard ne l'avait mis à même de
recueillir un certain nombre de dépositions et si la force
des choses ne l'avait mêlé à tout ce qu'il prétend relater.

C'est[1] ce qui l'autorise à faire œuvre d'historien. Bien
entendu, un historien, même s'il est un amateur, a toujours des documents. Le narrateur de cette histoire a
donc les siens : son témoignage d'abord, celui des autres
ensuite, puisque, par son rôle, il fut amené à recueillir les
confidences de tous les personnages de cette chronique,
et, en dernier lieu, les textes qui finirent par tomber[2] entre
ses mains. Il se propose d'y puiser quand il le jugera bon
et de les utiliser comme il lui plaira. Il se propose encore...
Mais il est peut-être temps de laisser[3] les commentaires
et les précautions de langage pour en venir au récit
lui-même. La relation des premières journées demande
quelque minutie.

LE[1] matin du 16 avril, le docteur Bernard Rieux sortit de son cabinet et buta sur un rat mort, au milieu[2] du palier. Sur le moment, il écarta la bête sans y prendre garde et descendit l'escalier. Mais, arrivé dans la rue, la pensée lui vint que ce rat n'était pas à sa place et il retourna sur ses pas pour avertir le concierge[3]. Devant la réaction du vieux M. Michel, il sentit mieux ce que sa découverte avait d'insolite. La présence de ce rat mort lui avait paru seulement bizarre tandis que, pour le concierge, elle constituait un scandale. La position de ce dernier était catégorique : il n'y avait pas de rats dans la maison. Le docteur eut beau l'assurer qu'il y en avait un[4] sur le palier du premier étage, et probablement mort, la conviction de M. Michel restait entière. Il n'y avait pas de rats dans la maison, il[5] fallait donc qu'on eût apporté celui-ci du dehors. Bref, il s'agissait d'une farce.

Le soir même, Bernard Rieux, debout dans le couloir de l'immeuble, cherchait ses clefs avant de monter chez lui, lorsqu'il vit surgir, du fond obscur du[6] corridor, un gros rat à la démarche incertaine et au pelage mouillé. La bête s'arrêta, sembla chercher un équilibre, prit sa course vers le docteur, s'arrêta encore, tourna sur elle-même avec un petit cri et tomba enfin en rejetant du sang par les babines entrouvertes. Le docteur la contempla un moment et remonta chez lui.

Ce n'était pas au rat qu'il pensait. Ce sang rejeté le ramenait à sa préoccupation. Sa femme, malade depuis un an, devait partir le lendemain pour une station de montagne. Il la trouva couchée[7] dans leur chambre, comme il lui avait demandé de le faire. Ainsi se préparait-elle à la fatigue du déplacement. Elle souriait.

« Je me sens très bien », disait-elle.

Le docteur regardait le visage tourné vers lui dans la lumière de[1] la lampe de chevet. Pour Rieux, à trente ans et malgré les marques de la maladie, ce visage était toujours celui de la jeunesse, à cause peut-être de ce sourire qui emportait tout le reste.

« Dors si tu peux, dit-il. La garde viendra à onze heures et je vous mènerai[2] au train de midi. »

Il embrassa un front légèrement moite. Le[3] sourire l'accompagna jusqu'à la porte.

Le lendemain 17 avril, à huit heures, le concierge arrêta[4] le docteur au passage et accusa des mauvais plaisants d'avoir déposé trois rats morts au milieu du couloir. On avait dû les prendre avec de gros pièges, car ils étaient pleins de sang. Le concierge était resté quelque temps sur le pas de la porte, tenant les rats par les pattes, et attendant que les coupables voulussent bien se trahir par quelque sarcasme. Mais rien n'était venu.

« Ah! ceux-là, disait M. Michel, je finirai par les avoir. »

Intrigué, Rieux décida de[5] commencer sa tournée par les quartiers extérieurs où habitaient les plus pauvres de ses clients. La collecte des ordures s'y faisait beaucoup plus tard et l'auto qui roulait le long des voies droites et poussiéreuses de ce quartier frôlait les boîtes de détritus, laissées au bord du trottoir. Dans une rue qu'il longeait ainsi, le docteur compta une douzaine de rats jetés[6] sur les débris de légumes et les chiffons sales.

Il trouva son premier malade au lit[7], dans une pièce donnant sur la rue et qui servait à la fois de chambre à coucher et de salle à manger. C'était un vieil Espagnol au visage dur et raviné. Il avait devant lui, sur la[8] couverture, deux marmites remplies de pois. Au moment où le docteur entrait, le malade, à demi dressé dans[9] son lit, se renversait en arrière pour tenter de retrouver son souffle caillouteux de vieil asthmatique. Sa femme apporta une cuvette.

« Hein, docteur, dit-il pendant la piqûre, ils sortent, vous avez vu?

— Oui, dit la femme, le voisin en a ramassé trois »

Le vieux se frottait les mains.

« Ils sortent, on en voit dans toutes les poubelles, c'est la faim! »

Rieux n'eut pas de peine à constater ensuite que tout le quartier parlait des rats. Ses visites terminées, il revint chez lui.

« Il y a un télégramme pour vous, là-haut », dit M. Michel.

Le docteur lui demanda s'il avait vu de nouveaux rats.

« Ah! non, dit le concierge, je fais le guet, vous comprenez. Et ces cochons-là n'osent pas. »

Le télégramme avertissait Rieux de l'arrivée de sa mère pour le lendemain. Elle venait s'occuper de la maison de son fils, en l'absence de la malade[1]. Quand le docteur entra chez lui, la garde était déjà là. Rieux vit sa femme debout, en tailleur, avec les couleurs du fard. Il lui sourit :

« C'est bien, dit-il, très bien. »

Un moment après, à la gare, il l'installait dans le wagon-lit. Elle regardait le compartiment.

« C'est trop cher pour nous, n'est-ce pas ?

— Il le faut, dit Rieux.

— Qu'est-ce que c'est que cette histoire de rats ?

— Je ne sais pas. C'est bizarre, mais cela passera[2]. »

Puis il lui dit très vite qu'il lui demandait pardon, il aurait dû veiller sur elle et il l'avait beaucoup négligée. Elle secouait la tête, comme pour lui signifier[3] de se taire. Mais il ajouta :

« Tout ira mieux quand tu reviendras. Nous recommencerons.

— Oui, dit-elle, les yeux brillants, nous recommencerons. »

Un moment après, elle lui tournait le dos et[4] regardait à travers la vitre. Sur le quai, les gens se pressaient et se heurtaient. Le chuintement de la locomotive arrivait jusqu'à eux. Il appela[5] sa femme par son prénom et, quand elle se retourna, il vit que son visage était couvert de larmes.

« Non », dit-il doucement.

Sous les larmes, le sourire revint, un peu crispé. Elle respira profondément :

« Va-t'en, tout[6] ira bien. »

Il la serra contre lui, et sur le quai maintenant, de l'autre côté de la vitre, il ne voyait plus que son sourire.

« Je t'en prie, dit-il, veille sur toi. »

Mais elle ne pouvait pas l'entendre.

Près de la sortie, sur le quai de la gare, Rieux heurta
M. Othon, le juge d'instruction, qui tenait son petit
garçon par la main. Le docteur lui demanda s'il partait
en voyage. M. Othon, long et noir, et qui ressemblait
moitié à ce qu'on appelait autrefois un homme du monde,
moitié à un croque-mort, répondit d'une voix aimable,
mais brève :

« J'attends Mme Othon qui est allée présenter ses
respects à ma famille. »

La locomotive siffla.

« Les rats... », dit le juge.

Rieux eut un mouvement dans[1] la direction du train,
mais se retourna vers la sortie.

« Oui, dit-il, ce n'est rien. »

Tout ce qu'il retint de ce moment fut le passage d'un
homme d'équipe qui portait sous le bras une caisse pleine
de rats morts.

L'après-midi du même jour, au début de sa consultation, Rieux reçut un jeune homme dont on lui dit qu'il
était journaliste et qu'il était déjà venu le matin. Il s'appelait Raymond Rambert. Court de taille, les épaules
épaisses, le visage décidé, les yeux clairs et intelligents,
Rambert portait des habits de coupe sportive et semblait
à l'aise dans la vie. Il alla droit au but. Il enquêtait pour
un grand journal de Paris sur les conditions de vie des
Arabes et voulait des renseignements sur leur état sanitaire. Rieux lui dit que cet état n'était pas bon. Mais il
voulait savoir, avant d'aller plus loin, si le journaliste
pouvait dire la vérité.

« Certes, dit l'autre.

— Je veux dire : pouvez-vous porter condamnation
totale ?

— Totale, non, il faut bien le dire. Mais je suppose que
cette condamnation serait sans fondement. »

Doucement, Rieux dit qu'en effet une pareille condamnation serait sans fondement, mais qu'en[2] posant cette
question, il cherchait seulement à savoir si le témoignage
de Rambert pouvait ou non être sans réserves.

« Je n'admets que les témoignages sans réserves. Je
ne soutiendrai donc pas le vôtre de mes renseignements.

— C'est le langage de Saint-Just », dit le journaliste
en souriant.

Rieux dit sans élever le ton qu'il n'en savait rien, mais que c'était le langage d'un homme lassé du monde où il vivait, ayant pourtant le goût de ses semblables et décidé à refuser, pour sa part, l'injustice et les concessions. Rambert, le cou dans les épaules, regardait le docteur[1].

« Je crois que je vous comprends », dit-il enfin en se levant.

Le docteur l'accompagnait vers la porte :

« Je vous remercie de prendre les choses ainsi. »

Rambert parut impatienté :

« Oui, dit-il, je comprends, pardonnez-moi ce dérangement. »

Le docteur lui serra la main et lui dit qu'il y aurait un curieux reportage à faire sur la quantité de rats morts qu'on trouvait dans la ville en ce moment.

« Ah ! s'exclama Rambert, cela m'intéresse. »

À dix-sept heures, comme il sortait pour de nouvelles visites, le docteur croisa dans l'escalier un homme encore jeune, à la silhouette lourde, au visage massif et creusé, barré d'épais sourcils. Il l'avait rencontré, quelquefois, chez les danseurs espagnols qui habitaient le dernier étage de son immeuble. Jean Tarrou fumait une cigarette avec application en contemplant les dernières convulsions d'un rat qui crevait sur une marche, à ses pieds. Il leva sur le docteur le regard calme et un peu appuyé de ses yeux gris, lui dit bonjour et ajouta que cette[2] apparition des rats était une curieuse chose.

« Oui, dit Rieux, mais[3] qui finit par être agaçante.

— Dans un sens, docteur, dans un sens seulement. Nous n'avons jamais rien[4] vu de semblable, voilà tout. Mais je trouve cela intéressant, oui, positivement intéressant. »

Tarrou passa la main sur ses cheveux pour les rejeter en arrière, regarda de nouveau le rat, maintenant immobile, puis sourit à Rieux :

« Mais, en somme, docteur, c'est surtout l'affaire du concierge. »

Justement, le docteur trouva le concierge devant la maison, adossé au mur près de l'entrée, une expression de lassitude sur son visage d'ordinaire congestionné[5].

« Oui, je sais, dit le vieux Michel à Rieux qui lui signalait la nouvelle découverte. C'est par deux ou trois

qu'on les trouve maintenant. Mais c'est la même chose
dans les autres maisons. »

Il paraissait abattu et soucieux. Il se[1] frottait le cou d'un
geste machinal. Rieux lui demanda comment il se portait. Le concierge ne pouvait pas dire, bien entendu, que
ça n'allait pas. Seulement, il ne se sentait pas dans son
assiette. À son avis, c'était le moral qui travaillait. Ces
rats lui avaient donné un coup et tout irait beaucoup
mieux quand ils auraient disparu.

Mais le lendemain matin, 18 avril, le docteur qui ramenait sa mère de la gare trouva M. Michel avec une mine
encore plus creusée : de la cave au grenier, une dizaine
de rats jonchaient les escaliers. Les[2] poubelles des maisons
voisines en étaient pleines. La mère du docteur apprit
la nouvelle sans s'étonner.

« Ce sont des choses qui arrivent. »

C'était une petite femme aux cheveux argentés, aux[3]
yeux noirs et doux.

« Je suis heureuse de te revoir, Bernard, disait-elle.
Les rats ne peuvent rien contre ça. »

Lui[4] approuvait; c'était vrai qu'avec elle tout paraissait toujours facile.

Rieux téléphona cependant au service communal de
dératisation, dont il connaissait le directeur. Celui-ci[5]
avait-il entendu parler de ces rats qui venaient en grand
nombre mourir à l'air libre ? Mercier, le directeur, en avait
entendu parler et, dans son service même, installé non[6]
loin des quais, on en avait découvert une cinquantaine.
Il se demandait cependant si c'était sérieux. Rieux ne
pouvait pas en décider[7], mais il pensait que le service de
dératisation devait intervenir.

« Oui, dit Mercier, avec un ordre. Si tu crois que ça
vaut[8] vraiment la peine, je peux essayer d'obtenir un ordre.
— Ça en vaut toujours la peine », dit Rieux.

Sa femme de ménage venait de lui apprendre qu'on
avait collecté plusieurs centaines de rats morts dans la
grande usine où travaillait son mari.

C'est à peu près à cette époque en tout cas[9] que nos
concitoyens commencèrent à s'inquiéter. Car, à partir
du 18, les usines et les entrepôts dégorgèrent, en effet,
des centaines de cadavres de rats. Dans quelques cas, on
fut obligé d'achever les bêtes[10], dont l'agonie était trop
longue. Mais, depuis les quartiers extérieurs jusqu'au

centre de la ville, partout où le docteur Rieux venait à passer, partout où nos concitoyens se rassemblaient, les rats attendaient en tas, dans les poubelles, ou en longues files dans les ruisseaux. La[1] presse du soir s'empara de l'affaire, dès ce jour-là, et demanda si la municipalité, oui ou non, se proposait d'agir et quelles mesures d'urgence elle avait envisagées pour garantir ses administrés de cette invasion répugnante. La municipalité ne s'était rien proposé et n'avait rien envisagé du tout mais commença par se réunir en conseil pour délibérer. L'ordre fut donné au service de dératisation de collecter les rats morts, tous les matins, à l'aube. La collecte finie, deux[2] voitures du service devaient porter les bêtes à l'usine d'incinération des ordures, afin de les brûler.

Mais dans[3] les jours qui suivirent, la situation s'aggrava. Le nombre des rongeurs ramassés allait croissant et la récolte était tous les matins plus abondante. Dès le quatrième jour, les rats commencèrent à sortir pour mourir en groupes. Des réduits, des sous-sols, des caves, des égouts, ils montaient en longues files titubantes[4] pour venir vaciller à la lumière, tourner sur eux-mêmes et mourir près des humains. La nuit, dans les couloirs ou les ruelles, on entendait distinctement leurs petits cris d'agonie. Le matin, dans les faubourgs, on les trouvait étalés à même le ruisseau, une petite fleur de sang sur le museau pointu, les uns gonflés et putrides, les autres raidis et les moustaches encore dressées. Dans la ville même, on les rencontrait par petits tas, sur les paliers ou dans les cours. Ils venaient aussi mourir isolément dans les halls administratifs, dans les préaux d'école, à la terrasse des cafés, quelquefois. Nos concitoyens stupéfaits les découvraient aux endroits les plus fréquentés de la ville. La place d'Armes, les boulevards, la promenade du Front-de-Mer, de loin en loin[5], étaient souillés. Nettoyée à l'aube de ses bêtes mortes, la ville les retrouvait peu à peu, de plus en plus nombreuses, pendant la journée. Sur les trottoirs, il arrivait aussi à plus d'un promeneur nocturne de sentir sous son pied la masse élastique d'un cadavre encore frais. On eût dit que la terre même où étaient plantées nos maisons se purgeait de son chargement d'humeurs, qu'elle laissait monter à la surface des furoncles et des sanies qui, jusqu'ici, la travaillaient intérieurement. Qu'on envisage seulement la stupéfaction de notre petite ville, si tranquille jusque-là, et bouleversée en quelques jours, comme un homme bien portant dont le sang épais se mettrait tout d'un coup en révolution !

Les choses allèrent[1] si loin que l'agence Ransdoc (renseignements, documentation, tous les renseignements sur n'importe quel sujet) annonça, dans son émission radiophonique d'informations gratuites, six mille deux cent trente et un rats collectés et brûlés dans la seule journée du 25. Ce chiffre, qui donnait un sens clair au spectacle quotidien que la ville avait sous les yeux, accrut le désarroi. Jusqu'alors, on s'était seulement plaint d'un accident un peu répugnant. On s'apercevait maintenant que ce phénomène dont on ne pouvait encore ni préciser l'ampleur ni déceler l'origine avait quelque chose de menaçant. Seul le vieil Espagnol[2] asthmatique continuait de se frotter les mains et répétait : « Ils sortent, ils sortent », avec une joie sénile.

Le 28 avril, cependant, Ransdoc annonçait une collecte de huit mille rats environ et l'anxiété était à son comble dans la ville. On demandait des mesures radicales, on accusait les autorités, et certains qui avaient des maisons au bord de la mer parlaient déjà de s'y retirer. Mais, le lendemain, l'agence annonça que le phénomène avait cessé brutalement et que le service de dératisation n'avait collecté qu'une quantité négligeable de rats morts. La ville respira.

C'est pourtant le même jour, à midi, que le docteur Rieux, arrêtant sa voiture[3] devant son immeuble, aperçut au bout de la rue le[4] concierge qui avançait péniblement, la tête penchée, bras et jambes écartés, dans une attitude de pantin. Le[5] vieil homme tenait le bras d'un prêtre que le docteur reconnut. C'était le père Paneloux, un jésuite érudit et militant qu'il avait rencontré quelquefois et qui était très estimé dans notre ville, même parmi ceux qui sont[6] indifférents en matière de religion. Il les attendit. Le vieux Michel avait les yeux brillants et la respiration sifflante. Il ne s'était pas senti bien et avait voulu prendre l'air. Mais des douleurs vives au cou, aux aisselles et aux aines l'avaient forcé à[7] revenir et à demander l'aide du père Paneloux.

« Ce sont des grosseurs, dit-il. J'ai dû faire un effort. »

Le bras hors de la portière, le docteur promena son

doigt à la base du cou que Michel lui tendait; une sorte de nœud de bois s'y était formé.

« Couchez-vous, prenez votre température, je viendrai vous voir cet après-midi. »

Le concierge parti, Rieux demanda au père Paneloux ce qu'il pensait de cette histoire de rats :

« Oh! dit le père, ce doit être une épidémie », et ses[1] yeux sourirent derrière les lunettes rondes.

Après le déjeuner, Rieux relisait le télégramme de la maison de santé qui lui annonçait l'arrivée de sa femme, quand le téléphone se fit entendre. C'était un de ses anciens clients, employé de mairie[2], qui l'appelait. Il avait longtemps souffert d'un rétrécissement de l'aorte, et, comme il était pauvre, Rieux l'avait soigné gratuitement.

« Oui, disait-il, vous vous souvenez de moi. Mais il s'agit d'un autre. Venez vite, il est arrivé quelque chose chez mon voisin. »

Sa voix s'essoufflait. Rieux pensa au concierge et décida qu'il le verrait ensuite. Quelques minutes plus tard, il franchissait[3] la porte d'une maison basse de la rue Faidherbe, dans un quartier extérieur. Au[4] milieu de l'escalier frais et puant, il rencontra Joseph Grand, l'employé, qui descendait à sa rencontre. C'était un homme d'une cinquantaine d'années, à la moustache jaune, long et voûté, les épaules étroites et les membres maigres.

« Cela va mieux, dit-il en arrivant vers Rieux, mais j'ai cru qu'il y passait. »

Il se mouchait[5]. Au deuxième et dernier étage, sur la porte de gauche, Rieux lut, tracé à la craie rouge : « Entrez, je suis pendu. »

Ils entrèrent. La corde pendait de la suspension audessus d'une chaise renversée, la table poussée dans un coin. Mais elle pendait dans le vide.

« Je l'ai décroché à temps, disait Grand qui semblait toujours chercher ses mots, bien qu'il parlât le langage le plus simple. Je sortais, justement, et j'ai entendu du bruit. Quand j'ai vu l'inscription, comment vous expliquer[6], j'ai cru à une farce. Mais il a poussé un gémissement drôle, et même sinistre, on peut le dire. »

Il se grattait la tête :

« À mon avis, l'opération doit être douloureuse. Naturellement, je suis entré. »

Ils avaient poussé une porte et se trouvaient sur le

seuil d'une chambre claire, mais meublée pauvrement.
Un petit homme rond était couché sur le[1] lit de cuivre.
Il respirait fortement et les regardait avec des yeux con-
gestionnés. Le docteur s'arrêta. Dans les intervalles de
la respiration, il lui[2] semblait entendre des petits cris de
rats. Mais rien ne bougeait dans les coins. Rieux alla
vers le lit. L'homme n'était pas tombé d'assez haut, ni
trop brusquement, les vertèbres avaient tenu. Bien entendu, un peu d'asphyxie. Il faudrait avoir une radiographie.
Le docteur fit une piqûre d'huile camphrée et dit que
tout s'arrangerait en quelques jours.

« Merci, docteur », dit l'homme d'une voix étouffée.

Rieux demanda à Grand s'il avait prévenu le commissariat et l'employé prit[3] un air déconfit :

« Non, dit-il, oh! non. J'ai pensé que le plus pressé...

— Bien sûr, coupa Rieux, je le ferai donc. »

Mais, à ce moment, le malade s'agita et se dressa
dans le lit en protestant qu'il allait bien et que ce n'était
pas la peine.

« Calmez-vous, dit Rieux. Ce n'est pas une affaire,
croyez-moi, et il faut que je fasse ma déclaration.

— Oh! » fit l'autre.

Et il se rejeta en arrière pour pleurer à petits coups[4].
Grand, qui tripotait sa moustache depuis un moment,
s'approcha de lui.

« Allons, monsieur Cottard, dit-il. Essayez de comprendre. On peut dire que le docteur est responsable.
Si, par exemple, il vous prenait l'envie de recommencer...»

Mais Cottard[5] dit, au milieu de ses larmes, qu'il ne
recommencerait pas, que c'était seulement un moment
d'affolement et qu'il désirait seulement qu'on lui laissât
la paix. Rieux rédigeait une ordonnance.

« C'est entendu, dit-il. Laissons cela, je reviendrai
dans deux ou trois jours. Mais ne faites pas de bêtises.»

Sur le palier, il dit à Grand qu'il était obligé de faire
sa déclaration, mais qu'il demanderait au commissaire de
ne faire son enquête que deux jours après.

« Il faut le surveiller cette nuit. A-t-il de la famille ?

— Je ne la connais pas. Mais je peux veiller[6] moi-
même. »

Il hochait la tête.

« Lui non plus, remarquez-le, je ne peux pas dire
que je le connaisse[7]. Mais il faut bien s'entraider. »

Dans les[1] couloirs de la maison, Rieux regarda machinalement vers les recoins et demanda à Grand si les rats avaient totalement disparu de son quartier. L'employé n'en savait rien. On lui avait parlé en effet de cette histoire, mais il ne prêtait pas beaucoup d'attention aux bruits du quartier.

« J'ai d'autres soucis », dit-il[2].

Rieux lui serrait déjà la main. Il était pressé de voir le concierge avant d'écrire à sa femme.

Les crieurs des[3] journaux du soir annonçaient que l'invasion des rats était stoppée. Mais Rieux trouva son malade à demi versé hors du lit, une main sur le ventre et l'autre autour du cou, vomissant avec de grands arrachements une bile rosâtre dans un bidon d'ordures. Après de longs efforts, hors d'haleine, le concierge se recoucha. La température était à trente-neuf cinq, les ganglions du cou et les[4] membres avaient gonflé, deux taches noirâtres s'élargissaient à son flanc. Il se plaignait maintenant d'une douleur intérieure.

« Ça brûle, disait-il, ce cochon-là me brûle. »

Sa bouche fuligineuse lui faisait mâcher les mots et il tournait vers le docteur des yeux globuleux où le mal de tête mettait des larmes. Sa femme regardait avec anxiété Rieux qui demeurait muet.

« Docteur, disait-elle, qu'est-ce que c'est ?

— Ça peut être n'importe quoi. Mais il n'y a encore rien de sûr. Jusqu'à ce soir, diète et dépuratif. Qu'il boive beaucoup. »

Justement, le concierge était dévoré par la soif.

Rentré chez lui, Rieux téléphonait à son confrère Richard, un des médecins les plus importants de la ville.

« Non, disait Richard, je n'ai rien vu d'extraordinaire.

— Pas de fièvre avec inflammations locales ?

— Ah ! si, pourtant, deux cas avec des[5] ganglions très enflammés.

— Anormalement ?

— Heu, dit Richard, le normal, vous savez... »

Le soir, dans tous les cas, le concierge délirait et, à quarante degrés, se plaignait des rats. Rieux tenta un abcès de fixation. Sous la brûlure de la térébenthine, le concierge hurla : « Ah ! les cochons ! »

Les ganglions avaient encore grossi, durs et ligneux au toucher. La femme du concierge s'affolait :

« Veillez, lui dit le docteur, et appelez-moi s'il y a lieu. »

Le lendemain, 30 avril, une brise déjà tiède soufflait dans un ciel bleu et humide. Elle apportait une odeur de fleurs qui venait des banlieues les plus lointaines. Les bruits du matin dans les rues semblaient plus vifs, plus joyeux qu'à l'ordinaire. Dans toute notre petite ville, débarrassée de la sourde appréhension où elle avait vécu pendant la semaine, ce jour-là était celui du renouveau. Rieux lui-même, rassuré par une lettre de sa femme, descendit chez le concierge avec légèreté[1]. Et en effet, au matin, la fièvre était tombée à trente-huit degrés. Affaibli, le malade souriait dans son lit.

« Cela va mieux, n'est-ce pas, docteur ? dit sa femme.
— Attendons encore. »

Mais, à midi, la fièvre était montée d'un seul coup[2] à quarante degrés, le malade délirait sans arrêt et les vomissements avaient repris. Les ganglions du cou étaient douloureux au toucher et le concierge semblait vouloir tenir sa tête le plus possible éloignée du corps. Sa femme était assise au pied du lit, les mains sur la couverture, tenant doucement les pieds du malade. Elle regardait Rieux.

« Écoutez, dit celui-ci, il faut l'isoler et tenter un traitement d'exception. Je téléphone à l'hôpital et nous le transporterons en ambulance. »

Deux heures après, dans l'ambulance, le docteur et la femme se penchaient sur le malade. De sa bouche tapissée de fongosités, des bribes de mots sortaient : « Les rats ! » disait-il. Verdâtre, les lèvres cireuses, les paupières plombées[3], le souffle saccadé et court, écartelé par les ganglions, tassé au fond de sa couchette comme s'il eût voulu la refermer sur lui ou comme si quelque chose, venu du fond de la terre, l'appelait sans répit, le concierge étouffait sous une pesée invisible[4]. La femme pleurait.

« N'y a-t-il donc plus d'espoir, docteur ?
— Il est mort », dit Rieux.

L A mort du concierge, il est possible de le dire, marqua
la fin de cette période remplie de signes déconcertants et le début d'une autre, relativement plus difficile,
où la surprise des premiers temps se transforma peu à
peu en panique. Nos concitoyens, ils s'en rendaient
compte désormais, n'avaient jamais pensé que notre petite
ville pût être un lieu particulièrement désigné pour
que les rats y meurent au soleil et que les concierges y
périssent de maladies bizarres. De ce point de vue, ils se
trouvaient en somme dans l'erreur et leurs idées étaient
à réviser. Si tout s'était arrêté là, les habitudes sans doute
l'eussent emporté. Mais d'autres parmi nos concitoyens,
et qui n'étaient pas toujours concierges ni pauvres,
durent suivre la route sur laquelle M. Michel s'était
engagé le premier. C'est à partir de ce moment que la
peur, et la réflexion avec elle, commencèrent.

Cependant, avant d'entrer dans le détail de ces nouveaux événements, le narrateur croit utile de donner sur
la période qui vient d'être décrite l'opinion d'un autre
témoin. Jean Tarrou, qu'on a déjà rencontré au début
de ce récit, s'était fixé à Oran quelques semaines plus tôt
et habitait, depuis ce temps, un grand hôtel du centre.
Apparemment, il semblait assez aisé pour vivre de ses
revenus. Mais, bien que la ville se fût peu à peu habituée
à lui, personne ne pouvait dire d'où il venait, ni pourquoi il était là. On le rencontrait dans tous les endroits
publics. Dès[1] le début du printemps, on l'avait beaucoup vu sur les plages, nageant souvent et avec un plaisir
manifeste. Bonhomme, toujours souriant, il semblait être
l'ami de tous les plaisirs normaux sans en être l'esclave.

En fait, la seule habitude qu'on lui connût était la fréquentation assidue des danseurs et des musiciens espagnols, assez nombreux dans notre ville.

Ses carnets, en tout cas, constituent eux aussi une sorte de chronique de cette période difficile. Mais il s'agit d'une chronique très particulière qui semble obéir à un parti pris d'insignifiance. À première vue, on pourrait croire que Tarrou s'est ingénié à considérer les choses et les êtres par le gros bout de la lorgnette. Dans le désarroi général, il s'appliquait, en somme, à se faire l'historien de ce qui n'a pas d'histoire. On peut déplorer sans doute ce parti pris et y soupçonner la sécheresse du cœur. Mais il n'en reste pas moins que ces carnets peuvent fournir, pour une chronique de cette période, une foule de détails secondaires qui ont cependant leur importance et dont la bizarrerie même empêchera qu'on juge trop vite cet intéressant personnage.

Les premières notes prises par Jean Tarrou datent de son arrivée à Oran. Elles montrent, dès le début, une curieuse satisfaction de se trouver dans une ville aussi laide par elle-même. On y trouve la description détaillée des deux lions de bronze qui ornent la mairie, des considérations bienveillantes sur l'absence d'arbres, les maisons disgracieuses et le plan absurde de la ville. Tarrou y mêle encore des dialogues entendus dans les tramways et dans les rues, sans y ajouter de commentaires, sauf, un peu plus tard, pour l'une de ces conversations, concernant un nommé Camps. Tarrou avait assisté à l'entretien de deux receveurs de tramways :

« Tu as bien connu Camps, disait l'un.

— Camps ? Un grand avec une moustache noire ?

— C'est ça. Il était à l'aiguillage.

— Oui, bien sûr.

— Eh bien, il est mort.

— Ah ![1] et quand donc ?

— Après l'histoire des rats.

— Tiens ! Et qu'est-ce qu'il a eu ?

— Je ne sais pas, la fièvre. Et puis, il n'était pas fort. Il a eu des abcès sous le bras. Il n'a pas résisté.

— Il avait pourtant l'air comme tout le monde.

— Non, il avait la poitrine faible, et il faisait de la musique à l'Orphéon. Toujours souffler dans un piston, ça use.

— Ah! termina le deuxième, quand on est malade, il ne faut pas souffler dans un piston. »

Après ces quelques indications, Tarrou se demandait pourquoi Camps était entré à l'Orphéon contre son intérêt le plus évident et quelles étaient les raisons profondes qui l'avaient conduit à risquer sa vie pour des défilés dominicaux.

Tarrou semblait ensuite avoir été favorablement impressionné par une scène qui se déroulait souvent au balcon qui faisait face à sa fenêtre. Sa chambre donnait en effet sur une petite rue transversale où des chats dormaient à l'ombre des murs. Mais tous les jours, après déjeuner, aux heures où la ville tout entière somnolait dans la chaleur, un petit vieux apparaissait sur un balcon, de l'autre côté de la rue. Les cheveux blancs et bien peignés, droit et sévère dans ses vêtements de coupe militaire, il appelait les chats d'un « Minet, minet », à la fois distant et doux. Les chats levaient leurs yeux pâles de sommeil, sans encore se déranger. L'autre déchirait des petits bouts de papier au-dessus de la rue et les bêtes, attirées par cette pluie de papillons blancs, avançaient au milieu de la chaussée, tendant une patte hésitante vers les derniers morceaux de papier. Le petit vieux crachait alors sur les chats avec force et précision. Si l'un des crachats atteignait son but, il riait.

Enfin, Tarrou paraissait avoir été définitivement séduit par le caractère commercial de la ville dont l'apparence, l'animation et même les plaisirs semblaient commandés par les nécessités du négoce. Cette singularité (c'est le terme employé par les carnets) recevait l'approbation de Tarrou et l'une de ses remarques élogieuses se terminait même par l'exclamation : « Enfin! » Ce sont les seuls endroits où les notes du voyageur, à cette date, semblent prendre un caractère personnel. Il est difficile simplement d'en apprécier la signification et le sérieux. C'est ainsi qu'après avoir relaté que la découverte d'un rat mort avait poussé le caissier de l'hôtel à commettre une erreur dans sa note, Tarrou avait ajouté, d'une écriture moins nette que d'habitude : « Question : comment faire pour ne pas perdre son temps? Réponse : l'éprouver dans toute sa longueur. Moyens : passer des journées dans l'antichambre d'un dentiste, sur une chaise inconfortable; vivre à son balcon le dimanche après-midi; écouter des conférences dans une langue qu'on ne comprend pas, choisir les itinéraires de chemin de fer les plus longs et les moins commodes et voyager debout naturellement; faire la queue aux guichets des spectacles et ne pas prendre sa place, etc. » Mais tout de suite après ces écarts de langage ou de pensée, les carnets entament une description détaillée des tramways de notre ville, de leur forme de nacelle, leur couleur indécise, leur saleté habituelle, et terminent ces considérations par un « c'est remarquable » qui n'explique rien.

Voici en tout cas les indications données par Tarrou sur l'histoire des rats :

« Aujourd'hui, le petit vieux d'en face est décontenancé. Il n'y a plus de chats. Ils ont en effet disparu, excités par les rats morts que l'on découvre en grand nombre dans les rues. À mon avis, il n'est pas question que les chats mangent les rats morts. Je me souviens que les miens détestaient ça. Il n'empêche qu'ils doivent courir dans les caves et que le petit vieux est décontenancé. Il est moins bien peigné, moins vigoureux. On le sent inquiet. Au bout d'un moment, il est rentré. Mais il avait craché, une fois, dans le vide.

» Dans la ville, on a arrêté un tram aujourd'hui parce qu'on y avait découvert un rat mort, parvenu là on ne sait comment. Deux ou trois femmes sont descendues. On a jeté le rat. Le tram est reparti.

» À l'hôtel, le veilleur de nuit, qui est un homme digne de foi, m'a dit qu'il s'attendait à un malheur avec tous ces rats. « Quand les rats quittent le navire... » Je lui ai répondu que c'était vrai dans le cas des bateaux, mais qu'on ne l'avait jamais vérifié pour les villes. Cependant, sa conviction est faite. Je lui ai demandé quel malheur, selon lui, on pouvait attendre. Il ne savait pas, le malheur étant impossible à prévoir. Mais il n'aurait pas été étonné qu'un tremblement de terre fît l'affaire. J'ai reconnu que c'était possible et il m'a demandé si ça ne m'inquiétait pas.

» — La seule chose qui m'intéresse, lui ai-je dit, c'est de trouver la paix intérieure.

» Il m'a parfaitement compris.

» Au restaurant de l'hôtel, il y a toute une famille bien intéressante. Le père est un grand homme maigre, habillé de noir, avec un col dur. Il a le milieu du crâne chauve et deux touffes de cheveux gris, à droite et à gauche. Des petits yeux ronds et durs, un nez mince, une bouche horizontale, lui donnent l'air d'une chouette bien élevée. Il arrive toujours le premier à la porte du restaurant, s'efface, laisse passer sa femme, menue comme une souris noire, et entre alors avec, sur les talons, un petit garçon et une petite fille habillés comme des chiens savants. Arrivé à sa table, il attend que sa femme ait pris place, s'assied, et les deux caniches peuvent enfin se percher sur leurs chaises. Il dit « vous » à sa femme et à ses enfants, débite des méchancetés polies à la première et des paroles définitives aux héritiers :

» — Nicole, vous vous montrez souverainement anti-pathique!

» Et la petite fille est prête à pleurer. C'est ce qu'il faut.

» Ce matin, le petit garçon était tout excité par l'histoire des rats. Il a voulu dire un mot à table :

» — On ne parle pas de rats à table, Philippe. Je vous interdis à l'avenir de prononcer ce mot.

» — Votre père a raison, a dit la souris noire.

» Les deux caniches ont piqué le nez dans leur pâtée et la chouette a remercié d'un signe de tête qui n'en disait pas long.

» Malgré ce bel exemple, on parle beaucoup en ville de cette histoire de rats. Le journal s'en est mêlé. La chronique locale, qui d'habitude est très variée, est maintenant occupée tout entière par une campagne contre la municipalité : « Nos édiles se sont-ils avisés du danger que pouvaient présenter les cadavres putréfiés de ces rongeurs ? » Le directeur de l'hôtel ne peut plus parler d'autre chose. Mais c'est aussi qu'il est vexé. Découvrir des rats dans l'ascenseur d'un hôtel honorable lui paraît inconcevable. Pour le consoler, je lui ai dit : « Mais tout » le monde en est là. »

» — Justement, m'a-t-il répondu, nous sommes maintenant comme tout le monde.

» C'est lui qui m'a parlé des premiers cas de cette fièvre surprenante dont on commence à s'inquiéter. Une de ses femmes de chambre en est atteinte.

» — Mais sûrement, ce n'est pas contagieux, a-t-il précisé avec empressement.

» Je lui ai dit que cela m'était égal.

» — Ah! je vois. Monsieur est comme moi, Monsieur est fataliste.

» Je n'avais rien avancé de semblable et d'ailleurs je ne suis pas fataliste. Je le lui ai dit... »

C'est à partir de ce moment que les carnets de Tarrou commencent à parler avec un peu de détails de cette fièvre inconnue dont on s'inquiétait déjà dans le public. En notant que le petit vieux avait retrouvé enfin ses chats avec la disparition des rats, et rectifiait patiemment ses tirs, Tarrou ajoutait qu'on pouvait déjà citer une dizaine de cas de cette fièvre, dont la plupart avaient été mortels.

À titre documentaire, on peut enfin reproduire le portrait du docteur Rieux par Tarrou. Autant que le narrateur puisse juger, il est assez fidèle :

« Paraît trente-cinq ans. Taille moyenne. Les épaules fortes. Visage presque rectangulaire. Les yeux sombres et droits, mais les mâchoires saillantes. Le nez fort est régulier. Cheveux noirs coupés très courts. La bouche est arquée avec des lèvres pleines et presque toujours serrées. Il a un peu l'air d'un paysan sicilien avec sa peau cuite, son poil noir et ses vêtements de teintes toujours foncées, mais qui lui vont bien.

» Il marche vite. Il descend les trottoirs sans changer son allure, mais deux fois sur trois remonte sur le trottoir opposé en faisant un léger saut. Il est distrait au volant de son auto et laisse souvent ses flèches de direction levées, même après qu'il a effectué son tournant. Toujours nu-tête. L'air renseigné. »

L ES chiffres de Tarrou étaient exacts. Le docteur Rieux en savait quelque chose. Le corps du concierge isolé, il avait téléphoné à Richard pour le questionner sur ces fièvres inguinales.

« Je n'y comprends rien, avait dit Richard. Deux morts, l'un en quarante-huit heures, l'autre en trois jours. J'avais laissé le dernier avec toutes les apparences de la convalescence, un matin.

— Prévenez-moi, si vous avez d'autres cas », dit Rieux.

Il appela encore quelques médecins. L'enquête ainsi menée lui donna une vingtaine de cas semblables en quelques jours. Presque tous avaient été mortels. Il demanda alors à Richard, président[1] de l'ordre des médecins d'Oran, l'isolement des nouveaux malades.

« Mais je n'y puis rien, dit Richard. Il faudrait des mesures préfectorales. D'ailleurs, qui vous dit qu'il y a risque de contagion ?

— Rien ne me le dit, mais les symptômes sont inquiétants. »

Richard, cependant, estimait qu'« il n'avait pas qualité ». Tout ce qu'il pouvait faire était d'en parler au préfet.

Mais, pendant qu'on parlait, le temps se gâtait. Au lendemain de la mort du concierge, de grandes brumes couvrirent le ciel. Des pluies diluviennes et brèves s'abattirent sur la ville ; une chaleur orageuse suivait ces brusques ondées. La mer elle-même avait perdu son bleu profond et, sous le ciel brumeux, elle prenait des éclats d'argent ou de fer, douloureux pour la vue. La chaleur humide de ce printemps faisait souhaiter les ardeurs de l'été. Dans la ville, bâtie en escargot sur son plateau, à peine ouverte vers la mer, une torpeur morne régnait. Au milieu de ses longs murs crépis, parmi les rues aux vitrines poudreuses, dans les tramways d'un jaune sale, on se sentait un peu prisonnier du ciel. Seul, le vieux malade de Rieux triomphait de son asthme pour se réjouir de ce temps.

« Ça cuit, disait-il, c'est bon pour les bronches. »

Ça cuisait en effet, mais ni plus ni moins qu'une fièvre. Toute la ville avait la fièvre, c'était du moins l'impression qui poursuivait le docteur Rieux, le matin où il se rendait rue Faidherbe, afin d'assister à l'enquête sur la tentative de suicide de Cottard. Mais cette impression lui paraissait déraisonnable. Il l'attribuait à l'énervement et aux préoccupations dont il était assailli et il admit qu'il était urgent de mettre un peu d'ordre dans ses idées.

Quand il arriva, le commissaire n'était pas encore là. Grand attendait sur le palier et ils décidèrent d'entrer d'abord chez lui en laissant la porte ouverte. L'employé de mairie habitait deux pièces, meublées très sommairement. On remarquait seulement un rayon de bois blanc garni de deux ou trois dictionnaires, et un tableau noir sur lequel on pouvait lire encore, à demi effacés, les mots « allées fleuries ». Selon Grand, Cottard avait passé une bonne nuit. Mais il s'était réveillé, le matin, souffrant de la tête et incapable d'aucune réaction. Grand paraissait fatigué et nerveux, se promenant de long en large, ouvrant et refermant sur la table un gros dossier rempli de feuilles manuscrites.

Il raconta cependant au docteur qu'il connaissait mal Cottard, mais qu'il lui supposait un petit avoir. Cottard était un homme bizarre. Longtemps, leurs relations s'étaient bornées à quelques saluts dans l'escalier.

« Je n'ai eu que deux conversations avec lui. Il y a quelques jours, j'ai renversé sur le palier une boîte de craies que je ramenais chez moi. Il y avait des craies rouges et des craies bleues. À ce moment, Cottard est sorti sur le palier et m'a aidé à les ramasser. Il m'a demandé à quoi servaient ces craies de différentes couleurs. »

Grand lui avait alors expliqué qu'il essayait de refaire un peu de latin[1]. Depuis le lycée, ses connaissances s'étaient estompées.

« Oui, dit-il au docteur, on m'a assuré que c'était utile pour mieux connaître le sens des mots français. »

Il écrivait donc des mots latins sur son tableau. Il recopiait à la craie bleue la partie des mots qui changeait suivant les déclinaisons et les conjugaisons, et, à la craie rouge, celle qui ne changeait jamais.

« Je ne sais pas si Cottard a bien compris, mais il a paru intéressé et m'a demandé une craie rouge. J'ai été un peu surpris, mais après tout... Je ne pouvais pas deviner, bien sûr, que cela servirait son projet. »

Rieux demanda quel était le sujet de la deuxième conversation. Mais, accompagné de son secrétaire, le commissaire arrivait qui voulait d'abord entendre les déclarations de Grand. Le docteur remarqua que Grand, parlant de Cottard, l'appelait toujours « le désespéré ». Il employa même à un moment l'expression « résolution fatale ». Ils discutèrent sur le motif du suicide et Grand se montra tatillon sur le choix des termes. On s'arrêta enfin sur les mots « chagrins intimes ». Le commissaire demanda si rien dans l'attitude de Cottard ne laissait prévoir ce qu'il appelait « sa détermination ».

« Il a frappé hier à ma porte, dit Grand, pour me demander des allumettes. Je lui ai donné ma boîte. Il s'est excusé en me disant qu'entre voisins... Puis il m'a assuré qu'il me rendrait ma boîte. Je lui ai dit de la garder. »

Le commissaire demanda à l'employé si Cottard ne lui avait pas paru bizarre.

« Ce qui m'a paru bizarre, c'est qu'il avait l'air de vouloir engager conversation. Mais moi j'étais en train de travailler. »

Grand se tourna vers Rieux et ajouta, d'un air embarrassé :

« Un travail personnel. »

Le commissaire voulait voir cependant le malade. Mais Rieux pensait qu'il valait mieux préparer d'abord Cottard à cette visite. Quand il entra dans la chambre, ce dernier, vêtu seulement d'une flanelle grisâtre, était dressé dans son lit et tourné vers la porte avec une expression d'anxiété.

« C'est la police, hein ?

— Oui, dit Rieux, et ne vous[1] agitez pas. Deux ou trois formalités et vous aurez la paix. »

Mais Cottard répondit que cela ne servait à rien et qu'il n'aimait pas la police. Rieux marqua de l'impatience.

« Je ne l'adore pas non plus. Il s'agit de répondre vite et correctement à leurs questions, pour en finir une bonne fois. »

Cottard se tut et le docteur retourna vers la porte. Mais le petit homme l'appelait déjà et lui prit les mains quand il fut près du lit :

« On ne peut pas toucher à un malade, à un homme qui s'est pendu, n'est-ce pas, docteur ? »

Rieux le considéra un moment et l'assura enfin qu'il n'avait jamais été question de rien de ce genre et qu'aussi bien, il était là pour protéger son malade. Celui-ci parut se détendre et Rieux fit entrer le commissaire[1]. On lut à Cottard le témoignage de Grand et on lui demanda s'il pouvait préciser les motifs de son acte. Il répondit seulement et sans regarder le commissaire que « chagrins intimes, c'était très bien ». Le commissaire le pressa de dire s'il avait envie de recommencer. Cottard, s'animant, répondit que non et qu'il désirait seulement qu'on lui laissât la paix.

« Je vous ferai remarquer, dit le commissaire sur un ton irrité, que, pour le moment, c'est vous qui troublez celle des autres. »

Mais sur un signe de Rieux, on en resta là.

« Vous pensez, soupira le commissaire en sortant, nous avons d'autres chats à fouetter, depuis qu'on parle de cette fièvre... »

Il demanda au docteur si la chose était sérieuse et Rieux dit qu'il n'en savait rien.

« C'est le temps, voilà tout », conclut le commissaire.

C'était le temps, sans doute. Tout poissait aux mains à mesure que la journée avançait et Rieux sentait son appréhension croître à chaque visite. Le soir de ce même jour, dans le faubourg, un voisin du vieux malade se pressait sur les aines et vomissait au milieu du délire. Les ganglions étaient bien plus gros que ceux du concierge. L'un d'eux commençait à suppurer et, bientôt, il s'ouvrit comme un mauvais fruit. Rentré chez lui, Rieux téléphona au dépôt de produits pharmaceutiques du département. Ses notes professionnelles mentionnent seulement à cette date : « Réponse négative ». Et, déjà, on l'appelait ailleurs pour des cas semblables. Il fallait ouvrir les abcès, c'était évident. Deux coups de bistouri en croix et les ganglions déversaient une purée mêlée de sang. Les malades saignaient, écartelés. Mais des taches apparaissaient au ventre et aux jambes, un ganglion cessait de suppurer, puis se regonflait. La plupart du temps, le malade mourait[1], dans une odeur épouvantable.

La presse[2], si bavarde dans l'affaire des rats, ne parlait plus de rien. C'est que les rats meurent dans la rue et les hommes dans leur chambre. Et les journaux ne s'occupent que de la rue. Mais la préfecture et la municipalité commençaient à s'interroger. Aussi longtemps que chaque médecin n'avait pas eu connaissance de plus de deux ou trois cas, personne n'avait pensé à bouger. Mais, en somme, il suffit que quelqu'un songeât à faire l'addition. L'addition était consternante. En quelques jours à peine, les cas mortels se multiplièrent et il devint évident pour ceux qui se préoccupaient de ce mal curieux qu'il s'agissait d'une véritable épidémie. C'est le moment que choisit Castel, un confrère de Rieux, beaucoup plus âgé que lui, pour venir le voir.

« Naturellement, lui dit-il, vous savez ce que c'est, Rieux ?

— J'attends le résultat des analyses.

— Moi, je le sais. Et je n'ai pas besoin d'analyses. J'ai fait une partie de ma carrière en Chine, et j'ai vu quelques cas à Paris, il y a une vingtaine d'années. Seulement, on n'a pas osé leur donner un nom, sur le moment. L'opinion publique, c'est sacré : pas d'affolement, surtout pas d'affolement. Et puis, comme disait un confrère : « C'est impossible, tout le monde sait qu'elle a disparu de l'Occident. » Oui, tout le monde le savait, sauf les morts. Allons, Rieux, vous savez aussi bien que moi ce que c'est. »

Rieux réfléchissait. Par la fenêtre de son bureau, il regardait l'épaule de la falaise pierreuse qui se refermait au loin sur la baie. Le ciel, quoique bleu, avait un éclat terne qui s'adoucissait à mesure que l'après-midi s'avançait.

« Oui, Castel, dit-il, c'est à peine croyable. Mais il semble bien que ce soit la peste. »

Castel se leva et se dirigea vers la porte.

« Vous savez ce qu'on nous répondra, dit le vieux docteur : « Elle a disparu des pays tempérés depuis des » années. »

— Qu'est-ce que ça veut dire, disparaître ? répondit Rieux en haussant les épaules.

— Oui. Et n'oubliez pas : à Paris encore, il y a presque vingt ans.

— Bon. Espérons que ce ne sera pas plus grave aujourd'hui qu'alors. Mais c'est vraiment incroyable. »

Le mot de « peste » venait d'être prononcé pour la première fois. À ce point du récit qui laisse Bernard Rieux derrière sa fenêtre, on permettra au narrateur de justifier l'incertitude et la surprise du docteur, puisque, avec des nuances, sa réaction fut celle de la plupart de nos concitoyens. Les fléaux, en effet, sont une chose commune, mais on croit difficilement aux fléaux lorsqu'ils vous tombent sur la tête. Il y a eu dans le monde autant de pestes que de guerres. Et pourtant pestes et guerres trouvent les gens toujours aussi dépourvus. Le docteur Rieux était dépourvu, comme l'étaient nos concitoyens, et c'est ainsi qu'il faut comprendre ses hésitations. C'est ainsi qu'il faut comprendre aussi qu'il fut partagé entre l'inquiétude et la confiance. Quand une guerre éclate, les gens disent : « Ça ne durera pas, c'est trop bête. » Et sans doute une guerre est certainement trop bête, mais cela ne l'empêche pas de durer. La bêtise insiste toujours, on s'en apercevrait si l'on ne pensait pas toujours à soi. Nos concitoyens à cet égard étaient comme tout le monde, ils pensaient à eux-mêmes, autrement dit ils étaient humanistes : ils ne croyaient pas aux fléaux. Le fléau n'est pas à la mesure de l'homme, on se dit donc que le fléau est irréel, c'est un mauvais rêve qui va passer. Mais il ne passe pas toujours et, de mauvais rêve en mauvais rêve, ce sont les hommes qui passent, et les humanistes en premier lieu, parce qu'ils n'ont pas pris leurs précautions. Nos concitoyens n'étaient pas plus coupables que d'autres, ils oubliaient d'être modestes, voilà tout, et ils pensaient que tout était encore possible pour eux, ce qui supposait que les fléaux étaient impossibles. Ils continuaient de faire des affaires, ils préparaient des voyages et ils avaient des opinions. Comment auraient-ils pensé à la peste qui supprime l'avenir, les déplacements et les discussions ? Ils se croyaient libres et personne ne sera jamais libre tant qu'il y aura des fléaux.

Même lorsque le docteur Rieux eut reconnu devant son ami qu'une poignée de malades dispersés venaient, sans avertissement, de mourir de la peste, le danger demeurait irréel pour lui. Simplement, quand on est médecin, on s'est fait une idée de la douleur et on a un peu plus d'imagination. En regardant par la fenêtre sa ville qui n'avait pas changé, c'est à peine si le docteur sentait naître en lui ce léger écœurement devant l'avenir qu'on appelle inquiétude. Il essayait de rassembler dans son esprit ce qu'il savait de cette maladie. Des chiffres flottaient dans sa mémoire, et il se disait que la trentaine de grandes pestes que l'histoire a connues avait fait près de cent millions de morts. Mais qu'est-ce que cent millions de morts ? Quand on a fait la guerre, c'est à peine si on sait déjà ce qu'est un mort. Et puisqu'un homme mort n'a de poids que si on l'a vu mort, cent millions de cadavres semés à travers l'histoire ne sont qu'une fumée dans l'imagination. Le docteur se souvenait de la peste de Constantinople qui, selon Procope[1], avait fait dix mille victimes en un jour. Dix mille morts font cinq fois le public d'un grand cinéma. Voilà ce qu'il faudrait faire. On rassemble les gens à la sortie de cinq cinémas, on les conduit sur une place de la ville et on les fait mourir en tas pour y voir un peu clair. Au moins, on pourrait mettre alors des visages connus sur cet entassement anonyme. Mais, naturellement, c'est impossible à réaliser, et puis qui connaît dix mille visages ? D'ailleurs, des gens comme Procope ne savaient pas compter, la chose est connue. À Canton, il y avait soixante-dix ans, quarante mille rats étaient morts de la peste avant que le fléau s'intéressât aux habitants. Mais, en 1871, on n'avait pas le moyen de compter les rats. On faisait son calcul approximativement, en gros, avec des chances évidentes d'erreur. Pourtant, si un rat a trente centimètres de long, quarante mille rats mis bout à bout feraient...

Mais le docteur s'impatientait. Il se laissait aller et il ne le fallait pas. Quelques cas ne font pas une épidémie et il suffit de prendre des précautions. Il fallait s'en tenir à ce qu'on savait, la stupeur et la prostration, les yeux rouges, la bouche sale, les maux de tête, les bubons, la soif terrible, le délire, les taches sur le corps, l'écartèlement intérieur, et au bout de tout cela... Au bout de tout cela, une phrase revenait au docteur Rieux, une phrase qui terminait justement dans son manuel l'énumération des symptômes : « Le pouls devient filiforme et la mort survient à l'occasion d'un mouvement insignifiant. » Oui, au bout de tout cela, on était pendu à un fil et les trois quarts des gens, c'était le chiffre exact, étaient assez impatients pour faire ce mouvement imperceptible qui les précipitait.

Le docteur regardait toujours par la fenêtre. D'un côté de la vitre, le ciel frais du printemps, et de l'autre côté le mot qui résonnait encore dans la pièce : la peste. Le mot ne contenait pas seulement ce que la science voulait bien y mettre, mais une longue suite d'images extraordinaires qui ne s'accordaient pas avec cette ville jaune et grise, modérément animée à cette heure, bourdonnante plutôt que bruyante, heureuse en somme, s'il est possible qu'on puisse être à la fois heureux et morne. Et une tranquillité si pacifique et si indifférente niait presque sans effort les vieilles images du fléau, Athènes empestée et désertée par les oiseaux[1], les villes chinoises remplies d'agonisants silencieux, les bagnards de Marseille empilant dans des trous les corps dégoulinants, la construction en Provence du grand mur qui devait arrêter le vent furieux de la peste, Jaffa et ses hideux mendiants, les lits humides et pourris collés à la terre battue de l'hôpital de Constantinople[2], les malades tirés avec des crochets, le carnaval des médecins masqués pendant la Peste noire[3], les accouplements des vivants dans les cimetières de Milan[4], les charrettes de morts dans Londres épouvanté, et les nuits et les jours remplis, partout et toujours, du cri interminable des hommes. Non, tout cela n'était pas encore assez fort pour tuer la paix de cette journée. De l'autre côté de la vitre, le timbre d'un tramway invisible résonnait tout d'un coup et réfutait en une seconde la cruauté et la douleur. Seule la mer, au bout du damier terne des maisons, témoignait de ce qu'il y a d'inquiétant et de jamais reposé dans le monde. Et le docteur Rieux, qui regardait le golfe, pensait à ces bûchers dont parle Lucrèce et que les Athéniens frappés par la maladie élevaient devant la mer. On y portait les morts durant la nuit, mais la place manquait et les vivants se battaient à coups de torches pour y placer ceux qui leur avaient été chers, soutenant des luttes sanglantes plutôt que d'abandonner leurs cadavres. On pouvait imaginer les bûchers rougeoyants devant l'eau tranquille et sombre, les combats de torches dans la nuit crépitante d'étincelles et d'épaisses vapeurs empoisonnées montant vers le ciel attentif. On pouvait craindre...

Mais ce vertige ne tenait pas devant la raison. Il est vrai que le mot de « peste » avait été prononcé, il est vrai qu'à la minute même le fléau secouait et jetait à terre une ou deux victimes. Mais quoi, cela pouvait s'arrêter. Ce qu'il fallait faire, c'était reconnaître clairement ce qui devait être reconnu, chasser enfin les ombres inutiles et prendre les mesures qui convenaient. Ensuite, la peste s'arrêterait parce que la peste ne s'imaginait pas ou s'imaginait faussement. Si elle s'arrêtait, et c'était le plus probable, tout irait bien. Dans[1] le cas contraire, on saurait ce qu'elle était et s'il n'y avait pas moyen de s'en arranger d'abord pour la vaincre ensuite.

Le docteur ouvrit la fenêtre et le bruit de la ville s'enfla d'un coup. D'un atelier voisin montait le sifflement bref et répété d'une scie mécanique. Rieux se secoua. Là était la certitude, dans le travail de tous les jours. Le reste tenait à des fils et à des mouvements insignifiants, on ne pouvait s'y arrêter. L'essentiel était de bien faire son métier.

L E docteur Rieux en était là de ses réflexions quand on lui annonça Joseph Grand. Employé à la mairie, et bien que ses occupations y fussent très diverses, on l'utilisait périodiquement au service des statistiques, à l'état civil. Il était amené ainsi à faire les additions des décès. Et, de naturel obligeant, il avait consenti à apporter lui-même chez Rieux une copie de ses résultats[1].

Le docteur vit entrer Grand avec son voisin Cottard. L'employé brandissait une feuille de papier.

« Les chiffres montent, docteur, annonça-t-il : onze morts en quarante-huit heures. »

Rieux salua Cottard et lui demanda comment il se sentait. Grand expliqua que Cottard avait tenu à remercier le docteur et à s'excuser des ennuis qu'il lui avait causés. Mais Rieux regardait la feuille de statistiques :

« Allons, dit Rieux, il faut peut-être se décider à appeler cette maladie par son nom. Jusqu'à présent, nous avons piétiné. Mais venez avec moi, je dois aller au laboratoire.

— Oui, oui, disait Grand en descendant les escaliers derrière le docteur. Il faut appeler les choses par leur nom. Mais quel est ce nom?

— Je ne puis vous le dire, et d'ailleurs cela ne vous serait pas utile.

— Vous voyez, sourit l'employé. Ce n'est pas si facile. »

Ils se dirigèrent vers la place d'Armes. Cottard se taisait toujours. Les rues commençaient à se charger de monde. Le crépuscule fugitif de notre pays reculait déjà devant la nuit et les premières étoiles apparaissaient dans l'horizon encore net. Quelques secondes plus tard, les lampes au-dessus des rues obscurcirent tout le ciel en s'allumant et le bruit des conversations parut monter d'un ton.

« Pardonnez-moi, dit Grand au coin de la place d'Armes. Mais il faut que je prenne mon tramway. Mes soirées sont sacrées. Comme on dit dans mon pays : « Il ne faut jamais remettre au lendemain... »

Rieux avait déjà noté cette manie qu'avait Grand, né à Montélimar, d'invoquer les locutions de son pays et d'ajouter ensuite des formules banales qui étaient de nulle part comme « un temps de rêve » ou « un éclairage féerique ».

« Ah! dit Cottard, c'est vrai. On ne peut pas le tirer de chez lui après le dîner. »

Rieux demanda à Grand s'il travaillait pour la mairie. Grand répondit que non, il travaillait pour lui.

« Ah! dit Rieux pour dire quelque chose, et ça avance?

— Depuis des années que j'y travaille, forcément. Quoique dans un autre sens, il n'y ait pas beaucoup de progrès.

— Mais, en somme, de quoi s'agit-il? » dit le docteur en s'arrêtant.

Grand bredouilla en assurant son chapeau rond sur ses grandes oreilles. Et Rieux comprit très vaguement qu'il s'agissait de quelque chose sur l'essor d'une personnalité. Mais l'employé les quittait déjà et il remontait le boulevard de la Marne, sous les ficus, d'un petit pas pressé. Au seuil du laboratoire, Cottard dit au docteur qu'il voudrait bien le voir pour lui demander conseil. Rieux, qui tripotait dans ses poches la feuille de statistiques, l'invita à venir à sa consultation, puis, se ravisant, lui dit qu'il allait dans son quartier le lendemain et qu'il passerait le voir en fin d'après-midi.

En quittant Cottard, le docteur s'aperçut qu'il pensait à Grand. Il l'imaginait au milieu d'une peste, et non pas de celle-ci qui sans doute ne serait pas sérieuse, mais d'une des grandes pestes de l'histoire. « C'est le genre d'hommes qui est épargné dans ces cas-là. » Il se souvenait d'avoir lu que la peste épargnait les constitutions faibles et détruisait surtout les complexions vigoureuses. Et continuant d'y penser, le docteur trouvait à l'employé un air de petit mystère.

À première vue, en effet, Joseph Grand n'était rien de plus que le petit employé de mairie dont il avait l'allure. Long et maigre, il flottait au milieu de vêtements qu'il choisissait toujours trop grands, dans l'illusion qu'ils lui feraient plus d'usage. S'il gardait encore la plupart de ses dents sur les gencives inférieures, il avait perdu en revanche celles de la mâchoire supérieure. Son sourire, qui relevait surtout la lèvre du haut, lui donnait ainsi une bouche d'ombre. Si[1] l'on ajoute à ce portrait une démarche de séminariste, l'art de raser les murs et de se glisser dans les portes, un parfum de cave et de fumée, toutes les mines de l'insignifiance, on reconnaîtra que l'on ne pouvait pas l'imaginer ailleurs que devant un bureau, appliqué à réviser les tarifs des bains-douches de la ville ou à réunir pour un jeune rédacteur les éléments d'un rapport concernant la nouvelle taxe sur l'enlèvement des ordures ménagères. Même pour un esprit non prévenu, il semblait avoir été mis au monde pour exercer les fonctions discrètes mais indispensables d'auxiliaire municipal temporaire à soixante-deux francs trente par jour.

C'était en effet la mention qu'il disait faire figurer sur les feuilles d'emploi, à la suite du mot « qualification ». Lorsque vingt-deux ans auparavant, à la sortie d'une licence que, faute d'argent, il ne pouvait dépasser, il avait accepté cet emploi, on lui avait fait espérer, disait-il, une « titularisation » rapide. Il s'agissait seulement de donner pendant quelque temps les preuves de sa compétence dans les questions délicates que posait l'administration de notre cité. Par la suite, il ne pouvait manquer, on l'en avait assuré, d'arriver à un poste de rédacteur qui lui permettrait de vivre largement. Certes, ce n'était pas l'ambition qui faisait agir Joseph Grand, il s'en portait garant avec un sourire mélancolique. Mais la perspective d'une vie matérielle assurée par des moyens honnêtes, et, partant, la possibilité de se livrer sans remords à ses occupations favorites lui souriait beaucoup. S'il avait accepté l'offre qui lui était faite, ce fut pour des raisons honorables, et, si l'on peut dire, par fidélité à un idéal.

Il y avait de longues années que cet état de choses provisoire durait, la vie avait augmenté dans des proportions démesurées, et le salaire de Grand, malgré quelques augmentations générales, était encore dérisoire. Il s'en était plaint à Rieux, mais personne ne paraissait s'en aviser. C'est ici que se place l'originalité de Grand, ou du moins l'un de ses signes. Il eût pu, en effet, faire valoir, sinon des droits dont il n'était pas sûr, du moins les assurances qu'on lui avait données. Mais, d'abord, le chef de bureau qui l'avait engagé était mort depuis longtemps et l'employé, au demeurant, ne se souvenait pas des termes exacts de la promesse qui lui avait été faite. Enfin, et surtout, Joseph Grand ne trouvait pas ses mots.

C'est cette particularité qui peignait le mieux notre concitoyen, comme Rieux put le remarquer. C'est elle en effet qui l'empêchait toujours d'écrire la lettre de réclamation qu'il méditait, ou de faire la démarche que les circonstances exigeaient. À l'en croire, il se sentait particulièrement empêché d'employer le mot « droit » sur lequel il n'était pas ferme, ni celui de « promesses » qui aurait impliqué qu'il réclamait son dû et aurait par conséquent revêtu un caractère de hardiesse, peu compatible avec la modestie des fonctions qu'il occupait. D'un autre côté, il se refusait à utiliser les termes de « bienveillance », « solliciter », « gratitude », dont il estimait qu'ils ne se conciliaient pas avec sa dignité personnelle. C'est ainsi que, faute de trouver le mot juste, notre concitoyen continua d'exercer ses obscures fonctions jusqu'à un âge assez avancé. Au reste, et toujours selon ce qu'il disait au docteur Rieux, il s'aperçut à l'usage que sa vie matérielle était assurée, de toutes façons, puisqu'il lui suffisait, après tout, d'adapter ses besoins à ses ressources. Il reconnut ainsi la justesse d'un des mots favoris du maire, gros industriel de notre ville, lequel affirmait avec force que finalement (et il insistait sur ce mot qui portait tout le poids du raisonnement), finalement donc, on n'avait jamais vu personne mourir de faim. Dans tous les cas, la vie quasi ascétique que menait Joseph Grand l'avait finalement, en effet, délivré de tout souci de cet ordre. Il continuait de chercher ses mots[1].

Dans un certain sens, on peut bien dire que sa vie était exemplaire. Il était de ces hommes, rares dans notre ville comme ailleurs, qui ont toujours le courage de leurs bons sentiments. Le peu qu'il confiait de lui témoignait en effet de bontés et d'attachements qu'on n'ose pas avouer de nos jours. Il ne rougissait pas de convenir qu'il aimait ses neveux et sa sœur, seule parente qu'il eût gardée et qu'il allait, tous les deux ans, visiter en

France. Il reconnaissait que le souvenir de ses parents, morts alors qu'il était encore jeune, lui donnait du chagrin. Il ne refusait pas d'admettre qu'il aimait par-dessus tout une certaine cloche de son quartier qui résonnait doucement vers cinq heures du soir[1]. Mais, pour évoquer des émotions si simples, cependant, le moindre mot lui coûtait mille peines. Finalement, cette difficulté avait fait son plus grand souci. « Ah! docteur, disait-il, je voudrais bien apprendre à m'exprimer. » Il en parlait à Rieux chaque fois qu'il le rencontrait.

Le docteur, ce[2] soir-là, regardant partir l'employé, comprenait tout d'un coup ce que Grand avait voulu dire : il écrivait sans doute un livre ou quelque chose d'approchant. Jusque dans le laboratoire où il se rendit enfin, cela rassurait Rieux. Il savait que cette impression était stupide, mais il n'arrivait pas à croire que la peste pût s'installer vraiment dans une ville où l'on pouvait trouver des fonctionnaires modestes qui cultivaient d'honorables manies. Exactement, il n'imaginait pas la place de ces manies au milieu de la peste et il jugeait donc que, pratiquement, la peste était sans avenir parmi nos concitoyens.

L E lendemain, grâce à une insistance jugée déplacée,
Rieux obtenait la convocation à la préfecture d'une
commission sanitaire.

« Il est vrai que la population s'inquiète, avait
reconnu Richard. Et puis les bavardages exagèrent tout.
Le préfet m'a dit : « Faisons vite si vous voulez, mais
» en silence. » Il est d'ailleurs persuadé qu'il s'agit d'une
fausse alerte. »

Bernard Rieux prit Castel dans sa voiture pour gagner
la préfecture.

« Savez-vous, lui dit ce dernier, que le département
n'a pas de sérum ?

— Je sais. J'ai téléphoné au dépôt. Le directeur est
tombé des nues. Il faut faire venir ça de Paris.

— J'espère que ce ne sera pas long.

— J'ai déjà télégraphié », répondit Rieux.

Le préfet était aimable, mais nerveux.

« Commençons[1], messieurs, disait-il. Dois-je résumer
la situation ? »

Richard pensait que c'était inutile. Les médecins connaissaient la situation. La question était seulement de
savoir quelles mesures il convenait de prendre.

« La question, dit brutalement[2] le vieux Castel, est
de savoir s'il s'agit de la peste ou non. »

Deux ou trois médecins s'exclamèrent. Les autres
semblaient hésiter. Quant au préfet, il sursauta et se
retourna machinalement vers la porte, comme pour
vérifier qu'elle avait bien empêché cette énormité de se
répandre dans les couloirs. Richard déclara qu'à son avis,
il ne fallait pas céder à l'affolement : il s'agissait d'une
fièvre à complications inguinales, c'était tout ce qu'on

pouvait dire, les hypothèses, en science comme dans la vie, étant toujours dangereuses. Le vieux Castel, qui mâchonnait tranquillement sa moustache jaunie, leva des yeux clairs sur Rieux. Puis il tourna un regard bienveillant vers l'assistance et fit remarquer qu'il savait très bien que c'était la peste, mais que, bien entendu, le reconnaître officiellement obligerait à prendre des mesures impitoyables. Il savait que c'était, au fond, ce qui faisait reculer ses confrères et, partant, il voulait bien admettre pour leur tranquillité que ce ne fût pas la peste. Le préfet s'agita et déclara que, dans tous les cas, ce n'était pas une bonne façon de raisonner.

« L'important, dit Castel, n'est pas que cette façon de raisonner soit bonne, mais qu'elle fasse réfléchir. »

Comme Rieux se taisait, on lui demanda son avis :

« Il s'agit d'une fièvre à caractère typhoïde, mais accompagnée de bubons et de vomissements. J'ai pratiqué l'incision des bubons. J'ai pu ainsi provoquer des analyses où le laboratoire croit reconnaître le bacille trapu de la peste. Pour être complet, il faut dire cependant que certaines modifications spécifiques du microbe ne coïncident pas avec la description classique. »

Richard souligna que cela autorisait des hésitations et qu'il faudrait attendre au moins le résultat statistique de la série d'analyses, commencée depuis[1] quelques jours.

« Quand un microbe, dit Rieux, après un court silence, est capable en trois jours de temps de quadrupler le volume de la rate, de donner aux ganglions mésentériques le volume d'une orange et la consistance de la bouillie, il n'autorise justement pas d'hésitations. Les foyers d'infection sont en extension croissante. À l'allure où la maladie se répand, si elle n'est pas stoppée, elle risque de tuer la moitié de la ville avant deux mois. Par conséquent, il importe peu que vous l'appeliez peste ou fièvre de croissance. Il importe seulement que vous l'empêchiez de tuer la moitié de la ville. »

Richard trouvait qu'il ne fallait rien pousser au noir et que la contagion d'ailleurs n'était pas prouvée puisque les parents de ses malades étaient encore indemnes.

« Mais d'autres sont morts, fit remarquer Rieux. Et, bien entendu, la contagion n'est jamais absolue, sans quoi on obtiendrait une croissante mathématique infinie et un dépeuplement foudroyant. Il ne s'agit pas de rien pousser au noir. Il s'agit de prendre des précautions. »

Richard, cependant, pensait résumer la situation en rappelant que pour arrêter cette maladie, si elle ne s'arrêtait pas d'elle-même, il fallait appliquer les graves mesures de prophylaxie prévues par la loi; que, pour ce faire, il fallait reconnaître officiellement qu'il s'agissait de la peste; que la certitude n'était pas absolue à cet égard et qu'en conséquence, cela demandait réflexion.

« La question, insista Rieux, n'est pas de savoir si les mesures prévues par la loi sont graves mais si elles sont nécessaires pour empêcher la moitié de la ville d'être tuée. Le reste est affaire d'administration et, justement, nos institutions ont prévu un préfet pour régler ces questions.

— Sans doute, dit le préfet, mais j'ai besoin que vous reconnaissiez officiellement qu'il s'agit d'une épidémie de peste.

— Si nous ne le reconnaissons pas, dit Rieux, elle risque quand même de tuer la moitié de la ville. »

Richard intervint avec quelque nervosité.

« La vérité est que notre confrère croit à la peste. Sa description du syndrome le prouve. »

Rieux répondit qu'il n'avait pas décrit un syndrome, il avait décrit ce qu'il avait vu. Et ce qu'il avait vu, c'étaient des bubons, des taches, des fièvres délirantes, fatales en quarante-huit heures. Est-ce[1] que M. Richard pouvait prendre la responsabilité d'affirmer que l'épidémie s'arrêterait sans mesures de prophylaxie rigoureuses?

Richard hésita et regarda Rieux :

« Sincèrement, dites-moi votre pensée, avez-vous la certitude qu'il s'agit de la peste?

— Vous posez mal le problème. Ce n'est pas une question de vocabulaire, c'est une question de temps.

— Votre pensée, dit le préfet, serait que, même s'il ne s'agissait pas de la peste, les mesures prophylactiques indiquées en temps de peste devraient cependant être appliquées.

— S'il faut absolument que j'aie une pensée, c'est en effet celle-ci. »

Les médecins se consultèrent et Richard finit par dire :

« Il faut donc que nous prenions la responsabilité d'agir comme si la maladie était une peste. »

La formule fut chaleureusement approuvée :

« C'est aussi votre avis, mon cher confrère ? demanda Richard.

— La formule m'est indifférente, dit Rieux. Disons seulement que nous ne devons pas agir comme si la moitié de la ville ne risquait pas d'être tuée, car alors elle le serait[1]. »

Au milieu de l'agacement général, Rieux partit. Quelques moments après, dans le faubourg qui sentait la friture et l'urine, une femme qui hurlait à la mort, les aines ensanglantées, se tournait vers lui.

L E lendemain de la conférence, la fièvre fit encore un
petit bond. Elle passa même dans les journaux, mais
sous une forme bénigne, puisqu'ils se contentèrent d'y
faire quelques allusions. Le surlendemain, en tout cas,
Rieux pouvait lire de petites affiches blanches que la
préfecture avait fait rapidement coller dans les coins les
plus discrets de la ville. Il était difficile de tirer de cette
affiche la preuve que les autorités regardaient la situation
en face. Les mesures n'étaient pas draconiennes et l'on
semblait avoir beaucoup sacrifié au désir de ne pas
inquiéter l'opinion publique. L'exorde de l'arrêté annonçait, en effet, que quelques cas d'une fièvre pernicieuse,
dont on ne pouvait encore dire si elle était contagieuse,
avaient fait leur apparition dans la commune d'Oran. Ces
cas n'étaient pas assez caractérisés pour être réellement
inquiétants et il n'y avait pas de doute que la population
saurait garder son sang-froid. Néanmoins, et dans un
esprit de prudence qui pouvait être compris par tout le
monde, le préfet prenait quelques mesures préventives.
Comprises et appliquées comme elles devaient l'être, ces
mesures étaient de nature à arrêter net toute menace
d'épidémie. En conséquence, le préfet ne doutait pas un
instant que ses administrés n'apportassent la plus dévouée
des collaborations à son effort personnel.

L'affiche annonçait ensuite des mesures d'ensemble,
parmi lesquelles une dératisation scientifique par injection
de gaz toxiques dans les égouts et une surveillance étroite
de l'alimentation en eau. Elle recommandait aux habitants
la plus extrême propreté et invitait enfin les porteurs
de puces à se présenter dans les dispensaires muni-
cipaux. D'autre part, les familles devaient obligatoire-

ment déclarer les cas diagnostiqués par le médecin et consentir à l'isolement de leurs malades dans les salles spéciales de l'hôpital. Ces salles étaient d'ailleurs équipées pour soigner les malades dans le minimum de temps et avec le maximum de chances de guérison. Quelques articles supplémentaires soumettaient à la désinfection obligatoire la chambre du malade et le véhicule de transport. Pour le reste, on se bornait à recommander aux proches de se soumettre à une surveillance sanitaire.

Le docteur Rieux se détourna brusquement de l'affiche et reprit le chemin de son cabinet. Joseph Grand[1], qui l'attendait, leva de nouveau les bras en l'apercevant.

« Oui, dit Rieux, je sais, les chiffres montent. »

La veille, une dizaine de malades avaient succombé dans la ville. Le docteur dit à Grand qu'il le verrait peut-être le soir, puisqu'il allait rendre visite à Cottard.

« Vous avez raison, dit Grand. Vous lui ferez du bien, car je le trouve changé.

— Et comment cela ?

— Il est devenu poli.

— Ne l'était-il pas auparavant ? »

Grand hésita. Il ne pouvait dire que Cottard fût impoli, l'expression n'aurait pas été juste. C'était un homme renfermé et silencieux qui avait un peu l'allure du sanglier. Sa chambre, un restaurant modeste et des sorties assez mystérieuses, c'était toute la vie de Cottard. Officiellement, il était représentant en vins et liqueurs. De loin en loin, il recevait la visite de deux ou trois hommes qui devaient être ses clients. Le soir, quelquefois, il allait au cinéma qui se trouvait en face de la maison. L'employé avait même remarqué que Cottard semblait voir de préférence les films de gangsters. En toutes occasions, le représentant demeurait solitaire et méfiant.

Tout cela, selon Grand, avait bien changé :

« Je ne sais pas comment dire, mais j'ai l'impression, voyez-vous, qu'il cherche à se concilier les gens, qu'il veut mettre tout le monde avec lui. Il me parle souvent, il m'offre de sortir avec lui et je ne sais pas toujours refuser. Au reste, il m'intéresse, et, en somme, je lui ai sauvé la vie. »

Depuis sa tentative de suicide, Cottard n'avait plus reçu aucune visite. Dans les rues, chez les fournisseurs, il cherchait toutes les sympathies. On n'avait jamais mis tant de douceur à parler aux épiciers, tant d'intérêt à écouter une marchande de tabacs.

« Cette marchande de tabacs, remarquait Grand, est une vraie vipère. Je l'ai dit à Cottard, mais il m'a répondu que je me trompais et qu'elle avait de bons côtés qu'il fallait savoir trouver. »

Deux ou trois fois enfin, Cottard avait emmené Grand dans les restaurants et les cafés luxueux de la ville. Il s'était mis à les fréquenter en effet.

« On y est bien, disait-il, et puis on est en bonne compagnie. »

Grand avait remarqué les[1] attentions spéciales du personnel pour le représentant et il en comprit la raison en observant les pourboires excessifs que celui-ci laissait. Cottard paraissait très sensible aux amabilités dont on le payait de retour. Un jour que le maître d'hôtel l'avait reconduit et aidé à endosser son pardessus, Cottard avait dit à Grand :

« C'est un bon garçon, il peut témoigner.

— Témoigner de quoi ? »

Cottard avait hésité.

« Eh bien ! que je ne suis pas un mauvais homme. »

Du reste, il avait des sautes d'humeur. Un jour où l'épicier s'était montré moins aimable, il était revenu chez lui dans un état de fureur démesurée :

« Il passe avec les autres, cette crapule, répétait-il.

— Quels autres ?

— Tous les autres. »

Grand avait même assisté à une scène curieuse chez la marchande de tabacs. Au milieu d'une conversation animée, celle-ci avait parlé d'une arrestation récente qui avait fait du bruit à Alger. Il s'agissait d'un jeune employé de commerce qui avait tué un Arabe sur une plage.

« Si l'on mettait toute cette racaille en prison, avait dit la marchande, les honnêtes gens pourraient respirer. »

Mais elle avait dû s'interrompre devant l'agitation subite de Cottard qui s'était jeté hors de la boutique, sans un mot d'excuse. Grand et la marchande, les bras ballants, l'avaient regardé fuir.

Par la suite, Grand devait signaler à Rieux d'autres changements dans le caractère de Cottard. Ce dernier avait toujours été d'opinions très libérales. Sa phrase favorite : « Les gros mangent toujours les petits » le prouvait bien. Mais depuis quelque temps, il n'achetait plus que le journal bien pensant d'Oran et on ne pouvait même se défendre de croire qu'il mettait une certaine ostentation à le lire dans des endroits publics. De même, quelques jours après s'être levé, il avait prié Grand, qui allait à la poste, de bien vouloir expédier un mandat de cent francs qu'il envoyait tous les mois à une sœur éloignée. Mais au moment où Grand partait :

« Envoyez-lui deux cents francs, demanda Cottard, ce sera une bonne surprise pour elle. Elle croit que je ne pense jamais à elle. Mais la vérité est que je l'aime beaucoup. »

Enfin il avait eu avec Grand une curieuse conversation. Celui-ci avait été obligé de répondre aux questions de Cottard intrigué par le petit travail auquel Grand se livrait chaque soir.

« Bon, avait dit Cottard, vous faites un livre.

— Si vous voulez, mais c'est plus compliqué que cela!

— Ah! s'était écrié Cottard, je voudrais bien faire comme vous. »

Grand avait paru surpris et Cottard avait balbutié qu'être un artiste devait arranger bien des choses.

« Pourquoi? avait demandé Grand.

— Eh bien, parce qu'un artiste a plus de droits qu'un autre, tout le monde sait ça. On lui passe plus de choses. »

« Allons, dit Rieux à Grand, le matin des affiches, l'histoire des rats lui a tourné la tête comme à beaucoup d'autres, voilà tout. Ou encore il a peur de la fièvre. »

Grand répondit :

« Je ne crois pas, docteur, et si vous voulez mon avis... »

La voiture de dératisation passa sous leur fenêtre dans un grand bruit d'échappement. Rieux se tut jusqu'à ce qu'il fût possible de se faire entendre et demanda distraitement l'avis de l'employé. L'autre le regardait avec gravité :

« C'est un homme, dit-il, qui a quelque chose à se reprocher. »

Le docteur haussa les épaules. Comme disait le commissaire, il y avait d'autres chats à fouetter.

Dans l'après-midi, Rieux eut une conférence avec Castel. Les sérums n'arrivaient pas.

« Du reste, demandait Rieux, seraient-ils utiles ? Ce bacille est bizarre.

— Oh ! dit Castel, je ne suis pas de votre avis. Ces animaux ont toujours un air d'originalité. Mais, dans le fond, c'est la même chose.

— Vous le supposez du moins. En fait, nous ne savons rien de tout cela.

— Évidemment, je le suppose. Mais tout le monde en est là. »

Pendant toute la journée, le docteur sentit croître le petit vertige qui le prenait chaque fois qu'il pensait à la peste. Finalement, il reconnut qu'il avait peur. Il entra deux fois dans des cafés pleins de monde. Lui aussi, comme Cottard, sentait un besoin de chaleur humaine. Rieux trouvait cela stupide, mais cela l'aida à se souvenir qu'il avait promis une visite au représentant[1].

Le soir, le docteur trouva Cottard devant la table de sa salle à manger. Quand il entra, il y avait sur la table un roman policier étalé. Mais la soirée était déjà avancée et, certainement, il devait être difficile de lire dans l'obscurité naissante. Cottard devait plutôt, une minute auparavant, se tenir assis et réfléchir dans la pénombre. Rieux lui demanda comment il allait. Cottard, en s'asseyant, bougonna qu'il allait bien et qu'il irait encore mieux s'il pouvait être sûr que personne ne s'occupât de lui. Rieux fit observer qu'on ne pouvait pas toujours être seul.

« Oh ! ce n'est pas cela. Moi, je parle des gens qui s'occupent de vous apporter des ennuis. »

Rieux se taisait.

« Ce n'est pas mon cas, remarquez-le bien. Mais je lisais ce roman. Voilà un malheureux qu'on arrête un matin, tout d'un coup. On s'occupait de lui et il n'en savait rien. On parlait de lui dans les bureaux, on inscrivait son nom sur des fiches. Vous trouvez que c'est juste ? Vous trouvez qu'on a le droit de faire ça à un homme ?

— Cela dépend, dit Rieux. Dans un sens, on n'a jamais le droit, en effet. Mais tout cela est secondaire. Il ne faut pas rester trop longtemps enfermé. Il faut que vous sortiez. »

Cottard sembla s'énerver, dit qu'il ne faisait que cela, et[2] que, s'il le fallait, tout le quartier pourrait témoigner

pour lui. Hors du quartier même, il ne manquait pas de
relations.

« Vous connaissez M. Rigaud, l'architecte ? Il est de
mes amis. »

L'ombre s'épaississait dans la pièce. La rue du faubourg
s'animait et une exclamation sourde et soulagée salua,
au-dehors, l'instant où les lampes s'allumèrent. Rieux
alla au balcon et Cottard l'y suivit. De tous les quartiers alentour, comme chaque soir dans notre ville, une
légère brise charriait des murmures, des odeurs de viande
grillée, le bourdonnement joyeux et odorant de la liberté
qui gonflait peu à peu la rue, envahie par une jeunesse
bruyante. La nuit, les grands cris des bateaux invisibles,
la rumeur qui montait de la mer et de la foule qui s'écou-
lait, cette heure que Rieux connaissait bien et aimait
autrefois lui paraissait aujourd'hui oppressante à cause
de tout ce qu'il savait.

« Pouvons-nous allumer ? » dit-il à Cottard.

La lumière une fois revenue, le petit homme le regarda
avec des yeux clignotants :

« Dites-moi, docteur, si je tombais malade, est-ce
que vous me prendriez dans votre service à l'hôpital ?

— Pourquoi pas ? »

Cottard demanda alors s'il était arrivé qu'on arrêtât
quelqu'un qui se trouvait dans une clinique ou dans un
hôpital. Rieux répondit que cela s'était vu, mais que tout
dépendait de l'état du malade.

« Moi, dit Cottard, j'ai confiance en vous. »

Puis il demanda au docteur s'il voulait bien le mener
en ville dans son auto.

Au centre de la ville, les rues étaient déjà moins peu-
plées et les lumières plus rares. Des enfants jouaient
encore devant les portes. Quand Cottard le demanda, le
docteur arrêta sa voiture devant un groupe de ces enfants.
Ils jouaient à la marelle en poussant des cris. Mais l'un
d'eux, aux cheveux noirs collés, la raie parfaite et la
figure sale, fixait Rieux de ses yeux clairs et intimidants.
Le docteur détourna son regard. Cottard, debout sur le
trottoir, lui serrait la main. Le représentant parlait d'une
voix rauque et difficile. Deux ou trois fois, il regarda
derrière lui.

« Les gens parlent d'épidémie. Est-ce que c'est vrai,
docteur ?

— Les gens parlent toujours, c'est naturel, dit Rieux.

— Vous avez raison. Et puis quand nous aurons une dizaine de morts, ce sera le bout du monde. Ce n'est pas cela qu'il nous faudrait. »

Le moteur ronflait déjà. Rieux avait la main sur son levier de vitesse. Mais il regardait à nouveau l'enfant qui n'avait pas cessé de le dévisager avec son air grave et tranquille. Et soudain, sans transition, l'enfant lui sourit de toutes ses dents.

« Qu'est-ce donc qu'il nous faudrait ? » demanda le docteur[1] en souriant à l'enfant.

Cottard agrippa soudain la portière et, avant de s'enfuir, cria d'une voix pleine de larmes et de fureur :

« Un tremblement de terre. Un vrai ! »

Il n'y eut pas de tremblement de terre et la journée du lendemain se passa[2] seulement, pour Rieux, en longues courses aux quatre coins de la ville, en pourparlers avec les familles de malades et en discussions avec les malades eux-mêmes. Jamais Rieux n'avait trouvé son métier aussi lourd. Jusque-là, les malades lui facilitaient la tâche, ils se donnaient à lui. Pour la première fois, le docteur les sentait réticents, réfugiés au fond de leur maladie avec une sorte d'étonnement méfiant. C'était une lutte à laquelle il n'était pas encore habitué. Et vers dix heures du soir, sa voiture arrêtée devant la maison du vieil asthmatique qu'il visitait en dernier lieu, Rieux avait de la peine à s'arracher à son siège. Il s'attardait à regarder la rue sombre et les étoiles qui apparaissaient et disparaissaient dans le ciel noir.

Le vieil asthmatique était dressé dans son lit. Il semblait respirer mieux et comptait les pois chiches qu'il faisait passer d'une des marmites dans l'autre. Il accueillit le docteur avec une mine réjouie.

« Alors, docteur, c'est le choléra ?

— Où avez-vous pris ça ?

— Dans le journal, et la radio l'a dit aussi.

— Non, ce n'est pas le choléra.

— En tout cas, dit le vieux très surexcité, ils y vont fort, hein, les grosses têtes !

— N'en croyez rien », dit le docteur.

Il avait examiné le vieux et maintenant il était assis au milieu de cette salle à manger misérable. Oui, il avait peur. Il savait que dans le faubourg même une dizaine de malades l'attendraient, le lendemain matin, courbés sur leurs bubons. Dans deux ou trois cas seulement, l'incision des bubons avait amené un mieux. Mais, pour la plupart, ce serait l'hôpital et il savait ce que l'hôpital voulait dire pour les pauvres. « Je ne veux pas qu'il serve à leurs expériences », lui avait dit la femme d'un des malades. Il ne servirait pas à leurs expériences, il mourrait et c'était tout. Les mesures arrêtées étaient insuffisantes, cela était bien clair. Quant aux salles « spécialement équipées », il les connaissait : deux pavillons hâtivement déménagés de leurs autres malades, leurs fenêtres calfeutrées, entourés d'un cordon sanitaire. Si l'épidémie ne s'arrêtait pas d'elle-même, elle ne serait pas vaincue par les mesures que l'administration avait imaginées.

Cependant, le soir, les communiqués officiels restaient optimistes. Le lendemain, l'agence Ransdoc annonçait que les mesures préfectorales avaient été accueillies avec sérénité et que, déjà, une trentaine de malades s'étaient déclarés. Castel avait téléphoné à Rieux :

« Combien de lits offrent les pavillons ?

— Quatre-vingts.

— Il y a certainement plus de trente malades dans la ville ?

— Il y a ceux qui ont peur et les autres, les plus nombreux, ceux qui n'ont pas eu le temps.

— Les enterrements ne sont pas surveillés ?

— Non. J'ai téléphoné à Richard qu'il fallait des mesures complètes, non des phrases, et qu'il fallait élever contre l'épidémie une vraie barrière ou rien du tout.

— Et alors ?

— Il m'a répondu qu'il n'avait pas pouvoir. À mon avis, ça va monter. »

En trois jours, en effet, les deux pavillons furent remplis. Richard croyait savoir qu'on allait désaffecter une école et prévoir un hôpital auxiliaire. Rieux attendait les vaccins et ouvrait les bubons. Castel retournait à ses vieux livres et faisait de longues stations à la bibliothèque.

« Les rats sont morts de la peste ou de quelque chose qui lui ressemble beaucoup, concluait-il. Ils ont mis dans la circulation des dizaines de milliers de puces qui transmettront l'infection suivant une proportion géométrique, si on ne l'arrête pas à temps. »

Rieux se taisait.

À cette époque le temps parut se fixer. Le soleil pompait les flaques des dernières averses. De beaux ciels bleus débordant d'une lumière jaune, des ronronnements d'avions dans la chaleur naissante, tout dans la saison invitait à la sérénité. En quatre jours, cependant, la fièvre fit quatre bonds surprenants : seize morts, vingt-quatre, vingt-huit et trente-deux. Le quatrième jour, on annonça l'ouverture de l'hôpital auxiliaire dans une école maternelle. Nos concitoyens, qui, jusque-là, avaient continué de masquer leur inquiétude sous des plaisanteries, semblaient dans les rues plus abattus et plus silencieux.

Rieux décida de téléphoner au préfet :

« Les mesures sont insuffisantes.

— J'ai les chiffres, dit le préfet, ils sont en effet inquiétants.

— Ils sont plus qu'inquiétants, ils sont clairs.

— Je vais demander des ordres au Gouvernement général. »

Rieux raccrocha devant Castel :

« Des ordres ! Et il faudrait de l'imagination.

— Et les sérums ?

— Ils arriveront dans la semaine. »

La préfecture, par l'intermédiaire de Richard, demanda à Rieux un rapport destiné à être envoyé dans la capitale de la colonie pour solliciter des ordres. Rieux y mit une description clinique et des chiffres. Le même jour, on compta une quarantaine de morts. Le préfet prit sur lui, comme il disait, d'aggraver dès le lendemain les mesures prescrites. La déclaration obligatoire et l'isolement furent maintenus. Les maisons des malades devaient être fermées et désinfectées, les proches soumis à une quarantaine de sécurité, les enterrements organisés par la ville dans les conditions qu'on verra. Un jour après, les sérums arrivaient par avion. Ils pouvaient suffire aux cas en traitement. Ils étaient insuffisants si l'épidémie devait s'étendre. On répondit au télégramme de Rieux que le stock de sécurité était épuisé et que de nouvelles fabrications étaient commencées.

Pendant ce temps, et de toutes les banlieues environnantes, le printemps arrivait sur les marchés. Des milliers de roses se fanaient dans les corbeilles des marchands, au long des trottoirs, et leur odeur sucrée flottait dans toute la ville. Apparemment, rien n'était changé. Les tramways étaient toujours pleins aux heures de pointe, vides et sales dans la journée. Tarrou observait le petit vieux et le petit vieux crachait sur les chats. Grand rentrait tous les soirs chez lui pour son mystérieux travail. Cottard tournait en rond et M. Othon, le juge d'instruction, conduisait toujours sa ménagerie. Le vieil asthmatique transvasait ses pois et l'on rencontrait parfois le journaliste Rambert, l'air tranquille et intéressé. Le soir, la même foule emplissait les rues et les queues s'allongeaient devant les cinémas. D'ailleurs, l'épidémie sembla reculer et, pendant quelques jours, on compta une dizaine de morts seulement. Puis, tout d'un coup, elle remonta en flèche. Le jour où le chiffre des morts atteignit de nouveau la trentaine, Bernard Rieux regardait la dépêche officielle que le préfet lui avait tendue en disant : « Ils ont eu peur. » La dépêche portait : « Déclarez l'état de peste. Fermez la ville. »

II

II

À [1] PARTIR de ce moment, il est possible de dire que la peste fut notre affaire à tous. Jusque-là, malgré la surprise et l'inquiétude que leur avaient apportées ces événements singuliers, chacun de nos concitoyens avait poursuivi[2] ses occupations, comme il l'avait pu, à sa place ordinaire. Et sans doute, cela devait continuer. Mais une fois les portes fermées, ils s'aperçurent qu'ils étaient tous, et le narrateur lui-même, pris dans le même sac et qu'il fallait s'en arranger. C'est ainsi, par exemple, qu'un sentiment aussi individuel que celui de la séparation d'avec un être aimé devint soudain, dès les premières semaines, celui de tout un peuple, et, avec la peur, la souffrance principale de ce long temps d'exil[3].

Une des conséquences les plus remarquables de la fermeture des portes fut, en effet, la soudaine séparation où furent placés des êtres qui n'y étaient pas préparés. Des mères et des enfants, des époux, des amants qui avaient cru procéder quelques jours auparavant à une séparation temporaire, qui s'étaient embrassés sur le quai de notre gare avec deux ou trois recommandations, certains de se revoir quelques jours ou quelques semaines plus tard, enfoncés dans la stupide confiance humaine, à peine distraits par ce départ de leurs préoccupations habituelles, se virent d'un seul coup éloignés sans recours, empêchés de se rejoindre ou de communiquer. Car la fermeture s'était faite quelques heures avant que l'arrêté préfectoral fût publié, et, naturellement, il était impossible de prendre en considération les cas particuliers. On peut dire que cette invasion brutale de la maladie eut pour premier effet d'obliger nos concitoyens à agir comme s'ils n'avaient pas de sentiments individuels.

Dans les premières heures de la journée où l'arrêté entra en vigueur, la préfecture fut assaillie par une foule de demandeurs qui, au téléphone ou auprès des fonctionnaires, exposaient des situations également intéressantes et, en même temps, également impossibles à examiner. À la vérité, il fallut plusieurs jours pour que nous nous rendissions compte que nous nous trouvions dans une situation sans compromis, et que les mots « transiger », « faveur », « exception », n'avaient plus de sens.

Même la légère satisfaction d'écrire nous fut refusée. D'une part, en effet, la ville n'était plus reliée au reste du pays par les moyens de communication habituels, et, d'autre part, un nouvel arrêté interdit l'échange de toute correspondance, pour éviter que les lettres pussent devenir les véhicules de l'infection. Au début, quelques privilégiés purent s'aboucher, aux portes de la ville, avec des sentinelles des postes de garde, qui consentirent à faire passer des messages à l'extérieur. Encore était-ce dans les premiers jours de l'épidémie, à un moment où les gardes trouvaient naturel de céder à des mouvements de compassion. Mais, au bout de quelque temps, lorsque les mêmes gardes furent bien persuadés de la gravité de la situation, ils se refusèrent à prendre des responsabilités dont ils ne pouvaient prévoir l'étendue. Les communications téléphoniques interurbaines, autorisées au début, provoquèrent de tels encombrements aux cabines publiques et sur les lignes, qu'elles furent totalement suspendues pendant quelques jours, puis sévèrement limitées à ce qu'on appelait les cas urgents, comme la mort, la naissance et le mariage. Les télégrammes restèrent alors notre seule ressource. Des êtres que liaient l'intelligence, le cœur et la chair, en furent réduits à chercher les signes de cette communion ancienne dans les majuscules d'une dépêche de dix mots. Et comme, en fait, les formules qu'on peut utiliser dans un télégramme sont vite épuisées, de longues vies communes ou des passions douloureuses se résumèrent rapidement dans un échange périodique de formules toutes faites comme : « Vais bien. Pense à toi. Tendresse. »

Certains d'entre nous, cependant, s'obstinaient à écrire et imaginaient sans trêve, pour correspondre avec l'extérieur, des combinaisons qui finissaient toujours par s'avérer illusoires. Quand même quelques-uns des moyens que nous avions imaginés réussissaient, nous n'en savions rien, ne recevant pas de réponse. Pendant des semaines, nous fûmes réduits alors à recommencer sans cesse la même lettre, à recopier les mêmes appels, si bien qu'au bout d'un certain temps, les mots qui d'abord étaient sortis tout saignants de notre cœur se vidaient de leur sens. Nous les recopiions alors machinalement, essayant de donner au moyen de ces phrases mortes des signes de notre vie difficile. Et pour finir, à ce monologue stérile et entêté, à cette conversation aride avec un mur, l'appel conventionnel du télégramme nous paraissait préférable.

Au bout de quelques jours d'ailleurs, quand il devint évident que personne ne parviendrait à sortir de notre ville, on eut l'idée de demander si le retour de ceux qui étaient partis avant l'épidémie pouvait être autorisé. Après quelques jours de réflexion, la préfecture répondit par l'affirmative. Mais elle précisa que les rapatriés ne pourraient, en aucun cas, ressortir de la ville et que, s'ils étaient libres de venir, ils ne le seraient pas de repartir. Là encore, quelques familles, d'ailleurs rares, prirent la situation à la légère, et faisant passer avant toute prudence le désir où elles étaient de revoir leurs parents, invitèrent ces derniers à profiter de l'occasion. Mais, très rapidement, ceux qui étaient prisonniers de la peste comprirent le danger auquel ils exposaient leurs proches et se résignèrent à souffrir cette séparation. Au plus grave de la maladie, on ne vit qu'un cas où les sentiments humains furent plus forts que la peur d'une mort torturée. Ce ne fut pas, comme on pouvait s'y attendre, deux amants que l'amour jetait l'un vers l'autre, par-dessus la souffrance. Il s'agissait seulement du vieux docteur Castel et de sa femme, mariés depuis de nombreuses années. Mme Castel, quelques jours avant l'épidémie, s'était rendue dans une ville voisine. Ce n'était même pas un de ces ménages qui offrent au monde l'exemple d'un bonheur exemplaire et le narrateur est en mesure de dire que, selon toute probabilité, ces époux, jusqu'ici, n'étaient pas certains d'être satisfaits de leur union. Mais cette séparation brutale et prolongée les avait mis à même de s'assurer qu'ils ne pouvaient vivre éloignés l'un de l'autre, et qu'auprès de cette vérité soudain mise à jour, la peste était peu de chose.

Il s'agissait d'une exception. Dans la majorité des cas,

la séparation, c'était évident, ne devait cesser qu'avec l'épidémie. Et pour nous tous, le sentiment qui faisait notre vie et que, pourtant, nous croyions bien connaître (les Oranais, on l'a déjà dit, ont des passions simples), prenait un visage nouveau. Des maris et des amants qui avaient la plus grande confiance dans leur compagne se découvraient jaloux. Des hommes qui se croyaient légers en amour retrouvaient une constance. Des fils, qui avaient vécu près de leur mère en la regardant à peine, mettaient toute leur inquiétude et leur regret dans un pli de son visage qui hantait leur souvenir. Cette séparation, sans bavures, sans avenir prévisible, nous laissait décontenancés, incapables de réagir contre le souvenir de cette présence, encore si proche et déjà si lointaine, qui occupait maintenant nos journées. En fait, nous souffrions deux fois — de notre souffrance d'abord et de celle ensuite que nous imaginions aux absents, fils, épouse ou amante.

En d'autres circonstances, d'ailleurs, nos concitoyens auraient trouvé une issue dans une vie plus extérieure et plus active. Mais, en même temps, la peste les laissait oisifs, réduits à tourner en rond dans leur ville morne et livrés, jour après jour, aux jeux décevants du souvenir. Car, dans leurs promenades sans but, ils étaient amenés à passer toujours par les mêmes chemins, et, la plupart du temps, dans une si petite ville, ces chemins étaient précisément ceux qu'à une autre époque ils avaient parcourus avec l'absent.

Ainsi[1], la première chose que la peste apporta à nos concitoyens fut l'exil. Et le narrateur est persuadé qu'il peut écrire ici, au nom de tous, ce que lui-même a éprouvé alors, puisqu'il l'a éprouvé en même temps que beaucoup de nos concitoyens. Oui, c'était bien le sentiment de l'exil que ce creux que nous portions constamment en nous, cette émotion précise, le désir déraisonnable de revenir en arrière ou au contraire de presser la marche du temps, ces flèches brûlantes de la mémoire. Si, quelquefois, nous nous laissions aller à l'imagination et nous plaisions à attendre le coup de sonnette du retour ou un pas familier dans l'escalier, si, à ces moments-là, nous consentions à oublier que les trains étaient immobilisés, si nous nous arrangions alors pour rester chez nous à l'heure où, normalement, un voyageur amené par l'express du soir pouvait être rendu dans notre quartier, bien entendu, ces jeux ne pouvaient durer. Il venait toujours un moment où nous nous apercevions clairement que les trains n'arrivaient pas. Nous savions alors que notre séparation était destinée à durer et que nous devions essayer de nous arranger avec le temps. Dès lors, nous réintégrions en somme notre condition de prisonniers, nous étions réduits à notre passé, et si même quelques-uns d'entre nous avaient la tentation de vivre dans l'avenir, ils y renonçaient rapidement, autant du moins qu'il leur était possible, en éprouvant les blessures que finalement l'imagination inflige à ceux qui lui font confiance.

En particulier, tous nos concitoyens se privèrent très vite, même en public, de l'habitude qu'ils avaient pu prendre de supputer la durée de leur séparation. Pourquoi? C'est que lorsque les plus pessimistes l'avaient fixée par exemple à six mois, lorsqu'ils avaient épuisé d'avance toute l'amertume de ces mois à venir, hissé à grand-peine leur courage au niveau de cette épreuve, tendu leurs dernières forces pour demeurer sans faiblir à la hauteur de cette souffrance étirée sur une si longue suite de jours, alors, parfois, un ami de rencontre, un avis donné par un journal, un soupçon fugitif ou une brusque clairvoyance, leur donnait l'idée qu'après tout, il n'y avait pas de raison pour que la maladie ne durât pas plus de six mois, et peut-être un an, ou plus encore.

À ce moment, l'effondrement de leur courage, de leur volonté et de leur patience était si brusque qu'il leur semblait qu'ils ne pourraient plus jamais remonter de ce trou. Ils s'astreignaient par conséquent à ne penser jamais au terme de leur délivrance, à ne plus se tourner vers l'avenir et à toujours garder, pour ainsi dire, les yeux baissés. Mais, naturellement, cette prudence, cette façon de ruser avec la douleur, de fermer leur garde pour refuser le combat étaient mal récompensées. En même temps qu'ils évitaient cet effondrement dont ils ne voulaient à aucun prix, ils se privaient en effet de ces moments, en somme assez fréquents, où ils pouvaient oublier la peste dans les images de leur réunion à venir. Et par là, échoués à mi-distance de ces abîmes et de ces sommets, ils flottaient plutôt qu'ils ne vivaient, abandonnés à des jours sans direction et à des souvenirs stériles, ombres errantes qui n'auraient pu prendre force qu'en acceptant de s'enraciner dans la terre de leur douleur.

Ils éprouvaient ainsi la souffrance profonde de tous les prisonniers et de tous les exilés, qui est de vivre avec une mémoire qui ne sert à rien. Ce passé même auquel ils réfléchissaient sans cesse n'avait que le goût du regret. Ils auraient voulu, en effet, pouvoir lui ajouter tout ce qu'ils déploraient de n'avoir pas fait quand ils pouvaient encore le faire avec celui ou celle qu'ils attendaient — de même qu'à toutes les circonstances, même relativement heureuses, de leur vie de prisonniers, ils mêlaient l'absent, et ce qu'ils étaient alors ne pouvait les satisfaire. Impatients de leur présent, ennemis de leur passé et privés d'avenir, nous ressemblions bien ainsi à ceux que la justice ou la haine humaines font vivre derrière des barreaux. Pour finir, le seul moyen d'échapper à ces vacances insupportables était de faire marcher à nouveau les trains par l'imagination et de remplir les heures avec les carillons répétés d'une sonnette pourtant obstinément silencieuse.

Mais si c'était l'exil, dans la majorité des cas c'était l'exil chez soi. Et quoique le narrateur n'ait connu que l'exil de tout le monde, il ne doit pas oublier ceux, comme le journaliste Rambert ou d'autres, pour qui, au contraire, les peines de la séparation s'amplifièrent du fait que, voyageurs surpris par la peste et retenus dans la ville, ils se trouvaient éloignés à la fois de l'être qu'ils ne pouvaient rejoindre et du pays qui était le leur. Dans[1] l'exil général, ils étaient les plus exilés, car si le temps suscitait chez eux, comme chez tous, l'angoisse qui lui est propre, ils étaient attachés aussi à l'espace et se heurtaient sans cesse aux murs qui séparaient leur refuge empesté de leur patrie perdue. C'était eux sans doute qu'on voyait errer à toute heure du jour dans la ville poussiéreuse, appelant en silence des soirs qu'ils étaient seuls à connaître, et les matins de leur pays. Ils nourrissaient alors leur mal de signes impondérables et de messages déconcertants comme un vol d'hirondelles, une rosée de couchant, ou ces rayons bizarres que le soleil abandonne parfois dans les rues désertes. Ce monde extérieur qui peut toujours sauver de tout, ils fermaient les yeux sur lui, entêtés qu'ils étaient à caresser leurs chimères trop réelles et à poursuivre de toutes leurs forces les images d'une terre où une certaine lumière, deux ou trois collines, l'arbre favori et des visages de femmes composaient un climat pour eux irremplaçable.

Pour parler enfin plus expressément des amants, qui sont les plus intéressants et dont le narrateur est peut-être mieux placé pour parler, ils se trouvaient tourmentés encore par d'autres angoisses au nombre desquelles il faut signaler le remords. Cette situation, en effet, leur permettait de considérer leur sentiment avec une sorte de fiévreuse objectivité. Et il était rare que, dans ces occasions, leurs propres défaillances ne leur apparussent pas clairement. Ils en trouvaient la première occasion dans la difficulté qu'ils avaient à imaginer précisément les faits et gestes de l'absent. Ils déploraient alors l'ignorance où ils étaient de son emploi du temps ; ils s'accusaient de la légèreté avec laquelle ils avaient négligé de s'en informer et feint de croire que, pour un être qui aime, l'emploi du temps de l'aimé n'est pas la source de toutes les joies. Il leur était facile, à partir de ce moment, de remonter dans leur amour et d'en examiner les imperfections. En temps ordinaire, nous savions tous, consciemment ou non, qu'il n'est pas d'amour qui ne puisse se surpasser, et nous acceptions pourtant, avec plus ou moins de tranquillité, que le nôtre demeurât médiocre. Mais le souvenir est plus exigeant. Et, de façon très conséquente, ce malheur qui nous venait de l'extérieur, et qui frappait toute une ville, ne nous apportait pas seulement une souffrance injuste dont nous aurions pu nous indigner. Il nous provoquait aussi à nous faire souffrir nous-mêmes et nous faisait ainsi consentir à la douleur. C'était là une des façons qu'avait la maladie de détourner l'attention et de brouiller les cartes.

Ainsi, chacun dut accepter de vivre au jour le jour, et seul en face du ciel. Cet abandon général qui pouvait à la longue tremper les caractères commençait pourtant par les rendre futiles. Pour certains de nos concitoyens, par exemple, ils étaient alors soumis à un autre esclavage qui les mettait au service du soleil et de la pluie. Il semblait, à les voir, qu'ils recevaient pour la première fois, et directement, l'impression du temps qu'il faisait[1]. Ils avaient la mine réjouie sur la simple visite d'une lumière dorée, tandis que les jours de pluie mettaient un voile épais sur leurs visages et leurs pensées. Ils échappaient, quelques semaines plus tôt, à cette faiblesse et à cet asservissement déraisonnable parce qu'ils n'étaient pas seuls en face du monde et que, dans une certaine mesure, l'être qui vivait avec eux se plaçait devant leur univers. À partir de cet instant, au contraire, ils furent apparemment livrés aux caprices du ciel, c'est-à-dire qu'ils souffrirent et espérèrent sans raison.

Dans ces extrémités de la solitude, enfin, personne ne pouvait espérer l'aide du voisin et chacun restait seul avec sa préoccupation. Si l'un d'entre nous, par hasard, essayait de se confier ou de dire quelque chose de son sentiment, la réponse qu'il recevait, quelle qu'elle fût, le blessait la plupart du temps. Il s'apercevait alors que son interlocuteur et lui ne parlaient pas de la même chose. Lui, en effet, s'exprimait du fond de longues journées de rumination et de souffrances et l'image qu'il voulait communiquer avait cuit longtemps au feu de l'attente et de la passion. L'autre, au contraire, imaginait une émotion conventionnelle, la douleur qu'on vend sur les marchés, une mélancolie de série. Bienveillante ou hostile, la réponse tombait toujours à faux, il fallait y renoncer. Ou du moins, pour ceux à qui le silence était insupportable, et puisque les autres ne pouvaient trouver le vrai langage du cœur, ils se résignaient à adopter la langue des marchés et à parler, eux aussi, sur le mode conventionnel, celui de la simple relation et du fait divers, de la chronique quotidienne en quelque sorte. Là encore, les douleurs les plus vraies prirent l'habitude de se traduire dans les formules banales de la conversation. C'est à ce prix seulement que les prisonniers de la peste pouvaient obtenir la compassion de leur concierge ou l'intérêt de leurs auditeurs.

Cependant, et c'est le plus important, si douloureuses que fussent ces angoisses, si lourd à porter que fût ce cœur pourtant vide, on peut bien dire que ces exilés, dans la première période de la peste, furent des privilégiés. Au moment même, en effet, où la population commençait à s'affoler, leur pensée était tout entière tournée vers l'être qu'ils attendaient. Dans la détresse générale, l'égoïsme de l'amour les préservait, et, s'ils pensaient à la peste, ce n'était jamais que dans la mesure où elle donnait à leur séparation des risques d'être éternelle. Ils apportaient ainsi au cœur même de l'épidémie une distraction salutaire qu'on était tenté de prendre pour du sang-froid. Leur désespoir les sauvait de la panique, leur malheur avait du bon. Par exemple, s'il arrivait que l'un d'eux fût emporté par la maladie, c'était presque toujours sans qu'il pût y prendre garde. Tiré de cette longue conversation intérieure qu'il soutenait avec une ombre, il était alors jeté sans transition au plus épais silence de la terre. Il n'avait eu le temps de rien.

Pᴇɴᴅᴀɴᴛ que nos concitoyens essayaient de s'arranger avec ce soudain exil, la peste mettait des gardes[1] aux portes et détournait les navires qui faisaient route vers Oran. Depuis la fermeture, pas un véhicule n'était entré dans la ville. À partir de ce jour-là, on eut l'impression que les automobiles se mettaient à tourner en rond. Le[2] port présentait aussi un aspect singulier, pour ceux qui le regardaient du haut des boulevards. L'animation habituelle qui en faisait l'un des premiers ports de la côte s'était brusquement éteinte. Quelques navires maintenus en quarantaine s'y voyaient encore. Mais, sur les quais, de grandes grues désarmées, les wagonnets renversés sur le flanc, des piles solitaires de fûts ou de sacs, témoignaient que le commerce, lui aussi, était mort de la peste.

Malgré ces spectacles inaccoutumés, nos concitoyens avaient apparemment du mal à comprendre ce qui leur arrivait. Il y avait les sentiments communs comme la séparation ou la peur, mais on continuait aussi de mettre au premier plan les préoccupations personnelles. Personne n'avait encore accepté réellement la maladie. La plupart étaient surtout sensibles à ce qui dérangeait leurs habitudes ou atteignait leurs intérêts. Ils en étaient agacés ou irrités et ce ne sont pas là des sentiments qu'on puisse opposer à la peste. Leur première réaction, par exemple, fut d'incriminer l'administration. La réponse du préfet en présence des critiques dont la presse se faisait l'écho (« Ne pourrait-on envisager un assouplissement des mesures envisagées ? ») fut assez imprévue. Jusqu'ici, ni les journaux ni l'agence Ransdoc n'avaient reçu communication officielle des statistiques de la maladie. Le préfet les communiqua, jour après jour, à

l'agence, en la priant d'en faire une annonce hebdomadaire.

Là encore, cependant, la réaction du public ne fut pas
immédiate. En effet, l'annonce que la troisième semaine
de peste avait compté trois cent deux morts ne parlait
pas à l'imagination. D'une part, tous peut-être n'étaient
pas morts de la peste. Et, d'autre part, personne en ville
ne savait combien, en temps ordinaire, il mourait de
gens par semaine. La ville avait deux cent mille habitants. On ignorait si cette proportion de décès était
normale. C'est même le genre de précisions dont on
ne se préoccupe jamais, malgré l'intérêt évident qu'elles
présentent. Le public manquait, en quelque sorte, de
points de comparaison. Ce n'est qu'à la longue, en cons-
tatant l'augmentation des décès, que l'opinion prit
conscience de la vérité. La cinquième semaine donna
en effet trois cent vingt et un morts et la sixième, trois
cent quarante-cinq. Les augmentations, du moins,
étaient éloquentes. Mais elles n'étaient pas assez fortes
pour que nos concitoyens ne gardassent, au milieu de
leur inquiétude, l'impression qu'il s'agissait d'un accident
sans doute fâcheux, mais après tout temporaire.

Ils continuaient ainsi de circuler dans les rues et de
s'attabler à la terrasse des cafés. Dans l'ensemble, ils
n'étaient pas lâches, échangeaient plus de plaisanteries
que de lamentations et faisaient mine d'accepter avec
bonne humeur des inconvénients évidemment passagers.
Les apparences étaient sauvées. Vers la fin du mois
cependant, et à peu près pendant la semaine de prières
dont il sera question plus loin, des transformations
plus graves modifièrent l'aspect de notre ville. Tout
d'abord, le préfet prit des mesures concernant la circulation des véhicules et le ravitaillement. Le ravitaillement fut limité et l'essence rationnée. On prescrivit
même des économies d'électricité. Seuls, les produits
indispensables parvinrent par la route et par l'air, à
Oran. C'est ainsi qu'on vit la circulation diminuer progressivement jusqu'à devenir à peu près nulle, des
magasins de luxe fermer du jour au lendemain, d'autres
garnir leurs vitrines de pancartes négatives, pendant
que des files d'acheteurs stationnaient devant leurs
portes.

Oran prit ainsi un aspect singulier. Le nombre des

piétons devint plus considérable et même, aux heures creuses, beaucoup de gens réduits à l'inaction par la fermeture des magasins ou de certains bureaux emplissaient les rues et les cafés. Pour le moment, ils n'étaient pas encore en chômage, mais en congé. Oran donnait alors, vers trois heures de l'après-midi par exemple, et sous un beau ciel, l'impression trompeuse d'une cité en fête dont on eût arrêté la circulation et fermé les magasins pour permettre le déroulement d'une manifestation publique, et dont les habitants eussent envahi les rues pour participer aux réjouissances[1].

Naturellement, les cinémas profitaient de ce congé général et faisaient de grosses affaires. Mais les circuits que les films accomplissaient dans le département étaient interrompus. Au bout de deux semaines, les établissements furent obligés d'échanger leurs programmes et, après quelque temps, les cinémas finirent par projeter toujours le même film. Leurs recettes cependant ne diminuaient pas.

Les cafés enfin, grâce aux stocks considérables accumulés dans une ville où le commerce des vins et des alcools tient la première place, purent également alimenter leurs clients. À vrai dire, on buvait beaucoup. Un café ayant affiché que « le vin probe tue le microbe », l'idée déjà naturelle au public que l'alcool préservait des maladies infectieuses se fortifia dans l'opinion. Toutes les nuits, vers deux heures, un nombre assez considérable d'ivrognes expulsés des cafés emplissaient les rues et s'y répandaient en propos optimistes.

Mais tous ces changements, dans un sens, étaient si extraordinaires et s'étaient accomplis si rapidement qu'il n'était pas facile de les considérer comme normaux et durables. Le résultat est que nous continuions à mettre au premier plan nos sentiments personnels[2].

En sortant de l'hôpital, deux jours après la fermeture des portes, le docteur Rieux rencontra Cottard qui leva vers lui le visage même de la satisfaction. Rieux le félicita de sa mine.

« Oui, ça va tout à fait bien, dit le petit homme. Dites-moi, docteur, cette sacrée peste, hein ! ça commence à devenir sérieux. »

Le docteur le reconnut. Et l'autre constata avec une sorte d'enjouement :

« Il n'y a pas de raison qu'elle s'arrête maintenant. Tout va être sens dessus dessous. »

Ils marchèrent un moment ensemble. Cottard racontait qu'un gros épicier de son quartier avait stocké des produits alimentaires pour les vendre au prix fort et qu'on avait découvert des boîtes de conserve sous son lit, quand on était venu le chercher pour l'emmener à l'hôpital. « Il y est mort. La peste, ça ne paie pas. » Cottard était ainsi plein d'histoires, vraies ou fausses, sur l'épidémie. On disait, par exemple, que dans le centre, un matin, un homme présentait les signes de la peste, et dans le délire de la maladie, s'était précipité au-dehors, jeté sur la première femme rencontrée et l'avait étreinte en criant qu'il avait la peste.

« Bon! remarquait Cottard, sur un ton aimable qui n'allait pas avec son affirmation, nous allons tous devenir fous, c'est sûr. »

De même, l'après-midi du même jour, Joseph Grand avait fini par faire des confidences personnelles au docteur Rieux. Il avait aperçu la photographie de Mme Rieux sur le bureau et avait regardé le docteur. Rieux répondit que sa femme se soignait hors de la ville. « Dans un sens, avait dit Grand, c'est une chance. » Le docteur répondit que c'était une chance sans doute et qu'il fallait espérer seulement que sa femme guérît.

« Ah! fit Grand, je comprends. »

Et pour la première fois depuis que Rieux le connaissait, il se mit à parler d'abondance. Bien qu'il cherchât encore ses mots, il réussissait presque toujours à les trouver comme si, depuis longtemps, il avait pensé à ce qu'il était en train de dire.

Il s'était marié fort jeune avec une jeune fille pauvre de son voisinage. C'était même pour se marier qu'il avait interrompu ses études et pris un emploi. Ni Jeanne ni lui ne sortaient jamais de leur quartier. Il allait la voir chez elle, et les parents de Jeanne riaient un peu de ce prétendant silencieux et maladroit. Le père était cheminot. Quand il était de repos, on le voyait toujours assis dans un coin, près de la fenêtre, pensif, regardant le mouvement de la rue, ses mains énormes à plat sur les cuisses. La mère était toujours au ménage, Jeanne l'aidait. Elle était si menue que Grand ne pouvait la voir traverser une rue sans être angoissé. Les véhicules lui paraissaient alors démesurés. Un jour, devant une boutique de Noël, Jeanne, qui regardait la vitrine avec émerveillement, s'était renversée vers lui en disant : « Que c'est beau ! » Il lui avait serré le poignet. C'est ainsi que le mariage avait été décidé[1].

Le reste de l'histoire, selon Grand, était très simple. Il en est ainsi pour tout le monde : on se marie, on aime encore un peu, on travaille. On travaille tant qu'on en oublie d'aimer. Jeanne aussi travaillait, puisque les promesses du chef de bureau n'avaient pas été tenues. Ici, il fallait un peu d'imagination pour comprendre ce que voulait dire Grand. La fatigue aidant, il s'était laissé aller, il s'était tu de plus en plus et il n'avait pas soutenu sa jeune femme dans l'idée qu'elle était aimée. Un homme qui travaille, la pauvreté, l'avenir lentement fermé, le silence des soirs autour de la table, il n'y a pas de place pour la passion dans un tel univers. Probablement, Jeanne avait souffert. Elle était restée cependant : il arrive qu'on souffre longtemps sans le savoir. Les années avaient passé. Plus tard, elle était partie. Bien entendu, elle n'était pas partie seule. « Je t'ai bien aimé, mais maintenant je suis fatiguée... Je ne suis pas heureuse de partir, mais on n'a pas besoin d'être heureux pour recommencer. » C'est, en gros, ce qu'elle lui avait écrit.

Joseph Grand à son tour avait souffert. Il aurait pu recommencer, comme le lui fit remarquer Rieux. Mais voilà, il n'avait pas la foi.

Simplement, il pensait toujours à elle. Ce qu'il aurait voulu, c'est lui écrire une lettre pour se justifier. « Mais c'est difficile, disait-il. Il y a longtemps que j'y pense. Tant que nous nous sommes aimés, nous nous sommes compris sans paroles. Mais on ne s'aime pas toujours. À un moment donné, j'aurais dû trouver les mots qui l'auraient retenue, mais je n'ai pas pu. » Grand se mouchait dans une sorte de serviette à carreaux. Puis il s'essuyait les moustaches. Rieux le regardait.

« Excusez-moi, docteur, dit le vieux, mais, comment dire ?... J'ai confiance en vous. Avec vous, je peux parler. Alors, ça me donne de l'émotion. »

Visiblement, Grand était à mille lieues de la peste.

Le soir, Rieux télégraphiait à sa femme que la ville était fermée, qu'il allait bien, qu'elle devait continuer de veiller sur elle-même et qu'il pensait à elle[2].

Trois semaines après la fermeture des portes, Rieux trouva, à la sortie de l'hôpital, un jeune homme qui l'attendait.

« Je suppose, lui dit ce dernier, que vous me reconnaissez. »

Rieux croyait le connaître, mais il hésitait.

« Je suis venu avant ces événements, dit l'autre, vous demander des renseignements sur les conditions de vie des Arabes. Je m'appelle Raymond Rambert.

— Ah! oui, dit Rieux. Eh bien, vous avez maintenant un beau sujet de reportage. »

L'autre paraissait nerveux. Il dit que ce n'était pas cela et qu'il venait demander une aide au docteur Rieux.

« Je m'en excuse, ajouta-t-il, mais je ne connais personne dans cette ville et le correspondant de mon journal a le malheur d'être imbécile. »

Rieux lui proposa de marcher jusqu'à un dispensaire du centre, car il avait quelques ordres à donner. Ils descendirent les ruelles du quartier nègre. Le soir approchait, mais la ville, si bruyante autrefois à cette heure-là, paraissait curieusement solitaire. Quelques sonneries de clairon dans le ciel encore doré témoignaient seulement que les militaires se donnaient l'air de faire leur métier. Pendant ce temps, le long des rues abruptes, entre les murs bleus, ocres et violets des maisons mauresques, Rambert parlait, très agité. Il avait laissé sa femme à Paris. À vrai dire, ce n'était pas sa femme, mais c'était la même chose. Il lui avait télégraphié dès la fermeture de la ville. Il avait d'abord pensé qu'il s'agissait d'un événement provisoire et il avait seulement cherché à correspondre avec elle. Ses confrères d'Oran lui avaient dit qu'ils ne pouvaient rien, la poste l'avait renvoyé, une secrétaire de la préfecture lui avait ri au nez. Il avait fini, après une attente de deux heures dans une file, par faire accepter un télégramme où il avait inscrit : « Tout va bien. À bientôt. »

Mais le matin, en se levant, l'idée lui était venue brusquement qu'après tout, il ne savait pas combien de temps cela pouvait durer. Il avait décidé de partir. Comme il était recommandé (dans son métier, on a des facilités), il avait pu toucher le directeur du cabinet préfectoral et lui avait dit qu'il n'avait pas de rapport avec Oran, que ce n'était pas son affaire d'y rester, qu'il se trouvait là par accident et qu'il était juste qu'on lui permît de s'en aller, même si, une fois dehors, on devait lui faire subir une quarantaine. Le directeur lui avait dit qu'il comprenait très bien, mais qu'on ne pouvait pas faire d'exception, qu'il allait voir, mais qu'en somme la situation était grave et que l'on ne pouvait rien décider.

« Mais enfin, avait dit Rambert, je suis étranger à cette ville.

— Sans doute, mais après tout, espérons que l'épidémie ne durera pas. »

Pour finir, il avait essayé de consoler Rambert en lui faisant remarquer aussi qu'il pouvait trouver à Oran la matière d'un reportage intéressant et qu'il n'était pas d'événement, tout bien considéré, qui n'eût son bon côté. Rambert haussait les épaules. On arrivait au centre de la ville :

« C'est stupide, docteur, vous comprenez. Je n'ai pas été mis au monde pour faire des reportages. Mais peut-être ai-je été mis au monde pour vivre avec une femme. Cela n'est-il pas dans l'ordre ? »

Rieux dit qu'en tout cas cela paraissait raisonnable.

Sur les boulevards du centre, ce n'était pas la foule ordinaire. Quelques passants se hâtaient vers des demeures lointaines. Aucun ne souriait. Rieux pensa que c'était le résultat de l'annonce Ransdoc qui se faisait ce jour-là. Au bout de vingt-quatre heures, nos concitoyens recommençaient à espérer. Mais le jour même, les chiffres étaient encore trop frais dans les mémoires.

« C'est que, dit Rambert sans crier gare, elle et moi nous sommes rencontrés depuis peu et nous nous entendons bien[1]. »

Rieux ne disait rien.

« Mais je vous ennuie, reprit Rambert. Je voulais seulement vous demander si vous ne pouvez pas me faire un certificat où il serait affirmé que je n'ai pas cette sacrée maladie. Je crois que cela pourrait me servir. »

Rieux approuva de la tête, il reçut un petit garçon qui se jetait dans ses jambes et le remit doucement sur ses pieds. Ils repartirent et arrivèrent sur la place d'Armes. Les branches des ficus et des palmiers pendaient, immobiles, grises de poussière, autour d'une statue de la

République, poudreuse et sale. Ils s'arrêtèrent sous le monument. Rieux frappa contre le sol, l'un après l'autre, ses pieds couverts d'un enduit blanchâtre. Il regarda Rambert. Le feutre un peu en arrière, le col de chemise déboutonné sous la cravate, mal rasé, le journaliste avait un air buté et boudeur.

« Soyez sûr que je vous comprends, dit enfin Rieux, mais votre raisonnement n'est pas bon. Je ne peux pas vous faire ce certificat parce qu'en fait, j'ignore si vous avez ou non cette maladie et parce que, même dans ce cas, je ne puis pas certifier qu'entre la seconde où vous sortirez de mon bureau et celle où vous entrerez à la préfecture, vous ne serez pas infecté. Et puis même...

— Et puis même ? dit Rambert.

— Et puis, même si je vous donnais ce certificat, il ne vous servirait de rien.

— Pourquoi ?

— Parce qu'il y a dans cette ville des milliers d'hommes dans votre cas et qu'on ne peut cependant pas les laisser sortir.

— Mais s'ils n'ont pas la peste eux-mêmes ?

— Ce n'est pas une raison suffisante. Cette histoire est stupide, je sais bien, mais elle nous concerne tous. Il faut la prendre comme elle est.

— Mais[1] je ne suis pas d'ici !

— À partir de maintenant, hélas ! vous serez d'ici comme tout le monde. »

L'autre s'animait :

« C'est une question d'humanité, je vous le jure. Peut-être ne vous rendez-vous pas compte de ce que signifie une séparation comme celle-ci pour deux personnes qui s'entendent bien. »

Rieux ne répondit pas tout de suite. Puis il dit qu'il croyait qu'il s'en rendait compte. De toutes ses forces, il désirait que Rambert retrouvât sa femme et que tous ceux qui s'aimaient fussent réunis, mais il y avait des arrêtés et des lois, il y avait la peste, son rôle à lui était de faire ce qu'il fallait.

« Non, dit Rambert avec amertume, vous ne pouvez pas comprendre. Vous parlez le langage de la raison, vous[2] êtes dans l'abstraction. »

Le docteur leva les yeux sur la République et dit qu'il ne savait pas s'il parlait le langage de la raison, mais il parlait le langage de l'évidence et ce n'était pas forcément la même chose. Le journaliste rajustait sa cravate :

« Alors, cela signifie qu'il faut que je me débrouille autrement ? Mais, reprit-il avec une sorte de défi, je quitterai cette ville. »

Le docteur dit qu'il le comprenait encore, mais que cela ne le regardait pas.

« Si, cela vous regarde, fit Rambert avec un éclat soudain. Je suis venu vers vous parce qu'on m'a dit que vous aviez eu une grande part dans les décisions prises. J'ai pensé alors que, pour un cas au moins, vous pourriez défaire ce que vous aviez contribué à faire. Mais cela vous est égal. Vous n'avez pensé à personne. Vous n'avez pas tenu compte de ceux qui étaient séparés. »

Rieux reconnut que, dans un sens, cela était vrai, il n'avait pas voulu en tenir compte.

« Ah ! je vois, fit Rambert, vous allez parler de service public. Mais le bien public est fait du bonheur de chacun.

— Allons, dit le docteur qui semblait sortir d'une distraction, il y a cela et il y a autre chose. Il ne faut pas juger. Mais vous avez tort de vous fâcher. Si vous pouvez vous tirer de cette affaire, j'en serai profondément heureux. Simplement, il y a des choses que ma fonction m'interdit. »

L'autre secoua la tête avec impatience.

« Oui, j'ai tort de me fâcher. Et je vous ai pris assez de temps comme cela. »

Rieux lui demanda de le tenir au courant de ses démarches et de ne pas lui garder rancune. Il y avait sûrement un plan sur lequel ils pouvaient se rencontrer. Rambert parut soudain perplexe :

« Je le crois, dit-il, après un silence, je le crois malgré moi et malgré tout ce que vous m'avez dit. »

Il hésita :

« Mais[1] je ne puis pas vous approuver. »

Il baissa son feutre sur le front et partit d'un pas rapide. Rieux le vit entrer dans l'hôtel où habitait Jean Tarrou.

Après un moment le docteur secoua la tête. Le journaliste avait raison dans son impatience de bonheur. Mais avait-il raison quand il l'accusait ? « Vous vivez dans l'abstraction. » Était-ce vraiment l'abstraction que ces journées passées dans son hôpital où la peste mettait les bouchées doubles, portant à cinq cents le nombre moyen des victimes par semaine? Oui, il y avait dans le malheur une part d'abstraction et d'irréalité. Mais quand l'abstraction se met à vous tuer, il faut bien s'occuper de l'abstraction. Et Rieux savait seulement que ce n'était pas le plus facile. Ce n'était pas facile, par exemple, de diriger cet hôpital auxiliaire (il y en avait maintenant trois) dont il était chargé. Il avait fait aménager dans une pièce, donnant sur la salle de consultations, une chambre de réception. Le sol creusé formait un lac d'eau crésylée au centre duquel se trouvait un îlot de briques. Le malade était transporté sur son île, déshabillé rapidement et ses vêtements tombaient dans l'eau. Lavé, séché, recouvert de la chemise rugueuse de l'hôpital, il passait aux mains de Rieux, puis on le transportait dans l'une des salles. On avait été obligé d'utiliser les préaux d'une école qui contenait maintenant, et en tout, cinq cents lits dont la presque totalité était occupée. Après la réception du matin qu'il dirigeait lui-même, les malades vaccinés, les bubons incisés, Rieux vérifiait encore les statistiques, et retournait à ses consultations de l'après-midi. Dans la soirée enfin, il faisait ses visites et rentrait tard dans la nuit. La nuit précédente, sa mère avait remarqué, en lui tendant un télégramme de Mme Rieux jeune, que les mains du docteur tremblaient.

« Oui, disait-il, mais en persévérant, je serai moins nerveux. »

Il était vigoureux et résistant. En fait, il n'était pas encore fatigué. Mais ses visites, par exemple, lui devenaient insupportables. Diagnostiquer la fièvre épidémique revenait à faire enlever rapidement le malade. Alors commençaient l'abstraction et la difficulté en effet, car la famille du malade savait qu'elle ne verrait plus ce dernier que guéri ou mort. « Pitié, docteur! » disait Mme Loret, la mère de la femme de chambre qui travaillait à l'hôtel de Tarrou. Que signifiait cela? Bien entendu, il avait pitié. Mais cela ne faisait avancer personne. Il fallait téléphoner. Bientôt le timbre de l'ambulance résonnait. Les voisins, au début, ouvraient leurs fenêtres et regardaient. Plus tard, ils les fermaient avec précipitation. Alors commençaient les luttes, les larmes, la persuasion, l'abstraction en somme. Dans ces appartements surchauffés par la fièvre et l'angoisse, des scènes de folie se déroulaient. Mais le malade était emmené. Rieux pouvait partir.

Les premières fois, il s'était borné à téléphoner et à courir vers d'autres malades, sans attendre l'ambulance. Mais les parents avaient alors fermé leur porte, préférant la tête-à-tête avec la peste à une séparation dont ils connaissaient maintenant l'issue. Cris, injonctions, interventions de la police et, plus tard, de la force armée, le malade était pris d'assaut. Pendant les premières semaines, Rieux avait été obligé de rester jusqu'à l'arrivée de l'ambulance. Ensuite, quand chaque médecin fut accompagné dans ses tournées par un inspecteur volontaire, Rieux put courir d'un malade à l'autre. Mais dans les commencements, tous les soirs furent comme ce soir où, entré chez Mme Loret, dans un petit appartement décoré d'éventails et de fleurs artificielles, il fut reçu par la mère qui lui dit avec un sourire mal dessiné :

« J'espère bien que ce n'est pas la fièvre dont tout le monde parle. »

Et lui, relevant drap et chemise, contemplait en silence les taches rouges sur le ventre et les cuisses, l'enflure des ganglions. La mère regardait entre les jambes de sa fille et criait, sans pouvoir se dominer. Tous les soirs des mères hurlaient ainsi, avec un air abstrait, devant des ventres offerts avec tous leurs signes mortels, tous les soirs des bras s'agrippaient à ceux de Rieux, des paroles inutiles, des promesses et des pleurs se précipitaient, tous les soirs des timbres d'ambulance déclenchaient des crises aussi vaines que toute[1] douleur. Et au bout de cette longue visite de soirs toujours semblables, Rieux ne pouvait espérer rien d'autre qu'une longue suite de scènes pareilles, indéfiniment renouvelées. Oui, la peste, comme l'abstraction, était monotone. Une seule chose peut-être changeait et c'était Rieux lui-même. Il le sentait ce soir-là au pied du monument à la République, conscient seulement de la difficile indifférence qui commençait à l'emplir, regardant toujours la porte d'hôtel où Rambert avait disparu.

Au bout de ces semaines harassantes, après tous ces crépuscules où la ville se déversait dans les rues pour y tourner en rond, Rieux comprenait qu'il n'avait plus à se défendre contre la pitié. On se fatigue de la pitié quand la pitié est inutile. Et dans la sensation de ce cœur fermé lentement sur lui-même, le docteur trouvait le seul soulagement de ces journées écrasantes. Il savait que sa tâche en serait facilitée. C'est pourquoi il s'en réjouissait. Lorsque sa mère, le recevant à deux heures du matin, s'affligeait du regard vide qu'il posait sur elle, elle déplorait précisément le seul adoucissement que Rieux pût alors recevoir. Pour[1] lutter contre l'abstraction, il faut un peu lui ressembler. Mais comment cela pouvait-il être sensible à Rambert? L'abstraction pour Rambert était tout ce qui s'opposait à son bonheur. Et à la vérité, Rieux savait que le journaliste avait raison, dans un certain sens. Mais il savait aussi qu'il arrive que l'abstraction se montre plus forte que le bonheur et qu'il faut alors, et seulement, en tenir compte. C'est ce qui devait arriver à Rambert et le docteur put l'apprendre dans le détail par les confidences que Rambert lui fit ultérieurement. Il put ainsi suivre, et sur un nouveau plan, cette espèce de lutte morne entre le bonheur de chaque homme et les abstractions de la peste, qui constitua toute la vie de notre cité pendant cette longue période.

MAIS[1] là où les uns voyaient l'abstraction, d'autres voyaient la vérité. La fin du premier mois de peste fut assombrie en effet par une recrudescence marquée de l'épidémie et un prêche véhément du père Paneloux, le jésuite qui avait assisté le vieux Michel au début de sa maladie. Le père Paneloux s'était déjà distingué par des collaborations fréquentes au bulletin de la Société géographique d'Oran, où ses reconstitutions épigraphiques faisaient autorité. Mais[2] il avait gagné une audience plus étendue que celle d'un spécialiste en faisant une série de conférences sur l'individualisme moderne. Il s'y était fait le défenseur chaleureux d'un christianisme exigeant, également éloigné du libertinage moderne et de l'obscurantisme des siècles passés. À cette occasion, il n'avait pas marchandé de dures vérités à son auditoire. De là, sa réputation.

Or, vers la fin de ce mois, les autorités ecclésiastiques de notre ville décidèrent de lutter contre la peste par leurs propres moyens, en organisant une semaine de prières collectives. Ces manifestations de la piété publique devaient se terminer le dimanche par une messe solennelle placée sous l'invocation de saint Roch[3], le saint pestiféré. À cette occasion, on avait demandé au père Paneloux de prendre la parole. Depuis une quinzaine de jours, celui-ci s'était arraché à ses travaux sur saint Augustin[4] et l'Église africaine qui lui avaient conquis une place à part dans son ordre. D'une nature fougueuse et passionnée, il avait accepté avec résolution la mission dont on le chargeait. Longtemps avant ce prêche, on en parlait déjà et il marqua, à sa manière, une date importante dans l'histoire de cette période.

La semaine fut suivie par un nombreux public. Ce n'est pas qu'en temps ordinaire les habitants d'Oran soient particulièrement pieux. Le dimanche matin, par exemple, les bains de mer font une concurrence sérieuse à la messe[1]. Ce n'était pas non plus qu'une subite conversion les eût illuminés. Mais, d'une part, la ville fermée et le port interdit, les bains n'étaient plus possibles, et, d'autre part, ils se trouvaient dans un état d'esprit bien particulier où, sans[2] avoir admis au fond d'eux-mêmes les événements surprenants qui les frappaient, ils sentaient bien, évidemment, que quelque chose était changé. Beaucoup cependant espéraient toujours que l'épidémie allait s'arrêter et qu'ils seraient épargnés avec leur famille. En conséquence, ils ne se sentaient encore obligés à rien. La peste n'était pour eux qu'une visiteuse désagréable qui devait partir un jour puisqu'elle était venue. Effrayés, mais non désespérés, le moment n'était pas encore arrivé où la peste leur apparaîtrait comme la forme même de leur vie et où ils oublieraient l'existence que, jusqu'à elle, ils avaient pu mener. En somme, ils étaient dans l'attente. À l'égard de la religion, comme de beaucoup d'autres problèmes, la peste leur avait donné une tournure d'esprit singulière, aussi éloignée de l'indifférence que de la passion et qu'on pouvait assez bien définir par le mot « objectivité ». La plupart de ceux qui suivirent la semaine de prières auraient fait leur, par exemple, le propos qu'un des fidèles devait tenir devant le docteur Rieux : « De toute façon, ça ne peut pas faire de mal. » Tarrou lui-même, après avoir noté dans ses carnets que les Chinois, en pareil cas, vont jouer du tambourin devant le génie de la peste, remarquait qu'il était absolument impossible de savoir si, en réalité, le tambourin se montrait plus efficace que les mesures prophylactiques. Il ajoutait seulement que, pour trancher la question, il eût fallu être renseigné sur l'existence d'un génie de la peste et que notre ignorance sur ce point stérilisait toutes les opinions qu'on pouvait avoir.

La cathédrale de notre ville, en tout cas, fut à peu près remplie par les fidèles pendant toute la semaine. Les premiers jours, beaucoup d'habitants restaient encore dans les jardins de palmiers et de grenadiers qui s'étendent devant le porche, pour écouter la marée d'invocations et de prières qui refluaient jusque dans les rues.

Peu à peu, l'exemple aidant, les mêmes auditeurs se décidèrent à entrer et à mêler une voix timide aux répons de l'assistance. Et le dimanche, un peuple considérable envahit la nef, débordant jusque sur le parvis et les derniers escaliers. Depuis la veille, le ciel s'était assombri, la pluie tombait à verse. Ceux qui se tenaient dehors avaient ouvert leurs parapluies. Une odeur d'encens et d'étoffes mouillées flottait dans la cathédrale quand le père Paneloux monta en chaire.

Il était de taille moyenne, mais trapu. Quand il s'appuya sur le rebord de la chaire, serrant le bois entre ses grosses mains, on ne vit de lui qu'une forme épaisse et noire surmontée des deux taches de ses joues, rubicondes sous les lunettes d'acier. Il avait une voix forte, passionnée, qui portait loin, et lorsqu'il attaqua l'assistance d'une seule phrase véhémente et martelée : « Mes frères, vous êtes dans le malheur, mes frères, vous l'avez mérité », un remous parcourut l'assistance jusqu'au parvis.

Logiquement, ce qui suivit ne semblait pas se raccorder à cet exorde pathétique. Ce fut la suite du discours qui fit seulement comprendre à nos concitoyens que, par un procédé oratoire habile, le père avait donné en une seule fois, comme on assène un coup, le thème de son prêche entier. Paneloux, tout de suite après cette phrase, en effet, cita le texte de l'Exode relatif à la peste en Égypte et dit : « La première fois que ce fléau apparaît dans l'histoire, c'est pour frapper les ennemis de Dieu. Pharaon s'oppose aux desseins éternels et la peste le fait alors tomber à genoux. Depuis le début de toute l'histoire, le fléau de Dieu met à ses pieds les orgueilleux et les aveugles. Méditez cela et tombez à genoux. »

La pluie redoublait au-dehors et cette dernière phrase, prononcée au milieu d'un silence absolu, rendu plus profond encore par le crépitement de l'averse sur les vitraux, retentit avec un tel accent que quelques auditeurs, après une seconde d'hésitation, se laissèrent glisser de leur chaise sur le prie-Dieu. D'autres crurent qu'il fallait suivre leur exemple si bien que, de proche en proche, sans un autre bruit que le craquement de quelques chaises, tout l'auditoire se trouva bientôt à genoux. Paneloux se redressa alors, respira profondément et reprit sur un ton de plus en plus accentué : « Si, aujourd'hui, la peste vous[1] regarde, c'est que le moment de réfléchir est venu. Les justes ne peuvent craindre cela, mais les méchants ont raison de trembler. Dans l'immense grange de l'univers, le fléau implacable battra le blé humain jusqu'à ce que la paille soit séparée du grain. Il y aura plus de paille que de grain, plus d'appelés que d'élus, et ce[1] malheur n'a pas été voulu par Dieu. Trop longtemps, ce monde a composé avec le mal, trop longtemps, il s'est reposé sur la miséricorde divine. Il suffisait du repentir, tout était permis. Et pour le repentir, chacun se sentait fort. Le moment venu, on l'éprouverait assurément. D'ici là, le plus facile était de se laisser aller, la miséricorde divine ferait le reste. Eh bien, cela ne pouvait durer. Dieu qui, pendant si longtemps, a penché sur les hommes de cette ville son visage de pitié, lassé d'attendre, déçu dans son éternel espoir, vient[2] de détourner son regard. Privés de la lumière de Dieu, nous voici pour longtemps dans les ténèbres de la peste! »

Dans la salle quelqu'un s'ébroua, comme un cheval impatient. Après une courte pause, le père reprit, sur un ton plus bas : « On lit dans *la Légende dorée* qu'au temps du roi Humbert, en Lombardie, l'Italie fut ravagée d'une peste si violente qu'à peine les vivants suffisaient-ils à enterrer les morts et cette peste sévissait surtout à Rome et à Pavie. Et un bon ange apparut visiblement, qui donnait des ordres au mauvais ange qui portait un épieu de chasse et il lui ordonnait de frapper les maisons; et autant de fois qu'une maison recevait de coups, autant y avait-il de morts qui en sortaient. »

Paneloux tendit ici ses deux bras courts dans la direction du parvis, comme s'il montrait quelque chose derrière le rideau mouvant de la pluie : « Mes frères, dit-il avec force, c'est la même chasse mortelle qui court aujourd'hui dans nos rues. Voyez-le, cet ange de la peste, beau comme Lucifer et brillant comme le mal lui-même, dressé au-dessus de vos toits, la main droite portant l'épieu rouge à hauteur de sa tête, la main gauche désignant l'une de vos maisons. À l'instant, peut-être, son doigt se tend vers votre porte, l'épieu résonne sur le bois; à l'instant encore, la peste entre chez vous, s'assied dans votre chambre et attend votre retour. Elle est là, patiente et attentive, assurée comme l'ordre même du monde. Cette main qu'elle vous tendra, nulle puissance terrestre et pas même, sachez-le bien, la vaine science humaine, ne peut faire que vous l'évitiez. Et battus sur l'aire sanglante de la douleur, vous serez rejetés avec la paille. »

Ici, le père reprit avec plus d'ampleur encore l'image pathétique du fléau. Il évoqua l'immense pièce de bois tournoyant au-dessus de la ville, frappant au hasard et se relevant ensanglantée, éparpillant enfin le sang et la douleur humaine « pour des semailles qui prépareraient les moissons de la vérité[1] ».

Au bout de sa longue période, le père Paneloux s'arrêta, les cheveux sur le front, le corps agité d'un tremblement que ses mains communiquaient à la chaire et reprit, plus sourdement, mais sur un ton accusateur : « Oui, l'heure est venue de réfléchir[2]. Vous avez cru qu'il vous suffirait de visiter Dieu le dimanche pour être libres de vos journées. Vous avez pensé que quelques génuflexions le paieraient bien assez de votre insouciance criminelle. Mais Dieu n'est pas tiède. Ces rapports espacés ne suffisaient pas à sa dévorante tendresse. Il voulait vous voir plus longtemps, c'est sa manière de vous aimer et, à vrai dire, c'est la seule manière d'aimer. Voilà pourquoi, fatigué d'attendre votre venue, il a laissé le fléau vous visiter comme il a visité toutes les villes du péché depuis que les hommes ont une histoire. Vous savez maintenant ce qu'est le péché, comme l'ont su Caïn et ses fils, ceux d'avant le déluge, ceux de Sodome et de Gomorrhe, Pharaon et Job et aussi tous les maudits. Et comme tous ceux-là l'ont fait, c'est[3] un regard neuf que vous portez sur les êtres et sur les choses, depuis le jour où cette ville a refermé ses murs autour de vous et du fléau. Vous savez maintenant, et enfin, qu'il faut venir à l'essentiel. »

Un vent humide s'engouffrait à présent sous la nef et les flammes des cierges se courbèrent en grésillant. Une odeur épaisse de cire, des toux, un éternuement montèrent vers le père Paneloux qui, revenant sur son exposé avec une subtilité qui fut très appréciée, reprit d'une voix calme : « Beaucoup d'entre vous, je le sais, se demandent justement où je veux en venir. Je veux vous faire venir à la vérité et vous apprendre à vous réjouir, malgré tout ce que j'ai dit. Le temps n'est plus où des conseils, une main fraternelle étaient les moyens de vous pousser vers le bien. Aujourd'hui, la vérité est un ordre. Et le chemin du salut, c'est un épieu rouge

qui vous le montre et vous y pousse. C'est[1] ici, mes
frères, que se manifeste enfin la miséricorde divine qui
a mis en toute chose le bien et le mal, la colère et la
pitié, la peste et le salut. Ce fléau même qui vous meur-
trit, il vous élève et vous montre la voie.

» Il y a bien longtemps, les chrétiens d'Abyssinie[2]
voyaient dans la peste un moyen efficace, d'origine
divine, de gagner l'éternité. Ceux qui n'étaient pas
atteints s'enroulaient dans les draps des pestiférés afin
de mourir certainement. Sans doute cette fureur de salut
n'est-elle pas recommandable. Elle marque une précipitation regrettable, bien proche de l'orgueil. Il ne faut pas
être plus pressé que Dieu et tout ce qui prétend accélérer
l'ordre immuable, qu'il a établi une fois pour toutes,
conduit à l'hérésie. Mais, du moins, cet exemple comporte
sa leçon. À nos esprits plus clairvoyants, il fait valoir
seulement cette lueur exquise d'éternité qui gît au fond
de toute souffrance. Elle éclaire, cette lueur, les chemins
crépusculaires qui mènent vers la délivrance. Elle manifeste la volonté divine qui, sans défaillance, transforme le
mal en bien. Aujourd'hui encore, à travers ce cheminement de mort, d'angoisses et de clameurs, elle nous guide
vers le silence essentiel et vers le principe de toute vie.
Voilà, mes frères, l'immense consolation que je voulais
vous apporter pour que ce ne soient pas seulement des
paroles qui châtient que vous emportiez d'ici, mais aussi
un verbe qui apaise[3]. »

On sentait que Paneloux avait fini. Au-dehors, la pluie
avait cessé. Un ciel mêlé d'eau et de soleil déversait
sur la place une lumière plus jeune. De la rue montaient
des bruits de voix, des glissements de véhicules, tout le
langage d'une ville qui s'éveille. Les auditeurs réunissaient discrètement leurs affaires dans un remue-ménage
assourdi. Le père reprit cependant la parole et dit
qu'après avoir montré l'origine divine de la peste et le
caractère punitif de ce fléau, il en avait terminé et qu'il
ne ferait pas appel pour sa conclusion à une éloquence
qui serait déplacée, touchant une matière si tragique.
Il lui semblait que tout devait être clair à tous. Il rappela
seulement qu'à l'occasion de la grande peste de Marseille,
le chroniqueur Mathieu Marais s'était plaint d'être plongé
dans l'enfer, à vivre ainsi sans secours et sans espérance.
Eh bien! Mathieu Marais était aveugle! Jamais plus

qu'aujourd'hui, au contraire, le père Paneloux n'avait senti le secours divin et l'espérance chrétienne qui étaient offerts à tous. Il espérait contre[1] tout espoir que, malgré l'horreur de ces journées et les cris des agonisants, nos concitoyens adresseraient au ciel la seule parole qui fût chrétienne et qui était d'amour. Dieu ferait le reste.

CE prêche eut-il de l'effet sur nos concitoyens, il est difficile de le dire. M. Othon[1], le juge d'instruction, déclara au docteur Rieux qu'il avait trouvé l'exposé du père Paneloux « absolument irréfutable ». Mais tout le monde n'avait pas d'opinion aussi catégorique. Simplement, le prêche rendit plus sensible à certains l'idée, vague jusque-là, qu'ils étaient condamnés, pour un crime inconnu, à un emprisonnement inimaginable. Et alors que les uns continuaient leur petite vie et s'adaptaient à la claustration, pour d'autres, au contraire, leur seule idée fut dès lors de s'évader de cette prison.

Les gens avaient d'abord accepté d'être coupés de l'extérieur comme ils auraient accepté n'importe quel ennui temporaire qui ne dérangerait que quelques-unes de leurs habitudes. Mais, soudain conscients d'une sorte de séquestration, sous le couvercle du ciel où l'été commençait de grésiller, ils sentaient confusément que cette réclusion menaçait toute leur vie et, le soir venu, l'énergie qu'ils retrouvaient avec la fraîcheur les jetait parfois à des actes désespérés.

Tout d'abord, et que ce soit ou non par l'effet d'une coïncidence, c'est à partir de ce dimanche qu'il y eut dans notre ville une sorte de peur assez générale et assez profonde pour qu'on pût soupçonner que nos concitoyens commençaient vraiment à prendre conscience de leur situation. De ce point de vue, le climat où nous vivions dans notre ville fut un peu modifié. Mais, en vérité, le changement était-il dans le climat ou dans les cœurs, voilà la question.

Peu de jours après le prêche, Rieux qui commentait cet événement avec Grand, en se dirigeant vers les faubourgs, heurta dans la nuit un homme qui se dandinait devant eux, sans essayer d'avancer. À ce même moment, les lampadaires de notre ville, qu'on allumait de plus en plus tard, resplendirent brusquement. La haute lampe placée derrière les promeneurs éclaira subitement l'homme qui riait sans bruit, les yeux fermés. Sur son visage blanchâtre, distendu par une hilarité muette, la sueur coulait à grosses gouttes. Ils passèrent.

« C'est un fou », dit Grand.

Rieux, qui venait de lui prendre le bras pour l'entraîner, sentit que l'employé tremblait d'énervement.

« Il n'y aura bientôt plus que des fous dans nos murs, » fit Rieux.

La fatigue aidant, il se sentait la gorge sèche.

« Buvons quelque chose. »

Dans le petit café où ils entrèrent, et qui était éclairé par une seule lampe au-dessus du comptoir, les gens parlaient à voix basse, sans raison apparente, dans l'air épais et rougeâtre. Au comptoir, Grand, à la surprise du docteur, commanda un alcool qu'il but d'un trait et dont il déclara qu'il était fort. Puis il voulut sortir. Au-dehors, il semblait à Rieux que la nuit était pleine de gémissements. Quelque part dans le ciel noir, au-dessus des lampadaires, un sifflement sourd lui rappela l'invisible fléau qui brassait inlassablement l'air chaud.

« Heureusement, heureusement », disait Grand.

Rieux se demandait ce qu'il voulait dire.

« Heureusement, disait l'autre, j'ai mon travail.

— Oui, dit Rieux, c'est un avantage. »

Et, décidé à ne pas écouter le sifflement, il demanda à Grand s'il était content de ce travail.

« Eh bien, je crois que je suis dans la bonne voie.

— Vous en avez encore pour longtemps ? »

Grand parut s'animer, la chaleur de l'alcool passa dans sa voix.

« Je ne sais pas. Mais la question n'est pas là, docteur, ce n'est pas la question, non. »

Dans l'obscurité, Rieux devinait qu'il agitait ses bras. Il semblait préparer quelque chose qui vint brusquement, avec volubilité :

« Ce que je veux, voyez-vous, docteur, c'est que le jour où le manuscrit arrivera chez l'éditeur, celui-ci se

lève après l'avoir lu et dise à ses collaborateurs : « Mes-
» sieurs, chapeau bas ! »

Cette brusque déclaration surprit Rieux. Il lui sembla
que son compagnon faisait le geste de se découvrir, portant la main à sa tête, et ramenant son bras à l'horizontale. Là-haut, le bizarre sifflement semblait reprendre
avec plus de force.

« Oui, disait Grand, il faut que ce soit parfait. »

Quoique peu averti des usages de la littérature, Rieux
avait cependant l'impression que les choses ne devaient
pas se passer aussi simplement et que, par exemple, les
éditeurs, dans leurs bureaux, devaient être nu-tête. Mais,
en fait, on ne savait jamais, et Rieux préféra se taire.
Malgré lui, il prêtait l'oreille aux rumeurs mystérieuses
de la peste. On approchait du quartier de Grand et comme
il était un peu surélevé, une légère brise les rafraîchissait
qui nettoyait en même temps la ville de tous ses bruits.
Grand continuait cependant de parler et Rieux ne saisissait pas tout ce que disait le bonhomme. Il comprit
seulement que l'œuvre en question avait déjà beaucoup
de pages, mais que la peine que son auteur prenait pour
l'amener à la perfection lui était très douloureuse. « Des
soirées, des semaines entières sur un mot... et quelquefois une simple conjonction. » Ici, Grand s'arrêta et
prit le docteur par un bouton de son manteau. Les mots
sortaient en trébuchant de sa bouche mal garnie.

« Comprenez bien, docteur. À la rigueur, c'est assez
facile de choisir entre *mais* et *et*. C'est déjà plus difficile
d'opter entre *et* et *puis*. La difficulté grandit avec *puis*
et *ensuite*. Mais assurément, ce qu'il y a de plus difficile
c'est de savoir s'il faut mettre *et* ou s'il ne faut
pas[1].

— Oui, dit Rieux, je comprends. »

Et il se remit en route. L'autre parut confus, vint à
nouveau à sa hauteur.

« Excusez-moi, bredouilla-t-il. Je ne sais pas ce que
j'ai ce soir ! »

Rieux lui frappa doucement sur l'épaule et lui dit qu'il
désirait l'aider et que son histoire l'intéressait beaucoup.
Grand parut un peu rasséréné et, arrivé devant la maison, après avoir hésité, offrit au docteur de monter un
moment. Rieux accepta.

Dans la salle à manger, Grand l'invita à s'asseoir

devant une table pleine de papiers couverts de ratures sur une écriture microscopique.

« Oui, c'est ça, dit Grand au docteur qui l'interrogeait du regard. Mais voulez-vous boire quelque chose ? J'ai un peu de vin. »

Rieux refusa. Il regardait les feuilles de papier.

« Ne regardez pas, dit Grand. C'est ma première phrase. Elle me donne du mal, beaucoup de mal. »

Lui aussi contemplait toutes ces feuilles et sa main parut invinciblement attirée par l'une d'elles qu'il éleva en transparence devant l'ampoule électrique sans abatjour. La feuille tremblait dans sa main. Rieux remarqua que le front de l'employé était moite.

« Asseyez-vous, dit-il, et lisez-la-moi. »

L'autre le regarda et sourit avec une sorte de gratitude.

« Oui, dit-il, je crois que j'en ai envie. »

Il attendit un peu, regardant toujours la feuille, puis s'assit. Rieux écoutait en même temps une sorte de bourdonnement confus qui, dans la ville, semblait répondre aux sifflements du fléau. Il avait, à ce moment précis, une perception extraordinairement aiguë de cette ville qui s'étendait à ses pieds, du monde clos qu'elle formait et des terribles hurlements qu'elle étouffait dans la nuit. La voix de Grand s'éleva sourdement : « Par une belle matinée du mois de mai, une élégante amazone parcourait, sur une superbe jument alezane, les allées fleuries du Bois de Boulogne. » Le silence revint et, avec lui, l'indistincte rumeur de la ville en souffrance. Grand avait posé la feuille et continuait à la contempler. Au bout d'un moment, il releva les yeux :

« Qu'en pensez-vous ? »

Rieux répondit que ce début le rendait curieux de connaître la suite. Mais l'autre dit avec animation que ce point de vue n'était pas le bon. Il frappa ses papiers du plat de la main.

« Ce n'est là qu'une approximation. Quand je serai arrivé à rendre parfaitement le tableau que j'ai dans l'imagination, quand ma phrase aura l'allure même de cette promenade au trot, une-deux-trois, une-deux-trois, alors le reste sera plus facile et surtout l'illusion sera telle, dès le début, qu'il sera possible de dire : « Chapeau » bas ! »

Mais, pour cela, il avait encore du pain sur la planche.

Il ne consentirait jamais à livrer cette phrase telle quelle
à un imprimeur. Car, malgré le contentement qu'elle
lui donnait parfois, il se rendait compte qu'elle ne collait
pas tout à fait encore à la réalité et que, dans une certaine
mesure, elle gardait une facilité de ton qui l'apparentait
de loin, mais qui l'apparentait tout de même, à un
cliché. C'était, du moins, le sens de ce qu'il disait quand
on entendit des hommes courir sous les fenêtres. Rieux
se leva.

« Vous verrez ce que j'en ferai, disait Grand, et,
tourné vers la fenêtre, il ajouta : « Quand tout cela sera
» fini. »

Mais les bruits de pas précipités reprenaient. Rieux
descendait déjà et deux hommes passèrent devant lui
quand il fut dans la rue. Apparemment, ils allaient vers
les portes de la ville. Certains de nos concitoyens en
effet, perdant la tête entre la chaleur et la peste, s'étaient
déjà laissés aller à la violence et avaient essayé de tromper
la vigilance des barrages pour fuir hors de la ville.

D'AUTRES, comme Rambert, essayaient aussi de fuir cette atmosphère de panique naissante, mais avec plus d'obstination et d'adresse, sinon plus de succès[1]. Rambert avait d'abord continué ses démarches officielles. Selon ce qu'il disait, il avait toujours pensé que l'obstination finit par triompher de tout et, d'un certain point de vue, c'était son métier d'être débrouillard. Il avait donc visité une grande quantité de fonctionnaires et de gens dont on ne discutait pas ordinairement la compétence. Mais, en l'espèce, cette compétence ne leur servait à rien. C'étaient, la plupart du temps, des hommes qui avaient des idées précises et bien classées sur tout ce qui concerne la banque, ou l'exportation, ou les agrumes, ou encore le commerce des vins; qui possédaient d'indiscutables connaissances dans des problèmes de contentieux ou d'assurances, sans compter des diplômes solides et une bonne volonté évidente. Et même, ce qu'il y avait de plus frappant chez tous, c'était la bonne volonté. Mais en matière de peste, leurs connaissances étaient à peu près nulles[2].

Devant chacun d'eux cependant, et chaque fois que cela avait été possible, Rambert avait plaidé sa cause. Le fond de son argumentation consistait toujours à dire qu'il était étranger à notre ville et que, par conséquent, son cas devait être spécialement examiné. En général, les interlocuteurs du journaliste admettaient volontiers ce point. Mais ils lui représentaient ordinairement que c'était aussi le cas d'un certain nombre de gens et que, par conséquent, son affaire n'était pas aussi particulière qu'il l'imaginait. À quoi Rambert pouvait répondre que cela ne changeait rien au fond de son argumentation, on lui répondait que cela changeait quelque chose aux difficultés administratives qui s'opposaient à toute mesure de faveur risquant de créer ce que l'on appelait, avec une expression de grande répugnance, un précédent. Selon la classification que Rambert proposa au docteur Rieux, ce genre de raisonneurs constituait la catégorie des formalistes. À côté d'eux, on pouvait encore trouver les bien-parlants, qui assuraient le demandeur que rien de tout cela ne pouvait durer et qui, prodigues de bons conseils quand on leur demandait des décisions, consolaient Rambert en décidant qu'il s'agissait seulement d'un ennui momentané. Il y avait aussi les importants, qui priaient leur visiteur de laisser une note résumant son cas et qui l'informaient qu'ils statueraient sur ce cas; les futiles, qui lui proposaient des bons de logement ou des adresses de pensions économiques; les méthodiques, qui faisaient remplir une fiche et la classaient ensuite; les débordés, qui levaient les bras, et les importunés, qui détournaient les yeux; il y avait enfin les traditionnels, de beaucoup les plus nombreux, qui indiquaient à Rambert un autre bureau ou une nouvelle démarche à faire.

Le journaliste s'était ainsi épuisé en visites et il avait pris une idée juste de ce que pouvait être une mairie ou une préfecture, à force d'attendre sur une banquette de moleskine devant de grandes affiches invitant à souscrire à des bons du Trésor, exempts d'impôts, ou à s'engager dans l'armée coloniale, à force d'entrer dans des bureaux où les visages se laissaient aussi facilement prévoir que le classeur à tirettes et les étagères de dossiers. L'avantage, comme le disait Rambert à Rieux, avec une nuance d'amertume, c'est que tout cela lui masquait la véritable situation. Les progrès de la peste lui échappaient pratiquement. Sans compter que les jours passaient ainsi plus vite et, dans la situation où se trouvait la ville entière, on pouvait dire que chaque jour passé rapprochait chaque homme, à condition qu'il ne mourût pas, de la fin de ses épreuves. Rieux dut reconnaître que ce point était vrai, mais qu'il s'agissait cependant d'une vérité un peu trop générale.

À un moment donné, Rambert conçut de l'espoir. Il avait reçu de la préfecture un bulletin de renseignements, en blanc, qu'on le priait de remplir exactement. Le bulletin s'inquiétait de son identité, sa situation de famille, ses ressources, anciennes et actuelles, et de ce qu'on appelait son *curriculum vitæ*. Il eut l'impression qu'il s'agissait d'une enquête destinée à recenser les cas des personnes susceptibles d'être renvoyées dans leur résidence habituelle. Quelques renseignements confus, recueillis dans un bureau, confirmèrent cette impression. Mais, après quelques démarches précises, il parvint à retrouver le service qui avait envoyé le bulletin et on lui dit alors que ces renseignements avaient été recueillis « pour le cas ».

« Pour le cas de quoi ? » demanda Rambert.

On lui précisa que c'était au cas où il tomberait malade de la peste et en mourrait, afin de pouvoir, d'une part, prévenir sa famille et, d'autre part, savoir s'il fallait imputer les frais d'hôpital au budget de la ville ou si l'on pouvait en attendre le remboursement de ses proches. Évidemment, cela prouvait qu'il n'était pas tout à fait séparé de celle qui l'attendait, la société s'occupant d'eux. Mais cela n'était pas une consolation. Ce qui était plus remarquable, et Rambert le remarqua en conséquence, c'était la manière dont, au plus fort d'une catastrophe, un bureau pouvait continuer son service et prendre des initiatives d'un autre temps, souvent à l'insu des plus hautes autorités, pour la seule raison qu'il était fait pour ce service.

La période qui suivit fut pour Rambert à la fois la plus facile et la plus difficile. C'était une période d'engourdissement. Il avait vu tous les bureaux, fait toutes les démarches, les issues de ce côté-là étaient pour le moment bouchées. Il errait alors[1] de café en café. Il s'asseyait, le matin, à une terrasse, devant un verre de bière tiède, lisait un journal avec l'espoir d'y trouver quelques signes d'une fin prochaine de la maladie, regardait au visage les passants de la rue, se détournait avec dégoût de leur expression de tristesse et après avoir lu, pour la centième fois, les enseignes des magasins qui lui faisaient face, la publicité des grands apéritifs que déjà on ne servait plus, il se levait et marchait au hasard dans les rues jaunes de la ville. De promenades solitaires en cafés et de cafés en restaurants, il atteignait ainsi le soir. Rieux l'aperçut, un soir précisément, à la porte d'un café où le journaliste hésitait à entrer. Il sembla se décider et alla s'asseoir au fond de la salle. C'était cette heure où dans les cafés, par ordre supérieur, on retardait alors le plus possible le moment de donner la lumière. Le crépuscule envahissait la salle comme une eau grise, le rose du ciel couchant se reflétait dans les vitres, et les marbres des tables reluisaient faiblement dans l'obscurité commençante. Au milieu de la salle déserte, Rambert semblait une ombre perdue et Rieux pensa que c'était l'heure de son abandon. Mais c'était aussi le moment où tous les prisonniers de cette ville sentaient le leur et il fallait faire quelque chose pour hâter leur délivrance. Rieux se détourna.

Rambert passait aussi de longs moments dans la gare. L'accès des quais était interdit. Mais les salles d'attente qu'on atteignait de l'extérieur restaient ouvertes et, quelquefois, des mendiants s'y installaient aux jours de chaleur parce qu'elles étaient ombreuses et fraîches. Rambert venait y lire d'anciens horaires, les pancartes interdisant de cracher et le règlement de la police des trains. Puis, il s'asseyait dans un coin. La salle était sombre. Un vieux poêle de fonte refroidissait depuis des mois, au milieu des décalques en huit de vieux arrosages. Au mur, quelques affiches plaidaient pour une vie heureuse et libre à Bandol ou à Cannes. Rambert touchait ici cette sorte d'affreuse liberté qu'on trouve au fond du dénuement. Les images qui lui étaient le plus difficiles à porter alors, du moins selon ce qu'il en disait à Rieux, étaient celles de Paris. Un paysage de vieilles pierres et d'eaux, les pigeons du Palais-Royal, la gare du Nord, les quartiers déserts du Panthéon, et quelques autres lieux d'une ville qu'il ne savait pas avoir tant aimée poursuivaient alors Rambert et l'empêchaient de rien faire de précis. Rieux pensait seulement qu'il identifiait ces images à celles de son amour. Et, le jour où Rambert lui dit qu'il aimait se réveiller à quatre heures du matin et penser à sa ville, le docteur n'eut pas de peine à traduire du fond de sa propre expérience qu'il aimait imaginer alors la femme qu'il avait laissée. C'était l'heure, en effet, où il pouvait se saisir d'elle. À quatre heures du matin, on ne fait rien en général et l'on dort, même si la nuit a été une nuit de trahison. Oui, on dort à cette heure-là, et cela est rassurant puisque le grand désir d'un cœur inquiet est de posséder interminablement l'être qu'il aime ou de pouvoir plonger cet être, quand le temps de l'absence est venu, dans un sommeil sans rêves qui ne puisse prendre fin qu'au jour de la réunion.

Peu après le prêche, les chaleurs commencèrent. On arrivait à la fin du mois de juin. Au lendemain des pluies tardives qui avaient marqué le dimanche du prêche, l'été éclata d'un seul coup dans le ciel et au-dessus des maisons. Un grand vent brûlant se leva d'abord qui souffla pendant un jour et qui dessécha les murs. Le soleil se fixa. Des flots ininterrompus de chaleur et de lumière inondèrent la ville à longueur de journée. En dehors des rues à arcades et des appartements, il semblait qu'il n'était pas un point de la ville qui ne fût placé dans la réverbération la plus aveuglante. Le soleil poursuivait nos concitoyens dans tous les coins de rue et, s'ils s'arrêtaient, il les frappait alors. Comme ces premières chaleurs coïncidèrent avec un accroissement en flèche du nombre des victimes, qui se chiffra à près de sept cents par semaine, une sorte d'abattement s'empara de la ville. Parmi les faubourgs, entre les rues plates et les maisons à terrasses, l'animation décrut et, dans ce quartier où les gens vivaient toujours sur leur seuil, toutes les portes étaient fermées et les persiennes closes, sans qu'on pût savoir si c'était de la peste ou du soleil qu'on entendait ainsi se protéger. De quelques maisons, pourtant, sortaient des gémissements. Auparavant, quand cela arrivait, on voyait souvent des curieux qui se tenaient dans la rue, aux écoutes. Mais, après ces longues alertes, il semblait que le cœur de chacun se fût endurci et tous marchaient ou vivaient à côté des plaintes comme si elles avaient été le langage naturel des hommes.

Les bagarres aux portes, pendant lesquelles les gendarmes avaient dû faire usage de leurs armes, créèrent une sourde agitation. Il y avait eu sûrement des blessés,

mais on parlait de morts en ville où tout s'exagérait
par l'effet de la chaleur et de la peur. Il est vrai, en
tout cas, que le mécontentement ne cessait de grandir, que
nos autorités avaient craint le pire et envisagé sérieusement les mesures à prendre dans le cas où cette population, maintenue sous le fléau, se serait portée à la révolte.
Les journaux publièrent des décrets qui renouvelaient
l'interdiction de sortir et menaçaient de peines de prison
les contrevenants. Des patrouilles parcoururent la ville.
Souvent, dans les rues désertes et surchauffées, on voyait
avancer, annoncés d'abord par le bruit des sabots sur
les pavés, des gardes à cheval qui passaient entre des
rangées de fenêtres closes. La patrouille disparue, un
lourd silence méfiant retombait sur la ville menacée. De
loin en loin, claquaient les coups de feu des équipes spéciales chargées, par une récente ordonnance, de tuer les
chiens et les chats qui auraient pu communiquer des
puces. Ces détonations sèches contribuaient à mettre dans
la ville une atmosphère d'alerte.

Dans la chaleur et le silence, et pour le cœur épouvanté de nos concitoyens, tout prenait d'ailleurs une
importance plus grande. Les couleurs du ciel et les odeurs
de la terre qui font le passage des saisons étaient, pour la
première fois, sensibles à tous. Chacun comprenait avec
effroi que les chaleurs aideraient l'épidémie, et, dans le
même temps, chacun voyait que l'été s'installait. Le cri
des martinets dans le ciel du soir devenait plus grêle
au-dessus de la ville[1]. Il n'était plus à la mesure de ces
crépuscules de juin qui reculent l'horizon dans notre pays.
Les fleurs sur les marchés n'arrivaient plus en boutons,
elles éclataient déjà et, après la vente du matin, leurs
pétales jonchaient les trottoirs poussiéreux. On voyait
clairement que le printemps s'était exténué, qu'il s'était
prodigué dans les milliers de fleurs éclatant partout à
la ronde et qu'il allait maintenant s'assoupir, s'écraser
lentement sous la double pesée de la peste et de la chaleur[2].
Pour tous nos concitoyens, ce ciel d'été, ces rues qui
pâlissaient sous les teintes de la poussière et de l'ennui,
avaient le même sens menaçant que la centaine
de morts dont la ville s'alourdissait chaque jour. Le
soleil incessant, ces heures au goût de sommeil et de
vacances, n'invitaient plus comme auparavant aux fêtes de
l'eau et de la chair. Elles sonnaient creux au contraire

dans la ville close et silencieuse. Elles avaient perdu l'éclat
cuivré des saisons heureuses. Le soleil de la peste éteignait
toutes les couleurs et faisait fuir toute joie[1].

C'était là une des grandes révolutions de la maladie.
Tous[2] nos concitoyens accueillaient ordinairement l'été
avec allégresse. La ville s'ouvrait alors vers la mer et
déversait sa jeunesse sur les plages. Cet été-là, au contraire,
la mer proche était interdite et le corps n'avait plus droit
à ses joies. Que faire dans ces conditions ? C'est encore
Tarrou qui donne l'image la plus fidèle de notre vie
d'alors. Il suivait, bien entendu, les progrès de la peste
en général, notant justement qu'un tournant de l'épidémie avait été marqué par la radio lorsqu'elle n'annonça
plus des centaines de décès par semaine, mais quatre-
vingt-douze, cent sept et cent vingt morts par jour.
« Les journaux et les autorités jouent au plus fin avec la
peste. Ils s'imaginent qu'ils lui enlèvent des points parce
que cent trente est un moins gros chiffre que neuf cent
dix. » Il évoquait aussi les aspects pathétiques ou specta-
culaires de l'épidémie, comme cette femme qui, dans un
quartier désert, aux persiennes closes, avait brusquement ouvert une fenêtre, au-dessus de lui, et poussé deux
grands cris avant de rabattre les volets sur l'ombre
épaisse de la chambre. Mais il notait par ailleurs que les
pastilles de menthe avaient disparu des pharmacies parce
que beaucoup de gens en suçaient pour se prémunir
contre une contagion éventuelle[3].

Il continuait aussi d'observer ses personnages favoris.
On apprenait que le petit vieux aux chats vivait, lui
aussi, dans la tragédie. Un matin, en effet, des coups
de feu avaient claqué et, comme l'écrivait Tarrou,
quelques crachats de plomb avaient tué la plupart des
chats et terrorisé les autres, qui avaient quitté la rue.
Le même jour, le petit vieux était sorti sur le balcon,
à l'heure habituelle, avait marqué une certaine surprise,
s'était penché, avait scruté les extrémités de la rue et
s'était résigné à attendre. Sa main frappait à petits coups
la grille du balcon. Il avait attendu encore, émietté un
peu de papier, était rentré, sorti de nouveau, puis, au
bout d'un certain temps, il avait disparu brusquement,
fermant derrière lui avec colère ses portes-fenêtres. Les
jours suivants, la même scène se renouvela, mais on
pouvait lire sur les traits du petit vieux une tristesse et

un désarroi de plus en plus manifestes. Au bout d'une semaine, Tarrou attendit en vain l'apparition quotidienne et les fenêtres restèrent obstinément fermées sur un chagrin bien compréhensible. « En temps de peste, défense de cracher sur les chats », telle était la conclusion des carnets.

D'un autre côté, quand Tarrou rentrait le soir, il était toujours sûr de rencontrer dans le hall la figure sombre du veilleur de nuit qui se promenait de long en large. Ce dernier ne cessait de rappeler à tout venant qu'il avait prévu ce qui arrivait. À Tarrou, qui reconnaissait lui avoir entendu prédire un malheur, mais qui lui rappelait son idée de tremblement de terre, le vieux gardien répondait : « Ah ! si c'était un tremblement de terre ! Une bonne secousse et on n'en parle plus... On compte les morts, les vivants, et le tour est joué. Mais cette cochonnerie de maladie ! Même ceux qui ne l'ont pas la portent dans leur cœur. »

Le directeur n'était pas moins accablé. Au début, les voyageurs, empêchés de quitter la ville, avaient été maintenus à l'hôtel par la fermeture de la cité. Mais peu à peu, l'épidémie se prolongeant, beaucoup avaient préféré se loger chez des amis. Et les mêmes raisons qui avaient rempli toutes les chambres de l'hôtel les gardaient vides depuis lors, puisqu'il n'arrivait plus de nouveaux voyageurs dans notre ville. Tarrou restait un des rares locataires et le directeur ne manquait jamais une occasion de lui faire remarquer que, sans son désir d'être agréable à ses derniers clients, il aurait fermé son établissement depuis longtemps. Il demandait souvent à Tarrou d'évaluer la durée probable de l'épidémie : « On dit, remarquait Tarrou, que les froids contrarient ces sortes de maladies. » Le directeur s'affolait : « Mais il ne fait jamais réellement froid ici, monsieur. De toute façon, cela nous ferait encore plusieurs mois. » Il était sûr d'ailleurs que les voyageurs se détourneraient longtemps encore de la ville. Cette peste était la ruine du tourisme.

Au restaurant, après une courte absence, on vit réapparaître M. Othon, l'homme-chouette, mais suivi seulement des deux chiens savants. Renseignements pris, la femme avait soigné et enterré sa propre mère et poursuivait en ce moment sa quarantaine.

« Je n'aime pas ça, dit le directeur à Tarrou. Quarantaine ou pas, elle est suspecte, et eux aussi par conséquent[1]. »

Tarrou lui faisait remarquer que, de ce point de vue,
tout le monde était suspect. Mais l'autre était catégorique
et avait sur la question des vues bien tranchées :

« Non, monsieur, ni vous ni moi ne sommes suspects. Eux le sont. »

Mais M. Othon ne changeait pas pour si peu et, cette
fois, la peste en était pour ses frais. Il entrait de la même
façon dans la salle de restaurant, s'asseyait avant ses
enfants et leur tenait toujours des propos distingués et
hostiles. Seul, le petit garçon avait changé d'aspect.
Vêtu de noir comme sa sœur, un peu plus tassé sur lui-
même, il semblait la petite ombre de son père. Le veilleur de nuit, qui n'aimait pas M. Othon, avait dit à Tarrou :

« Ah! celui-là, il crèvera tout habillé. Comme ça,
pas besoin de toilette. Il s'en ira tout droit. »

Le prêche de Paneloux était aussi rapporté, mais avec
le commentaire suivant : « Je comprends cette sympathique ardeur. Au commencement des fléaux et lorsqu'ils
sont terminés, on fait toujours un peu de rhétorique.
Dans le premier cas, l'habitude n'est pas encore perdue
et, dans le second, elle est déjà revenue. C'est au moment
du malheur qu'on s'habitue à la vérité, c'est-à-dire au
silence. Attendons. »

Tarrou notait enfin qu'il avait eu une longue conversation avec le docteur Rieux dont il rappelait seulement
qu'elle avait eu de bons résultats, signalait à ce propos
la couleur marron clair des yeux de Mme Rieux mère,
affirmait bizarrement à son propos qu'un regard où se
lisait tant de bonté serait toujours plus fort que la peste,
et consacrait enfin d'assez longs passages au vieil asthmatique soigné par Rieux.

Il était allé le voir, avec le docteur, après leur entrevue.
Le vieux avait accueilli Tarrou par des ricanements et
des frottements de mains. Il était au lit, adossé à son
oreiller, au-dessus de ses deux marmites de pois : « Ah!
encore un autre, avait-il dit en voyant Tarrou. C'est
le monde à l'envers, plus de médecins que de malades.
C'est que ça va vite, hein? Le curé a raison, c'est bien
mérité. » Le lendemain, Tarrou était revenu sans avertissement.

Si l'on en croit ses carnets, le vieil asthmatique, mercier de son état, avait jugé à cinquante ans qu'il en avait assez fait. Il s'était couché et ne s'était plus relevé depuis. Son asthme se conciliait pourtant avec la station debout. Une petite rente l'avait mené jusqu'aux soixante-quinze ans qu'il portait allégrement. Il ne pouvait souffrir la vue d'une montre et, en fait, il n'y en avait pas une seule dans toute sa maison. « Une montre, disait-il, c'est cher et c'est bête. » Il évaluait le temps, et surtout l'heure des repas qui était la seule qui lui importât, avec ses deux marmites dont l'une était pleine de pois à son réveil. Il remplissait l'autre, pois par pois, du même mouvement appliqué et régulier. Il trouvait ainsi ses repères dans une journée mesurée à la marmite. « Toutes les quinze marmites, disait-il, il me faut mon casse-croûte. C'est tout simple. »

À en croire sa femme, d'ailleurs, il avait donné très jeune des signes de sa vocation. Rien, en effet, ne l'avait jamais intéressé, ni son travail, ni les amis, ni le café, ni la musique, ni les femmes, ni les promenades. Il n'était jamais sorti de sa ville, sauf un jour où, obligé de se rendre à Alger pour des affaires de famille, il s'était arrêté à la gare la plus proche d'Oran, incapable de pousser plus loin l'aventure. Il était revenu chez lui par le premier train.

À Tarrou qui avait eu l'air de s'étonner de la vie cloîtrée qu'il menait, il avait à peu près expliqué que, selon la religion, la première moitié de la vie d'un homme était une ascension et l'autre moitié une descente, que dans la descente les journées de l'homme ne lui appartenaient plus, qu'on pouvait les lui enlever à n'importe quel moment, qu'il ne pouvait donc rien en faire et que le mieux justement était de n'en rien faire. La contradiction, d'ailleurs, ne l'effrayait pas, car il avait dit peu après à Tarrou que sûrement Dieu n'existait pas, puisque, dans le cas contraire, les curés seraient inutiles. Mais, à quelques réflexions qui suivirent, Tarrou comprit que cette philosophie tenait étroitement à l'humeur que lui donnaient les quêtes fréquentes de sa paroisse. Mais ce qui achevait le portrait du vieillard est un souhait qui semble profond et qu'il fit à plusieurs reprises devant son interlocuteur : il espérait mourir très vieux.

« Est-ce un saint ? » se demandait Tarrou. Et il répondait : « Oui, si la sainteté est un ensemble d'habitudes. »

Mais, en même temps, Tarrou entreprenait la description assez minutieuse d'une journée dans la ville empestée et donnait ainsi une idée juste des occupations et de la vie de nos concitoyens pendant cet été : « Personne ne rit que les ivrognes, disait Tarrou, et ceux-là rient trop. » Puis il entamait sa description :

« Au petit matin, des souffles légers parcourent la ville encore déserte. À cette heure, qui est entre les morts de la nuit et les agonies de la journée, il semble que la peste suspende un instant son effort et reprenne son souffle. Toutes les boutiques sont fermées. Mais sur quelques-unes, l'écriteau « Fermé pour cause de peste » atteste qu'elles n'ouvriront pas tout à l'heure avec les autres. Des vendeurs de journaux encore endormis ne crient pas les nouvelles, mais adossés au coin des rues, offrent leur marchandise aux réverbères dans un geste de somnambules. Tout à l'heure, réveillés par les premiers tramways, ils se répandront dans toute la ville, tendant à bout de bras les feuilles où éclate le mot « Peste ». « Y
» aura-t-il un automne de peste ? Le professeur B...
» répond : Non. » « Cent vingt-quatre morts, tel est le
» bilan de la quatre-vingt-quatorzième journée de peste. »

» Malgré la crise du papier qui devient de plus en plus aiguë et qui a forcé certains périodiques à diminuer le nombre de leurs pages, il s'est créé un autre journal : *le Courrier de l'épidémie,* qui se donne pour tâche d'« informer nos concitoyens, dans un souci de scrupuleuse objectivité, des progrès ou des reculs de la maladie; de leur fournir les témoignages les plus autorisés sur l'avenir de l'épidémie; de prêter l'appui de ses colonnes à tous ceux, connus ou inconnus, qui sont disposés à lutter contre le fléau; de soutenir le moral de la population, de transmettre les directives des autorités et, en un mot, de grouper toutes les bonnes volontés pour lutter efficacement contre le mal qui nous frappe ». En réalité, ce journal s'est borné très rapidement à publier des annonces de nouveaux produits, infaillibles pour prévenir la peste.

» Vers six heures du matin, tous ces journaux commencent à se vendre dans les queues qui s'installent aux portes des magasins, plus d'une heure avant leur ouverture, puis dans les tramways qui arrivent, bondés, aux faubourgs. Les tramways sont devenus le seul moyen de transport et ils avancent à grand-peine, leurs marchepieds et leurs rambardes chargés à craquer. Chose curieuse, cependant, tous les occupants, dans la mesure du possible, se tournent le dos pour éviter une contagion mutuelle. Aux arrêts, le tramway déverse une cargaison d'hommes et de femmes, pressés de s'éloigner et de se trouver seuls. Fréquemment éclatent des scènes dues à la seule mauvaise humeur, qui devient chronique.

» Après le passage des premiers tramways, la ville s'éveille peu à peu, les premières brasseries ouvrent leur porte sur des comptoirs chargés de pancartes : « Plus de » café », « Apportez votre sucre », etc. Puis les boutiques s'ouvrent, les rues s'animent. En même temps, la lumière monte et la chaleur plombe peu à peu le ciel de juillet. C'est l'heure où ceux qui ne font rien se risquent sur les boulevards. La plupart semblent avoir pris à tâche de conjurer la peste par l'étalage de leur luxe. Il y a tous les jours vers onze heures, sur les artères principales, une parade de jeunes hommes et de jeunes femmes où l'on peut éprouver cette passion de vivre qui croît au sein des grands malheurs. Si l'épidémie s'étend, la morale s'élargira aussi. Nous reverrons les saturnales milanaises au bord des tombes.

» À midi, les restaurants se remplissent en un clin d'œil. Très vite, de petits groupes qui n'ont pu trouver de place se forment à leur porte. Le ciel commence à perdre sa lumière par excès de chaleur. À l'ombre des grands stores, les candidats à la nourriture attendent leur tour, au bord de la rue craquante de soleil. Si les restaurants sont envahis, c'est qu'ils simplifient pour beaucoup le problème du ravitaillement. Mais ils laissent intacte l'angoisse de la contagion. Les convives perdent de longues minutes à essuyer patiemment leurs couverts. Il n'y a pas longtemps, certains restaurants affichaient : « Ici, le couvert est ébouillanté. » Mais peu à peu, ils ont renoncé à toute publicité puisque les clients étaient forcés de venir. Le client, d'ailleurs, dépense volontiers. Les vins fins ou supposés tels, les suppléments les plus chers, c'est le commencement d'une course effrénée. Il paraît aussi que des scènes de panique ont éclaté dans un restaurant parce qu'un client pris de malaise avait pâli, s'était levé, avait chancelé et gagné très vite la sortie.

» Vers deux heures, la ville se vide peu à peu et c'est le moment où le silence, la poussière, le soleil et la peste se rencontrent dans la rue. Tout le long des grandes maisons grises la chaleur coule sans arrêt. Ce sont de longues heures prisonnières qui finissent dans des soirs enflammés croulant sur la ville populeuse et jacassante. Pendant les premiers jours de la chaleur, de loin en loin, et sans qu'on sache pourquoi, les soirs étaient désertés. Mais à présent[1], la première fraîcheur amène une détente, sinon un espoir. Tous descendent alors dans les rues, s'étourdissent à parler, se querellent ou se convoitent et sous le ciel rouge de juillet la ville, chargée de couples et de clameurs, dérive vers la nuit haletante. En vain, tous les soirs sur les boulevards, un vieillard inspiré, portant feutre et lavallière, traverse la foule en répétant sans arrêt : « Dieu est grand, venez à lui », tous se précipitent au contraire vers quelque chose qu'ils connaissent mal ou qui leur paraît plus urgent que Dieu. Au début, quand ils croyaient que c'était une maladie comme les autres, la religion était à sa place. Mais quand ils ont vu que c'était sérieux, ils se sont souvenus de la jouissance. Toute l'angoisse qui se peint dans la journée sur les visages se résout alors, dans le crépuscule ardent et poussiéreux, en une sorte d'excitation hagarde, une liberté maladroite qui enfièvre tout un peuple.

» Et moi aussi, je suis comme eux. Mais quoi ! la mort n'est rien pour les hommes comme moi. C'est un événement qui leur donne raison[2]. »

C'EST Tarrou qui avait demandé à Rieux l'entrevue dont il parle dans ses carnets. Le soir où Rieux l'attendait, le docteur regardait justement sa mère, sagement assise dans un coin de la salle à manger, sur une chaise. Elle passait ses journées là quand les soins du ménage ne l'occupaient plus. Les mains réunies sur les genoux, elle attendait. Rieux n'était même pas sûr que ce fût lui qu'elle attendît. Mais, cependant, quelque chose changeait dans le visage de sa mère lorsqu'il apparaissait. Tout ce qu'une vie laborieuse y avait mis de mutisme semblait s'animer alors. Puis, elle retombait dans le silence. Ce soir-là, elle regardait par la fenêtre, dans la rue maintenant déserte. L'éclairage de nuit avait été diminué des deux tiers. Et, de loin en loin, une lampe très faible mettait quelques reflets dans les ombres de la ville.

« Est-ce qu'on va garder l'éclairage réduit pendant toute la peste ? dit Mme Rieux.

— Probablement.

— Pourvu que ça ne dure pas jusqu'à l'hiver. Ce serait triste, alors.

— Oui », dit Rieux.

Il vit le regard de sa mère se poser sur son front[1]. Il savait que l'inquiétude et le surmenage des dernières journées avaient creusé son visage.

« Ça n'a pas marché, aujourd'hui ? dit Mme Rieux.

— Oh ! comme d'habitude. »

Comme d'habitude ! C'est-à-dire que le nouveau sérum envoyé par Paris avait l'air d'être moins efficace que le premier et les statistiques montaient. On n'avait toujours pas la possibilité d'inoculer les sérums préventifs ailleurs que dans les familles déjà atteintes. Il eût fallu des quantités industrielles pour en généraliser l'emploi. La plupart des bubons se refusaient à percer, comme si la saison de leur durcissement était venue, et ils torturaient les malades. Depuis la veille, il y avait dans la ville deux cas d'une nouvelle forme de l'épidémie. La peste devenait alors pulmonaire. Le jour même, au cours d'une réunion, les médecins harassés, devant un préfet désorienté, avaient demandé et obtenu de nouvelles mesures pour éviter la contagion qui se faisait de bouche à bouche, dans la peste pulmonaire. Comme d'habitude, on ne savait toujours rien.

Il regarda sa mère. Le beau regard marron fit remonter en lui des années de tendresse.

« Est-ce que tu as peur, mère ?

— À mon âge, on ne craint plus grand-chose.

— Les journées sont bien longues et je ne suis plus jamais là.

— Cela m'est égal de t'attendre si je sais que tu dois venir. Et quand tu n'es pas là, je pense à ce que tu fais. As-tu des nouvelles ?

— Oui, tout va bien, si j'en crois le dernier télégramme. Mais je sais qu'elle dit cela pour me tranquilliser. »

La sonnette de la porte retentit. Le docteur sourit à sa mère et alla ouvrir. Dans la pénombre du palier, Tarrou avait l'air d'un grand ours vêtu de gris. Rieux fit asseoir le visiteur devant son bureau. Lui-même restait debout derrière son fauteuil. Ils étaient séparés par la seule lampe allumée dans la pièce, sur le bureau.

« Je sais, dit Tarrou sans préambule, que je puis parler tout droit avec vous. »

Rieux approuva en silence.

« Dans quinze jours ou un mois, vous ne serez d'aucune utilité ici, vous êtes dépassé par les événements.

— C'est vrai, dit Rieux.

— L'organisation du service sanitaire est mauvaise. Vous manquez d'hommes et de temps. »

Rieux reconnut encore que c'était la vérité.

« J'ai appris que la préfecture envisage une sorte de service civil pour obliger les hommes valides à participer au sauvetage général.

— Vous êtes bien renseigné. Mais le mécontentement est déjà grand et le préfet hésite.

— Pourquoi ne pas demander des volontaires ?

— On l'a fait, mais les résultats ont été maigres.

— On l'a fait par la voie officielle, un peu sans y croire. Ce qui leur manque, c'est l'imagination. Ils ne sont jamais à l'échelle des fléaux. Et les remèdes qu'ils imaginent sont à peine à la hauteur d'un rhume de cerveau. Si nous les laissons faire, ils périront et nous avec eux.

— C'est probable, dit Rieux. Je dois dire qu'ils ont cependant pensé aussi aux prisonniers, pour ce que j'appellerai les gros travaux.

— J'aimerais mieux que ce fût des hommes libres.

— Moi aussi. Mais pourquoi, en somme ?

— J'ai horreur des condamnations à mort[1]. »

Rieux regarda Tarrou :

« Alors ? dit-il.

— Alors, j'ai un plan d'organisation pour des formations sanitaires volontaires. Autorisez-moi à m'en occuper et laissons l'administration de côté. Du reste, elle est débordée. J'ai des amis un peu partout et ils feront le premier noyau. Et naturellement, j'y participerai.

— Bien entendu, dit Rieux, vous vous doutez que j'accepte avec joie. On a besoin d'être aidé, surtout dans ce métier. Je me charge de faire accepter l'idée à la préfecture. Du reste, ils n'ont pas le choix. Mais... »

Rieux réfléchit.

« Mais ce travail peut être mortel, vous le savez bien. Et dans tous les cas, il faut que je vous en avertisse. Avez-vous bien réfléchi ? »

Tarrou le regardait de ses yeux gris[2].

« Que pensez-vous du prêche de Paneloux, docteur ?

La question était posée naturellement et Rieux y répondit naturellement.

« J'ai trop vécu dans les hôpitaux pour aimer l'idée de punition collective. Mais, vous savez, les chrétiens parlent quelquefois ainsi, sans le penser jamais réellement. Ils sont meilleurs qu'ils ne paraissent.

— Vous pensez pourtant, comme Paneloux, que la peste a sa bienfaisance, qu'elle ouvre les yeux, qu'elle force à penser ! »

Le docteur secoua la tête avec impatience.

« Comme toutes les maladies de ce monde[3]. Mais ce qui est vrai des maux de ce monde est vrai aussi de

la peste. Cela peut servir à grandir quelques-uns. Cependant, quand on voit la misère et la douleur qu'elle
apporte, il faut être fou, aveugle ou lâche pour se résigner
à la peste. »

Rieux avait à peine élevé le ton. Mais Tarrou fit un
geste de la main comme pour le calmer. Il souriait.

« Oui, dit Rieux en haussant les épaules. Mais vous
ne m'avez pas répondu. Avez-vous réfléchi ? »

Tarrou se carra un peu dans son fauteuil et avança la
tête dans la lumière.

« Croyez-vous en Dieu, docteur[1] ? »

La question était encore posée naturellement. Mais
cette fois, Rieux hésita.

« Non, mais qu'est-ce que cela veut dire ? Je suis
dans la nuit, et[2] j'essaie d'y voir clair. Il y a longtemps
que j'ai cessé de trouver ça original.

— N'est-ce pas ce qui vous sépare de Paneloux ?

— Je ne crois pas. Paneloux est un homme d'études.
Il n'a pas vu assez mourir et c'est pourquoi il parle au
nom d'une vérité. Mais le moindre prêtre de campagne
qui administre ses paroissiens et qui a entendu la respiration d'un mourant pense comme moi. Il soignerait la
misère avant de[3] vouloir en démontrer l'excellence. »

Rieux se leva, son visage était maintenant dans l'ombre.

« Laissons cela, dit-il, puisque vous ne voulez pas
répondre. »

Tarrou sourit sans bouger de son fauteuil.

« Puis-je répondre par une question ? »

À son tour, le docteur sourit.

« Vous aimez le mystère, dit-il. Allons-y.

— Voilà, dit Tarrou. Pourquoi vous-même montrez-
vous tant de dévouement puisque vous ne croyez pas en
Dieu ? Votre réponse m'aidera peut-être à répondre
moi-même. »

Sans sortir de l'ombre, le docteur dit qu'il avait déjà
répondu, que s'il croyait en un Dieu tout-puissant, il
cesserait de guérir les hommes, lui laissant alors ce soin.
Mais que personne au monde, non, pas même Paneloux
qui croyait y croire, ne croyait en un Dieu de cette sorte,
puisque personne ne s'abandonnait totalement et qu'en
cela du moins, lui, Rieux, croyait être sur le chemin de
la vérité, en luttant contre la création telle qu'elle
était.

« Ah! dit Tarrou, c'est donc l'idée que vous vous faites de votre métier ?

— À peu près », répondit le docteur en revenant dans la lumière.

Tarrou siffla doucement et le docteur le regarda.

« Oui, dit-il, vous vous dites qu'il y faut de l'orgueil. Mais je n'ai que l'orgueil qu'il faut, croyez-moi. Je ne sais pas ce qui m'attend ni ce qui viendra après tout ceci. Pour le moment il y a des malades et il faut les guérir. Ensuite, ils réfléchiront et moi aussi. Mais le plus pressé est de les guérir. Je les défends comme je peux, voilà tout.

— Contre qui ? »

Rieux se tourna vers la fenêtre. Il devinait au loin la mer à une condensation plus obscure de l'horizon. Il éprouvait seulement sa fatigue et luttait en même temps contre un désir soudain et déraisonnable de se livrer un peu plus à cet homme singulier, mais qu'il sentait fraternel[1].

« Je n'en sais rien, Tarrou, je vous jure que je n'en sais rien. Quand je suis entré dans ce métier, je l'ai fait abstraitement, en quelque sorte, parce que j'en avais besoin, parce que c'était une situation comme les autres, une de celles que les jeunes gens se proposent. Peut-être aussi parce que c'était particulièrement difficile pour un fils d'ouvrier comme moi. Et puis il a fallu voir mourir. Savez-vous qu'il y a des gens qui refusent de mourir ? Avez-vous jamais entendu une femme crier : « Jamais ! » au moment de mourir ? Moi, oui. Et je me suis aperçu alors que je ne pouvais pas m'y habituer. J'étais jeune et mon dégoût croyait s'adresser à l'ordre même du monde. Depuis, je suis devenu plus modeste. Simplement, je ne suis toujours pas habitué à voir mourir. Je ne sais rien de plus. Mais après tout... »

Rieux se tut et se rassit. Il se sentait la bouche sèche.

« Après tout ? dit doucement Tarrou.

— Après tout..., reprit le docteur, et il hésita encore, regardant Tarrou avec attention, c'est une chose qu'un homme comme vous peut comprendre, n'est-ce pas, mais puisque l'ordre du monde est réglé par la mort, peut-être vaut-il mieux pour Dieu qu'on ne croie pas en lui et qu'on lutte de toutes ses forces contre la mort, sans lever les yeux vers ce ciel où il se tait.

— Oui, approuva Tarrou, je peux comprendre. Mais vos victoires seront toujours provisoires, voilà tout. »

Rieux parut s'assombrir.

« Toujours, je le sais. Ce n'est pas une raison pour cesser de lutter.

— Non, ce n'est pas une raison. Mais j'imagine alors ce que doit être cette peste pour vous.

— Oui, dit Rieux. Une interminable défaite. »

Tarrou fixa un moment le[1] docteur, puis il se leva et marcha lourdement vers la porte. Et Rieux le suivit. Il le rejoignait déjà quand Tarrou qui semblait regarder à ses pieds lui dit :

« Qui vous a appris tout cela, docteur ? »

La réponse vint immédiatement :

« La misère. »

Rieux ouvrit la porte de son bureau et, dans le couloir, dit à Tarrou qu'il descendait aussi, allant voir un de ses malades dans les faubourgs. Tarrou lui proposa de l'accompagner et le docteur accepta. Au bout du couloir, ils rencontrèrent Mme Rieux à qui le docteur présenta Tarrou.

« Un ami, dit-il.

— Oh ! fit Mme Rieux, je suis très contente de vous connaître. »

Quand elle partit, Tarrou se retourna encore sur elle. Sur le palier, le docteur essaya en vain de faire fonctionner la minuterie. Les escaliers restaient plongés dans la nuit. Le docteur se demandait si c'était l'effet d'une nouvelle mesure d'économie. Mais on ne pouvait pas savoir. Depuis quelque temps déjà, dans les maisons et dans la ville, tout se détraquait. C'était peut-être simplement que les concierges, et nos concitoyens en général, ne prenaient plus soin de rien. Mais le docteur n'eut pas le temps de s'interroger plus avant, car la voix de Tarrou résonnait derrière lui :

« Encore un mot, docteur, même s'il vous paraît ridicule : vous avez tout à fait raison. »

Rieux haussa les épaules pour lui-même, dans le noir.

« Je n'en sais rien, vraiment. Mais vous, qu'en savez-vous ?

— Oh ! dit l'autre sans s'émouvoir, j'ai peu de choses à apprendre. »

Le docteur s'arrêta et le pied de Tarrou, derrière lui,

glissa sur une marche. Tarrou se rattrapa en prenant l'épaule de Rieux.

« Croyez-vous tout connaître de la vie ? » demanda celui-ci.

La réponse vint dans le noir, portée par la même voix tranquille :

« Oui[1]. »

Quand ils débouchèrent dans la rue, ils comprirent qu'il était assez tard, onze heures peut-être. La ville était muette, peuplée seulement de frôlements. Très loin, le timbre d'une ambulance résonna. Ils montèrent dans la voiture et Rieux mit le moteur en marche.

« Il faudra, dit-il, que vous veniez demain à l'hôpital pour le vaccin préventif. Mais, pour en finir et avant d'entrer dans cette histoire, dites-vous que vous avez une chance sur trois d'en sortir.

— Ces évaluations n'ont pas de sens, docteur, vous le savez comme moi. Il y a cent ans, une épidémie de peste a tué tous les habitants d'une ville de Perse, sauf précisément le laveur des morts qui n'avait jamais cessé d'exercer son métier.

— Il a gardé sa troisième chance, voilà tout, dit Rieux d'une voix soudain plus sourde. Mais il est vrai que nous avons encore tout à apprendre à ce sujet[2]. »

Ils entraient maintenant dans les faubourgs. Les phares illuminaient les rues désertes. Ils s'arrêtèrent. Devant l'auto, Rieux demanda à Tarrou s'il voulait entrer et l'autre dit que oui. Un reflet du ciel éclairait leurs visages. Rieux eut soudain un rire d'amitié :

« Allons, Tarrou, dit-il, qu'est-ce qui vous pousse à vous occuper de cela ?

— Je ne sais pas. Ma morale peut-être.

— Et laquelle ?

— La compréhension. »

Tarrou se tourna vers la maison et Rieux ne vit plus son visage jusqu'au moment où ils furent chez le vieil asthmatique.

Dès le lendemain, Tarrou se mit au travail et réunit une première équipe qui devait être suivie de beaucoup d'autres.

L'intention du narrateur n'est cependant pas de donner à ces formations sanitaires plus d'importance qu'elles n'en eurent. À sa place, il est vrai que beaucoup de nos concitoyens céderaient aujourd'hui à la tentation d'en exagérer le rôle. Mais le narrateur est plutôt tenté de croire qu'en donnant trop d'importance aux belles actions, on rend finalement un hommage indirect et puissant au mal. Car on laisse supposer alors que des belles actions n'ont tant de prix que parce qu'elles sont rares et que la méchanceté et l'indifférence sont des moteurs bien plus fréquents dans les actions des hommes. C'est là une idée que le narrateur ne partage pas. Le mal qui est dans le monde vient presque toujours de l'ignorance, et la bonne volonté peut faire autant de dégâts que la méchanceté, si elle n'est pas éclairée. Les hommes sont plutôt bons que mauvais, et en vérité ce n'est pas la question. Mais ils ignorent plus ou moins, et c'est ce qu'on appelle vertu ou vice, le vice le plus désespérant étant celui de l'ignorance qui croit tout savoir et qui s'autorise alors à tuer. L'âme du meurtrier est aveugle et il n'y a pas de vraie bonté ni de bel amour sans toute la clairvoyance possible.

C'est pourquoi nos formations sanitaires qui se réalisèrent grâce à Tarrou doivent être jugées avec une satisfaction objective. C'est pourquoi le narrateur ne se fera pas le chantre trop éloquent de la volonté et d'un héroïsme auquel il n'attache qu'une importance raisonnable. Mais il continuera d'être l'historien des cœurs déchirés et exigeants que la peste fit alors à tous nos concitoyens.

Ceux qui se dévouèrent aux formations sanitaires n'eurent pas si grand mérite à le faire, en effet, car ils savaient que c'était la seule chose à faire et c'est de ne pas s'y décider qui alors eût été incroyable. Ces formations aidèrent nos concitoyens à entrer plus avant dans la peste et les persuadèrent en partie que, puisque la maladie était là, il fallait faire ce qu'il fallait pour lutter contre elle. Parce que la peste devenait ainsi le devoir de quelques-uns, elle apparut réellement pour ce qu'elle était, c'est-à-dire l'affaire de tous.

Cela est bien. Mais on ne félicite pas un instituteur d'enseigner que deux et deux font quatre. On le félicitera peut-être d'avoir choisi ce beau métier. Disons donc qu'il était louable que Tarrou et d'autres eussent choisi de démontrer que deux et deux faisaient quatre plutôt que le contraire, mais disons aussi que cette bonne volonté leur était commune avec l'instituteur, avec tous ceux qui ont le même cœur que l'instituteur et qui, pour l'honneur de l'homme, sont plus nombreux qu'on ne pense, c'est du moins la conviction du narrateur. Celui-ci aperçoit très bien d'ailleurs l'objection qu'on pourrait lui faire et qui est que ces hommes risquaient leur vie. Mais il vient toujours une heure dans l'histoire où celui qui ose dire que deux et deux font quatre est puni de mort. L'instituteur le sait bien. Et la question n'est pas de savoir quelle est la récompense ou la punition qui attend ce raisonnement. La question est de savoir si deux et deux, oui ou non, font quatre. Pour ceux de nos concitoyens qui risquaient alors leur vie, ils avaient à décider si, oui ou non, ils étaient dans la peste et si, oui ou non, il fallait lutter contre elle.

Beaucoup de nouveaux moralistes dans notre ville allaient alors, disant que rien ne servait à rien et qu'il fallait se mettre à genoux. Et Tarrou, et Rieux, et leurs amis pouvaient répondre ceci ou cela, mais la conclusion était toujours ce qu'ils savaient : il fallait lutter de telle ou telle façon et ne pas se mettre à genoux[1]. Toute la question était d'empêcher le plus d'hommes possible de mourir et de connaître la séparation définitive. Il n'y avait pour cela qu'un seul moyen qui était de combattre la peste. Cette vérité n'était pas admirable, elle n'était que conséquente.

C'est pourquoi il était naturel que le vieux Castel mît toute sa confiance et son énergie à fabriquer des sérums sur place, avec du matériel de fortune. Rieux et lui espéraient qu'un sérum fabriqué avec les cultures du microbe même qui infestait la ville aurait une efficacité plus directe que les sérums venus de l'extérieur, puisque le microbe différait légèrement du bacille de la peste tel qu'il était classiquement défini. Castel espérait avoir son premier sérum assez rapidement.

C'est pourquoi encore il était naturel que Grand, qui n'avait rien d'un héros, assurât maintenant une sorte de secrétariat des formations sanitaires. Une partie des équipes formées par Tarrou se consacrait en effet à un travail d'assistance préventive dans les quartiers surpeuplés. On essayait d'y introduire l'hygiène nécessaire, on faisait le compte des greniers et des caves que la désinfection n'avait pas visités. Une autre partie des équipes secondait les médecins dans les visites à domicile, assurait le transport des pestiférés, et même, par la suite, en l'absence de personnel spécialisé, conduisit les voitures des malades et des morts. Tout ceci exigeait un travail d'enregistrement et de statistiques que Grand avait accepté de faire.

De ce point de vue, et plus que Rieux ou Tarrou, le narrateur estime que Grand était le représentant réel de cette vertu tranquille qui animait les formations sanitaires[1]. Il avait dit oui sans hésitation, avec la bonne volonté qui était la sienne. Il avait seulement demandé à se rendre utile dans de petits travaux. Il était trop vieux pour le reste. De dix-huit heures à vingt heures, il pouvait donner son temps. Et comme Rieux le remerciait avec chaleur, il s'en étonnait : « Ce n'est pas le plus difficile. Il y a la peste, il faut se défendre, c'est clair. Ah ! si tout était aussi simple ! » Et il revenait à sa phrase. Quelquefois, le soir, quand le travail des fiches était terminé, Rieux parlait avec Grand. Ils avaient fini par mêler Tarrou à leur conversation et Grand se confiait avec un plaisir de plus en plus évident à ses deux compagnons. Ces derniers suivaient avec intérêt le travail patient que Grand continuait au milieu de la peste. Eux aussi, finalement, y trouvaient une sorte de détente.

« Comment va l'amazone ? » demandait souvent Tarrou. Et Grand répondait invariablement : « Elle trotte, elle trotte », avec un sourire difficile. Un soir, Grand dit qu'il avait définitivement abandonné l'adjectif « élégante » pour son amazone et qu'il la qualifiait désormais de « svelte ». « C'est plus concret », avait-il ajouté. Une autre fois, il lut à ses deux auditeurs la première phrase ainsi modifiée : « Par une belle matinée de mai, une svelte amazone, montée sur une superbe jument alezane, parcourait les allées fleuries du Bois de Boulogne. »

« N'est-ce pas, dit Grand, on la voit mieux et j'ai préféré : « Par une matinée de mai », parce que « mois » de mai » allongeait un peu le trot. »

Il se montra ensuite fort préoccupé par l'adjectif « superbe ». Cela ne parlait pas, selon lui, et il cherchait le terme qui photographierait d'un seul coup la fastueuse jument qu'il imaginait. « Grasse » n'allait pas, c'était concret, mais un peu péjoratif. « Reluisante » l'avait tenté un moment, mais le rythme ne s'y prêtait pas. Un soir, il annonça triomphalement qu'il avait trouvé : « Une noire jument alezane. » Le noir indiquait discrètement l'élégance, toujours selon lui.

« Ce n'est pas possible, dit Rieux.

— Et pourquoi ?

— Alezane n'indique pas la race, mais la couleur.

— Quelle couleur ?

— Eh bien, une couleur qui n'est pas le noir, en tout cas ! »

Grand parut très affecté.

« Merci, disait-il, vous êtes là, heureusement. Mais vous voyez comme c'est difficile.

— Que penseriez-vous de «somptueuse»?» dit Tarrou.

Grand le regarda. Il réfléchissait :

« Oui, dit-il, oui ! »

Et un sourire lui venait peu à peu.

À quelque temps de là, il avoua que le mot « fleuries » l'embarrassait. Comme il n'avait jamais connu qu'Oran et Montélimar, il demandait quelquefois à ses amis des indications sur la façon dont les allées du Bois étaient fleuries. À proprement parler, elles n'avaient jamais donné l'impression de l'être à Rieux ou à Tarrou, mais la conviction de l'employé les ébranlait. Il s'étonnait de leur incertitude. « Il n'y a que les artistes qui sachent regarder. » Mais le docteur le trouva une fois dans une grande excitation. Il avait remplacé « fleuries » par

« pleines de fleurs ». Il se frottait les mains. « Enfin, on
les voit, on les sent. Chapeau bas, messieurs ! » Il lut
triomphalement la phrase : « Par une belle matinée de mai,
une svelte amazone montée sur une somptueuse jument
alezane parcourait les allées pleines de fleurs du Bois
de Boulogne. » Mais, lus à haute voix, les trois génitifs
qui terminaient la phrase résonnèrent fâcheusement et
Grand bégaya un peu. Il s'assit, l'air accablé. Puis il
demanda au docteur la permission de partir. Il avait besoin
de réfléchir un peu.

C'est à cette époque, on l'apprit par la suite, qu'il
donna au bureau des signes de distraction qui furent
jugés regrettables à un moment où la mairie devait
faire face, avec un personnel diminué, à des obligations
écrasantes. Son service en souffrit et le chef de bureau
le lui reprocha sévèrement en lui rappelant qu'il était
payé pour accomplir un travail que, précisément, il
n'accomplissait pas. « Il paraît, avait dit le chef de bureau,
que vous faites du service volontaire dans les formations
sanitaires, en dehors de votre travail. Ça ne me regarde
pas. Mais ce qui me regarde, c'est votre travail. Et la
première façon de vous rendre utile dans ces terribles
circonstances, c'est de bien faire votre travail. Ou sinon,
le reste ne sert à rien. »

« Il a raison, dit Grand à Rieux.

— Oui, il a raison, approuva le docteur.

— Mais je suis distrait et je ne sais pas comment
sortir de la fin de ma phrase. »

Il avait pensé à supprimer « de Boulogne », estimant
que tout le monde comprendrait. Mais alors la phrase
avait l'air de rattacher à « fleurs » ce qui, en fait, se
reliait à « allées ». Il avait envisagé aussi la possibilité
d'écrire : « Les allées du Bois pleines de fleurs. » Mais la
situation de « Bois » entre un substantif et un qualificatif
qu'il séparait arbitrairement lui était une épine dans la
chair. Certains soirs, il est bien vrai qu'il avait l'air encore
plus fatigué que Rieux.

Oui, il était fatigué par cette recherche qui l'absorbait
tout entier, mais il n'en continuait pas moins à faire les
additions et les statistiques dont avaient besoin les formations sanitaires. Patiemment, tous les soirs, il mettait
des fiches au clair, il les accompagnait de courbes et il
s'évertuait lentement à présenter des états aussi précis

que possible. Assez souvent, il allait rejoindre Rieux dans l'un des hôpitaux et lui demandait une table dans quelque bureau ou infirmerie. Il s'y installait avec ses papiers, exactement comme il s'installait à sa table de la mairie, et dans l'air épaissi par les désinfectants et par la maladie elle-même, il agitait ses feuilles pour en faire sécher l'encre. Il essayait honnêtement alors de ne plus penser à son amazone et de faire seulement ce qu'il fallait.

Oui, s'il est vrai que les hommes tiennent à se proposer des exemples et des modèles qu'ils appellent héros, et s'il faut absolument qu'il y en ait un dans cette histoire, le narrateur propose justement ce héros insignifiant et effacé qui n'avait pour lui qu'un peu de bonté au cœur et un idéal apparemment ridicule. Cela donnera à la vérité ce qui lui revient, à l'addition de deux et deux son total de quatre, et à l'héroïsme la place secondaire qui doit être la sienne, juste après, et jamais avant, l'exigence généreuse du bonheur. Cela donnera aussi à cette chronique son caractère, qui doit être celui d'une relation faite avec de bons sentiments, c'est-à-dire des sentiments qui ne sont ni ostensiblement mauvais ni exaltants à la vilaine façon d'un spectacle.

C'était du moins l'opinion du docteur Rieux lorsqu'il lisait dans les journaux ou écoutait à la radio les appels et les encouragements que le monde extérieur faisait parvenir à la ville empestée. En même temps que les secours envoyés par air et par route, tous les soirs, sur les ondes ou dans la presse, des commentaires apitoyés ou admiratifs s'abattaient sur la cité désormais solitaire. Et chaque fois le ton d'épopée ou de discours de prix impatientait le docteur. Certes, il savait que cette sollicitude n'était pas feinte. Mais elle ne pouvait s'exprimer que dans le langage conventionnel par lequel les hommes essaient d'exprimer ce qui les lie à l'humanité. Et ce langage ne pouvait s'appliquer aux petits efforts quotidiens de Grand, par exemple, ne pouvant rendre compte de ce que signifiait Grand au milieu de la peste.

À minuit, quelquefois, dans le grand silence de la ville alors désertée, au moment de regagner son lit pour un sommeil trop court, le docteur tournait le bouton de son poste. Et des confins du monde, à travers des milliers de kilomètres, des voix inconnues et fraternelles s'es-

sayaient maladroitement à dire leur solidarité et la disaient,
en effet, mais démontraient en même temps la terrible
impuissance où se trouve tout homme de partager vraiment une douleur qu'il ne peut pas voir : « Oran! Oran! »
En vain, l'appel traversait les mers, en vain Rieux se
tenait en alerte, bientôt l'éloquence montait et accusait
mieux encore la séparation essentielle qui faisait deux
étrangers de Grand et de l'orateur. « Oran! oui, Oran!
Mais non, pensait le docteur, aimer ou mourir ensemble,
il n'y a pas d'autre ressource. Ils sont trop loin[1]. »

Eᴛ justement ce qui reste à retracer avant d'en arriver au sommet de la peste, pendant que le fléau réunissait toutes ses forces pour les jeter sur la ville et s'en emparer définitivement, ce sont les longs efforts désespérés et monotones que les derniers individus, comme Rambert, faisaient pour retrouver leur bonheur et ôter à la peste cette part d'eux-mêmes qu'ils défendaient contre toute atteinte. C'était là leur manière de refuser[1] l'asservissement qui les menaçait, et bien que ce refus-là, apparemment, ne fût pas aussi efficace que l'autre, l'avis du narrateur est qu'il avait bien son sens et qu'il témoignait aussi, dans sa vanité et ses contradictions mêmes, pour ce qu'il y avait alors de fier en chacun de nous.

Rambert luttait pour empêcher que la peste le recouvrît. Ayant acquis la preuve qu'il ne pouvait sortir de la ville par les moyens légaux, il était décidé, avait-il dit à Rieux, à user des autres. Le journaliste commença par les garçons de café. Un garçon de café est toujours au courant de tout. Mais les premiers qu'il interrogea étaient surtout au courant des pénalités très graves qui sanctionnaient ce genre d'entreprises. Dans un cas, il fut même pris pour un provocateur. Il lui fallut rencontrer Cottard chez Rieux pour avancer un peu. Ce jour-là, Rieux et lui avaient parlé encore des démarches vaines que le journaliste avait faites dans les administrations. Quelques jours après, Cottard rencontra Rambert dans la rue, et l'accueillit avec la rondeur qu'il mettait à présent dans tous ses rapports :

« Toujours rien ? avait-il dit.

— Non, rien.

— On ne peut pas compter sur les bureaux. Ils ne sont pas faits pour comprendre.

— C'est vrai. Mais je cherche autre chose. C'est difficile.

— Ah! dit Cottard, je vois. »

Lui connaissait une filière et à Rambert, qui s'en étonnait, il expliqua que, depuis longtemps, il fréquentait tous les cafés d'Oran, qu'il y avait des amis et qu'il était renseigné sur l'existence d'une organisation qui s'occupait de ce genre d'opérations. La vérité était que Cottard, dont les dépenses dépassaient désormais les revenus, s'était mêlé à des affaires de contrebande sur les produits rationnés. Il revendait ainsi des cigarettes et du mauvais alcool dont les prix montaient sans cesse et qui étaient en train de lui rapporter une petite fortune.

« En êtes-vous bien sûr? demanda Rambert.

— Oui, puisqu'on me l'a proposé.

— Et vous n'en avez pas profité?

— Ne soyez pas méfiant, dit Cottard d'un air bonhomme, je n'en ai pas profité parce que je n'ai pas, moi, envie de partir. J'ai mes raisons. »

Il ajouta après un silence :

« Vous ne me demandez pas quelles sont mes raisons?

— Je suppose, dit Rambert, que cela ne me regarde pas.

— Dans un sens, cela ne vous regarde pas, en effet. Mais dans un autre... Enfin, la seule chose évidente, c'est que je me sens bien mieux ici depuis que nous avons la peste avec nous. »

L'autre écourta son discours :

« Comment joindre cette organisation?

— Ah! dit Cottard, ce n'est pas facile, venez avec moi. »

Il était quatre heures de l'après-midi. Sous un ciel lourd, la ville cuisait lentement. Tous les magasins avaient leur store baissé. Les chaussées étaient désertes. Cottard et Rambert prirent des rues à arcades et marchèrent longtemps sans parler. C'était une de ces heures où la peste se faisait invisible. Ce silence, cette mort des couleurs et des mouvements, pouvaient être aussi bien ceux de l'été que ceux du fléau. On ne savait si l'air était lourd de menaces ou de poussières et de brûlure. Il fallait observer et réfléchir pour rejoindre la peste. Car elle ne se trahissait que par des signes négatifs. Cottard, qui avait des affinités avec elle, fit remarquer par exemple à Rambert l'absence des chiens qui, normalement, eussent dû être sur le flanc, haletants, au seuil des couloirs, à la recherche d'une fraîcheur impossible.

Ils prirent le boulevard des Palmiers, traversèrent la place d'Armes et descendirent vers le quartier de la Marine. À gauche, un café peint en vert s'abritait sous un store oblique de grosse toile jaune. En entrant, Cottard et Rambert essuyèrent leur front. Ils prirent place sur des chaises pliantes de jardin, devant des tables de tôle verte. La salle était absolument déserte. Des mouches grésillaient dans l'air. Dans une cage jaune posée sur le comptoir bancal, un perroquet, toutes plumes retombées, était affaissé sur son perchoir. De vieux tableaux, représentant des scènes militaires, pendaient au mur, couverts de crasse et de toiles d'araignée en épais filaments. Sur toutes les tables de tôle, et devant Rambert lui-même, séchaient des fientes de poule dont il s'expliquait mal l'origine jusqu'à ce que d'un coin obscur, après un peu de remue-ménage, un magnifique coq sortît en sautillant.

La chaleur, à ce moment, sembla monter encore. Cottard enleva sa veste et frappa sur la tôle. Un petit homme, perdu dans un long tablier bleu, sortit[1] du fond, salua Cottard du plus loin qu'il le vit, avança en écartant le coq d'un vigoureux coup de pied et demanda, au milieu des gloussements du volatile, ce qu'il fallait servir à ces messieurs. Cottard voulait du vin blanc et s'enquit d'un certain Garcia. Selon le nabot, il y avait déjà quelques jours qu'on ne l'avait vu dans le café.

« Pensez-vous qu'il viendra ce soir ?

— Eh ! dit l'autre, je ne suis pas dans sa chemise. Mais vous connaissez son heure ?

— Oui, mais ce n'est pas très important. J'ai seulement un ami à lui présenter. »

Le garçon essuyait ses mains moites contre le devant de son tablier.

« Ah ! Monsieur s'occupe aussi d'affaires ?

— Oui », dit Cottard.

Le nabot renifla :

« Alors, revenez ce soir. Je vais lui envoyer le gosse. »

En sortant, Rambert demanda de quelles affaires il s'agissait.

« De contrebande, naturellement. Ils font passer des

marchandises aux portes de la ville. Ils vendent au prix
fort.

— Bon, dit Rambert. Ils ont des complicités ?

— Justement. »

Le soir, le store était relevé, le perroquet jabotait
dans sa cage et les tables de tôle étaient entourées d'hommes en bras de chemise. L'un d'eux, le chapeau de paille
en arrière, une chemise blanche ouverte sur une poitrine
couleur de terre brûlée, se leva à l'entrée de Cottard.
Un visage régulier et tanné, l'œil noir et petit, les dents
blanches, deux ou trois bagues aux doigts, il paraissait
trente ans environ.

« Salut, dit-il, on boit au comptoir. »

Ils prirent trois tournées en silence.

« Si on sortait ? » dit alors Garcia.

Ils descendirent vers le port et Garcia demanda ce
qu'on lui voulait. Cottard lui dit que ce n'était pas
exactement pour des affaires qu'il voulait lui présenter
Rambert, mais seulement pour ce qu'il appela « une
sortie ». Garcia marchait droit devant lui en fumant.
Il posa des questions, disant « Il » en parlant de Rambert,
sans paraître s'apercevoir de sa présence.

« Pour quoi faire ? disait-il.

— Il a sa femme en France.

— Ah ! »

Et après un temps :

« Qu'est-ce qu'il a comme métier ?

— Journaliste.

— C'est un métier où on parle beaucoup. »

Rambert se taisait.

« C'est un ami » dit Cottard.

Ils avancèrent en silence. Ils étaient arrivés aux quais,
dont l'accès était interdit par de grandes grilles. Mais
ils se dirigèrent vers une petite buvette où l'on vendait
des sardines frites[1], dont l'odeur venait jusqu'à eux.

« De toute façon, conclut Garcia, ce n'est pas moi
que ça concerne, mais Raoul. Et il faut que je le retrouve.
Ça ne sera pas facile.

— Ah ! demanda Cottard avec animation, il se cache ? »

Garcia ne répondit pas. Près de la buvette, il s'arrêta
et se tourna vers Rambert pour la première fois.

« Après-demain, à onze heures, au coin de la caserne
des douanes, en haut de la ville. »

Il fit mine de partir, mais se retourna vers les deux hommes.

« Il y aura des frais », dit-il.

C'était une constatation.

« Bien sûr », approuva Rambert.

Un peu après, le journaliste remercia Cottard :

« Oh! non, dit l'autre avec jovialité. Ça me fait plaisir de vous rendre service. Et puis, vous êtes journaliste, vous me revaudrez ça un jour ou l'autre. »

Le surlendemain, Rambert et Cottard gravissaient les grandes rues sans ombrage qui mènent vers le haut de notre ville. Une partie de la caserne des douanes avait été transformée en infirmerie et, devant la grande porte, des gens stationnaient, venus dans l'espoir d'une visite qui ne pouvait pas être autorisée ou à la recherche de renseignements qui, d'une heure à l'autre, seraient périmés. En tout cas, ce rassemblement permettait beaucoup d'allées et venues et on pouvait supposer que cette considération n'était pas étrangère à la façon dont le rendez-vous de Garcia et de Rambert avait été fixé.

« C'est curieux, dit Cottard, cette obstination à partir. En somme, ce qui se passe est bien intéressant.

— Pas pour moi, répondit Rambert.

— Oh! bien sûr, on risque quelque chose. Mais, après tout, on risquait autant, avant la peste, à traverser un carrefour très fréquenté. »

À ce moment, l'auto de Rieux s'arrêta à leur hauteur. Tarrou conduisait et Rieux semblait dormir à moitié. Il se réveilla pour faire les présentations.

« Nous nous connaissons, dit Tarrou, nous habitons le même hôtel. »

Il offrit à Rambert de le conduire en ville.

« Non, nous avons rendez-vous ici. »

Rieux regarda Rambert :

« Oui, fit celui-ci.

— Ah! s'étonnait Cottard, le docteur est au courant ?

— Voilà le juge d'instruction », avertit Tarrou en regardant Cottard.

Celui-ci changea de figure. M. Othon descendait en effet la rue et s'avançait vers eux d'un pas vigoureux, mais mesuré. Il ôta son chapeau en passant devant le petit groupe.

« Bonjour, monsieur le juge! » dit Tarrou.

Le juge rendit le bonjour aux occupants de l'auto, et, regardant Cottard et Rambert qui étaient restés en arrière, les salua gravement de la tête. Tarrou présenta le rentier et le journaliste. Le juge regarda le ciel pendant une seconde et soupira, disant que c'était une époque bien triste.

« On me dit, monsieur Tarrou, que vous vous occupez de l'application des mesures prophylactiques. Je ne saurais trop vous approuver. Pensez-vous, docteur, que la maladie s'étendra ? »

Rieux dit qu'il fallait espérer que non et le juge répéta qu'il fallait toujours espérer, les desseins de la Providence sont impénétrables. Tarrou lui demanda si les événements lui avaient apporté un surcroît de travail.

« Au contraire, les affaires que nous appelons de droit commun diminuent. Je n'ai plus à instruire que des manquements graves aux nouvelles dispositions. On n'a jamais autant respecté les anciennes lois.

— C'est, dit Tarrou, qu'en comparaison elles semblent bonnes, forcément. »

Le juge quitta l'air rêveur qu'il avait pris, le regard comme suspendu au ciel. Et il examina Tarrou d'un air froid.

« Qu'est-ce que cela fait ? dit-il. Ce n'est pas la loi qui compte, c'est la condamnation[1]. Nous n'y pouvons rien.

— Celui-là, dit Cottard quand le juge fut parti, c'est l'ennemi numéro un. »

La voiture démarra.

Un peu plus tard, Rambert et Cottard virent arriver Garcia. Il avança vers eux sans leur faire de signe et dit en guise de bonjour : « Il faut attendre. »

Autour d'eux, la foule, où dominaient les femmes, attendait dans un silence total. Presque toutes portaient des paniers dont elles avaient le vain espoir qu'elles pourraient les faire passer à leurs parents malades et l'idée encore plus folle que ceux-ci pourraient utiliser leurs provisions. La porte était gardée par des factionnaires en armes et, de temps en temps, un cri bizarre traversait la cour qui séparait la caserne de la porte[2]. Dans l'assistance, des visages inquiets se tournaient alors vers l'infirmerie.

Les trois hommes regardaient ce spectacle lorsque

dans leur dos un « bonjour » net et grave les fit se retourner. Malgré la chaleur, Raoul était habillé très correctement. Grand et fort, il portait un costume croisé de couleur sombre et un feutre à bords retournés. Son visage était assez pâle. Les yeux bruns et la bouche serrée, Raoul parlait de façon rapide et précise :

« Descendons vers la ville, dit-il. Garcia, tu peux nous laisser. »

Garcia alluma une cigarette et les laissa s'éloigner. Ils marchèrent rapidement, accordant leur allure à celle de Raoul qui s'était placé au milieu d'eux.

« Garcia m'a expliqué, dit-il. Cela peut se faire. De toute façon, ça vous coûtera dix mille francs. »

Rambert répondit qu'il acceptait.

« Déjeunez avec moi, demain, au restaurant espagnol de la Marine. »

Rambert dit que c'était entendu et Raoul lui serra la main, souriant pour la première fois. Après son départ, Cottard s'excusa. Il n'était pas libre le lendemain et d'ailleurs Rambert n'avait plus besoin de lui.

Lorsque, le lendemain, le journaliste entra dans le restaurant espagnol, toutes les têtes se tournèrent sur son passage. Cette cave ombreuse, située en contrebas d'une petite rue jaune et desséchée par le soleil, n'était fréquentée que par des hommes, de type espagnol pour la plupart. Mais dès que Raoul, installé à une table du fond, eut fait un signe au journaliste et que Rambert se fut dirigé vers lui, la curiosité disparut des visages qui revinrent à leurs assiettes. Raoul avait à sa table un grand type maigre et mal rasé, aux épaules démesurément larges, la figure chevaline et les cheveux clairsemés. Ses longs bras minces, couverts de poils noirs, sortaient d'une chemise aux manches retroussées. Il hocha la tête trois fois lorsque Rambert lui fut présenté. Son nom n'avait pas été prononcé et Raoul ne parlait de lui qu'en disant « notre ami ».

« Notre ami croit avoir la possibilité de vous aider. Il va vous... »

Raoul s'arrêta parce que la serveuse intervenait pour la commande de Rambert.

« Il va vous mettre en rapport avec deux de nos amis qui vous feront connaître des gardes qui nous sont acquis. Tout ne sera pas fini alors. Il faut que les gardes jugent eux-mêmes du moment propice. Le plus simple serait que vous logiez pendant quelques nuits chez l'un d'eux, qui habite près des portes. Mais auparavant, notre ami doit vous donner des contacts nécessaires. Quand tout sera arrangé, c'est à lui que vous réglerez les frais. »

L'ami hocha encore une fois sa tête de cheval sans cesser de broyer la salade de tomates et de poivrons qu'il ingurgitait. Puis il parla avec un léger accent espagnol. Il proposait à Rambert de prendre rendez-vous pour le surlendemain, à huit heures du matin, sous le porche de la cathédrale.

« Encore deux jours, remarqua Rambert.

— C'est que ce n'est pas facile, dit Raoul. Il faut retrouver les gens. »

Le cheval encensa une fois de plus et Rambert approuva sans passion. Le reste du déjeuner se passa à rechercher un sujet de conversation. Mais tout devint très facile lorsque Rambert découvrit que le cheval était joueur de football. Lui-même avait beaucoup pratiqué ce sport. On parla donc du championnat de France, de la valeur des équipes professionnelles anglaises et de la tactique en W. À la fin du déjeuner, le cheval s'était tout à fait animé et il tutoyait Rambert pour le persuader qu'il n'y avait pas de plus belle place dans une équipe que celle de demi-centre. « Tu comprends, disait-il, le demi-centre, c'est celui qui distribue le jeu. Et distribuer le jeu, c'est ça le football. » Rambert était de cet avis, quoiqu'il eût toujours joué avant-centre. La discussion fut seulement interrompue par un poste de radio qui, après avoir seriné en sourdine des mélodies sentimentales, annonça que, la veille, la peste avait fait cent trente-sept victimes. Personne ne réagit dans l'assistance. L'homme à tête de cheval haussa les épaules et se leva. Raoul et Rambert l'imitèrent.

En partant, le demi-centre serra la main de Rambert avec énergie :

« Je m'appelle Gonzalès », dit-il.

Ces deux jours parurent interminables à Rambert. Il se rendit chez Rieux et lui raconta ses démarches dans le détail. Puis il accompagna le docteur dans une de ses visites. Il lui dit au revoir à la porte de la maison où l'attendait un malade suspect. Dans le couloir, un bruit de courses et de voix : on avertissait la famille de l'arrivée du docteur.

« J'espère que Tarrou ne tardera pas », murmura Rieux.

Il avait l'air fatigué.

« L'épidémie va trop vite ? » demanda Rambert.

Rieux dit que ce n'était pas cela et que même la courbe des statistiques montait moins vite. Simplement, les moyens de lutter contre la peste n'étaient pas assez nombreux.

« Nous manquons de matériel, dit-il. Dans toutes les armées du monde, on remplace généralement le manque de matériel par des hommes. Mais nous manquons d'hommes aussi.

— Il est venu des médecins de l'extérieur et du personnel sanitaire.

— Oui, dit Rieux. Dix médecins et une centaine d'hommes. C'est beaucoup, apparemment[1]. C'est à peine assez pour l'état présent de la maladie. Ce sera insuffisant si l'épidémie s'étend. »

Rieux prêta l'oreille aux bruits de l'intérieur, puis sourit à Rambert.

« Oui, dit-il, vous devriez vous dépêcher de réussir. »

Une ombre passa sur le visage de Rambert :

« Vous savez, dit-il d'une voix sourde, ce n'est pas cela qui me fait partir. »

Rieux répondit qu'il le savait, mais Rambert continuait[2] :

« Je crois que je ne suis pas lâche, du moins la plupart du temps. J'ai eu l'occasion de l'éprouver. Seulement, il y a des idées que je ne peux pas supporter. »

Le docteur le regarda en face.

« Vous la retrouverez, dit-il.

— Peut-être, mais je ne peux pas supporter l'idée que cela va durer et qu'elle vieillira pendant tout ce temps. À trente ans, on commence à vieillir et il faut profiter de tout. Je ne sais pas si vous pouvez comprendre. »

Rieux murmurait qu'il croyait comprendre, lorsque Tarrou arriva, très animé.

« Je viens de demander à Paneloux de se joindre à nous.

— Eh bien ? demanda le docteur.

— Il a réfléchi et il a dit oui.

— J'en suis content, dit le docteur. Je suis content de le savoir meilleur que son prêche.

— Tout le monde est comme ça, dit Tarrou. Il faut seulement leur donner l'occasion. »

Il sourit et cligna de l'œil vers Rieux.

« C'est mon affaire à moi, dans la vie, de fournir des occasions.

— Pardonnez-moi, dit Rambert, mais il faut que je parte. »

Le jeudi du rendez-vous, Rambert se rendit sous le porche de la cathédrale, cinq minutes avant huit heures. L'air était encore assez frais. Dans le ciel progressaient de petits nuages blancs et ronds que, tout à l'heure, la montée de la chaleur avalerait d'un coup. Une vague odeur d'humidité montait encore des pelouses, pourtant desséchées. Le soleil, derrière les maisons de l'est, réchauffait seulement le casque de la Jeanne d'Arc entièrement dorée qui garnit la place. Une horloge sonna les huit coups. Rambert fit quelques pas sous le porche désert. De vagues psalmodies lui parvenaient de l'intérieur avec de vieux parfums de cave et d'encens. Soudain, les chants se turent. Une dizaine de petites formes noires sortirent de l'église et se mirent à trottiner vers la ville. Rambert commença à s'impatienter. D'autres formes noires faisaient l'ascension des grands escaliers et se dirigeaient vers le porche. Il alluma une cigarette, puis s'avisa que le lieu peut-être ne l'y autorisait pas[1].

À huit heures quinze, les orgues de la cathédrale commencèrent à jouer en sourdine. Rambert entra sous la voûte obscure. Au bout d'un moment, il put apercevoir, dans la nef, les ombres noires qui étaient passées devant lui. Elles étaient toutes réunies dans un coin, devant une sorte d'autel improvisé où l'on venait d'installer un saint Roch, hâtivement exécuté dans un des ateliers de notre ville. Agenouillées, elles semblaient s'être recroquevillées encore, perdues dans la grisaille comme des morceaux d'ombre coagulée, à peine plus épaisses, çà et là, que la brume dans laquelle elles flottaient. Au-dessus d'elles, les orgues faisaient des variations sans fin.

Lorsque Rambert sortit, Gonzalès descendait déjà l'escalier et se dirigeait vers la ville.

« Je croyais que tu étais parti, dit-il au journaliste. C'était normal. »

Il expliqua qu'il avait attendu ses amis à un autre rendez-vous qu'il leur avait donné, non loin de là, à huit heures moins dix. Mais il les avait attendus vingt minutes, en vain.

« Il y a un empêchement, c'est sûr. On n'est pas toujours à l'aise dans le travail que nous faisons. »

Il proposait un autre rendez-vous, le lendemain, à la même heure, devant le monument aux morts. Rambert soupira et rejeta son feutre en arrière.

« Ce n'est rien, conclut Gonzalès en riant. Pense un peu à toutes les combinaisons, les descentes et les passes qu'il faut faire avant de marquer un but.

— Bien sûr, dit encore Rambert. Mais la partie ne dure qu'une heure et demie. »

Le monument aux morts d'Oran se trouve sur le seul endroit d'où l'on peut apercevoir la mer, une sorte de promenade longeant, sur une assez courte distance, les falaises qui dominent le port. Le lendemain, Rambert, premier au rendez-vous, lisait avec attention la liste des morts au champ d'honneur. Quelques minutes après, deux hommes s'approchèrent, le regardèrent avec indifférence, puis allèrent s'accouder au parapet de la promenade et parurent tout à fait absorbés par la contemplation des quais vides et déserts. Ils étaient tous les deux de la même taille, vêtus tous les deux d'un pantalon bleu et d'un tricot marine à manches courtes. Le journaliste s'éloigna un peu, puis s'assit sur un banc et put les regarder à loisir. Il s'aperçut alors qu'ils n'avaient sans doute pas plus de vingt ans. À ce moment, il vit Gonzalès qui marchait vers lui en s'excusant.

« Voilà nos amis », dit-il, et il l'amena vers les deux jeunes gens qu'il présenta sous les noms de Marcel et de Louis. De face, ils se ressemblaient beaucoup et Rambert estima qu'ils étaient frères.

« Voilà, dit Gonzalès. Maintenant la connaissance est faite. Il faudra arranger l'affaire elle-même. »

Marcel ou Louis dit alors que leur tour de garde commençait dans deux jours, durait une semaine et qu'il faudrait repérer le jour le plus commode. Ils étaient quatre à garder la porte ouest et les deux autres étaient des militaires de carrière. Il n'était pas question de les mettre dans l'affaire. Ils n'étaient pas sûrs et, d'ailleurs, cela augmenterait les frais. Mais il arrivait, certains soirs, que les deux collègues allassent passer une partie de la nuit dans l'arrière-salle d'un bar qu'ils connaissaient. Marcel ou Louis proposait ainsi à Rambert de venir s'installer chez eux, à proximité des portes, et d'attendre qu'on vînt le chercher. Le passage alors serait tout à fait facile. Mais il fallait se dépêcher parce qu'on parlait, depuis peu, d'installer des doubles postes à l'extérieur de la ville.

Rambert approuva et offrit quelques-unes de ses dernières cigarettes. Celui des deux qui n'avait pas encore parlé demanda alors à Gonzalès si la question des frais était réglée et si l'on pouvait recevoir des avances.

« Non, dit Gonzalès, ce n'est pas la peine, c'est un copain. Les frais seront réglés au départ. »

On convint d'un nouveau rendez-vous. Gonzalès proposa un dîner au restaurant espagnol, le surlendemain. De là, on pourrait se rendre à la maison des gardes.

« Pour la première nuit, dit-il à Rambert, je te tiendrai compagnie. »

Le lendemain, Rambert, remontant dans sa chambre, croisa Tarrou dans l'escalier de l'hôtel.

« Je vais rejoindre Rieux, lui dit ce dernier, voulez-vous venir ?

— Je ne suis jamais sûr de ne pas le déranger, dit Rambert après une hésitation.

— Je ne crois pas, il m'a beaucoup parlé de vous. »

Le journaliste réfléchissait :

« Écoutez, dit-il. Si vous avez un moment après dîner, même tard, venez au bar de l'hôtel tous les deux.

— Ça dépend de lui et de la peste », dit Tarrou.

À onze heures du soir, pourtant, Rieux et Tarrou entrèrent dans le bar, petit et étroit. Une trentaine de personnes s'y coudoyaient et parlaient à très haute voix. Venus du silence de la ville empestée, les deux arrivants s'arrêtèrent, un peu étourdis. Ils comprirent cette agitation en voyant qu'on servait encore des alcools. Rambert était à une extrémité du comptoir et leur faisait signe du haut de son tabouret. Ils l'entourèrent, Tarrou repoussant avec tranquillité un voisin bruyant.

« L'alcool ne vous effraie pas ?

— Non, dit Tarrou, au contraire. »

Rieux renifla l'odeur d'herbes amères de son verre. Il était difficile de parler dans ce tumulte, mais Rambert semblait surtout occupé à boire. Le docteur ne pouvait pas juger encore s'il était ivre. À l'une des deux tables qui occupaient le reste du local étroit où ils se tenaient, un officier de marine, une femme à chaque bras, racontait à un gros interlocuteur congestionné une épidémie de typhus au Caire : « Des camps, disait-il, on avait fait des camps pour les indigènes, avec des tentes pour les malades et, tout autour, un cordon de sentinelles qui tiraient sur la famille quand elle essayait d'apporter en fraude des remèdes de bonne femme. C'était dur, mais c'était juste. » À l'autre table, occupée par des jeunes gens élégants, la conversation était incompréhensible et se perdait dans les mesures de *Saint James Infirmary,* que déversait un pick-up haut perché.

« Êtes-vous content ? dit Rieux en élevant la voix.

— Ça s'approche, dit Rambert. Peut-être dans la semaine.

— Dommage, cria Tarrou.

— Pourquoi ? »

Tarrou regarda Rieux.

« Oh ! dit celui-ci, Tarrou dit cela parce qu'il pense que vous auriez pu nous être utile ici. Mais moi, je comprends trop bien votre désir de partir. »

Tarrou offrit une autre tournée. Rambert descendit de son tabouret et le regarda en face pour la première fois :

« En quoi vous serais-je utile ?

— Eh bien, dit Tarrou, en tendant la main vers son verre sans se presser, dans nos formations sanitaires. »

Rambert reprit cet air de réflexion butée qui lui était habituel et remonta sur son tabouret.

« Ces formations ne vous paraissent-elles pas utiles ? dit Tarrou qui venait de boire et regardait Rambert attentivement.

— Très utiles », dit le journaliste, et il but.

Rieux remarqua que sa main tremblait. Il pensa que décidément, oui, il était tout à fait ivre.

Le lendemain, lorsque Rambert entra pour la deuxième fois dans le restaurant espagnol, il passa au milieu d'un petit groupe d'hommes qui avaient sorti des chaises devant l'entrée et goûtaient un soir vert et or où la cha-

leur commençait seulement de s'affaisser. Ils fumaient un
tabac à l'odeur âcre. À l'intérieur, le restaurant était
presque désert. Rambert alla s'asseoir à la table du fond
où il avait rencontré Gonzalès, la première fois. Il dit à
la serveuse qu'il attendrait. Il était dix-neuf heures trente.
Peu à peu, les hommes rentrèrent dans la salle à manger
et s'installèrent. On commença à les servir et la voûte
surbaissée s'emplit de bruits de couverts et de conversations sourdes. À vingt heures, Rambert attendait toujours. On donna de la lumière. De nouveaux clients
s'installèrent à sa table. Il commanda son dîner. À vingt
heures trente, il avait terminé sans avoir vu Gonzalès,
ni les deux jeunes gens. Il fuma des cigarettes. La salle se
vidait lentement. Au-dehors, la nuit tombait très rapidement. Un souffle tiède qui venait de la mer soulevait
doucement les rideaux des portes-fenêtres. Quand il fut
vingt et une heures, Rambert s'aperçut que la salle était
vide et que la serveuse le regardait avec étonnement. Il
paya et sortit. Face au restaurant, un café était ouvert.
Rambert s'installa au comptoir et surveilla l'entrée du
restaurant. À vingt et une heures trente, il se dirigea
vers son hôtel, cherchant en vain comment rejoindre
Gonzalès dont il n'avait pas l'adresse, le cœur désemparé
à l'idée de toutes les démarches qu'il faudrait reprendre.

C'est à ce moment, dans la nuit traversée d'ambulances fugitives, qu'il s'aperçut, comme il devait le dire
au docteur Rieux, que pendant tout ce temps il avait en
quelque sorte oublié sa femme, pour s'appliquer tout
entier à la recherche d'une ouverture dans les murs qui
le séparaient d'elle. Mais c'est à ce moment aussi que,
toutes les voies une fois de plus bouchées, il la retrouva
de nouveau au centre de son désir, et avec un si soudain
éclatement de douleur qu'il se mit à courir vers son
hôtel, pour fuir cette atroce brûlure qu'il emportait
pourtant avec lui et qui lui mangeait les tempes.

Très tôt, le lendemain, il vint voir cependant Rieux,
pour lui demander comment trouver Cottard :

« Tout ce qui me reste à faire, dit-il, c'est de suivre
à nouveau la filière.

— Venez demain soir, dit Rieux, Tarrou m'a demandé
d'inviter Cottard, je ne sais pourquoi. Il doit venir à dix
heures. Arrivez à dix heures et demie. »

Lorsque Cottard arriva chez le docteur, le lendemain,

Tarrou et Rieux parlaient d'une guérison inattendue qui avait eu lieu dans le service de ce dernier.

« Un sur dix. Il a eu de la chance, disait Tarrou.

— Ah! bon, dit Cottard, ce n'était pas la peste. »

On l'assura qu'il s'agissait bien de cette maladie.

« Ce n'est pas possible puisqu'il est guéri. Vous le savez aussi bien que moi, la peste ne pardonne pas.

— En général, non, dit Rieux. Mais avec un peu d'entêtement, on a des surprises. »

Cottard riait.

« Il n'y paraît pas. Vous avez entendu les chiffres ce soir? »

Tarrou, qui regardait le rentier avec bienveillance[1], dit qu'il connaissait les chiffres, que la situation était grave, mais qu'est-ce que cela prouvait? Cela prouvait qu'il fallait des mesures encore plus exceptionnelles.

« Eh! vous les avez déjà prises.

— Oui, mais il faut que chacun les prenne pour son compte. »

Cottard regardait Tarrou sans comprendre. Celui-ci dit que trop d'hommes restaient inactifs, que l'épidémie était l'affaire de chacun et que chacun devait faire son devoir. Les formations volontaires étaient ouvertes à tous.

« C'est une idée, dit Cottard, mais ça ne servira à rien. La peste est trop forte.

— Nous le saurons, dit Tarrou sur le ton de la patience, quand nous aurons tout essayé. »

Pendant ce temps, Rieux à son bureau recopiait des fiches. Tarrou regardait toujours le rentier qui s'agitait sur sa chaise.

« Pourquoi ne viendriez-vous pas avec nous, monsieur Cottard? »

L'autre se leva d'un air offensé, prit son chapeau rond à la main :

« Ce n'est pas mon métier[2]. »

Puis sur un ton de bravade :

« D'ailleurs je m'y trouve bien, moi, dans la peste, et je ne vois pas pourquoi je me mêlerais de la faire cesser. »

Tarrou se frappa le front, comme illuminé par une vérité soudaine :

« Ah! c'est vrai, j'oubliais, vous seriez arrêté sans cela. »

Cottard eut un haut-le-corps et se saisit de la chaise comme s'il allait tomber. Rieux avait cessé d'écrire et le regardait d'un air sérieux et intéressé.

« Qui vous l'a dit ? » cria le rentier.

Tarrou parut surpris et dit :

« Mais vous. Ou du moins, c'est ce que le docteur et moi avons cru comprendre. »

Et comme Cottard, envahi tout à coup d'une rage trop forte pour lui, bredouillait des paroles incompréhensibles :

« Ne vous énervez pas, ajouta Tarrou. Ce n'est pas le docteur ni moi qui vous dénoncerons. Votre histoire ne nous regarde pas. Et puis, la police, nous n'avons jamais aimé ça. Allons, asseyez-vous. »

Le rentier regarda sa chaise et s'assit, après une hésitation. Au bout d'un moment, il soupira.

« C'est une vieille histoire, reconnut-il, qu'ils ont ressortie. Je croyais que c'était oublié. Mais il y en a un qui a parlé. Ils m'ont fait appeler et m'ont dit de me tenir à leur disposition jusqu'à la fin de l'enquête. J'ai compris qu'ils finiraient par m'arrêter.

— C'est grave ? demanda Tarrou.

— Ça dépend de ce que vous voulez dire. Ce n'est pas un meurtre en tout cas.

— Prison ou travaux forcés ? »

Cottard paraissait très abattu.

« Prison, si j'ai de la chance... »

Mais après un moment, il reprit avec véhémence :

« C'est une erreur. Tout le monde fait des erreurs. Et je ne peux pas supporter l'idée d'être enlevé pour ça, d'être séparé de ma maison, de mes habitudes, de tous ceux que je connais.

— Ah ! demanda Tarrou, c'est pour ça que vous avez inventé de vous pendre ?

— Oui, une bêtise, bien sûr. »

Rieux parla pour la première fois et dit à Cottard qu'il comprenait son inquiétude, mais que tout s'arrangerait peut-être.

« Oh ! pour le moment, je sais que je n'ai rien à craindre.

— Je vois, dit Tarrou, vous n'entrerez pas dans nos formations. »

L'autre, qui tournait son chapeau entre ses mains, leva vers Tarrou un regard incertain :

« Il ne faut pas m'en vouloir.

— Sûrement pas. Mais essayez au moins, dit Tarrou en souriant, de ne pas propager volontairement le microbe. »

Cottard protesta qu'il n'avait pas voulu la peste, qu'elle était arrivée comme ça et que ce n'était pas sa faute si elle arrangeait ses affaires pour le moment. Et quand Rambert arriva à la porte, le rentier ajoutait, avec beaucoup d'énergie dans la voix :

« Du reste, mon idée est que vous n'arriverez à rien. »

Rambert apprit que Cottard ignorait l'adresse de Gonzalès mais qu'on pouvait toujours retourner au petit café. On prit rendez-vous pour le lendemain. Et comme Rieux manifesta le désir d'être renseigné, Rambert l'invita avec Tarrou pour la fin de la semaine à n'importe quelle heure de la nuit, dans sa chambre.

Au matin, Cottard et Rambert allèrent au petit café et laissèrent à Garcia un rendez-vous pour le soir, ou le lendemain en cas d'empêchement. Le soir, ils l'attendirent en vain. Le lendemain, Garcia était là. Il écouta en silence l'histoire de Rambert. Il n'était pas au courant, mais il savait qu'on avait consigné des quartiers entiers pendant vingt-quatre heures afin de procéder à des vérifications domiciliaires. Il était possible que Gonzalès et les deux jeunes gens n'eussent[1] pu franchir les barrages. Mais tout ce qu'il pouvait faire était de les mettre en rapport à nouveau avec Raoul. Naturellement, ce ne serait pas avant le surlendemain.

« Je vois, dit Rambert, il faut tout recommencer. »

Le surlendemain, au coin d'une rue, Raoul confirma l'hypothèse de Garcia; les bas quartiers avaient été consignés. Il fallait reprendre contact avec Gonzalès. Deux jours après, Rambert déjeunait avec le joueur de football.

« C'est idiot, disait celui-ci. On aurait dû convenir d'un moyen de se retrouver. »

C'était aussi l'avis de Rambert.

« Demain matin, nous irons chez les petits, on tâchera de tout arranger. »

Le lendemain, les petits n'étaient pas chez eux. On leur laissa un rendez-vous pour le lendemain midi, place du Lycée. Et Rambert rentra chez lui avec une expression qui frappa Tarrou, lorsqu'il le rencontra dans l'après-midi.

« Ça ne va pas ? lui demanda Tarrou.

— C'est à force de recommencer », dit Rambert.

Et il renouvela son invitation :

« Venez ce soir. »

Le soir, quand les deux hommes pénétrèrent dans la chambre de Rambert, celui-ci était étendu. Il se leva, emplit des verres qu'il avait préparés. Rieux, prenant le sien, lui demanda si c'était en bonne voie. Le journaliste dit qu'il avait fait à nouveau un tour complet, qu'il était arrivé au même point et qu'il aurait bientôt son dernier rendez-vous. Il but et ajouta :

« Naturellement, ils ne viendront pas.

— Il[1] ne faut pas en faire un principe, dit Tarrou.

— Vous n'avez pas encore compris, répondit Rambert, en haussant les épaules.

— Quoi donc ?

— La peste.

— Ah ! fit Rieux.

— Non, vous n'avez pas compris que ça consiste à recommencer. »

Rambert alla dans un coin de sa chambre et ouvrit un petit phonographe.

« Quel est ce disque ? demanda Tarrou. Je le connais. »

Rambert répondit que c'était *Saint James Infirmary*. Au milieu du disque, on entendit deux coups de feu claquer au loin.

« Un chien ou une évasion », dit Tarrou.

Un moment après, le disque s'acheva et l'appel d'une ambulance se précisa, grandit, passa sous les fenêtres de la chambre d'hôtel, diminua, puis s'éteignit enfin.

« Ce disque n'est pas drôle, dit Rambert. Et puis cela fait bien dix fois que je l'entends aujourd'hui.

— Vous l'aimez tant que cela ?

— Non, mais je n'ai que celui-là. »

Et après un moment :

« Je vous dis que ça consiste à recommencer. »

Il demanda à Rieux comment marchaient les formations. Il y avait cinq équipes au travail. On espérait en former d'autres. Le journaliste s'était assis sur son lit et paraissait préoccupé par ses ongles. Rieux examinait sa silhouette courte et puissante, ramassée sur le bord du lit. Il s'aperçut tout d'un coup que Rambert le regardait.

« Vous savez, docteur, dit-il, j'ai beaucoup pensé à votre organisation. Si je ne suis pas avec vous, c'est que j'ai mes raisons. Pour le reste, je crois que je saurais encore payer de ma personne, j'ai fait la guerre d'Espagne.

— De quel côté? demanda Tarrou.

— Du côté des vaincus. Mais depuis, j'ai un peu réfléchi.

— À quoi? fit Tarrou.

— Au courage. Maintenant je sais que l'homme est capable de grandes actions. Mais s'il n'est pas capable d'un grand sentiment, il ne m'intéresse pas.

— On a l'impression qu'il est capable de tout, dit Tarrou.

— Mais non, il est incapable de souffrir ou d'être heureux longtemps. Il n'est donc capable de rien qui vaille. »

Il les regardait, et puis :

« Voyons, Tarrou, êtes-vous capable de mourir pour un amour?

— Je ne sais pas, mais il me semble que non, maintenant.

— Voilà. Et vous êtes capable de mourir pour une idée, c'est visible à l'œil nu. Eh bien, moi, j'en ai assez des gens qui meurent pour une idée. Je ne crois pas à l'héroïsme, je sais que c'est facile et j'ai appris que c'était meurtrier. Ce qui m'intéresse, c'est qu'on vive et qu'on meure de ce qu'on aime. »

Rieux avait écouté le journaliste avec attention. Sans cesser de le regarder, il dit avec douceur :

« L'homme n'est pas une idée, Rambert. »

L'autre sautait de son lit, le visage enflammé de passion.

« C'est une idée, et[1] une idée courte, à partir du moment où il se détourne de l'amour. Et justement, nous ne sommes plus capables d'amour. Résignons-nous, docteur. Attendons de le devenir et si vraiment ce n'est pas possible, attendons la délivrance générale sans jouer au héros. Moi, je ne vais pas plus loin. »

Rieux se leva, avec un air de soudaine lassitude.

« Vous avez raison, Rambert, tout à fait raison, et pour rien au monde je ne voudrais vous détourner de ce que vous allez faire, qui me paraît juste et bon. Mais il faut cependant que je vous le dise : il ne s'agit pas d'héroïsme dans tout cela. Il s'agit d'honnêteté. C'est une idée qui peut faire rire, mais la seule façon de lutter contre la peste, c'est l'honnêteté.

— Qu'est-ce que l'honnêteté? dit Rambert, d'un air soudain sérieux.

— Je ne sais pas ce qu'elle est en général. Mais dans mon cas, je sais qu'elle consiste à faire mon métier.

— Ah! dit Rambert avec rage, je ne sais pas quel[1] est mon métier. Peut-être en effet suis-je dans mon tort en choisissant l'amour. »

Rieux lui fit face :

« Non, dit-il avec force, vous n'êtes pas dans votre tort. »

Rambert les regardait pensivement.

« Vous deux, je suppose que vous n'avez rien à perdre dans tout cela. C'est facile d'être du bon côté. »

Rieux vida son verre.

« Allons, dit-il, nous avons à faire[2]. »

Il sortit.

Tarrou le suivit, mais parut se raviser au moment de sortir, se retourna vers le journaliste et lui dit :

« Savez-vous que la femme de Rieux se trouve dans une maison de santé à quelques centaines de kilomètres d'ici? »

Rambert eut un geste de surprise, mais Tarrou était déjà parti[3].

À la première heure, le lendemain, Rambert téléphonait au docteur :

« Accepteriez-vous que je travaille avec vous jusqu'à ce que j'aie trouvé le moyen de quitter la ville? »

Il y eut un silence au bout du fil, et puis :

« Oui, Rambert. Je vous remercie. »

III

Ainsi, à longueur de semaine, les prisonniers de la peste se débattirent comme ils le purent. Et quelques-uns d'entre eux, comme Rambert, arrivaient même à imaginer, on le voit, qu'ils agissaient encore en hommes libres, qu'ils pouvaient encore choisir. Mais, en fait, on pouvait dire à ce moment, au milieu du mois d'août, que la peste avait tout recouvert. Il n'y avait plus alors de destins individuels, mais une histoire collective qui était la peste et des sentiments partagés par tous. Le plus grand était la séparation et l'exil avec ce que cela comportait de peur et de révolte. Voilà pourquoi le narrateur croit qu'il convient, à ce sommet de la chaleur et de la maladie, de décrire la[1] situation générale et, à titre d'exemple, les violences de nos concitoyens vivants, les enterrements des défunts et la souffrance des amants séparés.

C'est au milieu de cette année-là que le vent se leva et souffla pendant plusieurs jours sur la cité empestée. Le vent est particulièrement redouté des habitants d'Oran parce qu'il ne rencontre aucun obstacle naturel sur le plateau où elle est construite et qu'il s'engouffre ainsi dans les rues avec toute sa violence. Après ces longs mois où pas une goutte d'eau n'avait rafraîchi la ville, elle s'était couverte d'un enduit gris qui s'écailla sous le souffle du vent. Ce dernier soulevait ainsi des vagues de poussière et de papiers qui battaient les jambes des promeneurs devenus plus rares. On les voyait se hâter par les rues, courbés en avant, un mouchoir ou la main sur la bouche. Le soir, au lieu des rassemblements où l'on tentait de prolonger le plus possible ces jours dont chacun pouvait être le dernier, on rencontrait de petits groupes de gens pressés de rentrer chez eux ou dans des cafés, si bien que pendant quelques jours, au crépuscule qui arrivait bien plus vite à cette époque, les rues étaient désertes et le vent seul y poussait des plaintes continues. De la mer soulevée et toujours invisible montait une odeur d'algues et de sel. Cette ville déserte, blanchie de poussière, saturée d'odeurs marines, toute sonore des cris du vent, gémissait alors comme[1] une île malheureuse.

Jusqu'ici la peste avait fait beaucoup plus de victimes dans les quartiers extérieurs, plus peuplés et moins confortables, que dans le centre de la ville. Mais elle sembla tout d'un coup se rapprocher et s'installer aussi dans les quartiers d'affaires. Les habitants accusaient le vent de transporter les germes d'infection. « Il brouille les cartes », disait le directeur de l'hôtel. Mais quoi qu'il en fût, les quartiers du centre savaient que leur tour était venu en entendant vibrer tout près d'eux, dans la nuit, et de plus en plus fréquemment, le timbre des ambulances qui faisait résonner sous leurs fenêtres l'appel morne et sans passion de la peste.

À l'intérieur même de la ville, on eut l'idée d'isoler certains quartiers particulièrement éprouvés et de n'autoriser à en sortir que les hommes dont les services étaient indispensables. Ceux qui y vivaient jusque-là ne purent s'empêcher de considérer cette mesure comme une brimade spécialement dirigée contre eux, et dans tous les cas, ils pensaient par contraste aux habitants des autres quartiers comme à des hommes libres. Ces derniers, en revanche, dans leurs moments difficiles, trouvaient une consolation à imaginer que d'autres étaient encore moins libres qu'eux. « Il y a toujours plus prisonnier que moi » était la phrase qui résumait alors le seul espoir possible.

À peu près à cette époque, il y eut aussi une recrudescence d'incendies, surtout dans les quartiers de plaisance, aux portes ouest de la ville. Renseignements pris, il s'agissait de personnes revenues de quarantaine et qui, affolées par le deuil et le malheur, mettaient le feu à leur maison dans l'illusion qu'elles y faisaient mourir la peste. On eut beaucoup de mal à combattre ces entreprises dont la fréquence soumettait des quartiers entiers à un perpétuel danger en raison du vent violent[2]. Après avoir démontré en vain que la désinfection des maisons opérée par les autorités suffisait à exclure tout risque de contamination, il fallut édicter des peines très sévères contre ces incendiaires innocents. Et, sans doute, ce n'était pas l'idée de la prison qui fit alors reculer ces malheureux, mais la certitude commune à tous les habitants qu'une peine de prison équivalait à une peine de mort par suite de l'excessive mortalité qu'on relevait dans la geôle municipale. Bien entendu, cette croyance n'était pas sans fondement. Pour des raisons évidentes, il semblait que la peste s'acharnât particulièrement sur tous ceux qui avaient pris l'habitude de vivre en groupes, soldats, religieux ou prisonniers. Malgré l'isolement de certains détenus, une prison est une communauté, et ce qui le prouve bien, c'est que dans notre prison municipale les gardiens, autant que les prisonniers, payaient leur tribut à la maladie. Du point de vue supérieur de la peste, tout le monde, depuis le directeur jusqu'au dernier détenu, était condamné et, pour la première fois peut-être, il régnait dans la prison une justice absolue.

C'est en vain que les autorités essayèrent d'introduire de la hiérarchie dans ce nivellement, en concevant l'idée de décorer les gardiens de prison morts dans l'exercice de leurs fonctions. Comme l'état de siège était décrété et que, sous un certain angle, on pouvait considérer que les gardiens de prison étaient des mobilisés, on leur donna la médaille militaire à titre posthume. Mais si les détenus ne laissèrent entendre aucune protestation, les milieux militaires ne prirent pas bien la chose et firent remarquer à juste titre qu'une confusion regrettable pouvait s'établir dans l'esprit du public. On fit droit à leur demande et on pensa que le plus simple était d'attribuer aux gardiens qui mourraient la médaille de l'épidémie. Mais pour les premiers, le mal était fait, on ne pouvait songer à leur retirer leur décoration, et les milieux militaires continuèrent à maintenir leur point de vue. D'autre part, en ce qui concerne la médaille des épidémies, elle avait l'inconvénient de ne pas produire l'effet moral qu'on avait obtenu par l'attribution d'une décoration militaire, puisqu'en temps d'épidémie il était banal d'obtenir une décoration de ce genre. Tout le monde fut mécontent.

De plus, l'administration pénitentiaire ne put opérer comme les autorités religieuses et, dans une moindre mesure, militaires. Les moines des deux seuls couvents de la ville avaient été, en effet, dispersés et logés provisoirement dans des familles pieuses. De même, chaque fois que cela fut possible, des petites compagnies avaient été détachées des casernes et mises en garnison dans des écoles ou des immeubles publics. Ainsi la maladie qui, apparemment, avait forcé les habitants à une solidarité d'assiégés, brisait en même temps les associations traditionnelles et renvoyait les individus à leur solitude. Cela faisait du désarroi.

On peut penser que toutes ces circonstances, ajoutées au vent, portèrent aussi l'incendie dans certains esprits. Les portes de la ville furent attaquées de nouveau pendant la nuit, et à plusieurs reprises, mais cette fois par de petits groupes armés. Il y eut des échanges de coups de feu, des blessés et quelques évasions. Les postes de garde furent renforcés et ces tentatives cessèrent assez rapidement. Elles suffirent, cependant, pour faire lever dans la ville un souffle de révolution qui provoqua quelques scènes de violence. Des maisons, incendiées ou fermées pour des raisons sanitaires, furent pillées. À vrai dire, il est difficile de supposer que ces actes aient été prémédités. La plupart du temps, une occasion subite amenait des gens, jusque-là honorables, à des actions répréhensibles qui furent imitées sur-le-champ. Il se trouva ainsi des forcenés pour se précipiter dans une maison encore en flammes, en présence du propriétaire lui-même, hébété par la douleur. Devant son indifférence, l'exemple des premiers fut suivi par beaucoup de spectateurs et, dans cette rue obscure, à la lueur de l'incendie, on vit s'enfuir de toutes parts des ombres déformées par les flammes mourantes et par les objets ou les meubles qu'elles portaient sur les épaules. Ce furent ces incidents qui forcèrent les autorités à assimiler l'état de peste à l'état de siège et à appliquer les lois qui en découlent. On fusilla deux voleurs, mais il est douteux que cela fît impression sur les autres, car au milieu de tant de morts, ces deux exécutions passèrent inaperçues : c'était une goutte d'eau dans la mer. Et, à la vérité, des scènes semblables se renouvelèrent assez souvent sans que les autorités fissent mine d'intervenir. La seule mesure qui sembla impressionner tous les habitants fut l'institution du couvre-feu. À partir de onze heures, plongée dans la nuit complète, la ville était de pierre.

Sous les ciels de lune, elle alignait ses murs blan-châtres et ses rues rectilignes, jamais tachées par la masse noire d'un arbre, jamais troublées par le pas d'un pro-meneur ni le cri d'un chien. La grande cité silencieuse n'était[1] plus alors qu'un assemblage de cubes massifs et inertes, entre lesquels les effigies taciturnes de bien-faiteurs oubliés ou d'anciens grands hommes étouffés à jamais dans le bronze s'essayaient seules, avec leurs faux visages de pierre ou de fer, à évoquer une image dégradée de ce qui avait été l'homme. Ces idoles médiocres trônaient sous un ciel épais, dans les carrefours sans vie, brutes insensibles qui figuraient assez bien le règne immobile où nous étions entrés ou du moins son ordre ultime, celui d'une nécropole où la peste, la pierre et la nuit auraient fait taire enfin toute voix.

Mais la nuit était aussi dans tous les cœurs et les vérités comme les légendes qu'on rapportait au sujet des enter-rements n'étaient pas faites pour rassurer nos conci-toyens. Car il faut bien parler des enterrements et le narrateur s'en excuse. Il sent bien le reproche qu'on pourrait lui faire à cet égard, mais sa seule justification est qu'il y eut des enterrements pendant toute cette époque et que d'une certaine manière, on l'a obligé, comme on a obligé tous ses concitoyens, à se préoccuper des enterrements. Ce n'est pas, en tout cas, qu'il ait du goût pour ces sortes de cérémonies, préférant au contraire la société des vivants et, pour donner un exemple, les bains de mer. Mais, en somme, les bains de mer avaient été supprimés et la société des vivants craignait à longueur de journée d'être obligée de céder le pas à la société des morts. C'était là l'évidence. Bien entendu, on pouvait toujours s'efforcer de ne pas la voir, se boucher les yeux et la refuser, mais l'évidence a une force terrible qui finit toujours par tout emporter. Le moyen, par exemple, de refuser les enterrements, le jour où ceux que vous aimez ont besoin des enterrements[2]?

Eh bien, ce qui caractérisait au début nos cérémonies c'était la rapidité! Toutes les formalités avaient été sim-plifiées et d'une manière générale la pompe funéraire avait été supprimée. Les malades mouraient loin de leur famille et on avait interdit les veillées rituelles, si bien que celui qui était mort dans la soirée passait sa nuit tout seul et celui qui mourait dans la journée était enterré sans délai. On avisait la famille, bien entendu, mais dans la plupart des cas, celle-ci ne pouvait pas se déplacer, étant en quarantaine si elle avait vécu auprès du malade. Dans le cas où la famille n'habitait pas avec le défunt, elle se présentait à l'heure indiquée, qui était celle du départ pour le cimetière, le corps ayant été lavé et mis en bière.

Supposons que cette formalité ait eu lieu à l'hôpital auxiliaire dont s'occupait le docteur Rieux. L'école avait une sortie placée derrière le bâtiment principal. Un grand débarras donnant sur le couloir contenait des cercueils. Dans le couloir même, la famille trouvait un seul cercueil déjà fermé. Aussitôt, on passait au plus important, c'est-à-dire qu'on faisait signer des papiers au chef de famille. On chargeait ensuite le corps dans une voiture automobile qui était soit un vrai fourgon, soit une grande ambulance transformée. Les parents montaient dans un des taxis encore autorisés et, à toute vitesse, les voitures gagnaient le cimetière par des rues extérieures. À la porte, des gendarmes arrêtaient le convoi, donnaient un coup de tampon sur le laissez-passer officiel, sans lequel il était impossible d'avoir ce que nos concitoyens appellent une dernière demeure, s'effaçaient, et les voitures allaient se placer près d'un carré où de nombreuses fosses attendaient d'être comblées. Un prêtre accueillait le corps, car les services funèbres avaient été supprimés à l'église. On sortait la bière sous les prières, on la cordait, elle était traînée, elle glissait, butait contre le fond, le prêtre agitait son goupillon et déjà la première terre rebondissait sur le couvercle. L'ambulance était partie un peu avant pour se soumettre à un arrosage désinfectant et, pendant que les pelletées de glaise résonnaient de plus en plus sourdement, la famille s'engouffrait dans le taxi. Un quart d'heure après, elle avait retrouvé son domicile.

Ainsi, tout se passait vraiment avec le maximum de rapidité et le minimum de risques. Et sans doute, au début du moins, il est évident que le sentiment naturel des familles s'en trouvait froissé. Mais, en temps de peste, ce sont là des considérations dont il n'est pas possible de tenir compte : on avait tout sacrifié à l'efficacité. Du reste, si, au début, le moral de la population avait souffert de ces pratiques, car le désir d'être enterré décemment est plus répandu qu'on ne le croit, un peu plus tard, par bonheur, le problème du ravitaillement devint délicat et l'intérêt des habitants fut dérivé vers des préoccupations plus immédiates. Absorbés par les queues à faire, les démarches à accomplir et les formalités à remplir s'ils voulaient manger, les gens n'eurent pas le temps de songer à la façon dont on mourait autour d'eux et dont ils mourraient un jour. Ainsi, ces difficultés matérielles qui devaient être un mal se révélèrent un bienfait par la suite. Et tout aurait été pour le mieux, si l'épidémie ne s'était pas étendue, comme on l'a déjà vu.

Car les cercueils se firent alors plus rares, la toile manqua pour les linceuls et la place au cimetière. Il fallut aviser. Le plus simple, et toujours pour des raisons d'efficacité, parut de grouper les cérémonies et, lorsque la chose était nécessaire, de multiplier les voyages entre l'hôpital et le cimetière. Ainsi, en ce qui concerne le service de Rieux, l'hôpital disposait à ce moment de cinq cercueils. Une fois pleins, l'ambulance les chargeait. Au cimetière, les boîtes étaient vidées, les corps couleur de fer étaient chargés sur les brancards et attendaient dans un hangar, aménagé à cet effet. Les bières étaient arrosées d'une solution antiseptique, ramenées à l'hôpital, et l'opération recommençait autant de fois qu'il était nécessaire. L'organisation était donc très bonne et le préfet s'en montra satisfait. Il dit même à Rieux que cela valait mieux en fin de compte que les charrettes de morts conduites par des nègres, telles qu'on les retrouvait dans les chroniques des anciennes pestes.

« Oui, dit Rieux, c'est le même enterrement, mais nous, nous faisons des fiches. Le progrès est incontestable. »

Malgré ces succès de l'administration, le caractère désagréable que revêtaient maintenant les formalités obligea la préfecture à écarter les parents de la cérémonie. On tolérait seulement qu'ils vinssent à la porte du cimetière et, encore, cela n'était pas officiel. Car, en ce qui concerne la dernière cérémonie, les choses avaient un peu changé. À l'extrémité du cimetière, dans un espace nu couvert de lentisques, on avait creusé deux immenses fosses. Il y avait la fosse des hommes et celle des femmes.

De ce point de vue, l'administration respectait les convenances et ce n'est que bien plus tard que, par la force
des choses, cette dernière pudeur disparut et qu'on
enterra pêle-mêle, les uns sur les autres, hommes et
femmes, sans souci de la décence. Heureusement, cette
confusion ultime marqua seulement les derniers moments
du fléau. Dans la période qui nous occupe, la séparation
des fosses existait et la préfecture y tenait beaucoup.
Au fond de chacune d'elles, une grosse épaisseur de
chaux vive fumait et bouillonnait. Sur les bords du trou,
un monticule de la même chaux laissait ses bulles éclater
à l'air libre. Quand les voyages de l'ambulance étaient
terminés, on amenait les brancards en cortège, on laissait
glisser au fond, à peu près les uns à côté des autres, les
corps dénudés et légèrement tordus et, à ce moment, on
les recouvrait de chaux vive, puis de terre, mais jusqu'à
une certaine hauteur seulement, afin de ménager la place
des hôtes à venir. Le lendemain, les parents étaient
invités à signer sur un registre, ce qui marquait la[1] différence qu'il peut y avoir entre les hommes et, par exemple,
les chiens : le contrôle était toujours possible.

Pour toutes ces opérations, il fallait du personnel et
l'on était toujours à la veille d'en manquer. Beaucoup
de ces infirmiers et de ces fossoyeurs d'abord officiels,
puis improvisés, moururent de la peste. Quelque précaution que l'on prît, la contagion se faisait un jour.
Mais à y bien réfléchir, le plus étonnant fut qu'on ne
manqua jamais d'hommes pour faire ce métier, pendant
tout le temps de l'épidémie. La période critique se plaça
peu avant que la peste eût atteint son sommet et les
inquiétudes du docteur Rieux étaient alors fondées. Ni
pour les cadres ni pour ce qu'il appelait les gros travaux,
la main-d'œuvre n'était suffisante. Mais à partir du
moment où la peste se fut réellement emparée de toute la
ville, alors son excès même entraîna des conséquences
bien commodes, car elle désorganisa toute la vie écono-
mique et suscita ainsi un nombre considérable de chômeurs. Dans la plupart des cas, ils ne fournissaient pas
de recrutement pour les cadres, mais quant aux basses
œuvres, elles s'en trouvèrent facilitées. À partir de ce
moment, en effet, on vit toujours la misère se montrer
plus forte que la peur, d'autant que le travail était payé
en proportion des risques. Les services sanitaires purent

disposer d'une liste de solliciteurs et, dès qu'une vacance venait de se produire, on avisait les premiers de la liste qui, sauf si dans l'intervalle ils étaient entrés eux aussi en vacances, ne manquaient pas de se présenter. C'est ainsi que le préfet qui avait longtemps hésité à utiliser les condamnés, à temps ou à vie, pour ce genre de travail, put éviter d'en arriver à cette extrémité. Aussi longtemps qu'il y aurait des chômeurs, il était d'avis qu'on pouvait attendre.

Tant bien que mal, et jusqu'à la fin du mois d'août, nos concitoyens purent donc être conduits à leur dernière demeure sinon décemment, du moins dans un ordre suffisant pour que l'administration gardât la conscience qu'elle accomplissait son devoir. Mais il faut anticiper un peu sur la suite des événements pour rapporter les derniers procédés auxquels il fallut recourir. Sur le palier où la peste se maintint en effet à partir du mois d'août, l'accumulation des victimes surpassa de beaucoup les possibilités que pouvait offrir notre petit cimetière. On eut beau abattre des pans de mur, ouvrir aux morts une échappée sur les terrains environnants, il fallut bien vite trouver autre chose. On se décida d'abord à enterrer la nuit, ce qui, du coup, dispensa de prendre certains égards. On peut entasser les corps de plus en plus nombreux dans les ambulances. Et les quelques promeneurs attardés qui, contre toute règle, se trouvaient encore dans les quartiers extérieurs après le couvre-feu (ou ceux que leur métier y amenait) rencontraient parfois de longues ambulances blanches qui filaient à toute allure, faisant résonner de leur timbre sans éclat les rues creuses de la nuit. Hâtivement, les corps étaient jetés dans les fosses. Ils n'avaient pas fini de basculer que les pelletées de chaux s'écrasaient sur leurs visages et la terre les recouvrait de façon anonyme, dans des trous que l'on creusait de plus en plus profonds[1].

Un peu plus tard cependant, on fut obligé de chercher ailleurs et de prendre encore du large. Un arrêté préfectoral expropria les occupants des concessions à perpétuité et l'on achemina vers le four crématoire tous les restes exhumés. Il fallut bientôt conduire les morts de la peste eux-mêmes à la crémation. Mais on dut utiliser alors l'ancien four d'incinération qui se trouvait à l'est de la ville, à l'extérieur des portes. On reporta plus loin le piquet de garde et un employé de la mairie facilita beaucoup la tâche des autorités en conseillant d'utiliser les tramways qui, autrefois, desservaient la corniche maritime, et qui se trouvaient sans emploi. À cet effet, on aménagea l'intérieur des baladeuses[1] et des motrices en enlevant les sièges, et on détourna la voie à hauteur du four, qui devint ainsi une tête de ligne.

Et pendant toute la fin de l'été, comme au milieu des pluies de l'automne, on put voir le long de la corniche, au cœur de chaque nuit, passer d'étranges convois de tramways sans voyageurs, brinquebalant au-dessus de la mer. Les habitants avaient fini par savoir ce qu'il en était. Et malgré les patrouilles qui interdisaient l'accès de la corniche, des groupes parvenaient à se glisser bien souvent dans les rochers qui surplombent les vagues, et à lancer des fleurs dans les baladeuses, au passage des tramways. On entendait alors les véhicules cahoter encore dans la nuit d'été, avec leur chargement de fleurs et de morts.

Vers le matin, en tout cas les premiers jours, une vapeur épaisse et nauséabonde planait sur les quartiers orientaux de la ville. De l'avis de tous les médecins, ces exhalaisons, quoique désagréables, ne pouvaient nuire à personne. Mais les habitants de ces quartiers menacèrent aussitôt de les déserter, persuadés que la peste s'abattait ainsi sur eux du haut du ciel, si bien qu'on fut obligé de détourner les fumées par un système de canalisations compliquées et les habitants se calmèrent. Les jours de grand vent seulement, une vague odeur venue de l'est leur rappelait qu'ils étaient installés dans un nouvel ordre, et que les flammes de la peste dévoraient leur tribut chaque soir.

Ce furent là les conséquences extrêmes de l'épidémie. Mais il est heureux qu'elle ne se soit point accrue par la suite, car on peut penser que l'ingéniosité de nos bureaux, les dispositions de la préfecture et même la capacité d'absorption[2] du four eussent peut-être été dépassées. Rieux savait qu'on avait prévu alors des solutions désespérées, comme le rejet des cadavres à la mer, et il imaginait aisément leur écume monstrueuse sur l'eau bleue. Il savait que si les statistiques continuaient à monter, aucune organisation, si excellente fût-elle, n'y résisterait, que les hommes viendraient mourir dans l'entassement, pourrir dans la rue, malgré la préfecture, et que la ville verrait, sur les places publiques, les mourants s'accrocher aux vivants avec un mélange de haine légitime et de stupide espérance.

C'était ce genre d'évidence ou d'appréhensions, en tout cas, qui entretenait chez nos concitoyens le sentiment de leur exil et de leur séparation. À cet égard, le narrateur sait parfaitement combien il est regrettable de ne pouvoir rien rapporter ici qui soit vraiment spectaculaire, comme par exemple quelque héros réconfortant ou quelque action éclatante, pareils à ceux qu'on trouve dans les vieux récits. C'est que rien n'est moins spectaculaire qu'un fléau et, par leur durée même, les grands malheurs sont monotones. Dans le souvenir de ceux qui les ont vécues, les journées terribles de la peste n'apparaissaient pas comme de grandes flammes somptueuses[1] et cruelles, mais plutôt comme un interminable piétinement qui écrasait tout sur son passage.

Non, la peste n'avait rien à voir avec les grandes images exaltantes qui avaient poursuivi le docteur Rieux au début de l'épidémie. Elle était d'abord une administration prudente et impeccable, au bon fonctionnement. C'est ainsi, soit dit entre parenthèses, que pour ne rien trahir et surtout pour ne pas se trahir lui-même, le narrateur a tendu à l'objectivité. Il n'a presque rien voulu modifier par les effets de l'art, sauf en ce qui concerne les besoins élémentaires d'une relation à peu près cohérente. Et c'est l'objectivité elle-même qui lui commande de dire maintenant que si la grande souffrance de cette époque, la plus générale comme la plus profonde, était la séparation, s'il est indispensable en conscience d'en donner une nouvelle description à ce stade de la peste, il n'en est pas moins vrai que cette souffrance elle-même perdait alors de son pathétique.

Nos concitoyens, ceux du moins qui avaient le plus souffert de cette séparation, s'habituaient-ils à la situation ? Il ne serait pas tout à fait juste de l'affirmer. Il serait plus exact de dire qu'au moral comme au physique, ils souffraient de décharnement. Au début de la peste, ils se souvenaient très bien de l'être qu'ils avaient perdu et ils le regrettaient. Mais s'ils se souvenaient nettement du visage aimé, de son rire, de tel jour dont ils reconnaissaient après coup qu'il avait été heureux, ils imaginaient difficilement ce que l'autre pouvait faire à l'heure même où ils l'évoquaient et dans des lieux désormais si lointains. En somme, à ce moment-là, ils avaient de la mémoire, mais une imagination insuffisante. Au deuxième stade de la peste, ils perdirent aussi la mémoire. Non qu'ils eussent oublié ce visage, mais, ce qui revient au même, il avait perdu sa chair, ils ne l'apercevaient plus à l'intérieur d'eux-mêmes. Et alors qu'ils avaient tendance à se plaindre, les premières semaines, de n'avoir plus affaire qu'à des ombres dans les choses de leur amour, ils s'aperçurent par la suite que ces ombres pouvaient encore devenir plus décharnées, en perdant jusqu'aux infimes couleurs que leur gardait le souvenir. Tout au bout de ce long temps de séparation, ils n'imaginaient plus cette intimité qui avait été la leur, ni comment avait pu vivre près d'eux un être sur lequel, à tout moment, ils pouvaient poser la main.

De ce point de vue, ils étaient entrés dans l'ordre même de la peste, d'autant plus efficace qu'il était plus médiocre. Personne, chez nous, n'avait plus de grands sentiments. Mais tout le monde éprouvait des sentiments monotones. « Il est temps que cela finisse », disaient nos concitoyens, parce qu'en période de fléau, il est normal de souhaiter la fin des souffrances collectives, et parce qu'en fait, ils souhaitaient que cela finît. Mais tout cela se disait sans la flamme ou l'aigre sentiment du début, et seulement avec les quelques raisons qui nous restaient encore claires, et qui étaient pauvres. Au grand élan farouche des premières semaines avait succédé un abattement qu'on aurait eu tort de prendre pour de la résignation, mais qui n'en était pas moins une sorte de consentement provisoire.

Nos concitoyens s'étaient mis au pas, ils s'étaient adaptés, comme on dit, parce qu'il n'y avait pas moyen de faire autrement. Ils avaient encore, naturellement, l'attitude du malheur et de la souffrance, mais ils n'en ressentaient plus la pointe. Du reste, le docteur Rieux, par exemple, considérait que c'était cela le malheur, justement, et que l'habitude du désespoir est pire que le désespoir lui-même. Auparavant, les séparés n'étaient pas réellement malheureux, il y avait dans leur souffrance une illumination qui venait de s'éteindre. À présent, on les voyait au coin des rues, dans les cafés ou chez leurs amis, placides et distraits, et l'œil si ennuyé que, grâce à eux, toute la ville ressemblait à une salle d'attente. Pour ceux qui avaient un métier, ils le faisaient à l'allure même de la peste, méticuleusement et sans éclat. Tout le monde était modeste. Pour la première fois, les séparés n'avaient pas de répugnance à parler de l'absent, à prendre le langage de tous, à examiner leur séparation sous le même angle que les statistiques de l'épidémie. Alors que, jusque-là, ils avaient soustrait farouchement leur souffrance au malheur collectif, ils acceptaient maintenant la confusion. Sans mémoire et sans espoir, ils s'installaient dans le présent. À la vérité, tout leur devenait présent. Il faut bien le dire, la peste avait enlevé à tous le pouvoir de l'amour et même de l'amitié. Car l'amour demande un peu d'avenir, et il n'y avait plus pour nous que des instants[1].

Bien entendu, rien de tout cela n'était absolu. Car s'il est vrai que tous les séparés en vinrent à cet état, il est juste d'ajouter qu'ils n'y arrivèrent pas tous en même temps et qu'aussi bien, une fois installés dans cette nouvelle attitude, des éclairs, des retours de brusques lucidités ramenaient les patients à une sensibilité plus jeune et plus douloureuse. Il y fallait ces moments de distraction où ils formaient quelque projet qui impliquait que la peste eût cessé. Il fallait qu'ils ressentissent inopinément, et par l'effet de quelque grâce, la morsure d'une jalousie sans objet. D'autres trouvaient aussi des renaissances soudaines, sortaient de leur torpeur certains jours de la semaine, le dimanche naturellement et le samedi après-midi, parce que ces jours-là étaient consacrés à certains rites, du temps de l'absent. Ou bien encore, une certaine mélancolie qui les prenait à la fin des journées leur donnait l'avertissement, pas toujours confirmé d'ailleurs, que la mémoire allait leur revenir. Cette heure du soir, qui pour les croyants est celle de l'examen de conscience, cette heure est dure pour le prisonnier ou l'exilé qui n'ont à examiner que du vide. Elle les tenait suspendus un moment, puis ils retournaient à l'atonie, ils s'enfermaient dans la peste.

On a déjà compris que cela consistait à renoncer à ce qu'ils avaient de plus personnel. Alors que dans les premiers temps de la peste, ils étaient frappés par la somme de petites choses qui comptaient beaucoup pour eux, sans avoir aucune existence pour les autres, et ils faisaient ainsi l'expérience de la vie personnelle, maintenant, au contraire, ils ne s'intéressaient qu'à ce qui intéressait les autres, ils n'avaient plus que des idées générales et leur amour même avait pris pour eux la figure la plus abstraite. Ils étaient à ce point abandonnés à la peste qu'il leur arrivait parfois de n'espérer plus qu'en son sommeil et de se surprendre à penser : « Les bubons, et qu'on en finisse! » Mais ils dormaient déjà en vérité, et tout ce temps ne fut qu'un long sommeil. La ville était peuplée de dormeurs éveillés qui n'échappaient réellement à leur sort que ces rares fois où, dans la nuit, leur blessure apparemment fermée se rouvrait brusquement. Et réveillés en sursaut, ils en tâtaient alors, avec une sorte de distraction, les lèvres irritées, retrouvant en un éclair leur souffrance, soudain rajeunie, et, avec elle, le visage bouleversé de leur amour. Au matin, ils revenaient au fléau, c'est-à-dire à la routine.

Mais de quoi, dira-t-on, ces séparés avaient-ils l'air ? Eh bien, cela est simple, ils n'avaient l'air de rien. Ou, si on préfère, ils avaient l'air de tout le monde, un air tout à fait général. Ils partageaient la placidité et les agitations puériles de la cité. Ils perdaient les apparences du sens critique, tout en gagnant les apparences du sang-froid. On pouvait voir, par exemple, les plus intelligents d'entre eux faire mine de chercher comme tout le monde dans les journaux, ou bien dans les émissions radiophoniques, des raisons de croire à une fin rapide de la peste, et concevoir apparemment des espoirs chimériques, ou éprouver des craintes sans fondement, à la lecture de considérations qu'un journaliste avait écrites un peu au hasard, en bâillant d'ennui. Pour le reste, ils buvaient leur bière ou soignaient leurs malades, paressaient ou s'épuisaient, classaient des fiches ou faisaient tourner des disques sans se distinguer autrement les uns des autres. Autrement dit, ils ne choisissaient plus rien. La peste avait supprimé les jugements de valeur. Et cela se voyait à la façon dont personne ne s'occupait plus de la qualité des vêtements ou des aliments qu'on achetait. On acceptait tout en bloc.

On peut dire pour finir que les séparés n'avaient plus ce curieux privilège qui les préservait au début. Ils avaient perdu l'égoïsme de l'amour, et le bénéfice qu'ils en tiraient. Du moins, maintenant, la situation était claire, le fléau concernait tout le monde. Nous tous au milieu des détonations qui claquaient aux portes de la ville, des coups de tampon qui scandaient notre vie ou nos décès, au milieu des incendies et des fiches, de[1] la terreur et des formalités, promis à une mort ignominieuse, mais enregistrée, parmi les fumées épouvantables et les timbres tranquilles des ambulances, nous nous nourrissions du même pain d'exil, attendant sans le savoir la même réunion et la même paix bouleversantes. Notre amour sans doute était toujours là, mais, simplement, il était inutilisable, lourd à porter, inerte en nous, stérile comme le crime ou la condamnation. Il n'était plus qu'une patience sans avenir et une attente butée. Et de ce point de vue, l'attitude de certains de nos concitoyens faisait penser à ces longues queues aux quatre coins de la ville, devant les boutiques d'alimentation. C'était la même résignation et la même longanimité, à la fois illimitée et sans illusions. Il faudrait seulement élever ce sentiment à une échelle mille fois plus grande en ce qui concerne la séparation, car il s'agissait alors d'une autre faim et qui pouvait tout dévorer.

Dans tous les cas, à supposer qu'on veuille avoir une idée juste de l'état d'esprit où se trouvaient les séparés de notre ville, il faudrait de nouveau évoquer ces éternels soirs dorés et poussiéreux, qui tombaient sur la cité sans arbres, pendant qu'hommes et femmes se déversaient dans toutes les rues. Car, étrangement, ce qui montait alors vers les terrasses encore ensoleillées, en l'absence des bruits de véhicules et de machines qui font d'ordinaire tout le langage des villes, ce n'était qu'une énorme rumeur de pas et de voix sourdes, le douloureux glissement de milliers de semelles rythmé par le sifflement du fléau dans le ciel alourdi, un piétinement interminable et étouffant enfin, qui remplissait peu à peu toute la ville et qui, soir après soir, donnait sa voix la plus fidèle et la plus morne à l'obstination aveugle qui, dans nos cœurs, remplaçait alors l'amour.

IV

VI

Pendant les mois de septembre et d'octobre, la peste garda la ville repliée sous elle. Puisqu'il s'agissait de piétinements, plusieurs centaines de milliers d'hommes piétinèrent encore, pendant des semaines qui n'en finissaient pas. La brume, la chaleur et la pluie se succédèrent dans le ciel. Des bandes silencieuses d'étourneaux et de grives, venant du sud, passèrent très haut, mais contournèrent la ville, comme si le[1] fléau de Paneloux, l'étrange pièce de bois qui tournait en sifflant au-dessus des maisons, les tenait à l'écart. Au début d'octobre, de grandes averses balayèrent les rues. Et pendant tout ce temps, rien de plus important ne se produisit que ce piétinement énorme.

Rieux et ses amis découvrirent alors à quel point ils étaient fatigués. En fait, les hommes des formations sanitaires n'arrivaient plus à digérer cette fatigue. Le docteur Rieux s'en apercevait en observant sur ses amis et sur lui-même les progrès d'une curieuse indifférence. Par exemple, ces hommes qui, jusqu'ici, avaient montré un si vif intérêt pour toutes les nouvelles qui concernaient la peste ne s'en préoccupaient plus du tout. Rambert, qu'on avait chargé provisoirement de diriger une des maisons de quarantaine, installée depuis peu dans son hôtel, connaissait parfaitement le nombre de ceux qu'il avait en observation. Il était au courant des moindres détails du système d'évacuation immédiate qu'il avait organisé pour ceux qui montraient subitement des signes de la maladie. La statistique des effets du sérum sur les quarantaines était gravée dans sa mémoire. Mais il était incapable de dire le chiffre hebdomadaire des victimes[2] de la peste, il ignorait réellement si elle était en avance ou en recul. Et lui, malgré tout, gardait l'espoir d'une évasion prochaine.

Quant aux autres, absorbés dans leur travail jour et nuit, ils ne lisaient les journaux ni n'entendaient la radio. Et si on leur annonçait un résultat, ils faisaient mine de s'y intéresser, mais ils l'accueillaient en fait avec cette indifférence distraite qu'on imagine aux combattants des grandes guerres, épuisés de travaux, appliqués seulement à ne pas défaillir dans leur devoir quotidien et n'espérant plus ni l'opération décisive ni le jour de l'armistice.

Grand, qui continuait à effectuer les calculs nécessités par la peste, eût certainement été incapable d'en indiquer les résultats généraux. Au contraire de Tarrou, de Rambert et de Rieux, visiblement durs à la fatigue, sa santé n'avait jamais été bonne. Or, il cumulait ses fonctions d'auxiliaire à la mairie, son secrétariat chez Rieux et ses travaux nocturnes. On pouvait le voir ainsi dans un continuel état d'épuisement, soutenu par deux ou trois idées fixes, comme celle de s'offrir des vacances complètes après la peste, pendant une semaine au moins, et de travailler alors de façon positive, « chapeau bas », à ce qu'il avait en train. Il était sujet aussi à de brusques attendrissements, et, dans ces occasions, il parlait volontiers de Jeanne à Rieux, se demandait où elle pouvait être au moment même, et si, lisant les journaux, elle pensait à lui. C'est avec lui que Rieux se surprit un jour à parler de sa propre femme sur le ton le plus banal, ce qu'il n'avait jamais fait jusque-là. Incertain du crédit qu'il fallait attacher aux télégrammes toujours rassurants de sa femme, il s'était décidé à câbler au médecin-chef de l'établissement où elle se soignait. En retour, il avait reçu l'annonce d'une aggravation dans l'état de la malade et l'assurance que tout serait fait pour enrayer les progrès du mal. Il avait gardé pour lui la nouvelle et il ne s'expliquait pas, sinon par la fatigue, comment il avait pu la confier à Grand. L'employé, après lui avoir parlé de Jeanne, l'avait questionné sur sa femme et Rieux avait répondu. « Vous savez, avait dit Grand, ça se guérit très bien maintenant. » Et Rieux avait acquiescé, disant simplement que la séparation commençait à être longue et que lui aurait peut-être aidé sa femme à triompher de sa maladie, alors qu'aujourd'hui, elle devait se sentir tout à fait seule. Puis il s'était tu et n'avait plus répondu qu'évasivement aux questions de Grand.

Les autres étaient dans le même état. Tarrou résistait mieux, mais ses carnets montrent que si sa curiosité n'avait pas diminué de profondeur, elle avait perdu de sa diversité. Pendant toute cette période en effet, il ne s'intéressait apparemment qu'à Cottard. Le soir, chez Rieux, où il avait fini par s'installer depuis que l'hôtel avait été transformé en maison de quarantaine, c'est à peine s'il écoutait Grand ou le docteur énoncer les résultats. Il ramenait tout de suite la conversation sur les petits détails de la vie oranaise qui l'occupaient généralement.

Quant à Castel, le jour où il vint annoncer au docteur que le sérum était prêt, et après qu'ils eurent décidé de faire le premier essai sur le petit garçon de M. Othon qu'on venait d'amener à l'hôpital et dont le cas semblait désespéré à Rieux, celui-ci communiquait à son vieil ami les dernières statistiques, quand il s'aperçut que son interlocuteur s'était endormi profondément au creux de son fauteuil. Et devant ce visage où, d'habitude, un air de douceur et d'ironie mettait une perpétuelle jeunesse et qui, soudain abandonné, un filet de salive rejoignant les lèvres entrouvertes, laissait voir son usure et sa vieillesse, Rieux sentit sa gorge se serrer.

C'est à de telles faiblesses que Rieux pouvait juger de sa fatigue. Sa sensibilité lui échappait. Nouée la plupart du temps, durcie et desséchée, elle crevait de loin en loin et l'abandonnait à des émotions dont il n'avait plus la maîtrise. Sa seule défense était de se réfugier dans ce durcissement et de resserrer le nœud qui s'était formé en lui. Il savait bien que c'était la bonne[1] manière de continuer. Pour le reste, il n'avait pas beaucoup d'illusions et sa fatigue lui ôtait celles qu'il conservait encore. Car il savait que, pour une période dont il n'apercevait pas le terme, son rôle n'était plus de guérir. Son rôle était de diagnostiquer. Découvrir, voir, décrire, enregistrer, puis condamner, c'était sa tâche. Des épouses lui prenaient le poignet et hurlaient : « Docteur, donnez-lui la vie ! » Mais il n'était pas là pour donner la vie, il était là pour ordonner l'isolement. À quoi servait la haine qu'il lisait alors sur les visages ? « Vous n'avez pas de cœur », lui avait-on dit un jour. Mais si, il en avait un. Il lui servait à supporter les vingt heures par jour où il voyait mourir des hommes qui étaient faits pour vivre. Il lui servait à recommencer tous les jours. Désormais, il avait juste assez de cœur pour ça. Comment ce cœur aurait-il suffi à donner la vie ?

Non, ce n'étaient pas des secours qu'il distribuait à longueur de journée, mais des renseignements. Cela ne pouvait pas s'appeler un métier d'homme, bien entendu. Mais, après tout, à qui donc, parmi cette foule terrorisée et décimée, avait-on laissé le loisir d'exercer son métier d'homme ? C'était encore heureux qu'il y eût la fatigue. Si Rieux avait été plus frais, cette odeur de mort partout répandue eût pu le rendre sentimental. Mais quand on n'a dormi que quatre heures, on n'est pas sentimental. On voit les choses comme elles sont, c'est-à-dire qu'on les voit selon la justice, la hideuse et dérisoire justice. Et les autres, les condamnés, le sentaient bien, eux aussi. Avant la peste, on le recevait comme un sauveur. Il allait tout arranger avec trois pilules et une seringue, et on lui serrait le bras en le conduisant le long des couloirs. C'était flatteur, mais dangereux. Maintenant, au contraire, il se présentait avec des soldats, et il fallait des coups de crosse pour que la famille se décidât à ouvrir. Ils auraient voulu l'entraîner et entraîner l'humanité entière avec eux dans la mort. Ah ! il était bien vrai que les hommes ne pouvaient pas se passer des hommes, qu'il était aussi démuni que ces malheureux et qu'il méritait ce même tremblement de pitié qu'il laissait grandir en lui lorsqu'il les avait quittés.

C'était du moins, pendant ces interminables semaines, les pensées que le docteur Rieux agitait avec celles qui concernaient son état de séparé. Et c'était aussi celles dont il lisait les reflets sur le visage de ses amis. Mais le plus dangereux effet de l'épuisement qui gagnait, peu à peu, tous ceux qui continuaient cette lutte contre le fléau n'était pas dans cette indifférence aux événements extérieurs et aux émotions des autres, mais dans la négligence où ils se laissaient aller. Car ils avaient tendance alors à éviter tous les gestes qui n'étaient pas absolument indispensables et qui leur paraissaient toujours au-dessus de leurs forces. C'est ainsi que ces hommes en vinrent à négliger de plus en plus souvent les règles d'hygiène qu'ils avaient codifiées, à oublier quelques

unes des nombreuses désinfections qu'ils devaient pratiquer sur eux-mêmes, à courir quelquefois, sans être
prémunis contre la contagion, auprès des malades atteints
de peste pulmonaire, parce que, prévenus au dernier
moment qu'il fallait se rendre dans les maisons infectées,
il leur avait paru d'avance épuisant de retourner dans
quelque local pour se faire les instillations nécessaires.
Là était le vrai danger, car c'était la lutte elle-même contre
la peste qui les rendait alors le plus vulnérables à la peste.
Ils pariaient en somme sur le hasard et le hasard n'est à
personne.

Il y avait pourtant dans la ville un homme qui ne paraissait ni épuisé ni découragé, et qui restait l'image vivante
de la satisfaction. C'était Cottard. Il continuait à se tenir
à l'écart, tout en maintenant ses rapports avec les autres.
Mais il avait choisi de voir Tarrou aussi souvent que le
travail de celui-ci le permettait, d'une part, parce que
Tarrou était bien renseigné sur son cas et, d'autre part,
parce qu'il savait accueillir le petit rentier avec une cordialité inaltérable. C'était un miracle perpétuel, mais
Tarrou, malgré le labeur qu'il fournissait, restait toujours bienveillant[1] et attentif. Même lorsque la fatigue
l'écrasait certains soirs, il retrouvait le lendemain une
nouvelle énergie. « Avec celui-là, avait dit Cottard à
Rambert, on peut causer, parce que c'est un homme.
On est toujours compris[2]. »

C'est pourquoi les notes de Tarrou, à cette époque,
convergent peu à peu sur le personnage de Cottard.
Tarrou a essayé de donner un tableau des réactions et
des réflexions de Cottard, telles qu'elles lui étaient con-
fiées par ce dernier ou telles qu'il les interprétait. Sous
la rubrique « Rapports de Cottard et de la peste », ce
tableau occupe quelques pages du carnet et le narrateur
croit utile d'en donner ici un aperçu. L'opinion générale de Tarrou sur le petit rentier se résumait dans ce
jugement : « C'est un personnage qui grandit. » Apparemment du reste, il grandissait dans la bonne humeur.
Il n'était pas mécontent de la tournure que prenaient
les événements. Il exprimait quelquefois le fond de sa
pensée, devant Tarrou, par des remarques de ce genre :
« Bien sûr, ça ne va pas mieux. Mais du moins, tout le
monde est dans le bain. »

« Bien entendu, ajoutait Tarrou, il est menacé comme

les autres, mais justement, il l'est avec les autres. Et
ensuite, il ne pense pas sérieusement, j'en suis sûr, qu'il
puisse être atteint par la peste. Il a l'air de vivre sur cette
idée, pas si bête d'ailleurs, qu'un homme en proie à une
grande maladie, ou à une angoisse profonde, est dispensé du même coup de toutes les autres maladies
ou angoisses. « Avez-vous remarqué, m'a-t-il dit, qu'on
» ne peut pas cumuler les maladies ? Supposez que vous
» ayez une maladie grave ou incurable, un cancer sérieux
» ou une bonne tuberculose, vous n'attraperez jamais
» la peste ou le typhus, c'est impossible. Du reste, ça
» va encore plus loin, parce que vous n'avez jamais vu
» un cancéreux mourir d'un accident d'automobile. »
Vraie ou fausse, cette idée met Cottard en bonne humeur.
La seule chose qu'il ne veuille pas, c'est être séparé des
autres. Il préfère être assiégé avec tous que prisonnier
tout seul. Avec la peste, plus question d'enquêtes secrètes,
de dossiers, de fiches, d'instructions mystérieuses et
d'arrestation imminente. À proprement parler, il n'y
a plus de police, plus de crimes anciens ou nouveaux,
plus de coupables, il n'y a que des condamnés qui
attendent la plus arbitraire des grâces, et, parmi eux,
les policiers eux-mêmes. » Ainsi Cottard, et toujours
selon l'interprétation de Tarrou, était fondé à considérer
les symptômes d'angoisse et de désarroi que présentaient
nos concitoyens avec cette satisfaction indulgente et
compréhensive qui pouvait s'exprimer par un : « Parlez
toujours, je l'ai eue avant vous. »

    « J'ai eu beau lui dire que la seule façon de ne pas être
séparé des autres, c'était après tout d'avoir une bonne
conscience, il m'a regardé méchamment et il m'a dit :
« Alors, à ce compte, personne n'est jamais avec per-
» sonne. » Et puis : « Vous pouvez y aller, c'est moi
» qui vous le dis. La seule façon de mettre les gens
» ensemble, c'est encore de leur envoyer la peste. Regardez
» donc autour de vous. » Et en vérité, je comprends
bien ce qu'il veut dire et combien la vie d'aujourd'hui
doit lui paraître confortable[1]. Comment ne reconnaîtrait-il
pas au passage les réactions qui ont été les siennes ; la
tentative que chacun fait d'avoir tout le monde avec soi ;
l'obligeance qu'on déploie pour renseigner parfois un
passant égaré et la mauvaise humeur qu'on lui témoigne
d'autres fois ; la précipitation des gens vers les restaurants

de luxe, leur satisfaction de s'y trouver et de s'y attarder ; l'affluence désordonnée qui fait queue, chaque jour, au cinéma, qui remplit toutes les salles de spectacles et les dancings eux-mêmes, qui se répand comme une marée déchaînée dans tous les lieux publics ; le recul devant tout contact, l'appétit de chaleur humaine qui pousse cependant les hommes les uns vers les autres, les coudes vers les coudes et les sexes vers les sexes ? Cottard a connu tout cela avant eux, c'est évident. Sauf les femmes, parce qu'avec sa tête... Et je suppose que lorsqu'il s'est senti près d'aller chez les filles, il s'y est refusé, pour ne pas se donner un mauvais genre qui, par la suite, eût pu le desservir.

» En somme, la peste lui réussit. D'un homme solitaire et qui ne voulait pas l'être, elle fait un complice. Car visiblement c'est un complice et un complice qui se délecte. Il est complice de tout ce qu'il voit, des superstitions, des frayeurs illégitimes, des susceptibilités de ces âmes en alerte ; de leur manie de vouloir parler le moins possible de la peste et de ne pas cesser cependant d'en parler ; de leur affolement et de leurs pâleurs au moindre mal de tête depuis qu'ils savent que la maladie commence par des céphalées ; et de leur sensibilité irritée, susceptible, instable enfin, qui transforme en offense des oublis et qui s'afflige de la perte d'un bouton de culotte. »

Il arrivait souvent à Tarrou de sortir le soir avec Cottard. Il racontait ensuite, dans ses carnets, comment ils plongeaient dans la foule sombre des crépuscules ou des nuits, épaule contre épaule, s'immergeant dans une masse blanche et noire où, de loin en loin, une lampe mettait de rares éclats, et accompagnant le troupeau humain vers les plaisirs chaleureux qui le défendaient contre le froid de la peste. Ce que Cottard, quelques mois auparavant, cherchait dans les lieux publics, le luxe et la vie ample, ce dont il rêvait sans pouvoir se satisfaire, c'est-à-dire la jouissance effrénée, un peuple entier s'y portait maintenant. Alors que le prix de toutes choses montait irrésistiblement, on n'avait jamais tant gaspillé d'argent, et quand le nécessaire manquait à la plupart, on n'avait jamais mieux dissipé le superflu. On voyait se multiplier tous les jeux d'une oisiveté qui n'était pourtant que du chômage. Tarrou et Cottard suivaient

parfois, pendant de longues minutes, un de ces couples
qui, auparavant, s'appliquaient à cacher ce qui les liait
et qui, à présent, serrés l'un contre l'autre, marchaient
obstinément à travers la ville, sans voir la foule qui les
entourait, avec la distraction un peu fixe des grandes
passions. Cottard s'attendrissait : « Ah! les gaillards! »
disait-il. Et il parlait haut, s'épanouissait au milieu de la
fièvre collective, des pourboires royaux qui sonnaient
autour d'eux et des intrigues qui se nouaient devant leurs
yeux.

Cependant, Tarrou estimait qu'il entrait peu de
méchanceté dans l'attitude de Cottard. Son « J'ai connu
ça avant eux » marquait plus de malheur que de triomphe.
« Je crois, disait Tarrou, qu'il commence à aimer ces
hommes emprisonnés entre le ciel et les murs de leur
ville. Par exemple, il leur expliquerait volontiers, s'il le
pouvait, que ce n'est pas si terrible que ça : « Vous les
» entendez, m'a-t-il affirmé : après la peste je ferai ceci,
» après la peste je ferai cela... Ils s'empoisonnent l'exis-
» tence au lieu de rester tranquilles. Et ils ne se rendent
» même pas compte de leurs avantages. Est-ce que je
» pouvais dire, moi : après mon arrestation, je ferai
» ceci? L'arrestation est un commencement, ce n'est
» pas une fin. Tandis que la peste... Vous voulez mon
» avis? Ils sont malheureux parce qu'ils ne se laissent
» pas aller. Et je sais ce que je dis. »

» Il sait en effet ce qu'il dit, ajoutait Tarrou. Il juge
à leur vrai prix les contradictions des habitants d'Oran
qui, dans le même temps où ils ressentent profondément
le besoin de chaleur qui les rapproche, ne peuvent s'y
abandonner cependant à cause de la méfiance qui les
éloigne les uns des autres. On sait trop bien qu'on ne
peut pas avoir confiance en son voisin, qu'il est capable
de vous donner la peste à votre insu et de profiter de
votre abandon pour vous infecter. Quand on a passé
son temps, comme Cottard, à voir des indicateurs possibles dans tous ceux de qui, pourtant, on recherchait
la compagnie, on peut comprendre ce sentiment. On
compatit très bien avec des gens qui vivent dans l'idée
que la peste peut, du jour au lendemain, leur mettre
la main sur l'épaule et qu'elle se prépare peut-être à le
faire, au moment où l'on se réjouit d'être encore sain et
sauf. Autant que cela est possible, il est à l'aise dans la

terreur. Mais parce qu'il a ressenti tout cela avant eux, je crois qu'il ne peut pas éprouver tout à fait avec eux la cruauté de cette incertitude. En somme, avec nous, nous qui ne sommes pas encore morts de la peste, il sent bien que sa liberté et sa vie sont tous les jours à la veille d'être détruites. Mais puisque lui-même a vécu dans la terreur, il trouve normal que les autres la connaissent à leur tour. Plus exactement, la terreur lui paraît alors moins lourde à porter que s'il y était tout seul. C'est en cela qu'il a tort et qu'il est plus difficile à comprendre que d'autres. Mais, après tout, c'est en cela qu'il mérite plus que d'autres qu'on essaie de le comprendre. »

Enfin, les pages de Tarrou se terminent sur un récit qui illustre cette conscience singulière qui venait en même temps à Cottard et aux pestiférés. Ce récit restitue à peu près l'atmosphère difficile de cette époque et c'est pourquoi le narrateur y attache de l'importance.

Ils étaient allés à l'Opéra municipal où l'on jouait *Orphée et Eurydice*. Cottard avait invité Tarrou. Il s'agissait d'une troupe qui était venue, au printemps de la peste, donner des représentations dans notre ville. Bloquée par la maladie, cette troupe s'était vue contrainte, après accord avec notre Opéra, de rejouer son spectacle, une fois par semaine. Ainsi, depuis des mois, chaque vendredi, notre théâtre municipal retentissait des plaintes mélodieuses d'Orphée et des appels impuissants d'Eurydice. Cependant, ce spectacle continuait de connaître la faveur du public et faisait toujours de grosses recettes[1]. Installés aux places les plus chères, Cottard et Tarrou dominaient un parterre gonflé à craquer par les plus élégants de nos concitoyens. Ceux qui arrivaient s'appliquaient visiblement à ne pas manquer leur entrée. Sous la lumière éblouissante de l'avant-rideau, pendant que les musiciens accordaient discrètement leurs instruments, les silhouettes se détachaient avec précision, passaient d'un rang à l'autre, s'inclinaient avec grâce. Dans le léger brouhaha d'une conversation de bon ton, les hommes reprenaient l'assurance qui leur manquait quelques heures auparavant, parmi les rues noires de la ville. L'habit chassait la peste.

Pendant tout le premier acte, Orphée se plaignit avec

facilité, quelques femmes en tuniques commentèrent
avec grâce son malheur, et l'amour fut chanté en ariet-
tes[1]. La salle réagit avec une chaleur discrète. C'est à
peine si on remarqua qu'Orphée introduisait, dans son
air du deuxième acte, des tremblements qui n'y figuraient pas, et demandait avec un léger excès de pathétique, au maître des Enfers, de se laisser toucher par
ses pleurs. Certains gestes saccadés qui lui échappèrent
apparurent aux plus avisés comme un effet de stylisation
qui ajoutait encore à l'interprétation du chanteur.

Il fallut le grand duo d'Orphée et d'Eurydice au troisième acte (c'était le moment où Eurydice échappait à
son amant) pour qu'une certaine surprise courût dans
la salle. Et comme si le chanteur n'avait attendu que ce
mouvement du public, ou, plus certainement encore,
comme si la rumeur venue du parterre l'avait confirmé
dans ce qu'il ressentait, il choisit ce moment pour avancer
vers la rampe d'une façon grotesque, bras et jambes
écartés dans son costume à l'antique, et pour s'écrouler
au milieu des bergeries du décor qui n'avaient jamais
cessé d'être anachroniques mais qui, aux yeux des spectateurs, le devinrent pour la première fois, et de terrible
façon. Car, dans le même temps, l'orchestre se tut, les
gens du parterre se levèrent et commencèrent lentement
à évacuer la salle, d'abord en silence comme on sort
d'une église, le service fini, ou d'une chambre mortuaire
après une visite, les femmes rassemblant leurs jupes et
sortant tête baissée, les hommes guidant leurs compagnes
par le coude et leur évitant le heurt des strapontins. Mais,
peu à peu, le mouvement se précipita, le chuchotement
devint exclamation et la foule afflua vers les sorties et
s'y pressa, pour finir par s'y bousculer en criant. Cottard et
Tarrou, qui s'étaient seulement levés, restaient seuls en
face d'une des images de ce qui était leur vie d'alors : la
peste sur la scène sous l'aspect d'un histrion désarticulé
et, dans la salle, tout un luxe devenu inutile sous la forme
d'éventails oubliés et de dentelles traînant sur le rouge
des fauteuils.

Rambert, pendant les premiers jours du mois de septembre, avait sérieusement travaillé aux côtés de Rieux. Il avait simplement demandé une journée de congé le jour où il devait rencontrer Gonzalès et les deux jeunes gens devant le lycée de garçons.

Ce jour-là, à midi, Gonzalès et le journaliste virent arriver les deux petits qui riaient. Ils dirent qu'on n'avait pas eu de chance l'autre fois, mais qu'il fallait s'y attendre. En tout cas, ce n'était plus leur semaine de garde. Il fallait patienter jusqu'à la semaine prochaine. On recommencerait alors. Rambert dit que c'était bien le mot. Gonzalès proposa donc un rendez-vous pour le lundi suivant. Mais cette fois-ci, on installerait Rambert chez Marcel et Louis. « Nous prendrons un rendez-vous, toi et moi. Si je n'y suis pas, tu iras directement chez eux. On va t'expliquer où ils habitent. » Mais Marcel, ou Louis, dit à ce moment que le plus simple était de conduire tout de suite le camarade. S'il n'était pas difficile, il y avait à manger pour eux quatre. Et de cette façon, il se rendrait compte. Gonzalès dit que c'était une très bonne idée et ils descendirent vers le port.

Marcel et Louis habitaient à l'extrémité du quartier de la Marine, près des portes qui ouvraient sur la corniche. C'était une petite maison espagnole, épaisse de murs, aux contrevents de bois peint, aux pièces nues et ombreuses. Il y avait du riz que servit la mère des jeunes gens, une vieille Espagnole souriante et pleine de rides. Gonzalès s'étonna, car le riz manquait déjà en ville. « On s'arrange aux portes », dit Marcel. Rambert mangeait et buvait, et Gonzalès dit que c'était un vrai copain, pendant que le journaliste pensait seulement à la semaine qu'il devait passer.

En fait, il eut deux semaines à attendre, car les tours de garde furent portés à quinze jours, pour réduire le nombre des équipes. Et, pendant ces quinze jours, Rambert travailla sans s'épargner, de façon ininterrompue, les yeux fermés en quelque sorte, depuis l'aube jusqu'à la nuit. Tard dans la nuit, il se couchait et dormait d'un sommeil épais. Le passage brusque de l'oisiveté à ce labeur épuisant le laissait à peu près sans rêves et sans forces. Il parlait peu de son évasion prochaine. Un seul fait notable : au bout d'une semaine, il confia au docteur que pour la première fois, la nuit précédente, il s'était enivré. Sorti du bar, il eut tout à coup l'impression que ses aines grossissaient et que ses bras se mouvaient difficilement autour de l'aisselle. Il pensa que c'était la peste. Et la seule réaction qu'il put avoir alors et dont il convint avec Rieux qu'elle n'était pas raisonnable, fut de courir vers le haut de la ville, et là, d'une petite place, d'où l'on ne découvrait toujours pas la mer, mais d'où l'on voyait un peu plus de ciel, il appela sa femme avec un grand cri, par-dessus les murs de la ville. Rentré chez lui et ne découvrant sur son corps aucun signe d'infection, il n'avait pas été très fier de cette crise soudaine. Rieux dit[1] qu'il comprenait très bien qu'on puisse agir ainsi : « En tout cas, dit-il, il peut arriver qu'on en ait envie. »

« M. Othon m'a parlé de vous ce matin, ajouta soudain Rieux, au moment où Rambert le quittait. Il m'a demandé si je vous connaissais : « Conseillez-lui » donc, m'a-t-il dit, de ne pas fréquenter les milieux de » contrebande. Il s'y fait remarquer[2]. »

— Qu'est-ce que cela veut dire ?

— Cela veut dire qu'il faut vous dépêcher.

— Merci », dit Rambert, en serrant la main du docteur.

Sur la porte, il se retourna tout d'un coup. Rieux remarqua que, pour la première fois depuis le début de la peste, il souriait.

« Pourquoi donc ne m'empêchez-vous pas de partir ? Vous en avez les moyens. »

Rieux secoua la tête avec son mouvement habituel, et dit que c'était l'affaire de Rambert, que ce dernier avait choisi le bonheur et que lui, Rieux, n'avait pas d'arguments à lui opposer. Il se sentait incapable de juger de ce qui était bien ou de ce qui était mal en cette affaire.

« Pourquoi me dire de faire vite, dans ces conditions ? »
Rieux sourit à son tour.

« C'est peut-être que j'ai envie, moi aussi, de faire
quelque chose pour le bonheur. »

Le lendemain, ils ne parlèrent plus de rien, mais
travaillèrent ensemble. La semaine suivante, Rambert
était enfin installé dans la petite maison espagnole. On
lui avait fait un lit dans la pièce commune. Comme les
jeunes gens ne rentraient pas pour les repas, et comme
on l'avait prié de sortir le moins possible, il y vivait
seul, la plupart du temps, ou faisait la conversation
avec la vieille mère. Elle[1] était sèche et active, habillée
de noir, le visage brun et ridé, sous des cheveux blancs
très propres. Silencieuse, elle souriait seulement de tous
ses yeux quand elle regardait Rambert.

D'autres fois, elle lui demandait s'il ne craignait pas
d'apporter la peste à sa femme. Lui pensait que c'était
une chance à courir, mais qu'en somme elle était minime,
tandis qu'en restant dans la ville, ils risquaient d'être
séparés pour toujours.

« Elle est gentille ? disait la vieille en souriant.
— Très gentille.
— Jolie ?
— Je crois.
— Ah ! disait-elle, c'est pour cela. »

Rambert réfléchissait. C'était sans doute pour cela,
mais il était impossible que ce fût seulement pour
cela.

« Vous ne croyez pas au bon Dieu ? » disait la vieille
qui allait à la messe tous les matins.

Rambert reconnut que non et la vieille dit encore que
c'était pour cela.

« Il faut la rejoindre, vous avez raison. Sinon,
qu'est-ce qui vous resterait[2] ? »

Le reste du temps, Rambert tournait en rond autour
des murs nus et crépis, caressant les éventails cloués
aux parois, ou bien comptait les boules de laine qui
frangeaient le tapis de table. Le soir, les jeunes gens
rentraient. Ils ne parlaient pas beaucoup, sinon pour
dire que ce n'était pas encore le moment. Après le dîner,
Marcel jouait de la guitare et ils buvaient une liqueur
anisée. Rambert avait l'air de réfléchir[3].

Le mercredi, Marcel rentra en disant : « C'est pour

demain soir, à minuit. Tiens-toi prêt. » Des deux hommes qui tenaient le poste avec eux, l'un était atteint de la peste et l'autre, qui partageait ordinairement la chambre du premier, était en observation. Ainsi, pendant deux ou trois jours, Marcel et Louis seraient seuls. Au cours de la nuit, ils allaient arranger les derniers détails. Le lendemain, ce serait possible. Rambert remercia. « Vous êtes content ? » demanda la vieille. Il dit que oui, mais il pensait à autre chose.

Le lendemain, sous un ciel lourd, la chaleur était humide et étouffante. Les nouvelles de la peste étaient mauvaises. La vieille Espagnole gardait cependant sa sérénité. « Il y a du péché dans le monde, disait-elle. Alors, forcément ! » Comme Marcel et Louis, Rambert était torse nu. Mais quoi qu'il fît, la sueur lui coulait entre les épaules et sur la poitrine. Dans la demi-pénombre de la maison aux volets clos, cela leur faisait des torses bruns et vernis. Rambert tournait en rond sans parler. Brusquement, à quatre heures de l'après-midi, il s'habilla et annonça qu'il sortait.

« Attention, dit Marcel, c'est pour minuit. Tout est en place. »

Rambert se rendit chez le docteur. La mère de Rieux dit à Rambert qu'il le trouverait à l'hôpital de la haute ville. Devant le poste de garde, la même foule tournait toujours sur elle-même. « Circulez ! » disait un sergent aux yeux globuleux. Les autres circulaient, mais en rond. « Il n'y a rien à attendre », disait le sergent dont la sueur perçait la veste. C'était aussi l'avis des autres, mais ils restaient quand même, malgré la chaleur meurtrière. Rambert montra son laissez-passer au sergent qui lui indiqua le bureau de Tarrou. La porte en donnait sur la cour. Il croisa le père Paneloux, qui sortait du bureau.

Dans une sale petite pièce blanche qui sentait la pharmacie et le drap humide, Tarrou, assis derrière un bureau de bois noir, les manches de chemise retroussées, tamponnait avec un mouchoir la sueur qui coulait dans la saignée de son bras.

« Encore là ? dit-il.

— Oui, je voudrais parler à Rieux.

— Il est dans la salle. Mais si cela peut s'arranger sans lui, il vaudrait mieux.

« — Pourquoi ?

— Il est surmené. Je lui évite ce que je peux. »

Rambert regardait Tarrou. Celui-ci avait maigri. La fatigue lui brouillait les yeux et les traits. Ses fortes épaules étaient ramassées en boule. On frappa à la porte, et un infirmier entra, masqué de blanc. Il déposa sur le bureau de Tarrou un paquet de fiches et, d'une voix que le linge étouffait, dit seulement : « Six », puis sortit. Tarrou regarda le journaliste et lui montra les fiches qu'il déploya en éventail.

« De belles fiches, hein ? Eh bien, non, ce sont des morts de la nuit. »

Son front s'était creusé. Il replia le paquet de fiches.

« La seule chose qui nous reste, c'est la comptabilité. »

Tarrou se leva, prenant appui sur la table.

« Allez-vous bientôt partir ?

— Ce soir, à minuit. »

Tarrou dit que cela lui faisait plaisir et que Rambert devait veiller sur lui.

« Dites-vous cela sincèrement ? »

Tarrou haussa les épaules :

« À mon âge, on est forcément sincère. Mentir est trop fatigant.

— Tarrou, dit le journaliste, je voudrais voir le docteur. Excusez-moi.

— Je sais. Il est plus humain que moi. Allons-y.

— Ce n'est pas cela », dit Rambert avec difficulté. Et il s'arrêta.

Tarrou le regarda et, tout d'un coup, lui sourit.

Ils suivirent un petit couloir dont les murs étaient peints en vert clair et où flottait une lumière d'aquarium. Juste avant d'arriver à une double porte vitrée, derrière laquelle on voyait un curieux mouvement d'ombres, Tarrou fit entrer Rambert dans une très petite salle, entièrement tapissée de placards. Il ouvrit l'un d'eux, tira d'un stérilisateur deux masques de gaze hydrophile, en tendit un à Rambert et l'invita à s'en couvrir. Le journaliste demanda si cela servait à quelque chose et Tarrou répondit que non, mais que cela donnait confiance aux autres.

Ils poussèrent la porte vitrée. C'était une immense salle, aux fenêtres hermétiquement closes, malgré la saison. Dans le haut des murs ronronnaient des appareils qui renouvelaient l'air, et leurs hélices courbes brassaient l'air crémeux et surchauffé, au-dessus de deux rangées de lits gris. De tous les côtés, montaient des gémissements sourds ou aigus qui ne faisaient qu'une plainte monotone. Des hommes, habillés de blanc, se déplaçaient avec lenteur, dans la lumière cruelle que déversaient les hautes baies garnies de barreaux. Rambert se sentit mal à l'aise dans la terrible chaleur de cette salle et il eut de la peine à reconnaître Rieux, penché au-dessus d'une forme gémissante. Le docteur incisait les aines du malade que deux infirmières, de chaque côté du lit, tenaient écartelé. Quand il se releva, il laissa tomber ses instruments dans le plateau qu'un aide lui tendait et resta un moment immobile, à regarder l'homme qu'on était en train de panser.

« Quoi de nouveau ? dit-il à Tarrou qui s'approchait.

— Paneloux accepte de remplacer Rambert à la maison de quarantaine. Il a déjà beaucoup fait. Il restera la troisième équipe de prospection à regrouper sans Rambert. »

Rieux approuva de la tête.

« Castel a achevé ses premières préparations. Il propose un essai.

— Ah ! dit Rieux, cela est bien.

— Enfin, il y a ici Rambert. »

Rieux se retourna. Par-dessus le masque, ses yeux se plissèrent en apercevant le journaliste.

« Que faites-vous ici ? dit-il. Vous devriez être ailleurs. »

Tarrou dit que c'était pour ce soir à minuit et Rambert ajouta : « En principe. »

Chaque fois que l'un d'eux parlait le masque de gaze se gonflait et s'humidifiait à l'endroit de la bouche. Cela faisait une conversation un peu irréelle, comme un dialogue de statues.

« Je voudrais vous parler, dit Rambert.

— Nous sortirons ensemble, si vous le voulez bien. Attendez-moi dans le bureau de Tarrou. »

Un moment après, Rambert et Rieux s'installaient à l'arrière de la voiture du docteur. Tarrou conduisait.

« Plus d'essence, dit celui-ci en démarrant. Demain, nous irons à pied.

— Docteur, dit Rambert, je ne pars pas et je veux rester avec vous. »

Tarrou ne broncha pas. Il continuait de conduire. Rieux semblait incapable d'émerger de sa fatigue.

« Et[1] elle ? » dit-il d'une voix sourde.

Rambert dit qu'il avait encore réfléchi, qu'il continuait à croire ce qu'il croyait, mais que s'il partait, il aurait honte. Cela le gênerait pour aimer celle qu'il avait laissée. Mais Rieux se redressa et dit d'une voix ferme que cela était stupide et qu'il n'y avait pas de honte à préférer le bonheur.

« Oui, dit Rambert, mais il peut y avoir de la honte à être heureux tout seul[2]. »

Tarrou, qui s'était tu jusque-là, sans tourner la tête vers eux, fit remarquer que si Rambert voulait partager le malheur des hommes, il n'aurait plus jamais de temps pour le bonheur. Il fallait choisir[3].

« Ce n'est pas cela, dit Rambert. J'ai toujours pensé que j'étais étranger à cette ville et que je n'avais rien à faire avec vous. Mais maintenant que j'ai vu ce que j'ai vu, je sais que je suis d'ici, que je le veuille ou non. Cette histoire nous concerne tous. »

Personne ne répondit et Rambert parut s'impatienter.

« Vous le savez bien d'ailleurs ! Ou sinon que feriez-vous dans cet hôpital ? Avez-vous donc choisi, vous, et renoncé au bonheur ? »

Ni Tarrou ni Rieux ne répondirent encore. Le silence dura longtemps, jusqu'à ce qu'on approchât de la maison du docteur. Et Rambert, de nouveau, posa sa dernière question, avec plus de force encore. Et, seul, Rieux se tourna vers lui. Il se souleva avec effort :

« Pardonnez-moi, Rambert, dit-il, mais je ne le sais pas. Restez avec nous puisque vous le désirez. »

Une embardée de l'auto le fit taire. Puis il reprit en regardant devant lui :

« Rien au monde[4] ne vaut qu'on se détourne de ce qu'on aime. Et pourtant je m'en détourne, moi aussi, sans que je puisse savoir pourquoi. »

Il se laissa retomber sur son coussin.

« C'est un fait, voilà tout, dit-il avec lassitude. Enregistrons-le et tirons-en les conséquences.

— Quelles conséquences ? demanda Rambert[5].

— Ah ! dit Rieux, on ne peut pas en même temps guérir et savoir. Alors guérissons le plus vite possible. C'est le plus pressé. »

À minuit, Tarrou et Rieux faisaient à Rambert le plan du quartier qu'il était chargé de prospecter, quand Tarrou regarda sa montre. Relevant la tête, il rencontra le regard de Rambert.

« Avez-vous prévenu ? »

Le journaliste détourna les yeux :

« J'avais envoyé un mot, dit-il avec effort, avant d'aller vous voir. »

CE fut dans les derniers jours d'octobre que le sérum de Castel fut essayé. Pratiquement, il était le dernier espoir de Rieux. Dans le cas d'un nouvel échec, le docteur était persuadé que la ville serait livrée aux caprices de la maladie, soit que l'épidémie prolongeât ses effets pendant de longs mois encore, soit qu'elle décidât de s'arrêter sans raison.

La veille même du jour où Castel vint visiter Rieux, le fils de M. Othon était tombé malade et toute la famille avait dû gagner la quarantaine. La mère, qui en était sortie peu auparavant, se vit donc isolée pour la seconde fois. Respectueux des consignes données, le juge avait fait appeler le docteur Rieux, dès qu'il reconnut, sur le corps de l'enfant, les signes de la maladie. Quand Rieux arriva, le père et la mère étaient debout au pied du lit. La petite fille avait été éloignée. L'enfant était dans la période d'abattement et se laissa examiner sans se plaindre. Quand le docteur releva la tête, il rencontra le regard du juge et, derrière lui, le visage pâle de la mère qui avait mis un mouchoir sur sa bouche et suivait les gestes du docteur avec des yeux élargis.

« C'est cela, n'est-ce pas ? dit le juge d'une voix froide.

— Oui », répondit Rieux, en regardant de nouveau l'enfant.

Les yeux de la mère s'agrandirent, mais elle ne parlait toujours pas. Le juge se taisait aussi, puis il dit, sur un ton plus bas :

« Eh bien, docteur, nous devons faire ce qui est prescrit. »

Rieux évitait de regarder la mère qui tenait toujours son mouchoir sur la bouche.

« Ce sera vite fait, dit-il en hésitant, si je puis téléphoner. »

M. Othon dit qu'il allait le conduire. Mais le docteur se retourna vers la femme :

« Je suis désolé. Vous devriez préparer quelques affaires. Vous savez ce que c'est. »

Mme Othon parut interdite. Elle regardait à terre.

« Oui, dit-elle en hochant la tête, c'est ce que je vais faire. »

Avant de les quitter, Rieux ne put s'empêcher de leur demander s'ils n'avaient besoin de rien. La femme le regardait toujours en silence. Mais le juge détourna cette fois les yeux.

« Non, dit-il, puis il avala sa salive, mais sauvez mon enfant. »

La quarantaine, qui au début n'était qu'une simple formalité, avait été organisée par Rieux et Rambert, de façon très stricte. En particulier, ils avaient exigé que les membres d'une même famille fussent toujours isolés les uns des autres. Si l'un des membres de la famille avait été infecté sans le savoir, il ne fallait pas multiplier les chances de la maladie. Rieux expliqua ces raisons au juge qui les trouva bonnes. Cependant, sa femme et lui se regardèrent de telle façon que le docteur sentit à quel point cette séparation les laissait désemparés. Mme Othon et sa petite fille purent être logées dans l'hôtel de quarantaine dirigé par Rambert. Mais pour le juge d'instruction, il n'y avait plus de place, sinon dans le camp d'isolement que la préfecture était en train d'organiser, sur le stade municipal, à l'aide de tentes prêtées par le service de voirie. Rieux s'en excusa, mais M. Othon dit qu'il n'y avait qu'une règle pour tous et qu'il[1] était juste d'obéir.

Quant à l'enfant, il fut transporté à l'hôpital auxiliaire, dans une ancienne salle de classe où dix lits avaient été installés. Au bout d'une vingtaine d'heures, Rieux jugea son cas désespéré. Le petit corps se laissait dévorer par l'infection, sans une réaction. De tout petits bubons, douloureux, mais à peine formés, bloquaient les articulations de ses membres grêles. Il était vaincu d'avance. C'est pourquoi Rieux eut l'idée d'essayer sur lui le sérum de Castel. Le soir même, après le dîner, ils pratiquèrent la longue inoculation, sans obtenir une seule réaction de l'enfant. À l'aube, le lendemain, tous se rendirent auprès du petit garçon pour juger de cette expérience décisive.

L'enfant, sorti de sa torpeur, se tournait convulsivement dans les draps. Le docteur, Castel et Tarrou, depuis quatre heures du matin, se tenaient près de lui, suivant pas à pas les progrès ou les haltes de la maladie. À la tête du lit, le corps massif de Tarrou était un peu voûté. Au pied du lit, assis près de Rieux debout, Castel lisait, avec toutes les apparences de la tranquillité, un vieil ouvrage[1]. Peu à peu, à mesure que le jour s'élargissait dans l'ancienne salle d'école, les autres arrivaient. Paneloux d'abord, qui se plaça de l'autre côté du lit, par rapport à Tarrou, et adossé au mur. Une expression douloureuse se lisait sur son visage, et la fatigue de tous ces jours où il avait payé de sa personne avait tracé des rides sur son front congestionné. À son tour, Joseph Grand arriva. Il était sept heures et l'employé s'excusa d'être essoufflé. Il n'allait rester qu'un moment, peut-être savait-on déjà quelque chose de précis. Sans mot dire, Rieux lui montra l'enfant qui, les yeux fermés dans une face décomposée, les dents serrées à la limite de ses forces, le corps immobile, tournait et retournait sa tête de droite à gauche, sur le traversin sans drap. Lorsqu'il fit assez jour, enfin, pour qu'au fond de la salle, sur le tableau noir demeuré en place, on pût distinguer les traces d'anciennes formules d'équation, Rambert arriva. Il s'adossa au pied du lit voisin et sortit un paquet de cigarettes. Mais après un regard à l'enfant, il remit le paquet dans sa poche.

Castel, toujours assis, regardait Rieux par-dessus ses lunettes :

« Avez-vous des nouvelles du père ?

— Non, dit Rieux, il est au camp d'isolement. »

Le docteur serrait avec force la barre du lit où gémissait l'enfant. Il ne quittait pas des yeux le petit malade qui se raidit brusquement et, les dents de nouveau serrées, se creusa un peu au niveau de la taille, écartant lentement les bras et les jambes. Du petit corps, nu sous la couverture militaire, montait une odeur de laine et d'aigre sueur. L'enfant se détendit peu à peu, ramena bras et jambes vers le centre du lit et, toujours aveugle et muet, parut respirer plus vite. Rieux rencontra le regard de Tarrou qui détourna les yeux.

Ils avaient déjà vu mourir des enfants puisque la terreur, depuis des mois, ne choisissait pas, mais ils n'avaient jamais encore suivi leurs souffrances minute après minute, comme ils le faisaient depuis le matin. Et, bien entendu, la douleur infligée à ces innocents n'avait jamais cessé de leur paraître ce qu'elle était en vérité, c'est-à-dire un scandale. Mais jusque-là du moins, ils se scandalisaient abstraitement, en quelque sorte, parce qu'ils n'avaient jamais regardé en face, si longuement, l'agonie d'un innocent.

Justement l'enfant, comme mordu à l'estomac, se pliait à nouveau, avec un gémissement grêle. Il resta creusé ainsi pendant de longues secondes, secoué de frissons et de tremblements convulsifs, comme si sa frêle carcasse pliait sous le vent furieux de la peste et craquait sous¹ les souffles répétés de la fièvre. La bourrasque passée, il se détendit un peu, la fièvre sembla se retirer et l'abandonner, haletant, sur une grève humide et empoisonnée où le repos ressemblait déjà à la mort. Quand le flot brûlant l'atteignit à nouveau pour la troisième fois et le souleva un peu, l'enfant se recroquevilla, recula au fond du lit dans l'épouvante de la flamme qui le brûlait et agita follement la tête, en rejetant sa couverture. De grosses larmes, jaillissant sous les paupières enflammées, se mirent à couler sur son visage plombé, et, au bout de la crise, épuisé, crispant ses jambes osseuses et ses bras dont la chair avait fondu en quarante-huit heures, l'enfant prit dans le lit dévasté une pose de crucifié grotesque.

Tarrou se pencha et, de sa lourde main, essuya le petit visage trempé de larmes et de sueur. Depuis un moment, Castel avait fermé son livre et regardait le malade. Il commença une phrase, mais fut obligé de tousser pour pouvoir la terminer, parce que sa voix détonnait brusquement :

« Il n'y a pas eu de rémission matinale, n'est-ce pas, Rieux ? »

Rieux dit que non, mais que l'enfant résistait depuis plus longtemps qu'il n'était normal. Paneloux, qui semblait un peu affaissé contre le mur, dit alors sourdement :

« S'il doit mourir, il aura souffert plus longtemps. »

Rieux se retourna brusquement vers lui et ouvrit la bouche pour parler, mais il se tut, fit un effort visible pour se dominer, et ramena son regard sur l'enfant[1].

La lumière s'enflait dans la salle. Sur les cinq autres lits, des formes remuaient et gémissaient, mais avec une discrétion qui semblait concertée. Le seul qui criât, à l'autre bout de la salle, poussait à intervalles réguliers de petites exclamations qui paraissaient traduire plus d'étonnement que de douleur. Il semblait que, même pour les malades, ce ne fût pas l'effroi du début. Il y avait, maintenant, une sorte de consentement dans leur manière de prendre la maladie. Seul, l'enfant se débattait de toutes ses forces. Rieux qui, de temps en temps, lui prenait le pouls, sans nécessité d'ailleurs et plutôt pour sortir de l'immobilité impuissante où il était, sentait, en fermant les yeux, cette agitation se mêler au tumulte de son propre sang. Il se confondait alors avec l'enfant supplicié et tentait de le soutenir de toute sa force encore intacte. Mais une minute réunies, les pulsations de leurs deux cœurs se désaccordaient, l'enfant lui échappait, et son effort sombrait dans le vide. Il lâchait alors le mince poignet et retournait à sa place.

Le long des murs peints à la chaux, la lumière passait du rose au jaune. Derrière la vitre, une matinée de chaleur commençait à crépiter. C'est à peine si on entendit Grand partir en disant qu'il reviendrait. Tous attendaient. L'enfant, les yeux toujours fermés, semblait se calmer[2] un peu. Les mains, devenues comme des griffes, labouraient doucement les flancs du lit. Elles remontèrent, grattèrent la couverture près des genoux, et, soudain, l'enfant plia ses jambes, ramena[3] ses cuisses près du ventre et s'immobilisa. Il ouvrit alors les yeux pour la première fois et regarda Rieux qui se trouvait devant lui. Au creux de son visage maintenant figé dans une argile grise, la bouche s'ouvrit et, presque aussitôt, il en sortit un seul cri continu, que la respiration nuançait à peine, et qui emplit soudain la salle d'une protestation monotone, discorde, et si peu humaine qu'elle semblait venir de tous les hommes à la fois. Rieux serrait les dents et Tarrou se détourna. Rambert s'approcha du lit près de Castel qui ferma le livre, resté ouvert sur ses genoux. Paneloux regarda cette bouche enfantine, souillée par la maladie, pleine de ce cri de tous les âges. Et il se laissa glisser à genoux et tout le monde trouva naturel de l'entendre dire d'une voix un peu étouffée, mais distincte derrière la plainte anonyme qui n'arrêtait pas : « Mon Dieu, sauvez cet enfant[1]. »

Mais l'enfant continuait de crier et, tout autour de lui, les malades s'agitèrent. Celui dont les exclamations n'avaient pas cessé, à l'autre bout de la pièce, précipita le rythme de sa plainte jusqu'à en faire, lui aussi, un vrai cri, pendant que les autres gémissaient de plus en plus fort. Une marée de sanglots déferla dans la salle, couvrant la prière de Paneloux, et Rieux, accroché à sa barre de lit, ferma les yeux, ivre de fatigue et de dégoût.

Quand il les rouvrit, il trouva Tarrou près de lui.

« Il faut que je m'en aille, dit Rieux. Je ne peux plus les supporter.»

Mais brusquement, les autres malades se turent. Le docteur reconnut alors que le cri de l'enfant avait faibli, qu'il faiblissait encore et qu'il venait de s'arrêter. Autour de lui, les plaintes reprenaient, mais sourdement, et comme un écho lointain de cette lutte qui venait de s'achever. Car elle s'était achevée. Castel était passé de l'autre côté du lit et dit que c'était fini. La bouche ouverte, mais muette, l'enfant reposait au creux des couvertures en désordre, rapetissé tout d'un coup, avec des restes de larmes sur son visage.

Paneloux s'approcha du lit et fit les gestes de la bénédiction. Puis il ramassa ses robes et sortit par l'allée centrale.

« Faudra-t-il tout recommencer ? » demanda Tarrou à Castel.

Le vieux docteur secouait la tête.

« Peut-être, dit-il avec un sourire crispé. Après tout, il a longtemps résisté. »

Mais Rieux quittait déjà la salle, d'un pas si précipité, et avec un tel air que, lorsqu'il dépassa Paneloux, celui-ci tendit le bras pour le retenir.

« Allons, docteur », lui dit-il.

Dans le même mouvement emporté, Rieux se retourna et lui jeta avec violence :

« Ah ! celui-là, au moins, était innocent, vous le savez bien ! »

Puis il se détourna et, franchissant les portes de la salle avant Paneloux, il gagna le fond de la cour d'école. Il s'assit sur un banc, entre les petits[2] arbres poudreux, et essuya la sueur qui lui coulait déjà dans les yeux. Il avait envie de crier encore pour dénouer enfin le nœud violent qui lui broyait le cœur. La chaleur tombait lentement entre les branches des ficus. Le ciel bleu du matin se couvrait rapidement d'une taie blanchâtre qui rendait l'air plus étouffant. Rieux se laissa aller sur son banc. Il regardait les branches, le ciel, retrouvant lentement sa respiration, ravalant peu à peu sa fatigue.

« Pourquoi m'avoir parlé avec cette colère[1] ? dit une voix derrière lui. Pour moi aussi, ce spectacle était insupportable. »

Rieux se retourna vers Paneloux :

« C'est vrai, dit-il. Pardonnez-moi. Mais la fatigue est une folie. Et il y a des heures dans cette ville où je ne sens plus que ma révolte.

— Je comprends, murmura Paneloux. Cela[2] est révoltant parce que cela passe notre mesure[3]. Mais peut-être devons-nous aimer ce que nous ne pouvons pas comprendre. »

Rieux se redressa d'un seul coup. Il regardait Paneloux, avec toute la force et la passion dont il était capable, et secouait la tête.

« Non, mon père, dit-il. Je me fais une autre idée de l'amour. Et je refuserai jusqu'à la mort d'aimer cette création où des enfants sont torturés. »

Sur le visage de Paneloux, une ombre bouleversée passa.

« Ah ! docteur, fit-il avec tristesse, je viens de comprendre ce qu'on appelle la grâce. »

Mais Rieux s'était laissé aller de nouveau sur son banc. Du fond de sa fatigue revenue, il répondit avec plus de douceur :

« C'est ce que je n'ai pas, je le sais. Mais je ne veux pas discuter cela avec vous. Nous travaillons ensemble pour quelque chose qui nous réunit au-delà des blasphèmes et des prières. Cela seul est important. »

Paneloux s'assit près de Rieux. Il avait l'air ému.

« Oui, dit-il, oui, vous aussi vous travaillez pour le salut de l'homme. »

Rieux essayait de sourire.

« Le salut de l'homme est un trop grand mot pour moi. Je ne vais pas si loin. C'est sa santé qui m'intéresse, sa santé d'abord. »

Paneloux hésita.

« Docteur », dit-il.

Mais il s'arrêta. Sur son front aussi la sueur commençait à ruisseler. Il murmura : « Au revoir » et ses yeux brillaient quand il se leva. Il allait partir quand Rieux, qui réfléchissait, se leva aussi et fit un pas vers lui.

« Pardonnez-moi encore, dit-il. Cet éclat ne se renouvellera plus. »

Paneloux tendit sa main et dit avec tristesse :

« Et pourtant je ne vous ai pas convaincu !

— Qu'est-ce que cela fait ? dit Rieux. Ce que je hais, c'est la mort et le mal, vous le savez bien. Et que vous le vouliez ou non, nous sommes ensemble pour les souffrir et les combattre. »

Rieux retenait la main de Paneloux.

« Vous voyez, dit-il en évitant[1] de le regarder, Dieu lui-même ne peut maintenant nous séparer[2]. »

Depuis qu'il était entré dans les formations sanitaires, Paneloux n'avait pas quitté les hôpitaux et les lieux où se rencontrait la peste. Il s'était placé, parmi les sauveteurs, au rang qui lui paraissait devoir être le sien, c'est-à-dire le premier. Les spectacles de la mort ne lui avaient pas manqué. Et bien qu'en principe il fût protégé par le sérum, le souci de sa propre mort non plus ne lui était pas étranger. Apparemment, il avait toujours gardé son calme. Mais à partir de ce jour où il avait longtemps regardé un enfant mourir, il parut changé. Une tension croissante se lisait sur son visage. Et le jour où il dit à Rieux, en souriant, qu'il préparait en ce moment un court traité sur le sujet : « Un prêtre peut-il consulter un médecin ? », le docteur eut l'impression qu'il s'agissait de quelque chose de plus sérieux que ne semblait le dire Paneloux. Comme le docteur exprimait le désir de prendre connaissance de ce travail, Paneloux lui annonça qu'il devait faire un prêche à la messe des hommes, et qu'à cette occasion il exposerait quelques-uns, au moins, de ses points de vue :

« Je voudrais que vous veniez, docteur, le sujet vous intéressera. »

Le père prononça son second prêche par un jour de grand vent. À vrai dire, les rangs de l'assistance étaient plus clairsemés que lors du premier prêche. C'est que ce genre de spectacle n'avait plus l'attrait de la nouveauté pour nos concitoyens. Dans les circonstances difficiles que la ville traversait, le mot même de « nouveauté » avait perdu son sens. D'ailleurs, la plupart des gens, quand ils n'avaient pas entièrement déserté leurs devoirs religieux, ou quand ils ne les faisaient pas coïncider avec

une vie personnelle profondément immorale, avaient remplacé les pratiques ordinaires par des superstitions peu
raisonnables. Ils portaient plus volontiers des médailles
protectrices ou des amulettes de saint Roch qu'ils n'allaient à la messe.

On peut en donner comme exemple l'usage immodéré
que nos concitoyens faisaient des prophéties. Au printemps, en effet, on avait attendu, d'un moment à l'autre,
la fin de la maladie, et personne ne s'avisait de demander
à autrui des précisions sur la durée de l'épidémie, puisque
tout le monde se persuadait qu'elle n'en aurait pas.
Mais à mesure que les jours passaient, on se mit à craindre
que ce malheur n'eût véritablement pas de fin et, du
même coup, la cessation de l'épidémie devint l'objet de
toutes les espérances. On se passait ainsi, de la main à
la main, diverses prophéties dues à des mages ou à des
saints de l'Église catholique[1]. Des imprimeurs de la ville
virent très vite le parti qu'ils pouvaient tirer de cet engoue-
ment et diffusèrent à de nombreux exemplaires les textes
qui circulaient. S'apercevant que la curiosité du public
était insatiable, ils firent entreprendre des recherches,
dans les bibliothèques municipales, sur tous les témoignages de ce genre que la petite histoire pouvait fournir et
ils les répandirent dans la ville. Lorsque l'histoire elle-
même fut à court de prophéties, on en commanda à des
journalistes qui, sur ce point au moins, se montrèrent
aussi compétents que leurs modèles des siècles passés.

Certaines de ces prophéties paraissaient même en
feuilleton dans les journaux et n'étaient pas lues avec
moins d'avidité que les histoires sentimentales qu'on
pouvait y trouver, au temps de la santé. Quelques-unes
de ces prévisions s'appuyaient sur des calculs bizarres
où intervenaient le millésime de l'année, le nombre des
morts et le compte des mois déjà passés sous le régime
de la peste. D'autres établissaient des comparaisons avec
les grandes pestes de l'histoire, en dégageaient les simili-
tudes (que les prophéties appelaient constantes) et, au
moyen de calculs non moins bizarres, prétendaient en
tirer des enseignements relatifs à l'épreuve présente.
Mais les plus appréciées du public étaient sans conteste
celles qui, dans un langage apocalyptique, annonçaient
des séries d'événements dont chacun pouvait être celui
qui éprouvait la ville et dont la complexité permettait

toutes les interprétations. Nostradamus et sainte Odile furent ainsi consultés quotidiennement, et toujours avec fruit. Ce qui d'ailleurs restait commun à toutes les prophéties est qu'elles étaient finalement rassurantes. Seule, la peste ne l'était pas.

Ces superstitions tenaient donc lieu de religion à nos concitoyens et c'est pourquoi le prêche de Paneloux eut lieu dans une église qui n'était pleine qu'aux trois quarts. Le soir du prêche, lorsque Rieux arriva, le vent, qui s'infiltrait en filets d'air par les portes battantes de l'entrée, circulait librement parmi les auditeurs. Et c'est dans une église froide et silencieuse, au milieu d'une assistance exclusivement composée d'hommes, qu'il prit place et qu'il vit le père monter en chaire. Ce dernier parla d'un ton plus doux et plus réfléchi que la première fois et, à plusieurs reprises, les assistants remarquèrent une certaine hésitation dans son débit. Chose curieuse encore, il ne disait plus « vous », mais « nous ».

Cependant, sa voix s'affermit peu à peu. Il commença par rappeler que, depuis de longs mois, la peste était parmi nous et que maintenant que nous la connaissions mieux pour l'avoir vue tant de fois s'asseoir à notre table ou au chevet de ceux que nous aimions, marcher près de nous et attendre notre venue aux lieux de travail, maintenant donc, nous pourrions peut-être mieux recevoir ce qu'elle nous disait sans relâche et que, dans la première surprise, il était possible que nous n'eussions pas bien écouté. Ce que le père Paneloux avait déjà prêché au même endroit restait vrai — ou du moins c'était sa conviction. Mais, peut-être encore, comme il nous arrivait à tous, et il s'en frappait la poitrine, l'avait-il pensé et dit sans charité. Ce qui restait vrai, cependant, était qu'en toute chose, toujours, il y avait à retenir. L'épreuve la plus cruelle était encore bénéfice pour le chrétien. Et, justement, ce que le chrétien, en l'espèce, devait chercher, c'était son bénéfice, et de quoi le bénéfice était fait, et comment on pouvait le trouver[1].

À ce moment, autour de Rieux, les gens parurent se carrer entre les accoudoirs de leur banc et s'installer aussi confortablement qu'ils le pouvaient. Une des portes capitonnées de l'entrée battit doucement. Quelqu'un se dérangea pour la maintenir. Et Rieux, distrait par cette agitation, entendit à peine Paneloux qui reprenait son

prêche. Il disait à peu près qu'il ne fallait pas essayer de
s'expliquer le spectacle de la peste, mais tenter d'apprendre
ce qu'on pouvait en apprendre. Rieux comprit confusément que, selon le père, il n'y avait rien à expliquer. Son
intérêt se fixa quand Paneloux dit fortement qu'il y avait
des choses qu'on pouvait expliquer au regard de Dieu et
d'autres qu'on ne pouvait pas. Il y avait certes le bien
et le mal, et, généralement, on s'expliquait aisément ce
qui les séparait. Mais à l'intérieur du mal, la difficulté
commençait. Il y avait par exemple le mal apparemment
nécessaire et le mal apparemment inutile. Il y avait don
Juan plongé aux Enfers et la mort d'un enfant. Car s'il est
juste que le libertin soit foudroyé, on ne comprend pas
la souffrance de l'enfant. Et, en vérité, il n'y avait rien
sur la[1] terre de plus important que la souffrance d'un
enfant et l'horreur que cette souffrance traîne avec elle
et les raisons qu'il faut lui trouver. Dans le reste de
la vie, Dieu nous facilitait tout et, jusque-là, la religion était sans mérites. Ici, au contraire, il nous mettait
au pied du mur. Nous étions ainsi sous les murailles de
la peste et c'est à leur ombre mortelle qu'il nous fallait
trouver notre bénéfice. Le père Paneloux refusait même
de se donner des avantages faciles qui lui permissent
d'escalader le mur. Il lui aurait été aisé de dire que l'éternité des délices qui attendaient l'enfant pouvait compenser sa souffrance, mais, en vérité, il n'en savait rien.
Qui pouvait affirmer en effet que l'éternité d'une joie
pouvait compenser un instant de la douleur humaine?
Ce ne serait pas un chrétien, assurément, dont le Maître
a connu la douleur dans ses membres et dans son âme.
Non, le père resterait au pied du mur, fidèle à cet écartèlement dont la croix est le symbole, face à face avec la
souffrance d'un enfant. Et il dirait sans crainte à ceux qui
l'écoutaient ce jour-là : « Mes frères, l'instant est venu.
Il faut tout croire ou tout nier. Et qui donc, parmi vous,
oserait tout nier? »

Rieux eut à peine le temps de penser que le père
côtoyait l'hérésie que l'autre reprenait déjà, avec force,
pour affirmer que cette injonction, cette pure exigence,
était le bénéfice du chrétien[2]. C'était aussi sa vertu.
Le père savait que ce qu'il y avait d'excessif dans la
vertu dont il allait parler choquerait beaucoup d'esprits,
habitués à une morale plus indulgente et plus classique.

Mais la religion du temps de peste ne pouvait être la religion de tous les jours et si Dieu pouvait admettre, et même désirer, que l'âme se repose et se réjouisse dans les temps de bonheur, il la voulait excessive dans les excès du malheur. Dieu faisait aujourd'hui à ses créatures la faveur de les mettre dans un malheur tel qu'il leur fallait retrouver et assumer la plus grande vertu qui est celle du Tout ou Rien.

Un auteur profane, dans le dernier siècle, avait prétendu révéler le secret de l'Église en affirmant qu'il n'y avait pas de Purgatoire. Il sous-entendait par[1] là qu'il n'y avait pas de demi-mesures, qu'il n'y avait que le Paradis et l'Enfer, et qu'on ne pouvait être que sauvé ou damné, selon ce qu'on avait choisi. C'était, à en croire Paneloux, une hérésie comme il n'en pouvait naître qu'au sein d'une âme libertine. Car il y avait un Purgatoire. Mais il était sans doute des époques où ce Purgatoire ne devait pas être trop espéré, il était des époques où l'on ne pouvait parler de péché véniel. Tout péché était mortel et toute indifférence criminelle[2]. C'était tout ou ce n'était rien.

Paneloux s'arrêta, et Rieux entendit mieux à ce moment, sous les portes, les plaintes du vent qui semblait redoubler au-dehors. Le père disait au même instant que la vertu d'acceptation totale dont il parlait ne pouvait être comprise au sens restreint qu'on lui donnait d'ordinaire, qu'il ne s'agissait pas de la banale résignation, ni même de la difficile humilité. Il s'agissait d'humiliation, mais d'une humiliation où l'humilié était consentant. Certes, la souffrance d'un enfant était humiliante pour l'esprit et le cœur. Mais c'est pourquoi il fallait y entrer. Mais c'est pourquoi, et Paneloux assura son auditoire que ce qu'il allait dire n'était pa facile à dire, il fallait la vouloir parce que Dieu la voulait. Ainsi seulement le chrétien n'épargnerait rien et, toutes issues fermées, irait au fond du choix essentiel. Il choisirait de tout croire pour ne pas être réduit à tout nier. Et comme les braves femmes qui, dans les églises en ce moment, ayant appris que les bubons qui se formaient étaient la voie naturelle par où le corps rejetait son infection, disaient : « Mon Dieu, donnez-lui des bubons », le chrétien saurait s'abandonner à la volonté divine, même incompréhensible. On ne pouvait dire : « Cela je

le comprends; mais ceci est inacceptable », il fallait sauter
au cœur de cet inacceptable qui nous était offert, justement pour que nous fissions notre choix. La souffrance
des enfants était notre pain amer, mais sans ce pain, notre
âme périrait de sa faim spirituelle.

Ici le remue-ménage assourdi qui accompagnait généralement les pauses du père Paneloux commençait à se
faire entendre quand, inopinément, le prédicateur reprit
avec force en faisant mine de demander à la place de ses
auditeurs quelle était, en somme, la conduite à tenir. Il
s'en doutait bien, on allait prononcer le mot effrayant de
fatalisme. Eh bien, il ne reculerait pas devant le terme si
on lui permettait seulement d'y joindre l'adjectif « actif ».
Certes, et encore une fois, il ne fallait pas imiter les chrétiens d'Abyssinie dont il avait parlé. Il ne fallait même
pas penser à rejoindre ces pestiférés perses qui lançaient
leurs hardes sur les piquets sanitaires chrétiens en invoquant le ciel à haute voix pour le prier de donner la peste
à ces infidèles qui voulaient combattre le mal envoyé par
Dieu. Mais à l'inverse, il ne fallait pas imiter non plus
les moines du Caire qui, dans les épidémies du siècle
passé, donnaient la communion en prenant l'hostie avec
des pincettes pour éviter le contact de ces bouches humides et chaudes où l'infection pouvait dormir. Les pestiférés perses et les moines péchaient également. Car, pour
les premiers, la souffrance d'un enfant ne comptait pas
et, pour les seconds, au contraire, la crainte bien humaine
de la douleur avait tout envahi. Dans les deux cas, le
problème était escamoté. Tous restaient sourds à la voix
de Dieu. Mais il était d'autres exemples que Paneloux
voulait rappeler. Si on en croyait le chroniqueur de la
grande peste de Marseille, sur les quatre-vingt-un religieux du couvent de la Mercy, quatre seulement survé-
curent à la fièvre[1]. Et sur ces quatre, trois s'enfuirent.
Ainsi parlaient les chroniqueurs, et ce n'était pas leur
métier d'en dire plus. Mais en lisant ceci, toute la pensée
du père Paneloux allait à celui qui était resté seul, malgré
soixante-dix-sept cadavres, et malgré surtout l'exemple
de ses trois frères. Et le père, frappant du poing sur le
rebord de la chaire, s'écria : « Mes frères, il faut être celui
qui reste! »

Il ne s'agissait pas de refuser les précautions, l'ordre
intelligent qu'une société introduisait dans le désordre

d'un fléau. Il ne fallait pas écouter ces moralistes qui disaient qu'il fallait se mettre à genoux et tout abandonner. Il fallait seulement commencer de marcher en avant, dans la ténèbre, un peu à l'aveuglette, et essayer de faire du bien. Mais pour le reste, il fallait demeurer, et accepter de s'en remettre à Dieu, même pour la mort des enfants, et sans chercher de recours personnel.

Ici, le père Paneloux évoqua la haute figure de l'évêque Belzunce pendant la peste de Marseille. Il rappela que, vers la fin de l'épidémie, l'évêque ayant fait tout ce qu'il devait faire, croyant qu'il n'était plus de remède, s'enferma avec des vivres dans sa maison qu'il fit murer; que les habitants dont il était l'idole, par un retour de sentiment tel qu'on en trouve dans l'excès des douleurs, se fâchèrent contre lui, entourèrent sa maison de cadavres pour l'infecter et jetèrent même des corps par-dessus les murs, pour le faire périr plus sûrement. Ainsi l'évêque, dans une dernière faiblesse, avait cru s'isoler dans le monde de la mort et les morts lui tombaient du ciel sur la tête[1]. Ainsi encore de nous, qui devions nous persuader qu'il n'est pas d'île dans la peste. Non, il n'y avait pas de milieu. Il fallait admettre le scandale parce qu'il nous fallait choisir de haïr Dieu ou de l'aimer. Et qui oserait choisir la haine de Dieu?

« Mes frères, dit enfin Paneloux en annonçant qu'il concluait, l'amour de Dieu est un amour difficile. Il suppose l'abandon total de soi-même et le dédain de sa personne. Mais lui seul peut effacer la souffrance et la mort des enfants, lui seul en tout cas la rendre nécessaire, parce qu'il est impossible de la comprendre et qu'on ne peut que la vouloir. Voilà la difficile leçon que je voulais partager avec vous. Voilà la foi, cruelle aux yeux des hommes, décisive aux yeux de Dieu, dont il faut se rapprocher. À cette image terrible, il faut que nous nous égalions. Sur ce sommet, tout se confondra et s'égalisera, la vérité jaillira de l'apparente injustice. C'est ainsi que, dans beaucoup d'églises du midi de la France, des pestiférés dorment depuis des siècles sous les dalles du chœur, et des prêtres parlent au-dessus de leurs tombeaux, et l'esprit qu'ils propagent jaillit de cette cendre où des enfants ont pourtant mis leur part. »

Quand Rieux sortit, un vent violent s'engouffra par la porte entrouverte et assaillit en pleine face les fidèles.

Il apportait dans l'église une odeur de pluie, un parfum de trottoir mouillé qui leur laissait deviner l'aspect de la ville avant qu'ils fussent sortis. Devant le docteur Rieux, un vieux prêtre et un jeune diacre qui sortaient à ce moment eurent du mal à retenir leur coiffure. Le plus âgé ne cessa pas pour autant de commenter le prêche. Il rendait hommage à l'éloquence de Paneloux, mais il s'inquiétait des hardiesses de pensée que le père avait montrées. Il estimait que ce prêche montrait plus d'inquiétude que de force, et, à l'âge de Paneloux, un prêtre n'avait pas le droit d'être inquiet. Le jeune diacre, la tête baissée pour se protéger du vent, assura qu'il fréquentait beaucoup le père, qu'il était au courant de son évolution et que son traité serait beaucoup plus hardi encore et n'aurait sans doute pas l'*imprimatur*.

« Quelle est donc son idée ? » dit le vieux prêtre.

Ils étaient arrivés sur le parvis et le vent les entourait en hurlant, coupant la parole au plus jeune. Quand il put parler, il dit seulement :

« Si un prêtre consulte un médecin, il y a contradiction. »

À Rieux qui lui rapportait les paroles de Paneloux, Tarrou dit qu'il connaissait un prêtre qui avait perdu la foi pendant la guerre en découvrant un visage de jeune homme aux yeux crevés.

« Paneloux a raison, dit Tarrou. Quand l'innocence a les yeux crevés, un chrétien doit perdre la foi ou accepter d'avoir les yeux crevés. Paneloux ne veut pas perdre la foi, il ira jusqu'au bout. C'est ce qu'il a voulu dire. »

Cette observation de Tarrou permet-elle d'éclairer un peu les événements malheureux qui suivirent et où la conduite de Paneloux parut incompréhensible à ceux qui l'entourèrent ? On en jugera.

Quelques jours après le prêche, Paneloux, en effet, s'occupa de déménager. C'était le moment où l'évolution de la maladie provoquait des déménagements constants dans la ville. Et, de même que Tarrou avait dû quitter son hôtel pour loger chez Rieux, de même le père dut laisser l'appartement où son ordre l'avait placé, pour venir loger chez une vieille personne, habituée des églises et encore indemne de la peste. Pendant le déménagement, le père avait senti croître sa fatigue et son angoisse. Et c'est ainsi qu'il perdit l'estime de sa logeuse. Car celle-ci lui ayant chaleureusement vanté les mérites de la prophétie de sainte Odile, le prêtre lui avait marqué une très légère impatience, due sans doute à sa lassitude. Quelque effort qu'il fît ensuite pour obtenir de la vieille dame au moins une bienveillante neutralité, il n'y parvint pas. Il avait fait mauvaise impression. Et, tous les soirs, avant de regagner sa chambre remplie par des flots de dentelles au crochet, il devait contempler le dos de son hôtesse, assise dans son salon, en même temps qu'il emportait le souvenir du « Bonsoir, mon père » qu'elle lui adressait sèchement et sans se retourner. C'est par un soir pareil qu'au moment de se coucher, la tête battante, il sentit se libérer à ses poignets et à ses tempes les flots déchaînés d'une fièvre qui couvait depuis plusieurs jours.

Ce qui suivit ne fut ensuite connu que par les récits de son hôtesse. Le matin, elle s'était levée tôt, suivant son habitude. Au bout d'un certain temps, étonnée de ne pas voir le père sortir de sa chambre, elle s'était décidée, avec beaucoup d'hésitations, à frapper à sa porte. Elle l'avait trouvé encore couché, après une nuit d'insomnie. Il souffrait d'oppression et paraissait plus congestionné que d'habitude. Selon ses propres termes, elle lui avait proposé avec courtoisie de faire appeler un médecin, mais sa proposition avait été rejetée avec une violence qu'elle considérait comme regrettable. Elle n'avait pu que se retirer. Un peu plus tard, le père avait sonné et l'avait fait demander. Il s'était excusé de son mouvement d'humeur et lui avait déclaré qu'il ne pouvait être question de peste, qu'il n'en présentait aucun des symptômes et qu'il s'agissait d'une fatigue passagère. La vieille dame lui avait répondu avec dignité que sa proposition n'était pas née d'une inquiétude de cet ordre, qu'elle n'avait pas en vue sa propre sécurité qui était aux mains de Dieu, mais qu'elle avait seulement pensé à la santé du père dont elle s'estimait en partie responsable. Mais comme il n'ajoutait rien, son hôtesse, désireuse, à l'en croire, de faire tout son devoir, lui avait encore proposé de faire appeler son médecin. Le père, de nouveau, avait refusé, mais en ajoutant des explications que la vieille dame avait jugées très confuses. Elle croyait seulement avoir compris, et cela justement lui paraissait incompréhensible, que le père refusait cette consultation parce qu'elle n'était pas en accord avec ses principes. Elle en avait conclu que la fièvre troublait les idées de son locataire, et elle s'était bornée à lui apporter de la tisane.

Toujours décidée à remplir très exactement les obligations que la situation lui créait, elle avait régulièrement visité le malade toutes les deux heures. Ce qui l'avait frappée le plus était l'agitation incessante dans laquelle le père avait passé la journée. Il rejetait ses draps et les ramenait vers lui, passant sans cesse ses mains sur son front moite, et se redressant souvent pour essayer de tousser d'une toux étranglée, rauque et humide, semblable à un arrachement. Il semblait alors dans l'impossibilité d'extirper du fond de sa gorge des tampons d'ouate qui l'eussent étouffé. Au bout de ces crises, il se laissait tomber en arrière, avec tous les signes de l'épuisement. Pour finir, il se redressait encore à demi et, pendant un court moment, regardait devant lui, avec une fixité plus véhémente que toute l'agitation précédente. Mais la vieille dame hésitait encore à appeler un médecin et à contrarier son malade. Ce pouvait être un simple accès de fièvre, si spectaculaire qu'il parût.

Dans l'après-midi, cependant[1], elle essaya de parler au prêtre et ne reçut en réponse que quelques paroles confuses. Elle renouvela sa proposition. Mais alors, le père se releva et, étouffant à demi, il lui répondit distinctement qu'il ne voulait pas de médecin. À ce moment, l'hôtesse décida qu'elle attendrait jusqu'au lendemain matin et que, si l'état du père n'était pas amélioré, elle téléphonerait au numéro que l'agence Ransdoc répétait une dizaine de fois tous les jours à la radio. Toujours attentive à ses devoirs, elle pensait visiter son locataire pendant la nuit et veiller sur lui. Mais le soir, après lui avoir donné de la tisane fraîche, elle voulut s'étendre un peu et ne se réveilla que le lendemain, au petit jour. Elle courut à la chambre.

Le père était étendu, sans un mouvement. À l'extrême congestion de la veille avait succédé une sorte de lividité d'autant plus sensible que les formes du visage étaient encore pleines. Le père fixait le petit lustre de perles multicolores qui pendait au-dessus du lit. À l'entrée de la vieille dame, il tourna la tête vers elle. Selon les dires de son hôtesse, il semblait à ce moment avoir été battu

pendant toute la nuit et avoir perdu toute force pour
réagir. Elle lui demanda comment il allait. Et d'une voix
dont elle nota le son étrangement indifférent, il dit[1] qu'il
allait mal, qu'il n'avait pas besoin de médecin et qu'il
suffirait qu'on le transportât à l'hôpital pour que tout
fût dans les règles. Épouvantée, la vieille dame courut
au téléphone.

Rieux arriva à midi. Au récit de l'hôtesse, il répondit
seulement que Paneloux avait raison et que ce devait
être trop tard. Le père l'accueillit avec le même air
indifférent. Rieux l'examina et fut surpris de ne découvrir aucun des symptômes principaux de la peste bubonique ou pulmonaire, sinon l'engorgement et l'oppression
des poumons. De toute façon, le pouls était si bas et l'état
général si alarmant qu'il y avait peu d'espoir :

« Vous n'avez aucun des symptômes principaux de
la maladie, dit-il à Paneloux. Mais, en réalité, il y a doute,
et je dois vous isoler. »

Le père sourit bizarrement, comme avec politesse,
mais se tut. Rieux sortit pour téléphoner et revint. Il
regardait le père.

« Je resterai près de vous », lui dit-il doucement.

L'autre parut se ranimer et tourna vers le docteur
des yeux où une sorte de chaleur semblait revenir. Puis
il articula difficilement, de manière qu'il était impossible
de savoir s'il le disait avec tristesse ou non :

« Merci, dit-il. Mais les religieux n'ont pas d'amis.
Ils ont tout placé en Dieu. »

Il demanda le crucifix qui était placé à la tête du lit
et, quant il l'eut, se détourna pour le regarder[2].

À l'hôpital, Paneloux ne desserra pas les dents. Il[3]
s'abandonna comme une chose à tous les traitements
qu'on lui imposa, mais il ne lâcha plus le crucifix. Cependant, le cas du prêtre continuait d'être ambigu. Le doute
persistait dans l'esprit de Rieux. C'était la peste et ce
n'était pas elle. Depuis quelque temps d'ailleurs, elle
semblait prendre plaisir à dérouter les diagnostics. Mais
dans le cas de Paneloux, la suite devait montrer que cette
incertitude était sans importance.

La fièvre monta. La toux se fit de plus en plus rauque
et tortura le malade toute la journée. Le soir enfin, le
père expectora cette ouate qui l'étouffait. Elle était rouge.
Au milieu du tumulte de la fièvre, Paneloux gardait

son regard indifférent et quand, le lendemain matin, on le trouva mort, à demi versé hors du lit, son regard[1] n'exprimait rien. On inscrivit sur sa fiche : « Cas douteux. »

L A Toussaint de cette année-là ne fut pas ce qu'elle était d'ordinaire. Certes, le temps était de[1] circonstance. Il avait brusquement changé et les chaleurs tardives avaient tout d'un coup fait place aux fraîcheurs. Comme les autres années, un vent froid soufflait maintenant de façon continue. De gros nuages couraient d'un horizon à l'autre, couvraient d'ombre les maisons sur lesquelles retombait, après leur passage, la lumière froide et dorée du ciel de novembre. Les premiers imperméables avaient fait leur apparition. Mais on remarquait un nombre surprenant d'étoffes caoutchoutées et brillantes. Les journaux en effet avaient rapporté que deux cents ans auparavant, pendant les grandes pestes du Midi, les médecins revêtaient des étoffes huilées pour leur propre préservation. Les magasins en avaient profité pour écouler un stock de vêtements démodés grâce auxquels chacun espérait une immunité.

Mais tous ces signes de saison ne pouvaient faire oublier que les cimetières étaient désertés. Les autres années, les tramways étaient pleins de l'odeur fade des chrysanthèmes et des théories de femmes se rendaient aux lieux où leurs proches se trouvaient enterrés, afin de fleurir leurs tombes. C'était le jour où l'on essayait de compenser auprès du défunt l'isolement et l'oubli où il avait été tenu pendant de longs mois. Mais cette année-là, personne ne voulait plus penser aux morts. On y pensait déjà trop, précisément. Et il ne s'agissait plus de revenir à eux avec peu de regret et beaucoup de mélancolie. Ils n'étaient plus les délaissés auprès desquels on vient se justifier un jour par an. Ils étaient les intrus qu'on veut oublier. Voilà pourquoi la Fête des Morts, cette année-là, fut en quelque sorte escamotée.

Selon Cottard, à qui Tarrou reconnaissait un langage de plus en plus ironique, c'était tous les jours la Fête des Morts.

Et réellement, les feux de joie de la peste brûlaient avec une allégresse toujours plus grande dans le four crématoire. D'un jour à l'autre, le nombre de morts, il est vrai, n'augmentait pas. Mais il semblait que la peste se fût confortablement installée dans son paroxysme et qu'elle apportât à ses meurtres quotidiens la précision et la régularité d'un bon fonctionnaire. En principe, et de l'avis des personnalités compétentes, c'était un bon signe. Le graphique des progrès de la peste, avec sa montée incessante, puis le long plateau qui lui succédait, paraissait tout à fait réconfortant au docteur Richard, par exemple. « C'est un bon, c'est un excellent graphique », disait-il. Il estimait que la maladie avait atteint ce qu'il appelait un palier. Désormais, elle ne pourrait que décroître. Il en attribuait le mérite au nouveau sérum de Castel qui venait de connaître, en effet, quelques succès inattendus. Le vieux Castel n'y contredisait pas, mais estimait qu'en fait, on ne pouvait rien prévoir, l'histoire des épidémies comportant des rebondissements imprévus. La préfecture qui, depuis longtemps, désirait apporter un apaisement à l'esprit public, et à qui la peste n'en donnait pas les moyens, se proposait de réunir les médecins pour leur demander un rapport à ce sujet, lorsque le docteur Richard fut enlevé par la peste, lui aussi, et précisément sur le palier de la maladie[1].

L'administration, devant cet exemple, impressionnant sans doute, mais qui, après tout, ne prouvait rien, retourna au pessimisme avec autant d'inconséquence qu'elle avait d'abord accueilli l'optimisme. Castel, lui, se bornait à préparer son sérum aussi soigneusement qu'il le pouvait. Il n'y avait plus, en tout cas, un seul lieu public qui ne fût transformé en hôpital ou en lazaret[2], et si l'on respectait encore la préfecture, c'est qu'il fallait bien garder un endroit où se réunir. Mais, en général, et du fait de la stabilité relative de la peste à cette époque, l'organisation prévue par Rieux ne fut nullement dépassée. Les médecins et les aides, qui fournissaient un effort épuisant, n'étaient pas obligés d'imaginer des efforts plus grands encore. Ils devaient seulement continuer avec régularité, si l'on peut dire, ce travail surhumain. Les formes pulmonaires de l'infection qui s'étaient déjà manifestées se multipliaient maintenant aux quatre coins de la ville, comme si le vent allumait et activait des incendies dans les poitrines. Au milieu de vomissements de sang, les malades étaient enlevés beaucoup plus rapidement. La contagiosité risquait maintenant d'être plus grande, avec cette nouvelle forme de l'épidémie. Au vrai, les avis des spécialistes avaient toujours été contradictoires sur ce point. Pour plus de sûreté cependant, le personnel sanitaire continuait de respirer sous des masques de gaze désinfectée. À première vue, en tout cas, la maladie aurait dû s'étendre. Mais, comme les cas de peste bubonique diminuaient, la balance était en équilibre.

On pouvait cependant avoir d'autres sujets d'inquiétude par suite des difficultés du ravitaillement qui croissaient avec le temps[1]. La spéculation s'en était mêlée et on offrait à des prix fabuleux des denrées de première nécessité qui manquaient sur le marché ordinaire. Les familles pauvres se trouvaient ainsi dans une situation très pénible, tandis que les familles riches ne manquaient à peu près de rien. Alors que la peste, par l'impartialité efficace qu'elle apportait dans son ministère, aurait dû renforcer l'égalité chez nos concitoyens, par le jeu normal des égoïsmes, au contraire, elle rendait plus aigu dans le cœur des hommes le sentiment de l'injustice. Il restait, bien entendu, l'égalité irréprochable de la mort, mais de celle-là, personne ne voulait. Les pauvres qui souffraient ainsi de la faim pensaient, avec plus de nostalgie encore, aux villes et aux campagnes voisines, où la vie était libre et où le pain n'était pas cher. Puisqu'on ne pouvait les nourrir suffisamment ils avaient le sentiment, d'ailleurs peu raisonnable, qu'on aurait dû leur permettre de partir. Si bien qu'un mot d'ordre avait fini par courir qu'on lisait, parfois, sur les murs, ou qui était crié, d'autres fois, sur le passage du préfet : « Du pain ou de l'air ». Cette formule ironique donnait le signal de certaines manifestations vite réprimées, mais dont le caractère de gravité n'échappait à personne.

Les journaux, naturellement, obéissaient à la consigne d'optimisme à tout prix qu'ils avaient reçue. À les lire, ce qui caractérisait la situation, c'était « l'exemple émouvant de calme et de sang-froid » que donnait la population. Mais dans une ville refermée sur elle-même, où rien ne pouvait demeurer secret, personne ne se trompait sur « l'exemple » donné par la communauté. Et pour avoir une juste idée du calme et du sang-froid dont il était question, il suffisait d'entrer dans un lieu de quarantaine ou dans un des camps d'isolement qui avaient été organisés par l'administration. Il se trouve que le narrateur, appelé ailleurs, ne les a pas connus. Et c'est pourquoi il ne peut citer ici que le témoignage de Tarrou.

Tarrou rapporte, en effet, dans ses carnets, le récit d'une visite qu'il fit avec Rambert au camp installé sur le stade municipal. Le stade est situé presque aux portes de la ville, et donne d'un côté sur la rue où passent les tramways, de l'autre sur des terrains vagues qui s'étendent jusqu'au bord du plateau où la ville est construite. Il est entouré ordinairement de hauts murs de ciment et il avait suffi de placer des sentinelles aux quatre portes d'entrée pour rendre l'évasion difficile. De même, les murs empêchaient les gens de l'extérieur d'importuner de leur curiosité les malheureux qui étaient placés en quarantaine. En revanche, ceux-ci, à longueur de journée, entendaient, sans les voir, les tramways qui passaient, et devinaient, à la rumeur plus grande que ces derniers traînaient avec eux, les heures de rentrée et de sortie des bureaux. Ils savaient ainsi que la vie dont ils étaient exclus continuait à quelques mètres d'eux, et que les murs de ciment séparaient deux univers plus étrangers l'un à l'autre que s'ils avaient été dans des planètes différentes[1].

C'est un dimanche après-midi que Tarrou et Rambert choisirent pour se diriger vers le stade. Ils étaient accompagnés de Gonzalès, le joueur de football, que Rambert avait retrouvé et qui avait fini par accepter de diriger par roulement la surveillance du stade. Rambert devait le présenter à l'administrateur du camp. Gonzalès avait dit aux deux hommes, au moment où ils s'étaient retrouvés, que c'était l'heure où, avant la peste, il se mettait en tenue pour commencer son match. Maintenant que les stades étaient réquisitionnés, ce n'était plus possible et Gonzalès se sentait, et avait l'air, tout à fait désœuvré. C'était une des raisons pour lesquelles il avait accepté cette surveillance, à condition qu'il n'eût à l'exercer que pendant les fins de semaine. Le ciel était à moitié couvert et Gonzalès, le nez levé, remarqua avec regret que ce temps, ni pluvieux ni chaud, était le plus favorable à une bonne partie. Il évoquait comme il pouvait l'odeur d'embrocation dans les vestiaires, les tribunes croulantes, les maillots de couleur vive sur le terrain fauve, les citrons de la mi-temps ou la limonade qui pique les gorges desséchées de mille aiguilles rafraîchissantes. Tarrou note d'ailleurs que, pendant tout le trajet, à travers les rues défoncées du faubourg, le joueur ne cessait de donner des coups de pied dans les cailloux qu'il rencontrait. Il essayait de les envoyer droit dans les bouches d'égout, et quand il réussissait, « un à zéro », disait-il. Quand il avait fini sa cigarette, il crachait son mégot devant lui et tentait, à la volée, de le rattraper du pied. Près du stade, des enfants qui jouaient envoyèrent une balle vers le groupe qui passait et Gonzalès se dérangea pour la leur retourner avec précision[1].

Ils entrèrent enfin dans le stade. Les tribunes étaient pleines de monde. Mais le terrain était couvert par plusieurs centaines de tentes rouges, à l'intérieur desquelles on apercevait, de loin, des literies et des ballots. On avait gardé les tribunes pour que les internés pussent s'abriter par les temps de chaleur ou de pluie. Simplement, ils devaient réintégrer les tentes au coucher du soleil. Sous les tribunes, se trouvaient les douches qu'on avait aménagées et les anciens vestiaires de joueurs qu'on avait transformés en bureaux et en infirmeries. La plupart des internés garnissaient les tribunes. D'autres erraient sur les douches. Quelques-uns étaient accroupis à l'entrée de leur tente et promenaient sur toutes choses un regard vague. Dans les tribunes, beaucoup étaient affalés et semblaient attendre.

« Que font-ils dans la journée ? demanda Tarrou à Rambert.

— Rien. »

Presque tous, en effet, avaient les bras ballants et les mains vides. Cette immense assemblée d'hommes était curieusement silencieuse.

« Les premiers jours, on ne s'entendait pas, ici, dit Rambert. Mais à mesure que les jours passaient, ils ont parlé de moins en moins. »

Si l'on en croit ses notes, Tarrou les comprenait, et il les voyait au début, entassés dans leurs tentes, occupés à écouter les mouches ou à se gratter, hurlant leur colère ou leur peur quand ils trouvaient une oreille complaisante. Mais à partir du moment où le camp avait été surpeuplé, il y avait eu de moins en moins d'oreilles complaisantes. Il ne restait donc plus qu'à se taire et à se méfier. Il y avait en effet une sorte de méfiance qui tombait du ciel gris, et pourtant lumineux, sur le camp rouge.

Oui, ils avaient tous l'air de la méfiance. Puisqu'on les avait séparés des autres, ce n'était pas sans raison, et ils montraient le visage de ceux qui cherchent leurs raisons, et qui craignent. Chacun de ceux que Tarrou regardait avait l'œil[1] inoccupé, tous avaient l'air de souffrir d'une séparation très générale d'avec ce qui faisait leur vie. Et comme ils ne pouvaient pas toujours penser à la mort, ils ne pensaient à rien. Ils étaient en vacances. « Mais le pire, écrivait Tarrou, est qu'ils soient des oubliés et qu'ils le sachent. Ceux qui les connaissaient les ont oubliés parce qu'ils pensent à autre chose et c'est bien compréhensible. Quant à ceux qui les aiment, ils les ont oubliés aussi parce qu'ils doivent s'épuiser en démarches et en projets pour les faire sortir. À force de penser à cette sortie, ils ne pensent plus à ceux qu'il s'agit de faire sortir. Cela aussi est normal. Et à la fin de tout, on s'aperçoit que personne n'est capable réellement de penser à personne, fût-ce dans le pire des malheurs. Car penser réellement à quelqu'un, c'est y penser minute après minute, sans être distrait par rien, ni les soins du ménage, ni la mouche qui vole, ni les repas, ni une démangeaison. Mais il y a toujours des mouches et des démangeaisons. C'est pourquoi la vie est difficile à vivre. Et ceux-ci le savent bien. »

L'administrateur, qui revenait vers eux, leur dit qu'un M. Othon demandait à les voir. Il conduisit Gonzalès dans son bureau, puis les mena vers un coin des tribunes d'où M. Othon, qui s'était assis à l'écart, se leva pour les recevoir. Il était toujours habillé de la même façon et portait le même col dur. Tarrou remarqua seulement que ses touffes, sur les tempes, étaient beaucoup plus hérissées et qu'un de ses lacets était dénoué. Le juge avait l'air fatigué, et, pas une seule fois, il ne regarda ses interlocuteurs en face. Il dit qu'il était heureux de les voir et qu'il les chargeait de remercier le docteur Rieux pour ce qu'il avait fait.

Les autres se turent.

« J'espère, dit le juge après un certain temps, que Philippe n'aura pas trop souffert. »

C'était la première fois que Tarrou lui entendait prononcer le nom de son fils et il comprit que quelque chose était changé. Le soleil baissait à l'horizon et, entre deux nuages, ses rayons entraient latéralement dans les tribunes, dorant leurs trois visages.

« Non, dit Tarrou, non, il n'a vraiment pas souffert. »

Quand ils se retirèrent, le juge continuait de regarder du côté d'où venait le soleil.

Ils allèrent dire au revoir à Gonzalès, qui étudiait un tableau de surveillance par roulement. Le joueur rit en leur serrant les mains.

« J'ai retrouvé au moins les vestiaires, disait-il, c'est toujours ça. »

Peu après, l'administrateur reconduisait Tarrou et Rambert, quand un énorme grésillement se fit entendre dans les tribunes. Puis les haut-parleurs qui, dans des temps meilleurs, servaient à annoncer le résultat des matches ou à présenter les équipes, déclarèrent en nasillant que les internés devaient regagner leurs tentes pour que le repas du soir pût être distribué. Lentement, les hommes quittèrent les tribunes et se rendirent dans les tentes en traînant le pas. Quand ils furent tous installés, deux petites voitures électriques, comme on en voit dans les gares, passèrent entre les tentes, transportant de grosses marmites. Les hommes tendaient leurs bras, deux louches plongeaient dans deux marmites et en sortaient pour atterrir dans deux gamelles. La voiture se remettait en marche. On recommençait à la tente suivante.

« C'est scientifique, dit Tarrou à l'administrateur.

— Oui, dit celui-ci avec satisfaction, en leur serrant la main, c'est scientifique. »

Le crépuscule était là, et le ciel s'était découvert. Une lumière douce et fraîche baignait le camp. Dans la paix du soir, des bruits de cuillers et d'assiettes montèrent de toutes parts. Des chauves-souris voletèrent au-dessus des tentes et disparurent subitement. Un tramway criait sur un aiguillage, de l'autre côté des murs.

« Pauvre juge, murmura Tarrou en franchissant les portes. Il faudrait faire quelque chose pour lui. Mais comment aider un juge[1] ? »

IL y avait ainsi, dans la ville, plusieurs autres camps dont le narrateur, par scrupule et par manque d'information directe, ne peut dire plus. Mais ce qu'il peut dire, c'est que l'existence de ces camps, l'odeur d'hommes qui en venait, les énormes voix des haut-parleurs dans le crépuscule, le mystère des murs et la crainte de ces lieux réprouvés, pesaient lourdement sur le moral de nos concitoyens et ajoutaient encore au désarroi et au malaise de tous. Les incidents et les conflits avec l'administration se multiplièrent[1].

À la fin de novembre, cependant, les matins devinrent très froids. Des pluies de déluge lavèrent le pavé à grande eau, nettoyèrent le ciel et le laissèrent pur de nuages au-dessus des rues luisantes. Un soleil sans force répandit tous les matins, sur la ville, une lumière étincelante et glacée. Vers le soir, au contraire, l'air devenait tiède à nouveau. Ce fut le moment que choisit Tarrou pour se découvrir un peu auprès du docteur Rieux[2].

Un jour, vers dix heures, après une longue et épuisante journée, Tarrou accompagna Rieux, qui allait faire au vieil asthmatique sa visite du soir. Le ciel luisait doucement au-dessus des maisons du vieux quartier. Un léger vent soufflait sans bruit à travers les carrefours obscurs. Venus des rues calmes, les deux hommes tombèrent sur le bavardage du vieux. Celui-ci leur apprit qu'il y en avait qui n'étaient pas d'accord, que l'assiette au beurre était toujours pour les mêmes, que tant va la cruche à l'eau qu'à la fin elle se casse et que, probablement, et là il se frotta les mains, il y aurait du grabuge. Le docteur le soigna sans qu'il cessât de commenter les événements.

Ils entendaient marcher au-dessus d'eux. La vieille femme, remarquant l'air intéressé de Tarrou, leur expliqua que des voisines se tenaient sur la terrasse. Ils apprirent en même temps qu'on avait une belle vue, de là-haut, et que les terrasses des maisons se rejoignant souvent par un côté, il était possible aux femmes du quartier de se rendre visite sans sortir de chez elles.

« Oui, dit le vieux, montez donc. Là-haut, c'est le bon air. »

Ils trouvèrent la terrasse vide, et garnie de trois chaises[1]. D'un côté, aussi loin que la vue pouvait s'étendre, on n'apercevait que des terrasses qui finissaient par s'adosser à une masse obscure et pierreuse où ils reconnurent la première colline. De l'autre côté, par-dessus quelques rues et le port invisible, le regard plongeait sur un horizon où le ciel et la mer se mêlaient dans une palpitation indistincte. Au-delà de ce qu'ils savaient être les falaises, une lueur dont ils n'apercevaient pas la source reparaissait régulièrement[2] : le phare de la passe, depuis le printemps, continuait à tourner pour des navires qui se détournaient vers d'autres ports. Dans le ciel balayé et lustré par le vent, des étoiles pures brillaient et la lueur lointaine du phare y mêlait, de moment en moment, une cendre passagère. La brise apportait des odeurs d'épices et de pierre. Le silence était absolu.

« Il fait bon, dit Rieux, en s'asseyant. C'est comme si la peste n'était jamais montée là. »

Tarrou lui tournait le dos et regardait la mer.

« Oui, dit-il après un moment, il fait bon. »

Il vint s'asseoir auprès du docteur et le regarda attentivement. Trois fois, la lueur reparut dans le ciel. Un bruit de vaisselle choquée monta jusqu'à eux des profondeurs de la rue. Une porte claqua dans la maison.

« Rieux, dit Tarrou sur un ton très naturel, vous n'avez jamais cherché à savoir qui j'étais ? Avez-vous de l'amitié pour moi ?

— Oui, répondit le docteur, j'ai de l'amitié pour vous. Mais jusqu'ici le temps nous a manqué.

— Bon, cela me rassure. Voulez-vous que cette heure soit celle de l'amitié ? »

Pour toute réponse, Rieux lui sourit.

« Eh bien, voilà... »

Quelques rues plus loin, une auto sembla glisser

longuement sur le pavé mouillé. Elle s'éloigna et, après
elle, des exclamations confuses, venues de loin, rompirent
encore le silence. Puis il retomba sur les deux hommes
avec tout son poids de ciel et d'étoiles. Tarrou s'était
levé pour se percher sur le parapet de la terrasse, face à
Rieux, toujours tassé au creux de sa chaise. On ne voyait
de lui qu'une forme massive, découpée dans le ciel. Il
parla longtemps et voici à peu près son discours reconsti-
tué :

« Disons pour simplifier, Rieux, que je souffrais[1] déjà
de la peste bien avant de connaître cette ville et cette
épidémie. C'est assez dire que je suis comme tout le
monde. Mais il y a des gens qui ne le savent pas, ou qui
se trouvent bien dans cet état et des gens qui le savent
et qui voudraient en sortir. Moi, j'ai toujours voulu en
sortir.

» Quand j'étais jeune, je vivais avec l'idée de mon
innocence, c'est-à-dire avec pas d'idée du tout. Je n'ai
pas le genre tourmenté, j'ai débuté comme il convenait.
Tout me réussissait, j'étais à l'aise dans l'intelligence,
au mieux avec les femmes, et si j'avais quelques inquiétudes, elles passaient comme elles étaient venues. Un
jour, j'ai commencé à réfléchir. Maintenant[2]...

» Il faut vous dire que je n'étais pas pauvre comme
vous. Mon père était avocat général[3], ce qui est une situation. Pourtant, il n'en portait pas l'air, étant de naturel
bonhomme. Ma mère était simple et effacée, je n'ai
jamais cessé de l'aimer, mais je préfère ne pas en parler.
Lui s'occupait de moi avec affection et je crois même
qu'il essayait de me comprendre. Il avait des aventures
au-dehors, j'en suis sûr maintenant, et, aussi bien, je suis
loin de m'en indigner. Il se conduisait en tout cela comme
il fallait attendre qu'il se conduisît, sans choquer personne. Pour parler bref, il n'était pas très original et,
aujourd'hui qu'il est mort, je me rends compte que s'il
n'a pas vécu comme un saint, il n'a pas été non plus un
mauvais homme. Il tenait le milieu, voilà tout, et c'est le
type d'homme pour lequel on se sent une affection
raisonnable, celle qui fait qu'on continue.

» Il avait cependant une particularité : le grand indicateur Chaix était son livre de chevet. Ce n'était pas qu'il
voyageât, sauf aux vacances, pour aller en Bretagne où
il avait une petite propriété. Mais il était à même de vous

dire exactement les heures de départ et d'arrivée du Paris-Berlin, les combinaisons d'horaires qu'il fallait faire pour aller de Lyon à Varsovie, le kilométrage exact entre les capitales de votre choix. Êtes-vous capable de dire comment on va de Briançon à Chamonix? Même un chef de gare s'y perdrait. Mon père ne s'y perdait pas[1]. Il s'exerçait à peu près tous les soirs à enrichir ses connaissances sur ce point, et il en était plutôt fier. Cela m'amusait beaucoup, et je le questionnais souvent, ravi de vérifier ses réponses dans le Chaix et de reconnaître qu'il ne s'était pas trompé. Ces petits exercices nous ont beaucoup liés l'un à l'autre, car je lui fournissais un auditoire dont il appréciait la bonne volonté. Quant à moi, je trouvais que cette supériorité qui avait trait aux chemins de fer en valait bien une autre.

» Mais je me laisse aller et je risque de donner trop d'importance à cet honnête homme. Car, pour finir, il n'a eu qu'une influence indirecte sur ma détermination. Tout au plus m'a-t-il fourni une occasion. Quand j'ai eu dix-sept ans, en effet, mon père m'a invité à aller l'écouter. Il s'agissait[2] d'une affaire importante, en cour d'assises, et, certainement, il avait pensé qu'il apparaîtrait sous son meilleur jour. Je crois aussi qu'il comptait sur cette cérémonie, propre à frapper les jeunes imaginations, pour me pousser à entrer dans la carrière que lui-même avait choisie. J'avais accepté, parce que cela faisait plaisir à mon père et parce que, aussi bien, j'étais curieux de le voir et de l'entendre dans un autre rôle que celui qu'il jouait parmi nous. Je ne pensais à rien de plus. Ce qui se passait dans un tribunal m'avait toujours paru aussi naturel et inévitable qu'une[3] revue de 14 juillet ou une distribution de prix. J'en avais une idée fort abstraite et qui ne me gênait pas.

» Je n'ai pourtant gardé de cette journée qu'une seule image, celle du coupable. Je crois qu'il était coupable en effet, il importe peu de quoi. Mais ce petit homme au poil roux et pauvre, d'une trentaine d'années, paraissait si décidé à tout reconnaître, si sincèrement effrayé par ce qu'il avait fait et ce qu'on allait lui faire, qu'au bout de quelques minutes je n'eus plus d'yeux que pour lui. Il avait l'air d'un hibou effarouché par une lumière trop vive. Le nœud de sa cravate ne s'ajustait pas exactement à l'angle du col. Il se rongeait les ongles d'une seule

main, la droite... Bref, je n'insiste pas, vous avez compris
qu'il était vivant.

» Mais moi, je m'en apercevais brusquement, alors
que, jusqu'ici, je n'avais pensé à lui qu'à travers la catégorie commode d' « inculpé ». Je ne puis dire que j'oubliais alors mon père, mais quelque chose me serrait le
ventre qui m'enlevait toute autre attention que celle que
je portais au prévenu. Je n'écoutais presque rien, je
sentais qu'on voulait tuer cet homme vivant et un instinct formidable comme une vague me portait à ses côtés
avec une sorte d'aveuglement entêté. Je ne me réveillai
vraiment qu'avec le réquisitoire de mon père.

» Transformé par sa robe rouge, ni bonhomme ni
affectueux, sa bouche grouillait de phrases immenses,
qui, sans arrêt, en sortaient comme des serpents. Et je
compris qu'il demandait la mort de cet homme au nom
de la société et qu'il demandait même qu'on lui coupât
le cou. Il disait seulement, il est vrai : « Cette tête doit
tomber. » Mais, à la fin, la différence n'était pas grande.
Et cela revint au même, en effet, puisqu'il obtint cette
tête. Simplement, ce n'est pas lui qui fit alors le travail.
Et moi qui suivis l'affaire ensuite jusqu'à sa conclusion,
exclusivement, j'eus avec ce malheureux une intimité bien
plus vertigineuse que ne l'eut jamais mon père. Celui-ci
devait pourtant, selon la coutume, assister à ce qu'on
appelait poliment les derniers moments et qu'il faut bien
nommer le plus abject des assassinats[1].

» À partir de ce jour, je ne pus regarder l'indicateur
Chaix qu'avec un dégoût abominable. À partir de ce
jour, je m'intéressai avec horreur à la justice, aux condamnations à mort, aux exécutions et je constatai avec
un vertige que mon père avait dû assister plusieurs fois
à l'assassinat et que c'était les jours où, justement, il se
levait très tôt. Oui, il remontait son réveil dans ces cas-là.
Je n'osai pas en parler à ma mère, mais je l'observai
mieux alors et je compris qu'il n'y avait plus rien entre
eux et qu'elle menait une vie de renoncement. Cela m'aida
à lui pardonner, comme je disais alors. Plus tard, je
sus qu'il n'y avait rien à lui pardonner, parce qu'elle
avait été pauvre toute sa vie jusqu'à son mariage et que
la pauvreté lui avait appris la résignation.

» Vous attendez sans doute que je vous dise que je
suis parti aussitôt. Non, je suis resté plusieurs mois,

presque une année. Mais j'avais le cœur malade. Un soir,
mon père demanda son réveil parce qu'il devait se lever
tôt. Je ne dormis pas de la nuit. Le lendemain, quand il
revint, j'étais parti. Disons tout de suite que mon père
me fit rechercher, que j'allai le voir, que sans rien
expliquer, je lui dis calmement que je me tuerais s'il me
forçait à revenir. Il finit par accepter, car il était de naturel plutôt doux, me fit un discours sur la stupidité qu'il
y avait à vouloir vivre sa vie (c'est ainsi qu'il s'expliquait
mon geste et je ne le dissuadai point), mille recommandations, et réprima les larmes sincères qui lui venaient.
Par la suite, assez longtemps après cependant, je revins
régulièrement voir ma mère et je le rencontrai alors. Ces
rapports lui suffirent, je crois. Pour moi, je n'avais pas
d'animosité contre lui, seulement un peu de tristesse au
cœur. Quand il mourut, je pris ma mère avec moi
et elle y serait encore si elle n'était pas morte à son
tour.

» J'ai longuement insisté sur ce début parce qu'il fut
en effet au début de tout. J'irai plus vite maintenant.
J'ai connu la pauvreté à dix-huit ans, au sortir de l'aisance.
J'ai fait mille métiers pour gagner ma vie. Ça ne m'a pas
trop mal réussi. Mais ce qui m'intéressait, c'était la condamnation à mort[1]. Je voulais régler un compte avec le
hibou roux. En conséquence, j'ai fait de la politique
comme on dit. Je ne voulais pas être un pestiféré, voilà
tout. J'ai cru que la société où je vivais était celle qui
reposait sur la condamnation à mort et qu'en la combattant, je combattrais l'assassinat. Je l'ai cru, d'autres me
l'on dit et, pour finir, c'était vrai en grande partie. Je
me suis donc mis avec les autres que j'aimais et que je
n'ai pas cessé d'aimer[2]. J'y suis resté longtemps et il
n'est pas de pays en Europe dont je n'aie partagé les
luttes. Passons.

» Bien entendu, je savais que, nous aussi, nous pro-
noncions, à l'occasion, des condamnations. Mais on me
disait que ces quelques morts étaient nécessaires pour
amener un monde où l'on ne tuerait plus personne.
C'était[3] vrai d'une certaine manière et, après tout, peut-
être ne suis-je pas capable de me maintenir dans ce genre
de vérités. Ce qu'il y a de sûr, c'est que j'hésitais. Mais
je pensais au hibou et cela pouvait continuer. Jusqu'au
jour où j'ai vu une exécution (c'était en Hongrie) et le

même vertige qui avait saisi l'enfant que j'étais a obscurci
mes yeux d'homme.

» Vous n'avez jamais vu fusiller un homme ? Non, bien
sûr, cela se fait généralement sur invitation et le public
est choisi d'avance. Le résultat est que vous en êtes resté
aux estampes et aux livres. Un bandeau, un poteau, et au
loin quelques soldats. Eh bien, non ! Savez-vous que le
peloton des fusilleurs se place au contraire à un mètre
cinquante du condamné ? Savez-vous que si le condamné
faisait deux pas en avant, il heurterait les fusils avec sa
poitrine ? Savez-vous qu'à cette courte distance, les fusilleurs concentrent leur tir sur la région du cœur et qu'à eux
tous, avec leurs grosses balles, ils y font un trou où l'on
pourrait mettre le poing ? Non, vous ne le savez pas parce
que ce sont là des détails dont on ne parle pas. Le sommeil des hommes est plus sacré que la vie pour les pestiférés. On ne doit pas empêcher les braves gens de dormir.
Il y faudrait du mauvais goût, et le goût consiste à ne
pas insister, tout le monde sait ça. Mais moi, je n'ai pas
bien dormi depuis ce temps-là. Le mauvais goût m'est
resté dans la bouche et je n'ai pas cessé d'insister, c'est-
à-dire d'y penser.

» J'ai compris alors que moi, du moins, je n'avais
pas cessé d'être un pestiféré[1] pendant toutes ces longues
années où pourtant, de toute mon âme, je croyais lutter
justement contre la peste. J'ai appris que j'avais indirectement souscrit à la mort de milliers d'hommes, que
j'avais même provoqué cette mort en trouvant bons les
actions et les principes qui l'avaient fatalement entraînée.
Les autres ne semblaient pas gênés par cela ou[2] du moins
ils n'en parlaient jamais spontanément. Moi, j'avais la
gorge nouée. J'étais avec eux et j'étais pourtant seul.
Quand il m'arrivait d'exprimer mes scrupules, ils me
disaient qu'il fallait réfléchir à ce qui était en jeu et ils
me donnaient des raisons souvent impressionnantes, pour
me faire avaler ce que je n'arrivais pas à déglutir. Mais
je répondais que les grands pestiférés, ceux qui mettent
des robes rouges, ont aussi d'excellentes raisons dans ces
cas-là, et que si j'admettais les raisons de force majeure
et les nécessités invoquées par les petits pestiférés, je ne
pourrais pas rejeter celles des grands. Ils[3] me faisaient
remarquer que la bonne manière de donner raison aux
robes rouges était de leur laisser l'exclusivité de la con-

damnation. Mais je me disais alors que, si l'on cédait une fois, il n'y avait pas de raison de s'arrêter. Il me semble que l'histoire m'a donné raison, aujourd'hui c'est à qui tuera le plus. Ils sont tous dans la fureur du meurtre, et[1] ils ne peuvent pas faire autrement.

» Mon affaire à moi, en tout cas, ce n'était pas le raisonnement. C'était le hibou roux, cette sale aventure où de sales bouches empestées annonçaient à un homme dans les chaînes qu'il allait mourir et réglaient toutes choses pour qu'il meure, en effet, après des nuits et des nuits d'agonie pendant lesquelles il attendait d'être assassiné les yeux ouverts. Mon affaire, c'était le trou dans la poitrine. Et je me disais qu'en[2] attendant, et pour ma part au moins, je refuserais de jamais donner une seule raison, une seule, vous entendez, à cette dégoûtante boucherie. Oui, j'ai choisi cet aveuglement obstiné en attendant d'y voir plus clair.

» Depuis, je n'ai pas changé. Cela fait longtemps que j'ai honte, honte à mourir d'avoir été, fût-ce de loin, fût-ce dans la bonne volonté, un meurtrier à mon tour. Avec le temps, j'ai simplement aperçu que même ceux qui étaient meilleurs que d'autres ne pouvaient s'empêcher aujourd'hui de tuer ou de laisser tuer parce que c'était dans la logique où ils vivaient et que nous ne pouvions pas faire un geste en ce monde sans risquer de faire mourir. Oui, j'ai continué d'avoir honte, j'ai appris cela, que nous étions tous dans[3] la peste, et j'ai perdu la paix. Je la cherche encore aujourd'hui, essayant de les comprendre tous et de n'être l'ennemi mortel de personne. Je sais seulement qu'il faut faire ce qu'il faut pour ne plus être un pestiféré et que c'est là ce qui peut, seul, nous faire espérer la paix, ou une bonne mort à son défaut. C'est cela qui peut soulager les hommes et, sinon les sauver, du moins leur faire le moins de mal possible et même parfois un peu de bien. Et c'est pourquoi j'ai décidé de refuser tout ce qui, de près ou de loin, pour de bonnes ou de mauvaises raisons, fait mourir ou justifie qu'on fasse mourir.

» C'est pourquoi encore cette épidémie ne m'apprend rien, sinon qu'il faut la combattre à vos côtés. Je sais de science certaine (oui, Rieux, je sais tout de la vie, vous le voyez bien) que chacun la porte en soi, la peste, parce que personne, non, personne au monde n'en est indemne.

Et qu'il faut se surveiller sans arrêt pour ne pas être
amené, dans une minute de distraction, à respirer dans
la figure d'un autre et à lui coller l'infection. Ce qui est
naturel, c'est le microbe. Le reste, la santé, l'intégrité,
la pureté, si vous voulez, c'est un effet de la volonté et
d'une volonté qui ne doit jamais s'arrêter. L'honnête
homme, celui qui n'infecte presque personne, c'est celui
qui a le moins de distraction possible. Et il en faut de la
volonté et de la tension pour ne jamais être distrait!
Oui, Rieux, c'est bien fatigant d'être un pestiféré. Mais
c'est encore plus fatigant de ne pas vouloir l'être. C'est
pour cela que tout le monde se montre fatigué, puisque
tout le monde, aujourd'hui, se trouve un peu pestiféré.
Mais c'est pour cela que quelques-uns, qui veulent cesser
de l'être, connaissent une extrémité de fatigue dont rien
ne les délivrera plus que la mort.

» D'ici là, je sais que je ne vaux plus rien pour ce
monde lui-même et qu'à partir du moment où j'ai renoncé
à tuer, je me suis condamné à un exil définitif. Ce sont
les autres qui feront l'histoire. Je sais aussi que je ne puis
apparemment juger ces autres. Il y a une qualité qui me
manque pour faire un meurtrier raisonnable. Ce n'est donc
pas une supériorité. Mais maintenant, je consens à être
ce que je suis, j'ai appris la modestie. Je dis seulement
qu'il y a sur cette terre des fléaux et des victimes et qu'il
faut, autant qu'il est possible, refuser d'être avec le fléau[1].
Cela vous paraîtra peut-être un peu simple, et je ne sais
si cela est simple, mais je sais que cela est vrai. J'ai entendu
tant de raisonnements qui ont failli me tourner la tête,
et qui ont tourné suffisamment d'autres têtes pour les
faire consentir à l'assassinat, que j'ai compris que tout le
malheur des hommes venait de ce qu'ils ne tenaient pas
un langage clair. J'ai pris le parti alors de parler et d'agir
clairement, pour me mettre sur le bon chemin. Par
conséquent, je dis qu'il y a les[2] fléaux et les victimes, et
rien de plus. Si, disant cela, je deviens fléau moi-même,
du moins, je n'y suis pas consentant. J'essaie d'être un
meurtrier innocent. Vous voyez que ce n'est pas une
grande ambition.

» Il faudrait, bien sûr, qu'il y eût une troisième catégorie, celle des vrais médecins, mais c'est un fait qu'on
n'en rencontre pas beaucoup et que ce doit être difficile[3].
C'est pourquoi j'ai décidé de me mettre du côté des vic-

times, en toute occasion, pour limiter les dégâts. Au milieu d'elles, je peux du moins chercher comment on arrive à la troisième catégorie, c'est-à-dire à la paix[1]. »

En terminant, Tarrou balançait sa jambe et frappait doucement du pied contre la terrasse. Après un silence, le docteur se souleva un peu et demanda si Tarrou avait une idée du chemin qu'il fallait prendre pour arriver à la paix.

« Oui, la sympathie[2]. »

Deux timbres d'ambulance résonnèrent dans le lointain. Les exclamations, tout à l'heure confuses, se rassemblèrent aux confins de la ville, près de la colline pierreuse. On entendit en même temps quelque chose qui ressemblait à une détonation. Puis le silence revint. Rieux compta deux clignements de phare. La brise sembla prendre plus de force, et du même coup, un souffle venu de la mer apporta une odeur de sel. On entendait maintenant de façon distincte la sourde respiration des vagues contre la falaise.

« En somme, dit Tarrou avec simplicité, ce qui m'intéresse, c'est de savoir comment on devient un saint.

— Mais vous ne croyez pas en Dieu.

— Justement. Peut-on être un saint sans Dieu, c'est le seul problème concret que je connaisse aujourd'hui[3]. »

Brusquement, une grande lueur jaillit du côté d'où étaient venus les cris et, remontant le fleuve du vent, une clameur obscure parvint jusqu'aux deux hommes. La lueur s'assombrit aussitôt et loin, au bord des terrasses, il ne resta qu'un rougeoiement. Dans une panne de vent, on entendit distinctement des cris d'hommes, puis le bruit d'une décharge et la clameur d'une foule. Tarrou s'était levé et écoutait. On n'entendait plus rien.

« On s'est encore battu aux portes.

— C'est fini maintenant », dit Rieux[4].

Tarrou murmura que ce n'était jamais fini et qu'il y aurait encore des victimes, parce que c'était dans l'ordre.

« Peut-être, répondit le docteur, mais vous savez, je me sens plus de solidarité avec les vaincus qu'avec les saints. Je n'ai pas de goût, je crois, pour l'héroïsme et la sainteté. Ce qui m'intéresse, c'est d'être un homme.

— Oui, nous cherchons la même chose, mais je suis[5] moins ambitieux. »

Oui, il fallait recommencer et la peste n'oubliait personne trop longtemps. Pendant le mois de décembre, elle flamba dans les poitrines de nos concitoyens, elle illumina le four, elle peupla les camps d'ombres aux mains vides, elle ne cessa enfin d'avancer de son allure patiente et saccadée. Les autorités avaient compté sur les jours froids pour stopper cette avance, et pourtant elle passait à travers les premières rigueurs de la saison sans désemparer. Il fallait encore attendre. Mais on n'attend plus à force d'attendre, et notre ville entière vivait sans avenir.

Quant au docteur, le fugitif instant de paix et d'amitié qui lui avait été donné n'eut pas de lendemain. On avait ouvert encore un hôpital et Rieux n'avait plus de tête-à-tête qu'avec les malades. Il remarqua cependant qu'à ce stade de l'épidémie, alors que la peste prenait, de plus en plus, la forme pulmonaire, les malades semblaient en quelque sorte aider le médecin. Au lieu de s'abandonner à la prostration ou aux folies du début, ils paraissaient se faire une idée plus juste de leurs intérêts et ils réclamaient d'eux-mêmes ce qui pouvait leur être le plus favorable. Ils demandaient sans cesse à boire, et tous voulaient de la chaleur. Quoique la fatigue fût la même pour le docteur, il se sentait cependant moins seul, dans ces occasions.

Vers la fin de décembre, Rieux reçut de M. Othon, le juge d'instruction, qui se trouvait encore dans son camp, une lettre disant que son temps de quarantaine était passé, que l'administration ne retrouvait pas la date de son entrée et qu'assurément, on le maintenait encore au camp d'internement par erreur. Sa femme, sortie depuis quelque temps, avait protesté à la préfecture, où elle avait été mal reçue et où on lui avait dit qu'il n'y avait jamais d'erreur. Rieux fit intervenir Rambert et, quelques jours après, vit arriver M. Othon. Il y avait eu en effet une erreur et Rieux s'en indigna un peu. Mais M. Othon, qui avait maigri, leva une main molle et dit, pesant ses mots, que tout le monde pouvait se tromper. Le docteur pensa seulement qu'il y avait quelque chose de changé.

« Qu'allez-vous faire, monsieur le juge ? Vos dossiers vous attendent, dit Rieux.

— Eh bien, non, dit le juge. Je voudrais prendre un congé.

— En effet, il faut vous reposer.

— Ce n'est pas cela, je voudrais retourner au camp. »

Rieux s'étonna :

« Mais vous en sortez !

— Je me suis mal fait comprendre. On m'a dit qu'il y avait des volontaires de l'administration, dans ce camp. »

Le juge roulait un peu ses yeux ronds et essayait d'aplatir une de ses touffes...

« Vous comprenez, j'aurais une occupation. Et puis, c'est stupide à dire, je me sentirais moins séparé de mon petit garçon. »

Rieux le regardait. Il n'était pas possible que dans ces yeux durs et plats une douceur s'installât soudain. Mais ils étaient devenus plus brumeux, ils avaient perdu leur pureté de métal.

« Bien sûr, dit Rieux, je vais m'en occuper, puisque vous le désirez. »

Le[1] docteur s'en occupa, en effet, et la vie de la cité empestée reprit son train, jusqu'à la Noël. Tarrou continuait de promener partout sa tranquillité efficace. Rambert confiait au docteur qu'il avait établi, grâce aux deux petits gardes, un système de correspondance clandestine avec sa femme. Il recevait une lettre de loin en loin. Il offrit à Rieux de le faire profiter de son système et celui-ci accepta. Il écrivit, pour la première fois depuis de longs mois, mais avec les plus grandes difficultés. Il y avait un langage qu'il avait perdu. La lettre partit. La réponse tardait à venir. De son côté, Cottard prospérait et ses petites spéculations l'enrichissaient.

Quant à Grand, la période des fêtes ne devait pas lui réussir.

Le Noël de cette année-là fut plutôt la fête de l'Enfer que celle de l'Évangile. Les boutiques vides et privées de lumière, les chocolats factices ou les boîtes vides dans les vitrines, les tramways chargés de figures sombres, rien ne rappelait les Noëls passés. Dans cette fête où tout le monde, riche ou pauvre, se rejoignait jadis, il n'y avait plus de place que pour les quelques réjouissances solitaires et honteuses que des privilégiés se procuraient à prix d'or, au fond d'une arrière-boutique crasseuse. Les églises étaient emplies de plaintes plutôt que d'actions de grâces. Dans la ville morne et gelée, quelques enfants couraient, encore ignorants de ce qui les menaçait. Mais personne n'osait leur annoncer le dieu d'autrefois, chargé d'offrandes, vieux comme la peine humaine, mais nouveau comme le jeune espoir. Il n'y avait plus de place dans le cœur de tous que pour un très vieil et très morne espoir, celui-là même qui empêche les hommes de se laisser aller à la mort et qui n'est qu'une simple obstination à vivre.

La veille, Grand avait manqué son rendez-vous. Rieux, inquiet, était passé chez lui de grand matin sans le trouver. Tout le monde avait été alerté. Vers onze heures, Rambert vint à l'hôpital avertir le docteur qu'il avait aperçu Grand de loin, errant dans les rues, la figure décomposée. Puis il l'avait perdu de vue. Le docteur et Tarrou partirent en voiture à sa recherche.

À midi, heure glacée, Rieux, sorti de la voiture, regardait de loin Grand, presque collé contre une vitrine, pleine de jouets grossièrement sculptés dans le bois. Sur le visage du vieux fonctionnaire, des larmes coulaient sans interruption. Et ces larmes bouleversèrent Rieux parce qu'il les comprenait et qu'il les sentait aussi au creux de sa gorge. Il se souvenait lui aussi des fiançailles du malheureux, devant une boutique de Noël, et de Jeanne renversée vers lui pour dire qu'elle était contente. Du fond d'années lointaines, au cœur même de cette folie, la voix fraîche de Jeanne revenait vers Grand, cela était sûr. Rieux savait ce que pensait à cette minute le vieil homme qui pleurait, et il le pensait comme lui, que ce monde sans amour était comme un monde mort et qu'il vient toujours une heure où on se lasse des prisons, du travail et du courage pour réclamer le visage d'un être et le cœur émerveillé de la tendresse[1].

Mais l'autre l'aperçut dans la glace. Sans cesser de pleurer, il se retourna et s'adossa à la vitrine pour le regarder venir.

« Ah! docteur, ah! docteur », faisait-il.

Rieux hochait la tête pour l'approuver, incapable de parler. Cette détresse était la sienne et ce qui lui tordait le cœur à ce moment était l'immense colère qui vient à l'homme devant la douleur que tous les hommes partagent.

« Oui, Grand, dit-il.

— Je voudrais avoir le temps de lui écrire une lettre. Pour qu'elle sache... et pour qu'elle puisse être heureuse sans remords... »

Avec une sorte de violence, Rieux fit avancer Grand. L'autre continuait, se laissant presque traîner, balbutiant des bouts de phrase.

« Il y a trop longtemps que ça dure. On a envie de se laisser aller, c'est forcé. Ah! docteur! J'ai l'air tranquille comme ça. Mais il m'a toujours fallu un énorme effort pour être seulement normal. Alors maintenant, c'est encore trop. »

Il s'arrêta, tremblant de tous ses membres et les yeux fous. Rieux lui prit la main. Elle brûlait.

« Il faut rentrer. »

Mais Grand lui échappa et courut quelques pas, puis il s'arrêta, écarta les bras et se mit à osciller d'avant en arrière. Il tourna sur lui-même et tomba sur le trottoir glacé, le visage sali par des larmes qui continuaient de couler. Les passants regardaient de loin, arrêtés brusquement, n'osant plus avancer. Il fallut que Rieux prît le vieil homme dans ses bras.

Dans son lit maintenant, Grand étouffait : les poumons étaient pris. Rieux réfléchissait. L'employé n'avait pas de famille. À quoi bon le transporter? Il serait seul, avec Tarrou, à le soigner...

Grand était enfoncé au creux de son oreiller, la peau verdie et l'œil éteint. Il regardait fixement un maigre feu que Tarrou allumait dans la cheminée avec les débris d'une caisse. « Ça va mal », disait-il. Et du fond de ses poumons en flammes sortait un bizarre crépitement qui accompagnait tout ce qu'il disait. Rieux lui recommanda

de se taire et dit qu'il allait revenir. Un bizarre sourire vint au malade et, avec lui, une sorte de tendresse
lui monta au visage. Il cligna de l'œil avec effort. « Si
j'en sors, chapeau bas, docteur! » Mais tout de suite
après, il tomba dans la prostration.

Quelques heures après, Rieux et Tarrou retrouvèrent
le malade, à demi dressé dans son lit, et Rieux fut effrayé
de lire sur son visage les progrès du mal qui le brûlait.
Mais il semblait plus lucide et, tout de suite, d'une voix
étrangement creuse, il les pria de lui apporter le manuscrit qu'il avait mis dans un tiroir. Tarrou lui donna les
feuilles qu'il serra contre lui, sans les regarder, pour les
tendre ensuite au docteur, l'invitant du geste à les lire.
C'était un court manuscrit d'une cinquantaine de pages.
Le docteur le feuilleta et comprit que toutes ces feuilles
ne portaient que la même phrase indéfiniment recopiée,
remaniée, enrichie ou appauvrie. Sans arrêt, le mois de
mai, l'amazone et[1] les allées du Bois se confrontaient et
se disposaient de façons diverses. L'ouvrage comportait
aussi des explications, parfois démesurément longues, et
des variantes. Mais à la fin de la dernière page, une main
appliquée avait seulement écrit, d'une encre fraîche : « Ma
bien chère Jeanne, c'est aujourd'hui Noël... » Au-dessus,
soigneusement[2] calligraphiée, figurait la dernière version
de la phrase. « Lisez », disait Grand. Et Rieux lut.

« Par une belle matinée de mai, une svelte amazone,
montée sur une somptueuse jument alezane, parcourait,
au milieu des fleurs, les allées du Bois... »

« Est-ce cela ? » dit le vieux d'une voix de fièvre.

Rieux ne leva pas les yeux sur lui.

« Ah! dit l'autre en s'agitant, je sais bien. Belle, belle,
ce n'est pas le mot juste. »

Rieux lui prit la main sur la couverture.

« Laissez, docteur. Je n'aurai pas le temps... »

Sa poitrine se soulevait avec peine et il cria tout d'un
coup :

« Brûlez-le! »

Le docteur hésita, mais Grand répéta son ordre avec
un accent si terrible et une telle souffrance dans la voix
que Rieux jeta les feuilles dans le feu presque éteint. La
pièce s'illumina rapidement et une chaleur brève la
réchauffa. Quand le docteur revint vers le malade,
celui-ci avait le dos tourné et sa face touchait presque

au mur. Tarrou regardait par la fenêtre, comme étranger à la scène. Après avoir injecté le sérum, Rieux dit à son ami que Grand ne passerait pas la nuit, et Tarrou se proposa pour rester. Le docteur accepta.

Toute la nuit, l'idée que Grand allait mourir le poursuivit. Mais le lendemain matin, Rieux trouva Grand assis sur son lit, parlant avec Tarrou. La fièvre avait disparu. Il ne restait que les signes d'un épuisement général.

« Ah! docteur, disait l'employé, j'ai eu tort. Mais je recommencerai. Je me souviens de tout, vous verrez.

— Attendons », dit Rieux à Tarrou.

Mais à midi, rien n'était changé. Le soir, Grand pouvait être considéré comme sauvé. Rieux ne comprenait rien à cette résurrection.

À peu près à la même époque pourtant, on amena à Rieux une malade dont il jugea l'état désespéré et qu'il fit isoler dès son arrivée à l'hôpital. La jeune fille était en plein délire et présentait tous les symptômes de la peste pulmonaire. Mais, le lendemain matin, la fièvre avait baissé. Le docteur crut reconnaître encore, comme dans le cas de Grand, la rémission matinale que l'expérience l'habituait à considérer comme un mauvais signe. À midi, cependant, la fièvre n'était pas remontée. Le soir, elle augmenta de quelques dixièmes seulement et, le lendemain matin, elle avait disparu. La jeune fille, quoique faible, respirait librement dans son lit. Rieux dit à Tarrou qu'elle était sauvée contre toutes les règles. Mais dans la semaine, quatre cas semblables se présentèrent dans le service du docteur.

À la fin de la même semaine, le vieil asthmatique accueillit le docteur et Tarrou avec tous les signes d'une grande agitation.

« Ça y est, disait-il, ils sortent encore.

— Qui?

— Eh bien! les rats! »

Depuis le mois d'avril, aucun rat mort n'avait été découvert.

« Est-ce que ça va recommencer? » dit Tarrou à Rieux.

Le vieux se frottait les mains.

« Il faut les voir courir! C'est un plaisir. »

Il avait vu deux rats vivants entrer chez lui, par la

porte de la rue. Des voisins lui avaient rapporté que, chez eux aussi, les bêtes avaient fait leur réapparition. Dans certaines charpentes, on entendait de nouveau le remue-ménage oublié depuis des mois. Rieux attendit la publication des statistiques générales qui avaient lieu au début de chaque semaine. Elles révélaient un recul de la maladie.

Q UOIQUE cette brusque retraite de la maladie fût inespérée, nos concitoyens ne se hâtèrent pas de se réjouir. Les mois qui venaient de passer, tout en augmentant leur désir de libération, leur avaient appris la prudence et les avaient habitués à compter de moins en moins sur une fin prochaine de l'épidémie. Cependant, ce fait nouveau était sur toutes les bouches, et, au fond des cœurs, s'agitait un grand espoir inavoué. Tout le reste passait au second plan. Les nouvelles victimes de la peste pesaient bien peu auprès de ce fait exorbitant : les statistiques avaient baissé. Un des signes que l'ère de la santé, sans être ouvertement espérée, était cependant attendue en secret, c'est que nos concitoyens parlèrent volontiers dès ce moment, quoique avec les airs de l'indifférence, de la façon dont la vie se réorganiserait après la peste.

Tout le monde était d'accord pour penser que les commodités de la vie passée ne se retrouveraient pas d'un coup et qu'il était plus facile de détruire que de reconstruire. On estimait simplement que le ravitaillement lui-même pourrait être un peu amélioré, et que, de cette façon, on serait débarrassé du souci le plus pressant. Mais, en fait, sous ces remarques anodines, un espoir insensé se débridait du même coup et à tel point que nos concitoyens en prenaient parfois conscience et affirmaient alors, avec précipitation, qu'en tout état de cause, la délivrance n'était pas pour le lendemain.

Et, en effet, la peste ne s'arrêta pas le[1] lendemain, mais, en apparence, elle s'affaiblissait plus vite qu'on n'eût pu raisonnablement l'espérer. Pendant les premiers jours de janvier, le froid s'installa avec une persistance inusitée et sembla cristalliser au-dessus de la ville. Et pourtant, jamais le ciel n'avait été si bleu. Pendant des jours entiers, sa splendeur immuable et glacée inonda notre ville d'une lumière ininterrompue. Dans cet air purifié, la peste, en trois semaines et par des chutes successives, parut s'épuiser dans les cadavres de moins en moins nombreux qu'elle alignait. Elle perdit, en un court espace de temps, la presque totalité des forces qu'elle avait mis des mois à accumuler. À la voir manquer des proies toutes désignées, comme Grand ou la jeune fille de Rieux, s'exacerber dans certains quartiers durant deux ou trois jours alors qu'elle disparaissait totalement de certains autres, multiplier les victimes le lundi et, le mercredi, les laisser échapper presque toutes, à la voir ainsi s'essouffler ou se précipiter, on eût dit qu'elle se désorganisait par énervement et lassitude, qu'elle perdait, en même temps que son empire sur elle-même, l'efficacité mathématique et souveraine qui avait été sa force. Le sérum de Castel connaissait, tout d'un coup, des séries de réussites qui lui avaient été refusées jusque-là. Chacune des mesures prises par les médecins et qui, auparavant, ne donnaient aucun résultat, paraissaient soudain porter à coup sûr. Il semblait que la peste à son tour fût traquée et que sa faiblesse soudaine fît la force des armes émoussées qu'on lui avait, jusqu'alors, opposées. De temps en temps seulement, la maladie se raidissait et, dans une sorte d'aveugle sursaut, emportait trois ou quatre malades dont on espérait la guérison. Ils étaient les malchanceux de la peste, ceux qu'elle tuait en plein espoir. Ce fut le cas du juge Othon qu'on dut évacuer du camp de quarantaine, et Tarrou dit de lui en effet qu'il n'avait pas eu de chance, sans qu'on pût savoir cependant s'il pensait à la mort ou à la vie du juge.

Mais dans l'ensemble, l'infection reculait sur toute la ligne et les communiqués de la préfecture, qui avaient d'abord fait naître une timide et secrète espérance, finirent par confirmer, dans l'esprit du public, la conviction que la victoire était acquise et que la maladie abandonnait ses positions. À la vérité, il était difficile de décider qu'il s'agissait d'une victoire. On était obligé seulement de constater que la maladie semblait partir comme elle était venue. La stratégie qu'on lui opposait n'avait pas changé, inefficace hier et, aujourd'hui, apparemment heureuse. On avait seulement l'impression que la maladie s'était épuisée elle-même ou peut-être qu'elle se retirait après avoir atteint tous ses objectifs. En quelque sorte, son rôle était fini.

On eût dit néanmoins que rien n'était changé en ville. Toujours silencieuses dans la journée, les rues étaient envahies, le soir, par la même foule où dominaient seulement les pardessus et les écharpes. Les cinémas et les cafés faisaient les mêmes affaires. Mais, à regarder de plus près, on pouvait remarquer que les visages étaient plus détendus et qu'ils souriaient parfois. Et c'était alors l'occasion de constater que, jusqu'ici, personne ne souriait dans les rues. En réalité, dans le voile opaque qui, depuis des mois, entourait la ville, une déchirure venait de se faire et, tous les lundis, chacun pouvait constater, par les nouvelles de la radio, que la déchirure s'agrandissait et qu'enfin il allait être permis de respirer. C'était encore un soulagement tout négatif et qui ne prenait pas d'expression franche. Mais alors qu'auparavant on n'eût pas appris sans quelque incrédulité qu'un train était parti ou un bateau arrivé, ou encore que les autos allaient de nouveau être autorisées à circuler, l'annonce de ces événements à la mi-janvier n'eût provoqué au contraire aucune surprise. C'était peu sans doute. Mais cette nuance légère traduisait, en fait, les énormes progrès accomplis par nos concitoyens dans la voie de l'espérance. On peut dire d'ailleurs qu'à partir du moment où le plus infime espoir devint possible pour la population, le règne effectif de la peste fut terminé.

Il n'en reste pas moins que, pendant tout le mois de janvier, nos concitoyens réagirent de façon contradictoire. Exactement, ils passèrent par des alternances d'excitation et de dépression. C'est ainsi qu'on eut à enregistrer de nouvelles tentatives d'évasion, au moment même où les statistiques étaient les plus favorables. Cela surprit beaucoup les autorités, et les postes de garde eux-mêmes, puisque la plupart des évasions réussirent. Mais, en réalité, les gens qui s'évadaient à ces moments-là obéissaient à des sentiments naturels. Chez les uns, la peste avait enraciné un scepticisme profond dont ils ne pouvaient pas se débarrasser. L'espoir n'avait plus de prise sur eux. Alors même que le temps de la peste était révolu, ils continuaient à vivre selon ses normes. Ils étaient en retard sur les événements. Chez les autres, au contraire, et ils se recrutaient spécialement chez ceux qui avaient vécu jusque-là séparés des êtres qu'ils aimaient, après ce long temps de claustration et d'abattement, le vent d'espoir qui se levait avait allumé une fièvre et une impatience qui leur enlevaient toute maîtrise d'eux-mêmes. Une sorte de panique les prenait à la pensée qu'ils pouvaient, si près du but, mourir peut-être, qu'ils ne reverraient pas l'être qu'ils chérissaient et que ces longues souffrances ne leur seraient pas payées. Alors que pendant des mois, avec une obscure ténacité, malgré la prison et l'exil, ils avaient persévéré dans l'attente, la première espérance suffit à détruire ce que la peur et le désespoir n'avaient pu entamer. Ils se précipitèrent comme des fous pour devancer la peste, incapables de suivre son allure jusqu'au dernier moment.

Dans le même temps, d'ailleurs, des signes spontanés d'optimisme se manifestèrent. C'est ainsi qu'on enregistra une baisse sensible des prix. Du point de vue de l'économie pure, ce mouvement ne s'expliquait pas. Les difficultés restaient les mêmes, les formalités de quarantaine avaient été maintenues aux portes, et le ravitaillement était loin d'être amélioré. On assistait donc à un phénomène purement moral, comme si le recul de la peste se répercutait partout. En même temps, l'optimisme gagnait ceux qui vivaient auparavant en groupes et que la maladie avait obligés à la séparation. Les deux couvents de la ville commencèrent à se reconstituer et la vie commune put reprendre. Il en fut de même pour les militaires, qu'on rassembla de nouveau dans les casernes restées libres : ils reprirent une vie normale de garnison. Ces petits faits étaient de grands signes.

La population vécut dans cette agitation secrète jusqu'au 25 janvier. Cette semaine-là, les statistiques tombèrent si bas qu'après consultation de la commission médicale, la préfecture annonça que l'épidémie pouvait être considérée comme enrayée. Le communiqué ajoutait, il est vrai, que, dans un esprit de prudence qui ne pouvait manquer d'être approuvé par la population, les portes de la ville resteraient fermées pendant deux semaines encore et les mesures prophylactiques maintenues pendant un mois. Durant cette période, au moindre signe que le péril pouvait reprendre, « le *statu quo* devait être maintenu et les mesures reconduites au-delà ». Tout le monde, cependant, fut d'accord pour considérer ces additions comme des clauses de style et, le soir du 25 janvier, une joyeuse agitation emplit la ville. Pour s'associer à l'allégresse générale, le préfet donna l'ordre de restituer l'éclairage du temps de la santé. Dans les rues illuminées, sous un ciel froid et pur, nos concitoyens se déversèrent alors en groupes bruyants et rieurs.

Certes, dans beaucoup de maisons, les volets restèrent clos et des familles passèrent en silence cette veillée que d'autres remplissaient de cris. Cependant, pour beaucoup de ces êtres endeuillés, le soulagement aussi était profond, soit que la peur de voir d'autres parents emportés fût enfin calmée, soit que le sentiment de leur conservation personnelle ne fût plus en alerte. Mais les familles qui devaient rester le plus étrangères à la joie générale furent, sans contredit, celles qui, à ce moment même, avaient un malade aux prises avec la peste dans un hôpital et qui, dans les maisons de quarantaine ou chez elles, attendaient que le fléau en eût vraiment fini avec elles, comme il en avait fini avec les autres. Celles-là concevaient certes de l'espoir, mais elles en faisaient une provision qu'elles tenaient en réserve, et dans laquelle elles se défendaient de puiser avant d'en avoir vraiment le droit. Et cette attente, cette veillée silencieuse, à mi-distance de l'agonie et de la joie, leur paraissait plus cruelle encore, au milieu de la jubilation générale.

Mais ces exceptions n'enlevaient rien à la satisfaction des autres. Sans doute, la peste n'était pas encore finie et elle devait le prouver. Pourtant, dans tous les esprits déjà, avec des semaines d'avance, les trains partaient en sifflant sur des voies sans fin et les navires sillonnaient des mers lumineuses. Le lendemain, les esprits seraient plus calmes et les doutes renaîtraient. Mais pour le moment, la ville entière s'ébranlait, quittait ces lieux clos, sombres et immobiles, où elle avait jeté ses racines de pierre, et se mettait enfin en marche avec son chargement de survivants. Ce soir-là, Tarrou et Rieux, Rambert et les autres marchaient au milieu de la foule et sentaient eux aussi le sol manquer sous leurs pas. Longtemps après avoir quitté les boulevards, Tarrou et Rieux entendaient encore cette joie les poursuivre, à l'heure même où dans des ruelles désertes, ils longeaient des fenêtres aux volets clos. Et à cause même de leur fatigue, ils ne pouvaient séparer cette souffrance, qui se prolongeait derrière les volets, de la joie qui emplissait les rues un peu plus loin. La[1] délivrance qui approchait avait un visage mêlé de rires et de larmes.

À un moment où la rumeur se fit plus forte et plus joyeuse, Tarrou s'arrêta. Sur le pavé sombre, une forme courait légèrement. C'était un chat, le premier qu'on eût revu depuis le printemps. Il s'immobilisa un moment au milieu de la chaussée, hésita, lécha sa patte, la passa rapidement sur son oreille droite, reprit sa course silencieuse et disparut dans la nuit. Tarrou sourit. Le petit vieux serait content.

Mais au moment où la peste semblait s'éloigner[1] pour regagner la tanière inconnue d'où elle était sortie en silence, il y avait au moins quelqu'un dans la ville que ce départ jetait dans la consternation, et c'était Cottard, si l'on en croit les carnets de Tarrou.

À vrai dire, ces carnets deviennent assez bizarres à partir du moment où les statistiques commencent à baisser. Est-ce la fatigue, mais l'écriture en devient difficilement lisible et l'on passe trop souvent d'un sujet à l'autre. De plus, et pour la première fois, ces carnets manquent à l'objectivité et font place à des considérations personnelles. On trouve ainsi, au milieu d'assez longs passages concernant le cas de Cottard, un petit rapport sur le vieux aux chats. À en croire Tarrou, la peste n'avait jamais rien enlevé à sa considération pour ce personnage qui l'intéressait après l'épidémie, comme il l'avait intéressé avant et comme, malheureusement, il ne pourrait plus l'intéresser, quoique sa propre bienveillance, à lui, Tarrou, ne fût pas en cause. Car il avait cherché à le revoir. Quelques jours après cette soirée du 25 janvier, il s'était posté au coin de la petite rue. Les chats étaient là, se réchauffant dans les flaques de soleil, fidèles au rendez-vous. Mais à l'heure habituelle, les volets restèrent obstinément fermés. Au cours des jours suivants, Tarrou ne les vit plus jamais ouverts. Il en avait conclu curieusement que le petit vieux était vexé ou mort, que s'il était vexé, c'est qu'il pensait avoir raison et que la peste lui avait fait tort, mais que s'il était mort, il fallait se demander à son propos, comme pour le vieil asthmatique, s'il avait été un saint. Tarrou ne le pensait pas, mais estimait qu'il y avait dans le cas du vieillard une « indication ». « Peut-être, observaient les carnets, ne peut-on aboutir qu'à des approximations de sainteté. Dans ce cas, il faudrait se contenter d'un satanisme modeste et charitable. »

Toujours entremêlées avec les observations concernant Cottard, on trouve aussi dans les carnets de nombreuses remarques, souvent dispersées, dont les unes concernent Grand, maintenant convalescent et qui s'était remis au travail comme si rien n'était arrivé, et dont les autres évoquent la mère du docteur Rieux. Les quelques conversations que la cohabitation autorisait entre celle-ci et Tarrou, des attitudes de la vieille femme, son sourire, ses observations sur la peste, sont notées scrupuleusement. Tarrou insistait surtout sur l'effacement de Mme Rieux ; sur la façon qu'elle avait de tout exprimer en phrases simples ; sur le goût particulier qu'elle montrait pour une certaine fenêtre, donnant sur la rue calme, et derrière laquelle elle s'asseyait le soir, un peu droite, les mains tranquilles et le regard attentif jusqu'à ce que le crépuscule eût envahi la pièce, faisant d'elle une ombre noire dans la lumière grise qui fonçait peu à peu et dissolvait alors la silhouette immobile ; sur la légèreté avec laquelle elle se déplaçait d'une pièce à l'autre ; sur la bonté dont elle n'avait jamais donné de preuves précises devant Tarrou, mais dont il reconnaissait la lueur dans tout ce qu'elle faisait ou disait ; sur le fait enfin que, selon lui, elle connaissait tout sans jamais réfléchir, et qu'avec tant de silence et d'ombre, elle pouvait rester à la hauteur de n'importe quelle lumière, fût-ce celle de la peste. Ici du reste, l'écriture de Tarrou donnait des signes bizarres de fléchissement. Les lignes qui suivaient étaient difficilement lisibles et, comme pour donner une nouvelle preuve de ce fléchissement, les derniers mots étaient les premiers qui fussent personnels : « Ma mère était ainsi, j'aimais en elle le même effacement et c'est elle que j'ai toujours voulu rejoindre. Il y a huit ans, je ne peux pas dire qu'elle soit morte. Elle s'est seulement effacée un peu plus que d'habitude et, quand je me suis retourné, elle n'était plus là. »

Mais il faut en venir à Cottard. Depuis que les statistiques étaient en baisse, celui-ci avait fait plusieurs visites à Rieux, en invoquant divers prétextes. Mais en réalité, chaque fois, il demandait à Rieux des pronostics sur la marche de l'épidémie. « Croyez-vous qu'elle puisse cesser comme ça, d'un coup, sans prévenir ? » Il était sceptique sur ce point ou, du moins, il le déclarait. Mais les questions renouvelées qu'il posait semblaient indiquer une conviction moins ferme. À la mi-janvier, Rieux avait répondu de façon assez optimiste. Et chaque fois, ces réponses, au lieu de réjouir Cottard, en avaient tiré des réactions, variables selon les jours, mais qui allaient de la mauvaise humeur à l'abattement. Par la suite, le docteur avait été amené à lui dire que, malgré les indications favorables données par les statistiques, il valait mieux ne pas encore crier victoire.

« Autrement dit, avait observé Cottard, on ne sait rien, ça peut reprendre d'un jour à l'autre ?

— Oui, comme il est possible aussi que le mouvement de guérison s'accélère. »

Cette incertitude, inquiétante pour tout le monde, avait visiblement soulagé Cottard, et devant Tarrou, il avait engagé avec les commerçants de son quartier des conversations où il essayait de propager l'opinion de Rieux. Il n'avait pas de peine à le faire, il est vrai. Car après la fièvre des premières victoires, dans beaucoup d'esprits un doute était revenu qui devait survivre à l'excitation causée par la déclaration préfectorale. Cottard se rassurait au spectacle de cette inquiétude. Comme d'autres fois aussi, il se décourageait. « Oui, disait-il à Tarrou, on finira par ouvrir les portes. Et vous verrez, ils me laisseront tous tomber ! »

Jusqu'au 25 janvier, tout le monde remarqua l'instabilité de son caractère. Pendant des jours entiers, après avoir si longtemps cherché à se concilier son quartier et ses relations, il rompait en visière avec eux. En apparence, au moins, il se retirait alors du monde et, du jour au lendemain, se mettait à vivre dans la sauvagerie. On ne le voyait plus au restaurant, ni au théâtre, ni dans les cafés qu'il aimait. Et cependant, il ne semblait pas retrouver la vie mesurée et obscure qu'il menait avant l'épidémie. Il vivait complètement retiré dans son appartement et faisait monter ses repas d'un restaurant voisin. Le soir seulement, il faisait des sorties furtives, achetant[1] ce dont il avait besoin, sortant des magasins pour se jeter dans des rues solitaires. Si Tarrou le rencontrait alors, il ne pouvait tirer de lui que des monosyllabes. Puis, sans transition, on le retrouvait sociable, parlant de la peste avec abondance, sollicitant l'opinion de chacun et replongeant chaque soir avec complaisance dans le flots de la foule.

Le jour de la déclaration préfectorale, Cottard disparut complètement de la circulation. Deux jours après, Tarrou le rencontra, errant dans les rues. Cottard lui demanda de le raccompagner jusqu'au faubourg. Tarrou qui se sentait particulièrement fatigué de sa journée, hésita. Mais l'autre insista. Il paraissait très agité, gesticulant[1] de façon désordonnée, parlant vite et haut. Il demanda à son compagnon s'il pensait que, réellement, la déclaration préfectorale mettait un terme à la peste. Bien entendu, Tarrou estimait qu'une déclaration administrative ne suffisait pas en elle-même à arrêter un fléau, mais on pouvait raisonnablement penser que l'épidémie, sauf imprévu, allait cesser.

« Oui, dit Cottard, sauf imprévu. Et il y a toujours l'imprévu. »

Tarrou lui fit remarquer que, d'ailleurs, la préfecture avait prévu en quelque sorte l'imprévu, par l'institution d'un délai de deux semaines avant l'ouverture des portes.

« Et elle a bien fait, dit Cottard, toujours sombre et agité, parce que de la façon dont vont les choses, elle pourrait bien avoir parlé pour rien. »

Tarrou estimait la chose possible, mais il pensait qu'il valait mieux cependant envisager la prochaine ouverture des portes et le retour à une vie normale.

« Admettons, lui dit Cottard, admettons, mais qu'appelez-vous le retour à une vie normale ?

— De nouveaux films au cinéma », dit Tarrou en souriant.

Mais Cottard ne souriait pas. Il voulait savoir si l'on pouvait penser que la peste ne changerait rien dans la ville et que tout recommencerait comme auparavant, c'est-à-dire comme si rien ne s'était passé. Tarrou pensait que la peste changerait et ne changerait pas la ville, que, bien entendu, le plus fort désir de nos concitoyens était et serait de faire comme si rien n'était changé et que, partant, rien dans un sens ne serait changé, mais que, dans un autre sens, on ne peut pas tout oublier, même avec la volonté nécessaire, et la peste laisserait des traces, au moins dans les cœurs. Le petit rentier déclara tout net qu'il ne s'intéressait pas au cœur et que même le cœur était le dernier de ses soucis. Ce qui l'intéressait, c'était de savoir si l'organisation elle-même ne serait pas transformée, si, par exemple, tous les services fonctionneraient comme par le passé. Et Tarrou dut admettre qu'il n'en savait rien. Selon lui, il fallait supposer que tous ces services, perturbés pendant l'épidémie, auraient un peu de mal à démarrer de nouveau. On pourrait croire aussi que des quantités de nouveaux problèmes se poseraient qui rendraient nécessaire, au moins, une réorganisation des anciens services.

« Ah! dit Cottard, c'est possible, en effet, tout le monde devra tout recommencer[1]. »

Les deux promeneurs étaient arrivés près de la maison de Cottard. Celui-ci s'était animé, s'efforçait à l'optimisme. Il imaginait la ville se reprenant à vivre de nouveau, effaçant son passé pour repartir à zéro.

« Bon, dit Tarrou. Après tout, les choses s'arrangeront peut-être pour vous aussi. D'une certaine manière, c'est une vie nouvelle qui va commencer. »

Ils étaient devant la porte et se serraient la main.

« Vous avez raison, dit Cottard, de plus en plus agité, repartir à zéro, ce serait une bonne chose. »

Mais, de l'ombre du couloir, deux hommes avaient surgi. Tarrou eut à peine le temps d'entendre son compagnon demander ce que pouvaient bien vouloir ces oiseaux-là. Les oiseaux, qui avaient un air de fonctionnaires endimanchés, demandaient en effet à Cottard s'il s'appelait bien Cottard et celui-ci, poussant une sorte d'exclamation sourde, tournait sur lui-même et fonçait déjà dans la nuit sans que les autres, ni Tarrou, eussent le temps d'esquisser un geste. La surprise passée, Tarrou demanda aux deux hommes ce qu'ils voulaient. Ils prirent un air réservé et poli pour dire qu'il s'agissait de renseignements et partirent, posément, dans la direction qu'avait prise Cottard.

Rentré chez lui, Tarrou rapportait cette scène et aussitôt (l'écriture le prouvait assez) notait sa fatigue. Il ajoutait qu'il avait encore beaucoup à faire, mais que ce n'était pas une raison pour ne pas se tenir prêt, et se demandait si, justement, il était prêt. Il répondait pour finir, et c'est ici que les carnets de Tarrou se terminent, qu'il y avait toujours une heure de la journée et de la nuit où un homme était lâche et qu'il n'avait peur que de cette heure-là.

Le surlendemain, quelques jours avant l'ouverture des portes, le docteur Rieux rentrait chez lui à midi, se demandant s'il allait trouver le télégramme qu'il attendait. Quoique ses journées fussent alors aussi épuisantes qu'au plus fort de la peste, l'attente de la libération définitive avait dissipé toute fatigue chez lui. Il espérait maintenant, et il s'en réjouissait. On ne peut pas toujours tendre sa volonté et toujours se raidir, et c'est un bonheur que de délier enfin, dans l'effusion, cette gerbe de forces dressées pour la lutte[1]. Si le télégramme attendu était, lui aussi, favorable, Rieux pourrait recommencer[2]. Et il était d'avis que tout le monde recommençât.

Il passait devant la loge. Le nouveau concierge, collé contre le carreau, lui souriait. Remontant l'escalier, Rieux revoyait son visage, blêmi par les fatigues et les privations.

Oui, il recommencerait quand l'abstraction serait finie, et avec un peu de chance... Mais il ouvrait sa porte au même moment et sa mère vint à sa rencontre lui annoncer que M. Tarrou n'allait pas bien. Il s'était levé le matin, mais n'avait pu sortir et venait de se recoucher. Mme Rieux était inquiète.

« Ce n'est peut-être rien de grave, dit son fils. »

Tarrou était étendu de tout son long, sa lourde tête creusait le traversin, la poitrine forte se dessinait sous l'épaisseur des couvertures. Il avait de la fièvre, sa tête le faisait souffrir. Il dit à Rieux qu'il s'agissait de symptômes vagues qui pouvaient être aussi bien ceux de la peste.

« Non, rien de précis encore », dit Rieux après l'avoir examiné.

Mais Tarrou était dévoré par la soif. Dans le couloir, le docteur dit à sa mère que ce pouvait être le commencement de la peste.

« Oh! dit-elle, ce n'est pas possible, pas maintenant! »
Et tout de suite après :
« Gardons-le », Bernard.
Rieux réfléchissait :
« Je n'en ai pas le droit, dit-il. Mais les portes vont s'ouvrir. Je crois bien que c'est le premier droit que je prendrais pour moi, si tu n'étais pas là.
— Bernard, dit-elle, garde-nous tous les deux. Tu sais bien que je viens d'être de nouveau vaccinée. »
Le docteur dit que Tarrou aussi l'était mais que, peut-être, par fatigue, il avait dû laisser passer la dernière injection de sérum et oublier quelques précautions.
Rieux allait déjà dans son cabinet. Quand il revint dans la chambre, Tarrou vit qu'il tenait les énormes ampoules de sérum.

« Ah! c'est cela, dit-il.
— Non, mais c'est une précaution. »
Tarrou tendit son bras pour toute réponse et il subit l'interminable injection qu'il avait lui-même pratiquée sur d'autres malades.

« Nous verrons ce soir, dit Rieux, et il regarda Tarrou en face.
— Et l'isolement, Rieux ?
— Il n'est pas du tout sûr que vous ayez la peste. »
Tarrou sourit avec effort.

« C'est la première fois que je vois injecter un sérum sans ordonner en même temps l'isolement. »
Rieux se détourna.

« Ma mère et moi, nous vous soignerons. Vous serez mieux ici. »
Tarrou se tut et le docteur, qui rangeait les ampoules, attendit qu'il parlât pour se retourner. À la fin, il se dirigea vers le lit. Le malade le regardait. Son visage était fatigué, mais ses yeux gris étaient calmes. Rieux lui sourit.

« Dormez si vous le pouvez. Je reviendrai tout à l'heure. »
Arrivé à la porte, il entendit la voix de Tarrou qui l'appelait. Il retourna vers lui.
Mais Tarrou semblait se débattre contre l'expression même de ce qu'il avait à dire :

« Rieux, articula-t-il enfin, il faudra tout me dire, j'en ai besoin[1].

— Je vous le promets. »

L'autre tordit un peu son visage massif dans un sourire.

« Merci. Je n'ai pas envie de mourir et je lutterai. Mais si la partie est perdue, je veux faire une bonne fin. »

Rieux se baissa et lui serra l'épaule.

« Non, dit-il. Pour devenir un saint, il faut vivre. Luttez. »

Dans la journée, le froid qui avait été vif diminua un peu, mais pour faire place, l'après-midi, à de violentes averses de pluie et de grêle. Au crépuscule, le ciel se découvrit un peu et le froid se fit plus pénétrant. Rieux revint chez lui dans la soirée. Sans quitter son pardessus, il entra dans la chambre de son ami. Sa mère tricotait. Tarrou semblait n'avoir pas bougé de place, mais ses lèvres, blanchies par la fièvre, disaient la lutte qu'il était en train de soutenir.

« Alors ? » dit le docteur.

Tarrou haussa un peu, hors du lit, ses épaules épaisses.

« Alors, dit-il, je perds la partie ».

Le docteur se pencha sur lui. Des ganglions s'étaient noués sous la peau brûlante, sa poitrine semblait retentir de tous les bruits d'une forge souterraine. Tarrou présentait curieusement les deux séries de symptômes. Rieux dit en se relevant que le sérum n'avait pas encore eu le temps de donner tout son effet. Mais un flot de fièvre qui vint rouler dans sa gorge noya les quelques mots que Tarrou essaya de prononcer.

Après dîner, Rieux et sa mère vinrent s'installer près du malade. La nuit commençait pour lui dans la lutte et Rieux savait que ce dur combat avec l'ange de la peste devait durer jusqu'à l'aube. Les épaules solides et la large poitrine de Tarrou n'étaient pas ses meilleures armes, mais plutôt ce sang que Rieux avait fait jaillir tout à l'heure sous son aiguille, et, dans ce sang, ce qui était plus intérieur que l'âme et qu'aucune science ne pouvait mettre à jour. Et lui devait seulement regarder lutter son ami. Ce qu'il allait faire, les abcès qu'il devait favoriser, les toniques qu'il fallait inoculer, plusieurs mois d'échecs répétés lui avaient appris à en apprécier l'efficacité. Sa seule tâche, en vérité, était de donner des occasions à ce hasard qui trop souvent ne se dérange que provoqué. Et il fallait que le hasard se dérangeât. Car Rieux se trouvait devant un visage de la peste qui le déconcertait. Une fois de plus, elle s'appliquait à dérouter les stratégies dressées contre elle, elle apparaissait aux lieux où on ne l'attendait pas pour disparaître de ceux où elle semblait déjà installée. Une fois de plus, elle s'appliquait à étonner.

Tarrou luttait, immobile. Pas une seule fois, au cours de la nuit, il n'opposa l'agitation aux assauts du mal, combattant seulement de toute son épaisseur et de tout son silence. Mais pas une seule fois, non plus, il ne parla, avouant ainsi, à sa manière, que la distraction ne lui était plus possible. Rieux suivait seulement les phases du combat aux yeux de son ami, tour à tour ouverts ou fermés, les paupières plus serrées contre le globe de l'œil ou, au contraire, distendues, le regard fixé sur un objet ou ramené sur le docteur et sa mère. Chaque fois que le docteur rencontrait ce regard, Tarrou souriait, dans un grand effort.

À un moment, on entendit des pas précipités dans la rue. Ils semblaient s'enfuir devant un grondement lointain qui se rapprocha peu à peu et finit par remplir la rue de son ruissellement : la pluie reprenait, bientôt mêlée d'une grêle qui claquait sur les trottoirs. Les grandes tentures ondulèrent devant les fenêtres. Dans l'ombre de la pièce, Rieux, un instant distrait par la pluie, contemplait à nouveau Tarrou, éclairé par une lampe de chevet. Sa mère tricotait, levant de temps en temps la tête pour regarder attentivement le malade. Le docteur avait fait maintenant tout ce qu'il y avait à faire. Après la pluie, le silence s'épaissit dans la chambre, pleine seulement du tumulte muet d'une guerre invisible. Crispé par l'insomnie, le docteur imaginait entendre, aux limites du silence, le sifflement doux et régulier qui l'avait accompagné pendant toute l'épidémie. Il fit un signe à sa mère pour l'engager à se coucher. Elle refusa de la tête, et ses yeux s'éclairèrent, puis elle examina soigneusement, au bout de ses aiguilles, une maille dont elle n'était pas sûre. Rieux se leva pour faire boire le malade, et revint s'asseoir.

Des passants, profitant de l'accalmie, marchaient rapidement sur le trottoir. Leurs pas décroissaient et s'éloignaient. Le docteur, pour la première fois, reconnut que cette nuit, pleine de promeneurs tardifs et privée de timbres d'ambulances, était semblable à celles d'autrefois. C'était une nuit délivrée de la peste. Et il semblait que la maladie chassée par le froid, les lumières et la foule, se fût échappée des profondeurs obscures de la ville et réfugiée dans cette chambre chaude pour donner son ultime assaut au corps inerte de Tarrou. Le fléau ne brassait plus le ciel de la ville. Mais il sifflait doucement dans l'air lourd de la chambre. C'était lui que Rieux entendait depuis des heures. Il fallait attendre que là aussi il s'arrêtât, que là aussi la peste se déclarât vaincue.

Peu avant l'aube, Rieux se pencha vers sa mère :

« Tu devrais te coucher pour pouvoir me relayer à huit heures. Fais des instillations avant de te coucher. »

Mme Rieux se leva, rangea son tricot et s'avança vers le lit. Tarrou, depuis quelque temps déjà, tenait ses yeux fermés. La sueur bouclait ses cheveux sur le front dur. Mme Rieux soupira et le malade ouvrit les yeux. Il vit le visage doux penché vers lui et, sous les ondes mobiles de[1] la fièvre, le sourire tenace reparut encore. Mais les yeux se fermèrent aussitôt. Resté seul, Rieux s'installa dans le fauteuil que venait de quitter sa mère. La rue était muette et le silence maintenant complet. Le froid du matin commençait à se faire sentir dans la pièce.

Le docteur s'assoupit, mais la première voiture de l'aube le tira de sa somnolence. Il frissonna et, regardant Tarrou, il comprit qu'une pause avait eu lieu et que le malade dormait aussi. Les roues de bois et de fer de la voiture à cheval roulaient encore dans l'éloignement. À la fenêtre, le jour était encore noir. Quand le docteur avança vers le lit, Tarrou le regardait de ses yeux sans expression, comme s'il se trouvait encore du côté du sommeil.

« Vous avez dormi, n'est-ce pas ? demanda Rieux.

— Oui.

— Respirez-vous mieux ?

— Un peu. Cela veut-il dire quelque chose ? »

Rieux se tut et, au bout d'un moment :

« Non, Tarrou, cela ne veut rien dire. Vous connaissez comme moi la rémission matinale. »

Tarrou approuva.

« Merci, dit-il. Répondez-moi toujours exactement. »

Rieux s'était assis au pied du lit. Il sentait près de lui les jambes du malade, longues et dures comme des membres de gisant. Tarrou respirait plus fortement.

« La fièvre va reprendre, n'est-ce pas, Rieux, dit-il d'une voix essoufflée.

— Oui, mais à midi, nous serons fixés. »

Tarrou ferma les yeux, semblant recueillir ses forces. Une expression de lassitude se lisait sur ses[1] traits. Il attendait la montée de la fièvre qui remuait déjà, quelque part, au fond de lui. Quand il ouvrit les yeux, son regard était terni. Il ne s'éclaircit qu'en apercevant Rieux penché près de lui.

« Buvez », disait celui-ci.

L'autre but et laissa retomber sa tête.

« C'est long », dit-il.

Rieux lui prit le bras, mais Tarrou, le regard détourné, ne réagissait plus. Soudain, la fièvre reflua visiblement jusqu'à son front comme si elle avait crevé quelque digue intérieure. Quand le regard de Tarrou revint vers le docteur, celui-ci l'encourageait de son visage tendu. Le sourire que Tarrou essaya encore de former ne put passer au-delà des maxillaires serrés et des lèvres cimentées par une écume blanchâtre. Mais, dans la face durcie, les yeux brillèrent encore de tout l'éclat du courage.

À sept heures, Mme Rieux entra dans la pièce. Le docteur regagna son bureau pour téléphoner à l'hôpital et pourvoir à son remplacement. Il décida aussi de remettre ses consultations, s'étendit un moment sur le divan de son cabinet, mais se leva presque aussitôt et revint dans la chambre. Tarrou avait la tête tournée vers Mme Rieux. Il regardait la petite ombre tassée près de lui, sur une chaise, les mains jointes sur les cuisses. Et il la contemplait avec tant d'intensité que Mme Rieux mit un doigt sur ses lèvres et se leva pour éteindre la lampe de chevet. Mais derrière les rideaux, le jour filtrait rapidement et, peu après, quand les traits du malade émergèrent de l'obscurité, Mme Rieux put voir qu'il la regardait toujours. Elle se pencha vers lui, redressa son traversin, et, en se relevant, posa un instant sa main sur les cheveux mouillés et tordus. Elle entendit alors une voix assourdie, venue de[2] loin, lui dire merci et que maintenant tout était bien. Quand elle fut assise à nouveau, Tarrou avait fermé les yeux et son visage épuisé, malgré la bouche scellée, semblait sourire à nouveau.

À midi, la fièvre était à son sommet. Une sorte de toux viscérale secouait le corps du malade qui commença seulement à cracher du sang. Les ganglions avaient cessé d'enfler. Ils étaient toujours là, durs comme des écrous, vissés dans le creux des articulations, et Rieux jugea impossible de les ouvrir. Dans les intervalles de la fièvre et de la toux, Tarrou de loin en loin regardait encore ses amis. Mais, bientôt, ses yeux s'ouvrirent de moins en moins souvent, et la lumière qui venait alors éclairer sa face dévastée se fit plus pâle à chaque fois. L'orage qui secouait ce corps de soubresauts convulsifs l'illuminait d'éclairs de plus en plus rares et Tarrou dérivait lentement au fond de cette tempête[1]. Rieux n'avait plus devant lui qu'un masque désormais inerte où le sourire avait disparu. Cette forme humaine qui lui avait été si proche, percée maintenant de coups d'épieu, brûlée par un mal surhumain, tordue par tous les vents haineux du ciel, s'immergeait à ses yeux dans les eaux de la peste et il ne pouvait rien contre ce naufrage. Il devait rester sur le rivage, les mains vides et le cœur tordu, sans armes et sans recours, une fois de plus, contre ce désastre. Et à la fin, ce furent bien les larmes de l'impuissance qui empêchèrent Rieux de voir Tarrou se tourner brusquement contre le mur, et expirer dans une plainte creuse, comme si, quelque part en lui, une corde essentielle s'était rompue.

La nuit qui suivit ne fut pas celle de la lutte, mais celle du silence. Dans cette chambre retranchée du monde, au-dessus de ce corps mort maintenant habillé, Rieux sentit planer le calme surprenant qui, bien des nuits auparavant, sur les terrasses au-dessus de la peste, avait suivi l'attaque des portes. Déjà, à cette époque, il avait pensé à ce silence qui s'élevait des lits où il avait laissé mourir des hommes. C'était partout la même pause, le même intervalle solennel, toujours le même apaisement qui suivait les combats, c'était le silence de la défaite. Mais pour celui qui enveloppait maintenant son ami, il était[2] si compact, il s'accordait si étroitement au silence des rues et de la ville libérée de la peste,

que Rieux sentait bien qu'il s'agissait cette fois de la
défaite définitive, celle qui termine les guerres et fait de
la paix elle-même une souffrance sans guérison. Le docteur
ne savait pas si, pour finir, Tarrou avait retrouvé la
paix, mais dans ce moment tout au moins, il croyait
savoir qu'il n'y aurait jamais plus de paix possible pour
lui-même, pas plus qu'il n'y a d'armistice pour la mère
amputée de son fils ou pour l'homme qui ensevelit son
ami[1].

Au-dehors, c'était la même nuit froide, des étoiles
gelées dans un ciel clair et glacé. Dans la chambre à
demi obscure, on sentait le froid qui pesait aux vitres,
la grande respiration blême d'une nuit polaire. Près du
lit, Mme Rieux se tenait assise, dans son attitude familière, le côté droit éclairé par la lampe de chevet. Au
centre de la pièce, loin de la lumière, Rieux attendait
dans son fauteuil. La pensée de sa femme lui venait,
mais il la rejetait chaque fois.

Au début de la soirée, les talons des passants avaient
sonné clair dans la nuit froide.

« Tu t'es occupé de tout ? avait dit Mme Rieux.

— Oui, j'ai téléphoné. »

Ils avaient alors repris leur veillée silencieuse. Mme
Rieux regardait de temps en temps son fils. Quand il
surprenait un de ces regards, il lui souriait. Les bruits
familiers de la nuit s'étaient succédé dans la rue. Quoique
l'autorisation ne fût pas encore accordée, bien des voitures circulaient à nouveau. Elles suçaient rapidement
le pavé, disparaissaient et reparaissaient ensuite. Des
voix, des appels, le silence revenu, le pas d'un cheval,
deux tramways grinçant dans une courbe, des rumeurs
imprécises, et à nouveau la respiration de la nuit.

« Bernard ?

— Oui.

— Tu n'es pas fatigué ?

— Non. »

Il savait ce que sa mère pensait et qu'elle l'aimait
en ce moment. Mais il savait aussi que ce n'est pas grand-
chose que d'aimer un être ou du moins qu'un amour
n'est jamais assez fort pour trouver sa propre expression.
Ainsi, sa mère et lui s'aimeraient toujours dans le silence.
Et elle mourrait à son tour — ou lui — sans que, pendant
toute leur vie, ils pussent aller plus loin dans l'aveu de

leur tendresse. De la même façon il avait vécu à côté de Tarrou et celui-ci était mort, ce soir, sans que leur amitié ait eu le temps d'être vraiment vécue. Tarrou avait perdu la partie, comme il disait. Mais lui, Rieux, qu'avait-il gagné? Il avait seulement gagné d'avoir connu la peste et de s'en souvenir, d'avoir connu l'amitié et de s'en souvenir, de connaître la tendresse et de devoir un jour s'en souvenir. Tout ce que l'homme pouvait gagner au jeu de la peste et de la vie, c'était la connaissance et la mémoire. Peut-être était-ce cela que Tarrou appelait gagner la partie!

De nouveau, une auto passa et Mme Rieux remua un peu sur sa chaise. Rieux lui sourit. Elle lui dit qu'elle n'était pas fatiguée et tout de suite après :

« Il faudra que tu ailles te reposer en montagne, là-bas.

— Bien sûr, maman. »

Oui, il se reposerait là-bas. Pourquoi pas? Ce serait aussi un prétexte à mémoire. Mais si c'était cela, gagner la partie, qu'il devait être dur de vivre seulement avec ce qu'on sait et ce dont on se souvient, et privé de ce qu'on espère. C'était ainsi sans doute qu'avait vécu Tarrou et il était conscient de ce qu'il y a de stérile dans une vie sans illusions. Il n'y a pas de paix sans espérance, et Tarrou qui refusait aux hommes le droit de condamner quiconque, qui savait pourtant que personne ne peut s'empêcher de condamner et que même les victimes se trouvaient être parfois des bourreaux, Tarrou avait vécu dans le déchirement et la contradiction, il n'avait jamais connu l'espérance. Était-ce[1] pour cela qu'il avait voulu la sainteté et cherché la paix dans le service des hommes? À la vérité, Rieux n'en savait rien et cela importait peu. Les seules images de Tarrou qu'il garderait seraient celles d'un homme qui prenait le volant de son auto à pleines mains pour le conduire ou celles de ce corps épais, étendu maintenant sans mouvement. Une chaleur de vie et une image de mort, c'était cela la connaissance.

Voilà pourquoi, sans doute, le docteur Rieux, au matin, reçut avec calme la nouvelle de la mort de sa femme. Il était dans son bureau. Sa mère était venue presque en courant lui apporter un télégramme, puis elle était sortie pour donner un pourboire au porteur.

Quand elle revint, son fils tenait à la main le télégramme ouvert. Elle le regarda, mais il contemplait obstinément, par la fenêtre, un matin magnifique qui se levait sur le port.

« Bernard », dit Mme Rieux.

Le docteur l'examina d'un air distrait.

« Le télégramme ? demanda-t-elle.

— C'est cela, reconnut le docteur. Il y a huit jours. »

Mme Rieux détourna la tête vers la fenêtre. Le docteur se taisait. Puis il dit à sa mère de ne pas pleurer, qu'il s'y attendait, mais que c'était quand même difficile. Simplement, il savait, disant cela, que sa souffrance était sans surprise. Depuis des mois et depuis deux jours, c'était la même douleur qui continuait.

Les[1] portes de la ville s'ouvrirent enfin, à l'aube d'une belle matinée de février, saluées par le peuple, les journaux, la radio et les communiqués de la préfecture. Il reste donc au narrateur à se faire le chroniqueur des heures de joie qui suivirent cette ouverture des portes, bien que lui-même fût de ceux qui n'avaient pas la liberté de s'y mêler tout entiers.

De grandes réjouissances étaient organisées pour la journée et pour la nuit. En même temps, les trains commencèrent à fumer en gare pendant que, venus de mers lointaines, des navires mettaient déjà le cap sur notre port, marquant à leur manière que ce jour était, pour tous ceux qui gémissaient d'être séparés, celui de la grande réunion.

On imaginera facilement ici ce que put devenir le sentiment de la séparation qui avait habité tant de nos concitoyens. Les trains qui, pendant la journée, entrèrent dans notre ville n'étaient pas moins chargés que ceux qui en sortirent. Chacun avait retenu sa place pour ce jour-là, au cours des deux semaines de sursis, tremblant qu'au dernier moment la décision préfectorale fût annulée. Certains des voyageurs qui approchaient de la ville n'étaient d'ailleurs pas tout à fait débarrassés de leur appréhension, car s'ils connaissaient en général le sort de ceux qui les touchaient de près, ils ignoraient tout des autres et de la ville elle-même, à laquelle ils prêtaient un visage redoutable. Mais ceci n'était vrai que pour ceux que la passion n'avait pas brûlés pendant tout cet espace de temps.

Les passionnés, en effet, étaient livrés à leur idée fixe. Une seule chose avait changé pour eux : ce temps que, pendant les mois de leur exil, ils auraient voulu pousser pour qu'il se pressât, qu'ils s'acharnaient à précipiter encore, alors qu'ils se trouvaient déjà en vue de notre ville, ils souhaitèrent le ralentir au contraire et le tenir suspendu, dès que le train commença de freiner avant l'arrêt. Le sentiment, à la fois vague et aigu en eux, de tous ces mois de vie perdus pour leur amour, leur faisait confusément exiger une sorte de compensation par laquelle le temps de la joie aurait coulé deux fois moins vite que celui de l'attente. Et[1] ceux qui les attendaient dans une chambre ou sur le quai, comme Rambert, dont la femme, prévenue depuis des semaines, avait fait ce qu'il fallait pour arriver, étaient dans la même impatience et le même désarroi. Car cet amour ou cette tendresse que les mois de peste avaient réduits à l'abstraction, Rambert attendait, dans un tremblement, de les confronter avec l'être de chair qui en avait été le support.

Il aurait souhaité redevenir celui qui, au début de l'épidémie, voulait courir d'un seul élan hors de la ville et s'élancer à la rencontre de celle qu'il aimait. Mais il savait que cela n'était plus possible. Il avait changé, la peste avait mis en lui une distraction que, de toutes ses forces, il essayait de nier, et qui, cependant, continuait en lui comme une sourde angoisse[2]. Dans un sens, il avait le sentiment que la peste avait fini trop brutalement, il n'avait pas sa présence d'esprit. Le bonheur arrivait à toute allure, l'événement allait plus vite que l'attente. Rambert comprenait que tout lui serait rendu d'un coup et que la joie est une brûlure qui ne se savoure pas.

Tous, du reste, plus ou moins consciemment, étaient comme lui et c'est de tous qu'il faut parler. Sur ce quai de gare où ils recommençaient leur vie personnelle, ils sentaient encore leur communauté en échangeant entre eux des coups d'œil et des sourires. Mais[3] leur sentiment d'exil, dès qu'ils virent la fumée du train, s'éteignit brusquement sous l'averse d'une joie confuse et étourdissante. Quand le train s'arrêta, des séparations interminables, qui avaient souvent commencé sur ce même quai de gare, y prirent fin, en une seconde, au moment où des bras se refermèrent avec une avarice exultante sur des corps dont ils avaient oublié la forme vivante. Rambert, lui, n'eut pas le temps de regarder cette forme courant vers lui, que déjà, elle s'abattait contre sa poitrine. Et la tenant à pleins bras, serrant contre lui une tête dont il ne voyait que les cheveux familiers, il laissa couler ses larmes sans savoir si elles venaient de son bonheur présent ou d'une douleur trop longtemps réprimée, assuré du moins qu'elles l'empêcheraient de vérifier si ce visage enfoui au creux de son épaule était celui dont il avait tant rêvé ou au contraire celui d'une étrangère. Il saurait plus tard si son soupçon était vrai. Pour le moment, il voulait faire comme tous ceux qui avaient l'air de croire, autour de lui, que la peste peut venir et repartir sans que le cœur des hommes en soit changé.

Serrés les uns contre les autres, tous rentrèrent alors chez eux, aveugles au reste du monde, triomphant en apparence de la peste, oublieux de toute misère et de ceux qui, venus aussi par le même train, n'avaient trouvé personne et se disposaient à recevoir chez eux la confirmation des craintes qu'un long silence avait déjà fait naître dans leur cœur. Pour ces derniers, qui n'avaient maintenant pour compagnie que leur douleur toute fraîche, pour d'autres qui se vouaient, à ce moment, au souvenir d'un être disparu, il en allait tout autrement et le sentiment de la séparation avait atteint son[1] sommet. Pour ceux-là, mères, époux, amants qui avaient perdu toute joie avec l'être maintenant égaré dans une fosse anonyme ou fondu dans un tas de cendre, c'était toujours la peste.

Mais qui pensait à ces solitudes? À[2] midi, le soleil, triomphant des souffles froids qui luttaient dans l'air depuis le matin, déversait sur la ville les flots ininterrompus d'une lumière immobile. Le jour était en arrêt. Les canons des forts, au sommet des collines, tonnèrent sans interruption dans le ciel fixe. Toute la ville se jeta dehors pour fêter cette minute oppressée où le temps des souffrances prenait fin et où le temps de l'oubli n'avait pas encore commencé.

On dansait sur toutes les places. Du jour au lendemain, la circulation avait considérablement augmenté et les automobiles, devenues plus nombreuses, circulaient difficilement dans les rues envahies. Les cloches de la ville sonnèrent à la volée, pendant tout l'après-midi. Elles remplissaient de leurs vibrations un ciel bleu et doré. Dans les églises, en effet, des actions de grâces étaient récitées. Mais, en même temps, les lieux de réjouissance étaient pleins à craquer et les cafés, sans se soucier de l'avenir, distribuaient leurs derniers alcools. Devant leurs comptoirs, se pressait une foule de gens pareillement excités et, parmi eux, de nombreux couples enlacés qui ne craignaient pas de se donner en spectacle. Tous[1] criaient ou riaient. La provision de vie qu'ils avaient faite pendant ces mois où chacun avait mis son âme en veilleuse, ils la dépensaient ce jour-là qui était comme le jour de leur survie. Le lendemain, commencerait la vie elle-même, avec ses précautions. Pour le moment, des gens d'origines très différentes se coudoyaient et fraternisaient. L'égalité que la présence de la mort n'avait pas réalisée en fait, la joie de la délivrance l'établissait, au moins pour quelques heures.

Mais cette banale exubérance ne disait pas tout et ceux qui remplissaient les rues à la fin de l'après-midi, aux côtés de Rambert, déguisaient souvent, sous une attitude placide, des bonheurs plus délicats. Bien des couples et bien des familles, en effet, n'avaient pas d'autre apparence que celle de promeneurs pacifiques. En réalité, la plupart effectuaient des pèlerinages délicats aux lieux où ils avaient souffert. Il s'agissait de montrer aux nouveaux venus les signes éclatants ou cachés de la peste, les vestiges de son histoire. Dans quelques cas, on se contentait de jouer au guide, à celui qui a vu beaucoup de choses, au contemporain de la peste, et on parlait du danger sans évoquer la peur. Ces plaisirs étaient inoffensifs. Mais dans d'autres cas, il s'agissait d'itinéraires plus frémissants où un amant, abandonné à la douce angoisse du souvenir, pouvait dire à sa compagne : « En ce lieu, à cette époque, je t'ai désirée et tu n'étais pas là. » Ces touristes de la passion pouvaient alors se reconnaître : ils formaient des îlots de chuchotements et de confidences au milieu du tumulte où ils cheminaient[2]. Mieux que les orchestres aux carrefours, c'étaient eux qui annonçaient la vraie délivrance. Car ces couples ravis, étroitement ajustés et avares de paroles, affirmaient au milieu du tumulte, avec tout le triomphe et l'injustice du bonheur, que la peste était finie et[3] que la terreur avait fait son temps[4]. Ils niaient tranquillement, contre toute évidence, que nous ayons jamais connu ce monde insensé où le meurtre d'un homme était aussi quotidien que celui des mouches, cette sauvagerie bien définie, ce délire calculé, cet emprisonnement qui apportait avec lui une affreuse liberté à l'égard de tout ce qui n'était pas le présent, cette odeur de mort qui stupéfiait tous ceux qu'elle ne tuait pas, ils niaient enfin que nous ayons été ce peuple abasourdi dont tous les jours une partie, entassée dans la gueule d'un four, s'évaporait en fumées grasses, pendant que l'autre, chargée des chaînes de l'impuissance et de la peur, attendait son tour.

C'était là, en tout cas, ce qui éclatait aux yeux du docteur Rieux qui, cherchant à gagner les faubourgs, cheminait seul, à la fin de l'après-midi, au milieu des cloches, du canon, des musiques et des cris assourdissants. Son métier continuait, il n'y a pas de congé pour les malades. Dans la belle lumière fine qui descendait sur la ville, s'élevaient les anciennes odeurs de viande grillée et d'alcool anisé. Autour de lui des faces hilares se renversaient contre le ciel. Des hommes et des femmes s'agrippaient les uns aux autres, le visage enflammé, avec tout l'énervement et le cri du désir. Oui, la peste était finie, avec la terreur, et ces bras qui se nouaient disaient en effet qu'elle avait été exil et séparation, au sens profond du terme.

Pour la première fois, Rieux pouvait donner un nom à cet air de famille qu'il avait lu, pendant des mois, sur tous les visages des passants. Il lui suffisait maintenant de regarder autour de lui. Arrivés à la fin de la peste, avec la misère et les privations, tous ces hommes avaient fini par prendre le costume du rôle qu'ils jouaient déjà depuis longtemps, celui d'émigrants dont le visage d'abord, les habits maintenant, disaient l'absence et la patrie lointaine. À partir du moment où la peste avait fermé les portes de la ville, ils n'avaient plus vécu que dans la séparation, ils avaient été retranchés de cette chaleur humaine qui fait tout oublier[1]. À des degrés divers, dans tous les coins de la ville, ces hommes et ces femmes avaient aspiré à une réunion qui n'était pas, pour tous, de la même nature, mais qui, pour tous, était également impossible. La plupart avaient crié de toutes leurs forces vers un absent, la chaleur d'un corps, la tendresse ou l'habitude. Quelques-uns, souvent sans le

savoir, souffraient d'être placés hors de l'amitié des
hommes, de n'être plus à même de les rejoindre par les
moyens ordinaires de l'amitié qui sont les lettres, les
trains et les bateaux. D'autres, plus rares, comme Tarrou
peut-être, avaient désiré la réunion avec quelque chose
qu'ils ne pouvaient pas définir, mais qui leur paraissait
le seul bien désirable. Et faute d'un autre nom, ils l'appelaient quelquefois la paix.

Rieux marchait toujours. À mesure qu'il avançait, la
foule grossissait autour de lui, le vacarme s'enflait et il
lui semblait que les faubourgs, qu'il voulait atteindre,
reculaient d'autant. Peu à peu, il se fondait dans ce
grand corps hurlant dont il comprenait de mieux en
mieux le cri qui, pour une part au moins, était son cri.
Oui, tous avaient souffert ensemble, autant dans leur
chair que dans leur âme, d'une vacance difficile, d'un
exil sans remède et d'une soif jamais contentée. Parmi
ces amoncellements de morts, les timbres des ambulances, les avertissements de ce qu'il est convenu d'appeler le destin, le piétinement obstiné de la peur et
la terrible révolte de leur cœur, une grande rumeur
n'avait cessé de courir et d'alerter ces êtres épouvantés,
leur disant qu'il fallait retrouver leur vraie patrie.
Pour[1] eux tous, la vraie patrie se trouvait au-delà des murs
de cette ville étouffée. Elle était dans ces broussailles
odorantes sur les collines, dans la mer, les pays libres et
le poids de l'amour. Et c'était vers elle, c'était vers le
bonheur, qu'ils voulaient revenir, se détournant du reste
avec dégoût.

Quant au sens que pouvaient avoir cet exil et ce désir de
réunion, Rieux n'en savait rien. Marchant toujours, pressé
de toutes parts, interpellé, il arrivait peu à peu dans des
rues moins encombrées et pensait qu'il n'est pas important
que ces choses aient un sens ou non, mais qu'il faut
voir seulement ce qui est répondu à l'espoir des hommes.

Lui savait désormais ce qui est répondu et il l'apercevait mieux dans les premières rues des faubourgs,
presque désertes. Ceux qui, s'en tenant au peu qu'ils
étaient, avaient désiré seulement retourner dans la
maison de leur amour, étaient quelquefois récompensés.
Certes, quelques-uns d'entre eux continuaient de marcher dans la ville, solitaires, privés de l'être qu'ils attendaient. Heureux encore ceux qui n'avaient pas été deux

fois séparés comme certains qui, avant l'épidémie,
n'avaient pu construire, du premier coup, leur amour, et
qui avaient aveuglément poursuivi, pendant des années,
le difficile accord qui finit par sceller l'un à l'autre des
amants ennemis. Ceux-là avaient eu, comme Rieux lui-
même, la légèreté de compter sur le temps : ils étaient
séparés pour jamais[1]. Mais d'autres, comme Rambert,
que le docteur avait quitté le matin même en lui disant :
« Courage, c'est maintenant qu'il faut avoir raison »,
avaient retrouvé sans hésiter l'absent qu'ils avaient cru
perdu. Pour quelque temps au moins, ils seraient heureux. Ils savaient maintenant que s'il est une chose qu'on
puisse désirer toujours et obtenir quelquefois, c'est la
tendresse humaine.

Pour tous ceux, au contraire, qui s'étaient adressés
par-dessus l'homme à quelque chose qu'ils n'imaginaient même pas, il n'y avait pas eu de réponse. Tarrou
avait semblé rejoindre cette paix difficile dont il avait
parlé, mais il ne l'avait trouvée que dans la mort, à
l'heure où elle ne pouvait lui servir de rien. Si d'autres,
au contraire, que Rieux apercevait sur les seuils des
maisons, dans la lumière déclinante, enlacés de toutes
leurs forces et se regardant avec emportement, avaient
obtenu ce qu'ils voulaient, c'est qu'ils avaient demandé[2]
la seule chose qui dépendît d'eux. Et Rieux, au moment
de tourner dans la rue de Grand et de Cottard, pensait
qu'il était juste que, de temps en temps au moins, la
joie vînt récompenser ceux qui se suffisent de l'homme
et de son pauvre et terrible amour.

CETTE chronique touche à sa fin. Il[1] est temps que le docteur Bernard Rieux avoue qu'il en est l'auteur. Mais avant d'en retracer les derniers événements, il voudrait au moins justifier son intervention et faire comprendre qu'il ait tenu à prendre le ton du témoin objectif. Pendant toute la durée de la peste, son métier l'a mis à même de voir la plupart de ses concitoyens, et de recueillir leur sentiment. Il était donc bien placé pour rapporter ce qu'il avait vu et entendu. Mais il a voulu le faire avec la retenue désirable. D'une façon générale, il s'est appliqué à ne pas rapporter plus de choses qu'il n'en a pu voir, à ne pas prêter à ses compagnons de peste des pensées qu'en somme ils n'étaient pas forcés de former, et à utiliser seulement les textes que le hasard ou le malheur lui avaient mis entre les mains.

Étant appelé à témoigner, à l'occasion d'une sorte de crime, il a gardé une certaine réserve, comme il convient à un témoin de bonne volonté. Mais en même temps, selon la loi d'un cœur honnête, il a pris délibérément le parti de la victime et a voulu rejoindre les hommes, ses concitoyens, dans les seules certitudes qu'ils aient en commun, et qui sont l'amour, la souffrance et l'exil. C'est[2] ainsi qu'il n'est pas une des angoisses de ses concitoyens qu'il n'ait partagée, aucune situation qui n'ait été aussi la sienne.

Pour être un témoin fidèle, il devait rapporter surtout les actes, les documents et les rumeurs. Mais ce que, personnellement, il avait à dire, son attente, ses épreuves, il devait les taire. S'il s'en est servi, c'est seulement pour comprendre ou faire comprendre ses concitoyens et pour donner une forme, aussi précise

que possible, à ce que, la plupart du temps, ils ressentaient confusément. À vrai dire, cet effort de raison ne
lui a guère coûté[1]. Quand il se trouvait tenté de mêler
directement sa confidence aux mille voix des pestiférés,
il était arrêté par la pensée qu'il n'y avait pas une de
ses souffrances qui ne fût en même temps celle des
autres et que dans un monde où la douleur est si souvent
solitaire, cela était un avantage. Décidément, il devait
parler pour tous[2].

Mais il est[3] un de nos concitoyens au moins pour
lequel le docteur Rieux ne pouvait parler. Il s'agit, en
effet, de celui dont Tarrou avait dit un jour à Rieux :
« Son seul vrai crime, c'est d'avoir approuvé dans son
cœur ce qui faisait mourir des enfants et des hommes.
Le reste, je le comprends, mais ceci, je suis obligé de le
lui pardonner. » Il est juste que cette chronique se
termine sur lui qui avait un cœur ignorant, c'est-à-dire
solitaire.

Quand il fut sorti des grandes rues bruyantes de la
fête et au moment de tourner dans la rue de Grand et
de Cottard, le docteur Rieux, en effet, fut arrêté par un
barrage d'agents. Il ne s'y attendait pas. Les rumeurs
lointaines de la fête faisaient paraître le quartier silencieux et il l'imaginait aussi désert que muet. Il sortit sa
carte.

« Impossible, docteur, dit l'agent. Il y a un fou qui
tire sur la foule. Mais restez là, vous pourrez être utile. »

À ce moment, Rieux vit Grand qui venait vers lui.
Grand ne savait rien non plus. On l'empêchait de passer
et il avait appris que des coups de feu partaient de sa
maison. De loin, on voyait en effet la façade, dorée par
la dernière lumière d'un soleil sans chaleur. Autour
d'elle se découpait un grand espace vide qui allait
jusqu'au trottoir d'en face. Au milieu de la chaussée,
on apercevait distinctement un drapeau et un bout d'étoffe
sale. Rieux et Grand pouvaient voir très loin, de l'autre
côté de la rue, un cordon d'agents, parallèle à celui qui
les empêchait d'avancer, et derrière lequel quelques habitants du quartier passaient et repassaient rapidement. En
regardant bien, ils aperçurent aussi des agents, le revolver
au poing, tapis dans les portes des immeubles qui faisaient face à la maison. Tous les volets de celle-ci étaient
fermés. Au second cependant, un des volets semblait à

demi décroché. Le silence était complet dans la rue. On entendait seulement des bribes de musique qui arrivaient du centre de la ville.

À un moment, d'un des immeubles en face de la maison, deux coups de revolver claquèrent et des éclats sautèrent du volet démantibulé. Puis, ce fut de nouveau le silence. De loin, et après le tumulte de la journée, cela paraissait un peu irréel à Rieux.

« C'est la fenêtre de Cottard, dit tout d'un coup Grand très agité. Mais Cottard a pourtant disparu.

— Pourquoi tire-t-on? demanda Rieux à l'agent.

— On est en train de l'amuser. On attend un car avec le matériel nécessaire, parce qu'il tire sur ceux qui essaient d'entrer par la porte de l'immeuble. Il y a eu un agent d'atteint.

— Pourquoi a-t-il tiré?

— On ne sait pas. Les gens s'amusaient dans la rue. Au premier coup de revolver, ils n'ont pas compris. Au deuxième, il y a eu des cris, un blessé, et tout le monde s'est enfui. Un fou, quoi! »

Dans le silence revenu, les minutes paraissaient se traîner. Soudain, de l'autre côté de la rue, ils virent déboucher un chien, le premier que Rieux voyait depuis longtemps, un épagneul sale que ses maîtres avaient dû cacher jusque-là, et qui trottait le long des murs. Arrivé près de la porte, il hésita, s'assit sur son arrière-train et se renversa pour dévorer ses puces. Plusieurs coups de sifflet venus des agents l'appelèrent. Il[1] dressa la tête, puis se décida à traverser lentement la chaussée pour aller flairer le chapeau. Au même moment, un coup de revolver partit du second et le chien se retourna comme une crêpe, agitant violemment ses pattes pour se renverser enfin sur le flanc, secoué par de longs soubresauts. En réponse, cinq ou six détonations, venues des portes en face, émiettèrent encore le volet. Le silence retomba. Le soleil avait tourné un peu et l'ombre commençait à approcher de la fenêtre de Cottard. Des freins gémirent doucement dans la rue derrière le docteur.

« Les voilà », dit l'agent.

Des policiers débouchèrent dans leur dos, portant des cordes, une échelle et deux paquets oblongs enveloppés de toile huilée. Ils s'engagèrent dans une rue qui contournait le pâté de maisons, à l'opposé de l'immeuble de

Grand. Un moment après, on devina plutôt qu'on ne vit une certaine agitation dans les portes de ces maisons. Puis on attendit. Le chien ne bougeait plus, mais il baignait à présent dans une flaque sombre.

Tout d'un coup, des fenêtres des maisons occupées par les agents, un tir de mitraillette se déclencha. Tout au long du tir, le volet qu'on visait encore s'effeuilla littéralement et laissa découverte une surface noire où Rieux et Grand, de leur place, ne pouvaient rien distinguer. Quand le tir s'arrêta, une deuxième mitraillette crépita d'un autre angle, une maison plus loin. Les balles entraient sans doute dans le carré de la fenêtre, puisque l'une d'elles fit sauter un éclat de brique. À la même seconde, trois agents traversèrent en courant la chaussée et s'engouffrèrent dans la porte d'entrée. Presque aussitôt, trois autres s'y précipitèrent et le tir de la mitraillette cessa. On attendit encore. Deux détonations lointaines retentirent dans l'immeuble. Puis une rumeur s'enfla et on vit sortir de la maison, porté plutôt que traîné, un petit homme en bras de chemise qui criait sans discontinuer. Comme par miracle, tous les volets clos de la rue s'ouvrirent et les fenêtres se garnirent de curieux, tandis qu'une foule de gens sortait des maisons et se pressait derrière les barrages. Un moment, on vit le petit homme au milieu de la chaussée, les pieds enfin au sol, les bras tenus en arrière par les agents. Il criait. Un agent s'approcha de lui et le frappa deux fois, de toute la force de ses poings, posément, avec une sorte d'application.

« C'est Cottard, balbutiait Grand. Il est devenu fou. »

Cottard était tombé. On vit encore l'agent lancer son pied à toute volée dans le tas qui gisait à terre. Puis un groupe confus s'agita et se dirigea vers le docteur et son vieil ami.

« Circulez! » dit l'agent.

Rieux détourna les yeux quand le groupe passa devant lui.

Grand et le docteur partirent dans le crépuscule finissant. Comme si l'événement avait secoué la torpeur où s'endormait le quartier, des rues écartées s'emplissaient à nouveau du bourdonnement d'une foule en liesse. Au pied de la maison, Grand dit au revoir au docteur. Il allait travailler. Mais au moment de monter, il lui dit qu'il avait écrit à Jeanne et que, maintenant, il était content. Et puis, il avait recommencé sa phrase : « J'ai supprimé, dit-il, tous les adjectifs. »

Et avec[1] un sourire malin, il enleva son chapeau dans un salut cérémonieux. Mais Rieux pensait à Cottard et le bruit sourd des poings qui écrasaient le visage de ce dernier le poursuivait pendant qu'il se dirigeait vers la maison du vieil asthmatique. Peut-être était-il plus dur de penser à un homme coupable qu'à un homme mort.

Quand[2] Rieux arriva chez son vieux malade, la nuit avait déjà dévoré tout le ciel. De la chambre, on pouvait entendre la rumeur lointaine de la liberté, et le vieux continuait, d'une humeur égale, à transvaser ses pois.

« Ils ont raison de s'amuser, disait-il, il faut de tout pour faire un monde. Et votre collègue, docteur, qu'est-ce qu'il devient ? »

Des détonations arrivaient jusqu'à eux, mais elles étaient pacifiques : des enfants faisaient partir leurs pétards.

« Il est mort, dit le docteur, en auscultant la poitrine ronflante.

— Ah ! fit le vieux, un peu interdit.

— De la peste, ajouta Rieux.

— Oui, reconnut le vieux après un moment, les meilleurs s'en vont. C'est la vie. Mais c'était un homme qui savait ce qu'il voulait.

— Pourquoi dites-vous cela ? dit le docteur qui rangeait son stéthoscope.

— Pour rien. Il ne parlait pas pour ne rien dire. Enfin, moi, il me plaisait. Mais c'est comme ça. Les autres disent : « C'est la peste, on a eu la peste. » Pour un peu, ils demanderaient à être décorés. Mais qu'est-ce que ça veut dire, la peste ? C'est la vie, et voilà tout.

— Faites vos fumigations régulièrement.

— Oh ! ne craignez rien. J'en ai encore pour longtemps et je les verrai tous mourir. Je sais vivre, moi. »

Des hurlements de joie lui répondirent au loin. Le docteur s'arrêta au milieu de la chambre.

« Cela vous ennuierait-il que j'aille sur la terrasse ?

— Oh non ! Vous voulez les voir de là-haut, hein ? À votre aise. Mais ils sont bien toujours les mêmes. »

Rieux se dirigea vers l'escalier.

« Dites, docteur, c'est vrai qu'ils vont construire un monument aux morts de la peste ?

— Le journal le dit. Une stèle ou une plaque.

— J'en étais sûr. Et il y aura des discours. »

Le vieux riait d'un rire étranglé.

« Je les entends d'ici : « Nos morts... », et ils iront casser la croûte. »

Rieux montait déjà l'escalier. Le grand ciel froid scintillait au-dessus des maisons et, près des collines, les étoiles durcissaient comme des silex. Cette nuit n'était pas si différente de celle où Tarrou et lui étaient venus sur cette terrasse pour oublier la peste. La[1] mer était seulement plus bruyante qu'alors, au pied des falaises. L'air était immobile et léger, délesté des souffles salés qu'apportait le vent tiède de l'automne. La rumeur de la ville, cependant, battait toujours le pied des terrasses avec un bruit de vagues. Mais cette nuit était celle de la délivrance, et non de la révolte. Au loin, un noir rougeoiement indiquait l'emplacement des boulevards et des places illuminés. Dans la nuit maintenant libérée, le désir devenait sans entraves et c'était son grondement qui parvenait jusqu'à Rieux.

Du port obscur montèrent les premières fusées des réjouissances officielles. La[2] ville les salua par une longue et sourde exclamation. Cottard, Tarrou, ceux et celle que Rieux avait aimés et perdus, tous, morts ou coupables, étaient oubliés[3]. Le vieux avait raison, les hommes étaient toujours les mêmes. Mais c'était leur force et leur innocence et c'est ici que, par-dessus toute douleur, Rieux sentait qu'il les rejoignait. Au[4] milieu des cris qui redoublaient de force et de durée, qui se répercutaient longuement jusqu'au pied de la terrasse, à mesure que les gerbes multicolores s'élevaient plus nombreuses dans le ciel, le docteur Rieux décida alors de rédiger le récit[5] qui s'achève ici, pour ne pas être de ceux qui se taisent, pour témoigner en faveur de ces pestiférés, pour laisser du moins un souvenir de l'injustice et de la violence qui leur avaient été faites, et pour dire simplement ce qu'on apprend au milieu des fléaux, qu'il y a dans les hommes plus de choses à admirer que de choses à mépriser.

Mais il savait cependant que cette chronique ne pou-

vait pas être celle de la victoire définitive. Elle ne pouvait
être que le témoignage de ce qu'il avait fallu accomplir
et que, sans doute, devraient accomplir encore, contre la
terreur et son arme inlassable, malgré leurs déchirements
personnels, tous les hommes qui, ne pouvant être des
saints et refusant d'admettre les fléaux, s'efforcent cependant d'être des médecins.

Écoutant, en effet, les cris d'allégresse qui montaient
de la ville, Rieux se souvenait que cette allégresse était
toujours menacée. Car il savait ce que cette foule en joie
ignorait, et qu'on peut lire dans les livres, que le bacille
de la peste ne meurt ni ne disparaît jamais, qu'il peut
rester pendant des dizaines d'années endormi dans les
meubles et le linge, qu'il attend patiemment dans les
chambres, les caves, les malles, les mouchoirs et les
paperasses, et que, peut-être, le jour viendrait où, pour
le malheur et l'enseignement des hommes, la peste
réveillerait ses rats et les enverrait mourir dans une cité
heureuse.

LA CHUTE[1]

RÉCIT

Puis-je[1], monsieur, vous proposer mes services, sans risquer d'être importun ? Je crains que vous ne sachiez vous faire entendre de l'estimable gorille qui préside aux destinées de cet établissement. Il ne parle, en effet, que le hollandais. À moins que vous ne m'autorisiez à plaider votre cause, il ne devinera pas que vous désirez du genièvre. Voilà, j'ose espérer qu'il m'a compris ; ce hochement de tête doit signifier qu'il se rend à mes arguments. Il y va, en effet, il se hâte, avec une sage lenteur. Vous avez de la chance, il n'a pas grogné. Quand il refuse de servir, un grognement lui suffit : personne n'insiste. Être roi de ses humeurs, c'est le privilège des grands animaux. Mais je me retire, monsieur, heureux de vous avoir obligé. Je vous remercie et j'accepterais si j'étais sûr de ne pas jouer les fâcheux. Vous êtes trop bon. J'installerai donc mon verre auprès du vôtre.

Vous avez raison, son mutisme est assourdissant. C'est le silence des forêts primitives, chargé jusqu'à la gueule. Je m'étonne parfois de l'obstination que met notre taciturne ami à bouder les langues civilisées. Son métier consiste à recevoir des marins de toutes les nationalités dans ce bar d'Amsterdam qu'il a appelé d'ailleurs, on ne sait pourquoi, *Mexico-City*. Avec de tels devoirs, on peut craindre, ne pensez-vous pas, que son ignorance soit inconfortable ? Imaginez l'homme de Cro-Magnon pensionnaire à la tour de Babel ! Il y souffrirait de dépaysement, au moins. Mais non, celui-ci ne sent pas son exil, il va son chemin, rien ne l'entame. Une des rares phrases que j'aie entendues de sa bouche proclamait que c'était à prendre ou à laisser. Que fallait-il prendre ou laisser ? Sans doute, notre ami lui-même. Je vous l'avouerai, je suis attiré par ces créatures tout d'une pièce. Quand on a beaucoup médité sur l'homme, par métier ou par vocation, il arrive qu'on éprouve de la nostalgie pour les primates. Ils n'ont pas, eux, d'arrière-pensées.

Notre hôte, à vrai dire, en a quelques-unes, bien qu'il les nourrisse obscurément. À force de ne pas comprendre ce qu'on dit en sa présence, il a pris un caractère défiant. De là cet air de gravité ombrageuse, comme s'il avait le soupçon, au moins, que quelque chose ne tourne pas rond entre les hommes. Cette disposition rend moins faciles les discussions qui ne concernent pas son métier. Voyez, par exemple, au-dessus de sa tête, sur le mur de fond, ce rectangle vide qui marque la place d'un tableau décroché. Il y avait là, en effet, un tableau, et particulièrement intéressant, un vrai chef-d'œuvre. Eh bien, j'étais présent quand le maître de céans l'a reçu et quand il l'a cédé. Dans les deux cas, ce fut avec la même méfiance, après des semaines de rumination. Sur ce point, la société a gâté un peu, il faut le reconnaître, la franche[1] simplicité de sa nature.

Notez bien que je ne le juge pas. J'estime sa méfiance fondée et la partagerais volontiers si, comme vous le voyez, ma nature communicative ne s'y opposait. Je suis bavard, hélas! et me lie facilement. Bien que je sache garder les distances qui conviennent, toutes les occasions me sont bonnes[2]. Quand je vivais en France, je ne pouvais rencontrer un homme d'esprit sans qu'aussitôt j'en fisse ma société. Ah! je vois que vous bronchez sur cet imparfait du subjonctif. J'avoue ma faiblesse pour ce mode, et pour le beau langage, en général[3]. Faiblesse que je me reproche, croyez-le. Je sais bien que le goût du linge fin ne suppose pas forcément qu'on ait les pieds sales. N'empêche[4]. Le style, comme la popeline, dissimule trop souvent de l'eczéma. Je m'en console en me disant qu'après tout, ceux qui bafouillent, non plus, ne sont pas purs. Mais oui, reprenons du genièvre.

Ferez-vous[5] un long séjour à Amsterdam? Belle ville, n'est-ce pas? Fascinante? Voilà un adjectif que je n'ai pas entendu depuis longtemps. Depuis que j'ai quitté Paris, justement, il y a des années de cela. Mais le cœur a sa mémoire et je n'ai rien oublié de notre belle capitale, ni de ses quais. Paris est un vrai trompe-l'œil[6], un superbe décor habité par quatre millions de silhouettes. Près de cinq millions, au dernier recensement? Allons, ils[7] auront fait

des petits. Je ne m'en étonnerai pas. Il m'a toujours semblé que nos concitoyens avaient deux fureurs : les idées
et la fornication. À tort et à travers, pour ainsi dire.
Gardons-nous, d'ailleurs, de les condamner; ils ne sont
pas les seuls, toute l'Europe en est là. Je rêve parfois de ce
que diront de nous les historiens futurs. Une phrase leur
suffira pour l'homme moderne : il forniquait et lisait des
journaux. Après cette forte définition, le sujet sera, si j'ose
dire, épuisé.

Les Hollandais, oh non, ils sont beaucoup moins modernes! Ils ont le temps, regardez-les. Que[1] font-ils? Eh
bien, ces messieurs-ci vivent du travail de ces dames-là.
Ce sont d'ailleurs, mâles et femelles, de fort bourgeoises
créatures, venues ici, comme d'habitude, par mythomanie
ou par bêtise. Par excès ou par manque d'imagination, en
somme. De[2] temps en temps, ces messieurs jouent du couteau ou du revolver, mais ne croyez pas qu'ils y tiennent.
Le rôle l'exige, voilà tout, et ils meurent de peur en lâchant
leurs dernières cartouches. Ceci dit, je les trouve plus
moraux que les autres, ceux qui tuent[3] en famille, à l'usure.
N'avez-vous pas remarqué que notre société s'est organisée pour ce genre de liquidation? Vous avez entendu
parler, naturellement, de ces minuscules poissons des
rivières brésiliennes qui s'attaquent par milliers au nageur
imprudent, le nettoient, en quelques instants, à petites
bouchées rapides, et n'en laissent qu'un squelette imma-
culé? Eh bien, c'est ça, leur organisation. « Voulez-vous
d'une vie propre? Comme tout le monde? » Vous dites
oui, naturellement. Comment dire non? « D'accord. On
va vous nettoyer. Voilà un métier, une famille, des loisirs
organisés. » Et les petites dents s'attaquent à la chair, jusqu'aux os. Mais je suis injuste. Ce n'est pas leur organisation qu'il faut dire. Elle est la nôtre, après tout : c'est à
qui nettoiera l'autre.

On nous[4] apporte enfin notre genièvre. À votre pros-
périté. Oui, le gorille a ouvert la bouche pour m'appeler
docteur. Dans ces pays, tout le monde est docteur, ou
professeur. Ils aiment à respecter, par bonté, et par modestie. Chez[5] eux, du moins, la méchanceté n'est pas une
institution nationale. Au demeurant, je ne suis pas médecin. Si vous voulez le savoir, j'étais avocat avant de venir
ici. Maintenant, je suis juge-pénitent.

Mais permettez-moi de me présenter : Jean-Baptiste

Clamence, pour vous servir. Heureux de vous connaître.
Vous êtes sans doute dans les affaires? À peu près? Excellente réponse! Judicieuse[1] aussi; nous ne sommes qu'à
peu près en toutes choses. Voyons, permettez-moi de
jouer au détective. Vous avez à peu près mon âge, l'œil
renseigné des quadragénaires qui ont à peu près fait le
tour des choses, vous êtes à peu près bien habillé, c'est-
à-dire comme on l'est chez nous, et vous avez les mains
lisses. Donc, un bourgeois, à peu près! Mais un[2] bourgeois raffiné! Broncher sur les imparfaits du subjonctif,
en effet, prouve deux fois votre culture puisque vous les
reconnaissez d'abord et qu'ils vous agacent ensuite. Enfin, je vous amuse, ce qui, sans vanité, suppose chez vous
une certaine ouverture d'esprit. Vous êtes donc à peu
près... Mais qu'importe? Les professions m'intéressent
moins que les sectes. Permettez-moi de vous poser deux
questions et n'y répondez que si vous ne les jugez pas
indiscrètes. Possédez-vous des richesses? Quelques-unes?
Non. Vous êtes donc ce que j'appelle un saducéen. Si
vous n'avez pas pratiqué les Écritures, je[3] reconnais que
vous n'en serez pas plus avancé. Cela vous avance? Vous
connaissez donc les Écritures? Décidément, vous m'intéressez.

Quant à moi... Eh bien, jugez vous-même. Par la taille,
les épaules, et ce[4] visage dont on m'a souvent dit qu'il
était farouche, j'aurais plutôt l'air d'un joueur de rugby,
n'est-ce pas? Mais si l'on en juge par la conversation,
il faut me consentir un peu de raffinement. Le chameau
qui a fourni le poil de mon pardessus souffrait sans doute
de la gale; en revanche, j'ai les ongles faits. Je suis renseigné, moi aussi, et pourtant, je me confie à vous, sans
précautions, sur votre seule mine. Enfin, malgré mes bonnes manières et mon beau langage, je suis un habitué des
bars à matelots du Zeedijk. Allons, ne cherchez plus. Mon
métier est double, voilà tout, comme la créature. Je vous
l'ai déjà dit, je suis juge-pénitent. Une seule chose est
simple dans mon cas, je ne possède rien. Oui, j'ai été
riche, non, je n'ai rien partagé avec les autres[5]. Qu'est-ce
que cela prouve? Que j'étais aussi un saducéen... Oh!
entendez-vous les sirènes du port? Il y aura du brouillard
cette nuit, sur le Zuyderzee.

Vous partez déjà? Pardonnez-moi de vous avoir peut-
être retenu. Avec[6] votre permission, vous ne paierez pas.

Vous êtes chez moi à *Mexico-City,* j'ai été particulièrement heureux de vous y accueillir. Je serai certainement
ici demain, comme les autres soirs, et j'accepterai avec
reconnaissance votre invitation. Votre chemin... Eh
bien... Mais verriez-vous un inconvénient, ce serait le
plus simple, à ce que je vous accompagne jusqu'au port?
De là, en contournant le quartier juif, vous trouverez ces
belles avenues où défilent des tramways chargés de fleurs
et de musiques tonitruantes. Votre hôtel est sur l'une
d'elles, le Damrak. Après vous, je vous en prie. Moi,
j'habite le quartier juif, ou ce qui s'appelait ainsi jusqu'au
moment où nos frères hitlériens y ont fait de la place[1].
Quel lessivage! Soixante-quinze mille juifs déportés ou
assassinés, c'est le nettoyage par le vide. J'admire cette
application, cette méthodique patience! Quand on n'a
pas de caractère, il faut bien se donner une méthode. Ici,
elle a fait merveille, sans contredit, et j'habite sur les
lieux d'un des plus grands crimes de l'histoire. Peut-être[2]
est-ce cela qui m'aide à comprendre le gorille et sa méfiance. Je peux lutter ainsi contre cette pente de nature
qui me porte irrésistiblement à la sympathie. Quand je
vois une tête nouvelle, quelqu'un en moi sonne l'alarme.
« Ralentissez. Dangez! » Même quand la sympathie est la
plus forte, je suis sur mes gardes.

Savez-vous que dans mon petit village, au cours d'une
action de représailles, un officier allemand a courtoise-
ment prié une vieille femme de bien vouloir choisir celui
de ses deux fils qui serait fusillé comme otage? Choisir,
imaginez-vous cela? Celui-là? Non, celui-ci. Et le voir
partir. N'insistons pas, mais croyez-moi, monsieur, toutes[3]
les surprises sont possibles. J'ai connu un cœur pur qui
refusait la méfiance. Il était pacifiste, libertaire, il aimait
d'un seul amour l'humanité entière et les bêtes. Une âme
d'élite, oui, cela est sûr. Eh bien, pendant les dernières
guerres de religion, en Europe, il s'était retiré à la campagne. Il avait écrit sur le seuil de sa maison : « D'où que
vous veniez, entrez et soyez les bienvenus. » Qui, selon
vous, répondit à cette belle invitation? Des miliciens,
qui entrèrent comme chez eux et l'étripèrent[4].

Oh! pardon, madame! Elle n'a d'ailleurs rien compris.
Tout ce monde, hein, si tard, et malgré la pluie, qui n'a
pas cessé depuis des jours! Heureusement, il y a le genièvre, la seule lueur dans ces ténèbres. Sentez-vous la

lumière dorée, cuivrée, qu'il met en vous ? J'aime marcher
à travers la ville, le soir, dans la chaleur du genièvre. Je
marche des nuits durant, je rêve, ou je me parle interminablement. Comme ce soir, oui, et je crains[1] de vous
étourdir un peu, merci, vous êtes courtois[2]. Mais c'est le
trop-plein ; dès que j'ouvre la bouche, les phrases coulent.
Ce pays m'inspire, d'ailleurs. J'aime ce peuple, grouillant
sur les trottoirs, coincé dans un petit espace de maisons
et d'eaux, cerné par des brumes, des terres froides, et la
mer fumante comme une lessive. Je l'aime, car il est double. Il est ici et il est ailleurs.

Mais oui ! À écouter leurs pas lourds, sur le pavé gras,
à les voir passer pesamment entre leurs boutiques, pleines
de harengs dorés et de bijoux couleur de feuilles mortes,
vous croyez sans doute qu'ils sont là, ce soir ? Vous êtes
comme tout le monde, vous prenez ces braves gens pour
une tribu de syndics et de marchands, comptant leurs écus
avec leurs chances de vie éternelle, et dont le seul lyrisme
consiste à prendre parfois, couverts de larges chapeaux,
des leçons d'anatomie ? Vous[3] vous trompez. Ils marchent
près de nous, il est vrai, et pourtant, voyez où se trouvent
leurs têtes : dans cette brume de néon, de genièvre et de
menthe qui descend des enseignes rouges et vertes. La
Hollande est un songe[4], monsieur, un songe d'or et de
fumée, plus fumeux le jour, plus doré la nuit, et nuit et
jour ce songe est peuplé de Lohengrin comme ceux-ci,
filant rêveusement sur leurs noires bicyclettes à hauts
guidons, cygnes funèbres qui tournent sans trêve, dans
tout le pays, autour des mers, le[5] long des canaux. Ils
rêvent, la tête dans leurs nuées cuivrées, ils roulent en
rond, ils prient, somnambules, dans l'encens doré de la
brume, ils ne sont plus là. Ils sont partis à des milliers de
kilomètres, vers Java, l'île lointaine. Ils prient ces dieux
grimaçants de l'Indonésie dont ils ont garni toutes leurs
vitrines, et qui errent en ce moment au-dessus de nous,
avant de s'accrocher, comme des signes somptueux, aux
enseignes et aux toits en escaliers, pour rappeler à ces
colons nostalgiques[6] que la Hollande n'est pas seulement
l'Europe des marchands, mais la mer, la mer qui mène à
Cipango, et à ces îles où les hommes meurent fous et
heureux.

Mais je me laisse aller, je plaide[7] ! Pardonnez-moi.
L'habitude, monsieur, la vocation, le désir aussi où je suis

de bien vous faire comprendre cette ville, et le cœur des
choses! Car nous sommes au cœur des choses. Avez-vous
remarqué que les canaux concentriques d'Amsterdam ressemblent aux cercles de l'enfer? L'enfer bourgeois, naturellement peuplé de mauvais rêves[1]. Quand on arrive de
l'extérieur, à mesure qu'on passe ces cercles, la vie, et donc
ses crimes, devient plus épaisse, plus obscure. Ici, nous
sommes dans le dernier cercle. Le cercle des... Ah! Vous
savez cela? Diable, vous devenez plus difficile à classer.
Mais[2] vous comprenez alors pourquoi je puis dire que le
centre des choses est ici, bien que nous nous trouvions à
l'extrémité du continent. Un homme sensible comprend
ces bizarreries. En tout cas, les lecteurs[3] de journaux et
les fornicateurs ne peuvent aller plus loin. Ils viennent
de tous les coins de l'Europe et s'arrêtent autour de la mer
intérieure, sur la grève décolorée. Ils écoutent les sirènes,
cherchent en vain la silhouette des bateaux dans la brume,
puis repassent les canaux et s'en retournent à travers la
pluie. Transis, ils viennent demander, en toutes langues,
du genièvre à *Mexico-City*. Là, je les attends.

À demain donc, monsieur et cher compatriote. Non,
vous trouverez maintenant votre chemin; je vous quitte
près de ce pont. Je[4] ne passe jamais sur un pont, la nuit.
C'est la conséquence d'un vœu. Supposez, après tout,
que quelqu'un se jette à l'eau. De deux choses l'une, ou
vous l'y suivez pour le repêcher et, dans[5] la saison froide,
vous risquez le pire! Ou vous l'y abandonnez et les plon-
geons rentrés laissent parfois d'étranges courbatures.
Bonne nuit! Comment? Ces dames, derrière ces vitrines?
Le rêve, monsieur, le rêve à peu de frais, le voyage aux
Indes! Ces personnes[6] se parfument aux épices. Vous
entrez, elles tirent les rideaux et la navigation commence.
Les dieux descendent sur les corps nus et les îles dérivent,
démentes, coiffées d'une chevelure ébouriffée de palmiers
sous le vent. Essayez.

Qu'est-ce qu'un juge-pénitent ? Ah ! je[1] vous ai intrigué avec cette histoire. Je n'y mettais aucune malice, croyez-le, et je peux m'expliquer plus clairement. Dans un sens, cela fait même partie de mes fonctions. Mais il me faut d'abord vous exposer un certain nombre de faits qui vous aideront à mieux comprendre mon récit.

Il y a quelques années, j'étais avocat à Paris et, ma foi, un avocat assez connu. Bien entendu, je ne vous ai pas dit mon vrai nom. J'avais une spécialité : les nobles causes. La veuve et l'orphelin, comme on dit, je ne sais pourquoi, car enfin il y a des veuves abusives et des orphelins féroces. Il me suffisait cependant de renifler sur un accusé la plus légère odeur de victime pour que mes manches entrassent en action. Et quelle action ! Une tempête ! J'avais le cœur sur les manches. On aurait cru vraiment que la justice couchait avec moi tous les soirs. Je suis sûr que vous auriez admiré l'exactitude de mon ton, la justesse de mon émotion, la persuasion et la chaleur, l'indignation maîtrisée de mes plaidoiries. La nature m'a bien servi quant au physique, l'attitude noble me vient sans effort. De plus, j'étais soutenu par deux sentiments sincères : la satisfaction de me trouver du bon côté de la barre et un mépris instinctif envers les juges en général. Ce mépris, après tout, n'était peut-être pas si instinctif. Je sais maintenant qu'il avait ses raisons. Mais, vu du dehors, il ressemblait plutôt à une passion. On ne peut pas nier que, pour le moment, du moins, il faille des juges, n'est-ce pas ? Pourtant, je ne pouvais comprendre qu'un homme se désignât lui-même pour exercer cette surprenante fonction. Je l'admettais, puisque je le voyais, mais un peu comme j'admettais les sauterelles. Avec la différence

que les invasions de ces orthoptères ne m'ont jamais
rapporté un centime, tandis que je gagnais ma vie en dia-
loguant avec des gens que je méprisais.

Mais voilà, j'étais du bon côté, cela suffisait à la paix de
ma conscience. Le sentiment du droit, la satisfaction d'avoir
raison, la joie de s'estimer soi-même, cher monsieur, sont
des ressorts puissants pour nous tenir debout ou nous
faire avancer. Au contraire, si vous en privez les hommes,
vous les transformez en chiens écumants. Combien de crimes commis simplement parce que leur auteur ne pouvait
supporter d'être en faute! J'ai[1] connu autrefois un industriel qui avait une femme parfaite, admirée de tous, et qu'il
trompait pourtant. Cet homme enrageait littéralement
de se trouver dans son tort, d'être dans l'impossibilité de
recevoir, ni de se donner, un brevet de vertu. Plus sa
femme montrait de perfections, plus[2] il enrageait. À la
fin, son tort lui devint insupportable. Que croyez-vous
qu'il fit alors? Il cessa de la tromper? Non. Il la tua.
C'est ainsi que j'entrai[3] en relation avec lui.

Ma situation était plus enviable. Non seulement je ne
risquais pas de rejoindre le camp des criminels (en particulier, je n'avais aucune chance de tuer ma femme, étant
célibataire), mais encore je prenais leur défense, à la seule
condition qu'ils fussent de bons meurtriers, comme
d'autres sont de bons sauvages. La manière même dont
je menais cette défense me donnait de grandes satisfactions. J'étais vraiment irréprochable dans ma vie professionnelle. Je n'ai jamais accepté de pot-de-vin, cela va
sans dire, mais je ne me suis jamais abaissé non plus à
aucune démarche. Chose plus rare, je n'ai jamais consenti
à flatter aucun journaliste, pour me le rendre favorable,
ni aucun fonctionnaire dont l'amitié pût être utile. J'eus
même la chance de me voir offrir deux ou trois fois la
Légion d'honneur que je pus refuser avec une dignité
discrète où je trouvais ma vraie récompense. Enfin[4], je
n'ai jamais fait payer les pauvres et ne l'ai jamais crié sur
les toits. Ne croyez pas, cher monsieur, que je me vante
en tout ceci. Mon mérite était nul : l'avidité qui, dans
notre société, tient lieu d'ambition, m'a toujours fait
rire. Je visais plus haut; vous verrez que l'expression est
exacte en ce qui me concerne.

Mais jugez déjà de ma satisfaction. Je jouissais de ma
propre nature, et nous savons tous que c'est là le bonheur

bien que, pour nous apaiser[1] mutuellement, nous fassions
mine parfois de condamner ces plaisirs sous le nom d'é-
goïsme. Je jouissais, du moins, de cette partie de ma nature
qui réagissait si exactement à la veuve et à l'orphelin
qu'elle finissait, à force de s'exercer, par régner sur toute
ma vie. Par[2] exemple, j'adorais aider les aveugles à traverser les rues. Du plus loin que j'apercevais une canne hésiter sur l'angle d'un trottoir, je me précipitais, devançais
d'une seconde, parfois, la main charitable qui se tendait
déjà, enlevais l'aveugle à toute autre sollicitude que la
mienne et le menais d'une main douce et ferme sur le passage clouté, parmi les obstacles de la circulation, vers le
havre tranquille du trottoir où nous nous séparions avec
une émotion mutuelle. De la même manière, j'ai toujours
aimé renseigner les passants dans la rue, leur donner du
feu, prêter la main aux charrettes trop lourdes, pousser
l'automobile en panne, acheter le journal de la salutiste,
ou les fleurs de la vieille marchande, dont je savais pourtant qu'elle les volait au cimetière Montparnasse. J'aimais
aussi, ah, cela est plus difficile à dire, j'aimais faire l'au-
mône. Un grand chrétien de mes amis reconnaissait que
le premier sentiment qu'on éprouve à voir un mendiant
approcher de sa maison est désagréable. Eh bien, moi,
c'était pire : j'exultais. Passons là-dessus.

Parlons plutôt de ma courtoisie. Elle était célèbre et
pourtant indiscutable[3]. La politesse me donnait en effet de
grandes joies. Si j'avais la chance, certains matins, de
céder ma place, dans l'autobus ou le métro, à qui la
méritait visiblement, de ramasser quelque objet qu'une
vieille dame avait laissé tomber et de le lui rendre avec un
sourire que je connaissais bien, ou simplement de céder
mon taxi à une personne plus pressée que moi, ma journée
en était éclairée. Je me réjouissais même, il faut bien le
dire, de ces jours où, les transports publics étant en grève,
j'avais l'occasion d'embarquer dans ma voiture, aux
points d'arrêt des autobus, quelques-uns de mes malheureux concitoyens, empêchés de rentrer chez eux. Quitter
enfin mon fauteuil, au théâtre, pour permettre à un couple
d'être réuni, placer en voyage les valises d'une jeune fille
dans le filet placé trop haut pour elle, étaient autant
d'exploits que j'accomplissais plus souvent que d'autres
parce que j'étais plus attentif aux occasions de le faire et
que j'en retirais des plaisirs mieux savourés.

Je passais aussi pour généreux et je l'étais. J'ai beaucoup donné, en public et dans le privé. Mais loin de souffrir quand il fallait me séparer d'un objet ou d'une somme d'argent, j'en tirais de constants plaisirs dont le moindre n'était pas une sorte de mélancolie[1] qui, parfois, naissait en moi, à la considération de la stérilité de ces dons et de l'ingratitude probable qui les suivrait. J'avais même un tel plaisir à donner que je détestais d'y être obligé. L'exactitude dans les choses de l'argent m'assommait et je m'y prêtais avec mauvaise humeur. Il me fallait être maître de mes libéralités.

Ce sont là de petits traits, mais qui vous feront comprendre les continuelles délectations que je trouvais dans ma vie, et surtout dans mon métier. Être arrêté, par exemple, dans les couloirs du Palais, par la femme d'un accusé qu'on a défendu pour la seule justice ou pitié, je veux dire gratuitement, entendre cette femme murmurer que rien, non, rien ne pourra reconnaître ce qu'on a fait pour eux, répondre alors que c'était bien naturel, n'importe qui en aurait fait autant, offrir même une aide pour franchir les mauvais jours à venir, puis afin de couper court aux effusions et leur garder ainsi une juste résonance, baiser la main d'une pauvre femme et briser là, croyez moi, cher monsieur, c'est atteindre plus haut que l'ambitieux vulgaire et se hisser à ce point culminant où la vertu ne se nourrit plus que d'elle-même.

Arrêtons-nous sur ces cimes. Vous comprenez maintenant ce que je voulais dire en parlant de viser plus haut. Je parlais justement de ces points culminants, les seuls où je puisse vivre. Oui, je ne me suis jamais senti à l'aise que dans les situations élevées. Jusque dans le détail de la vie, j'avais besoin d'être au-dessus. Je préférais l'autobus au métro, les calèches aux taxis, les terrasses aux entresols. Amateur des avions de sport où l'on porte la tête en plein ciel, je figurais aussi, sur les bateaux, l'éternel promeneur des dunettes. En montagne, je fuyais les vallées encaissées pour les cols et les plateaux; j'étais l'homme des pénéplaines, au moins. Si le destin m'avait obligé de choisir un métier manuel, tourneur ou couvreur, soyez tranquille, j'eusse choisi les toits et fait amitié avec les vertiges. Les soutes, les cales, les souterrains, les grottes, les gouffres me faisaient horreur. J'avais même voué une haine spéciale aux spéléologues, qui avaient le front d'occuper la

première page des journaux, et dont les performances
m'écœuraient. S'efforcer de parvenir à la cote moins huit
cents, au risque de se trouver la tête coincée dans un
goulet rocheux (un siphon, comme disent ces incons-
cients!) me paraissait l'exploit de caractères pervertis ou
traumatisés. Il y avait du crime là-dessous.

Un balcon naturel, à cinq ou six cents mètres au-dessus
d'une mer encore visible et baignée de lumière, était au
contraire l'endroit où je respirais le mieux, surtout si
j'étais seul, bien au-dessus des fourmis humaines. Je¹
m'expliquais sans peine que les sermons, les prédications
décisives, les miracles de feu se fissent sur des hauteurs
accessibles. Selon moi, on ne méditait pas dans les caves
ou les cellules des prisons (à moins qu'elles fussent si-
tuées dans une tour, avec une vue étendue); on y moisis-
sait. Et je comprenais cet homme qui, étant entré dans
les ordres, défroqua parce que sa cellule, au lieu d'ouvrir,
comme il s'y attendait, sur un vaste paysage, donnait sur
un mur. Soyez sûr qu'en ce qui me concerne, je ne moisis-
sais pas. À toute heure du jour, en moi-même et parmi
les autres, je grimpais sur la hauteur, j'y allumais des feux
apparents, et une joyeuse salutation s'élevait vers moi.
C'est ainsi, du moins, que je prenais plaisir à la vie et à ma
propre excellence.

Ma profession satisfaisait heureusement cette vocation
des sommets. Elle m'enlevait toute amertume à l'égard
de mon prochain que j'obligeais toujours sans jamais rien
lui devoir. Elle me plaçait au-dessus du juge que je jugeais à son tour, au-dessus de l'accusé que je forçais à la
reconnaissance. Pesez bien cela, cher monsieur : je vivais
impunément. Je n'étais concerné par aucun jugement, je
ne me trouvais pas sur la scène du tribunal, mais quelque
part, dans les cintres, comme ces dieux que, de temps
en temps, on descend, au moyen d'une machine, pour
transfigurer l'action et lui donner son sens. Après tout,
vivre au-dessus reste encore la seule manière d'être vu et
salué par le plus grand nombre.

Quelques-uns de mes bons criminels avaient d'ailleurs, en tuant, obéi au même sentiment. La lecture
des journaux, dans la triste situation où ils se trouvaient,
leur apportait sans doute une sorte de compensation
malheureuse. Comme beaucoup d'hommes, ils n'en pouvaient plus de l'anonymat et cette impatience avait pu,

en partie, les mener à de fâcheuses extrémités. Pour être
connu, il suffit en somme de tuer sa concierge. Malheureusement, il s'agit d'une réputation éphémère, tant il y a
de concierges qui méritent et reçoivent le couteau. Le
crime tient sans trêve le devant de la scène, mais le criminel n'y figure que fugitivement, pour être aussitôt remplacé. Ces brefs triomphes enfin se payent trop cher.
Défendre nos malheureux aspirants à la réputation revenait, au contraire, à être vraiment reconnu, dans le même
temps et aux mêmes places, mais par des moyens plus
économiques. Cela m'encourageait aussi à déployer de
méritoires[1] efforts pour qu'ils payassent le moins possible : ce qu'ils payaient, ils le payaient un peu à ma place.
L'indignation, le talent, l'émotion que je dépensais m'enlevaient, en revanche, toute dette à leur égard. Les juges
punissaient, les accusés expiaient et moi, libre de tout
devoir, soustrait au jugement comme à la sanction, je
régnais, librement, dans une lumière édénique.

N'était-ce pas cela, en effet, l'Éden, cher monsieur : la
vie en prise directe ? Ce fut la mienne. Je n'ai jamais eu
besoin d'apprendre à vivre. Sur ce point, je savais déjà
tout en naissant. Il y a des gens dont le problème est de
s'abriter des hommes, ou du moins de s'arranger
d'eux. Pour moi, l'arrangement était fait. Familier
quand il le fallait, silencieux si nécessaire, capable de
désinvolture autant que de gravité, j'étais de plain-pied.
Aussi ma popularité était-elle grande et je ne comptais plus
mes succès dans le monde. Je n'étais pas mal fait de ma
personne, je me montrais à la fois danseur[2] infatigable et
discret érudit, j'arrivais à aimer en même temps, ce qui
n'est guère facile, les femmes et la justice, je pratiquais
les sports et les[3] beaux-arts, bref, je m'arrête, pour que
vous ne me soupçonniez pas de complaisance. Mais
imaginez, je vous prie, un homme dans la force de l'âge,
de parfaite santé, généreusement doué, habile dans les
exercices du corps comme dans ceux de l'intelligence, ni
pauvre ni riche, dormant bien, et[4] profondément content
de lui-même sans le montrer autrement que par une
sociabilité heureuse. Vous admettrez alors que je puisse
parler, en toute modestie, d'une vie réussie.

Oui[5], peu d'êtres ont été plus naturels que moi. Mon
accord avec la vie était total, j'adhérais à ce qu'elle était,
du haut en bas, sans rien refuser de ses ironies, de sa gran-

deur, ni de ses servitudes. En particulier, la chair, la
matière, le physique en un mot, qui déconcerte ou décourage tant d'hommes dans l'amour ou dans la solitude,
m'apportait, sans m'asservir[1], des joies égales. J'étais
fait pour avoir un corps. De là cette harmonie en moi,
cette maîtrise détendue que les gens sentaient et dont ils
m'avouaient parfois qu'elle les aidait à vivre. On recherchait donc ma compagnie. Souvent, par exemple, on
croyait m'avoir déjà rencontré. La vie, ses êtres et ses
dons venaient au-devant de moi; j'acceptais ces hommages avec une bienveillante fierté. En vérité, à force d'être
homme, avec tant de plénitude et de simplicité, je me
trouvais un peu surhomme.

J'étais[2] d'une naissance honnête, mais obscure (mon
père était officier) et pourtant, certains matins, je l'avoue
humblement, je me sentais fils de roi, ou buisson ardent.
Il s'agissait, notez-le bien, d'autre chose que la certitude
où je vivais d'être plus intelligent que tout le monde.
Cette certitude d'ailleurs est sans conséquence du fait que
tant d'imbéciles la partagent[3]. Non, à force d'être comblé,
je me sentais, j'hésite à l'avouer, désigné[4]. Désigné personnellement, entre tous, pour cette longue et constante
réussite. C'était là, en somme, un effet de ma modestie.
Je refusais d'attribuer cette réussite à mes seuls mérites,
et je ne pouvais croire que la réunion, en une personne
unique, de qualités si différentes et si extrêmes, fût le
résultat du seul hasard. C'est pourquoi, vivant heureux,
je me sentais, d'une[5] certaine manière, autorisé à ce bonheur par quelque décret supérieur. Quand je vous aurai
dit que je n'avais nulle religion, vous apercevrez encore
mieux ce qu'il y avait d'extraordinaire dans cette conviction. Ordinaire ou non, elle m'a soulevé longtemps
au-dessus du train quotidien et j'ai plané, littéralement,
pendant des années dont, à vrai dire, j'ai encore le regret
au cœur. J'ai plané jusqu'au soir où... Mais non, ceci est
une autre affaire et il faut l'oublier. D'ailleurs, j'exagère
peut-être. J'étais à l'aise en tout, il est vrai, mais en même
temps satisfait de rien. Chaque joie m'en faisait désirer
une autre. J'allais[6] de fête en fête. Il m'arrivait de danser
pendant des nuits, de plus en plus fou des êtres et de la
vie[7]. Parfois, tard dans ces nuits où la danse, l'alcool
léger, mon déchaînement, le violent abandon de chacun,
me jetaient dans un ravissement à la fois las et comblé

il me semblait, à l'extrémité de la fatigue, et l'espace d'une
seconde, que je comprenais enfin le secret des êtres et
du monde. Mais la fatigue disparaissait le lendemain et,
avec elle, le secret ; je m'élançais de nouveau. Je courais
ainsi, toujours comblé, jamais rassasié, sans savoir où
m'arrêter, jusqu'au jour, jusqu'au soir plutôt où la musique s'est arrêtée, les lumières se sont éteintes. La fête où
j'avais été heureux... Mais permettez-moi de faire appel
à notre ami le primate. Hochez la tête pour le remercier
et, surtout, buvez avec moi, j'ai besoin de votre sympathie.

Je vois que cette déclaration vous étonne. N'avez-vous
jamais eu subitement besoin de sympathie, de secours,
d'amitié ? Oui, bien sûr. Moi, j'ai appris à me contenter
de la sympathie. On la trouve plus facilement, et puis elle
n'engage à rien. « Croyez à ma sympathie », dans le discours intérieur, précède immédiatement « et maintenant,
occupons-nous d'autre chose ». C'est un sentiment de
président du conseil : on l'obtient à bon marché, après
les catastrophes. L'amitié, c'est moins simple. Elle est
longue et dure à obtenir, mais quand on l'a, plus moyen
de s'en débarrasser, il faut faire face. Ne croyez pas surtout que vos amis vous téléphoneront tous les soirs,
comme ils le devraient, pour savoir si ce n'est pas justement le soir où vous décidez de vous suicider, ou plus
simplement si vous n'avez pas besoin de compagnie,
si vous n'êtes pas en disposition de sortir. Mais non, s'ils
téléphonent, soyez tranquille, ce sera le soir où vous
n'êtes pas seul, et où la vie est belle. Le suicide, ils vous y
pousseraient plutôt, en vertu de ce que vous vous devez à
vous-même, selon eux. Le ciel nous préserve, cher
monsieur, d'être placés trop haut par nos amis ! Quant à
ceux dont c'est la fonction de nous aimer, je veux dire les
parents, les alliés (quelle expression !), c'est[1] une autre
chanson. Ils ont le mot qu'il faut, eux, mais c'est plutôt
le mot qui fait balle ; ils téléphonent comme on[2] tire à la
carabine. Et ils visent juste. Ah ! les Bazaine !

Comment ? Quel soir ? J'y viendrai, soyez patient avec
moi. D'une certaine manière, d'ailleurs, je suis dans mon
sujet, avec cette histoire d'amis et d'alliés. Voyez-vous,
on m'a parlé d'un homme dont l'ami avait été emprisonné
et qui couchait tous les soirs sur le sol de sa chambre pour
ne pas jouir d'un confort qu'on avait retiré à celui qu'il
aimait. Qui, cher monsieur, qui couchera sur le sol pour

nous ? Si j'en suis capable moi-même ? Écoutez, je[1] voudrais l'être, je le serai. Oui, nous en serons tous capables un jour, et ce sera le salut. Mais ce n'est pas facile, car l'amitié est distraite, ou du moins impuissante. Ce qu'elle veut, elle ne le peut pas. Peut-être, après tout, ne le veut-elle pas assez ? Peut-être n'aimons-nous pas assez la vie ? Avez-vous remarqué que la mort seule réveille nos sentiments ? Comme nous aimons les amis qui viennent de nous quitter, n'est-ce pas ? Comme nous admirons ceux de nos maîtres qui ne parlent plus, la bouche pleine de terre ! L'hommage vient alors tout naturellement, cet hommage que, peut-être, ils avaient attendu de nous toute leur vie. Mais savez-vous pourquoi nous sommes toujours plus justes et plus généreux avec les morts ? La raison est simple ! Avec eux, il n'y a pas d'obligation. Ils nous laissent libres, nous pouvons prendre notre temps, caser l'hommage entre le cocktail et une gentille maîtresse, à temps perdu, en somme. S'ils nous obligeaient à quelque chose, ce serait à la mémoire, et nous[2] avons la mémoire courte. Non, c'est le mort frais que nous aimons chez nos amis, le mort douloureux, notre émotion, nous-mêmes enfin.

J'avais[3] ainsi un ami que j'évitais le plus souvent. Il m'ennuyait un peu, et puis il avait de la morale. Mais à l'agonie, il m'a retrouvé, soyez tranquille. Je n'ai pas raté une journée. Il est mort, content de moi, en me serrant les mains. Une femme qui me relançait trop souvent, et en vain, eut le bon goût aussi de mourir jeune. Quelle place aussitôt dans mon cœur ! Et quand, de surcroît, il s'agit d'un suicide ! Seigneur, quel délicieux branlebas ! Le téléphone fonctionne, le cœur déborde, et les phrases volontairement brèves, mais lourdes de sous-entendus, la peine maîtrisée, et même, oui, un peu d'auto-accusation !

L'homme est ainsi, cher monsieur, il a deux faces : il ne peut pas aimer sans s'aimer. Observez vos voisins, si, par chance, il survient un décès dans l'immeuble. Ils dormaient dans leur petite vie et voilà, par exemple, que le concierge meurt. Aussitôt, ils s'éveillent, frétillent, s'informent, s'apitoient. Un mort sous presse, et le spectacle commence enfin. Ils ont besoin de la tragédie, que voulez-vous, c'est leur petite transcendance, c'est leur apéritif. D'ailleurs, est-ce un hasard si je vous parle de concierge ? J'en avais un, vraiment disgracié, la méchanceté même, un monstre d'insignifiance et de rancune, qui aurait découragé un franciscain. Je ne lui parlais même plus, mais, par sa seule existence, il compromettait[1] mon contentement habituel. Il est mort, et je suis allé à son enterrement. Voulez-vous me dire pourquoi ?

Les deux jours qui précédèrent la cérémonie furent d'ailleurs pleins d'intérêt. La femme du concierge était malade, couchée dans la pièce unique, et près d'elle, on avait étendu la caisse sur des chevalets. Il fallait prendre son courrier soi-même. On ouvrait, on disait: « Bonjour, madame », on écoutait l'éloge du disparu que la concierge désignait de la main, et on emportait son courrier. Rien de réjouissant là-dedans, n'est-ce pas ? Toute la maison, pourtant, a défilé dans la loge qui[2] puait le phénol. Et les locataires n'envoyaient pas leurs domestiques, non, ils venaient profiter eux-mêmes de l'aubaine. Les domestiques aussi, d'ailleurs, mais en catimini. Le jour de l'enterrement, la caisse était trop grande pour la porte de la loge. « Ô mon chéri, disait dans son lit la concierge, avec une surprise à la fois ravie et navrée, comme il était grand ! — Pas d'inquiétude, madame, répondait l'ordonnateur, on le passera de champ, et debout. » On l'a passé debout, et puis on l'a couché et j'ai été le seul (avec un ancien chasseur de cabaret, dont j'ai compris qu'il buvait son pernod tous les soirs avec le défunt) à aller jusqu'au cimetière et à jeter des fleurs sur un cercueil dont le luxe m'étonna. Ensuite, j'ai fait une visite à la concierge, pour recevoir ses remerciements de tragédienne. Quelle raison à tout cela, dites-moi ? Aucune, sinon l'apéritif.

J'ai enterré aussi un vieux collaborateur de l'Ordre des avocats. Un commis, assez dédaigné, à qui je serrais toujours la main. Là[3] où je travaillais, je serrais toutes les mains d'ailleurs, et plutôt deux fois qu'une. Cette cordiale simplicité me valait, à peu de frais, la sympathie de tous, nécessaire à mon épanouissement. Pour l'enterrement de notre commis, le bâtonnier ne s'était pas dérangé. Moi, oui, et à la veille d'un voyage, ce qui fut souligné. Justement, je savais que ma présence serait remarquée, et favorablement commentée. Alors, vous comprenez, même la neige qui tombait ce jour-là ne m'a pas fait reculer.

Comment ? J'y[4] viens, ne craignez rien, j'y suis encore, du reste. Mais laissez-moi auparavant vous faire remarquer que ma concierge[5], qui s'était ruinée en crucifix, en

beau chêne, et en poignées d'argent, pour mieux jouir de
son émotion, s'est collée, un mois plus tard, avec un
faraud à belle voix. Il la cognait, on entendait des cris
affreux, et tout de suite après, il ouvrait la fenêtre et
poussait sa romance préférée : « Femmes, que vous êtes
jolies ! » « Tout de même ! » disaient les voisins. Tout de
même quoi, je vous le demande ? Bon, ce baryton[1] avait
les apparences contre lui, et la concierge aussi. Mais rien
ne prouve qu'ils ne s'aimaient pas. Rien ne prouve,
non plus, qu'elle n'aimait pas son mari. Du reste,
quand le faraud s'envola, la voix et le bras fatigués,
elle reprit l'éloge du disparu, cette fidèle ! Après tout, j'en
sais d'autres qui ont les apparences pour eux, et qui n'en
sont pas plus constants ni sincères. J'ai connu un homme
qui a donné vingt ans de sa vie à une étourdie, qui lui
a tout sacrifié, ses amitiés, son travail, la décence même
de sa vie, et qui reconnut un soir qu'il ne l'avait jamais
aimée. Il s'ennuyait, voilà tout, il s'ennuyait, comme la
plupart des gens. Il s'était donc créé de toutes pièces une
vie de complications et de drames. Il faut que quelque
chose arrive, voilà l'explication de la plupart des engagements humains. Il faut que quelque chose arrive, même
la servitude sans amour, même la guerre, ou la mort.
Vivent donc les enterrements[2] !

Moi, du moins, je n'avais pas cette excuse. Je ne m'ennuyais pas puisque je régnais. Le soir dont je vous parle,
je peux même dire que je m'ennuyais moins que jamais.
Non, vraiment, je ne désirais pas que quelque chose
arrivât. Et pourtant... Voyez-vous, cher monsieur, c'était
un beau soir d'automne, encore tiède sur la ville, déjà
humide sur la Seine. La nuit venait, le ciel était encore
clair à l'ouest, mais s'assombrissait, les[3] lampadaires brillaient faiblement. Je remontais les quais de la rive gauche
vers le pont des Arts. On voyait luire le fleuve, entre les
boîtes fermées des bouquinistes. Il y avait peu de monde
sur les quais : Paris mangeait déjà. Je foulais les feuilles
jaunes et poussiéreuses qui rappelaient encore l'été. Le
ciel se remplissait peu à peu d'étoiles qu'on apercevait
fugitivement en s'éloignant d'un lampadaire vers un autre. Je goûtais le silence revenu, la douceur du soir, Paris
vide. J'étais content. La journée avait été bonne : un
aveugle, la réduction de peine que j'espérais, la chaude
poignée de main de mon client, quelques générosités et,

dans l'après-midi, une brillante improvisation, devant quelques amis, sur la dureté de cœur de notre classe dirigeante et l'hypocrisie de nos élites.

J'étais[1] monté sur le pont des Arts, désert à cette heure, pour regarder le fleuve qu'on devinait à peine dans la nuit maintenant venue. Face au Vert-Galant, je dominais l'île. Je sentais monter en moi un vaste sentiment de puissance et, comment dirais-je, d'achèvement, qui dilatait[2] mon cœur. Je me redressai et j'allais allumer une cigarette, la cigarette de la satisfaction, quand, au même moment, un rire éclata derrière moi. Surpris, je fis une brusque volte-face : il n'y avait personne. J'allai jusqu'au garde-fou : aucune péniche, aucune barque. Je me retournai vers l'île et, de nouveau, j'entendis le rire dans mon dos, un peu plus lointain, comme s'il descendait le fleuve. Je restais là, immobile. Le rire décroissait, mais je l'entendais encore distinctement derrière moi, venu de nulle part, sinon des eaux. En même temps, je percevais les battements précipités de mon cœur. Entendez-moi bien, ce rire n'avait rien de mystérieux[3], c'était un bon rire, naturel, presque amical, qui remettait les choses en place. Bientôt d'ailleurs, je n'entendis plus rien. Je regagnai les quais, pris la rue Dauphine, achetai des cigarettes dont je n'avais nul besoin. J'étais étourdi, je respirais mal. Ce soir-là, j'appelai un ami qui n'était pas chez lui. J'hésitais à sortir, quand, soudain, j'entendis rire sous mes fenêtres. J'ouvris. Sur le trottoir, en effet, des jeunes gens se séparaient joyeusement. Je refermai les fenêtres en haussant les épaules; après tout, j'avais un dossier à étudier[4]. Je me rendis dans la salle de bains pour boire un verre d'eau. Mon image souriait dans la glace, mais il me sembla que mon sourire était double...

Comment? Pardonnez-moi, je pensais à autre chose. Je vous reverrai demain, sans doute. Demain, oui, c'est cela. Non, non, je ne puis rester. D'ailleurs, je suis appelé en consultation par l'ours brun que vous voyez là-bas. Un honnête homme, à coup sûr, que la police brime vilainement, et par pure perversité. Vous estimez qu'il a une tête de tueur? Soyez sûr que c'est la tête de l'emploi. Il[5] cambriole, aussi bien, et vous serez surpris d'apprendre que cet homme des cavernes est spécialisé dans le trafic des tableaux. En Hollande, tout le monde est spécialiste en peintures et en tulipes. Celui-ci, avec ses airs

modestes, est l'auteur du plus célèbre des vols de tableau.
Lequel ? Je vous le dirai peut-être[1]. Ne vous étonnez pas
de ma science. Bien que je sois juge-pénitent, j'ai ici un
violon d'Ingres : je suis le conseiller juridique de ces
braves gens. J'ai étudié les lois du pays et je me suis fait
une clientèle dans ce quartier où l'on n'exige pas vos
diplômes. Ce n'était pas facile, mais j'inspire confiance,
n'est-ce pas ? J'ai un beau rire franc, ma poignée de main
est énergique, ce sont là des atouts. Et puis j'ai réglé quelques cas difficiles, par intérêt d'abord[2], par conviction ensuite. Si les souteneurs et les voleurs étaient
toujours et partout condamnés, les honnêtes gens se
croiraient tous et sans cesse innocents, cher monsieur.
Et selon moi — voilà, voilà, je viens ! — c'est surtout
cela qu'il faut éviter. Il y aurait de quoi rire, autrement.

Vraiment, mon cher compatriote, je vous suis reconnaissant de votre curiosité. Pourtant, mon histoire n'a rien d'extraordinaire. Sachez, puisque vous y tenez, que j'ai pensé un peu à ce rire, pendant quelques jours, puis je l'ai oublié. De loin en loin, il me semblait l'entendre, quelque part en moi. Mais, la plupart du temps, je pensais, sans effort, à autre chose.

Je dois reconnaître cependant que je ne mis plus les pieds sur les quais de Paris[1]. Lorsque j'y passais, en voiture ou en autobus, il se faisait une sorte de silence en moi. J'attendais, je crois. Mais je franchissais la Seine, rien ne se produisait, je respirais. J'eus aussi, à ce moment, quelques misères de santé. Rien de précis, de l'abattement si vous voulez, une sorte de difficulté à retrouver ma bonne humeur. Je vis des médecins qui me donnèrent des remontants. Je remontais, et puis redescendais. La vie me devenait moins facile : quand le corps est triste, le cœur languit. Il me semblait que je désapprenais en partie ce que je n'avais jamais appris et que je savais pourtant si bien, je veux dire vivre. Oui, je crois bien que c'est alors que tout commença.

Mais ce soir, non plus, je ne me sens pas en forme. J'ai même du mal à tourner mes phrases. Je[2] parle moins bien, il me semble, et mon discours est moins sûr. Le temps, sans doute. On respire mal, l'air est si lourd qu'il pèse sur la poitrine. Verriez-vous un inconvénient, mon cher compatriote, à ce que nous sortions pour marcher un peu dans la ville ? Merci.

Comme les canaux sont beaux, le soir ! J'aime le souffle des eaux moisies, l'odeur des feuilles mortes qui macèrent dans le canal et celle, funèbre, qui monte des

péniches pleines de fleurs. Non, non, ce goût n'a rien de
morbide, croyez-moi. Au contraire, c'est, chez moi, un
parti[1] pris. La vérité est que je me force à admirer ces
canaux. Ce que j'aime le plus au monde, c'est la Sicile,
vous voyez bien, et encore du haut de l'Etna, dans la
lumière, à condition de dominer l'île et la mer. Java,
aussi, mais à l'époque des alizés. Oui, j'y suis allé dans ma
jeunesse. D'une manière générale, j'aime toutes les îles.
Il est plus facile d'y régner.

Délicieuse maison, n'est-ce pas? Les deux têtes que
vous voyez là sont celles d'esclaves nègres. Une enseigne.
La maison appartenait à un vendeur d'esclaves. Ah! on
ne cachait pas son jeu, en ce temps-là! On avait du coffre,
on disait : « Voilà, j'ai pignon sur rue, je trafique des
esclaves, je vends de la chair noire. » Vous imaginez quelqu'un, aujourd'hui, faisant connaître publiquement que
tel est son métier? Quel scandale! J'entends[2] d'ici mes
confrères parisiens. C'est qu'ils sont irréductibles sur la
question, ils n'hésiteraient pas à lancer deux ou trois
manifestes, peut-être même plus! Réflexion faite, j'ajou-
terais ma signature à la leur. L'esclavage, ah, mais non,
nous[3] sommes contre! Qu'on soit contraint de l'installer
chez soi, ou dans les usines, bon, c'est dans l'ordre des
choses, mais s'en vanter, c'est le comble[4].

Je[5] sais bien qu'on ne peut se passer de dominer ou
d'être servi. Chaque homme a besoin d'esclaves comme
d'air pur. Commander, c'est respirer, vous êtes bien de
cet avis? Et même les plus déshérités arrivent à respirer.
Le dernier dans l'échelle sociale a encore son conjoint, ou
son enfant. S'il est célibataire, un chien. L'essentiel, en
somme, est de pouvoir se fâcher sans que l'autre ait le
droit de répondre. « On ne répond pas à son père », vous
connaissez la formule? Dans un sens, elle est singulière.
À qui répondrait-on en ce monde sinon à ce qu'on aime?
Dans un autre sens, elle est convaincante[6]. Il faut bien que
quelqu'un ait le dernier mot. Sinon, à toute raison peut
s'opposer une autre : on n'en finirait plus. La puissance,
au contraire, tranche tout. Nous y avons mis le temps,
mais nous avons compris cela. Par exemple, vous avez dû
le remarquer, notre vieille Europe philosophe enfin de la
bonne façon. Nous ne disons plus, comme aux temps
naïfs : « Je pense ainsi. Quelles sont vos objections? »
Nous[7] sommes devenus lucides. Nous avons remplacé le

dialogue par le communiqué. « Telle est la vérité, disons-
nous. Vous pouvez toujours la discuter, ça ne nous intéresse pas. Mais dans quelques années, il y aura la police,
qui vous montrera que j'ai raison. »

Ah! Chère planète! Tout y est clair maintenant[1]. Nous
nous connaissons, nous savons ce dont nous sommes
capables. Tenez, moi, pour changer d'exemple, sinon de
sujet, j'ai toujours voulu être servi avec le sourire. Si la
bonne avait l'air triste, elle empoisonnait mes journées.
Elle avait bien le droit de ne pas être gaie, sans doute.
Mais je me disais qu'il valait mieux pour elle qu'elle fît
son service en riant plutôt qu'en pleurant. En fait, cela valait mieux pour moi. Pourtant, sans être glorieux, mon
raisonnement n'était pas tout à fait idiot. De la même
manière, je refusais toujours de manger dans les restaurants chinois. Pourquoi? Parce que les Asiatiques, lorsqu'ils se taisent, et devant les Blancs, ont souvent l'air
méprisant. Naturellement ils le gardent, cet air, en servant! Comment jouir alors du poulet laqué, comment
surtout, en les regardant, penser qu'on a raison?

Tout[2] à fait entre nous, la servitude, souriante de
préférence, est donc inévitable. Mais nous ne devons pas
le reconnaître. Celui qui ne peut s'empêcher d'avoir des
esclaves, ne vaut-il pas mieux qu'il les appelle hommes
libres? Pour le principe d'abord, et puis pour ne pas les
désespérer. On leur doit bien cette compensation, n'est-ce
pas? De cette manière, ils continueront de sourire et nous
garderons notre bonne conscience. Sans quoi, nous serions forcés de revenir sur nous-mêmes, nous devien-
drions fous de douleur, ou même modestes, tout est à
craindre. Aussi, pas d'enseignes, et celle-ci est scandaleuse.
D'ailleurs, si tout le monde se mettait à table, hein, affi-
chait son vrai métier, son identité, on ne saurait plus où
donner de la tête! Imaginez des cartes de visite : Dupont,
philosophe froussard, ou propriétaire chrétien, ou humaniste adultère, on a le choix, vraiment. Mais ce serait
l'enfer! Oui, l'enfer doit être ainsi : des rues à enseignes
et pas moyen de s'expliquer. On est classé une fois pour
toutes.

Vous, par exemple, mon cher compatriote, pensez un
peu à ce que serait votre enseigne. Vous vous taisez?
Allons, vous me répondrez plus tard. Je connais la mienne
en tout cas : une face double, un charmant Janus, et,

au-dessus, la devise de la maison : « Ne vous y fiez pas. »
Sur mes cartes : « Jean-Baptiste Clamence, comédien. »
Tenez, peu de temps après le soir dont je vous ai parlé,
j'ai découvert quelque chose. Quand je quittais un aveugle sur le trottoir où je l'avais aidé à atterrir, je le saluais.
Ce coup de chapeau ne lui était évidemment pas destiné,
il ne pouvait pas le voir. À qui donc s'adressait-il ? Au
public. Après le rôle, les saluts. Pas mal, hein ? Un[1] autre
jour, à la même époque, à un automobiliste qui me remerciait de l'avoir aidé, je répondis que personne n'en aurait
fait autant. Je voulais dire, bien sûr, n'importe qui. Mais
ce malheureux lapsus me resta sur le cœur. Pour la modestie, vraiment, j'étais imbattable[2].

Il faut le reconnaître humblement, mon cher compatriote, j'ai toujours crevé de vanité[3]. Moi, moi, moi, voilà
le refrain de ma chère vie, et qui s'entendait dans tout ce
que je disais. Je n'ai jamais pu parler qu'en me vantant,
surtout si[4] je le faisais avec cette fracassante discrétion
dont j'avais le secret. Il est bien vrai que j'ai toujours vécu
libre et puissant. Simplement, je me sentais libéré à
l'égard de tous pour l'excellente raison que je ne me
reconnaissais pas d'égal. Je me suis toujours estimé plus
intelligent que tout le monde, je vous l'ai dit, mais aussi
plus sensible et plus adroit, tireur d'élite, conduc-
teur incomparable, meilleur amant. Même dans les domaines où il m'était facile de vérifier mon infériorité, comme
le tennis par exemple, où je n'étais qu'un honnête partenaire, il m'était difficile de ne pas croire que, si j'avais le
temps de m'entraîner, je surclasserais les premières séries.
Je ne me reconnaissais que des supériorités, ce qui expliquait ma bienveillance et ma sérénité. Quand je m'occupais d'autrui, c'était pure condescendance, en toute liberté,
et le mérite entier m'en revenait : je montais d'un degré
dans l'amour que je me portais[5].

Avec quelques autres vérités, j'ai découvert ces évidences peu à peu, dans la période qui suivit le soir
dont je vous ai parlé. Pas tout de suite, non, ni très
distinctement. Il a fallu d'abord que je retrouve la
mémoire. Par degrés, j'ai vu plus clair, j'ai appris un peu de
ce que je savais. Jusque-là, j'avais toujours été aidé par un
étonnant pouvoir d'oubli. J'oubliais tout, et d'abord mes
résolutions. Au fond, rien ne comptait. Guerre, suicide,
amour, misère, j'y prêtais attention, bien sûr, quand les

circonstances m'y forçaient, mais d'une manière courtoise et superficielle. Parfois, je faisais mine de me passionner pour une cause étrangère à ma vie la plus quotidienne. Dans le fond pourtant, je n'y participais pas, sauf[1], bien sûr, quand ma liberté était contrariée. Comment vous dire ? Ça glissait. Oui, tout glissait sur moi.

Soyons justes : il arrivait que mes oublis fussent méritoires. Vous avez remarqué qu'il y a des gens dont la religion consiste à pardonner toutes les offenses et qui les pardonnent en effet, mais ne les oublient jamais. Je n'étais pas d'assez bonne étoffe pour pardonner aux offenses, mais je finissais toujours par les oublier. Et tel qui se croyait détesté de moi n'en revenait pas de se voir salué avec un grand sourire. Selon sa nature, il admirait alors ma grandeur d'âme ou méprisait ma pleutrerie sans penser que ma raison était plus simple : j'avais oublié jusqu'à son nom. La même infirmité qui me rendait indifférent ou ingrat me faisait alors magnanime.

Je[2] vivais donc sans autre continuité que celle, au jour le jour, du moi-moi-moi. Au jour le jour les femmes, au jour le jour la vertu ou le vice, au jour le jour, comme les chiens, mais tous les jours, moi-même, solide au poste. J'avançais ainsi à la surface de la vie, dans les mots en quelque sorte, jamais dans la réalité. Tous ces livres à peine lus, ces amis à peine aimés, ces villes à peine visitées, ces femmes à peine prises ! Je faisais des gestes par ennui, ou par distraction. Les êtres suivaient, ils voulaient s'accrocher, mais il n'y avait rien, et c'était le malheur. Pour eux. Car, pour moi, j'oubliais. Je ne me suis jamais souvenu que de moi-même.

Peu à peu, la mémoire m'est cependant revenue. Ou plutôt je suis revenu à elle, et[3] j'y ai trouvé le souvenir qui m'attendait. Avant de vous en parler, permettez-moi, mon cher compatriote, de vous donner quelques exemples (qui vous serviront, j'en suis sûr) de ce que j'ai découvert au cours de mon exploration.

Un jour où, conduisant ma voiture, je tardais une seconde à démarrer au feu vert, pendant que nos patients concitoyens déchaînaient sans délai leurs avertisseurs dans mon dos, je me suis souvenu soudain d'une autre aventure[4], survenue dans les mêmes circonstances. Une motocyclette conduite par un petit homme sec, portant lorgnons et pantalons de golf, m'avait doublé et s'était installée devant moi, au feu rouge. En stoppant, le petit homme avait calé son moteur et s'évertuait en vain à lui redonner souffle. Au feu vert, je lui demandai, avec mon habituelle politesse, de ranger sa moto-cyclette pour que je puisse passer. Le petit homme s'énervait encore sur son moteur poussif. Il me répondit donc, selon les règles de la courtoisie parisienne, d'aller me rhabiller. J'insistai, toujours poli, mais avec une légère nuance d'impatience dans la voix. On me fit savoir aussi-tôt que, de toute manière, on m'emmenait à pied et à cheval. Pendant ce temps, quelques avertisseurs commen-çaient, derrière moi, de se faire entendre. Avec plus de fermeté, je priai mon interlocuteur d'être poli et de considérer qu'il entravait la circulation. L'irascible per-sonnage, exaspéré sans doute par la mauvaise volonté, devenue évidente, de son moteur, m'informa que si je désirais ce qu'il appelait une dérouillée, il me l'offrait de grand cœur. Tant de cynisme me remplit d'une bonne fureur et je sortis de ma voiture dans l'intention de frot-ter les oreilles de ce mal embouché. Je ne pense pas être lâche (mais que ne pense-t-on pas!), je dépassais d'une tête mon adversaire, mes muscles m'ont toujours bien servi. Je crois encore maintenant que la dérouillée aurait été reçue plutôt qu'offerte. Mais j'étais à peine sur la chaussée que, de la foule qui commençait à s'assembler, un homme sortit, se précipita sur moi, vint m'assurer que j'étais le dernier des derniers et qu'il ne me permettrait pas de frapper un homme qui avait une motocyclette entre les jambes et s'en trouvait, par conséquent, désavantagé. Je fis face à ce mousquetaire et, en vérité, ne le vis même pas. À peine, en effet, avais-je la tête tournée que, presque en même temps, j'entendis la motocyclette pétarader de nou-veau et je reçus un coup violent sur l'oreille. Avant[1] que j'aie eu le temps d'enregistrer ce qui s'était passé, la motocyclette s'éloigna. Étourdi, je marchai machinale-ment vers d'Artagnan quand, au même moment, un con-cert exaspéré d'avertisseurs s'éleva de la file, devenue considérable, des véhicules. Le feu vert revenait. Alors, encore un peu égaré, au lieu de secouer l'imbécile qui m'avait interpellé, je retournai docilement vers ma voiture et je démarrai, pendant qu'à mon passage l'imbécile me saluait d'un « pauvre type » dont je me souviens encore.

Histoire sans importance, direz-vous? Sans doute.

foi, ou presque. Mon rapport avec les femmes était naturel, aisé, facile comme on dit. Il n'y entrait pas de ruse ou seulement celle, ostensible, qu'elles considèrent comme un hommage. Je les aimais, selon l'expression consacrée, ce qui revient à dire que je n'en ai jamais aimé aucune. J'ai toujours trouvé la misogynie vulgaire et sotte, et presque toutes les femmes que j'ai connues, je les ai jugées meilleures que moi. Cependant, les plaçant si haut, je les ai utilisées plus souvent que servies. Comment s'y retrouver ?

Bien entendu, le véritable amour est exceptionnel, deux ou trois par siècle à peu près. Le reste du temps, il y a la vanité ou l'ennui. Pour moi, en tout cas, je n'étais pas[1] la Religieuse portugaise. Je n'ai pas le cœur sec, il s'en faut, plein d'attendrissement au contraire, et la larme facile avec ça. Seulement, mes élans se tournent toujours vers moi, mes attendrissements me concernent. Il est faux, après tout, que je n'aie jamais aimé. J'ai contracté dans ma vie au moins un grand amour, dont j'ai toujours été l'objet. De ce point de vue, après les inévitables difficultés du très jeune âge, j'avais été vite fixé : la sensualité, et elle seule, régnait dans ma vie amoureuse. Je cherchais seulement des objets de plaisir et de conquête. J'y étais aidé d'ailleurs par ma complexion : la nature a été généreuse avec moi. Je n'en étais pas peu fier et j'en tirais beaucoup de satisfactions dont je ne saurais plus dire si elles étaient de plaisir ou de prestige. Bon, vous allez dire que je me vante encore. Je ne le nierai pas et j'en suis d'autant moins fier qu'en ceci je me vante de ce qui est vrai.

Dans tous les cas, ma sensualité, pour ne parler que d'elle, était si réelle que, même pour une aventure de dix minutes, j'aurais renié père et mère, quitte à le regretter amèrement. Que dis-je ! Surtout pour une aventure de dix minutes et plus encore si j'avais la certitude qu'elle serait sans lendemain. J'avais des principes, bien sûr, et, par exemple, que la femme des amis était sacrée. Simplement, je cessais, en toute sincérité, quelques jours auparavant, d'avoir de l'amitié pour les maris. Peut-être ne devrais-je pas appeler ceci de la sensualité ? La sensualité n'est pas répugnante, elle[2]. Soyons indulgents et parlons d'infirmité, d'une sorte d'incapacité congénitale à voir dans l'amour autre chose que ce qu'on y fait. Cette infirmité, après tout, était confortable. Conjuguée à ma faculté d'oubli, elle favorisait ma liberté. Du même coup, par un certain air d'éloignement et d'indépendance irréductible qu'elle me donnait, elle me fournissait l'occasion de nouveaux succès. À force de n'être pas romantique, je donnais un solide aliment au romanesque. Nos amies, en effet, ont ceci de commun avec Bonaparte qu'elles pensent toujours réussir là où tout le monde a échoué.

Dans ce commerce, du reste, je satisfaisais encore autre chose que ma sensualité : mon amour du jeu. J'aimais dans les femmes les partenaires d'un certain jeu, qui avait le goût, au moins, de l'innocence. Voyez-vous, je ne peux supporter de m'ennuyer et je n'apprécie, dans la vie, que les récréations. Toute société, même brillante, m'accable rapidement tandis que je ne me suis jamais ennuyé avec les femmes qui me plaisaient. J'ai de la peine à l'avouer, j'aurais donné dix entretiens avec Einstein pour un premier rendez-vous avec une jolie[1] figurante. Il est vrai qu'au dixième rendez-vous, je soupirais après Einstein, ou de fortes lectures. En somme, je ne me suis jamais soucié des grands problèmes que dans les intervalles de mes petits débordements. Et combien de fois, planté sur le trottoir, au cœur d'une discussion passionnée avec des amis, j'ai perdu le fil du raisonnement qu'on m'exposait parce qu'une ravageuse[2], au même moment, traversait la rue.

Donc, je jouais le jeu. Je savais qu'elles aimaient qu'on n'allât pas trop vite au but. Il fallait d'abord de la conversation, de la tendresse, comme elles disent. Je n'étais pas en peine de discours, étant avocat, ni de regards, ayant été, au régiment, apprenti-comédien. Je changeais souvent de rôle ; mais il s'agissait toujours de la même pièce. Par exemple, le numéro de l'attirance incompréhensible, du « je ne sais quoi », du « il n'y a pas de raisons, je ne souhaitais pas d'être attiré, j'étais pourtant lassé de l'amour, etc. » était toujours efficace, bien qu'il soit un des plus vieux du répertoire. Il y avait aussi celui du bonheur mystérieux qu'aucune autre femme ne vous a jamais donné, qui est peut-être sans avenir, sûrement même (car on ne saurait trop se garantir), mais qui, justement, est irremplaçable. Surtout, j'avais perfectionné une petite tirade, toujours bien reçue, et que vous applaudirez, j'en suis sûr. L'essentiel de cette tirade tenait dans l'affirmation, douloureuse et résignée, que je n'étais rien, ce n'était pas la peine qu'on s'attachât à moi, ma vie était ailleurs, elle ne passait pas par le bonheur de tous les jours, bonheur que, peut-être, j'eusse préféré à toutes choses, mais voilà, il était trop tard[1]. Sur les raisons de ce retard décisif, je gardais le secret, sachant qu'il est meilleur de coucher avec le mystère. Dans un sens, d'ailleurs, je croyais à ce que je disais, je vivais[2] mon rôle. Il n'est pas étonnant alors que mes partenaires, elles aussi, se missent à brûler les planches. Les plus sensibles de mes amies s'efforçaient de me comprendre et cet effort les menait à de mélancoliques abandons. Les autres, satisfaites de voir que je respectais la règle du jeu et que j'avais la délicatesse de parler avant d'agir, passaient sans attendre aux réalités. J'avais alors gagné, et deux fois, puisque, outre le désir que j'avais d'elles, je satisfaisais l'amour que je me portais, en vérifiant chaque fois mes beaux pouvoirs.

Cela est si vrai que même s'il arrivait que certaines ne me fournissent qu'un plaisir médiocre, je tâchais cependant de renouer avec elles, de loin en loin, aidé sans doute par ce désir singulier que favorise l'absence, suivie d'une complicité soudain retrouvée, mais aussi pour vérifier que nos liens tenaient toujours et qu'il n'appartenait qu'à moi de les resserrer. Parfois, j'allais même jusqu'à leur faire jurer de n'appartenir à aucun autre homme, pour apaiser, une fois pour toutes, mes inquiétudes sur ce point. Le cœur pourtant n'avait point de part à cette inquiétude, ni même l'imagination. Une certaine sorte de prétention était en effet si incarnée en moi que j'avais de la difficulté à imaginer, malgré l'évidence, qu'une femme qui avait été à moi pût jamais appartenir à un autre. Mais ce serment qu'elles me faisaient me libérait en les liant. Du moment qu'elles n'appartiendraient à personne, je pouvais alors me décider à rompre, ce qui, autrement, m'était presque toujours impossible. La vérification, en ce qui les concernait, était faite une fois pour toutes, mon pouvoir assuré pour longtemps[3]. Curieux, non ? C'est ainsi pourtant, mon cher compatriote. Les uns crient : « Aime-moi ! » Les autres : « Ne m'aime pas ! » Mais une certaine race, la pire et la plus malheureuse : « Ne m'aime pas et sois-moi fidèle ! »

Seulement, voilà, la vérification n'est jamais définitive,

il faut la recommencer avec chaque être. À force de
recommencer, on contracte des habitudes. Bientôt le
discours vous vient sans y penser, le réflexe suit : on se
trouve un jour dans la situation de prendre sans vraiment
désirer. Croyez-moi[1], pour certains êtres, au moins, ne
pas prendre ce qu'on ne désire pas est la chose la plus
difficile du monde.

C'est ce qui arriva un jour et il n'est pas utile de vous
dire qui elle était, sinon que, sans me troubler vraiment,
elle m'avait attiré, par son air passif et avide. Franchement, ce fut médiocre, comme il fallait s'y attendre. Mais
je n'ai jamais eu de complexes et j'oubliai bien vite la
personne, que je ne revis plus. Je pensais qu'elle ne
s'était aperçue de rien, et je n'imaginais même pas qu'elle
pût avoir une opinion. D'ailleurs, son air passif la retranchait du monde à mes yeux. Quelques semaines après,
pourtant, j'appris qu'elle avait confié à un tiers mes
insuffisances. Sur le coup, j'eus le sentiment d'avoir été un
peu trompé; elle n'était pas si passive que je le croyais, le
jugement ne lui manquait pas. Puis je haussai les épaules
et fis mine de rire. J'en ris tout à fait même; il était clair
que cet incident était sans importance. S'il est un domaine
où la modestie devrait être la règle, n'est-ce pas la sexua-
lité, avec tout ce qu'elle a d'imprévisible ? Mais non, c'est à
qui sera le plus avantageux[2] même dans la solitude.
Malgré mes haussements d'épaules, quelle fut, en effet, ma
conduite ? Je revis un peu plus tard cette femme, je fis ce
qu'il fallait pour la séduire et la reprendre vraiment. Ce
ne fut pas très difficile : elles non plus n'aiment pas rester
sur un échec. Dès cet instant, sans le vouloir clairement,
je me mis, en fait, à la mortifier[3] de toutes les façons. Je
l'abandonnais et la reprenais, la forçais à se donner dans
des temps et des lieux qui ne s'y prêtaient pas, la traitais de
façon si brutale, dans tous les domaines, que je finis par
m'attacher à elle comme j'imagine que le geôlier se lie à
son prisonnier. Et cela jusqu'au jour où, dans le violent
désordre d'un plaisir douloureux et contraint, elle rendit
hommage à voix haute à ce qui l'asservissait. Ce jour-là
je commençai de m'éloigner d'elle. Depuis, je l'ai oubliée.

Je[4] conviendrai avec vous malgré votre courtois silence, que cette aventure n'est pas très reluisante. Songez
pourtant à votre vie, mon cher compatriote! Creusez
votre mémoire, peut-être y trouverez-vous quelque his-

toire semblable que vous me conterez plus tard. Quant à
moi, lorsque cette affaire me revint à l'esprit, je me mis
encore à rire. Mais c'était d'un autre rire, assez semblable
à celui que j'avais entendu sur le pont des Arts. Je riais de
mes discours et de mes plaidoiries. Plus encore de mes
plaidoiries, d'ailleurs, que de mes discours aux femmes. À
celles-ci, du moins, je mentais peu. L'instinct parlait
clairement, sans faux-fuyants, dans mon attitude. L'acte
d'amour, par exemple, est un aveu. L'égoïsme[1] y crie,
ostensiblement, la vanité s'y étale, ou bien la vraie générosité s'y révèle. Finalement, dans cette regrettable histoire, mieux encore que dans mes autres intrigues, j'avais
été plus franc que je ne pensais, j'avais dit qui j'étais, et
comment[2] je pouvais vivre. Malgré les apparences, j'étais
donc plus digne dans ma vie privée, même, et surtout,
quand je me conduisais comme je vous l'ai dit, que
dans mes grandes envolées professionnelles sur l'innocence et la justice. Du moins, me voyant agir avec les
êtres, je ne pouvais pas me tromper sur la vérité de ma
nature. Nul homme n'est hypocrite dans ses plaisirs,
ai-je lu cela ou l'ai-je pensé, mon cher compatriote ?

Quand je considérais, ainsi, la difficulté que j'avais à me
séparer définitivement d'une femme, difficulté qui m'amenait à tant de liaisons simultanées, je n'en accusais pas
la tendresse de mon cœur. Ce n'était pas elle qui me faisait
agir lorsque l'une de mes amies se lassait d'attendre
l'Austerlitz de notre passion et parlait de se retirer. Aussitôt c'était moi qui faisais un pas en avant, qui concédais,
qui devenais éloquent. La tendresse, et la douce faiblesse
d'un cœur, je les réveillais en elles, n'en ressentant moi-
même que l'apparence, simplement un peu excité par ce
refus, alarmé aussi par la possible perte d'une affection.
Parfois, je croyais souffrir véritablement, il est vrai. Il
suffisait pourtant que la rebelle partît vraiment pour que je
l'oubliasse sans effort, comme je l'oubliais près de moi
quand elle avait décidé, au contraire, de revenir. Non, ce
n'était pas l'amour, ni la générosité qui me réveillait
lorsque j'étais en danger d'être abandonné, mais seulement le désir d'être aimé et de recevoir ce qui, selon moi,
m'était dû. Aussitôt aimé, et ma partenaire à nouveau
oubliée, je reluisais, j'étais au mieux, je devenais sympathique.

Notez d'ailleurs que cette affection, dès que je l'avais

regagnée, j'en ressentais le poids. Dans mes moments d'agacement, je me disais alors que la solution idéale eût été la mort pour la personne qui m'intéressait. Cette mort eût définitivement fixé notre lien, d'une part, et, de l'autre, lui eût ôté sa contrainte. Mais on ne peut souhaiter la mort de tout le monde ni, à la limite, dépeupler la planète pour jouir d'une liberté inimaginable autrement. Ma sensibilité s'y[1] opposait, et mon amour des hommes.

Le seul sentiment profond qu'il m'arrivât d'éprouver dans ces intrigues était la gratitude, quand tout marchait bien et qu'on me laissait, en même temps que la paix, la liberté d'aller et de venir, jamais plus gentil et gai avec l'une que lorsque je venais de quitter le lit d'une autre, comme si j'étendais à toutes les autres femmes la dette que je venais de contracter près de l'une d'elles. Quelle que fût, d'ailleurs, la confusion apparente de mes sentiments, le résultat que j'obtenais était clair : je maintenais toutes mes affections autour de moi pour m'en servir quand je le voulais[2]. Je ne pouvais donc vivre, de mon aveu même, qu'à la condition que, sur toute la terre, tous les êtres, ou le plus grand nombre possible, fussent tournés vers moi, éternellement vacants, privés de vie indépendante, prêts à répondre à mon appel à n'importe quel moment, voués enfin à la stérilité, jusqu'au jour où je daignerais les favoriser de ma lumière. En somme, pour[3] que je vive heureux, il fallait que les êtres que j'élisais ne vécussent point. Ils ne devaient recevoir leur vie, de loin en loin, que de mon bon plaisir.

Ah! je ne mets aucune complaisance, croyez-le bien, à vous raconter cela. Quand je pense à cette période où je demandais tout sans rien payer moi-même, où je mobilisais tant d'êtres à mon service, où je les mettais en quelque sorte au frigidaire, pour les avoir un jour ou l'autre sous la main, à ma convenance, je ne sais comment nommer le curieux sentiment qui me vient. Ne serait-ce pas la honte? La honte, dites-moi, mon cher compatriote, ne brûle-t-elle pas un peu? Oui? Alors, il s'agit peut-être d'elle[4], ou d'un de ces sentiments ridicules qui concernent l'honneur. Il me semble en tout cas que ce sentiment ne m'a plus quitté depuis cette aventure que j'ai trouvée au centre de ma mémoire et dont je ne peux différer plus longtemps le récit, malgré mes digressions et les efforts d'une invention à laquelle, je l'espère, vous rendez justice.

Tiens, la pluie a cessé! Ayez la bonté de me raccompagner chez moi. Je suis fatigué, étrangement, non d'avoir parlé, mais à la seule idée de ce qu'il me faut encore dire. Allons! Quelques mots suffiront pour retracer[1] ma découverte essentielle. Pourquoi en dire plus, d'ailleurs? Pour que la statue soit nue, les beaux discours doivent s'envoler. Voici. Cette nuit-là, en novembre, deux ou trois ans avant le soir où je crus entendre rire dans mon dos, je regagnais la rive gauche, et mon domicile, par le pont Royal. Il était une heure après minuit, une petite pluie tombait, une bruine plutôt, qui dispersait les rares passants. Je venais de quitter une amie qui, sûrement, dormait déjà. J'étais heureux de cette marche, un peu engourdi, le corps calmé, irrigué par un sang doux comme la pluie qui tombait. Sur le pont, je passai derrière une forme penchée sur le parapet, et qui semblait regarder le fleuve. De plus près, je distinguai une mince jeune femme, habillée de noir. Entre les cheveux sombres et le col du manteau, on voyait seulement une nuque, fraîche et mouillée, à laquelle je fus sensible. Mais je poursuivis ma route, après une hésitation. Au bout du pont, je pris les quais en direction de Saint-Michel, où je demeurais. J'avais déjà parcouru[2] une cinquantaine de mètres à peu près, lorsque j'entendis le bruit, qui, malgré la distance, me parut formidable dans le silence nocturne, d'un corps qui s'abat sur l'eau. Je m'arrêtai net, mais sans me retourner. Presque aussitôt, j'entendis un cri, plusieurs fois répété, qui descendait lui aussi le fleuve, puis s'éteignit brusquement. Le silence qui suivit, dans la nuit[3] soudain figée, me parut interminable. Je voulus courir et je ne bougeai pas. Je tremblais, je crois, de froid et de saisissement. Je me disais qu'il fallait faire vite et je sentais une faiblesse irrésistible envahir mon corps. J'ai oublié ce que j'ai pensé alors. « Trop tard, trop loin... » ou quelque chose de ce genre. J'écoutais toujours, immobile. Puis, à petits pas, sous la pluie, je m'éloignai. Je ne prévins personne.

Mais nous sommes arrivés, voici ma maison[4], mon abri! Demain? Oui, comme vous voudrez. Je vous mènerai volontiers à l'île de Marken, vous verrez le Zuyderzee. Rendez-vous à onze heures à *Mexico-City*. Quoi? Cette femme? Ah, je ne sais pas, vraiment, je ne sais pas. Ni le lendemain ni les jours qui suivirent, je n'ai lu les journaux.

Un[1] village de poupée, ne trouvez-vous pas ? Le pittoresque ne lui a pas été épargné! Mais je ne vous ai pas conduit dans cette île pour le pittoresque, cher ami. Tout le monde peut vous faire admirer des coiffes, des sabots, et des maisons décorées où les pêcheurs fument du tabac fin dans l'odeur de l'encaustique. Je suis un des rares, au contraire, à pouvoir vous montrer ce qu'il y a d'important ici.

Nous atteignons la digue. Il faut la suivre pour être aussi loin que possible de ces trop gracieuses maisons. Asseyons-nous, je vous en prie. Qu'en dites-vous ? Voilà, n'est-ce pas, le plus beau des paysages négatifs! Voyez, à notre gauche, ce tas de cendres qu'on appelle ici une dune, la digue grise à notre droite, la grève livide à nos pieds et, devant nous, la mer couleur de lessive faible, le vaste ciel où se reflètent les eaux blêmes. Un enfer mou, vraiment! Rien que des horizontales, aucun éclat, l'espace est incolore, la vie morte. N'est-ce pas l'effacement universel, le néant sensible aux yeux ? Pas d'hommes, surtout, pas d'hommes! Vous et moi, seulement, devant la planète enfin déserte! Le ciel vit ? Vous avez raison, cher ami. Il s'épaissit, puis se creuse, ouvre des escaliers d'air, ferme des portes de nuées. Ce sont les colombes. N'avez-vous pas remarqué que le ciel de Hollande est rempli de millions de colombes, invisibles tant elles se tiennent haut, et qui battent des ailes, montent et descendent d'un même mouvement, remplissant l'espace céleste avec des flots épais de plumes grisâtres que le vent emporte ou ramène. Les colombes attendent là-haut, elles attendent toute l'année. Elles tournent au-dessus de la terre, regardent, voudraient descendre. Mais il n'y a rien, que la mer et

les canaux, des toits couverts d'enseignes, et nulle tête
où se poser.

Vous ne comprenez pas ce que je veux dire? Je vous
avouerai ma fatigue[1]. Je perds le fil de mes discours, je n'ai
plus cette clarté d'esprit à laquelle mes amis se plaisaient
à rendre hommage. Je dis mes amis, d'ailleurs, pour le
principe. Je n'ai plus d'amis, je n'ai que des complices.
En revanche, leur nombre a augmenté, ils sont le genre
humain. Et dans le genre humain, vous le premier. Celui
qui est là est toujours le premier. Comment je sais
que je n'ai pas d'amis? C'est très simple : je l'ai
découvert le jour où j'ai pensé à me tuer pour leur
jouer une bonne farce, pour les punir, en quelque
sorte. Mais punir qui[2]? Quelques-uns seraient surpris;
personne ne se sentirait puni. J'ai compris que je n'avais
pas d'amis. Du reste, même si j'en avais eu, je n'en
serais pas plus avancé. Si j'avais pu me suicider et voir
ensuite leur tête, alors, oui, le jeu en valait la chandelle.
Mais la terre est obscure, cher ami, le bois épais, opaque le
linceul. Les yeux de l'âme, oui, sans doute, s'il y a une
âme et si elle a des yeux! Mais voilà, on n'est pas sûr, on
n'est jamais sûr[3]. Sinon, il y aurait une issue, on pourrait
enfin se faire prendre au sérieux. Les hommes ne sont
convaincus de vos raisons, de votre sincérité, et de la
gravité de vos peines, que par votre mort[4]. Tant que
vous êtes en vie, votre cas est douteux, vous n'avez droit
qu'à leur scepticisme. Alors, s'il y avait une seule certitude qu'on puisse jouir du spectacle, cela vaudrait la peine
de leur prouver ce qu'ils ne veulent pas croire, et de les
étonner. Mais vous vous tuez et qu'importe qu'ils vous
croient ou non : vous[5] n'êtes pas là pour recueillir leur
étonnement et leur contrition, d'ailleurs fugace, pour
assister enfin, selon le rêve de chaque homme, à vos
propres funérailles. Pour cesser d'être douteux, il faut
cesser d'être, tout bellement.

Du reste, n'est-ce pas mieux ainsi? Nous souffririons
trop de leur indifférence. « Tu me le paieras! », disait une
fille à son père qui l'avait empêchée de se marier à un
soupirant[6] trop bien peigné. Et elle se tua. Mais le père n'a
rien payé du tout. Il adorait la pêche au lancer. Trois
dimanches après, il retournait à la rivière, pour oublier,
disait-il. Le calcul était juste, il oublia. À vrai dire, c'est
le contraire qui eût surpris. On croit mourir pour punir

sa femme, et on lui rend la liberté. Autant ne pas voir ça.
Sans compter qu'on risquerait d'entendre les raisons
qu'ils donnent de votre geste. Pour ce qui me concerne,
je les entends déjà : « Il s'est tué parce qu'il n'a pu supporter de... » Ah! cher ami, que les hommes sont pauvres
en invention. Ils croient toujours qu'on se suicide pour
une raison. Mais on peut très bien se suicider pour deux
raisons. Non, ça ne leur entre pas dans la tête. Alors, à
quoi bon mourir volontairement, se sacrifier à l'idée
qu'on veut donner de soi[1]. Vous mort, ils en profiteront
pour donner à votre geste des motifs idiots, ou vulgaires.
Les martyrs, cher ami, doivent choisir d'être oubliés,
raillés ou utilisés. Quant à comprendre, jamais.

Et puis, allons droit au but, j'aime la vie, voilà ma vraie
faiblesse. Je l'aime tant que je n'ai aucune imagination pour
ce qui n'est pas elle. Une telle avidité a quelque chose de
plébéien, vous ne trouvez pas ? L'aristocratie ne s'imagine
pas sans un peu de distance à l'égard de soi-même et de sa
propre vie. On meurt s'il le faut, on rompt plutôt que de
plier. Mais moi, je plie, parce que je continue de m'aimer.
Tenez, après tout ce que je vous ai raconté, que croyez-
vous qu'il me soit venu ? Le dégoût de moi-même ?
Allons donc, c'était surtout des autres que j'étais dégoûté.
Certes, je connaissais mes défaillances et je les regrettais.
Je continuais pourtant de les oublier, avec une obstination
assez méritoire. Le procès des autres, au contraire, se
faisait sans trêve dans mon cœur. Certainement[2], cela
vous choque ? Vous pensez peut-être que ce n'est pas
logique ? Mais la question n'est pas de rester logique. La[3]
question est de glisser au travers, et surtout, oh! oui,
surtout, la question est d'éviter le jugement. Je ne dis pas
d'éviter le châtiment. Car le châtiment sans jugement est
supportable. Il a un nom d'ailleurs qui garantit notre
innocence : le malheur. Non, il s'agit au contraire de
couper au jugement, d'éviter d'être toujours jugé, sans
que jamais la sentence soit prononcée.

Mais on n'y coupe pas si facilement. Pour le jugement,
aujourd'hui, nous sommes toujours prêts, comme pour la
fornication. Avec cette différence qu'il n'y a pas à craindre
de défaillances. Si vous en doutez, prêtez l'oreille aux
propos de table, pendant le mois d'août, dans ces hôtels
de villégiature où nos charitables compatriotes viennent
faire leur cure d'ennui. Si vous hésitez encore à conclure,

lisez donc les écrits de nos grands hommes du moment. Ou bien observez votre propre famille, vous serez édifié. Mon[1] cher ami, ne leur donnons pas de prétexte à nous juger, si peu que ce soit! Ou sinon, nous voilà en pièces. Nous sommes obligés aux mêmes prudences que le dompteur. S'il a le malheur, avant d'entrer dans la cage, de se couper avec son rasoir, quel gueuleton pour les fauves! J'ai compris cela d'un coup, le jour où le soupçon m'est venu que, peut-être, je n'étais pas si[2] admirable. Dès lors, je suis devenu méfiant. Puisque je saignais un peu, j'y passerais tout entier : ils allaient me dévorer.

Mes rapports avec mes contemporains étaient les mêmes, en apparence, et pourtant devenaient subtilement désaccordés. Mes amis n'avaient pas changé. Ils vantaient toujours, à l'occasion, l'harmonie et la sécurité qu'on trouvait auprès de moi. Mais je n'étais sensible qu'aux dissonances, au désordre qui m'emplissait; je me sentais vulnérable, et livré à l'accusation publique. Mes semblables cessaient d'être à mes yeux l'auditoire respectueux dont j'avais l'habitude. Le cercle dont j'étais le centre se brisait et ils se plaçaient sur une seule rangée, comme au tribunal. À partir du moment où j'ai appréhendé qu'il y eût en moi quelque chose à juger, j'ai compris, en somme, qu'il y avait en eux une vocation irrésistible de jugement. Oui, ils étaient là, comme avant, mais ils riaient. Ou plutôt il me semblait que chacun de ceux que je rencontrais me regardait avec un sourire caché. J'eus même l'impression, à cette époque, qu'on me faisait des crocs-en-jambe. Deux ou trois fois, en effet, je butai, sans raison, en entrant dans des endroits publics. Une fois même, je m'étalai[3]. Le Français cartésien que je suis eut vite fait de se reprendre et d'attribuer ces accidents à la seule divinité raisonnable, je veux dire le hasard. N'importe, il me restait de la défiance.

Mon attention éveillée, il ne me fut pas difficile de découvrir que j'avais des ennemis. Dans mon métier d'abord, et puis dans ma vie mondaine. Pour les uns, je les avais obligés[4]. Pour d'autres, j'aurais dû les obliger. Tout cela, en somme, était dans l'ordre et je le découvris sans trop de chagrin. Il me fut plus difficile et douloureux, en revanche, d'admettre que j'avais des ennemis parmi des gens que je connaissais à peine, ou pas du tout. J'avais toujours pensé, avec l'ingénuité dont je vous ai donné quelques preuves, que ceux qui ne me connaissaient pas ne pourraient s'empêcher de m'aimer s'ils[1] venaient à me fréquenter. Eh bien, non! Je rencontrai des inimitiés surtout parmi ceux qui ne me connaissaient que de très loin, et sans que je les connusse moi-même. Sans doute me soupçonnaient-ils de vivre pleinement et dans un libre abandon au bonheur : cela ne se pardonne pas. L'air de la réussite, quand il est porté d'une certaine manière, rendrait un âne enragé. Ma vie, d'autre part, était pleine à craquer et, par manque de temps, je refusais beaucoup d'avances. J'oubliais ensuite, pour la même raison, mes refus. Mais ces avances m'avaient été faites par des gens dont la vie n'était pas pleine et qui, pour cette même raison, se souvenaient de mes refus.

C'est ainsi, pour ne prendre qu'un exemple, que les femmes, au bout du compte, me coûtaient cher. Le temps que je leur consacrais, je ne pouvais le donner aux hommes, qui ne me le pardonnaient pas toujours. Comment s'en tirer? On ne vous pardonne votre bonheur et vos succès que si vous consentez généreusement à les partager. Mais pour être heureux, il ne faut pas trop s'occuper des autres[2]. Dès lors, les issues sont fermées. Heureux et jugé, ou absous et misérable. Quant à moi, l'injustice était plus grande : j'étais condamné pour des bonheurs anciens. J'avais vécu longtemps dans l'illusion d'un accord général, alors que, de toutes parts, les jugements, les flèches et les railleries fondaient sur moi, distrait et souriant. Du jour où je fus alerté, la lucidité me vint, je reçus toutes les blessures en même temps et je perdis mes forces d'un seul coup. L'univers entier se mit alors à rire autour de moi.

Voilà ce qu'aucun homme (sinon ceux qui ne vivent pas, je veux dire les sages) ne peut supporter. La seule parade est dans la méchanceté. Les gens se dépêchent alors de juger pour ne pas l'être eux-mêmes. Que voulez-vous? L'idée la plus naturelle à l'homme, celle qui lui vient naïvement, comme du fond de sa nature, est l'idée de son innocence. De ce point de vue, nous sommes tous comme ce petit Français qui, à Buchenwald, s'obstinait à vouloir déposer une réclamation auprès du scribe, lui-même prisonnier, et qui enregistrait son arrivée[3]. Une réclamation? Le scribe et ses camarades riaient : « Inutile, mon vieux. On ne réclame pas, ici. » « C'est que, voyez-vous, monsieur, disait le petit Français, mon cas est exceptionnel. Je suis innocent! »

Nous sommes tous des cas exceptionnels[1]. Nous voulons tous faire appel de quelque chose! Chacun exige d'être innocent, à tout prix, même si, pour cela, il faut accuser le genre humain et le ciel. Vous réjouirez médiocrement un homme en lui faisant compliment des efforts grâce auxquels il est devenu intelligent ou généreux. Il s'épanouira au contraire si vous admirez sa générosité naturelle. Inversement, si vous dites à un criminel que sa faute ne tient pas à sa nature ni à son caractère, mais à de malheureuses circonstances, il vous en sera violemment reconnaissant. Pendant la plaidoirie, il choisira même ce moment pour pleurer. Pourtant, il n'y a pas de mérite à être honnête, ni intelligent, de naissance. Comme on n'est sûrement pas plus responsable à être criminel de nature qu'à l'être de circonstance. Mais ces fripons veulent la grâce, c'est-à-dire l'irresponsabilité, et ils excipent sans vergogne des justifications de la nature ou des excuses des circonstances, même si elles sont contradictoires. L'essentiel est qu'ils soient innocents, que leurs vertus, par grâce de naissance[2], ne puissent être mises en doute, et que leurs fautes, nées d'un malheur passager, ne soient jamais que provisoires. Je vous l'ai dit, il s'agit de couper au jugement. Comme il est difficile d'y couper, délicat de faire en même temps admirer et excuser sa nature, ils cherchent tous à être riches. Pourquoi? Vous l'êtes-vous demandé? Pour la puissance, bien sûr. Mais surtout parce que la richesse soustrait au jugement immédiat, vous retire de la foule du métro pour vous enfermer dans une carrosserie nickelée, vous isole dans de vastes parcs, des wagons-lits, des cabines de luxe. La richesse, cher ami, ce n'est pas encore[3] l'acquittement, mais le sursis, toujours bon à prendre...

Surtout, ne croyez pas vos amis, quand ils vous demanderont d'être sincère avec eux. Ils espèrent seulement que vous les entretiendrez dans la bonne idée qu'ils ont d'eux-mêmes, en les fournissant d'une certitude supplémentaire qu'ils puiseront dans votre promesse de sincérité. Comment la sincérité serait-elle une condition de l'amitié? Le goût de la vérité à tout prix est une passion qui n'épargne rien et à quoi rien ne résiste. C'est un vice, un confort parfois, ou un égoïsme. Si, donc, vous vous trouvez dans ce cas, n'hésitez pas : promettez d'être vrai et mentez le mieux possible. Vous répondrez à leur désir profond et leur prouverez doublement votre affection.

C'est si vrai que nous nous confions rarement à ceux[1] qui sont meilleurs que nous. Nous fuirions plutôt leur société. Le plus souvent, au contraire, nous nous confessons à ceux qui nous ressemblent et qui partagent nos faiblesses. Nous ne désirons donc pas nous corriger, ni être améliorés : il faudrait d'abord que nous fussions jugés défaillants. Nous souhaitons seulement être plaints et encouragés dans notre voie. En somme, nous voudrions, en même temps, ne plus être coupables et ne pas faire l'effort de nous purifier. Pas assez de cynisme et pas assez de vertu. Nous n'avons ni l'énergie du mal ni celle du bien. Connaissez-vous Dante ? Vraiment ? Diable. Vous savez donc que Dante admet des anges neutres dans la querelle entre Dieu et Satan. Et il les place dans les Limbes, une sorte de vestibule de son enfer. Nous sommes dans le vestibule, cher ami.

De la patience ? Vous avez raison, sans doute. Il nous faudrait la patience d'attendre le jugement dernier. Mais voilà, nous sommes pressés. Si pressés même que j'ai été obligé de me faire juge-pénitent. Cependant, j'ai dû d'abord m'arranger de mes découvertes et me mettre en règle avec le rire de mes contemporains[2]. À partir du soir où j'ai été appelé, car j'ai été appelé réellement, j'ai dû répondre ou du moins chercher la réponse. Ce n'était pas facile ; j'ai longtemps erré. Il a fallu d'abord que ce rire perpétuel, et les rieurs, m'apprissent à voir plus clair en moi, à découvrir enfin que je n'étais pas simple[3]. Ne souriez pas, cette vérité n'est pas aussi première qu'elle paraît. On appelle vérités premières celles qu'on découvre après toutes les autres, voilà tout.

Toujours est-il qu'après de longues études sur moi-même, j'ai mis au jour la duplicité profonde de la créature. J'ai compris alors, à force de fouiller dans ma mémoire, que la modestie m'aidait à briller, l'humilité à vaincre et la vertu à opprimer. Je faisais la guerre par des moyens pacifiques et j'obtenais enfin, par les moyens du désinté-ressement, tout ce que je convoitais. Par exemple, je ne me plaignais jamais qu'on oubliât la date de mon anni-versaire ; on s'étonnait même, avec une pointe d'admira-tion, de ma discrétion à ce sujet. Mais la raison de mon désintéressement était encore plus discrète : je désirais être oublié afin de pouvoir m'en plaindre à moi-même. Plusieurs jours avant la date, entre toutes glorieuse, que je connaissais bien, j'étais aux aguets, attentif à ne rien laisser échapper qui puisse éveiller l'attention et la mémoire de ceux dont j'escomptais la défaillance (n'ai-je pas eu un jour l'intention de truquer un calendrier d'appartement ?). Ma[1] solitude bien démontrée, je pouvais alors m'abandonner aux charmes d'une virile tristesse.

La face de toutes mes vertus avait ainsi un revers moins imposant. Il est vrai que, dans un autre sens, mes défauts tournaient à mon avantage. L'obligation où je me trouvais de cacher la partie vicieuse de ma vie me donnait par exemple un air froid que l'on confondait avec celui de la vertu, mon indifférence me valait d'être aimé, mon égoïsme culminait dans mes générosités. Je m'arrête : trop de symétrie nuirait à ma démonstration. Mais quoi, je me faisais dur et je n'ai jamais pu résister à l'offre d'un verre ni d'une femme ! Je passais pour actif, énergique, et mon royaume était le lit. Je criais ma loyauté et il n'est pas, je crois, un seul des êtres que j'aie aimés que, pour finir, je n'aie aussi trahis. Bien sûr, mes trahisons n'empêchaient pas ma fidélité, j'abattais un travail considérable à force d'indolences, je n'avais jamais cessé d'aider mon prochain, grâce au plaisir que j'y trouvais. Mais j'avais beau me répéter ces évidences, je n'en tirais que de superficielles consolations. Certains matins, j'instruisais mon procès jusqu'au bout et j'arrivais à la conclusion que j'excellais[2] surtout dans le mépris. Ceux mêmes que j'aidais le plus souvent étaient le plus méprisés. Avec courtoisie, avec une solidarité pleine d'émotion, je crachais tous les jours à la figure de tous les aveugles.

Franchement, y a-t-il une excuse à cela ? Il y en a une, mais si misérable que je ne puis songer à la faire valoir. En tout cas, voilà : je n'ai jamais pu croire profondément que les affaires humaines fussent[3] choses sérieuses. Où était le sérieux, je n'en savais rien, sinon qu'il n'était pas dans tout ceci que je voyais et qui m'apparaissait seulement comme un jeu amusant, ou importun. Il y a vraiment des efforts et des convictions que je n'ai jamais compris. Je regardais toujours d'un air étonné, et un peu soupçonneux, ces étranges créatures qui mouraient pour de l'argent, se désespéraient pour la perte d'une « situa-

tion » ou se sacrifiaient avec de grands airs pour la pros-
périté de leur famille. Je comprenais mieux cet ami qui
s'était mis en tête de ne plus fumer et, à force de volonté,
y avait réussi. Un matin, il ouvrit le journal, lut que la
première bombe H avait explosé, s'instruisit de ses admi-
rables effets et entra sans délai dans un bureau de tabac.

Sans doute, je faisais mine, parfois, de prendre la vie
au sérieux. Mais, bien vite, la frivolité du sérieux lui-
même m'apparaissait et je continuais seulement de jouer
mon rôle, aussi bien que je pouvais. Je jouais à être
efficace, intelligent, vertueux, civique, indigné, indulgent,
solidaire, édifiant... Bref, je m'arrête, vous avez déjà
compris que j'étais comme mes Hollandais qui sont là
sans y être : absent au moment où je tenais le plus
de place. Je n'ai vraiment été sincère et enthousiaste
qu'au temps où je faisais du sport, et, au régiment,
quand je jouais dans les pièces que nous représentions
pour notre plaisir. Il y avait dans les deux cas une règle
du jeu, qui n'était pas sérieuse, et qu'on s'amusait à prendre pour telle. Maintenant encore, les matches du dimanche, dans un stade plein à craquer, et le théâtre, que j'ai
aimé avec une passion sans égale, sont les seuls endroits
du monde où je me sente innocent.

Mais qui admettrait qu'une pareille attitude soit légitime quand il s'agit de l'amour, de la mort et du salaire des
misérables ? Que faire pourtant ? Je n'imaginais l'amour
d'Yseult que dans les romans ou sur une scène. Les
agonisants me paraissaient parfois pénétrés de leurs rôles.
Les répliques de mes clients pauvres me semblaient toujours conformes au même canevas. Dès lors, vivant parmi
les hommes sans partager leurs intérêts, je ne parvenais
pas à croire aux engagements que je prenais. J'étais assez
courtois, et assez indolent, pour répondre à ce qu'ils
attendaient de moi dans mon métier, ma famille ou ma vie
de citoyen, mais, chaque fois, avec une sorte de distraction,
qui finissait par tout gâter. J'ai vécu ma vie entière sous
un double signe et mes actions les plus graves ont été
souvent celles où j'étais le moins engagé. N'était-ce pas
cela, après tout, que, pour ajouter à mes bêtises, je n'ai pu
me pardonner, qui m'a fait regimber avec le plus de
violence contre le jugement que je sentais à l'œuvre, en
moi et autour de moi, et qui m'a obligé à chercher une
issue ?

Pendant quelque temps, et en apparence, ma vie continua comme si rien n'était changé. J'étais sur des rails et je roulais. Comme par un fait exprès, les louanges redoublaient autour de moi. Justement, le mal vint de là. Vous vous rappelez : « Malheur à vous quand tous les hommes diront du bien de vous ! » Ah ! celui-là parlait d'or ! Malheur à moi ! La machine se mit donc à avoir des caprices, des arrêts inexplicables.

C'est à ce moment que la pensée de la mort fit irruption dans ma vie quotidienne. Je mesurais les années qui me séparaient de ma fin. Je cherchais des exemples d'hommes de mon âge qui fussent déjà morts. Et j'étais tourmenté par l'idée que je n'aurais pas le temps d'accomplir ma tâche. Quelle tâche ? Je n'en savais rien. À franchement parler, ce que je faisais valait-il la peine d'être continué ? Mais ce n'était pas exactement cela. Une crainte ridicule me poursuivait, en effet : on ne pouvait mourir sans avoir avoué tous ses mensonges. Non pas à Dieu, ni à un de ses représentants, j'étais au-dessus de ça, vous le pensez bien. Non, il s'agissait de l'avouer aux hommes, à un ami, ou à une femme aimée, par exemple. Autrement, et n'y eût-il qu'un seul mensonge de caché dans une vie, la mort le rendait définitif. Personne, jamais plus, ne connaîtrait la vérité sur ce point puisque le seul qui la connût était justement le mort, endormi sur son secret. Ce meurtre absolu d'une vérité me donnait le vertige. Aujourd'hui[1], entre parenthèses, il me donnerait plutôt des plaisirs délicats. L'idée, par exemple, que je suis seul à connaître ce que tout le monde cherche et que j'ai chez moi un objet qui a fait courir en vain trois polices est purement délicieuse. Mais laissons cela. À l'époque, je n'avais pas trouvé la recette et je me tourmentais.

Je me secouais, bien sûr. Qu'importait le mensonge d'un homme dans l'histoire des générations et quelle prétention de vouloir amener dans la lumière de la vérité une misérable tromperie, perdue dans l'océan des âges comme le grain de sel dans la mer ! Je me disais aussi que la mort du corps, si j'en jugeais par celles que j'avais vues, était, par elle-même, une punition suffisante et qui absolvait tout. On y gagnait son salut (c'est-à-dire le droit de disparaître définitivement) à la sueur de l'agonie. Il n'empêche, le malaise grandissait, la mort était fidèle à mon chevet, je me levais avec elle, et les compliments me devenaient de plus en plus insupportables. Il me semblait que le mensonge augmentait avec eux, si démesurément, que jamais plus je ne pourrais me mettre en règle.

Un jour vint où je n'y tins plus. Ma première réaction fut désordonnée. Puisque j'étais menteur, j'allais le manifester et jeter ma duplicité à la figure de tous ces imbéciles avant même qu'ils la découvrissent[1]. Provoqué à la vérité, je répondrai au défi. Pour prévenir le rire, j'imaginai donc de me jeter dans la dérision générale. En somme, il s'agissait encore de couper au jugement. Je voulais mettre les rieurs de mon côté ou, du moins, me mettre de leur côté. Je méditais par exemple de bousculer des aveugles dans la rue, et à la joie sourde et imprévue que j'en éprouvais, je découvrais à quel point une partie de mon âme les détestait; je projetais de crever les pneumatiques des petites voitures d'infirmes, d'aller hurler « sale pauvre » sous les échafaudages où travaillaient les ouvriers, de gifler des nourrissons dans le métro. Je rêvais de tout cela et n'en fis rien, ou, si je fis quelque chose d'approchant, je l'ai oublié. Toujours est-il que le mot même de justice me jetait dans d'étranges fureurs. Je continuais, forcément, de l'utiliser dans mes plaidoiries. Mais je m'en vengeais en maudissant publiquement l'esprit d'humanité; j'annonçais la publication d'un manifeste dénonçant l'oppression que les opprimés faisaient peser sur les honnêtes gens. Un jour où je mangeais de la langouste à la terrasse d'un restaurant et où un mendiant m'importunait, j'appelai[2] le patron pour le chasser et j'applaudis à grand bruit le discours de ce justicier : « Vous gênez, disait-il. Mettez-vous à la place de ces messieurs-dames, à la fin ! » Je disais aussi, à qui voulait l'entendre, mon regret qu'il ne fût plus possible d'opérer comme un propriétaire russe dont j'admirai le caractère : il faisait fouetter en même temps ceux de ses paysans qui le saluaient et ceux qui ne le saluaient pas pour punir une audace qu'il jugeait dans les deux cas également effrontée.

Je me souviens cependant de débordements[3] plus graves. Je commençais d'écrire une *Ode à la police* et une *Apothéose du couperet*. Surtout, je m'obligeais à visiter régulièrement les cafés spécialisés où se réunissaient nos humanistes professionnels[4]. Mes bons antécédents m'y faisaient naturellement bien recevoir. Là, sans y paraître, je lâchais un gros mot : « Dieu merci! » disais-je ou plus simplement : « Mon Dieu... » Vous savez comme nos athées de bistrots sont de timides communiants. Un moment de stupeur suivait l'énoncé de cette énormité, ils se regardaient, stupéfaits, puis le tumulte éclatait, les uns fuyaient hors du café, les autres caquetaient avec indignation sans rien écouter, tous se tordaient de convulsions, comme le diable sous l'eau bénite[1].

Vous[2] devez trouver cela puéril. Pourtant, il y avait peut-être une raison plus sérieuse à ces plaisanteries. Je voulais déranger le jeu et surtout, oui, détruire cette réputation flatteuse dont la pensée me mettait en fureur. « Un homme comme vous... », me disait-on avec gentillesse, et je blêmissais. Je n'en voulais plus de leur estime puisqu'elle n'était pas générale et comment aurait-elle été générale puisque je ne pouvais la partager ? Alors, il valait mieux tout recouvrir, jugement et estime, d'un manteau de ridicule. Il me fallait libérer de toute façon le sentiment qui[3] m'étouffait. Pour exposer aux regards ce qu'il avait dans le ventre, je voulais fracturer le beau mannequin que je présentais en tous lieux. Je me souviens ainsi d'une causerie que je devais faire devant de jeunes avocats stagiaires. Agacé par les incroyables éloges du bâtonnier qui m'avait présenté, je ne pus tenir longtemps. J'avais commencé avec la fougue et l'émotion qu'on attendait de moi et que je n'avais aucune difficulté à livrer sur commande. Mais je me mis soudain à conseiller l'amalgame comme méthode de défense. Non pas, disais-je, cet amalgame perfectionné par les inquisitions modernes qui jugent en même temps un voleur et un honnête homme pour accabler le second des crimes du premier. Il s'agissait au contraire de défendre le voleur en faisant valoir les crimes de l'honnête homme, l'avocat en l'occurrence. Je m'expliquai fort clairement sur ce point :

« Supposons que j'aie accepté de défendre quelque citoyen[4] attendrissant, meurtrier par jalousie. Considérez, dirais-je, messieurs les jurés, ce qu'il y a de véniel à se fâcher, lorsqu'on voit sa bonté naturelle mise à l'épreuve par la malignité du sexe. N'est-il pas plus grave au contraire de se trouver de ce côté-ci de la barre, sur mon propre banc, sans avoir jamais été bon, ni souffert d'être dupe. Je suis libre, soustrait à vos rigueurs, et qui suis-je pourtant ? Un citoyen-soleil quant à l'orgueil, un bouc de luxure, un pharaon dans la colère, un roi de paresse. Je n'ai tué personne? Pas encore sans doute! Mais n'ai-je pas laissé mourir de méritantes créatures? Peut-être. Et peut-être suis-je prêt à recommencer. Tandis que celui-ci regardez-le, il ne recommencera pas. Il est encore tout étonné d'avoir si bien travaillé. » Ce discours troubla un peu mes jeunes confrères. Au bout d'un moment, ils prirent le parti d'en rire. Ils se rassurèrent tout à fait lorsque j'en vins à ma conclusion, où j'invoquais avec éloquence la personne humaine, et ses droits supposés. L'habitude, ce jour-là, fut la plus forte.

En renouvelant ces aimables incartades, je réussis seulement à désorienter un peu l'opinion. Non à la désarmer, ni surtout à me désarmer. L'étonnement[1] que je rencontrais généralement chez mes auditeurs, leur gêne un peu réticente, assez semblable à celle que vous montrez — non, ne protestez pas — ne m'apportèrent aucun apaisement. Voyez-vous, il ne suffit pas de s'accuser pour s'innocenter, ou sinon je serais un pur agneau. Il faut s'accuser d'une certaine manière, qu'il m'a fallu beaucoup de temps pour mettre au point, et que je n'ai pas découverte avant de m'être trouvé dans l'abandon le plus complet. Jusque-là, le rire a continué de flotter autour de moi, sans que mes efforts désordonnés réussissent à lui ôter ce qu'il avait de bienveillant, de presque tendre, et qui me faisait mal.

Mais la mer monte, il me semble. Notre bateau ne va pas tarder à partir, le jour s'achève. Voyez, les colombes se rassemblent là-haut. Elles se pressent les unes contre les autres, elles remuent à peine, et la lumière baisse. Voulez-vous que nous nous taisions pour savourer cette heure assez sinistre? Non, je vous intéresse? Vous êtes bien honnête. Du reste, je risque maintenant de vous intéresser vraiment. Avant de m'expliquer sur les juges-pénitents, j'ai à vous parler de la débauche et du malconfort.

Vous[1] vous trompez, cher, le bateau file à bonne allure. Mais le Zuyderzee[2] est une mer morte, ou presque. Avec ses bords plats, perdus dans la brume, on ne sait où elle commence, où elle finit. Alors, nous marchons sans aucun repère, nous ne pouvons évaluer notre vitesse. Nous avançons, et rien ne change. Ce n'est pas de la navigation, mais du rêve.

Dans l'archipel grec[3], j'avais l'impression contraire. Sans cesse, de nouvelles îles apparaissaient sur le cercle de l'horizon. Leur échine sans arbres traçait la limite du ciel, leur rivage rocheux tranchait nettement sur la mer. Aucune confusion ; dans la lumière précise, tout était repère. Et d'une île à l'autre, sans trêve, sur notre petit bateau, qui se traînait pourtant, j'avais l'impression de bondir, nuit et jour, à la crête des courtes vagues fraîches, dans une course pleine d'écume et de rires. Depuis ce temps, la Grèce elle-même dérive quelque part en moi, au bord de ma mémoire, inlassablement... Eh! là, je dérive, moi aussi, je deviens lyrique! Arrêtez-moi, cher, je vous en prie.

À propos, connaissez-vous la Grèce? Non? Tant mieux! Qu'y ferions-nous, je vous le demande? Il y faut des cœurs purs. Savez-vous que, là-bas, les amis se promènent dans la rue, deux par deux, en se tenant la main. Oui, les femmes restent à la maison, et l'on voit des hommes mûrs, respectables, ornés de moustaches, arpenter gravement les trottoirs, leurs doigts mêlés à ceux de l'ami[4]. En Orient, aussi, parfois? Soit. Mais dites-moi, prendriez-vous ma main dans les rues de Paris? Ah! je plaisante. Nous avons de la tenue, nous, la crasse nous guinde. Avant de nous présenter dans les îles grecques, il faudrait nous laver longuement. L'air y est chaste, la mer et la jouissance claires. Et nous...

Asseyons-nous sur ces transatlantiques[1]. Quelle brume ! J'étais resté, je crois, sur le chemin du malconfort. Oui, je vous dirai de quoi il s'agit. Après m'être débattu, après avoir épuisé mes grands airs insolents, découragé par l'inutilité de mes efforts, je décidai de quitter la société des hommes. Non, non, je n'ai pas cherché d'île déserte, il n'y en a plus. Je me suis réfugié seulement auprès des femmes. Vous le savez, elles ne condamnent vraiment aucune faiblesse : elles essaieraient plutôt d'humilier ou de désarmer nos forces. C'est pourquoi la femme est la récompense, non du guerrier, mais du criminel. Elle est son port, son havre, c'est dans le lit de la femme qu'il est généralement arrêté[2]. N'est-elle pas tout ce qui nous reste du paradis terrestre ? Désemparé, je courus à mon port naturel. Mais je ne faisais plus de discours. Je jouais encore un peu, par habitude ; l'invention manquait cependant. J'hésite à l'avouer, de peur de prononcer encore quelques gros mots : il me semble bien qu'à cette époque je ressentis le besoin d'un amour[3]. Obscène, n'est-ce pas ? J'éprouvais en tout cas une sourde souffrance, une sorte de privation qui me rendit plus vacant, et me permit, moitié forcé, moitié curieux, de prendre quelques engagements. Puisque[4] j'avais besoin d'aimer et d'être aimé, je crus être amoureux. Autrement dit, je fis la bête.

Je me surprenais à poser souvent une question qu'en homme d'expérience j'avais toujours évitée jusque-là. Je m'entendais demander : « Tu m'aimes ? » Vous savez qu'il est d'usage de répondre en pareil cas : « Et toi ? » Si je répondais oui, je me trouvais engagé au-delà de mes vrais sentiments. Si j'osais dire non, je risquais de ne plus être aimé, et j'en souffrais. Plus le sentiment où j'avais espéré trouver le repos se trouvait alors menacé, et plus je le réclamais de ma partenaire. J'étais donc amené à des promesses de plus en plus explicites, j'en venais à exiger de mon cœur un sentiment de plus en plus vaste. Je me pris ainsi d'une fausse passion pour une charmante ahurie qui avait si bien lu la presse du cœur qu'elle parlait de l'amour avec la sûreté et la conviction d'un intellectuel annonçant la société sans classes. Cette conviction, vous ne l'ignorez pas, est entraînante. Je m'essayai à parler aussi de l'amour et finis par me persuader moi-même. Jusqu'au moment du moins où elle devint ma maîtresse et où je compris que la presse du cœur, qui enseignait à parler de l'amour, n'apprenait pas à le faire. Après avoir aimé un perroquet, il me fallut coucher avec un serpent. Je cherchai donc ailleurs l'amour promis par les livres, et que je n'avais jamais rencontré dans la vie.

Mais je manquais d'entraînement. Il y avait plus de trente ans que je m'aimais exclusivement. Comment espérer perdre une telle habitude ? Je ne la perdis point et restai un velléitaire de[1] la passion. Je multipliai les promesses. Je contractai des amours simultanées, comme j'avais eu, en d'autres temps, des liaisons multiples. J'accumulai alors plus de malheurs, pour les autres, qu'au temps de ma belle indifférence. Vous ai-je dit que mon perroquet, désespéré[2], voulut se laisser mourir de faim ? Heureusement, j'arrivai à temps et me résignai à lui tenir la main, jusqu'à ce qu'elle rencontrât, revenu d'un voyage à Bali[3], l'ingénieur aux tempes grises, que lui avait déjà décrit son hebdomadaire favori. En tout cas, loin de me trouver transporté et absous dans l'éternité, comme on dit, de la passion, j'ajoutai encore au poids de mes fautes et à mon égarement. J'en conçus une telle horreur de l'amour que, pendant des années, je ne pus entendre sans grincer des dents *la Vie en rose* ou *la Mort d'amour d'Yseult*. J'essayai alors de renoncer aux femmes, d'une certaine manière, et de vivre en état de chasteté. Après tout, leur amitié devait me suffire. Mais cela revenait à renoncer au jeu. Hors du désir, les femmes m'ennuyèrent au-delà de toute attente et, visiblement, je les ennuyais aussi. Plus de jeu, plus de théâtre, j'étais sans doute dans la vérité. Mais la vérité, cher ami, est assommante.

Désespérant de l'amour et de la chasteté, je m'avisai enfin qu'il restait la débauche qui remplace très bien l'amour, fait taire les rires, ramène le silence, et, surtout, confère l'immortalité. À un certain degré d'ivresse lucide, couché, tard dans la nuit, entre deux filles, et vidé de tout désir, l'espoir n'est plus une torture, voyez-vous, l'esprit règne sur tous les temps, la douleur de vivre est à jamais révolue. Dans un sens, j'avais toujours vécu dans la débauche, n'ayant jamais cessé de vouloir être immortel. N'était-ce pas le fond de ma nature, et aussi un effet du grand amour de moi-même dont je vous ai parlé ? Oui, je mourais d'envie d'être immortel. Je m'aimais trop

pour ne pas désirer que le précieux objet de mon amour
ne disparût jamais. Comme, à l'état de veille, et pour peu
qu'on se connaisse, on n'aperçoit pas de raisons valables
pour que l'immortalité soit conférée à un singe salace, il
faut bien se procurer des succédanés de cette immortalité.
Parce que je désirais la vie éternelle, je couchais donc avec
des putains et je buvais pendant des nuits. Le matin,
bien sûr, j'avais dans la bouche le goût amer de la condition mortelle. Mais, pendant de longues heures, j'avais
plané, bienheureux. Oserais-je vous l'avouer ? Je me souviens encore avec tendresse de certaines nuits où j'allais,
dans une boîte sordide, retrouver une danseuse à transformations qui m'honorait de ses faveurs et pour la gloire
de laquelle je me battis même, un soir, avec un barbillon
vantard. Je paradais toutes les nuits au comptoir, dans la
lumière rouge et la poussière de ce lieu de délices, men-
tant comme un arracheur de dents et buvant longuement.
J'attendais l'aube, j'échouais enfin dans le lit toujours
défait de ma princesse qui se livrait mécaniquement au
plaisir, puis dormait sans transition. Le jour venait doucement éclairer ce désastre et je m'élevais, immobile,
dans un matin de gloire.

L'alcool et les femmes m'ont fourni, avouons-le, le
seul soulagement dont je fusse digne. Je vous livre ce
secret, cher ami, ne craignez pas d'en user. Vous verrez
alors que la vraie débauche est libératrice parce qu'elle ne
crée aucune obligation. On n'y possède que soi-même,
elle reste donc l'occupation préférée des grands amoureux
de leur propre personne. Elle est une jungle, sans avenir
ni passé, sans promesse surtout, ni sanction immédiate.
Les lieux où elle s'exerce sont séparés du monde. On laisse
en y entrant la crainte comme l'espérance. La conversation
n'y est pas obligatoire ; ce qu'on vient y chercher peut
s'obtenir sans paroles, et souvent même, oui, sans argent.
Ah ! laissez-moi, je vous prie, rendre un hommage particulier aux femmes inconnues et oubliées qui m'ont aidé
alors. Aujourd'hui encore, il se mêle au souvenir que j'ai
gardé d'elles quelque chose qui ressemble à du respect.

J'usai en tout cas sans retenue de cette libération. On
me vit même dans un hôtel, voué à ce qu'on appelle le
péché, vivre à la fois avec une prostituée mûre et une jeune
fille du meilleur monde. Je jouai les chevaliers ser-
vants avec la première et mis la seconde à même de

connaître quelques réalités. Malheureusement la prostituée avait une nature fort bourgeoise[1]; elle a consenti depuis à écrire ses souvenirs pour un journal confessionnel très ouvert aux idées modernes. La jeune fille, de son côté, s'est mariée pour satisfaire ses instincts débridés et donner un emploi à des dons remarquables. Je ne suis pas peu fier non plus d'avoir été accueilli comme un égal, à cette époque, par une corporation masculine trop souvent calomniée. Je glisserai là-dessus : vous savez que même des gens très intelligents tirent gloire de pouvoir vider une bouteille de plus que le voisin. J'aurais pu enfin trouver la paix et la délivrance dans cette heureuse dissipation. Mais, là encore, je rencontrai un obstacle en moi-même. Ce fut mon foie, pour le coup, et une fatigue si terrible qu'elle ne m'a pas encore quitté. On joue à être immortel et, au bout de quelques semaines, on ne sait même plus si l'on pourra se traîner jusqu'au lendemain.

Le seul bénéfice de cette expérience, quand j'eus renoncé à mes exploits nocturnes, fut que la vie me devint moins douloureuse. La fatigue qui rongeait mon corps avait érodé en même temps beaucoup de points vifs en moi[2]. Chaque excès diminue la vitalité, donc la souffrance. La débauche n'a rien de frénétique, contrairement à ce qu'on croit. Elle n'est qu'un long sommeil. Vous avez dû le remarquer, les hommes qui souffrent vraiment de jalousie n'ont rien de plus pressé que de[3] coucher avec celle dont ils pensent pourtant qu'elle les a trahis. Bien sûr, ils veulent s'assurer une fois de plus que leur cher trésor leur appartient toujours. Ils veulent le posséder, comme on dit. Mais c'est aussi que, tout de suite après, ils sont moins jaloux. La jalousie physique est un effet de l'imagination en même temps qu'un jugement qu'on porte sur soi-même. On prête au rival les vilaines pensées qu'on a eues dans les mêmes circonstances. Heureusement, l'excès de la jouissance débilite l'imagination comme le jugement. La souffrance dort alors avec la virilité, et aussi longtemps qu'elle. Pour les mêmes raisons, les adolescents perdent avec leur première maîtresse l'inquiétude métaphysique et certains mariages, qui sont des débauches bureaucratisées, deviennent en même temps les monotones corbillards de l'audace et de l'invention. Oui, cher ami, le mariage bourgeois a mis notre pays en pantoufles, et bientôt aux portes de la mort.

J'exagère? Non, mais je m'égare. Je voulais seulement vous dire l'avantage que je tirai de ces mois d'orgie. Je vivais dans une sorte de brouillard où le rire se faisait assourdi, au point que je finissais par ne plus le percevoir. L'indifférence qui occupait déjà tant de place en moi ne trouvait plus de résistance et étendait sa sclérose. Plus d'émotions! Une humeur égale, ou plutôt pas d'humeur du tout. Les poumons tuberculeux guérissent en se desséchant et asphyxient peu à peu leur heureux propriétaire. Ainsi de moi qui mourais paisiblement de ma guérison. Je vivais encore de mon métier, quoique ma réputation fût bien entamée par mes écarts de langage, l'exercice régulier de ma profession compromis par le désordre de ma vie. Il est intéressant de noter pourtant qu'on me fit moins grief de mes excès nocturnes que de mes provocations de langage. La référence, purement verbale, que parfois je faisais à Dieu dans mes plaidoiries, donnait de la méfiance à mes clients. Ils craignaient sans doute que le ciel ne pût prendre en main leurs intérêts aussi bien qu'un avocat imbattable sur le code. De là à conclure que j'invoquais la divinité dans la mesure de mes ignorances, il n'y avait qu'un pas. Mes clients firent ce pas et se raréfièrent. De loin en loin, je plaidais encore. Parfois même, oubliant que je ne croyais plus à ce que je disais, je plaidais bien. Ma propre voix m'entraînait, je la suivais; sans vraiment planer, comme autrefois, je m'élevais un peu au-dessus du sol, je faisais du rase-mottes. Hors de mon métier enfin, je voyais peu de monde, entretenais la survie pénible d'une ou deux liaisons fatiguées. Il m'arrivait même de passer des soirées de pure amitié, sans que le désir s'y mêlât, à cette différence près que, résigné à l'ennui, j'écoutais à peine ce qu'on me disait. Je grossissais un peu et je pus croire enfin que la crise était terminée. Il ne s'agissait plus que de vieillir[1].

Un jour pourtant, au cours d'un voyage que j'offris à une amie, sans lui dire que je le faisais pour fêter ma guérison, je me trouvais à bord d'un transatlantique, sur le pont supérieur, naturellement. Soudain, j'aperçus au large un point noir sur l'océan couleur de fer. Je détournai les yeux aussitôt, mon cœur se mit à battre. Quand je me forçai à regarder, le point noir avait disparu. J'allais[2] crier, appeler stupidement à l'aide, quand je le revis. Il s'agissait d'un de ces débris que les navires laissent derrière eux. Pourtant, je n'avais pu supporter de le regarder, j'avais tout de suite pensé à un noyé. Je compris alors, sans révolte, comme on se résigne à une idée dont on connaît depuis longtemps la vérité, que ce cri qui, des années auparavant, avait retenti sur la Seine, derrière moi, n'avait pas cessé, porté par le fleuve vers les eaux de la Manche, de cheminer dans le monde, à travers l'étendue illimitée de l'océan, et qu'il m'y avait attendu jusqu'à ce jour où je l'avais rencontré. Je compris aussi qu'il continuerait de m'attendre sur les mers et les fleuves, partout enfin où se trouverait l'eau amère de mon baptême. Ici encore, dites-moi, ne sommes-nous pas sur l'eau? Sur l'eau plate, monotone, interminable, qui confond ses limites à celles de la terre? Comment[1] croire que nous allons arriver à Amsterdam? Nous ne sortirons jamais de ce bénitier immense. Écoutez! N'entendez-vous pas les cris de goélands invisibles? S'ils crient vers nous, à quoi donc nous appellent-ils?

Mais ce sont les mêmes qui criaient, qui appelaient déjà sur l'Atlantique, le jour où je compris définitivement que je n'étais pas guéri, que j'étais toujours coincé, et qu'il fallait m'en arranger. Finie la vie glorieuse, mais finis aussi la rage et les soubresauts. Il fallait se soumettre et reconnaître sa culpabilité. Il fallait vivre dans le malconfort. C'est vrai, vous ne connaissez pas cette cellule de basse-fosse qu'au Moyen Âge on appelait le malconfort. En général, on vous y oubliait pour la vie. Cette cellule se distinguait des autres par d'ingénieuses dimensions. Elle n'était pas assez haute pour qu'on s'y tînt debout, mais pas assez large pour qu'on pût s'y coucher. Il fallait prendre le genre empêché, vivre en diagonale; le sommeil était une chute, la veille un accroupissement. Mon cher, il y avait du génie, et je pèse mes mots, dans cette trouvaille si simple. Tous les jours, par l'immuable contrainte qui ankylosait son corps, le condamné apprenait qu'il était coupable et que l'innocence consiste à s'étirer joyeusement. Pouvez-vous imaginer dans cette cellule un habitué des cimes et des ponts supérieurs? Quoi? On pouvait vivre dans ces cellules et être innocent? Improbable, hautement improbable! Ou sinon mon raisonnement se casserait le nez. Que l'innocence en soit réduite à vivre bossue, je me refuse à considérer une seule seconde cette hypothèse. Du[2] reste, nous ne pouvons affirmer l'inno-

tricotant. Mais, dans certains cas, continuer, seulement
continuer, voilà ce qui est surhumain. Et lui n'était pas
surhumain, vous pouvez m'en croire. Il a crié son agonie
et c'est pourquoi je l'aime, mon ami, qui est mort sans
savoir.

Le malheur est qu'il nous a laissés seuls, pour continuer, quoi qu'il arrive, même lorsque nous nichons dans le
malconfort, sachant à notre tour ce qu'il savait, mais
incapables de faire ce qu'il a fait[1] et de mourir comme lui.
On a bien essayé, naturellement, de s'aider un peu de sa
mort. Après tout, c'était un coup de génie de nous dire :
« Vous n'êtes pas reluisants, bon, c'est un fait. Eh bien, on
ne va pas faire le détail! On va liquider ça d'un coup, sur
la croix! » Mais trop de gens grimpent maintenant sur la
croix seulement pour qu'on les voie de plus loin, même
s'il faut pour cela piétiner un peu celui qui s'y trouve depuis si longtemps[2]. Trop de gens ont décidé de se passer
de la générosité pour pratiquer la charité. Ô l'injustice,
l'injustice qu'on lui a faite et qui me serre le cœur!

Allons, voilà que ça me reprend, je vais plaider. Pardonnez-moi, comprenez que j'ai mes raisons. Tenez, à
quelques rues d'ici, il y a un musée qui s'appelle « Notre
Seigneur au grenier ». À l'époque, ils avaient placé leurs
catacombes sous les combles. Que voulez-vous, les caves,
ici, sont inondées. Mais aujourd'hui, rassurez-vous, leur
Seigneur n'est plus au grenier, ni à la cave. Ils[3] l'ont juché
sur un tribunal, au secret de leur cœur, et ils cognent, ils
jugent surtout, ils jugent en son nom. Il parlait doucement
à la pécheresse : « Moi non plus, je ne te condamne pas! »;
ça n'empêche rien, ils condamnent, ils n'absolvent personne[4]. Au nom du Seigneur, voilà ton compte. Seigneur? Il n'en demandait pas tant, mon ami. Il voulait
qu'on l'aime, rien de plus. Bien sûr, il y a des gens qui
l'aiment, même parmi les chrétiens. Mais on les compte.
Il avait prévu ça d'ailleurs, il avait le sens de l'humour.
Pierre, vous savez, le froussard, Pierre, donc, le renie :
« Je ne connais pas cet homme... Je ne sais pas ce que tu
veux dire... etc. » Vraiment, il exagérait! Et lui fait un jeu
de mots : « Sur cette pierre, je bâtirai mon église. » On ne
pouvait pas pousser plus loin l'ironie, vous ne trouvez
pas? Mais non, ils triomphent encore[5]! « Vous voyez, il
l'avait dit! » Il l'avait dit en effet, il connaissait bien la
question. Et puis il est parti pour toujours[6], les laissant

juger et condamner, le pardon à la bouche et la sentence au cœur.

Car on ne peut pas dire qu'il n'y a plus de pitié, non, grands dieux, nous[1] n'arrêtons pas d'en parler. Simplement, on n'acquitte plus personne. Sur l'innocence morte, les juges pullulent, les juges de toutes les races, ceux du Christ et ceux de l'Antéchrist, qui sont d'ailleurs les mêmes, réconciliés dans le malconfort. Car il ne faut pas accabler les seuls chrétiens. Les autres aussi sont dans le coup. Savez-vous ce qu'est devenue, dans cette ville, l'une des maisons qui abrita Descartes? Un asile d'aliénés. Oui, c'est le délire général, et la persécution. Nous aussi, naturellement, nous sommes forcés de nous y mettre. Vous avez pu vous apercevoir que je n'épargne rien et, de votre côté, je sais que vous n'en pensez pas moins. Dès lors, puisque nous sommes tous juges, nous[2] sommes tous coupables les uns devant les autres, tous christs à notre vilaine manière, un à un crucifiés, et toujours sans savoir. Nous le serions du moins, si moi, Clamence, je n'avais trouvé l'issue, la seule solution, la vérité enfin...

Non, je m'arrête, cher ami, ne craignez rien! Je vais d'ailleurs vous quitter, nous voici à ma porte. Dans la solitude, la fatigue aidant, que voulez-vous, on se prend volontiers pour un prophète. Après tout, c'est bien là ce que je suis, réfugié dans un désert de pierres, de brumes et d'eaux pourries, prophète vide pour temps médiocres, Élie[3] sans messie, bourré de fièvre et d'alcool, le dos collé à cette porte moisie, le doigt levé vers un ciel bas, couvrant d'imprécations des hommes sans loi qui ne peuvent supporter aucun jugement. Car ils ne peuvent le supporter, très cher, et c'est toute la question. Celui qui adhère à une loi ne craint pas le jugement qui le replace dans un ordre auquel il croit. Mais le plus haut des tourments humains est d'être jugé sans loi. Nous sommes pourtant dans ce tourment. Privés de leur frein naturel, les juges, déchaînés au hasard, mettent les bouchées doubles. Alors, n'est-ce pas, il faut bien essayer d'aller plus vite qu'eux? Et c'est le grand branle-bas. Les[4] prophètes et les guérisseurs se multiplient, ils se dépêchent pour arriver avec une bonne loi, ou une organisation impeccable, avant que la terre ne soit déserte. Heureusement, je suis la fin et le commencement, j'annonce la loi. Bref, je suis juge-pénitent.

Oui, oui, je vous dirai demain en quoi consiste ce beau métier. Vous partez après-demain, nous sommes donc pressés. Venez chez moi, voulez-vous, vous sonnerez trois fois. Vous retournez à Paris ? Paris est loin, Paris est beau, je ne l'ai pas oublié. Je me souviens de ses crépuscules, à la même époque, à peu près. Le soir tombe, sec et crissant, sur les toits bleus de fumée, la ville gronde sourdement, le fleuve semble remonter son cours. J'errais alors dans les rues. Ils errent aussi, maintenant, je le sais! Ils errent, faisant semblant de se hâter vers la femme lasse, la maison sévère... Ah! mon ami, savez-vous ce qu'est la créature solitaire, errant dans les grandes villes?...

JE suis confus de vous recevoir couché. Ce[1] n'est rien, un peu de fièvre que je soigne au genièvre. J'ai l'habitude de ces accès. Du paludisme, je crois, que j'ai contracté du temps que j'étais pape. Non, je ne plaisante qu'à moitié. Je sais ce que vous pensez : il est bien difficile de démêler le vrai du faux dans ce que je raconte. Je confesse que vous avez raison. Moi-même... Voyez-vous, une personne de[2] mon entourage divisait les êtres en trois catégories : ceux qui préfèrent n'avoir rien à cacher plutôt que d'être obligés de mentir, ceux qui préfèrent mentir plutôt que de n'avoir rien à cacher, et ceux enfin qui aiment en même temps le mensonge et le secret. Je vous laisse choisir la case qui me convient le mieux.

Qu'importe[3], après tout ? Les mensonges ne mettent-ils pas finalement sur la voie de la vérité ? Et mes histoires, vraies ou fausses, ne tendent-elles pas toutes à la même fin, n'ont-elles pas le même sens ? Alors, qu'importe qu'elles soient vraies ou fausses si, dans les deux cas, elles sont significatives de ce que j'ai été et de ce que je suis. On voit parfois plus clair dans celui qui ment que dans celui qui dit vrai. La vérité, comme la lumière, aveugle. Le mensonge, au contraire, est un beau crépuscule, qui met chaque objet en valeur. Enfin, prenez-le comme vous voudrez, mais j'ai été nommé pape dans un camp de prisonniers.

Asseyez-vous, je vous en prie. Vous regardez cette pièce. Nue, c'est vrai, mais propre. Un Vermeer, sans meubles ni casseroles. Sans livres, non plus, j'ai cessé de lire depuis longtemps. Autrefois, ma maison était pleine de livres à moitié lus. C'est aussi dégoûtant que ces gens qui écornent un foie gras et font jeter le reste. D'ailleurs je n'aime plus que les confessions, et les auteurs de confession écrivent surtout pour ne pas se confesser, pour ne rien dire de ce qu'ils savent. Quand ils prétendent passer aux aveux, c'est le moment de se méfier, on va maquiller le cadavre. Croyez-moi, je suis orfèvre. Alors, j'ai coupé court. Plus de livres, plus de vains objets non plus, le strict nécessaire, net et verni comme un cercueil. D'ailleurs, ces lits hollandais, si durs, avec des draps immaculés, on y meurt dans un linceul déjà, embaumés de pureté[1].

Vous êtes curieux de connaître mes aventures pontificales ? Rien que de banal, vous savez. Aurai-je la force de vous en parler ? Oui, il me semble que la fièvre diminue. Il y a si longtemps de cela. C'était en Afrique où, grâce à M. Rommel, la guerre flambait. Je n'y étais pas mêlé, non, rassurez-vous. J'avais déjà coupé à celle d'Europe. Mobilisé bien sûr, mais je n'ai jamais vu le feu. Dans un sens, je le regrette. Peut-être cela aurait-il changé beaucoup de choses ? L'armée française n'a pas eu besoin de moi sur le front. Elle m'a seulement demandé de participer à la retraite. J'ai retrouvé Paris ensuite, et les Allemands. J'ai[2] été tenté par la Résistance dont on commençait à parler, à peu près au moment où j'ai découvert que j'étais patriote. Vous souriez ? Vous avez tort. Je fis ma découverte dans les couloirs du métro, au Châtelet. Un chien s'était égaré dans le labyrinthe. Grand, le poil raide, une oreille cassée, les yeux amusés, il gambadait, flairait les mollets qui passaient. J'aime les chiens d'une très vieille et très fidèle tendresse. Je les aime parce qu'ils pardonnent toujours. J'appelai celui-ci qui hésita, visiblement conquis, l'arrière-train enthousiaste, à quelques mètres devant moi. À ce moment, un jeune soldat allemand qui marchait allégrement me dépassa. Arrivé[3] devant le chien, il lui caressa la tête. Sans hésiter, l'animal lui emboîta le pas avec le même enthousiasme, et disparut avec lui. Au dépit, et à la sorte de fureur que je sentis contre le soldat allemand, il me fallut bien reconnaître que ma réaction était patriotique. Si le chien avait suivi un civil français, je n'y aurais même pas pensé. J'imaginais au contraire ce sympathique animal devenu mascotte d'un régiment allemand et cela me mettait en fureur. Le test était donc convaincant.

Je gagnai la zone sud avec l'intention de me renseigner

sur la résistance. Mais une fois rendu, et renseigné, j'hési-
tai. L'entreprise me paraissait un peu folle et, pour tout
dire, romantique. Je crois surtout que l'action souterraine ne convenait ni[1] à mon tempérament ni à mon goût
des sommets aérés. Il me semblait qu'on me demandait de
faire de la tapisserie dans une cave, à longueur de jours et
de nuits, en attendant que des brutes viennent m'y débus-
quer, défaire d'abord ma tapisserie et me traîner ensuite
dans une autre cave pour m'y frapper jusqu'à la mort.
J'admirais ceux qui se livraient à cet héroïsme des
profondeurs, mais ne pouvais les imiter.

Je passai donc en Afrique du Nord avec la vague
intention de rejoindre Londres. Mais, en Afrique, la situation n'était pas claire, les partis opposés me paraissaient
avoir également raison et je m'abstins[2]. Je vois à votre air
que je passe bien vite, selon vous, sur ces détails qui ont
du sens. Eh bien, disons que, vous ayant jugé sur votre
vraie valeur, je les passe vite pour que vous les remar-
quiez mieux. Toujours est-il que je gagnai finalement la
Tunisie où une tendre amie m'assurait du travail. Cette
amie était une créature fort intelligente qui s'occupait de
cinéma. Je la suivis à Tunis et je ne connus son vrai métier que les jours qui suivirent le débarquement des Alliés
en Algérie. Elle fut arrêtée ce jour-là par les Allemands[3]
et moi aussi, mais sans l'avoir voulu. Je ne sais ce qu'elle
devint. Quant à moi, on ne me fit aucun mal et je compris, après de fortes angoisses, qu'il s'agissait surtout
d'une mesure de sûreté. Je fus interné près de Tripoli,
dans un camp où l'on souffrait de soif et de dénuement
plus que de mauvais traitements. Je ne vous en fais
pas la description. Nous autres, enfants du demi-siècle,
n'avons pas besoin de dessin pour imaginer ces sortes
d'endroits. Il y a cent cinquante ans, on s'attendrissait
sur les lacs et les forêts. Aujourd'hui, nous avons le
lyrisme cellulaire. Donc, je vous fais confiance. Vous
n'ajouterez que quelques détails : la chaleur, le soleil
vertical, les mouches, le sable, l'absence d'eau.

Il y avait avec moi un jeune Français, qui avait la foi.
Oui ! c'est un conte de fées, décidément. Le genre
Duguesclin, si vous voulez. Il était passé de France en
Espagne pour aller se battre[4]. Le général catholique
l'avait interné et d'avoir vu que, dans les camps franquis-
tes, les pois chiches étaient, si j'ose dire, bénis par Rome[5],

l'avait jeté dans une profonde tristesse. Ni le ciel d'Afrique, où il avait échoué ensuite, ni les loisirs du camp ne
l'avaient tiré de cette tristesse. Mais ses réflexions, et
aussi le soleil, l'avaient un peu sorti de son état normal.
Un jour où, sous une tente ruisselante de plomb fondu, la
dizaine d'hommes que nous étions haletaient parmi les
mouches, il renouvela ses diatribes contre celui qu'il
appelait le Romain[1]. Il nous regardait d'un air égaré, avec
sa barbe de plusieurs jours. Son torse nu était couvert de
sueur, ses mains pianotaient sur le clavier visible des
côtes. Il nous déclarait qu'il fallait un nouveau pape qui
vécût parmi les malheureux, au lieu de prier sur un trône,
et que le plus vite serait le mieux. Il nous fixait de ses
yeux égarés en secouant la tête. « Oui, répétait-il, le plus
vite possible! » Puis il se calma d'un coup, et, d'une voix
morne, dit qu'il fallait le choisir parmi nous, prendre un
homme complet, avec ses défauts et ses vertus, et lui jurer
obéissance, à la seule condition qu'il acceptât de maintenir vivante, en lui et chez les autres, la communauté de
nos souffrances. « Qui d'entre nous, dit-il, a le plus de
faiblesses? » Par plaisanterie, je levai le doigt, et fus seul à
le faire. « Bien, Jean-Baptiste fera l'affaire. » Non, il ne dit
pas cela puisque j'avais alors un autre nom. Il déclara du
moins que se désigner comme je l'avais fait supposait
aussi la plus grande vertu et proposa de m'élire. Les autres
acquiescèrent, par jeu, avec, cependant, une trace de gravité. La vérité est que Duguesclin nous avait impressionnés. Moi-même, il me semble bien que je ne riais pas
tout à fait. Je trouvai d'abord que mon petit prophète
avait raison et puis le soleil, les travaux épuisants, la
bataille pour l'eau, bref, nous n'étions pas dans notre
assiette. Toujours est-il que j'exerçai mon pontificat pendant plusieurs semaines, de plus en plus sérieusement.

En quoi consistait-il? Ma foi, j'étais quelque chose
comme chef de groupe ou secrétaire de cellule. Les autres,
de toute manière, et même ceux qui n'avaient pas la foi,
prirent l'habitude de m'obéir. Duguesclin souffrait; j'ad-
ministrais sa souffrance. Je me suis aperçu alors qu'il
n'était pas si facile qu'on le croyait d'être pape et je m'en
suis encore souvenu, hier, après vous avoir fait tant de
discours dédaigneux sur les juges, nos frères. Le grand
problème, dans le camp, était la distribution d'eau. D'autres groupes s'étaient formés, politiques et confessionnels,

et chacun favorisait ses camarades. Je fus donc amené à favoriser les miens, ce qui était déjà une petite concession. Même parmi nous, je ne pus maintenir une parfaite égalité. Selon l'état de mes camarades, ou les travaux qu'ils avaient à faire, j'avantageais tel ou tel. Ces distinctions mènent loin, vous pouvez m'en croire. Mais décidément, je suis fatigué et n'ai plus envie de penser à cette époque. Disons que j'ai bouclé la boucle le jour où j'ai bu l'eau d'un camarade agonisant. Non, non, ce n'était pas Duguesclin, il était déjà mort, je crois, il se privait trop. Et puis, s'il avait été là, pour l'amour de lui, j'aurais résisté plus longtemps, car je l'aimais, oui, je l'aimais, il me semble du moins. Mais j'ai bu l'eau, cela est sûr, en me persuadant que les autres avaient besoin de moi, plus que de celui-ci qui allait mourir de toute façon, et je devais me conserver à eux. C'est ainsi, cher, que naissent les empires et les églises, sous le soleil de la mort. Et pour corriger un peu mes discours d'hier, je vais vous dire la grande idée qui m'est venue en parlant de tout ceci dont je ne sais même plus si je l'ai vécu ou rêvé. Ma grande idée est qu'il faut pardonner au pape. D'abord, il en a plus besoin que personne. Ensuite, c'est la seule manière de se mettre au-dessus de lui...

Oh! Avez-vous bien fermé la porte? Oui. Vérifiez, s'il vous plaît. Pardonnez-moi, j'ai le complexe du verrou. Au moment de m'endormir, je ne puis jamais savoir si j'ai poussé le verrou. Chaque soir, je dois me lever pour le vérifier. On n'est sûr de rien, je vous l'ai dit. Ne croyez pas que cette inquiétude du verrou soit chez moi une réaction de propriétaire apeuré. Autrefois, je ne fermais pas mon appartement à clé, ni ma voiture. Je ne serrais pas mon argent, je ne tenais pas à ce que je possédais. À vrai dire, j'avais un peu honte de posséder. Ne m'arrivait-il pas, dans mes discours mondains, de m'écrier avec conviction : « La propriété, messieurs, c'est le meurtre! » N'ayant pas le cœur assez grand pour partager mes richesses avec un pauvre bien méritant, je les laissais à la disposition des voleurs éventuels, espérant ainsi corriger l'injustice par le hasard. Aujourd'hui, du reste, je ne possède rien. Je ne m'inquiète donc pas de ma sécurité, mais de moi-même et de ma présence d'esprit. Je tiens aussi à condamner la porte du petit univers bien clos dont je suis le roi, le pape[1] et le juge.

À propos, voulez-vous ouvrir ce placard, s'il vous plaît. Ce tableau, oui, regardez-le. Ne le reconnaissez-vous pas ? Ce sont *les Juges intègres*. Vous ne sursautez pas ? Votre culture aurait donc des trous ? Si vous lisiez pourtant les journaux, vous vous rappelleriez le vol, en 1934, à Gand, dans la cathédrale Saint-Bavon, d'un des panneaux du fameux retable de Van Eyck, *l'Agneau mystique ?* Ce panneau s'appelait *les Juges intègres*. Il représentait des juges à cheval venant adorer le saint animal. On l'a remplacé par une excellente copie, car l'original est demeuré introuvable. Eh bien, le voici. Non, je n'y suis pour rien. Un[1] habitué de *Mexico-City,* que vous avez aperçu l'autre soir, l'a vendu pour une bouteille au gorille, un soir d'ivresse. J'ai d'abord conseillé à notre ami de l'accrocher en bonne place et longtemps, pendant qu'on les recherchait dans le monde entier, nos juges dévots ont trôné à *Mexico-City,* au-dessus des ivrognes et des souteneurs. Puis le gorille, sur ma demande, l'a mis en dépôt ici. Il rechignait un peu à le faire, mais il a pris peur quand je lui ai expliqué l'affaire. Depuis, ces estimables magistrats font ma seule compagnie[2]. Là-bas, au-dessus du comptoir, vous avez vu quel vide ils ont laissé.

Pourquoi je n'ai pas restitué le panneau ? Ah ! ah ! vous avez le réflexe policier, vous ! Eh bien, je vous répondrai comme je le ferais au magistrat instructeur, si seulement quelqu'un pouvait enfin s'aviser que ce tableau a échoué dans ma chambre. Premièrement, parce qu'il n'est pas à moi, mais au patron de *Mexico-City* qui le mérite bien autant que l'évêque de Gand. Deuxièmement, parce que parmi ceux qui défilent devant *l'Agneau mystique,* personne ne saurait distinguer la copie de l'original et qu'en conséquence nul, par ma faute, n'est lésé. Troisièmement, parce que, de cette manière, je domine. De faux juges sont proposés à l'admiration du monde et je suis seul à connaître les vrais. Quatrièmement, parce que j'ai une chance, ainsi, d'être envoyé en prison, idée alléchante, d'une certaine manière. Cinquièmement, parce que ces juges vont au rendez-vous de l'Agneau, qu'il n'y a plus d'agneau, ni d'innocence, et qu'en conséquence, l'habile[3] forban qui a volé le panneau était un instrument de la justice inconnue qu'il convient de ne pas contrarier. Enfin, parce que de cette façon, nous sommes dans l'ordre. La justice étant définitivement séparée de l'innocence, celle-ci sur la croix, celle-là au placard, j'ai le champ libre pour travailler selon mes convictions. Je peux exercer avec bonne conscience la difficile profession de juge-pénitent où je me suis établi après tant de déboires et de contradictions, et dont il est temps, puisque vous partez, que je vous dise enfin ce qu'elle est.

Permettez auparavant que je me redresse pour mieux respirer. Oh! que je suis fatigué! Mettez mes juges sous clé, merci. Ce métier de juge-pénitent, je l'exerce en ce moment. D'habitude, mes bureaux se trouvent à *Mexico-City*. Mais les grandes vocations se prolongent au-delà du lieu de travail. Même au lit, même fiévreux, je fonctionne. Ce métier-là, d'ailleurs, on ne l'exerce pas, on le respire, à toute heure. Ne croyez pas en effet que, pendant cinq jours, je vous aie fait de si longs discours pour le seul plaisir. Non, j'ai assez parlé pour ne rien dire, autrefois. Maintenant mon discours est orienté. Il est orienté par l'idée, évidemment, de faire taire les rires, d'éviter personnellement le jugement, bien[1] qu'il n'y ait, en apparence, aucune issue. Le grand empêchement à y échapper n'est-il pas que nous sommes les premiers à nous condamner? Il faut[2] donc commencer par étendre la condamnation à tous, sans discrimination, afin de la délayer déjà.

Pas d'excuses, jamais, pour personne, voilà mon principe, au départ. Je nie la bonne intention, l'erreur estimable, le faux pas, la circonstance atténuante. Chez moi, on ne bénit pas, on ne distribue pas d'absolution. On fait l'addition, simplement, et puis : « Ça fait tant. Vous êtes un pervers, un satyre, un mythomane, un pédéraste, un artiste, etc. » Comme ça. Aussi sec. En philosophie comme en politique, je suis donc pour toute théorie qui refuse l'innocence à l'homme et pour toute pratique qui le traite en coupable. Vous voyez en moi, très cher, un partisan éclairé de la servitude[3].

Sans elle, à vrai dire, il n'y a point de solution définitive. J'ai très vite compris cela. Autrefois, je n'avais que la liberté à la bouche. Je l'étendais au petit déjeuner sur mes tartines, je la mastiquais toute la journée, je portais dans le monde une haleine délicieusement rafraîchie à la liberté. J'assenais ce maître mot à quiconque me contredisait, je l'avais mis au service de mes désirs et de ma puissance. Je le murmurais au lit, dans l'oreille endormie de mes compagnes et il m'aidait à les planter là. Je le glis-

sais... Allons, je m'excite et je perds la mesure. Après
tout, il m'est arrivé de faire de la liberté un usage plus
désintéressé et même, jugez de ma naïveté, de la défendre
deux ou trois fois, sans[1] aller sans doute jusqu'à mourir
pour elle, mais en prenant quelques risques. Il faut me
pardonner ces imprudences; je ne savais pas ce que je
faisais. Je ne savais pas que la liberté n'est pas une récompense, ni une décoration qu'on fête dans le champagne.
Ni d'ailleurs un cadeau, une boîte de chatteries propres à
vous donner des plaisirs de babines. Oh! non, c'est une
corvée, au contraire, et une course de fond, bien solitaire,
bien exténuante. Pas de champagne, point d'amis qui
lèvent leur verre en vous regardant avec tendresse. Seul
dans une salle morose, seul dans le box, devant les juges,
et seul pour décider, devant soi-même ou devant le jugement des autres. Au bout de toute liberté, il y a une
sentence; voilà pourquoi la liberté est trop lourde à porter, surtout lorsqu'on souffre de fièvre, ou qu'on a de la
peine, ou qu'on n'aime personne[2].

Ah! mon cher, pour qui est seul, sans dieu et sans
maître, le poids des jours est terrible. Il[3] faut donc se
choisir un maître, Dieu n'étant plus à la mode. Ce mot
d'ailleurs n'a plus de sens; il ne vaut pas qu'on risque de
choquer personne. Tenez, nos moralistes, si sérieux,
aimant leur prochain et tout, rien ne les sépare, en somme,
de l'état de chrétien, si ce n'est qu'ils ne prêchent pas dans
les églises. Qu'est-ce qui les empêche, selon vous, de se
convertir? Le respect, peut-être, le respect des hommes,
oui, le respect humain[4]. Ils ne veulent pas faire scandale,
ils gardent leurs sentiments pour eux. J'ai connu ainsi un
romancier athée qui priait tous les soirs. Ça n'empêchait
rien : qu'est-ce qu'il passait à Dieu dans ses livres! Quelle
dérouillée, comme dirait je ne sais plus qui! Un militant
libre penseur à qui je m'en ouvris, leva, sans mauvaise
intention d'ailleurs, les bras au ciel : « Vous ne m'apprenez
rien, soupirait cet apôtre, ils sont tous comme ça. » À l'en
croire, quatre-vingts pour cent de nos écrivains, si seulement ils pouvaient ne pas signer, écriraient et salueraient
le nom de Dieu. Mais ils signent, selon lui, parce qu'ils
s'aiment, et ils ne saluent rien du tout, parce qu'ils se
détestent. Comme[5] ils ne peuvent tout de même pas
s'empêcher de juger, alors ils se rattrapent sur la morale.
En somme, ils ont le satanisme vertueux. Drôle d'époque,

vraiment! Quoi d'étonnant à ce que les esprits soient troublés et qu'un de mes amis, athée lorsqu'il était un mari irréprochable, se soit converti en devenant adultère!

Ah! les petits sournois, comédiens, hypocrites, si touchants avec ça! Croyez-moi, ils en sont tous, même quand ils incendient le ciel. Qu'ils soient athées ou dévots, moscovites ou bostoniens, tous chrétiens, de père en fils. Mais justement[1] il n'y a plus de père, plus de règle! On est libre, alors il faut se débrouiller et comme ils ne veulent surtout pas de la liberté, ni de ses sentences, ils prient qu'on leur donne sur les doigts, ils inventent de terribles règles[2], ils courent construire des bûchers pour remplacer les églises. Des Savonarole, je vous dis. Mais ils ne croient qu'au péché, jamais à la grâce. Ils y pensent, bien sûr. La grâce, voilà ce qu'ils veulent, le oui, l'abandon, le bonheur d'être et qui sait, car ils sont sentimentaux aussi, les fiançailles, la jeune fille fraîche, l'homme droit, la musique. Moi, par exemple, qui ne suis pas sentimental, savez-vous ce dont j'ai rêvé : un amour complet de tout le cœur et le corps, jour et nuit, dans une étreinte incessante, jouissant et s'exaltant, et cela cinq années durant, et après quoi la mort. Hélas!

Alors, n'est-ce pas, faute de fiançailles ou de l'amour incessant, ce sera le mariage, brutal, avec la puissance et le fouet. L'essentiel est que tout devienne simple, comme pour l'enfant, que chaque acte soit commandé, que le bien et le mal soient désignés de façon arbitraire, donc évidente. Et moi, je suis d'accord, tout sicilien et javanais que je sois, avec ça pas chrétien pour un sou, bien que j'aiede l'amitié pour le premier d'entre eux. Mais[3] sur les ponts de Paris, j'ai appris moi aussi que j'avais peur de la liberté. Vive donc le maître, quel qu'il soit, pour remplacer la loi du ciel. « Notre père qui êtes provisoirement ici... Nos guides, nos chefs délicieusement sévères, ô conducteurs cruels et bien-aimés... » Enfin, vous voyez, l'essentiel est de n'être plus libre et d'obéir, dans le repentir, à plus coquin que soi. Quand nous serons tous coupables, ce sera la démocratie. Sans compter, cher ami, qu'il faut se venger de devoir mourir seul. La mort est solitaire tandis que la servitude est collective. Les autres ont leur compte aussi, et en même temps que nous, voilà l'important. Tous[4] réunis, enfin, mais à genoux, et la tête courbée.

N'est-il pas bon aussi bien de vivre à la ressemblance de la société et pour cela ne faut-il pas que la société me ressemble? La menace, le déshonneur, la police sont les sacrements de cette ressemblance. Méprisé, traqué, contraint, je puis alors donner ma pleine mesure, jouir de ce que je suis, être naturel enfin. Voilà pourquoi, très cher, après avoir salué solennellement la liberté, je décidai en catimini qu'il fallait la remettre sans délai à n'importe qui. Et chaque fois que je le peux, je prêche dans mon église de *Mexico-City,* j'invite le bon peuple à se soumettre et à briguer humblement les conforts de la servitude, quitte à la présenter[1] comme la vraie liberté.

Mais je ne suis pas fou, je me rends bien compte que l'esclavage n'est pas pour demain. Ce sera un des bienfaits de l'avenir, voilà tout. D'ici là, je[2] dois m'arranger du présent et chercher une solution, au moins provisoire. Il m'a donc fallu trouver un autre moyen d'étendre le jugement à tout le monde pour le rendre plus léger à mes propres épaules. J'ai trouvé ce moyen. Ouvrez un peu la fenêtre, je vous prie, il fait ici une chaleur extraordinaire. Pas trop, car j'ai froid aussi. Mon idée est à la fois simple et féconde. Comment mettre tout le monde dans le bain pour avoir le droit de se sécher soi-même au soleil? Allais-je monter en chaire, comme beaucoup de mes illustres contemporains, et maudire l'humanité? Très dangereux, ça! Un jour, ou une nuit, le rire éclate sans crier gare. La sentence que vous portez sur les autres finit par vous revenir dans la figure, tout droit, et y pratique quelques dégâts. Alors? dites-vous. Eh bien, voilà le coup de génie. J'ai découvert qu'en attendant la venue des maîtres et de leurs verges, nous devions, comme Copernic[3], inverser le raisonnement pour triompher. Puisqu'on ne pouvait condamner les autres sans aussitôt se juger, il fallait s'accabler soi-même pour avoir le droit de juger les autres. Puisque tout juge finit un jour en pénitent, il fallait prendre la route en sens inverse et faire métier de pénitent pour pouvoir finir en juge. Vous me suivez? Bon. Mais pour être encore plus clair, je vais vous dire comment je travaille.

J'ai d'abord fermé mon cabinet d'avocat, quitté Paris, voyagé; j'ai cherché à m'établir sous un autre nom dans quelque endroit où la pratique ne me manquerait pas. Il en a beaucoup dans le monde, mais le hasard, la commo-

dité, l'ironie, et la nécessité aussi d'une certaine mortifi-
fication, m'ont fait choisir une capitale d'eaux et de brumes, corsetée de canaux, particulièrement encombrée,
et visitée par des hommes venus du monde entier. J'ai
installé mon cabinet dans un bar du quartier des matelots.
La clientèle des ports est diverse. Les pauvres ne vont pas
dans les districts luxueux, tandis que les gens[1] de qualité
finissent toujours par échouer, une fois au moins, vous
l'avez bien vu, dans les endroits mal famés. Je guette
particulièrement le bourgeois, et le bourgeois qui s'égare;
c'est avec lui que je donne mon plein rendement. Je tire de
lui, en virtuose, les accents les plus raffinés.

J'exerce donc à *Mexico-City,* depuis quelque temps,
mon utile[2] profession. Elle consiste d'abord, vous en avez
fait l'expérience, à pratiquer la confession publique aussi
souvent que possible. Je m'accuse, en long et en large.
Ce n'est pas difficile, j'ai maintenant de la mémoire. Mais
attention, je ne m'accuse pas grossièrement, à grands
coups sur la poitrine. Non, je navigue souplement, je
multiplie les nuances, les digressions aussi, j'adapte enfin
mon discours à l'auditeur, j'amène ce dernier à renchérir.
Je mêle ce qui me concerne et ce qui regarde les autres.
Je prends les traits communs, les expériences que nous
avons ensemble souffertes, les faiblesses que nous partag-
geons, le bon ton, l'homme du jour enfin, tel qu'il sévit en
moi et chez les autres. Avec cela, je fabrique un portrait
qui est celui de tous et de personne. Un masque en
somme, assez semblable à ceux du carnaval, à la fois
fidèles et simplifiés, et devant lesquels on se dit : « Tiens,
je l'ai rencontré, celui-là. » Quand le portrait est terminé,
comme ce soir, je le montre, plein de désolation : « Voilà,
hélas! ce que je suis. » Le réquisitoire est achevé. Mais, du
même coup, le portrait que je tends à mes contemporains
devient un miroir.

Couvert de cendres, m'arrachant lentement les cheveux,
le visage labouré par les ongles, mais[3] le regard perçant, je
me tiens devant l'humanité entière, récapitulant mes hon-
tes, sans perdre de vue l'effet que je produis, et disant :
« J'étais le dernier des derniers. » Alors, insensiblement, je
passe, dans mon discours, du « je » au « nous ». Quand j'arrive au « voilà ce que nous sommes », le tour est joué, je
peux dire leurs vérités. Je suis comme eux, bien sûr, nous
sommes dans le même bouillon. J'ai cependant une supé-

riorité, celle de le savoir, qui me donne le droit de parler.
Vous voyez l'avantage, j'en suis sûr. Plus je m'accuse et
plus j'ai le droit de vous juger. Mieux, je vous provoque à
vous juger vous-même, ce qui me soulage d'autant. Ah!
mon cher, nous sommes d'étranges, de misérables créatures et, pour peu que nous revenions sur nos vies, les
occasions ne manquent pas de nous étonner et de nous
scandaliser nous-même. Essayez. J'écouterai, soyez-en
sûr, votre propre confession, avec un grand sentiment de
fraternité.

Ne riez pas! Oui, vous êtes un client difficile, je l'ai vu
du premier coup. Mais vous y viendrez, c'est inévitable.
La plupart des autres sont plus sentimentaux qu'intelligents; on les désoriente tout de suite. Les intelligents, il
faut y mettre le temps. Il suffit de leur expliquer la
méthode à fond. Ils ne l'oublient pas, ils réfléchissent. Un
jour ou l'autre, moitié par jeu, moitié par désarroi, ils se
mettent à table. Vous, vous n'êtes pas seulement intelligent, vous avez l'air rodé. Avouez cependant que vous
vous sentez, aujourd'hui, moins content de vous-même
que vous ne l'étiez il y a cinq jours? J'attendrai maintenant que vous m'écriviez ou que vous reveniez. Car vous
reviendrez, j'en suis sûr! Vous me trouverez inchangé.
Et pourquoi changerais-je puisque j'ai trouvé le bonheur
qui me convient? J'ai accepté la duplicité au lieu de m'en
désoler. Je m'y suis installé, au contraire, et j'y ai trouvé le
confort que j'ai cherché toute ma vie. J'ai eu tort, au fond,
de vous dire que l'essentiel était d'éviter le jugement.
L'essentiel est de pouvoir tout se permettre, quitte à
professer de temps en temps, à grands cris, sa propre
indignité[1]. Je me permets tout, à nouveau, et sans rire,
cette fois. Je n'ai pas changé de vie, je continue de m'aimer et de me[2] servir des autres. Seulement, la confession
de mes fautes me permet de recommencer plus légèrement
et de jouir deux fois, de ma nature d'abord, et ensuite
d'un charmant repentir.

Depuis que j'ai trouvé ma solution, je m'abandonne à
tout, aux femmes, à l'orgueil, à l'ennui, au ressentiment,
et même à la fièvre qu'avec délices je sens monter en ce
moment. Je règne enfin, mais pour toujours. J'ai encore
trouvé un sommet, où je suis seul à grimper et d'où je
peux juger tout le monde. Parfois, de loin en loin, quand
la nuit est vraiment belle, j'entends un rire lointain, je

doute à nouveau. Mais, vite, j'accable toutes choses, créatures et création, sous le poids de ma propre infirmité, et me voilà requinqué.

J'attendrai donc vos hommages à *Mexico-City,* aussi longtemps qu'il faudra. Mais ôtez cette couverture, je veux respirer. Vous viendrez, n'est-ce pas ? Je vous montrerai même les détails de ma technique, car j'ai une sorte d'affection pour vous. Vous me verrez leur apprendre à longueur de nuit qu'ils sont infâmes. Dès ce soir, d'ailleurs, je recommencerai. Je ne puis m'en passer, ni me priver de ces moments où l'un d'eux s'écroule, l'alcool aidant, et se frappe la poitrine. Alors je grandis, très cher, je grandis, je respire librement, je suis sur la montagne, la plaine s'étend sous mes yeux. Quelle ivresse de se sentir Dieu le père et de distribuer des certificats définitifs de mauvaise vie et mœurs. Je trône parmi mes vilains anges, à la cime du ciel hollandais, je regarde monter vers moi, sortant des brumes et de l'eau, la[1] multitude du jugement dernier. Ils s'élèvent lentement, je vois arriver déjà le premier d'entre eux. Sur sa face égarée, à moitié cachée par une main, je lis la tristesse de la condition commune, et le désespoir de ne pouvoir y échapper. Et moi, je plains sans absoudre, je comprends sans pardonner et surtout, ah, je sens enfin que l'on m'adore !

Oui, je m'agite, comment resterais-je sagement couché ? Il me faut être plus haut que vous, mes pensées me soulèvent. Ces nuits-là, ces matins plutôt, car la chute se produit à l'aube, je sors, je vais, d'une marche emportée, le long des canaux. Dans le ciel livide, les couches de plumes s'amincissent, les colombes remontent un peu, une lueur rosée annonce, au ras des toits, un nouveau jour de ma création. Sur le Damrak, le premier tramway fait tinter son timbre dans l'air humide et sonne l'éveil de la vie à l'extrémité de cette Europe où, au même moment, des centaines de millions d'hommes, mes sujets, se tirent péniblement du lit, la bouche amère, pour aller vers un travail sans joie. Alors, planant par la pensée au-dessus de tout ce continent qui m'est soumis sans le savoir, buvant le jour d'absinthe qui se lève, ivre enfin de mauvaises paroles, je suis heureux, je suis heureux, vous dis-je, je vous interdis de ne pas croire que je suis heureux, je suis heureux à mourir ! Oh, soleil[2], plages, et les îles sous les alizés, jeunesse dont le souvenir désespère !

Je me recouche, pardonnez-moi. Je crains de m'être exalté; je ne pleure pas, pourtant. On s'égare parfois, on doute de l'évidence, même quand on a découvert les secrets d'une bonne vie. Ma solution, bien sûr, ce n'est pas l'idéal. Mais[1] quand on n'aime pas sa vie, quand on sait qu'il faut en changer, on n'a pas le choix, n'est-ce pas? Que faire pour être un autre? Impossible. Il faudrait n'être plus personne, s'oublier[2] pour quelqu'un, une fois, au moins. Mais comment? Ne m'accablez pas trop. Je suis comme ce vieux mendiant qui ne voulait pas lâcher ma main, un jour, à la terrasse d'un café : « Ah! monsieur, disait-il, ce n'est pas qu'on soit mauvais homme, mais on perd la lumière. » Oui, nous avons perdu la lumière, les matins, la sainte innocence de celui qui se pardonne à lui-même[3].

Regardez, la neige tombe! Oh, il faut que je sorte! Amsterdam endormie dans la nuit blanche, les canaux de jade sombre sous les petits ponts neigeux, les rues désertes, mes pas étouffés, ce sera la pureté, fugitive, avant la boue de demain. Voyez[4] les énormes flocons qui s'ébouriffent contre les vitres. Ce sont les colombes, sûrement. Elles se décident enfin à descendre, ces chéries, elles couvrent les eaux et les toits d'une épaisse couche de plumes, elles palpitent à toutes les fenêtres. Quelle invasion! Espérons qu'elles apportent la bonne nouvelle. Tout le monde sera sauvé, hein, et pas seulement les élus, les richesses et les peines seront partagées et vous, par exemple, à partir d'aujourd'hui, vous coucherez toutes les nuits sur le sol, pour moi. Toute la lyre, quoi! Allons, avouez que vous resteriez pantois si un char descendait du ciel pour m'emporter, ou si la neige soudain prenait feu. Vous n'y croyez pas? Moi non plus. Mais il faut tout de même que je sorte.

Bon, bon, je me tiens tranquille, ne vous inquiétez pas! Ne vous fiez pas trop d'ailleurs à mes attendrissements, ni à mes délires. Ils sont dirigés. Tenez, maintenant que vous allez me parler de vous, je vais savoir si l'un des buts de ma passionnante confession est atteint. J'espère toujours, en effet, que mon interlocuteur sera policier et qu'il m'arrêtera pour le vol des *Juges intègres*. Pour le reste, n'est-ce pas, personne ne peut m'arrêter. Mais quant à ce vol, il tombe sous le coup de la loi et j'ai tout arrangé pour me rendre complice; je recèle ce tableau et le montre à qui veut le voir. Vous m'arrêteriez donc, ce serait un bon début. Peut-être s'occuperait-on ensuite du reste, on me décapiterait, par exemple, et je n'aurais plus peur de mourir, je serais sauvé. Au-dessus du peuple assemblé, vous élèveriez alors ma tête encore fraîche, pour qu'ils s'y reconnaissent et qu'à nouveau je les domine, exemplaire. Tout serait consommé, j'aurais achevé, ni vu ni connu, ma carrière de faux prophète qui crie dans le désert et refuse d'en sortir.

Mais, bien entendu, vous n'êtes pas policier, ce serait trop simple. Comment ? Ah ! je m'en doutais, voyez-vous. Cette étrange affection que je sentais pour vous avait donc du sens. Vous exercez à Paris la belle profession d'avocat ! Je savais bien que nous étions de la même race. Ne sommes-nous pas tous semblables, parlant sans trêve et à personne, confrontés toujours aux mêmes questions bien que nous connaissions d'avance les réponses ? Alors, racontez-moi, je vous prie, ce qui vous est arrivé un soir sur les quais de la Seine et comment vous avez réussi à ne jamais risquer votre vie. Prononcez vous-même les mots qui, depuis des années, n'ont cessé de retentir dans mes nuits, et que je dirai enfin par votre bouche : « Ô jeune fille, jette-toi encore dans l'eau pour que j'aie une seconde fois la chance de nous sauver tous les deux ! » Une seconde fois, hein, quelle imprudence ! Supposez, cher maître, qu'on nous prenne au mot ? Il faudrait s'exécuter. Brr...! l'eau est si froide ! Mais rassurons-nous ! Il est trop tard, maintenant[1], il sera toujours trop tard. Heureusement !

L'EXIL ET LE ROYAUME

NOUVELLES

À FRANCINE

LA FEMME ADULTÈRE

Une mouche maigre tournait, depuis un moment, dans l'autocar aux glaces pourtant relevées. Insolite, elle allait et venait sans bruit, d'un vol exténué. Janine la perdit de vue, puis la vit atterrir sur la main immobile de son mari. Il faisait froid. La mouche frissonnait à chaque rafale du vent sableux qui crissait contre les vitres. Dans la lumière rare du matin d'hiver, à grand bruit de tôles et d'essieux, le véhicule roulait, tanguait, avançait à peine. Janine regarda son mari. Des épis de cheveux grisonnants plantés bas sur un front serré, le nez large, la bouche irrégulière, Marcel avait l'air d'un faune boudeur. À chaque défoncement de la chaussée, elle le sentait sursauter contre elle. Puis il laissait retomber son torse pesant sur ses jambes écartées, le regard fixe, inerte de nouveau, et absent. Seules, ses grosses mains imberbes, rendues plus courtes encore par la flanelle grise qui dépassait les manches de chemise et couvrait les poignets, semblaient en action. Elles serraient si fortement une petite valise de toile, placée entre ses genoux, qu'elles ne paraissaient pas sentir la course hésitante de la mouche.

Soudain, on entendit distinctement le vent hurler et la brume minérale qui entourait l'autocar s'épaissit encore. Sur les vitres, le sable s'abattait maintenant par poignées comme s'il était lancé par des mains invisibles. La mouche remua une aile frileuse, fléchit sur ses pattes, et s'envola. L'autocar ralentit, et sembla sur le point de stopper. Puis le vent parut se calmer, la brume s'éclaircit un peu et le véhicule reprit de la vitesse. Des trous de lumière s'ouvraient dans le paysage noyé de poussière. Deux ou trois palmiers grêles et blanchis, qui semblaient découpés dans du métal, surgirent dans la vitre pour disparaître l'instant d'après.

« Quel pays! » dit Marcel.

L'autocar était plein d'Arabes qui faisaient mine de dormir, enfouis dans leurs burnous. Quelques-uns avaient ramené leurs pieds sur la banquette et oscillaient plus que les autres dans le mouvement de la voiture. Leur silence, leur impassibilité finissaient par peser à Janine; il lui semblait qu'elle voyageait depuis des jours avec cette escorte muette. Pourtant, le car était parti à l'aube, du terminus de la voie ferrée, et, depuis deux heures, dans le matin froid, il progressait sur un plateau pierreux, désolé, qui, au départ du moins, étendait ses lignes droites jusqu'à des horizons rougeâtres. Mais le vent s'était levé et, peu à peu, avait avalé l'immense étendue. À partir de ce moment, les passagers n'avaient plus rien vu; l'un après l'autre, ils s'étaient tus et ils avaient navigué en silence dans une sorte de nuit blanche, essuyant parfois leurs lèvres et leurs yeux irrités par le sable qui s'infiltrait dans la voiture.

« Janine! » Elle sursauta à l'appel de son mari. Elle pensa une fois de plus combien ce prénom était ridicule, grande et forte comme elle était. Marcel voulait savoir où se trouvait la mallette d'échantillons. Elle explora du pied l'espace vide sous la banquette et rencontra un objet dont elle décida qu'il était la mallette. Elle ne pouvait se baisser, en effet, sans étouffer un peu. Au collège pourtant, elle était première en gymnastique, son souffle était inépuisable. Y avait-il si longtemps de cela? Vingt-cinq ans[1]. Vingt-cinq ans n'étaient rien puisqu'il lui semblait que c'était hier qu'elle hésitait entre la vie libre et le mariage, hier encore qu'elle pensait avec angoisse à ce jour où, peut-être, elle vieillirait seule. Elle n'était pas seule, et cet étudiant en droit qui ne voulait jamais la quitter se trouvait maintenant à ses côtés. Elle avait fini par l'accepter, bien qu'il fût un peu petit et qu'elle n'aimât pas beaucoup son rire avide et bref, ni ses yeux noirs trop saillants. Mais elle aimait son courage à vivre, qu'il partageait avec les Français de ce pays. Elle aimait aussi son air déconfit quand les événements, ou les hommes, trompaient son attente. Surtout, elle aimait être aimée, et il l'avait submergée d'assiduités. À lui faire sentir si souvent qu'elle existait pour lui, il la faisait exister réellement. Non, elle n'était pas seule...

L'autocar, à grands coups d'avertisseur, se frayait un passage à travers des obstacles invisibles. Dans la voiture, cependant, personne ne bougeait. Janine sentit soudain qu'on la regardait et se tourna vers la banquette qui prolongeait la sienne, de l'autre côté du passage. Celui-là n'était pas un Arabe et elle s'étonna de ne pas l'avoir remarqué au départ. Il portait l'uniforme des unités françaises du Sahara et un képi de toile bise sur sa face tannée de chacal, longue et pointue. Il l'examinait de ses yeux clairs, avec une sorte de maussaderie, fixement. Elle rougit tout d'un coup et revint vers son mari qui regardait toujours devant lui, dans la brume et le vent. Elle s'emmitoufla dans son manteau. Mais elle revoyait encore le soldat français, long et mince, si mince, avec sa vareuse ajustée, qu'il paraissait bâti dans une matière sèche et friable, un mélange de sable et d'os. C'est à ce moment qu'elle vit les mains maigres et le visage brûlé des Arabes qui étaient devant elle, et qu'elle remarqua qu'ils semblaient au large, malgré leurs amples vêtements, sur les banquettes où son mari et elle tenaient à peine. Elle ramena contre elle les pans de son manteau. Pourtant, elle n'était pas si grosse, grande et pleine plutôt, charnelle, et encore désirable — elle le sentait bien sous le regard des hommes — avec son visage un peu enfantin, ses yeux frais et clairs, contrastant avec ce grand corps qu'elle savait tiède et reposant.

Non, rien ne se passait comme elle l'avait cru. Quand Marcel avait voulu l'emmener avec lui dans sa tournée, elle avait protesté. Il pensait depuis longtemps à ce voyage, depuis la fin de la guerre exactement, au moment où les affaires étaient redevenues normales. Avant[1] la guerre, le petit commerce de tissus qu'il avait repris de ses parents, quand il eut renoncé à ses études de droit, les faisait vivre plutôt bien que mal. Sur la côte, les années de jeunesse peuvent être heureuses. Mais il n'aimait pas beaucoup l'effort physique et, très vite, il avait cessé de la mener sur les plages. La petite voiture ne les sortait de la ville que pour la promenade du dimanche. Le reste du temps, il préférait son magasin d'étoffes multicolores, à l'ombre des arcades de ce quartier mi-indigène, mi-européen. Au-dessus de la boutique, ils vivaient dans trois

pièces, ornées de tentures arabes et de meubles Barbès.
Ils n'avaient pas eu d'enfants. Les années avaient passé,
dans[1] la pénombre qu'ils entretenaient, volets mi-clos.
L'été, les plages, les promenades, le ciel même étaient
loin. Rien ne semblait intéresser Marcel que ses affaires.
Elle avait cru découvrir sa vraie passion, qui était l'argent,
et elle n'aimait pas cela, sans trop savoir pourquoi. Après
tout, elle en profitait. Il n'était pas avare; généreux, au
contraire, surtout avec elle. « S'il m'arrivait quelque chose,
disait-il, tu serais à l'abri. » Et il faut, en effet, s'abriter du
besoin. Mais du reste, de ce qui n'est pas le besoin le plus
simple, où s'abriter? C'était là ce que, de loin en loin,
elle sentait confusément. En attendant, elle aidait Marcel
à tenir ses livres et le remplaçait parfois au magasin. Le
plus dur était l'été où la chaleur tuait jusqu'à la douce
sensation de l'ennui.

Tout[2] d'un coup, en plein été justement, la guerre,
Marcel mobilisé puis réformé, la pénurie des tissus, les
affaires stoppées, les rues désertes et chaudes. S'il arrivait
quelque chose, désormais, elle ne serait plus à l'abri. Voilà
pourquoi, dès le retour des étoffes sur le marché, Marcel
avait imaginé de parcourir les villages des hauts plateaux
et du Sud pour se passer d'intermédiaires et vendre directement aux marchands arabes. Il avait voulu l'emmener.
Elle savait que les communications étaient difficiles, elle
respirait mal, elle aurait préféré l'attendre. Mais il était
obstiné et elle avait accepté parce qu'il eût fallu trop
d'énergie pour refuser. Ils y étaient maintenant et, vraiment, rien ne ressemblait à ce qu'elle avait imaginé. Elle
avait craint la chaleur, les essaims de mouches, les hôtels
crasseux, pleins d'odeurs anisées. Elle n'avait pas pensé
au froid, au vent coupant, à ces plateaux quasi polaires,
encombrés de moraines. Elle avait rêvé aussi de palmiers
et de sable doux. Elle voyait à présent que le désert
n'était pas cela, mais seulement la pierre, la pierre partout,
dans le ciel où régnait encore, crissante et froide, la seule
poussière de pierre, comme sur le sol où poussaient seulement, entre les pierres, des graminées sèches.

Le car s'arrêta brusquement. Le chauffeur dit à la can-
tonade quelques mots dans cette langue qu'elle avait
entendue toute sa vie sans jamais la comprendre. « Qu'est-
ce que c'est? » demanda Marcel. Le chauffeur, en français,
cette fois, dit que le sable avait dû boucher le carbu-

rateur, et Marcel maudit encore ce pays. Le chauffeur rit de toutes ses dents et assura que ce n'était rien, qu'il allait déboucher le carburateur et qu'ensuite on s'en irait. Il ouvrit la portière, le vent froid s'engouffra dans la voiture, leur criblant aussitôt le visage de mille grains de sable. Tous les Arabes plongèrent le nez dans leurs burnous et se ramassèrent sur eux-mêmes. « Ferme la porte », hurla Marcel. Le chauffeur riait en revenant vers la portière. Posément, il prit quelques outils sous le tableau de bord, puis, minuscule dans la brume, disparut à nouveau vers l'avant, sans fermer la porte. Marcel soupirait. « Tu peux être sûre qu'il n'a jamais vu un moteur de sa vie. — Laisse! » dit Janine[1]. Soudain, elle sursauta. Sur le remblai, tout près du car, des formes drapées se tenaient immobiles. Sous le capuchon du burnous, et derrière un rempart de voiles, on ne voyait que leurs yeux. Muets, venus on ne savait d'où, ils regardaient les voyageurs. « Des bergers », dit Marcel.

À l'intérieur de la voiture, le silence était complet. Tous les passagers, tête baissée, semblaient écouter la voix du vent, lâché en liberté sur ces plateaux interminables. Janine fut frappée, soudain, par l'absence presque totale de bagages. Au terminus de la voie ferrée, le chauffeur avait hissé leur malle, et quelques ballots, sur le toit. À l'intérieur du car, dans les filets, on voyait seulement des bâtons noueux et des couffins plats. Tous ces gens du Sud, apparemment, voyageaient les mains vides.

Mais le chauffeur revenait, toujours alerte. Seuls, ses yeux riaient, au-dessus des voiles dont il avait, lui aussi, masqué son visage. Il annonça qu'on s'en allait. Il ferma la portière, le vent se tut et l'on entendit mieux la pluie de sable sur les vitres. Le moteur toussa, puis expira. Longuement sollicité par le démarreur, il tourna enfin et le chauffeur le fit hurler à coups d'accélérateur. Dans un grand hoquet, l'autocar repartit[2]. De la masse haillonneuse des bergers, toujours immobiles, une main s'éleva, puis s'évanouit dans la brume, derrière eux. Presque aussitôt, le véhicule commença de sauter sur la route devenue plus mauvaise. Secoués, les Arabes oscillaient sans cesse. Janine sentait cependant le sommeil la gagner quand surgit devant elle une petite boîte jaune, remplie de cachous. Le soldat-chacal[3] lui souriait. Elle hésita, se servit, et remercia. Le chacal empocha la boîte et avala d'un coup son sourire. À présent, il fixait la route, droit devant lui. Janine se tourna vers Marcel et ne vit que sa nuque solide. Il regardait à travers les vitres la brume plus dense qui montait des remblais friables.

Il y avait des heures qu'ils roulaient et la fatigue avait éteint toute vie dans la voiture lorsque des cris retentirent au-dehors. Des enfants en burnous, tournant sur eux-mêmes comme des toupies, sautant, frappant des mains, couraient autour de l'autocar. Ce dernier roulait mainte-nant dans une longue rue flanquée de maisons basses; on entrait dans l'oasis. Le vent soufflait toujours, mais les murs arrêtaient les particules de sable qui n'obscurcissaient plus la lumière. Le ciel, cependant, restait couvert. Au milieu des cris, dans un grand vacarme de freins, l'autocar s'arrêta devant les arcades de pisé d'un hôtel aux vitres sales. Janine descendit et, dans la rue, se sentit vaciller. Elle apercevait, au-dessus des maisons, un minaret jaune et gracile. À sa gauche, se découpaient déjà les premiers palmiers de l'oasis et elle aurait voulu aller vers eux. Mais bien qu'il fût près de midi, le froid était vif; le vent la fit frissonner. Elle se retourna vers Marcel, et vit d'abord le soldat qui avançait à sa rencontre. Elle attendait son sourire ou son salut. Il la dépassa sans la regarder, et disparut. Marcel, lui, s'occupait de faire descendre la malle d'étoffes, une cantine noire, perchée sur le toit de l'autocar. Ce ne serait pas facile. Le chauffeur était seul à s'occuper des bagages et il s'arrêtait déjà, dressé sur le toit, pour pérorer devant le cercle de burnous rassemblés autour du car. Janine, entourée de visages qui semblaient taillés dans l'os et le cuir, assiégée de cris gutturaux, sentit soudain sa fatigue. « Je monte », dit-elle à Marcel qui interpellait avec impatience le chauffeur.

Elle entra dans l'hôtel. Le patron, un Français maigre et taciturne, vint au-devant d'elle. Il la conduisit au pre-mier étage, sur une galerie qui dominait la rue, dans une chambre où il semblait n'y avoir qu'un lit de fer, une chaise peinte au ripolin blanc, une penderie sans rideaux et, derrière un paravent de roseaux, une toilette dont le lavabo était couvert d'une fine poussière de sable. Quand le patron eut fermé la porte, Janine sentit le froid qui venait des murs nus et blanchis à la chaux. Elle ne savait où poser son sac, où se poser elle-même. Il fallait se coucher ou rester debout, et frissonner dans les deux cas.

Elle restait debout, son sac à la main, fixant une sorte de meurtrière ouverte sur le ciel, près du plafond. Elle attendait, mais elle ne savait quoi. Elle sentait seulement sa solitude[1], et le froid qui la pénétrait, et un poids plus lourd à l'endroit du cœur. Elle rêvait en vérité, presque sourde aux bruits qui montaient de la rue avec des éclats de la voix de Marcel, plus consciente au contraire de cette rumeur de fleuve qui venait de la meurtrière et que le vent faisait naître dans les palmiers, si proches maintenant, lui semblait-il. Puis le vent parut redoubler, le doux bruit d'eaux devint sifflement de vagues. Elle imaginait, derrière les murs, une mer de palmiers droits et flexibles, moutonnant dans la tempête. Rien ne ressemblait à ce qu'elle avait attendu, mais ces vagues invisibles rafraîchissaient ses yeux fatigués. Elle se tenait debout, pesante, les bras pendants, un peu voûtée, le froid montait le long de ses jambes lourdes. Elle rêvait aux palmiers droits et flexibles, et à la jeune fille qu'elle avait été.

Après leur toilette, ils descendirent dans la salle à manger. Sur les murs nus, on avait peint des chameaux et des palmiers, noyés dans une confiture rose et violette. Les fenêtres à arcade laissaient entrer une lumière parcimonieuse. Marcel se renseignait sur les marchands auprès du patron de l'hôtel. Puis un vieil Arabe, qui portait une décoration militaire sur sa vareuse, les servit. Marcel était préoccupé et déchirait son pain. Il empêcha sa femme de boire de l'eau. « Elle n'est pas bouillie. Prends[2] du vin. » Elle n'aimait pas cela, le vin l'alourdissait. Et puis, il y avait du porc au menu. « Le Coran l'interdit. Mais le Coran ne savait pas que le porc bien cuit ne donne pas de maladies. Nous autres, nous savons faire la cuisine. À quoi penses-tu ? » Janine ne pensait à rien, ou peut-être à cette victoire des cuisiniers sur les prophètes. Mais elle devait se dépêcher. Ils repartaient le lendemain matin, plus au sud encore : il fallait voir dans l'après-midi tous les marchands importants. Marcel pressa le vieil Arabe d'apporter le café. Celui-ci approuva de la tête, sans sourire, et sortit à petits pas. « Doucement le matin, pas trop vite le soir », dit[3] Marcel en riant. Le café finit pourtant par arriver. Ils prirent à peine le temps de l'avaler et sortirent dans la rue poussiéreuse et froide. Marcel appela un jeune Arabe pour l'aider à porter la malle, mais discuta par principe la rétribution. Son opinion, qu'il fit savoir à Janine une fois de plus, tenait en effet dans ce principe obscur qu'ils demandaient toujours le double pour qu'on leur donne le quart. Janine, mal à l'aise, suivait les deux porteurs. Elle avait mis un vêtement de laine sous son gros manteau, elle aurait voulu tenir moins de place. Le porc, quoique bien cuit, et le peu de vin qu'elle avait bu, lui donnaient aussi de l'embarras.

Ils longeaient un petit jardin public planté d'arbres poudreux. Des Arabes les croisaient qui se rangeaient sans paraître les voir, ramenant devant eux les pans de leurs burnous. Elle leur trouvait, même lorsqu'ils portaient des loques, un air de fierté que n'avaient pas les Arabes de sa ville. Janine suivait la malle qui, à travers la foule, lui ouvrait un chemin. Ils passèrent la porte d'un rempart de terre ocre, parvinrent sur une petite place plantée des mêmes arbres minéraux et bordée au fond, sur sa plus grande largeur, par des arcades et des boutiques. Mais ils s'arrêtèrent sur la place même, devant une petite construction en forme d'obus, peine à la chaux bleue[1]. À l'intérieur, dans la pièce unique, éclairée seulement par la porte d'entrée, se tenait, derrière une planche de bois luisant, un vieil Arabe aux moustaches blanches. Il était en train de servir du thé, élevant et abaissant la théière au-dessus de trois petits verres multicolores. Avant qu'ils pussent rien distinguer d'autre dans la pénombre du magasin, l'odeur fraîche du thé à la menthe accueillit Marcel et Janine sur le seuil. À peine franchie l'entrée, et ses guirlandes encombrantes de théières en étain, de tasses et de plateaux mêlés à des tourniquets de cartes postales, Marcel se trouva contre le comptoir. Janine resta dans l'entrée. Elle s'écarta un peu pour ne pas intercepter la lumière. À ce moment, elle aperçut derrière le vieux marchand, dans la pénombre, deux Arabes qui les regardaient en souriant, assis sur les sacs gonflés dont le fond de la boutique était entièrement garni. Des tapis rouges et noirs, des foulards brodés pendaient le long des murs, le sol était encombré de sacs et de petites caisses emplies de graines aromatiques. Sur le comptoir, autour d'une balance aux plateaux de cuivre étincelants et d'un vieux mètre aux gravures effacées, s'alignaient des pains de sucre dont l'un, démailloté de ses langes de gros papier bleu, était entamé au sommet.

L'odeur de laine et d'épices qui flottait dans la pièce apparut derrière le parfum du thé quand le vieux marchand posa la théière sur le comptoir et dit bonjour.

Marcel parlait précipitamment, de cette voix basse qu'il prenait pour parler affaires. Puis il ouvrait la malle, montrait les étoffes et les foulards, poussait la balance et le mètre pour étaler sa marchandise devant le vieux marchand. Il s'énervait, haussait le ton, riait de façon désordonnée, il avait l'air d'une femme qui veut plaire et qui n'est pas sûre d'elle. Maintenant, de ses mains largement ouvertes, il mimait la vente et l'achat. Le vieux secoua la tête, passa le plateau de thé aux deux Arabes derrière lui et dit seulement quelques mots qui semblèrent décourager Marcel. Celui-ci reprit ses étoffes, les empila dans la malle, puis essuya sur son front une sueur improbable. Il appela[1] le petit porteur et ils repartirent vers les arcades. Dans la première boutique, bien que le marchand eût d'abord affecté le même air olympien, ils furent un peu plus heureux. « Ils se prennent pour le bon Dieu, dit Marcel, mais ils vendent aussi! La vie est dure pour tous[2]. »

Janine suivait sans répondre. Le vent avait presque cessé. Le ciel se découvrait par endroits. Une lumière froide, brillante descendait des puits bleus qui se creusaient dans l'épaisseur des nuages. Ils avaient maintenant quitté la place. Ils marchaient dans de petites rues, longeaient des murs de terre au-dessus desquels pendaient les roses pourries de décembre ou, de loin en loin, une grenade, sèche et véreuse. Un parfum de poussière et de café, la fumée d'un feu d'écorces, l'odeur de la pierre, du mouton, flottaient dans ce quartier. Les boutiques, creusées dans des pans de murs, étaient éloignées les unes des autres; Janine sentait ses jambes s'alourdir. Mais son mari se rassérénait peu à peu, il commençait à vendre, et devenait aussi plus conciliant; il appelait Janine « petite », le voyage ne serait pas inutile. « Bien sûr, disait Janine, il vaut mieux s'entendre directement avec eux. »

Ils revinrent par une rue, vers le centre. L'après-midi était avancé, le ciel maintenant à peu près découvert. Ils s'arrêtèrent sur la place. Marcel se frottait les mains, il contemplait d'un air tendre la malle, devant eux. « Regarde », dit Janine. De l'autre extrémité de la place venait un grand Arabe, maigre, vigoureux, couvert d'un burnous bleu ciel, chaussé de souples bottes jaunes, les mains gantées, et qui portait haut un visage aquilin et bronzé. Seul le chèche qu'il portait en turban permettait de le distinguer de ces officiers français d'Affaires indigènes que Janine avait parfois admirés. Il avançait régulièrement dans leur direction, mais semblait regarder au-delà de leur groupe, en dégantant avec lenteur l'une de ses mains. « Eh bien, dit Marcel en haussant les épaules, en[1] voilà un qui se croit général. » Oui, ils avaient tous ici cet air d'orgueil, mais celui-là, vraiment, exagérait. Alors que l'espace vide de la place les entourait, il avançait droit sur la malle, sans la voir, sans les voir. Puis la distance qui les séparait diminua rapidement et l'Arabe arrivait sur eux, lorsque Marcel saisit, tout d'un coup, la poignée de la cantine, et la tira en arrière. L'autre passa sans paraître rien remarquer, et se dirigea du même pas vers les remparts. Janine regarda son mari, il avait son air déconfit. « Ils se croient tout permis, maintenant », dit-il. Janine ne répondit rien. Elle détestait la stupide arrogance de cet Arabe et se sentait tout d'un coup malheureuse. Elle voulait partir, elle pensait à son petit appartement. L'idée de rentrer à l'hôtel, dans cette chambre glacée, la décourageait. Elle pensa soudain que le patron lui avait conseillé de monter sur la terrasse du fort d'où l'on voyait le désert. Elle le dit à Marcel et qu'on pouvait laisser la malle à l'hôtel. Mais il était fatigué, il voulait dormir un peu avant le dîner. « Je t'en prie », dit Janine. Il la regarda, soudain attentif. « Bien sûr, mon chéri », dit-il.

Elle l'attendait devant l'hôtel, dans la rue. La foule vêtue de blanc devenait de plus en plus nombreuse. On n'y rencontrait pas une seule femme et il semblait à Janine qu'elle n'avait jamais vu autant d'hommes. Pourtant, aucun ne la regardait[2]. Quelques-uns, sans paraître la voir, tournaient lentement vers elle cette face maigre et tannée qui, à ses yeux, les faisait tous ressemblants, le visage du soldat français dans le car, celui de l'Arabe aux gants, un visage à la fois rusé et fier. Ils tournaient ce visage vers l'étrangère, ils ne la voyaient pas et puis, légers et silencieux, ils passaient autour d'elle dont les chevilles gonflaient. Et son malaise, son besoin de départ augmentaient. « Pourquoi suis-je venue ? » Mais, déjà, Marcel redescendait.

Lorsqu'ils grimpèrent l'escalier du fort, il était cinq

heures de l'après-midi. Le vent avait complètement cessé. Le ciel, tout entier découvert, était maintenant d'un bleu de pervenche[1]. Le froid, devenu plus sec, piquait leurs joues. Au milieu de l'escalier, un vieil Arabe, étendu contre le mur, leur demanda s'ils voulaient être guidés, mais sans bouger, comme s'il avait été sûr d'avance de leur refus. L'escalier était long et raide, malgré plusieurs paliers de terre battue. À mesure qu'ils montaient, l'espace s'élargissait et ils s'élevaient dans une lumière de plus en plus vaste, froide et sèche, où chaque bruit de l'oasis leur parvenait avec une pureté distincte. L'air illuminé semblait vibrer autour d'eux, d'une vibration de plus en plus longue à mesure qu'ils progressaient, comme si leur passage faisait naître sur le cristal de la lumière une onde sonore qui allait s'élargissant. Et au moment où, parvenus sur la terrasse, leur regard se perdit d'un coup au-delà de la palmeraie, dans l'horizon immense, il sembla à Janine que le ciel entier retentissait d'une seule note éclatante et brève dont les échos peu à peu remplirent l'espace au-dessus d'elle, puis se turent subitement pour la laisser silencieuse devant l'étendue sans limites.

De l'est à l'ouest, en effet, son regard se déplaçait lentement, sans rencontrer un seul obstacle, tout le long d'une courbe parfaite. Au-dessous d'elle, les terrasses bleues et blanches de la ville arabe se chevauchaient, ensanglantées par les taches rouge sombre des piments qui séchaient au soleil. On n'y voyait personne, mais des cours intérieures montaient, avec la fumée odorante d'un café qui grillait, des voix rieuses ou des piétinements incompréhensibles. Un peu plus loin, la palmeraie, divisée en carrés inégaux par des murs d'argile, bruissait à son sommet sous l'effet d'un vent qu'on ne sentait plus sur la terrasse. Plus loin encore, et jusqu'à l'horizon, commençait, ocre et gris, le royaume des pierres, où nulle vie n'apparaissait. À quelque distance de l'oasis seulement, près de l'oued qui, à l'occident, longeait la palmeraie, on apercevait de larges tentes noires. Tout autour, un troupeau de dromadaires immobiles, minuscules à cette distance, formaient sur le sol gris les signes sombres d'une étrange écriture dont il fallait déchiffrer le sens. Au-dessus du désert, le silence était vaste comme l'espace.

Janine, appuyée de tout son corps au parapet, restait sans voix, incapable de s'arracher au vide qui s'ouvrait devant elle. À ses côtés, Marcel s'agitait. Il avait froid, il voulait descendre. Qu'y avait-il donc à voir ici ? Mais elle ne pouvait détacher ses regards de l'horizon. Là-bas, plus au sud encore, à cet endroit où le ciel et la terre se rejoignaient dans une ligne pure, là-bas, lui semblait-il soudain, quelque chose l'attendait qu'elle avait ignoré jusqu'à ce jour et qui pourtant n'avait cessé de lui manquer. Dans l'après-midi qui avançait, la lumière se détendait doucement ; de cristalline, elle devenait liquide. En même temps, au cœur d'une femme que le hasard seul amenait là, un nœud que les années, l'habitude et l'ennui avaient serré, se dénouait lentement. Elle regardait le campement des nomades[1]. Elle n'avait même pas vu les hommes qui vivaient là, rien ne bougeait entre les tentes noires et, pourtant, elle ne pouvait penser qu'à eux, dont elle avait à peine connu l'existence jusqu'à ce jour. Sans maisons, coupés du monde, ils étaient une poignée à errer sur le vaste territoire qu'elle découvrait du regard, et qui n'était cependant qu'une partie dérisoire d'un espace encore plus grand, dont la fuite vertigineuse ne s'arrêtait qu'à des milliers de kilomètres plus au sud, là où le premier fleuve féconde enfin la forêt. Depuis toujours, sur la terre sèche, raclée jusqu'à l'os, de ce pays démesuré, quelques hommes cheminaient sans trêve, qui ne possédaient rien mais ne servaient personne[2], seigneurs misérables et libres d'un étrange royaume. Janine ne savait pas pourquoi cette idée l'emplissait d'une tristesse si douce et si vaste qu'elle lui fermait les yeux. Elle savait seulement que ce royaume, de tout temps, lui avait été promis et que jamais, pourtant, il ne serait le sien, plus jamais, sinon à ce fugitif instant, peut-être, où elle rouvrit les yeux sur le ciel soudain immobile, et sur ses flots de lumière figée, pendant que les voix qui montaient de la ville arabe se taisaient brusquement. Il lui sembla que le cours du monde venait alors de s'arrêter et que personne, à partir de cet instant, ne vieillirait plus ni ne mourrait. En tous lieux, désormais, la vie était suspendue, sauf dans son cœur où, au même moment, quelqu'un pleurait de peine et d'émerveillement.

Mais la lumière se mit en mouvement, le soleil, net et sans chaleur, déclina vers l'ouest qui rosit un peu, tandis qu'une vague grise se formait à l'est, prête à déferler lentement sur l'immense étendue. Un premier chien hurla, et son cri lointain monta dans l'air, devenu encore plus froid. Janine s'aperçut alors qu'elle claquait des dents. « On crève, dit Marcel, tu es stupide. Rentrons. » Mais il lui prit gauchement la main. Docile maintenant, elle se détourna du parapet et le suivit. Le vieil Arabe de l'escalier, immobile, les regarda descendre vers la ville. Elle marchait sans voir personne, courbée sous une immense et brusque fatigue, traînant son corps dont le poids lui paraissait maintenant insupportable. Son exaltation l'avait quittée. À présent, elle se sentait trop grande, trop épaisse, trop blanche aussi pour ce monde où elle venait d'entrer. Un enfant, la jeune fille, l'homme sec, le chacal furtif étaient les seules créatures qui pouvaient fouler silencieusement cette terre. Qu'y ferait-elle désormais, sinon s'y traîner jusqu'au sommeil, jusqu'à la mort ?

Elle se traîna, en effet, jusqu'au restaurant, devant un mari soudain taciturne, ou qui disait sa fatigue, pendant qu'elle-même luttait faiblement contre un rhume dont elle sentait monter la fièvre. Elle se traîna encore jusqu'à son lit, où Marcel vint la rejoindre, et éteignit aussitôt sans rien lui demander. La chambre était glacée. Janine sentait le froid la gagner en même temps que s'accélérait la fièvre. Elle respirait mal, son sang battait sans la réchauffer ; une sorte de peur grandissait en elle. Elle se retournait, le vieux lit de fer craquait sous son poids. Non, elle ne voulait pas être malade. Son mari dormait déjà, elle aussi devait dormir, il le fallait. Les bruits étouffés de la ville parvenaient jusqu'à elle par la meurtrière. Les vieux phonographes des cafés maures nasillaient des airs qu'elle reconnaissait vaguement, et qui lui arrivaient, portés par une rumeur de foule lente. Il fallait dormir. Mais elle comptait des tentes noires ; derrière ses paupières paissaient des chameaux immobiles ; d'immenses solitudes tournoyaient en elle. Oui, pourquoi était-elle venue ? Elle s'endormit sur cette question.

Elle se réveilla un peu plus tard. Le silence autour d'elle était total. Mais, aux limites de la ville, des chiens enroués hurlaient dans la nuit muette. Janine frissonna. Elle se retourna encore sur elle-même, sentit contre la sienne l'épaule dure de son mari et, tout d'un coup, à demi endormie, se blottit contre lui. Elle dérivait sur le sommeil sans s'y enfoncer, elle s'accrochait à cette épaule avec une avidité inconsciente, comme à son port le plus sûr.

Elle parlait, mais sa bouche n'émettait aucun son. Elle
parlait, mais c'est à peine si elle s'entendait elle-même.
Elle ne sentait que la chaleur de Marcel. Depuis plus de
vingt ans, chaque nuit, ainsi, dans sa chaleur, eux deux
toujours, même malades, même en voyage, comme à
présent... Qu'aurait-elle fait d'ailleurs, seule à la maison ?
Pas d'enfant ! N'était-ce pas cela qui lui manquait ? Elle ne
savait pas. Elle suivait Marcel, voilà tout, contente de
sentir que quelqu'un avait besoin d'elle. Il ne lui donnait
pas d'autre joie que de se savoir nécessaire. Sans doute ne
l'aimait-il pas. L'amour, même haineux, n'a pas ce visage
renfrogné. Mais quel est son visage ? Ils s'aimaient dans
la nuit, sans se voir, à tâtons. Y a-t-il un autre amour que
celui des ténèbres, un amour qui crierait en plein jour ?
Elle[1] ne savait pas, mais elle savait que Marcel avait besoin
d'elle et qu'elle avait besoin de ce besoin, qu'elle en vivait la nuit et le jour, la nuit surtout, chaque nuit, où
il ne voulait pas être seul, ni vieillir, ni mourir, avec cet
air buté qu'il prenait et qu'elle reconnaissait parfois sur
d'autres visages d'hommes, le seul air commun de ces fous
qui se camouflent sous des airs de raison, jusqu'à ce que
le délire les prenne et les jette désespérément vers un corps
de femme pour y enfouir, sans désir, ce que la solitude et
la nuit leur montrent d'effrayant.

Marcel remua un peu comme pour s'éloigner d'elle.
Non, il ne l'aimait pas, il avait peur de ce qui n'était pas
elle, simplement, et elle et lui depuis longtemps auraient
dû se séparer, et dormir seuls jusqu'à la fin. Mais qui peut
dormir toujours seul ? Quelques hommes le font, que la
vocation ou le malheur ont retranchés des autres et qui
couchent alors tous les soirs dans le même lit que la mort.
Marcel, lui, ne le pourrait jamais, lui surtout, enfant faible
et désarmé, que la douleur effarait toujours, son enfant,
justement, qui avait besoin d'elle et qui, au même moment,
fit entendre une sorte de gémissement. Elle se serra un
peu plus contre lui, posa la main sur sa poitrine. Et, en
elle-même, elle l'appela du nom d'amour qu'elle lui donnait autrefois et que, de loin en loin encore, ils employaient
entre eux, mais sans plus penser à ce qu'ils disaient.

Elle l'appela de tout son cœur. Elle aussi, après tout,
avait besoin de lui, de sa force, de ses petites manies,
elle aussi avait peur de mourir. « Si je surmontais cette
peur, je serais heureuse... » Aussitôt, une angoisse sans

nom l'envahit. Elle se détacha de Marcel. Non, elle ne surmontait rien, elle n'était pas heureuse, elle allait mourir, en vérité, sans avoir été délivrée. Son cœur lui faisait mal, elle étouffait sous un poids immense dont elle découvrait soudain qu'elle le traînait depuis vingt ans, et sous lequel elle se débattait maintenant de toutes ses forces. Elle voulait être délivrée, même si Marcel, même si les autres ne l'étaient jamais! Réveillée[1], elle se dressa dans son lit et tendit l'oreille à un appel qui lui sembla tout proche. Mais, des extrémités de la nuit, les voix exténuées et infatigables des chiens de l'oasis lui parvinrent seules. Un faible vent s'était levé dont elle entendait couler les eaux légères dans la palmeraie. Il venait du sud, là où le désert et la nuit se mêlaient maintenant sous le ciel à nouveau fixe, là où la vie s'arrêtait, où plus personne ne vieillissait ni ne mourait. Puis les eaux du vent tarirent et elle ne fut même plus sûre d'avoir rien entendu, sinon un appel muet qu'après tout elle pouvait à volonté faire taire ou percevoir, mais dont plus jamais elle ne connaîtrait le sens, si elle n'y répondait à l'instant. À l'instant, oui, cela du moins était sûr!

Elle se leva doucement et resta immobile, près du lit, attentive à la respiration de son mari. Marcel dormait. L'instant d'après, la chaleur du lit la quittait, le froid la saisit. Elle s'habilla lentement, cherchant ses vêtements à tâtons dans la faible lumière qui, à travers les persiennes en façade, venait des lampes de la rue. Les souliers à la main, elle gagna la porte. Elle attendit encore un moment, dans l'obscurité, puis ouvrit doucement. Le loquet grinça, elle s'immobilisa. Son cœur battait follement. Elle tendit l'oreille et, rassurée par le silence, tourna encore un peu la main. La rotation du loquet lui parut interminable. Elle ouvrit enfin, se glissa dehors, et referma la porte avec les mêmes précautions. Puis, la joue collée contre le bois, elle attendit. Au bout d'un instant, elle perçut, lointaine, la respiration de Marcel. Elle se retourna, reçut contre le visage l'air glacé de la nuit et courut le long de la galerie. La porte de l'hôtel était fermée. Pendant qu'elle manœuvrait le verrou, le veilleur de nuit parut dans le haut de l'escalier, le visage brouillé, et lui parla en arabe. « Je reviens », dit Janine, et elle se jeta dans la nuit.

Des guirlandes d'étoiles descendaient du ciel noir au-dessus des palmiers et des maisons. Elle courait le long de

la courte avenue, maintenant déserte, qui menait au fort.
Le froid, qui n'avait plus à lutter contre le soleil, avait
envahi la nuit ; l'air glacé lui brûlait les poumons. Mais
elle courait, à demi aveugle, dans l'obscurité. Au sommet
de l'avenue, pourtant, des lumières apparurent, puis
descendirent vers elle en zigzaguant. Elle s'arrêta, perçut
un bruit d'élytres et, derrière les lumières qui grossissaient, vit enfin d'énormes burnous sous lesquels étincelaient des roues fragiles de bicyclettes. Les burnous la
frôlèrent ; trois feux rouges surgirent dans le noir derrière
elle, pour disparaître aussitôt. Elle reprit sa course vers
le fort. Au milieu de l'escalier, la brûlure de l'air dans
ses poumons devint si coupante qu'elle voulut s'arrêter.
Un dernier élan la jeta malgré elle sur la terrasse, contre
le parapet qui lui pressait maintenant le ventre. Elle haletait
et tout se brouillait devant ses yeux. La course ne l'avait
pas réchauffée, elle tremblait encore de tous ses membres.
Mais l'air froid qu'elle avalait par saccades coula bientôt
régulièrement en elle, une chaleur timide commença de
naître au milieu des frissons. Ses yeux s'ouvrirent enfin
sur les espaces de la nuit.

Aucun souffle[1], aucun bruit, sinon, parfois, le crépitement étouffé des pierres que le froid réduisait en sable, ne
venait troubler la solitude et le silence qui entouraient
Janine. Au bout d'un instant, pourtant, il lui sembla
qu'une sorte de giration pesante entraînait le ciel au-
dessus d'elle. Dans les épaisseurs de la nuit sèche et froide,
des milliers d'étoiles se formaient sans trêve et leurs gla-
çons étincelants, aussitôt détachés, commençaient de glisser insensiblement vers l'horizon. Janine ne pouvait
s'arracher à la contemplation de ces feux à la dérive. Elle
tournait avec eux et le même cheminement immobile la
réunissait peu à peu à son être le plus profond, où le
froid et le désir maintenant se combattaient. Devant elle,
les étoiles tombaient, une à une, puis s'éteignaient parmi
les pierres du désert, et à chaque fois Janine s'ouvrait un
peu plus à la nuit. Elle respirait, elle oubliait le froid, le
poids des êtres, la vie démente ou figée, la longue angoisse
de vivre et de mourir. Après tant d'années où, fuyant
devant la peur, elle avait couru follement, sans but, elle
s'arrêtait enfin. En même temps, il lui semblait retrouver
ses racines, la sève montait à nouveau dans son corps qui
ne tremblait plus. Pressée de tout son ventre contre le

parapet, tendue vers le ciel en mouvement, elle attendait seulement que son cœur encore bouleversé s'apaisât à son tour et que le silence se fît en elle. Les dernières étoiles des constellations laissèrent tomber leurs grappes un peu plus bas sur l'horizon du désert, et s'immobilisèrent. Alors, avec une douceur insupportable, l'eau de la nuit commença d'emplir Janine, submergea le froid, monta peu à peu du centre obscur de son être et déborda en flots ininterrompus jusqu'à sa bouche pleine de gémissements. L'instant d'après, le ciel entier s'étendait au-dessus d'elle, renversée sur la terre froide

Quand Janine rentra, avec les mêmes précautions, Marcel n'était pas réveillé. Mais il grogna lorsqu'elle se coucha et, quelques secondes après, se dressa brusquement. Il parla et elle ne comprit pas ce qu'il disait. Il se leva, donna la lumière qui la gifla en plein visage. Il marcha en tanguant vers le lavabo et but longuement à la bouteille d'eau minérale qui s'y trouvait. Il allait se glisser sous les draps quand, un genou sur le lit, il la regarda, sans[1] comprendre. Elle pleurait, de toutes ses larmes, sans pouvoir se retenir. « Ce n'est rien, mon chéri, disait-elle, ce n'est rien. »

LE RENÉGAT

ou

UN ESPRIT CONFUS

Quelle bouillie, quelle bouillie! Il faut mettre de l'ordre dans ma tête. Depuis qu'ils m'ont coupé la langue, une autre langue, je ne sais pas, marche sans arrêt dans mon crâne, quelque chose parle, ou quelqu'un qui se tait soudain et puis tout recommence, ô j'entends trop de choses que je ne dis pourtant pas, quelle bouillie, et si j'ouvre la bouche, c'est comme un bruit de cailloux remués. De l'ordre, un ordre, dit la langue, et elle parle d'autre chose en même temps, oui j'ai toujours désiré l'ordre. Du moins, une chose est sûre, j'attends le missionnaire qui doit venir me remplacer. Je suis là sur la piste, à une heure de Taghâsa, caché dans un éboulis de rochers, assis sur le vieux fusil. Le jour se lève sur le désert, il fait encore très froid, tout à l'heure il fera trop chaud, cette terre rend fou et moi, depuis tant d'années que je n'en sais plus le compte... Non, encore un effort! Le missionnaire doit arriver ce matin, ou ce soir. J'ai entendu dire qu'il viendrait avec un guide, il se peut qu'ils n'aient qu'un seul chameau pour eux deux. J'attendrai, j'attends, le froid, le froid seul me fait trembler. Patience encore, sale esclave!

Il y a si longtemps que je patiente. Quand j'étais chez moi, dans ce haut plateau du Massif central, mon père grossier, ma mère brute, le vin, la soupe au lard tous les jours, le vin surtout, aigre et froid, et le long hiver, la burle glacé, les congères, les fougères dégoûtantes, oh! je voulais partir, les quitter d'un seul coup et commencer enfin à vivre, dans le soleil, avec de l'eau claire. J'ai cru au curé, il me parlait du séminaire, il s'occupait tous les jours de moi, il avait le temps dans ce pays protestant où il rasait les murs quand il traversait le village. Il[1] me par-

lait d'un avenir et du soleil, le catholicisme c'est le soleil,
disait-il, et il me faisait lire, il a fait rentrer le latin dans ma
tête dure : « Intelligent ce petit, mais un mulet », si dur
d'ailleurs mon crâne que de ma vie entière, malgré toutes
les chutes, il n'a jamais saigné : « Tête de vache », disait
mon père, ce porc. Au séminaire, ils étaient tout fiers, une
recrue du pays protestant c'était une victoire, ils m'ont
vu arriver comme le soleil d'Austerlitz. Pâlichon le
soleil, il est vrai, à cause de l'alcool, ils ont bu le vin aigre
et leurs enfants ont des dents cariées, râ râ tuer son père,
voilà ce qu'il faudrait, mais pas de danger, au fait, qu'il
se lance dans la mission puisqu'il est mort depuis longtemps, le vin acide a fini par lui trouer l'estomac, alors il
ne reste qu'à tuer le missionnaire.

    J'ai un compte à régler avec lui et avec ses maîtres,
avec mes maîtres qui m'ont trompé, avec la sale Europe,
tout le monde m'a trompé. La mission, ils n'avaient que
ce mot à la bouche, aller aux sauvages et leur dire :
« Voici mon Seigneur, regardez-le, il ne frappe jamais ni
ne tue, il commande d'une voix douce, il tend l'autre joue,
c'est le plus grand des seigneurs, choisissez-le, voyez
comme il m'a rendu meilleur, offensez-moi et vous en
aurez la preuve. » Oui, j'ai cru râ râ et je me sentais
meilleur, j'avais grossi, j'étais presque beau, je voulais
des offenses. Quand nous marchions en rangs serrés et
noirs, l'été, sous le soleil de Grenoble, et que nous
croisions des filles en robes légères, je ne détournais pas,
moi, les yeux, je les méprisais, j'attendais qu'elles m'offen-
sent et elles riaient parfois. Je pensais alors : « Qu'elles
me frappent et me crachent au visage », mais leur rire,
vraiment, c'était tout comme, hérissé de dents et de
pointes qui me déchiraient, l'offense et la souffrance
étaient douces! Mon directeur ne comprenait pas quand
je m'accablais : « Mais non, il y a du bon en vous! » Du
bon! il y avait en moi du vin aigre, voilà tout, et c'était
tant mieux, comment devenir meilleur si l'on n'est pas
mauvais, je l'avais bien compris dans tout ce qu'ils
m'enseignaient. Je n'avais même compris que cela, une
seule idée et mulet intelligent j'allais jusqu'au bout,
j'allais au-devant des pénitences, je rognais sur l'ordinaire,
enfin je voulais être un exemple, moi aussi, pour qu'on me
voie, et qu'en me voyant on rende hommage à ce qui
m'avait fait meilleur, à travers moi saluez mon Seigneur.

Soleil sauvage! il se lève, le désert change, il n'a plus la couleur du cyclamen des montagnes, ô ma montagne, et la neige, la douce neige molle[1], non c'est un jaune un peu gris, l'heure ingrate avant le grand éblouissement. Rien, rien encore jusqu'à l'horizon, devant moi, là-bas où le plateau disparaît dans un cercle de couleurs encore tendres. Derrière moi, la piste remonte jusqu'à la dune qui cache Taghâsa dont le nom de fer bat dans ma tête depuis tant d'années. Le premier à m'en parler a été le vieux prêtre à demi aveugle qui faisait sa retraite au couvent, mais pourquoi le premier, il était le seul, et moi, ce n'est pas la ville de sel, les murs blancs dans le soleil torride, qui m'ont frappé dans son récit, non, mais la cruauté des habitants sauvages, et la ville fermée à tous les étrangers, un seul de ceux qui avaient tenté d'y entrer, un seul, à sa connaissance, avait pu raconter ce qu'il avait vu. Ils l'avaient fouetté et chassé dans le désert après avoir mis du sel sur ses plaies et dans sa bouche, il avait rencontré des nomades pour une fois compatissants, une chance, et moi, depuis, je rêvais sur son récit, au feu du sel et du ciel, à la maison du fétiche et à ses esclaves, pouvait-on trouver plus barbare, plus excitant, oui, là était ma mission, et je devais aller leur montrer mon Seigneur.

Ils m'en ont fait des discours au séminaire pour me décourager et qu'il fallait attendre, ce n'était pas un pays de mission, je n'étais pas mûr, je devais me préparer particulièrement, savoir qui j'étais, et encore il fallait m'éprouver, on verrait ensuite! Mais toujours attendre ah! non, oui, si on voulait, pour la préparation particulière et les épreuves puisqu'elles se faisaient en Alger et qu'elles me rapprochaient, mais pour le reste je secouais ma tête dure et je répétais la même chose, rejoindre les plus barbares et vivre de leur vie, leur montrer chez eux, et jusque dans la maison du fétiche, par l'exemple, que la vérité de mon Seigneur était la plus forte. Ils m'offenseraient, bien sûr, mais les offenses ne me faisaient pas peur, elles étaient nécessaires à la démonstration, et par la manière dont je les subirais, je subjuguerais ces sauvages, comme un soleil puissant. Puissant, oui, c'était le mot que sans cesse, je roulais sur ma langue, je rêvais du pouvoir absolu, celui qui fait mettre genoux à terre, qui force l'adversaire à capituler, le convertit enfin, et plus l'adversaire est aveugle, cruel, sûr de lui, enseveli dans sa conviction, et plus son aveu proclame la royauté de celui qui a provoqué sa défaite. Convertir des braves gens un peu égarés, c'était l'idéal minable de nos prêtres, je les méprisais de tant pouvoir et d'oser si peu, ils n'avaient pas la foi et je l'avais, je voulais être reconnu par les bourreaux eux-mêmes, les jeter à genoux et leur faire dire : « Seigneur, voici ta victoire », régner enfin par la seule parole sur une armée de méchants. Ah! j'étais certain de bien raisonner là-dessus, jamais très sûr de moi autrement, mais mon idée quand je l'ai, je ne la lâche plus, c'est ma force, oui, ma force à moi dont ils avaient tous pitié!

Le soleil est encore monté, mon front commence à brûler. Les pierres autour de moi crépitent sourdement, seul le canon du fusil est frais, frais comme les prés, comme la pluie du soir, autrefois, quand la soupe cuisait doucement, ils m'attendaient, mon père et ma mère, qui parfois me souriaient, je les aimais peut-être. Mais c'est fini, un voile de chaleur commence à se lever de la piste, viens, missionnaire, je[1] t'attends, je sais maintenant ce qu'il faut répondre au message, mes nouveaux maîtres m'ont donné la leçon, et je sais qu'ils ont raison, il faut régler son compte à l'amour. Quand j'ai fui du séminaire, à Alger, je les imaginais autrement, ces barbares, une seule chose était vraie dans mes rêveries, ils sont méchants. Moi, j'avais volé la caisse de l'économat, quitté la robe, j'ai traversé l'Atlas, les hauts plateaux et le désert, le chauffeur de la Transsaharienne se moquait de moi : « Ne va pas là-bas », lui aussi qu'est-ce qu'ils avaient tous, et les vagues de sable pendant des centaines de kilomètres, échevelées, avançant puis reculant sous le vent, et la montagne à nouveau, toute en pics noirs, en arêtes coupantes comme du fer, et après elle il a fallu un guide pour aller sur la mer de cailloux bruns, interminable, hurlante de chaleur, brûlante de mille miroirs hérissés de feux, jusqu'à cet endroit, à la frontière de la terre des noirs et du pays blanc, où s'élève la ville de sel. Et l'argent que le guide m'a volé, naïf toujours naïf je le lui avais montré, mais il m'a laissé sur la piste, par ici, justement, après m'avoir frappé : « Chien, voilà la route j'ai de l'honneur, va, va là-bas, ils t'apprendront », et ils m'ont appris, oh! oui, ils sont comme le soleil qui n'en finit pas, sauf la nuit, de frapper toujours, avec éclat et orgueil, qui me frappe fort en ce moment, trop fort, à coups de lances brûlantes soudain sorties du sol, oh! à l'abri, oui à l'abri, sous le grand rocher, avant que tout s'embrouille.

L'ombre ici est bonne. Comment peut-on vivre dans la ville de sel, au creux de cette cuvette pleine de chaleur blanche? Sur chacun des murs droits, taillés à coups de pic, grossièrement rabotés, les entailles laissées par le pic se hérissent en écailles éblouissantes, du sable blond épars les jaunit un peu, sauf quand le vent nettoie les murs droits et les terrasses, tout resplendit alors dans une blancheur fulgurante, sous le ciel nettoyé lui aussi jusqu'à son écorce bleue. Je devenais aveugle, dans ces jours où l'immobile incendie crépitait pendant des heures sur la surface des terrasses blanches qui semblaient se rejoindre toutes comme si, un jour d'autrefois, ils avaient attaqué ensemble une montagne de sel, l'avaient d'abord aplanie, puis, à même la masse, avaient creusé les rues, l'intérieur des maisons, et les fenêtres, ou comme si, oui, c'est mieux, ils avaient découpé leur enfer blanc et brûlant avec un chalumeau d'eau bouillante, juste pour montrer qu'ils sauraient habiter là où personne ne le pourrait jamais, à trente jours de toute vie, dans ce creux au milieu du désert, où la chaleur du plein jour interdit tout contact entre les êtres, dresse entre eux des herses de flammes invisibles et de cristaux bouillants, où sans transition le froid de la nuit les fige un à un dans leurs coquillages de gemme, habitants nocturnes d'une banquise sèche, esquimaux noirs grelottant tout d'un coup dans leurs igloos cubiques. Noirs oui, car ils sont habillés de longues étoffes noires et le sel qui envahit jusqu'aux ongles, qu'on remâche amèrement dans le sommeil polaire des nuits, le sel qu'on boit dans l'eau qui vient à l'unique source au creux d'une entaille brillante, laisse parfois sur leurs robes sombres des traces semblables aux traînées des escargots après la pluie.

La pluie, ô Seigneur, une seule vraie pluie, longue, dure, la pluie de ton ciel! Alors enfin la ville affreuse, rongée peu à peu, s'affaisserait avec lenteur, irrésistiblement, et, fondue tout entière dans un torrent visqueux, emporterait vers les sables ses habitants féroces. Une seule pluie, Seigneur! Mais quoi, quel seigneur, ce sont eux les seigneurs! Ils règnent sur leurs maisons stériles, sur leurs esclaves noirs qu'ils font mourir à la mine, et

chaque plaque de sel découpée vaut un homme dans les
pays du Sud, ils passent, silencieux, couverts de leurs
voiles de deuil, dans la blancheur minérale des rues, et,
la nuit venue, quand la ville entière semble un fantôme
laiteux, ils entrent, en se courbant, dans l'ombre des maisons où les murs de sel luisent faiblement. Ils dorment,
d'un sommeil sans poids, et dès le réveil ils commandent,
ils frappent, ils disent qu'ils ne sont qu'un seul peuple,
que leur dieu est le vrai, et qu'il faut obéir. Ce sont mes
seigneurs, ils ignorent la pitié et, comme des seigneurs,
ils veulent être seuls, avancer seuls, régner seuls, puisque
seuls ils ont eu l'audace de bâtir dans le sel et les sables
une froide cité torride. Et moi...

Quelle bouillie quand la chaleur monte, je transpire,
eux jamais, maintenant l'ombre elle aussi s'échauffe, je
sens le soleil sur la pierre au-dessus de moi, il frappe,
frappe comme un marteau sur toutes les pierres et c'est la
musique, la vaste musique de midi, vibration d'air et de
pierres sur des centaines de kilomètres râ comme autrefois j'entends le silence. Oui, c'était le même silence, il
y a des années de cela, qui m'a accueilli quand les gardes
m'ont mené à eux, dans le soleil, au centre de la place,
d'où peu à peu les terrasses concentriques s'élevaient vers
le couvercle de ciel bleu dur qui reposait sur les bords de
la cuvette. J'étais là, jeté à genoux au creux de ce bouclier
blanc, les yeux rongés par les épées de sel et de feu qui
sortaient de tous les murs, pâle de fatigue, l'oreille sai-
gnante du coup que m'avait donné le guide et eux, grands,
noirs, me regardaient sans rien dire. La journée était dans
son milieu. Sous les coups du soleil de fer, le ciel résonnait
longuement, plaque de tôle chauffée à blanc, c'était le
même silence et ils me regardaient, le temps passait, ils
n'en finissaient plus de me regarder, et, moi, je ne pouvais
soutenir leurs regards, je haletais de plus en plus fort,
j'ai pleuré enfin, et soudain ils m'ont tourné le dos en
silence et sont partis tous ensemble dans la même direction.
À genoux, je voyais seulement, dans les sandales rouges
et noires, leurs pieds brillants de sel soulever la longue
robe sombre, la pointe un peu dressée, le talon frappant
légèrement le sol, et quand la place a été vide, on m'a
traîné à la maison du fétiche.

Accroupi, comme aujourd'hui à l'abri du rocher, et le
feu au-dessus de ma tête perce l'épaisseur de la pierre, je

suis resté plusieurs jours dans l'ombre de la maison du
fétiche, un peu plus haute que les autres, entourée d'une
enceinte de sel, mais sans fenêtre, pleine d'une nuit scin-
tillante. Plusieurs jours, et l'on me donnait une écuelle
d'eau saumâtre et du grain qu'on jetait devant moi comme
on donne aux poules, je le ramassais. Le jour, la porte
restait fermée et pourtant, l'ombre devenait plus légère,
comme si le soleil irrésistible parvenait à couler à travers
les masses de sel. Nulle lampe, mais en marchant à tâtons
le long des parois, je touchais des guirlandes de palmes
sèches qui décoraient les murs et, au fond, une petite
porte, grossièrement taillée, dont je reconnaissais, du
bout des doigts, le loquet. Plusieurs jours, longtemps
après, je ne pouvais compter les journées ni les heures,
mais on m'avait jeté ma poignée de grains une dizaine de
fois et j'avais creusé un trou pour mes ordures que je
recouvrais en vain, l'odeur de tanière flottait toujours,
longtemps après, oui, la porte s'est ouverte à deux battants
et ils sont entrés.

L'un d'eux est venu vers moi, accroupi dans un coin.
Je sentais contre ma joue le feu du sel, je respirais l'odeur
poussiéreuse des palmes, je le regardais venir. Il s'est
arrêté à un mètre de moi, il me fixait en silence, un signe
et je me suis levé, il me fixait de ses yeux de métal qui
brillaient, inexpressifs, dans sa face brune de cheval, puis
il a levé la main. Toujours impassible, il m'a saisi par la
lèvre inférieure qu'il a tordue lentement, jusqu'à m'arracher la chair et, sans desserrer les doigts, m'a fait tourner
sur moi-même, reculer jusqu'au centre de la pièce, il a
tiré sur ma lèvre pour que je tombe à genoux, là, éperdu,
la bouche sanglante, puis il s'est détourné pour rejoindre
les autres, rangés le long des murs. Ils me regardaient
gémir dans l'ardeur intolérable du jour sans une ombre
qui entrait par la porte largement ouverte, et dans cette
lumière a surgi le sorcier aux cheveux de rafia, le torse
couvert d'une cuirasse de perles, les jambes nues sous une
jupe de paille, avec un masque de roseaux et de fil de fer
où deux ouvertures carrées avaient été pratiquées pour
les yeux. Il était suivi de musiciens et de femmes, aux
lourdes robes bariolées qui ne laissaient rien deviner de
leurs corps. Ils ont dansé devant la porte du fond, mais
d'une danse grossière, à peine rythmée, ils remuaient,
voilà tout, et enfin le sorcier a ouvert la petite porte der-

rière moi, les maîtres ne bougeaient pas, ils me regardaient, je me suis retourné et j'ai vu le fétiche, sa double
tête de hache, son nez de fer tordu comme un serpent.

On m'a porté devant lui, au pied du socle, on m'a fait
boire une eau noire, amère, amère, et aussitôt ma tête
s'est mise à brûler, je riais, voilà l'offense, je suis offensé.
Ils m'ont déshabillé, rasé la tête et le corps, lavé à l'huile,
battu le visage avec des cordes trempées dans l'eau et le
sel, et je riais et détournais la tête mais, chaque fois, deux
femmes me prenaient par les oreilles et présentaient mon
visage aux coups du sorcier dont je ne voyais que les
yeux carrés, je riais toujours, couvert de sang. Ils se sont
arrêtés, personne ne parlait, que moi, la bouillie commençait déjà dans ma tête, puis ils m'ont relevé et forcé à
lever les yeux sur le fétiche, je ne riais plus. Je savais que
je lui étais maintenant voué pour le servir, l'adorer, non,
je ne riais plus, la peur et la douleur m'étouffaient. Et là,
dans cette maison blanche, entre ces murs que le soleil
brûlait au-dehors avec application, le visage tendu, la
mémoire exténuée, oui, j'ai essayé de prier le fétiche,
il n'y avait que lui, et même son visage horrible était
moins horrible que le reste du monde. C'est alors qu'on
a enchaîné mes chevilles avec une corde qui laissait libre
la longueur de mon pas, ils ont encore dansé, mais cette
fois devant le fétiche, les maîtres un à un sont sortis.

La porte fermée derrière eux, la musique à nouveau,
et le sorcier a allumé un feu d'écorces[1] autour duquel il
trépignait, sa grande silhouette se brisait aux encoignures
des murs blancs, palpitait sur les surfaces plates, remplissait la pièce d'ombres dansantes. Il a tracé un rectangle
dans un coin où les femmes m'ont traîné, je sentais leurs
mains sèches et douces, elles ont placé près de moi un bol
d'eau et un petit tas de grains et m'ont montré le fétiche,
j'ai compris que je devais garder les yeux fixés sur lui.
Alors le sorcier les a appelées, une à une, près du feu,
il en a battu quelques-unes qui gémissaient, et qui sont
allées ensuite se prosterner devant le fétiche mon dieu,
pendant que le sorcier dansait encore et il les a toutes
fait sortir de la pièce jusqu'à ce qu'il n'en restât plus
qu'une, toute jeune, accroupie près des musiciens et qui
n'avait pas encore été battue. Il la tenait par une tresse
qu'il tordait de plus en plus sur son poing, elle se renversait, les yeux exorbités, jusqu'à ce qu'enfin elle tombe sur

le dos. Le sorcier la lâchant a crié, les musiciens se sont retournés contre le mur, pendant que derrière le masque aux yeux carrés le cri enflait jusqu'à l'impossible, et la femme se roulait à terre dans une sorte de crise et, à quatre pattes enfin, la tête cachée dans les bras joints, elle a crié elle aussi, mais sourdement et c'est ainsi que, sans cesser de hurler et de regarder le fétiche, le sorcier l'a prise prestement, avec méchanceté, sans qu'on puisse voir le visage de la femme, maintenant enseveli sous les plis lourds de la robe. Et moi, à force de solitude, égaré, n'ai-je pas crié aussi, oui, hurlé d'épouvante vers le fétiche jusqu'à ce qu'un coup de pied me rejette contre le mur, mordant le sel, comme je mords aujourd'hui le rocher, de ma bouche sans langue, en attendant celui qu'il faut que je tue.

Maintenant, le soleil a un peu dépassé le milieu du ciel. Entre les fentes du rocher, je vois le trou qu'il fait dans le métal surchauffé du ciel, bouche comme la mienne volubile, et qui vomit sans trêve des fleuves de flammes au-dessus du désert sans couleur. Sur la piste devant moi, rien, pas une poussière à l'horizon, derrière moi ils doivent me rechercher, non, pas encore, c'est à la fin de l'après-midi seulement qu'on ouvrait la porte et je pouvais sortir un peu, après avoir toute la journée nettoyé la maison du fétiche, renouvelé les offrandes et, le soir, la cérémonie commençait où j'étais parfois battu, d'autres fois non, mais toujours je servais le fétiche, le fétiche dont j'ai l'image gravée au fer dans le souvenir et maintenant dans l'espérance. Jamais un dieu ne m'avait tant possédé ni asservi, toute ma vie jours et nuits lui était vouée, et la douleur et l'absence de douleur, n'était-ce pas la joie, lui étaient dues et même, oui, le désir, à force d'assister, presque chaque jour, à cet acte impersonnel et méchant que j'entendais sans le voir, puisque je devais maintenant regarder le mur sous peine d'être battu. Mais le visage collé contre le sel, dominé par les ombres bestiales qui s'agitaient sur la paroi, j'écoutais le long cri, ma gorge était sèche, un brûlant désir sans sexe me serrait les tempes et le ventre. Les jours ainsi succédaient aux jours, je les distinguais à peine les uns des autres, comme s'ils se liquéfiaient dans la chaleur torride et la réverbération sournoise des murs de sel, le temps n'était plus qu'un clapotement informe où venaient éclater seulement, à intervalles réguliers, des cris de douleur ou de possession, long jour sans âge où le fétiche régnait comme ce soleil féroce sur ma maison de rochers, et maintenant comme alors, je pleure de malheur et de désir, un espoir méchant me brûle, je veux trahir, je lèche le canon de mon fusil et son âme à l'intérieur, son âme, seuls les fusils ont des âmes, oh! oui, le jour où l'on m'a coupé la langue, j'ai appris à adorer l'âme immortelle de la haine!

Quelle bouillie, quelle fureur, râ râ, ivre de chaleur et de colère, prosterné, couché sur mon fusil. Qui halète ici ? Je ne peux supporter cette chaleur qui n'en finit plus, cette attente, il faut que je le tue. Nul oiseau, nul brin d'herbe, la pierre, un désert aride, le silence, leurs cris, cette langue en moi qui parle et, depuis qu'ils m'ont mutilé, la longue souffrance plate et déserte privée même de l'eau de la nuit, la nuit à laquelle je rêvais, enfermé avec le dieu, dans ma tanière de sel. Seule la nuit, avec ses étoiles fraîches et ses fontaines obscures, pouvait me sauver, m'enlever enfin aux dieux méchants des hommes, mais toujours enfermé, je ne pouvais la contempler. Si l'autre tarde encore, je la verrai au moins monter du désert et envahir le ciel, froide[1] vigne d'or qui pendra du zénith obscur et où je pourrai boire à loisir, humecter ce trou noir et desséché que nul muscle de chair vivant et souple ne rafraîchit plus, oublier enfin ce jour où la folie m'a pris à la langue.

Qu'il faisait chaud, chaud, le sel fondait, je le croyais du moins, l'air me rongeait les yeux, et le sorcier est entré sans masque[2]. Presque nue sous une loque grisâtre, une nouvelle femme le suivait dont le visage, couvert d'un tatouage qui lui donnait le masque du fétiche, n'exprimait rien qu'une stupeur mauvaise d'idole. Seul vivait son corps mince et plat qui s'est affalé au pied du dieu quand le sorcier a ouvert la porte du réduit. Puis il est sorti sans me regarder, la chaleur montait, je ne bougeais pas, le fétiche me contemplait par-dessus ce corps immobile, mais dont les muscles remuaient doucement et le visage d'idole de la femme n'a pas changé quand je me suis approché. Ses yeux seuls se sont agrandis en me fixant, mes pieds touchaient les siens, la chaleur alors s'est mise à hurler, et l'idole, sans rien dire, me regardant toujours de ses yeux dilatés, s'est renversée peu à peu sur le dos, a ramené lentement ses jambes vers elle, et les a élevées en écartant doucement les genoux. Mais, tout de suite après, râ le sorcier me guettait, ils sont tous entrés et m'ont arraché à la femme, battu terriblement à l'endroit du péché, le péché! quel péché, je ris, où est-il, où la vertu, ils m'ont plaqué contre un mur, une main d'acier a serré mes mâchoires, une autre ouvert ma bouche tiré ma langue jusqu'à ce qu'elle saigne, était-ce moi qui hurlais de ce cri de bête, une caresse coupante et fraîche, oui fraîche enfin, a passé sur ma langue. Quand j'ai repris connaissance, j'étais seul dans la nuit, collé contre la paroi, couvert de sang durci, un bâillon d'herbes sèches à l'odeur étrange emplissait ma bouche, elle ne saignait plus, mais elle était inhabitée et dans cette absence vivait seule une douleur torturante. J'ai voulu me lever, je suis retombé, heureux, désespérément heureux de mourir enfin, la mort aussi est fraîche et son ombre n'abrite aucun dieu.

Je ne suis pas mort, une jeune haine s'est mise debout un jour, en même temps que moi, a marché vers la porte du fond, l'a ouverte, l'a fermée derrière moi, je haïssais les miens, le fétiche était là et, du fond du trou où je me trouvais, j'ai fait mieux que de le prier, j'ai cru en lui et j'ai nié tout ce que j'avais cru jusque-là. Salut, il était la force et la puissance, on pouvait le détruire, mais non le convertir, il regardait au-dessus de ma tête de ses yeux vides et rouillés. Salut, il était le maître, le seul seigneur, dont l'attribut indiscutable était la méchanceté, il n'y a pas de maîtres bons. Pour la première fois, à force d'offenses, le corps entier criant d'une seule douleur, je m'abandonnai à lui et approuvai son ordre malfaisant, j'adorai en lui le principe méchant du monde. Prisonnier de son royaume, la ville stérile sculptée dans une montagne de sel, séparée de la nature, privée des floraisons fugitives et rares du désert, soustraite à ces hasards ou ces tendresses, un nuage insolite, une pluie rageuse et brève, que même le soleil ou les sables connaissent, la ville de l'ordre enfin, angles droits, chambres carrées, hommes roides, je m'en fis librement le citoyen haineux et torturé, je reniai la longue histoire qu'on m'avait enseignée. On m'avait trompé, seul le règne de la méchanceté était sans fissures, on m'avait trompé, la vérité est carrée, lourde, dense, elle ne supporte pas la nuance, le bien est une rêverie, un projet sans cesse remis et poursuivi d'un effort exténuant, une limite qu'on n'atteint jamais, son règne est impossible.

Seul le mal peut aller jusqu'à ses limites et régner absolument, c'est lui qu'il faut servir pour installer son royaume
visible, ensuite on avisera, ensuite qu'est-ce que ça veut
dire, seul le mal est présent, à bas l'Europe, la raison et[1]
l'honneur et la croix. Oui, je devais me convertir à la
religion de mes maîtres, oui oui j'étais esclave, mais si
moi aussi je suis méchant je ne suis plus esclave, malgré
mes pieds entravés et ma bouche muette. Oh! cette chaleur me rend fou, le désert crie partout sous la lumière
intolérable, et lui, l'autre, le Seigneur de la douceur, dont
le seul nom me révulse, je le renie, car je le connais maintenant. Il rêvait et il voulait mentir, on lui a coupé la
langue pour que sa parole ne vienne plus tromper le
monde, on l'a percé de clous jusque dans la tête, sa pauvre
tête, comme la mienne maintenant, quelle bouillie, que je
suis fatigué, et la terre n'a pas tremblé, j'en suis sûr, ce
n'était pas un juste qu'on avait tué, je refuse de le croire,
il n'y a pas de justes mais des maîtres méchants qui font
régner la vérité implacable. Oui, le fétiche seul a la puissance, il est le dieu unique de ce monde, la haine est son
commandement, la source de toute vie, l'eau fraîche
comme la menthe qui glace la bouche et brûle l'estomac.

  J'ai changé alors, ils l'ont compris, je baisais leur main
quand je les rencontrais, j'étais des leurs, les admirant
sans me lasser, je leur faisais confiance, j'espérais qu'ils
mutileraient les miens comme ils m'avaient mutilé. Et
quand j'ai appris que le missionnaire allait venir, j'ai
su ce que je devais faire. Ce jour pareil aux autres, le même
jour aveuglant qui continuait depuis si longtemps! À la
fin de l'après-midi, on a vu surgir un garde, courant sur
le haut de la cuvette, et, quelques minutes après, j'étais
traîné à la maison du fétiche la porte fermée. L'un d'entre
eux me maintenait à terre, dans l'ombre, sous la menace
de son sabre en forme de croix et le silence a duré longtemps jusqu'à ce qu'un bruit inconnu remplisse la ville
d'ordinaire paisible, des voix que j'ai mis longtemps à
reconnaître parce qu'elles parlaient ma langue, mais dès
qu'elles résonnèrent la pointe de la lame s'abaissa sur mes
yeux, mon garde me fixait en silence. Deux voix se sont
alors rapprochées que j'entends encore, l'une demandait
pourquoi cette maison était gardée, si on devait enfoncer
la porte, mon lieutenant, l'autre disait : « Non », d'une
voix brève, puis ajoutait, après un moment, qu'un

accord était conclu, que la ville acceptait une garnison de
vingt hommes à condition qu'ils campent hors de l'enceinte et qu'ils respectent les usages. Le soldat a ri, ils
mettent les pouces mais l'officier ne savait pas, pour la
première fois en tout cas ils acceptaient de recevoir quelqu'un pour soigner les enfants et ce serait l'aumônier,
après on s'occuperait du territoire. L'autre a dit qu'ils
couperaient à l'aumônier ce qu'il pensait si les soldats
n'étaient pas là : « Oh ! non, a répondu l'officier, et même
le père Beffort arrivera avant la garnison, il sera ici[1] dans
deux jours. » Je n'entendais plus rien, immobile, atterré
sous la lame, j'avais mal, une roue d'aiguilles et de cou-
teaux tournait en moi. Ils étaient fous, ils étaient fous,
ils laissaient toucher à la ville, à leur puissance invincible,
au vrai dieu, et l'autre, celui qui allait venir, on ne lui
couperait pas la langue, il ferait parade de son insolente
bonté sans rien payer, sans subir d'offenses. Le règne du
mal serait retardé, il y aurait encore du doute, on allait à
nouveau perdre du temps à rêver du bien impossible, à
s'épuiser en efforts stériles au lieu de hâter la venue du
seul royaume possible et je regardais la lame qui me menaçait, ô puissance qui seule règnes sur le monde ! Ô puissance, et la ville se vidait peu à peu de ses bruits, la porte
enfin s'est ouverte, je suis resté seul, brûlé, amer, avec le
fétiche, et je lui ai juré de sauver ma nouvelle foi, mes
vrais maîtres, mon Dieu despote, de bien trahir, quoi
qu'il m'en coûtât.

Râ, la chaleur cède un peu, la pierre ne vibre plus, je
peux sortir de mon trou, regarder le désert se couvrir une
à une de couleurs jaunes et ocres, bientôt mauves. Cette
nuit, j'ai attendu qu'ils dorment, j'avais coincé la serrure
de la porte, je suis sorti du même pas que toujours,
mesuré par la corde, je connaissais les rues, je savais où
prendre le vieux fusil, quelle sortie n'était pas gardée, et
je suis arrivé ici à l'heure où la nuit se décolore autour
d'une poignée d'étoiles tandis que le désert fonce un peu.
Et maintenant, il me semble qu'il y a des jours et des jours
que je suis tapi dans ces rochers. Vite, vite, oh, qu'il
vienne vite ! Dans un moment, ils vont commencer à me
chercher, ils voleront sur les pistes de tous les côtés, ils
ne sauront pas que je suis parti pour eux et pour mieux
les servir, mes jambes sont faibles ivre de faim et de
haine. Ô ô, là-bas, râ râ au bout de la piste deux chameaux

grandissent, courant à l'amble, doublés déjà par de courtes ombres, ils courent de cette allure vive et rêveuse qu'ils ont toujours. Les voici enfin, voici!

Le fusil, vite, et je l'arme vite. Ô fétiche, mon dieu là-bas, que ta puissance soit maintenue, que l'offense soit multipliée, que la haine règne sans pardon sur un monde de damnés, que le méchant soit à jamais le maître, que le royaume enfin arrive où dans une seule ville de sel et de fer de noirs tyrans asserviront et posséderont sans pitié! Et maintenant, râ râ feu sur la pitié, feu sur l'impuissance et sa charité, feu sur tout ce qui retarde la venue du mal, feu deux fois, et les voilà qui se renversent, tombent, et les chameaux fuient droit vers l'horizon, où un geyser d'oiseaux noirs de s'élever dans le ciel inaltéré. Je ris, je ris, celui-ci se tord dans sa robe détestée, il dresse un peu la tête, me voit, moi, son maître entravé tout-puissant, pourquoi me sourit-il, j'écrase ce sourire! Que le bruit est bon de la crosse sur le visage de la bonté, aujourd'hui, aujourd'hui enfin, tout est consommé et partout dans le désert, jusqu'à des heures d'ici, des chacals hument le vent absent, puis se mettent en marche, d'un petit trot patient, vers le festin de charogne qui les attend. Victoire! j'étends les bras vers le ciel qui s'attendrit, une ombre violette se devine au bord opposé, ô nuits d'Europe, patrie, enfance, pourquoi faut-il que je pleure au moment du triomphe?

Il a bougé, non, le bruit vient d'ailleurs, et de l'autre côté là-bas ce sont eux, les voilà qui accourent comme un vol d'oiseaux sombres, mes maîtres, qui foncent sur moi, me saisissent, ah! ah! oui, frappez, ils craignent leur ville éventrée et hurlante, ils craignent les soldats vengeurs que j'ai appelés, c'est ce qu'il fallait, sur la cité sacrée. Défendez-vous maintenant, frappez, frappez sur moi d'abord, vous avez la vérité! Ô mes maîtres, ils vaincront ensuite les soldats, ils vaincront la parole et l'amour, ils remonteront les déserts, passeront les mers, rempliront la lumière d'Europe de leurs voiles noirs, frappez au ventre, oui, frappez aux yeux, sèmeront leur sel sur le continent, toute végétation, toute jeunesse s'éteindra, et des foules muettes aux pieds entravés chemineront à mes côtés dans le désert du monde sous le soleil cruel de la vraie foi, je ne serai plus seul. Ah! le mal, le mal qu'ils me font, leur fureur est bonne et sur cette selle guerrière où

maintenant ils m'écartèlent, pitié, je ris, j'aime ce coup
qui me cloue crucifié.

. . . .

Que le désert est silencieux! La nuit déjà et je suis seul,
j'ai soif. Attendre encore, où est la ville, ces bruits au
loin, et les soldats peut-être vainqueurs, non il ne faut
pas, même si les soldats sont vainqueurs, ils ne sont pas
assez méchants, ils ne sauront pas régner, ils diront
encore qu'il faut devenir meilleur, et toujours encore des
millions d'hommes entre le mal et le bien, déchirés,
interdits, ô fétiche pourquoi m'as-tu abandonné? Tout
est fini, j'ai soif, mon corps brûle, la nuit plus obscure
emplit mes yeux.

Ce long, ce long rêve, je m'éveille, mais non, je vais
mourir, l'aube se lève, la première lumière le jour pour
d'autres vivants, et pour moi le soleil inexorable, les
mouches. Qui parle, personne, le ciel ne s'entrouvre pas,
non, non, Dieu ne parle pas au désert, d'où vient cette
voix pourtant qui dit : « Si tu consens à mourir pour la
haine et la puissance, qui nous pardonnera? » Est-ce une
autre langue en moi ou celui-ci toujours qui ne veut pas
mourir, à mes pieds, et qui répète : « Courage, courage,
courage? » Ah! Si je m'étais trompé à nouveau! Hommes
autrefois fraternels, seuls recours, ô solitude, ne m'abandonnez pas! Voici, voici, qui es-tu, déchiré, la bouche
sanglante, c'est toi, sorcier, les soldats t'ont vaincu, le
sel brûle là-bas, c'est toi mon maître bien-aimé! Quitte
ce visage de haine, sois bon maintenant, nous nous
sommes trompés, nous recommencerons, nous referons
la cité de miséricorde, je veux retourner chez moi. Oui,
aide-moi, c'est cela, tends ta main, donne...

Une poignée de sel emplit la bouche de l'esclave bavard.

LES MUETS

ON était au plein de l'hiver et cependant une journée radieuse se levait sur la ville déjà active. Au bout de[1] la jetée, la mer et le ciel se confondaient dans un même éclat. Yvars, pourtant, ne les voyait pas. Il roulait lourdement le long des boulevards qui dominent le port. Sur la pédale fixe de la bicyclette, sa jambe infirme reposait, immobile, tandis que l'autre peinait pour vaincre les pavés encore mouillés de l'humidité nocturne. Sans relever la tête, tout menu sur sa selle, il évitait les rails de l'ancien tramway, il se rangeait d'un coup de guidon brusque pour laisser passer les automobiles qui le doublaient et, de temps en temps, il renvoyait du coude, sur ses reins, la musette où Fernande avait placé son déjeuner. Il pensait alors avec amertume au contenu de la musette. Entre les deux tranches de gros pain, au lieu de l'omelette à l'espagnole qu'il aimait, ou du bifteck frit dans l'huile, il avait seulement du fromage[2].

Le chemin de l'atelier ne lui avait jamais paru aussi long. Il vieillissait, aussi. À quarante ans, et bien qu'il fût resté sec comme un sarment de vigne, les muscles ne se réchauffent pas aussi vite. Parfois, en lisant des comptes rendus sportifs où l'on appelait vétéran un athlète de trente ans, il haussait les épaules. « Si c'est un vétéran, disait-il à Fernande, alors, moi, je suis déjà aux allongés. » Pourtant, il savait que le journaliste n'avait pas tout à fait tort. À trente ans, le souffle fléchit déjà, imperceptiblement. À quarante, on n'est pas aux allongés, non, mais on s'y prépare, de loin, avec un peu d'avance. N'était-ce pas pour cela que depuis longtemps il ne regardait plus la mer, pendant le trajet qui menait à l'autre bout de la ville où se trouvait la tonnellerie ? Quand[3] il avait vingt

ans, il ne pouvait se lasser de la contempler; elle lui
promettait une fin de semaine heureuse, à la plage.
Malgré ou à cause de sa boiterie, il avait toujours aimé la
nage. Puis les années avaient passé, il y avait eu Fernande,
la naissance du garçon, et, pour vivre, les heures supplémentaires, à la tonnellerie le samedi, le dimanche chez des
particuliers où il bricolait. Il avait perdu peu à peu l'habitude de ces journées violentes qui le rassasiaient. L'eau
profonde et claire, le fort soleil, les filles, la vie du corps,
il n'y avait pas d'autre bonheur dans son[1] pays. Et ce
bonheur passait avec la jeunesse. Yvars continuait d'aimer la mer, mais seulement à la fin du jour quand les
eaux de la baie fonçaient un peu. L'heure était douce sur
la terrasse de sa maison où il s'asseyait après le travail,
content de sa chemise propre que Fernande savait si bien
repasser, et du verre d'anisette couvert de buée. Le soir
tombait, une douceur brève s'installait dans le ciel, les
voisins qui parlaient avec Yvars baissaient soudain la voix.
Il ne savait pas alors s'il était heureux, ou s'il avait envie
de pleurer. Du moins, il était d'accord dans ces moments-
là, il n'avait rien à faire qu'à attendre, doucement, sans
trop savoir quoi.

Les matins où il regagnait son travail, au contraire, il
n'aimait plus regarder la mer, toujours fidèle au rendez-
vous, mais qu'il ne reverrait qu'au soir. Ce matin-là, il
roulait, la tête baissée, plus pesamment encore que d'habitude : le cœur aussi était lourd. Quand il était rentré de la
réunion, la veille au soir, et qu'il avait annoncé qu'on
reprenait le travail : « Alors, avait dit Fernande joyeuse,
le patron vous augmente? » Le patron n'augmentait rien
du tout, la grève avait échoué. Ils n'avaient pas bien
manœuvré, on devait le reconnaître. Une grève de colère,
et le syndicat avait eu raison de suivre mollement. Une
quinzaine d'ouvriers, d'ailleurs, ce n'était pas grand-
chose; le syndicat tenait compte des autres tonnelleries
qui n'avaient pas marché. On ne pouvait pas trop leur
en vouloir. La tonnellerie, menacée par la construction
des bateaux et des camions-citernes, n'allait pas fort. On
faisait de moins en moins de barils et de bordelaises; on
réparait surtout les grands foudres qui existaient déjà. Les
patrons voyaient leurs affaires compromises, c'était vrai,
mais ils voulaient quand même préserver une marge de
bénéfices; le plus simple leur paraissait encore de freiner

les salaires, malgré la montée des prix. Que peuvent faire des tonneliers[1] quand la tonnellerie disparaît? On ne change pas de métier quand on a pris la peine d'en apprendre un; celui-là était difficile, il demandait un long apprentissage. Le bon tonnelier, celui qui ajuste ses douelles courbes, les resserre au feu et au cercle de fer, presque hermétiquement, sans utiliser le rafia ou l'étoupe, était rare. Yvars le savait et il en était fier. Changer de métier n'est rien, mais renoncer à ce qu'on sait, à sa propre maîtrise, n'est pas facile. Un beau métier sans emploi, on était coincé, il fallait se résigner. Mais la résignation non plus n'est pas facile. Il était difficile d'avoir la bouche fermée, de ne pas pouvoir vraiment discuter et de reprendre la même route, tous les matins, avec une fatigue qui s'accumule, pour recevoir, à la fin de la semaine, seulement ce qu'on veut bien vous donner, et qui suffit de moins en moins.

Alors, ils s'étaient mis en colère. Il y en avait deux ou trois qui hésitaient, mais la colère les avait gagnés aussi après les premières discussions avec le patron. Il avait dit en effet, tout sec, que c'était à prendre ou à laisser. Un homme ne parle pas ainsi. « Qu'est-ce qu'il croit! avait dit Esposito, qu'on va baisser le pantalon? » Le patron n'était pas un mauvais bougre, d'ailleurs. Il avait pris la succession du père, avait grandi dans l'atelier et connaissait depuis des années presque tous les ouvriers. Il les invitait parfois à des casse-croûte, dans la tonnellerie; on faisait griller des sardines ou du boudin sur des feux de copeaux et, le vin aidant, il était vraiment très gentil. À la nouvelle année, il donnait toujours cinq bouteilles de vin fin à chacun des ouvriers, et souvent, quand il y avait parmi eux un malade ou simplement un événement, mariage ou communion, il leur faisait un cadeau d'argent. À la naissance de sa fille, il y avait eu des dragées pour tout le monde. Deux ou trois fois, il avait invité Yvars à chasser dans sa propriété du littoral. Il aimait bien ses ouvriers, sans doute, et il rappelait souvent que son père avait débuté comme apprenti. Mais il n'était jamais allé chez eux, il ne se rendait pas compte. Il ne pensait qu'à lui, parce qu'il ne connaissait que lui, et maintenant c'était à prendre ou à laisser. Autrement dit, il s'était buté à son tour. Mais, lui, il pouvait se le permettre.

Ils avaient forcé la main au syndicat, l'atelier avait

fermé ses portes. « Ne vous fatiguez pas pour les piquets
de grève, avait dit le patron. Quand l'atelier ne travaille
pas, je fais des économies. » Ce n'était pas vrai, mais ça
n'avait pas arrangé les choses puisqu'il leur disait en
pleine figure qu'il les faisait travailler par charité. Esposito
était fou de rage et lui avait dit qu'il n'était pas un homme.
L'autre avait le sang chaud et il fallut les séparer. Mais, en
même temps, les ouvriers avaient été impressionnés.
Vingt jours de grève, les femmes tristes à la maison,
deux ou trois d'entre eux découragés, et pour finir, le
syndicat avait conseillé de céder, sur la promesse d'un
arbitrage et d'une récupération des journées de grève par
des heures supplémentaires. Ils avaient décidé la reprise
du travail. En crânant, bien sûr, en disant que ce n'était
pas cuit, que c'était à revoir. Mais ce matin, une fatigue
qui ressemblait au poids de la défaite, le fromage au lieu
de la viande, et[1] l'illusion n'était plus possible. Le soleil
avait beau briller, la mer ne promettait plus rien. Yvars
appuyait sur son unique pédale et, à chaque tour de
roue, il lui semblait vieillir un peu plus. Il ne pouvait
penser à l'atelier, aux camarades et au patron qu'il allait
retrouver, sans que son cœur s'alourdît un peu plus. Fernande s'était inquiétée : « Qu'est-ce que vous allez lui
dire ? — Rien. » Yvars avait enfourché sa bicyclette, et
secouait la tête. Il serrait les dents ; son petit visage
brun et ridé, aux traits fins, s'était fermé. « On travaille.
Ça suffit. » Maintenant il roulait, les dents toujours serrées
avec une colère triste et sèche qui assombrissait jusqu'au
ciel lui-même.

Il quitta le boulevard, et la mer, s'engagea dans les
rues humides du vieux quartier espagnol. Elles débou-
chaient dans une zone occupée seulement par des remises,
des dépôts de ferraille et des garages, où s'élevait l'atelier : une[2] sorte de hangar, maçonné jusqu'à mi-hauteur,
vitré ensuite jusqu'au toit de tôle ondulée. Cet atelier
donnait sur l'ancienne tonnellerie, une cour encadrée de
vieux préaux, qu'on avait abandonnée lorsque l'entreprise s'était agrandie et qui n'était plus maintenant qu'un
dépôt de machines usagées et de vieilles futailles. Au-
delà de la cour, séparé d'elle par une sorte de chemin
couvert en vieilles tuiles commençait le jardin du patron
au bout duquel s'élevait la maison. Grande et laide, elle
était avenante, cependant, à cause de sa vigne vierge et

du maigre chèvrefeuille qui entourait l'escalier extérieur.

Yvars vit tout de suite que les portes de l'atelier étaient fermées. Un groupe d'ouvriers se tenait en silence devant elles. Depuis qu'il travaillait ici, c'était la première fois qu'il trouvait les portes fermées en arrivant. Le patron avait voulu marquer le coup. Yvars se dirigea vers la gauche, rangea sa bicyclette sous l'appentis qui prolongeait le hangar de ce côté et marcha[1] vers la porte. Il reconnut de loin Esposito, un grand gaillard brun et poilu qui travaillait à côté de lui, Marcou, le délégué syndical, avec sa tête de ténorino, Saïd, le seul Arabe de l'atelier, puis tous les autres qui, en silence, le regardaient venir. Mais avant qu'il les eût rejoints, ils se retournèrent soudain vers les portes de l'atelier qui venaient de s'entrouvrir. Ballester, le contremaître, apparaissait dans l'embrasure. Il ouvrait l'une des lourdes portes et, tournant alors le dos aux ouvriers, la poussait lentement sur son rail de fonte[2].

Ballester, qui était le plus vieux de tous, désapprouvait la grève, mais s'était tu à partir du moment où Esposito lui avait dit qu'il servait les intérêts du patron. Maintenant, il se tenait près de la porte, large et court dans son tricot bleu marine, déjà pieds nus (avec Saïd, il était le seul qui travaillât pieds nus) et il les regardait entrer un à un, de ses yeux tellement clairs qu'ils paraissaient sans couleur dans son vieux visage basané, la bouche triste sous la moustache épaisse et tombante. Eux se taisaient, humiliés de cette entrée de vaincus, furieux de leur propre silence, mais de moins en moins capables de le rompre à mesure qu'il se prolongeait. Ils passaient, sans regarder Ballester dont ils savaient qu'il exécutait un ordre en les faisant entrer de cette manière, et dont l'air amer et chagrin les renseignait sur ce qu'il pensait. Yvars, lui, le regarda. Ballester, qui l'aimait bien, hocha la tête sans rien dire.

Maintenant, ils étaient tous au petit vestiaire, à droite de l'entrée : des stalles ouvertes, séparées par des planches de bois blanc où l'on avait accroché, de chaque côté, un petit placard fermant à clé; la dernière stalle à partir de l'entrée, à la rencontre des murs du hangar, avait été transformée en cabine de douches, au-dessus d'une rigole d'écoulement creusée à même le sol de terre battue. Au centre du hangar, on voyait, selon les places de travail, des bordelaises déjà terminées, mais cerclées lâches, et qui

attendaient le forçage au feu, des bancs épais creusés
d'une longue fente (et pour certains d'entre eux des
fonds de bois circulaires, attendant d'être affûtés à la
varlope, y étaient glissés), des feux noircis enfin. Le long
du mur, à gauche de l'entrée, s'alignaient les établis.
Devant eux s'entassaient les piles de douelles à raboter.
Contre le mur de droite, non loin du vestiaire, deux
grandes scies mécaniques, bien huilées, fortes et silencieuses, luisaient.

Depuis longtemps, le hangar était devenu trop grand
pour la poignée d'hommes qui l'occupaient[1]. C'était un
avantage pendant les grandes chaleurs, un inconvénient
l'hiver. Mais aujourd'hui, dans ce grand espace, le travail
planté là, les tonneaux échoués dans les coins, avec
l'unique cercle qui réunissait les pieds des douelles épanouies dans le haut, comme de grossières fleurs de bois,
la poussière de sciure qui recouvrait les bancs, les[2] caisses
d'outils et les machines, tout donnait à l'atelier un air
d'abandon. Ils le regardaient, vêtus maintenant de leurs
vieux tricots, de leurs pantalons délavés et rapiécés, et
ils hésitaient. Ballester les observait. « Alors, dit-il, on y
va? » Un à un, ils gagnèrent leur place sans rien dire.
Ballester allait d'un poste à l'autre et rappelait brièvement
le travail à commencer ou à terminer. Personne ne répondait. Bientôt, le premier marteau résonna contre le coin
de bois ferré qui enfonçait un cercle sur la partie renflée
d'un tonneau, une varlope gémit dans un nœud de bois,
et l'une des scies, lancée par Esposito, démarra avec un
grand bruit de lames froissées. Saïd, à[3] la demande,
apportait des douelles, ou allumait les feux de copeaux
sur lesquels on plaçait les tonneaux pour les faire gonfler
dans leur corset de lames ferrées. Quand personne ne le
réclamait, il rivait aux établis, à grands coups de marteau,
les larges cercles rouillés. L'odeur des copeaux brûlés
commençait de remplir le hangar. Yvars, qui rabotait et
ajustait les douelles taillées par Esposito, reconnut le vieux
parfum et son cœur se desserra un peu. Tous travaillaient
en silence, mais une chaleur, une vie renaissaient peu à
peu dans l'atelier. Par les grands vitrages, une lumière
fraîche remplissait le hangar. Les fumées bleuissaient dans
l'air doré; Yvars entendit même un insecte bourdonner
près de lui.

À ce moment, la[4] porte qui donnait dans l'ancienne

tonnellerie s'ouvrit sur le mur du fond, et M. Lassalle,
le patron, s'arrêta sur le seuil. Mince et brun, il avait à
peine dépassé la trentaine. La chemise blanche largement
ouverte sur un complet de gabardine beige, il avait l'air
à l'aise dans son corps. Malgré son visage très osseux,
taillé en lame de couteau, il inspirait généralement la
sympathie, comme la plupart des gens que le sport a
libérés dans leurs attitudes. Il semblait pourtant un peu
embarrassé en franchissant la porte. Son bonjour fut moins
sonore que d'habitude; personne en tout cas n'y répondit.
Le bruit des marteaux hésita, se désaccorda un peu, et
reprit de plus belle. M. Lassalle fit quelques pas indécis,
puis il avança vers le petit Valery, qui travaillait avec eux
depuis un an seulement. Près de la scie mécanique, à
quelques pas d'Yvars, il plaçait un fond sur une bordelaise et le patron le regardait faire. Valery continuait à
travailler, sans rien dire. « Alors, fils, dit M. Lassalle, ça
va ? » Le jeune homme devint tout d'un coup plus maladroit dans ses gestes. Il jeta[1] un regard à Esposito qui,
près de lui, entassait sur ses bras énormes une pile de
douelles pour les porter à Yvars. Esposito le regardait
aussi, tout en continuant son travail, et Valery repiqua le
nez dans sa bordelaise sans rien répondre au patron. Lassalle, un peu interdit, resta un court moment planté devant
le jeune homme, puis il haussa les épaules et se retourna
vers Marcou. Celui-ci, à califourchon sur son banc, finissait d'affûter, à petits coups lents et précis, le tranchant
d'un fond. « Bonjour, Marcou », dit Lassalle, d'un ton plus
sec. Marcou ne répondit pas, attentif seulement à ne tirer
de son bois que de très légers copeaux. « Qu'est-ce qui
vous prend, dit Lassalle d'une voix forte et en se tournant
cette fois vers les autres ouvriers. On n'a pas été d'accord,
c'est entendu. Mais ça n'empêche pas qu'on doive travailler ensemble. Alors, à quoi ça sert ? » Marcou se leva,
souleva son fond, vérifia du plat de la main le tranchant
circulaire, plissa ses yeux langoureux avec un air de grande
satisfaction et, toujours silencieux, se dirigea vers un
autre ouvrier qui assemblait une bordelaise. Dans tout
l'atelier, on n'entendait que le bruit des marteaux et de la
scie mécanique. « Bon, dit Lassalle, quand ça vous aura
passé, vous me le ferez dire par Ballester. » À pas tranquilles, il sortit de l'atelier.

Presque tout de suite après, au-dessus du vacarme de

l'atelier, une sonnerie retentit deux fois. Ballester, qui
venait de s'asseoir pour rouler une cigarette, se leva
pesamment et gagna la petite porte du fond. Après son
départ, les marteaux frappèrent moins fort; l'un des
ouvriers venait même de s'arrêter quand Ballester revint.
De la porte, il dit seulement : « Le patron vous demande,
Marcou et Yvars. » Le premier mouvement d'Yvars fut
d'aller se laver les mains, mais Marcou le saisit au passage
par le bras et il le suivit en boitant.

Au-dehors, dans la cour, la lumière était si fraîche, si
liquide, qu'Yvars la sentit sur son visage et sur ses bras
nus. Ils gravirent l'escalier extérieur, sous le chèvrefeuille
où apparaissaient déjà quelques fleurs. Quand ils entrèrent
dans le corridor tapissé de diplômes, ils entendirent des
pleurs d'enfant et la voix de M. Lassalle qui disait : « Tu¹
la coucheras après le déjeuner. On appellera le docteur si
ça ne lui passe pas. » Puis le patron surgit dans le corridor
et les fit entrer dans le petit bureau qu'ils connaissaient
déjà, meublé de faux rustique, les murs ornés de trophées
sportifs. « Asseyez-vous », dit Lassalle en prenant place
derrière son bureau. Ils restèrent debout. « Je vous ai
fait venir parce que vous êtes, vous, Marcou, le délégué et,
toi, Yvars, mon plus vieil employé après Ballester. Je ne
veux pas reprendre les discussions qui sont maintenant
finies. Je ne peux pas, absolument pas, vous donner ce
que vous demandez. L'affaire a été réglée, nous sommes
arrivés à la conclusion qu'il fallait reprendre le travail.
Je vois que vous m'en voulez et ça m'est pénible, je vous
le dis comme je le sens. Je veux simplement ajouter ceci :
ce que je ne peux pas faire aujourd'hui, je pourrai peut-
être le faire quand les affaires reprendront. Et si je peux
le faire, je le ferai avant même que vous me le demandiez.
En attendant, essayons de travailler en accord. » Il se tut,
sembla réfléchir, puis leva les yeux sur eux. « Alors ? »
dit-il. Marcou regardait au-dehors. Yvars, les dents serrées, voulait parler, mais ne pouvait pas. « Écoutez, dit
Lassalle, vous vous êtes tous butés. Ça vous passera.
Mais quand vous serez devenus raisonnables, n'oubliez
pas ce que je viens de vous dire. » Il se leva, vint vers
Marcou et lui tendit la main. « Chao! » dit-il. Marcou
pâlit d'un seul coup, son visage de chanteur de charme se
durcit et, l'espace d'une seconde, devint méchant. Puis il
tourna brusquement les talons et sortit. Lassalle, pâle

aussi, regarda Yvars sans lui tendre la main. « Allez vous faire foutre », cria-t-il.

Quand ils rentrèrent dans l'atelier, les ouvriers déjeunaient. Ballester était sorti. Marcou dit seulement : « Du vent », et il regagna sa place de travail. Esposito s'arrêta de mordre dans son pain pour demander ce qu'ils avaient répondu ; Yvars dit qu'ils n'avaient rien répondu. Puis, il alla chercher sa musette et revint s'asseoir sur le banc où il travaillait. Il commençait de manger lorsque, non loin de lui, il aperçut Saïd, couché sur le dos dans un tas de copeaux, le regard perdu vers les verrières, bleuies par un ciel maintenant moins lumineux. Il lui demanda s'il[1] avait déjà fini. Saïd dit qu'il avait mangé ses figues. Yvars s'arrêta de manger. Le malaise qui ne l'avait pas quitté depuis l'entrevue avec Lassalle disparaissait soudain pour laisser seulement place à une bonne chaleur[2]. Il se leva en rompant son pain et dit, devant le refus de Saïd, que la semaine prochaine tout irait mieux. « Tu m'inviteras à ton tour », dit-il. Saïd sourit. Il mordait maintenant dans un morceau du sandwich d'Yvars, mais légèrement, comme un homme sans faim.

Esposito prit une vieille casserole et alluma un petit feu de copeaux et de bois. Il fit réchauffer du café qu'il avait apporté dans une bouteille. Il dit que c'était un cadeau pour l'atelier que son épicier lui avait fait quand il avait appris l'échec de la grève. Un verre à moutarde circula de main en main. À chaque fois, Esposito versait le café déjà sucré. Saïd l'avala avec plus de plaisir qu'il n'avait mis à manger. Esposito buvait le reste du café à même la casserole brûlante, avec des clappements de lèvres et des jurons. À ce moment, Ballester entra pour annoncer la reprise.

Pendant qu'ils se levaient et rassemblaient papiers et vaisselles dans leurs musettes, Ballester vint se placer au milieu d'eux et dit soudain que c'était un coup dur pour tous, et pour lui aussi, mais que ce n'était pas une raison pour se conduire comme des enfants et que ça ne servait à rien de bouder. Esposito, la casserole à la main, se tourna vers lui ; son épais et long visage avait rougi d'un coup. Yvars savait ce qu'il allait dire, et que tous pensaient en même temps que lui, qu'ils ne boudaient pas, qu'on leur avait fermé la bouche, c'était à prendre ou à laisser, et que la colère et l'impuissance font parfois si mal qu'on ne peut même pas crier. Ils étaient des hommes, voilà tout, et ils n'allaient pas se mettre à faire des sourires et des mines. Mais Esposito ne dit rien de tout cela, son visage se détendit enfin, et il frappa doucement l'épaule de Ballester pendant que les autres retournaient à leur travail. De nouveau les marteaux résonnèrent, le grand hangar s'emplit du vacarme familier, de l'odeur des copeaux et des vieux vêtements mouillés de sueur. La grande scie vrombissait et mordait dans le bois frais de la douelle qu'Esposito poussait lentement devant lui. À l'endroit de la morsure, une sciure mouillée jaillissait et recouvrait d'une sorte de chapelure de pain les grosses mains poilues, fermement serrées sur le bois, de chaque côté de la lame rugissante. Quand la douelle était tranchée, on n'entendait plus que le bruit du moteur.

Yvars sentait maintenant la courbature de son dos penché sur la varlope. D'habitude, la fatigue ne venait que plus tard. Il avait perdu son entraînement pendant ces semaines d'inaction, c'était évident. Mais il pensait aussi à l'âge qui fait plus dur le travail des mains, quand ce travail n'est pas de simple précision. Cette courbature lui annonçait aussi la vieillesse. Là où les muscles jouent, le travail finit par être maudit, il précède la mort, et les soirs de grands efforts, le sommeil justement est comme la mort. Le garçon voulait être instituteur, il avait raison, ceux qui faisaient des discours sur le travail manuel ne savaient pas de quoi ils parlaient.

Quand Yvars se redressa pour reprendre souffle et chasser aussi ces mauvaises pensées, la sonnerie retentit à nouveau. Elle insistait, mais d'une si curieuse manière, avec de courts arrêts et des reprises impérieuses, que les ouvriers s'arrêtèrent. Ballester écoutait, surpris, puis se décida et gagna lentement la porte. Il avait disparu depuis quelques secondes quand la sonnerie cessa[1] enfin. Ils reprirent le travail. De nouveau, la porte s'ouvrit brutalement, et Ballester courut vers le vestiaire. Il en sortit, chaussé d'espadrilles, enfilant sa veste, dit à Yvars en passant : « La petite a eu une attaque. Je vais chercher Germain[2] », et courut vers la grande porte. Le docteur Germain s'occupait de l'atelier; il habitait le faubourg. Yvars répéta la nouvelle sans commentaires. Ils étaient autour de lui et se regardaient, embarrassés. On n'entendait plus que le moteur de la scie mécanique qui roulait

librement. « Ce[1] n'est peut-être rien », dit l'un deux. Ils
regagnèrent leur place, l'atelier se remplit de nouveau de
leurs bruits, mais ils travaillaient lentement, comme s'ils
attendaient quelque chose.

Au bout d'un quart d'heure, Ballester entra de nouveau,
déposa sa veste et, sans dire un mot, ressortit par la petite
porte. Sur les verrières, la lumière fléchissait. Un peu
après, dans les intervalles où la scie ne mordait pas le
bois, on entendit le timbre mat d'une ambulance, d'abord
lointaine, puis proche, et présente, maintenant silencieuse.
Au bout d'un moment, Ballester revint et tous avancèrent
vers lui. Esposito avait coupé le moteur. Ballester[2] dit
qu'en se déshabillant dans sa chambre, l'enfant était tombée d'un coup, comme si on l'avait fauchée. « Ça, alors ! »
dit Marcou. Ballester hocha la tête et eut un geste vague
vers l'atelier; mais il avait l'air bouleversé. On entendit à
nouveau le timbre de l'ambulance. Ils étaient tous là,
dans l'atelier silencieux, sous les flots de lumière jaune
déversés par les verrières, avec leurs rudes mains inutiles
qui pendaient le long des vieux pantalons couverts de
sciure.

Le reste de l'après-midi se traîna. Yvars ne sentait plus
que sa fatigue et son cœur toujours serré. Il aurait voulu
parler. Mais il n'avait rien à dire et les autres non plus.
Sur leurs visages taciturnes se lisaient seulement le chagrin et une sorte d'obstination. Parfois, en lui, le mot
malheur se formait, mais à peine, et il disparaissait aussitôt comme une bulle naît et éclate en même temps. Il
avait envie de rentrer chez lui, de retrouver Fernande,
le garçon, et la terrasse aussi. Justement, Ballester annonçait la clôture. Les machines s'arrêtèrent. Sans se presser,
ils commencèrent d'éteindre les feux et de ranger leur
place, puis ils gagnèrent un à un le vestiaire. Saïd resta le
dernier, il devait nettoyer les lieux de travail, et arroser le
sol poussiéreux. Quand Yvars arriva au vestiaire, Esposito,
énorme et velu, était déjà sous la douche. Il leur tournait
le dos, tout en se savonnant à grand bruit. D'habitude,
on le plaisantait sur sa pudeur; ce grand ours, en effet,
dissimulait obstinément ses parties nobles. Mais personne
ne parut s'en apercevoir ce jour-là. Esposito sortit à
reculons et enroula autour de ses hanches une serviette
en forme de pagne. Les autres prirent leur tour et Marcou
claquait vigoureusement ses flancs nus quand on entendit

la grande porte rouler lentement sur sa roue de fonte.
Lassalle entra.

Il était habillé comme lors de sa première visite, mais
ses cheveux étaient un peu dépeignés. Il s'arrêta sur le
seuil, contempla le vaste atelier déserté, fit quelques pas,
s'arrêta encore et regarda vers le vestiaire. Esposito,
toujours couvert de son pagne, se tourna vers lui. Nu,
embarrassé, il se balançait un peu d'un pied sur l'autre.
Yvars pensa que c'était à Marcou de dire quelque chose.
Mais Marcou se tenait, invisible, derrière la pluie d'eau
qui l'entourait. Esposito se saisit d'une chemise, et il la
passait prestement quand Lassalle dit : « Bonsoir », d'une,
voix un peu détimbrée, et se mit à marcher vers la petite
porte. Quand Yvars pensa qu'il fallait l'appeler, la porte
se refermait déjà.

Yvars se rhabilla alors sans se laver, dit bonsoir lui
aussi, mais avec tout son cœur, et ils lui répondirent avec
la même chaleur. Il sortit rapidement, retrouva sa bicyclette et, quand il l'enfourcha, sa courbature. Il roulait
maintenant dans l'après-midi finissant, à travers la ville
encombrée. Il allait vite, il voulait retrouver la vieille
maison et la terrasse[1]. Il se laverait dans la buanderie avant
de s'asseoir et de regarder la mer qui l'accompagnait
déjà, plus foncée que le matin, au-dessus des rampes du
boulevard. Mais la petite fille aussi l'accompagnait[2] et il
ne pouvait s'empêcher de penser à elle.

À la maison, le garçon était revenu[3] de l'école et lisait
des illustrés. Fernande demanda à Yvars si tout s'était
bien passé. Il ne dit rien, se lava dans la buanderie, puis
s'assit sur le banc, contre le petit mur de la terrasse. Du
linge reprisé pendait au-dessus de lui, le ciel devenait
transparent ; par-delà le mur, on pouvait voir la mer douce
du soir. Fernande apporta l'anisette, deux verres, la[4]
gargoulette d'eau fraîche. Elle prit place près de son mari.
Il lui raconta tout, en lui tenant la main, comme aux premiers temps de leur mariage. Quand il eut fini, il resta
immobile, tourné vers la mer où courait déjà, d'un bout
à l'autre de l'horizon, le rapide crépuscule. « Ah[5], c'est
sa faute ! » dit-il. Il aurait voulu être jeune, et que Fernande le fût encore, et ils seraient partis, de l'autre côté
de la mer.

L'HÔTE

L'INSTITUTEUR regardait les deux hommes monter vers lui. L'un était à cheval, l'autre à pied. Ils n'avaient pas encore entamé le raidillon abrupt qui menait à l'école, bâtie au flanc d'une colline. Ils peinaient, progressant lentement dans la neige, entre les pierres, sur l'immense étendue du haut plateau désert. De temps en temps, le cheval bronchait visiblement. On[1] ne l'entendait pas encore, mais on voyait le jet de vapeur qui sortait alors de ses naseaux. L'un des hommes, au moins, connaissait le pays. Ils suivaient la piste qui avait pourtant disparu depuis plusieurs jours sous une couche blanche et sale. L'instituteur calcula qu'ils ne seraient pas sur la colline avant une demi-heure. Il faisait froid; il rentra dans l'école pour chercher un chandail.

Il traversa la salle de classe vide et glacée. Sur le tableau noir les quatre fleuves de France, dessinés avec quatre craies de couleurs différentes, coulaient vers leur estuaire depuis trois jours. La neige était tombée brutalement à la mi-octobre, après huit mois de sécheresse, sans que la pluie eût apporté une transition et la vingtaine d'élèves qui habitaient dans les villages disséminés sur le plateau ne venaient plus. Il fallait attendre le beau temps. Daru ne chauffait plus que l'unique pièce qui constituait son logement, attenant à la classe, et ouvrant aussi sur le plateau à l'est. Une fenêtre donnait encore, comme celles de la classe, sur le midi. De ce côté, l'école se trouvait à quelques kilomètres de l'endroit où le plateau commençait à descendre vers le sud. Par temps clair, on pouvait apercevoir les masses violettes du contrefort montagneux où s'ouvrait la porte du désert.

Un peu réchauffé, Daru retourna à la fenêtre d'où il

avait, pour la première fois, aperçu les deux hommes.
On ne les voyait plus. Ils avaient donc attaqué le raidillon.
Le ciel était moins foncé : dans la nuit, la neige avait cessé
de tomber. Le matin s'était levé sur une lumière sale qui
s'était à peine renforcée à mesure que le plafond de nuages
remontait. À deux heures de l'après-midi, on eût dit que
la journée commençait seulement. Mais cela valait mieux
que ces trois jours où l'épaisse neige tombait au milieu
des ténèbres incessantes, avec de petites sautes de vent
qui venaient secouer la double porte de la classe. Daru
patientait alors de longues heures dans sa chambre dont
il ne sortait que pour aller sous l'appentis, soigner les
poules et puiser dans la provision de charbon. Heureusement, la camionnette de Tadjid, le village le plus proche
au nord, avait apporté le ravitaillement deux jours avant
la tourmente. Elle reviendrait dans quarante-huit heures.

Il avait d'ailleurs de quoi soutenir un siège, avec les
sacs de blé qui encombraient la petite chambre et que
l'administration lui laissait en réserve pour distribuer à
ceux de ses élèves dont les familles avaient été victimes de
la sécheresse. En réalité, le malheur les avait tous atteints
puisque tous étaient[1] pauvres. Chaque jour, Daru distribuait une ration aux petits. Elle leur avait manqué, il le
savait bien, pendant ces mauvais jours. Peut-être un des
pères ou des grands frères viendrait ce soir et il pourrait
les ravitailler en grains. Il fallait faire la soudure avec la
prochaine récolte, voilà tout. Des navires de blé arrivaient
maintenant de France, le plus dur était passé. Mais il serait
difficile d'oublier cette misère, cette armée de fantômes
haillonneux errant dans le soleil, les plateaux calcinés
mois après mois, la terre recroquevillée peu à peu, littéralement torréfiée, chaque pierre éclatant en poussière
sous le pied. Les moutons mouraient alors par milliers
et quelques hommes, çà et là, sans qu'on puisse toujours
le savoir[2].

Devant cette misère, lui qui vivait presque en moine
dans cette école perdue, content d'ailleurs du peu qu'il
avait, et de cette vie rude, s'était senti un seigneur, avec
ses murs crépis, son divan étroit, ses étagères de bois
blanc, son puits, et son ravitaillement hebdomadaire en
eau et en nourriture. Et, tout d'un coup, cette neige, sans
avertissement, sans la détente de la pluie. Le pays était
ainsi, cruel à vivre, même sans les hommes, qui, pourtant,

n'arrangeaient rien. Mais Daru y[1] était né. Partout ailleurs, il se sentait exilé.

Il sortit et avança sur le terre-plein devant l'école. Les deux hommes étaient maintenant à mi-pente. Il reconnut dans le cavalier, Balducci[2], le vieux gendarme qu'il connaissait depuis longtemps. Balducci tenait au bout d'une corde un Arabe qui avançait derrière lui, les mains liées, le front baissé. Le gendarme fit un geste de salutation auquel Daru ne répondit pas, tout entier occupé à regarder l'Arabe vêtu d'une djellabah autrefois bleue, les pieds dans des sandales, mais couverts de chaussettes en grosse laine grège, la tête coiffée d'un chèche étroit et court. Ils approchaient. Balducci[3] maintenait sa bête au pas pour ne pas blesser l'Arabe et le groupe avançait lentement.

À portée de voix, Balducci cria : « Une heure pour faire les trois kilomètres d'El Ameur ici ! » Daru ne répondit pas. Court et carré dans son chandail épais, il les regardait monter. Pas une seule fois, l'Arabe n'avait levé la tête. « Salut, dit Daru, quand ils débouchèrent sur le terre-plein. Entrez vous réchauffer. » Balducci descendit péniblement de sa bête, sans lâcher la corde. Il sourit à l'instituteur sous ses moustaches hérissées. Ses petits yeux sombres, très enfoncés sous le front basané, et sa bouche entourée de rides, lui donnaient un air attentif et appliqué. Daru prit la bride, conduisit la bête vers l'appentis, et revint vers les deux hommes qui l'attendaient maintenant dans l'école. Il les fit pénétrer dans sa chambre. « Je vais chauffer la salle de classe, dit-il. Nous y serons plus à l'aise. » Quand il entra de nouveau dans la chambre, Balducci était sur le divan. Il avait dénoué la corde qui le liait à l'Arabe et celui-ci s'était accroupi près du poêle. Les mains toujours liées, le chèche maintenant poussé en arrière, il regardait vers la fenêtre. Daru ne vit d'abord que ses énormes lèvres, pleines, lisses, presque négroïdes ; le nez cependant était droit, les yeux sombres, pleins de fièvre. Le chèche découvrait un front buté et, sous la peau recuite mais un peu décolorée par le froid, tout le visage avait un air à la fois inquiet et rebelle qui frappa Daru quand l'Arabe, tournant son visage vers lui, le regarda droit dans les yeux. « Passez à côté, dit l'instituteur, je vais vous faire du thé à la menthe. — Merci, dit Balducci. Quelle corvée ! Vivement la retraite. » Et s'adressant en arabe à son prisonnier : « Viens, toi. » L'Arabe se leva et, lentement, tenant ses poignets joints devant lui, passa dans l'école.

Avec le thé, Daru apporta une chaise. Mais Balducci trônait déjà sur la première table d'élève et l'Arabe s'était accroupi contre l'estrade du maître, face au poêle qui se trouvait entre le bureau et la fenêtre. Quand il tendit le verre de thé au prisonnier, Daru hésita devant ses mains liées. « On peut le délier, peut-être. — Sûr, dit Balducci. C'était pour le voyage. » Il fit mine de se lever. Mais Daru posant le verre sur le sol, s'était agenouillé près de l'Arabe. Celui-ci, sans rien dire, le regardait faire de ses yeux fiévreux. Les mains libres, il frotta l'un contre l'autre ses poignets gonflés, prit le verre de thé et aspira le liquide brûlant, à petites gorgées rapides.

« Bon, dit Daru. Et comme ça, où allez-vous ? »

Balducci retira sa moustache du thé : « Ici, fils.

— Drôles d'élèves ! Vous couchez ici ?

— Non. Je vais retourner à El Ameur. Et toi, tu livreras le camarade à Tinguit. On l'attend à la commune mixte. »

Balducci regardait Daru avec un petit sourire d'amitié.

« Qu'est-ce que tu racontes, dit l'instituteur. Tu te fous de moi ?

— Non, fils. Ce sont les ordres.

— Les ordres ? Je ne suis pas... » Daru hésita ; il ne voulait pas peiner le vieux Corse. « Enfin, ce n'est pas mon métier.

— Eh ! Qu'est-ce que ça veut dire ? À[1] la guerre, on fait tous les métiers.

— Alors, j'attendrai la déclaration de guerre ! »

Balducci approuva de la tête.

« Bon. Mais les ordres sont là et ils te concernent aussi. Ça[2] bouge, paraît-il. On parle de révolte prochaine. Nous sommes mobilisés, dans un sens. »

Daru gardait son air buté.

« Écoute, fils, dit Balducci. Je t'aime bien, il faut comprendre. Nous sommes une douzaine à El Ameur[3] pour patrouiller dans le territoire d'un petit département et je dois rentrer. On m'a dit de te confier ce zèbre et de rentrer sans tarder. On ne pouvait pas le garder là-bas. Son village s'agitait, ils voulaient le reprendre. Tu dois le mener à Tinguit dans la journée de demain. Ce n'est pas une vingtaine de kilomètres qui font peur à un costaud comme toi. Après, ce sera fini. Tu retrouveras tes élèves et la bonne vie. »

Derrière le mur, on entendit le cheval s'ébrouer et frapper du sabot. Daru regardait par la fenêtre. Le temps se levait décidément, la lumière s'élargissait sur le plateau neigeux. Quand toute la neige serait fondue, le soleil régnerait de nouveau et brûlerait une fois de plus les champs de pierre. Pendant[1] des jours, encore, le ciel inaltérable déverserait sa lumière sèche sur l'étendue solitaire où rien ne rappelait l'homme.

« Enfin, dit-il en se retournant vers Balducci, qu'est-ce qu'il a fait ? » Et il demanda, avant que le gendarme ait ouvert la bouche : « Il parle français ?

— Non, pas un mot. On le recherchait depuis un mois, mais ils le cachaient. Il a tué son cousin[2].

— Il est contre nous ?

— Je ne crois pas. Mais on ne peut jamais savoir.

— Pourquoi a-t-il tué[3] ?

— Des affaires de famille, je crois. L'un devait du grain à l'autre, paraît-il. Ça n'est pas clair. Enfin, bref, il a tué le cousin d'un coup de serpe. Tu sais, comme au mouton, zic !... »

Balducci fit le geste de passer une lame sur sa gorge et l'Arabe, son attention attirée, le regardait avec une sorte d'inquiétude. Une colère subite vint à Daru contre cet homme, contre tous les hommes et leur sale méchanceté, leurs haines inlassables, leur folie du sang.

Mais la bouilloire chantait sur le poêle. Il resservit du thé à Balducci, hésita, puis servit à nouveau l'Arabe qui, une seconde fois, but avec avidité. Ses bras soulevés entrebâillaient maintenant la djellabah et l'instituteur aperçut sa[4] poitrine maigre et musclée.

« Merci, petit, dit Balducci. Et maintenant, je file. »

Il se leva et se dirigea vers l'Arabe, en tirant une cordelette de sa poche.

« Qu'est-ce que tu fais ? » demanda sèchement Daru.

Balducci, interdit, lui montra la corde.

« Ce n'est pas la peine. »

Le vieux gendarme hésita :

« Comme tu voudras. Naturellement, tu es armé[5] ?

— J'ai mon fusil de chasse.

— Où ?

— Dans la malle.

— Tu devrais l'avoir près de ton lit.

— Pourquoi? Je n'ai rien à craindre.

— Tu es sonné, fils. S'ils[1] se soulèvent, personne n'est à l'abri, nous sommes tous dans le même sac.

— Je me défendrai. J'ai le temps de les voir arriver. »

Balducci se mit à rire, puis la moustache vint soudain recouvrir les dents encore blanches.

« Tu as le temps? Bon. C'est ce que je disais. Tu as toujours été un peu fêlé. C'est pour ça que je t'aime bien, mon fils était comme ça. »

Il tirait en même temps son revolver et le posait sur le bureau.

« Garde-le, je n'ai pas besoin de deux armes d'ici El Ameur. »

Le revolver brillait sur la peinture noire de la table. Quand le gendarme se retourna vers lui, l'instituteur sentit son odeur de cuir et de cheval.

« Écoute, Balducci, dit Daru soudainement, tout ça me dégoûte, et ton gars le premier. Mais je ne le livrerai pas. Me battre, oui, s'il le faut. Mais pas ça. »

Le vieux gendarme se tenait devant lui et le regardait avec sévérité.

« Tu fais des bêtises, dit-il lentement. Moi non plus, je n'aime pas ça. Mettre une corde à un homme, malgré les années, on ne s'y habitue pas et même, oui, on a honte. Mais on ne peut pas les laisser faire.

— Je ne le livrerai pas[2], répéta Daru.

— C'est un ordre, fils. Je te le répète.

— C'est ça. Répète-leur ce que je t'ai dit : je ne le livrerai pas. »

Balducci faisait un visible effort de réflexion. Il regardait l'Arabe et Daru. Il se décida enfin.

« Non. Je ne leur dirai rien[3]. Si tu veux nous lâcher, à ton aise, je ne te dénoncerai pas. J'ai l'ordre de livrer le prisonnier : je le fais. Tu vas maintenant me signer le papier.

— C'est inutile. Je ne nierai pas que tu me l'as laissé.

— Ne sois pas méchant avec moi. Je sais que tu diras la vérité. Tu es d'ici, tu es un homme. Mais tu dois signer, c'est la règle. »

Daru ouvrit son tiroir, tira une petite bouteille carrée d'encre violette, le porte-plume de bois rouge avec la plume *sergent-major* qui lui servait à tracer les modèles d'écriture et il signa. Le gendarme plia soigneusement le

papier et le mit dans son portefeuille. Puis il se dirigea
vers la porte.

« Je vais t'accompagner, dit Daru.

— Non, dit Balducci. Ce n'est pas la peine d'être poli.
Tu m'as fait un affront. »

Il regarda l'Arabe, immobile, à la même place, renifla
d'un air chagrin et se détourna vers la porte : « Adieu,
fils », dit-il. La porte battit derrière lui. Balducci surgit
devant la fenêtre puis disparut. Ses pas étaient étouffés
par la neige. Le cheval s'agita derrière la cloison, des
poules s'effarèrent. Un moment après, Balducci repassa
devant la fenêtre tirant le cheval par la bride. Il avançait
vers le raidillon sans se retourner, disparut le premier et
le cheval le suivit. On entendit une grosse pierre rouler
mollement. Daru revint vers le prisonnier qui n'avait pas
bougé, mais ne le quittait pas des yeux. « Attends », dit
l'instituteur en arabe, et il se dirigea vers la chambre. Au
moment de passer le seuil, il se ravisa, alla au bureau, prit
le revolver et le fourra dans sa poche. Puis, sans se retourner, il entra dans sa chambre.

Longtemps, il resta étendu sur son divan à regarder le
ciel se fermer peu à peu, à écouter le silence. C'était ce
silence qui lui avait paru pénible les premiers jours de son
arrivée, après la guerre. Il avait demandé un poste dans la
petite ville au pied des contreforts qui séparent du désert
les hauts plateaux. Là, des murailles rocheuses, vertes et
noires au nord, roses ou mauves au sud, marquaient la
frontière de l'éternel été. On l'avait nommé à un poste
plus au nord, sur le plateau même. Au début, la solitude
et le silence lui avaient été durs sur ces terres ingrates,
habitées seulement par des pierres. Parfois, des sillons
faisaient croire à des cultures, mais ils avaient été creusés
pour mettre au jour une certaine pierre, propice à la
construction. On ne labourait ici que pour récolter des
cailloux. D'autres fois, on grattait quelques copeaux de
terre, accumulée dans des creux, dont on engraisserait les
maigres jardins des villages. C'était ainsi, le caillou seul
couvrait les trois quarts de ce pays. Les villes y naissaient,
brillaient, puis disparaissaient; les hommes y passaient,
s'aimaient ou se mordaient à la gorge, puis mouraient.
Dans ce désert, personne, ni lui ni son hôte n'étaient rien.
Et pourtant, hors de ce désert, ni l'un ni l'autre, Daru le
savait, n'auraient pu vivre vraiment.

Quand il se leva, aucun bruit ne venait de la salle de classe. Il s'étonna de cette joie franche qui lui venait à la seule pensée que l'Arabe avait pu fuir et qu'il allait se retrouver seul sans avoir rien à décider. Mais le prisonnier était là. Il s'était seulement couché de tout son long entre le poêle et le bureau. Les yeux ouverts, il regardait le plafond. Dans cette position, on voyait surtout ses lèvres épaisses qui lui donnaient un air boudeur. « Viens », dit Daru. L'Arabe se leva et le suivit. Dans la chambre, l'inſtituteur lui montra une chaise près de la table, sous la fenêtre. L'Arabe prit place sans cesser de regarder Daru.

« Tu as faim ?

— Oui », dit le prisonnier.

Daru inſtalla deux couverts. Il prit de la farine et de l'huile, pétrit dans un plat une galette et alluma le petit fourneau à butagaz. Pendant que la galette cuisait, il sortit pour ramener de l'appentis du fromage, des œufs, des dattes et du lait condensé. Quand la galette fut cuite, il la mit à refroidir sur le rebord de la fenêtre, fit chauffer du lait condensé étendu d'eau et, pour finir, battit les œufs en omelette. Dans un de ses mouvements, il heurta le revolver enfoncé dans sa poche droite. Il posa le bol, passa dans la salle de classe et mit le revolver dans le tiroir de son bureau. Quand il revint dans la chambre, la nuit tombait. Il donna de la lumière et servit l'Arabe : « Mange », dit-il. L'autre prit un morceau de galette, le porta vivement à sa bouche et s'arrêta.

« Et toi ? dit-il.

— Après toi. Je[1] mangerai aussi. »

Les grosses lèvres s'ouvrirent un peu, l'Arabe hésita, puis il mordit résolument dans la galette.

Le repas fini, l'Arabe regardait l'inſtituteur.

« C'eſt toi le juge ?

— Non, je te garde jusqu'à demain.

— Pourquoi tu manges avec moi ?

— J'ai faim. »

L'autre se tut. Daru se leva et sortit. Il ramena un lit de camp de l'appentis, l'étendit entre la table et le poêle, perpendiculairement à son propre lit. D'une grande valise qui, debout dans un coin, servait d'étagère à dossiers, il tira deux couvertures qu'il disposa sur le lit de camp. Puis il s'arrêta, se sentit oisif, s'assit sur son lit. Il n'y avait plus rien à faire ni à préparer. Il fallait regarder cet homme. Il le regardait donc, essayant d'imaginer ce visage emporté de fureur. Il n'y parvenait pas. Il voyait seulement le regard à la fois sombre et brillant, et la bouche animale.

« Pourquoi tu[1] l'as tué? » dit-il d'une voix dont l'hostilité le surprit.

L'Arabe détourna son regard.

« Il s'est sauvé. J'ai couru derrière lui. »

Il releva les yeux sur Daru et ils étaient pleins d'une sorte d'interrogation malheureuse.

« Maintenant, qu'est-ce qu'on va me faire?

— Tu as peur? »

L'autre se raidit, en détournant les yeux.

« Tu regrettes? »

L'Arabe le regarda, bouche ouverte. Visiblement, il ne comprenait pas. L'irritation gagnait Daru. En même temps, il se sentait gauche et emprunté dans son gros corps, coincé entre les deux lits.

« Couche-toi là, dit-il avec impatience. C'est ton lit. »

L'Arabe ne bougeait pas. Il appela Daru :

« Dis! »

L'instituteur le regarda.

« Le gendarme revient demain?

— Je ne sais pas.

— Tu viens avec nous?

— Je ne sais pas. Pourquoi? »

Le prisonnier se leva et s'étendit à même les couvertures, les pieds vers la fenêtre. La lumière de l'ampoule électrique lui tombait droit dans les yeux qu'il ferma aussitôt.

« Pourquoi? » répéta Daru, planté devant le lit.

L'Arabe ouvrit les yeux sous la lumière aveuglante et le regarda en s'efforçant de ne pas battre les paupières.

« Viens avec nous », dit-il.

Au milieu de la nuit, Daru ne dormait toujours pas. Il s'était mis au lit après s'être complètement déshabillé : il couchait nu habituellement. Mais quand il se trouva sans vêtements dans la chambre, il hésita. Il se sentait vulnérable, la tentation lui vint de se rhabiller. Puis il haussa les épaules; il en avait vu d'autres et, s'il le fallait, il casserait en deux son adversaire. De son lit, il pouvait l'observer, étendu sur le dos, toujours immobile et les

yeux fermés sous la lumière violente. Quand Daru éteignit, les ténèbres semblèrent se congeler d'un coup. Peu à
peu, la nuit redevint vivante dans la fenêtre où le ciel
sans étoiles remuait doucement. L'instituteur distingua
bientôt le corps étendu devant lui. L'Arabe ne bougeait
toujours pas, mais ses yeux semblaient ouverts. Un léger
vent rôdait autour de l'école. Il chasserait peut-être les
nuages et le soleil reviendrait.

Dans la nuit, le vent grandit. Les poules s'agitèrent un
peu, puis se turent. L'Arabe se retourna sur le côté,
présentant le dos à Daru et celui-ci crut l'entendre gémir.
Il guetta ensuite sa respiration, devenue plus forte et plus
régulière. Il écoutait ce souffle si proche et rêvait sans
pouvoir s'endormir. Dans la chambre où, depuis un an,
il dormait seul, cette présence le gênait. Mais elle le gênait
aussi parce qu'elle lui imposait une sorte de fraternité
qu'il refusait dans les circonstances présentes et qu'il
connaissait bien : les hommes, qui partagent les mêmes
chambres, soldats ou prisonniers, contractent un lien
étrange comme si, leurs armures quittées avec les vêtements, ils se rejoignaient chaque soir, par-dessus leurs
différences, dans la vieille communauté du songe et de la
fatigue. Mais Daru se secouait, il n'aimait pas ces bêtises,
il fallait dormir.

Un peu plus tard pourtant, quand l'Arabe bougea
imperceptiblement, l'instituteur ne dormait toujours pas.
Au deuxième mouvement du prisonnier, il se raidit, en
alerte. L'Arabe se soulevait lentement sur les bras, d'un
mouvement presque somnambulique. Assis sur le lit,
il attendit, immobile, sans tourner la tête vers Daru,
comme s'il écoutait de toute son attention. Daru ne bougea pas : il venait de penser que le revolver était resté
dans le tiroir de son bureau. Il valait mieux agir tout de
suite. Il continua cependant d'observer le prisonnier qui,
du même mouvement huilé, posait ses pieds sur le sol,
attendait encore, puis commençait à se dresser lentement.
Daru allait l'interpeller quand l'Arabe se mit en marche,
d'une allure naturelle cette fois, mais extraordinairement
silencieuse. Il allait vers la porte du fond qui donnait sur
l'appentis. Il fit jouer le loquet avec précaution et sortit en
repoussant la porte derrière lui, sans la refermer. Daru
n'avait pas bougé : « Il fuit, pensait-il seulement. Bon
débarras! » Il tendit pourtant l'oreille. Les poules ne

bougeaient pas : l'autre était donc sur le plateau. Un faible bruit d'eau lui parvint alors dont il ne comprit ce qu'il était qu'au moment où l'Arabe s'encastra de nouveau dans la porte, la referma avec soin, et vint se recoucher sans un bruit. Alors Daru lui tourna le dos et s'endormit. Plus tard encore, il lui sembla entendre, du fond de son sommeil, des pas furtifs autour de l'école. « Je rêve, je rêve ! » se répétait-il. Et il dormait.

Quand il se réveilla, le ciel était découvert; par la fenêtre mal jointe entrait un air froid et pur. L'Arabe dormait, recroquevillé maintenant sous les couvertures, la bouche ouverte, totalement abandonné. Mais quand Daru le secoua, il eut un sursaut terrible, regardant Daru sans le reconnaître avec des yeux fous et une expression si apeurée que l'instituteur fit un pas en arrière. « N'aie pas peur. C'est moi. Il faut manger. » L'Arabe secoua la tête et dit oui. Le calme était revenu sur son visage, mais son expression restait absente et distraite.

Le café était prêt. Ils le burent, assis tous deux sur le lit de camp, en mordant leurs morceaux de galette. Puis Daru mena l'Arabe sous l'appentis et lui montra le robinet où il faisait sa toilette. Il rentra dans la chambre, plia les couvertures et le lit de camp, fit son propre lit et mit la pièce en ordre. Il sortit alors sur le terre-plein en passant par l'école. Le soleil montait déjà dans le ciel bleu; une lumière tendre et vive inondait le plateau désert. Sur le raidillon, la neige fondait par endroits. Les pierres allaient apparaître de nouveau[1]. Accroupi au bord du plateau, l'instituteur contemplait l'étendue déserte. Il pensait à Balducci. Il lui avait fait de la peine, il l'avait renvoyé, d'une certaine manière, comme s'il ne voulait pas être dans le même sac. Il entendait encore l'adieu du gendarme et, sans savoir pourquoi, il se sentait étrangement vide et vulnérable. À ce moment, de l'autre côté de l'école, le prisonnier toussa. Daru l'écouta, presque malgré lui, puis, furieux, jeta un caillou qui siffla dans l'air avant de s'enfoncer dans la neige. Le crime imbécile de cet homme le révoltait, mais le livrer était contraire à l'honneur : d'y penser seulement le rendait fou d'humiliation. Et il maudissait à la fois les siens qui lui envoyaient cet Arabe et celui-ci qui avait osé tuer et n'avait pas su s'enfuir. Daru se leva, tourna en rond sur le terre-plein, attendit, immobile, puis entra dans l'école.

L'Arabe, penché sur le sol cimenté de l'appentis, se lavait les dents avec deux doigts. Daru le regarda, puis : « Viens », dit-il. Il rentra dans la chambre, devant le prisonnier. Il enfila une veste de chasse sur son chandail et chaussa des souliers de marche. Il attendit debout que l'Arabe eût remis son chèche et ses sandales. Ils passèrent dans l'école et l'instituteur montra la sortie à son compagnon. « Va », dit-il. L'autre ne bougea pas. « Je viens », dit Daru. L'Arabe sortit. Daru rentra dans la chambre et fit un paquet avec des biscottes, des dattes et du sucre. Dans la salle de classe, avant de sortir, il hésita une seconde devant son bureau, puis il franchit le seuil de l'école et boucla la porte. « C'est par là », dit-il. Il prit la direction de l'est, suivi par le prisonnier[1]. Mais, à une faible distance de l'école, il lui sembla entendre un léger bruit derrière lui. Il revint sur ses pas, inspecta les alentours de la maison : il n'y avait personne. L'Arabe le regardait faire, sans paraître comprendre. « Allons », dit Daru.

Ils marchèrent une heure et se reposèrent auprès d'une sorte d'aiguille calcaire. La neige fondait de plus en plus vite, le soleil pompait aussitôt les flaques, nettoyait à toute allure le plateau qui, peu à peu, devenait sec et vibrait comme l'air lui-même. Quand ils reprirent la route, le sol résonnait sous leurs pas. De loin en loin, un oiseau fendait l'espace devant eux avec un cri joyeux. Daru buvait, à profondes aspirations, la lumière fraîche. Une sorte d'exaltation naissait en lui devant le grand espace familier, presque entièrement jaune maintenant, sous sa calotte de ciel bleu. Ils marchèrent encore une heure, en descendant vers le sud. Ils arrivèrent à une sorte d'éminence aplatie, faite de rochers friables. À partir de là, le plateau dévalait, à l'est, vers une plaine basse où l'on pouvait distinguer quelques arbres maigres et, au sud, vers des amas rocheux qui donnaient au paysage un aspect tourmenté.

Daru inspecta les deux directions. Il n'y avait que le ciel à l'horizon, pas un homme ne se montrait. Il se tourna vers l'Arabe, qui le regardait sans comprendre. Daru lui tendit un paquet : « Prends, dit-il. Ce sont des dattes, du pain, du sucre. Tu peux tenir deux jours. Voilà mille francs aussi. » L'Arabe prit le paquet et l'argent, mais il gardait ses mains pleines à hauteur de la poitrine, comme s'il ne savait que faire de ce qu'on lui donnait.

« Regarde maintenant, dit l'instituteur, et il lui montrait la direction de l'est, voilà la route de Tinguit. Tu as deux heures de marche. À Tinguit, il y a l'administration et la police. Ils t'attendent. » L'Arabe regardait[1] vers l'est, retenant toujours contre lui le paquet et l'argent. Daru lui prit le bras et lui fit faire, sans douceur, un quart de tour vers le sud. Au pied de la hauteur où ils se trouvaient, on devinait un chemin à peine dessiné. « Ça, c'est la piste qui traverse le plateau. À un jour de marche d'ici, tu trouveras les pâturages et les premiers nomades. Ils t'accueilleront et t'abriteront, selon leur loi. » L'Arabe s'était retourné maintenant vers Daru et une sorte de panique se levait sur son visage : « Écoute », dit-il. Daru secoua la tête : « Non, tais-toi. Maintenant, je te laisse. » Il lui tourna le dos, fit deux grands pas dans la direction de l'école, regarda d'un air indécis l'Arabe immobile et repartit. Pendant quelques minutes, il n'entendit plus que son propre pas, sonore sur la terre froide, et il ne détourna pas la tête. Au bout d'un moment, pourtant, il se retourna. L'Arabe était toujours là, au bord de la colline, les bras pendants maintenant, et il regardait l'instituteur. Daru sentit sa gorge se nouer. Mais il jura d'impatience, fit un grand signe, et repartit. Il était déjà loin quand il s'arrêta de nouveau et regarda. Il n'y avait plus personne sur la colline.

Daru hésita. Le soleil était maintenant assez haut dans le ciel et commençait de lui dévorer le front. L'instituteur revint sur ses pas, d'abord un peu incertain, puis avec décision. Quand il parvint à la petite colline, il ruisselait de sueur. Il la gravit à toute allure et s'arrêta, essoufflé, sur le sommet. Les champs de roche, au sud, se dessinaient nettement sur le ciel bleu, mais sur la plaine, à l'est, une buée de chaleur montait déjà. Et dans cette brume légère, Daru, le cœur serré, découvrit l'Arabe qui cheminait lentement sur la route de la prison[2].

Un peu plus tard, planté devant la fenêtre de la salle de classe, l'instituteur regardait sans la voir la jeune lumière bondir des hauteurs du ciel sur toute la surface du plateau. Derrière lui, sur le tableau noir, entre les méandres des fleuves français s'étalait, tracée à la craie par une main malhabile, l'inscription qu'il venait de lire : « Tu as livré notre frère[3]. Tu paieras. » Daru regardait le ciel, le plateau et, au-delà, les terres invisibles qui s'étendaient jusqu'à la mer. Dans ce vaste pays qu'il avait tant aimé, il était seul.

JONAS

ou

L'ARTISTE AU TRAVAIL

Jetez-moi dans la mer... car
je sais que c'est moi qui attire
sur vous cette grande tempête.

JONAS, 1, 12.

G ILBERT JONAS, artiste peintre, croyait en son étoile. Il ne croyait d'ailleurs qu'en elle, bien qu'il se sentît du respect, et même une sorte d'admiration, devant la religion des autres. Sa propre foi, pourtant, n'était pas sans vertus, puisqu'elle consistait à admettre, de façon obscure, qu'il obtiendrait beaucoup sans jamais rien mériter. Aussi, lorsque, aux environs de sa trente-cinquième année, une dizaine de critiques se disputèrent soudain la gloire d'avoir découvert son talent, il n'en montra point de surprise. Mais sa sérénité, attribuée par certains à la suffisance, s'expliquait très bien, au contraire, par une confiante modestie. Jonas rendait justice à son étoile plutôt qu'à ses mérites.

Il se montra un peu plus étonné lorsqu'un marchand de tableaux lui proposa une mensualité qui le délivrait de tout souci. En vain, l'architecte Rateau, qui depuis le lycée aimait Jonas et son étoile, lui représenta-t-il que cette mensualité lui donnerait une vie à peine décente et que le marchand n'y perdrait rien. « Tout de même », disait Jonas. Rateau, qui réussissait, mais à la force du poignet, dans tout ce qu'il entreprenait, gourmandait son ami. « Quoi, tout de même ? Il faut discuter. » Rien n'y fit. Jonas en lui-même remerciait son étoile. « Ce sera comme vous voudrez », dit-il au marchand. Et il abandonna les fonctions qu'il occupait dans la maison d'éditions paternelle, pour se consacrer tout entier à la peinture. « Ça, disait-il, c'est une chance ! »

Il pensait en réalité : « C'est une chance qui continue. » Aussi loin qu'il pût remonter dans sa mémoire, il trouvait cette chance à l'œuvre. Il nourrissait ainsi une tendre reconnaissance à l'endroit de ses parents, d'abord parce qu'ils l'avaient élevé distraitement, ce qui lui avait fourni le loisir de la rêverie, ensuite parce qu'ils s'étaient séparés pour raison d'adultère. C'était du moins le prétexte invoqué par son père qui oubliait de préciser qu'il s'agissait d'un adultère assez particulier : il ne pouvait supporter les bonnes œuvres de sa femme, véritable sainte laïque, qui, sans y voir malice, avait fait le don de sa personne à l'humanité souffrante. Mais le mari prétendait disposer en maître des vertus de sa femme. « J'en ai assez, disait cet Othello, d'être trompé avec les pauvres. »

Ce malentendu fut profitable à Jonas. Ses parents, ayant lu, ou appris, qu'on pouvait citer plusieurs cas de meurtriers sadiques issus de parents divorcés, rivalisèrent de gâteries pour étouffer dans l'œuf les germes d'une aussi fâcheuse évolution. Moins apparents étaient les effets du choc subi, selon eux, par la conscience de l'enfant, et plus ils s'en inquiétaient : les ravages invisibles devaient être les plus profonds. Pour peu que Jonas se déclarât content de lui ou de sa journée, l'inquiétude ordinaire de ses parents touchait à l'affolement. Leurs attentions redoublaient et l'enfant n'avait alors plus rien à désirer[1].

Son malheur supposé valut enfin à Jonas un frère dévoué en la personne de son ami Rateau. Les parents de ce dernier invitaient souvent son petit camarade de lycée parce qu'ils plaignaient son infortune. Leurs discours apitoyés inspirèrent à leur fils, vigoureux et sportif, le désir de prendre sous sa protection l'enfant dont il admirait déjà les réussites nonchalantes. L'admiration et la condescendance firent un bon mélange pour une amitié que Jonas reçut, comme le reste, avec une simplicité encourageante.

Quand Jonas eut terminé, sans effort particulier, ses études, il eut encore la chance d'entrer dans la maison d'éditions de son père pour y trouver une situation et, par des voies indirectes, sa vocation de peintre. Premier éditeur de France, le père de Jonas était d'avis que le livre, plus que jamais, et en raison même de la crise de la culture, était l'avenir. « L'histoire montre, disait-il, que moins on lit et plus on achète de livres. » Partant, il ne lisait que rarement les manuscrits qu'on lui soumettait, ne se décidait à les publier que sur la personnalité de l'auteur ou l'actualité de son sujet (de ce point de vue, le seul sujet toujours actuel étant le sexe, l'éditeur avait fini par se spécialiser) et s'occupait seulement de trouver des présentations curieuses et de la publicité gratuite. Jonas reçut donc, en même temps que le département des lectures, de nombreux loisirs dont il fallut trouver l'emploi. C'est ainsi qu'il rencontra la peinture.

Pour la première fois, il se découvrit une ardeur imprévue, mais inlassable, consacra bientôt ses journées à peindre et, toujours sans effort, excella dans cet exercice. Rien d'autre ne semblait l'intéresser et c'est à peine s'il put se marier à l'âge convenable : la peinture le dévorait tout entier. Aux êtres et aux circonstances ordinaires de la vie, il ne réservait qu'un sourire bienveillant qui le dispensait d'en prendre souci. Il fallut un accident de la motocyclette que Rateau conduisait trop vigoureusement, son ami en croupe, pour que Jonas, la main droite enfin immobilisée dans un bandage, et s'ennuyant, pût s'intéresser à l'amour. Là encore, il fut porté à voir dans ce grave accident les bons effets de son étoile. Sans lui, il n'eût pas pris le temps de regarder Louise Poulin comme elle le méritait.

Selon Rateau, d'ailleurs, Louise ne méritait pas d'être regardée. Petit et râblé lui-même, il n'aimait que les grandes femmes. « Je ne sais pas ce que tu trouves à cette fourmi », disait-il. Louise était en effet petite, noire de peau, de poils et d'œil, mais bien faite, et de jolie mine. Jonas, grand et solide, s'attendrissait sur la fourmi, d'autant plus qu'elle était industrieuse. La[1] vocation de Louise était l'activité. Une telle vocation s'accordait heureusement au goût de Jonas pour l'inertie, et pour ses avantages. Louise se dévoua d'abord à la littérature, tant qu'elle crut du moins que l'édition intéressait Jonas. Elle lisait tout, sans ordre, et devint, en peu de semaines, capable de parler de tout[2]. Jonas l'admira et se jugea définitivement dispensé de lectures puisque Louise le renseignait assez, et lui permettait de connaître l'essentiel des découvertes contemporaines. « Il ne faut plus dire, affirmait Louise, qu'un tel est méchant ou laid, mais qu'il se veut méchant ou laid. » La nuance était importante et risquait de mener au moins, comme le fit remarquer Rateau, à la condamnation du genre humain. Mais Louise trancha en montrant que cette vérité étant à la fois soutenue par la presse du cœur et les revues philosophiques, elle était universelle et ne pouvait être discutée. « Ce sera comme vous voudrez », dit Jonas, qui oublia aussitôt cette cruelle découverte pour rêver à son étoile.

Louise déserta la littérature dès qu'elle comprit que Jonas ne s'intéressait qu'à la peinture. Elle se dévoua aussitôt aux arts plastiques, courut musées et expositions, y traîna Jonas qui comprenait mal ce que peignaient ses contemporains et s'en trouvait gêné dans sa simplicité d'artiste. Il se réjouissait cependant d'être si bien renseigné sur tout ce qui touchait à son art. Il est vrai que le lendemain, il perdait jusqu'au nom du peintre dont il venait de voir les œuvres. Mais Louise avait raison lorsqu'elle lui rappelait péremptoirement une des certitudes qu'elle avait gardées de sa période littéraire, à savoir qu'en réalité on n'oubliait jamais rien. L'étoile décidément protégeait Jonas qui pouvait ainsi cumuler sans mauvaise conscience les certitudes de la mémoire et les commodités de l'oubli.

Mais les trésors de dévouement que prodiguait Louise étincelaient de leurs plus beaux feux dans la vie quotidienne de Jonas. Ce bon ange lui évitait les achats de chaussures, de vêtements et de linge qui abrègent, pour tout homme normal, les jours d'une vie déjà si courte. Elle prenait à charge, résolument, les mille inventions de la machine à tuer le temps, depuis les imprimés obscurs de la sécurité sociale jusqu'aux dispositions sans cesse renouvelées de la fiscalité. « Oui, disait Rateau, c'est entendu. Mais elle ne peut aller chez le dentiste à ta place. » Elle n'y allait pas, mais elle téléphonait et prenait les rendez-vous, aux meilleures heures ; elle s'occupait des vidanges de la 4 CV, des locations dans les hôtels de vacances, du charbon domestique ; elle achetait elle-même les cadeaux que Jonas désirait offrir, choisissait et expédiait ses fleurs et trouvait encore le temps, certains soirs, de passer chez lui, en son absence, pour préparer le lit qu'il n'aurait pas besoin cette nuit-là d'ouvrir avant de se coucher.

Du même élan, aussi bien, elle entra dans ce lit, puis s'occupa du rendez-vous avec le maire, y mena Jonas deux ans avant que son talent fût enfin reconnu et organisa le voyage de noces de manière que tous les musées fussent visités. Non sans avoir trouvé, auparavant, en pleine crise du logement, un appartement de trois pièces où ils s'installèrent, au retour. Elle fabriqua ensuite, presque coup sur coup, deux enfants, garçon et fille, selon son plan qui était d'aller jusqu'à trois et qui fut rempli peu après que Jonas eut quitté la maison d'éditions pour se consacrer à la peinture.

Dès qu'elle eut accouché, d'ailleurs, Louise ne se dévoua plus qu'à son, puis ses enfants. Elle essayait encore d'aider son[1] mari mais le temps lui manquait. Sans doute, elle regrettait de négliger Jonas, mais son caractère décidé l'empêchait de s'attarder à ces regrets. « Tant pis, disait-elle, chacun son établi. » Expression dont Jonas se déclarait d'ailleurs enchanté, car il désirait, comme tous les artistes de son époque, passer pour un artisan. L'artisan fut donc un peu négligé et dut acheter ses souliers lui-même. Cependant[2], outre que cela était dans la nature des choses, Jonas fut encore tenté de s'en féliciter. Sans doute, il devait faire effort pour visiter les magasins, mais cet effort était récompensé par l'une de ces heures de solitude qui donne tant de prix au bonheur des couples.

Le[3] problème de l'espace vital l'emportait de loin, pourtant, sur les autres problèmes du ménage, car le temps et l'espace se rétrécissaient du même mouvement, autour d'eux. La naissance des enfants, le nouveau métier de Jonas, leur installation étroite, et la modestie de la mensualité qui interdisait d'acheter un plus grand appartement, ne laissaient qu'un champ restreint à la double activité de Louise et de Jonas. L'appartement se trouvait au premier étage d'un ancien hôtel du XVIIIe siècle, dans le vieux quartier de la capitale. Beaucoup d'artistes logeaient dans cet arrondissement, fidèles au principe qu'en art la recherche du neuf doit se faire dans un cadre ancien. Jonas, qui partageait cette conviction, se réjouissait beaucoup de vivre dans ce quartier.

Pour ancien, en tout cas, son appartement l'était. Mais quelques arrangements très modernes lui avaient donné un air original qui tenait principalement à ce qu'il offrait à ses hôtes un grand volume d'air alors qu'il n'occupait qu'une surface réduite. Les pièces, particulièrement hautes, et ornées de superbes fenêtres, avaient été certainement destinées, si on en jugeait par leurs majestueuses proportions, à la réception et à l'apparat. Mais les nécessités de l'entassement urbain et de la rente immobilière avaient contraint les propriétaires successifs à couper par des cloisons ces pièces trop vastes, et à

multiplier par ce moyen les stalles qu'ils louaient au prix
fort à leur troupeau de locataires. Ils n'en faisaient pas
moins valoir ce qu'ils appelaient « l'important cubage
d'air ». Cet avantage n'était pas niable. Il fallait seulement
l'attribuer à l'impossibilité où s'étaient trouvés les
propriétaires de cloisonner aussi les pièces dans leur
hauteur. Sans quoi, ils n'eussent pas hésité à faire les
sacrifices nécessaires pour offrir quelques refuges de plus
à la génération montante, particulièrement marieuse et
prolifique à cette époque. Le cubage d'air ne présentait
pas, d'ailleurs, que des avantages. Il offrait l'inconvénient
de rendre les pièces difficiles à chauffer en hiver, ce qui
obligeait malheureusement les propriétaires à majorer
l'indemnité de chauffage. En été, à cause de la vaste
surface vitrée, l'appartement était littéralement violé par
la lumière : il n'y avait pas de persiennes. Les propriétaires avaient négligé d'en placer, découragés sans doute
par la hauteur des fenêtres et le prix de la menuiserie.
D'épais rideaux, après tout, pouvaient jouer le même
rôle, et ne posaient aucun problème quant au prix de
revient, puisqu'ils étaient à la charge des locataires. Les
propriétaires, au demeurant, ne refusaient pas d'aider ces
derniers et leur offraient à des prix imbattables des
rideaux venus de leurs propres magasins. La philanthropie
immobilière était en effet leur violon d'Ingres. Dans
l'ordinaire de la vie, ces nouveaux princes vendaient de
la percale et du velours.

Jonas s'était extasié sur les avantages de l'appartement
et en avait admis sans peine les inconvénients. « Ce sera
comme vous voudrez », dit-il au propriétaire pour
l'indemnité de chauffage. Quant aux rideaux, il approuvait
Louise qui trouvait suffisant de garnir la seule chambre à
coucher et de laisser les autres fenêtres nues. « Nous
n'avons rien à cacher », disait ce cœur pur. Jonas avait
été particulièrement séduit par la plus grande pièce dont
le plafond était si haut qu'il ne pouvait être question d'y
installer un système d'éclairage. On entrait de plain-pied
dans cette pièce qu'un étroit couloir reliait aux deux
autres, beaucoup plus petites, et placées en enfilade.
Au bout de l'appartement, la cuisine voisinait avec les
commodités et un réduit décoré du nom de salle de
douches. Il pouvait en effet passer pour tel à la condition
d'y installer un appareil, de le placer dans le sens vertical,

et de consentir à recevoir le jet bienfaisant dans une immobilité absolue.

La hauteur vraiment extraordinaire des plafonds, et l'exiguïté des pièces, faisaient de cet appartement un étrange assemblage de parallélépipèdes presque entièrement vitrés, tout en portes et en fenêtres, où les meubles ne pouvaient trouver d'appui et où les êtres, perdus dans la lumière blanche et violente, semblaient flotter comme des ludions dans un aquarium vertical. De plus, toutes les fenêtres donnaient sur la cour, c'est-à-dire, à peu de distance, sur d'autres fenêtres du même style derrière lesquelles on apercevait presque aussitôt le haut dessin de nouvelles fenêtres donnant sur une deuxième cour. « C'est le cabinet des glaces », disait Jonas ravi. Sur le conseil de Rateau, on avait décidé de placer la chambre conjugale dans l'une des petites pièces, l'autre devant abriter l'enfant qui s'annonçait déjà. La grande pièce servait d'atelier à Jonas pendant la journée, de pièce commune le soir et à l'heure des repas. On pouvait d'ailleurs, à la rigueur, manger dans la cuisine, pourvu que Jonas, ou Louise, voulût bien se tenir debout. Rateau, de son côté, avait[1] multiplié les installations ingénieuses. À force de portes roulantes, de tablettes escamotables et de tables pliantes, il était parvenu à compenser la rareté des meubles, en accentuant l'air de boîte à surprises de cet original appartement[2].

Mais quand les pièces furent pleines de tableaux et d'enfants, il fallut songer sans tarder à une nouvelle installation. Avant la naissance du troisième enfant, en effet, Jonas travaillait dans la grande pièce, Louise tricotait dans la chambre conjugale, tandis que les deux petits occupaient la dernière chambre, y menaient grand train, et roulaient aussi, comme ils le pouvaient, dans tout l'appartement. On décida alors d'installer le nouveau-né dans un coin de l'atelier que Jonas isola en superposant ses toiles à la manière d'un paravent, ce qui offrait l'avantage d'avoir l'enfant à la portée de l'oreille et de pouvoir ainsi répondre à ses appels. Jonas d'ailleurs n'avait jamais besoin de se déranger, Louise le prévenait. Elle n'attendait pas que l'enfant criât pour entrer dans l'atelier, quoique avec mille précautions, et toujours sur la pointe des pieds. Jonas, attendri par cette discrétion, assura un jour Louise qu'il n'était pas si sensible et qu'il pouvait très bien travailler sur le bruit de ses pas. Louise répondit qu'il s'agissait aussi de ne pas réveiller l'enfant. Jonas, plein d'admiration pour le cœur maternel qu'elle découvrait ainsi, rit de bon cœur de sa méprise. Du coup, il n'osa pas avouer que les interventions prudentes de Louise étaient plus gênantes qu'une franche irruption. D'abord parce qu'elles duraient plus longtemps, ensuite parce qu'elles s'exécutaient selon une mimique où Louise, les bras largement écartés, le torse un peu renversé en arrière, et la jambe lancée très haut devant elle, ne pouvait passer inaperçue. Cette méthode allait même contre ses intentions avouées, puisque Louise risquait à tout moment d'accrocher quelqu'une des toiles dont l'atelier était encombré. Le bruit réveillait alors l'enfant qui manifestait son mécontentement selon ses moyens, du reste assez puissants. Le père, enchanté des capacités pulmonaires de son fils, courait le dorloter, bientôt relayé par sa femme. Jonas relevait alors ses toiles, puis, pinceaux en mains, écoutait, charmé, la voix insistante et souveraine de son fils.

Ce fut le moment aussi où le succès de Jonas lui valut beaucoup d'amis. Ces amis se manifestaient au téléphone ou à l'occasion de visites impromptu. Le téléphone qui, tout bien pesé, avait été placé dans l'atelier, résonnait souvent, toujours au préjudice du sommeil de l'enfant qui mêlait ses cris à la sonnerie impérative de l'appareil. Si, d'aventure, Louise était en train de soigner[1] les autres enfants, elle s'efforçait d'accourir avec eux mais, la plupart du temps, elle trouvait Jonas tenant l'enfant d'une main et, de l'autre, les pinceaux avec le récepteur du téléphone qui lui transmettait une invitation affectueuse à déjeuner. Jonas s'émerveillait qu'on voulût bien déjeuner avec lui, dont la conversation était banale, mais préférait les sorties du soir afin de garder intacte sa journée de travail. La plupart du temps, malheureusement, l'ami n'avait que le déjeuner, et ce déjeuner-ci, de libre; il tenait absolument à le réserver au cher Jonas. Le cher Jonas acceptait : « Comme vous voudrez! », raccrochait : « Est-il gentil celui-là! », et rendait l'enfant à Louise. Puis il reprenait son travail, bientôt interrompu par le déjeuner ou le dîner. Il fallait écarter les toiles, déplier la table perfectionnée, et s'installer avec les petits. Pendant le repas, Jonas gardait un œil sur le tableau en train, et il lui arrivait, au début du moins, de trouver ses enfants un peu lents à mastiquer et à déglutir, ce qui donnait à chaque repas une longueur excessive. Mais il lut dans son journal qu'il fallait manger avec lenteur pour bien assimiler, et trouva dès lors dans chaque repas des raisons de se réjouir longuement.

D'autres fois, ses nouveaux amis lui faisaient visite. Rateau, lui, ne venait qu'après dîner. Il était à son bureau dans la journée, et puis, il savait que les peintres travaillent à la lumière du jour. Mais les nouveaux amis de Jonas appartenaient presque tous à l'espèce artiste ou critique. Les uns avaient peint, d'autres allaient peindre, et les derniers enfin s'occupaient de ce qui avait été peint ou le serait. Tous, certainement, plaçaient très haut les travaux de l'art, et se plaignaient de l'organisation du monde moderne qui rend si difficile la poursuite desdits travaux et l'exercice, indispensable à l'artiste, de la méditation. Ils s'en plaignaient des après-midi durant, suppliant Jonas de continuer à travailler, de faire comme s'ils n'étaient pas là, et d'en user librement avec eux qui n'étaient pas bourgeois et savaient ce que valait le temps d'un artiste. Jonas, content d'avoir des amis capables d'admettre qu'on pût travailler en leur présence, retournait à son tableau sans cesser de répondre aux questions qu'on lui posait, ou de rire aux anecdotes qu'on lui contait.

Tant de naturel mettait ses amis de plus en plus à l'aise. Leur bonne humeur était si réelle qu'ils en oubliaient l'heure du repas. Les enfants, eux, avaient meilleure mémoire. Ils accouraient, se mêlaient à la société, hurlaient, étaient pris en charge par les visiteurs, sautaient de genoux en genoux. La lumière déclinait enfin sur le carré du ciel dessiné par la cour, Jonas posait ses pinceaux. Il ne restait qu'à inviter les amis, à la fortune du pot, et à parler encore, tard dans la nuit, de l'art bien sûr, mais surtout des peintres sans talent, plagiaires ou intéressés, qui n'étaient pas là. Jonas, lui, aimait à se lever tôt, pour profiter des premières heures de la lumière. Il savait que ce serait difficile, que le petit déjeuner ne serait pas prêt à temps, et que lui-même serait fatigué. Mais il se réjouissait aussi d'apprendre, en un soir, tant de choses qui ne pouvaient manquer de lui être profitables, quoique de manière invisible, dans son art. « En art, comme dans la nature, rien ne se perd, disait-il. C'est un effet de l'étoile. »

Aux amis se joignaient parfois les disciples : Jonas
maintenant faisait école. Il en avait d'abord été surpris,
ne voyant pas ce qu'on pouvait apprendre de lui qui
avait tout à découvrir. L'artiste, en lui, marchait dans les
ténèbres; comment aurait-il enseigné les vrais chemins ?
Mais il comprit assez vite qu'un disciple n'était pas
forcément quelqu'un qui aspire à apprendre quelque
chose. Plus souvent, au contraire, on se faisait disciple
pour le plaisir désintéressé d'enseigner son maître. Dès
lors, il put accepter, avec humilité, ce surcroît d'honneurs.
Les disciples de Jonas lui expliquaient longuement ce
qu'il avait peint, et pourquoi. Jonas découvrait ainsi
dans son œuvre beaucoup d'intentions qui le surprenaient
un peu, et une foule de choses qu'il n'y avait pas mises.
Il se croyait pauvre et, grâce à ses élèves, se trouvait riche
d'un seul coup. Parfois, devant tant de richesses jusqu'alors inconnues, un soupçon de fierté effleurait Jonas.
« C'est tout de même vrai, se disait-il. Ce visage-là, au
dernier plan, on ne voit que lui. Je ne comprends pas bien
ce qu'ils veulent dire en parlant d'humanisation indirecte.
Pourtant, avec cet effet, je suis allé assez loin. » Mais bien
vite, il se débarrassait sur son étoile de cette incommode
maîtrise. « C'est l'étoile, disait-il, qui va loin. Moi, je reste
près de Louise et des enfants. »

Les disciples avaient d'ailleurs un autre mérite : ils
obligeaient Jonas à une plus grande rigueur envers lui-
même. Ils le mettaient si haut dans leurs discours, et
particulièrement en ce qui concernait sa conscience et sa
force de travail, qu'après cela aucune faiblesse ne lui était
plus permise. Il perdit ainsi sa vieille habitude de croquer
un bout de sucre ou de chocolat quand il avait terminé un
passage difficile, et avant de se remettre au travail. Dans
la solitude, malgré tout, il eût cédé clandestinement à cette
faiblesse. Mais il fut aidé dans ce progrès moral par la
présence presque constante de ses disciples et amis devant
lesquels il se trouvait un peu gêné de grignoter du chocolat et dont il ne pouvait d'ailleurs, pour une si petite manie,
interrompre l'intéressante conversation.

De plus, ses disciples exigeaient qu'il restât fidèle à son
esthétique. Jonas, qui peinait longuement pour recevoir
de loin en loin une sorte d'éclair fugitif où la réalité
surgissait alors à ses yeux dans une lumière vierge, n'avait
qu'une idée obscure de sa propre esthétique. Ses disciples,

au contraire, en avaient plusieurs idées, contradictoires et catégoriques ; ils ne plaisantaient pas là-dessus. Jonas eût aimé, parfois, invoquer le caprice, cet humble ami de l'artiste. Mais les froncements de sourcils de ses disciples devant certaines toiles qui s'écartaient de leur idée le forçaient à réfléchir un peu plus sur son art, ce qui était tout bénéfice.

Enfin, les disciples aidaient Jonas d'une autre manière en le forçant à donner son avis sur leur propre production. Il ne se passait pas de jours, en effet, qu'on ne lui apportât quelque toile à peine ébauchée que son auteur plaçait entre Jonas et le tableau en train, afin de faire bénéficier l'ébauche de la meilleure lumière. Il fallait donner un avis. Jusqu'à cette époque, Jonas avait toujours eu une secrète honte de son incapacité profonde à juger d'une œuvre d'art. Exception faite pour une poignée de tableaux qui le transportaient, et pour les gribouillages évidemment grossiers, tout lui paraissait également intéressant et indifférent. Il fut donc forcé de se constituer un arsenal de jugements, d'autant plus variés que ses disciples, comme tous les artistes de la capitale, avaient en somme un certain talent, et qu'il lui fallait établir, lorsqu'ils étaient là, des nuances assez diverses pour satisfaire chacun. Cette heureuse obligation le contraignit donc à se faire un vocabulaire, et des opinions sur son art. Sa naturelle bienveillance ne fut d'ailleurs pas aigrie par cet effort. Il comprit rapidement que ses disciples ne lui demandaient pas des critiques, dont ils n'avaient que faire, mais seulement des encouragements et, s'il se pouvait, des éloges. Il fallait seulement que les éloges fussent différents. Jonas ne se contenta plus d'être aimable, à son ordinaire. Il le fut avec ingéniosité.

Ainsi coulait le temps de Jonas, qui peignait au milieu d'amis et d'élèves, installés sur des chaises maintenant disposées en rangs concentriques autour du chevalet. Souvent, aussi bien, des voisins apparaissaient aux fenêtres d'en face et s'ajoutaient à son public. Il discutait, échangeait des vues, examinait les toiles qui lui étaient soumises, souriait aux passages de Louise, consolait les enfants et répondait chaleureusement aux appels téléphoniques, sans jamais lâcher ses pinceaux avec lesquels, de temps en temps, il ajoutait une touche au tableau commencé. Dans un sens, sa vie était bien remplie, toutes ses heures étaient employées, et il rendait grâces au destin qui lui épargnait l'ennui. Dans un autre sens, il fallait beaucoup de touches pour remplir un tableau et il pensait parfois que l'ennui avait du bon puisqu'on pouvait s'en évader par le travail acharné. La production de Jonas, au contraire, ralentissait dans la mesure où ses amis devenaient plus intéressants. Même dans les rares heures où il était tout à fait seul, il se sentait trop fatigué pour mettre les bouchées doubles. Et dans ces heures, il ne pouvait que rêver d'une nouvelle organisation qui concilierait les plaisirs de l'amitié et les vertus de l'ennui.

Il s'en ouvrit à Louise qui, de son côté, s'inquiétait devant la croissance de ses deux aînés et l'étroitesse de leur chambre. Elle proposa de les installer dans la grande pièce en masquant leur lit par un paravent, et de transporter le bébé dans la petite pièce où il ne serait pas réveillé par le téléphone. Comme le bébé ne tenait aucune place, Jonas pouvait faire de la petite pièce son atelier. La grande servirait alors aux réceptions de la journée, Jonas pourrait aller et venir, rendre visite à ses amis ou travailler, sûr qu'il était d'être compris dans son besoin d'isolement. De plus, la nécessité de coucher les grands enfants permettrait d'écourter les soirées. « Superbe, dit Jonas après réflexion. — Et puis, dit Louise, si tes amis partent tôt, nous nous verrons un peu plus. » Jonas la regarda. Une ombre de tristesse passait sur le visage de Louise. Ému, il la prit contre lui, l'embrassa avec toute sa tendresse. Elle s'abandonna et, pendant un instant, ils furent heureux comme ils l'avaient été au début de leur mariage. Mais elle se secoua : la pièce était peut-être trop petite pour Jonas. Louise se saisit d'un mètre pliant et ils découvrirent qu'en raison de l'encombrement créé par ses toiles et par celles de ses élèves, de beaucoup les plus nombreuses, il travaillait, ordinairement, dans un espace à peine plus grand que celui qui lui serait, désormais, attribué. Jonas procéda sans tarder au déménagement.

Sa réputation, par chance, grandissait d'autant plus qu'il travaillait moins. Chaque exposition était attendue et célébrée d'avance. Il est vrai qu'un petit nombre de critiques, parmi lesquels se trouvaient deux des visiteurs habituels de l'atelier, tempéraient de quelques réserves la chaleur de leur compte rendu. Mais l'indignation des disciples compensait, et au-delà, ce petit malheur. Bien sûr, affirmaient ces derniers avec force, ils mettaient au-dessus de tout les toiles de la première période, mais les recherches actuelles préparaient une véritable révolution. Jonas se reprochait le léger agacement qui lui venait chaque fois qu'on exaltait ses premières œuvres et remerciait avec effusion. Seul Rateau grognait : « Drôles de pistolets... Ils t'aiment en statue, immobile. Avec eux, défense de vivre ! » Mais Jonas défendait ses disciples[1] : « Tu ne peux pas comprendre, disait-il à Rateau, toi, tu aimes tout ce que je fais. » Rateau riait : « Parbleu. Ce ne sont pas tes tableaux que j'aime. C'est ta peinture. »

Les tableaux continuaient de plaire en tout cas et, après une exposition accueillie chaleureusement, le marchand proposa, de lui-même, une augmentation de la mensualité. Jonas accepta, en protestant de sa gratitude. « À vous entendre, dit le marchand, on croirait que vous attachez de l'importance à l'argent. » Tant de bonhomie conquit le cœur du peintre. Cependant, comme il demandait au marchand l'autorisation de donner une toile à une vente de charité, celui-ci s'inquiéta de savoir s'il s'agissait d'une charité « qui rapportait ». Jonas l'ignorait. Le marchand proposa donc d'en rester honnêtement aux termes du contrat qui lui accordait un privilège exclusif quant à la vente. « Un contrat est un contrat », dit-il. Dans le leur, la charité n'était pas prévue. « Ce sera comme vous voudrez », dit le peintre.

La nouvelle organisation n'apporta que des satisfactions à Jonas. Il put, en effet, s'isoler assez souvent pour répondre aux nombreuses lettres qu'il recevait maintenant et que sa courtoisie ne pouvait laisser sans réponse. Les unes concernaient l'art de Jonas, les autres, de beaucoup les plus nombreuses, la personne du correspondant, soit qu'il voulût être encouragé dans sa vocation de peintre, soit qu'il eût à demander un conseil ou une aide financière. À mesure que le nom de Jonas paraissait dans les gazettes, il fut aussi sollicité, comme tout le monde, d'intervenir pour dénoncer des injustices très révoltantes. Jonas répondait, écrivait sur l'art, remerciait, donnait son conseil, se privait d'une cravate pour envoyer un petit secours, signait enfin les justes protestations qu'on lui soumettait. « Tu fais de la politique, maintenant ? Laisse ça aux écrivains et aux filles laides », disait Rateau.

Non, il ne signait que les protestations qui se déclaraient
étrangères à tout esprit de parti. Mais toutes se réclamaient de cette belle indépendance. À longueur de semaines, Jonas traînait ses poches gonflées d'un courrier
sans cesse négligé et renouvelé. Il répondait aux plus
pressantes, qui venaient généralement d'inconnus, et
gardait pour un meilleur temps celles qui demandaient une
réponse à loisir, c'est-à-dire les lettres d'amis. Tant d'obligations lui interdisaient en tout cas la flânerie, et l'insouciance du cœur. Il se sentait toujours en retard, et toujours
coupable, même quand il travaillait, ce qui lui arrivait de
temps en temps.

Louise était de plus en plus mobilisée par les enfants,
et s'épuisait à faire tout ce que lui-même, en d'autres
circonstances, eût pu faire dans la maison. Il en était malheureux. Après tout, il travaillait, lui, pour son plaisir,
elle avait la plus mauvaise part. Il s'en apercevait bien
quand elle était en courses. « Le téléphone ! » criait l'aîné,
et Jonas plantait là son tableau pour y revenir, le cœur en
paix, avec une invitation supplémentaire. « C'est pour le
gaz ! » hurlait un employé dans la porte qu'un enfant lui
avait ouverte. « Voilà, voilà ! » Quand Jonas quittait le
téléphone, ou la porte, un ami, un disciple, les deux
parfois, le suivaient jusqu'à la petite pièce pour terminer
la conversation commencée. Peu à peu, tous devinrent
familiers du couloir. Ils s'y tenaient, bavardaient entre
eux, prenaient de loin Jonas à témoin, ou bien faisaient
une courte irruption dans la petite pièce. « Ici, au moins,
s'exclamaient ceux qui entraient, on peut vous voir un
peu, et à loisir. » Jonas s'attendrissait : « C'est vrai, disait-
il. Finalement, on ne se voit plus. » Il sentait bien aussi
qu'il décevait ceux qu'il ne voyait pas, et il s'en attristait.
Souvent, il s'agissait d'amis qu'il eût préféré rencontrer.
Mais le temps lui manquait, il ne pouvait tout accepter.
Aussi, sa réputation s'en ressentit. « Il est devenu fier,
disait-on, depuis qu'il a réussi. Il ne voit plus personne. »
Ou bien : « Il n'aime personne, que lui. » Non, il aimait
sa peinture, et Louise, ses enfants, Rateau, quelques-uns
encore, et il avait de la sympathie pour tous. Mais la vie
est brève, le temps rapide, et sa propre énergie avait des
limites. Il était difficile de peindre le monde et les hommes
et, en même temps, de vivre avec eux. D'un autre côté, il
ne pouvait se plaindre ni expliquer ses empêchements.

Car on lui frappait alors sur l'épaule. « Heureux gaillard! C'est la rançon de la gloire! »

Le courrier s'accumulait donc, les disciples ne toléraient aucun relâchement, et les gens du monde maintenant affluaient que Jonas d'ailleurs estimait de s'intéresser à la peinture quand ils eussent pu, comme chacun, se passionner pour la royale famille d'Angleterre ou les relais gastronomiques. À la vérité, il s'agissait surtout de femmes du monde, mais qui avaient une grande simplicité de manières. Elles n'achetaient pas elles-mêmes de toiles et amenaient seulement leurs amis chez l'artiste dans l'espoir, souvent déçu, qu'ils achèteraient à leur place. En revanche, elles aidaient Louise, particulièrement en préparant du thé pour les visiteurs. Les tasses passaient de main en main, parcouraient le couloir, de la cuisine à la grande pièce, revenaient ensuite pour atterrir dans le petit atelier où Jonas, au milieu d'une poignée d'amis et de visiteurs qui suffisaient à remplir la chambre, continuait de peindre jusqu'au moment où il devait déposer ses pinceaux pour prendre, avec reconnaissance, la tasse qu'une fascinante[1] personne avait spécialement remplie pour lui.

Il buvait son thé, regardait l'ébauche qu'un disciple venait de poser sur son chevalet, riait avec ses amis, s'interrompait pour demander à l'un d'eux de bien vouloir poster le paquet de lettres qu'il avait écrites dans la nuit, redressait le petit deuxième tombé dans ses jambes, posait pour une photographie et puis : « Jonas, le téléphone! » il brandissait sa tasse, fendait en s'excusant la foule qui occupait son couloir, revenait, peignait un coin de tableau, s'arrêtait pour répondre à la fascinante que, certainement, il ferait son portrait et retournait au chevalet. Il travaillait, mais : « Jonas, une signature! — Qu'est-ce que c'est, disait-il, le facteur? — Non, les forçats du Cachemire. — Voilà, voilà! » Il courait alors à la porte recevoir un jeune ami des hommes et sa protestation, s'inquiétait de savoir s'il s'agissait de politique, signait après avoir reçu un complet apaisement en même temps que des remontrances sur les devoirs que lui créaient ses privilèges d'artiste et réapparaissait pour qu'on lui présente, sans qu'il pût comprendre leur nom, un boxeur fraîchement victorieux, ou le plus grand dramaturge d'un pays étranger. Le dramaturge lui faisait face pendant cinq minutes, exprimant par des regards émus ce que son ignorance du français ne lui permettait pas de dire plus clairement, pendant que Jonas hochait la tête avec une sincère sympathie. Heureusement, cette situation sans issue était dénouée par l'irruption du dernier prédicateur de charme qui voulait être présenté au grand peintre. Jonas, enchanté, disait qu'il l'était, tâtait le paquet de lettres dans sa poche, empoignait[1] ses pinceaux, se préparait à reprendre un passage, mais devait d'abord remercier pour la paire de setters qu'on lui amenait à l'instant, allait les garer dans la chambre conjugale, revenait pour accepter l'invitation à déjeuner de la donatrice, ressortait aux cris de Louise pour constater sans doute possible que les setters n'avaient pas été dressés à vivre en appartement, et les menait dans la salle de douches où ils hurlaient avec tant de persévérance qu'on finissait par ne plus les entendre. De loin en loin, pardessus les têtes, Jonas apercevait le regard de Louise et il lui semblait que ce regard était triste. La fin du jour arrivait enfin, des visiteurs prenaient congé, d'autres s'attardaient dans la grande pièce, et regardaient avec attendrissement Louise coucher les enfants, aidée gentiment par une élégante à chapeau qui se désolait de devoir tout à l'heure regagner son hôtel particulier où la vie, dispersée sur deux étages, était tellement moins intime et chaleureuse que chez les Jonas.

Un samedi après-midi, Rateau vint apporter à Louise un ingénieux séchoir à linge qui pouvait se fixer au plafond de la cuisine. Il trouva l'appartement bondé et, dans la petite pièce, entouré de connaisseurs, Jonas qui peignait la donatrice aux chiens, mais était peint lui-même par un artiste officiel. Celui-ci, selon Louise, exécutait une commande de l'État. « Ce sera *l'Artiste au travail.* » Rateau se retira dans un coin de la pièce pour regarder son ami, absorbé visiblement par son effort. Un des connaisseurs, qui n'avait jamais vu Rateau, se pencha vers lui : « Hein, dit-il, il a bonne mine ! » Rateau ne répondit pas. « Vous peignez, continua l'autre. Moi aussi. Eh bien, croyez-moi, il baisse. — Déjà ? dit Rateau. — Oui. C'est le succès. On ne résiste pas au succès. Il est fini. — Il baisse ou il est fini ? — Un artiste qui baisse est fini. Voyez, il n'a plus rien à peindre. On le peint lui-même et on l'accrochera au mur. »

Plus tard, au milieu de la nuit, dans la chambre conjugale, Louise, Rateau et Jonas, celui-ci debout, les deux autres assis sur un coin du lit, se taisaient. Les enfants dormaient, les chiens étaient en pension à la campagne, Louise venait de laver la nombreuse vaisselle que Jonas et Rateau avaient essuyée, la fatigue était bonne. « Prenez une domestique », avait dit Rateau, devant la pile d'assiettes. Mais Louise, avec mélancolie : « Où la mettrions-nous ? » Ils se taisaient donc. « Es-tu content ? » demanda soudain Rateau. Jonas sourit, mais il avait l'air las. « Oui. Tout le monde est gentil avec moi. — Non, dit Rateau. Méfie-toi. Ils ne sont pas tous bons. — Qui ? — Tes amis peintres, par exemple. — Je sais, dit Jonas. Mais beaucoup d'artistes sont comme ça. Ils ne sont pas sûrs d'exister, même les plus grands. Alors, ils cherchent des preuves, ils jugent, ils condamnent. Ça les fortifie, c'est un commencement d'existence. Ils sont seuls ! » Rateau secouait la tête. « Crois-moi, dit Jonas, je les connais. Il faut les aimer. — Et toi, dit Rateau, tu existes donc ? Tu ne dis jamais de mal de personne. » Jonas se mit à rire : « Oh ! j'en pense souvent du mal. Seulement, j'oublie. » Il devint grave : « Non, je ne suis pas certain d'exister. Mais j'existerai, j'en suis sûr. »

Rateau demanda à Louise ce qu'elle en pensait. Elle sortit de sa fatigue pour dire que Jonas avait raison : l'opinion de leurs visiteurs n'avait pas d'importance. Seul le travail de Jonas importait. Et elle sentait bien que l'enfant le gênait. Il grandissait d'ailleurs, il faudrait acheter un divan, qui prendrait de la place. Comment faire, en attendant de trouver un plus grand appartement ! Jonas regardait la chambre conjugale. Bien sûr, ce n'était pas l'idéal, le lit était très[1] large. Mais la pièce était vide toute la journée. Il le dit à Louise qui réfléchit. Dans la chambre, du moins, Jonas ne serait pas dérangé; on n'oserait tout de même pas se coucher sur leur lit. « Qu'en pensez-vous ? » demanda Louise, à son tour, à Rateau. Celui-ci regardait Jonas. Jonas contemplait les fenêtres d'en face. Puis, il leva les yeux vers le ciel sans étoiles, et alla tirer les rideaux. Quand il revint, il sourit à Rateau et s'assit, près de lui, sur le lit, sans rien dire. Louise, visiblement fourbue, déclara qu'elle allait prendre sa douche. Quand les deux amis furent seuls, Jonas sentit l'épaule de Rateau toucher la sienne. Il ne le regarda pas,

mais dit : « J'aime peindre. Je voudrais peindre ma vie
entière, jour et nuit. N'est-ce pas une chance, cela ? »
Rateau le regardait avec tendresse : « Oui, dit-il, c'est une
chance. »

Les enfants grandissaient et Jonas était heureux de les
voir gais et vigoureux. Ils allaient en classe, et revenaient
à quatre heures. Jonas pouvait encore en profiter le
samedi après-midi, le jeudi, et aussi, à longueur de
journées, pendant de fréquentes et longues vacances.
Ils n'étaient pas encore assez grands pour jouer sagement,
mais se montraient assez robustes pour meubler l'appartement de leurs disputes et de leurs rires. Il fallait les
calmer, les menacer, faire mine parfois de les battre. Il y
avait aussi le linge à tenir propre, les boutons à recoudre;
Louise n'y suffisait plus. Puisqu'on ne pouvait loger une
domestique, ni même l'introduire dans l'étroite intimité
où ils vivaient, Jonas suggéra d'appeler à l'aide la sœur de
Louise, Rose, qui était restée veuve avec une grande fille.
« Oui, dit Louise, avec Rose, on ne se gênera pas. On la
mettra à la porte quand on voudra. » Jonas se réjouit de
cette solution qui soulagerait Louise en même temps
que sa propre conscience, embarrassée devant la fatigue
de sa femme. Le soulagement fut d'autant plus grand
que la sœur amenait souvent sa fille en renfort. Toutes
deux avaient le meilleur cœur du monde; la vertu et le
désintéressement éclataient dans leur nature honnête.
Elles firent l'impossible pour venir en aide au ménage
et n'épargnèrent pas leur temps. Elles y furent aidées
par l'ennui de leurs vies solitaires et le plaisir d'aise
qu'elles trouvaient chez Louise. Comme prévu, en effet,
personne ne se gêna et les deux parentes, dès le premier
jour, se sentirent vraiment chez elles. La grande pièce
devint commune, à la fois salle à manger, lingerie, et
garderie d'enfants. La petite pièce où dormait le dernier-
né servit à entreposer les toiles et un lit de camp où dormait parfois Rose, quand elle se trouvait sans sa fille.

Jonas occupait la chambre conjugale et travaillait
dans l'espace qui séparait le lit de la fenêtre. Il fallait
seulement attendre que la chambre fût faite, après celle
des enfants. Ensuite, on ne venait plus le déranger que
pour chercher quelque pièce de linge : la seule armoire
de la maison se trouvait en effet dans cette chambre.
Les visiteurs, de leur côté, quoique un peu moins nom-

breux, avaient pris des habitudes et, contre l'espérance de Louise, n'hésitaient pas à se coucher sur le lit conjugal pour mieux bavarder avec Jonas. Les enfants venaient aussi embrasser leur père. « Fais voir l'image. » Jonas leur montrait l'image qu'il peignait et les embrassait avec tendresse. En les renvoyant, il sentait qu'ils occupaient tout l'espace de son cœur, pleinement, sans restriction. Privé d'eux, il ne retrouverait plus que vide et solitude. Il les aimait autant que sa peinture parce que, seuls dans le monde, ils étaient aussi vivants qu'elle.

Pourtant, Jonas travaillait moins, sans qu'il pût savoir pourquoi. Il était toujours assidu, mais il avait maintenant de la difficulté à peindre, même dans les moments de solitude. Ces moments, il les passait à regarder le ciel. Il avait toujours été distrait et absorbé, il devint rêveur. Il pensait à la peinture, à sa vocation, au lieu de peindre. « J'aime peindre », se disait-il encore, et la main qui tenait le pinceau pendait le long de son corps, et il écoutait une radio lointaine.

En même temps, sa réputation baissait. On lui apportait des articles réticents, d'autres mauvais, et quelques-uns si méchants que son cœur se serrait. Mais il se disait qu'il y avait aussi du profit à tirer de ces attaques qui le pousseraient à mieux travailler. Ceux qui continuaient à venir le traitaient avec moins de déférence, comme un vieil ami, avec qui il n'y a pas à se gêner. Quand il voulait retourner à son travail : « Bah! disaient-ils, tu as bien le temps! » Jonas sentait que, d'une certaine manière, ils l'annexaient déjà à leur propre échec. Mais, dans un autre sens, cette solidarité nouvelle avait quelque chose de bienfaisant. Rateau haussait les épaules : « Tu es trop bête. Ils ne t'aiment guère. — Ils m'aiment un peu maintenant, répondait Jonas. Un peu d'amour, c'est énorme. Qu'importe comme on l'obtient! » Il continuait donc de parler, d'écrire des lettres et de peindre, comme il pouvait. De loin en loin, il peignait vraiment, surtout le dimanche après-midi, quand les enfants sortaient avec Louise et Rose. Le soir, il se réjouissait d'avoir un peu avancé le tableau en cours. À cette époque, il peignait des ciels.

Le jour où le marchand lui fit savoir qu'à son regret, devant la diminution sensible des ventes, il était obligé de réduire sa mensualité, Jonas l'approuva, mais Louise montra de l'inquiétude. C'était le mois de septembre, il

fallait habiller les enfants pour la rentrée. Elle se mit elle-
même à l'ouvrage, avec son courage habituel, et fut bientôt
dépassée. Rose, qui pouvait raccommoder et coudre des
boutons, n'était pas couturière. Mais la cousine de son
mari l'était ; elle vint aider Louise. De temps en temps,
elle s'installait dans la chambre de Jonas, sur une chaise
de coin, où cette personne silencieuse se tenait d'ailleurs
tranquille. Si tranquille même que Louise suggéra à Jonas
de peindre une *Ouvrière*. « Bonne idée », dit Jonas. Il
essaya, gâcha deux toiles, puis revint à un ciel commencé.
Le lendemain, il se promena longuement dans l'appartement
et réfléchit au lieu de peindre. Un disciple, tout
échauffé, vint lui montrer un long article, qu'il n'aurait
pas lu autrement, où il apprit que sa peinture était en
même temps surfaite et périmée ; le marchand lui téléphona
pour lui dire encore son inquiétude devant la courbe des
ventes. Il continuait pourtant de rêver et de réfléchir. Il
dit au disciple qu'il y avait du vrai dans l'article, mais que
lui, Jonas, pouvait compter encore sur beaucoup d'années
de travail. Au marchand, il répondit qu'il comprenait son
inquiétude, mais qu'il ne la partageait pas. Il avait une
grande œuvre, vraiment nouvelle, à faire ; tout allait
recommencer. En parlant, il sentit qu'il disait vrai et que
son étoile était là. Il suffisait d'une bonne organisation.
   Les jours qui suivirent, il tenta de travailler dans le
couloir, le surlendemain dans la salle de douches, à
l'électricité, le jour d'après dans la cuisine. Mais, pour la
première fois, il était gêné par les gens qu'il rencontrait
partout, ceux qu'il connaissait à peine et les siens, qu'il
aimait. Pendant quelque temps, il s'arrêta de travailler et
réfléchit. Il aurait peint sur le motif si la saison s'y était
prêtée. Malheureusement, on allait entrer dans l'hiver, il
était difficile de faire du paysage avant le printemps. Il
essaya cependant, et renonça : le froid pénétrait jusqu'à
son cœur. Il vécut plusieurs jours avec ses toiles, assis
près d'elles le plus souvent, ou bien planté devant la
fenêtre ; il ne peignait plus. Il prit alors l'habitude de
sortir le matin. Il se donnait le projet de croquer un détail,
un arbre, une maison de guingois, un profil saisi au
passage. Au bout de la journée, il n'avait rien fait. La
moindre tentation, les journaux, une rencontre, des
vitrines, la chaleur d'un café, le fixait au contraire. Chaque[1]
soir, il fournissait sans trêve en bonnes excuses une

mauvaise conscience qui ne le quittait pas. Il allait peindre, c'était sûr, et mieux peindre, après cette période de vide apparent. Ça travaillait au-dedans, voilà tout, l'étoile sortirait lavée à neuf, étincelante, de ces brouillards obscurs. En attendant, il ne quittait plus les cafés. Il avait découvert que l'alcool lui donnait la même exaltation que les journées de grand travail, au temps où il pensait à son tableau avec cette tendresse et cette chaleur qu'il n'avait jamais ressenties que¹ devant ses enfants. Au deuxième cognac, il retrouvait en lui cette émotion poignante qui le faisait à la fois maître et serviteur du monde. Simplement, il en jouissait dans le vide, les mains oisives, sans la faire passer dans une œuvre. Mais c'était là ce qui se rapprochait le plus de la joie pour laquelle il vivait et il passait maintenant de longues heures, assis, rêvant, dans les lieux enfumés et bruyants.

Il fuyait pourtant les endroits et les quartiers fréquentés par les artistes. Quand il rencontrait une connaissance qui lui parlait de sa peinture, une panique le prenait. Il voulait fuir, cela se voyait, il fuyait alors. Il savait ce qu'on disait derrière lui : « Il se prend pour Rembrandt », et son malaise grandissait. Il ne souriait plus, en tout cas, et ses anciens amis en tiraient une conclusion singulière, mais inévitable : « S'il ne sourit plus, c'est qu'il est très content de lui. » Sachant cela, il devenait de plus en plus fuyant et ombrageux. Il lui suffisait, entrant dans un café, d'avoir le sentiment d'être reconnu par une personne de l'assistance pour que tout s'obscurcît en lui. Une seconde, il restait planté là, plein d'impuissance et d'un étrange chagrin, le visage fermé sur son trouble, et aussi sur un avide et subit besoin d'amitié. Il pensait au bon regard de Rateau et il sortait brusquement. « Tu parles d'une gueule ! » dit un jour quelqu'un, tout près de lui, au moment où il disparaissait.

Il ne fréquentait plus que les quartiers excentriques où personne ne le connaissait. Là, il pouvait parler, sourire, sa bienveillance revenait, on ne lui demandait rien. Il se fit quelques amis peu exigeants. Il aimait particulièrement la compagnie de l'un d'eux, qui le servait dans un buffet de gare où il allait souvent. Ce garçon lui avait demandé « ce qu'il faisait dans la vie ». « Peintre, avait répondu Jonas. — Artiste peintre ou peintre en bâtiment ? — Artiste. — Eh bien ! avait dit l'autre, c'est difficile. » Et ils n'avaient plus abordé la question. Oui, c'était difficile, mais Jonas allait s'en tirer, dès qu'il aurait trouvé comment organiser son travail.

Au hasard des jours et des verres, il fit d'autres rencontres, des femmes l'aidèrent. Il pouvait leur parler, avant ou après l'amour, et surtout se vanter un peu, elles le comprenaient même si elles n'étaient pas convaincues. Parfois, il lui semblait que son ancienne force revenait. Un jour où il avait été encouragé par une de ses amies, il se décida. Il revint chez lui, essaya de travailler à nouveau dans la chambre, la couturière étant absente. Mais au bout d'une heure, il rangea sa toile, sourit à Louise sans la voir et sortit. Il but le jour entier et passa la nuit chez son amie, sans être d'ailleurs en état de la désirer. Au matin, la douleur vivante, et son visage détruit, le reçut en la personne de Louise. Elle voulut savoir s'il avait pris cette femme. Jonas dit qu'il ne l'avait pas fait, étant ivre, mais qu'il en avait pris d'autres auparavant. Et pour la première fois, le cœur déchiré, il vit à Louise ce visage de noyée que donnent la surprise et l'excès de la douleur. Il découvrit alors qu'il n'avait pas pensé à elle pendant tout ce temps et il en eut honte. Il lui demanda pardon, c'était fini, demain tout recommencerait comme auparavant. Louise ne pouvait parler et se détourna pour cacher ses larmes.

Le jour d'après, Jonas sortit très tôt. Il pleuvait. Quand il rentra, mouillé comme un champignon, il était chargé de planches. Chez lui, deux vieux amis, venus aux nouvelles, prenaient du café dans la grande pièce. « Jonas change de manières. Il va peindre sur bois! » dirent-ils. Jonas souriait : « Ce n'est pas cela. Mais je commence quelque chose de nouveau. » Il gagna le petit couloir qui desservait la salle de douches, les toilettes et la cuisine. Dans l'angle droit que faisaient les deux couloirs, il s'arrêta et considéra longuement les hauts murs qui s'élevaient jusqu'au plafond obscur. Il fallait un escabeau qu'il descendit chercher chez le concierge.

Quand il remonta, il y avait quelques personnes de plus chez lui et il dut lutter contre l'affection de ses visiteurs, ravis de le retrouver, et les questions de sa famille, pour parvenir au bout du couloir. Sa femme sortait à ce moment de la cuisine. Jonas, posant son escabeau, la

LA PIERRE QUI POUSSE

serra très fort contre lui. Louise le regardait : « Je t'en prie, dit-elle, ne recommence pas. — Non, non, dit Jonas. Je vais peindre. Il faut que je peigne. » Mais il semblait se parler à lui-même, son regard était ailleurs. Il se mit au travail. À mi-hauteur des murs, il construisit un plancher pour obtenir une sorte de soupente étroite, quoique haute et profonde. À la fin de l'après-midi, tout était terminé. En s'aidant de l'escabeau, Jonas se pendit alors au plancher de la soupente et, pour éprouver la solidité de son travail, effectua quelques tractions. Puis, il se mêla aux autres, et chacun se réjouit de le trouver à nouveau si affectueux. Le soir, quand la maison fut relativement vide, Jonas prit une lampe à pétrole, une chaise, un tabouret et un cadre[1]. Il monta le tout dans la soupente, sous le regard intrigué des trois femmes et des enfants. « Voilà, dit-il du haut de son[2] perchoir. Je travaillerai sans déranger personne. » Louise demanda s'il en était sûr. « Mais oui, dit-il, il faut peu de place. Je serai plus libre. Il y a eu de grands peintres qui peignaient à la chandelle, et... — Le plancher est-il assez solide ? » Il l'était. « Sois tranquille, dit Jonas, c'est une très bonne solution. » Et il redescendit.

Le lendemain, à la première heure, il grimpa dans la soupente, s'assit, posa le cadre sur le tabouret, debout contre le mur, et attendit sans allumer la lampe. Les seuls bruits qu'il entendait directement venaient de la cuisine ou des toilettes. Les autres rumeurs semblaient lointaines et les visites, les sonneries de l'entrée ou du téléphone, les allées et venues, les conversations, lui parvenaient étouffées à moitié, comme si elles arrivaient de la rue ou de l'autre cour. De plus, alors que tout l'appartement regorgeait d'une lumière crue, l'ombre était ici reposante. De temps en temps, un ami venait et se campait sous la soupente. « Que fais-tu là, Jonas ? — Je travaille. — Sans lumière ? — Oui, pour le moment. » Il ne peignait pas, mais il réfléchissait. Dans l'ombre et ce demi-silence qui, par comparaison avec ce qu'il avait vécu jusque-là, lui paraissait celui du désert ou de la tombe, il écoutait son propre cœur. Les bruits qui arrivaient jusqu'à la soupente semblaient désormais ne plus le concerner, tout en s'adressant à lui. Il était comme ces hommes qui meurent seuls, chez eux, en plein sommeil, et, le matin venu, les appels téléphoniques retentissent, fiévreux et insistants, dans la maison déserte, au-dessus d'un corps à jamais sourd. Mais lui vivait, il écoutait en lui-même ce silence, il attendait son étoile, encore cachée, mais qui se préparait à monter de nouveau, à surgir enfin, inaltérable, au-dessus du désordre de ces jours vides. « Brille, brille, disait-il. Ne me prive pas de ta lumière. » Elle allait briller de nouveau, il en était sûr. Mais il fallait qu'il réfléchît encore plus longtemps, puisque la chance lui était enfin donnée d'être seul sans se séparer des siens. Il fallait qu'il découvre ce qu'il n'avait pas encore compris clairement, bien qu'il l'eût toujours su, et qu'il eût toujours peint comme s'il le savait. Il devait se saisir enfin de ce secret qui n'était pas seulement celui de l'art, il le voyait bien. C'est pourquoi il n'allumait pas la lampe.

Chaque jour, maintenant, Jonas remontait dans sa soupente. Les visiteurs se firent plus rares, Louise, préoccupée, se prêtant peu à la conversation. Jonas descendait pour les repas et remontait dans le[1] perchoir. Il restait immobile, dans l'obscurité, la journée entière. La nuit, il rejoignait sa femme déjà couchée. Au bout de quelques jours, il pria Louise de lui passer son déjeuner, ce qu'elle fit avec un soin qui attendrit Jonas. Pour ne pas la déranger en d'autres occasions, il lui suggéra de faire quelques provisions qu'il entreposerait dans la soupente. Peu à peu, il ne redescendit plus de la journée. Mais il touchait à peine à ses provisions.

Un soir, il appela Louise et demanda quelques couvertures : « Je passerai la nuit ici. » Louise le regardait, la tête penchée en arrière. Elle ouvrit la bouche, puis se tut. Elle examinait seulement Jonas avec une expression inquiète et triste ; il vit soudain à quel point elle avait vieilli, et que la fatigue de leur vie avait mordu profondément sur elle aussi. Il pensa alors qu'il ne l'avait jamais vraiment aidée. Mais avant qu'il pût parler, elle lui sourit, avec une tendresse qui serra le cœur de Jonas. « Comme tu voudras, mon chéri », dit-elle.

Désormais, il passa ses nuits dans la soupente dont il ne redescendait presque plus. Du coup, la maison se vida de ses visiteurs puisqu'on ne pouvait plus voir Jonas ni dans la journée ni le soir. À certains, on disait qu'il était à la campagne, à d'autres, quand on était las de mentir, qu'il avait trouvé un atelier. Seul, Rateau venait fidèlement. Il grimpait sur l'escabeau, sa bonne grosse tête

dépassait le niveau du plancher : « Ça va ? disait-il. —
Le mieux du monde. — Tu travailles ? — C'est tout
comme. — Mais tu n'as pas de toile ! — Je travaille quand
même. » Il était difficile de prolonger ce dialogue de l'escabeau et de la soupente. Rateau hochait la tête, redescendait, aidait Louise en réparant les plombs ou une serrure,
puis, sans monter sur l'escabeau, venait dire au revoir à
Jonas qui répondait dans l'ombre : « Salut, vieux frère. »
Un soir, Jonas ajouta un merci à son salut. « Pourquoi
merci ? — Parce que tu m'aimes. — Grande nouvelle ! »
dit Rateau et il partit.

Un autre soir, Jonas appela Rateau qui accourut. La
lampe était allumée pour la première fois. Jonas se penchait avec une expression anxieuse, hors de la soupente.
« Passe-moi une toile, dit-il. — Mais qu'est-ce que tu as ?
Tu as maigri, tu as l'air d'un fantôme — J'ai à peine
mangé depuis plusieurs jours. Ce n'est rien, il faut que je
travaille. — Mange d'abord. — Non, je n'ai pas faim. »
Rateau apporta une toile. Au moment de disparaître dans
la soupente, Jonas lui demanda : « Comment sont-ils ? —
Qui ? — Louise et les enfants. — Ils vont bien. Ils iraient
mieux si tu étais avec eux. — Je ne les quitte pas. Dis-
leur surtout que je ne les quitte pas. » Et il disparut.
Rateau vint dire son inquiétude à Louise. Celle-ci avoua
qu'elle se tourmentait elle-même depuis plusieurs jours.
« Comment faire ? Ah ! si je pouvais travailler à sa place ! »
Elle faisait face à Rateau, malheureuse. « Je ne peux vivre
sans lui », dit-elle. Elle avait de nouveau son visage de
jeune fille qui surprit Rateau. Il s'aperçut alors qu'elle
avait rougi.

La lampe resta allumée toute la nuit et toute la matinée
du lendemain. À ceux qui venaient, Rateau ou Louise,
Jonas répondait seulement : « Laisse, je travaille. » À
midi, il demanda du pétrole. La lampe, qui charbonnait,
brilla de nouveau d'un vif éclat jusqu'au soir. Rateau resta
pour dîner avec Louise et les enfants. À minuit, il salua
Jonas. Devant la soupente toujours éclairée, il attendit un
moment, puis partit sans rien dire. Au matin du deuxième
jour, quand Louise se leva, la lampe était encore allumée.

Une belle journée commençait, mais Jonas ne s'en
apercevait pas. Il avait retourné la toile contre le mur.
Épuisé, il attendait, assis, les mains offertes sur ses genoux.
Il se disait que maintenant il ne travaillerait plus jamais,

il était heureux. Il entendait les grognements de ses enfants, des bruits d'eau, les tintements de la vaisselle. Louise parlait. Les grandes vitres vibraient au passage d'un camion sur le boulevard. Le monde était encore là, jeune, adorable : Jonas écoutait la belle rumeur que font les hommes. De si loin, elle ne contrariait pas cette force joyeuse en lui, son art, ces pensées qu'il ne pouvait pas dire, à jamais silencieuses, mais qui le mettaient au-dessus de toutes choses, dans un air libre et vif. Les enfants couraient à travers les pièces, la fillette riait, Louise aussi maintenant, dont il n'avait pas entendu le rire depuis longtemps. Il les aimait! Comme il les aimait! Il éteignit la lampe et, dans l'obscurité revenue, là, n'était-ce pas son étoile qui brillait toujours ? C'était elle, il la reconnaissait, le cœur plein de gratitude, et il la regardait encore lorsqu'il tomba, sans bruit.

« Ce n'est rien, déclarait un peu plus tard le médecin qu'on avait appelé. Il travaille trop. Dans une semaine, il sera debout. — Il guérira, vous en êtes sûr ? disait Louise, le visage défait. — Il guérira. » Dans l'autre pièce, Rateau regardait la toile, entièrement blanche, au centre de laquelle Jonas avait seulement écrit, en très petits caractères, un mot qu'on pouvait déchiffrer, mais dont on ne savait s'il fallait y lire *solitaire* ou *solidaire*.

L A voiture vira lourdement sur la piste de latérite, maintenant boueuse. Les phares découpèrent[1] soudain dans la nuit, d'un côté de la route, puis de l'autre, deux baraques de bois couvertes de tôle. Près de la deuxième, sur la droite, on distinguait dans le léger brouillard une tour bâtie de poutres grossières. Du sommet de la tour partait un câble métallique, invisible à son point d'attache, mais qui scintillait à mesure qu'il descendait dans la lumière des phares pour disparaître derrière le talus qui coupait la route. La voiture ralentit et s'arrêta à quelques mètres des[2] baraques.

L'homme qui en sortit, à la droite du chauffeur, peina pour s'extirper de la portière. Une fois debout, il vacilla un peu sur son large[3] corps de colosse. Dans la zone d'ombre, près de la voiture, affaissé par la fatigue, planté lourdement sur la terre, il[4] semblait écouter le ralenti du moteur. Puis il marcha dans la direction du talus et entra dans le cône de lumière des phares. Il s'arrêta au sommet de la pente, son dos énorme dessiné sur la nuit. Au bout d'un instant, il se retourna. La face noire du chauffeur luisait au-dessus du tableau de bord et souriait. L'homme fit un signe; le chauffeur coupa le contact. Aussitôt, un grand[5] silence frais tomba sur la piste et sur la forêt. On entendit alors le bruit des eaux.

L'homme[6] regardait le fleuve, en contrebas, signalé seulement par un large mouvement d'obscurité, piqué d'écailles brillantes. Une nuit plus dense et figée, loin, de l'autre côté, devait être la rive. En regardant bien, cependant, on apercevait sur cette rive immobile une flamme jaunâtre, comme un quinquet dans le lointain. Le colosse se retourna vers la voiture et hocha la tête. Le chauffeur

éteignit ses phares, les alluma, puis les fit clignoter régulièrement. Sur le talus, l'homme apparaissait, disparaissait,
plus grand et plus massif à chaque résurrection. Soudain,
de l'autre côté du fleuve, au bout d'un bras invisible,
une lanterne s'éleva plusieurs fois dans l'air. Sur un
dernier signe du guetteur, le chauffeur éteignit définitivement ses phares. La voiture et l'homme disparurent dans
la nuit. Les phares éteints, le fleuve était presque visible
ou, du moins, quelques-uns de ses longs muscles liquides
qui brillaient par intervalles. De chaque côté de la route,
les masses sombres de la forêt se dessinaient sur le ciel et
semblaient toutes proches. La petite pluie qui avait
détrempé la piste, une heure auparavant, flottait encore
dans l'air tiède, alourdissait le silence et l'immobilité de
cette grande clairière au milieu de la forêt vierge[1]. Dans le
ciel noir tremblaient des étoiles embuées.

Mais de l'autre rive montèrent des bruits de chaînes,
et des clapotis étouffés. Au-dessus de la baraque, à droite
de l'homme qui attendait toujours, le câble se tendit. Un
grincement sourd commença de le parcourir, en même
temps que s'élevait du fleuve un bruit, à la fois vaste et
faible, d'eaux labourées. Le grincement s'égalisa, le bruit
d'eaux s'élargit encore, puis se précisa, en même temps
que la lanterne grossissait. On distinguait nettement, à
présent, le halo jaunâtre qui l'entourait. Le halo se dilata
peu à peu et de nouveau se rétrécit, tandis que la lanterne
brillait à travers la brume et commençait d'éclairer, au-
dessus et autour d'elle, une sorte de toit carré en palmes
sèches, soutenu aux quatre coins par de gros bambous. Ce
grossier appentis, autour duquel s'agitaient des ombres
confuses, avançait avec lenteur vers la rive. Lorsqu'il fut
à peu près au milieu du fleuve, on aperçut distinctement,
découpés dans la lumière jaune, trois petits hommes au
torse nu, presque noirs, coiffés de chapeaux coniques.
Il se tenaient immobiles sur leurs jambes légèrement
écartées, le corps un peu penché pour compenser la
puissante dérive du fleuve soufflant de toutes ses eaux
invisibles sur le flanc d'un grand radeau grossier qui, le
dernier, sortit de la nuit et des eaux. Quand le bac se fut
encore rapproché, l'homme distingua derrière l'appentis[2],
du côté de l'aval, deux grands nègres coiffés, eux aussi,
de larges chapeaux de paille et vêtus seulement d'un
pantalon de toile bise. Côte à côte, ils pesaient de tous

leurs muscles sur des perches qui s'enfonçaient lentement
dans le fleuve, vers l'arrière du radeau[1], pendant que les
nègres, du même mouvement ralenti, s'inclinaient au-
dessus des eaux jusqu'à la limite de l'équilibre. À l'avant,
les trois mulâtres, immobiles, silencieux, regardaient venir
la rive sans lever les yeux vers celui qui les attendait.

Le bac cogna soudain contre l'extrémité d'un embarcadère qui avançait dans l'eau et que la lanterne, qui oscillait
sous le choc, venait seulement de révéler. Les grands
nègres s'immobilisèrent, les mains au-dessus de leur tête,
agrippées à l'extrémité des perches à peine enfoncées, mais
les muscles tendus et parcourus d'un frémissement
continu qui semblait venir de l'eau elle-même et de sa
pesée[2]. Les autres passeurs lancèrent des chaînes autour
des poteaux de l'embarcadère, sautèrent[3] sur les planches,
et rabattirent une sorte de pont-levis grossier qui recou-
vrit d'un plan incliné l'avant du radeau.

L'homme revint vers[4] la voiture et s'y installa pendant
que le chauffeur mettait son moteur en marche. La voiture
aborda lentement le talus, pointa son capot vers le ciel,
puis le rabattit vers le fleuve et entama la pente. Les freins
serrés, elle roulait, glissait un peu sur la boue, s'arrêtait,
repartait[5]. Elle s'engagea sur l'embarcadère dans un bruit
de planches rebondissantes, atteignit l'extrémité où les
mulâtres, toujours silencieux[6], s'étaient rangés de chaque
côté, et plongea doucement vers le radeau. Celui-ci
piqua du nez dans l'eau dès que les roues avant l'atteignirent et remonta presque aussitôt pour recevoir le poids
entier de la voiture. Puis le chauffeur laissa courir sa
machine jusqu'à l'arrière, devant le toit carré où pendait
la lanterne. Aussitôt, les mulâtres replièrent le plan incliné
sur l'embarcadère et sautèrent d'un seul mouvement sur
le bac, le décollant en même temps de la rive boueuse.
Le fleuve s'arc-bouta sous le radeau et le souleva sur la
surface des eaux où il dériva lentement au bout de la
longue tringle qui courait maintenant dans le ciel, le long
du câble. Les grands Noirs détendirent alors leur effort
et ramenèrent les perches. L'homme et le chauffeur
sortirent de la voiture et vinrent s'immobiliser sur le bord
du radeau, face à l'amont. Personne n'avait parlé pendant
la manœuvre et, maintenant encore, chacun se tenait à sa
place, immobile et silencieux, excepté un des grands
nègres qui roulait une cigarette dans du papier grossier.

L'homme regardait la trouée par où le fleuve surgissait de la grande forêt brésilienne et descendait vers eux. Large à cet endroit de plusieurs centaines de mètres, il pressait des eaux troubles et soyeuses sur le flanc du bac puis, libéré aux deux extrémités, le débordait et s'étalait à nouveau en un seul flot puissant qui coulait doucement, à travers la forêt obscure, vers la mer et la nuit. Une odeur fade, venue de l'eau ou du ciel spongieux, flottait. On[1] entendait maintenant le clapotis des eaux lourdes sous le bac et, venus des deux rives, l'appel espacé des crapauds-buffles ou d'étranges cris d'oiseaux. Le colosse se rapprocha du chauffeur. Celui-ci, petit et maigre, appuyé contre un des piliers de bambou, avait enfoncé ses poings dans les poches d'une combinaison autrefois bleue, maintenant couverte de la poussière rouge qu'ils avaient remâchée pendant toute la journée. Un sourire épanoui sur son visage tout plissé malgré sa jeunesse, il regardait sans les voir les étoiles exténuées qui nageaient encore dans le ciel humide.

Mais les cris d'oiseaux se firent plus nets, des jacassements inconnus s'y mêlèrent et, presque aussitôt, le câble se mit à grincer. Les grands Noirs enfoncèrent leurs perches et tâtonnèrent, avec des geftes d'aveugles, à la recherche du fond. L'homme se retourna vers la rive qu'ils venaient de quitter. Elle était à son tour recouverte par la nuit et les eaux, immense et farouche comme le continent d'arbres qui s'étendait au-delà sur des milliers de kilomètres. Entre l'océan tout[2] proche et cette mer végétale, la poignée d'hommes qui dérivait à cette heure sur un fleuve sauvage semblait maintenant perdue. Quand le radeau heurta le nouvel embarcadère ce fut comme si, toutes amarres rompues, ils abordaient une île dans les[3] ténèbres, après des jours de navigation effrayée.

À terre, on entendit enfin la voix des hommes. Le chauffeur venait de les payer et, d'une voix étrangement gaie dans la nuit lourde, ils saluaient en portugais la voiture qui se remettait en marche.

« Ils ont dit soixante, les kilomètres d'Iguape. Trois heures tu roules et c'eft fini. Socrate eft content », annonça le chauffeur.

L'homme rit, d'un bon rire, massif et chaleureux, qui lui ressemblait.

« Moi aussi, Socrate, je suis content. La piste eft dure.

— Trop lourd, monsieur d'Arrast, tu es trop lourd »,
et le chauffeur riait aussi sans pouvoir s'arrêter.

La voiture avait pris un peu de vitesse. Elle roulait
entre[1] de hauts murs d'arbres et de végétation inextricable,
au milieu d'une odeur molle et sucrée. Des vols entre-
croisés de mouches lumineuses traversaient sans cesse
l'obscurité de la forêt et, de loin en loin, des oiseaux aux
yeux rouges venaient battre pendant une seconde le
pare-brise. Parfois, un feulement étrange leur parvenait
des profondeurs de la nuit et le chauffeur regardait son
voisin en roulant comiquement les yeux.

La route tournait et retournait, franchissait de petites
rivières sur des ponts de planches bringuebalantes. Au
bout d'une heure, la brume commença de s'épaissir. Une
petite pluie fine, qui dissolvait la lumière des phares, se
mit à tomber. D'Arrast, malgré les secousses, dormait à
moitié. Il ne roulait plus dans la forêt humide, mais à
nouveau sur les routes de la Serra qu'ils avaient prises le
matin, au sortir de São Paulo. Sans arrêt, de ces pistes de
terre s'élevait la poussière rouge dont ils avaient encore le
goût dans la bouche et qui, de chaque côté, aussi loin que
portait la vue, recouvrait la végétation rare de la steppe.
Le soleil lourd[2], les montagnes pâles et ravinées, les zébus
faméliques rencontrés sur les routes avec, pour seule
escorte, un vol fatigué d'urubus dépenaillés, la longue,
longue navigation à travers un désert rouge... Il sursauta.
La voiture s'était arrêtée. Ils étaient maintenant au Japon :
des maisons à la décoration fragile de chaque côté de la
route et, dans les maisons, des kimonos furtifs. Le chauffeur parlait à un Japonais, vêtu d'une combinaison sale,
coiffé d'un chapeau de paille brésilien. Puis la voiture
démarra.

« Il a dit quarante kilomètres seulement.

— Où étions-nous ? À Tokyo ?

— Non, Registro. Chez nous tous les Japonais viennent
là.

— Pourquoi ?

— On sait pas. Ils sont jaunes, tu sais, monsieur
d'Arrast. »

Mais la forêt s'éclaircissait un peu, la route devenait
plus facile, quoique glissante. La voiture patinait sur du
sable. Par la portière, entrait un souffle humide, tiède, un
peu aigre.

« Tu sens, dit le chauffeur avec gourmandise, c'est la bonne mer. Bientôt Iguape.

— Si nous avons assez d'essence », dit d'Arrast.

Et il se rendormit paisiblement.

Au petit matin, d'Arrast, assis dans son lit, regardait avec étonnement la salle où il venait de se réveiller. Les grands murs, jusqu'à mi-hauteur, étaient fraîchement badigeonnés[1] de chaux brune. Plus haut, ils avaient été peints en blanc à une époque lointaine et des lambeaux de croûtes jaunâtres les recouvraient jusqu'au plafond. Deux rangées de six lits se faisaient face. D'Arrast ne voyait qu'un lit défait à l'extrémité de sa rangée, et ce lit était vide. Mais il entendit du bruit à sa gauche et se retourna vers la porte où Socrate, une bouteille d'eau minérale dans chaque main, se tenait en riant. « Heureux souvenir! » disait-il. D'Arrast se secoua. Oui, l'hôpital où le maire les avait logés la veille s'appelait « Heureux souvenir ». « Sûr souvenir, continuait Socrate. Ils m'ont dit d'abord construire l'hôpital, plus tard construire l'eau. En attendant, heureux souvenir, tient l'eau piquante[2] pour te laver. » Il disparut, riant et chantant, nullement épuisé, en apparence, par les éternuements cataclysmiques qui l'avaient secoué toute la nuit et avaient empêché d'Arrast de fermer l'œil.

Maintenant, d'Arrast était tout à fait réveillé. À travers les fenêtres grillagées, en face de lui, il apercevait une petite cour de terre rouge, détrempée par la pluie qu'on voyait couler sans bruit sur un bouquet de grands aloès. Une femme passait, portant à bout de bras un foulard jaune déployé au-dessus de sa tête. D'Arrast se recoucha puis se redressa aussitôt et sortit du lit qui plia et gémit, sous son poids. Socrate entrait au même moment : « À toi, monsieur d'Arrast. Le maire attend dehors. » Mais devant l'air de d'Arrast : « Reste tranquille, lui jamais pressé. »

Rasé à l'eau minérale, d'Arrast sortit sous le porche du pavillon. Le maire qui avait la taille et, sous ses lunettes cerclées d'or, la mine d'une belette aimable, semblait absorbé dans une contemplation morne de la pluie. Mais un ravissant sourire le transfigura dès qu'il aperçut d'Arrast. Il raidit sa petite taille, se précipita et tenta d'entourer de ses bras le torse de « M. l'ingénieur ». Au

même moment, une voiture freina devant eux, de l'autre
côté du petit mur de la cour, dérapa dans la glaise mouillée,
et s'arrêta de guingois. « Le juge ! » dit le maire. Le juge,
comme le maire, était habillé de bleu marine. Mais il
était beaucoup plus jeune ou, du moins, le paraissait à
cause de sa taille élégante et son frais visage d'adolescent
étonné. Il traversait maintenant la cour, dans leur direction, en évitant les flaques d'eau avec beaucoup de grâce.
À quelques pas de d'Arrast, il tendait déjà les bras et lui
souhaitait la bienvenue. Il était fier d'accueillir M. l'ingénieur, c'était un honneur que ce dernier faisait à leur
pauvre ville, il se réjouissait du service inestimable que
M. l'ingénieur allait rendre à Iguape par la construction
de cette petite digue qui éviterait l'inondation périodique
des bas quartiers. Commander aux eaux, dompter les
fleuves, ah ! le grand métier, et sûrement les pauvres gens
d'Iguape retiendraient le nom de M. l'ingénieur et dans
beaucoup d'années encore le prononceraient dans leurs
prières. D'Arrast, vaincu par tant de charme et d'éloquence, remercia et n'osa plus se demander ce qu'un juge
pouvait avoir à faire avec une digue. Au reste, il fallait,
selon le maire, se rendre au club où les notables désiraient
recevoir dignement M. l'ingénieur avant d'aller visiter
les bas quartiers. Qui étaient les notables ?

« Eh bien, dit le maire, moi-même, en tant que maire,
M. Carvalho, ici présent, le capitaine du port, et quelques
autres moins importants. D'ailleurs, vous n'aurez pas à
vous en occuper, ils ne parlent pas français. »

D'Arrast appela Socrate et lui dit qu'il le retrouverait
à la fin de la matinée.

« Bien oui, dit Socrate. J'irai au Jardin de la Fontaine.
— Au Jardin ?
— Oui, tout le monde connaît. Sois pas peur, mon-
sieur d'Arrast. »

L'hôpital, d'Arrast s'en aperçut en sortant, était cons-
truit en bordure de la forêt, dont les frondaisons massives
surplombaient presque les toits. Sur toute la surface des
arbres tombait maintenant un voile d'eau fine que la forêt
épaisse absorbait sans bruit, comme une énorme éponge.
La ville, une centaine de maisons, à¹ peu près, couvertes
de tuiles aux couleurs éteintes, s'étendait entre la forêt et
le fleuve, dont le souffle lointain parvenait jusqu'à
l'hôpital. La voiture s'engagea d'abord dans des rues

détrempées et déboucha presque aussitôt sur une place
rectangulaire, assez vaste, qui gardait dans son argile
rouge, entre de nombreuses flaques, des traces de pneus,
de roues ferrées et de sabots. Tout autour, les maisons
basses, couvertes de crépi multicolore, fermaient la place
derrière laquelle on apercevait les deux tours rondes
d'une église bleue et blanche, de style colonial. Sur ce
décor nu flottait, venant de l'estuaire, une odeur de sel. Au
milieu de la place erraient quelques silhouettes mouillées.
Le long des maisons, une foule bigarrée de gauchos, de
Japonais, d'Indiens métis et de notables élégants, dont
les complets sombres paraissaient ici exotiques, circulaient
à petits pas, avec des gestes lents. Ils se garaient sans hâte,
pour faire place à la voiture, puis s'arrêtaient et la suivaient du regard. Lorsque la voiture stoppa devant une
des maisons de la place, un cercle de gauchos humides se
forma silencieusement autour d'elle.

Au club, une sorte de petit bar au premier étage,
meublé d'un comptoir de bambous et de guéridons de
tôle, les notables étaient nombreux. On but de l'alcool de
canne en l'honneur de d'Arrast, après que le maire, verre
en main, lui eut souhaité la bienvenue et tout le bonheur
du monde. Mais pendant que d'Arrast buvait, près de la
fenêtre, un grand escogriffe, en culotte de cheval et
leggins, vint lui tenir, en chancelant un peu, un discours
rapide et obscur où l'ingénieur reconnut seulement le
mot « passeport ». Il hésita, puis sortit le document dont
l'autre s'empara avec voracité. Après avoir feuilleté le
passeport, l'escogriffe afficha une mauvaise humeur évidente. Il reprit son discours, secouant le carnet sous le
nez de l'ingénieur qui, sans s'émouvoir, contemplait le
furieux. À ce moment, le juge, souriant, vint demander
de quoi il était question. L'ivrogne[1] examina un moment
la frêle créature qui se permettait de l'interrompre puis,
chancelant de façon plus dangereuse, secoua encore le
passeport devant les yeux de son nouvel interlocuteur.
D'Arrast, paisiblement, s'assit près d'un guéridon et attendit. Le dialogue devint très vif et, soudain, le juge étren-
na une voix fracassante qu'on ne lui aurait pas soupçon-
née. Sans que rien l'eût fait prévoir, l'escogriffe battit[2]
soudain en retraite avec l'air d'un enfant pris en faute.
Sur une dernière injonction du juge, il se dirigea vers la
porte, de la démarche oblique du cancre puni, et disparut.

Le juge vint aussitôt expliquer à d'Arrast, d'une voix, redevenue harmonieuse, que ce grossier personnage était le chef de la police, qu'il osait prétendre que le passeport n'était pas en règle et qu'il serait puni de son incartade. M. Carvalho[1] s'adressa ensuite aux notables, qui faisaient cercle, et sembla les interroger. Après une courte discussion, le juge exprima des excuses solennelles à d'Arrast, lui demanda d'admettre que seule l'ivresse pouvait expliquer un tel oubli des sentiments de respect et de reconnaissance que lui devait la ville d'Iguape tout entière et, pour finir, lui demanda de bien vouloir décider lui-même de la punition qu'il convenait d'infliger à ce personnage calamiteux. D'Arrast dit qu'il ne voulait pas de punition, que c'était un incident sans importance et qu'il était surtout pressé d'aller au fleuve. Le maire prit alors la parole pour affirmer avec beaucoup d'affectueuse bonhomie qu'une punition, vraiment, était indispensable, que le coupable resterait aux arrêts et qu'ils attendraient tous ensemble que leur éminent visiteur voulût bien décider de son sort. Aucune protestation ne put fléchir cette rigueur souriante et d'Arrast dut promettre qu'il réfléchirait. On décida ensuite de visiter les bas quartiers.

Le fleuve étalait déjà largement ses eaux jaunies sur les rives basses et glissantes. Ils avaient laissé derrière eux les dernières maisons d'Iguape et ils se trouvaient entre le fleuve et un haut talus escarpé où s'accrochaient des cases de torchis et de branchages. Devant eux, à l'extrémité du remblai[2], la forêt recommençait, sans transition, comme sur l'autre rive. Mais la trouée des[3] eaux s'élargissait rapidement entre les arbres jusqu'à une ligne indistincte, un peu plus grise que jaune, qui était la mer. D'Arrast, sans rien dire, marcha vers le talus au flanc duquel les niveaux différents des[4] crues avaient laissé des traces encore fraîches. Un sentier boueux remontait vers les cases. Devant ces dernières, des Noirs se dressaient, silencieux, regardant les nouveaux venus. Quelques couples se tenaient par la main et, tout au bord du remblai, devant les adultes, une rangée de tendres négrillons, au ventre ballonné et aux cuisses grêles, écarquillaient des[5] yeux ronds.

Parvenu devant[6] les cases, d'Arrast appela d'un geste le commandant du port. Celui-ci était un gros Noir rieur vêtu d'un uniforme blanc. D'Arrast lui demanda en espa-

gnol s'il était possible de visiter une case. Le commandant
en était sûr, il trouvait même que c'était une bonne idée,
et M. l'Ingénieur allait voir des choses très intéressantes.
Il s'adressa aux Noirs, leur parlant longuement, en désignant d'Arrast et le fleuve. Les autres écoutaient, sans mot
dire[1]. Quand le commandant eut fini, personne ne bougea.
Il parla de nouveau, d'une voix impatiente. Puis il inter-
pella un des hommes qui secoua la tête. Le commandant
dit alors quelques mots brefs sur un ton impératif.
L'homme se détacha du groupe, fit face à d'Arrast et,
d'un geste, lui montra le chemin[2]. Mais son regard était
hostile. C'était un homme assez âgé, à la tête couverte
d'une courte laine grisonnante, le visage mince et flétri, le
corps pourtant jeune encore, avec de dures épaules sèches
et des muscles visibles sous le pantalon de toile et la chemise déchirée. Ils avancèrent, suivis du commandant et de
la foule des Noirs, et grimpèrent sur un nouveau talus,
plus déclive, où les cases de terre, de fer-blanc et de roseaux s'accrochaient si difficilement au sol qu'il avait fallu
consolider leur base avec de grosses pierres. Ils croisè-
rent une femme qui descendait le sentier, glissant parfois
sur ses pieds nus, portant haut sur la tête un bidon de fer
plein d'eau. Puis ils arrivèrent à une sorte de petite place
délimitée par trois cases. L'homme marcha vers l'une
d'elles et poussa une porte de bambous dont les gonds
étaient faits de lianes. Il s'effaça, sans[3] rien dire, fixant
l'ingénieur du même regard impassible. Dans la case,
d'Arrast ne vit d'abord rien qu'un feu mourant, à même
le sol, au centre exact de la pièce. Puis il distingua dans un
coin, au fond, un lit de cuivre au sommier nu et défoncé,
une table dans l'autre coin, couverte d'une vaisselle de
terre et, entre les deux, une sorte de tréteau où trônait un
chromo représentant saint Georges. Pour le reste, rien
qu'un tas de loques, à droite de l'entrée et, au plafond,
quelques pagnes multicolores qui séchaient au-dessus du
feu. D'Arrast, immobile, respirait l'odeur de fumée et de
misère qui montait du sol et le prenait à la gorge. Derrière
lui, le commandant frappa dans ses mains. L'ingénieur se
retourna et, sur le seuil, à contre-jour, il vit seulement
arriver la gracieuse silhouette d'une jeune fille noire qui
lui tendait quelque chose : il se saisit d'un verre et but
l'épais alcool de canne qu'il contenait. La jeune fille tendit
son plateau pour recevoir le verre vide et sortit dans un

mouvement si souple et si vivant que d'Arrast eut soudain
envie de la retenir.

Mais, sorti derrière elle, il ne la reconnut pas dans la
foule des Noirs et des notables qui s'était amassée autour
de la case. Il remercia le vieil homme, qui[1] s'inclina sans
un mot. Puis il partit. Le commandant, derrière lui,
reprenait ses explications, demandait quand la Société
française de Rio pourrait commencer les travaux et si la
digue pourrait être construite avant les grandes pluies.
D'Arrast ne savait pas, il n'y pensait pas en vérité. Il
descendait vers le fleuve frais, sous la pluie impalpable.
Il écoutait toujours ce grand bruit spacieux qu'il n'avait
cessé d'entendre depuis son arrivée, et dont on ne pouvait
dire s'il était fait du froissement des eaux ou des arbres.
Parvenu sur la rive, il regardait au loin la ligne indécise
de la mer, les milliers de kilomètres d'eaux solitaires et
l'Afrique, et, au-delà, l'Europe d'où il venait.

« Commandant, dit-il, de quoi vivent ces gens que nous
venons de voir ?

— Ils travaillent quand on a besoin d'eux, dit le commandant. Nous sommes pauvres.

— Ceux-là sont les plus pauvres ?

— Ils sont les plus pauvres. »

Le juge qui, à ce moment-là, arrivait en glissant
légèrement sur ses fins souliers dit qu'ils aimaient déjà
M. l'Ingénieur qui allait leur donner du travail.

« Et vous savez, dit-il, ils dansent et ils chantent tous
les jours. »

Puis, sans transition, il demanda à d'Arrast s'il avait
pensé à la punition.

« Quelle punition ?

— Eh bien, notre chef de police.

— Il faut le laisser. » Le juge dit que ce n'était pas
possible et qu'il fallait punir. D'Arrast marchait déjà vers
Iguape.

Dans le petit Jardin de la Fontaine, mystérieux et doux
sous la pluie fine, des grappes de fleurs étranges déva-
laient[2] le long des lianes entre les bananiers et les pandanus.
Des amoncellements de pierres humides marquaient le
croisement des sentiers où circulait, à cette heure, une
foule bariolée. Des métis, des mulâtres, quelques gauchos
y bavardaient à voix faible ou s'enfonçaient, du même pas

lent, dans les allées de bambous jusqu'à l'endroit où les bosquets et les taillis devenaient plus denses, puis impénétrables. Là, sans transition, commençait la forêt.

D'Arrast cherchait Socrate au milieu de la foule quand il le reçut dans son dos.

« C'est la fête, dit Socrate en riant, et il s'appuyait sur les hautes épaules de d'Arrast pour sauter sur place.

— Quelle fête ?

— Eh ! s'étonna Socrate qui faisait face maintenant à d'Arrast, tu connais pas ? La fête du bon Jésus. Chaque l'année, tous viennent à la grotte avec le marteau. »

Socrate montrait non pas une grotte, mais un groupe qui semblait attendre dans un coin du jardin.

« Tu vois ! Un jour, la bonne statue de Jésus, elle est arrivée de la mer, en remontant le fleuve. Des pêcheurs l'a trouvée. Que belle ! Que belle ! Alors, ils l'a lavée ici dans la grotte. Et maintenant une pierre a poussé dans la grotte. Chaque année, c'est la fête. Avec le marteau, tu casses, tu casses des morceaux pour le bonheur béni. Et puis quoi, elle pousse toujours, toujours tu casses. C'est le miracle. »

Ils étaient arrivés à la grotte dont on apercevait l'entrée basse par-dessus les hommes qui attendaient. À l'intérieur, dans l'ombre piquée par des flammes tremblantes de bougies, une forme accroupie cognait en ce moment avec un marteau. L'homme, un gaucho maigre aux longues moustaches, se releva et sortit, tenant dans sa paume offerte à tous un petit[1] morceau de schiste humide sur lequel, au bout de quelques secondes, et avant de s'éloigner, il referma la main avec précaution. Un autre homme alors entra dans la grotte en se baissant.

D'Arrast se retourna. Autour de lui, les pèlerins attendaient, sans le regarder, impassibles sous l'eau qui descendait des arbres en voiles fins. Lui aussi attendait, devant cette grotte, sous la même brume d'eau, et il ne savait quoi. Il ne cessait d'attendre, en vérité, depuis un mois qu'il était arrivé dans ce pays. Il attendait, dans la chaleur rouge des jours humides, sous les étoiles menues de la nuit, malgré les tâches qui étaient les siennes, les digues à bâtir, les routes à ouvrir, comme si le travail qu'il était venu faire ici n'était qu'un prétexte, l'occasion d'une surprise, ou d'une rencontre qu'il n'imaginait même pas, mais qui l'aurait attendu, patiemment, au bout du monde.

Il se secoua, s'éloigna sans que personne, dans le petit groupe, fît attention à lui, et se dirigea vers la sortie. Il fallait retourner au fleuve et travailler.

Mais Socrate l'attendait à[1] la porte, perdu dans une conversation volubile avec un homme petit et gros, râblé, à la peau jaune plutôt que noire. Le crâne complètement rasé de ce dernier agrandissait encore un front de belle courbure. Son large visage lisse s'ornait au contraire d'une barbe très noire, taillée en carré.

« Celui-là, champion! dit Socrate en guise de présentation. Demain, il fait la procession. »

L'homme, vêtu d'un costume marin en grosse serge, un tricot à raies bleues et blanches sous la vareuse marinière, examinait d'Arrast, attentivement, de ses yeux noirs et tranquilles. Il souriait en même temps de toutes ses dents très[2] blanches entre les lèvres pleines et luisantes.

« Il parle d'espagnol, dit Socrate et, se tournant vers l'inconnu :

— Raconte M. d'Arrast. » Puis il partit en dansant vers un autre groupe. L'homme[3] cessa de sourire et regarda d'Arrast avec une franche curiosité.

« Ça t'intéresse, capitaine?

— Je ne suis pas capitaine, dit d'Arrast.

— Ça ne fait rien. Mais tu es seigneur. Socrate me l'a dit.

— Moi, non. Mais mon grand-père l'était. Son père aussi et tous ceux d'avant son père. Maintenant, il n'y a plus de seigneurs dans nos pays.

— Ah! dit le Noir en riant, je comprends, tout le monde est seigneur.

— Non, ce n'est pas cela. Il n'y a ni seigneurs ni peuple. »

L'autre réfléchissait, puis il se décida :

« Personne ne travaille, personne ne souffre?

— Oui, des millions d'hommes.

— Alors, c'est le peuple.

— Comme cela oui, il y a un peuple. Mais ses[4] maîtres sont des policiers ou des marchands. »

Le visage bienveillant du mulâtre se referma. Puis il grogna : « Humph! Acheter et vendre, hein! Quelle saleté[5]! Et avec la police, les chiens commandent. »

Sans transition, il éclata de rire.

« Toi, tu ne vends pas?

— Presque pas. Je fais des ponts, des routes.

— Bon ça! Moi, je suis coq sur un bateau. Si tu veux,
je te ferai notre plat de haricots noirs.

— Je veux bien. »

Le coq se rapprocha de d'Arrast et lui prit le bras.

« Écoute, j'aime ce que tu dis. Je vais te dire[1] aussi.
Tu aimeras peut-être. »

Il l'entraîna, près de l'entrée, sur un banc de bois
humide, au pied d'un bouquet de bambous.

« J'étais en mer, au large d'Iguape, sur un petit pétro-
lier qui fait le cabotage pour approvisionner les ports de
la côte. Le feu a pris à bord. Pas par ma faute, eh! je sais
mon métier! Non, le malheur! Nous avons pu mettre
les canots à l'eau. Dans la nuit, la mer s'est levée, elle a
roulé le canot, j'ai coulé. Quand je suis remonté, j'ai
heurté le canot de la tête. J'ai dérivé. La nuit était noire,
les eaux sont grandes et puis je nage mal, j'avais peur.
Tout d'un coup, j'ai vu une lumière au loin, j'ai reconnu
le dôme de l'église du bon Jésus à Iguape. Alors, j'ai dit
au bon Jésus que je porterais à la procession une pierre de
cinquante kilos sur la tête s'il me sauvait. Tu ne me crois
pas, mais les eaux se sont calmées et mon cœur aussi. J'ai
nagé doucement, j'étais heureux, et je suis arrivé à la
côte. Demain, je tiendrai ma promesse. »

Il regarda d'Arrast d'un air soudain soupçonneux.

« Tu ne ris pas, hein?

— Je ne ris pas. Il faut faire ce que l'on a promis. »

L'autre lui frappa sur l'épaule.

« Maintenant, viens chez mon frère, près du fleuve. Je
te cuirai des haricots.

— Non, dit d'Arrast, j'ai à faire. Ce soir, si tu veux.

— Bon. Mais cette nuit, on danse et on prie, dans la
grande case. C'est la fête pour saint Georges. » D'Arrast[2]
lui demanda s'il dansait aussi. Le visage du coq se durcit
tout d'un coup; ses yeux, pour la première fois,
fuyaient.

« Non, non, je ne danserai pas. Demain, il faut porter
la pierre. Elle est lourde. J'irai ce soir, pour fêter le saint.
Et puis je partirai tôt.

— Ça dure longtemps?

— Toute la nuit, un peu le matin. »

Il regarda d'Arrast, d'un air vaguement honteux.

« Viens à la danse. Et tu m'emmèneras après. Sinon,

je resterai, je danserai, je ne pourrai peut-être pas m'empêcher.

— Tu aimes danser ? »

Les yeux du coq brillèrent d'une sorte de gourmandise.

« Oh! oui, j'aime. Et puis il y a les cigares, les saints,
les femmes. On oublie tout, on n'obéit plus.

— Il y a des femmes ? Toutes les femmes de la ville ?

— De la ville, non, mais des cases. »

Le coq retrouva son sourire.

« Viens. Au capitaine, j'obéis. Et tu m'aideras à tenir
demain la promesse. »

D'Arrast se sentit vaguement agacé. Que lui faisait cette
absurde promesse ? Mais il regarda le beau visage ouvert
qui lui souriait avec confiance et dont la peau noire luisait
de santé et de vie.

« Je viendrai, dit-il. Maintenant, je vais t'accompagner
un peu. »

Sans savoir pourquoi, il revoyait en même temps la
jeune fille noire lui présenter l'offrande de bienvenue.

Ils sortirent du jardin, longèrent quelques rues boueuses
et parvinrent sur la place défoncée que la faible hauteur
des maisons qui l'entouraient faisait paraître encore plus
vaste. Sur[1] le crépi des murs, l'humidité ruisselait maintenant, bien que la pluie n'eût pas augmenté. À travers les
espaces spongieux du ciel, la rumeur du fleuve et des
arbres parvenait, assourdie, jusqu'à eux. Ils marchaient
d'un même pas, lourd chez d'Arrast, musclé chez le coq.
De temps en temps, celui-ci levait la tête et souriait à son
compagnon. Ils prirent la direction de l'église qu'on
apercevait au-dessus des maisons, atteignirent l'extrémité
de la place, longèrent encore des rues boueuses où
flottaient maintenant des odeurs agressives de cuisine. De
temps en temps, une femme, tenant une assiette ou un
instrument de cuisine, montrait dans l'une des portes un
visage curieux, et disparaissait aussitôt. Ils passèrent
devant l'église, s'enfoncèrent dans un vieux quartier,
entre les mêmes maisons basses, et débouchèrent soudain
sur le bruit du fleuve invisible, derrière le quartier des
cases que d'Arrast reconnut.

« Bon. Je te laisse. À ce soir, dit-il.

— Oui, devant l'église. »

Mais le coq retenait en même temps la main de d'Arrast.
Il hésitait. Puis il se décida :

« Et toi, n'as-tu jamais appelé, fait une promesse ?

— Si, une fois, je crois.

— Dans un naufrage ?

— Si tu veux. » Et d'Arrast dégagea sa main brusquement[1]. Mais au moment de tourner les talons, il rencontra le regard du coq. Il hésita, puis sourit.

« Je puis te le dire, bien que ce soit sans importance. Quelqu'un allait mourir par ma faute. Il me semble que j'ai appelé[2].

— Tu as promis ?

— Non. J'aurais voulu promettre.

— Il y a longtemps ?

— Peu avant de venir ici. »

Le coq prit sa barbe à deux mains. Ses yeux brillaient.

« Tu es un capitaine, dit-il. Ma maison est la tienne. Et puis tu[3] vas m'aider à tenir ma promesse, c'est comme si tu la faisais toi-même. Ça t'aidera aussi. »

D'Arrast sourit : « Je ne crois pas.

— Tu es fier, capitaine.

— J'étais fier, maintenant je suis seul. Mais dis-moi seulement, ton bon Jésus t'a toujours répondu ?

— Toujours, non, capitaine !

— Alors ? »

Le coq éclata d'un rire frais et enfantin.

« Eh bien, dit-il[4], il est libre, non ? »

Au club, où d'Arrast déjeunait avec les notables, le maire lui dit qu'il devait signer le livre d'or de la municipalité pour qu'un témoignage subsistât au moins du grand événement que constituait sa venue à Iguape. Le juge de son côté trouva deux ou trois nouvelles formules pour célébrer, outre les vertus et les talents de leur hôte, la simplicité qu'il mettait à représenter parmi eux le grand pays auquel il avait l'honneur d'appartenir. D'Arrast dit seulement qu'il y avait cet honneur, qui certainement en était un, selon sa conviction, et qu'il avait aussi l'avantage pour sa société d'avoir obtenu l'adjudication de ces longs travaux. Sur quoi le juge se récria devant tant d'humilité. « À propos, dit-il, avez-vous pensé à ce que nous devons faire du chef de la police ? » D'Arrast le regarda en souriant. « J'ai trouvé. » Il considérerait comme une faveur personnelle, et une grâce très exceptionnelle, qu'on voulût bien pardonner en son nom à cet étourdi, afin que son séjour, à lui, d'Arrast, qui se réjouissait tant de connaître la belle ville d'Iguape et ses généreux habitants, pût commencer dans un climat de concorde et d'amitié. Le juge, attentif et souriant, hochait la tête. Il médita un moment la formule, en connaisseur, s'adressa ensuite aux assistants pour leur faire applaudir les magnanimes traditions de la grande nation française et, tourné de nouveau vers d'Arrast, se déclara satisfait. « Puisqu'il en est ainsi, conclut-il, nous dînerons ce soir avec le chef. » Mais d'Arrast dit qu'il était invité par des amis à la cérémonie de danses, dans les cases. « Ah, oui ! dit le juge. Je suis content que vous y alliez. Vous verrez, on ne peut s'empêcher d'aimer notre peuple. »

Le soir, d'Arrast, le coq et son frère étaient assis autour du feu éteint, au centre de la case que l'ingénieur avait déjà visitée le matin. Le frère n'avait pas paru surpris de le revoir[1]. Il parlait à peine l'espagnol et se bornait la plupart du temps à hocher la tête. Quant au coq, il s'était intéressé aux cathédrales, puis avait longuement disserté sur la soupe aux haricots noirs. Maintenant, le jour était presque tombé et si d'Arrast voyait encore le coq et son frère, il distinguait mal, au fond de la case, les silhouettes accroupies d'une vieille femme et de la jeune fille qui, à nouveau, l'avait servi. En contrebas, on entendait le fleuve monotone.

Le[2] coq se leva et dit : « C'est l'heure. » Ils se levèrent, mais les femmes ne bougèrent pas. Les hommes sortirent seuls. D'Arrast hésita, puis rejoignit les autres. La nuit était maintenant tombée, la pluie avait cessé. Le ciel, d'un noir pâle, semblait encore liquide. Dans son eau transparente et sombre, bas sur l'horizon, des étoiles commençaient de s'allumer. Elles s'éteignaient presque aussitôt, tombaient une à une dans le fleuve, comme si le ciel dégouttait de ses dernières lumières. L'air épais sentait l'eau et la fumée. On entendait aussi la rumeur toute proche de l'énorme forêt, pourtant immobile. Soudain, des tambours et des chants s'élevèrent dans le lointain, d'abord sourds puis distincts, qui se rapprochèrent de plus en plus et qui se turent. On vit peu après apparaître une théorie de filles noires, vêtues de robes blanches en soie grossière, à la taille très basse. Moulé dans une casaque rouge sur laquelle pendait un collier de dents multicolores, un grand Noir les suivait et, derrière lui, en désordre, une troupe d'hommes habillés de pyjamas blancs et des musiciens munis de triangles et de tambours larges et courts. Le coq dit qu'il fallait les accompagner[1].

La case où ils parvinrent en suivant la rive à quelques centaines de mètres des dernières cases, était grande, vide, relativement confortable avec ses murs crépis à l'intérieur. Le sol était en terre battue, le toit de chaume et de roseaux, soutenu par un mât central, les murs nus. Sur un petit autel tapissé de palmes, au fond, et couvert de bougies qui éclairaient à peine la moitié de la salle, on apercevait un superbe chromo où saint Georges, avec des airs séducteurs[2], prenait avantage d'un dragon moustachu. Sous l'autel, une sorte de niche, garnie de papiers en rocailles, abritait, entre une bougie et une écuelle d'eau, une petite statue[3] de glaise, peinte en rouge, représentant un dieu cornu. Il brandissait, la mine farouche, un couteau démesuré, en papier d'argent.

Le coq conduisit d'Arrast dans un coin où ils restèrent debout, collés contre la paroi, près de la porte. « Comme[4] ça, murmura le coq, on pourra partir sans déranger. » La case, en effet, était pleine d'hommes et de femmes, serrés les uns contre les autres. Déjà la chaleur montait. Les musiciens allèrent s'installer de part et d'autre du petit autel. Les danseurs et les danseuses se séparèrent en deux cercles concentriques, les hommes à l'intérieur. Au centre, vint se placer le chef[5] noir à la casaque rouge. D'Arrast s'adossa à la paroi, en croisant les bras.

Mais le chef, fendant le cercle des danseurs, vint vers eux et, d'un air grave, dit quelques mots au coq. « Décroise les bras, capitaine, dit le coq. Tu te serres, tu empêches l'esprit du saint de descendre. » D'Arrast laissa docilement tomber les bras. Le dos toujours collé à la paroi, il ressemblait lui-même, maintenant, avec ses membres longs et lourds, son grand visage déjà luisant de sueur, à quelque dieu bestial et rassurant. Le grand Noir le regarda puis, satisfait, regagna sa place. Aussitôt, d'une voix claironnante, il chanta les premières notes d'un air que tous reprirent en chœur, accompagnés par les tambours. Les cercles se mirent alors à tourner en sens inverse, dans une sorte de danse lourde et appuyée qui ressemblait plutôt à un piétinement, légèrement souligné par la double ondulation des hanches[6].

La chaleur avait augmenté. Pourtant, les pauses diminuaient peu à peu, les arrêts s'espaçaient et la danse se précipitait. Sans que le rythme des autres se ralentît, sans cesser lui-même de danser, le grand[1] Noir fendit à nouveau les cercles pour aller vers l'autel. Il revint avec un verre d'eau et une bougie allumée qu'il ficha en terre, au centre de la case. Il versa l'eau autour de la bougie en deux cercles concentriques, puis, à nouveau dressé, leva vers le toit des yeux fous[2]. Tout son corps tendu, il attendait, immobile. « Saint Georges arrive. Regarde, regarde », souffla le coq dont les yeux s'exorbitaient.

En effet, quelques danseurs présentaient maintenant des airs de transe, mais de transe figée, les mains aux reins, le pas raide, l'œil fixe et atone. D'autres[3] précipitaient leur rythme, se convulsant sur eux-mêmes, et commençaient à pousser des cris inarticulés. Les cris montèrent peu à peu et lorsqu'ils se confondirent dans un hurlement collectif, le chef, les yeux toujours levés, poussa lui-même une longue clameur à peine phrasée, au sommet du souffle, et où les mêmes mots revenaient. « Tu vois, souffla le coq, il dit qu'il est le champ de bataille du dieu. » D'Arrast fut frappé du changement de sa voix et regarda le coq qui, penché en avant, les poings serrés, les yeux fixes, reproduisait sur place le piétinement rythmé des autres. Il s'aperçut alors que lui-même, depuis un moment, sans déplacer les pieds pourtant, dansait de tout son poids.

Mais les tambours tout d'un coup firent rage et subitement le grand diable rouge se déchaîna. L'œil enflammé, les quatre membres tournoyant autour du corps, il se recevait, genou plié, sur chaque jambe, l'une après l'autre, accélérant son rythme à tel point qu'il semblait qu'il dût se démembrer, à la fin. Mais brusquement, il s'arrêta en plein élan, pour regarder les assistants, d'un air fier et terrible, au milieu du tonnerre des tambours. Aussitôt un danseur surgit d'un coin sombre, s'agenouilla et tendit au possédé un sabre court. Le grand Noir prit le sabre sans cesser de regarder autour de lui, puis le fit tournoyer au-dessus de sa tête[4]. Au même instant, d'Arrast aperçut le coq qui dansait au milieu des autres. L'ingénieur ne l'avait pas vu partir.

Dans la lumière rougeoyante, incertaine, une poussière étouffante montait du sol, épaississait encore l'air qui collait à la peau. D'Arrast sentait la fatigue le gagner peu

à peu ; il respirait de plus en plus mal. Il ne vit même pas
comment les danseurs avaient pu se munir des énormes
cigares qu'ils fumaient à présent, sans cesser de danser,
et dont l'étrange odeur emplissait la case et le grisait un
peu[1]. Il vit seulement le coq qui passait près de lui,
toujours dansant, et qui tirait lui aussi sur un cigare :
« Ne fume pas », dit-il. Le coq grogna, sans cesser de
rythmer son pas, fixant le mât central avec l'expression
du boxeur sonné, la nuque parcourue par un long et
perpétuel frisson. À ses côtés, une Noire épaisse, remuant
de droite à gauche sa face animale, aboyait sans arrêt.
Mais les jeunes négresses, surtout, entraient dans la transe
la plus affreuse, les pieds collés au sol et le corps parcouru,
des pieds à la tête, de soubresauts de plus en plus violents
à mesure qu'ils gagnaient les épaules. Leur tête s'agitait
alors d'avant en arrière, littéralement séparée d'un corps
décapité. En même temps, tous se mirent à hurler sans
discontinuer, d'un long cri collectif et incolore, sans
respiration apparente, sans modulations, comme si les
corps se nouaient tout entiers, muscles et nerfs, en une
seule émission épuisante qui donnait enfin la parole en
chacun d'eux à un être jusque-là absolument silencieux.
Et sans que le cri cessât, les femmes, une à une, se mirent
à tomber. Le chef noir s'agenouillait près de chacune,
serrait vite et convulsivement leurs tempes de sa grande
main aux muscles noirs. Elles se relevaient alors, chance-
lantes, rentraient dans la danse et reprenaient leurs cris,
d'abord faiblement, puis de plus en plus haut et vite,
pour retomber encore, et se relever de nouveau, pour
recommencer, et longtemps encore, jusqu'à ce que le cri
général faiblît, s'altérât, dégénérât en une sorte de rauque
aboiement qui les secouait de son hoquet. D'Arrast,
épuisé, les muscles noués par sa longue danse immobile,
étouffé par son propre mutisme, se sentit vaciller. La
chaleur, la poussière, la fumée des cigares, l'odeur humaine rendaient maintenant l'air tout à fait irrespirable.
Il chercha le coq du regard : il avait disparu. D'Arrast
se laissa glisser alors le long de la paroi et s'accrou-
pit, retenant une nausée.

Quand il ouvrit les yeux, l'air était toujours aussi
étouffant, mais le bruit avait cessé. Les tambours seuls
rythmaient une basse continue, sur laquelle dans tous les
coins de la case, des groupes, couverts d'étoffes blanchâ-

tres, piétinaient. Mais au centre de la pièce, maintenant débarrassé du verre et de la bougie, un groupe de jeunes filles noires, en état semi-hypnotique, dansaient lentement, toujours sur le point de se laisser dépasser par la mesure. Les yeux fermés, droites pourtant, elles se balançaient légèrement d'avant en arrière, sur la pointe de leurs pieds, presque sur place. Deux d'entre elles, obèses, avaient le visage recouvert d'un rideau de raphia. Elles encadraient une autre jeune fille, costumée celle-là, grande, mince, que d'Arrast reconnut soudain comme la fille de son hôte. Vêtue d'une robe verte, elle portait un chapeau de chasseresse en gaze bleue, relevé sur le devant, garni de plumes mousquetaires, et tenait à la main un arc vert et jaune, muni de sa flèche, au bout de laquelle était embroché un oiseau multicolore. Sur son corps gracile, sa jolie tête oscillait lentement, un peu renversée, et sur le visage endormi se reflétait une mélancolie égale et innocente. Aux arrêts de la musique, elle chancelait, somnolente. Seul, le rythme renforcé des tambours lui rendait une sorte de tuteur invisible autour duquel elle enroulait ses molles arabesques jusqu'à ce que, de nouveau arrêtée en même temps que la musique, chancelant au bord de l'équilibre, elle poussât un étrange cri d'oiseau, perçant et pourtant mélodieux.

D'Arrast, fasciné par cette danse ralentie, contemplait la Diane noire lorsque le coq surgit devant lui, son visage lisse maintenant décomposé[1]. La bonté avait disparu de ses yeux qui ne reflétaient qu'une sorte d'avidité inconnue. Sans bienveillance, comme s'il parlait à un étranger : « Il est tard, capitaine, dit-il. Ils vont danser toute la nuit, mais ils ne veulent pas que tu restes maintenant. » La tête lourde, d'Arrast se leva et suivit le coq qui gagnait la porte en longeant la paroi. Sur le seuil, le coq s'effaça, tenant la porte de bambous, et d'Arrast sortit. Il se retourna et regarda le coq qui n'avait pas bougé. « Viens[2]. Tout à l'heure, il faudra porter la pierre.

— Je reste, dit le coq d'un air fermé.

— Et ta promesse ? »

Le coq sans répondre poussa peu à peu la porte que d'Arrast retenait d'une seule main. Ils restèrent ainsi une seconde, et d'Arrast céda, haussant les épaules. Il s'éloigna.

La nuit était pleine d'odeurs fraîches et aromatiques.

Au-dessus de la forêt, les rares étoiles du ciel austral, estompées par une brume invisible, luisaient faiblement. L'air humide était lourd. Pourtant, il semblait d'une délicieuse fraîcheur au sortir de la case. D'Arrast remontait la pente glissante, gagnait les premières cases, trébuchait comme un homme ivre dans les chemins troués. La forêt grondait un peu, toute proche. Le bruit du fleuve grandissait, le[1] continent tout entier émergeait dans la nuit et l'écœurement envahissait d'Arrast. Il lui semblait qu'il aurait voulu vomir ce pays tout entier, la tristesse de ses grands espaces, la lumière glauque des forêts, et le clapotis nocturne de ses grands fleuves déserts. Cette[2] terre était trop grande, le sang et les saisons s'y confondaient, le temps se liquéfiait. La vie ici était à ras de terre et, pour s'y intégrer, il fallait se coucher et dormir, pendant des années, à même le sol boueux ou desséché. Là-bas, en Europe, c'était la honte et la colère. Ici, l'exil ou la solitude, au milieu de ces fous languissants et trépidants, qui dansaient pour mourir. Mais, à travers la nuit humide, pleine d'odeurs végétales, l'étrange cri d'oiseau blessé, poussé par la belle endormie, lui parvint encore.

Quand d'Arrast, la tête barrée d'une épaisse migraine, s'était réveillé après un mauvais sommeil, une chaleur humide écrasait la ville et la forêt immobile. Il attendait à présent sous le porche de l'hôpital, regardant sa montre arrêtée, incertain de l'heure, étonné de ce grand jour et du silence qui montait de la ville. Le ciel, d'un bleu presque franc, pesait[3] au ras des premiers toits éteints. Des urubus jaunâtres dormaient, figés par la chaleur, sur la maison qui faisait face à l'hôpital. L'un d'eux s'ébroua tout d'un coup, ouvrit le bec, prit ostensiblement ses dispositions pour s'envoler, claqua deux fois ses ailes poussiéreuses contre son corps, s'éleva de quelques centimètres au-dessus du toit, et retomba pour s'endormir presque aussitôt.

L'ingénieur descendit vers la ville. La place principale était déserte, comme les rues qu'il venait de parcourir. Au loin, et de chaque côté du fleuve, une brume basse flottait sur la forêt. La chaleur tombait verticalement et d'Arrast chercha un coin d'ombre pour s'abriter. Il vit alors, sous l'auvent d'une des maisons, un petit homme qui lui faisait signe. De plus près, il reconnut Socrate.

« Alors, monsieur d'Arrast, tu aimes la cérémonie ? »

D'Arrast dit qu'il faisait trop chaud dans la case et qu'il préférait le ciel et la nuit.

« Oui, dit Socrate, chez toi, c'est la messe seulement. Personne ne danse. »

Il se frottait les mains, sautait sur un pied, tournait sur lui-même, riait à perdre haleine.

« Pas possibles, ils sont pas possibles. »

Puis il regarda d'Arrast avec curiosité :

« Et toi, tu vas à la messe ?

— Non.

— Alors où tu vas ?

— Nulle part. Je ne sais pas. »

Socrate riait encore.

« Pas possible ! Un seigneur sans église, sans rien ! »

D'Arrast riait aussi :

« Oui, tu vois, je n'ai pas trouvé ma place. Alors, je suis parti.

— Reste avec nous, monsieur d'Arrast, je t'aime.

— Je voudrais bien, Socrate, mais je ne sais pas danser. » Leurs[1] rires résonnaient dans le silence de la ville déserte.

« Ah, dit Socrate, j'oublie. Le maire veut te voir. Il déjeune au club. » Et sans crier gare, il partit dans la direction de l'hôpital. « Où vas-tu ? » cria d'Arrast. Socrate imita un ronflement : « Dormir. Tout à l'heure la procession. » Et courant à moitié, il reprit ses ronflements.

Le maire voulait seulement donner à d'Arrast une place d'honneur pour voir la procession. Il l'expliqua à l'ingénieur en lui faisant partager un plat de viande et de riz propre à miraculer un paralytique. On s'installerait d'abord dans la maison du juge, sur un balcon, devant l'église, pour voir sortir le cortège. On irait ensuite à la mairie, dans la grande rue qui menait à la place de l'église et que les pénitents emprunteraient au retour. Le juge et le chef de police accompagneraient d'Arrast, le maire étant tenu de participer à la cérémonie. Le chef de police était en effet dans la salle du club, et tournait sans trêve autour de d'Arrast, un infatigable sourire aux lèvres, lui prodiguant des discours incompréhensibles, mais évidemment affectueux. Lorsque d'Arrast descendit, le chef de police se précipita pour[1] lui ouvrir le chemin, tenant toutes les portes ouvertes devant lui.

Sous le soleil massif, dans la ville toujours vide, les deux hommes se dirigeaient vers la maison du juge. Seuls, leurs pas résonnaient dans le silence. Mais, soudain, un pétard éclata dans une rue proche et fit s'envoler sur toutes les maisons, en gerbes lourdes et embarrassées, les urubus au cou pelé. Presque aussitôt des dizaines de pétards éclatèrent dans toutes les directions, les portes s'ouvrirent et les gens commencèrent de sortir des maisons pour remplir les rues étroites.

Le juge exprima à d'Arrast la fierté qui était la sienne de l'accueillir dans son indigne maison et lui fit gravir un étage d'un bel escalier baroque peint à la chaux bleue. Sur le palier, au passage de d'Arrast, des portes s'ouvrirent d'où surgissaient des têtes brunes d'enfants qui disparaissaient ensuite avec des rires étouffés. La pièce d'honneur, belle d'architecture, ne contenait que des meubles de rotin et de grandes cages d'oiseaux au jacassement étourdissant. Le balcon où ils s'installèrent donnait sur la petite place devant l'église. La foule commençait maintenant de la remplir, étrangement silencieuse, immobile sous la chaleur qui descendait du ciel en flots presque visibles. Seuls, des enfants couraient autour de la place, s'arrêtant brusquement pour allumer les pétards dont les détonations se succédaient. Vue du balcon, l'église, avec ses murs crépis, sa dizaine de marches peintes à la chaux bleue, ses deux tours bleues et or, paraissait plus petite.

Tout d'un coup, des orgues éclatèrent à l'intérieur de l'église. La foule, tournée vers le porche, se rangea sur les côtés de la place. Les hommes se découvrirent, les femmes s'agenouillèrent. Les orgues lointaines jouèrent, longuement, des sortes de marches. Puis un étrange bruit d'élytres vint de la forêt. Un minuscule avion aux ailes transparentes et à la frêle carcasse, insolite dans ce monde sans âge, surgit au-dessus des arbres, descendit un peu vers la place, et passa, avec un grondement de grosse crécelle, au-dessus des têtes levées vers lui. L'avion vira ensuite et s'éloigna vers l'estuaire.

Mais, dans l'ombre de l'église, un obscur remue-ménage attirait de nouveau l'attention. Les orgues s'étaient tues, relayées maintenant par des cuivres et des tambours, invisibles sous le porche. Des pénitents, recouverts de

surplis noirs, sortirent un à un de l'église, se groupèrent
sur le parvis, puis commencèrent de descendre les marches. Derrière eux venaient des pénitents blancs portant
des bannières rouges et bleues, puis une petite troupe de
garçons costumés en anges, des confréries d'enfants de
Marie, aux petits visages noirs et graves, et enfin, sur une
châsse multicolore, portée par des notables suant dans
leurs complets sombres, l'effigie du bon Jésus lui-même,
roseau en main, la tête couverte d'épines, saignant en
chancelant au-dessus de la foule qui garnissait les degrés
du parvis.

Quand la châsse fut arrivée au bas des marches, il y
eut un temps d'arrêt pendant lequel les pénitents essayèrent de se ranger dans un semblant d'ordre. C'est alors
que d'Arrast vit le coq. Il venait de déboucher sur le parvis,
torse nu, et portait sur sa tête barbue un énorme bloc
rectangulaire qui reposait sur une plaque de liège à même
le crâne. Il descendit d'un pas ferme les marches de l'église,
la pierre exactement équilibrée dans l'arceau de ses bras
courts et musclés. Dès qu'il fut parvenu derrière la châsse,
la procession s'ébranla. Du porche surgirent alors les
musiciens, vêtus de vestes aux couleurs vives et s'épou-
monant dans des cuivres enrubannés. Aux accents d'un
pas redoublé, les pénitents accélérèrent leur allure et
gagnèrent l'une des rues qui donnaient sur la place.
Quand la châsse eut disparu à leur suite, on ne vit plus
que le coq et les derniers musiciens. Derrière eux, la foule
s'ébranla, au milieu des détonations, tandis que l'avion,
dans un grand ferraillement de pistons, revenait au-dessus
des derniers groupes. D'Arrast regardait seulement le
coq qui disparaissait maintenant dans la rue et dont il lui
semblait soudain que les épaules fléchissaient. Mais à cette
distance, il voyait mal.

Par les rues vides, entre les magasins fermés et les
portes closes, le juge, le chef de police et d'Arrast gagnèrent alors la mairie. À mesure qu'ils s'éloignaient de la
fanfare et des détonations, le silence reprenait possession
de la ville et, déjà, quelques urubus revenaient prendre
sur les toits la place qu'ils semblaient occuper depuis
toujours. La mairie donnait sur une rue étroite, mais
longue, qui menait d'un des quartiers extérieurs à la place
de l'église. Elle était vide pour le moment. Du balcon de
la mairie, à perte de vue, on n'apercevait qu'une chaussée

défoncée, où la pluie récente avait laissé quelques flaques.
Le soleil, maintenant un peu descendu, rongeait encore,
de l'autre côté de la rue, les façades aveugles des maisons.

Ils attendirent longtemps, si longtemps que d'Arrast,
à force de regarder la réverbération du soleil sur le mur
d'en face, sentit à nouveau revenir sa fatigue et son[1]
vertige. La rue vide, aux maisons désertes, l'attirait et
l'écœurait à la fois. À nouveau, il voulait fuir ce pays,
il pensait en même temps à cette[2] pierre énorme, il aurait
voulu que cette épreuve fût finie. Il allait proposer de
descendre pour aller aux nouvelles lorsque les cloches de
l'église se mirent à sonner à toute volée. Au même instant,
à l'autre extrémité de la rue, sur leur gauche, un tumulte
éclata et une foule en ébullition apparut. De loin, on la
voyait agglutinée autour de la châsse, pèlerins et pénitents
mêlés, et ils avançaient, au milieu des pétards et des
hurlements de joie, le long de la rue étroite. En quelques
secondes, ils la remplirent jusqu'aux bords, avançant vers
la mairie, dans un désordre indescriptible, les âges, les
races et les costumes fondus en une masse bariolée,
couverte d'yeux et de bouches vociférantes, et d'où
sortaient, comme des lances, une armée de cierges dont la
flamme s'évaporait dans la lumière ardente du jour. Mais
quand ils furent proches et que la foule, sous le balcon,
sembla monter le long des parois, tant elle était dense,
d'Arrast vit que le coq n'était pas là.

D'un seul mouvement, sans s'excuser, il quitta le balcon et la pièce, dévala l'escalier et se trouva dans la rue,
sous le tonnerre des cloches et des pétards. Là, il dut lutter
contre la foule joyeuse, les porteurs de cierges, les pénitents offusqués. Mais irrésistiblement, remontant de tout
son poids la marée humaine, il s'ouvrit un chemin, d'un
mouvement si emporté, qu'il chancela et faillit tomber
lorsqu'il se retrouva libre, derrière la foule, à l'extrémité
de la rue. Collé contre le mur brûlant, il attendit que la
respiration lui revînt. Puis il reprit sa marche. Au même
moment, un groupe d'hommes déboucha dans la rue.
Les premiers marchaient à reculons, et d'Arrast vit qu'ils
entouraient le coq.

Celui-ci était visiblement exténué. Il s'arrêtait, puis,
courbé[3] sous l'énorme pierre, il courait un peu, du pas
pressé des débardeurs et des coolies, le petit trot de la
misère, rapide, le pied frappant le sol de toute sa plante.

Autour de lui, des pénitents aux surplis salis de cire fondue et de poussière l'encourageaient quand il s'arrêtait. À sa gauche, son frère marchait ou courait en silence. Il sembla à d'Arrast qu'ils mettaient un temps interminable à parcourir l'espace qui les séparait de lui. À peu près à sa hauteur, le coq s'arrêta de nouveau et jeta autour de lui des regards éteints. Quand il vit d'Arrast, sans paraître pourtant le reconnaître, il s'immobilisa, tourné vers lui. Une sueur huileuse et sale couvrait son visage maintenant gris, sa barbe était pleine de filets de salive, une mousse brune et sèche cimentait ses lèvres. Il essaya de sourire. Mais, immobile sous sa charge, il tremblait de tout son corps, sauf à la hauteur des épaules où les muscles étaient visiblement noués dans une sorte de crampe. Le frère, qui avait reconnu d'Arrast, lui dit seulement : « Il est déjà tombé. » Et Socrate, surgi il ne savait d'où, vint lui glisser à l'oreille : « Trop danser, monsieur d'Arrast, toute la nuit. Il est fatigué. »

Le coq avança de nouveau, de son trot saccadé, non comme quelqu'un qui veut progresser mais comme s'il fuyait la charge qui l'écrasait, comme s'il espérait l'alléger par le mouvement. D'Arrast se trouva, sans qu'il sût comment, à sa droite. Il posa sur le dos du coq une main devenue légère et marcha près de lui, à petits pas pressés et pesants. À l'autre extrémité de la rue, la châsse avait disparu, et la foule, qui, sans doute, emplissait maintenant la place, ne semblait plus avancer. Pendant quelques secondes, le coq, encadré par son frère et d'Arrast, gagna du terrain. Bientôt, une vingtaine de mètres seulement le séparèrent du groupe qui s'était massé devant la mairie pour le voir passer. À nouveau, pourtant, il s'arrêta. La main de d'Arrast se fit plus lourde. « Allez, coq, dit-il, encore un peu. » L'autre tremblait, la salive se remettait à couler de sa bouche tandis que, sur tout son corps, la sueur jaillissait littéralement. Il prit une respiration qu'il voulait profonde et s'arrêta court. Il s'ébranla encore, fit trois pas, vacilla. Et soudain la pierre glissa sur son épaule, qu'elle entailla, puis en avant jusqu'à terre, tandis que le coq, déséquilibré, s'écroulait sur le côté. Ceux qui le précédaient en l'encourageant sautèrent en arrière avec de grands cris, l'un d'eux se saisit de la plaque de liège pendant que les autres empoignaient la pierre pour en charger à nouveau le coq.

D'Arrast, penché sur celui-ci, nettoyait de sa main l'épaule souillée de sang et de poussière, pendant que le petit homme, la[1] face collée à terre, haletait. Il n'entendait rien, ne bougeait plus. Sa bouche s'ouvrait avidement sur chaque respiration, comme si elle était la dernière. D'Arrast le prit à bras-le-corps et le souleva aussi facilement que s'il s'agissait d'un enfant. Il le tenait debout, serré contre lui. Penché de toute sa taille, il lui parlait dans le visage, comme pour lui insuffler sa force. L'autre, au bout d'un moment, sanglant et terreux, se détacha de lui, une expression hagarde sur le visage. Chancelant, il se dirigea de nouveau vers la pierre que les autres soulevaient un peu. Mais il s'arrêta; il regardait la pierre d'un regard vide, et secouait la tête. Puis il laissa tomber ses bras le long de son corps et se tourna vers d'Arrast. D'énormes larmes coulaient silencieusement sur son visage ruiné. Il voulait parler, il parlait, mais sa bouche formait à peine les syllabes. « J'ai promis », disait-il. Et puis : « Ah! capitaine. Ah! capitaine! » et les larmes noyèrent sa voix. Son frère surgit dans son dos, l'étreignit, et le coq, en pleurant, se laissa aller contre lui, vaincu, la tête renversée.

D'Arrast le regardait, sans trouver ses mots. Il se tourna vers la foule, au loin, qui criait à nouveau. Soudain, il arracha la plaque de liège des mains qui la tenaient et marcha vers la pierre. Il fit signe aux autres de l'élever et la chargea presque sans effort. Légèrement tassé sous le poids de la pierre, les épaules ramassées, soufflant un peu, il regardait à ses pieds, écoutant les sanglots du coq. Puis il s'ébranla à son tour d'un pas puissant, parcourut sans faiblir l'espace qui le séparait de la foule, à l'extrémité de la rue, et fendit avec décision les premiers rangs qui s'écartèrent devant lui. Il entra sur la place, dans le vacarme des cloches et des détonations, mais entre deux haies de spectateurs qui le regardaient avec étonnement, soudain silencieux. Il avançait du même pas emporté, et la foule lui ouvrait un chemin jusqu'à l'église. Malgré le poids qui commençait de lui broyer la tête et la nuque, il vit l'église et la châsse qui[2] semblait l'attendre sur le parvis. Il marchait vers elle et avait déjà dépassé le centre de la place quand brutalement, sans savoir pourquoi, il obliqua vers la gauche, et se détourna du chemin de l'église, obligeant les pèlerins à lui faire face. Derrière lui, il entendit des pas précipités. Devant lui, s'ouvraient de toutes parts des bouches. Il ne comprenait pas ce qu'elles lui criaient, bien qu'il lui semblât reconnaître le mot portugais qu'on lui lançait sans arrêt[1]. Soudain, Socrate apparut devant lui, roulant des yeux effarés, parlant sans suite et lui montrant, derrière lui, le chemin de l'église. « À l'église, à l'église », c'était là ce que criaient Socrate et la foule. D'Arrast continua pourtant sur sa lancée. Et Socrate s'écarta, les bras comiquement levés au ciel, pendant que la foule peu à peu se taisait. Quand d'Arrast entra dans la première rue, qu'il avait déjà prise avec le coq, et dont il savait qu'elle menait aux quartiers du fleuve, la place n'était plus qu'une rumeur confuse derrière lui.

La pierre, maintenant, pesait douloureusement sur son crâne et il avait besoin de toute la force de ses grands bras pour l'alléger. Ses épaules se nouaient déjà quand il atteignit les premières rues, dont[2] la pente était glissante. Il s'arrêta, tendit l'oreille. Il était seul. Il assura la pierre sur son support de liège et descendit d'un pas prudent, mais encore ferme, jusqu'au quartier des cases. Quand il y arriva, la respiration commençait de lui manquer, ses bras tremblaient autour de la pierre. Il pressa le pas, parvint enfin sur la petite place où se dressait la case du coq, courut à elle, ouvrit la porte d'un coup de pied et, d'un seul mouvement, jeta la pierre au centre de la pièce, sur le feu qui rougeoyait encore. Et là, redressant toute sa taille, énorme soudain, aspirant à goulées désespérées l'odeur de misère et de cendres qu'il reconnaissait, il écouta monter en lui le flot d'une joie obscure et haletante qu'il ne pouvait pas nommer.

Quand les habitants de la case arrivèrent, ils trouvèrent d'Arrast debout, adossé au mur du fond, les yeux fermés[3]. Au centre de la pièce à la place du foyer, la pierre était à demi enfouie, recouverte de cendres et de terre. Ils se tenaient sur le seuil sans avancer et regardaient d'Arrast en silence comme s'ils l'interrogeaient. Mais il se taisait. Alors, le frère conduisit près de la pierre le coq qui se laissa tomber à terre. Il s'assit, lui aussi, faisant un signe aux autres. La vieille femme le rejoignit, puis la jeune fille de la nuit, mais personne ne regardait d'Arrast. Ils étaient accroupis en rond autour de la pierre, silencieux. Seule, la rumeur du fleuve montait jusqu'à eux à travers l'air lourd. D'Arrast, debout dans l'ombre, écoutait, sans[1] rien voir, et le bruit des eaux l'emplissait d'un bonheur tumultueux. Les yeux fermés, il saluait joyeusement sa propre force, il saluait, une fois de plus, la vie qui recommençait. Au même instant, une détonation éclata qui semblait toute proche. Le frère s'écarta un peu du coq et se tournant à demi vers d'Arrast, sans le regarder, lui montra la place vide : « Assieds-toi avec nous. »

TEXTES COMPLÉMENTAIRES
COMMENTAIRES
NOTES ET VARIANTES

THÉÂTRE

ALBERT CAMUS ET LE THÉÂTRE

« Il me reste à vous répondre en ce qui concerne le théâtre, écrivait
Albert Camus à un correspondant italien. Je sais qu'on considère
» ce secteur de mon activité comme mineur et regrettable. Ce n'est
» pas mon opinion. Je m'exprime là autant qu'ailleurs. Mais peut-
» être ne suis-je pas bon juge de moi-même... » (Juin 1959.)

Il est bien vrai qu'avec le roman et l'essai, poétique, ou semi-
philosophique, le théâtre fut pour Camus un mode d'expression
tout naturel. L'essai expliquait, le roman décrivait, ou imposait un
mythe, le théâtre était action, conflit vécu dans le geste et dans le
mouvement.

Camus devait-il à la scène sa vision des choses, ou son goût de la
scène était-il né de sa vision des choses ? De fait, l'univers entier est
à ses yeux un vaste théâtre, la vie une tragédie — ou une comédie
au sens large du mot — et l'homme « un personnage en quête
d'auteur ». Il s'est du reste assez longuement expliqué sur ce point
dans *le Mythe de Sisyphe :* d'une certaine façon, et quelles que soient
ses convictions, l'acteur est par excellence un être absurde, condamné
à vivre dans l'instant et dans la multiplicité des expériences.

Camus lui-même était tout spontanément acteur; non seulement
capable de remplacer un artiste défaillant au pied levé, mais encore
comédien dans la vie courante; ses camarades du comité de lecture
Gallimard rapportent qu'il n'était guère de séance où il ne déridât
l'assemblée par un petit numéro comique; et ses amis savent à quel
point il aimait mimer une scène, lire un texte, bref, jouer. Tant il
est vrai que le jeu était pour lui une des formes fondamentales de
l'existence.

On s'est imaginé souvent que le théâtre représentait pour lui un
asile, un désert où il se retirait du monde. Quelle erreur ! Quand, en
1936, il fonde le *Théâtre du Travail*, ce n'est pas pour s'écarter de la
vie, mais pour y plonger plus avant; ce n'est pas pour « se désen-
gager », mais pour étendre son action. À cette époque, membre du
parti communiste, il était, pour Alger, l'un des animateurs du
Comité Amsterdam-Pleyel : c'est alors que Charles Poncet le rencontra et Camus l'entretint aussitôt d'un projet de théâtre populaire.
Le *Théâtre du Travail* allait donc grouper « de jeunes intellectuels
révolutionnaires, universitaires ou étudiants, plus ou moins forte-

ment imprégnés de marxisme, des artistes, peintres, sculpteurs et architectes..., des ouvriers et des petits-bourgeois, généralement militants de partis ou mouvements politiques. » (Charles Poncet, *Simoun,* n° 32.) Théâtre révolutionnaire donc, populaire, mais nullement totalitaire. Un tract précise ces objectifs : « Prendre » conscience de la valeur artistique propre à toute littérature de masse » et démontrer que l'art peut parfois sortir de sa tour d'ivoire. » Le sens de la beauté étant inséparable d'un certain sens de l'huma- » nité. »

Pour première pièce on joua aux bains Padovani une adaptation faite par Camus du *Temps du mépris.* Il me paraît utile de reproduire ici l'évocation que Poncet donne de cette première représentation.

« Les bains Padovani, établissement de Bab-el-Oued, très popu- » laires à cette époque, comportaient, sur la plage même, de nom- » breuses cabines rudimentaires pour les baigneurs, et, à l'étage, » dominant la mer d'un côté, de plain-pied avec l'esplanade de l'autre, » une vaste salle à plancher, longue d'une quarantaine de mètres, » large d'une quinzaine. Le côté mer, que l'on avait à gauche en » regardant la scène édifiée pour la circonstance, disposait de nom- » breuses fenêtres rapprochées formant une immense baie vitrée.

« Nous étions peut-être deux mille, une telle nuit du printemps » 1936, venus des quartiers et de la grande banlieue d'Alger, dange- » reusement serrés, un grand nombre debout, sur le plancher » habituellement piétiné par les danseurs du dimanche. Comment les » fenêtres, supportant chacune cinq ou six spectateurs assis, debout » ou péniblement agrippés, ne se sont-elles pas effondrées, c'est » assurément un miracle... La mer, qui devait jouer dans la vie » spirituelle et affective de Camus un rôle essentiel, était là présente » comme le symbole d'un de ses plus profonds attachements. La » rumeur de la foule créait une ferveur où perçait la gravité qui » précède les initiations. Et c'est bien à une sorte d'initiation que » pensait Camus ce soir-là, une âme collective vibrait dans l'attente.

» Le roman de Malraux avait été découpé en de nombreux tableaux » qu'animait une mise en scène aux mouvements rapides, utilisant » sur les côtés et au fond de la salle, à l'exemple de Piscator, des » emplacements inattendus qu'un éclairage fugitif révélait brus- » quement...

» ... L'ennemi à la croix gammée que combattait farouchement » Kassner, c'était aussi celui de chaque spectateur. Cette confronta- » tion héroïque au mal absolu, d'un homme seul, puisant sa force » dans la solidarité humaine et le sentiment de la fraternité (...) » passait comme un souffle épique sur cette foule tendue qui voyait » sur la scène se dérouler son propre combat contre l'esprit dégradant » du fascisme. Et quand, au meeting antifasciste de Prague, où » Kassner, enfin libéré, recherche Anna et son enfant, un orateur » s'adresse à la foule, fiction et réalité se confondirent alors et, de la » salle entière dressée répondant au salut de l'orateur, acteur et tribun

» tout à la fois, s'éleva l'hymne de la révolte et de l'espoir qui
» apportait à des millions d'hommes et de femmes une réponse
» presque charnelle. »

Après quoi ce furent, à la salle Bordes, *Bas-fonds* de Gorki, et,
les 6 et 7 mars 1937, *la Femme silencieuse* de Ben Jonson et le *Prométhée enchaîné* d'Eschyle. Aucun nom d'acteur ne figurait au programme, et les artistes, tous amateurs, ne saluaient qu'une fois à la
fin de la représentation. Les recettes étaient versées au Secours
ouvrier international.

À la même époque, avec trois camarades, Camus travaillait à la
rédaction de *Révolte dans les Asturies,* qu'on trouvera publiée dans ce
volume. Mais la pièce, comme on le verra dans la brève présentation
que j'en ai faite, ne put être jouée.

En 1936, avec quelques-uns de ses amis, Camus avait créé la
Maison de la Culture qui organisait des conférences d'écrivains anti-
fascistes. Dans ce cadre, le *Théâtre du Travail* célèbre, le 24 mars 1937,
le centenaire de la mort de Pouchkine avec le *Don Juan* qu'incarnait
Camus. Dans le même temps, Camus, pour des raisons financières,
s'engageait dans la troupe de Radio-Alger (plus probablement, dit
Jean Negroni, la troupe d'Alec Barthus), avec laquelle il parcourait
de temps à autre villes et campagnes. Il fallait un jeune premier :
il en avait le physique, sinon la flamme, jugea le directeur, qui le
retint. On lui fit jouer force classiques et notamment Molière.
Camus évoquait parfois, non sans malice, un certain Max Hilaire,
vieux comédien à qui il devait d'avoir appris « à respirer et à poser
le pied ». Il avait gardé un souvenir amusé de la représentation de
Gringoire où il jouait Olivier Le Daim.

Survint la rupture avec le parti communiste. Le *Théâtre du
Travail* allait se dissoudre, mais pour renaître aussitôt de ses cendres
sous le nom de *Théâtre de l'Équipe,* dont voici le manifeste (octobre
1937).

> « De théâtres, dont le mot
> » d'ordre est travail, recherche,
> » audace, on peut dire qu'ils
> » n'ont pas été fondés pour
> » prospérer mais pour durer
> » sans s'asservir. »
>
> Jacques Copeau.

UN THÉÂTRE JEUNE

« À l'heure où dans toute la France une éclatante renaissance du
» théâtre s'affirme, caractérisée par une décentralisation étendue, le
» *Théâtre de l'Équipe* se propose de donner à Alger une saison
» théâtrale qui lui convienne. Ville jeune, Alger se doit d'avoir un
» théâtre jeune. Le *Théâtre de l'Équipe* s'attachera à jouer de bonnes
» œuvres dans un esprit de jeunesse et ceci déjà constitue un pro-
» gramme.

VIE ET CONVENTION

» Les idées générales ne sont pas indispensables aux réalisations.
» Mais les réalisations imposent parfois des idées générales. Et si le
» *Théâtre de l'Équipe* entend travailler dans un sens précis, c'est parce
» que quelque expérience de la scène a conduit ses membres vers
» certaines conclusions. Le théâtre est un art de chair qui donne à
» des corps vibrants le soin de traduire ses leçons, un art en même
» temps grossier et subtil, une entente exceptionnelle du mouve-
» ments, de la voix et des lumières. Mais il est aussi le plus conven-
» tionnel des arts, tout entier dans cette complicité de l'acteur et du
» spectateur qui apportent un consentement mutuel et tacite à la
» même illusion. C'est ainsi que d'une part le théâtre sert naturelle-
» ment les grands sentiments simples et ardents autour desquels
» tourne le destin de l'homme (et ceux-là seulement) : amour,
» désir, ambition, religion. Mais d'autre part, il satisfait au besoin
» de construction qui est naturel à l'artiste. Cette opposition fait
» le théâtre, le rend propre à servir la vie et à toucher les hommes.

PROGRAMME

» Le *Théâtre de l'Équipe* restituera cette opposition. C'est-à-dire
» qu'il demandera aux œuvres la vérité et la simplicité, la violence
» dans les sentiments et la cruauté dans l'action. Ainsi se tournera-
» t-il vers les époques où l'amour de la vie se mêlait au désespoir
» de vivre : la Grèce antique (Eschyle, Aristophane), l'Angleterre
» élisabéthaine (Forster, Marlowe, Shakespeare), l'Espagne (Fer-
» nando de Rojas, Calderon, Cervantes), l'Amérique (Faulkner,
» Caldwell), notre littérature contemporaine (Claudel, Malraux).
» Mais d'un autre côté, la liberté la plus grande régnera dans la
» conception des mises en scène et des décors. Les sentiments de tous
» et de tout temps dans des formes toujours jeunes, c'est à la fois le
» visage de la vie et l'idéal du bon théâtre. Servir cet idéal et du
» même coup faire aimer ce visage, c'est le programme du *Théâtre*
» *de l'Équipe*.

» Le *Théâtre de l'Équipe,* sans parti pris politique ni religieux,
» entend faire de ses spectateurs des amis. À cet effet, il a créé des
» cartes d'*Amis de l'Équipe* (20 francs par an) qui, donnant droit à
» une réduction de 25 p.100 sur les représentations et au service
» gratuit et personnel des annonces et prospectus du *Théâtre,*
» permettront à tout le monde de participer à son effort. En outre,
» un cahier sera mis à la disposition du public qui pourra y consigner
» ses désirs et ses critiques.

» Adresser la correspondance et les cotisations au siège du
» théâtre : *Théâtre de l'Équipe,* « Aux Vraies Richesses », 2 *bis,*
» rue Charras. »

L'Équipe joua le 5 décembre 1937 *la Célestine* de Fernando de
Rojas; une adaptation du *Retour de l'enfant prodigue* de Gide, faite

par Camus et *le Paquebot Tenacity* le 26 février 1938; *les Frères Karamazov* d'après Copeau, et pour finir, les 31 mars et 1ᵉʳ avril 1939, *le Baladin du monde occidental,* de J.-M. Synge.

Autour de Camus se rassemblèrent Marie Viton, Jeanne Marodon, Jeanne-Paule Sicard, Marcelle Rouchon, P.-A. Emery, Beniśti, Assus, Kohl, Maks, Thomas, Miquel, Jean Negroni, Paul Chevalier, Recagno et Blanche Balain, dont j'utilise ici le témoignage :

« Il fallait être un peu fou, fou de théâtre, de vie, de jeu et de » beauté et follement désintéressé pour entreprendre ce qui fut » entrepris par *l'Équipe* à Alger. Je me vois encore pénétrant dans » cette immense salle à demi obscure, au fond de quoi brillait la » scène. La répétition était commencée. Marie Viton vint vers moi » et me tira pour me présenter... Au milieu de cette animation, » un jeune homme de haute taille, d'une minceur et d'une pâleur » frappantes, les yeux très clairs, semblait diriger tout, comme » brûlé d'une flamme intérieure : Albert Camus. Il descendit et » vint vers moi, se mit à parler de poésie et de théâtre : « Nous » manquons d'actrice, voulez-vous jouer ? — Oh, non ! » m'écriai-je » épouvantée ! Il se mit à rire et ajouta : « Vous y viendrez, j'espère. » » À partir de ce jour j'assistai aux répétitions et fis la connaissance » de chacun. Les répétitions et les réunions de *l'Équipe* avaient lieu » chez les uns ou chez les autres et ce n'était pas là un des moindres » charmes de l'aventure, cela lui donnait de la familiarité et de la » chaleur. À ces réunions je fus frappée certains soirs par une pureté » de l'atmosphère intellectuelle et morale qui venait elle-même d'une » certaine rigueur et d'une certaine passion habitant les meilleurs » d'entre nous. C'était merveille de les voir, certains pleins de dons, » d'autres de qualités, tous animés d'une bonne volonté totale, » d'une sincérité absolue et sans prétention aucune. La liberté et » l'égalité étaient à la base de notre entente. Le centre, c'était ce » jeune homme de haute taille, infatigable bien que malade, possédé » de l'amour du théâtre. Il me stupéfiait par son dévouement total » à une cause qui m'apparaissait problématique. C'était une gageure, » mais dès ce moment Albert Camus était l'homme du pari. »

(Blanche Balain, juin 1950.)

Lorsque Camus entama la rédaction de *Caligula*, il avait en tête de le faire jouer par ses amis de *l'Équipe*. Les événements en disposèrent autrement. Quatre ans de guerre allaient l'écarter du théâtre pour une tragédie plus sanglante. *Caligula* attendrait donc près de six ans l'épreuve de la scène. Quelques mois plus tôt, pourtant, *le Malentendu* avait été représenté dans des conditions assez difficiles. Viendront *l'État de siège*, mal accueilli, puis le succès des *Justes*. Et c'en sera terminé de l'œuvre théâtrale proprement dite de Camus.

C'est seulement en 1953, après avoir déposé en 1952 sa candidature à la direction du Théâtre Récamier, qu'il reviendra à la mise en scène. D'une certaine façon, il le doit à Marcel Herrand, pour qui il avait remis sur le métier une ancienne adaptation des *Esprits* et transcrit *la Dévotion à la croix* de Calderon. La mort de Marcel Herrand l'amenait, de façon imprévue, à prendre sa succession au Festival d'Angers. Du coup, il faisait, si l'on peut dire, sa rentrée au théâtre. Il retrouvait cette amitié des gens de théâtre dont il avait gardé la nostalgie depuis la période héroïque de l'avant-guerre. Éloigné du journalisme, en froid avec nombre de ses confrères, il attendait du théâtre un peu de fraternité et de chaleur humaine. Il fut rarement déçu, comme il l'a dit aux auditeurs de la Télévision dans le « Gros plan » reproduit ci-après (1959).

La fascination du comédien, Camus l'a exprimée tout aussi bien dans *le Mythe de Sisyphe* que dans une série de courts articles consacrés à Madeleine Renaud, Béatrice Dussane, Hébertot, Marcel Herrand, Marceau, Guy Suarès et Claude Santelli. Il l'a confié à J.-C. Bris- ville : « Il me semble que j'aurais pu être acteur et me suffire de ce » métier », à Maria Casarès : « Je me retrouve innocent au théâtre. »

Ce qu'il fut dans ses rapports avec les acteurs, ceux-ci l'ont dit à leur tour (cf. *Revue d'histoire du théâtre*, octobre-décembre 1960 : *Albert Camus à l'Avant-Scène*, par René Farabet). Selon Michel Bouquet, « il cherche l'homme sous l'acteur ; l'être humain le solli- » cite constamment et c'est chez l'acteur que la personnalité humaine » peut se déployer le plus profondément. Dans ce creuset chauffé à » blanc qu'est le théâtre, il plonge par exemple un personnage » monstrueux, Pierre Verkhovensky ; c'est un moyen pour lui de » connaître ce qu'il y a dans les choses de la vie, c'est une expérience » qui lui est profitable. Dès mon premier contact avec lui, je compris » qu'un homme exigeait de moi d'être un homme. »

Il commence ses répétitions par une lecture, accompagnée d'un commentaire sur les personnages : « Autour d'une table d'abord, puis » en mouvement. [Les lectures en mouvement] étaient une de ses » inventions. « Bougez comme bon vous semble, nous disait-il, ou » asseyez-vous quand vous en éprouvez le besoin. Faites ce que le » texte vous inspire. » Il écoutait ; il regardait ; il n'intervenait pas » pendant l'échange de nos répliques. Il attendait que les personna- » ges sortent des comédiens. Il avait compris dès longtemps que le » trait juste, spontanément jailli d'un interprète, est infiniment plus » précieux et efficace que tout ce que cet interprète peut éventuelle- » ment reproduire d'après des indications extérieures à lui-même. Sa » suprême intelligence des choses de théâtre considérait, d'autre part, » que la vie d'un personnage n'est pas figée dans un texte, que sa » vérité dispose d'une certaine marge où l'invention du comédien a » loisir de se manifester. Il était d'une tolérance rarissime à propos de » la composition (que nous appelons dans notre argot de théâtre : » « le crépé »). Il était attentif à la justesse intérieure beaucoup plus » qu'au pittoresque de l'aspect. C'est tellement vrai, qu'au moment » de distribuer *les Possédés,* tel comédien pressenti pour deux rôles » à choisir, mais qu'il trouvait mieux désigné à l'un qu'à l'autre, » lui ayant déclaré, après avoir pris connaissance de la pièce, qu'il

» préférait celui des deux rôles où justement Albert Camus le
» voyait moins bien, obtint sans discussion, à la suite d'un essai,
» de jouer le personnage qu'il désirait. » (Pierre Blanchar, *Simoun*
n° 31.)

Il s'efforce de ne rien imposer au comédien mais de lui suggérer
une attitude, un geste : « Je n'ai jamais entendu, ni vu Albert Camus
» donner une intonation, indiquer un geste ou une expression. Il
» excellait à les provoquer par des explications lumineuses et
» convaincantes. » Au besoin il tente de le convaincre avec le secours
de documents (les photos des terroristes pour *les Justes*) ou de références historiques : « Il s'ingéniait à apporter aux comédiens des
» facilités de toute sorte pour l'établissement de leur personnage. Il
» rédigeait par exemple — dans le cas des *Possédés* — des notes
» farcies de références précises, puisées à même le roman de Dostoï-
» evski, ou ses cahiers. Et le travail considérable — le travail d'archi-
» viste — que ces notes sous-entendaient, avait uniquement pour
» objet le confort moral de ses interprètes. » (Pierre Blanchar.)
Pour éviter que *les Possédés* ne devinssent trop logiques, raconte
Vanek, il organisa une « soirée de folie » où l'on écouta des airs
folkloriques, en buvant de la vodka.

Bref, comme le dit Maria Casarès à son propos, « la scène est
» l'endroit de la vérité. Il y a un moment très curieux au cours
» des répétitions : lorsque l'acteur lâche sa brochure et ne possède
» pas encore bien son texte. Il doit alors trouver un certain état, non
» pas artificiel, mais fait d'une émotion véritable — cette émotion est
» nécessaire pour modeler le personnage devant soi. L'acteur est
» alors complètement nu, désarmé, bête. Camus avait beaucoup de
» respect et de tendresse pour lui à ce moment-là. »

Pathétique de l'acteur désarmé devant son texte ; pathétique de
l'homme nu devant son destin. Il semblait à Camus que le monde
moderne dans son délire nous ramenait au tragique du théâtre grec,
du siècle d'or espagnol, du théâtre élisabéthain. (Il envisagea un
moment de lancer une collection d'adaptations scéniques des plus
grandes œuvres théâtrales avec la collaboration des meilleurs dramaturges du moment.) Il s'est expliqué sur cette coïncidence de la
tragédie et du monde moderne, en 1955, à Athènes, dans une conférence que nous avons cru bon de reproduire ci-après, avec les
corrections manuscrites.* D'une certaine façon, il consacra une
bonne part de ses sept dernières années à favoriser par ses adaptations
et ses traductions la renaissance de la tragédie. Sans doute, se serait-il
bientôt remis à créer lui-même, tout en dirigeant un théâtre avec une
équipe d'acteurs amis.

---

* En 1939, la revue *Rivages,* à laquelle Camus collaborait, avait
prévu de consacrer un numéro spécial au théâtre ; et en 1941, Camus
envisagea d'écrire un essai sur la tragédie.

La liste de ses projets, tels qu'a bien voulu me les communiquer Catherine Sellers d'après une note de Camus, est significative de ses goûts et de ses ambitions. Il s'agissait évidemment, plus que de projets sûrs, d'espoirs, de rêves ou de points d'interrogation.

— Shakespeare :   *la Tempête.*
                       Timon d'Athènes (début de traduction).

— Tchékhov :   *Ivanov.*
                       Vania.

— Pirandello :   *Comme tu me veux.*
                       Quand on est quelqu'un.
                       Se trouver.
                       Ce soir on improvise.

— Racine :   *Bérénice.*
                       Esther.

— Corneille :   *Sophonisbe.*
                       Suréna.

— Molière :   *le Misanthrope.*

— Théâtre élisabéthain : *Dommage qu'elle soit une putain* de John Ford.
                       Démon blanc.
                       Duchesse d'Amalfi de Webster.
                       Faust de Marlowe.
                       Tamerlan.
                       Arden de Feversham.
                       etc.

— Théâtre espagnol :   *le Magicien prodigieux.*
                       La vie est un songe de Calderon.
                       l'Étoile de Séville de Lope de Vega.

— *Miguel Manara :* Milosz.
— Théâtre de Mérimée.
— Théâtre de Hardy.
— Tragédie grecque.
— *le Malheur d'avoir trop d'esprit* de Griboïedov.
— *le Songe* de Strindberg.
— *l'Ennemi du peuple* d'Ibsen.
— *l'Étrange Intermède* d'O'Neil.
— *la Bonne Âme de Setchouan.*
— *Angelica* de Ferrero.
— Pièces inédites (et en cours de traduction) d'Italo Svevo (dont il aimait beaucoup *la Conscience de Zeno*).
— Farces de Ruzzante.
— *Moïse* de Chateaubriand.
— *Don Juan* de Pouchkine.
— *Don Juan* de Molière.
— *l'Auberge* de Hochwalder.
— *Venise sauvée* de Simone Weil.
— *Melissa* de Kazanthzaki.

Tout aussi significatifs ces vers de Shakespeare (*Titus Andronicus,* III, 1) qu'il comptait utiliser dans la présentation de son théâtre :

« Si les vents font rage, est-ce que l'Océan ne devient pas furieux ?
» Est-ce qu'il ne menace pas le ciel de sa face écumante ? Et tu veux
» des raisons à ses lamentations. *Je suis l'Océan.* » et qui résumaient
pour lui toute l'aventure théâtrale; ou ce poème de Saint John Perse
par où la mer de son enfance et le théâtre de son adolescence se
rejoignaient enfin (*Amers, Invocation,* 6) :

« Et c'est la Mer qui vint à nous sur les degrés de pierre du drame.
» Avec ses Princes, ses Régents, ses Messagers vêtus d'emphase
» et de métal, ses grands Acteurs aux yeux crevés et ses Prophètes
» à la chaîne, ses Magiciennes trépignant sur leurs socques de bois,
» la bouche pleine de caillots noirs, et ses tributs de Vierges chemi-
» nant dans les labours de l'hymne,
» Avec ses Pâtres, ses Pirates et ses Nourrices d'enfants-rois,
» ses vieux Nomades en exil et ses Princesses d'élégie, ses grandes
» Veuves silencieuses sous des cendres illustres, ses grands Usurpa-
» teurs de trônes et Fondateurs de colonies lointaines, ses Prében-
» diers et ses Marchands, ses grands Concessionnaires des provinces
» d'étain, et ses grands Sages voyageurs à dos de buffles de
» rizières,
» Avec tout son cheptel de monstres et d'humains, ah ! tout son
» croît de fables immortelles, nouant à ses ruées d'esclaves et
» d'ilotes ses grands Bâtards divins et ses grandes filles d'Étalons —
» une foule en hâte se levant aux travées de l'Histoire et se portant
» en masse vers l'arène, dans le premier frisson du soir au parfum
» de fucus,
» Récitation en marche vers l'Auteur et vers la bouche peinte
» de son masque. »

R. Q.

Pour les textes annexes, j'ai cru bon d'adopter l'ordre suivant :
Tout d'abord un hommage à Copeau, l'inspirateur et le maître, auquel Camus se réfère constamment, texte qu'il ne m'a pas été permis de dater, mais qui est visiblement antérieur à tous les autres.
Puis la conférence sur la tragédie, qui précise les ambitions de Camus et définit sa conception du théâtre (1955).
Ensuite, les interviews (1958) et le « Gros plan » télévisé (1959) où Camus expliquait au grand public ce que le théâtre représentait physiquement et sentimentalement pour lui.
Enfin, il n'était pas de meilleure introduction à ses œuvres que celle qu'il avait rédigée lui-même pour l'édition américaine (rédaction décembre 1957; publication 1958).

COPEAU, SEUL MAÎTRE

J ACQUES COPEAU a beaucoup agacé ses contemporains. Il suffit, pour le savoir, de lire ce qui s'est écrit à propos de son entreprise. Mais je ne suis pas sûr qu'il n'agacerait pas encore plus aujourd'hui. Il a pris position, en effet, sur tous les problèmes qui se posent à nous et ses positions ne feraient pas plaisir. Ce qu'il a dit du théâtre d'argent est toujours valable, à ceci près que les animateurs de ce théâtre sont devenus plus susceptibles à mesure qu'ils devenaient moins compétents et nous assassineraient de communiqués vengeurs si l'on osait reprendre le langage de Copeau.

Mais le théâtre d'art ne serait pas plus heureux. Copeau plaçait avant toute chose le texte, le style, la beauté; il prétendait en même temps qu'une œuvre dramatique devait réunir, et non diviser, dans une même émotion ou un même rire les spectateurs présents. Que de pièces sans style, que d'œuvres de patronage riches de leur seule propagande, que d'entreprises de démolition ou de division, qui, aujourd'hui, le trouveraient impitoyable!

En ce qui concerne les acteurs, il n'était pas, certes, pour la « distanciation ». « Le tout du comédien, disait-il, c'est de se donner. » Il est vrai qu'il ajoutait aussitôt : « Pour se donner, il faut d'abord qu'il se possède. » Ce qui, au contraire, risque d'indisposer ces acteurs qui croient que l'émotion tient lieu de technique et de métier alors que le métier est exactement le libérateur de l'émotion. Il voulait aussi que, de son côté, le metteur en scène fût discret. « Amorcer le sentiment chez l'acteur, non le dicter. » En somme, il cachait le metteur en scène derrière le comédien et le comédien derrière le texte. Bref, le monde à l'envers...

Mais je ne veux pas impatienter par ces rappels une famille dont j'aime tous les membres, même les plus différents. Souvenons-nous seulement que Copeau considérait l'œuvre dramatique comme un fait de culture, et de culture universelle, où tous les hommes pouvaient se retrouver. Il savait que la culture est toujours menacée, et plus encore au théâtre qu'ailleurs, par l'argent, la veulerie, la haine, la politique, par les intérêts financiers ou idéologiques, et qu'il convenait d'être intransigeant sur ce point. Il a été intransigeant. En conséquence, il fut adoré et détesté à la fois. Mais ceci n'intéresse que lui. Ce qui nous intéresse, c'est ce qu'il a fait par la vertu d'intransigeance. Cela se résume d'ailleurs brièvement. Dans l'histoire du théâtre français, il y a deux périodes : avant Copeau et après Copeau. À nous de nous souvenir et de nous soumettre toujours en pensée au jugement sévère du seul maître qui puisse être reconnu en même temps par les auteurs, les comédiens et les animateurs.

ALBERT CAMUS.

CONFÉRENCE PRONONCÉE À ATHÈNES SUR L'AVENIR DE LA TRAGÉDIE*

Un sage oriental demandait toujours dans ses prières que la divinité voulût bien lui épargner de vivre dans une époque intéressante. Notre époque est tout à fait intéressante, c'est-à-dire qu'elle est tragique. Avons-nous du moins, pour nous purger de nos malheurs, le théâtre de notre époque ou pouvons-nous espérer l'avoir? Autrement dit la tragédie moderne est-elle possible, c'est la question que je voudrais me poser aujourd'hui. Mais cette question est-elle raisonnable? N'est-elle pas du type: « Aurons-nous un bon gouvernement? » ou « Nos écrivains deviendront-ils modestes? » ou bien encore « Les riches partageront-ils bientôt leur fortune entre les pauvres? », questions intéressantes sans doute, mais qui donnent à rêver plus qu'à penser.

Je ne le crois pas. Je crois au contraire, et pour deux raisons, qu'on peut s'interroger légitimement sur la tragédie moderne. La première raison est que les grandes périodes de l'art tragique se placent, dans l'histoire, à des siècles charnières, à des moments où la vie des peuples est lourde à la fois de gloire et de menaces, où l'avenir est incertain et le présent dramatique. Après tout, Eschyle est le combattant de deux guerres et Shakespeare le contemporain d'une assez belle suite d'horreurs. En outre ils se tiennent tous deux à une sorte de tournant dangereux dans l'histoire de leur civilisation.

On peut remarquer en effet que dans les trente siècles de l'histoire occidentale, depuis les Doriens jusqu'à la bombe atomique, il n'existe que deux périodes d'art tragique et toutes deux étroitement resserrées dans le temps et l'espace. La première est grecque, elle présente une remarquable unité, et dure un siècle, d'Eschyle à

* Texte inédit en France.

Euripide. La seconde dure à peine plus, et fleurit dans des
pays limitrophes à la pointe de l'Europe occidentale. En
effet, on n'a pas assez remarqué que l'explosion magnifique du théâtre élisabéthain, le théâtre espagnol du
siècle d'or et la tragédie française du XVIIᵉ siècle sont à
très peu près contemporains. Quand Shakespeare meurt,
Lope de Vega a 54 ans et a fait jouer une grande partie de
ses pièces; Calderon et Corneille sont vivants. Enfin il
n'y a pas plus de distance dans le temps entre Shakespeare
et Racine qu'entre Eschyle et Euripide. Historiquement
au moins, nous pouvons considérer qu'il s'agit, avec des
esthétiques différentes, d'une seule et magnifique floraison,
celle de la Renaissance, qui naît dans le désordre inspiré
de la scène élisabéthaine et s'achève en perfection formelle
dans la tragédie française.

   Entre ces deux moments tragiques, près de vingt
siècles s'écoulent. Pendant ces vingt siècles rien, rien,
sinon le mystère chrétien qui peut être dramatique mais
n'est pas tragique, je dirai plus loin pourquoi. On peut
donc dire qu'il s'agit d'époques très exceptionnelles qui
devraient, par leur singularité même, nous renseigner sur
les conditions de l'expression tragique. C'est là une étude
extrêmement passionnante selon moi et qui devrait être
poursuivie avec rigueur et patience par de véritables
historiens. Mais elle dépasse ma compétence et je voudrais
seulement évoquer à son propos les réflexions d'un homme de théâtre. Lorsqu'on examine le mouvement des
idées dans ces deux époques aussi bien que dans les
œuvres tragiques du temps, on se trouve devant une
constante. Les deux époques marquent en effet une transition entre les formes de pensée cosmique, toutes impré-
gnées par la notion du divin et du sacré et d'autres formes
animées au contraire par la réflexion individuelle et rationaliste. Le mouvement qui va d'Eschyle à Euripide est en
gros celui qui va des grands penseurs présocratiques à
Socrate lui-même (Socrate qui dédaignait la tragédie
faisait une exception pour Euripide). De même, de
Shakespeare à Corneille nous allons du monde des forces
obscures et mystérieuses, qui est encore celui du Moyen
Âge, à l'univers des valeurs individuelles affirmées et
maintenues par la volonté humaine et la raison (presque
tous les sacrifices raciniens sont des sacrifices de raison).
C'est le même mouvement, en somme, qui va des théolo-

gies passionnées du Moyen Âge à Descartes. Bien que cette évolution soit plus claire, parce que plus simple et resserrée dans un seul lieu, en Grèce, elle est la même dans les deux cas. Chaque fois, dans l'histoire des idées, l'individu se dégage peu à peu d'un corps sacré et se dresse face au monde ancien de la terreur et de la dévotion. Chaque fois, dans les œuvres, nous passons de la tragédie rituelle et de la célébration quasi religieuse, à la tragédie psychologique. Et chaque fois le triomphe définitif de la raison individuelle, au IVe siècle en Grèce, au XVIIIe siècle en Europe, tarit pour de longs siècles la production tragique.

En ce qui nous concerne, que peut-on tirer de ces observations ? D'abord cette remarque très générale que l'âge tragique semble coïncider chaque fois avec une évolution où l'homme, consciemment ou non, se détache d'une forme ancienne de civilisation et se trouve devant elle en état de rupture sans, pour autant, avoir trouvé une nouvelle forme qui le satisfasse. En 1955, nous en sommes là, il me semble, et dès lors la question peut se poser de savoir si le déchirement intérieur trouvera parmi nous une expression tragique. Simplement les vingt siècles de silence qui séparent Euripide de Shakespeare doivent nous inviter à la prudence. Après tout, la tragédie est une fleur rarissime et la chance de la voir s'épanouir dans notre époque reste mince. Mais une deuxième raison encourage encore à s'interroger sur cette chance. Il s'agit, cette fois, d'un phénomène très particulier que nous avons pu observer en France depuis une trentaine d'années, exactement depuis la réforme de Jacques Copeau. Ce phénomène est la venue des écrivains au théâtre, colonisé jusque-là par les fabricants et les commerçants de la scène. L'intervention des écrivains amène ainsi la résurrection de formes tragiques qui tendent à remettre l'art dramatique à sa vraie place, au sommet des arts littéraires. Avant Copeau (exception faite pour Claudel que personne ne jouait) le lieu privilégié du sacrifice théâtral était chez nous le lit à deux places. Lorsque la pièce était particulièrement réussie, les sacrifices se multipliaient et les lits aussi. En bref, un commerce, comme tant d'autres, où tout se payait, si j'ose dire, au poids de la bête. Du reste, voici ce qu'en disait Copeau :

« ... si l'on veut que nous nommions plus clairement le

» sentiment qui nous anime, la passion qui nous pousse,
» nous contraint, nous oblige, à laquelle il faut que nous
» cédions enfin : c'est *l'indignation*.

» Une industrialisation effrénée qui, de jour en jour
» plus cyniquement, dégrade notre scène française et
» détourne d'elle le public cultivé; l'accaparement de la
» plupart des théâtres par une poignée d'amuseurs à la
» solde de marchands éhontés; partout et là encore où de
» grandes traditions devraient sauvegarder quelque pu-
» deur, le même esprit de cabotinage et de spéculation,
» la même bassesse; partout le bluff, la surenchère de toute
» sorte et l'exhibitionnisme de toute nature parasitant
» un art qui se meurt, et dont il n'est même plus question;
» partout veulerie, désordre, indiscipline, ignorance et
» sottise, dédain du créateur, haine de la beauté; une
» production de plus en plus folle et vaine, une critique
» de plus en plus consentante, un goût public de plus en
» plus égaré : voilà ce qui nous indigne, et nous soulève. »

Depuis ce beau cri, suivi de la création du Vieux-
Colombier, le théâtre chez nous, et c'est notre dette
inépuisable envers Copeau, a retrouvé peu à peu ses lettres
de noblesse, c'est-à-dire un style. Gide, Martin du Gard,
Giraudoux, Montherlant, Claudel et tant d'autres lui ont
redonné un faste et des ambitions disparus depuis un
siècle. En même temps un mouvement d'idées et de
réflexion sur le théâtre dont le produit le plus significatif
est le beau livre d'Antonin Artaud *le Théâtre et son
double,* l'influence de théoriciens étrangers comme
Gordon Craig et Appia, ont installé la dimension tragique au centre de nos préoccupations.

En rapprochant toutes ces observations, je pourrai
donc donner des limites claires au problème que je voulais
évoquer devant vous. Notre époque coïncide avec un
drame de civilisation qui pourrait favoriser, aujourd'hui
comme autrefois, l'expression tragique. En même
temps beaucoup d'écrivains, en France et ailleurs, se
préoccupent de donner à l'époque sa tragédie. Ce rêve
est-il raisonnable, cette entreprise est-elle possible et à
quelles conditions, voilà la question d'actualité, selon
moi, pour tous ceux que le théâtre passionne à l'égal
d'une seconde vie. Bien entendu personne aujourd'hui
n'est en état de faire à cette question une réponse décisive
du genre : « Conditions favorables. Tragédie suit ». Je

me bornerai donc à quelques suggestions concernant ce grand espoir des hommes de culture en Occident.

Qu'est-ce, d'abord, qu'une tragédie ? La définition du tragique a beaucoup occupé les historiens de la littérature, et les écrivains eux-mêmes, bien qu'aucune formule n'ait reçu l'accord de tous. Sans prétendre trancher un problème devant lequel tant d'intelligences hésitent on peut, au moins, procéder par comparaison et essayer de voir en quoi, par exemple, la tragédie diffère du drame ou du mélodrame. Voici quelle me paraît être la différence : les forces qui s'affrontent dans la tragédie sont également légitimes, également armées en raison. Dans le mélodrame ou le drame, au contraire, l'une seulement est légitime. Autrement dit, la tragédie est ambiguë, le drame simpliste. Dans la première, chaque force est en même temps bonne et mauvaise. Dans le second, l'une est le bien, l'autre le mal (et c'est pourquoi de nos jours le théâtre de propagande n'est rien d'autre que la résurrection du mélodrame). Antigone a raison, mais Créon n'a pas tort. De même Prométhée est à la fois juste et injuste et Zeus qui l'opprime sans pitié est aussi dans son droit. La formule du mélodrame serait en somme : « Un seul est juste et justifiable » et la formule tragique par excellence : « Tous sont justifiables, personne n'est juste. » C'est pourquoi le chœur des tragédies antiques donne principalement des conseils de prudence. Car il sait que sur une certaine limite tout le monde a raison et que celui qui, par aveuglement ou passion, ignore cette limite, court à la catastrophe pour faire triompher un droit qu'il croit être le seul à avoir. Le thème constant de la tragédie antique est ainsi la limite qu'il ne faut pas dépasser. De part et d'autre de cette limite se rencontrent des forces également légitimes dans un affrontement vibrant et ininterrompu. Se tromper sur cette limite, vouloir rompre cet équilibre, c'est s'abîmer. On retrouvera aussi bien dans *Macbeth* ou dans *Phèdre* (quoique de façon moins pure que dans la tragédie grecque) cette idée de la limite qu'il ne faut pas franchir, et passée laquelle c'est la mort ou le désastre. On s'expliquera enfin pourquoi le drame idéal, comme le drame romantique, est d'abord mouvement et action puisqu'il figure la lutte du bien contre le mal et les péripéties de cette lutte, tandis que la tragédie idéale, et particulièrement la grecque, est d'abord tension puisqu'elle est l'opposition, dans une immobilité forcenée, de deux puissances, couvertes chacune des doubles masques du bien et du mal. Il va de soi, bien entendu, qu'entre ces deux types extrêmes du drame et de la tragédie, la littérature dramatique offre tous les intermédiaires.

Mais pour en rester aux formes pures, quelles sont les deux puissances qui s'opposent dans la tragédie antique par exemple ? Si l'on prend *Prométhée enchaîné* comme type de cette tragédie, il est permis de dire que c'est, d'une part, l'homme et son désir de puissance, d'autre part le principe divin qui se reflète dans le monde. Il y a tragédie lorsque l'homme par orgueil (ou même par bêtise comme Ajax) entre en contestation avec l'ordre divin, personnifié dans un dieu ou incarné dans la société. Et la tragédie sera d'autant plus grande que cette révolte sera plus légitime et cet ordre plus nécessaire.

En conséquence, tout ce qui, à l'intérieur de la tragédie, tend à rompre cet équilibre détruit la tragédie elle-même. Si l'ordre divin ne suppose aucune contestation et n'admet que la faute et le repentir, il n'y a pas tragédie. Il peut seulement y avoir mystère ou parabole, ou encore ce que les Espagnols appelaient acte de foi ou acte sacramentel, c'est-à-dire un spectacle où la vérité unique est solennellement proclamée. Le drame religieux est donc possible, mais non la tragédie religieuse. On s'explique ainsi le silence de la tragédie jusqu'à la Renaissance. Le christianisme plonge tout l'univers, l'homme et le monde, dans l'ordre divin. Il n'y a donc pas tension entre l'homme et le principe divin, mais à la rigueur ignorance, et difficulté à dépouiller l'homme de chair, à renoncer aux passions pour embrasser la vérité spirituelle. Peut-être n'y a-t-il eu qu'une seule tragédie chrétienne dans l'histoire. Elle s'est célébrée sur le Golgotha pendant un instant imperceptible, au moment du « Mon Dieu, pourquoi m'as-tu abandonné ». Ce doute fugitif, et ce doute seul, consacrait l'ambiguïté d'une situation tragique. Ensuite la divinité du Christ n'a plus fait de doute. La messe qui consacre chaque jour cette divinité est la vraie forme du théâtre religieux en Occident. Elle n'est pas invention, mais répétition.

Inversement, tout ce qui libère l'individu et soumet l'univers à sa loi tout humaine, en particulier par la négation du mystère de l'existence, détruit à nouveau la tragédie. La tragédie athée et rationaliste est donc elle aussi impossible Si tout est mystère, il n'y a pas tragédie. Si tout est raison, non plus. La tragédie naît entre l'ombre et la lumière, et par leur opposition. Et cela se comprend. Dans le drame religieux ou athée, le problème est en effet résolu d'avance. Dans la tragédie idéale, au contraire, il n'est pas résolu. Le héros se révolte et nie l'ordre qui l'opprime, le pouvoir divin, par l'oppression, s'affirme dans la mesure même où on le nie. Autrement dit la révolte à elle seule ne fait pas une tragédie. L'affirmation de l'ordre divin non plus. Il faut une révolte et un ordre, l'un s'arc-boutant à l'autre et chacun renforçant l'autre de sa propre force. Pas d'Œdipe sans le destin résumé par l'oracle. Mais le destin n'aurait pas toute sa fatalité si Œdipe ne le refusait pas.

Et si la tragédie s'achève dans la mort ou la punition, il est important de noter que ce qui est puni, ce n'est pas le crime lui-même, mais l'aveuglement du héros qui a nié l'équilibre et la tension. Bien entendu, il s'agit de la situation tragique idéale. Eschyle, par exemple, qui reste tout près des origines religieuses et dionysiaques de la tragédie, accordait son pardon à Prométhée dans le dernier terme de sa trilogie; les Euménides succédaient aux Érynnies. Mais dans Sophocle la plupart du temps l'équilibre est absolu et c'est en cela qu'il est le plus grand tragique de tous les temps. Euripide déséquilibrera au contraire la balance tragique dans le sens de l'individu et de la psychologie. Il annonce ainsi le drame individualiste, c'est-à-dire la décadence de la tragédie. De même les grandes tragédies shakespeariennes sont encore enracinées dans une sorte de vaste mystère cosmique qui oppose une obscure résistance aux entreprises de ses individus passionnés, tandis que Corneille fait triompher la morale de l'individu et, par sa perfection même, annonce la fin d'un genre.

On a pu écrire ainsi que la tragédie balance entre les pôles d'un nihilisme extrême et d'un espoir illimité. Rien n'est plus vrai, selon moi. Le héros nie l'ordre qui le frappe et l'ordre divin frappe parce qu'il est nié. Tous deux affirment ainsi leur existence réciproque dans l'ins-

tant même où elle est contestée. Le chœur en tire la
leçon, à savoir qu'il y a un ordre, que cet ordre peut être
douloureux, mais qu'il est pire encore de ne pas reconnaître qu'il existe. La seule purification revient à ne rien
nier ni exclure, à accepter donc le mystère de l'existence,
la limite de l'homme, et cet ordre enfin où l'on sait sans
savoir. « Tout est bien », dit alors Œdipe et ses yeux sont
crevés. Il sait désormais, sans jamais plus voir, sa nuit est
une lumière, et sur cette face aux yeux morts resplendit
la plus haute leçon de l'univers tragique.

Que tirer de ces observations ? Une suggestion et une
hypothèse de travail, rien de plus. Il semble en effet
que la tragédie naisse en Occident chaque fois que le
pendule de la civilisation se trouve à égale distance d'une
société sacrée et d'une société bâtie autour de l'homme.
À deux reprises, et à vingt siècles d'intervalle, nous
trouvons aux prises un monde encore interprété dans le
sens du sacré et un homme déjà engagé dans sa singularité, c'est-à-dire armé de son pouvoir de contestation.
Dans les deux cas, l'individu s'affirme de plus en plus,
l'équilibre est détruit peu à peu et l'esprit tragique se
tait enfin. Lorsque Nietzsche accuse Socrate d'être le
fossoyeur de la tragédie antique, il a raison dans une
certaine mesure. Dans la mesure exacte où Descartes a
marqué la fin du mouvement tragique né de la Renaissance. À l'époque de la Renaissance, en effet, c'est
l'univers chrétien traditionnel qui est mis en cause par la
Réforme, la découverte du monde et la floraison de
l'esprit scientifique. L'individu se dresse peu à peu contre
le sacré et le destin. Shakespeare lance alors ses créatures
passionnées contre l'ordre à la fois mauvais et juste du
monde. La mort et la pitié envahissent la scène et, de
nouveau, retentissent les paroles définitives de la tragédie :
« Mon désespoir enfante une plus haute vie ». Puis la
balance penche à nouveau dans l'autre sens et de plus en
plus Racine et la tragédie française achèvent le mouvement tragique dans la perfection d'une musique de chambre. Armée par Descartes et l'esprit scientifique la raison
triomphante crie ensuite les droits de l'individu et fait
le vide sur la scène : la tragédie descendra dans la rue sur
les tréteaux sanglants de la révolution. Le romantisme
n'écrira donc aucune tragédie, mais seulement des drames,
et parmi eux seuls ceux de Kleist ou Schiller touchent à

la vraie grandeur. L'homme est seul, il n'est donc confronté à rien, sinon à lui-même. Il n'est plus tragique, il est aventurier; drame et roman le peindront mieux que tout autre art. L'esprit de la tragédie disparaît ainsi jusqu'à nos jours où les guerres les plus monstrueuses de l'histoire n'ont inspiré aucun poète tragique.

Qu'est-ce donc qui pourrait faire espérer une renaissance de la tragédie parmi nous? Si notre hypothèse est valable, notre seule raison d'espoir est que l'individualisme se transforme visiblement aujourd'hui et que, sous la pression de l'histoire, l'individu reconnaît peu à peu ses limites. Le monde que l'individu du XVIIIe croyait pouvoir soumettre et modeler par la raison et la science a pris une forme en effet, mais une forme monstrueuse. Rationnel et démesuré à la fois, il est le monde de l'histoire. Mais à ce degré de démesure, l'histoire a pris la face du destin. L'homme doute de pouvoir la dominer, il peut seulement y lutter. Paradoxe curieux, l'humanité par les mêmes armes avec lesquelles elle avait rejeté la fatalité s'est retaillé un destin hostile. Après avoir fait un dieu du règne humain, l'homme se retourne à nouveau contre ce dieu. Il est en contestation, à la fois combattant et dérouté, partagé entre l'espoir absolu et le doute définitif. Il vit donc dans un climat tragique. Ceci explique peut-être que la tragédie veuille renaître. L'homme d'aujourd'hui qui crie sa révolte en sachant que cette révolte a des limites, qui exige la liberté et subit la nécessité, cet homme contradictoire, déchiré, désormais conscient de l'ambiguïté de l'homme et de son histoire, cet homme est l'homme tragique par excellence. Il marche peut-être vers la formulation de sa propre tragédie qui sera obtenue le jour du *Tout est bien*.

Et justement, ce que nous pouvons observer dans la renaissance dramatique française, par exemple, ce sont des tâtonnements dans cette direction. Nos auteurs dramatiques sont à la recherche d'un langage tragique parce qu'il n'est pas de tragédie sans langage, et que ce langage est d'autant plus difficile à former qu'il doit refléter les contradictions de la situation tragique. Il doit être à la fois hiératique et familier, barbare et savant, mystérieux et clair, hautain et pitoyable. Nos auteurs, à la recherche de ce langage, sont donc retournés instinctivement aux sources c'est-à-dire aux époques tragiques dont j'ai parlé. Nous avons vu renaître ainsi chez nous la tragédie grecque mais sous les seules formes possibles à des esprits très individualistes. Ces formes sont la dérision ou la transposition précieuse et littéraire, c'est-à-dire en somme l'humour et la fantaisie, le comique seul étant du règne de l'individu. Deux bons exemples de cette attitude nous sont fournis par l'*Œdipe* de Gide ou *la Guerre de Troie* de Giraudoux.

(Lecture)

On a pu noter aussi, en France, un effort pour réintroduire le sacré sur la scène. Ce qui était logique. Mais il a fallu faire appel pour cela à des images anciennes du sacré, alors que le problème de la tragédie moderne consiste à recréer un nouveau sacré. Nous avons donc assisté soit à une sorte de pastiche, dans le style et le sentiment, comme le *Port-Royal* de Montherlant qui triomphe en ce moment à Paris,

(Lecture)

soit à la résurrection d'un sentiment chrétien authentique par exemple dans l'admirable *Partage de midi*.

(Lecture)

Mais on voit ici comment le théâtre religieux n'est pas tragique : il n'est pas le théâtre de contestation entre la créature et la création, mais celui du renoncement à la créature. Dans un sens les œuvres de Claudel antérieures à sa conversion, comme *Tête d'or* ou *la Ville*, étaient plus significatives pour ce qui nous occupe. Mais de toutes manières, le théâtre religieux est toujours antérieur à la tragédie. Dans un certain sens, il l'annonce. Il n'est donc pas étonnant que l'œuvre dramatique où le style, sinon la situation tragique, soit déjà sensible reste l'œuvre de Henri de Montherlant *le Maître de Santiago* dont je voudrais vous lire deux scènes principales.

(Lecture)

On trouve selon moi dans une telle œuvre une tension authentique, quoique un peu rhétorique et surtout très individualiste. Mais il me semble que le langage tragique s'y forme et qu'il nous délivre alors plus de choses que le drame lui-même. De toutes manières, les essais et les recherches dont j'ai essayé de vous faire connaître quelques exemples prestigieux, s'ils ne nous donnent pas la certitude qu'une renaissance tragique est possible, nous en laissent au moins l'espoir. Le chemin qui reste à faire doit d'abord être parcouru par notre Société elle-même, à la recherche d'une synthèse de la liberté et de la nécessité et par chacun d'entre nous qui devons préserver en nous-mêmes notre force de révolte sans céder à notre pouvoir de négation. À ce prix, la sensibilité tragique qui prend forme dans notre époque trouvera son épanouissement et son expression. C'est assez dire que la vraie tragédie moderne est celle que je ne vous lirai pas, puisqu'elle n'existe pas encore. Pour naître, elle a besoin de notre patience, et d'un génie.

Mais j'ai voulu vous faire sentir seulement qu'il existe aujourd'hui dans l'art dramatique français une sorte de nébuleuse tragique à l'intérieur de laquelle des noyaux de coagulation se préparent. Une tempête cosmique peut naturellement balayer la nébuleuse et, avec elle, les futures planètes. Mais si ce mouvement continue malgré les orages du temps, ces promesses porteront leurs fruits, et l'Occident connaîtra peut-être une renaissance dramatique. Elle se prépare assurément dans tous les pays. Cependant, et je le dis sans nationalisme (j'aime trop mon pays pour être nationaliste), c'est en France qu'on peut apercevoir les signes précurseurs de cette renaissance. En France, oui, mais j'en ai assez dit pour que vous soyez déjà sûrs avec moi que le modèle, et la source inépuisable, reste pour nous le génie grec. Pour vous exprimer à la fois cet espoir et une double gratitude, celle d'abord des écrivains français à l'égard de la Grèce, patrie commune, et la mienne à l'égard de cet accueil, je ne puis mieux terminer cette dernière conférence qu'en vous lisant un passage de la transposition, superbe et savamment barbare, que Paul Claudel a faite de l'*Agamemnon* d'Eschyle et où nos deux langues se transfigurent mutuellement en un seul verbe insolite et prestigieux.

(Lecture)

ALBERT CAMUS.

(1955)

INTERVIEWS

I

. . . .

ALBERT CAMUS : Un auteur, s'il ne travaille pas avec les comédiens, sur le plateau, a peu de chances de trouver ce texte en *action,* qui exprime directement le personnage en même temps qu'il entraîne l'acteur.

— Mais vous n'avez pas de théâtre...

ALBERT CAMUS : J'en cherche un mais je crains que ce ne soit difficile. Par contre ma troupe est constituée; je l'appelle ma « cellule dramatique volante ». Elle est composée d'acteurs que j'aime parce qu'ils ne sont pas gâtés par ce faux naturel dû à l'influence désastreuse du cinéma. Ce sont des amis qui ne se contentent pas d'apprendre un rôle mais avec qui nous créons ensemble les personnages au cours de conversations et d'études. Un pacte tacite nous lie, qui n'engage que moi d'ailleurs : ils sont libres de poursuivre ailleurs leur activité professionnelle mais s'efforcent seulement de me donner la préférence lorsque je fais appel à eux. Et lorsque tout est prêt (je compte en général un ou deux ans de travail sur un spectacle), il ne reste plus qu'à trouver le théâtre...

Je ne m'intéresse ni à l'alcôve ni au placard. Il faudra en finir avec la dérision qui ne peut être qu'une étape. Le théâtre de notre époque est un théâtre d'affrontement, il a la dimension du monde, la vie s'y débat, y lutte pour la plus grande liberté, contre le plus dur destin et contre l'homme lui-même.

— Shakespeare ?

ALBERT CAMUS : Justement. Je suis pour la tragédie et non pour le mélodrame, pour la participation totale et non pour l'attitude critique. Pour Shakespeare et le théâtre espagnol. Et non pour Brecht.

— Et pourtant vous n'avez jamais monté de Shakespeare?

ALBERT CAMUS : J'ai traduit *Othello,* mais je n'ai jamais osé le mettre en scène, je n'en suis encore qu'à mon baccalauréat théâtral... Shakespeare, c'est l'agrégation!

— Une dernière question : votre activité littéraire ne va-t-elle pas être gênée par votre activité théâtrale?

ALBERT CAMUS : Je l'ai craint un moment, mais je ne le crains plus maintenant. ... Voyez-vous, il existe des choses dont j'ai la nostalgie, par exemple la camaraderie telle qu'elle existait dans la Résistance ou à *Combat.* Tout cela est loin! Mais je retrouve au théâtre cette amitié et cette aventure collective dont j'ai besoin et qui sont encore une des manières les plus généreuses de ne pas être seul.

Interview donnée à France-Soir *(1958).*

II

— Quelle a été votre première émotion théâtrale? Était-elle due à un spectacle, une retransmission ou une lecture?

ALBERT CAMUS : Je ne me souviens plus. Certainement pas un spectacle : il n'y en avait pas à Alger; ni une retransmission, je n'avais pas de radio. Mais l'histoire du *Vieux-Colombier* et les écrits de Copeau m'ont donné l'envie puis la passion du théâtre. J'ai mis le *Théâtre de l'Équipe,* que j'ai fondé à Alger, sous le signe de Copeau et j'ai repris, avec les moyens du bord, une partie de son répertoire. Je continue de penser que nous devons à Copeau la réforme du théâtre français et que cette dette est inépuisable.

— Est-ce cette même émotion ou une autre qui vous a décidé à vous engager dans le théâtre?

ALBERT CAMUS : Ce qui m'a décidé à créer cette troupe, c'est qu'Alger était un Sahara théâtral. Puisque je ne pouvais voir le théâtre que j'aimais, j'ai décidé de le jouer. J'ai monté ainsi *le Temps du mépris*, de Malraux, *la Femme silencieuse*, de Ben Jonson, *les Bas-fonds*, de Gorki, le *Don Juan*, de Pouchkine, *la Célestine*, de Fernando da Rojas, le *Prométhée enchaîné*, d'Eschyle, *le Retour de l'enfant prodigue*, de Gide, *les Frères Karamazov*, de Dostoïevski. J'ai traduit *Othello* (parce que je pensais et continue de penser que les traducteurs de Shakespeare ne se soucient jamais de le traduire en fonction du comédien, de la diction, de l'action et du mouvement), et nous le répétions quand la guerre est arrivée. C'était une autre comédie. Et *l'Équipe* s'est dispersée. Mais des vocations théâtrales y sont nées. Deux de nos bons acteurs parisiens, Jean Negroni et Paul Chevalier, ont fait leurs débuts à *l'Équipe*.

— Comment vous y êtes-vous pris ? et comment les choses se sont-elles passées ?

ALBERT CAMUS : L'amitié. Quelques étudiants, des ouvriers, des camarades de sport. Les premiers fonds ont été fournis par la Maison de la Culture à Alger, dont je m'occupais. Ensuite, l'acrobatie ordinaire. Nous faisions tout nous-mêmes, depuis les adaptations jusqu'aux costumes et aux décors. Trois mois de travail et deux mois de répétitions pour jouer deux fois : il fallait y croire !

— Quelles pièces, quels rôles avez-vous interprétés ? Lesquels vous ont particulièrement plu et pourquoi ?

ALBERT CAMUS : Valère dans *l'Avare*, Delesprit dans *la Femme silencieuse*, le jeune voleur dans *les Bas-fonds*, Calixte dans *la Célestine*, le fils prodigue dans *le Retour de l'enfant prodigue*, etc., et Ivan Karamazov. Je répétais Iago à la déclaration de guerre. J'ai aimé par-dessus tout Ivan Karamazov. Je le jouais peut-être mal, mais il me semblait le comprendre parfaitement. Je m'exprimais directement en le jouant. C'est là mon emploi, du reste. J'aurais aimé aussi jouer Alceste. Ah ! j'ai joué les gangsters aussi. Oui, tout ça fait un emploi. Quant à ma dernière

« interprétation », ce fut le rôle du gouverneur, dans *Requiem pour une nonne,* et au pied levé.

— Qu'est-ce qui vous a décidé à écrire pour le théâtre ? Que vouliez-vous exprimer particulièrement en tant qu'auteur dramatique ?

ALBERT CAMUS : J'ai écrit pour le théâtre parce que je jouais et je mettais en scène. Ensuite, j'ai compris qu'à cause de ses difficultés mêmes, le théâtre est le plus haut des genres littéraires. Je ne voulais rien exprimer, mais créer des personnages, et l'émotion, et le tragique. Plus tard, j'ai beaucoup réfléchi au problème de la tragédie moderne. *Le Malentendu, l'État de siège, les Justes* sont des tentatives, dans des voies chaque fois différentes et des styles dissemblables, pour approcher de cette tragédie moderne.

— Comment en êtes-vous venu à adapter *le Temps du mépris ?* Que vouliez-vous faire ? Que croyez-vous avoir fait ?

ALBERT CAMUS : Franchement, j'ai d'abord voulu faire du théâtre d'agitation, directement. Ensuite, j'ai compris que c'était une voie fausse. En somme, j'ai commencé par où on veut nous faire finir aujourd'hui. Mais *le Temps du mépris* était une expérience intéressante. Et puis, j'aimais ce livre...

— Vous avez dit un jour : « Le théâtre serait mon couvent. » Pouvez-vous développer cette remarque, et dire la place que le théâtre occupe dans votre esprit et dans votre vie ?

ALBERT CAMUS : Le travail théâtral vous enlève au monde. Une passion exclusive qui vous sépare de tout, c'est ce que j'appelle un couvent. Avec la littérature, cette passion est au centre de ma vie. Je m'en rends mieux compte maintenant.

— a) Quelles mises en scène avez-vous réglées en Algérie ?
b) En France, *la Dévotion à la croix,* à Angers, a-t-elle été la première ?

ALBERT CAMUS : a) Je vous l'ai dit.
b) *La Dévotion* a été mise en scène par Herrand, dans

son lit de malade, et par moi, à Angers. J'ai eu la charge entière des *Esprits*. Mais il faut dire que je me suis toujours étroitement mêlé à la mise en scène de mes propres pièces. À part cela, j'ai réalisé une douzaine de mises en scène.

— Pourquoi *la Dévotion* et *les Esprits* ont-ils été suivis d'un silence, et avez-vous attendu *Requiem pour une nonne* pour revenir au théâtre ?

ALBERT CAMUS : J'ai longtemps craint que le théâtre ne m'empêche d'écrire. Je ne le crains plus.

— Comment s'est présentée à vous l'idée d'adapter *Requiem ?*

ALBERT CAMUS : On me l'a proposé. J'ai accepté.

— Qui a décidé du choix du *Chevalier d'Olmedo* pour Angers ? Et comment en êtes-vous venu à envisager d'en régler également la mise en scène ?

ALBERT CAMUS : C'est moi qui ai choisi le programme d'Angers. J'aimais *le Chevalier d'Olmedo,* et puis j'avais envie de faire connaître le grand théâtre espagnol, peu connu en France, parce que peu ou mal traduit. Quant à mon rôle personnel, j'ai décidé au moment où j'adaptais *Requiem* que je reviendrais tout à fait à la mise en scène. Je continuerai, dans la mesure où on me le proposera. Mais j'aimerais mieux avoir un théâtre à moi. J'ai une idée, bien précise, de ce qu'est le théâtre, de ce que doit être le jeu des acteurs. J'aimerais faire vivre mes conceptions.

— Comment considérez-vous *Caligula* aujourd'hui ? En le mettant en scène, l'avez-vous modifié ? A-t-il changé pour vous ?

ALBERT CAMUS : Il y a, dans *Caligula,* des choses que j'aime et d'autres que je n'aime pas. Je l'ai modifié pour les représentations d'Angers, mais comme toujours en fonction du plateau et des acteurs que j'avais.

— Quelles places attribuez-vous aux *Justes* dans votre théâtre ? De même pour *l'État de siège ?* Accepteriez-vous que ces pièces soient reprises ? Y apporteriez-vous des changements ?

Albert Camus : J'aimerais remonter *les Justes,* qui sont encore plus d'actualité aujourd'hui. Et j'aimerais voir *l'État de siège* en plein air. Je ne changerais rien aux *Justes,* sinon ce qu'on change à chaque nouvelle série de représentations. *L'État de siège* pourrait être modifié en plusieurs endroits.

— En tant qu'auteur dramatique, avez-vous une pièce en train?

Albert Camus : Je m'intéresse en ce moment à l'adaptation des *Possédés,* de Dostoïevski.

— Quels sont les auteurs que vous aimeriez monter?

Albert Camus : Shakespeare, Eschyle, Dostoïevski, les grands Espagnols, Molière et Corneille. Racine, plus tard. Les modernes, chaque fois que ce sera possible.

— Quels sont les acteurs et décorateurs que vous aimeriez employer?

Albert Camus : Ceux qui ont travaillé avec moi, et quelques autres, dont j'espère qu'ils travailleront avec moi.

— Pouvez-vous indiquer quelques charnières de votre vie théâtrale?

Albert Camus : La guerre et ses suites, dont le journalisme, m'ont séparé de ce métier pendant quelques années. Mais j'y reviens et j'ai l'impression de ne l'avoir jamais quitté, puisque, entre-temps, j'ai réfléchi aux problèmes de la scène.

— Quels sont, dans ce domaine, et selon vous, vos atouts, vos handicaps?

Albert Camus : Je sais expliquer, je crois, aux acteurs ce que j'attends d'eux, parce que je sais quels sont les problèmes qui se posent pour eux, en particulier les problèmes de l'attitude et du geste, de ce que j'appellerais l'incarnation du jeu. De plus, je peux modifier le texte en fonction de la mise en scène ou adapter la mise en scène au texte. C'est l'avantage, en somme, d'être en même temps auteur, acteur et metteur en scène. Mon véritable handicap, c'est que je me décourage trop vite devant certains acteurs. Je n'ai pas assez étudié non plus les problèmes qui concernent le matériau, les truquages, etc. Mais je m'efforce d'apprendre.

— À quoi devez-vous votre plus grande satisfaction ?

ALBERT CAMUS : Aux acteurs. À l'Acteur, qui est le principal, le principe, l'âme incarnée du spectacle. Voir un acteur entrer dans son rôle, l'habiter, l'entendre parler de la voix même qu'on avait entendue dans le silence et la solitude, c'est la plus grande joie qu'on puisse rencontrer dans ce métier. C'est une joie que j'ai reçue à plusieurs reprises, et j'ai toujours une gratitude vivante pour ceux et celles qui me l'ont donnée.

— Dans quelle atmosphère aimez-vous travailler, au théâtre ?

ALBERT CAMUS : L'amitié, et le dévouement total à la pièce qu'on crée. Monter un spectacle, c'est un mariage à plusieurs, pour plusieurs mois. Ensuite, on peut divorcer. Mais dans l'intervalle, pas d'adultère.

— De la sensibilité, de l'instinct ou de l'intelligence, qui l'emporte au théâtre ?

ALBERT CAMUS : Les trois, et rien ne doit dominer. Une histoire de grandeur racontée par des corps, voilà le théâtre. Et cela demande toutes les facultés mêlées et concentrées jusqu'à l'extrême tension.

— Quels sont vos projets ? Que vous tarde-t-il de dire ?

ALBERT CAMUS : Avoir un théâtre avec un plateau commode. Y montrer que le théâtre d'aujourd'hui n'est pas celui de l'alcôve ni du placard. Qu'il n'est pas non plus un tréteau de patronage, moralisant ou politique. Qu'il n'est pas une école de haine, mais de réunion. Notre époque a sa grandeur qui peut être celle de notre théâtre. Mais à la condition que nous mettions sur scène de

grandes actions où tous puissent se retrouver, que la
générosité y soit en lutte avec le désespoir, que s'y
affrontent, comme dans toute vraie tragédie, des forces
égales en raison et en malheur, que batte enfin sur nos
scènes le vrai cœur de l'époque, espérant et déchiré.

Mais cela suppose un style d'acteurs, débarrassés de ce
faux naturel que nous devons au cinéma et pliés au jeu
collectif (donc une école et une troupe), des écrivains,
une scène étudiée, un plateau où l'on puisse ouvrir les
bras, jouer large, montrer les corps et leur beauté,
retrouver la « démesure proportionnelle » qui caractérise,
selon moi, la vérité de l'attitude et de l'émotion dramatiques. Si je trouvais un théâtre, je crois que j'essaierais
de déblayer au moins les abords de ce chemin.

Interview donnée à Paris-Théâtre *(1958)*.

POURQUOI JE FAIS DU THÉÂTRE?*

COMMENT? Pourquoi je fais du théâtre? Eh bien, je me le suis souvent demandé. Et la seule réponse que j'aie pu me faire jusqu'à présent vous paraîtra d'une décourageante banalité : tout simplement parce qu'une scène de théâtre est un des lieux du monde où je suis heureux. Remarquez d'ailleurs que cette réflexion est moins banale qu'il y paraît. Le bonheur aujourd'hui est une activité originale. La preuve est qu'on a plutôt tendance à se cacher de l'exercer, à y voir une sorte de ballet rose dont il faut s'excuser. Là-dessus tout le monde est bien d'accord! Je lis parfois, sous des plumes austères, que des hommes d'action ayant renoncé à toute activité publique se sont réfugiés ou se sont abrités dans leur vie privée. Il y a un peu de mépris, non, dans cette idée de refuge ou d'abri? De mépris, et, l'un ne va pas sans l'autre, de sottise. Pour ma part, en effet, je connais beaucoup plus de gens, au contraire, qui se sont réfugiés dans la vie publique pour échapper à leur vie privée. Les puissants sont souvent les ratés du bonheur : cela explique qu'ils ne soient pas tendres. Où en étais-je? Oui, le bonheur. Eh bien, pour le bonheur aujourd'hui, c'est comme pour le crime de droit commun : n'avouez jamais. Ne dites pas ingénument, comme ça, sans penser à mal : « je suis heureux ». Aussitôt vous liriez autour de vous sur des lèvres retroussées votre condamnation. « Ah! vous êtes heureux, mon garçon! Et, dites-moi, que faites-vous des orphelins du Cachemire et des lépreux des Nouvelles Hébrides, qui, eux, ne sont pas *heureux,* comme vous dites. » Hé oui, que faire des lépreux? Comment s'en débarrasser, comme dit notre ami Ionesco. Et aussitôt nous voilà tristes comme des cure-dents. Pourtant moi, je suis plutôt tenté de croire qu'il faut être fort et heureux

---

* « Gros plan » télévisé (12 mai 1959) dont le *Bulletin de liaison* de la *Comédie de l'Est* a publié des extraits.

pour bien aider les gens dans le malheur. Celui qui traîne sa vie et succombe sous son propre poids ne peut aider personne.

Celui qui se domine au contraire et domine sa vie peut être vraiment généreux et donner efficacement. Tenez, j'ai connu un homme qui n'aimait pas sa femme, et qui s'en désespérait. Il décida un jour de lui vouer sa vie, par compensation en somme, et de se sacrifier à elle. Eh bien, à partir de ce moment la vie de cette pauvre femme, supportable jusque-là, devint un véritable enfer. Son mari, vous comprenez, avait le sacrifice voyant et le dévouement fracassant. Il y a comme ça, de nos jours, des gens qui se dévouent d'autant plus à l'humanité qu'ils l'aiment moins. Ces amants moroses se marient en somme pour le pire, jamais pour le meilleur. Étonnez-vous après cela que le monde ait mauvaise mine, et qu'il soit difficile d'y afficher le bonheur, surtout, hélas! quand on est un écrivain. Et pourtant, j'essaie personnellement de ne pas me laisser influencer, je garde du respect pour le bonheur et les gens heureux, et je m'efforce en tout cas, par hygiène, de me trouver le plus souvent possible sur un des lieux de mon bonheur, je veux dire le théâtre. Contrairement à certains autres bonheurs, d'ailleurs, celui-là dure depuis plus de vingt ans et, quand bien même je le voudrais, je crois que je ne pourrais pas m'en passer. En 1936, ayant réuni une troupe d'infortune, j'ai monté, dans un dancing populaire d'Alger, des spectacles qui allaient de Malraux à Dostoïevski en passant par Eschyle. Vingt-trois ans après sur la scène du Théâtre Antoine j'ai pu monter une adaptation des *Possédés* du même Dostoïevski. Étonné moi-même d'une si rare fidélité ou d'une si longue intoxication, je me suis interrogé sur les raisons de cette vertu ou de ce vice obstinés. Et j'en ai trouvé de deux sortes, les unes qui tiennent à ma nature, les autres qui tiennent à la nature du théâtre.

Ma première raison, et la moins brillante, je le reconnais, est que j'échappe par le théâtre à ce qui m'ennuie dans mon métier d'écrivain. J'échappe d'abord à ce que j'appellerai l'encombrement frivole. Supposez que vous vous appeliez Fernandel, Brigitte Bardot, Ali Khan ou plus modestement Paul Valéry. Dans tous ces cas vous avez votre nom dans les journaux. Et dès que vous avez votre nom dans les journaux, l'encombrement commence. Le courrier se rue sur vous, les invitations pleuvent, il faut répondre : une grande partie de votre temps est occupée à refuser de le perdre. La moitié d'une énergie humaine est employée ainsi à dire non, de toutes les manières. N'est-ce pas idiot ? Certainement, c'est idiot. Mais c'est ainsi que nous sommes punis de nos vanités par la vanité elle-même. J'ai remarqué cependant que tout le monde respecte le travail de théâtre, bien qu'il soit aussi un métier de vanité, et qu'il suffit d'annoncer qu'on est en répétitions pour qu'aussitôt un délicieux désert s'installe autour de vous. Et quand on a l'astuce, comme je le fais, de répéter toute la journée, et une partie de la nuit, là franchement, c'est le paradis. De ce point de vue, le théâtre est mon couvent. L'agitation du monde meurt au pied de ses murs et à l'intérieur de l'enceinte sacrée, pendant deux mois, voués à une seule méditation, tournés vers un seul but, une communauté de moines travailleurs, arrachés au siècle, préparent l'office qui sera célébré un soir pour la première fois.

Eh bien, parlons de ces moines, je veux dire des gens de théâtre. Le mot vous surprend ? Une presse spécialisée, ou spéciale, je ne sais plus, vous aide peut-être à imaginer les gens de théâtre comme des animaux qui se couchent tard et divorcent tôt ! Je vous décevrai sans doute en vous disant que le théâtre est plus banal que cela et même qu'on y divorce plutôt moins que dans le textile, la betterave ou le journalisme. Simplement, quand ça arrive, on en parle plus, forcément. Disons que le cœur de nos Sarah Bernhardt intéresse plus le public que celui de M. Boussac. Ça se comprend, en somme. Il n'empêche que le métier des planches par la résistance physique et l'effort respiratoire qu'il suppose demande d'une certaine manière des athlètes bien équilibrés. C'est un métier où le corps compte, non parce qu'on le disperse en folies, ou en tout cas pas plus qu'ailleurs mais parce qu'on est contraint de le tenir en forme, c'est-à-dire de le respecter. On y est vertueux, en somme, par nécessité, ce qui est peut-être la seule manière de l'être. Du reste, je m'égare. Ce que je voulais dire, c'est que je préfère la compagnie des gens de théâtre, vertueux ou pas, à celle des intellectuels, mes frères. Pas seulement parce qu'il est connu que les intellectuels, qui sont rarement aimables, n'arrivent pas à s'aimer entre eux. Mais voilà, dans la société intellectuelle, je ne sais pourquoi, j'ai toujours l'impression d'avoir quelque chose à me faire pardonner. J'ai sans cesse la sensation d'avoir enfreint une des règles du clan. Cela m'enlève du naturel, bien sûr et, privé de naturel, je m'ennuie moi-même. Sur un plateau de théâtre, au contraire, je suis naturel, c'est-à-dire que je ne pense pas à l'être ou à ne l'être pas et je ne partage avec mes collaborateurs que les ennuis et les joies d'une action commune. Cela s'appelle, je crois, la camaraderie, qui a été une des grandes joies de ma vie, que j'ai perdue à l'époque où j'ai quitté un journal que nous avions fait en équipe, et que j'ai retrouvée dès que je suis revenu au théâtre. Voyez-vous, un écrivain travaille solitairement, est jugé dans la solitude, surtout se juge lui-même dans la solitude. Ce n'est pas bon, ce n'est pas sain. S'il est normalement constitué, une heure vient où il a besoin du visage humain, de la chaleur d'une collectivité. C'est même l'explication de la plupart des engagements d'écrivain : le mariage, l'académie, la politique. Ces expédients n'arrangent rien d'ailleurs. On n'a pas plutôt perdu la solitude qu'on se prend à la regretter, on voudrait avoir, en même temps, les pantoufles et le grand amour, on veut être de l'Académie sans cesser d'être non-conformiste, et les engagés de la politique veulent bien qu'on agisse et qu'on tue à leur place mais à la condition qu'ils gardent le droit de dire que ce n'est pas bien du tout. Croyez-moi, la carrière d'artiste aujourd'hui n'est pas une sinécure.

Pour moi, en tout cas, le théâtre m'offre la communauté dont j'ai besoin, les servitudes matérielles et les limitations dont tout homme et tout esprit ont besoin. Dans la solitude, l'artiste règne, mais sur le vide. Au théâtre, il ne peut régner. Ce qu'il veut faire dépend des autres. Le metteur en scène a besoin de l'acteur qui a besoin de lui. Cette dépendance mutuelle, quand elle est reconnue avec l'humilité et la bonne humeur qui conviennent, fonde la solidarité du métier et donne un corps à la camaraderie de tous les jours. Ici, nous sommes tous liés les uns aux autres sans que chacun cesse d'être libre, ou à peu près : n'est-ce pas une bonne formule pour la future société ?

Oh! entendons-nous! Les acteurs, en tant que personnes, sont aussi décevants que n'importe quelle créature humaine, y compris le metteur en scène; et d'autant plus parfois qu'on s'est laissé aller à beaucoup les aimer. Mais les déceptions, si déception il y a, surviennent le plus souvent après la période de travail, quand chacun retourne à sa nature solitaire. On dit avec la même conviction, dans ce métier, où l'on n'est pas fort sur la logique, que l'échec gâte les troupes, et le succès aussi. Il n'en est rien. Ce qui gâte les troupes, c'est la fin de l'espoir qui pendant les répétitions les tenait réunies. Car cette collectivité n'est si étroitement unie que par la proximité du but et de l'enjeu. Un parti, un mouvement, une église sont aussi des communautés, mais le but qu'elles poursuivent se perd dans la nuit de l'avenir. Au théâtre, au contraire, le fruit du travail, amer ou doux, sera recueilli un soir connu longtemps à l'avance et dont chaque jour de travail rapproche. L'aventure commune, le risque connu par tous crée alors une équipe d'hommes et de femmes tout entière tournée vers un seul but et qui ne sera jamais meilleure ni plus belle que le soir, longtemps attendu, où la partie enfin se joue.

Les communautés de bâtisseurs, les ateliers collectifs de peinture à la Renaissance ont dû connaître la sorte d'exaltation qu'éprouvent ceux qui travaillent à un grand spectacle. Encore faut-il ajouter que les monuments demeurent, tandis que le spectacle passe et qu'il est dès lors d'autant plus aimé de ses ouvriers qu'il doit mourir un jour. Pour moi je n'ai connu que dans le sport d'équipe, au temps de ma jeunesse, cette sensation puissante d'espoir et de solidarité qui accompagne les longues journées d'entraînement jusqu'au jour du match victorieux ou perdu. Vraiment, le peu de morale que je sais, je l'ai appris sur les terrains de football et les scènes de théâtre qui resteront mes vraies universités.

Mais pour en rester aux considérations personnelles, je dois ajouter que le théâtre m'aide aussi à fuir l'abstraction qui menace tout écrivain. De même qu'au temps où je faisais du journalisme, je préférais la mise en pages sur le marbre de l'imprimerie à la rédaction de ces sortes de prêches qu'on appelle éditoriaux, de même j'aime qu'au théâtre l'œuvre prenne racine dans le fouillis des projecteurs, des praticables, des toiles et des objets. Je ne sais qui a dit que pour bien mettre en scène il fallait connaître par les bras le poids du décor. C'est une grande règle d'art et j'aime ce métier qui m'oblige à considérer en même temps que la psychologie des personnages, la place d'une lampe ou d'un pot de géranium, le grain d'une étoffe, le poids et le relief d'un caisson qui doit être porté aux cintres. Lorsque mon ami Mayo dessinait les décors des *Possédés,* nous étions d'accord pour penser qu'il fallait commencer par des décors construits, un salon lourd, des meubles, le réel enfin, pour enlever peu à peu la pièce vers une région plus élevée, moins enracinée dans la matière, et styliser alors le décor. La pièce se termine ainsi dans une sorte d'irréelle folie mais elle est partie d'un lieu précis et chargé de matière. N'est-ce pas la définition même de l'art ? Non pas le réel tout seul, ni l'imagination toute seule, mais l'imagination à partir du réel.

Voilà, il me semble, assez de raisons personnelles qui expliquent que je donne au théâtre un temps que je refuse avec obstination aux dîners en ville et au monde où l'on s'ennuie. Ce sont des raisons d'homme mais j'ai aussi des raisons d'artiste, c'est-à-dire plus mystérieuses. Et d'abord je trouve que le théâtre est un lieu de vérité. On dit généralement, il est vrai, que c'est le lieu de l'illusion. N'en croyez rien. C'est la société plutôt qui vivrait d'illusions et vous rencontrerez sûrement moins de cabotins à la scène qu'à la ville. Prenez en tout cas un de ces acteurs non professionnels qui figurent dans nos salons, nos administrations ou plus simplement nos salles de générales. Placez-le sur cette scène, à cet endroit exact, lâchez sur lui quatre mille watts de lumière, et la comédie alors ne tiendra plus, vous le verrez tout nu d'une certaine manière, dans la lumière de la vérité. Oui, les feux de la scène sont impitoyables et tous les truquages du monde n'empêcheront jamais que l'homme, ou la femme, qui marche ou parle sur ces soixante mètres carrés se confesse à sa manière et décline, malgré les déguisements et les

coſtumes, sa véritable identité. Et des êtres que j'ai
longtemps et beaucoup connus dans la vie, tels qu'ils
paraissaient être, je suis tout à fait sûr que je ne les
connaîtrais vraiment à fond que s'ils me faisaient l'amitié
de bien vouloir répéter et jouer avec moi les personnages
d'un autre siècle et d'une autre nature. Ceux qui aiment le
myſtère des cœurs et la vérité cachée des êtres, c'eſt ici
qu'ils doivent venir et que leur curiosité insatiable
risque d'être en partie comblée. Oui, croyez-moi, pour
vivre dans la vérité, jouez la comédie!

On me dit parfois : « Comment conciliez-vous dans
votre vie le théâtre et la littérature. » Ma foi, j'ai fait
beaucoup de métiers, par nécessité ou par goût, et il
faut croire que je suis tout de même arrivé à les concilier
avec la littérature puisque je suis reſté un écrivain. J'ai
même l'impression que c'eſt à partir du moment où je
consentirai à être seulement un écrivain que je cesserai
d'écrire. Et en ce qui concerne le théâtre, la conciliation
eſt automatique puisque pour moi le théâtre eſt juſtement
le plus haut des genres littéraires et en tout cas le plus
universel. J'ai connu et aimé un metteur en scène qui
disait toujours à ses auteurs et à ses acteurs : « Écrivez,
ou jouez, pour le seul imbécile qui eſt dans la salle. » Et,
tel qu'il était, il ne voulait pas dire « Soyez vous-même
bête et vulgaire » mais simplement « Parlez à tous, quels
qu'ils soient ». En somme, il n'y avait pas d'imbéciles
pour lui, tous méritaient qu'on s'intéreſsât à eux. Mais
parler à tous n'eſt pas facile. On risque toujours de viser
trop bas ou trop haut. Il y a ainsi les auteurs qui veulent
s'adresser à ce qu'il y a de plus bête dans le public, et
croyez-moi, ils y réuſsiſsent très bien, et d'autres qui ne
veulent s'adresser qu'à ceux qui sont supposés intelligents, et ils échouent presque toujours. Les premiers
prolongent cette tradition dramatique bien française
qu'on peut appeler l'épopée du lit, les autres ajoutent
quelques légumes au pot-au-feu philosophique. À partir
du moment où un auteur réuſsit au contraire à parler à
tous avec simplicité tout en reſtant ambitieux dans son
sujet, il sert la vraie tradition de l'art, il réconcilie dans
la salle toutes les classes et tous les esprits dans une même
émotion ou un même rire. Mais, soyons juſtes, seuls les
très grands y parviennent.

On me dit aussi avec une sollicitude qui me boule-

verse, soyez-en sûrs : « Pourquoi adaptez-vous des textes
quand vous pourriez écrire vous-même des pièces. » Bien
sûr. Mais au fait, je les ai écrites, ces pièces et j'en écrirai
d'autres dont je me résigne d'avance à ce qu'elles fournissent aux mêmes personnes des prétextes à regretter
mes adaptations. Seulement quand j'écris mes pièces,
c'est l'écrivain qui est au travail, en fonction d'une œuvre
qui obéit à un plan plus vaste et calculé. Quand j'adapte,
c'est le metteur en scène qui travaille selon l'idée qu'il
a du théâtre. Je crois, en effet, au spectacle total, conçu,
inspiré et dirigé par le même esprit, écrit et mis en scène
par le même homme, ce qui permet d'obtenir l'unité du
ton, du style, du rythme qui sont les atouts essentiels
d'un spectacle.

Comme j'ai la chance d'avoir été aussi bien écrivain
que comédien ou metteur en scène, je peux essayer
d'appliquer cette conception. Je me commande alors
des textes, traductions ou adaptations, que je peux
ensuite remodeler sur le plateau, lors des répétitions, et
suivant les besoins de la mise en scène. En somme, je
collabore avec moi-même, ce qui exclut du même coup,
remarquez-le bien, les frottements si fréquents entre
l'auteur et le metteur en scène. Et je me sens si peu
diminué par ce travail, que je continuerai tranquillement
à le faire, autant que j'en aurai la chance. Je n'aurais
l'impression de déserter mes devoirs d'écrivain que si
j'acceptais au contraire de monter des spectacles qui
pourraient plaire au public par des moyens diminués, de
ces entreprises à grand succès qu'on a pu et qu'on peut
voir sur nos scènes parisiennes et qui me soulèvent le
cœur. Non, je n'ai pas eu le sentiment de déserter mon
métier d'écrivain en montant ces *Possédés* qui résument
ce qu'actuellement je sais et ce que je crois du théâtre.

Voilà ce que j'aime au théâtre, voilà ce que j'y sers.
Peut-être ne sera-ce pas longtemps possible. Ce dur
métier est menacé aujourd'hui dans sa noblesse même.
L'élévation incessante du prix de revient, la fonction-
narisation des corps de métiers poussent peu à peu les
scènes privées vers les spectacles les plus commerciaux.
J'ajoute que de leur côté trop de directions brillent surtout par leur incompétence et n'ont aucun titre à détenir
la licence qu'une fée mystérieuse leur a donnée un jour.
C'est ainsi que ce lieu de grandeur peut devenir un lieu

de bassesse. Est-ce une raison pour cesser de lutter? Je ne le crois pas. Sous ces cintres, derrière ces toiles, erre toujours une vertu d'art et de folie qui ne peut périr et qui empêchera que tout se perde. Elle attend chacun d'entre nous. C'est à nous de ne pas la laisser s'endormir et d'empêcher qu'elle soit chassée de son royaume par les marchands et les fabricants. En retour, elle nous tiendra debout et nous gardera en bonne et solide humeur. Recevoir et donner, n'est-ce pas là le bonheur et la vie enfin innocente dont je parlais en commençant. Mais oui, c'est la vie même, forte, libre, dont nous avons tous besoin. Allons donc nous occuper du prochain spectacle.

ALBERT CAMUS.

PRÉFACE À L'ÉDITION AMÉRICAINE DU THÉÂTRE*

L ES pièces qui composent ce recueil ont été écrites entre 1938 et 1950. La première, *Caligula,* a été composée en 1938, après une lecture des *Douze Césars,* de Suétone. Je destinais cette pièce au petit théâtre que j'avais créé à Alger et mon intention, en toute simplicité, était de créer le rôle de Caligula. Les acteurs débutants ont de ces ingénuités. Et puis j'avais 25 ans, âge où l'on doute de tout, sauf de soi. La guerre m'a forcé à la modestie et *Caligula* a été créé en 1946**, au Théâtre Hébertot, à Paris.

Caligula est donc une pièce d'acteur et de metteur en scène. Mais, bien entendu, elle s'inspire des préoccupations qui étaient les miennes à cette époque. La critique française, qui a pourtant très bien accueilli la pièce, a souvent parlé, à mon grand étonnement, de pièce philosophique. Qu'en est-il exactement ?

Caligula, prince relativement aimable jusque-là, s'aperçoit à la mort de Drusilla, sa sœur et sa maîtresse, que le monde tel qu'il va n'est pas satisfaisant. Dès lors, obsédé d'impossible, empoisonné de mépris et d'horreur, il tente d'exercer, par le meurtre et la perversion systématique de toutes les valeurs, une liberté dont il découvrira pour finir qu'elle n'est pas la bonne. Il récuse l'amitié et l'amour, la simple solidarité humaine, le bien et le mal. Il prend au mot ceux qui l'entourent, il les force à la logique, il nivelle tout autour de lui par la force de son refus et par la rage de destruction où l'entraîne sa passion de vivre.

Mais, si sa vérité est de se révolter contre le destin, son erreur est de nier les hommes. On ne peut tout détruire sans se détruire soi-même. C'est pourquoi

---

* Knopf, éditeur. 1958. La préface est datée de décembre 1957 et placée en tête de *Caligula and three other plays.*
** En fait, en 1945. R. Q.

Caligula dépeuple le monde autour de lui et, fidèle à sa logique, fait ce qu'il faut pour armer contre lui ceux qui finiront par le tuer. *Caligula* est l'histoire d'un suicide supérieur. C'est l'histoire de la plus humaine et de la plus tragique des erreurs. Infidèle à l'homme, par fidélité à lui-même, Caligula consent à mourir pour avoir compris qu'aucun être ne peut se sauver tout seul et qu'on ne peut être libre contre les autres hommes.

Il s'agit donc d'une tragédie de l'intelligence. D'où l'on a conclu tout naturellement que ce drame était intellectuel. Personnellement, je crois bien connaître les défauts de cette œuvre. Mais je cherche en vain la philosophie dans ces quatre actes. Ou, si elle existe, elle se trouve au niveau de cette affirmation du héros : « Les hommes meurent et ils ne sont pas heureux. » Bien modeste idéologie, on le voit, et que j'ai l'impression de partager avec M. de La Palice et l'humanité entière. Non, mon ambition était autre. La passion de l'impossible est, pour le dramaturge, un objet d'études aussi valable que la cupidité ou l'adultère. La montrer dans sa fureur, en illustrer les ravages, en faire éclater l'échec, voilà quel était mon projet. Et c'est sur lui qu'il faut juger cette œuvre.

Un mot encore. Certains ont trouvé ma pièce provocante qui trouvent pourtant naturel qu'Œdipe tue son père et épouse sa mère et qui admettent le ménage à trois, dans les limites, il est vrai, des beaux quartiers. J'ai peu d'estime, cependant, pour un certain art qui choisit de choquer, faute de savoir convaincre. Et si je me trouvais être, par malheur, scandaleux, ce serait seulement à cause de ce goût démesuré de la vérité qu'un artiste ne saurait répudier sans renoncer à son art lui-même.

Le Malentendu a été écrit en 1941, en France occupée. Je vivais alors, à mon corps défendant, au milieu des montagnes du centre de la France. Cette situation historique et géographique suffirait à expliquer la sorte de claustrophobie dont je souffrais alors et qui se reflète dans cette pièce. On y respire mal, c'est un fait. Mais nous avions tous la respiration courte, en ce temps-là. Il n'empêche que la noirceur de la pièce me gêne autant qu'elle a gêné le public. Pour l'encourager à aborder la pièce, je proposerai au lecteur : 1º) d'admettre que la moralité de la pièce n'est pas entièrement négative; 2º) de considérer *le Malentendu* comme une tentative pour créer une tragédie moderne.

Un fils qui veut se faire reconnaître sans avoir à dire son nom et qui est tué par sa mère et sa sœur, à la suite d'un malentendu, tel est le sujet de cette pièce. Sans doute, c'est une vue très pessimiste de la condition humaine. Mais cela peut se concilier avec un optimisme relatif en ce qui concerne l'homme. Car enfin, cela revient à dire que tout aurait été autrement si le fils avait dit : « C'est moi, voici mon nom. » Cela revient à dire que dans un monde injuste ou indifférent, l'homme peut se sauver lui-même, et sauver les autres, par l'usage de la sincérité la plus simple et du mot le plus juste.

Le langage aussi a choqué. Je le savais. Mais si j'avais habillé de peplums mes personnages, tout le monde peut-être aurait applaudi. Faire parler le langage de la tragédie à des personnages contemporains, c'était au contraire mon propos. Rien de plus difficile à vrai dire puisqu'il faut trouver un langage assez naturel pour être parlé par des contemporains, et assez insolite pour rejoindre le ton tragique. Pour approcher de cet idéal, j'ai essayé d'introduire de l'éloignement dans les caractères et de l'ambiguïté dans les dialogues. Le spectateur devait ainsi éprouver un sentiment de familiarité en même temps que de dépaysement. Le spectateur, et le lecteur. Mais je ne suis pas sûr d'avoir réussi le bon dosage.

Quant au personnage du vieux domestique, il ne symbolise pas obligatoirement le destin. Lorsque la survivante du drame en appelle à Dieu, c'est lui qui répond. Mais c'est, peut-être, un malentendu de plus. S'il répond « non » à celle qui lui demande de l'aider, c'est qu'il n'a pas en effet l'intention de l'aider et qu'à un certain point de souffrance ou d'injustice personne ne peut plus rien pour personne et la douleur est solitaire.

Je n'ai pas l'impression d'ailleurs que ces explications soient bien utiles. Je juge toujours que *le Malentendu* est une œuvre d'accès facile à condition qu'on en accepte le langage et qu'on veuille bien admettre que l'auteur s'y est engagé profondément. Le théâtre n'est pas un jeu, c'est là ma conviction.

L'État de siège, lors de sa création à Paris, a obtenu sans effort l'unanimité de la critique. Certainement, il y a peu de pièces qui aient bénéficié d'un éreintement aussi complet. Ce résultat est d'autant plus regrettable que je n'ai jamais cessé de considérer que *l'État de siège,* avec tous ses défauts, est peut-être celui de mes écrits qui me ressemble le plus. Le lecteur serait tout à fait libre de décider aussi que cette image, quoique fidèle, ne lui est pas sympathique. Mais pour donner plus de force et de liberté à ce jugement, je dois d'abord récuser quelques préjugés. Il est donc préférable de savoir :

1º) que *l'État de siège* n'est, d'aucune manière, une adaptation de mon roman *la Peste.* J'ai sans doute donné à un de mes personnages ce nom symbolique. Mais puisqu'il s'agit d'un dictateur, cette dénomination est correcte.

2º) que *l'État de siège* n'est pas une pièce de conception classique. On pourrait la rapprocher, au contraire, de ce qu'on appelait, dans notre Moyen Âge, les « moralités » et, en Espagne, les « autos sacramentales », sorte de spectacles allégoriques qui mettaient en scène des sujets connus à l'avance de tous les spectateurs. J'ai centré mon spectacle autour de ce qui me paraît être la seule religion vivante, au siècle des tyrans et des esclaves, je veux dire la liberté. Il est donc tout à fait inutile d'accuser mes personnages d'être symboliques. Je plaide coupable. Mon but avoué était d'arracher le théâtre aux spéculations psychologiques et de faire retentir sur nos scènes murmurantes les grands cris qui courbent ou libèrent aujourd'hui des foules d'hommes. De ce seul point de vue, je reste persuadé que ma tentative mérite qu'on s'y intéresse. Il est intéressant de noter que cette pièce sur la liberté est aussi mal reçue par les dictatures de droite que par les dictatures de gauche. Jouée sans interruption, depuis des années, en Allemagne, elle n'a été jouée ni en Espagne ni derrière le rideau de fer*. Il y aurait encore beaucoup à dire sur les intentions cachées ou explicites de cette

---

* Elle a été jouée en Yougoslavie et en Pologne depuis.

pièce. Mais je veux seulement éclairer le jugement de mes lecteurs, non l'incliner.

Les Justes ont eu plus de chance. Ils ont été bien accueillis. Cependant il arrive que la louange, comme le blâme, naisse d'un malentendu. Je voudrais donc préciser encore :

1°) que les événements retracés dans *les Justes* sont historiques, même la surprenante entrevue de la grande-duchesse avec le meurtrier de son mari. Il faut donc juger seulement de la manière dont j'ai réussi à rendre vraisemblable ce qui était vrai.

2°) que la forme de cette pièce ne doit pas tromper le lecteur. J'ai essayé d'y obtenir une tension dramatique par les moyens classiques, c'est-à-dire l'affrontement de personnages égaux en force et en raison. Mais il serait faux d'en conclure que tout s'équilibre et qu'à l'égard du problème qui est posé ici, je recommande l'inaction. Mon admiration pour mes héros, Kaliayev et Dora, est entière. J'ai seulement voulu montrer que l'action elle-même avait des limites. Il n'est de bonne et de juste action que celle qui reconnaît ces limites et qui, s'il lui faut les franchir, accepte au moins la mort. Notre monde nous montre aujourd'hui une face répugnante, justement parce qu'il est fabriqué par des hommes qui s'accordent le droit de franchir ces limites, et d'abord de tuer les autres, sans mourir eux-mêmes. C'est ainsi que la justice aujourd'hui sert d'alibi, partout dans le monde, aux assassins de toute justice.

Un mot encore pour faire connaître au lecteur ce qu'il ne trouvera pas dans ce livre. Bien que j'aie du théâtre le goût le plus passionné, j'ai le malheur de n'aimer qu'une seule sorte de pièces, qu'elles soient comiques ou tragiques. Après une assez longue expérience de metteur en scène, d'acteur et d'auteur dramatique, il me semble qu'il n'est pas de vrai théâtre sans langage et sans style, ni d'œuvre dramatique qui, à l'exemple de notre théâtre classique et des tragiques grecs, ne mette en jeu le destin humain tout entier dans ce qu'il a de simple et de grand. Sans prétendre les égaler, ce sont là, du moins, les modèles qu'il faut se proposer. La psychologie, les anecdotes ingénieuses et les situations piquantes, si elles peuvent m'amuser en tant que spectateur, me laissent indifférent en tant qu'auteur. Je reconnais volontiers que cette attitude est discutable. Mais il me paraît préférable de me présenter, sur ce point, tel que je suis. Le lecteur prévenu pourra, s'il le veut, se priver d'aller plus loin. Quant à ceux que ce parti pris ne découragerait pas, je serai plus sûr d'obtenir d'eux cette étrange amitié qui lie, par-dessus les frontières, lecteur et auteur, et qui demeure, lorsqu'elle est sans malentendu, la royale récompense de l'écrivain.

ALBERT CAMUS.

CALIGULA

PRÉSENTATION

Bien que représentée pour la première fois en 1945, *Caligula* n'en est pas moins une œuvre de jeunesse, quasiment contemporaine de *Noces*.

Les premières indications que nous possédons nous viennent des *Carnets*. En janvier 1937, Camus écrit :

« CALIGULA OU LE SENS DE LA MORT. 4 actes.

I. a) *Son accession. Joie. Discours vertueux* (cf. Suétone).
   b) *Miroir.*
II. a) *Ses sœurs et Drusilla.*
   b) *Mépris des grands.*
   c) *Mort de Drusilla. Fuite de Caligula.*
III. *Fin : Caligula apparaît en ouvrant le rideau :*
   » Non, Caligula n'est pas mort. Il est là, et là.
   » Il est en chacun de vous. Si le pouvoir vous était donné, si vous
   » aviez du cœur, si vous aimiez la vie, vous le verriez se déchaîner,
   » ce monstre ou cet ange que vous portez en vous. Notre époque
   » meurt d'avoir cru aux valeurs et que les choses pouvaient être belles
   » et cesser d'être absurdes. Adieu, je rentre dans l'histoire où me
   » tiennent enfermé depuis si longtemps ceux qui craignent de trop
   » aimer. »

J'ai tenu à citer dans son intégralité le premier texte dont nous disposons. Son caractère déjà élaboré semble prouver que Camus envisageait de mettre rapidement en scène le personnage de Caligula et d'en faire une sorte de méditation active et mimée sur le sens de la mort. Pourquoi ce thème de la mort ? Ne l'oublions pas, en 1936 et 1937, la santé de Camus demeure précaire : il a connu naguère la clinique ; il connaîtra bientôt les cures d'altitude, dans les Alpes. La mort, il la fréquente de près. Il sait, d'expérience, ce que représente un amour de la vie, une fureur de vivre, pourrions-nous dire, qui ne se voudrait pas de limites et se heurte pourtant aux barrières de la maladie. 1936, c'est, comme il le dit, « l'année brûlante et désordonnée... un an de vie effrénée et surmenée ».

Le plan qu'envisage Camus, s'il suit de très près le texte de Suétone, n'en porte pas moins la marque de ses propres préoccupations, j'allais dire de ses préoccupations de toujours. À son entrée au parti communiste, avec l'avènement du Front Populaire, Camus aussi a cru à la transmutation des valeurs ; il y croit encore, puisqu'en décembre 1937, il note : « Il s'agit maintenant de créer en soi un » nouvel homme. Il s'agit que les hommes d'action soient aussi des » hommes d'idéal et les poètes industriels. Il s'agit de vivre ses rêves » — de les agir. Avant on y renonçait, on s'y perdait. Il faut ne pas » s'y perdre et ne pas renoncer. » — On trouve ici comme un écho lointain de Rimbaud, et le souvenir plus proche de cette aventure exaltante à laquelle nous conviaient Malraux comme Montherlant, tous deux admirés du jeune Camus.

Celui-ci a cru et croit toujours au bonheur dans l'innocence (*Noces* et les deux premiers *Carnets* sont pleins de cette foi, tout comme *la Mort heureuse* et singulièrement l'évocation qu'on y trouve de *la Maison devant le monde*), à la simplicité des amours, à certaine vertu d'indifférence aux honneurs. Pourtant, le ver est dans le fruit : il suffit d'un miroir, comme chez Pirandello, pour nous ramener à la réalité de la vieillesse ; il suffit de la mort — ou de sa menace — pour que tout ce bonheur s'effondre dans le tragique. Cependant le communisme a déçu Camus, le Front Populaire piétine, le bruit des bottes fascistes gagne les bords du Rhin et, à Berlin comme à Moscou, se multiplient tribunaux, camps de concentration et gibets. Comment faire pour être heureux... ?

La tragédie de l'homme heureux, Camus l'a sans cesse exaltée ; mais dès ce moment, en août 1938, il note : « Accroître le bonheur » d'une vie d'homme, c'est étendre le tragique de son témoignage. » L'œuvre d'art (si elle est un témoignage) vraiment tragique doit » être celle de l'homme heureux. Parce que cette œuvre d'art sera » tout entière soufflée par la mort. » Touché dans son bonheur, Caligula se déchaîne, à la fois angélique et monstrueux, et comment « ce monstre et cet ange que vous portez en vous » n'évoque-raient-ils pas pour nous la duplicité de Clamence. Dès janvier 1937, *Caligula* est bien la chute d'un ange, qui s'est brûlé les ailes au soleil de la vie.

Sans doute, Camus a-t-il laissé longtemps mûrir cette première ébauche ; en avril 1938, il note dans ses *Carnets* : « CALIGULA. Aucune » importance. Pas assez mûr. » Mais en juin, on voit reparaître *Caligula* dans la liste de ses projets immédiats. Quelques notations brèves témoignent de la reprise du travail créateur. Juin 1938 : « CALIGULA. — Ce que vous ne comprendrez jamais, c'est que je » suis un homme simple. » Bonheur et mort, innocence et révolte, indifférence et passion, quoi de plus banal en effet ? Quel homme simple n'a, si fugitivement que ce soit, donné un sens à ces couples de mots ? Décembre 1928 : « Pour CALIGULA : l'anachronisme est ce qu'on » peut inventer de plus fâcheux au théâtre. C'est pourquoi Caligula » ne prononce pas dans la pièce la seule phrase raisonnable qu'il eût » pu prononcer : « Un seul être qui pense et tout est dépeuplé. » Il ajoute peu après : « CALIGULA. — J'ai besoin que les êtres se taisent » autour de moi. J'ai besoin du silence des êtres et que se taisent » ces affreux tumultes du cœur. » Puissance destructrice de la pensée qui se veut cohérente, vertige de la solitude où vous enferme la passion, Caligula s'enrichit de deux dimensions nouvelles.

Décembre 1938, *Caligula* est en cours de rédaction; nous le retrouvons au premier rang des préoccupations de Camus en janvier 1939. Après quoi, ce sera le silence, et si j'en crois ce que m'en avait dit Camus lui-même, le premier état peut être tenu pour achevé. Il n'en sera plus guère question avant novembre 1939, où les *Carnets* nous offrent un monologue de Caligula sous le titre : « Personnages absurdes. Le Glaive et le Poignard. Je crois » qu'on ne m'a pas bien compris avant-hier, quand j'ai assommé le » sacrificateur avec le maillet dont il allait abattre la génisse. C'était » pourtant très simple. Pour une fois, j'ai voulu changer l'ordre des » choses — pour voir, en somme. Ce que j'ai vu, c'est que rien n'est » changé. Un peu d'étonnement et d'effroi chez les spectateurs. Pour » le reste, le soleil s'est couché à la même heure. J'en ai conclu qu'il » était indifférent de changer l'ordre des choses. Mais pourquoi le » soleil un jour ne se lèverait-il pas à l'ouest ? »

J'ai eu la chance de pouvoir prendre connaissance du manuscrit, non daté, qui se trouve entre les mains de M. le professeur Millot. Ce dernier a relié, en tête du manuscrit, un certain nombre de feuillets qui constituaient l'ébauche de la pièce. J'en donne ici le canevas. (Le découpage en scènes était fort irrégulier. Je le rétablis pour la commodité. Entre guillemets, les formules de Camus.)

Acte I :

Scène I. — Les sénateurs* attendent Caligula.
Scène II. — « Entre Cherea. »
Scène III. — « Entre le jeune poète. »
Scène IV. — Entre Caligula.

Acte II :

Scène I. — Les sénateurs entre eux.
Scène II. — Survient Cherea.
Scène III. — Entrent Caligula et Cæsonia (scène muette).
Scène IV. — Cæsonia et les sénateurs.
    À noter que le 4ᵉ sénateur suggérait d'enflammer la folie de Caligula pour renverser l'opinion et la dresser contre lui (politique du pire).
Scènes V, VI, VII, VIII, IX et X. — Du repas de Caligula à la mort de Mereia, le schéma est identique à celui que nous connaissons.
Scènes XI et XII. — Même schéma que dans l'édition définitive. La scène XIII n'existait pas.
Scène XIV. — Elle reprenait le mouvement du dialogue Scipion-Caligula avec une longue tirade sur la solitude.

---

* Camus a longtemps utilisé indifféremment « sénateurs » et « patriciens », avant de choisir ce dernier terme.

Acte III :

L'acte III tel que nous le connaissons n'existait pas. Il s'agit donc des principales scènes de l'acte IV.

Les scènes i et ii correspondent aux scènes iii et iv de l'édition définitive. La scène vi n'existait pas, mais seulement les scènes vii et viii. La scène ix se réduisait à la tirade finale de Caligula. Le canevas s'arrêtait à la scène x de l'édition définitive. Peut-être les feuillets suivants ont-ils disparu.

Étudions maintenant le *manuscrit 1*. Il porte en titre : *Caligula ou le Joueur.* Ce sous-titre a-t-il quelque rapport avec le roman du *Joueur,* souvent évoqué dans les *Carnets,* qui recoupait lui-même certains thèmes de *la Mort heureuse ?* C'est vraisemblable. Après quoi, on lit :

> « Acte I   : Désespoir de Caligula.
> » Acte II : Jeu de Caligula.
> » Acte III : Mort de Caligula. »

On trouvera reproduites dans les Notes et variantes, p. 1750, les indications de décor, identiques au premier et au second manuscrit ; Camus avait ajouté : « Ne pas oublier que Caligula est un homme » très jeune, pas aussi laid que le voudrait l'histoire, — grand et » mince, le corps un peu voûté, il a une figure d'enfant. D'une façon » générale, rien ici n'est historique, sauf les fantaisies de Caligula » qui sont authentiques, la plupart de ses mots sont historiques. Leur » interprétation et leur exploitation ne l'est pas. »

Le *manuscrit 1* suit de près le canevas analysé plus haut. Le premier acte en est si différent de celui que nous propose la version définitive que j'ai tenu à le reproduire en entier, ainsi que les scènes i et ii du second acte. Le lecteur notera sans peine que l'ombre de Drusilla, la sœur-amante, y tient une place considérable : c'est sa mort qui est cause, et non pas occasion, du délire de Caligula. À l'instar de Suétone, Camus fait également la part plus belle à l'érotisme délirant de Caligula. Surtout, il insiste sur l'horreur de la mort et de la solitude, sur le refus de s'accommoder de l'oubli et des consolations d'usage. Les tirades de Caligula ont quelque chose d'un lyrisme brutal et désespéré, qui souligne la parenté profonde de l'empereur et du jeune Scipion. Quant à Chérea, les raisons qu'il donne alors de son hostilité à Caligula sont paradoxales : goût de la sécurité individuelle, horreur du pouvoir et de ceux qui l'exercent ; sans doute les événements de 1939 et des années qui suivirent, amèneront-ils Camus à faire de Chérea une sorte de prototype de la résistance au totalitarisme.

Parmi les personnages, on rencontre un certain Prætextus qui disparaîtra bientôt. En revanche, il n'est pas encore trace d'Hélicon. Absent lors de la conception de la pièce, Hélicon s'est donc, avec les reprises, taillé un rôle toujours plus important.

Tout comme le canevas le manuscrit ne comportait que trois actes.

J'ai pu prendre également connaissance d'un second manuscrit, adressé à Jean Paulhan en 1939. Manuscrit, le mot est impropre, car les deux premiers actes en sont dactylographiés et seulement corrigés à la main. Il s'agit visiblement de la première dactylographie du manuscrit. J'ai désigné arbitrairement cet ensemble sous la rubrique *manuscrit 2*. S'y trouvaient intercalés de nombreux becquets visiblement contemporains des feuillets manuscrits des actes III et IV. J'ai donné aux uns et aux autres le nom de *manuscrit 3*. Quant aux becquets postérieurs (l'écriture en est assez différente et laisse supposer un travail plus récent de quelques années), je les ai étiquetés *manuscrit 4*.

Le *manuscrit 2* comporte bien quatre actes. Hélicon y prend place. Camus a fait sauter à l'acte IV, scène XIII, une longue tirade sur l'horreur de vieillir (qui n'était pas sans parenté avec les propos de l'Antigone d'Anouilh sur le même thème). À l'acte III, scène II, il a éliminé de même une analyse du théâtre comme forme de blasphème et de concurrence aux dieux.

Quelques années plus tard, il a remanié très profondément la fin, rajoutant deux phrases clés, que lui avaient sans doute inspirées quatre années de guerre : « Tuer n'est pas une solution » et « Je n'ai » pas pris la voie qu'il fallait, ma liberté n'est pas la bonne ». On rapprochera ces formules de celles qu'on trouve dans les *Lettres à un ami allemand :* « Votre hiérarchie n'est pas la bonne », « Cette » sorte d'amour n'est pas la bonne », « Votre Europe n'est pas la » bonne. » (Pages 229, 234, 235, Pléiade II.)

Enfin, il ne mêle plus Scipion au meurtre de Caligula, comme il l'avait fait au départ.

J'ai eu affaire ensuite aux éditions proprement dites : la première, de 1944, couplée avec *le Malentendu;* la seconde de 1944 encore, présentant le seul *Caligula*.

De l'une à l'autre, il y a fort peu de différences. Par contre, l'édition de 1947, publiée après la première représentation, comporte d'importantes modifications : à l'acte III, la scène IV tout entière a été rajoutée, pour souligner, d'après Camus lui-même, ce qu'il appelait « le suicide supérieur » de Caligula refusant de prendre connaissance des informations que le vieux sénateur lui apporte sur le complot.

De même, les scènes I et II de l'acte IV qui mettent en présence Cherea et Scipion, n'apparaissent qu'à l'édition de 1947, pour donner tout son sens à la résistance de Cherea, comme à l'attirance que Caligula exerce sur Scipion.

Enfin, le Festival d'Angers nous vaut un dernier remaniement. Pour des raisons de distribution, Camus a abrégé le rôle de Caligula et développé le rôle d'Hélicon (notamment dans les scènes II, III, IV et VIII de l'acte I, la scène V de l'acte II). Les attaques de Caligula contre Cherea prennent un caractère ambigu qui rappelle *la Chute*. C'est la même version que reprit le Petit Théâtre de Paris en 1958 et qui sert de base à l'édition définitive de la même année. Pour cette dernière reprise, Camus choisit *les Intégrales* de Varèse comme musique de scène.

Comme ce festival avait été pour Camus l'occasion de revenir à la mise en scène, j'ai cru utile de reproduire à titre documentaire les indications scéniques qu'il avait portées lui-même sur un texte imprimé*. On pourra mieux juger ainsi de l'esprit dans lequel il entendait que sa pièce fût jouée.

On apprendra avec intérêt que, d'après Jean Négroni, Camus avait prévu pour le *Théâtre de l'Équipe* une distribution inspirée de l'adaptation des *Karamazov* : lui-même devait être Caligula après avoir joué Ivan ; Négroni passait d'Aliocha à Scipion, Charles Poncet du Staretz à Cherea, Jeanne Sicard de Katerina Ivanovna à Cæsonia. C'est sans doute ce souvenir qui amenait Camus à déclarer : « *Caligula* » n'était qu'un essai et, par certains côtés, une pièce de metteur en » scène » (interview donnée à Renée Saurel dans le cadre de l'émission : *Douze auteurs en quête de personnages*).

En automne 1943, Vilar avait envisagé de monter *Caligula* avec la Compagnie des Sept. Les lectures commencèrent sur épreuves. Une difficulté survint qui ajourna le projet. C'est Gérard Philipe qui interprétera *Caligula*. On connaît ses sentiments sur l'œuvre d'après le *Gérard Philipe* d'Anne Philipe et Claude Roy (pages 61, 126, 235, collection l'Air du Temps). Il insistait sur le caractère tragique de la pièce et « la pureté exacerbée » de « ce Prince du Mal ». Il avait été séduit par le caractère actuel de l'œuvre, tout comme Jean Vilar : « le public désire, attend cela ». (*De la tradition théâtrale*, Idées p. 34).

La pièce sera reprise en 1950 par Michel Herbaut, au Festival d'Angers en 1957 ; Camus la retouchera de nouveau en 1958, pour Paris. Il poussera la caricature des sénateurs, travaillant en fonction des comédiens. Mais la plupart des retouches n'ont pas été conservées dans l'édition de 1958.

R. Q.

NOTICE HISTORIQUE

Il est probable que *les Îles* de Jean Grenier (p. 106, N.R.F. Chapitre : l'Île de Pâques) et *les Fontaines du désir* de Montherlant ont attiré l'attention de Camus sur la *Vie des douze Césars* de Suétone.

Suétone (*Vie des douze Césars,* livre II) et Sénèque (*De Constantia sapientis*) ont évoqué la figure sinistre de Caligula. Camus s'est inspiré plus directement de Suétone, plus encore dans la première version que dans les suivantes.

Caligula devait son surnom à une plaisanterie militaire (*caliga,* bottine de soldat). Voici comment Suétone le décrit : « Caligula

---

* Voir pp. 1779-1787.

» avait la taille haute, le teint livide, le corps mal proportionné, le
» cou et les jambes tout à fait grêles, les yeux enfoncés et les tempes
» creuses, le front large et mal conformé, les cheveux rares, le
» sommet de la tête chauve, le reste du corps velu... Quant à son
» visage, naturellement affreux et repoussant, il s'efforçait de le
» rendre plus horrible encore, en étudiant devant son miroir tous
» les jeux de physionomie capables d'inspirer la terreur et l'effroi. Sa
» santé ne fut bien équilibrée ni au physique ni au moral. Il était
» sujet à des attaques d'épilepsie depuis l'enfance... » Camus avait
tenu à atténuer sa laideur (cf. Notes et variantes, p. 1751, note 1).

Au début de son règne, Caligula fut très populaire :

« En devenant ainsi maître de l'empire, il combla les vœux du
» peuple romain, je dirai même de l'humanité tout entière, car il était
» le prince rêvé pour la majorité des provinciaux et des soldats, dont
» la plupart l'avaient connu enfant, mais aussi pour toute la plèbe de
» Rome, qui gardait le souvenir de son père Germanicus... L'allé-
» gresse du peuple fut si grande, que, dans les trois mois suivants
» et même un peu moins, il fut immolé, dit-on, plus de cent soixante
» mille victimes. Quant il vint à tomber malade, tous les citoyens
» passèrent la nuit autour du Palatium, et l'on vit des gens faire
» le vœu de combattre comme gladiateurs, d'autres afficher qu'ils
» offraient leur vie pour son rétablissement. » (Cf. acte I, scène I.)

Il se montra généreux, pardonnant aux dénonciateurs de sa mère
et de ses frères :

« Afin de tranquilliser complètement pour l'avenir les délateurs
» et les témoins ayant figuré au procès de sa mère et de ses frères, il
» fit entasser sur le forum toutes les pièces de leurs dossiers, puis,
» après avoir attesté les dieux, à haute voix, qu'il n'en avait lu ni
» touché aucune, il ordonna de les brûler... » (Cet épisode est trans-
posé à l'acte III, scène IV.)

On trouve un autre trait de générosité dans l'anecdote suivante,
reprise à l'acte IV, scène IV :

« Pour mieux montrer qu'il encourageait partout la vertu, il donna
» huit cent mille sesterces à une affranchie qui, malgré les tortures les
» plus cruelles, n'avait pas dévoilé le crime de son patron. »

Mais la folie, une délirante volonté de puissance l'emportent bientôt chez lui. Camus a beaucoup emprunté aux anecdotes de Suétone :

Tout d'abord l'obsession de la lune : « Les nuits où la lune brillait
» dans son plein, il l'invitait fréquemment à venir l'embrasser et
» partager sa couche », et les insomnies : « Il souffrait tout particu-
» lièrement de l'insomnie, car il ne dormait pas plus de trois heures
» par nuit; encore ce repos n'était-il pas complet, mais troublé par
» des visions étranges. » (Cf. acte III, scène IV.)

Ce sont ensuite les amours incestueuses avec ses sœurs, et surtout
avec Drusilla : « Il entretint des relations incestueuses avec toutes
» ses sœurs, et devant tout le monde, à table, il les faisait placer tour
» à tour au-dessous de lui, tandis que sa femme se tenait au-dessus.
» En ce qui concerne Drusilla, on croit qu'il la déflora quand il

» portait encore la prétexte... Plus tard, il l'enleva au consulaire
» Lucius Casius Longinus qui l'avait épousée, et la traita publique-
» ment comme sa femme légitime; tombé malade, il l'institua même
» héritière de sa fortune et de l'empire. Quand elle mourut, il ordonna
» une suspension générale des affaires, et, pendant cette période, ce
» fut un crime capital d'avoir ri, de s'être baigné, d'avoir dîné avec
» ses parents, sa femme ou ses enfants. Puis, dominé par sa douleur,
» il s'enfuit subitement loin de Rome, la nuit, traversa la Campanie
» et gagna Syracuse, d'où il revint précipitamment, sans s'être coupé
» la barbe ni les cheveux; et depuis, dans toutes les circonstances,
» fussent-elles les plus importantes, même dans l'assemblée du peuple
» ou devant les soldats, il ne jura plus que par la divinité de Drusilla.
» Son amour pour ses autres sœurs ne s'accompagna ni d'une sem-
» blable passion ni de pareils égards, puisqu'il les prostitua souvent
» à ses mignons. » (À diverses reprises il est fait allusion à cette
passion dans la pièce; elle tenait une grande place dans la première
version.)

Ce sont encore ses caprices sexuels : la femme de Mucius évoque
Livia Orestilla, épouse de Pison : « Lorsque Livia Orestilla épousa
» C. Pison, étant venu lui-même à la cérémonie pour leur faire
» honneur, il donna l'ordre de l'emmener chez lui, puis, au bout de
» quelques jours, il la répudia, et deux ans après l'exila... Suivant
» d'autres, comme il assistait au festin nuptial, il fit dire à Pison qui
» était placé en face de lui : « Ne serrez pas mon épouse de trop près »,
» puis, quittant la table aussitôt, il emmena Orestilla avec lui... Parmi
» les femmes de condition illustre il n'y en eut guère qu'il respecta :
» la plupart du temps, il les invitait à dîner avec leurs maris, puis,
» lorsqu'elles passaient devant lui, il les examinait lentement, avec
» attention, à la manière des marchands d'esclaves, en leur relevant
» même la tête avec la main si elles la baissaient par pudeur; ensuite,
» il sortait de la salle à manger autant de fois qu'il lui plaisait, emme-
» nant celle qui avait ses préférences, et quand il revenait quelque
» temps après, avec toutes les marques de la débauche, il louait ou
» critiquait ouvertement, point par point, ce qu'il avait trouvé
» d'agréable ou de défectueux dans la personne de chacune et dans
» ses rapports avec lui. » (Cf. Notes et variantes, p. 44, 3.)

Son mépris des sénateurs, sa volonté de les humilier (acte II,
scène 1) sont bien connus : « Il laissa quelques-uns d'entre eux, qui
» avaient exercé les plus hautes magistratures, courir en toge à côté
» de son char pendant plusieurs milliers de pas, et rester debout
» pendant qu'il dînait, soit près du dossier de son lit, soit à ses pieds,
» un tablier à la ceinture... » Il traita les autres ordres avec autant
d'orgueil et de brutalité : « ... Lors des représentations théâtrales,
» pour provoquer des rixes entre la plèbe et les chevaliers, il faisait
» distribuer les décimes avant l'heure, afin que les sièges de l'ordre
» équestre fussent occupés par la plus vile populace... De plus, il lui
» arriva de fermer les greniers publics et d'annoncer au peuple une
» famine. »

Il est exact que, pour renflouer le trésor public, il imposa aux
sénateurs et chevaliers de tester en sa faveur (acte I, scène VIII) :
« Quand il eut ainsi jeté l'alarme, des inconnus se mirent à le désigner
» publiquement comme héritier au même titre que leurs amis, et des
» parents au même titre que leurs enfants, mais il les traitait de
» mauvais plaisants, sous prétexte qu'ils continuaient à vivre après
» cette déclaration, et il fit envoyer à beaucoup d'entre eux des
» friandises empoisonnées. » De même il réorganisa les maisons
publiques à son profit (cf. acte II, scène I) : « Il installa au Palatium
» un lieu de plaisir où, dans un grand nombre de cellules séparées
» les unes des autres... se tenaient des matrones et des garçons de
» naissance libre ; puis il envoya ses nomenclateurs parcourir les
» places et les basiliques pour inviter à la débauche jeunes gens et
» vieillards. On consentait aux visiteurs des prêts usuraires et des
» agents notaient publiquement leurs noms parce qu'ils contribuaient
» à augmenter les revenus de l'empereur. »
Le délire criminel de Caligula lui inspira des gestes de cruauté
comme ceux que Camus évoque dans l'histoire de Lepidus : « Il
» obligeait les pères à assister à l'exécution de leurs fils : comme l'un
» d'entre eux alléguait qu'il était malade, il lui envoya sa litière ; au
» retour même de l'exécution, il en invita un autre à sa table et
» déploya toute sa bonne humeur pour le faire rire et plaisanter »
(cf. acte II, scène V) ; la mort de Mereia nous rappelle celle d'un
cousin de Caligula : « Sur le point de le faire égorger parce qu'il
» soupçonnait que la crainte lui faisait prendre des contre-poisons,
» il lui dit : « Eh quoi ! un antidote contre César ? » (cf. acte II,
scène X). Enfin, l'exécution du troisième patricien (acte IV, scène IX)
n'est pas sans rapport avec les deux anecdotes suivantes : « Un homme
» ayant fait vœu de se battre comme gladiateur si l'empereur se
» rétablissait. il le contraignit à s'exécuter, le regarda combattre
» avec le glaive, et ne le relâcha qu'après bien des prières, lorsqu'il
» eut été vainqueur. Comme un autre, après s'être voué à la mort
» dans la même intention, hésitait à se tuer, il le livra aux enfants et
» leur recommanda de le promener dans divers quartiers... en lui
» rappelant sa promesse, avant qu'on le précipitât du haut de la
» terrasse des exécutions. » (Cf. acte IV, scène IX.)
Les « Jeux » de Caligula aussi ont été repris de Suétone :
— Caligula et la divinité : « Transformant en vestibule le temple
» de Castor et Pollux, il s'y tenait souvent au milieu de ses frères
» les dieux et s'offrait parmi eux à l'adoration des visiteurs ; et
» certains le saluèrent du nom de Jupiter latial. » (Acte III, scène I.)
— Le mime de Caligula : « Une fois, au cours de la nuit, il convo-
» qua au Palatium trois consulaires, et quand ils furent là, pleins des
» appréhensions les plus terribles, il les fit monter sur une estrade,
» puis, tout à coup, au bruit retentissant des flûtes et des sandales
» à soufflet, s'élança vêtu d'un manteau et d'une tunique longue,
» exécuta une danse accompagnée de chants et disparut. » (Acte IV,
scènes IV et V.)

— Le concours de poésie : « À Lyon, il ouvrit un concours
» d'éloquence grecque et latine dans lequel, dit-on, les vaincus furent
» contraints d'offrir les prix aux vainqueurs et par surcroît de com-
» poser leur panégyrique; quant aux concurrents qui avaient parti-
» culièrement déplu, on leur ordonna d'effacer leurs écrits avec une
» éponge ou avec la langue, à moins qu'ils ne préférassent être battus
» à coups de férule ou précipités dans le fleuve voisin. » (Acte IV,
scène XII.)

Quelques mots de Caligula enfin passent pour authentiques :
« *Ita feri ut se more sentiat* » (cf. acte IV, scène IV). « Tue-le lentement
» pour qu'il se sente mourir. »

« Je suis encore vivant » (acte IV, scène XIV). « Étendu à terre,
» les membres repliés sur eux-mêmes, il ne cessait de crier qu'il
» vivait encore, mais les conjurés l'achevèrent en lui portant trente
» coups... »

Quant au traité intitulé *le Glaive* (acte II, scène VIII), on le retrouva,
d'après Suétone, dans les papiers secrets de Caligula.

À l'histoire, Camus a emprunté encore le personnage de Cæsonia,
présenté en ces termes par Suétone : « Cæsonia n'était pas d'une
» beauté remarquable ni dans la fleur de l'âge; de plus, elle avait déjà
» eu trois filles d'un autre mari, mais elle était perdue de débauches et
» de vices : il eut pour elle une passion si durable et si ardente que
» souvent il la présenta à ses soldats chevauchant à ses côtés avec
» une chlamyde, un bouclier et un casque, et même toute nue à ses
» amis. »

Quant au personnage de Cherea, « tribun d'une cohorte préto-
» rienne, que Caïus, sans considération pour son âge avancé, avait
» coutume de stigmatiser par toutes sortes d'outrages, comme un
» homme mou et efféminé », on sait qu'il l'a profondément transformé. Le Cherea de l'histoire blesse Caligula au cou, *par-derrière*.
Camus laisse ce soin au vieux patricien, tandis que son Cherea frappe
en pleine figure, avec son habituelle loyauté.

R. Q.

PRIÈRE D'INSÉRER (1944)[*]

AVEC *le Malentendu* et *Caligula*, Albert Camus fait appel
à la technique du théâtre pour préciser une pensée
dont *l'Étranger* et *le Mythe de Sisyphe* — sous les aspects
du roman et de l'essai — avaient marqué les points de
départ.

---

[*] Pour l'édition conjointe du *Malentendu* et de *Caligula*. Texte
écrit par Camus, mais non signé.

Est-ce à dire que l'on doive considérer le théâtre d'Albert Camus comme un « théâtre philosophique » ? Non — si l'on veut continuer à désigner ainsi cette forme périmée de l'art dramatique où l'action s'alanguissait sous le poids des théories. Rien n'est moins « pièce à thèse » que *le Malentendu,* qui, se plaçant seulement sur le plan tragique, répugne à toute théorie. Rien n'est plus « dramatique » que *Caligula,* qui semble n'emprunter ses prestiges qu'à l'histoire.

Mais la pensée est en même temps action et, à cet égard, ces pièces forment un théâtre de l'impossible. Grâce à une situation *(le Malentendu)* ou un personnage *(Caligula)* impossible, elles tentent de donner vie aux conflits apparemment insolubles que toute pensée active doit d'abord traverser avant de parvenir aux seules solutions valables. Ce théâtre laisse entendre par exemple que chacun porte en lui une part d'illusions et de malentendu qui est destinée à être tuée. Simplement, ce sacrifice libère peut-être une autre part de l'individu, la meilleure, qui est celle de la révolte et de la liberté. Mais de quelle liberté s'agit-il ? Caligula, obsédé d'impossible, tente d'exercer une certaine liberté dont il est dit simplement pour finir « qu'elle n'est pas la bonne ». C'est pourquoi l'univers se dépeuple autour de lui et la scène se vide jusqu'à ce qu'il meure lui-même. On ne peut pas être libre contre les autres hommes. Mais comment peut-on être libre ? Cela n'est pas encore dit.

LETTRE À MONSIEUR LE DIRECTEUR
DE *LA NEF.*

(Janvier 1946)

Cher Monsieur,

J'AI lu l'article que Henri Troyat a bien voulu consacrer à *Caligula* dans le dernier numéro de *la Nef.* Merci de me l'avoir envoyé. J'ai été sensible aux intentions de Troyat et à la courtoisie de son ton.

Mais je commence à être légèrement (très légèrement) impatienté par la confusion continuelle qui me mêle à l'existentialisme. Tant que le malentendu courait les journaux, la chose n'était pas trop grave. Mais qu'il gagne aujourd'hui les revues prouve assez le manque d'information où se trouve le critique.

Puisque Troyat écrit : « Toute la pièce de M. Camus n'est qu'une illustration des principes existentialistes de M. Sartre », je me sens donc obligé de préciser trois points :

1. *Caligula* a été écrit en 1938. À cette époque, l'existentialisme français n'existait pas sous sa version actuelle, c'est-à-dire athée. À cette époque encore, Sartre n'avait pas publié les ouvrages où il devait donner une forme à cette philosophie.

2. Le seul livre d'idées que j'aie jamais écrit, *le Mythe de Sisyphe,* était dirigé justement contre des philosophies existentialistes. Une partie de cette critique s'applique encore, dans mon esprit, à la philosophie de Sartre.

3. On n'accepte pas la philosophie existentialiste parce qu'on dit que le monde est absurde. À ce compte, 80 % des passagers du métro, si j'en crois les conversations que j'y entends, sont existentialistes. Vraiment, je ne puis le croire. L'existentialisme est une philosophie complète, une vision du monde, qui suppose une métaphysique et une morale. Bien que j'aperçoive l'importance historique de ce mouvement, je n'ai pas assez de confiance dans la raison pour entrer dans un système. C'est si vrai que le manifeste de Sartre, dans le premier numéro des *Temps modernes,* me paraît inacceptable.

La tâche d'une revue n'est pas de confondre (on fait très bien cela dans les journaux) mais de nuancer. Je pense donc que ni Troyat, ni vous, ne m'en voudrez de ces précisions. Notez que je ne me fais pas trop d'illusions sur ce que vaut *Caligula.* Mais enfin il vaut mieux être critiqué sur ce qu'on est réellement.

À vous, bien cordialement.

ALBERT CAMUS.

ÉMISSION DE RENÉE SAUREL

Douze auteurs en quête de personnages

(non datée; probablement 1945 ou 1946)

— Avez-vous de très bonne heure songé au théâtre?

ALBERT CAMUS : Oui. J'ai réuni une troupe, monté des pièces où je jouais moi-même. La nécessité m'y poussant, j'ai aussi fait partie d'une tournée de professionnels et joué nos classiques à travers toute l'A.F.N. Il y a vingt ans que le théâtre sous toutes ses formes me passionne et m'instruit.

— *Caligula* fut écrit quand, et pour qui?

ALBERT CAMUS : *Caligula* a été écrit en 1938. J'avais 25 ans. Notre troupe, qui s'appelait *l'Équipe,* avait déjà plusieurs années d'âge. Elle s'était proposé jusque-là des entreprises considérables : Eschyle; les Élisabéthains, Dostoïevski, Malraux, Gide. *Caligula n'était qu'un essai,* et par certains côtés *une pièce de metteur en scène.* Je devais jouer le rôle de Caligula. Et puis les circonstances furent contraires. La guerre est venue et avec elle une certaine vie, qui était belle, a pris fin.

— Pensez-vous que l'expérience des planches, comme acteur et comme metteur en scène, vous ait servi plus tard dans l'écriture dramatique?

ALBERT CAMUS : Bien sûr. Elle m'a appris d'abord qu'il y avait, comme on dit, des lois au théâtre, et ensuite que ces lois sont faites pour être violées. Je lis souvent que telle ou telle pièce ne respecte pas les lois du théâtre. Je mets au défi ceux qui parlent toujours de ces lois de les définir. S'ils arrivent à définir les évidences que nous connaissons tous, nous nous apercevrons que ni les tragiques grecs, ni Shakespeare, ni Molière n'en ont tenu compte, le cas échéant. Mais j'ai appris sur les planches que le théâtre s'embarrasse de peu de choses : de la toile pour le décor, et, pour la pièce, des caractères et un langage.

— Certains critiques se sont obstinés à voir dans *Caligula* l'illustration (qu'ils reconnaissent d'ailleurs magnifique) de théories philosophiques. J'y vois plutôt l'étude d'un caractère, et la peinture de ce déchirement atroce qu'est le passage de l'adolescence à l'âge d'homme. J'aimerais que vous me disiez si, à mon tour, je suis dans l'erreur ?

ALBERT CAMUS : Caligula n'est en effet que la peinture d'un caractère tel qu'il convient au théâtre : simplifié et poussé à bout, d'un « mouvement insensible ». Pour le reste, je ne sais pas ce qu'est une pièce philosophique. Pour peu que vous vous éleviez un peu au-dessus du lit aujourd'hui on crie à la métaphysique. Mais je vous proposerais trois sujets de méditation :

1) Il n'y a pas plus d'idées générales, plutôt moins, dans le théâtre contemporain que dans Eschyle ou Shakespeare.

2) Si l'on est à même d'entendre parfois des cours de philosophie au théâtre c'est sur les scènes de nos boulevards.

3) On confond le théâtre écrit et le théâtre d'idées. Si vous n'écrivez pas le langage d'argot et d'onomatopées qui fait le fond des conversations paresseuses, si vous vous efforcez seulement d'écrire correctement, alors vous êtes un penseur. Qu'importe. Il reste qu'il n'y a pas de théâtre sans grand langage. C'est dans ce but... [*illisible*] Copeau l'avait compris avant tout autre. C'est grâce à lui que le théâtre a été tiré d'un demi-siècle de vulgarité et rendu à ce qu'il est réellement : la forme supérieure de l'art littéraire.

TEXTE INÉDIT

(non daté ; même époque que le précédent)

— Le théâtre intellectuel ?

ALBERT CAMUS : Connais pas. C'est curieux comme cette époque est devenue ombrageuse devant les plus simples préoccupations de l'intelligence. Dès qu'on s'élève un peu au-dessus du lit, des fronts soupçonneux se penchent sur votre mauvais cas. Le résultat est qu'on ne tarde pas à dénoncer comme philosophiques des ambitions bien banales. Si l'on résumait l'argument des pièces dites « intellectuelles » on trouverait des truismes. Le théâtre d'aujourd'hui n'est pas plus intellectuel, toutes proportions gardées, que celui des Grecs, de nos classiques ou de Shakespeare.

J'ai peur aussi qu'on ne confonde le théâtre écrit et le théâtre intellectuel.

— L'avenir ?

ALBERT CAMUS : Ce mouvement continuera, on n'arrête pas si vite une renaissance. La preuve est que le seul théâtre intellectuel que je connaisse se trouve à l'état de prétentions dans beaucoup de pièces de notre boulevard.

— Dieu ?

ALBERT CAMUS : Je ne l'ai pas rencontré sur notre théâtre. Peut-être dans *le Maître de Santiago*. Mais Claudel, qu'on donne comme une compétence, n'y voit qu'une odieuse hérésie. Il est vrai qu'un homme qui refuse les biens de ce monde avec une diabolique obstination!

Vous voulez peut-être parler d'un théâtre chrétien ? Mais pour faire du théâtre chrétien, il me semble qu'il faut être chrétien. Je ne vois rien de ce genre autour de nous.

— L'avenir de Dieu dans ce théâtre ?

ALBERT CAMUS : Qu'irait-il faire dans cette galère ?

LE PROGRAMME POUR LE NOUVEAU THÉÂTRE

(1958)

Caligula a été composé en 1938 après une lecture des *Douze Césars* de Suétone. À travers Suétone, Caligula m'était apparu comme un tyran d'une espèce relativement rare, je veux dire un tyran *intelligent,* dont les mobiles semblaient à la fois singuliers et profonds. En particulier, il est le seul, à ma connaissance, à avoir *tourné en dérison le pouvoir lui-même.* En lisant l'histoire de ce grand et tragique comédien, je le voyais déjà sur une scène. J'écrivis donc cette pièce pour le petit théâtre que j'avais créé à Alger. La guerre a contrarié mes projets et *Caligula* eut la chance plus certaine d'être accueilli à Paris pour la première fois en 1945, par Jacques Hébertot. Aujourd'hui cette pièce est reprise au Nouveau Théâtre de Mme Elvire Popesco et de M. Hubert de Malet, avec de jeunes comédiens, sur une scène d'essai, assez semblable à la scène pour laquelle elle avait été écrite.

Bien entendu, Caligula s'inspire aussi des préoccupations qui étaient les miennes à l'époque où j'ai rencontré les *Douze Césars.* C'est pourquoi *il ne s'agit à aucun moment d'une pièce historique.* De quoi s'agit-il ?

(Ici, Camus reprenait le texte de l'édition américaine : « Caligula, prince relativement aimable... juger cette œuvre. »)

Si l'on tient cependant à y ajouter des considérations plus générales, je proposerais aujourd'hui celles-ci : on peut lire dans *Caligula* que *la tyrannie ne se justifie pas,* même par de hautes raisons. L'histoire, et particulièrement notre histoire, nous a gratifiés depuis de tyrans plus traditionnels : de lourds, épais et médiocres despotes auprès desquels Caligula apparaît comme un innocent vêtu de lin candide. Eux aussi se croyaient libres puisqu'ils régnaient absolument. Et ils ne l'étaient pas plus que ne l'est dans ma pièce l'empereur romain. Simplement celui-ci *le sait et consent à en mourir,* ce qui lui confère une sorte de grandeur que la plupart des autres tyrans n'ont jamais connue.

NOTES ET VARIANTES

P. 3.

1. Nous donnerons tout d'abord l'intégralité de l'acte I et des scènes I et II de l'acte II telles qu'on les trouve aux *manuscrits 1* et *2.* Pour faire état de quelques différences entre les *manuscrits 1* et

2 nous utiliserons exceptionnellement les dispositions typographiques suivantes : le romain entre crochets distinguera les fragments qui ont disparu du ms. 1 au ms. 2 et l'italique entre crochets les fragments qui n'apparaissent qu'au ms. 2.

Les indications de décor telles qu'on les trouve reproduites ci-après ont subsisté jusqu'à l'édition de 1944 inclusivement.

Décor : Il n'a pas d'importance. Tout est permis, sauf le genre romain.

Personnages :

Caligula, de 25 à 29 ans.
Cæsonia, maîtresse de Caligula, 30 ans.
[« Hélicon familier de Caligula, 30 ans ».]
Le jeune Scipion, 17 ans.
Cherea, 30 ans.
Le vieux patricien, 71 ans.
Mereia, 60 ans.
[Prætextus, 40 ans.]
Mucius, 33 ans.
L'intendant, 50 ans.
Premier patricien ⎫
Deuxième patricien ⎬ de 40 à 60 ans.
Troisième patricien ⎭
Chevaliers, gardes, serviteurs.

Le premier, le troisième et le quatrième acte se passent dans une salle du palais impérial. On y voit un miroir (grandeur d'homme), un gong et un lit-siège.

Le second acte dans une salle à manger de Cherea.

Note I. Caligula est un homme très jeune. Il est moins laid qu'on ne le pense généralement.

Grand, mince, son corps est un peu voûté, sa figure enfantine.

Note II. En dehors des « fantaisies » de Caligula, rien ici n'est historique. Ses mots sont authentiques, leur exploitation ne l'est pas.

ACTE I
Désespoir de Caligula

Scène 1*

Premier sénateur : Il n'est pas encore revenu ?
Deuxième sénateur : Non.

---

* Tout ce début, jusqu'à l'entrée de Caligula, est joué très vite.

TROISIÈME SÉNATEUR : On l'a recherché dans toute la campagne. Des courriers sont partis.

DEUXIÈME S. : Voilà déjà trois jours qu'il s'est enfui.

PREMIER S. : Oui, je l'ai vu passer. Il avait le regard d'une bête blessée.

DEUXIÈME S. : C'est inquiétant.

PREMIER S. : Non, tous les jeunes gens se ressemblent.

TROISIÈME S. : Bien entendu. L'âge efface tout.

DEUXIÈME S. : Vous croyez?

TROISIÈME S. : Mais oui. Les peines d'amour ne durent pas.

PREMIER S. : Il oubliera.

DEUXIÈME S. : C'est vrai, une de perdue, dix de retrouvées.

TROISIÈME S. : Êtes-vous capable de souffrir plus d'un an?

PREMIER S. : Moi, non.

TROISIÈME S. : Personne n'a ce pouvoir.

DEUXIÈME S. : Heureusement, la vie serait impossible.

TROISIÈME S. : Vous voyez bien. Tenez, moi, j'ai perdu ma femme l'an passé. J'ai beaucoup pleuré. Et puis j'ai oublié. De temps en temps, j'ai de la peine. Mais surtout quand je pense qu'elle m'a laissé seul.

PREMIER S. : C'est naturel.

Entrent Cherea et Hélicon.

SCÈNE II

PREMIER S. : Alors?

CHEREA : Toujours rien.

TROISIÈME S. : Il reviendra bien.

CHEREA : Mais est-ce bien lui qui reviendra?

TROISIÈME S. : Que veux-tu dire?

CHEREA : Rien. Ne réfléchis pas.

PREMIER S. : Je ne comprends pas.

CHEREA : C'est le contraire qui m'étonnerait. Ne te force pas. En attendant, nous n'avions pas besoin de cela... Caligula était l'empereur idéal. Après Tibère, la nécessité s'en faisait sentir.

[*Cherea : Mais est-ce bien lui qui reviendra?*
Troisième s. : Que veux-tu dire?
Cherea : Rien.
Hélicon : De toute façon, ne nous affolons pas.
Deuxième s. : Mais oui.
Hélicon : Ne nous affolons pas. C'est l'heure du déjeuner.
Cherea : Nous n'avions pas besoin de cela...]

PREMIER S. : Oui. Personne comme Caïus n'a montré tant de grandeur et de noblesse dans ses sentiments.

TROISIÈME S. : Mais enfin, qu'avez-vous? Cela ne l'empêchera pas de continuer. Il aimait Drusilla, d'accord [rayé] c'est vrai. Mais tout de même! C'était sa sœur après tout. Coucher avec sa sœur, c'est déjà exagéré. Mais faire une maladie parce qu'elle est morte, c'est nettement abusif.

Deuxième s. : Oui. Et si la raison d'État peut admettre l'inceste, elle doit être sans pitié s'il se retourne contre l'État lui-même.

Cherea : Bon, bon. Nous ne sommes pas au Sénat. Chacun sait, Patricius, que si ta sœur n'était pas si laide, tu n'aurais pas tant de vues ingénieuses sur la raison d'État.

Entre le jeune Scipion. Cherea va vers lui.

Scène iii

Cherea : Alors?

Scipion : Encore rien. Des paysans ont cru le voir dans la nuit d'hier, près d'ici, courant à travers l'orage.

Cherea se détourne.

Troisième s. : Cela fait trois jours qu'il s'est enfui?

Scipion : Oui. Tout de suite après avoir vu le corps de Drusilla. J'étais là. J'ai toujours été son ami. Il s'est avancé et il a touché le cadavre. Il a poussé une sorte de petit cri et il s'est enfui sans tourner la tête. Depuis, on court après lui.

Cherea : Ce garçon aimait trop la littérature.

Troisième s. : C'est de son âge.

Cherea : Oui [barré], mais ce n'est pas de son rang. Un empereur artiste. Nous en avons eu un ou deux, bien sûr. Des brebis galeuses. Les autres, du moins, avaient le bon goût de rester des [adjudants] militaires.

Premier s. : En tout cas, c'était plus reposant.

Scipion *(à Cherea)* : Dites, il faut faire quelque chose.

Cherea : Oui, il faut attendre.

Troisième s. : S'il ne revient pas, nous le remplacerons. Ce ne sont pas les empereurs qui nous manquent.

Deuxième s. : Non, nous manquons seulement de caractères.

Cherea : Et s'il revient mal disposé?

Troisième s. : Eh bien, c'est encore un enfant, nous le mettrons à la raison.

Cherea : Et s'il n'entend pas raison?

Troisième s. : Ma foi, j'ai écrit dans le temps un traité du coup d'État.

Cherea : Voilà la première chose intelligente que tu aies dite depuis ce matin. Oui, j'ai besoin d'un empereur paisible. D'abord, j'ai un roman à finir.

Scipion : Je vous demande pardon.

Il sort.

Cherea : Il est offusqué.

Premier s. : C'est un enfant. Et les jeunes gens sont solidaires.

Ils sortent.

Scène IV

La scène reste vide quelques
secondes. Caligula entre furtivement
par la gauche. Il est égaré, sale, il
a les cheveux pleins d'eau et les
jambes souillées. Sa bouche pend. Il
porte plusieurs fois la main aux
lèvres. Il avance vers le miroir et
dès qu'il se voit s'arrête avec un
petit rire. Puis il se parle gentiment.

Caligula : Monstre, Caligula. Monstre pour avoir trop aimé.
(Changeant de ton, avec sérieux.) — J'ai couru, tu sais. C'est bien long,
trois jours. Je n'en avais aucune idée, avant. Mais c'est ma faute.
(Avec une voix tout à coup douloureuse.) — C'est ridicule de croire
que l'amour répond à l'amour. Les êtres meurent dans vos mains,
voilà la vérité. *(Il halète et se comprime les côtes.)* — Et quand ils sont
morts, ça n'est plus eux. *(Il s'assoit et explique à son image.)* —
Ce n'était plus elle. J'ai couru, tu sais. Je reviens de loin! Je la portais
sur mon dos. Elle, vivante, loin de son cadavre au visage d'étrangère.
Elle était lourde. Elle était lourde et tiède. C'était son corps, sa
vérité chaude et souple. Elle était encore à moi et elle m'aimait sur
cette terre. *(Il se lève, soudain affairé.)* — Mais j'ai beaucoup à faire.
Il faut encore que je l'emmène, loin, dans cette campagne qu'elle
aimait. — [où elle marchait si justement que le balancement de ses
épaules suivait pour moi la ligne des collines à l'horizon.]

Il s'arrête de plus en plus égaré.
Il tourne le dos au miroir et s'appuie
contre lui. Il ferme un moment les
yeux. On entend sa respiration
rauque. Il grommelle des paroles
indistinctes.

Caligula *(d'une voix à peine éveillée)* : Monstre, Caligula, monstre.
Il faut partir maintenant. Qui peut vivre les mains vides, qui tenait
jusque-là avec elles tout l'espoir du monde. Comment faire? *(Il*
rit d'un rire faux.) — Faire un contrat avec sa solitude, hein? S'arranger avec sa vie. Se donner des raisons, se faire une petite vie et une
consolation. Très peu pour Caligula. *(Il frappe du plat de la main sur*
le miroir.) — Très peu pour toi, n'est-ce pas?

On entend des voix. Caligula se
redresse et regarde de tous côtés.
Il prononce le nom de Drusilla, regarde
le miroir et fuit le visage qui ricane
devant lui. — Entre en courant le
jeune Scipion suivi de Cæsonia
[et d'Hélicon].

Scène v

Scipion : Il n'y a personne.

[Cæsonia : Hélicon, ne t'a-t-il rien dit hier au soir ?

Hélicon : Je ne suis pas son confident. Je suis son spectateur.

Cæsonia : Je t'en prie, Hélicon.

Hélicon : Chère Cæsonia, Caïus est un sentimental. Tout le monde le sait. Et le sentiment, cela n'enrichit pas, cela se paie. Mais vous permettez, le déjeuner. (Il sort.)]

Cæsonia *(essoufflée)* : Un garde l'a vu passer. Mais Rome tout entière voit Caligula partout. Et Caligula ne voit que l'ombre de Drusilla.

Elle s'assoit, douloureuse. — Silence.

Scipion : Dites, Cæsonia, l'aimait-il à ce point ?

Cæsonia : C'est pire, mon petit. Il la désirait aussi.

Scipion : Comme tu dis cela.

Cæsonia : C'est que, vois-tu, s'il l'avait seulement aimée, sa mort n'aurait rien changé. Les maladies de l'âme ne sont pas graves. On s'en sauve par la mélancolie. Mais aujourd'hui sa chair aussi est mordue. Il brûle tout entier.

Scipion *(imprudent)* : Mais il te désirait aussi.

Cæsonia : Toi, tu t'occupes de ce qui ne te regarde pas. *(Un temps.)* Il me désire, c'est vrai. Mais il faudrait qu'il m'aime.

Scipion *(timidement)* : Je ne comprends pas bien.

Cæsonia *(lasse)* : Moi, si. Cela veut dire qu'il me demande seulement du plaisir. Est-ce le vrai désir ? Tu sauras plus tard qu'on peut aimer souvent, mais qu'on ne désire jamais qu'une fois.

Scipion : Cæsonia, il faut le sauver.

Cæsonia : Tu l'aimes donc.

Scipion *(avec élan)* : Tu ne peux pas savoir comme il a été bon pour moi. Comme il m'a aidé. Comme il a aidé ma famille. Il me parlait de mon œuvre. Il m'encourageait. Il me disait que la vie n'est pas facile, mais qu'il y avait l'art, la religion et l'amour qu'on nous porte. Il me disait qu'il ne fallait jamais faire souffrir. Que c'était la seule façon de se tromper. Et qu'il fallait essayer d'être un homme juste pour soi et pour les autres, chanter le bonheur et s'accorder au monde.

Cæsonia *(se levant)* : C'était un enfant.

Elle va vers le miroir et se regarde.

Cæsonia : Je n'ai jamais eu d'autre dieu que mon corps. Et c'est ce dieu que je voudrais prier aujourd'hui : pour qu'il me le rende sain et sauf.

Entre Caligula. Apercevant Cæsonia et Scipion, il hésite et recule. Au même instant entrent à l'opposé

les sénateurs [barré : *serviteurs*]
et l'intendant du palais. Ils s'arrêtent,
interdits. Cæsonia se retourne. Elle
et Scipion courent vers Caligula. Il
les arrête d'un geste.

Scène VI

L'INTENDANT *(d'une voix mal assurée)* : Nous... nous te cherchions, César.

CALIGULA *(d'une voix brève et changée)* : Je vois.

L'INTENDANT : Nous... c'est-à-dire...

CALIGULA *(brutalement)* : Qu'est-ce que vous voulez ?

L'INTENDANT : Nous étions inquiets, César.

CALIGULA *(s'avançant vers lui)* : De quel droit ?

L'INTENDANT : Eh heu... *(Soudain inspiré et très vite.)* Enfin, de toute façon, tu sais que tu as à régler quelques questions concernant le Trésor public.

CALIGULA *(pris d'un rire inextinguible)* : Le Trésor ? Mais c'est vrai, voyons, le Trésor, c'est capital.

L'INTENDANT : Certes, César.

CALIGULA *(toujours riant, à Cæsonia)* : N'est-ce pas, ma chère, c'est très important, le Trésor ?

CÆSONIA : Non, Caligula, pas encore [*c'est une question secondaire*].

CALIGULA : Mais c'est que tu n'y connais rien. Le Trésor est d'un intérêt puissant. Tout est important : les finances, la moralité publique, la politique extérieure, l'approvisionnement de l'armée et les lois agraires ! Tout est capital, te dis-je [comme la peine du même nom]. Tout est sur le même pied, la grandeur de Rome et tes crises d'arthritisme. Ah ! Je vais m'occuper de tout cela. Écoutez-moi un peu.

L'INTENDANT : Nous t'écoutons.

Les sénateurs s'avancent.

CALIGULA : Tu m'es fidèle, n'est-ce pas ?

L'INTENDANT *(d'un ton de reproche)* : César !

CALIGULA : Eh bien j'ai un plan. Nous allons bouleverser l'économie politique en deux temps. Je te l'expliquerai, intendant... quand les sénateurs seront sortis.

Les sénateurs sortent.

Scène VII

Caligula s'assied près de Cæsonia,
et entoure sa taille.

CALIGULA : Écoute bien. Premier temps : tous les sénateurs, toutes les personnes de l'Empire qui disposent de quelque fortune —

petite ou grande, c'est exactement la même chose — doivent obligatoirement déshériter leurs enfants et tester sur l'heure en faveur
de l'État.

L'intendant : Mais César...

Caligula : Je ne t'ai pas encore donné la parole. À raison de nos
besoins, nous ferons mourir ces personnages dans l'ordre d'une liste
établie arbitrairement. À l'occasion, nous pourrons modifier cet
ordre — toujours arbitrairement. Et nous hériterons.

Cæsonia *(se dégageant)* : Qu'est-ce qui te prend ?

Caligula *(imperturbable)* : L'ordre des exécutions n'a en effet
aucune importance. Ou plutôt ces exécutions ont une importance
égale, ce qui entraîne qu'elles n'en ont point. D'ailleurs, ils sont
aussi coupables les uns que les autres. *(Rudement à l'intendant.)* — Tu
exécuteras ces ordres sans délai. Les testaments seront signés dans
la soirée par tous les habitants de Rome, dans un mois au plus tard
par tous les provinciaux. Envoie des courriers.

L'intendant : César, tu ne te rends pas compte.

[Caligula : Non, c'est toi. *(Avec violence.)* — Écoute-moi bien.
Si le Trésor a de l'importance, alors la vie humaine n'en a pas. J'ai
décidé d'être logique. Et vous allez voir ce que la logique va vous
coûter. J'ai le pouvoir. J'exterminerai les contradicteurs et les
contradictions. S'il le faut, je commencerai par toi. Tu as déjà
choisi. Ton premier mot pour saluer mon retour a été le Trésor.
Je te le répète, on ne peut pas mettre le Trésor et la vie humaine sur
le même plan. Augmenter l'un, c'est démonétiser l'autre. Toi, tu as
choisi. Moi, j'entre dans ton jeu. Je joue avec tes cartes. Et d'ailleurs,
mon plan par sa simplicité est génial. Tu as trois secondes pour
disparaître. Je compte un...]

L'intendant disparaît.

Scène VIII

> *Caligula se tourne vers le jeune
> Scipion, l'appelle du geste et l'entoure
> de son bras libre.*

Caligula *(singulièrement)* : Ah! mes enfants. Je viens de comprendre la vertu du pouvoir. Il va de pair avec la liberté d'esprit.
Aujourd'hui et pour tout le temps qui va venir, ma liberté n'a pas
de limites. *(Avec une soudaine émotion.)* — Pas de limites, Cæsonia,
tu comprends ?

Cæsonia : Oui.

Scipion *(tristement)* : Il faut que je parte, César.

Caligula : Bien sûr, mon petit. *(Il a les larmes aux yeux.)*

> *En sortant, Scipion croise Cherea.*

SCÈNE IX

CALIGULA : Tiens, voilà un intellectuel [*voilà notre littérateur*]. C'est curieux, ce besoin que j'ai, tout d'un coup, de parler avec un intellectuel [*littérateur*].

CHEREA : Nous faisons des vœux pour ta santé, Caïus.

CALIGULA : Ma santé te remercie, Cherea, elle te remercie. Mais dis-moi, que penses-tu du pouvoir ?

CHEREA : Tu me demandes mon opinion sur la liberté, Caïus ?

CALIGULA : C'est ce que je veux dire, en effet.

CHEREA : Je pense qu'elle est seulement ce que tu lui permets d'être.

CALIGULA : Belle réponse de sophiste. Et toi, Cæsonia, qu'en penses-tu ?

CÆSONIA : Je pense que tu devrais aller te reposer.

CALIGULA : Belle réponse d'idiote. C'est tout, Cherea.

CHEREA : C'est tout, Caïus.

CALIGULA (*se lève, commence normalement, puis, changeant de ton, de plus en plus haut, finit avec une expression convulsée*) : Eh bien! je vais compléter ta documentation et t'apprendre qu'il n'y a qu'une liberté, celle du condamné à mort. Parce que celui-là, tout lui est indifférent, en dehors du coup qui fera gicler son sang. Voilà pourquoi vous n'êtes pas libres. Voilà pourquoi dans tout l'Empire romain, Caligula seul est libre, parmi toute une nation d'esclaves. À ce peuple orgueilleux de ses libertés dérisoires, il est enfin venu un empereur qui va lui donner sa liberté profonde. (*Il s'arrête haletant. — D'une voix étrange.*) — C'est comme si, à partir de cette heure, vous viviez tous en condamnés à mort, comme les plus chers et les plus délivrés de mes enfants. (*Un temps. — D'une voix neutre.*) — Va-t'en maintenant. Reste, Cæsonia.

SCÈNE X

Caligula s'est détourné.

CÆSONIA : Tu pleures, Caligula.

CALIGULA (*toujours détourné*) : Oui, Cæsonia.

CÆSONIA : Tu l'aimais tant que cela ?

CALIGULA : Je ne sais pas, Cæsonia.

> *Cæsonia va vers lui et le prend aux épaules. Caligula sursaute.*

CALIGULA : Ne me touche pas. — Je ne veux pas que tu me touches. (*Plus doucement.*) — Reste ce que tu étais. Tu es la seule femme qui ne m'ait jamais caressé les cheveux. Nous nous comprenons sur beaucoup de points, n'est-ce pas ?

CÆSONIA : Je crois que oui.

CALIGULA : Alors reste près de moi sans parler. Je sortirai peut-être de là. Mais je sens monter en moi des êtres sans nom — comme les visages horribles d'une liberté inhumaine. Je ne puis plus rien contre eux, tu comprends. Je savais qu'on pouvait être désespéré [angoissé]. Je ne savais pas ce que ce mot voulait dire. Je croyais comme tout le monde que c'était une maladie de l'âme. Mais non, c'est mon corps qui souffre. (D'une voix malade.) — J'ai mal au cœur, Cæsonia. Non, n'approche pas. Laisse-moi. J'ai comme une envie de vomir dans tout le corps. Mes membres me font mal. Ma peau me fait mal. J'ai la tête creuse. Mais le plus affreux, c'est ce goût dans la bouche. Ce n'est pas du sang, ce n'est pas la mort, ni la fièvre. C'est tout ça en même temps. Il suffit que je remue la langue pour que tout redevienne noir et que les êtres me répugnent.

CÆSONIA : Cela va passer, mon petit. Étends-toi. Dors. Dors plusieurs jours. Laisse-toi aller et ne réfléchis plus. Cela ne peut pas durer toujours. Ce serait inhumain. Après, tu te réveilleras. Il y aura encore la campagne que tu aimes et la douceur du soir. Tu as le pouvoir et tous les êtres sont à toi, toutes les bouches où tu veux mordre. Tu garderas Cæsonia qui se taira près de toi. Et peu à peu, tu renaîtras et tu redeviendras bientôt celui que tout Rome a aimé.

CALIGULA : [Ne me parle pas de ce pantin sucré. Il est bien mort.] [Ne me parle pas de celui-là.] Il me dégoûte. (Il s'assoit près du miroir, il met la tête dans ses mains.) — Je voudrais guérir et je ne le puis pas. Quand je ne savais pas qu'on pouvait mourir, tout me paraissait croyable. Même leurs dieux, même leurs espoirs et leurs discours. Plus maintenant. Maintenant, je n'ai rien que ce pouvoir dérisoire dont tu parles. Plus il est démesuré et plus il est ridicule. Parce qu'il ne compte pour rien auprès de certains soirs où Drusilla se retournait vers moi. (Un temps.) — Ce n'était pas elle, c'était le monde qui riait par ses dents.

CÆSONIA : Ne pense pas à toutes ces choses, tu...

CALIGULA (violemment) : Si, il faut y penser. Il faut y penser au contraire. (Il s'agite et redevient nerveux.) — J'ai compris un soir auprès d'elle que toute ma richesse était sur cette terre. Et c'est de ce soir-là que je ne peux me détacher. (Sourdement.) — Avec elle, c'est la terre entière que je viens de perdre.

CÆSONIA : Caligula !

CALIGULA (comme poursuivant un rêve intérieur, véhément) : Je ne suis pas un idéaliste, moi. Je ne suis pas un poète. Je ne peux pas me contenter de souvenirs. Je ne saurai pas. C'est un vice que je ne connais pas. Je ne me suis jamais masturbé, c'est la même chose. À douze ans, j'ai connu l'amour. Je n'ai pas eu le temps de me faire des imaginations. Ce qu'il me faut, c'est un corps, une femme avec des bras et des odeurs d'amour. Le reste c'est pour les fonctionnaires, les comédiens et les impuissants. Et pourtant, voici le plus douloureux : de ce soir-là, c'est tout ce qui me reste : le souvenir et sa pourriture. Faut-il donc être un fonctionnaire ?

> *Il se lève et va vers le miroir.*
> *Cæsonia tend les bras vers lui, mais*
> *il ne la voit pas.*

Caligula : Elle avait une voix douce et elle parlait sans heurts. Mais aujourd'hui son corps pour moi n'est pas plus réel que l'image de ce miroir. Ce dialogue de ce miroir à moi, et de son ombre à moi, si tu savais, Cæsonia, l'affreuse envie que j'ai de le jouer.

Cæsonia *(dans un cri)* : Non, je t'en prie, tais-toi.

Caligula : C'est elle qui parlait d'abord.

Cæsonia *(se jette sur lui et s'agrippe à ses bras)* : Tu vas te taire. Tu ne vas pas faire ça.

> *Caligula se débarrasse doucement*
> *de ses mains et marche vers le miroir*
> *avec un sourire indicible.*

Caligula : Ce qu'elle disait n'avait pas d'importance tout de suite. C'était pour donner le ton. C'était le « la » d'un langage de musique et de sang — musique du cœur, sang du désir.

> *Il tend les mains vers le miroir.*
> *Cæsonia s'assoit, mais cache sa tête*
> *dans ses mains.*
> *La scène qui suit, grotesque dans*
> *les faits, ne doit jamais l'être dans le*
> *ton.*

SCÈNE XI

Caligula *(toujours la même attitude bouleversée)* : C'est moi qui ai commencé. *(Il récite un peu.)* — Si tu venais près de moi, Drusilla. *(Confidentiel.)* — C'est ce que je lui disais. *(Reprenant le ton de la récitation.)* — Plus près, et encore plus près, pour qu'il y ait... Non, n'aie pas peur. Je ne te désire pas — pas encore ou plus du tout, je ne sais pas. Quand je mets ma main sur le corps d'une autre femme, c'est tout le regret de ta chair qui me monte aux lèvres. Et quand d'autres que toi s'appuient sur mon épaule, je les tuerais sans sourire à les voir faire les gestes d'une tendresse qui n'appartient qu'à toi.

> *Il s'arrête et tourne un peu sur*
> *lui-même. Il reprend les phrases de*
> *Drusilla de la même voix, mais plus*
> *lente et plus douloureuse.*

Caligula : Tais-toi, Caïus. *(Confidentiel.)* — Elle me priait souvent de me taire. *(Reprenant à nouveau.)* — Ne réveille pas mes regrets. C'est si terrible d'aimer dans la honte. Oh! mon frère! Lorsque je vois mes compagnes se taire et devenir songeuses, lorsque je lis dans leurs yeux l'image secrète et tendre qu'elles caressent farouchement, ah! je leur envie cet amour qu'elles taisent quand elles pourraient l'avouer! Mais elles renferment leur bonheur pour le mieux préserver. Et moi je me tais à cause du malheur où mon amour me plonge. *(La voix de Caligula faiblit.)* — Et pourtant, des soirs comme ce soir, devant ce ciel plein de l'huile brillante et douce des étoiles, comment ne pas défaillir devant ce que mon amour a de pur et de dévorant ?

CÆSONIA *(pleure, elle fait un geste et d'une voix étouffée) :* Assez.

> [*Mais Caligula se précipite sur le miroir, tombe à ses pieds, le prend au cou et se serre avec désespoir contre lui.*]

CALIGULA : Pur, Drusilla, pur comme les étoiles pures. Je t'aimais, Drusilla. Comme on aime la mer ou la nuit, avec un enfoncement qui a la lenteur et le désespoir des naufrages. Et chaque fois que je sombrais dans cet amour, je me fermais aux bruits du monde et à l'infernal tourment de la haine. Ne me quitte pas, Drusilla. J'ai peur. J'ai peur de l'immense solitude des monstres. Ne te retire pas de moi. Oh ! cette douceur et ce dépassement.

> *Il s'arrête brusquement avec des hoquets de larmes. Il fait volte-face, se tourne vers Cæsonia et la prend aux épaules. Il parle avec véhémence et d'une voix pleine d'éclats.*

CALIGULA : Voilà ce qui me poursuit. Ce dépassement... vois-tu, et l'ordure puante que cela est devenu en quelques heures. Tu as entendu l'autre : le Trésor public ! Ah ! c'est maintenant que je vais vivre enfin. Vivre, Cæsonia, vivre, c'est le contraire d'aimer. C'est moi qui te le dis. Le beau spectacle, Cæsonia. Et il me faut du monde, des spectateurs, des victimes et des coupables.

> *Il saute sur le gong et commence à frapper, sans arrêt, à coups redoublés.*

CALIGULA *(toujours frappant) :* Faites entrer les coupables. Je veux les voir. Il me faut des coupables. Et ils le sont tous. *(Frappant toujours.)* — Je veux qu'on fasse entrer les condamnés à mort. Du public, du public, Cæsonia. Je leur montrerai ce qu'ils n'ont jamais vu, ma colombe. *(Il rit à perdre haleine, toujours frappant.)* — Je leur montrerai un homme libre — le seul de tout cet empire.

> *Au son du gong, le palais peu à peu s'est rempli de rumeurs qui grossissent et approchent. Des voix, des bruits d'armes, des pas et des piétinements.*
> *Caligula rit et frappe toujours. Des gardes entrent puis sortent.*

CALIGULA *(frappant) :* Et toi, Cæsonia, tu m'obéiras. Tu m'aideras. Tu m'aideras toujours. Ce sera merveilleux. Jure de m'aider, Cæsonia.

CÆSONIA (*égarée, entre deux coups de gong*) : Je n'ai pas besoin de jurer puisque je t'aime.

CALIGULA (*même jeu*) : Tu feras tout ce que je te dirai.

CÆSONIA (*même jeu*) : Tout, Caligula, mais arrête.

CALIGULA (*même jeu*) : Tu seras cruelle.

CÆSONIA (*pleurant*) : Cruelle.

CALIGULA (*même jeu*) : Froide et implacable.

CÆSONIA : Implacable.

CALIGULA (*même jeu*) : Tu souriras aussi.

CÆSONIA : Oui, Caligula, mais je deviens folle.

> *Des sénateurs sont entrés, ahuris, et avec eux les gens du palais. Caligula frappe un dernier coup, lève son maillet, se retourne vers eux et les appelle.*

CALIGULA (*insensé*) : Venez tous. Approchez. Je vous ordonne d'approcher. (*Il trépigne.*) — C'est un empereur qui exige que vous approchiez. [Vous savez ce que c'est un empereur. Ça donne de la copie aux historiens et du prestige à des institutions qui en ont bien besoin.] (*Tous avancent, pleins d'effroi.*) — Venez vite. Et maintenant approche, Cæsonia.

> *Il la prend par la main, la mène près du miroir et, du maillet, efface frénétiquement une image sur la surface polie. Il rit.*

CALIGULA : [Plus de Drusilla, tu vois. Plus de Drusilla...] — [Plus rien, tu vois. Plus de souvenirs, tous les visages enfuis ! Rien, plus rien.] Et sais-tu ce qui reste ? Approche encore. Regarde. Approchez. Regardez. (*Il se campe devant la glace dans une attitude absurde et démente.*)

CÆSONIA (*regardant le miroir, avec effroi*) : Caligula !

> *Caligula change de ton, pose son doigt sur la glace et, le regard soudain fixe, dit d'une voix triomphante :*

CALIGULA : Caligula.

RIDEAU

ACTE II
Jeu de Caligula
SCÈNE I
Réunion de sénateurs chez Cherea.

LE VIEUX S. : Il remue dans ma main son doigt du milieu. Il m'appelle petite femme. Il me caresse les fesses. À mort.

PREMIER S. : Il nous fait courir tous les soirs autour de sa litière quand il va se promener dans la campagne.

Deuxième s. : Et il nous dit que c'est bon pour la santé.

Troisième s. : Rien ne peut excuser cela.

Le vieux s. : Il n'y a pas d'excuses à cela.

Troisième s. : Non, on ne peut pardonner cela.

Deuxième s. : Patricius, il a confisqué tes biens. Scipion, il a tué ton père. Octavius, il a enlevé ta femme et la fait travailler maintenant dans sa maison publique. Lepidus, il a tué ton fils. Allez-vous supporter cela ? Pour moi, mon choix est fait. Entre le risque à courir et cette insupportable vie qui m'est faite dans la peur et l'impuissance, je ne peux pas hésiter.

Le jeune Scipion (à voix basse) : Il a tué mon père.

Un chevalier : Nous sommes avec toi. Il a donné au peuple nos places de cirque et nous a poussés à nous battre avec la plèbe, pour mieux nous punir ensuite.

Le vieux s. : C'est un lâche.

Deuxième s. : Un cynique.

Troisième s. : Un comédien.

Octavius : C'est un impuissant, ma femme me l'a dit.

> Tumulte désordonné. Des armes sont brandies. Un flambeau tombe. Une table est renversée. Tout le monde se précipite vers la sortie. — Mais entre Cherea, impassible, qui arrête cet élan.

Scène II

Cherea : Comme vous êtes pressés. Où courez-vous ?

Deuxième s. (indigné) : Au palais !

Cherea : J'ai bien compris. Mais vous croyez qu'on vous laissera entrer ?

Deuxième s. : Il ne s'agit pas de demander la permission.

Cherea (toujours marchant, va s'asseoir sur un coin de la table renversée) : Et vous croyez que c'est aussi facile que ça ? Qu'un homme va mourir parce que vous avez peur ?

Deuxième s. : Que fais-tu là, sinon ? Il a couché avec ta femme, je crois.

Cherea : Il n'y a pas grand mal. Elle m'a dit qu'elle y avait pris du plaisir. (Un temps.) — Lui aussi, selon toute probabilité.

Le chevalier : Si tu n'es pas avec nous, va-t'en. Mais tiens ta langue.

Cherea : Mais je suis avec vous. Moi aussi, je veux que Caligula soit tué.

Une voix : Assez de bavardages.

Cherea (se redressant, soudain sérieux) : Oui, assez de bavardages. Je veux que les choses soient claires. Si j'avais la puissance de Caligula, j'agirais comme lui puisque j'ai sa passion. Mais sur un point, je ne suis pas d'accord avec vous. Si Caligula est dangereux, s'il vous fait la vie insupportable, ce n'est point par ses gestes obscènes, ses cruautés et ses assassinats. *(Ambigu.)* — Mais c'est par une passion plus haute et plus mortelle [qu'il ne faut pas craindre d'appeler poésie].

UNE VOIX : Qu'est-ce que c'est que cette histoire ?

CHEREA : Cette histoire, bel anonyme, la voici. Par Caligula et pour la première fois dans l'histoire, la pensée [*la poésie*] agit et le rêve rejoint l'action. Il fait ce qu'il rêve de faire. Il transforme sa philosophie en cadavres. Vous appelez ça un anarchiste. Et lui croit être un artiste. Mais dans le fond c'est la même chose.

Moi (il faut bien que je parle de moi) je suis avec vous — avec la société. Non par goût. Mais parce que je n'ai pas le pouvoir et que vos hypocrisies et vos lâchetés me protègent plus sûrement que les lois les plus équitables. Tuer Caligula, c'est établir ma sécurité. Caligula vivant, je suis tout entier livré à l'arbitraire et à l'absurde, c'est-à-dire à la poésie. *(Il les regarde, et d'un ton pénétré.)* — Je vois sur vos visages déplaisants la sueur de la peur. Moi aussi, j'ai peur. Mais j'ai peur de ce lyrisme inhumain auprès de quoi ma vie n'est rien. Ce monstre nous dévore, je vous le dis. Qu'un seul être soit pur, dans le mal ou dans le bien, et notre monde est en danger. *(Un temps.)* — Voilà pourquoi Caligula doit mourir. [Caligula doit mourir pour cause de pureté.]

DEUXIÈME S. *(saute sur un banc)* : Je ne te comprends pas très bien. Mais je suis avec toi quand tu dis que les bases de notre société sont ébranlées. Pour nous, n'est-ce pas, vous autres, la question est avant tout morale. La famille tremble. Le respect se perd. Rome tout entière est livrée au blasphème. Conjurés, la vertu nous appelle au secours. Nous sommes le parti de l'honneur et de la propreté. Et ce sont les principes sacrés de l'ordre et de la famille que nous avons à défendre. Conjurés, accepterez-vous enfin que les sénateurs soient contraints chaque soir de courir autour de la litière de César ?

LE VIEUX S. : Permettrez-vous qu'on les appelle « petite femme » et qu'avec le doigt...

UNE VOIX : Qu'on leur enlève leur femme ?

UNE AUTRE : Et leur argent ?

Clameur générale : « Non ! »

DEUXIÈME S. : Cherea, tu as bien parlé. Tu as bien fait aussi de nous calmer. Il est trop tôt pour agir. Le peuple aujourd'hui encore serait contre nous. Il n'est pas nécessaire de faire périr un bourreau s'il faut ensuite payer cette exécution de sa propre vie. Veux-tu guetter avec nous le moment de conclure ?

CHEREA : Oui. Laissons continuer Caligula. Poussons-le dans cette voie. Organisons sa folie. Un jour viendra où il sera seul devant un Empire plein de morts ou de parents de morts.

Clameur générale. — Trompettes au-dehors. Silence, puis, de bouche en bouche, un nom : « Caligula ».

Mss 1 et 2 : Titre : *Caligula ou le Joueur.*

ACTE I

P. 7.

1. Ms. 1 : Titre : *Désespoir de Caligula.*

P. 8.

1. Ms. 3 : *Mais oui ! les peines d'amour ne durent pas.*
2. Éd. 1947 : Les trois répliques qui suivent ne s'y trouvaient pas.

P. 9.

1. Éd. 1947 : La réplique d'Hélicon ne s'y trouvait pas. Là, commençait la scène II. Toutes les scènes de l'acte se trouvaient décalées d'autant.
2. Éd. 1947 : *Allons, ne nous affolons pas.*
1er patricien : Mais oui. — Hélicon : Ne nous affolons pas, c'est l'heure du déjeuner.
Toute la réplique d'Hélicon a été récrite pour la dernière édition.

P. 10.

1. Ces deux lignes : « Vous savez ... m'exprimer ainsi. » n'existaient pas dans l'édition de 1947.
2. Éd. 1947 : Et de *qui* donc alors ?

P. 11.

1. Éd. 1947 : HÉLICON : *Mais de personne ou de rien. Quand toutes les explications sont possibles, il n'y a vraiment pas de raisons de choisir la plus banale ou la plus bête.*
(Entre *le jeune* Scipion, *Cherea va vers lui.*)
2. Ms. 3 : Oui, j'étais présent, le suivant comme *toujours.*

P. 12.

1. Ms. 3 : Mais les autres ont eu le bon goût de rester des *militaires.*

P. 13.

1. Éd. 1947 : HÉLICON : *Cela ne fait rien.*
2. Ms. 3 : Un *sénateur* apparaît.

P. 15.

1. Ms. 4 : Et maintenant, *heureusement,* tout est arrangé.
2. « Je suis bien trop intelligent pour ça. » Cette réplique n'existait pas dans l'édition de 1947.

P. 16.

1. Ms. 4 : On ne peut pas le tenir jusqu'au bout, *on se fatigue avant.*

2. Ms. 3 : (*Il regarde Hélicon et s'animant.*)

3. Éd. 1947 : *Mais* ce n'est pas cela.

4. Éd. 1947 : Et qu'est-ce donc que cette vérité ?

    Ms. 4 : *Allons bon !* Et qu'est-ce donc...

5. Ms. 3 : Avant d'écrire « sur un ton neutre », Camus avait écrit : *simplement.*

P. 18.

1. Éd. 1947 : Chère Cæsonia, Caïus est un idéaliste, tout le monde le sait. *Il suit son idée, voilà tout. Et personne ne peut savoir où elle le mènera.* Mais, vous permettez, le déjeuner.

P. 19.

1. Éd. 1947 : ... la vie *n'était* pas facile...

P. 21.

1. On peut se demander si la mention : « *et entoure sa taille* » qu'on trouvait aux mss 1 et 2 n'a pas été oubliée, car on retrouve plus loin : « Cæsonia se dégageant. »

P. 22.

1. « Notez d'ailleurs ... gagne-petit. » Ces quatre phrases n'existaient pas dans l'édition de 1947.

2. Ms. 3 : *Non, c'est toi qui perds le fil.* Écoute-moi bien...

P. 24.

1. Éd. 1947 : ... une expression de fatigue.) *Ah ! mes enfants !* Je viens de...

2. Éd. 1947 : La réplique de Caligula s'arrêtait là.

3. Ms. 4 : Allez, rompez, *je n'aime pas* les faux témoins.

P. 25.

1. Ms. 3 : Me voici seul libre *parmi une nation d'esclaves.* Réjouissez-vous. *À ce peuple orgueilleux de ses libertés dérisoires,* il est enfin venu...

2. Éd. 1947 : Va-t'en, Cherea, et toi aussi Scipion, *car qu'est-ce que* l'amitié ?

P. 27.

1. Ms. 3 : Je te jure que tout cela ne *change* pas.

ACTE II

P. 31.

1. Mss 1 et 2 : Titre : *Jeu de Caligula.*

2. L'exclamation de Mucius : « Depuis trois ans ! » n'apparaît que

dans la dernière édition. Il en est de même pour le « depuis trois ans » lancé par le quatrième patricien, p. 32.

3. Ms. 2 : *1ᵉʳ sénateur :* Il insulte notre dignité.

LE VIEUX *sénateur :* Il m'appelle petite femme. *Il me caresse les fesses !* À mort !

4. Ms. 3 : *Il insulte notre dignité ! Rien ne peut excuser* cela.

P. 32.

1. Ms. 3 : Camus avait d'abord écrit : *mon choix est fait.* Il a rayé.

2. Éd. 1947 : *Un chevalier*

P. 33.

1. Éd. 1947 : *Un* PATRICIEN

2. Éd. 1947 : *Le* PATRICIEN

3. Éd. 1947 : La réplique de Cherea était : *Lepidus, veux-tu fermer la porte ?*

4. Éd. 1947 : *Un chevalier*

5. Éd. 1947 : *Une voix*

P. 34.

1. Éd. 1947 : *Non,* les empereurs fous...

2. Ms. 4 : Non, cela est secondaire.

3. Éd. 1947 : *Et,* sans doute, ...

P. 35.

1. Ms. 3 : Il faut bien frapper quand on ne peut *convaincre.*

Ms. 4 : Il faut bien frapper *puisqu'*on ne peut *le* réfuter.

2. Ms. 3 : ... puissance *absurde*...

3. Ms. 3 : ... *mais il faut ruser avec la méchanceté*...

Ms. 4 : ... il faut ruser *au contraire* avec la méchanceté...

4. Éd. 1947 : *Premier* PATRICIEN

5. Éd. 1947 : *Une voix :* Qu'on leur enlève leur femme.

Une autre : Et leur argent ?

Clameur générale : Non !

P. 37.

1. Au ms. 1, la scène s'arrêtait à la réplique de Cæsonia. Hélicon n'apparaissait pas dans la pièce.

P. 38.

1. Ms. 2 : Caligula entre et observe. *Il caresse au passage la croupe d'un vieux sénateur qui ramasse un coussin.*

2. Éd. 1944 : Bonjour, ma chérie. (Aux autres.) *Messieurs,* une exécution m'attend. *Mais j'ai décidé de me restaurer auparavant chez toi, Cherea. Je viens de donner des ordres pour qu'on nous apporte des vivres. Faites aussi chercher vos femmes.* [Cette dernière phrase remplacée en 1947 par : Mucius, je me suis permis d'inviter ta femme.] *(Un temps.)* — Rufius a de la chance que je sois si prompt à avoir faim. (Confi-

dentiel.) — Rufius, c'est le chevalier qui doit mourir. (Un temps.) — Vous ne me demandez pas pourquoi il doit mourir?

Silence général. Pendant ce temps, des esclaves ont servi la table et apporté des vivres.

CALIGULA (de bonne humeur) : Allons, je vois que vous devenez intelligents. (Il grignote une olive.) — Vous avez fini par comprendre qu'il n'est pas nécessaire d'avoir fait quelque chose pour mourir. (Il s'arrête de grignoter et regarde les convives d'un air farceur.) — Soldats, je suis content de vous.

Entrent des femmes, trois ou quatre.
[Éd. 1947 : *Entre la femme de Mucius.*]

Voyons [Ms. 1 : *Allons*], plaçons-nous. Au hasard. Pas de protocole. [Ms. 1 : *Je suis un homme simple, moi. C'est d'ailleurs pour ça que je suis un incompris.*]

Tout le monde s'est assis.

CALIGULA : Tout de même, ce Rufius a de la chance. [Ms. 1 rayé : *quel veinard.*] Et je suis sûr qu'il n'apprécie pas ce petit répit. Pourtant quelques heures gagnées sur la mort, c'est inestimable. [Ms. 1 : *(Un temps). Il est vrai que Rufius a toujours été un crétin.*]

P. 42.

1. Éd. 1947 : Et commence par l'envoyer à ma droite. (La femme de Mucius vient près de Caligula.) [Ms. 1 : *avec un geste pour arranger ses cheveux.*] Eh! Mucius, nous t'attendons.

2. Ms. 1 : [rayé] Il a déjà *le sein droit de* la femme *dans sa main* et lèche...

P. 43.

1. Éd. 1944 : Mais auparavant, *j'ai un petit besoin à satisfaire.*

2. Ms. 1 : [rayé] *Il est visible que la véritable action ne se passe pas sur la scène.*

P. 44.

1. Réplique inexistante dans l'éd. 1947.
Au ms. 4, cette réplique, attribuée à Cherea, se trouve rayée.

2. Ms. 1 : Caligula est un *fin psychologue.*

3. Ms. 1 : CALIGULA (*plus léger* [rayé]) : Je te rends ta femme. *Avec mes félicitations. Un point sombre, cependant : les reins sont faibles. Oui, les reins. Ils ne répondent pas, en quelque sorte. (Mucius, pâle, s'est levé.) Ah! tu ne me crois pas! Au fait, tu as peut-être raison. J'en ai jugé un peu rapidement. Je vais voir.*

Signe. La femme le suit.

P. 45.

1. Éd. 1947 : Il faut donc *conclure que...*

2. Ms. 1 : Entre rapidement Caligula *avec la femme qu'il rend à Mucius.*

Caligula : *Voilà, j'ai été bref.* Pardonnez-moi; mais les affaires de l'État sont pressantes. *(À l'intendant.)* — Intendant! *(À Mucius.)* — *Et à propos, je maintiens mes dires : les reins sont faibles. (À l'intendant.)* — Tu feras fermer les greniers publics. [Ms. 2 : Je viens de signer le décret dans la chambre.]

P. 46.

1. Éd. 1944 : C'eſt *absurde,* mais c'eſt normal.

2. Ms. 1 : Voir sa femme *qui ouvre les genoux, qui reçoit dans son ventre le ventre d'un autre. Faire tourner l'exiſtence d'un amour autour de ces affaires de muqueuses !*

(Mucius serre les poings et ouvre la bouche.)

Le ms. 1 continue avec la dernière réplique de Caligula : « Maintenant, messieurs... » p. 47.

P. 47.

1. « et Oſtavius ! » n'était pas à l'éd. 1947.

2. Ms. 1 : Mereia, tu viens de perdre une occasion de te taire. *Puisque ton impuissance eſt connue de tout le monde,* je ne te demande pas ton avis.

P. 48.

1. Éd. 1947 : *Lepidus*

P. 49.

1. Éd. 1947 : La réplique d'Hélicon ne s'y trouve pas.

P. 50.

1. Éd. 1947 : *Assieds-toi et* écoute-moi bien. *(À Lepidus.)* — *Asseyez-vous tous. (À Mereia.)* — De ces trois crimes...

P. 53.

1. Ms. 1 : ... ou plutôt, je voudrais *dire quelque chose à ton cœur.* Scipion : *J'avais un cœur.* Cæsonia : *Il faut avoir ton âge pour croire qu'on peut changer de cœur.* Écoute-moi seulement...

P. 54.

1. Éd. 1947 : Caligula *me suit.* La scène xii n'exiſtait pas au ms. 1.

P. 56.

1. Ms. 1 : *Je ne me souviens jamais de ce que j'ai trop aimé.* Caligula : *Voilà ta première phrase spontanée.* Dis-moi du moins...

P. 57.

1. Éd. 1947 : J'y parlais d'un certain accord... Caligula (l'interrompant, d'un ton absorbé) : ... de la terre et du pied.

LE JEUNE SCIPION (surpris, hésite et continue) : Oui, c'est à peu près cela, et aussi de la ligne des collines romaines...

2. Éd. 1947 : SCIPION : Oui, encore. *Et de cette minute subtile...*

3. Ms. 1 : ... les *cris* des fermiers...

P. 58.

1. Ms. 1 : Peut-être parce que nous aimons les mêmes vérités. *Peut-être aussi parce qu'on peut toujours s'entendre sur des sentiments imprécis.*

2. Ms. 4 : Oh! qu'importe puisque tout prend en moi le visage de l'amour! *Je ne peux rien haïr ni détester.*

3. Éd. 1947 : *Scipion,* comme piqué par une vipère, *se rejette...*

P. 59.

1. Éd. 1947 : Quel cœur *puant* et ensanglanté.

2. Ms. 1 : [rayé] ... le tremblement d'un arbre! *Sentir la course entêtée de mon sang et consacrer le temps au rythme de mon cœur?*

P. 60.

1. Ms. 1 : C'est vrai, *mon petit.*

2. Ms. 2 : ... qui soit semblable *à ce tremblement de* larmes *et à ce* refuge silencieux.

ACTE III

P. 61.

1. Ms. 2 : Titre : *Divinité de Caligula.*

2. Ms. 2 : Par une faveur *toute spéciale.*

P. 62.

1. Ms. 2 : Déesse *de la douleur et des danses* [rayé] ...

P. 63.

1. Ms. 2 : *Votre* rancœur et *votre* élan [rayé] ...

P. 65.

1. Ms. 2 : l'étonnant *spectacle que vous avez pu contempler* [rayé] ...

2. « Les esclaves et les musiciens disparaissent » rajouté au ms. 2.

3. Ms. 2 : HÉLICON *(charmant) : Petit* Scipion, on a encore fait l'anarchiste!

P. 66.

1. « Il va se coucher sur un divan » apparaît au ms. 2.

2. Ms. 2 : CALIGULA *(très emballé).*

3. Ms. 2 : SCIPION : *Et toi-même, ne crois-tu donc pas aux dieux.*

P. 67.

1. Ms. 2 : Non, Scipion, c'est de la clairvoyance. J'ai simplement compris qu'il n'y a qu'une façon de s'égaler aux dieux : il suffit

d'être aussi cruel qu'eux... *Dans mes nuits sans sommeil, vois-tu, j'ai rencontré le destin. Tu ne peux pas savoir comme il a l'air bête. Et monotone : il n'a qu'un visage. Du genre implacable, tu sais. Rien n'est plus facile à imiter.*

Moi aussi, cher Scipion, je mets mon masque. Je le mets (il pose ses mains sur son visage) et voici qu'à mon tour, je deviens dieu mort et destin, et qu'un souffle obscur parti de moi traverse les vies de ces milliers d'hommes qui ont eu la faiblesse de s'en remettre aux dieux.

Scipion : *Et* c'est cela le blasphème, Caïus.

Caligula : Non, Scipion, c'est de l'art dramatique! L'erreur de tous les hommes, c'est de ne pas croire au théâtre...

2. Ms. 4 : *Un lâche.*

Caligula : Cela n'est pas sûr, Scipion. Mais un tyran est un homme qui sacrifie des peuples à ses idées ou à son ambition. Moi, je n'ai pas d'idées et je n'ai plus rien à briguer en fait d'honneurs et de pouvoir.

Scipion : *Il n'empêche que des hommes meurent autour de toi.*

P. 68.

1. Éd. 1947 : Et s'il m'est *si* facile de tuer...

P. 70.

1. Ms. 2 : Caligula (*d'une voix sérieuse et cassée*) : Je veux la lune.
Hélicon : *Pour quoi faire ?*
Caligula : *C'est une des choses que je n'ai pas.*
Hélicon : *Bon. Je vais tâcher d'arranger cela.*
Caligula (*très petit garçon*) : Oh ! tu sais, je ne demande pas l'impossible.
Hélicon : *Bien sûr,* je ferai pour le mieux.

2. Éd. 1947 : Hélicon : C'est une question de patience...

P. 71.

1. Éd. 1947 : Mais sais-tu qu'on complote contre ta vie?
2. Ms. 2 : [rayé] ... mon rôle *maintenant* est de parler.
3. Éd. 1944 : *Ah !* ce vernis ne vaut rien.
4. Ms. 2 : Elle était d'abord *pleine du sang de la honte.*
5. Ms. 2 : Elle a franchi le seuil de la chambre avec lenteur *et certitude.*

P. 72.

1. Ms. 2 : Caligula (s'arrête et le regarde *doucement*).
2. « Je la dépose ici » n'apparaît qu'en 1947.
3. La scène IV n'existait pas aux mss 2 et 3, ni dans la première édition. Elle n'apparaît qu'en 1947.

P. 73.

1. Éd. 1947 : Le vieux patricien : Enfin. *(Très vite.)*...

P. 75.

1. Éd. 1944 : Caligula contemple un moment la tablette de sa place. *Il se lève, jette un manteau sur ses épaules nues et tourne autour de la tablette.* Il la saisit et...

2. Éd. 1944 : *Pourquoi d'ailleurs Hélicon ne te l'apporterait-il pas ? Peut-être est-il possible de la pêcher au fond d'un puits et de la ramener dans un filet miroitant, toute gluante d'algue et d'eau, comme un poisson pâle et gonflé, sorti des profondeurs.* Pourquoi pas, Caligula ? Qui peut le savoir ?

3. Ms. 2 : [rayé] Il y a de moins en moins de monde *dans ce décor.*

4. Éd. 1944 : Le pouvoir jusqu'au bout, l'abandon jusqu'au bout. *Oh ! je suis le seul à savoir cela* qu'il n'y a pas de puissance sans soumission désordonnée à son destin profond.

Au ms. 2 le texte se continuait ainsi : *La lune n'est pas pour moi, mais j'ai toujours cet univers de coupable où j'ai une place toute marquée.*

Camus avait écrit d'abord, puis rayé : *où je saurai me consumer dans la liberté.*

P. 76.

1. Éd. 1947 : Oui, Cherea.　　　　　　　　　　　　(Silence.)

P. 77.

1. Ms. 2 : [rayé] *Parlons* donc *sous le* masque.

2. Ms. 2 : CALIGULA *(du même ton simple) :* Alors, pourquoi veux-tu me tuer ?

CHEREA *(insensiblement a pris le même ton) :* Je te l'ai dit...

P. 78.

1. Ms. 2 : Pour la plupart des hommes ce serait même *logique.* Pas pour toi cependant. Tu es intelligent et l'intelligence se paye cher ou se nie. *Pourquoi la nier ?*

P. 79.

1. Éd. 1944 : ... je ne te hais pas. *Je te comprends et je t'approuve.*

P. 80.

1. Ms. 2 : Oui, Cherea, et ta franchise elle-même était simulée. Cela ne fait rien pourtant.

P. 81.

1. Ms. 2 : [rayé] Tu vois, *romancier.*

2. Ms. 2 : Admire ma puissance *révolutionnaire.*

3. Ms. 2 : Caligula continue de tenir la tablette dans la flamme et suit Cherea du regard. *Il sourit doucement, il est presque beau.*

ACTE IV

P. 82.

1. Les scènes I et II n'apparaissent pas aux mss I et 2 ni dans la première édition.

P. 85.

1. Ms. 1 : Scène 1 : La scène dans une demi-obscurité. *Deux serviteurs traversent le plateau en courant de droite à gauche. Un autre serviteur entre par le fond et allume un flambeau qui éclaire un rideau dans le fond à gauche. Un autre apporte, toujours en silence et en courant, des sièges qu'il place sur le devant, à droite, tournés vers l'estrade du fond. Tous les deux disparaissent sans bruit. Un garde passe en courant de gauche à droite.* Bruits d'armes en coulisse. Deux gardes paraissent, à droite, conduisant le vieux *sénateur* et *Prætextus* [rayé] le 1er *sénateur. Ils* donnent toutes les marques de la frayeur.

Premier *sénateur* (au garde, d'une voix qu'il essaie de rendre ferme) : Mais enfin, que nous veut-on à cette heure de la nuit ?

2. Éd. 1944 : ... comme tant d'autres, ...

3. Éd. 1947 : *Le garde revient avec Cherea, puis sort.*

P. 86.

1. Ms. 1 : *Prætextus : Cela me fait une belle jambe.*

2. Ms. 3 : Non, c'est une preuve qu'il aime le courage.

Éd. 1944 : *D'ailleurs on lui a demandé : « Pourquoi 81 000 sesterces »,* et il a répondu : « *Et pourquoi 80 000 ou 79 000 ? »*

3. Ms. 1 : *Prætextus (toujours énervé).*

P. 87.

1. Éd. 1944 : *Non, ce n'est pas de la philosophie,* mais reconnaissons...

2. Ms. 1 : Le vieux *sénateur : Non,* je ne veux pas mourir, *je suis encore jeune.*

P. 89.

1. La scène VI n'existait pas dans l'éd. de 1947. Elle a été rajoutée à l'occasion du Festival d'Angers.

2. Il existait, dans la première frappe destinée à Angers, une phrase supprimée par la suite : ... sous le fouet. *La vertu est un luxe, une belle villégiature purifiante dont rêvent nos patriciens au sein de médiocres débauches et vos philosophes vautrés dans le mensonge. Caïn lui...*

P. 91.

1. Ms. 1 : Le vieux *sénateur :* Oui, enfin l'émotion artistique. *Deuxième sénateur : Tu es fou ? Le vieux sénateur : Mais non, il faut communier.*

2. Ms. 1 : *Prætextus :* Je ne crois pas. Sa maladie est *de ne pas mourir.*

P. 92.

1. Ms. 1 : *Deuxième sénateur :* Mais n'a-t-il pas *une* maladie moins grave et plus *expéditive ?*

P. 93.

1. Ms. 1 : Les femmes auront des robes d'étoffe légère *et on verra leurs seins.* Un grand ciel frais et battant...

P. 95.

1. Ms. 1 : Cæsonia : *Il est très nerveux.*

2. Éd. 1944 : À moins que tu n'inventes un nom et des médicaments pour les ulcères *sanguinolents* dont son âme est couverte.

3. Éd. 1944 : ... vous ne pouvez supporter ceux qui en ont trop. *Les bien-portants détestent les malades. Les heureux ne peuvent voir les malheureux.*

4. Ms. 1 : Nous sommes trop vieux pour apprendre *maintenant*, Cæsonia.

P. 96.

1. Ms. 4 : Il a désigné en particulier le jeune Scipion et *Mucius*.

P. 97.

1. Ms. 1 : Qui *fera* le jury ?

2. Éd. 1944 : *Qu'est-ce que j'ai dans la* figure *qui* te déplaît ?
Éd. 1947 : ... *déplaise ?*

P. 98.

1. Ms. 4 : *Bon,* je continue.

2. Ms. 1 : Cherea *(ambigu) : Tu en as le pouvoir.*

3. Ms. 1 : Moi, je n'ai pas besoin d'une œuvre. Je *la* vis *tous les jours. Le vrai artiste n'écrit pas.*

P. 99.

1. Éd. 1947 : Caligula : Tu n'as pas de tablettes ?

P. 100.

1. Ms. 1 : Scipion *(lentement,* très près de Caligula *et le regardant dans les yeux) : « Seins libres des femmes et douceur de la terre,* chasse au bonheur...

2. Éd. 1947 : Arrête, veux-tu ? *Les autres n'ont pas besoin de concourir.* (À Scipion.)...

On peut se demander si cette phrase n'a pas été oubliée dans la dernière édition ; sinon l'indication « À Scipion » ne se justifie plus.

3. Ms. 1 : Allons, vous autres, formez vos rangs. *Écoutez-moi bien, déchets. Vous salissez l'art. Vous êtes des porcs. Ce n'est encore rien. Mais des porcs qui connaissent la mythologie et cela c'est insupportable. Remerciez-moi de ne pas vous saigner comme cet animal inesthétique. Vous allez défiler devant moi au sifflet et lécher vos tablettes pour y effacer toutes les traces de vos déjections. Les autres aussi, ceux qui n'ont pas concouru. Eux aussi sont des porcs.* Attention ! *maintenant*, en avant !

4. Ms. 3 : Caligula : *Qu'y a-t-il encore ?*
Ms. 1 : Caligula : *Qu'est-ce que tu veux ?*
Scipion : *Écoute !*
Caligula : *Tu veux parler à l'assassin de ton père ?*
Scipion : *Tu as choisi, Caligula. (Il sort.)*

Scène x

Cæsonia : *Que dit-il ?*

Caligula : Cela dépasse ton entendement. *Mais viens près de moi. (Silence.)*

Cæsonia *(contre lui) :* À quoi songes-tu ?

Caligula : Je me demande pourquoi tu es là *depuis si longtemps.*

Cæsonia *(plaisantant* [rayé]) : Parce que je te plais.

Caligula : Non. Si je te faisais tuer, je crois que je comprendrais.

Cæsonia : Ce serait une solution. Fais-le donc. *Mais il n'y a pas de quoi être sombre.*

Caligula : *Sombre ! tu vois, tu dis comme les autres.*

Cæsonia : *Pourquoi ne pas vivre librement ?*

Caligula : *Mais je suis libre.*

P. 101.

1. Éd. 1944 : Scipion : Tu as choisi.

2. Éd. 1944 : Cela dépasse ton entendement. *Mais viens près de moi.*

P. 102.

1. Ms. 3 : *(Tout ce qui précède a été dit sur le ton de la convention mondaine. Maintenant la scène change.)*

P. 103.

1. Éd. 1944 : *Repose-toi.* Tout se tait.

2. Ms. 1 : *Tu sais bien que tu es César et que* personne n'oserait...

3. Ms. 1 : *(Il retombe contre Cæsonia qui le serre contre elle dans un élan sauvage.)*

Cæsonia : *Mais* non, ils ne te tueront pas, *mon petit.* Ou alors quelque chose, venu *de plus haut,* les consumerait avant qu'ils t'aient touché. *Mon petit enfant, le plus saint de tous, le plus tendre de tous. Ah ! qui pourrait vouloir arracher à sa maîtresse son enfant ?*

Caligula : *Il n'y a pas de plus haut.* Mais pourquoi tant d'amour tout d'un coup, ça n'est pas dans nos conventions.

P. 104.

1. Ms. 1 : *(Avec un accent profond.)* Je suis vieille et près d'être laide, je le sais. Mais *ta détresse* m'a fait une âme *au point* qu'il n'importe plus que tu ne m'aimes pas. *(Elle embrasse les mains de Caligula et parle d'une voix entrecoupée.) Ne peux-tu donc guérir, ma petite fille ? Tu es si jeune.* Toute une vie devant toi! Et que demandes-tu qui soit plus grand que toute une vie ?

2. Ms. 1 : ... la vieille femme que tu *es.*

Cæsonia : *Garde-moi.*

3. Ms. 2 : Cæsonia : Dis-moi que tu *vas* me **garder.**

P. 105.

1. Ms. 1 : Caligula : *Tu te trompes comme tu t'es toujours trompée. Je ne suis pas malheureux. Tu penses, n'est-ce pas, à Drusilla ?*

Cæsonia (*vivement*) : *Tais-toi.*

Caligula : *Non. Je peux désormais en parler. Voilà des années que je n'ai pas prononcé son nom. Il fut un moment* où je croyais avoir atteint l'extrémité *du désespoir.* Eh bien, non! On peut encore aller plus loin. Au bout de cette contrée, c'est un bonheur stérile et magnifique. Regarde-moi. (*Cæsonia* se tourne *contre lui. Caligula parle en lui passant la main sur le visage.*) — *À te voir, je comprends ce qu'eût été ma vie avec Drusilla.* Aimer un être, c'est accepter de vieillir avec lui. Je ne suis pas capable de cet amour. Drusilla vieille c'était pire que Drusilla morte. [Ms. 2 : On croit *connaître le chagrin* parce que l'être qu'on aime meurt un jour. Mais *il y a une* souffrance *plus terrible encore :* c'est de s'apercevoir que *les chagrins eux-mêmes ne durent pas.* Même la douleur est privée de sens.] Tu vois, *je n'ai plus rien maintenant,* pas même l'ombre d'un amour, *pas même la douceur de cette* mélancolie. *Elle n'était qu'un* alibi. *Je suis* aujourd'hui encore *plus libre qu'il y a des années, libéré que je suis du souvenir et de l'illusion.* (Il rit de façon passionnée.) Je sais que rien ne dure! Savoir cela! Nous sommes *quelques-uns...*

2. Ms. 4 : Le bonheur est généreux. *Il ne prend pas le visage du meurtre* [rayé]. [En surcharge.] *Il n'a jamais aimé détruire.* [Rayé à nouveau au profit de la formule finale.] Il ne vit pas de destructions.

3. Ms. 4 : *Je ne suis pas fait pour l'amour terrestre. Je le suis lorsque je te regarde.* [Rayé et remplacé par.] L'amour ne m'est pas suffisant, c'est cela que j'ai compris alors.

P. 106.

1. Ms. 1 : *(il serre en riant)*
2. Ms. 1 : Cæsonia (se débattant faiblement) : *Mon petit !*

Caligula (de plus en plus exalté) : Non pas de tendresse. *Surtout pas de tendresse.* Qu'on en finisse. *Nous nous sommes déjà trop laissé aller. Pas de tendresse,* chère Cæsonia. (Cæsonia râle *sans discontinuer.* Caligula la traîne sur le lit où il la laisse tomber. La regardant d'un air égaré; d'une voix rauque.) Et toi aussi, tu étais coupable.

« Mais tuer n'est pas la solution » n'existe pas aux 3 premiers mss.

P. 107.

1. Mss 1 et 2 : Il tourne sur lui-même, hagard, va vers le miroir et le tourne vers lui.

Caligula : Caligula! Toi aussi, toi aussi, tu es coupable. Alors n'est-ce pas, un peu plus, un peu moins. (Un temps.) *Comprendront-ils jamais ? Ils me jugent et tu me juges. Comme je t'admire de pouvoir juger.* (Avec tout l'accent de la détresse, *se collant,* se pressant contre le miroir.)

2. Ms. 4 : Mais qui oserait me condamner [surcharge : *juger*] dans ce monde sans juge [surcharge : *justice*] ou tous sont accusés [surcharge : *tout est condamnable*]. [Chacune des surcharges est rayée à son tour.]

3. Ms. 2 : Tu vois, Hélicon n'est pas venu! Je n'aurai pas la

lune! *Et voilà que j'ai peur. Ah! si tu savais cette abjection du cœur,* ce dégoût *et cette vomissure quand,* après avoir méprisé les autres, *on se sent dans l'âme la même lâcheté et la même impuissance.*

4. Ms. 1 : *La lâcheté aux visages de paresse, de laisser-aller, de complaisance et d'obscurité! Elle colle à l'âme, elle durcit. Elle est comme une gomme qui se forme* [?], *qui tient aux doigts, qui roule sous la main. Tu es empereur ... c'est beaucoup. Je ne suis rien et c'est bien peu. Rien, Caligula, rien. Je suis vide et creux comme un arbre sec. Ils disent, tu dis aussi que j'ai le cœur dur. Mais non et tu sais bien qu'il ne peut pas être dur, puisque à l'endroit où il devrait exister, je n'ai rien — qu'un grand trou vide ou s'agitent les ombres de mes passions.* (Il recule un peu *et passe ses mains sur son visage.* Il revient vers le miroir, *se contemple et s'agenouille devant lui.* Il semble plus calme. Il recommence à parler, mais d'une voix basse et plus concentrée.) *Tu le sais, Caligula, que je pourrais être tendre. La tendresse. Mais où en trouver qui soit à ma mesure.* Je sais pourtant et tu le sais aussi (il tend les mains vers le miroir en pleurant) *qu'il a suffi d'un être. Un être.* Je l'ai cherché aux limites du monde, aux confins de moi-même. J'ai tendu mes mains *(criant)* je tends mes mains, c'est toi que je rencontre, toujours toi *comme un crachat en face de* moi. *Toi, devant l'huile brillante et douce des étoiles, toi, dans un soir comme ce soir,* et je suis pour toi plein de haine, *et tu m'es comme une blessure que je voudrais déchirer de mes ongles dont le sang et le pus mêlés à ma vie en sortent à gros bouillons. Je n'ai pu te dépasser et je ne laisse rien derrière moi qui soit né d'autre chose que de mon impuissance à te perdre et à me sauver...*

Ms. 2 : *La lâcheté.* Mais cela ne fait rien. La peur ne dure pas non plus. Je vais retrouver ce grand vide où l'âme s'apaise. (Il recule un peu *et passe ses mains sur son visage.* Il revient vers le miroir, *se contemple et s'agenouille devant lui.* Il semble plus calme. Il recommence à parler mais d'une voix basse et plus concentrée.) *Tu es empereur, comme c'est beaucoup. Maintenant je ne suis rien et c'est bien peu. Rien, Caligula. Rien. Je suis vide et creux comme un arbre sec. Ils disent, tu dis aussi que j'ai le cœur dur. Mais non : et tu sais bien qu'il ne peut pas être dur, puisque à l'endroit où il devrait exister je n'ai rien — qu'un grand trou vide où s'agitent les ombres de mes passions.*

Tout *a* l'air si compliqué. Tout est si simple pourtant. Si j'avais eu la lune, *ou Drusilla, ou le monde, ou le bonheur,* tout serait changé. *Tu le sais, Caligula, que je pouvais être tendre. La tendresse!* Mais où en *trouver qui suffise à ma soif?* Quel cœur aurait pour moi la profondeur d'un lac? *(Il commence à pleurer lentement.)* Rien dans ce monde ni dans l'autre qui soit à ma mesure. Je sais pourtant, et tu le sais aussi (il tend ses mains vers le miroir en pleurant) *qu'il a suffi d'un être,* qu'il suffirait que l'impossible soit. *L'impossible!* Je l'ai cherché aux limites du monde, aux confins de moi-même. J'ai tendu mes mains, *(criant)* je tends mes mains, c'est toi que je rencontre, toujours toi *comme un crachat en face de moi. Toi, devant l'huile brillante et douce des étoiles, toi, dans un soir comme ce soir,* et je suis pour toi plein de haine, *et tu m'es comme une blessure que je voudrais déchirer de mes ongles pour que le sang et le pus mêlés à ma vie en sortent à gros bouillons.* Cette nuit est lourde, Hélicon *n'est pas venu. Coupable en face d'une image de coupable !* Cette nuit est lourde comme la douleur humaine!

P. 108.

1. Les mss 3 et 4 ne comportent pas les phrases « Je n'ai pas pris la voie qu'il fallait. Ma liberté n'est pas la bonne. Hélicon! Hélicon! »

Rajouté dans la dernière édition, de 1947 : « Rien, rien encore. Oh! *comme* cette nuit est lourde! Hélicon *n'est pas venu.* »

Éd. 1947 : Hélicon ne viendra pas.

2. Éd. 1947 : Des bruits d'armes et des chuchotements s'entendent en coulisse. *Il* se relève, prend un siège bas dans la main et approche du miroir en soufflant. Il s'observe, simule un bond en avant et, devant le mouvement symétrique de son double dans la glace, lance son siège à toute volée en hurlant.

La réplique d'Hélicon : « Garde-toi, Caïus! Garde-toi » n'apparaît qu'en 1958. Sans doute pour souligner le refus de combattre.

De même la note « Une main invisible poignarde Hélicon ».

3. Ms. 1 : Le miroir se brise et, dans le même moment, par toutes les issues, entrent les conjurés en armes. Caligula leur fait face *et éclate d'un rire sauvage. Les premiers, d'un bond, Scipion, Cherea sont sur lui et le frappent de leur poignard, trois fois* en pleine figure... Le rire de Caligula se transforme en hoquets. Tous frappent *hâtivement et en désordre.* Dans un dernier hoquet...

Le texte définitif donne un sens plus vulgaire au geste du vieux patricien, frappant dans le dos. Quant à Scipion, il n'est pas mentionné à l'heure de l'assassinat.

MISE EN SCÈNE DE *CALIGULA*
POUR LE FESTIVAL D'ANGERS*

CALIGULA	M. *Auclair.*
CÆSONIA	M. *Jamois.*
HÉLICON	J.-P. *Jorris.*
SCIPION	D. *Manuel.*
CHEREA	H. *Etcheverry**.*

---

* Les portes sont numérotées, I, II et III d'ouest en est.
La tour est en ouest. Les coulisses en est.
A, B et C représentent les trois plans superposés des remparts.
Un escalier extérieur part de A.
Un escalier intérieur aboutit à la porte II. (R. Q.)
** On trouve sur une note une indication différente :
Cherea = Jean-Pierre Marielle.
Lepidus = Jean-Marc Bory.

Sénateur, le vieux patricien	R. Baze.
Metellus	D. Gérôme.
L'intendant	Ch. Moreau.
Mereia	G. Wallery.
Mucius	Choisy.
Premier garde	Alone.
Femme de Mucius	A. Cornaly.
Premier patr.	Lalanne.
2ᵉ »	Choisy.
3ᵉ »	D. Gérôme.
4ᵉ »	Alone.
5ᵉ »	Moreau.

ACTE I

La lumière monte. Immobiles, trois secondes, tous les personnages et des gardes sont disposés sur les trois plans scéniques, dans l'attitude du guet et de l'attente.

P. 7.

(a) Un garde court du jardin B vers l'escalier porte II. Pendant qu'il disparaît, un autre court de la coulisse B vers l'escalier A. Et un troisième part de la tour et parcourt tout le chemin de ronde. Puis le premier patricien arrive essoufflé de la cour A vers le vieux patricien et le 2ᵉ patricien.

(b) Le garde sort de l'escalier II et vient secouer la tête, puis repart et refait tout le parcours.

P. 8.

(a) Pendant ce temps, Hélicon fait tourner sa boule.

Hélicon, qui se trouve en haut, n'a donc pas à entrer ni à manger des oignons.

(b) Hélicon arrive sur le rempart.

(c) Le 1ᵉʳ patricien remonte au praticable A.

P. 9.

(a) Un garde court du fond B vers Cherea. Il secoue la tête et repart.

(b) Premier patricien : *de loin* [souligné par A. C.].

(c) Cherea : Descendant vers eux.

P. 10.

(a) Cherea : Il est arrivé.

(b) 1ᵉʳ patricien descend entre le vieux patricien et Cherea.

(c) Cherea descend.

P. 11.

(a) Un garde court vers Scipion qui commence à descendre par l'escalier II.

(b) Cherea revenant vers le praticable.

P. 12.

    (a) Scipion a rejoint Cherea.

    (b) 2ᵉ patricien vient vers eux.

    (c) Cherea se retourne vers lui.

    (d) Cherea au public.

P. 13.

    (a) 2ᵉ patricien a suivi.

    (b) Hélicon revient des coulisses B et descend l'escalier A sur le rempart.

Tous sortent et montent en B par le deuxième escalier.

Pendant ce temps, Cæsonia a quitté la tour, descend sur le chemin de ronde et va vers l'escalier C cour, pour descendre en coulisse. En même temps, les gardes immobiles se tournent vers le public et courent pour disparaître chacun dans une coulisse. Hélicon, lui, a marché lentement vers l'escalier A.

P. 14.

    (a) Hélicon avance.

    (b) Il se rapproche encore.

P. 15.

    (a) Il fait tourner sa boule.

P. 16.

    (a) Caligula marche vers lui.

P. 17.

    (a) Cæsonia et Scipion marchent vers l'escalier A.

P. 18.

    (a) Scipion dégringole l'escalier.

Hélicon va vers lui. Scipion se tourne vers Cæsonia au bas de l'escalier.

P. 19.

    (a) Scipion s'agenouille près d'elle.

P. 20

    (a) Attention : 5 figurants aux escaliers derrière chaque groupe de patriciens.

    (b) Caligula recule vers le praticable.

P. 21.

    (a) Cæsonia remonte vers lui.

    (b) Au coin du praticable.

P. 22.

    (a) Caligula va vers lui avec violence.

P. 23.

    (a) L'intendant disparaît en coulisse cour.

    (b) Dos au public.

(c) Va vers son siège.

(d) S'assied.

P. 25.

(a) Caligula s'est détourné vers le miroir. Scipion porte I. Cherea porte III.

(b) Cæsonia va vers lui. Caligula descend (2 répliques), Cæsonia se place à son dos.

P. 26.

(a) Elle remonte.

(b) Caligula va vers le trône.

P. 28.

(a) Sur le chemin de ronde deux gardes courent se croisant et descendent par les deux côtés inverses. Sur les tours des gardes et patriciens se dressent, répondent « Hélicon ? » puis disparaissent sur le rempart.

Sur la scène les patriciens sortent et entourent le proscenium avec Cherea.

Scipion, Hélicon sur l'escalier cour. Figurants à la cour et au jardin.

P. 29.

(a) Saute sur le trône.

P. 30.

(a) Tableau fixé pendant qu'Hélicon sur le rempart s'éloigne en faisant tourner sa boule.

ACTE II

Intermède musical.

Note relevée sur un croquis : « Cherea très fatigué ne bouge pas pendant tout le début de l'acte. »

P. 31.

(a) Assis, se lève un peu, se rassied après le « À mort ».

(b) Se tourne vers la figuration.

P. 32.

(a) Il se lève.

(b) Cherea descend par l'escalier A cour.

P. 33.

(a) Il les regarde.

P. 35.

(a) Va vers lui.

(b) Va vers le 1er patricien.

(c) Retourne vers la salle.

(d) Après un temps, va vers Cherea.

(e) Se retourne vers les autres.

P. 36.

(a) Les regarde encore, caresse le vieux patricien, passe la main sur ses yeux, regarde fixement Cherea et sort à la 1ʳᵉ porte sans mot dire. Les gardes en B disparaissent aussi.

P. 37.

(a) Pendant ce temps, Hélicon est allé se mettre au praticable jardin.

(b) Cæsonia passe derrière la table. Hélicon va vers le vieux patricien qui recule peu à peu vers la porte III.

P. 38.

(a) Hélicon se retourne. Caligula entre suivi de la femme de Mucius encadrée par 2 gardes.

P. 40.

(a) Tout le monde s'est assis, sauf Hélicon qui se tient derrière Caligula adossé au mur.

(b) Lepidus se lève.

P. 42.

(a) Les gardes vont la chercher.

P. 44.

(a) Caligula va vers l'un des gardes et l'entraîne dans la coulisse cour.

P. 46.

(a) L'intendant se lève.

(b) L'intendant se précipite vers la porte I.

(c) Caligula s'assoit.

P. 47.

(a) Mucius, sa femme, le 1ᵉʳ patricien et Scipion sortent par la porte I.

Le 3ᵉ patricien par la porte II ainsi que la figuration jardin. La figuration cour par la porte III sauf un garde qui part et monte l'escalier jusqu'à la coulisse cour A.

Des esclaves enlèvent la table vers la 1ʳᵉ porte, non les sièges.

(b) Mereia se lève.

P. 48.

(a) Mereia s'assoit à la place de l'intendant.

(b) Caligula se lève, puis va s'étendre sur le lit.

P. 49.

(a) Mereia se lève avec déférence.

(b) Cæsonia se lève lentement.

P. 51.

(a) Caligula... le jette sur le lit.

P. 52.
 (*a*) Lepidus atterré se lève.
 (*b*) Qui regarde partir le corps.

P. 53.
 (*a*) Recule.

P. 54.
 (*a*) Hélicon à quelques pas. Puis Scipion va vers lui.
Hélicon continue de marcher vers le jardin. Scipion le suit.
Hélicon s'arrête. Scipion se retourne.

P. 55.
 (*a*) Allant vers le trône où il s'assoit.
 (*b*) Scipion, même jeu, avançant vers lui.

P. 56.
 (*a*) Ces indications sont rayées.

P. 58.
 (*a*) S'agenouille près de lui.

P. 60.
 (*a*) Hélicon paraît au rempart.

ACTE III

P. 62.
 (*a*) Deux esclaves de chaque côté du socle tendent en avant un
plateau et y allument un feu, puis reculent pour laisser la place
(suite illisible).
 (*b*) Un genou en terre.

P. 65.
 (*a*) Le dernier garde prend son casque pour en faire un tronc
et fait un pas en avant. Chacun à partir du jardin et dans l'ordre
jusqu'à la cour verse son obole et va se placer à la cour, sauf Scipion
qui s'avance et le vieux patricien qui essaie de partir par le couloir
jardin.
 (*b*) Changement de direction. Ils prennent en désordre la porte I.
Hélicon paraît à la porte II pendant que Cæsonia se trouve au bas
de l'escalier.
 (*c*) Caligula qui se dirige vers l'escalier A.

P. 66.
 (*a*) Caligula se retourne.

P. 67.
 (*a*) Il frappe sur le gong et s'assoit sur le trône.
 (*b*) Un esclave arrive. « Apporte le vernis pour ongles. »
 (*c*) On lui apporte le vernis. Il commence à soigner ses pieds.

P. 68.

(a) Caligula s'arrête et le regarde.

(b) Caligula revient à ses pieds.

P. 69.

(a) Caligula se lève. Il se rassoit après « Tu en as encore trop dit ».

P. 70.

(a) Cæsonia prend Scipion par les épaules et le fait sortir par la 1ʳᵉ porte en A.

(b) Caligula regarde le ciel.

P. 71.

(a) Il jette le vernis.
Se lève.

P. 72.

(a) Caligula lance cette réplique quand il est sur le palier de l'escalier.

P. 73.

(a) Il se rapproche.

P. 74.

(a) Il l'arrête.

(b) Il le fait reculer.

P. 75.

(a) Caligula appelle à l'aide du gong un garde qui arrive par la 2ᵉ porte et sort par la coulisse cour.

P. 76.

(a) Caligula se lève lentement. Auparavant des gardes sont entrés avec des flambeaux.

P. 77.

(a) Caligula fait face à Cherea.

P. 78.

(a) Caligula le regarde un temps.

P. 79.

(a) Caligula va s'asseoir.

P. 80.

(a) Caligula s'est levé brutalement au début de la tirade. À ce moment, il fait un signe à un des gardes qui avance jusqu'au pied du praticable.

Cherea se lève à la fin de la tirade de Caligula.

P. 81.

(a) Caligula va vers le garde. Cherea fait un pas vers lui.

ACTE IV

Même dispositif en A qu'à l'acte I. La place des sièges a changé : les banquettes sont à la face. Une 3ᵉ banquette près du trône.
Interlude musical.
Scipion et Cherea viennent de la coulisse côté jardin A.
Hélicon observe la scène du palier de l'escalier.
La scène se passe chez Cherea.

P. 83.
  (a) Scipion se retourne sur Cherea.

P. 84.
  (a) Il se dirige vers l'escalier A d'où Hélicon descend.
  (b) Scipion fait face.
  (c) Il va vers Scipion.

P. 85.
  (a) Cherea s'avance vers eux.
  Le 1ᵉʳ et le vieux patricien se lèvent.

P. 86.
  (a) Cherea remonte.
  (b) Le vieux patricien s'assied.

P. 87.
  (a) L'esclave plante des glaives devant le transparent prévu pour le mime en B.

P. 88.
  (a) Le garde surgit en B à côté du transparent.
  (b) Ils se retournent brusquement.
  (c) Le premier patricien se lève.

P. 90.
  (a) Le premier patricien s'assied.

P. 92.
  (a) Caligula est entré en même temps que Cæsonia, mais s'est caché derrière le miroir.
  (b) Elle monte sur le praticable. S'assoit sur le trône et semble réfléchir.
  Tous se tournent vers elle. Elle lève la tête.
  (c) Face au public.
  (d) Caligula surgit dans le dos du 2ᵉ patricien.
  (e) Caligula va vers le 3ᵉ patricien qui a fait un pas en arrière et l'embrasse.

P. 93.

(a) Siffle. 2 gardes arrivent par la porte III.

(b) Cassius disparaît. Cæsonia est descendue. Ces notes remplacent celles du texte définitif.

(c) Caligula revenant vers le centre du praticable.

P. 94.

(a) Il se cache derrière le miroir.

P. 96.

(a) Il se tient près du trône.

P. 97.

(a) Metellus se joint en courant aux poètes.

Caligula : « Non. Reste ici Scipion. » Il le place au jardin du trône.

P. 98.

(a) Caligula descend et dos au public.

(b) Les poètes alternativement sur le haut de l'escalier A et de l'escalier B.

P. 99.

(a) Caligula descend vers Scipion.

P. 100.

(a) Figuration cour porte III avec vieux patricien coulisse cour A, Cherea et 1er patricien, 2e patricien, etc. porte II, figuration jardin porte I.

(b) 3 gardes viennent se placer sur le haut et surveillent la scène face au public.

P. 101.

(a) Et revient sur Cæsonia au fond.

(b) Caligula s'assied.

P. 102.

(a) Cæsonia vient vers lui et s'agenouille.

P. 103.

(a) Mouvements sur le chemin de ronde.

P. 105.

(a) Cæsonia se retire de ses bras, va vers la banquette.

P. 106.

(a) Mouvements sur le rempart.

(b) La traîne sur la banquette face.

P. 107.

   (a) Le mouvement gagne le rempart. Courses furtives. Masses qui s'agglomèrent.

   (b) Gardes poignardés qui tombent sur le rempart.

   Camus avait là supprimé « Des bruits d'armes ».

P. 108.

   (a) Hélicon court sur le rempart.

   « Alerte, Caïus. Garde-toi! »

   Sur le haut de l'escalier un homme se dresse et le frappe en plein élan. Hélicon tombe et glisse de l'escalier la main tendue vers Caïus.

   Coulisse jardin et cour s'emplissent de monde.

   (b) Caligula vient à la face du public et se regarde dans le miroir.

Albert Camus.

LE MALENTENDU

PRÉSENTATION

On se souvient de ce lambeau de journal, que Meursault avait découvert dans sa prison :

« Entre ma paillasse et la planche du lit, j'avais trouvé, en effet, un vieux morceau de journal presque collé à l'étoffe, jauni et transparent. Il relatait un fait divers dont le début manquait, mais qui avait dû se passer en Tchécoslovaquie. Un homme était parti d'un village tchèque pour faire fortune. Au bout de vingt-cinq ans, riche, il était revenu avec une femme et un enfant. Sa mère tenait un hôtel avec sa sœur dans son village natal. Pour les surprendre, il avait laissé sa femme et son enfant dans un autre établissement, était allé chez sa mère qui ne l'avait pas reconnu quand il était entré. Par plaisanterie, il avait eu l'idée de prendre une chambre. Il avait montré son argent. Dans la nuit, sa mère et sa sœur l'avaient assassiné à coups de marteau pour le voler et avaient jeté son corps dans la rivière. Le matin, la femme était venue, avait révélé sans le savoir l'identité du voyageur. La mère s'était pendue. La sœur s'était jetée dans un puits. J'ai dû lire cette histoire des milliers de fois. D'un côté, elle était invraisemblable. D'un autre, elle était naturelle. De toute façon, je trouvais que le voyageur l'avait un peu mérité et qu'il ne faut jamais jouer. »

C'est toute l'histoire* du *Malentendu,* avec cette différence que Jan revient sans enfant et qu'on l'endort avant de le noyer plutôt que de l'assassiner à coups de marteau : Camus s'est refusé le pathétique de l'orphelin et du meurtre grandguignolesque.

On ne trouve pas trace, dans ses *Carnets,* d'un projet de pièce avant avril 1941**, où il note : « BUDEJOVICE, trois actes. » Budejovice

---

* On la retrouve, avec des variantes, dans les légendes de nombreux pays. Depuis le Moyen Âge elle reparaît périodiquement dans les récits ou dans la presse. M. Paul Bénichou m'a signalé en particulier une vieille chanson du Nivernais : *le Soldat tué par sa mère* (*Littérature et traditions du Nivernais,* tome I, page 286). De même, dans *Mon portrait* de Louis-Claude de Saint-Martin, cette histoire est rapportée comme un fait divers qui se serait passé à Tours en juin 1796. Enfin, l'écrivain sud-américain Domingo Sarmiento assure que la même légende est très répandue au Chili. Une action identique forme le thème de la tragédie *le 24 février,* de Zacharias Werner (1810).

** Toutefois, j'ai cru discerner une ébauche dans « l'homme masqué », p. 157, *Carnets I.*

est une ville de Bohême sur la Moldau. Peut-être le fait divers relaté dans *l'Étranger* s'était-il passé dans les environs? Peut-être Camus avait-il visité la ville en 1936, au cours de son voyage en Bohême et jugé qu'elle méritait qu'on y situât le drame. Toujours est-il que Bodejovice est en Tchécoslovaquie et que *la Mort dans l'âme,* après les *Carnets,* nous rapporte cette nuit de Prague où Camus découvrit le sentiment profond de l'exil et, si l'on peut dire, la nausée de l'existence. (Cf. acte II, scène II.)

Il pourra paraître curieux qu'au moment même où Camus combat l'occupant nazi dans la Résistance, il ait entrepris d'écrire, au cours de l'année 1942, cette pièce que d'aucuns ont jugée profondément désespérante. C'est qu'il faisait à nouveau, entre Lyon et Saint-Étienne, l'expérience de l'exil : en novembre 1942, n'envisageait-il pas d'intituler sa pièce : *l'Exilé* (ou *Budejovice*) qu'il étiquetait curieusement «comédie». De nombreuses notes du dossier de *la Peste* portent le même titre, ou presque : *les Exilés* (cf. également *les Exilés dans la peste,* paru en 1943 dans *Domaine français*).

Par ailleurs, la pièce prolongeait la réflexion métaphysique du *Mythe de Sisyphe* comme en témoigne le fragment qui suit (août 1942) : « Budejovice (ou Dieu ne répond pas). La servante taciturne est un vieux serviteur.

La femme à la dernière scène : — Seigneur, ayez pitié de moi, tournez-vous vers moi.

Entendez-moi, Seigneur. Tendez-moi votre main.

Seigneur, ayez pitié de ceux qui s'aiment et qui sont séparés. Le vieux entre.

— Vous m'avez appelé?

La femme : — Oui... Non... Je ne sais plus. Mais aidez-moi, aidez-moi car j'ai besoin qu'on m'aide. Ayez pitié et consentez à m'aider.

Le vieux : — Non.

(Rideau.)

Chercher des détails pour renforcer le symbolisme. »

Ce fragment ne faisait que confirmer une notation du même ordre, rédigée quelques jours plus tôt :

« Budejovice. Acte III. La sœur revient après le suicide de la mère.

Scène avec la femme : — Au nom de quoi parlez-vous?

— Au nom de mon amour.

— Qu'est-ce que c'est?

La sœur sort pour la fin. La femme hurle et pleure. Entre la servante taciturne, attirée par les pleurs.

— Oh! vous, du moins aidez-moi!

— Non. (Rideau.) »

Servante taciturne ou vieillard silencieux, le sens de la pièce reste le même. L'homme est en exil et Dieu ne répond pas. Il semble que la portée métaphysique de ces fragments soit accentuée par le fait que les personnages n'y ont pas encore de nom (s'ils en ont, Camus n'en fait pas état et préfère écrire : le vieux, la sœur, la femme, la mère). Quant au symbolisme de la pièce, loin de chercher à l'escamoter, il entend le renforcer en l'accrochant à des détails.

Si l'on en juge par les notes de décembre 1942, la pièce est fort avancée. Mais la direction en demeure constante comme en témoignent ces extraits qu'on retrouvera au manuscrit :

« La mère : — Non pas ce soir. Laissons-lui le temps de cette halte. Donnons-nous cette marge. C'est dans cette marge peut-être que nous pourrons être sauvées.
La fille : — Qu'appelles-tu être sauvées ?
La mère : — Recevoir le pardon éternel.
La sœur : — Alors, je suis déjà sauvée. Car pour tous les temps à venir, je me suis d'avance pardonné à moi-même.
— Ah ! dit-il avant de mourir, ce monde n'est donc pas fait pour moi et cette maison n'est pas la mienne.
La sœur : — Le monde est fait pour qu'on y meure et les maisons pour y dormir. »

Ce n'est toutefois pas un hasard si Camus rêvait de porter à la scène certaine vision du monde, un monde déchiré, jeté dans l'antinature et dans l'infanticide. C'était là pour lui le sens profond de la tragédie et singulièrement de la tragédie antique qu'il désirait ardemment renouveler. Nourri de Nietzsche (*Caligula* en est la preuve) il devait aux *Origines de la tragédie* sa conception philosophique du mythe grec et de la fatalité. Ou plutôt, dans son esprit, une tragédie comme *le Malentendu* n'était nullement plus philosophique qu'*Œdipe roi* ou *Œdipe à Colone,* pièces également chargées de symboles.

Rien d'étonnant donc à ce qu'il ait envisagé d'emprunter à Montaigne deux épigraphes pour la pièce qui a désormais trouvé son nom (nous sommes en mars 1943), et notamment celle-ci : « Voilà pourquoi les poètes feignent cette misérable mère Niobé, » ayant perdu premièrement sept fils et par la suite autant sept » filles, surchargée de pertes, avoir été transmuée en rocher... » pour exprimer cette morne, muette et sourde stupidité qui nous » transit lorsque les accidents nous accablent, surpassant notre » portée. »

Pareille épigraphe élargit le sens du *Malentendu* : la tragédie n'est-elle pas toujours malentendu au sens propre du terme, stupeur et, pour tout dire, surdité ? S'adressant à Louis Guilloux en 1945, Camus écrira : « Tout le malheur des hommes vient de ce qu'ils ne » prennent pas un langage simple. Si le héros du *Malentendu* avait » dit : « Voilà. C'est moi et je suis votre fils », le dialogue était possible » et non plus en porte-à-faux comme dans la pièce. Il n'y avait plus de

» tragédie puisque le sommet de toutes les tragédies est dans la
» surdité du héros. »

Mais à ce moment, Camus qui a le souci d'éviter la désespérance et de dégager la leçon de son œuvre (ne parle-t-il pas dans sa présentation d'une morale de la sincérité, qui était déjà celle de *l'Étranger*) ajoute : « De ce point de vue, c'est Socrate qui a
» raison contre Jésus et Nietzsche. Le progrès et la grandeur
» vraie sont dans le dialogue à hauteur d'homme et non dans
» l'Évangile, monologue édicté du haut d'une montagne solitaire.
» Voilà où j'en suis. Ce qui équilibre l'absurde c'est la communauté
» des hommes en lutte contre lui. Et si nous choisissons de servir
» cette communauté, nous choisissons de servir le dialogue jusqu'à
» l'absurde contre toute politique du mensonge et du silence.
» C'est comme cela qu'on est libre avec les autres. »

Mais la tendresse particulière que Camus vouait au *Malentendu* tenait peut-être moins aux conceptions qu'il traduisait symboliquement qu'à la technique théâtrale mise en œuvre. Dans l'étude qu'il a consacrée à Kafka et qui, autant qu'on en puisse juger, semble quasi contemporaine du *Malentendu*, il écrit : « Par un paradoxe
» singulier, mais évident, plus les aventures du personnage sont
» extraordinaires, et plus le naturel du récit se fera sensible : il est
» proportionnel à l'écart qu'on peut sentir entre l'étrangeté d'une
» vie d'homme et la simplicité avec quoi cet homme l'accepte. »
Et plus loin, évoquant à nouveau la tragédie grecque, il ajoute :
« Dans une œuvre tragique, le destin se fait toujours mieux sentir
» sous les visages de la logique et du naturel. » Symbole ambigu, cohérence, logique, naturel, tels furent les soucis de Camus quand il eut à rédiger, puis à reprendre *le Malentendu*.

Je dois à Mme Maria Casarès d'avoir pu consulter le manuscrit. (Il ne porte aucune date : on peut supposer toutefois qu'il est des premiers mois de 1943*.) Il est significatif que les personnages n'y aient pas encore de nom et demeurent désignés par leurs rapports familiaux (le frère, la sœur, etc.).

Le personnage de la femme, Maria, n'apparaît qu'à la dernière scène, d'où l'absence des scènes III et IV de l'acte I. Certes, le frère, Jan, évoque plus longtemps l'image de la femme aimée dans ses monologues de l'acte II (scènes II et v). Mais précisément, elle y apparaît comme la femme en général, ou plutôt une certaine conception de la femme charnelle, enracinée dans la terre, sans

---

* Dans sa préface à l'édition américaine (p. 1728) Camus dit : « Le *Malentendu* a été écrit en 1941 ». Ailleurs, dans la préface (p. 1793) : « Elle a été écrite en 1943 ». Il ressort de ce qui précède que le projet de pièce est bien de 1941 et que la rédaction en fut achevée en 1943.

complication, par opposition au goût viril de l'aventure, de la curiosité et du tourment.

De même, le monologue de la mère, à l'acte I, scène VII, était pour Camus l'occasion de développer sa conception de la tragédie, une conception grecque avec ses victimes toutes désignées, qui s'offrent dans l'innocence et l'indifférence. Çà et là, et notamment à l'acte II, scène VII, le caractère métaphysique des préoccupations de Jan s'étalait plus ostensiblement; la grande tentation de Jan n'était-elle pas celle d'un amour divin, qu'il repoussait au nom de l'amour humain et de l'attachement à la terre? Ainsi se manifestait la filiation qui rattache *le Malentendu* au *Mythe de Sisyphe*. Le thème de « la demeure » revient inlassablement sur les lèvres du frère et de la sœur comme le symbole de la paix intérieure et de la réconciliation. On voit mieux au manuscrit ce que Martha, qui tue pour vivre heureuse dans l'oubli, doit au Mersault de *la Mort heureuse*. On y voit mieux aussi s'affronter les thèmes de la révolte et de l'amour dans un lyrisme qui n'est pas sans rappeler *Noces*.

Sans doute Camus a-t-il tenu, dès ce moment, à alléger la pièce de ses surcharges philosophiques. Car la première édition, en 1944, tend à plus de sobriété dans le symbole. Mais *le Malentendu* n'en aura pas moins son histoire qui est quasiment l'histoire de son style et de sa technique. L'accueil qu'il reçut — chez ses partisans plus de curiosité que d'enthousiasme, chez ses adversaires une hostilité confinant à l'hystérie — amena Camus à le remanier. Il a plusieurs fois repris sa pièce, tenant compte bien souvent des critiques amicales qui lui avaient été faites, gommant certains propos qui sentaient trop le symbole métaphysique (cf. en particulier acte II, scène VIII et acte III, scène I), allégeant le dialogue et lui donnant plus de vivacité et de densité tragique. Si de l'édition de 1944 à celle de 1947 il y a peu de variantes, par contre l'édition définitive abonde en variantes stylistiques : rien ou presque, n'est changé à la ligne générale de la pièce, à sa structure, mais la phrase gagne en simplicité et en force de percussion (cf. en particulier l'acte II et le début de l'acte III). Camus a poursuivi parallèlement cette recherche du dépouillement pour la dernière des représentations télévisées du *Malentendu* (1950 et juin 1955). On en trouvera en note les variantes essentielles.

Au dire de certains de ses proches, Camus envisageait une ultime — disons plutôt une nouvelle refonte.

R. Q.

PRIÈRE D'INSÉRER

Cf. p. 1744 le *Prière d'insérer* commun au *Malentendu* et à *Caligula* (1944).

PRÉFACE*

L*E MALENTENDU* est certainement une pièce sombre. Elle a été écrite en 1943, au milieu d'un pays encerclé et occupé, loin de tout ce que j'aimais. Elle porte les couleurs de l'exil. Mais je ne crois pas qu'elle soit une pièce désespérante. Le malheur n'a qu'un moyen de se surmonter lui-même qui est de se transfigurer par le tragique. « Le tragique, dit Lawrence, devrait être comme un grand coup de pied au malheur. » *Le Malentendu* tente de reprendre dans une affabulation contemporaine les thèmes anciens de la fatalité. C'est au public à dire si cette transposition est réussie. Mais la tragédie terminée, il serait faux de croire que cette pièce plaide pour la soumission à la fatalité. Pièce de révolte au contraire, elle pourrait même comporter une morale de la sincérité. Si l'homme veut être reconnu, il lui faut dire simplement qui il est. S'il se tait ou s'il ment, il meurt seul, et tout autour de lui est voué au malheur. S'il dit vrai au contraire, il mourra sans doute, mais après avoir aidé les autres et lui-même à vivre.

A. C.

NOTES ET VARIANTES

P. 113.

1. Manuscrit : Épigraphe : *« Invitis invitam ... »*

À BUDEJOVICE, Personnages :	*petite ville de Tchécoslovaquie*
	LE VIEUX
	LA SŒUR
	LA MÈRE
	LE FILS
	LA FEMME

(Les personnages seront constamment désignés de cette façon dans la pièce, sauf dans les becquets, où l'on trouve Martha, Jan et Maria. R. Q.)

---

* Texte retrouvé dans les archives de Camus et non daté.

ACTE I

P. 115.

L'action se passe en Bohême.

1. Télévision :

GÉNÉRIQUE : *Images de la mer douce et claire sur une plage. La salle commune d'une auberge de campagne en Europe centrale. C'est le matin. Les volets sont fermés. Le vieux domestique traverse la pièce dans la pénombre. Une à une il ouvre les fenêtres. La lumière entre à flots. Le vieux domestique va vers la table, au centre, dispose deux sièges, regarde encore si tout est bien en place, puis considère le public sans rien exprimer, et sort.*

Entrent Martha et sa mère.

MARTHA : *Il reviendra ce matin ?*
LA MÈRE : *Ou ce soir.*
MARTHA : *Il vous l'a dit.*
LA MÈRE : *Oui* [même réplique dans l'édition de 1947].
MARTHA : *Seul* [même réplique dans l'édition de 1947].

2. Éd. 1947 : *Son aspect n'est pas celui d'un homme pauvre.*
LA MÈRE : *Il ne s'est pas inquiété du prix.*
MARTHA : *Cela est bien. Mais il est rare qu'un homme riche soit seul et c'est ce qui nous rend les choses difficiles. Quand on ne s'intéresse qu'aux hommes qui sont à la fois riches et solitaires, on s'expose à attendre longtemps.*
LA MÈRE : *Oui, les occasions sont rares.*
MARTHA : *Il est vrai que toutes ces années nous ont laissé de grandes vacances. Cette demeure est souvent déserte. Les pauvres qui s'y arrêtent n'y restent pas longtemps et les riches qui s'y égarent n'y reviennent que de loin en loin.*
LA MÈRE : *Ne t'en plains pas, Martha. Les riches donnent beaucoup de travail.*
MARTHA *(la regardant)* : *Mais ils payent bien.* (Un silence.) *Mère, vous êtes singulière...*

P. 116.

1. Éd. 1947 : Je suis fatiguée, ma fille, rien de plus. *Et aspire au repos.*
2. Télé. : Non c'est un rêve de vieille femme. *J'ai envie* seulement *de paix, d*'un peu d'abandon.
3. 1947 : ... *et je suppose que* vous avez mieux à faire.
4. Télé. : Je plaisante.

P. 117.

1. Note de jeu télé. : Ne pas sourire.
2. Télé. : « C'est pour cela qu'il ne faut pas avoir peur des mots » est supprimé.

3. 1947 : *Car,* s'il est suffisamment riche, ma liberté commencera peut-être avec lui.

LA MÈRE : *S'il est riche et s'il est seul.*

MARTHA : *Et s'il est seul en effet, puisque c'est l'homme seul qui nous intéresse.* Vous a-t-il parlé longuement mère ?

P. 118.

1. Note télé. : Lassitude.

2. Note télé. : Plus dur.

3. 1947 : LA MÈRE : *Il ne serait pas juste de dire que* j'y ai pensé, *mais l'habitude est une grande force.*

MARTHA : L'habitude ? *Vous l'avez dit vous-même,* les occasions ont été rares.

4. Tirade supprimée à la télévision.

P. 119.

1. 1947 : *Et, quoique* je me soucie peu de mourir devant la mer ou au centre de nos plaines, je voudrais bien qu'ensuite nous partions ensemble.

2. 1947 : Redressez-vous, vous trouverez votre repos et *je verrai enfin ce que je n'ai jamais vu.*

3. 1947 : C'est peut-être pour cela que j'ai du mal à me sentir coupable. *C'est à peine s'il m'est possible de me sentir fatiguée.*

4. Ms. : LA MÈRE : N'importe laquelle pourvu que ce soit au premier.

LA SŒUR : Oui *et d'ailleurs l'important ce n'est pas la chambre, c'est le thé.* (Elle s'assoit pour la première fois.) Mère, *c'est* vrai que, là-bas, le sable des plages *fait* des brûlures aux pieds ?

LA MÈRE : *Je ne sais pas.* Je n'y suis pas allée, tu le sais. Mais on m'a dit que le soleil dans ce pays dévorait tout *et même les* âmes et qu'il *formait* des corps resplendissants mais vidés par l'intérieur.

LA SŒUR : Oui, *c'est cela qu'on a dit. Et si les âmes meurent sous le soleil, si le corps seul donne la joie et l'oubli, si je suis assurée d'être heureuse sans âme, je sais que là-bas est mon paradis et que* ma demeure n'est pas ici. J'en ai assez de porter toujours mon âme, *et quelquefois celle des autres. C'est* trop lourd, *c'est* encombrant. Et voilà vingt ans que j'attends *que tout soit simplifié, vingt ans que j'éteins toutes les questions en moi. Mais cela est difficile et* j'ai hâte de trouver *un* pays où le soleil tue les questions.

Ma vraie patrie a une frontière de vague, mon paradis est aux âmes mortes. Dépêchons, mère, de retourner. [Le texte est incertain ; on pourrait également lire : *retournons.*]

5. Note télé. : Elle est à la fenêtre.

P. 120.

1. 1947 : *Et c'est cela, Martha, qui te fait rêver ?* [Télé. : *C'est cela, Martha...*]

MARTHA : Oui *car* j'en ai assez de toujours porter mon âme et j'ai hâte de trouver ce pays où le soleil tue les questions.

2. *Télé.* : À un certain âge, il n'est pas de demeure où le repos soit possible...

Prépare tout Martha. (*Le vieux se lève.*) Si vraiment cela en vaut la peine.

(*Martha la regarde sortir, puis regarde le vieux domestique. Elle sort à son tour. Le vieux domestique va à la fenêtre, aperçoit Jan et Maria, et se dissimule.*)

P. 121.

1. *Télé.* :

SCÈNE II

Dans le chemin qui mène à l'auberge, Jan et Maria s'avancent.

JAN : *Laisse-moi maintenant.*

MARIA : *Non, je veux* voir l'endroit où je te laisse.

JAN : On peut venir et *tout sera découvert.*

MARIA : *Eh bien, je t'aurais fait* reconnaître malgré toi. C'est ici ?

JAN : Oui. J'ai pris cette porte il y a vingt ans.

P. 122.

1. *1947* : Une mère reconnaît toujours son fils, *c'est le moins qu'elle puisse faire.*

JAN : *Oui, mais vingt ans de séparation changent un peu les choses. Depuis que je suis parti, la vie a continué. Ma mère a vieilli, sa vue a baissé. C'est à peine si moi-même je l'ai reconnue.*

MARIA (*avec impatience*) : Je sais, tu es entré, tu as dit « Bonjour », tu t'es assis. *Cette salle ne ressemblait pas à celle dont tu te souvenais.*

JAN : Ma mémoire n'était pas juste. *On m'a* accueilli sans un mot. *On m'a* servi la bière que je demandais. *On me regardait, on* ne me voyait pas...

Télé : MARIA : ... tu ne reconnaissais rien.

JAN : Elles m'ont accueilli sans un mot. Elles m'ont servi la bière que je demandais. Elles me regardaient *et* ne me voyaient pas. *C'était difficile.*

2. *Télé.* : Oui, mais *tout était si différent de ce que j'attendais.* J'attendais un peu le repas *de l'enfant* prodigue.

1947 : On m'a donné la bière contre mon argent. *Cela m'a ôté les mots de la bouche. J'ai pensé que je devais continuer.*

MARIA : *Il n'y avait rien à continuer. C'était encore une de tes idées, et il aurait suffi d'un mot.*

JAN : *Ce n'était pas une idée, Maria, c'était la force des choses. Je fais confiance à la force des choses. Je n'étais pas si pressé, d'ailleurs...* j'ai compris que j'avais des responsabilités envers elles deux, et l'ayant compris *une fois,* je fais ce qu'il faut.

P. 123.

1. *Télé.* : « Mais pourquoi... en prenant l'air de ce qu'on n'est pas » est supprimé.

2. Télé. : Allons Maria, cela n'est pas si grave. Je vais profiter de l'occasion, les voir un peu de l'extérieur. J'apercevrai ce qui les rendra heureuses. Ensuite, j'inventerai les moyens de me faire reconnaître...

Maria : Il n'y a qu'un moyen...

P. 124.

1. 1947 : (Maria a un geste. Jan l'arrête : on entend des pas.) La note : « le vieux passe devant la fenêtre » n'existait pas.

2. Télé. : Pas comme cela, ce n'est pas possible. *(Ils attendent. Le vieux repasse, se dirigeant vers le fond.)*

Jan : Et maintenant, pars vite...

P. 125.

1. 1947 : *C'est la première nuit* où nous serons séparés.
   Note télé. : Lent.

P. 126.

1. 1947 : Comprends donc, Maria, que j'ai une parole à tenir *et que cela est important.*

2. Télé. : Je crois bien que je pourrai tout concilier. Ce que je te demande est peu de chose.

Maria (secouant la tête) : La séparation est toujours quelque chose pour ceux qui s'aiment comme il faut.

Jan : Tu sais bien que je t'aime comme il faut.

P. 127.

1. Télé. : Je ne serais rien en dehors d'eux et *m'aimerais-tu* si je ne les avais pas.

2. Ms. : Mais je ne t'écoute plus quand tu prends la voix que je connais bien.

3. La note « se plaçant derrière elle » disparait à la télévision.

4. 1947 : On ne peut pas toujours rester un étranger. *Un homme a besoin de bonheur, il est vrai, mais il a besoin aussi de trouver sa définition. Et j'imagine que retrouver mon pays, rendre heureux tous ceux que j'aime m'y aidera.* Je ne vois pas plus loin.

P. 128.

1. Télé. : Tu pourrais faire cela en prenant un langage simple. [Six lignes disparaissent.]

Jan (la prenant contre lui) : Laisse-moi aller. Je finirai par trouver les mots qui arrangeront tout.

Maria : *Ah ! fais ce que tu veux.* Je ne peux pas être malheureuse quand je suis contre toi.

2. 1947 : Je patiente, j'attends que tu te lasses de tes nuées : alors commence mon temps. *Ce qui me rend* malheureuse aujourd'hui, c'est que je suis bien sûre de ton amour.

3. Télé. : Maria (se détachant de lui) : Alors, adieu, mon amour te protège.

(Elle s'éloigne puis se retourne vers lui et de loin lui montre ses mains vides. Jan la regarde partir, il hésite, se retourne vers un autre point de l'horizon. On aperçoit plus bas la rivière. Il revient avec résolution vers la maison et entre. La salle semble déserte, puis il aperçoit, dans un coin, le vieux domestique. Silence. Le vieux se lève et, sans un mot, sort de la pièce. Un instant après, par la même porte, entre Martha.)

JAN : *Il n'y a personne ?* Je viens pour la chambre.

L'éd. de 1947 portait seulement : « Jan s'assied. *Entre* Martha.»

P. 130.

1. Ms. : *8 janvier 1909.*

Télé. : J'ai trente-*cinq* ans.

1947 : ... MARTHA : *Oui, mais* où êtes-vous né ?

P. 131.

1. Ms. : Non, je viens *du Maroc.*

1947 : Non, je viens *du Sud.*

P. 132.

1. 1947 : JAN *(insistant)* : C'est un passeport. Le voilà. Voulez-vous le voir ?

(Elle l'a pris dans ses mains, mais pense visiblement à autre chose. Elle semble le soupeser, puis le lui rend.)

MARTHA : Non, *gardez-le.* Quand vous allez là-bas, vous habitez près de la mer.

2. 1947 : Ah, j'oubliais ! Vous avez de la famille ?

JAN : *C'est-à-dire que* j'en avais...

P. 133.

1. 1947 : Je ne l'ai pas vue. *Je ne suis pas là pour regarder vos mains, je suis là pour remplir votre fiche.* Pouvez-vous me donner l'adresse de votre femme ?

JAN : *Non, c'est-à-dire*, elle est restée *au pays.*

Ms. : ... elle est au Maroc.

2. 1947 : *Vous devez bien supposer que* je ne puis rien donner à ceux qui viennent chercher ici des plaisanteries.

P. 134.

1. 1947 : *Sur ce point, je ne vous répondrai pas. Car vous n'êtes pas dans votre droit en posant cette question. Et je vois qu'il me faut vous donner un avertissement. C'est qu'*en entrant ici, vous n'avez que les droits d'un client. En revanche, vous les recevez tous. Vous serez bien servi et je ne *suppose* pas que vous aurez un jour à vous plaindre de notre accueil. [Note télé. : Dur.] *Mais je ne vois pas pourquoi nous devrions faire en sorte que vous eussiez à vous en féliciter expressément. C'est pourquoi vos questions sont surprenantes.* Vous n'avez pas à vous soucier de notre solitude...

2. Télé. : Il ne peut être question de me fâcher ou de ne pas me fâcher. Vous vous obstinez à prendre un ton qui ne devrait pas

être le vôtre. Et j'essaye de vous le montrer. [Note : Marteler.] Je vous assure bien que je le fais sans me fâcher.

1947 : *Car c'est* notre avantage à tous les deux...

P. 135.

1. 1947 : Vous parlez clairement, en effet et je *suppose* que je n'ai plus rien à dire... pour le moment.

MARTHA : *Vous vous trompez sur ce point.* Rien ne vous empêche de prendre le langage des clients.

JAN : *Et* quel est ce langage ?

MARTHA : La plupart nous parlaient de tout, de leurs voyages ou de politique, sauf de nous-mêmes. C'est *là* ce que nous demandons. Il est même arrivé que certains nous aient parlé de leur propre vie et de ce qu'ils étaient. Cela était dans l'ordre. *Car,* après tout ... aux questions. *Et si* ma mère le fait parfois par indifférence... mais vous vous apercevrez que vous avez encore beaucoup de choses à nous dire et vous *comprendrez* qu'il y a du plaisir, quelquefois...

2. 1947 : Mais, *aussi bien,* cela n'est pas utile.

P. 136.

1. Puisque avant ce jour, il n'y avait rien de commun entre nous, *il faudrait de grandes raisons* pour que, tout d'un coup, nous nous trouvions une intimité. *Et vous me pardonnerez de n'apercevoir rien encore qui puisse ressembler à l'une de ces raisons.*

JAN : Je vous ai déjà pardonné. Je *crois,* en effet, que l'intimité ne s'improvise pas. Il faut y mettre du *sien.*

Il semble qu'à la télévision, Camus ait coupé une pleine page depuis « Je n'ai plus rien à dire » jusqu'à « Je vous ai pardonné ».

2. 1947 : Oui, *c'est fait.*

3. Télé. : Il s'agit de tourisme.

P. 137.

1. 1947 : *Et puis,* j'ai voulu revoir cette région que j'*avais* connue autrefois...

2. 1947 : C'est pourtant *une* bien *petite ville* que la nôtre.

Télé. : Je m'y plais beaucoup. Depuis que j'y suis, je me sens un peu chez moi.

3. Télé. : Les deux répliques de Martha et de Jan sont supprimées.

P. 138.

1. 1947 : Le cœur n'a *pas grand-chose* à faire ici.

2. 1947 : Celle-ci est ma fille. *Elle m'a suivi tout au long de ce temps et, sans doute, c'est pourquoi je la sais ma fille. Sans cela elle aussi serait peut-être oubliée.*

P. 139.

1. Télé. : Nous ne pouvons rien pour lui. J'ai failli vous demander de partir tant votre ton me *fatiguait.* Prenez votre clé, *occupez*-vous de votre chambre.

P. 140.

1. 1947 : Trop d'années grises ont passé sur ce petit *point du centre de l'Europe*.

2. Télé. : Elles pourraient *soutenir le poids* d'un homme.

3. 1947 : JAN : *Tout cela est très naturel. Il me reste cependant à connaître* ma chambre.

Note télé. : Triste.

P. 141.

1. 1947 : *C'est une idée singulière que de* lui avoir parlé de mes mains. Si, pourtant, il les avait regardées, peut-être aurait-il *saisi* ce *qu'il se refuse à comprendre dans le discours de* Martha.

Mais *pourquoi faut-il que cet homme ait tant de cœur à* mourir *et moi si peu à tuer de nouveau*. Je voudrais *bien* qu'il s'en aille pour que je puisse, encore ce soir, me coucher et dormir. Trop vieille ! Je suis trop vieille pour refermer à nouveau mes mains autour de ses chevilles et *pour sentir* le balancement de *ce* corps...

Télé. : Je suis trop vieille pour refermer à nouveau mes mains autour de ses chevilles, trop vieille... (Entre brusquement Martha.)

Note télé. : Passage brutal.

Ms. :   SCÈNE V

LA MÈRE : *C'est une idée singulière que de* lui avoir parlé de mes mains. *Comme si à la fois j'avais été poussée à l'avertir et incapable de l'éclairer. Je n'ai pu lui livrer que cette phrase obscure. Il est vrai qu'il l'a à peine entendue. Il s'arrange bien de notre vieux, tous les deux occupés à entendre à demi et à ne rien éclaircir.* Si, pourtant, il avait *bien* regardé *mes mains*, peut-être aurait-il *saisi* ce *qu'il se refuse à comprendre dans le discours de* Martha. *Mais il regarde aussi peu qu'il écoute. On n'a jamais vu d'homme aussi peu susceptible, aussi entêté à ne pas comprendre le langage hostile, à ne pas ressentir la gêne, aussi résolu à vouloir rester là où il n'a que faire. Même Martha semble ne pas vouloir de cette victime ingénue. Mais la victime s'offre, elle tend le cou, c'est devant l'autel qu'elle veut être et non pas ailleurs. Je le sens, il réclamera sa tasse de thé ou plutôt, si nous l'oublions, il reviendra se montrer, il sortira son enfance, il étalera sa solitude. Jusqu'à ce qu'on s'occupe de lui, jusqu'à ce qu'il ait obtenu son thé et le sommeil. Il se désigne au sacrifice, il est sourd et aveugle devant tout ce qui le menace et chacun de ses actes et chacune de ses paroles appelle la menace. Oh ! que la victime qui s'abandonne et qui s'offre est bien plus lourde que celle qui se débat.* Pourquoi faut-il que cet homme ait tant de cœur à mourir, et moi si peu à tuer de nouveau. *Je voudrais que soient écartées de moi cette épreuve et cette fatigue. Que cet homme comprenne que cette demeure lui est ennemie et qu'enfin* il s'en aille pour que je puisse me coucher et dormir. Je suis trop vieille pour refermer à nouveau mes mains autour de ses chevilles et *pour sentir* le balancement de *ce* corps *tout le long du chemin qui mène à la rivière. Je suis trop vieille pour ce dernier effort qui le jettera dans l'eau et qui me laissera les bras ballants, la respiration coupée et les muscles noués, sans force pour essuyer sur ma figure l'eau qui aura rejailli sous le poids du dormeur. Je suis* trop vieille. *Mais quoi ! La victime est parfaite, elle exige d'être endormie, traînée, précipitée et noyée. Avec une irrésistible douceur, une ingénuité implacable, toute la force de l'innocence, elle réclame ce qui lui revient. Et moi seule* je dois lui donner le sommeil que je souhaitais pour ma propre nuit. *C'est mon malheur que de devoir lui accorder ce que j'espérais pour moi : l'affreuse douceur d'être ballottée sur les chemins de la nuit,* [la fin de la phrase est illisible] *inerte à travers les espaces sombres et de* [noircir ? - rancir ?] *et de s'enfermer pour un sommeil sans fin dans les eaux noires du silence.*

2. 1947 : *Vous voilà encore livrée à vos songes. Et pourtant, vous avez* beaucoup à faire.

LA MÈRE : Je pensais à cet homme. Ou plutôt, je pensais à moi.

MARTHA : Il vaut mieux penser à demain. *À quoi sert de ne pas regarder cet homme, si vous devez tout de même y penser ? Vous l'avez dit vous-même, il est plus facile de tuer ce qu'on ne connaît pas.* Soyez positive.

P. 142.

1. Télé. : C'est le mot de ton père, Martha, je le reconnais. Je voudrais être sûre que c'est la dernière fois que nous serons obligées d'être positives. Lui disait cela pour chasser la peur du gendarme et toi...

1947 : ... et toi tu en uses seulement pour dissiper *le petit goût* d'honnêteté qui vient de me venir.

MARTHA : Ce que vous appelez *un goût* d'honnêteté, c'est seulement une envie de dormir. Suspendez votre fatigue jusqu'à demain, et ensuite, vous pourrez vous laisser aller *pour toujours.*

LA MÈRE : Je sais que tu as raison. Mais *pourquoi faut-il que le hasard nous envoie une victime si peu engageante ?*

MARTHA : *Le hasard n'a rien à faire ici. Mais il est vrai que ce voyageur* est trop distrait *et qu'*il exagère l'allure de l'innocence. Que deviendrait le monde si les condamnés se mettaient à confier au bourreau leurs peines de cœur ? C'est un principe qui n'est pas bon. *Mais quoi !* cela m'irrite en même temps, et j'apporterai à m'occuper de lui un peu de la colère que je me sens devant la stupidité de l'homme.

2. 1947 : Auparavant nous n'apportions ni colère ni compassion à notre travail, *et* nous avions l'indifférence qu'il fallait.

3. Télé. : Pas pour *de* l'argent ...

P. 143.

1. 1947 : Nous sommes toutes deux *fatiguées* de cette auberge...

2. Télé. : Mais moi, qui me sens encore dans le cœur un peu des désirs de mes vingt ans, je veux faire en sorte de les quitter pour toujours. Et il faut bien que vous m'y aidiez [note : Plus fort] vous qui m'avez mise au monde dans un pays de nuages et non sur une terre de soleil.

3. 1947 : ... plutôt que de m'entendre parler sur *le* ton *de l'accusation.*

4. 1947 : Vous savez bien que *vous n'avez* jamais procédé ainsi...

5. Ms. : Donnons-nous *cette marge*. C'est *de cette marge* peut-être que nous *serons sauvées*.

— *Qu'appelez-vous être sauvées ?*

— *Peut-être est-ce recevoir le pardon éternel.*

— *Alors je suis déjà sauvée. Car pour tous les temps à venir je me suis d'avance pardonné à moi-même.* Mère, *il faut nous décider, ce sera ce soir ou ce ne sera pas.*

P. 144.

1. 1947 : C'était cela que j'appelais être sauvée : *garder l'espérance du sommeil.*

ACTE II

P. 145.

1. Télé. : La chambre. Le soir. Jan *est à la fenêtre.*

JAN : *Ce pays est triste,* Maria a raison. (Un temps.) Que fait-elle, que pense-t-elle dans sa chambre d'hôtel ? Allons, il faut savoir ce que l'on veut. (Il regarde la chambre *autour de lui.*) C'est dans cette chambre que tout sera réglé.

MARTHA : J'espère, monsieur, que je ne vous dérange pas. Je voudrais changer vos serviettes et votre eau.

JAN : Vous ne me dérangez pas. J'ose à peine vous *le dire.*

MARTHA : Pourquoi ?

Au ms., la méditation de Jan n'existait pas, et la scène commençait avec la question de Martha : *Je voudrais savoir, monsieur, si je ne vous dérange pas ?*

LE FRÈRE : *Je n'ose pas vous répondre « au contraire ». Vous m'en tiendriez rigueur. Disons seulement* que vous ne me dérangez pas.

LA SŒUR : Vous voyez bien que vous ne pouvez pas répondre comme tout le monde, *même en essayant de tout concilier. Mais je voulais seulement vous remplacer votre eau. Le vieux domestique a quel-quefois des distractions.*

LE FRÈRE : *Oui. Faites ce que vous voulez.*

P. 146.

1. Télé. : Vous partez bientôt. *Et je doute que vous en ayez* le temps.
1947 : *Toute la question est là.*

2. 1947 : Elle est particulièrement propre, *et cela a bien son prix.* Vous l'avez d'ailleurs récemment transformée, n'est-ce pas ?

MARTHA : *Cela est vrai.* Comment le voyez-vous ?

3. 1947 : *Je suppose que ce doit être* désagréable pour ceux qui lisent au lit...

P. 147.

1. Ms. : LE FRÈRE : En effet, je ne l'avais pas remarqué. Mais ce n'est pas un gros ennui *et ce n'est pas sur ces détails que j'aurais l'idée de me montrer exigeant.*

La sœur : *Et sur quel détail le seriez-vous.*

Le frère : *Sur aucun.*

La sœur *(elle s'arrête)* : *J'avoue que je ne comprends pas.*

Le frère : *C'est moi qui me suis mal expliqué. Mais c'est pourtant très simple. Je n'ai pas l'idée de rien exiger des détails de l'existence quotidienne.*

La sœur : *Vous êtes pourtant riche.*

Le frère : *Sans doute. Mais j'ai été pauvre et je crois que je n'aurai pas de peine à l'être encore. Je place en tout cas mes désirs ailleurs et s'il me fallait être exigeant, j'aurais plutôt tendance à l'être en général.*

La sœur : *Voilà qui est encore mystérieux.*

Le frère : *Oui. Mais c'est encore très simple. Je me sens seulement capable d'exiger beaucoup de la vie.*

La sœur *(plus froide)* : *Ah ! C'est ce que j'appellerai être très exigeant sur les détails.*

Le frère : *Croyez-vous qu'il soit plus important d'avoir de l'eau courante que d'être heureux ?*

2. Note télé. : Ironie.

1947 : Vous êtes très indulgent *et nous vous en sommes reconnaissantes. Je me félicite que les nombreuses imperfections de notre auberge vous soient indifférentes et vous préoccupent moins que nous.*

3. 1947 : Mais il est vrai que ma mère et moi *hésitons* beaucoup à vous recevoir.

4. 1947 : Non, ce n'est pas cela. *Si vous voulez le savoir, non seulement vous n'avez rien du malfaiteur, mais vous portez encore tous les airs de l'innocence.*

5. Télé. : Notre raison est ailleurs. Nous devons quitter cet hôtel et nous projetions chaque jour de fermer l'établissement pour commencer nos préparatifs. Cela nous était facile, il nous vient rarement des clients. *Votre arrivée nous a fait comprendre* à quel point nous avions abandonné l'idée de reprendre notre ancien métier.

6. 1947 : Avez-vous *le désir précis* de me voir partir ?

7. Télé. : Je vous le dis : nous hésitons *(elle regarde le numéro)* et surtout j'hésite.

P. 148.

1. 1947 : Je ne veux pas vous être à charge, ne l'oubliez pas, et *je conformerai ma conduite à vos désirs.*

2. 1947 : *Oui, s'il le faut.*

P. 149.

1. 1947 : *Et souvent...*

2. Note télé. : Un silence.

3. Mais leur *âme* ressemble à cette rose avare.

4. Télé. : Vous n'êtes pas tout à fait juste. Car vous avez aussi l'automne. *C'est votre vrai printemps* [les deux répliques suivantes sautent].

MARTHA *(elle rêve : images de la mer sur la plage)* : *Non,* je n'ai plus de patience en réserve pour cette Europe...

5. 1947 : Peut-être en est-il ainsi des *âmes* que vous verriez fleurir.

P. 150.

1. 1947 : Je n'ai plus de patience en réserve pour cette Europe où l'automne a visage de printemps...

2. 1947 : Vous vous trompez sans doute. *Et* si cela était, vous n'auriez pas de raison de vous en réjouir, *si c'est là* ce que j'ai d'humain, *ce* n'est pas ce que j'ai de meilleur.

Télé. : MARTHA *(à nouveau froide).*

3. 1947 : Ce sont des violences que je peux comprendre. *Et* je n'ai pas *lieu* de m'en effrayer puisque [télé. : *après tout*] je ne suis pas un obstacle sur votre chemin *et que* rien ne me pousse à m'opposer à vos désirs.

P. 151.

1. Télé. : Le bon sens et le désir où je suis de vous tenir *à l'écart* de mes projets.

2. Note télé. : Elle va vers la porte. Elle s'arrête. Images de la mer. Elle se retourne.

3. Télé. : Elle ne pense pas assez à *l'eau* et aux plages. *Cette* raison ne vaut que pour moi.

P. 152.

1. 1947 : Que peut demander de plus un voyageur? *Mais il y a du vrai dans ce que vous dites.*

(Elle ouvre la porte.)

JAN : Il faut donc m'en réjouir; mais *peut-être admettrez-vous* que tout ceci...

Télé. : Il *faudra* donc m'en réjouir.

2. Note télé. : Plus lent.

3. Ms. :   SCÈNE II

Maria a raison. Cette heure est difficile. Oui, les soirs de son pays sont des promesses de bonheur et celui-ci a l'odeur de l'agonie. Et nous voici dans cette fin de jour, pour la première fois séparés, tournés en vain l'un vers l'autre, commençant d'apprendre que l'amour s'épuise plus sûrement dans la pensée que dans la chair. Qu'il est dur de se tendre hors de soi vers l'absente et qu'il est plus dur encore de s'en détourner. Qu'importe, au moins pour un moment ce qui m'appelle ici quand ma pensée va vers elle dans sa chambre d'hôtel, toute nouée au creux d'une chaise, le cœur fermé et les yeux secs, qui regarde avec angoisse ce ciel couleur de malheur. Savoir, savoir seulement si cet amour n'est pas ma seule demeure. (Il quitte la fenêtre, revient vers le lit, s'y assied un moment.) Mais quoi, tout cela est vain et je ne puis savoir qu'en avançant. Qu'y a-t-il dans un soir qui ressemble au bonheur ou au malheur. Qu'y a-t-il dans un ciel qui puisse être fait pour l'homme. Tous les soirs parlent dans tous les ciels de la même indifférence. Ils peuvent m'aider à [?] *ou* [?] *mais ils ne me servent de rien pour connaître. Qu'ai-je à faire de contempler ou d'aimer. S'il est vrai que ma part est celle de l'aventure, il n'y a pas de plus grande aventure que la méditation, et ceci est ma cellule.*

4. 1944 : *Je leur dois quelque chose, je suis responsable d'elles. Et ce n'est pas assez dans ce cas-là de se faire reconnaître et de dire « c'est moi ». Il faut encore se faire aimer. (Il se lève.) ...*

5. 1947 : *Le ciel se couvre. C'est ainsi, dans toutes les chambres d'hôtel, toutes les heures du soir sont difficiles pour l'homme seul. Et voici maintenant ma vieille angoisse ...*

Cf. *l'Envers et l'Endroit*, éd. 1958, p. 93.

P. 153.

1. Ms. : *La* sonnette marche, *mais lui ne parle pas.* Non, *ce n'est pas une réponse et cette chambre est toujours étrangère. Où trouver mes repères, la main fraîche qui se posera sur cette blessure enfiévrée, la chambre où je pourrai dormir. Certes j'avais tout cela, mais à certaines heures la peur altérée survient à nouveau en moi et ce que je veux de cette demeure c'est d'être pacifié pour toujours. L'amour d'une femme est bouleversant mais il n'est que démesure et confusion. Celui d'une mère devrait tout sauver et sa grâce devrait être un sommeil. Mais que le chemin est long vers cette nuit de la tendresse... (Il regarde le ciel.) Les ombres s'accumulent... Elles vont crever sur toute la terre. Mais mon espoir stupide est qu'il faille traverser le désert pour rencontrer la source qui désaltérera toute soif et qu'il faille connaître l'angoisse des chambres étrangères avant de retrouver la chambre du fils.*

(On frappe deux coups. La sœur entre avec du thé.)

1947 : *... Ce n'est pas une réponse. (Il regarde le ciel.) Les ombres s'accumulent. Elles vont bientôt crever sur la terre. Que faire ?* [Réplique supprimée à la télévision.]

Note télé. : Il regarde la fenêtre. Image de Maria dans sa chambre, toujours immobile.

1944 : *Que faire ? Et qui donc a raison de Maria ou de mes rêves ?*

2. 1944 : *Mais je n'ai rien demandé.*

MARTHA : Ah ? Le vieux aura mal entendu. Il comprend souvent à moitié. *Mais puisque le thé est servi, je suppose que vous le prendrez.* (Elle met le plateau sur la table. Jan fait un geste.) *Il ne vous sera pas compté de supplément.*

JAN : Oh ! *ce n'est pas cela. Mais je suis content que vous m'apportiez du thé.*

MARTHA : *Je vous assure qu'il n'y a pas de quoi. Ce que nous en faisons est dans notre intérêt.*

JAN : *Vous ne voulez pas me laisser d'illusions. Mais je ne vois pas votre intérêt dans tout cela.*

MARTHA : *Il y est pourtant. Il suffit parfois d'une tasse de thé pour retenir nos clients* [cette dernière phrase disparaît en 1947].

P. 154.

1. Ms. : *C'est le repas du prodigue qui continue.* Un verre de bière mais contre mon argent; une tasse de thé *mais c'est pour retenir le client. Mais aussi je n'ai pas l'éloquence de celui qui revient du désert et pas une seule fois devant elles je n'ai su* trouver mes mots. *En face de cette fille au langage net, je cherche en vain la parole qui déliera tout. Hélas! tout est plus facile pour elle car il est plus aisé de trouver le mot qui rejette que de former ceux qui réunissent. La révolte a son langage tout prêt et l'amour en est encore à chercher le sien. Du moins j'en suis encore à chercher le mien.*

Mais peut-être me lasserai-je d'être rejeté et de cette lassitude aussi j'attends quelque chose, qu'elle m'apprenne à garder ma place. Cette place est ici-bas dans un pays violent et généreux auprès de celle que j'aime.

Il n'est rien qui m'attende et que je puisse espérer. Et une fois de plus me voilà retourné vers Maria, fidèle à sa pureté, maintenant dans la nuit appelant le jour à grands cris silencieux. Et moi aussi j'appelle le jour pour le voir à nouveau couler sur son visage. Elle est mon poids, ma balance en ce monde, c'est par elle que je rejoins la terre, je convoite la source amère et elle m'offre la sagesse humaine. Je dis « bientôt », je m'écrie « peut-être » et elle répond « voilà ». Je crois stupidement que les paradis sont faits pour être perdus et elle m'apprend que le seul Éden est à portée de ma main. Car elle est bien ce que j'ai de plus sûr au monde quoiqu'il me faille toujours attendre pour le savoir d'en être dépossédé. Mais elle m'affermit dans la terre et c'est par elle que je tiens au sol, quand je vais vers elle, c'est un chasseur d'ombres qui l'approche et quand je quitte son corps fraternel c'est un homme encore (abandonné) au repos de la terre [le texte est incertain]. *Si je me détourne, si je me sépare ou si je quitte les chemins de ce monde, elle est mon assurance et mon repère. Oh! Maria plantée devant les vagues sur ses jambes nues [?] qui tient ses cheveux collés en arrière et rit la bouche pleine de soleil, comment puis-je en faire cette femme sans couleur dans une chambre inconnue sous un ciel ennemi? Et comment puis-je me détourner de ce qui plus d'une fois a fait monter à ma bouche tous les cris de la joie?*

1947 : *C'est le repas du prodigue qui continue.* Un verre de bière, *mais contre mon argent; une tasse de thé, mais c'est pour retenir le voyageur. Mais aussi je ne sais pas trouver mes mots. En face de cette fille au langage net, je cherche en vain la parole qui conciliera tout. Et puis tout est plus facile pour elle, il est plus aisé de trouver les mots qui rejettent que de former ceux qui réunissent!* (Il prend la tasse et la tient un moment en silence. Puis sourdement.) Ô mon Dieu! donnez-moi de trouver *des* mots ou faites que j'abandonne cette vaine entreprise pour retrouver l'amour de Maria. Donnez-moi alors la force de choisir ce que je préfère et de m'y tenir. *(Il élève la tasse.) Voici le repas du prodigue. Du moins, j'y ferai honneur, et, jusqu'à mon départ, j'aurai rempli mon rôle.* (Il boit. On frappe fortement à la porte.) Eh bien?

P. 155.

    I. 1947 : Excusez-moi *mais* je vais enlever le plateau.

    Jan : Je regrette *que cette tasse de thé provoque tant de mouvements.*

    La mère : Ce n'est *pas tout à fait exact. Mais* en réalité, ce thé ne vous était pas destiné.

    Jan : Ah! c'est donc cela. Votre fille me l'a apporté sans que je l'aie commandé.

    La mère (avec une sorte de lassitude) : Oui, c'est cela. Il eût mieux valu... *Mais en somme, que vous l'ayez bu ou non, cela n'a pas tellement d'importance.*

    Jan : Je le regrette *beaucoup,* croyez-le, mais votre fille a voulu me le laisser quand même et je n'ai pas cru...

    La mère : Je le regrette aussi. *Mais surtout, je ne veux pas* [1ʳᵉ édition : *Je ne voudrais pas surtout*] *que vous vous excusiez.* Il s'agit seulement d'une erreur.

                    (Elle range le plateau et va sortir.)

    Jan : Madame!

    La mère : Oui.

    Jan : *Je m'excuse encore. Mais* je viens de prendre une décision...

P. 156.

    I. : 1947 : Je ne voudrais pas cependant que vous imaginiez que je pars mécontent *de vous* [Télé. : que je *suis* mécontent]. Au contraire, je vous suis très reconnaissant de m'avoir accueilli comme vous l'avez fait *puisqu'*il m'a semblé sentir chez vous une sorte de bienveillance à mon égard. [Note télé. : Il a l'air de rire.]

    La mère : C'était tout à fait naturel, monsieur, *et vous devez bien supposer que* je n'avais pas de raisons personnelles...

    2. 1947 : J'en suis même sûr. *À ce moment-là, les choses iront sans doute mieux et je suis persuadé que nous aurons alors de la satisfaction à nous retrouver.* Mais pour l'instant, j'ai le sentiment de m'être trompé et de n'avoir rien à faire ici. Pour tout vous dire, *et au risque de vous paraître obscur,* j'ai l'impression que cette maison n'est pas la mienne.

                    (Elle le regarde toujours.)

[Au ms., tout le passage qui suit jusqu'à « vous avez raison » n'existait pas.]

    La mère : *Je vous comprends, monsieur.* Mais d'ordinaire, ce sont des choses qu'on sent tout de suite *et je trouve que vous avez mis du temps à vous en apercevoir...*

    Jan : *Il est vrai mais* voyez-vous, je suis un peu distrait. *Je viens en Europe pour régler quelques affaires qui me pressaient. Cela* n'est jamais facile de revenir dans un pays que l'on a quitté depuis longtemps. Vous devez comprendre cela.

    La mère : Je vous comprends, monsieur, et j'aurais voulu que les choses s'arrangent pour vous. Mais je crois que, pour notre part, nous ne pouvons *plus* rien *y* faire.

JAN : *C'est ce qu'il semble du moins. Mais en vérité, on ne sait jamais.*
LA MÈRE : *Je crois en tout cas que nous avons fait tout ce qu'il faut pour que vous restiez dans cette maison.*

Les deux répliques suivantes sont supprimées à la télévision.

P. 157.

1. 1947 : *Il y a ainsi des histoires qui commencent toujours mal et personne n'y peut rien.* Dans un certain sens, il est bien vrai que cela m'ennuie aussi. Mais je me dis qu'après tout...

2. 1947 : Je ne sais si je saurais bien vous *dire* à quel point *votre attention* me fait plaisir. (Il a un geste vers elle.) Voyez-vous...

LA MÈRE : *Il n'y a là rien que de très naturel.* C'est notre métier de nous rendre agréables à nos clients.

3. 1947 : *Nous n'avons fait que les préparatifs que nous faisons toujours dans ces cas-là. Et* nous n'avons certes pas de dédommagement à vous demander.

P. 158.

1. 1947 : *Pour moi,* je n'oublierai pas votre maison...

2. 1947 : Je voudrais, du moins, vous remercier, *pour votre thé et pour l'accueil que vous m'avez fait.* Je tiens aussi à ce que vous le sachiez ; ce n'est pas comme un hôte indifférent que je quitterai cette maison [il semble que le passage qui précède ait été supprimé à la télé.].

LA MÈRE : *Je vous en prie, monsieur, c'était peu de chose. Et quant à mon thé ne prenez pas cela pour une remarque hostile, mais il est vrai qu'il ne vous était pas destiné.* [Supprimé en 1947.] *C'est un embarras pour moi que de recevoir des remerciements par l'effet d'une méprise.*

(Elle sort.)

3. Ms. : JAN : *Maria ! Cette nuit du moins nous ne serons pas séparés. Non, cette maison n'est pas la mienne et je retourne vers une autre demeure ou m'attend l'amour humain. Il n'est pas d'amour plus haut que cet amour et je suis bien vain de chercher ce qui me dépasse. Je reviendrai demain avec dans ma main la main de ma femme et je dirai : «C'est moi». Qu'importe que je sois reconnu de telle ou telle façon puisqu'ensuite je partirai et que j'irai vivre à nouveau cet amour qui doit mourir avec moi dans ce pays où la beauté est sans avenir. Et voilà. Et je ne regretterai rien si de ce long voyage je pouvais transformer en certitude ce qui n'est encore qu'appréhension et savoir toujours qu'il faut consentir à mourir à ses rêves pour renaître au bonheur. Ce soir tout est confus !* (Il s'assoit sur le lit.) *Mais demain j'aurai appris enfin si mes rêves avaient* raison.

(Il se lève. Il tourne autour de sa chambre.)

Je n'en reconnais rien cependant. Tout a été remis à neuf. *Cette chambre* ressemble maintenant à toutes les chambres d'hôtel de ces villes étrangères où *chaque soir* des hommes seuls arrivent *dans la* nuit. J'ai connu cela *et c'eſt pourquoi ce désert ne m'a rien appris sinon la beauté. Et j'ai toujours pensé dans ces chambres toutes pareilles que je me trouvais sur une terre interdite aux humains, défendue contre l'amour, privée des eaux du bonheur mais consacrée à une idole impassible dont le sourire bouleversant était celui des dieux. Eſt-ce un hasard si je le retrouve ici et ne puis-je penser que ce secret m'eſt enfin promis. Oui, dans toutes les chambres d'hôtel, toutes les heures du soir sont difficiles pour l'homme seul. La voici pourtant ici (il désigne l'endroit)* au creux de mon corps *et je le sens comme une blessure vivante, une fleur douloureuse* que chaque mouvement irrite. Je connais *ce symbole*. Elle eſt peur de la solitude éternelle, *elle eſt* crainte qu'il n'y ait pas de réponse. Car c'eſt cela la chambre d'hôtel, *qu'on y puisse crier, appeler et que rien que d'étrange ne puisse alors venir. Oui, c'eſt cela ma blessure réveillée, le froid de la solitude et l'idée que personne ne réponde à mon appel... si j'appelle.*

On retrouve certains éléments de cette scène à la scène II, acte II de l'édition de 1958.

1944 : JAN : *Il faut tout simplifier, oui, tout simplifier.* Je reviendrai demain avec Maria et je dirai : « C'eſt moi ». Je *ne serai pas empêché de les rendre* heureuses. Tout cela eſt évident...

P. 159.

1. Télé. : Image de Maria.

2. 1947 : La note « le vieux domeſtique les suit » n'exiſtait pas.

3. 1944 et 1947 : MARTHA (après avoir éclairé le corps, d'une voix étouffée) : *Voilà !*

LA MÈRE (de la même voix, mais qu'elle élève peu à peu) : Non, Martha! Je n'aime pas cette façon de me forcer la main. Tu me traînes à cet acte. Tu commences, pour m'obliger à finir. Je n'aime pas cette façon de passer par-dessus mon hésitation.

MARTHA : C'eſt une façon de tout simplifier. *Si vous m'aviez proposé une raison claire de votre incertitude, il aurait été de mon devoir de la considérer. Mais dans le trouble où vous étiez, c'était à moi de vous aider en agissant.*

LA MÈRE : Je sais bien *que cela n'a pas tellement d'importance et que lui ou un autre, aujourd'hui ou plus tard, ce soir ou demain,* il fallait *bien* que cela finisse. *Mais il n'empêche.* Je n'aime pas cela.

MARTHA : Allons, pensez plutôt à demain et faisons vite. *Au bout de cette nuit eſt notre liberté.*

(Elle fouille le veſton et en tire un portefeuille dont elle compte les billets.)

LA MÈRE : *Comme il dort, Martha !*

MARTHA : *Il dort comme ils dormaient tous. Allons, maintenant !*

LA MÈRE : *Attends un peu. Il eſt vrai que tous les hommes endormis ont l'air de déposer les armes.*

MARTHA : *C'est un repos* [1947 : *un air*] *qu'ils se donnent. Mais ils finissent toujours par se réveiller...*

LA MÈRE *(comme si elle réfléchissait)* : *Non ! les hommes ne sont pas si remarquables. Et dans leur sommeil ils ne changent pas en réalité. C'est nous qui les regardons autrement et qui sommes surprises de voir soudainement nus des visages que nous ne connaissions qu'enflammés de désir ou assombris par l'ennui.* [Ces deux dernières phrases supprimées en 1947.] *Mais, toi, tu ne sais pas ce dont je veux parler.*

MARTHA : *Non, je ne sais pas, mais je sais que nous perdons notre temps.*

LA MÈRE *(avec une sorte d'ironie lasse)* : *Rien ne presse. C'est au contraire le moment de se laisser aller, puisque le principal est fait. L'acte n'est rien, c'est d'y entrer qui coûte. Mais quand tout a commencé, l'esprit revient au repos* [phrase coupée en 1947]. *Pourquoi tant d'âpreté maintenant, cela en vaut-il la peine ?*

MARTHA : *Rien ne vaut la peine, dès l'instant qu'on en parle. Il vaut mieux travailler et ne pas s'interroger.*

LA MÈRE *(avec calme)* : *Asseyons-nous, Martha.*

MARTHA : *Ici, près de lui ?*

LA MÈRE : *Mais oui, pourquoi pas ? Il vient de commencer un sommeil qui le mènera loin, et il n'est pas près de se réveiller pour nous demander ce que nous faisons là. Quant au reste du monde, il s'arrête à la porte de cette chambre close. Lui et nous pouvons jouir en paix de cet instant et de ce repos.*

(Elle s'assied.)

MARTHA : *Vous plaisantez et c'est à mon tour de ne pas aimer cela.*

LA MÈRE : *Je n'ai pas envie de plaisanter. Je montre seulement du calme là où tu apportes de la fièvre. Assieds-toi plutôt* (elle rit bizarrement, Martha s'assied) *et regarde cet homme, plus innocent encore dans son sommeil que dans son langage. Lui, du moins, en a terminé avec le monde. À partir de ce moment, tout lui sera facile. Il passera seulement d'un sommeil peuplé d'images à un sommeil sans rêves. Et ce qui, pour tout le monde, est un affreux arrachement ne sera pour lui qu'un long dormir.*

MARTHA : *L'innocence a le sommeil qu'elle mérite. Et pour celui-là, au moins, je n'avais pas de raison de le haïr. Aussi, je suis heureuse que la souffrance lui soit épargnée. Mais je n'ai pas de raison non plus de le contempler, et je crois que vous avez une idée malheureuse que de tant regarder un homme que, tout à l'heure, il vous faudra porter.*

LA MÈRE *(hochant la tête, et d'une petite voix)* : *Nous le porterons quand il le faudra. Mais rien ne presse encore et, si nous le regardons attentivement, peut-être, pour lui au moins, ne sera-ce pas une idée malheureuse. Car il est encore temps, le sommeil n'est pas la mort. Regarde-le. Il est dans cet instant où son destin même lui est étranger, où ses chances de vie sont remises dans des mains indifférentes. Que ces mains restent là, comme elles sont, abandonnées sur mes cuisses, jusqu'à l'aube et, sans qu'il en sache rien, il aura ressuscité. Mais qu'elles s'avancent vers lui et qu'elles forment autour de ses chevilles des anneaux durs et il entrera pour toujours dans une terre sans mémoire.*

MARTHA *(elle se lève brusquement)* : *Mère, vous oubliez en ce moment que les nuits ne sont pas éternelles et que nous avons beaucoup à faire. Nous devons dépouiller ses papiers et le descendre dans la chambre du bas. Il nous faut éteindre toutes les lampes et guetter sur le pas de la porte le temps qu'il faudra.*

La mère : *Oui, nous avons beaucoup à faire,* et c'est notre différence avec lui qui est maintenant déchargé du poids de sa propre vie. Il ne connaît plus l'angoisse des décisions, le raidissement, le travail à terminer. Il ne porte plus la croix de cette vie intérieure qui proscrit le repos, la distraction ou la faiblesse. À cette heure, il n'a plus d'exigences envers lui-même, et moi, vieille et fatiguée, *je suis tentée de croire que c'est là le bonheur.*

Martha : *Nous n'avons pas le temps de nous interroger sur le bonheur. Quand j'aurai guetté le temps nécessaire, il nous faudra encore parcourir le chemin jusqu'à la rivière et vérifier si aucun ivrogne ne s'est endormi dans le fossé. Nous aurons alors à le porter rapidement et vous savez que la besogne n'est pas facile. Nous devrons nous y reprendre à plusieurs fois avant d'arriver au bord de l'eau et de l'envoyer, aussi loin que possible, au creux de la rivière. Laissez-moi vous dire encore une fois que les nuits ne sont pas éternelles.*

La mère : *C'est en effet ce qui nous attend* et, d'avance, j'en suis fatiguée, d'une fatigue tellement vieille que le sang ne peut plus la digérer. Pendant ce temps, lui ne se doute de rien *et jouit de son repos. Si nous le laissons se réveiller, il devra recommencer et, tel que je l'ai vu, je sais bien qu'il ne diffère pas des autres hommes et ne peut être pacifié. Peut-être est-ce pour cela qu'il nous faut le conduire là-bas et l'abandonner à la course de l'eau. (Elle soupire.) Mais il est bien dommage qu'il faille tant d'efforts pour arracher un homme à ses folies et le conduire à la paix définitive.*

Martha : *Je suppose, mère, que vous déraisonnez. Encore une fois, nous avons beaucoup à faire et, lui précipité, nous devrons effacer les traces au bord de la rivière, brouiller nos pas sur le chemin, détruire ses bagages et son linge, dissiper tous les signes de son passage et le rayer enfin de la surface de cette terre. L'heure approche où il sera trop tard pour mener ce travail dans le sang-froid, et je vous comprends mal, assise près de ce lit, faisant mine de regarder cet homme que vous apercevez à peine, et poursuivant avec entêtement un futile et ridicule monologue.*

La mère : Savais-tu, Martha, qu'il voulait partir ce soir ?

Martha : Non, je ne le savais pas. Mais, le sachant, j'aurais agi de même, *puisqu'une fois seulement,* je l'avais décidé.

La mère : Il me l'a dit tout à l'heure, et je ne savais que lui répondre.

Martha : Vous l'avez donc vu ?

La mère : Oui, je suis montée ici, *lorsque tu m'as dit qu'on lui avait porté son thé. Il l'avait déjà bu. Si je l'avais pu, j'aurais empêché cela. Mais quand j'ai compris que tout venait de commencer, j'ai admis l'idée qu'on pouvait continuer et qu'en somme, cela n'était pas tellement important.*

Martha : *Si vous avez admis cette idée, nous n'avons pas de raison de*

nous attarder ici, et je voudrais qu'enfin vous vous leviez et que vous m'aidiez
à en finir avec une histoire qui m'excède.

(La mère *se lève.*)

LA MÈRE : *Je finirai sans doute par t'aider. Mais laisse encore un peu*
de temps à une vieille femme dont le sang coule moins vite que le tien.
Depuis ce matin, tu as tout précipité et tu voudrais que je suive ton allure.
Celui-là n'a pas su aller plus vite et, avant qu'il ait formé son idée de partir,
il avait déjà bu le thé que tu lui donnais.

MARTHA : Puisqu'il faut vous le dire, c'est lui qui m'y a décidée.
Vous aviez fini par me faire entrer dans votre doute. Mais il m'a parlé
des pays que j'attends et, pour avoir su me toucher, il m'a donné
des armes contre lui. C'est ainsi que l'innocence est récompensée.

LA MÈRE : *Et* pourtant, Martha, il avait fini par comprendre.
Il m'a dit qu'il sentait que cette maison n'était pas la sienne.

MARTHA (avec force et impatience) : Et cette maison, en effet,
n'est pas la sienne, mais c'est qu'elle n'est celle de personne. Et
personne n'y trouvera jamais l'abandon ni la chaleur. S'il avait
compris cela plus vite, il se serait épargné et nous aurait *épargnées.*
Il nous aurait évité d'avoir à lui apprendre que cette chambre est
faite pour qu'on y dorme et ce monde pour qu'on y meure.
Venez, mère, et pour l'amour de ce Dieu que vous in voquez
quelquefois, finissons-en.

(La mère fait un pas vers le lit.)

LA MÈRE : Allons, *Martha,* mais il me semble que cette aube
n'arrivera jamais.

RIDEAU

P. 161.

1. Télé. : Je suis montée ici, pour l'empêcher de boire.
Mais il avait bu.

MARTHA : Et puisqu'il faut vous le dire, c'est lui qui m'a décidée.
J'hésitais. Mais il m'a parlé des pays que j'attends.

LA MÈRE : Et pourtant, Martha, il avait fini par comprendre.

ACTE III

P. 163.

1. Au manuscrit, on ne trouvait que les deux premières
répliques ci-après, suivies immédiatement de la découverte du
passeport.

1947 : La scène a été profondément remaniée :

MARTHA : Vous voyez bien que cette aube est arrivée *et que nous*
sommes venues à bout de cette nuit.

LA MÈRE : Oui. Demain, je trouverai que c'est une bonne chose
que d'en avoir fini. Maintenant, je ne sens que ma fatigue, *mon som-*
meil et mon cœur sec. La nuit a été dure.

MARTHA : *Mais* ce matin est, depuis des années, le premier où je respire. *Jamais meurtre ne m'a moins coûté.* Il me semble que j'entends déjà la mer *et* il y a en moi une joie qui va me faire **crier**.

LA MÈRE : Tant mieux, Martha, tant mieux. Mais je me sens maintenant si vieille que je ne peux rien partager avec toi. *Je suppose que* demain, tout ira mieux *pour moi.*

MARTHA : Oui, tout ira mieux, je l'espère. Mais ne vous plaignez pas encore et laissez-moi être heureuse à loisir. Je redeviens la jeune fille que j'étais. De nouveau, mon corps *a sa chaleur et* j'ai envie de courir. Oh! dites-moi seulement...

(Elle s'arrête.)

LA MÈRE : Qu'y a-t-il, Martha? Je ne te reconnais plus.

MARTHA : Mère... (Elle hésite, puis avec feu.) Suis-je encore belle?

LA MÈRE : *Il me semble que* tu l'es, ce matin. *Il y a des actes qui te réussissent.*

MARTHA : *Oh!* non, ce sont seulement *des actes qui me semblent légers à porter. Mais aujourd'hui, il me semble que* je nais pour la seconde fois, je vais rejoindre la terre où je serai heureuse.

LA MÈRE : Bien, *bien. Quand ma fatigue sera partie, je serai tout à fait contente. C'est une compensation à toutes ces nuits où nous étions debout, que de savoir qu'elles vont te rendre heureuse. Mais ce matin, je vais aller me reposer, je sens seulement que la nuit a été dure.*

MARTHA : *Qu'importe! Aujourd'hui est un grand jour. Vieux, prends garde, nous avons fait tomber en passant les papiers du voyageur et le temps nous a manqué pour les ramasser. Cherche-les.*

(La mère sort. Le vieux balaie
sous une table, en retire le passe-
port du fils, l'ouvre, l'examine et
vient le tendre, ouvert, à Martha.)

MARTHA : *Je n'ai rien à en faire. Range-le. Nous brûlerons tout.*

(Le vieux tend toujours le passe-
port, Martha le prend.)

MARTHA : *Qu'y a-t-il?*

(Le vieux sort. Martha lit le
passeport, très longuement, sans une
réaction. Elle appelle d'une voix
apparemment calme.)

MARTHA : *Mère!*

LA MÈRE *(de l'intérieur)* : *Que veux-tu encore?*

MARTHA : *Venez.*

(La mère entre, Martha lui donne
le passeport.)

MARTHA : *Lisez!*

LA MÈRE : *Tu sais bien que mes yeux sont fatigués.*

MARTHA : *Lisez!*

(*La mère prend le passeport, vient s'asseoir
devant une table, étale le carnet et lit. Elle
regarde longtemps les pages devant elle.*)

Télé. : Le texte a été remanié à nouveau, ce qui prouve
l'importance que Camus attachait à cette scène.

Il l'a reprise à partir de l'édition de 1947.

MARTHA : Vous voyez, l'aube est arrivée.

LA MÈRE : Oui. *Tout à l'heure,* je trouverai que c'est une bonne
chose d'en avoir fini. Maintenant, je *suis seulement fatiguée. La
nuit a été dure.*

MARTHA : Il me semble que *c'est la première fois de ma vie que* je
respire. J'entends déjà la mer, il y a en moi une joie qui va me
faire crier.

LA MÈRE : *Oui, oui, je suis trop* vieille *pour* partager *cette joie.*
Demain, tout ira mieux.

MARTHA : Je l'espère. Mais ne vous plaignez pas *toujours,* laissez-
moi *pour une fois* être heureuse. Je redeviens la jeune fille que
j'étais. De nouveau, mon corps brûle, j'ai envie de courir. Oh!
Dites-moi seulement... (Elle s'arrête.)

LA MÈRE : Qu'y a-t-il, Martha? *tu n'es plus la même.*

P. 164.

1. Télé. : Je vais aller me reposer.

Note : Elle se dirige vers la sortie jardin.

2. Télé. : Martha ouvre le passeport et le *tient ouvert,* sans
réaction.

LA MÈRE : Qu'est-ce que c'est?

MARTHA : Lisez.

LA MÈRE : Tu sais bien que mes yeux sont fatigués.

MARTHA : Lisez!

La mère prend le passeport, vient s'asseoir devant une table,
étale le carnet et lit. Elle regarde longtemps les pages devant elle.

Note : Image des eaux sur le barrage. Retour sur l'image des
deux répliques : « Laissez, mon fils. — Pourquoi m'avez-vous appelé
mon fils? » Image des eaux sur le barrage, qui se calment peu à peu.

P. 165.

1. 1947 : J'ai vécu beaucoup plus longtemps que mon fils.
Cela n'est pas dans l'ordre.

2. Télé. : Tu m'as bien aidée, Martha, et je regrette de te quitter.
Mais maintenant je suis lasse et mon vieux cœur vient de réapprendre
la douleur. Je ne suis plus assez jeune pour m'en *arranger.
Et puis* quand une mère n'est plus capable de reconnaître son
fils, son rôle sur la terre est fini.

3. 1944 : ... construire. *Et autant que moi-même ce sont mes
espoirs qui se déchirent, en entendant ce langage inconnu, venant de vous qui
m'avez appris à ne rien respecter.*

LA MÈRE (de la même voix indifférente) : *Cela prouve que, dans
un monde où tout peut se nier, il y a des forces indéniables et que sur cette*

terre où rien n'est assuré, nous avons nos certitudes. (Avec amertume.) L'amour d'une mère pour son fils est *maintenant* ma certitude.

MARTHA : N'êtes-vous donc pas certaine qu'une mère puisse aimer sa fille ?

LA MÈRE : *Ce n'est pas maintenant que je voudrais te blesser,* Martha, mais il est vrai que ce n'est pas la même chose. C'est moins fort. *Et* comment pourrais-je me passer *maintenant* de l'amour de mon fils ?

MARTHA (avec éclat) : Bel amour qui vous oublia vingt ans !

LA MÈRE : Oui, bel amour qui survit à vingt ans de silence *et qui, à travers les mers, ramène vers la maison un fils que l'on croyait aussi oublieux qu'il était oublié* [éliminé en 1947]. Mais qu'importe ! cet amour est assez beau pour moi, puisque je ne peux vivre en dehors de lui.

(Elle se lève.)

MARTHA : Il n'est pas possible que vous disiez cela sans l'ombre d'une révolte et sans une pensée pour votre fille.

P. 166.

1. 1947 : *Si dur que ce soit, cela est possible.* Je n'ai de pensée pour rien et moins encore de révolte. *Je suppose que* c'est la punition, Martha, et je suppose qu'il est une heure où tous les meurtriers sont comme moi, vidés par l'intérieur, stériles, sans avenir possible. C'est pour cela qu'on les supprime, ils ne sont bons à rien.

MARTHA : Vous tenez un langage que je méprise et je ne puis vous entendre parler de crime et de punition.

LA MÈRE : Je dis ce qui me vient à la bouche, rien de plus. *Je ne cherche pas mes mots, je n'ai plus ma préférence. Mais il est vrai que j'ai tout épuisé dans un geste.* Ah ! j'ai perdu ma liberté, c'est l'enfer qui a commencé.

MARTHA (elle vient vers elle, et avec violence) : Vous ne disiez pas cela auparavant. Et pendant toutes ces années, vous avez continué à vous tenir près de moi et à prendre d'une main ferme les jambes de ceux qui devaient mourir. Vous ne pensiez pas alors à la liberté et à l'enfer. *Vous ne croyiez pas qu'il vous fût interdit de vivre. Et* vous avez continué. Que peut changer votre fils à cela ?

LA MÈRE : J'ai continué, il est vrai. Mais *ce que j'ai vécu ainsi, je l'ai vécu* par *l'*habitude, *ce n'est pas différent de la mort.* Il suffisait de la douleur pour tout transformer. *Justement,* c'est cela que mon fils est venu changer.

(Martha fait un geste pour parler.)

P. 168.

1. Note télé. : *Plaidoyer :* Mère je vous le jure cela doit se payer. Et sous prétexte qu'un homme est mort...

2. 1947 : Je n'avais gardé de lui aucune image *et* cela est arrivé comme *cela* devait arriver.

3. 1947 : Je veux croire que cela n'est pas vrai. *Aucune âme n'est tout à fait criminelle et* les pires meurtriers connaissent les heures où l'on désarme.

P. 169.

1. 1947 : Trop tard, Martha, Je ne peux plus rien pour toi. *(Se détournant un peu.)* [Note reprise à la télé.] *Ah ! pourquoi donc s'est-il tu ? Le silence est mortel. Mais parler est aussi dangereux puisque le peu qu'il a dit a tout précipité.* Est-ce que tu pleures, Martha ?

Télé. : Est-ce que tu pleures, Martha. Te souviens-tu du temps où je t'embrassais ?

2. 1947 : Je le sais maintenant puisque *ton frère est venu réveiller cette douceur insupportable qu'il faut, à présent, que je tue avec moi.*

P. 170.

1. 1947 : Non ! Je n'avais pas à veiller sur mon frère, et pourtant me voilà exilée dans mon propre pays ; *il n'est plus de lieu pour mon sommeil,* ma mère elle-même m'a rejetée. Mais je n'avais pas à veiller sur mon frère *et* ceci est l'injustice qu'on fait à l'innocence. *Car* le voilà qui a obtenu maintenant ce qu'il voulait...

2. Télé. : Tout un passage a été supprimé : « (Plus bas) D'autres ont plus de chance..... et ma distance est sans remède. »

3. 1947 : Moi, j'ai pour patrie ce lieu clos et épais où le ciel est sans horizon, pour ma faim l'aigre prunier de *Moravie* et rien pour ma soif, sinon le sang que j'ai répandu.

4. 1947 : Qu'*on* me laisse à ma juste colère !

Télé. : Phrase supprimée.

P. 171.

1. 1947 : Mais ici, où le regard s'arrête de tous côtés, toute la terre est dessinée pour que le visage se lève et que le regard *quémande.* Oh ! je hais ce monde où nous en sommes réduits à Dieu. Mais moi qui souffre d'injustice, on ne m'a pas fait droit *et* je ne m'agenouillerai pas.

2. 1947 : *Mais je viens rejoindre mon mari.*

3. Note télé. : *... qui n'a cessé de la regarder.*

4. 1947 : *C'est qu'il a* ses raisons pour cela.

P. 172.

1. 1947 : *Il est vrai qu'*il avait pris une chambre, mais il l'a quittée cette nuit.

MARIA : Je ne puis le croire, *car* je sais toutes les raisons qu'il a de rester dans cette maison.

2. 1947 : Il n'a pu partir sans moi *et* je ne vous comprends pas. Vous a-t-il quittées définitivement ou a-t-il *prévenu* qu'il reviendrait ?

3. 1947 : *C'est là votre* affaire, ce n'est pas *la mienne.*

4. 1947 : Je ne sais pas si mon mari approuvera ce que je vais vous dire mais je suis lasse *de ces jeux* et de ces complications.

Télé. : Vous vous trompez. Je ne sais pas si mon mari approuvera...

P. 173.

1. 1947 : Mais alors qu'est-il donc arrivé? *Et si tout s'est enfin éclairci,* pourquoi votre frère n'est-il pas dans cette maison?

2. 1947 : *Mon frère* n'est plus là parce qu'il est mort.

3. 1947 : Jan m'a souvent dit que, petite fille, déjà, vous vous plaisiez à déconcerter *les gens.*

4. 1947 : Votre mari est mort cette nuit *et* je vous assure que cela n'est pas une plaisanterie.

5. 1947 : Mais vous êtes folle, folle à lier! *On ne meurt pas comme cela quand on est attendu.* C'est trop soudain et je ne peux pas vous croire. Faites que je le voie et alors seulement je croirai ce que je ne puis même pas imaginer.

Martha : C'est impossible. Il est *maintenant* au fond de la rivière...

P. 174.

1. 1947 : C'est moi qui suis folle et qui entends des mots qui n'ont encore jamais retenti sur cette terre. Je savais que rien de bon ne m'attendait ici, mais je ne suis pas prête à entrer dans cette démence. *Et, au moment même où vos paroles arrêtent toute vie en moi, je crois vous entendre parler d'un autre être que celui qui partageait mes nuits et d'une histoire lointaine où mon cœur n'a jamais eu de part.*

2. Télé. : Je ne comprends pas, je ne vous comprends pas. [Note en marge : Démence.]

Martha : Mon rôle n'est pas de me *faire comprendre,* mais seulement de vous informer. Vous viendrez de vous-même à l'évidence.

Maria : Pourquoi, pourquoi avez-vous fait cela? [1947 : *Mais pourquoi avez-vous...*] *Il vous aimait.* [Ici quatre répliques sautées.]

Martha : Vous parlez décidément un langage que je ne comprends pas.

3. 1947 : Il veut dire tout ce qui, à présent, le déchire et me mord, ce délire qui ouvre *les* mains pour le meurtre. *Il veut dire ma joie passée, la douleur toute fraîche que vous m'apportez.* N'était cette incroyance entêtée...

4. 1944 : Écoutez, *Martha, car vous vous appelez ainsi, n'est-ce pas?*

P. 175.

1. 1947 : Oui, *mais c'était leur affaire.*

2. Télé. : Oh! mon Dieu, je savais que cette comédie ne pouvait être que sanglante et que lui et moi serions punis de nous y prêter. (Elle s'arrête devant la table.) Il voulait se faire reconnaître de vous...

3. 1947 : Mais hélas! vous étiez son ennemie, *car où trouvez-vous*

assez de force pour parler froidement de ce qui devrait vous jeter dans la rue et vous tirer *tous les* cris de la bête ?

Télé. : Mais hélas *! vous étiez ses ennemies ! ou sinon comment trouveriez-vous assez de force* pour parler froidement de ce qui devrait vous jeter dans la rue et vous tirer *tous les* cris de la bête ?

MARTHA : Ne jugez de rien, vous ne savez pas tout. À l'heure qu'il est, ma mère a rejoint son fils. *Et* le flot commence à les ronger. On les *en sortira* bientôt et ils se retrouveront dans la même terre.

1947 : ... ma mère a rejoint son fils. *Ils sont tous deux collés contre les douves du barrage et* le flot *qui* commence à les ronger, *les pousse sans répit contre le bois pourri.* On les *en sortira* bientôt...

P. 176.

1. 1947 : Il n'y a pas de quoi m'émouvoir *et,* vraiment, ce serait peu de chose. *Car,* moi aussi, j'en ai assez vu et entendu, j'ai décidé de mourir à mon tour. Mais je ne veux pas me mêler à eux. *Et en vérité,* qu'ai-je à faire dans leur compagnie ?

2. 1947 : Heureusement il me reste ma chambre *et la poutre en est solide.*

MARIA : *Et que me fait que vous mouriez ou que croule le monde entier, si, par votre faute,* j'ai perdu celui que j'aime, *et s'*il me faut maintenant vivre dans cette terrible solitude où la mémoire est un supplice ?

> (Martha vient derrière elle et parle par-dessus sa tête.)

MARTHA : N'exagérons rien. Vous avez perdu votre mari et j'ai perdu ma mère. Nous sommes quittes. Mais vous ne l'avez perdu qu'une fois, après en avoir joui pendant des années et sans qu'il vous ait rejetée. Moi, ma mère m'a rejetée. Maintenant elle est morte et je l'ai perdue deux fois.

MARIA : *Peut-être, en effet, serais-je tentée de vous plaindre et de vous faire entrer dans ma douleur, si je ne savais ce que lui attendait,* seul dans sa chambre, au moment *même* où vous prépariez sa mort.

3. Télé. : Il me faut maintenant vivre dans cette *interminable* solitude où la mémoire est un supplice.

P. 177.

1. Ms. : Le crime aussi est une solitude même si on se met à *plusieurs* pour l'accomplir. Et il est juste *que ma mère me rejette après que Dieu et le monde m'aient rejetée pour toujours.*

2. Note télé. : *Maria s'est levée et* elles se font face très près l'une de l'autre.

3. 1947 : Ne craignez rien. Je vous laisserai mourir comme vous le désirez. *Car il me semble qu'avec cette atroce douleur qui me serre le ventre, me vient un aveuglement où disparaît tout ce qui m'entoure.* Et ni votre mère, ni vous...

Télé. : Je vous laisserai mourir comme vous le désirez. Je ne vous vois plus. *Je ne vois rien.* Et ni votre mère ni vous...

4. 1947 : *Et* en vérité, j'ai à peine le temps de souffrir et de me révolter.

Ms. : La réplique de Martha était la suivante : *Tant que vous n'aurez pas une idée juste des choses, vous me lasserez encore avec vos pleurs et votre amour. Il me semble pourtant que tout devrait vous être clair et vous persuader que c'est maintenant que vous êtes dans l'ordre. L'ordre veut que tous ceux qui ne sont pas reconnus meurent assassinés. Et l'ordre veut que personne ne soit reconnu. Ai-je été reconnue moi qui vous parle et qui reste pour toujours éloignée de mon ciel ? Suis-je reconnue au moment où je perds l'amour de ma mère ? Et pourtant vous ne m'entendez pas me plaindre.*

P. 178.

1. Télé. : Il n'a de *souci* que pour celui que vous avez tué.

2. Télé. : Je ne veux plus vous entendre parler de lui, je le déteste. L'imbécile ! il a ce qu'il voulait...

P. 179.

1. 1947 : *Car* je vous dois bien un conseil, puisque je vous ai tué votre mari !

2. Télé. : « Adieu, ma sœur ! » semble supprimé.

3. 1947 : Vous avez à choisir entre la *stupide félicité* des cailloux...

4. 1947 : *Car,* c'est à vous que je m'en remets. Ayez pitié de moi, tournez-vous vers moi ! Entendez-moi, *Seigneur,* donnez-moi votre main. Ayez pitié de ceux qui s'aiment et qui sont séparés.

P. 180.

1. Note télé. : Les images, de plus en plus fortes et précises, de la mer sur une plage recouvrent peu à peu les personnages.

L'ÉTAT DE SIÈGE

P. 181.   PRÉSENTATION

Dans son avertissement, Albert Camus s'est clairement expliqué sur les origines de *l'État de siège*. Jean-Louis Barrault a bien voulu me confirmer tous les détails de cette présentation et m'apporter quelques informations supplémentaires*. C'est avant guerre qu'Antonin Artaud avait écrit un essai consacré aux rapports du théâtre et de la peste**, qui prétendait à une sorte de purification théâtrale par le mal lui-même, par les forces noires comme il disait... Cette idée avait séduit Barrault qui envisagea donc l'adaptation du *Journal de l'année de la peste,* de Daniel Defoe, au moment même où Camus travaillait à son propre roman.

Les deux hommes firent connaissance et il fut question pour Barrault de jouer *Caligula*. Sa présence à la Comédie-Française, ses engagements précédents l'en empêchèrent, mais une amitié s'établit entre l'acteur-metteur en scène et l'auteur, qui se souvenait avec nostalgie des belles heures du *Théâtre de l'Équipe*.

C'est donc tout naturellement que Jean-Louis Barrault, en lisant *la Peste*, songea à demander à Camus sa collaboration pour le spectacle dont il rêvait depuis des années. Barrault estimait l'homme de théâtre qu'était Camus et il espérait que s'établirait entre eux la même fructueuse collaboration qu'il avait jusque-là maintenue avec Paul Claudel. Camus accepta, d'autant plus volontiers qu'il avait gardé le meilleur souvenir du travail fait en équipe pour *Révolte dans les Asturies*. De plus, il se sentait, tout comme Barrault, attiré par ce qu'on a étiqueté à tort « théâtre total », qui fait appel à toutes les formes d'expression dramatique : au dire de Camus, la technique des *autos sacramentales* (cf. note sur Lope de Vega) retint tout particulièrement son attention.

D'où vient dès lors que la pièce qui réunissait des noms aussi prestigieux que ceux de Camus, Barrault, Honegger pour la musique, Balthus pour les décors, Maria Casarès et Pierre Brasseur enfin ait été finalement un échec? Jean-Louis Barrault attendait du Camus lyrique, celui de *Caligula* ou de *Noces,* qu'il répondît à sa conception dionysiaque du spectacle. C'est plutôt l'auteur ironique de *la Peste,* l'éditorialiste de *Combat* qui rédigea la pièce. Sur le canevas élaboré par Barrault, les deux hommes, respectant l'un et l'autre le partenaire, montèrent un spectacle tantôt lyrique et

---

* Cf. *Nouvelles réflexions sur le théâtre*, pp. 33-36.
** *Le Théâtre et son double*, Gallimard, 1938.

surchauffé, comme le désirait Barrault, tantôt aristophanesque, proche de la revue ou de la bouffonnerie absurde, comme le voulait Camus. Cette hésitation fut cause sans doute que la pièce manqua d'unité et fut accueillie froidement.

Camus jugea-t-il que la pièce n'avait pas été défendue, dans les semaines qui suivirent, avec toute la conviction désirable ? Jean-Louis Barrault, qui reconnaît que son propre découragement fut profond au lendemain de la générale, le craint. Toujours est-il que, tout en se conservant estime et amitié, les deux hommes renoncèrent à la collaboration projetée, non sans tristesse assurément. Jean-Louis Barrault eût souhaité reprendre l'État de siège dans les années qui suivirent. Mais Camus ne le voulut pas immédiatement.

Pourtant, il gardait à cette pièce la tendresse qu'on voue aux grandes occasions manquées. Dès 1953 il notait dans ses Carnets : « Ajouter à l'État de siège. Ministère du suicide etc. » Il songeait donc à quelque refonte. En 1956, il confiait à Combat son intention de la monter à Athènes en plein air. Ce projet n'aboutit pas : néanmoins en 1957, il déclarait à Paris-Théâtre : « J'aimerais voir l'État de siège en plein air... L'État de siège pourrait être modifié. »

La pièce ne sera plus modifiée. Mais peut-être un jour, en plein air en effet, devant un public populaire, et dans une mise en scène naïve, sera-t-il possible de décider si le jugement des générales parisiennes était ou non sans appel*.

N'ayant eu à ma disposition ni manuscrit ni état dactylographié, je ne puis ici fournir de variantes. Je renverrai seulement, pour le sujet, à la réponse faite à Gabriel Marcel : Pourquoi l'Espagne ? dans Actuelles I, réponse qui éclaire singulièrement ce projet de titre (1951) : « L'Inquisition à Cadix. Épigraphe : « L'inquisition et » la société sont les deux fléaux de la vérité » (Pascal). »

R. Q.

---

* Le Service des mouvements de jeunesse et d'éducation populaire en Algérie a fait un essai en ce sens, lors d'un stage d'art dramatique, en août 1959, à Latour-de-Carol et à Collioure. Non sans succès, semble-t-il.

LES JUSTES

P. 301.   PRÉSENTATION

Les Justes sont-ils sortis de *l'Homme révolté* ou s'y sont-ils greffés ? Sans qu'il soit permis de répondre catégoriquement à cette question, les *Carnets* et textes annexes nous fournissent pourtant d'utiles indications. On voit très tôt apparaître dans les *Carnets* le projet d'essai sur la révolte, et la *Remarque sur la révolte,* parue dans *l'Existence* en 1945, prouve que les réflexions de Camus étaient assez avancées pour que soit préfiguré là le chapitre I de *l'Homme révolté.*

Par contre, il n'est pas trace d'un projet concernant *les Justes* avant juin 1947, où nous lisons dans les *Carnets :*

« 1ʳᵉ *Série. Absurde. L'Étranger, le Mythe de Sisyphe, Caligula, le Malentendu.*
2ᵉ *Série. Révolte. La Peste et annexe, l'Homme révolté —Kalyaev—.*
3ᵉ *Série. Le Jugement. Le Premier homme, etc.* »

En revanche, tout au long des années 1945 et 1946, il est visible que le problème du meurtre considéré dans ses rapports avec la révolte et la révolution préoccupe Camus. En avril 1946, il écrit notamment : « Révolte, commencement : le seul problème
» moral vraiment sérieux, c'est le meurtre. Le reste vient après.
» Mais de savoir si je puis tuer cet autre devant moi, ou consentir
» à ce qu'il soit tué, savoir que je ne sais rien avant de savoir si
» je puis donner la mort, voilà ce qu'il faut apprendre ! »
Sans doute, sont-ce ces préoccupations d'actualité (qu'on se souvienne de la controverse avec Mauriac sur les lois d'exception) qui amènent tout à la fois Camus à s'écarter pour un temps du journalisme et à se plonger dans l'histoire russe au travers de deux ouvrages *À qui la faute ?* d'Herzen (1847) et *le Développement des idées révolutionnaires en Russie.* Apparemment, pendant plusieurs mois, l'étude du terrorisme, comme préparation à *l'Homme révolté,* et la mise en chantier des *Justes* se confondent. Il semble même que la première précède toujours d'un pas la seconde, comme en témoigne le fragment suivant (mai-juin 1947) : « Terrorisme :
» La grande pureté du terrorisme style Kalyaev c'est que pour lui le
» meurtre coïncide avec le suicide (cf. Savinkov : *Souvenirs d'un*
» *terroriste*). Une vie est payée d'une vie. Le raisonnement est faux,
» mais respectable. (Une vie ravie ne vaut pas une vie donnée.) »

« Aujourd'hui le meurtre par procuration. Personne ne paye.
    1905 : Kalyaev. Le Sacrifice du corps.
    1930 : Le Sacrifice de l'esprit. »

Un mois plus tard environ, la réflexion se cristallise et la pièce
prend corps.

« Pièce. La Terreur. Un nihiliste. La violence partout. Partout
le mensonge. Détruire, détruire.
Un réaliste. Il faut entrer à l'Okhrana.
Entre les deux, Kalyaev. Non, Boris, non. »

Le projet, s'il englobe déjà Kaliayev* et Boris Savinkov, fait
allusion aussi à un réaliste, qui, à cette époque, était sans doute
Pétrov (cf. *la Provocation de Pétrov*, dans *le Drapeau du travail*,
organe du parti socialiste révolutionnaire, janvier 1910), à moins
qu'il ne s'agisse de Klétotchnikov, entré effectivement aux services
policiers de l'Okhrana, sur les ordres du Parti de la Volonté du
Peuple.
Mais il semble qu'une autre préoccupation ait soutenu Camus
dans son entreprise : réussir enfin une scène d'amour. L'amour
apparaissait dans *la Peste* quasiment par prétérition. Dans *Caligula*,
il avait rapidement cessé d'être la cause pour n'être bientôt que
l'occasion du délire impérial. Dans *le Malentendu*, les scènes d'amour
entre Jan et Maria avaient été greffées après coup sur la pièce ;
mais la portée en restait plus symbolique que directement humaine.
Cette fois, Camus, en contrepoint de ce terrible amour de l'humanité qui anime les terroristes, a tenu à esquisser la possibilité pour
Dora et Kaliayev d'un amour normal, chargé de tendresse et d'égoïsme, par-delà l'injustice et les révolutions. La grande scène de
l'acte III, la plus belle scène d'amour qu'ait écrite Camus, nous
la trouvons dans sa quasi-intégralité dans les *Carnets* de 1947 —
la toute première en quelque sorte.
L'intention de Camus, à ses débuts, était donc double : traiter
de l'amour et de ses rapports avec la politique et l'esprit révolutionnaire d'une part, aborder le problème du meurtre de l'autre,
du meurtre et de l'abstraction qu'il suppose (cf. la scène qui oppose
Yanek au policier Skouratov). « Impossible, note Camus, de tuer un
» homme en *chair*, on tue l'autocrate. Pas le type qui s'est rasé le
» matin, etc. » C'est à la grande-duchesse qu'il appartiendra de
souligner ce paradoxe terroriste et de rejeter du même coup Yanek
vers la seule issue, la potence.
Plus loin, dans ces mêmes *Carnets*, Dora, s'adressant à Yanek,
constate à quel point les terroristes vieillissent, et s'interroge
sur la voie choisie. Les mêmes propos ou presque se retrouveront

---

* J'ai adopté l'orthographe reprise par Camus dans la pièce,
orthographe différente de celle dont il usait généralement dans les
Carnets.

à l'acte V, mais échangés par Dora et Annenkov. Il semble d'ailleurs qu'à cette époque Camus n'ait eu clairement dans l'esprit que deux personnages, Dora et Kaliayev. Boris n'est apparu qu'une seule fois dans ses notes. Quant à Stepan, il est sans doute « le réaliste » évoqué plus haut, comme il est aussi « le tueur », qui ne connaît d'autre amour que celui qui éclate avec la bombe. Au fond, ces deux personnages ne vivront que pour mieux faire ressortir le drame du couple, qui, au regard de Camus, est le drame d'une époque. En témoignent cette note : « On nous reproche de faire des hommes » abstraits. Mais c'est que l'homme qui nous sert de modèle est » abstrait — d'ignorer l'amour, mais c'est que l'homme (qui nous » sert de modèle) est incapable d'amour, etc., etc. », et cette autre : « Le vieux militant communiste qui voit ce qu'il voit et ne » s'habitue pas : « Je ne veux pas guérir de mon cœur. »

Aux alentours du 17 octobre 1947, qui pourrait bien marquer le début de la rédaction des *Justes*, toute la réflexion de Camus tourne autour de ces questions. Toutes ses lectures semblent s'y ramener. Pétrochevski, Bielinski, Dobroulioukoff, Tchernichevski, Pisarev, Herzen, Bakounine, Netchaiev, Mikhailovski sont autant de noms qui jalonnent sa réflexion. Il lit plus particulièrement Berdiaeff (probablement *Un nouveau Moyen Âge*, *l'Esprit de Dostoïevski* et *Problème du communisme*). Il rassemble toute une documentation écrite et iconographique sur Sophie Peroskaia, Véra Zassoulitch, Dora Brilliant, Nadeyda Leguida, Maria Kovaleskaia, Leca Guelfman, Véra Figner, Tatiana Ivanovna. C'est à Véra Figner comme au lieutenant Schmidt qu'il emprunte le thème du procès comme couronnement de l'action révolutionnaire; à Maria Kolouguaia, que ses camarades avaient accusée à tort de trahison, comme à Ryssakov qui avait consenti à servir d'indicateur, l'idée du chantage auquel se livre Skouratov. Quant à Zoubatov, directeur de police, qui plaidait pour les accusés et les gagnait à la police, il est sans doute l'original de ce même Skouratov.

Au témoignage d'Emmanuel Roblès, Camus rédigea la première scène de l'acte IV lors d'un voyage qu'il fit à Alger, en 1948. En février 1949, il achève le premier état de *la Corde* (la pièce devait porter ce nom, mais il y renonça par égard pour les comédiens, et par crainte de l'usage qu'eût pu faire d'un pareil titre une critique malveillante). C'est en mai, semble-t-il, qu'il met au point le second état.

Je n'ai pas eu la possibilité de consulter le manuscrit, mais au dire de plusieurs personnes qui ont suivi le travail de Camus, *il ne devait pas différer profondément* de l'état dactylographié que j'ai pu étudier. Il semble que Camus ait adopté dès le début le mouvement classique de la pièce, assez proche de celui de Polyeucte, avec ses cinq actes et ses dépassements successifs.

On note, entre cet état et l'édition de 1950, peu de modifications dans les premiers actes. Camus a gommé les détails techniques